ABÍLIO MADEIRA BORDALO
Juiz Conselheiro Jubilado

CRISTINA BORDALO DE MATOS
Licenciada em Direito

ANTOLOGIA DE ACÓRDÃOS DO SUPREMO TRIBUNAL ADMINISTRATIVO E TRIBUNAL CENTRAL ADMINISTRATIVO

ANO X – N.º 3

Abril a Julho
2007

ALMEDINA

ANTOLOGIA DE ACÓRDÃOS DO SUPREMO TRIBUNAL ADMINISTRATIVO
E TRIBUNAL CENTRAL ADMINISTRATIVO

AUTORES
ABÍLIO MADEIRA BORDALO
CRISTINA DE MATOS

EDITOR
EDIÇÕES ALMEDINA, SA
Avenida Fernão de Magalhães, n.º 584, 5.º Andar
3000-174 Coimbra
Tel.: 239 851 904
Fax: 239 851 901
www.almedina.net
editora@almedina.net

PRÉ-IMPRESSÃO • IMPRESSÃO • ACABAMENTO
G.C. – GRÁFICA DE COIMBRA, LDA.
Palheira – Assafarge
3001-453 Coimbra
producao@graficadecoimbra.pt

Janeiro, 2008

DEPÓSITO LEGAL
124927/98

Acórdãos do Supremo Tribunal Administrativo Pleno

1.ª Secção (Contencioso Administrativo)

ACÇÃO DE RECONHECIMENTO DE DIREITO. PROGRESSÃO NOS ESCALÕES DE VENCIMENTO. LISTA NOMINATIVA.

(Acórdão de 3 de Maio de 2007)

SUMÁRIO:

I – A lista de progressão nos escalões do pessoal do INETI, organizada nos termos do artigo 20.° do DL 353-A/89, de 16-10, e publicitada em Maio de 1992, não consubstancia um acto administrativo definidor da situação jurídica dos funcionários relativamente à sua integração nos escalões de vencimento mas tão só uma mera informação ou comunicação interna que não reúne as características constantes do artigo 120.°, do CPA, sendo, como tal, insusceptível de ser contenciosamente impugnada.

II – Assim, a acção proposta por um funcionário daquele Instituto, posicionado naquela lista no "escalão 2", "índice 230", "com efeitos desde 01.01.92", em que pede ao tribunal o reconhecimento do direito a ser reposicionado a partir de 1 de Julho de 1990, na carreira de investigador principal, no índice mais aproximado do que caberia em caso de progressão na categoria inferior, é o meio idóneo para assegurar a tutela jurisdicional do direito que pretende fazer valer.

ACORDAM EM CONFERÊNCIA NO PLENO DA SECÇÃO DE CONTENCIOSO DO SUPREMO TRIBUNAL ADMINISTRATIVO:

Francisco Rodrigues, Investigador Principal do Instituto Nacional de Engenharia e Tecnologia Industrial, identificado nos autos, intentou no Tribunal Administrativo de Círculo de Lisboa, a acção "para reconhecimento de direito", contra o Conselho Directivo do Instituto Nacional de Engenharia e Tecnologia Industrial, Ministro da Indústria e Energia; e Ministro das Finanças, pedindo que lhe fosse reconhecido o direito ao "reposicionamento nos escalões da categoria de investigador principal a partir de 1 de Julho de 1990".

Por sentença do Tribunal Administrativo de Círculo foi julgada procedente a excepção dilatória prevista no n.° 2, do artigo 69.°, da LPTA, e absolvidos os RR. da instância, a qual foi confirmada pelo Tribunal Central Administrativo em acórdão de 27-06-2002 .

Inconformados com tal decisão, Maria Antonieta Viegas Bastos Rodrigues, Cláudia Marina Bastos Rodrigues e Ricardo Manuel Bastos Rodrigues, identificados nos autos, na qualidade de herdeiros do A., interpuseram recurso para este Tribunal Pleno, com o fundamento em oposição com o julgado no acórdão do mesmo Tribunal de 17-12-98, Proc.° n.° 897/98, junto a fls. 434 e segs., a qual foi reconhecida por despacho do Exm.° Relator de 17-02-2006, que ordenou o prosseguimento do recurso (fls. 461 e segs.).

I. Os recorrentes apresentaram a alegação a que se refere o artigo 767.°, n.° 2, do Código de Processo Civil, redacção anterior ao DL n.° 329-A/95, formulando as seguintes conclusões:

1 – O presente recurso vem interposto do Acórdão do Tribunal Central Administrativo de 27 de Junho de 2002 que, relativamente ao mesmo fundamento de direito e na ausência de alteração substancial da regulamentação jurídica, chegou a uma solução oposta ao julgado no Acórdão daquele mesmo Tribunal de 17 de Dezembro de 1998.

2 – A questão fundamental de direito em relação à qual os acórdãos citados chegaram a soluções opostas, é a de saber qual a natureza jurídica e o alcance da publicitação da lista de pessoal que progrediu nos escalões, que o INETI divulgou em Maio de 1992, designadamente se tal acto é um acto administrativo recorrível ou um acto interno de informação.

3 – Ora, a lista de progressão nos escalões do pessoal da carreira de investigação do INETI foi assinada

pela directora da Direcção dos Serviços Administrativos, que é um mero serviço de apoio técnico e administrativo e não um órgão daquele Instituto.

4 – Não estamos, pois, perante um acto administrativo impugnável, mas, apenas, perante uma típica comunicação – que se limita a transmitir aos visados o conhecimento de uma situação de facto.

5 – A esta mesma conclusão – de que não estamos perante um acto administrativo impugnável – chegou, de resto, também já este Supremo Tribunal, no Acórdão proferido pelo Pleno em 12 de Abril de 2005, no processo n.º 623/04.

6 – Acresce que o que o Autor, representado pelos Recorrentes, censura ao INETI são omissões muito anteriores à publicação daquela lista, sendo esta uma mera consequência da falta de confirmação por parte do INETI das condições legais constantes dos Decretos-Lei n.os 353-A/89 e 204/91 que determinariam o processamento das progressões nos escalões tal como defendidas pelo Autor na petição inicial.

7 – Porém, ainda que assim não se entendesse, sempre se dirá que estamos perante um acto de publicação que se repete periodicamente, pelo que a sua impugnação singular seria sempre insuficiente, mesmo que se tratasse de um acto definitivo e executório (cfr. Acórdão fundamento).

8 – Deste modo, não assegurando a impugnação contenciosa do primeiro acto de uma série de actos que se repetem periodicamente, a vinculação da Administração ao critério perfilhado pelo Tribunal na concessão de provimento de recurso contencioso interposto desse acto, não se mostra assegurada a efectiva tutela jurisdicional através desse meio processual sendo, por conseguinte, lícita a utilização da acção para o reconhecimento de um direito ou interesse legalmente protegido.

Contra-alegou o Ministro de Estado e das Finanças, formulando as conclusões seguintes:

1 – A lista de progressão de escalões, elaborada nos termos do n.º 4 do Art. 20.º do DL. n.º 353-A/89, de 16 de Outubro, pode ser considerada como um verdadeiro acto recorrível, para efeitos contenciosos devendo assim ter-se como bem verificada, no acórdão recorrido, a excepção dilatória inominada prevista no Art. 69.º, n.º 2, da LPTA então em vigor;

2 – É que, a acção para reconhecimento de direitos, ou outras, tinha uma função complementar do sistema tradicional de defesa contenciosa, no domínio da antiga LPTA continuando a funcionar, o pressuposto processual constante do n.º 2 do Art. 69.º da LPTA sempre que o recurso contencioso e respectiva execução de sentença anulatória se apresentasse como a adequada a uma eficaz e efectiva tutela jurisdicional dos direitos e interesses legalmente protegidos e tendo o administrado que alegar e provar os factos essenciais que tornam legítimo e necessário o uso da via judiciária;

3 – E, assim, a acção para reconhecimento de direitos, proposta pelo antecessor dos ora recorrentes, constitui meio inadequado para assegurar a defesa daquilo que julgava serem os seus direitos, por se entender que, à data, quer a categoria do recorrente quer o seu posicionamento no escalão e índice remuneratório, se encontravam já definidos pelo conteúdo ou pelo determinado na lista de antiguidade, dada a ausência de oportuno recurso contencioso;

4 – Por isso que o A. e aqui recorrente, através da interposição de recurso contencioso do acto de processamento de vencimentos e da lista de progressão de escalão e com a execução da respectiva sentença, sempre poderia obter a efectiva tutela jurisdicional do seu direito ao reposicionamento nos escalões da categoria de investigador principal atrás referenciados;

5 – É que, conforme salienta o Ministério Público no acórdão recorrido (fls. 303 a 305) "os efeitos do posicionamento em determinado escalão remuneratório produzem-se na esfera jurídica do administrado através dos actos de processamento de vencimentos que, em conformidade com a corrente jurisprudencial que se firmou no Supremo Tribunal Administrativo constituem verdadeiros acto administrativos".

6 – Sendo que, diz-se ainda no aludido parecer do Ministério Público "a impugnação do primeiro desses actos impede a consolidação na ordem jurídica desse e dos subsequentes actos de processamento sem deste modo se exigir que, mês a mês, o interessado deduza novas impugnações" (...) pois é certo que, "através' da anulação do primeiro acto de processamento e da respectiva execução de julgado, é possível o reposicionamento do escalão que nos termos legais é devido".

Termos em que deverá decidir-se a oposição de julgados, em causa no recurso, em conformidade com a doutrina que emerge do acórdão recorrido.

O Conselho Directivo do INETI apresentou, também, contra alegações em que conclui:

1. O presente recurso é interposto do Mui Douto Acórdão do TCA, Processo 3109/99, proferido em 27 de Junho de 2002 o qual decidiu, pelos fundamentos aduzidos, "Negar provimento do recurso jurisdicional e em consequência manter o decidido na sentença recorrida."

2. O A. veio a juízo pedir que lhe seja reconhecido "uma determinada posição nos escalões e índices do Novo Sistema Retributivo da função pública " e consequentemente o respectivo pagamento, utilizando para o efeito a "acção para reconhecimento de direito ou interesse legítimo".

3. No Acórdão recorrido foi decidido que o meio processual utilizado pelo recorrente não é o adequado para a defesa da sua pretensão porquanto, existindo um acto administrativo recorrível, que definira já a situação jurídica do A., "lista de posicionamento nos escalões", competia-lhe impugná-lo contenciosamente, dentro do prazo legalmente previsto.

4. No Acórdão fundamento foi decidido que o recorrente podia lançar mão de "acções de reconhecimento de direito" porque "(...) tal lista configura um acto de publicação que se repete periodicamente e cuja impugnação singular seria, portanto, insuficiente, mesmo que se tratasse de acto definitivo e executório".

5. A questão fundamental de direito em relação à qual os Acórdãos se pronunciaram de modo diferente, é a de saber se, apesar de as situações da vida real, à partida, serem idênticas, foi seguido o mesmo caminho de apreciação e foram conhecidas as mesmas questões de facto e de direito em ambas as acções.

6. No Acórdão recorrido a lista publicada em Maio de 1992, – "lista de antiguidade" de todos os funcionários do quadro de pessoal do INETI, elaborada de harmonia com o disposto na alínea a) do n.º 2 do DL n.º 61/92, de 15 de Abril e afixada nos termos do n.º 4 do art. 20.º do

DL n.º 353-A/89, de 16 de Outubro e, consubstancia um acto definitivo e executório porque define, nos termos da lei, o escalão e índice de cada funcionário, determina a antiguidade para efeitos de progressão futura, na categoria, e determina também a remuneração que emerge do escalão e respectivo índice.

7. Bem se diz no Acórdão recorrido que "como resulta da matéria de facto, essa lista publicada em Maio de 1992 ou seja em momento anterior à propositura da presente acção." (...) quando o recorrente propôs a presente acção – 11.10.94 – já a administração definira e reconhecera o direito do recorrente a ser posicionado "com efeitos desde 01.01.92", no escalão 2, "índice 230".

8. Tanto na situação do Acórdão recorrido como na situação do Acórdão fundamento a periodicidade da publicação e afixação da "lista de progressão nos escalões" será de 3 anos, se em ambos os casos se verificarem os requisitos que a lei impõe para operar a progressão.

9. A tese do recorrente não é aceitável, porque por um lado nunca pôs em causa a "lista de progressão de escalões" e por outro por não ser verdade que a "lista' referida no Acórdão fundamento, afecte um grande número de pessoas porque nos casos em apreço a "lista", como explicitado, – porque se trata da última fase de descongelamento de escalões –, contempla e define a situação de todos os funcionários do quadro de pessoal do INETI e como tal é acto definitivo e executório.

10. Assim não se verifica a oposição de julgado porque as questões de facto e de direito, nas situações da vida real, em confronto não foram conhecidas do mesmo modo.

11. Como mui Doutamente se diz no Acórdão proferido em 25 de Janeiro de 2005, rec. n.º 432/04-20, em ilação "as duas decisões não estão realmente em oposição apesar de a situação da vida real, à partida, ser a mesma. Porém, seguiram caminhos de apreciação diferente e conheceram de questões de facto e de direito diferentes."

O Exm.º Procurador Geral Adjunto emitiu o seguinte parecer:

"A questão jurídica que subjaz ao dissídio jurisprudencial emergente dos acórdãos em confronto já foi objecto de conhecimento e decidida em anterior decisão deste Tribunal Pleno.

De facto, a propósito de um caso em tudo idêntico ao do presente recurso, o acórdão de 12-04-05, no recurso n.º 623/04, concluiu que a lista de progressão nos escalões dos investigadores do INETI emitida e publicitada em Maio de 1992, não definindo a situação remuneratória desse pessoal, não revestia a natureza de acto administrativo contenciosamente impugnável e daí que a falta de impugnação verificada não constituía obstáculo à interposição da acção para reconhecimento de direito que fora intentada, em consequência do que julgou improcedente a excepção dilatória da não verificação do pressuposto processual negativo previsto no artigo 69.º, n.º 2 da LPTA.

Como se deixou expresso em sumário tirado no mesmo aresto – "*A lista de funcionários e agentes que em cada mês e em cada serviço progridem de escalão, mesmo que tenha sido afixada nos termos previstos no n.º 4 do artigo 20.º do DL n.º 353-A/89, de 16/10, não determina qualquer efeito preclusivo dos direitos dos funcionários aos vencimentos calculados de acordo com o escalão que lhes competir por determinação legal e pelo tempo de exercício de funções que tiverem.*

Efectivamente, inexiste texto normativo ou princípio geral de direito que faça resultar da afixação daquela lista o efeito de definir unilateralmente a situação remuneratória do funcionário e a correspondente vinculação da Administração quanto ao escalão que compete aos integrados na lista ou aos que nela foram omitidos".

Não se vislumbrando razões ou argumentos válidos para divergir desse entendimento jurisprudencial, o acórdão recorrido, a nosso ver, não fez correcta interpretação e aplicação do direito ao manter a sentença da primeira instância que julgara procedente a excepção dilatória prevista no artigo 69.º, n.º 2 da LPTA.

Termos em que se é de parecer que o recurso deverá obter provimento, revogando-se, em consequência, o acórdão recorrido."

II. Comecemos por analisar a situação de facto apreciada nos dois acórdãos apresentados como divergentes e como decidiu cada um deles.

O acórdão recorrido (fls. 307 a 315) – apreciando o recurso jurisdicional de sentença do TAC que julgando procedente a excepção dilatória prevista no n.º 2, do artigo 69.º, da LPTA, absolveu da instância os R.R. Conselho Directivo do INETI, Ministro das Finanças e Ministro da Indústria e Energia, em acção na qual um funcionário do INETI pedia o reconhecimento do direito a ser reposicionado a partir de 1 de Julho de 1990, na carreira de investigador principal, no índice mais aproximado do que caberia em caso de progressão na categoria inferior, com o fundamento de que o aqui recorrente deveria ter impugnado contenciosamente a lista de progressão de escalões do pessoal, publicada em Maio de 1992, que o posicionara no "escalão 2", "índice 230", "com efeitos desde 01.01.92", por se tratar de um acto administrativo definidor da categoria do recorrente, bem como o respectivo reposicionamento no escalão e índice remuneratório, conseguindo, através do uso do recurso contencioso, obter o mesmo resultado que visava obter através da presente acção – confirmou a sentença recorrida.

Por sua vez no acórdão fundamento (fls. 434 a 458), apreciando um recurso jurisdicional de sentença do TAC que – em acção de reconhecimento do direito em que, igualmente, um funcionário do INETI pedia o posicionamento a partir de 1 de Julho de 1990, na carreira de investigador principal, no índice mais aproximado do que caberia em caso de progressão na categoria inferior – tinha julgado procedente a excepção de inadmissibilidade do meio, prevista no artigo 69.º n.º 2 da LPTA, com o fundamento de que o A. deveria ter impugnado contenciosamente a lista de progressão de escalões do pessoal, publicada em Maio de 1992, que o posicionara no "escalão 2", "índice 230", "com efeitos desde 01.01.92", por se tratar de um acto administrativo definidor da categoria do recorrente, bem como do respectivo reposicionamento no escalão e índice remuneratório, conseguindo, através do uso do recurso contencioso, obter o mesmo resultado que visava obter através da presente acção, o Tribunal Central Administrativo, considerando que "a lista da progressão de escalão em causa foi elaborada nos termos do n.º 4 do art. 20.º do Dec-Lei n.º 353-A/89 de 16 de Outubro, em 20-5-92, e encontra-se assinada pela directora da Direcção dos Serviços Administrativos" que era "0um serviço de apoio técnico e administrativo (art.

18.°, 36.° n.° 1, al. b) e 38.°, do D.L. 361/79 de 1 de Setembro) e não um órgão do LNET, pelo que a lista em causa possui apenas o carácter de uma mera informação ou comunicação interna, não podendo ser qualificada como acto impugnável", decidiu revogar a sentença recorrida .

A situação de facto que subjaz em ambos os acórdãos é, pois, absolutamente igual, sendo que a questão jurídica neles apreciada – saber se aquela lista de progressão nos escalões consubstancia ou não um acto administrativo definidor da situação jurídica do interessado relativamente à sua integração nos escalões de vencimento, de modo a que a sua não impugnação, por força do caso decidido, impedia, por força do estatuído no art. 69.°, n.° 2, da LPTA, a interposição de uma acção para reconhecimento do direito ou interesse negado pelo acto administrativo em causa – teve solução jurídica oposta pelo que é manifesta a oposição de julgados, sendo irrelevante, para estes efeitos, o facto do acórdão fundamento ter aduzido outros dois argumentos que, do mesmo modo, justificariam o uso, pelo recorrente, da acção de reconhecimento de direito, prevista no artigo 69.°, n.° 1, da LPTA.

Verificam-se, assim, os pressupostos do recurso por oposição de julgados, previsto na al. b'), do artigo 24.°, do ETAF/84.

III. A questão a decidir consiste, pois, em saber se aquela lista de progressão consubstancia um acto administrativo definidor da situação jurídica do recorrente relativamente à sua integração nos escalões de vencimento, cuja impugnação contenciosa asseguraria o mesmo efeito útil que o recorrente pretende obter com a acção de reconhecimento de direito que propôs – tese do acórdão recorrido – ou se, pelo contrário, tal acto é uma mera informação ou comunicação interna que não reúne as características constantes do artigo 120.°, do CPA, e, como tal, insusceptível de ser contenciosamente impugnado – tese do acórdão fundamento.

Sobre situação idêntica, em recurso por oposição de julgados, já se pronunciou o Pleno deste Supremo Tribunal Administrativo, em acórdão de 12-04-2005, proferido no Proc.° n.° 623/04, onde, quanto à questão de saber se "a emissão e publicidade, em Maio de 1992, da lista de progressão nos escalões dos investigadores do INETI era acto administrativo a definir a situação remuneratória daquele pessoal pelo que era contenciosamente recorrível e se a falta de impugnação era impeditiva da acção que o A. propôs", se escreve:

"A lista em questão foi organizada nos termos do n.° 4 do artigo 20.° do DL 353-A/89, de 16.10.

Segundo este artigo a progressão nas categorias por mudança de escalão é automática e oficiosa – n.° 1 – não depende de requerimento do interessado, devendo os serviços proceder com diligência ao processamento oficioso das progressões – n.° 2 dependendo o abono da nova remuneração "da simples confirmação das condições legais por parte do dirigente máximo do serviço" – n.° 3.

Diz, depois, o n.° 4: "Mensalmente será afixada em cada serviço a listagem dos respectivos funcionários e agentes que tenham progredido de escalão".

Em face destas disposições pode concluir-se que a lista não resulta da abertura de um procedimento administrativo para nele se produzir uma decisão sobre a situação de cada funcionário que progride nos escalões, nem é notificada aos interessados a abertura de procedimento, nem a emissão de um acto decisório sobre a sua inclusão ou não em certo escalão, e muito menos se prevê a fundamentação das razões pelas quais certo ou certos funcionários não tenham sido incluídos na situação de progressão, antes a lei estabelece um procedimento oficioso interno que culmina com a fixação de uma lista para a qual a lei não determina nenhum efeito preclusivo dos direitos dos funcionários nela incluídos ou que o deviam ser, mas efectivamente não foram incluídos.

O direito à remuneração e a uma remuneração de certo montante constitui-se a partir da aceitação da nomeação e nos casos em que não há aceitação reporta-se ao início do exercício efectivo de funções diz o artigo 3.° n.os 1 e 2 do DL 353-A/89.

Por seu lado o artigo 20.° deste diploma relativo à progressão nos escalões não refere nenhuma decisão sobre esta matéria quando estabelece que uma lista mensal dos funcionários que progridem de escalão será mensalmente afixada em cada serviço.

Pelo contrário, o que diz o texto do artigo 20.° é que o abono da quantia correspondente à devida a cada funcionário conforme o escalão, será pago mediante "simples confirmação das condições legais" efectuada pelo dirigente máximo do serviço a cujo quadro o funcionário pertence.

Ou seja, o direito à remuneração segundo o escalão determinado por lei vence-se no dia 1 do mês seguinte ao do preenchimento dos requisitos de progressão e uma vez vencido é um direito subjectivo do funcionário e uma obrigação da Administração.

A intervenção do dirigente máximo do serviço prevista no n.° 3 do artigo 20.° destina-se a confirmar as condições legais para o pagamento e não a definir a obrigação já constituída. Isto é, trata-se de acto de controlo interno essencial para o bom funcionamento dos serviços e designadamente da execução orçamental, mas nenhum efeito pode fazer incidir sobre o direito subjectivado na esfera jurídica do funcionário.

Em suma, a falta de inclusão na lista de funcionários que progridem de escalão organizada nos termos do artigo 20.° do DL 353-A/89 não é um acto de sentido claro e unívoco quanto à sua situação, tanto pode revelar que a situação daquele funcionário não foi apreciada para progressão, como pode ter sucedido que foi apreciada, mas por se considerar que não tinha as condições legais não foi incluído nos funcionários que progrediam nos escalões. De qualquer modo a lei não qualifica esta inclusão na lista, ou a sua falta, como comunicação de uma decisão, nem refere que exista alguma decisão no sentido em que a palavra é usada no artigo 120.° do CPA.".

Assim, pelas razões aduzidas na parte transcrita do aresto deste Tribunal de 12-04-2005, inteiramente transponíveis para o caso em apreço, adoptamos a solução do acórdão fundamento, isto é de que a lista de progressão nos escalões do pessoal do INETI, publicitada em Maio de 1992, não consubstancia um acto administrativo definidor da situação jurídica dos seus destinatários relativamente à sua integração nos escalões de vencimento, sendo, pois, insusceptível de recurso contencioso (cfr. artigos 120.°, do CPA, e 25.°, n.° 1, da LPTA), pelo que a acção de reconhecimento de direito proposta pelo aqui recorrente a fls. 2, é o meio idóneo para assegurar a tutela jurisdicional do direito que ali pretende fazer valer, não ocorrendo a excepção inominada prevista no art 69.°, n.° 2, da LPTA.

Decidindo em contrário, o acórdão recorrido fez errada interpretação e aplicação daquelas disposições legais, pelo que não pode manter-se.

IV. Nos termos expostos, acordam em conceder provimento ao recurso, revogando o acórdão recorrido e ordenando a remessa do processo ao Tribunal Administrativo e Fiscal de Lisboa para prosseguimento da acção proposta a fls. 2, se qualquer outra causa a tal não obstar.

Sem custas.

Lisboa, 3 de Maio de 2007

Freitas Carvalho (Relator)
Azevedo Moreira
Santos Botelho
Rosendo José
Angelina Domingues
Pais Borges
Jorge de Sousa
Alberto Costa Reis

Recurso n.° 253/03-20

EXECUÇÃO DE JULGADO. CPTA. CAUSA LEGITIMA DE INEXECUÇÃO. RECONSTITUIÇÃO DE CARREIRA. SANÇÃO PECUNIÁRIA COMPULSÓRIA.

(Acórdão de 3 de Maio de 2007)

SUMÁRIO:

I – Como já sucedia com o antecedente processo de execução de julgados do Decreto-Lei n.° 256--A/77, de 17 de Agosto, o processo de execução de sentenças de anulação, regulado nos artigos 176.° e seguintes do Código do Processo nos Tribunais Administrativos, tem natureza eminentemente declarativa, visando apreciar, pela primeira vez e em complemento do processo de anulação de actos administrativos, o conteúdo das relações jurídicas emergentes da anulação (ou da declaração de nulidade ou inexistência) de um acto administrativo e, se for caso disso, impor, através de sentença, a adopção dos actos e a realização das operações necessários ao restabelecimento da legalidade ofendida.

II – Esta declaração dos actos devidos, correspondente à decisão de procedência do pedido de condenação formulado pelo interessado e passível de execução forçada, assume a natureza de título executivo.

III – O juízo no sentido de que não é possível a execução de determinada decisão anulatória supõe a verificação de que tal impossibilidade é absoluta, não relevando, para o efeito, a mera dificuldade de execução ou o seu carácter eventualmente oneroso.

IV – A reconstituição, no aspecto remuneratório, da situação funcional de funcionário que se mantém ao serviço faz-se pelo pagamento da diferença entre o vencimento de que foi privado, por virtude do acto anulado pela decisão em exequenda, e o do lugar que entretanto exerceu, sendo devidos juros de mora, sobre aquela diferença.

V – Numa tal reconstituição de situação funcional, em regra, só pode atribuir-se relevância a promoções relativamente às quais esteja excluída qualquer margem de aleatoriedade, como sucede, designadamente, com as que dependem, exclusivamente, do preenchimento de determinados módulos de tempo de exercício de funções em categoria inferior.

VI – A sanção pecuniária compulsória, prevista nos artigos 179.°, número 3 e 169, número 2 do Código do Processo nos Tribunais Administrativos, corresponde a uma faculdade, que o tribunal pode usar, a requerimento ou mesmo oficiosamente, para prevenir situações, que ainda se perspectivam, apenas, como de eventual incumprimento, não tendo, assim, como pressuposto um anterior comportamento culposo, que tivesse de ser invocado e demonstrado, da entidade responsável pela execução do julgado.

ACORDAM, NO PLENO DA 1ª SECÇÃO DO SUPREMO TRIBUNAL ADMINISTRATIVO:

1. O *Ministério da Segurança Social, da Família e da Criança* veio interpor recurso do acórdão da Secção, proferido a fls. 152, ss., dos autos, que, nos termos do disposto no art. 179 do Código de Processo nos Tribunais Administrativos (CPTA), fixou os actos e operações a adoptar, para execução do acórdão, de 22.1.98, que, concedendo provimento ao recurso contencioso interposto pela ora recorrida *Maria Eugénia Luísa Faria*, anulou o indeferimento tácito, imputado ao Secretário de Estado da Segurança Social, que recaiu sobre o recurso hierárquico, interposto pela mesma recorrida, do acto do Presidente da Comissão Instaladora do Centro Regional de Segurança Social, de 7.10.91, pelo qual foi homologada a lista de classificação final dos candidatos ao concurso interno de acesso à categoria de técnico principal da carreira técnica de serviço social, aberto pela ordem de serviço publicada no Diário da República, II Série, de 17 de Janeiro de 1991.

Apresentou alegação (fls. 159, ss., dos autos), com as seguintes conclusões:

I – O douto Acórdão recorrido, ao denegar a requerida intervenção provocada do Instituto da Segurança Social, IP, confundiu a legitimidade para os termos da execução com a competência para a prática dos actos que a mesma possa implicar, violando o n.º 2 do art. 174.º do CPTA e os arts. 325.º e segs. do C.P.Civil.

II – Com efeito, é da competência própria e exclusiva do Conselho Directivo e dos directores distritais daquele Instituto a prática dos actos de gestão de pessoal em que tal execução se traduziria, como resulta do n.º 4 do art. 39.º e do art. 11.º dos respectivos Estatutos, aprovados pelo Dec-Lei n.º 316-A/2000, de 7 de Dezembro, com as alterações de redacção introduzidas pelo Dec-Lei n.º 112/2004, de 13 de Maio.

III – Tal Instituto é dotado de personalidade jurídica de direito público, autonomia administrativa, financeira e patrimonial, sendo de superintendência e tutela o vínculo jurídico existente entre o mesmo e o Ministro da Segurança Social, da Família e da Criança, como resulta dos arts. 5.º, n.º 1, al. a) e 16.º, n.º 1, ambos do Dec-Lei n.º 5/2005, de 5 de Janeiro, que aprovou a lei Orgânica do recorrente, conjugados com os 1° e 2° dos Estatutos do citado Instituto.

IV – O Membro do Governo não dispõe de poderes jurídicos para a prática dos actos em que se traduz a determinada execução por nenhuma disposição legal lhos conferir, os quais são da competência própria e exclusiva do Conselho Directivo e dos directores distritais e nem sequer de tutela substitutiva, como tudo resulta não só dos preceitos legais citados, mas também do CPA e da Lei Quadro dos Institutos Públicos – Dec.-Lei n.º 3/2004, de 15 de Janeiro designadamente do n.º 1 do seu art. 21.º, do n.º 2 do seu art. 34.º e, *a contrario sensu,* do seu art.º 41.º.

V – Por todo o exposto, deve nesta medida ser revogado o douto Acórdão recorrido e susbstituído por não menos douto aresto que determine a admissão e consequente processado de tal intervenção provocada.

VI – Por outro lado, o douto Acórdão recorrido fez errada análise dos factos e não menos incorrecta interpretação e aplicação da lei ao considerar a inexistência de causa legítima de inexecução, entrando por acréscimo em contradição com o douto Acórdão, transitado em julgado, proferido por esse mesmo Pleno no processo n.º 29818-A, junto aos autos a fls. 82 a 88, e cujo universo pessoal e funcional de abrangência é o mesmo.

VII – Mas se tal não bastasse, tal decisão está em contradição com os seus fundamentos, o que integra a causa da sua nulidade prevista na al. c) do n.º 1 do art. 668.º do C.P.Civil, o que expressamente se argui e invoca.

VIII – As operações de execução do Acórdão que constitui o título executivo, determinadas no Acórdão recorrido, implicam as consequências descritas e pormenorizadas nestas alegações e que sobejamente demonstram a impossibilidade absoluta de tal execução e o grave prejuízo do interesse público, pelo que o douto Acórdão recorrido viola o disposto no art. 163.º do CPTA, cfr. como atrás consta de 2.3, 2.8 a 2.8.7, aqui tidos como reproduzidos.

IX – Realce-se que a prolação do despacho descrito na al. *a*) da rubrica "Decisão" do douto Acórdão recorrido viola os princípios de aplicação da lei no tempo consagrados no art. 12.º do Código Civil, já que submete ao CPTA um título executivo transitado em julgado em 20 de Setembro de 2002 – douto Acórdão exequendo –, quando aquele ainda não vigorava e o contencioso administrativo era de mera anulação.

X – Tal decisão carece de fundamento legal, já que, através das operações de execução, não pode ser ampliado o título executivo, como resultaria se fosse mantida a obrigação de proferir o despacho referido.

XI – Em 20 de Setembro de 2002 transitou em julgado a anulação do indeferimento tácito do recurso da ora exequente mas esta não foi colocada no 21° lugar da lista classificativa, como o pretende e determina o douto Acórdão recorrido.

XII – O título executivo não tem o conteúdo que resulta do Acórdão recorrido, o que equivale à inexistência do mesmo, pelo que não pode aquele deixar de ser revogado, como resulta dos arts. 45.º e 814.º, al. a) do C.P.Civil.

XIII – Também o douto Acórdão recorrido não poderia fixar a quantia a receber pela exequente, já que esta na sua petição não desenvolveu os cálculos à mesma conducentes, como era seu ónus processual, o que impedia o recorrente de efectuar o respectivo contraditório.

XIV – E tais cálculo também não constam do douto Acórdão recorrido, o que tudo impede o recorrente de contraditar fundamentadamente o montante fixado.

XV – Pelo que toca à condenação em sanção compulsória, a mesma é ilegal, porque ela tem de pressupor comportamento culposo, invocado e demonstrado, do sancionado, o que não consta nem da petição inicial – como era ónus processual da exequente –, nem do douto Acórdão recorrido.

XVI – Aliás, a exequente, ainda ao abrigo da LPTA e do Dec.-Lei n.º 256-A/77, promoveu execução junto do Membro do Governo, em 29 de Dezembro de 2003, e logo em 8 de Janeiro foi proferido parecer, sobre que recaiu despacho governativo de 28 do mesmo mês, remetendo os elementos ao Instituto da Segurança Social, IP, com notificação à exequente.

XVII – Instituto este que não promoveu tal execução pelas causas legítimas de inexecução então invocadas, como tudo se demonstra pelos docs. 1, 2 e 3 ora juntos aos autos.

Nestes termos, deve ser dado Provimento ao presente recurso e, assim, totalmente revogado o Acórdão recorrido, com as legais consequências, desta forma sendo feita a habitual

Justiça.

A recorrida *Maria Eugénia Faria* apresentou contra-.alegação, a fls. 193, ss., dos autos, pugnando pela manutenção do acórdão recorrido.

Cumpre decidir.

2. O acórdão recorrido deu como provada a seguinte matéria de facto:

a) Por acórdão deste STA, de 22-1-98, a fls., 317/332 do rec. n.º 30373 e 30375, já transitado em julgado e cujo teor aqui se dá por integralmente reproduzido, foi anulado o indeferimento tácito, imputado ao Secretário de Estádio da Segurança Social, do recurso hierárquico interposto pela agora Requerente do acto de homologação, de 7-10-91, do Presidente da Comissão Instaladora do CRSS de Lisboa da lista de classificação dos candidatos ao concurso interno de acesso à categoria de técnico principal da carreira técnica de serviço social, aberto por ordem de serviço publicada no DR, II Série, de 17-1-91.

b) Quer a Requerente quer as Contra-Interessadas foram candidatas ao aludido concurso.

c) Na lista de classificação final referente ao dito concurso a Requerente foi graduada em 29° lugar, sendo que as Requeridas foram graduadas nos lugares que constam do doc. de fls. 20 cujo teor aqui se dá por reproduzido – cfr. o recurso n° 30375.

d) A Requerente detém a categoria de técnica superior principal da carreira técnica superior de serviço social, desde 12-2-99, tendo sido posicionada no escalão 1 – índice 510, naquela data, progredindo ao escalão 2 – índice 560, em 12-2-02, tendo anteriormente sido reclassificada na categoria de técnica superior de 1ª classe, da carreira técnica superior de serviço social, com efeitos a 01.09.91, tendo ficado posicionada no escalão 1 – índice 440, em 01.09.91, no escalão 2 – índice 450, em 01.09.94 e no escalão 3 índice 465, em 01.09.97 – cfr. o doc. de fls. 10, que aqui se dá por integramente reproduzido.

e) De acordo com o aviso publicado no DR, II Série, de 21-12-97, foram nomeados definitivamente, na categoria de técnico principal, área de serviço social, no quadro de pessoal do CRSS de Lisboa, os candidatos classificados nos 23 primeiros lugares do concurso a que se alude em *a*) – cfr. o doc. de fls. 9, cujo teor aqui se dá por integralmente reproduzido.

f) Por requerimento dirigido ao Secretário de Estado da Segurança Social e recebido em 30-12-03, a Requerente solicitou a execução do já aludido Acórdão anulatório, de 20-1-98, nos moldes que constam do doc. de fls. 11-13, cujo teor aqui se dá por reproduzido.

g) Por deliberação n° 204, de 13-9-01, do Conselho Directivo do Instituto de Solidariedade e Segurança Social a Requerida Maria Isabel da Fonseca Dias Rodrigues foi nomeada Directora da Unidade de Solidariedade – cfr. o doc. de fls. 50-55, que aqui se dá por reproduzido.

h) Da Nota de Registo Biográfico da Requerida Maria Isabel Ferreira Seita Machado Silva Cunha consta, designadamente, que a mesma tem, desde 3-2-99, a categoria de técnica superior principal da carreira técnica superior de serviço social, exercendo o cargo de Directora de Estabelecimento de 3ª idade – cfr. o doc. de fls. 122-124, cujo teor aqui se dá por reproduzido.

3. Com base nessa matéria de facto, e nos termos artigo 179.° do CPTA, o acórdão recorrido decidiu fixar os seguintes actos e operações a adoptar pela Secretária de Estado Adjunta do Ministro da Segurança Social, da Família e da Criança, por virtude da extinção do Ministério da Segurança Social e do Trabalho:

a) Despacho a conceder provimento ao recurso hierárquico interposto pela Requerente, com a sua graduação em 21.° lugar, determinando-se, ainda, a elaboração de nova lista classificativa final respeitante ao concurso interno de acesso à categoria de técnico principal da carreira técnica de serviço social, aberto por ordem de serviço publicada no DR, II Série, de 17-1-91, reconhecendo-se a sua promoção na categoria de técnica superior principal com efeitos desde 21-12-92, bem como as sucessivas progressões de escalão naquela categoria, tendo em conta a data em questão (21-12-99), fixando-se, para o efeito, o prazo de 3 meses;

b) Pagamento das diferenças de vencimentos entre a categoria que então possuía (técnica superior de 1ª classe, por força da reclassificação havida nos termos do DL 296/91, de 16-8) e a categoria de técnico superior principal, a que só tinha ascendido em 12-2-99, acrescida de juros de mora devidos pelo não pagamento atempado das diferenças salariais, calculados às taxas legais sucessivamente em vigor, bem como os juros que se vençam até integral pagamento sobre a quantia em dívida, fixando-se para o efeito o prazo de 30 dias (cfr. n.° 4, do artigo 179.° do CPTA);

c) Desde já se fixa em 5% do salário mínimo nacional mais elevado, a sanção pecuniária compulsória a pagar por cada dia de atraso que, para além, dos prazos limites atrás estabelecidos, se possa vir a verificar na execução desta decisão, nos termos dos artigos 179.°, n.° 2 e 169.°, n.° 2, do CPTA.

Para assim decidir, considerou o mesmo acórdão:

... no caso vertente, o já aludido Acórdão, de 22-1-98, anulou o acto objecto de impugnação contenciosa, com base na procedência do vício de violação de lei, por erro nos pressupostos quanto à admissão e graduação de alguns candidatos, invocado pelas recorrentes contenciosas (sendo uma delas a agora Requerente) e que se traduziu na circunstância de as recorridas particulares não deterem a categoria imediatamente inferior àquela a que o concurso se reportava, uma vez que a sua nomeação, na categoria de técnica de serviço social de 1ª classe não foi precedida de concurso o que implicava, necessariamente, a nulidade dos respectivos despachos de nomeação, daí que, por força de tal nulidade as ditas recorridas não tivessem as condições legalmente fixadas para a sua admissão e graduação no concurso em causa, apresentando-se, por isso, a dita nulidade como um específico fundamento da ilegalidade do acto recorrido (cfr. os pontos 3.3 a 3.5.5 do referido aresto anulatório, a fls. 324-333, do Rec. n.° 30373 e 30375).

Perante o quadro descrito temos que o recurso hierárquico apresentado pela aqui Requerente deveria ter merecido provimento, atendendo às razões acabadas de enunciar, daí que se imponha, em sede de execução, a prática de acto expresso, agora por parte da Secretária de Estado Adjunta do Ministro da Segurança Social, da Família e da Criança, a conceder provimento ao recurso hierárquico, com a consequente alteração da lista classificativa final, por forma a que a Requerente ascenda ao 21.° lugar.

E, isto, com efeitos reportados a 21-12-92, data em que foi publicada a nomeação dos candidatos classificados nos 23 primeiros lugares (cfr. o doc. de fls. 9)

De facto, cabe nos efeitos do julgado anulatório a retroacção da antiguidade na carreira de um funcionário ao momento a partir da qual se contaria, não fora o acto anulado, na medida em que da apontada eficácia retroactiva depende a reconstituição da situação que existiria se a ilegalidade não tivesse sido cometida (cfr. os n.ºs 1 e 2, do artigo 173.° do CPTA).

Por isso é que a nomeação a efectuar, de acordo com a nova lista de classificação final, deverá reportar os seus efeitos à data em que ocorreram aquelas que resultaram da primeira lista classificativa. Ver, neste linha entre outros, os Acs. deste STA, de 18-2-97 – Rec. 34547, de 8-7-99 – Rec. 31932-A e de 8-11-00 – Rec. 28127-A.

Acresce que a Requerente tem direito a ver reconhecidas as sucessivas progressões de escalão naquela categoria, tendo em conta a data em questão (21-12-92).

Com efeito, não se trata aqui de estatuir ao nível de eventuais promoções que dependam de concurso ou escolha.

Vide, a este propósito, os Acs. deste STA, de 20-3-97 (Pleno) – Rec. 12074, de 3-6-97 – Rec. 34973 e de 24-5-00 – Rec. 45977.

Por outro lado, tem a Requerente direito a receber as diferenças de vencimentos entre a categoria que então possuía (técnica superior de 1ª classe, por força da reclassificação havida nos termos do DL 296/91, de 16/8) e a categoria de técnico superior principal, a que só ascendeu em 12-2-99 (cfr. o doc. de fls. 10).

Na verdade, a eliminação dos efeitos negativos do não pagamento dos vencimentos devidos é um dos efeitos a eliminar na execução do julgado anulatório, tanto mais que houve exercício efectivo de funções, ainda que em categoria inferior à que era devida.

Ou seja, continuando o funcionário ao serviço, a reconstituição da situação actual hipotética faz-se, no aspecto remuneratório, pelo pagamento da diferença entre o vencimento de que foi privado e o do lugar que exerceu.

Ver, neste sentido, entre outros, os Acs. deste STA, de 15-10-96 – Rec. 39491, de 2-10-97 – Rec. 24711-A, de 2-12-97 – Rec. 28559-A, de 15-2-91 – Rec. 37225-A, de 30-10-97 – Rec. 24460-B e de 9-2-99 (Pleno) – Rec. 24711-B.

A quantia atinente com as diferenças de vencimentos terá de ser acrescida dos juros de mora devidos pelo não pagamento atempado das diferenças salariais, calculados às taxas legais sucessivamente em vigor, bem como os que se vençam até integral pagamento da quantia em dívida, só assim se repondo a situação actual hipotética que existiria se não se tivesse praticado o acto objecto de impugnação contenciosa.

É o que tem sido reiteradamente afirmado por este STA, de que são expressão, em especial, os Acs. de 19-11-96 – Rec. 22500-A, de 24-6-97 – Rec. 40505, de 30-10-97 – Rec. 24460-B, de 2-12-97 – Rec. 22906-A, de 9-6-98 – Rec. 43608, de 3-2-00 – Rec. 42035, de 9-2-00 – Rec. 36085-A, de 7-6-00 – Rec. 32683 e de 15-2-01 – Rec. 37225-A.

Em suma, no caso em apreço, a execução do julgado anulatório não se pode limitar à satisfação, em novo acto, da posição subjectiva de que é titular a Requerente, pois à Administração incumbe também tirar as devidas consequências da anulação, devendo restabelecer a situação anterior ao acto anulado, por meio de actividade que o vise substituir e apagar os seus efeitos.

Confrontar, neste sentido, o Ac. deste STA, de 18-4-85 – AD 287.

...

3.1. Alega a recorrente que esta decisão está em contradição com os respectivos fundamentos. O que, segundo a mesma alegação, implica, para o acórdão recorrido, a nulidade prevista no art. 668.º, n.º 1, al. c) do Código de Processo Civil (CPC), aplicável *ex vi* art. 1.º do CPTA.

Começaremos por apreciar da existência dessa alegada nulidade, pois que, a verificar-se, prejudicaria o conhecimento das demais questões suscitadas na alegação do recorrente.

Vejamos, pois.

A entidade recorrente persiste em sustentar que ocorre causa legitima de inexecução do julgado anulatório, invocando, nesse sentido, e em suma, que a execução, conforme o decidido no acórdão ora impugnado, implicaria anular a nomeação das recorridas particulares e refazer as respectivas carreiras, por via da abertura dos necessários concursos. O que, em termos práticos, seria inviável, por já não poderem os concorrentes ser os mesmos. Além de que – acrescenta a recorrente –, tal implicaria dificuldades susceptíveis de afectar a própria credibilidade dos serviços.

Caso tivesse seguido tal entendimento – defendido já pela ora recorrente, na respectiva contestação –, por certo que o acórdão recorrido, tendo concluído pela indicação dos actos e operações em que deverá consistir a execução do julgado anulatório, teria incorrido no vício formal que lhe imputa a mesma recorrente.

Porém, o acórdão recorrido não acolheu esse entendimento da recorrente. Pelo contrário, considerou que, no caso concreto, não existe causa legitima de inexecução.

E foi em perfeita coerência lógica com este juízo que o mesmo acórdão julgou procedente a pretensão da requerente, fixando, nos termos do art. 179.º CPTA, os actos e operação em que deve traduzir-se a execução do julgado anulatório.

Não se verifica, assim, qualquer contradição entre os fundamentos e a decisão afirmada no acórdão impugnado. Pelo que improcede a deduzida arguição de nulidade.

3.2. Para além disso, e contra o que persiste em defender a entidade recorrente, não merece censura o decidido, no sentido de que não existe, no caso concreto em apreço, causa legitima de inexecução do julgado anulatório.

Contra esta decisão, sustenta a recorrente que a execução do julgado implicaria a reconstituição da situação funcional em que as requeridas particulares se encontram, na sequência do acto classificativo objecto de recurso hierárquico que foi tacitamente indeferido, acto silente esse que acabou por ser anulado contenciosamente pelo já referenciado Acórdão, de 22-1-98.

Porém, importa notar que, como bem ponderou o acórdão recorrido,

... a Requerente nada solicitou, em sede de execução de julgado anulatório, que contendesse com as situações das Requeridas.

Na verdade, não só nada requereu nesse sentido na sua petição de fls., 4/8, como, inclusivamente, teve oportunidade de salientar na sua réplica, de fls. 128-132, que apenas pretendia ver reconstituída a sua situação, o que bem se evidência dos seguintes passos desta última peça processual, onde se refere que: "Mas não foi isso que a exequente requereu porquanto se lhe afigura desproporcionado que se determine a despromoção das 6 recorridas particulares beneficiárias da 1ª nomeação ocorrida em 21-12-92 na sequência daquele concurso para dar lugar à nomeação da ora exequente ...", antes visando, como já se disse, a "execução (ainda que parcial do julgado)" no que a si diz respeito – cfr. fls. 130-131.

Ou seja, tendo a Requerente assumido a já apontada postura neste processo, ao nível dos actos de execução que pretende ver decretados pelo Tribunal, desnecessário se torna trazer à colação em sede das eventuais causas legitimas de inexecução as que se liguem intimamente à situação funcional das Requeridas.

Ora, sendo isto assim, então, é patente que não ocorre qualquer situação passível de se integrar no conceito de causas legítimas de inexecução.

De facto, e, desde logo, não é pela circunstância de a Requerente já deter a categoria de técnica superior principal da carreira técnica superior de serviço social desde 12-2-99, que, por tal via, se tenha de concluir pela existência de causa legítima de inexecução, como menos acertadamente se defende na contestação da Requerida Maria Isabel F.S.M. da Silva Cunha. É que, como decorre da sua petição, a Requerente pretende ver reconhecida a sua promoção a tal categoria com efeitos reportados a 21-12-92.

Em sentido contrário a este entendimento, a entidade recorrente invoca a doutrina afirmada no acórdão, de 29.1.02, proferido no R.º 29818-A e confirmado pelo acórdão, de 11.12.02, deste Pleno, em que se concluiu não ser possível a execução de acórdão que declarou nulos, por não serem precedidos de concurso público, os actos de nomeação de nove funcionárias, como técnicas de serviço social principal, por não ser possível reconstituir as situações dessas funcionárias e as daquelas que, em cadeia, seriam afectadas por tal reconstituição.

Mas, como bem entendeu o acórdão recorrido, não colhe essa invocação.

Com efeito, no caso dos presentes autos, a requerente, ora recorrida, não peticionou a prática de qualquer acto cujo efeito se projectasse na situação estatutária das requeridas. O que – como bem salientou já o acórdão recorrido – não sucedia na situação contemplada naqueles arestos, «*onde a aí Requerente pretendia obter a execução do julgado anulatório, por forma a que, na reconstituição da carreira das funcionárias "nela visadas tudo se" passasse "como se estas não tivessem sido promovidas" a técnicas de serviço social principais" – cfr. fls. 82*».

São, pois, diferentes os requerimentos de execução, não sendo comparáveis as situações apreciadas no acórdão recorrido e nos invocados arestos.

De notar, ainda, que o acórdão recorrido, em conformidade, aliás, com o peticionado pela requerente, ora recorrida, não determinou a abertura de qualquer concurso. Pelo que não colhe também a alegação da recorrente, ao invocar as dificuldades práticas na respectiva realização e as nefastas repercussões que daí poderiam trazer para a imagem dos serviços.

Finalmente, e também no sentido do que é possível a execução da decisão anulatória, tal como foi determinado no acórdão recorrido, deve ter-se presente, como neste bem se ponderou, invocando a jurisprudência deste Supremo (vd., p. ex., ac. de 2.4.98-R.º 19815-A), que «*a impossibilidade de executar a decisão anulatória terá de ser absoluta, não relevando a este nível a mera dificuldade de execução do julgado ou o seu carácter eventualmente oneroso, sendo que, noutra perspectiva, tal execução não envolve qualquer prejuízo para o interesse público, uma vez que, designadamente, se não pretendem questionar os actos de nomeação das que foram recorridas particulares no recurso contencioso. Ver, quanto a esta questão também, os Acs. deste STA, de 7-6-92 – AD 379 e de 1-2-01 – Rec. 39384-A*».

Bem andou, pois, o acórdão recorrido, ao decidir pela inexistência de causa legítima de inexecução.

3.3. Alega a recorrente, por outro lado, que esse acórdão viola os princípios da aplicação da lei no tempo, já que submete ao regime do CPTA um título executivo, constituído pelo acórdão exequendo, transitado em julgado quando aquele diploma ainda não vigorava e o contencioso administrativo era de mera anulação.

Pelo que, ainda segundo a mesma alegação, as operações de execução decididas, designadamente a prolação de despacho a conceder provimento ao recurso hierárquico, interposto pela ora recorrida, se traduzem em ilegal ampliação daquele título executivo.

É, porém, infundada tal alegação.

A própria recorrente começa a respectiva alegação por reconhecer que a execução é, já, processada ao abrigo do CPTA, «*por ter sido instaurada após a entrada em vigor daquele, como resulta do n.º 4 do art. 5.º da Lei n.º 15/2002, de 22 de Fevereiro*».

E, para além disso, como sucedia no domínio da lei anteriormente vigente (DL 256-A/77, de 17.6), o que está em causa na execução de julgado anulatório é a reconstituição da situação que existiria se o acto administrativo anulado não tivesse sido praticado. Sendo que, como bem nota a recorrida, a decisão anulatória proferida, em sede de contencioso administrativo, conforme o regime processual substituído pelo actual CPTA, não contém indicação dos actos e operações necessários a tal reconstituição da situação actual hipotética.

Daí que, no processo de execução, «*do que se trata é de regular um processo que – tal como, anteriormente sucedia com aquele que se encontrava regulado no DL 256-A/77 – serve para complementar o processo de anulação dos actos administrativos*» (M. Aroso de Almeida/C. A. Fernandes Cadilha, in *Comentário ao Código de Processo nos Tribunais Administrativos*, p. 858).

Como também referem estes mesmos Autores, «*o processo de execução de sentenças de anulação que o Código regula a partir do artigo 176.º partilha com o seu directo predecessor, o processo de execução de julgados do Decreto-Lei n.º 256-A/77, a natureza de um processo eminentemente declarativo, em que ainda se vai discutir pela primeira vez o conteúdo das relações jurídicas emergentes da anulação (ou da declaração de nulidade ou inexistência) de um acto administrativo e, se for caso disso, impor através de sentença a adopção dos actos e a realização das operações necessários os restabelecimento da legalidade ofendida*» – Loc. cit., p. 867.

E é esta declaração dos actos devidos, correspondente à decisão de procedência do pedido de condenação formulado pelo interessado (arts. 176/2 e 179/1 CPTA) e passível de execução forçada (art. 179/4 e 5), que hoje assume a natureza de título executivo.

Assim, não colhe a alegação da recorrente de que «*o título executivo não tem o conteúdo que resulta do acórdão recorrido*». Sendo inaplicável, no caso, o disposto nos artigos 45.º e 818.º, n.º 1 do CPC, invocados pela recorrente e respeitantes à «*função do título executivo*» e aos «*fundamentos de oposição à execução fundada em sentença*».

3.4. A recorrente impugna também o acórdão recorrido, por nele se ter indeferido a requerida intervenção principal provocada do Instituto da Segurança Social, E.P.

A este propósito, alega a recorrente que, sendo esse Instituto dotado de personalidade jurídica e autonomia administrativa, financeira e patrimonial, compete ao respectivo conselho directivo e aos conselhos distritais a prática dos actos de gestão do pessoal em que, também segundo a recorrente, se traduzirá a execução do julgado anulatório, tal como foi decidida no acórdão recorrido. E concluiu que o Membro do Governo, por não existir norma legal que lhos confira, não dispõe de poderes jurídicos para a prática dos actos em que se traduz a ordenada execução.

Mas, esta alegação é também improcedente.

Com efeito, tal como referiu o acórdão sob impugnação, nos termos do disposto no art. 174.° do CPTA, o cumprimento do dever de executar é da responsabilidade do órgão que tenha praticado o acto anulado (n.° 1) ou caso este seja extinto, aquele que lhe sucedeu (n.° 3). Essa responsabilidade de execução implica, para esse órgão, o dever de enviar ao órgão com competência, cumulativa ou exclusiva, para dar execução à sentença anulatória, os elementos necessários para o efeito (n.° 3).

De notar que, no caso concreto em apreço, e contra o que sugere a recorrente, a invocada autonomia jurídica e financeira do Instituto da Segurança Social não poderia constituir obstáculo ao cumprimento do dever de executar, tal como foi definido no acórdão recorrido. Pois que, nessa eventualidade, a lei assegura o necessário poder de substituição. Com efeito, nos termos do art.° 41 da Lei 3/2004, de 15.1, que aprovou a lei quadro dos institutos públicos, «*9. O ministro da tutela goza de tutela substitutiva na prática de actos legalmente devidos, em caso de inércia grave do órgão responsável*».

3.5. A recorrente alega, ainda, que o acórdão recorrido não poderia ter indicado a quantia a receber pela exequente, por esta, na petição, não ter desenvolvido os cálculos necessários à fixação dessa quantia, impedindo o exercício do contraditório, por parte da mesma recorrente.

Ora, como salienta a recorrida, esta justificou o pedido executivo formulado, referindo que se propunha receber as diferenças de vencimento entre a categoria que possuía em 21.12.92 (técnica superior de 1ª classe) e a categoria de técnico superior principal, a que só ascendeu em 12.2.99, bem como as decorrentes das sucessivas progressões de escalão naquela categoria.

Certo é também que os valores indiciários e de progressão nos escalões são do pleno conhecimento da entidade recorrente.

E, não concretizando o acórdão recorrido quais os montantes a pagar por conta daquelas diferenças de vencimento, certo é também que correspondem a valores indiciários previstos em diploma legal. Pelo que, como também alega a recorrida, não são de admitir, face aos parâmetros definidos naquele mesmo acórdão, dificuldades na efectivação dos actos e operações em que deve traduzir-se a execução.

3.6. Por fim, a recorrente contesta o acórdão recorrido, por nele se ter imposto sanção pecuniária compulsória, em conformidade com a previsão dos arts. 179.°, n.° 3 e 169.°, n.° 2 do CPTA.

Para a recorrente, a imposição de tal sanção tem de pressupor comportamento culposo, invocado e demonstrado, do sancionado. Demonstração que a exequente não fez, como se lhe impunha, na petição inicial, nem consta do acórdão recorrido. Daí que – conclui a recorrente – seja ilegal a imposição daquela sanção pecuniária.

Mas não procede tal alegação.

Como, aliás, expressamente refere o acórdão recorrido, a sanção pecuniária compulsória, nele fixada, foi estabelecida, apenas, para a hipótese de atraso que «*se possa vir a verificar na execução*» da decisão nele tomada.

Diversamente do que pretende a recorrente, a imposição de uma tal sanção não tem como pressuposto um anterior comportamento culposo, que tivesse de ser invocado e demonstrado, da entidade responsável pela execução do julgado.

Trata-se, antes, de uma faculdade, que o tribunal pode usar, a requerimento ou mesmo oficiosamente, para prevenir situações, que ainda se perspectivam, apenas, como de eventual incumprimento (vd. M. Aroso de Almeida/C. A. Fernandes Cadilha, *in Comentário...*, cit., p. 841). E foi nessa perspectiva que, como se viu, o acórdão recorrido estabeleceu a questionada sanção pecuniária compulsória. Sendo, assim, infundada a censura que, a propósito, lhe dirige a recorrente.

A alegação da recorrente é, pois, totalmente improcedente.

4. Pelo exposto, acordam em negar provimento ao recurso, confirmando o acórdão recorrido.

Sem custas.

Lisboa, 3 de Maio de 2007

Adérito Santos (Relator)
Azevedo Moreira
Santos Botelho
Rosendo José
Angelina Domingues
Pais Borges
João Belchior
Rui Botelho
Cândido de Pinho
Jorge de Sousa
São Pedro
Costa Reis
Políbio Henriques
Freitas Carvalho
Madeira dos Santos
Fernanda Xavier
Edmundo Moscoso

Recurso n.° 30.373/92-A-20

INGA. AJUDA COMUNITÁRIA "*POSEIMA*". CONTROLO *A POSTERIORI*. REPETIÇÃO DO INDEVIDO. INAPLICABILIDADE DO ART. 141.° DO CPA.

(Acórdão de 3 de Maio de 2007)

SUMÁRIO:

I – A recorrente contenciosa, beneficiária, em 1992, da ajuda comunitária POSEIMA, financiada

pelo FEOGA – Secção Garantia, estava sujeita ao controlo *a posteriori* da realidade e regularidade da ajuda concedida, nos termos do Reg. (CEE) n.° 4045/89, do Conselho, de 21.12.1989, controlo que deveria ter lugar dentro do prazo de três anos exigido para a conservação da respectiva documentação comercial, se outro mais longo não estivesse previsto na legislação nacional, como decorre do segundo parágrafo do art. 4.° do citado Regulamento.

II – Nos termos do art. 40.° do Código Comercial, as empresas devem conservar os documentos comerciais durante o *prazo de dez anos* (cf. tb) art. 118.°, n.° 2 do CIRS e art. 115.°, n.° 5 do CIRC).

III – O referido em I e II, afasta a possibilidade de aplicação do art. 141.° do CPA, à revogação do acto de concessão da ajuda, decorrente de irregularidades detectadas através do referido controlo *a posteriori*.

ACORDAM, EM CONFERÊNCIA, OS JUÍZES DA SECÇÃO DE CONTENCIOSO ADMINISTRATIVO DO SUPREMO TRIBUNAL ADMINISTRATIVO:

I – RELATÓRIO

O Vogal do Conselho de Administração do Instituto de Financiamento e Apoio ao Desenvolvimento da Agricultura e Pescas (Ifadap) e do Instituto Nacional de Intervenção e Garantia Agrícola (INGA), veio interpor recurso por oposição de julgados, do acórdão da 1ª Secção deste STA, proferido nos autos em 28.05.2003, por se encontrar em oposição com o acórdão da mesma Secção, proferido em 16.10.2001, no recurso 47.498, que, por sua vez, remete expressamente para a fundamentação do acórdão de 20.02.2001, rec. 46.162, ambos juntos, por fotocópia, a fls.199 e segs. e já transitados em julgado, no que concerne à aplicabilidade ou não, do regime da revogação de actos inválidos previsto no art. 141.° do CPA, aos actos de concessão de ajudas comunitárias, no caso ajudas POSEIMA, no âmbito do financiamento FEOGA – secção Garantia, sujeitas a controlo *a posteriori* nos termos previstos no Reg.(CEE) n.° 4045/89, do Conselho, de 21.12.89.

Ambas as partes apresentaram alegações, onde formularam as seguintes CONCLUSÕES:

Da autoridade recorrente:

(...)

Do recorrido:

(...)

O Digno PGA acompanhou a posição da autoridade recorrente.

Colhidos os vistos legais, cabe decidir.

II – OS FACTOS

A matéria de facto é a constante do probatório do acórdão recorrido, para onde se remete, nos termos do n.° 6 do art. 713.° do CPC.

III – O DIREITO

Questão prévia:

O recorrido jurisdicional veio, nas suas alegações de recurso, invocar como questão prévia, que o único fundamento do acto contenciosamente impugnado, que determinou a devolução das ajudas aqui em causa, foi afastado pelo acórdão recorrido, ao dar como provado no ponto 3 do probatório, que «*a mercadoria em causa foi desalfandegada em 25.08.92*», e não em *30.06.92*, como pretendia a autoridade recorrida, concluindo daí que o tribunal *a quo*, reconheceu, assim, a inexistência do pressuposto de facto em que assentou o acto impugnado, e, portanto, limitou-se a decidir que o acto recorrido era ilegal, não tendo tido necessidade de se pronunciar expressamente sobre o facto de o acto revogado ser válido e estar submetido ao regime estabelecido na *b*) do n.° 1 do art. 140.° do CPA.

E pede que este Pleno se pronuncie sobre esta questão, pois a mesma tornaria irrelevante saber se era ou não aplicável o art. 141.° do CPA, que supõe a ilegalidade do acto revogado.

A autoridade recorrente veio pronunciar-se no sentido da rejeição da questão prévia, pois, além de se tratar de uma questão pretérita, pois os factos alegados já foram apreciados em sede da invocada incompetência do autor do acto, julgada improcedente com trânsito em julgado, contrariamente ao que alega a recorrida jurisdicional, em nenhuma instância, se decidiu que o acto revogado era válido, pelo contrário todas as instâncias confirmaram a sua invalidade, sendo a violação do prazo do art. 141.° do CPA o único vício apontado ao acto, que ainda não foi decidido, com trânsito em julgado.

Vejamos:

Contrariamente ao que alega a recorrente contenciosa, a decisão do presente conflito é decisiva para a solução do presente litígio, já que o acto contenciosamente impugnado foi anulado pelo acórdão recorrido, não por o acórdão recorrido ter considerado válido o acto de concessão das ajudas comunitárias aqui em causa, mas sim por violação do art. 141.° do CPA, e, portanto, no pressuposto, bem ou mal não importa aqui para o caso, de que o acto de concessão das ajudas era um acto *inválido*. Com efeito, ali se concluiu que «... *a revogação praticada relativamente à liquidação e pagamento das ajudas comunitárias há-de resolver-se pela legislação portuguesa, no caso, pela aplicação do art. 141.° do CPA, nos termos do qual, os actos administrativos inválidos só podem ser revogados com fundamento na sua invalidade e dentro do prazo do respectivo recurso contencioso.*

Assim sendo, no caso vertente, é ilegal a ordem de reposição de quantias pagas a mais, por ter sido proferida para além do prazo de um ano após o acto constitutivo de direitos se ter firmado na ordem jurídica.».

O facto de, no probatório da sentença proferida na 1ª Instância, se ter consignado que «*a mercadoria foi desalfandegada em 25.08.92*», probatório, que foi reproduzido no acórdão recorrido, não permite retirar a conclusão, pretendida pela recorrente contenciosa, de que o acórdão recorrido reconheceu a inexistência do pressuposto de facto em que assentou o acto impugnado, desde logo, porque, como se vê da fundamentação do acto contenciosamente impugnado junto ao processo instrutor, o mesmo não teve como pressuposto de facto o referido desalfandegamento da mercadoria em 25.08.92, mas *a sua introdução no consumo, ocorrida em 30.06.92*, a pedido da recorrente contenciosa, a título excepcional, por se tratar de mercadoria perecível (carne refrigerada), como melhor consta do ofício n.° 013368, de 27.04.1999, junto ao processo instrutor, que contém a fundamentação do acto, o qual foi expressamente ratificado pelo acto aqui impugnado (cf. documento junto pela recorrente contenciosa com a petição, a fls.13 dos autos e ponto 1 do probatório do acórdão recorrido).

Improcede, pois, a questão prévia suscitada.

***

Por acórdão interlocutório, proferido nos autos a fls. 264 e segs, foi julgada verificada a invocada oposição entre o acórdão recorrido e o acórdão fundamento, pelas razões ali expostas que aqui nos dispensamos de transcrever, tendo-se concluído que «... *atentando em ambas as pronúncias acabadas de equacionar, salta à vista que, na valoração de acto que determina a reposição de ajuda comunitária, no sistema de financiamento pelo FEOGA, ao qual é aplicável o aludido Regulamento (CEE) n.º 4045/89, do Conselho, de 21.12.89(...), convindo embora ambos os arestos que o acto de concessão de ajudas comunitárias é um acto constitutivo de direitos, para o acórdão recorrido, um tal acto está sujeito ao regime de revogação de actos administrativos constante do art. 141.º do CPA, ao passo que para o acórdão fundamento, o regime de revisão dos actos administrativos, quando inválidos, previsto no art. 141.º do CPA resulta inaplicável.*»

Não vindo impugnada esta pronúncia do Tribunal, nem se vendo razão de discordância com a mesma, passamos então a apreciar a questão de direito controvertida.

***

Quanto ao mérito do recurso:

A questão fundamental de direito que este Tribunal Pleno é chamado, mais uma vez, a decidir, é, pois, a de saber se ao acto de concessão de ajudas comunitárias financiadas pelo FEOGA – Secção Garantia, como é o caso das ajudas POSEIMA aqui em causa, é aplicável o prazo geral de revogação dos actos administrativos constitutivos de direitos, previsto no art. 141.º do CPA, sendo certo que, ambos os acórdãos convergem num ponto, que é o de que o acto de concessão de ajudas comunitárias é um acto constitutivo de direitos.

A autoridade recorrente defende a posição sustentada no acórdão fundamento, que, por sua vez, remete expressamente para a fundamentação do acórdão de 20.02.2001, rec. 46162, considerando que, no caso de ajudas comunitárias financiadas pelo FEOGA – Secção Garantia, como é o caso, os controlos *a posteriori* realizados ao abrigo do Reg. (CEE) n.º 4045/89 e do art. 2.º do DL 185/91, de 17.05, devem ser efectuados no prazo de *dez anos*, previsto no art. 40.º do C. Comercial, para a conservação dos documentos comerciais, atento o art. 8.º do citado DL 185/91 e não no prazo geral de *um ano*, previsto no art. 141.º do CPA, para a revogação dos actos administrativos, como considerou o acórdão recorrido.

Já a recorrida jurisdicional discorda deste entendimento, sufragando a tese do acórdão recorrido e, portanto, a aplicação, ao caso, do referido prazo de um ano previsto no art. 141.º do CPC.

No presente caso, a recorrente contenciosa beneficiou das ajudas comunitárias aqui em causa, financiadas no âmbito do denominado programa POSEIMA, aos produtos do sector de carne de bovino, introduzidos no consumo da Região Autónoma da Madeira em 1992, provenientes de outros Estados Membros, vindo a apurar-se, em controlo *a posteriori* efectuado aos documentos da empresa, no âmbito dos controlos previstos no Reg. (CEE) n.º 4045/89, do Conselho de 21.12, relativo ao período de 01.07.93 a 30.06.94, pela Divisão de Fiscalização da Direcção de Serviços e Prevenção e Repressão da Fraude da Direcção Geral das Alfândegas, que as referidas ajudas haviam sido concedidas indevidamente, visto que a introdução da mercadoria no consumo teria efectivamente ocorrido em 30.06.92 e não em 28.08.92, como declarado e, portanto, antes da entrada em vigor do regime POSEIMA.

Ora, embora inicialmente este STA tivesse sustentado, em vários arestos a tese sufragada pelo acórdão recorrido, que chegou a ser maioritária, posteriormente ocorreu uma inversão dessa jurisprudência no sentido do acórdão fundamento, tendo sido esta última orientação jurisprudencial que se firmou no Pleno da Secção, a partir do acórdão de 06.10.2005, proferido no rec. 2037/02, reiterada no acórdão, também do Pleno, de 06.12.2005, rec. 328/02, ambos tirados por unanimidade e onde se discutiam questões idênticas à que ora nos ocupa, também no âmbito de ajudas comunitárias financiadas pelo FEOGA-secção garantia.[1]

Ora, o entendimento jurisprudencial ali firmado, assenta na seguinte fundamentação que, no essencial, se transcreve do acórdão de 06.10.2005:

«**III – O Regime Legal Aplicável.**

1. *A Confiança Legítima em Concurso com o Princípio Geral da Repetição do Indevido*.

Atento que ambos os Acórdãos em confronto consideraram que a atribuição das ajudas comunitárias foi um acto constitutivo de direitos para os respectivos destinatários e que a ordem de restituição de montantes entregues a título daquelas ajudas era um acto revogatório não vamos entrar em nenhuma consideração que ponha em causa estes dados do problema, antes vamos concentrar a nossa atenção no ponto em que as decisões, divergentemente, consideraram aplicável, ou não, à ordem de reposição das ajudas comunitárias financiadas pelo Feoga-Garantia, o regime da revogação de actos inválidos do artigo 141.º do CPA, em particular a ordem assente nos resultados de um controlo inspectivo efectuado a partir da documentação comercial.

É assim que não vamos entrar a apreciar se as ajudas concedidas estavam ou não sujeitas a condição resolutiva, apesar de ser questão esta que é tratada em profundidade no Parecer junto aos autos pela entidade pública demandada no pedido de anulação.

No Ac. do STA de 16.10.2001, proferido no Proc. 47498, Acórdão fundamento, a deliberação do INGA que ordenava a reposição sustentou-se num controlo *a posteriori* realizado à documentação comercial da empresa que beneficiara de ajuda à armazenagem e comercialização de azeite na campanha 1991/92, ao qual considerou aplicável o Regulamento CEE 4045/89 de 21/12, cujo *artigo 4.º* dispõe que as empresas deverão conservar os documentos e dados comerciais relativos a actividades por via das quais receberam as ajudas, pelo menos três anos a contar da sua emissão.

O Acórdão fundamento é ainda composto, por remissão expressa, pelo Acórdão de 20.2.2001 no P. 46162,

[1] Cf., além do referidos acórdãos do Pleno, entre outros, os recentes acórdãos da Secção de 19.09.2006, rec. 1038/05 e de 15.11.2006, rec. 346/06.

em que era analisado um caso de reposição de ajudas concedidas à destilação de vinho. No entendimento perfilhado pelo dito Acórdão "havendo que aplicar em Portugal, por força da 2.ª parte deste art. 4.º, que autoriza os Estados-membros a prever um período mais longo para a conservação dos documentos em causa, o disposto no Código Comercial (redacção do DL 41/72, de 4/2), o qual prevê um prazo de dez anos para a conservação pelo comerciante da sua escrituração mercantil" o regime previsto no artigo 141.º do CPA para a revogação dos actos inválidos não deverá aplicar-se em sede de exercício pelo Estado-membro, por intermédio dos seus órgãos administrativos, do controlo da matéria de exactidão dos documentos comerciais e correspondente verificação dos pressupostos da ajuda e da forma como foram executadas as operações para as quais foi concedida.

O Acórdão recorrido entendeu que os actos de controlo *a posteriori* e as ordens de reposição de ajudas não podem considerar-se válidos se não observarem estritamente a lei portuguesa, especificamente quanto ao prazo de revogação dos actos inválidos do artigo 141.º do CPA.

A divergência de soluções assenta pois na prevalência que o Acórdão recorrido concedeu ao princípio da segurança jurídica e de protecção da confiança dos agentes no comércio jurídico, enquanto o Acórdão fundamento considerou que deveria prevalecer um princípio superior de justiça assente na verdade das situações a julgar e no equilíbrio dos interesses em presença.

O principio da segurança jurídica informa a solução adoptada pelo CPA no artigo 141.º para a revogação dos actos inválidos, na medida em que adopta uma solução que faz prevalecer a necessidade de segurança jurídica sem calibrar o peso deste valor com o peso reclamado por outros valores igualmente inscritos no sistema constitucional e comummente aceites como princípios jurídicos de idêntica relevância designadamente para o justo equilíbrio nas relações jurídicas como base das instituições e da paz social.

Um dos princípios gerais de direito imanente a toda a ordem jurídica é a obrigação de restituir o que foi recebido indevidamente, segundo o princípio essencial de justiça "suum cuique tribuere" o qual colide com a necessária estabilidade e segurança do comércio jurídico sempre que tenha decorrido um período considerável de tempo sobre o recebimento indevido.

Na conjugação destes dois princípios a solução adoptada pelo art. 141.º do CPA tem sido objecto de reparos, especialmente quando interpretada, como tem sido mais usual entre nós, no sentido de o prazo de a revogação do acto ilegal se contar desde a prática do acto e não desde o momento em que é conhecido o facto que determina a necessidade de revogar, como seja o erro sobre os pressupostos da decisão ou o não preenchimento, ainda que posterior, dos pressupostos que estiveram na base da decisão que atribuiu um benefício (o CPA Comentado de M. Esteves de Oliveira, P. Gonçalves e P. Amorim, 2.ª Ed. Pag. 682 assinala a rigidez da solução adoptada no n.º 1 do artigo 141.º nestes termos: "As críticas mais cerradas à solução da lei reportam-se ao facto de o acto inválido só poder ser anulado administrativamente "dentro do prazo do respectivo recurso contencioso ou até à resposta da entidade recorrida" sem se ter deixado margem para qualquer excepção, quando algumas se justificariam bem e permitiriam compor um sistema juridicamente muito mais compreensivo".

E, Vieira de Andrade assinala os diferentes tipos de actos que são tratados no CPA indistintamente, sob a designação de revogação, limitando-se a manter o modelo tradicional francês da revisão dos actos – Vd. "A Revisão dos actos administrativos no direito português" in Cadernos de Ciência de Legislação INA, n.º 9/10.

Mais adiante refere o mesmo autor que "... também não é de aceitar pacificamente a proibição em termos absolutos, da anulação administrativa para além da resposta (ou da contestação) da autoridade recorrida.

Se o processo administrativo se prolonga, pelas razões mais variadas, às vezes por muitos anos, porque não admitir que o órgão administrativo competente possa anular o acto – designadamente na hipótese de actos desfavoráveis – em momento posterior à resposta ..."

Especificamente quanto ao prazo de revogação de acto inválido, fora do quadro acto da impugnação, diz o Prof. Vieira de Andrade:

"Optou-se por uma solução temporal de total precariedade do acto até um certo momento e de estabilidade absoluta a partir daí, sem considerar aspectos substanciais relevantes, que recomendariam porventura diferente regime.

Por exemplo não se considera aqui a diferença entre actos constitutivos de direitos, actos precários e actos desfavoráveis que poderia ser decisiva para a ponderação dos interesses no caso; tal como não se dá relevo à boa ou má-fé do particular".

Portanto, os casos apontados são apenas exemplos dos muitos aspectos em que se verifica a necessidade de fazer funcionar o prazo de revogação de acordo com outros parâmetros basilares da ordem jurídica, para além da protecção da confiança e estabilidade.

Igual necessidade de considerar outros valores e de lhes conferir valia surge nos casos em que o acto que se torna necessário retirar da ordem jurídica foi emitido através de uma vontade inquinada por dolo ou má-fé introduzidos pela parte que pretendia beneficiar e beneficiou do acto (má-fé do particular).

Efectivamente, a estabilidade e segurança não devem servir de apoio jurídico para a pessoa que violou gravemente a boa-fé, sob pena de o direito servir para dar cobertura à iniquidade. Estamos assim a ver como o princípio da segurança jurídica e as suas emanações normativas como o prazo de revogação dos actos administrativos ilegais, quando em confronto com outros princípios basilares do direito tem de encontrar uma forma de aplicação em que esses outros princípios também se realizem sob pena de o direito positivo se transformar em suma injustiça.

É nesta direcção tendente a aplicar de modo harmonizado com outros princípios jurídicos, normas idênticas ao art. 141.º do CPA que em diversos países (como a Alemanha, a Áustria ...) se tem entendido que o prazo de um ano para a revogação se conta desde o conhecimento do facto que é fundamento da revogação.

E, nada parece impedir que no direito Português se entenda do mesmo modo porque a norma do CPA (art. 141.º n.º 1) pode ser lida como dispondo que o prazo de revogação é igual ao prazo máximo do recurso contencioso, isto é, um ano, contado desde o momento em que se torna conhecido o fundamento da invalidade (fundamento de facto, inaplicável ao erro de direito), tal como o prazo do recurso contencioso começa a decorrer apenas depois de o acto ser levado ao conhecimento do interessado pelas formas previstas na lei para que ele posa agir, isto é, apenas a partir do momento em que é possível ao destinatário do acto conhecer dos seus vícios, designadamente pela publicação, para o M.° P.°, começa a decorrer o prazo de impugnação.

Por outro lado, é oportuno referir que a matéria factual considerada no acto administrativo que atribui uma vantagem ao particular, se foi apresentada pelo próprio interessado de modo errado à Administração tendo em vista induzir em erro, enganar e assim obter um benefício ilegítimo ou até proibido por lei – assim como nos casos em que o particular bem sabe quais os requisitos que tem de cumprir para a atribuição do benefício e o recebe desde logo para cumprir esses requisitos, mas abusando da confiança que está na base das relações do comércio jurídico, não cumpre as condições que a sua posição na relação jurídica comporta – deveria ter como efeito a obrigação de reposição do que recebeu, como consequência do não preenchimento dos pressupostos que eram esperados da sua parte para a perfeição da relação jurídica, sob pena de se consagrar a obtenção ilegítima do benefício. É ainda de ter em conta que mesmo não existindo ou não sendo possível caracterizar dolo ou má-fé do particular, o simples incumprimento por este das regras que o vinculam e que aceitou para conseguir um benefício desde logo atribuído numa base de confiança no preenchimento desses condicionalismos, criam uma situação cuja estrutura se desvia substancialmente da que é própria do acto praticado com base na verificação prévia dos respectivos pressupostos através do procedimento administrativo.

Na situação favorável ao particular que é criada numa base de confiança, enquanto, ou na medida em que os pressupostos que o particular tinha de preencher não se verificarem a relação jurídica está incompleta, mesmo que lhe tenha sido entregue a prestação da parte pública que com ele se encontra em relação, e daí que dê lugar à obrigação de repor tudo o que se recebeu com vista à relação cujos pressupostos se não preencheram e que o controlo verifica que já não vão preencher-se, pelo que não pode considerar-se que estamos perante a mesma estrutura daquele acto em que os pressupostos são verificados pela Administração entes da concessão, nem se pode dizer que estamos em fase de execução da definição operada pela concessão da ajuda, visto que o acto é praticado no conhecimento de que os pressupostos têm de verificar-se no futuro, sendo um ónus que impende sobre o beneficiário da ajuda fazer com que se verifiquem, mas sendo bem conhecido dos intervenientes que alguns pressupostos ainda se não verificam, sabendo-se que, por vezes, alguns deles só poderão passar a verificar-se depois de entregue a ajuda e através da sua aplicação nos termos previstos.

O que o particular recebe nestas situações é entregue em vista de uma relação que se espera vir a tornar-se perfeita, mas se intervierem factores de desvio pode gorar-se antes de se concluir ou tornar perfeita, pelo que surge aqui o dever de repetir o indevido que é um dever geral de justiça e não uma decorrência do "fecho" da relação jurídica em cuja preparação se verificou a entrega da ajuda financeira, entrega que é logo efectuada, porque se fosse remetida para momento posterior retiraria toda a possibilidade de se alcançarem os objectivos que através da sua concessão se pretendem obter.

Guiado por este princípio fundamental de direito da repetição do indevido, mais do que pela defesa "à outrance" dos interesses da Comunidade, o Tribunal de Justiça das Comunidades tem vindo a firmar desde o Acórdão Deutshe MilchKontor (Proc. 205/82ª 215/82) uma jurisprudência constante e repetida no sentido de que a aplicação do Direito Comunitário seria gravemente perturbada caso os Tribunais nacionais decidissem com base em regras que proíbem a revogação de actos administrativos em prazos de um ano, assim tornando impossível, na prática, recuperar ajudas indevidamente atribuídas (designadamente nos termos dos Regulamentos CEE 729/70) e postergando outro princípio geral de direito, porventura sem suficiente ponderação dos interesses e valores em presença.

Este princípio do Direito Comunitário não contraria as exigências e princípios do Direito Interno pois que também ele se orienta pelas mesmas razões de justiça efectiva e também na ordem interna vigora o princípio da repetição do indevido, regra de base civilística, mas que perpassa todo o ordenamento, concretizado no direito público como corolário directo do princípio da justiça inscrito no art. 266.° n.° 2 da Constituição e comando aplicável a toda a actividade administrativa. O que poderá contrariar a aplicação correcta dos princípios gerais de direito será uma a interpretação rígida da regra do artigo 141.° do CPA transformando-a em regra absoluta e superior a todos os outros princípios jurídicos.

Ora, no que interessa à decisão do caso submetido à nossa análise, o Tribunal de Justiça das Comunidades tem dito que as regras dos Estados Membros sobre prazo de revogação de actos administrativos ilegais como a do artigo 141.° do CPA, quando se tratar de reaver quantias pagas a título de ajudas comunitárias, de acordo com os Regulamentos Comunitários, mas que foram indevidamente atribuídas e recebidas, têm de ser aplicadas pelos Tribunais nacionais sem ignorar que a obrigação de repetição do indevido tem o valor de princípio geral de Direito Comunitário, pelo que não pode ser postergado, nem paralisadas as garantias que dele derivam, por disposições nacionais sobre a revogação que são resultantes da cristalização, da preponderância ou relevância exclusiva do princípio da segurança, sem a adequada ponderação de outros princípios estruturantes do ordenamento jurídico comunitário (e também de direito nacional como antes sublinhámos, mas que não importa à decisão do presente caso). Como refere expressivamente o Acórdão Martin Huber, de 19.9.2002, P. C-336/2000:

*"As regras previstas pelo direito nacional não podem, na prática, tornar impossível ou excessivamente difícil a **recuperação** dos **auxílios indevidos**...*

*Assim, não pode considerar-se contrário ao direito comunitário que o direito nacional em matéria de revogação dos actos administrativos e de restituição de **prestações financeiras indevidamente pagas** pela administração pública tome em consideração ao mesmo tempo que o princípio da legalidade, os princípios da segurança jurídica e da protecção da confiança legítima, dado que estes fazem parte da ordem jurídica comunitária.*

Contudo, o interesse da Comunidade na recuperação das ajudas recebidas em violação das condições para a sua concessão deve ser integralmente tomado em consideração quando da apreciação dos interesses em causa.

No mesmo sentido, tendente a fazer sobressair a relevância do princípio da restituição do que foi indevidamente recebido, se pronunciaram além dos dois antes referidos muitos outros Acórdãos do TJC dentre os quais se destacam os casos Oelmûhle e Schmidt Sohne, de 16.7.98, P. C-298/96; Flemmer, de 9.10.2001, P. C-80/99.

É sabido que os controlos efectuados de acordo com os Regulamentos Comunitários como aquele que está em causa nestes autos (R. CEE n.° 4045/89) versam sobre a realidade e a regularidade das operações que fazem parte do sistema financiado pelas comunidades e são efectuados por ordem do Estado Membro, muitas vezes por entidades exteriores ao serviço que atribui e paga as ajudas e, de acordo com os artigos 4.° e 5.° incidem sobre a documentação comercial dos últimos três anos ou um período mais longo, se assim o determinar a legislação do Estado Membro, desde que tal documentação esteja relacionada com a operação financiada, pelo que aquelas irregularidades são detectadas muitas vezes passados períodos de alguns anos. O mesmo também pode acontecer em virtude de controlos que resultarem de iniciativas da Comissão.

Em todos estes casos, na interpretação que é efectuada pelo Acórdão recorrido, ficaria excluída por completo a possibilidade de recuperar as ajudas e reaver os meios financeiros indevidamente entregues, caso não se tivesse em conta a exigência de recuperação imposta pelo direito comunitário. Exigência que não afasta por inteiro as preocupações de segurança jurídica porque continua a existir um prazo limite a partir do qual os controlos não são possíveis que será o prazo para a conservação da escrita comercial.

Por outro lado, do ponto de vista estrutural, como se procurou acima explicitar, a ordem de repetição do indevido insere-se numa relação jurídica que embora resulte revertida pela emissão deste novo acto não se encontrava perfeita, razão pela qual o que deve ser reposto não tinha as características de devido, de modo que a revogação assume, nestas circunstâncias, características muito peculiares que reclamam a preponderância do princípio da justiça na vertente da obrigação de repetição do indevido, sobre o princípio da estabilidade ou segurança que nestas situações não encontra a força justificativa que é característica da situação típica de proibição de retirar o que se entregou com uma causa que ocorria efectivamente, embora mais tarde se venha a verificar que estava inquinada de algum vício, ou que foi mal apreciada sob alguma vertente.

Esta análise da estrutura do acto administrativo de concessão da ajuda, idêntico a um feixe de obrigações sinalagmáticas, não encontra, porém, acolhimento na letra do artigo 141.° pelo que não encontra acolhimento fora do contexto da aplicação impositiva do direito comunitário, como vamos ainda aprofundar.

2. *A Aplicabilidade directa do Regulamento Comunitário em concorrência com a lei Nacional.*

Em favor da prevalência da solução do Acórdão fundamento podemos apontar a regra da aplicabilidade directa dos Regulamentos de direito comunitário. Na verdade o Regulamento 3389/81, da Comissão de 27.11 que estabelece as regras das restituições à exportação no sector vinícola estabelece no seu *artigo 3.° n.° 2* que o exportador deve indicar "Relativamente aos vinhos provenientes de uma lotação a origem e as quantidades de vinhos aplicados" e "os números e as datas dos documentos de acompanhamento" e esta indicação juntamente com outras exigências é, nos termos do n.° 1 do mesmo artigo, um pressuposto da concessão dos benefícios, sendo todos os detentores de produtos vinícolas obrigados a manter registos que indiquem em especial as entradas e saídas desses produtos (art. 11.°).

E, o Regulamento 4045/89 do Conselho, de 21.12.89, respeitante ao controlo da regularidade das operações do sistema de financiamento Feoga, secção Garantia, depois de definir "documentos comerciais" no *artigo 1.°* estatui no *artigo 4.°* que *as empresas conservarão esses documentos pelo menos três anos a contar do final do ano da sua emissão e que os Estados podem prever um período mais longo para a conservação desses documentos para efeitos de controlo da verdade e regularidade das operações.*

Também resulta da análise daquele Regulamento que o controlo no prazo de um ano é apenas o controlo mínimo exigido aos Estados membros pelos n.os 1 e 3 do artigo 2.°, sem prejuízo dos controles resultantes de outras iniciativas nacionais ou comunitárias, bem como dos controlos a que se refere o n.° 5 do mesmo artigo 2.°, efectuados nos termos do art. 6.° do Reg. CEE 283/72 e 9.° do Regulamento CEE 729/70, os quais têm como limite os três anos indicados ou o período mais longo que a lei nacional apontar para a guarda com carácter obrigatório da documentação comercial.

Isto é, de acordo com as enunciadas normas o pagamento da ajuda é efectuado em face do pedido instruído com a documentação exigida, mas a verificação sobre a realidade e regularidade do pedido e da respectiva documentação não é condição do pagamento da ajuda que é logo colocada à disposição do beneficiário, embora este fique sujeito à verificação da realidade e regularidade do que declarou para obter a ajuda.

O sistema de financiamento FEOGA-GARANTIA assenta, portanto, na base da confiança, na declaração sujeita a controlo "a posteriori".

Aqui chegados importa agora salientar que as normas contidas em regulamentos comunitários são obrigatórias em todos os seus elementos e tem o carácter de acto legislativo perfeito e completo no sentido de que a sua aplicação e execução dispensam a actividade legislativa dos Estados Membros, e assim, como lei comum aos diversos membros das Comunidades asseguram uma aplicação uniforme.

Como refere Mota Campos, Direito Comunitário, II vol. Lisboa, 1983, p. 89: "os regulamentos comunitários uma vez publicados ... entram em vigor em todo o território comunitário, ficam incorporados no ordenamento jurídico interno dos Estados (aplicabilidade directa formal) e são aí aplicáveis a qualquer pessoa, física ou moral, sujeita à jurisdição comunitária (aplicabilidade directa material)".

Ora, apesar do nome poder inculcar uma ideia diferente, o certo é que os regulamentos comunitários são verdadeiras leis gerais comunitárias e também são leis ao nível do ordenamentos jurídico de cada um dos Estados Membros, pelo que o seu grau hierárquico é igual ao das leis provenientes dos órgãos legislativos nacionais.

Da aplicabilidade directa e desta situação na pirâmide das normas resulta que os acima mencionados regulamentos e suas normas estão ao mesmo nível e reclamam aplicação com força igual ao artigo 141.° do CPA.

Donde resulta a necessidade para os Tribunais nacionais de os interpretar e aplicar de modo a não a excluir a eficácia das respectivas normas, embora não se possa entender o alcance daquelas normas comunitárias como pretendendo revogar a norma nacional.

O problema consiste portanto, na interpretação da lei, a qual não se pode restringir à letra, mas tem de atender ao "pensamento legislativo", à "unidade do sistema jurídico" às "circunstâncias em que a lei foi elaborada" e "às condições especificas do tempo em que é aplicada" – art. 9.º n.º 1 do CCiv.

O Acórdão fundamento situou-se essencialmente neste patamar ao tomar em consideração que "... um sistema de controlo como o que se pretendeu instituir ficaria sem sentido se o Estado Membro, uma vez verificada a inexactidão de documentação comercial de uma empresa, com base na qual a mesma acedeu a um financiamento do aludido Fundo, não pudesse obrigar esta a restituir o que sem base legal veio a receber.

Obrigação esta que resulta ela própria da lógica desse sistema de controlo, que para ser eficaz deverá poder reconduzir as operações de acordo com a realidade."

Isto é, o Acórdão fundamento considerou que não é possível interpretar normas situadas ao mesmo nível da hierarquia das leis sem um esforço para garantir que se alcancem as finalidades que com a emissão dessas normas se procurou, fazendo, num primeiro momento, a tentativa de aplicar também a norma em colisão, conferindo-lhe igualmente efeitos que não descaracterizem a sua finalidade.

E foi assim que, na situação concreta de recuperação de entregas indevidas em financiamentos Feoga-Garantia, considerou que a segurança e confiança jurídica continuam a ser protegidas, embora com um alongamento do prazo.

Porém, a aplicabilidade directa do direito comunitário deixa alguma margem de dúvidas em face das dificuldades que suscita a aplicação harmonizada, visto que em termos teóricos haverá aceitar em grande medida as críticas dos que afirmam que a harmonização é uma modificação do regime legal cujas fronteiras são muito perigosas por via da indefinição em que assentam.

3. O primado do Direito Comunitário.

Em virtude das considerações antecedentes a solução do Acórdão fundamento é de adoptar definitivamente com base no princípio de prevalência da norma comunitária e afastamento de aplicação da norma nacional.

Vejamos em que consiste de modo breve.

Através do Direito Comunitário os Estados Membros procuraram instituir um mercado único, um espaço económico sujeito a regras essencialmente iguais.

Este objectivo exigiu de cada país membro uma limitação ou transferência de atribuições para a Comunidade, embora nos domínios e condições em que se vincularam nos tratados criadores, de modo que admitiram a integração nas ordens jurídicas nacionais de um corpo de direito não só de base convencional, mas também provindo de Instituições da Comunidade. Como O TJC decidiu no Acórdão Costa - ENEL e se transformou em regra de direito pacífica:

"... Esta integração no direito de cada país membro de disposições provenientes de fonte comunitária e, mais genericamente, os termos e o espírito do tratado têm por corolário na impossibilidade para os Estados-membros de fazer prevalecer, contra uma ordem jurídica aceite por eles numa base de reciprocidade, uma medida unilateral ulterior ... A preeminência do direito comunitário é confirmada pelo **artigo 189.º**, nos termos do qual os regulamentos têm valor obrigatório e são directamente aplicáveis em qualquer Estado-membro. .... Resulta do conjunto destes elementos que emanado de uma fonte autónoma, o direito resultante do tratado não poderia em razão da sua natureza específica original, ver-se judiciariamente confrontado com um texto de direito interno qualquer que este fosse, sem perder o seu carácter comunitário e sem que fosse posta em causa a base jurídica da própria Comunidade." (Sublinhados nossos).

O que se extrai para o caso presente deste princípio de primazia do Direito Comunitário é, em derradeira análise, que o artigo 141.º do CPA não pode ser aplicado se conduzir a solução desconforme com as normas dos regulamentos comunitários acima mencionadas, pelo que temos de conceder prevalência à aplicação das normas comunitárias e afastar a aplicação da norma nacional.

Em matéria diferente, sobre recuperação de ajuda estatal ilegalmente concedida – artigo 93.º do Tratado – mas esclarecedor sobre as relações entre o direito comunitário e o direito interno e os princípios que presidem à recuperação de ajudas, refere o Ac. do TJC de 20 de Março de 1997, Proc. C-24/95, caso Alcan:

"A recuperação de um auxílio ilegal deve ocorrer, em princípio, de acordo com as disposições pertinentes do direito nacional, sem prejuízo, todavia, de serem aplicadas de forma a não tornar praticamente impossível a recuperação exigida pelo direito comunitário. Em especial, o interesse da Comunidade deve ser respeitado em toda sua extensão aquando da aplicação de uma disposição que sujeita a revogação de um acto administrativo ilegal à apreciação dos diferentes interesses em causa. A este respeito, embora a ordem jurídica comunitária não possa opor-se a uma legislação nacional que assegura o respeito da confiança legítima e da segurança jurídica no domínio da recuperação, todavia, tendo em conta o carácter imperativo do controlo dos auxílios de Estado efectuado pela Comissão nos termos do art. 93.º do Tratado, as empresas beneficiárias de um auxilio não podem, em princípio, ter uma confiança legítima na regularidade do auxílio a não ser que este tenha sido concedido no respeito pelo processo previsto pelo referido artigo. Com efeito, um operador económico diligente deve normalmente estar em condições de se assegurar de que esse processo foi respeitado, mesmo que o Estado em causa seja de tal modo responsável pela ilegalidade da decisão de concessão do auxílio que a sua revogação se mostre contrária à boa-fé.

Além disso, estando em causa auxílios de Estado declarados incompatíveis, o papel das autoridades nacionais está limitado a dar execução a qualquer decisão da Comissão. Face à inexistência de poder discricionário da autoridade nacional, mesmo que ela deixe esgotar o prazo de preclusão previsto no direito nacional para a revogação da decisão de concessão do auxílio, o beneficiário de um auxílio concedido ilegalmente deixa de estar na incerteza a partir do momento em que a Comissão adopta uma decisão que declara tal auxílio incompatível e exige a sua recuperação.

Em consequência, a autoridade nacional competente está obrigada, por força do direito comunitário, a revogar a decisão de concessão de um auxílio atribuído ilegalmente, em conformidade com uma decisão definitiva da Comissão que declara o auxílio incompatível e exige a sua recuperação, mesmo que:

– tenha deixado expirar o prazo previsto para esse efeito no interesse da segurança jurídica pelo direito nacional;

– seja de tal modo responsável pela ilegalidade da decisão que a sua revogação se mostre, no que respeita ao beneficiário do auxílio, contrária à boa-fé, desde que o beneficiário do auxílio não tenha podido ter, por inobservância do procedimento previsto no artigo 93.° do Tratado, uma confiança legítima na regularidade do auxílio; e

– o direito nacional a exclua em razão da extinção do enriquecimento, na ausência de má-fé do beneficiário do auxílio, uma vez que tal extinção é a regra no domínio dos auxílios de Estado que são, em geral, atribuídos a empresas em dificuldades, cujo balanço já não revela, no momento da recuperação, o aumento patrimonial que incontestavelmente resultou do auxílio." (Sublinhados nossos)

No caso dos autos não estamos perante a situação de recuperar ajudas nacionais declaradas incompatíveis como direito Comunitário pelo mecanismo do artigo 93.° do Tratado, mas de recuperar ajudas concedidas pelo Direito Comunitário através da Administração nacional. Mas, em qualquer das situações a concessão da ajuda é considerada ilegal pelo direito interno e pelo direito comunitário e este último impõe indiscutivelmente a respectiva recuperação, mesmo contra normas nacionais de protecção da confiança e da segurança, pelo que estas devem ficar sem aplicação e ceder lugar à aplicação do direito comunitário, impondo-se como devido e legal o acto de revogação da concessão da ajuda.

4. *O Prazo limite de Controlo e de Revisão do Acto que concedeu a Ajuda.*

Para o caso dos registos relativos a operações do sector vitivinícola existe uma norma específica do Regulamento 2238/93 da Comissão, de 26/7, o artigo 19.° que estabelece para a conservação dos documentos um prazo de cinco anos, sem prejuízo de normas mais rigorosas adoptadas pelos Estados-membros.

5. *Além do prazo do Regulamento 2238/93, o direito nacional estabelece no artigo 40.° do C. Comercial* – também no CIRS art. 118.° 2 e no CIRC, art. 115.° – 5 – (Vd. J M Coutinho de Abreu, Curso de Direito Comercial, I vol. P. 176) o prazo de dez anos para o comerciante conservar a sua escrituração mercantil, pelo que é este prazo mais longo aquele durante o qual podem ser efectuados controlos de acordo com as normas comunitárias, controlos esses que têm necessariamente de surtir os efeitos que para eles a lei determina, designadamente a revisão das ajudas financeiras concedidas e consequente exigência do que foi indevidamente pago e nessa medida a revogação do acto que as concedeu, sendo o prazo desta revogação dilatado até ao referido limite temporal.

Portanto, é recusada a aplicação da norma do artigo 141.° n.° 1 do CPA, embora se considere que a estabilidade e a segurança não deixam de ser protegidas, antes passam a ser protegidas de forma menos intensa, cedendo em parte, à necessidade de protecção de outros valores de semelhante relevância.»

Não existindo qualquer razão para alterar este entendimento do Pleno, e porque, relativamente às ajudas POSEIMA aqui em causa, não estava, à data, especialmente previsto, na legislação comunitária ou nacional, qualquer prazo para a sua recuperação, em caso de irregularidade da sua concessão, detectada após realização do controlo *a posteriori* à documentação da empresa que suporta o pedido de ajudas, sendo, portanto, de ter em conta para o efeito, pelas razões supra apontadas, o prazo geral de dez anos, previsto na lei nacional para a escrituração mercantil (art. 40.° do Cód. Com., art. 118.°, n.° 2.° do CIRS e art. 115.°, n.° 5 do CIRC), por ser mais longo que o prazo de três anos, previsto, em geral, na legislação comunitária, então aplicável, para a conservação dos documentos comerciais pelas empresas (cf. art. 4.°, n.° 1 do REg. (CEE) n.° 4045/89 do Conselho de 21.12.89), e tendo o acto contenciosamente impugnado, que determinou a devolução das ajudas pagas a mais, sido praticado dentro do referido prazo de dez anos, o acórdão recorrido não se pode manter.

IV – DECISÃO

Termos em que acordam os juízes deste Tribunal em conceder provimento ao recurso, revogar o acórdão recorrido e confirmar a sentença da 1ª Instância, embora com diferente fundamentação.

Custas pela recorrente contenciosa, ora recorrida, na Secção e no Pleno, sendo €300 e €400 de taxa de justiça, respectivamente e a procuradoria em metade.

Lisboa, 3 de Maio de 2007

Fernanda Martins Xavier Nunes (Relatora)
Fernando Manuel Azevedo Moreira
José Manuel da Silva Santos Botelho
Rosendo Dias José
Maria Angelina Domingues
Luís Pais Borges
Alberto Acácio de Sá Costa Reis
Adérito da Conceição Salvador dos Santos
Jorge Artur Madeira dos Santos

Recurso n.° 1775/02-20

NOVO SISTEMA RETRIBUTIVO. REMUNERAÇÕES ACESSÓRIAS. PESSOAL DA DGCI.

(Acórdão de 29 de Maio de 2007)

SUMÁRIO:

Aos funcionários em regime de requisição que tenham ingressado no quadro da Direcção Geral das Contribuições e Impostos em data

posterior à entrada em vigor do D. Lei 187/90, de 7/6 – pertencendo, por isso, até essa integração ao quadro de origem – não é aplicável o regime de integração na nova estrutura salarial previsto no art. 30.°, n.° 2 e 3 do Dec. Lei 353/ /A/89, de 16/10.

ACORDAM NO PLENO DA SECÇÃO DO CONTENCIOSO ADMINISTRATIVO:

I – FLORINDA MARIA MARQUES CASAL DOS SANTOS LUZIO, inconformada com o acórdão proferido na 2ª Subsecção deste STA em 29/03/2006 – que negara provimento ao recurso jurisdicional interposto do acórdão do TCA, que por seu turno havia negado provimento ao recurso contencioso que ali interpusera do indeferimento tácito atribuído ao Secretário de Estado dos Assuntos Fiscais em sede de recurso hierárquico do despacho do Director-geral dos Impostos de 14/07/2000 – dele recorreu para o Pleno por alegada oposição com o acórdão proferido pelo STA em 29/05/2002, no Processo n.° 48243.

Lavrado despacho interlocutório a reconhecer a invocada oposição, apresentou a recorrente na oportunidade as alegações de recurso, que concluiu da seguinte maneira:

«*a*) Como sustenta o douto Acórdão fundamento, embora o DL 187/90 de 7/6 não aluda, no seu art. 3.°, às normas do art. 32.° do DL 353-A/89, nem por isso este último preceito (que por sua vez remete para o art. 30° do mesmo diploma) deixa de produzir os seus efeitos naqueles casos, como o dos autos, em que à data da publicação do DL 187/90 de 7.6 se não tinha ainda produzido a integração no quadro da DGCI de funcionários que se encontravam então requisitados na DGCI e só mais tarde foram integrados no respectivo quadro.

b) Para efeitos remuneratórios, a situação dos funcionários que não estavam ainda integrados no quadro da DGCI mas que já exerciam funções na DGCI como requisitados e recebendo, legalmente, as remunerações acessórias (cfr. art. 32.° b) do DL 353-A/89), tem de ser resolvida pela conjugação das aludidas normas dos dois diplomas (*maxime* do n.° 5 do art. 30.° do DL 353-A/89) conjugado com o despacho do Sr. SEO, de forma que, da aplicação do NSR lhes não resulte qualquer diferenciação de vencimentos em relação aos funcionários já integrados (no quadro da DGCI) na mesma categoria. A tal obriga o princípio da igualdade de tratamento vertido nos arts. 13.° e 59.° da Constituição que na interpretação restritiva que dos arts. 2.° e 3.° do DL 187/89 e 30.° e 32.° do DL n.° 353-A/89 faz o Acórdão recorrido apenas considerando aplicável aos funcionários já integrados no quadro da DGCI (cfr. art. 2.° do DL 187/90) a norma de transição para o NSR do art. 3.° n.° 4 da mesmo DL 187/90, faz uma interpretação inconstitucional desses preceitos com violação dos aludidos arts. 13.° e 59.° da Constituição».

***

Alegou, igualmente, o Secretário de Estado dos Assuntos Fiscais, pugnando pelo improvimento do recurso (fls. 198 e sgs.).

O digno Magistrado do MP opinou no sentido do acórdão recorrido e, assim, manifestando-se pelo improvimento do recurso.

Decidindo.

II – OS FACTOS

Vem dada por provada no acórdão recorrido a seguinte factualidade:

«*a*) A recorrente pertencia ao quadro da Direcção-Geral do Comércio Externo, onde detinha a categoria de *Técnica Auxiliar de 1ª classe*, tendo pedido a sua requisição para a Direcção-Geral das Contribuições e Impostos em Maio de 1989;

b) Por despachos do Director-Geral dos Impostos e do Director-Gera1 do Comércio Externo de, respectivamente, 28/2/90 e 4/12/89, foi autorizada a requisição da recorrente, que veio a tomar posse, na DGCI, em 16/ /4/90, passando a prestar serviço na Direcção de Finanças do Porto;

c) À data da sua requisição, a recorrente detinha 3 diuturnidades e vencia pela Letra L, correspondente à categoria de *Técnico Auxiliar de 1ª classe*, passando a auferir a partir da data da sua tomada de posse na DGCI, para além do vencimento correspondente à categoria, as remunerações acessórias correspondentes à participação no prémio de cobrança, nos emolumentos, nas custas e nas multas, de acordo com o previsto nos arts. 98.° e 99.°, do Dec. Reg. 42/83, de 20/5;

d) As referidas remunerações acessórias foram-lhe abonadas até 30/9/90;

e) Por despachos do Director-Geral dos Impostos e do Director-Geral do Comércio Externo de, respectivamente, 12/1/93 e 3/12/93, foi a recorrente transferida para o quadro de pessoal da DGCI, para a categoria de *2ª Oficial*;

f) Através do requerimento constante de fls. 15 a 18 do processo principal, cujo teor aqui se dá por reproduzido, a recorrente, invocando que lhe devia ser aplicado o despacho conjunto dos Secretários de Estado do Orçamento, dos Assuntos Fiscais e da Administração Pública e Modernização Administrativa de 9/3/99, solicitou, ao Director-geral dos Impostos que fosse *integrada* "*no NSR em escalão da escala remuneratória da sua categoria idêntica àquela em que foram integrados os seus colegas que à data de 1/10/89 já pertenciam ao quadro da DGCI e dispunham do mesmo número de diuturnidades da requerente, bem assim como abonada do diferencial de integração previsto, agora com os valores corrigidos na sequência da correcção ordenada pelo despacho conjunto, seja, escalão 6, mais 18.100$00, de diferencial de integração, com efeitos retroactivos a 16/4/90, data da sua tomada de posse na DGCI*"

g) Sobre esse e outros requerimentos idênticos, em 3/7/2000, foi emitido o parecer n.° 79/AJ/00, constante de fls. 21 a 24 do processo principal, cujo teor aqui se dá por reproduzido e onde se concluía que a pretensão dos requerentes não podia merecer deferimento, uma vez que a revisão objecto do despacho não lhes era aplicável;

h) Sobre o parecer referido na alínea anterior, foi proferido o seguinte despacho: "*Concordo, sem prejuízo da situação ser reanalisada após decisão do pedido de reconhecimento do direito às remunerações acessórias, que não foi considerado face ao despacho do SESEO de 19-04-91.*

14-07-00 Pelo Director-Geral

João R. E. Dmiío Subdirector-Geral"

i) Em 20/9/2000, através do requerimento constante de fls. 11 a 13 do processo principal cujo teor aqui se dá por reproduzido, a recorrente interpôs, para o Secretário de Estado dos Assuntos Fiscais, recurso hierárquico do despacho transcrito na alínea anterior;

j) Sobre esse recurso hierárquico não foi proferida qualquer decisão;

l) Sobre a "*transição do pessoal dirigente da DGCI e do pertencente às carreiras de Regime Geral*", a Secretária de Estado do Orçamento, em substituição do Ministro das Finanças, proferiu, em 19/4/91, o despacho com o teor constante de fls. 72 a 98 do processo principal que aqui se dá por reproduzido».

III – O DIREITO

Pretende-se saber se as *remunerações acessórias* auferidas após 30/09/1989 por funcionários *requisitados* depois dessa data para o exercício de funções na DGCI e mais tarde integrados no respectivo quadro de pessoal (essa era a situação da recorrente), poderiam ser incluídas na aplicação do regime de transição para o novo sistema retributivo da função pública estabelecido pelo DL 353-A/89, de 16.10.

No âmbito do presente processo, primeiramente o TCA disse que não, no que foi secundado pelo *acórdão recorrido*, diferentemente do que o entendera o *acórdão fundamento* deste STA de 29/05/2002, proferido em sede do Rec. n.º 48243.

É, porém, questão que este Supremo Tribunal tem já por consolidada na jurisprudência que sobre o tema produziu de então para cá, no sentido, precisamente, do acórdão aqui impugnado (ver *acórdãos do Pleno de 27-11-2003, recurso n.º 047727; de 16-12-2004, recurso n.º 044/02; de 16-2-2005, recurso n.º 0584/03; de 12-4--2005, recurso n.º 0513/03; de 24-5-2005, recurso n.º 090/04; de 25/10/2005, recurso n.º 0525/04, de 21-3--2006, recurso n.º 01151/04; de 29/11/2006, recurso n.º 01081/05 e de 29/03/2007, nos recursos n.ºs 0181/06* e *01083/05*).

Os fundamentos deste entendimento dominante são os que, por exemplo, se colhem do aresto de 27/11/03, recurso 47.727, de que se transcreve o seguinte trecho:

«*A* questão jurídica a decidir, e relativamente à qual o acórdão recorrido e o acórdão invocado como fundamento do recurso deram soluções diversas e opostas entre si, consiste em saber se poderiam ser computadas na aplicação do regime de transição para o novo sistema retributivo da função pública estabelecido pelo DL 353--A/89, de 16.10, as remunerações acessórias auferidas, após 30 de Setembro de 1989, por funcionários requisitados, após essa data, para o exercício de funções na DGCI e posteriormente integrados no respectivo quadro de pessoal.

O acórdão recorrido deu resposta afirmativa a essa questão, invocando o disposto no art. 30.º do DL 353-A/89, de 16.10, segundo o qual a remuneração a considerar para efeitos de integração na nova estrutura salarial "resulta do valor correspondente à remuneração base decorrente do DL n.º 98/89, de 29/3, actualizada de 12%, acrescida do montante da remuneração acessória a que eventualmente haja direito ..."; e, ainda, o disposto no art. 32.º do mesmo DL 353-A/89, onde se prevê que o regime de transição do pessoal destacado, requisitado e em comissão de serviço "obedece ao disposto no artigo 30.º, devendo ainda atender-se às seguintes regras: *a*)...; *b*) Se o lugar de destino conferir direito a remuneração acessória de qualquer natureza, a remuneração a abonar no lugar de destino, enquanto se mantiver o destacamento, a requisição e a comissão de serviço, é apurada nos termos do n.º 2 a 5 do art. 30.º ...".

Por seu turno, a entidade recorrente, com apoio no entendimento seguido no acórdão fundamento, sustenta que tais remunerações acessórias, por terem sido atribuídas após ter sido decretada respectiva extinção pelo DL 184/89, de 2.6, não poderiam ser consideradas para efeitos de integração no novo sistema retributivo.

E, como se verá, é este o entendimento correcto.

O citado DL 184/89 definiu os princípios gerais em matéria de emprego público, remunerações e gestão de pessoal da função pública, prevendo o respectivo art. 43.º que seria objecto de desenvolvimento e regulamentação noutros diplomas legais e entraria em vigor conjuntamente com os diplomas legais de desenvolvimento relativo a matéria salarial.

Este desenvolvimento, em matéria de estatuto remuneratório dos funcionários e agentes da Administração Pública, foi estabelecido pelo DL 353-A/89, de 16 de Outubro, o qual, nos termos do respectivo art. 45, n.º 1, produziu efeitos a partir de 1 de Outubro de 1989.

Ora, aquele DL 184/89, visando devolver coerência e equidade ao sistema de remunerações da função pública, determinou (art. 38.º) a extinção de todas as remunerações acessórias não previstas ou enquadráveis nos suplementos previstos nos arts 15.º e 19.º.

Para salvaguarda de direitos eventualmente adquiridos, estabeleceu este mesmo diploma legal, no art. 39, que as remunerações acessórias extintas pelo artigo anterior deveriam ser levadas em conta na remuneração a considerar para efeitos de transição para o novo sistema retributivo, garantindo, ainda, que desta não poderia resultar redução da remuneração auferida pelo funcionário ou agente (art. 40.º).

Porém, aquele art. 39.º expressamente estabelece que o diferencial de integração, correspondente à diferença entre a remuneração indiciária e o montante já percebido, «tem carácter de remuneração pessoal e não pode ser atribuído a situações constituídas após a entrada em vigor do novo sistema retributivo» (n.º 6).

Assim, como bem conclui o acórdão fundamento, o legislador quis salvaguardar as remunerações que cada um auferisse a título pessoal, mas à data da entrada em vigor do DL 184/89. O que, como se viu, aconteceu em 1 de Outubro de 1989.

No caso da ora recorrida, só com a respectiva requisição e início de funções na DGCI, em 14.5.90, passou a mesma a auferir a remuneração acessória a que tinham direito os funcionários que ali prestavam serviço antes daquela entrada em vigor do DL 184/89 (1.10.89).

Daí que tal remuneração acessória lhe não deveria ter sido atribuída nem, por consequência, levada em conta para efeitos da respectiva transição para o novo sistema retributivo.

Contra este entendimento não vale, pois, a invocação (...) da disposição do n.º 2 do art. 30.º do DL 353-A/89, conforme a qual a remuneração a considerar para efeitos de transição deverá ser «acrescida do montante da remuneração acessória a que eventualmente haja direito, com excepção das que sejam consideradas suplementos, nos termos do Decreto-Lei n.º 184/89, de 2 de Junho, e deste diploma».

No mesmo sentido, ou seja, no de que, para efeitos de transição não são de considerar remunerações acessórias atribuídas após 1.10.89, logo dispõe o n.º 3 do mesmo art. 30.º que, «para efeitos do número anterior, as remunerações acessórias de montante variável são fixadas no valor médio das remunerações acessórias percebidas nos 12 meses anteriores à data da produção de efeitos do presente diploma».

Por fim, também não é aceitável o entendimento seguido no acórdão recorrido, ao considerar a situação da ora recorrida abrangida pelas disposições do DL 187/ /90, de 7.6, para concluir que as remunerações acessórias pela mesma auferidas ao serviço da DGCI deveriam ser consideradas na respectiva transição para o novo sistema retributivo em conformidade com o despacho do Ministro das Finanças previsto no art. 3.°, n.° 4 desse diploma, onde se dispõe que «para efeitos de aplicação do n.° 3 do artigo 30.° do Decreto-Lei n.° 353-A/89, de 16 de Outubro, ao pessoal do regime geral da Direcção-Geral das Contribuições e Impostos, incluindo o pessoal dirigente abrangido pelo artigo 31.° do referido decreto-lei, adoptar-se-á critério idêntico ao utilizado para as carreiras de pessoal da administração tributária, sendo os respectivos montantes fixados por categoria, mediante despacho do Ministro das Finanças".

Com efeito, a ora recorrida, sendo chefe de secção do quadro do IROMA, iniciou funções na DGCI, em 14 de Maio de 1990, em regime de requisição, ou seja, sem ocupação de lugar do quadro da mesma DGCI (art. 27.°, n.° 1 do DL 427/89, de 7.12).

Continuou, pois, a integrar o quadro de pessoal do IROMA, até que, posteriormente, tomou posse como funcionária da DGCI, com a categoria chefe de secção [vd. al. c) da matéria de facto].

Assim, a recorrente não pertencia, ainda, ao quadro da DGCI na data da respectiva integração no novo sistema retributivo, estabelecido pelo DL 353-A/89, diploma que, como já se viu, passou a produzir efeitos a partir de 1 de Outubro de 1989, por força do disposto no respectivo art. 45, n.° 1.

Daí também que não lhe fosse aplicável o regime estabelecido, designadamente no citado art. 3, n.° 4, do DL 187/90, de 7.6, cujo "âmbito" de aplicação se limita ao pessoal da DGCI, como expressamente determina o respectivo art. 2.° ("O presente diploma aplica-se ao pessoal do quadro da Direcção-Geral das Contribuições e Impostos dos seguintes grupos: ...").

A transição da recorrida para o novo sistema retributivo fez-se, pois, segundo o regime do DL 353-A/89, de 16.10 (vd. art. 2, n.° 1). E, para efeito desta transição, não havia que considerar remunerações acessórias (art. 30.°, n.° 2 e 3). Pois que, à data da produção de efeitos desse diploma, ainda não iniciara funções como requisitada na DGCI, encontrando-se a exercer funções no serviço de origem, o IROMA, sem auferir tais remunerações».

Sobre o mesmo assunto, escreveu-se no citado *Acórdão de 16/12/04 (rec. 44/02):*

"Na situação de requisitada a Recorrente continuou a pertencer ao quadro de pessoal origem, (...) sendo que a categoria atribuída o foi em função da que já detinha;

Só após a publicação da nomeação para o quadro da DGCI e a respectiva tomada de posse é que deixou de pertencer ao quadro do (...) e passou a pertencer ao quadro da DGCI;

A dita nomeação foi na categoria de segundo-oficial, pelo que a Recorrente entrou no quadro da DGCI, integrando o pessoal das carreiras do regime geral e não o pessoal das carreiras da administração tributária a que aludem os anexos ao DL 187/90, de 7-6;

Ora, a integração do NSR, quer por aplicação do DL 353-A/89, de 16-10, quer por aplicação do DL 187/90, de 7-6, tem os seus efeitos reportados a 1-10-89, daí que, tendo a Recorrente entrado para a DGCI em data já posterior à entrada em vigor do DL 187/90 e pertencendo até 30-7-93 ao quadro de origem, a sua transição para o NSR não pudesse ser feita nos termos do regime decorrente desse mesmo diploma, uma vez que este se aplica ao pessoal do quadro da DGCI, o que implica a insubsistência da arguida violação dos artigos 3.°, n.° 4 do DL 187/90;

E também se não mostram violados os artigos 30.° e 32.°, do DL 353-A/89, dado que as remunerações acessórias recebidas pelos funcionários no âmbito da DGCI não eram auferidas pela Recorrente em 30-9-89 (data imediatamente anterior àquela a que esse reporta o início da produção dos efeitos do NSR – 1-10-89).

Com efeito, nessa altura, anterior à requisição (que só ocorreu por despacho publicado no DR, II Série, de 2-5-90), a Recorrente exercia funções no serviço de origem, onde não auferia remunerações acessórias.

Este é o regime que dimana dos preceitos já citados, razão pela qual aposição acolhida pelo Acórdão recorrido seja de manter, não se aderindo à tese propugnada no Acórdão fundamento."

Porque não vemos razões para dele divergir, este é o entendimento que continuamos a perfilhar.

2 – A recorrente defende, entretanto, que a manter-se a interpretação restritiva dos arts. 31.° e 32.° do DL n.° 353-A/89 e 3.°, n.° 4, do DL n.° 187/90, violados estariam os preceitos que estabelecem a igualdade de tratamento (arts. 13.° e 59.° da CRP).

Mas não tem razão, como o Pleno teve também oportunidade de afirmar no citado acórdão de 25/10/ /2005, Proc. n.° 0525/04. Pode ler-se ali:

«Este entendimento não viola o princípio da igualdade previsto no art. 13.° e 59.°, 1, al. a) da Constituição, uma vez que, existe um diferença das situações de facto: de um lado, temos funcionários que entraram no quadro da Direcção Geral das Contribuições e Impostos antes da entrada em vigor do Dec. Lei 187/90, de 7/6, e no outro lado, temos funcionários integrados no mesmo quadro, depois daquela data.

Os funcionários que só foram integrados no quadro depois da referida data, ingressaram directamente no Novo Regime Remuneratório. A não aplicação a estes funcionários de regras destinadas a regular a transição para o novo regime tem assim uma razão de ser objectiva e não arbitrária, ou seja um fundamento razoável, e portanto, na margem de livre conformação do legislador: aplicar o regime de transição para o novo regime apenas a quem transita para esse regime e não para quem é nomeado já na sua vigência.

Note-se, que nos termos do art. 32.°, b) do Dec. Lei 353/A/89, aplicável aos funcionários requisitados, se o lugar de destino conferir direito a remuneração acessória de qualquer natureza, a remuneração a abonar no lugar de destino, enquanto se mantiver a requisição, é apurada nos termos do art. 30.°, n.° 2 a 5. Assim, o funcionário requisitado tem um tratamento igual aos funcionários do quadro "enquanto se mantiver a requisição". Nos termos do art. 32.°, a) do mesmo diploma legal, dá-se o mesmo no lugar de origem. O funcionário requisitado vê assim o seu lugar de origem ser integrado no NSR, e o seu lugar de destino "enquanto se mantiver a requisição" ter idêntico tratamento.

Refira-se, por último, que os funcionários em questão estavam requisitados e mantiveram-se, nessa situação, até à nomeação no quadro da Direcção Geral das Contribuições e Impostos. Portanto, no momento da nomeação, tiveram a possibilidade de optar entre o ingresso no lugar do destino ou o regresso ao lugar de origem, lugar onde também se repercutiu na transição para o NSR a remuneração acessória de qualquer natureza – cfr. art. 32.°, al. *a*) do Dec. Lei 353/A/89, de 16/10. A opção entre ficar no lugar de destino de acordo com as novas regras, então, já em vigor, ou regressar ao lugar de origem e ser posicionado de acordo com as regras da transição para o NSR, mostra que qualquer diferencial remuneratório que resulte da passagem de funcionário requisitado para funcionário do quadro da Direcção Geral das Contribuições e Impostos depende da sua aceitação (opção) do lugar num quadro diferente, e das diferenças remuneratórias dos cargos respectivos (lugar de origem e lugar de destino). Daí que, nesta perspectiva, não seja arbitrária uma eventual quebra remuneratória, uma vez que é consentida e querida a transferência entre lugares remunerados de forma diversa. (...)».

Note-se ainda que o próprio Tribunal Constitucional, chamado a pronunciar-se sobre o tema, já afirmou que a referida interpretação não violava o dito princípio (Ver: *Acórdão do Tribunal Constitucional n.° 528/06, de 27 de Setembro de 2006, Processo n.° 227/06, 3ª Secção*).

Estas as razões para se confirmar o acórdão recorrido.

IV – DECIDINDO

Nos termos expostos, acordam em negar provimento ao recurso.

Custas pela recorrente.

Taxa de Justiça: 400 euros.

Procuradoria: 200 euros.

Lisboa, 29 de Maio de 2007

Cândido de Pinho (Relator)
Azevedo Moreira
Santos Botelho
Rosendo José
Maria Angelina Domingues
Pais Borges
Costa Reis
Adérito Santos
Jorge de Sousa (vencido conforme declaração junta).

Recurso n.° 785/05-20

Voto de vencido

1 – O Decreto-Lei n.° 184/89, de 2 de Junho, estabeleceu princípios gerais de salários e gestão de pessoal da função pública, que foram regulamentados pelo Decreto-Lei n.° 353-A/89, de 16 de Outubro.

No art. 38.° daquele primeiro diploma determinou-se a extinção de todas as remunerações não previstas ou enquadráveis no art. 15.°, que são a remuneração base, as prestações sociais, o subsídio de refeição e os suplementos.

Nos n.os 3 e 4 do art. 39.° do mesmo Decreto-Lei n.° 184/89, estabeleceu-se que, «*nos casos de percepção de remunerações acessórias extintas pelo artigo anterior, a remuneração a considerar para efeitos de transição resultaria do somatório dos montantes correspondentes à remuneração base, às diuturnidades e às remunerações acessórias*» e que, nos casos em que o montante assim apurado ultrapassasse o valor do escalão máximo da respectiva categoria, seria criado um diferencial de integração de valor correspondente à diferença entre a remuneração indiciária e o montante já percebido, o qual continuaria a ser abonado até ser totalmente absorvido por aumentos decorrentes das actualizações salariais gerais, em termos a definir.

No art. 40.° deste diploma estabelecem-se normas de salvaguarda de direitos, em que se inclui a do n.° 2, de que «*em caso algum pode resultar da introdução do novo sistema retributivo redução da remuneração que o funcionário ou agente já aufere*».

O Decreto-Lei n.° 353-A/89, regulamentando o regime de transição para a nova estrutura salarial, estabeleceu que as remunerações acessórias a considerar seriam aquelas a que eventualmente houvesse direito, com excepção das que fossem consideradas suplementos e que as que fossem de montante variável seriam fixadas no valor médio das remunerações acessórias percebidas nos 12 meses imediatamente anteriores à data da produção de efeitos desse diploma (n.os 3 e 4 do art. 30.°).

No n.° 5 deste artigo, reafirma-se a garantia fundamental constante do art. 40.°, n.° 2, do Decreto-Lei n.° 184/89, estabelecendo-se que «*da aplicação do presente diploma não pode resultar a redução das remunerações efectivamente auferidas*».

Por outro lado, a consideração das remunerações acessórias para determinação do escalão para o qual se realizaria a transição era extensível aos funcionários que se encontravam na situação de requisitados, quer elas apenas fossem auferidas no serviço de origem, quer apenas o fossem no lugar de destino. Na verdade, no art. 32.° do mesmo Decreto-Lei n.° 353-A/89, estabelece-se o «*regime de transição do pessoal destacado, requisitado e em comissão de serviço*», determinando-se que essa transição obedece às regras do art. 30.° e às seguintes:

a) Se o lugar de origem conferir direito a remuneração acessória de qualquer natureza, a remuneração a considerar para efeitos de transição no lugar de origem é apurada nos termos dos n.os 2 e 3 do artigo 30.°, ainda que a remuneração acessória não venha sendo efectivamente abonada;

b) Se o lugar de destino conferir direito a remuneração acessória de qualquer natureza, a remuneração a abonar no lugar de destino, enquanto se mantiverem o destacamento, a requisição e a comissão de serviço, é apurada nos termos dos n.os 2 a 5 do artigo 30.°

Resulta destas normas que se os funcionários que se encontravam na situação de requisitados no momento da transição para o novo sistema retributivo auferiam remunerações acessórias, elas tinham de ser consideradas para efeitos de enquadramento nos escalões da nova estrutura remuneratória e que da aplicação do novo regime não podia resultar para eles remuneração inferior à que auferiam antes dessa transição.

2 – A data da produção de efeitos novo sistema retributivo estabelecido pelos Decretos-Leis n.os 184/89 e 353-A/89 foi fixada, pelo art. 45.° deste último, em 1-10-89.[1]

No entanto, no n.° 3 deste art. 45.° estabelece-se que «*relativamente às carreiras e categorias não contempladas neste diploma, o Decreto-Lei n.° 184/89, de 2 de Junho, entra em vigor, no que respeita à matéria salarial, à medida que forem publicados os respectivos diplomas de desenvolvimento, sem prejuízo de a produção de efeitos se reportar à data prevista no número anterior*».

No art. 29.°, n.° 1, deste Decreto-Lei n.° 353-A/89, estabeleceu-se que as estruturas remuneratórias próprias das carreiras de regime especial nele não previstas, em que se incluem as da administração tributária, seriam objecto de diplomas autónomos.

No desenvolvimento deste regime, veio a ser publicado o Decreto-Lei n.° 187/90, de 7 de Junho que estabeleceu o estatuto remuneratório do pessoal das carreiras da administração tributária e aprovou a respectiva escala salarial.

No n.° 4 do seu art. 3.°, relativamente às remunerações acessórias de montante variável, estabeleceu-se que «*ao pessoal do regime geral da Direcção-Geral das Contribuições e Impostos, incluindo o pessoal dirigente abrangido pelo artigo 31.° do referido decreto-lei, adoptar-se-á critério idêntico ao utilizado para as carreiras de pessoal da administração tributária, sendo os respectivos montantes fixados por categoria, mediante despacho do Ministro das Finanças*».

Esta fixação veio a operar-se por despacho da Senhora Secretária de Estado do Orçamento, de 19-4-1991, em que se refere, além do mais, que ele produz efeitos a partir de 1-10-89.

Apesar desta produção de efeitos retroactivos, o momento relevante para efeitos de apurar os direitos remuneratórios que não poderiam ser atingidos pela transição não pode deixar de ser aquele *em que se concretizou efectivamente a alteração*, que, no caso em apreço, foi aquele em que se tornou eficaz o referido despacho ministerial.

Na verdade, antes de esse despacho se tornar eficaz, todo o pessoal referido era remunerado pela estrutura salarial anterior e foi apenas depois dele que passou a ser remunerado pelo novo sistema retributivo. E a todos os que eram remunerados pela estrutura anterior e que passaram a ser remunerados pela nova, inclusivamente o pessoal em regime de requisição, foi garantido pelos referidos arts. 40.°, n.° 2, do Decreto-Lei n.° 184/89[2] e 30.°, n.° 5, do Decreto-Lei n.° 353-A/89 que não sofreriam uma redução de remuneração, derivada do facto de ter sido alterado o regime remuneratório.

3 – O caso em apreço é de funcionário que, na sequência de requisição, tomou posse na D.G.C.I., como requisitado, antes de ter sido nela introduzido o novo sistema retributivo para as carreiras do pessoal do regime geral, passando a auferir o vencimento correspondente à sua categoria acrescido das remunerações acessórias.

Esta remuneração era atribuída no âmbito da estrutura salarial anterior ao novo sistema retributivo, pois ainda não tinha sido publicado o referido Decreto-Lei n.° 187/90, nem o Despacho de 19-4-91, que fixou os montantes das remunerações relativas às categorias do regime geral da D.G.C.I.

Pelo que ficou dito, não podendo os funcionários sofrer uma redução de remuneração derivada da alteração do sistema retributivo, para determinação do escalão de vencimento em que se enquadraria na nova estrutura remuneratória tinham de ser consideradas todas as remunerações que auferia anteriormente, incluindo as acessórias.

O pagamento do vencimento com estas remunerações tem de manter-se durante todo o período durante o qual se manteve a requisição, por força do disposto no art. 32.°, alínea b), do Decreto-Lei n.° 353– A/89.

A preocupação legislativa de não provocar diminuição de remuneração aos funcionários derivadas de alteração do sistema retributivo, não podem deixar de manter-se nesta situação de transferência, pois, se se mantivesse o anterior sistema retributivo, as remunerações acessórias próprias da categoria para que o funcionário foi transferido continuariam a ser recebidas após a transferência.

Por isso, a única solução congruente com o reconhecimento legislativo desta garantia fulcral da introdução do novo sistema retributivo (cuja razão de ser, de resto, é óbvia) é a de que o escalão de vencimento na situação de requisitado, determinado com consideração das remunerações acessórias, não pode ser substituído por outro inferior após a situação de requisição cessar, com transferência do funcionário para o serviço em que prestava serviço na situação de requisitado.

4 – Como se defende nas alegações do presente recurso jurisdicional, a interpretação adoptada na tese que fez vencimento parece-me ser materialmente inconstitucional, por ofensa dos arts. 13.° e 59.° da CRP, por tratar de forma diferente funcionários que se encontravam precisamente na mesma situação na ocasião em a entrou em vigor o novo sistema retributivo relativamente aos funcionários da DGCI.

Com efeito, o novo sistema retributivo, embora com efeitos, relativamente ao montante das remunerações, reportados a 1-10-89 não entrou em vigor nesse data, mas só quando foram publicados, para cada regime de carreiras os diplomas de desenvolvimento, como expressamente se referiu no art. 43.°, n.° 1, do Decreto-Lei n.° 184/89 (em que se estabelece que «*o presente diploma de princípios gerais será objecto de desenvolvimento e regulamentação e entra em vigor conjuntamente com os diplomas legais de desenvolvimento relativo a matéria salarial.*»).

É este mesmo regime de entrada em vigor faseada que se reafirma no expressamente no art. 45.°, n.° 3, do Decreto-Lei n.° 353-A/89, ao referir-se que «*o Decreto-Lei n.° 184/89, de 2 de Junho,* ***entra em vigor****, no que respeita à matéria salarial, à medida que forem publicados os respectivos diplomas de desenvolvimento, sem prejuízo de a produção de efeitos se reportar à data prevista no número anterior*».

Isto é, o novo sistema retributivo apenas **entrou em vigor** para os funcionários da DGCI com a entrada em vigor do Decreto-Lei n.° 187/90 ou com o referido Despacho de 19-4-91, conforme não se trate ou se trate de carreiras do regime geral, embora fosse reconhecido direito a remunerações à face das novas regras a partir de 1-10-89.

[1] No n.° 1 do art. 43.° do Decreto-Lei n.° 184/89 estabelece-se que «*o presente diploma de princípios gerais será objecto de desenvolvimento e regulamentação e entra em vigor conjuntamente com os diplomas legais de desenvolvimento relativo a matéria salarial*».

[2] Como se conclui do uso da expressão «*em caso algum*».

O que se pretende dizer com esta entrada em vigor posterior a 1-10-89 e a produção de efeitos em matéria remuneratória a partir dessa data é precisamente que a situação de facto atender para efeitos de transição é a que existir no momento dessa entrada em vigor e não a vigente em 1-10-89, sendo, portanto, necessário atender à realidade criada com a remuneração efectivamente entre essa data e aquela em que se efectiva a transição. Aliás, a razoabilidade e sensatez de tal opção legislativa é clara para quem pressentir que a escassez da remuneração média dos assalariados das carreiras do regime geral leva maior parte deles, nas suas actividades financeiras pessoais, a fazer uma navegação à vista da respectiva conta bancária, assumindo ou não compromissos em função da disponibilidade que ela permite ou não. E, neste contexto, como é óbvio, será sensato não provocar surpresas de diminuição acentuada da remuneração. Assim, esta solução de atender ao momento em que efectivamente se verifica a transição (isto é, aquele em que o fundamento deixa de receber pelo regime anterior e passa a receber pelo novo) é, decerto, a «***solução mais acertada***» que o art. 9.°, n.° 3, do Código Civil manda presumir ter sido consagrada na lei.

Assim, o momento relevante para concretizar a regra do art. 45.°, n.° 3, do Decreto-Lei n.° 353-A/89 de não podia resultar da introdução do novo sistema retributivo a redução das remunerações efectivamente auferidas é este da entrada em vigor do sistema «*sem prejuízo de a produção de efeitos se reportar à data prevista no número anterior*», como nele se refere.

Sendo assim, as normas referidas, na interpretação feita no presente acórdão, serão materialmente inconstitucionais, por violação dos arts 13.° e 59.° da CRP, pois, na leitura adoptada pela tese que fez vencimento, conduzirão em que transitem para o novo sistema retributivo com regimes remuneratórios diferentes funcionários que, antes da sua entrada em vigor, se encontravam em situações perfeitamente idênticas a nível remuneratório e de integração nos quadros.

Pelo exposto, entendo que deveria ser concedido provimento ao recurso jurisdicional e ao recurso contencioso e anulado o acto recorrido.

(Jorge Manuel Lopes de Sousa)

Recurso n.° 785/05-20

OPOSIÇÃO DE JULGADOS. SUBSTITUIÇÃO DO ACÓRDÃO FUNDAMENTO. IMPOSSIBILIDADE DE SE CONHECER DO RECURSO.

(Acórdão de 3 de Maio de 2007)

SUMÁRIO:

I - O erro em que a recorrente teria caído ao averiguar se o acórdão fundamento transitara não configura uma qualquer divergência entre a vontade real e a declarada no requerimento de interposição do recurso, pelo que não se trata de um erro rectificável nos termos do art. 249.° do Código Civil.

II - A figura do justo impedimento, prevista no art. 146.°, n.° 1, do CPC, não é idónea a que a recorrente substitua por um outro o acórdão fundamento que indicara, pois tal figura só releva para que a parte pratique o acto omitido, e não para que corrija ou melhore o acto que praticou.

III - A circunstância de a parte ainda estar em tempo de interpor recurso por oposição de julgados não lhe possibilita que, no recurso já interposto e individualizado, substitua o acórdão fundamento por um outro.

IV - O art. 765.°, n.° 2, do CPC veda justificada e adequadamente que se substitua o acórdão fundamento já indicado, pelo que os princípios denegadores de soluções formalistas são impotentes para que se obtenha uma tal substituição «contra legem».

V - Como resulta do art. 766.°, n.° 2, do CPC, deve declarar-se sem efeito o recurso por oposição de julgados em que se apure que o acórdão fundamento não transitou e em que, ademais, a oposição desenhada pela recorrente respeita apenas a um terceiro aresto.

ACORDAM NO PLENO DA 1.ª SECÇÃO DO SUPREMO TRIBUNAL ADMINISTRATIVO:

Tagol – Companhia de Oleaginosas do Tejo, SA, veio, através do seu requerimento de fls. 407 e ss., interpor recurso para este Pleno do acórdão da Subsecção constante de fls. 357 e ss., aresto este que, revogando a sentença recorrida, concluíra que o acto contenciosamente impugnado – segundo a Subsecção, o despacho do Presidente e de um Vogal do Conselho Directivo do INGA, que ordenara a reposição de certas ajudas e o pagamento dos respectivos juros – não enfermava do vício de ilegal revogação que a recorrente lhe assacara. O recurso foi interposto por oposição de julgados, sendo então indicado como acórdão fundamento o aresto do STA de 28/5/03, proferido no recurso n.° 1445/02.

Ainda no mesmo requerimento de interposição do recurso, a Tagol arguiu a nulidade do acórdão recorrido, por «oposição entre os fundamentos e a decisão».

A fls. 420, o relator do processo na Subsecção admitiu esse recurso, interposto por oposição de julgados.

E, por acórdão de fls. 424 e ss., a Subsecção assumiu-se competente para conhecer da referida nulidade e indeferiu-a.

Depois, a entidade recorrida, «sponte sua», veio aos autos comunicar que o acórdão fundamento ainda não transitara. E, por via disso, o relator junto da Subsecção proferiu o despacho que consta de fls. 437, em que mandou ouvir «a recorrente sobre a questão suscitada de não ter transitado o acórdão que indicou como fundamento da oposição».

A fls. 438 e ss, a Tagol ofereceu a sua alegação de recurso, em que concluiu do modo seguinte:

1 – Deve, antes do mais, ser admitida a substituição do acórdão fundamento originariamente indicado pelo

acórdão do STA de 24/10/01, da 3.ª Subsecção da 1.ª Secção, proferido no recurso n.º 46.709, publicado no Apêndice ao DR de 23/10/2003, vol. II (de 24/10 a 21/11), a págs. 7049 a 7059, porquanto a indicação daquele primeiro acórdão se deveu a erro material que se deve considerar susceptível de rectificação ao abrigo do art. 249.º do Código Civil ou, então, reconhecer-se a existência de justo impedimento em conformidade com o art. 146.º do CPC.

2 – A substituição requerida deve ainda ser admitida por tempestividade na indicação assim efectuada do acórdão fundamento, dado estar ainda a correr prazo para interposição do recurso por oposição de julgados, porquanto se deve entender que o «dies a quo» para o efeito é a notificação do douto acórdão que decidiu a arguição da nulidade oportunamente efectuada pela recorrente.

3 – De qualquer modo, no caso, deve ainda admitir-se a requerida substituição em atenção ao princípio «in dubio pro habilitate instantiae», pelo qual os requisitos formais não são valores autónomos que tenham substantividade própria, mas instrumentos para atingir uma finalidade legítima que, na situação em causa, é a de assegurar a igualdade de tratamento de situações iguais.

4 – O douto acórdão recorrido encontra-se em oposição com o douto acórdão fundamento do STA de 24/10/01, da 3.ª Subsecção da 1.ª Secção, proferido no recurso n.º 46.709, porquanto perfilharam, relativamente ao mesmo fundamento de direito, soluções opostas.

5 – O douto acórdão recorrido respondeu negativamente à questão de saber se o disposto no art. 141.º do CPA é aplicável a ordens de reposição de verbas consideradas como indevidamente pagas a empresas que se tenham candidatado e obtido ajudas comunitárias.

6 – O douto acórdão fundamento, pelo contrário, respondeu afirmativamente à questão de saber se o disposto no art. 141.º do CPA é aplicável a ordens de reposição de verbas consideradas como indevidamente pagas a empresas que se tenham candidatado e obtido ajudas comunitárias.

7 – Os dois acórdãos referidos assentaram em situações de facto semelhantes, pois em ambos estiveram em causa ordens de reposição de verbas consideradas como indevidamente pagas às empresas que se tenham candidatado e obtido ajudas comunitárias, que foram emitidas depois de decorrido o prazo de um ano sobre o pagamento das ajudas, na sequência de acções de controlo posteriores ao pagamento.

8 – Encontram-se, nestes termos, preenchidos os requisitos da al. *b*) do art. 24.º do ETAF.

9 – A oposição de julgados constitui fundamento para a revogação do acórdão proferido em segundo lugar.

De seguida, a Tagol voltou aos autos na sequência do convite formulado pelo relator a fls. 437. E reeditou então os argumentos, já expendidos na alegação de recurso, em prol da admissibilidade da substituição do acórdão fundamento que inicialmente invocara.

Ante este requerimento, o relator junto da Subsecção proferiu o despacho de fls. 495, onde ordenou que se ouvisse «a parte contrária sobre a correcção pedida pela Tagol».

Depois, foi junta aos autos a contra-alegação da entidade recorrida, que ela culminou com o oferecimento das conclusões seguintes:

1 – Não deve admitir-se a substituição do acórdão fundamento indicado pela recorrente no seu requerimento de interposição de recurso.

2 – A recorrente teve conhecimento que o acórdão que indicou como fundamento da alegada oposição de julgados transitara em julgado apenas por o recorrido o ter alegado.

3 – O recurso extraordinário de oposição de julgados não é uma nova instância de recurso.

4 – Não deve admitir-se que a recorrente substitua extemporaneamente o acórdão fundamento, de acordo e à medida das suas conveniências, como se de um catálogo se tratasse, quando estão em causa razões imperativas de segurança e rigor jurídico, em caso de conflito de jurisprudência.

5 – Não se verifica qualquer lapso manifesto, porquanto não resulta de qualquer declaração que a recorrente tenha querido dizer coisa diversa.

6 – Não existe erro de escrita passível de rectificação, pois nada foi escrito.

7 – A recorrente disse exactamente o que queria quando indicou o acórdão fundamento, porquanto fora este mencionado na decisão de 1.ª instância.

8 – A recorrente não teve a diligência e o cuidado que lhe eram exigidos por forma a acautelar e preencher os requisitos formais exigidos no instituto da oposição de julgados.

9 – Tão-pouco se verifica qualquer situação enquadrável no justo impedimento.

10 – A decisão que apreciou a nulidade do acórdão recorrido não faz renovar o prazo para apresentação do requerimento de recurso, quando este já foi interposto pela recorrente no mesmo requerimento em que invocou a nulidade.

11 – Por serem improcedentes todas as razões da recorrente, não deve ser admitida a substituição do acórdão fundamento inicialmente invocado por outro, no seguimento do conhecimento da falta do requisito do trânsito em julgado do mesmo, alegado nos autos pelo recorrido.

12 – Ainda que se admita a substituição do acórdão fundamento, não procede a invocada oposição de julgados por não se verificarem dois dos requisitos indispensáveis.

13 – Nos acórdãos recorrido e fundamento não estão em causa situações de facto idênticas, nem o respectivo enquadramento jurídico é, em ambas as decisões, idêntico.

14 – No acórdão recorrido, as disposições aplicáveis concernem aos controlos documentais realizados à contabilidade dos beneficiários, efectuados ao abrigo do Reg. n.º 4.045/89.

15 – E, no acórdão fundamento, estão em causa controlos físicos para aferir da realidade das explorações face às declarações dos beneficiários, ao abrigo do Reg. n.º 3.887/92.

16 – O acórdão recorrido afasta a aplicação do art. 141.º considerando a situação factual de realização do controlo à exactidão dos documentos comerciais.

17 – O acórdão fundamento sustenta a aplicabilidade do art. 141.º com fundamento no acto impugnado ser constitutivo de direitos e a sua revogação ser extemporânea.

18 – Não se verifica a invocada oposição de julgados por ser diferente a legislação aplicada.

19 – E por ser diferente a base factual de que partiram os acórdãos ditos em oposição, para concluírem no sentido de serem aplicados regimes jurídicos diferenciados.

20 – Deve o presente recurso ser rejeitado por inexistência de oposição de julgados.

A fls. 530, a entidade recorrida pronunciou-se na sequência do despacho de fls. 495, tendo referido que a sua posição sobre o assunto – o pedido de substituição do acórdão fundamento – constava da contra-alegação, para onde inteiramente remeteu.

A fls. 531, o relator na Subsecção proferiu um último despacho em que, depois de sugerir que a sua competência findara com a prolação do despacho de admissão do recurso, determinou que os autos fossem remetidos a este Pleno.

A Ex.ª Magistrada do M.º P.º junto do Pleno da Secção emitiu douto parecer em que se pronunciou contra a substituição do acórdão fundamento e pelo não conhecimento deste recurso por oposição de julgados.

A matéria de facto pertinente é a dada como provada no acórdão «sub censura», que aqui damos por integralmente reproduzida – solução que, mesmo para o Pleno, genericamente decorre do art. 713.º, n.º 6, do CPC (cfr. também os arts. 726.º e 749.º do mesmo diploma).

Passemos ao direito.

«Ante omnia», impõe-se que delimitemos com precisão o «thema decidendum». E, sobre isto, há que dizer imediatamente três fundamentais coisas.

«Primo», o presente recurso não abrange a arguida nulidade do acórdão «sub censura». Essa nulidade fora denunciada no próprio requerimento de interposição do recurso; mas a Subsecção arrogou-se competente para a apreciar e indeferiu-a. Ademais, a recorrente aceitou essa metodologia, não tendo sequer retomado o assunto na sua alegação. Trata-se, pois, de matéria excluída do presente recurso.

«Secundo», o Pleno não tem de se ocupar de requerimento avulsos, desde que eles processualmente se reportem à fase de admissão do recurso, estejam claramente dirigidos ao relator do processo na Subsecção e se destinem a corrigir ou melhorar o próprio requerimento de interposição. Tal é o caso do requerimento (de fls. 474 e ss.) em que a Tagol visou a substituição do acórdão fundamento, sobre o qual não recaiu qualquer despacho de fundo – pois a decisão de fls. 531 disse que a questão haveria de ser dirimida pelo Pleno. Todavia, importa assinalar a inutilidade desse requerimento, aliás também justificativa da sua não apreciação. Com efeito, o assim peticionado a fls. 474 e ss. limita-se a reproduzir as várias teses jurídicas que a recorrente já incluíra entretanto na sua alegação de recurso para o Pleno. Sendo assim, a decisão que proferiremos sobre o segmento do recurso jurisdicional em que tais assuntos estão suscitados virá a dar, ainda que de forma indirecta, uma resposta definitiva e cabal ao sobredito requerimento de fls. 474 e ss – pois, e afinal, este meio limitou-se a duplicar uma matéria já submetida ao escrutínio do tribunal «ad quem».

«Tertio», é flagrante que o Pleno nada tem a dizer sobre a manifestação de vontade da recorrente de interpor um recurso por oposição de julgados diferente daquele que ora se nos coloca. Na própria alegação de recurso («vide» fls. 451), a recorrente disse querer deduzir («hic et nunc» – acrescentou ela, para que não houvesse dúvidas) um outro recurso, reportado a um acórdão fundamento diferente do inicialmente indicado; e, no seu requerimento de fls. 474 e ss.(«praecise», a fls. 485), a aqui recorrente voltou a afirmar que deduzia «novamente o recurso por oposição de julgados», indicando um novo acórdão fundamento. Ora, saber-se se ela podia interpor eficazmente esse recurso, fosse na alegação, fosse no requerimento de fls. 474 e ss., é matéria que só à Subsecção cumpre apreciar – pois só ao respectivo relator cabe a tarefa de admitir, ou não, os recursos jurisdicionais (cfr. o art. 765.º, n.os 2 e 3, do CPC – cuja vigência persiste para os recursos por oposição de julgados). Donde resulta ser absolutamente certo que este Pleno, enquanto tribunal «ad quem», nenhuma pronúncia pode emitir sobre tais requerimentos de interposição.

Do exposto resulta algo que, no fundo, já era óbvio «ab initio» – que os poderes de cognição do Pleno somente incidem sobre o recurso jurisdicional que foi admitido e alegado. Ora, a alegação de recurso divide-se claramente em dois grandes blocos: um primeiro, em que a recorrente pretende substituir por um outro o acórdão fundamento inicialmente indicado; e um segundo, em que ela procura mostrar a oposição de julgados, estabelecida entre a decisão recorrida e o tal aresto substituto. É imperioso começar por aquele primeiro assunto, que aliás se prende com a possibilidade de conhecimento do recurso; pois, se concluirmos pela inadmissibilidade da pretendida substituição, ser-nos-á impossível conhecer da oposição de acórdãos, tal como a recorrente a desenhou.

No requerimento de interposição do presente recurso, a recorrente indicou um único e determinado acórdão fundamento. Só depois do despacho de admissão é que ela terá notado que esse aresto não transitara ainda. E, como sabe que esta espécie de recursos pressupõe um tal trânsito (cfr. o art. 763.º, n.º 4, do CPC), a recorrente tenta agora salvar o seu recurso mediante a substituição do aresto indicado por um outro, que sem dúvida transitou.

Todavia, a recorrente também sabe que uma tal substituição é problemática, pois o art. 765.º, n.º 2, do CPC impõe que o acórdão fundamento seja individualizado «no requerimento de interposição». Daí que ela baseie o seu pedido de substituição em razões exteriores àquela norma, mas supostamente constringentes e que indica numa ordem que parece ser subsidiária: assim, o seu propósito substitutivo justificar-se-ia enquanto correcção de um lapso manifesto; ou, então, porque haveria um caso de justo impedimento; ou, ainda, porque continuaria em tempo de interpor recurso do aresto da Subsecção; ou, por último, porque deveriam aplicar-se «in casu» os vários princípios jurídicos que obstam ao triunfo de soluções só formalmente aceitáveis. Passaremos de imediato à consideração dessas matérias, fazendo-o pela ordem atrás enunciada.

A recorrente afirma que trocou inadvertidamente o número do processo quando averiguava se o acórdão fundamento transitara; e diz que esse seu «erro material» inquinou a indicação que incluiu no requerimento de interposição do recurso. Pretende agora, ao abrigo do disposto no art. 249.º do Código Civil, corrigir o lapso em incorreu, substituindo o aresto indicado por um outro.

Mas é flagrante a sua falta de razão neste ponto. Aquele art. 249.º prevê uma hipótese de divergência entre a vontade e a declaração, resultante do erro de cálculo ou de escrita que nesta se tenha insinuado; e o preceito admite a rectificação do lapso assim havido, desde que ele seja ostensivo. Ora, «in casu», a própria recorrente confessa que nenhuma divergência houve entre o que ela queria declarar e o que declarou. Afinal, o engano em que incorreu teria sucedido antes de formular o requerimento de interposição do recurso, localizando-se, pois, ao nível da representação do acórdão fundamento; mas a vontade enunciada de indicar aquele aresto correspondeu perfeitamente à vontade real, que o tinha também em vista. Sendo assim, não houve, no próprio requerimento, um qualquer «lapsus calami» (e, «a fortiori», um erro ostensivo) que agora mereça correcção.

Também não convence minimamente a ideia de que teria ocorrido uma situação de justo impedimento, justificativa de que a recorrente substituísse agora o acórdão fundamento por um outro. Como estatui o art. 146.°, n.° 1, do CPC, o justo impedimento é «o evento não imputável à parte nem aos seus representantes ou mandatários, que obste à prática atempada do acto». Esta figura jurídica concerne aos actos processuais e, em bom rigor, apenas visa possibilitar que, a título excepcional, se pratiquem actos fora do seu devido prazo – como a mera inserção sistemática do artigo logo revela. Portanto, o justo impedimento só releva para que a parte pratique um acto omitido, e não para que corrija ou melhore o acto que praticou. Deste modo, é completamente vã a tentativa da recorrente de, pela via do justo impedimento, substituir o acórdão que indicou ao interpor o recurso.

Como vimos já, a recorrente também funda a pretendida substituição no facto de – quando alegou – «se encontrar em tempo para a interposição do recurso por oposição de julgados». E raciocina assim: se então podia interpor o referido recurso, em que designaria o aresto que pretende, também, e «por maioria de razão», há-de poder substituir neste recurso o acórdão que indicou pelo pretendido. Mas esta argumentação não convence.

Desde logo, por razões estritamente lógicas. Os argumentos «a majore ad minus» exigem que, no sentido da proposição tomada como maior, se inclua já o da enunciação a demonstrar – sem o que o trânsito de uma para outra não poderia ser rigoroso. Ora, a mera hipótese de se interpor um recurso não constitui uma proposição maior relativamente ao enunciado do que possa suceder num recurso já interposto; senão, teríamos de admitir que uma parte incluísse num processo pendente o conteúdo de todos os meios, ainda relativos ao caso, que pudesse esgrimir fora dele. Por outro lado, uma coisa é o que a recorrente poderia hipoteticamente ter feito e outra o que ela realmente fez; e esta singela diferença mostra bem o modo artificioso como a recorrente raciocina, pois é ilegítimo tomar o que foi simplesmente possível, mas não aconteceu, e transferi-lo para a linha da realidade

E as razões por que há inconcludência no raciocínio podem ser vistas mais de perto. Admitamos que a recorrente, em vez de alegar neste recurso, podia ter interposto um outro, em que indicaria o pretendido acórdão. Se ela assim procedesse, teria fatalmente de desistir do recurso já admitido – por ser inconcebível que a mesma parte deduza dois recursos da mesma decisão e dirigidos ao mesmo tribunal «ad quem». Assim, esse hipotético recurso seria o receptáculo directo da nova indicação feita pela recorrente. Mas a circunstância de o novo recurso ter o predicado de ser apto a receber de imediato essa outra indicação não confere ao recurso actual um igual predicado, pois o facto de este recurso já estar informado por uma indicação diversa implica que ele não possa receber «simpliciter» a indicação nova – só podendo recebê-la se a primeira se corrompesse e a segunda a substituísse. Portanto, existe uma diferença irredutível entre a indicação inicial de um aresto e a ulterior substituição do já indicado, diferença essa que impede uma assimilação precipitada e simplista das duas situações.

Do exposto resulta que a referida hipótese de interpor um outro recurso em nada interfere na análise e resolução do pedido de que se substitua o acórdão fundamento. Donde a improcedência da argumentação em contrário, atrás apreciada.

E resta agora ver o derradeiro motivo em que a recorrente funda a sua pretensão. Ela diz-se em condições de substituir o acórdão indicado porque isso lhe seria permitido pelos princípios «in dubio pro habilitate instantiae», «pro actione» e «antiformalista». Em abono da sua tese, diz ser notório que o acórdão recorrido briga com uma multidão de arestos, pelo que abundariam as razões substantivas para que este Pleno conhecesse da oposição; e acrescenta mesmo que o Pleno já negou a possibilidade de se substituir o acórdão fundamento «após as alegações das partes sobre a oposição», o que significaria, «a contrario» a possibilidade de tal suceder antes das alegações.

Comecemos por este último ponto. O argumento da recorrente seria válido se o Pleno tivesse enunciado uma proposição exceptiva – v.g., a de que «a substituição do acórdão fundamento é admissível, excepto se feita após as alegações»; ou se tivesse enunciado uma proposição exclusiva – v.g., a de que «a substituição do acórdão fundamento só é admissível antes do oferecimento das alegações». Com efeito, e segundo as regras lógicas de exposição das proposições desses dois géneros, ambas significariam que o Pleno já enunciara «recte» – e não «a contrario» – aquilo de que a recorrente nos quer agora convencer.

Todavia, a leitura do passo do acórdão em que a recorrente lobriga o seu argumento (o acórdão do Pleno de 2/3/2006, proferido no rec. n.° 1058/05) mostra que não foi aí emitida uma qualquer proposição exclusiva ou exceptiva. O Pleno referiu-se realmente ao facto de o pedido de substituição ocorrer após as alegações das partes; mas fê-lo porque essa era a feição do caso – e não porque quisesse distinguir entre as substituições pedidas antes e depois de se alegar, atribuindo-lhes regimes jurídicos diversos.

Resta ver se, como a recorrente clama, os três sobreditos princípios têm aplicação «in casu», de modo a que devamos ladear os obstáculos formais que manifestamente contrariam a pretendida substituição. Ora – digamo-lo desde já – é notória a falta de razão da recorrente, também neste domínio.

Com efeito, a lei aplicável é claríssima sobre a ocasião processual em que o recorrente deve indicar o acórdão fundamento: tal indicação tem de ser feita no próprio «requerimento de interposição» do recurso, correspondendo a uma escolha que individualiza doravante o recurso interposto. Ora, ao impor que o acórdão fundamento seja indicado no requerimento de interposição, «sob pena de não ser admitido o recurso», o art. 765.°, n.° 2, do CPC está a proibir que tal indicação seja feita mais tarde; mas substituir o acórdão inicialmente indicado por um outro traduz, afinal, uma indicação ulterior deste último; logo, a possibilidade de uma tal substituição está vedada pelo referido preceito, sendo claramente «contra legem». Ou seja: tal possibilidade de substituição é excluída pela lei, que indiscutivelmente impõe que o acórdão fundamento seja indicado, «ne varietur», «no requerimento de interposição do recurso» (art. 765.°, n.° 2, do CPC).

Por outro lado, esta solução legal não é desusada, arbitrária ou censurável. Não só abundam no direito adjectivo ónus processuais equiparáveis, o que exclui qualquer sensação de estranheza, como perfeitamente se compreende que a especial natureza dos recursos por oposição de julgados justifique que a sua causa final se defina «ab initio» – em vez de se atingir mediante aproximações ou correcções a fazer durante a instância do recurso.

Obtidas as anteriores certezas, de nada valem os princípios jurídicos invocados pela recorrente. É que eles não podem operar contra lei expressa que – como é o caso – esteja suportada numa justificável «ratio essendi». E também não colhe a ideia de que a substituição é de deferir porque, ante a pluralidade de acórdãos em oposição com o recorrido, há um interesse geral em eliminar o conflito. É que esse interesse geral não actua por si só, como mostra o facto de os conflitos não serem suscitados «ex officio»; pois o que verdadeiramente detona a resolução dos conflitos é o interesse de quem ficou vencido nos arestos recorridos – interesse particular donde eclode a vontade de eleger no tempo próprio uma certa oposição e de a resolver de um determinado modo.

Assim sendo, improcedem as conclusões 1.ª a 3.ª da alegação de recurso, em que a recorrente preconizou a substituição do acórdão fundamento por um outro. Daí, segue-se a impossibilidade de se conhecer das restantes conclusões, que somente tratam da oposição entre o aresto recorrido e o acórdão substituto. E também se percebe que não é possível transpor o conteúdo das conclusões 4.ª a 9.ª para o conhecimento de uma eventual oposição entre o aresto «sub censura» e o acórdão fundamento inicialmente indicado, porque este não cumpre o requisito previsto no art. 763.°, n.° 4, do CPC.

Impõe-se, portanto, que nos abstenhamos de conhecer do presente recurso, ficando o mesmo «sem efeito» – tal como expressamente estabelece o art. 766.°, n.° 2, do CPC.

Nestes termos, acordam em declarar sem efeito o presente recurso.

Custas pela recorrente:

Taxa de justiça: 400 euros.

Procuradoria: 200 euros.

Lisboa, 3 de Maio de 2007

Madeira dos Santos (Relator)
Azevedo Moreira
Santos Botelho
Rosendo José
Angelina Domingues

Recurso n.° 1038/05-20

PENSÃO DE APOSENTAÇÃO. ACTUALIZAÇÃO. ACTUALIZAÇÃO EXTRAORDINÁRIA.

(Acórdão de 3 de Maio de 2007)

SUMÁRIO:

I – As disposições do art. 7.° da Lei 30-C/2000, de 29.12, têm como escopo efectuar uma actualização extraordinária das pensões de aposentação de modo a conseguir o objectivo de equiparar os montantes das pensões aos vencimentos do pessoal no activo, num plano idêntico àquele em que tal equiparação se verificava no momento antecedente à entrada em vigor do NSR, isto é, a 30.9.1989.

II – No recalculo das pensões a efectuar nos termos das alíneas do n.° 1 do art.° 7.° da L 30-C/ /2000, à actualização de 12% determinada pelo art. 30.° do DL 353-A/89, não se adiciona a actualização de 12% determinada pelo art. 8.° da Portaria 904-B/89, porque a lei não pretende a duplicação destes aumentos e no recálculo já é incluída para os pensionistas a melhoria de 12% do DL 353-A/89.

ACORDAM EM CONFERÊNCIA NO PLENO DA SECÇÃO DE CONTENCIOSO ADMINISTRATIVO DO STA:

I – RELATÓRIO

– Das partes:

JOAQUIM PEDRO MONTEIRO VASCONCELOS JORDÃO, recorreu para o TAC de Lisboa do despacho do DIRECTOR DE SERVIÇOS DA CAIXA GERAL DE APOSENTAÇÕES que no uso de delegação de competência aplicou à sua situação o disposto no art. 7.° da Lei 30-C/2000.

Obteve vencimento no TAC e no recurso interposto pela Caixa para o TCA.

Inconformado o órgão da Caixa Geral de Aposentações interpôs o presente recurso por oposição de Acórdãos.

Entretanto, falecido o recorrente, foram habilitados para prosseguir na lide os seus herdeiros.

– Do Objecto do Recurso:

A entidade ora recorrente apresenta assim o litígio nas conclusões da alegação:

1ª O artigo 7.° da Lei n.° 30-C/2000, de 29 de Dezembro, visou actualizar extraordinariamente as pensões fixadas antes de 1 de Outubro de 1989 através de um mecanismo de "ficção", que consistiu em recalculá-las com base nas remunerações do activo que passaram a vigorar a partir dessa data (data da produção de efeitos do Decreto-Lei n.° 353-A/89, de 16 de Outubro).

2ª Tudo se passa como se os pensionistas, abrangidos pelo disposto no artigo 7.° da Lei n.° 30-C/2000, de 29 de Dezembro, estivessem no activo em 1 de Outubro de 1989 e auferissem a remuneração correspondente ao respectivo índice e escalão nos termos do Decreto-Lei n.º 353-A/89, de 16 de Outubro, beneficiando, de acordo com o artigo 30.º, n.º 2, deste diploma, como todos os funcionários no activo que transitaram para o Novo Sistema Retributivo, de uma valorização de 12% na remuneração que, por sua vez, serviu, de base ao recálculo da pensão.

3ª O artigo 8.º, alínea *a*), da Portaria n.º 904-B/89, de 16 de Outubro, estabeleceu um aumento de 12% das pensões a partir de 1 de Janeiro de 1990, com efeitos antecipados a partir de 1 de Outubro de 1989, tendo por único objectivo fazer beneficiar as pensões dos funcionários que se aposentaram antes dessa mesma data de uma valorização idêntica à das remunerações dos funcionários no activo.

4ª Tal norma não abrangeu, como é óbvio, os funcionários que, naquela data, se encontravam no activo e transitaram para o Novo Sistema Retributivo, em relação aos quais os pensionistas abrangidos pela actualização extraordinária prevista no artigo 7.º da Lei n.º 30-C/2000, de 29 de Dezembro, foram, como se demonstrou, equiparados, para efeitos de reposicionamento remuneratório e recálculo das respectivas pensões.

5ª Sendo assim, quando, para efeitos da actualização extraordinária prevista no artigo 7.º, n.º 1, alínea *b*), da Lei n.º 30-C/2000, de 29 de Dezembro, as pensões são recalculadas com base nas remunerações do Novo Sistema Retributivo [artigo 7.º, n.º 1, alínea *a*), da Lei n.º 30-C/2000], não lhes pode ser aplicado o aumento de 12%, previsto no artigo 8.º da Portaria n.º 904-B/89, de 16 de Outubro, sob pena de duplicação de aumentos, sem qualquer tipo de fundamento racional.

6ª Assim, com o devido respeito, deverá ser fixada jurisprudência no sentido de determinar que as pensões de aposentação actualizadas nos termos do artigo 7.º, n.º 1, alínea *b*), da Lei n.º 30-C/2000, de 29 de Dezembro, por já terem beneficiado no respectivo recálculo da valorização resultante da transição para a Nova Estrutura Salarial prevista no artigo 30.º, n.º 2, do Decreto-Lei n.º 353-A/89, de 16 de Outubro, não devem incluir também o aumento previsto no artigo 8.º, alínea *a*), da Portaria n.º 904-B/89, de 16 de Outubro, revogando-se, consequentemente, o Acórdão recorrido.

Contra alegou o recorrido, sustentando o decidido.

O EMMP emitiu douto parecer em que considera de manter o Acórdão recorrido.

Como resulta do antecedentemente exposto, com a interposição do presente recurso a Recorrente pretende ver revogado o Acórdão do Tribunal Central Administrativo Sul, invocando em defesa da sua tese, a oposição com o Acórdão 1010/05, também do mesmo Tribunal, concluindo pela oposição entre ambos e pedindo a fixação de jurisprudência no sentido deste último, o Acórdão fundamento.

A questão controvertida consiste em determinar se o aumento previsto no art. 8.º da Portaria 904-B/89 de 16 de Outubro é aplicável ao Recorrido, na actualização da sua pensão efectuada ao abrigo do Lei 30-C/2000, de 29 de Dezembro, designadamente acumulando-se com o aumento do respectivo art. 7.º, isto é, como se efectua o recálculo da pensão que é determinado por esta norma e se a mesma foi violada no acto de aplicação ao recorrente contencioso, ou se, pelo contrário, é de acolher a posição do órgão da Administração.

III – DA MATÉRIA DE FACTO:

Relevante para a decisão da causa e dada como provada, foi a matéria de facto assente no Acórdão recorrido 739/05, a fls. 3 e 4, e que aqui em seguida se reproduz:

1 – Em 30.10.1989 o recorrente já era pensionista da Caixa Geral de Aposentações com o n.º 2407367-00;

2 – À data da respectiva aposentação, o recorrente já se encontrava abrangido pelo regime da função pública;

3 – Em 14.12.2001, foi emitido pela Caixa Geral de Aposentações o aviso de pagamento de pensão que consubstancia o acto ora em crise (cfr. Doc. fls. 6 dos autos);

4 – Este acto é da autoria da Direcção de serviços da Caixa Geral de Aposentações (cfr. Doc. fls. 59 do processo instrutor;

5 – Em 19.12.2001 o recorrente teve conhecimento que a sua pensão foi objecto de uma actualização extraordinária (cfr, doc. fls. 6 dos autos).

IV – DA OPOSIÇÃO DE ACÓRDÃOS:

O Acórdão recorrido decidiu manter a decisão do Tribunal de 1ª instância que concedeu provimento à pretensão apresentada pelos ora recorridos. Entendeu que: "*o aumento decorrente do art. 8.º da Portaria 904-B/89 deveria ter incidido sobre a pensão do recorrente dado tratar-se de um aumento normal e não de uma majoração. Ao mesmo tempo o recorrente também não pode ser discriminado à data da contagem. Se o legislador não exclui também a autoridade recorrida não pode excluir.*" Considerou, portanto, que a não aplicação do art. 8.º da citada Portaria, aquando do recalculo da pensão determinado pela Lei n.º 30-C/2002, em cumulação com o acréscimo previsto no seu art. 7.º, resultaria em vício de violação de lei, por efectuar uma distinção não permitida por esta.

Já o Acórdão que a Caixa Geral de Aposentações apresenta como fundamento – o Ac. de 9/2/2006, P. 1010/05, também do Tribunal Administrativo Sul – decidiu de modo diverso e designadamente:

"Efectivamente, tendo em atenção o enquadramento sistemático, histórico e lógico deste preceito, não poderia deixar de se considerar a situação do recorrente como ficticiamente posicionada em 01.10.1989, tudo decorrendo como se ele se achasse no activo e auferisse a remuneração atinente ao respectivo índice, de acordo com o disposto no DL n.º 353-A/89 de 16/10.

Como se diz na sentença recorrida: «No caso do recorrente ficcionou-se a situação de um funcionário integrado na carreira técnico superior, integrado no índice 700 do NSR estabelecido pelo Dec-Lei n.º 353--A/89, de 16.10 com 30 anos de serviço.» (aspas horizontais nossas).

No processamento da actualização da pensão do recorrente, de acordo com o disposto na al. A) do mesmo art. 7.º, foi assim incluída a valorização de 12% resultante do art. 30.º do mencionado DL n.º 353-A/89.

Assim sendo a CGA ao fazer incidir, na pensão recalculada do recorrente, os aumentos referidos no art. 7.º n.º 1, alínea b) da Lei n.º 30-C/2000, não poderia incluir o previsto no n.º 8 da Portaria n.º 904-B/89, visto que, para além do recorrente não se encontrar equiparado aos pensionistas aí indicados, tal concessão representaria um duplo e inexplicável benefício, já que o recálculo da pensão teve por base as remunerações fixadas a partir de 1 de Outubro de 1989, já valorizadas em 12%"

Conclui-se do acima transcrito, existir oposição de Acórdãos sobre a questão de Direito, da interpretação conjugada do art. 7.º da L 30-C/2000 e o art. 8.º da Portaria 904-B/89, de 16 de Outubro quanto à actualização das pensões de aposentação, tal como se decidiu no despacho que assegurou o prosseguimento do recurso para esta fase.

V – O MÉRITO NA QUESTÃO EM DIVERGÊNCIA:

Conforme se disse, a questão que cumpre decidir é saber se, no caso apresentado pelo Recorrido, e que obteve ganho de causa nas instâncias que o apreciaram, deve ou não aplicar-se o aumento resultante do art. 8.º da Portaria n.º 904-B/89 de 16 de Outubro em cumulação com o aumento do art. 7.º da Lei 30-C/2000 no cálculo da pensão de aposentação em causa.

De acordo com o disposto no art. 43.º n.º 1 do Estatuto da Aposentação, o regime aplicável à aposentação fixa-se com base na lei em vigor e na situação existente à data da ocorrência dos diversos factos previstos no respectivo normativo.

Sobre este aspecto entendeu a Procuradoria Geral da República, em parecer de 27/01/94, *in* DR de 19/05/94, pág. 4945: *"1 – O regime de aposentação fixa-se com base na lei em vigor e na situação existente à data em que se verifique o facto que lhe deu causa (artigo 43.º do Estatuto da Aposentação); 2 – É irrelevante qualquer alteração de remunerações ocorrida posteriormente à data a que se refere o n.º 2 do artigo 33.º (artigo 43.º n.º 3 do mesmo Estatuto); 3 – Face às conclusões anteriores, a remuneração mensal a considerar para o cálculo da pensão é a que corresponder à categoria ou cargo do subscritor à data do acto determinante da aposentação, sendo irrelevante que entre esta data e a desligação do serviço se tenha verificado um aumento de remuneração por promoção do subscritor", in Estatuto da Aposentação, Anotado e Comentado,* José Cândido de Pinho, Almedina 2003.

No que se refere às actualizações das pensões de aposentação, dispõe o art. 59.º do estatuto que:

"A actualização das pensões será efectuada, em consequência da elevação geral dos vencimentos do funcionalismo ou da criação de suplemento ou subsídio geral sobre os mesmos, mediante diploma de Conselho de Ministros, sob proposta do Ministro das Finanças e do membro do Governo que tiver a seu cargo a função pública".

Foi em obediência a este princípio que foram emitidos quer o art. 8.º da Portaria 904-B/89, quer o art. 7.º da Lei 30-C/2000, de 29 de Dez.

Salvo actualizações extraordinárias, o legislador estabelece no preceito transcrito uma regra de acompanhamento a observar na actualização das pensões relativamente aos vencimentos dos funcionários do activo, com vista à manutenção de um equilíbrio relacional entre ambos dentro das possibilidades orçamentais.

Assim, temos de orientar a interpretação dos textos sobre actualização de pensões de aposentação tendo em atenção que nesta matéria se visa aquela equiparação, dentro do possível, entre aposentados e funcionários no activo e também que as pensões não podem ser, em princípio superiores ao rendimento do funcionário da correspondente categoria que se encontra no activo.

Neste contexto temos de observar que com a entrada em vigor da Lei n.º 30-C/2000 se procedeu a uma actualização extraordinária ou «excepcional» como refere o n.º 1 do art. 7.º, das pensões de aposentação, reforma e invalidez da CGA fixadas antes de 1 de Outubro de 1989.

Esta actualização extraordinária pretendeu introduzir nas aposentações a mesma revalorização que fora introduzida desde 1 de Outubro de 1989 com a entrada em vigor do NSR para os funcionários no activo, significa, portanto, a articulação com o Novo Sistema Retributivo da função pública, implementado com o DL n.º 353-A/89 de 16 de Outubro.

É que, nesse momento os aposentados apenas em parte acompanharam a evolução dos funcionários no activo, visto que tiveram direito à actualização das pensões de 12% determinada pelo art. 8.º da Portaria 904-B/89, mas não ao correspondente ao alinhamento com os vencimentos melhorados do NSR, pela integração nas novas carreiras e escalas.

Foi para restabelecer a equiparação perdida devido à integração do pessoal do activo nas novas carreiras e escalas de vencimentos que surgiu a Lei 30-C/2000, já que a actualização de 12% do pessoal do activo tivera eco na actualização de 12% dos aposentados através do art. 8.º da Portaria 904-B/89.

No caso vertente, é assumido pelos recorridos que em 30 de Setembro de 1989, já o falecido beneficiário da pensão se encontrava aposentado.

Havia pois, para recompor a relação entre activos e aposentados, que desfazer o cálculo das pensões que tinha sido seguido desde 1.10.1989 e refazer o cálculo como se eles estivessem no activo e tivessem sido beneficiados pela integração no NSR e só depois aplicar a actualização de 12% bem como as actualizações anuais posteriores, pois este era o único método susceptível de restabelecer o equilíbrio entre pensões e remunerações que estava em vigor em 1.10.1989 e que foi objectivo da L 30-C/2000 repor.

Está assim explicada a necessidade de articular o disposto no normativo acima citado, com a actualização extraordinária que determinou o recálculo das pensões de aposentação dos funcionários da CGA e o uso da expressão "as pensões são recalculadas" que surge na al. *a*) do n.º 1 do art. 7.º da cit. Lei.

Ora, a Lei n.º 30-C/2000, ao introduzir o recálculo das pensões de aposentação fixadas antes de 1 de Outubro de 1989, teve como objectivo aproximar a situação dos aposentados que não tinham sido abrangidos pelas alterações remuneratórias introduzidas pelo Novo Sistema retributivo já que se não lhes aplicava o DL 353-A/89 que continha além da revalorização de 12% um reescalonamento do pessoal que introduzia por si só outras melhorias nos vencimentos, mas àqueles apenas se aplicava a citada Portaria 904-B/89. Deste modo, o art. 7.º alínea *a*) estabeleceu que o recálculo das pensões se fará com base nas remunerações fixadas para vigorar em 1 de Outubro de 1989, devendo ainda, nos termos da alínea *b*) do mesmo preceito, adicionar àquele valor os correspondentes às actualizações normais das pensões estabelecidas desde 1 de Outubro de 1989 até 2000, excluindo-se as majorações atribuídas no mesmo período e tendo em vista a fixação do valor da pensão devida a 1 de Janeiro de 2001.

A questão de determinar a interpretação correcta do citado normativo, designadamente no que tange à sua articulação com o art. 30.º do DL 353-A/89 e Portaria

904-B/89, ambos de 16 de Outubro está pois extremamente simplificada com o entendimento das diferenças existentes e a definição do escopo que se pretendia alcançar.

Relativamente ao diploma que implementa o novo sistema retributivo da função pública, já atrás se viu que, por intermédio do art. 30.º do citado DL 353-A/89, se garantiu uma actualização das remunerações dos funcionários públicos em 12%, além de se introduzirem melhorias derivadas da integração em categorias e escalas melhor remuneradas que a situação antecedente independentemente da actualização geral de 12%.

Como refere o preambulo da Portaria 904-B/89, conjuntamente com a entrada em vigor do citado novo sistema retributivo, *"(...) o Governo procedeu à revisão anual das remunerações dos funcionários e agentes da administração central, regional e local, actualizando os respectivos montantes em 12%"*. Como havia pessoal não abrangido por aquela revisão de remunerações tornou-a extensiva a esse pessoal e aos pensionistas, pelo que nesta Portaria o legislador embora tenha manifestado a preocupação de garantir a salvaguarda dos legítimos direitos e interesses dos funcionários e agentes que não transitaram desde logo para o novo sistema retributivo e dos direitos dos pensionistas aposentados, não concedeu a estes uma imediata equiparação ao pessoal do activo, deixando para momento posterior esse esforço financeiro. Deste modo, com vista a acautelar (em parte, pode dizer-se) a respectiva situação, a Portaria garantiu aos funcionários e agentes ainda não abrangidos pelo DL 353-A/89, a actualização salarial anual de 12% a partir de 1 de Janeiro de 1990, com efeitos antecipados a 1 de Outubro de 1989. Simultaneamente, a citada Portaria procede às actualizações das pensões. Assim, no tocante a estas últimas, dispôs o art. 8.º alínea *a*) o aumento das mesmas em 12%, a partir das datas acima referenciadas.

Só posteriormente a estes normativos – DL 353-A/89 e Portaria 904-B/89, ambos de 16 de Outubro –, é que surge a actualização extraordinária das pensões dos funcionários da CGA, a qual, nos termos do art. 7.º da Lei 30-C/2000 obriga a um recálculo das pensões fixadas antes de 1 de Outubro de 1989.

Significa isto, portanto, que a actualização extraordinária decorrente da Lei n.º 30-C/2000, visou equiparar os aposentados da CGA que tivessem a respectiva pensão calculada antes da entrada em vigor do novo sistema retributivo, encontrando-se por isso numa posição de desvantagem face ao pessoal que se encontrava no activo na referida data.

Assim, porque o objectivo da Lei citada foi o de restabelecer a equiparação dos pensionistas aos funcionários e agentes no activo, estes últimos beneficiados pelo aumento de 12% introduzido nas suas remunerações em virtude do novo sistema retributivo, terá de se considerar que o recálculo das pensões a que alude o art. 7.º da Lei 30-C/2000, obriga ao reposicionamento fictício do beneficiário da pensão (fixada antes de 1 de Outubro de 1989), na categoria que ocuparia caso se encontrasse no activo. Tal é, inequivocamente, o que resulta da alínea *a*) do citado artigo 7.º da Lei 30-C/2000.

Deste modo, os pensionistas serão ficticiamente colocados no patamar correspondente, «*a idênticas categorias do activo*» como diz a al. *a*) do art. 7.º sendo então a respectiva pensão recalculada, a título excepcional, com base nas remunerações fixadas para vigorar em 1 de Outubro de 1989. Isto é, são equiparados à categoria e remuneração que lhes corresponderia se estivessem no activo com a melhoria de 12% que foi estabelecida para o mesmo pessoal pelo DL 353-A/89. Acrescem, para a actualização do valor das pensões assim obtido, as percentagens correspondentes às actualizações anuais e comuns das pensões tal como foram sucessivamente estabelecidas depois das majorações decorrentes da integração no NSR (real e fictícia).

Do antecedente resulta que, o beneficiário da pensão ao ser ficticiamente recolocado na categoria que lhe corresponderia caso estivesse no activo, nos termos e para os efeitos do recálculo da sua pensão, resultante do art. 7.º da Lei 30-C/2000, tal significa que:

a) Em 2000, o recálculo da pensão coloca o beneficiário a par das disposições do novo sistema retributivo, designadamente do art. 30.º do DL 353-A/1989, pelo que a pensão actual devida já resulta acrescida em 12% – vd. alíneas *a*) e *c*) do citado preceito;

b) Posteriormente a esta operação, nos termos da alínea *b*) da Lei 30-C/2000, haverá apenas que acrescentar ao valor assim obtido, aqueles que correspondam às actualizações normais das pensões, estabelecidas depois de 1 de Outubro de 1989.

c) É certo que a Portaria 904-B/89 se aplica, nos termos do seu art. 8.º, a partir de 1 de Janeiro de 1990, não obstante ter efeitos antecipados, a partir de 1 de Outubro de 1989, às pensões de aposentação.

d) Contudo, a antecipação de efeitos mencionada na respectiva Portaria, bem como os objectivos constantes do preâmbulo da mesma e ainda, a operação de actualização extraordinária introduzida pelo recálculo resultante do art. 7.º da Lei 30-C/2000, conduzem à inequívoca conclusão de que não é possível aplicar duplamente o aumento de 12% previsto no art. 7.º da citada portaria, desde logo porque o mesmo não se reconduz a uma *actualização norma, mas já é integrado no recálculo que se efectua para fixação do valor da pensão a partir de 1.1.2001 – (al. b).*

Tal como refere o Acórdão fundamento, parece claro que *"O legislador, ao proceder a uma actualização extraordinária das pensões fixadas antes da entrada em vigor do NSR (1.10.89) quis aproximar os valores das pensões calculadas com base nas remunerações anteriores ao NSR, ao valor das pensões de pessoal com igual categoria e antiguidade calculadas com base nas remunerações decorrentes da entrada em vigor do NSR.*

A não se entender assim, obter-se-ia, em (...), um benefício (12%) materialmente injustificado das pensões anteriores a 1.1.89 relativamente às fixadas após essa data.

Assim, quando o legislador refere na al. b) do n.º 1 do art. 7.º em apreço, que o valor de recálculo das pensões obtido, são adicionados os valores correspondente das actualizações normais das pensões estabelecidas desde 1 de Outubro de 1989, pretendeu que fossem levados em linha de conta os aumentos de pensões posteriores e não simultâneos a 1.10.89".

A posição do recorrente e do Acórdão recorrido redundaria numa violação do espírito da lei a interpretar, uma vez que, desse modo, os aposentados beneficiariam de uma dupla actualização, cada qual de 12% – uma resultante do art. 30.º do DL 353-A/89, outra do art. 8.º da Portaria 904-B/89, ambos de 16 de Outubro –, ficando assim numa posição muito mais favorável do que aquela em que se encontram os funcionários em actividade de funções, contrariando assim frontalmente a regra tida em vista pela Lei 30-C/2000, segundo a qual as pensões seguiriam o regime de actualização das remunerações, não podendo ir para além delas.

Conclui-se, portanto, que a interpretação do art. 7.º da Lei 30-C/2000 que deve adoptar-se é a do Acórdão fundamento por ser a única consentânea com os valores em presença, com o elemento finalístico da interpretação, conforme à regra do art. 59.º do Estatuto da Aposentação e a mais razoável.

VI – DECISÃO:

Em conformidade com o exposto acordam em conceder provimento ao presente recurso jurisdicional, revogar o Acórdão recorrido e negar provimento ao recurso contencioso.

Custas pelo recorrente fixando-se a taxa de justiça de 300 Euros na 1ª Instância e 400 Euros neste STA, e procuradoria de 50%.

Lisboa, 3 de Maio de 2007

Rosendo José (Relator)
Angelina Domingues
Pais Borges
Jorge de Sousa
Costa Reis
Adérito Santos
Madeira dos Santos
Azevedo Moreira
Santos Botelho

Recurso n.º 1035/06-20

RECURSO PARA UNIFORMIZAÇÃO DE JURISPRUDÊNCIA. DESPACHO DE ADMISSÃO DE RECURSO JURISDICIONAL.

(Acórdão de 3 de Maio de 2007)

SUMÁRIO:

O despacho sobre a admissão do recurso jurisdicional, a que se refere o art. 144.º, n.ºs 3 e 4, do CPTA, deve ser proferido a seguir à apresentação do requerimento de interposição de recurso e ser notificado ao recorrido ou recorridos em conjunto a notificação para alegarem a que se refere o n.º 1 do art. 145.º do mesmo Código, se o despacho for de admissão do recurso.

ACORDAM NO PLENO DA SECÇÃO DO CONTENCIOSO ADMINISTRATIVO DO SUPREMO TRIBUNAL ADMINISTRATIVO:

1 – ANDRÉ & SOUSA, LDA., solicitou ao Tribunal Administrativo e Fiscal do Funchal a adopção de uma providência cautelar de suspensão de eficácia de actos regulamentares e de autorização para prosseguir a sua actividade.

Aquele Tribunal julgou procedente a pretensão, determinando a suspensão de eficácia dos actos regulamentares.

Uma das entidades requeridas, a REGIÃO AUTÓNOMA DA MADEIRA, interpôs recurso da sentença do Tribunal Administrativo e Fiscal do Funchal para o Tribunal Central Administrativo Sul.

Na pendência do referido recurso jurisdicional interposto pela Região Autónoma da Madeira, a referida empresa ANDRÉ & SOUSA foi notificada «*nos termos e para os efeitos do disposto nos arts. 145.º, n.º 1, e 147.º, n.º 2, do C.P.T.A.*» (fls. 295 e verso).

Na sequência da notificação, a referida empresa ANDRÉ & SOUSA veio, em 30-10-2005, arguir uma nulidade processual, por não ter sido proferido despacho de admissão do recurso jurisdicional e fixação do seu regime de subida, antes de lhe ter sido notificada efectuada a referida notificação «nos termos e para ao efeitos do disposto nos arts. 145.º, n.º 1, e 147.º, n.º 2, do C.P.T.A.» (fls. 296-298).

O Meritíssimo Juiz do Tribunal Administrativo e Fiscal do Funchal, por despacho de 21-11-2005, entendeu que não existia a nulidade processual invocada (fls. 307).

A referida empresa ANDRÉ & SOUSA interpôs recurso deste despacho para o Tribunal Central Administrativo Sul (fls. 310-326).

Pelo acórdão de 27-4-2006, depois rectificado pelo acórdão de 6-7-2006, o Tribunal Central Administrativo Sul negou provimento ao recurso interposto do referido despacho e concedeu provimento ao recurso interposto pela REGIÃO AUTÓNOMA DA MADEIRA.

Inconformada, a empresa ANDRÉ & SOUSA interpôs o presente recurso para uniformização de jurisprudência, em que invoca como fundamento oposição entre o acórdão recorrido e o acórdão do Tribunal Central Administrativo Sul de 16-2-2006, proferido no recurso n.º 1381/06.

A Recorrente formulou as seguintes conclusões:

I) – Por acórdão datado de 27-04-2006 e proferido nos autos do recurso jurisdicional n.º 01415/06 o TCAS indeferiu nulidade processual invocada pela ora recorrente qual seja a de ter sido omitido na primeira instância, a prolação do despacho de admissão do recurso antes da notificação para a mesma contra-alegar.

ii) – O TCAS assim o entendeu porquanto "não se verifica a nulidade ini'ocada" dado que a "expressão recebido o requerimento" não parece (...) consentir (...) o sentido técnico jurídico corrente de recebido o recurso" (pelo juiz), mas antes parece significar que o requerimento é apresentado na secretaria" e que "Recebido" é no sentido físico e não no sentido orgânico, isto é, refere-se à entrada do requerimento, na Secretaria do Tribunal, e não ao despacho a proferir pelo Juiz, a admiti-lo ou não".

iii) – Este Acórdão impugnado contradiz e afronta a jurisprudência maioritária do TCAS e vertida nos Acórdãos fundamento de 16-02-2006 [processo n.º 01381/06 – Relator: Desembargadora MAGDA GERALDES] e de 02-02-2006 [processo 1313/05 – Relator: Desembargador GONÇALVES PEREIRA].

iv) – Nestes arestos, o TCAS julgou procedente igual nulidade processual – omissão da prolação de despacho de admissão do recurso na primeira instância antes da notificação da agravada das alegações para contra-alegar – e decretou-a, com as respectivas consequências.

v) – O TCAS assim entendeu pelo expressamente constante no Acórdão fundamento de 16-2-2006. que aqui temos por reproduzido.

vi) – Existe evidente contradição entre o Acórdão impugnado e os Acórdãos fundamento – todos já transitados em julgado – sobre a mesma questão fundamental de direito.

vii) – Qual seja a de saber, atenta a interpretação jurídica do artigo 145.º n.º 1. CPTA. da exigibilidade de despacho de admissão do recurso antes da notificação para a aí recorrida contra-alegar.

viii) – E assim é dado que no Acórdão impugnado o TCAS entendeu não ser o mesmo exigível e nos Acórdãos fundamento o TCAS foi de entendimento ser processualmente devido o mesmo despacho de admissão do recurso antes da notificação para a recorrida recorrente contra-alegar.

ix) – A qual norma, a ser interpretada no cotejo do normativo processual e dos princípios invocados nas, praticamente iguais, alegações dos recursos produzidas nos diversos processos – que aqui temos por reproduzidas – e que culminaram com as decisões contraditórias.

x) – A contradição sobre a mesma questão fundamental de direito ocorre pois entre Acórdãos proferidos pelo mesmo Tribunal Central Administrativo Sul. – cfr. art. 152.º n.º 1 – als. a. CPTA.

xi) – Assim, verifica-se os pressupostos que determinam a admissibilidade do presente recurso para uniformização de jurisprudência.

xii) – A expressão legal do art. 141.º, n.º 1, CPA só pode significar assim recebido processual e licitamente o requerimento, como inculca a necessidade de valoração do dito requerimento e não uma simples operação material a realizar pela Secretaria Judicial, pois é a única que tem correspondência com o elemento literal da norma.

xiii) – Agravada – ora recorrente – tem o direito processual de se pronunciar sobre o despacho de admissão do recurso e que fixa o seu efeito e regime de subida e o momento processual próprio é o da produção das suas Contra-Alegações.

xiv) – A ater-se na tese sufragada pelo Acórdão impugnado a agravante ver-se-ia, como se viu, impedida de se pronunciar, no momento adequado sobre matéria processual e coarctado no exercício de um direito processual em infracção aos princípios do contraditório e o princípio da igualdade das partes.

xv) – Como acarreta, também, a grande probabilidade de serem praticados no processo actos processuais totalmente inúteis, concretamente contra-alegações os quais são proibidos e constituí decorrência do princípio da economia processual.

xvi) – A boa interpretação que considere devidamente o elemento literal do artigo 145.º n.º 1, CPTA, e os aspectos invocados só pode ser a de que é exigível a prolação de despacho de admissão do recurso após a apresentação do requerimento de interposição e antes da notificação do agravado.

xvii) – Assim, o Acórdão impugnado infringe as normas dos artigos 145.º n.º 1. CPTA. 9.º n.º 2. do Código Civil, 678.º, n.º 4, CPC. ex vi artigo 1400 CPTA. 6.º CPTA e 137.º CPC. ex vi art. 1.º e 1400 CPTA.

xviii) – Em consequência, deve este Supremo Tribunal uniformizar jurisprudência no sentido constante dos Acórdãos fundamento – ou seja. Que, nos termos do artigo 145.º n.º 1, CPTA. o despacho de admissão do recurso deve ser proferido antes da notificação à agravada das alegações do recorrente para contra-alegar.

xix) – E anular o Acórdão impugnado e substituí-lo por outro que declare a nulidade processual oportunamente invocada, com as legais consequências.

Nestes termos, deve o presente recurso para uniformização de jurisprudência ser julgado procedente, uniformizando o Supremo Tribunal a jurisprudência do TCAS no sentido da propugnada nos Acórdãos fundamento.

Em consequência, deve o Acórdão impugnado ser anulado e substituído por outro em que seja declarada a nulidade processual invocada, com as legais consequências, como é de inteira JUSTIÇA

Não foram apresentadas contra-alegações.

O Excelentíssimo Magistrado do Ministério Público foi notificado nos termos do art. 146.º, n.º 1, do CPTA, não se tendo pronunciado.

Corridos vistos simultâneos, cumpre decidir.

2 – A admissibilidade dos recursos de acórdãos dos tribunais centrais administrativos para uniformização de jurisprudência, previstos no art. 152.º do CPTA, depende da satisfação dos seguintes requisitos:

– serem interpostos no prazo de 30 dias a contar do trânsito em julgado do acórdão impugnado;

– existir contradição entre o acórdão recorrido e o acórdão invocado como fundamento sobre a mesma questão fundamental de direito;

– ser apresentada alegação na qual se identifiquem, de forma precisa e circunstanciada, os aspectos de identidade que determinam a contradição alegada e a infracção imputada à decisão recorrida;

– a decisão impugnada não estar em sintonia com a jurisprudência mais recentemente consolidada do Supremo Tribunal Administrativo.

No caso em apreço, o recurso foi interposto antes do trânsito em julgado do acórdão impugnado, mas este veio a transitar em julgado, pelo que não há obstáculo à admissibilidade do recurso, uma vez que o que se pretende com a exigência do trânsito em julgado da decisão recorrida é que o acórdão não seja já susceptível de alteração por via de outro recurso ordinário.

Por outro lado, foi apresentada alegação em que a Recorrente visa demonstrar a existência da contradição invocada e não há jurisprudência consolidada do Supremo Tribunal Administrativo sobre a questão suscitada.

Assim, resta apreciar se se verifica ou não a invocada contradição de julgados sobre a mesma questão fundamental de direito.

No acórdão recorrido entendeu-se, sobre a questão colocada pela Recorrente, que o art. 145.º, n.º 1, do CPTA, ao fazer referência a «***recebido o requerimento***», não deve ser interpretado como aludindo a despacho de admissão do recurso, mas sim a recepção do requerimento de recurso pela secretaria e que «*da lei resulta é que parece não haver necessidade desse despacho pelo juiz*».

No acórdão fundamento entendeu-se que o n.º 1 do art. 145.º deve ser interpretado como querendo significar o recebimento do requerimento de interposição de recurso pelo juiz, com o necessário juízo de valor técnico-jurídico sobre tal requerimento, e que constituirá sempre o objecto do despacho de admissão ou rejeição do recurso.

Há, assim, manifesta contradição entre os acórdãos em causa, pois enquanto no acórdão recorrido se entendeu que não há lugar a admissão do recurso jurisdicional antes da notificação do recorrido para alegar referida naquele art. 145.°, n.° 1, no acórdão fundamento entendeu-se que há necessidade de tal despacho e que ele deve ser proferido antes da notificação referida.

Assim, conclui-se que estão reunidos os requisitos necessários para admissibilidade do recurso para uniformização de jurisprudência, sobre a questão de saber se há lugar a despacho de admissão do recurso antes da notificação do recorrido ou recorridos prevista no art. 145.°, n.° 1, do CPTA.

3 – O regime da tramitação dos recursos jurisdicionais no tribunal recorrido, consta dos arts. 144.° e 145.° do CPTA, que estabelecem o seguinte:

Artigo 144.°
Interposição de recurso e alegações

1 – O prazo para a interposição de recurso é de 30 dias e conta-se a partir da notificação da decisão recorrida.

2 – O recurso é interposto mediante requerimento que inclui ou junta a respectiva alegação e no qual são enunciados os vícios imputados à sentença.

3 – Salvo o disposto no número seguinte, do despacho que não admita o recurso ou o retenha pode o recorrente reclamar para o presidente do tribunal que seria competente para dele conhecer, segundo o disposto na lei processual civil, com as necessárias adaptações.

4 – Do despacho do relator que não receba o recurso interposto de decisão da secção de contencioso administrativo do Supremo Tribunal Administrativo para o pleno do mesmo tribunal, ou o retenha cabe reclamação para a conferência e da decisão desta não há recurso.

Artigo 145.°
Notificação dos recorridos e subida do recurso

1 – Recebido o requerimento, a secretaria promove oficiosamente a notificação do recorrido ou recorridos para alegarem no prazo de 30 dias.

2 – Recebidas as contra-alegações ou expirado o prazo para a sua apresentação, o recurso sobe acompanhado de cópia impressa ou dactilografada da decisão recorrida, ou do correspondente suporte informático.

A letra deste artigo 145.° aponta manifestamente para o processamento do recurso jurisdicional no tribunal recorrido sem intervenção do juiz.

Na verdade, por um lado, a referência à promoção ***oficiosa*** da notificação prevista no n.° 1 não pode ter outro alcance que não seja o de dispensar a intervenção do juiz a ordenar a notificação. É aliás, esse o alcance da norma genérica sobre «*notificações oficiosas da secretaria*», que consta do n.° 2 do art. 229.° do CPC, em que se estabelece que «*cumpre ainda à secretaria notificar **oficiosamente** as partes quando, por virtude da disposição legal, possam responder a requerimentos, oferecer provas ou, de um modo geral, exercer algum direito processual que não dependa de prazo a fixar pelo juiz nem de prévia citação*».

Por outro lado, o n.° 2 do mesmo art. 145.° ao preceituar que «*recebidas as contra-alegações ou expirado o prazo para a sua apresentação, o recurso sobe*» indicia uma intenção legislativa no sentido da subida do recurso sem qualquer intervenção do juiz no tribunal recorrido.

Os trabalhos preparatórios do CPTA confirmam que terá sido pensado, efectivamente, um regime de tramitação do recurso jurisdicional sem intervenção do juiz no tribunal recorrido.

Com efeito, no Estudo de Organização e Funcionamento dos Tribunais Administrativos sobre a interposição de recurso jurisdicional propõe-se, entre outras, a seguinte alteração:

«*Após a interposição do recurso jurisdicional proceder-se-á imediatamente à notificação da outra parte para apresentação das respectivas alegações (sem necessidade de intervenção do juiz)*».[1]

Na mesma linha, na parte dos trabalhos preparatórios relativa ao «*Estudo de Dimensionamento dos Tribunais Tributários*», sugere-se a mesma solução e adianta-se mesmo uma explicação para a sua adopção:

***Admissão do recurso jurisdicional passa a ser automática**, libertando os Tribunais de 1.ª Instância deste acto processual (uma vez que na quase totalidade dos processos o recurso é admitido) e remetendo-se a sua apreciação para o Tribunal Superior».*

A esta luz, o art. 145.°, na leitura que dele decorre linearmente, de notificação oficiosa do recorrido para alegar (n.° 1) e subida do processo ao tribunal superior na sequência da apresentação da alegação ou do decurso do prazo para alegar (n.° 2), surge como concretização da opção pelo automatismo da tramitação do recurso jurisdicional no tribunal recorrido, entendido como dispensa de intervenção do juiz.

Porém, contraditoriamente com esta opção legislativa e com a tramitação prevista no art. 145.°, o art. 144.° vem inequivocamente manter na tramitação do recurso jurisdicional um ***despacho de admissão de recurso***, ao prever a possibilidade de reclamação do mesmo para o presidente do tribunal que seria competente para o seu conhecimento ou para a conferência, no caso de o despacho ser proferido pelo relator no STA.

Para além disso, pelo regime de reclamação que se prevê nos n.ºs 3 e 4 do mesmo art. 144.°, conclui-se que o despacho de admissão a que se alude é proferido pelo tribunal recorrido e não pelo tribunal superior, pois, por um lado, a retenção supõe a não subida imediata do recurso e, por outro lado, não há uma relação de hierarquia entre o presidente do tribunal para que é interposto o recurso e o relator nesse mesmo tribunal que possa viabilizar a reclamação de despachos seus para o respectivo presidente. Aliás, é precisamente por não existir relação de hierarquia entre juízes do mesmo tribunal intervindo singularmente que no n.° 4 do mesmo art. 144.° se estabelece que, quando o despacho de não admissão ou retenção é proferido por um juiz do STA, em face da inexistência de tribunal superior, a reclamação é para a conferência e não para o Presidente deste Tribunal.

Assim, é de concluir que há uma contradição insanável entre o regime de prolação de despacho de admissão pelo tribunal recorrido previsto no art. 144.° do CPTA e a tramitação prevista no art. 145.°, que, descrevendo, sem solução de continuidade, toda a tramitação dos

[1] *Reforma do Contencioso Administrativo*, Coimbra Editora, volume II, página 133.

recursos jurisdicionais desde a recepção do requerimento até à subida ao tribunal superior, não deixa entrever qual o momento processual em que será proferido o despacho de admissão.

4 – Na reconstituição do pensamento legislativo, em que deve consubstanciar-se a interpretação jurídica (art. 9.º, n.º 1, do Código Civil), há que ponderar, em primeiro lugar, que a ideia proposta nos trabalhos preparatórios de tramitação dos recursos jurisdicionais no tribunal recorrido sem intervenção do respectivo, embora traduzida no texto do art. 145.º, foi abandonada na redacção final do CPTA, não só por a norma do art. 144.º afastar expressamente essa solução, mas também porque outras normas sobre recursos não são exequíveis sem uma intervenção do juiz no tribunal recorrido.

Uma destas normas é o art. 142.º, n.º 5, em que se estabelece que «*as decisões proferidas em despachos interlocutórios devem ser impugnadas no recurso que venha a ser interposto da decisão final, excepto nos casos de subida imediata previstos no Código de Processo Civil*». A determinação dos casos de subida imediata, nas situações previstas no n.º 2 do art. 734.º do CPC, depende de uma apreciação jurídica sobre a absoluta inutilidade que acarretaria a retenção, apreciação essa que é incompatível com uma opção legislativa no sentido do automatismo da tramitação. Por outro lado, o objectivo subjacente a tal regime restritivo do recurso dos despachos interlocutórios é, manifestamente, evitar a perturbação que a admissibilidade generalizada desses recursos acarreta para a celeridade processual e a não intervenção do juiz no tribunal recorrido, seleccionando os recursos que devem ser admitidos (com subida imediata e efeito suspensivo, pois é esse o efeito regra previsto no art. 143.º, n.º 1), é imprescindível para concretizar aquele objectivo, pois o automatismo reconduzir-se-ia a que qualquer recurso de despacho interlocutório, fosse ele ou não admissível, tivesse subida imediata (como resulta do n.º 2 do art. 145.º) e efeito suspensivo, o que poderia traduzir-se em paralisações sucessivas do processo, solução esta que, pelo seu evidente desacerto, tem de se presumir não ter sido legislativamente consagrada (art. 9.º, n.º 3, do Código Civil).

Esta constatação, aliada ao facto de o art. 144.º prever expressamente a prolação de despachos de admissão ou não de recurso ou que os admitam com subida diferida, conduz com segurança à conclusão de que a intenção de criar um regime de automatismo, anunciado nos trabalhos preparatórios e concretizado no art. 145.º, foi abandonada na redacção final do CPTA.

Sendo assim, terá de se concluir que há uma lacuna de regulamentação quanto ao momento processual em que deve ocorrer a intervenção do juiz, para proferir despacho de admissão ou não do recurso jurisdicional.

5 – Examinando a legislação processual, encontram-se casos de recursos jurisdicionais em que o requerimento de interposição de recurso é acompanhado da alegação do recorrente, mas as soluções legais quanto ao momento da prolação de despacho de admissão não são uniformes, sendo adoptadas as duas soluções que se adoptaram no acórdão recorrido e no acórdão fundamento.

Assim

– no Código de Processo das Contribuições e Impostos, de 1963, em que a alegação do recorrente tinha sempre de ser apresentada com o requerimento de interposição de recurso (art. 259.º) o despacho de admissão era proferido antes da notificação ao recorrido para alegar (§ 1.º do mesmo artigo)[2];

– na Lei de Processo nos Tribunais Administrativos, para os recursos em que as alegações são apresentadas com o requerimento de interposição de recurso, o despacho de admissão é proferido antes da notificação do recorrido para alegar (art. 113.º, n.º 1)[3];

– no Código de Processo Penal de 1987 adopta-se idêntica solução, prevendo-se que o despacho de admissão seja proferido após a apresentação da motivação do recorrente, antes da notificação dos recorridos (arts. 411.º, n.º 5, e 414.º, n.º 1, daquele Código)[4];

– no Código de Processo Tributário, de 1991, prevê-se a apresentação da alegação do recorrente com o requerimento de interposição de recurso apenas para os recursos jurisdicionais em processos de execução fiscal (art. 356.º), com aplicação subsidiária do que estiver previsto nesse Código (art. 357.º), de que resulta a aplicação do regime do art. 171.º, n.º 3, do mesmo diploma, em que se prevê a alegação do recorrido após a notificação do despacho de admissão do recurso;

– no Código de Procedimento e de Processo Tributário, de 1999, prevê-se a obrigatoriedade de apresentação da alegação do recorrente com o requerimento de interposição de recurso nos casos de recursos de despachos interlocutórios e recursos em processos urgentes (arts. 283.º e 285.º) e não se prevê qualquer alteração relativa à alegação do recorrido, pelo que esta tem lugar após a notificação do despacho de admissão do recurso, de acordo com as regras gerais, previstas no art. 282.º, n.ºs 2 e 3;

– no Código de Processo do Trabalho de 1999 o recorrido dispõe de prazo igual ao da interposição do recurso, contado desde a notificação oficiosa do requerimento do recorrente, para apresentar a sua alegação (art. 81.º, n.º 2, deste Código), só posteriormente sendo proferido despacho de admissão ou não do recurso (art. 82.º do mesmo Código)[5].

Conclui-se do exame desta legislação processual sobre casos em que a alegação do recorrente tem de ser apresentada com o requerimento de interposição de recurso que, na perspectiva legislativa, tanto é aceitável a solução de prolação de despacho de admissão antes da notificação ao recorrido para alegar, como a de tal des-

[2] Estabelece-se neste § 1.º que «o despacho que admitir o recurso será notificado à parte contrária, não sendo revel, para alegar nos oito dias seguintes ao da notificação».

[3] Estabelece-se neste art. 113.º, n.º 1, da LPTA que «o recurso de decisão sobre pedido de suspensão da eficácia de acto contenciosamente impugnado é interposto mediante requerimento que inclua ou junte a respectiva alegação e alegado pelo recorrido, em prazo igual ao do recorrente, a contar da notificação da admissão do recurso».

Este regime é aplicável a outros recursos urgentes, por força do disposto no art. 115.º, n.º 1, do mesmo diploma.

[4] Estabelece-se neste art. 414.º, n.º 1, na redacção dada pela Lei n.º 59/98, de 25 de Agosto, que «interposto o recurso e junta a motivação ou expirado o prazo para o efeito, o juiz profere despacho e, em caso de admissão, fixa o seu efeito e regime de subida».

Na redacção inicial do CPP de 1987, no art. 405.º, n.º 1, fazia-se referência ao «*despacho que não admitir ou retiver o recurso*» e do art. 414.º, n.º 1 (em que se previa que, quando o recurso não fosse interposto de sentença ou acórdão final haveria lugar a despacho de sustentação ou reparação, e não também de admissão, após ter expirado o prazo para resposta dos sujeitos processuais afectados pela interposição de recurso, inferia-se que o despacho de admissão seria proferido em momento anterior, que teria ser antes deste prazo para resposta.

[5] Idênticas soluções foram adoptadas nos anteriores Códigos de Processo do Trabalho, de 1963 (arts. 77.º e 78.º) e de 1981 (arts. 76.º e 77.º).

pacho só ser proferido depois da alegação do recorrido ou do decurso do respectivo prazo, pois ambas as soluções são adoptadas.

Tratando-se, nestes casos, de situações idênticas às que se geram nos recursos jurisdicionais interpostos em processos regidos pelo CPTA, o recurso à analogia, que é o meio prioritário de integração das lacunas da lei (art. 10.°, n.os 1 e 2, do Código Civil) se é certo que limita as possibilidades de opção às duas soluções adoptadas, não viabiliza a opção por qualquer delas.

Por isso, há que fazer apelo ao meio subsidiário de integração de lacunas que é «*a norma que o próprio intérprete criaria, se houvesse de legislar dentro do espírito do sistema*» (art. 10.°, n.° 3, do Código Civil).

Na detecção do «*espírito do sistema*» jurídico, nesta matéria, há que ponderar que resulta claramente daquela legislação processual que a opção legislativa que constitui regra é a prolação de despacho de admissão logo a seguir à apresentação do requerimento de interposição de recurso com a alegação do recorrente (solução adoptada no anterior contencioso administrativo, no processo penal e no processo tributário), sendo excepção o regime que tem vindo a ser adoptado na legislação processual do trabalho.

Por outro lado, estando assente que, em face do teor do art. 144.°, não se pode economizar a intervenção do juiz no tribunal recorrido que foi aventada nos trabalhos preparatórios do CPTA, a antecipação dessa intervenção, incluindo-a logo a seguir à apresentação do requerimento de interposição de recurso, é manifestamente a solução que mais permite evitar actos inúteis, pois, no caso de não ser de admitir o recurso, evita-se a desnecessária apresentação de alegação pelo recorrido ou recorridos, bem como os actos que podem derivar da apresentação dessa alegação, como é o caso da apresentação de resposta pelo recorrente, nos termos do art. 698.°, n.° 5, do CPC, se for requerida ampliação do objecto do recurso, ao abrigo do art. 684.° -A do mesmo Código.[6]

Por isso, tendo em mente aquele regime regra e a preocupação legislativa em evitar diligências inúteis que está omnipresente no direito processual (art. 137.° do CPC), a que não foi alheio o legislador do CPTA (como deixa perceber o n.° 2 do seu art. 8.°) é de preencher a referida lacuna de regulamentação que se detecta no art. 145.° do CPTA com o referido ***regime regra***, de prolação de despacho de admissão ou não do recurso imediatamente a seguir à apresentação do requerimento de interposição de recurso, com subsequente notificação do mesmo ao recorrido ou recorridos, concomitantemente com a notificação para alegarem prevista no seu n.° 1, se o despacho for no sentido da admissão do recurso.

6 – No caso em apreço, constata-se que o despacho de admissão do recurso jurisdicional da decisão da 1.ª instância não foi proferido antes da notificação à Recorrida (Recorrente no presente recurso jurisdicional), mas apenas após o decurso do prazo para esta alegar, indicado em notificação do requerimento de interposição de recurso e alegação do aí Recorrente.

Assim, à face do referido regime, tem de se concluir que ocorreu uma irregularidade processual, com potencialidade para influir na decisão do recurso jurisdicional, pois o conhecimento do teor do despacho de admissão proporcionaria à aí Recorrida (Recorrente no presente recurso jurisdicional para uniformização de jurisprudência) a possibilidade de o impugnar na sua alegação, ao abrigo do preceituado no art. 687.°, n.° 4, do CPC, subsidiariamente aplicável (art. 140.° do CPTA)

Por isso, é de concluir que tal irregularidade produz nulidade processual, que justifica a anulação de todos os actos subsequentes que dela dependem (art. 201.°, n.os 1 e 2, do CPC). Nestes termos, acordam neste Pleno da Secção do Contencioso Administrativo do Supremo Tribunal Administrativo em:

– conceder provimento ao recurso jurisdicional;

– anular, nos termos do n.° 6 do art. 152.° do CPTA, o acórdão recorrido de 27-4-2006, rectificado pelo acórdão 6-7-2006;

– substituindo o acórdão recorrido, anular a notificação de fls. 295, efectuada «*nos termos e para os efeitos do disposto nos arts. 145.°, n.° 1, e 147.°, n.° 2, do CPTA*», e todos os actos posteriores praticados no Tribunal Central Administrativo Sul anteriores à interposição do presente recurso para uniformização de jurisprudência;

– ordenar a baixa do processo ao Tribunal Administrativo e Fiscal do Funchal, a fim de ser sanada a nulidade da omissão de despacho de admissão do recurso jurisdicional antes da notificação referida e ser dada a subsequente tramitação processual do recurso jurisdicional aí interposto para o Tribunal Central Administrativo Sul;

– *uniformizar jurisprudência nos seguintes termos:*

O despacho sobre a admissão do recurso jurisdicional, a que se refere o art. 144.°, n.os 3 e 4, do CPTA, deve ser proferido a seguir à apresentação do requerimento de interposição de recurso e ser notificado ao recorrido ou recorridos em conjunto a notificação para alegarem a que se refere o n.° 1 do art. 145.° do mesmo Código, se o despacho for de admissão do recurso.

Sem custas, por nenhum dos Recorridos no presente recurso jurisdicional ter contra-alegado [art. 2.°, n.° 1, alínea *g*), do CCJ, aplicável por força do disposto no n.° 3 do seu art. 73.° -A].

Cumpra-se o disposto na 2.ª parte do n.° 4 do artigo 152.° do CPTA.

Lisboa, 3 de Maio de 2007

Jorge de Sousa (Relator)
Azevedo Moreira
Adérito dos Santos
Madeira dos Santos (voto a conclusão)
São Pedro
Fernanda Xavier
Edmundo Moscoso
Santos Botelho
Pais Borges
Rosendo José
Angelina Domingues
João Belchior
Costa Reis
Rui Botelho
Cândido de Pinho
Políbio Henriques
Freitas Carvalho

Recurso n.° 13/07-20

---

[6] Considerações semelhantes se podem fazer a respeito da interposição de recurso subordinado, que, a aplicar o regime previsto no Código de Processo do Trabalho, deveria ser interposto pelo recorrido no prazo da respectiva alegação (art. 81.°, n.° 4), com subsequente oportunidade de contra-alegação do recorrente.

2.ª Secção (Contencioso Tributário)

IRC. COMISSÃO DE REVISÃO DA MATÉRIA COLECTÁVEL. VOGAL NOMEADO PELO CONTRIBUINTE. ACORDO. IMPUGNAÇÃO CONTENCIOSA.

(Acórdão de 6 de Junho de 2007)

SUMÁRIO:

I- No domínio de vigência do Código de Processo Tributário, na redacção posterior ao Decreto-Lei n.º 47/95, de 10 de Março, os vogais nomeados pelos contribuintes para integrarem as comissões de revisão da matéria colectável, não eram representantes dos contribuintes, devendo antes agir com imparcialidade e independência técnica (art. 86.º, n.º 3, do C.P.T., naquela redacção, n.º 5 da redacção do Decreto-Lei n.º 23/97, de 23 de Janeiro).

II- Nestas condições, a actuação do vogal nomeado pelo contribuinte não produz efeitos na esfera jurídica deste, pelo que a impugnabilidade contenciosa da deliberação da comissão, apesar da concordância que aquele lhe desse, não encontra qualquer obstáculo no princípio "pacta sunt servanda".

ACORDAM NO PLENO DA SECÇÃO DO CONTENCIOSO TRIBUTÁRIO DO SUPREMO TRIBUNAL ADMINISTRATIVO:

1 – Garola e Bernardo Construções, Lda., melhor identificada nos autos, deduziu, no então Tribunal Tributário de 1ª Instância de Coimbra, impugnação judicial contra o acto de liquidação de IRC, relativo aos exercícios de 1994, 1995 e 1996 e respectivos juros compensatórios.

Aquele Tribunal julgou a impugnação judicial improcedente.

Inconformada, a impugnante interpôs recurso da decisão para o Supremo Tribunal Administrativo que, negando provimento ao recurso, manteve a sentença recorrida.

Deste acórdão, a impugnante interpôs recurso para o Pleno desta Secção do Contencioso Tributário do STA, invocando como fundamento do mesmo oposição entre esse aresto e o acórdão proferido por esta Secção no processo n.º 22.355, junto a fls. 200 e segs., que transitou já em julgado.

Admitido o recurso, a recorrente apresentou, nos termos do disposto no art.º 284.º, n.º 3 do CPPT, alegação tendente a demonstrar a alegada oposição de acórdãos.

Por despacho do Exm.º Relator considerou-se existir a invocada oposição de acórdãos e ordenada a notificação das partes para deduzir alegações, nos termos do disposto no citado art. 284.º, n.º 5 (vide fls. 205).

A recorrente formulou as seguintes conclusões:

1. No domínio do CPT, o vogal nomeado pelo contribuinte para integrar a comissão não é o próprio contribuinte, nem um seu representante, pelo que a sua indicação não envolve qualquer mandato para a representação dos seus interesses.

2. Os vogais que intervêm na comissão, todos eles, têm o dever de agir com imparcialidade e independência técnica (n.º 5 do artigo 86.º do C.P.T., na redacção dada pelo Decreto-Lei n.º 47/95, de 10 de Março), pelo que não poderão ser considerados como representantes dos contribuintes perante a comissão.

3. Deve, assim, considerar-se afastada a possibilidade de estender à esfera jurídica do contribuinte as decisões que aquele tomar no seio dela.

4. É por isso insustentável admitir-se, face ao regime do CPT aplicável aos autos que "fazendo [o contribuinte] parte da comissão e não tendo votado contra o deliberado, é ele também autor do acto", pelo que não pode, por isso, "venire contra factum proprium" e atacar a sua legalidade, designadamente por falta de fundamentação".

5. Em todo o caso, na vigência do CPT, em face do teor do regime aí fixado, não pode deixar de considerar-se que a renúncia ao direito de impugnação ou recurso, no contencioso tributário, só é válida se a lei a permitir e constar de declaração ou outro instrumento formal, não bastando a prática de qualquer facto incompatível com a vontade de impugnar ou recorrer.

6. Não vale, pois, aqui, o princípio da admissibilidade da aceitação tácita consagrado no procedimento administrativo (n.º 4 do art. 53.º do CPA), por razões que se prendem com o facto de estarmos perante uma garantia fundamental de natureza análoga à dos direitos liberdades e garantias, por isso mesmo, nos termos do art. 18.º da CRP, insusceptível de restrições no seu exercício baseadas em meras presunções de renúncia ou desistência.

7. Sufragar posição distinta de considerar que no domínio de vigência do Código de Processo Tributário os vogais indicados pelos contribuintes não eram seus representantes, antes devendo actuar com objectividade, isenção e imparcialidade, e que a existência de um acordo obtido na comissão não impedia o contribuinte de aceder aos tribunais mediante impugnação judicial, implica fazer aplicação de um critério normativo claramente inconstitucional.

8. De facto, o regime vazado no Código de Processo Tributário, designadamente o constante dos artigos 85.º, 86.º e 89.º, interpretado no sentido de admitir que o acordo obtido em sede de comissão de revisão impede a impugnação contenciosa da liquidação, é inconstitucional por violação do disposto nos artigos 18.º, 20.º e 268.º, n.º 4, da CRP.

9. Norma esta, a do artigo 268.º, n.º 4, que consagra um verdadeiro direito fundamental de natureza análoga à dos direitos, liberdades e garantias, sendo uma verdadeira refracção do comando constitucional ínsito no artigo 20.º da CRP.

10. Como tal, as restrições a esse direito hão-de constar de norma legal expressa e condicionada às exigências do princípio da proporcionalidade.

11. Condições essas claramente não verificadas no caso sub judicio.

Não houve contra-alegações.
O Exm.º Procurador-Geral Adjunto emitiu douto parecer no sentido de ser concedido provimento ao presente recurso.
Colhidos os vistos legais, cumpre decidir.

2 – O Acórdão sob recurso deu como provada, a seguinte matéria de facto:
"Da proposta de Tributação de p. 26 verso consta que as vendas de fracções rigorosamente iguais efectuadas a clientes que não necessitam de recorrer ao crédito, encontravam-se registadas na contabilidade por um valor inferior, relativamente àquelas que são efectuadas a clientes que recorram ao crédito à habitação;
Emissão de recibos com numeração posterior e data anterior, não respeitando a ordem cronológica;
Os empréstimos contraídos pelos clientes no acto de celebração da escritura são entregues ao construtor.
Celebração de escrituras e respectiva contabilização das vendas por valores inferiores aos efectivos recebidos;
Os critérios utilizados e quantificados de valores para a "determinação do lucro tributável por métodos individuais" encontram-se expressos a fls. 26v. a 30 dos autos;
Onde expressamente se refere o recurso às Portarias n.ºs 1103-C/, de /, editadas pelo Ministério das Obras Públicas, Transportes e Comunicações (em anexo);
Que indicam os valores unitários por metro quadrado ... a que se refere o n.º 1 do artigo 7.º do Dec. Lei n.º 13/86, de 23 de Julho
Com alusão a que "as referidas portarias fixam os preços do custo por metro quadrado para os anos de 1994 e 1995, respectivamente";
Com utilização dos "valores inscritos nas mencionadas portarias não como preço de custo, mas sim como preço de venda";
O ora impugnante exerce a actividade de "compra de prédios para revenda, pelo qual está tributado em IRS pela repartição de finanças da Lousã;
Em relação aos apartamentos, estacionamentos e estabelecimentos, o preço considerado – como se expressa – foi em 10%, "em virtude de o seu preço de convenção" ser inferior;
Na acta da Comissão de Revisão, de p. 8, consagra-se que "tendo surgido dúvidas quanto ao processo seguido na informação que serviu de base à fixação do que concerne à obtenção de empréstimos concedidos por credores bancários por unidades bancárias, decidiu-se utilizar os valores unitários por metro quadrado do preço de construção a que se refere o n.º 1 do artigo 7.º do Dec. Lei n.º 13/86, de 23 de Julho, corrigidos para menos, nos casos de arrumos, terraços, sótãos e garagens, neste último caso por serem transaccionados em conjunto com os apartamentos";
Determinando o lucro tributável pela forma expressa na representação gráfica de p. 9".

3 – Antes de nos debruçarmos sobre o objecto do presente recurso, importa referir que a recorrente reclamou para a Comissão de Revisão da fixação da matéria colectável de IRC relativa aos exercícios de 1994, 1995 e 1996, optando pelo regime previsto no Código de Processo Tributário (vide fls. 99 e segs.), pelo que terá que ser à luz deste compêndio normativo que a questão agora suscitada em recurso terá que ser apreciada, sendo certo, também, que o disposto no art. 86.º, n.º 4 da LGT não é aqui aplicável, uma vez que esta lei só entrou em vigor em 1/1/99 (vide art. 6.º do Decreto-lei n.º 398/98 de 17/12) e o regime de revisão da matéria tributável nela previsto apenas se aplica às reclamações apresentadas após a sua entrada em vigor (cfr. art. 3.º, n.º 1 do predito Decreto-lei n.º 398/98).
Traduz-se essa questão em saber se, no domínio daquele diploma legal, na redacção então vigente, o contribuinte que tivesse reclamado da quantificação da matéria colectável de IRC para a Comissão de Revisão, pode impugnar judicialmente a decisão desta Comissão, sendo certo que a mesma deliberou por acordo em que interveio o vogal designado pelo contribuinte.
No acórdão recorrido pode ler-se que "no caso vertente a Comissão de Revisão era constituída por um Presidente e dois vogais, um dos quais o representante da recorrente que se fez acompanhar de um perito, conforme se lê da respectiva acta. Constata-se da mesma que tal representante deu a sua concordância ao que na Comissão foi decidido, não tendo lavrado qualquer voto de vencido ou de discordância com qualquer das questões que foram tratadas. Assim sendo, tendo aceitado os valores aí fixados e a fundamentação que os sustentou, não falta ao contribuinte um conhecimento concreto da motivação do acto. Fazendo parte da Comissão e não tendo votado contra o deliberado, é ele também autor do acto que agora questiona pelo que...não pode "venire contra factum proprium", não havendo qualquer vício de forma que leve à anulação das liquidações efectuadas de acordo com aquela deliberação".
Por sua vez, no acórdão tido por fundamento escreveu-se que "no domínio de vigência do Código de Processo Tributário, na redacção posterior ao Decreto-lei n.º 47/95, de 10 de Março, os vogais nomeados pelos contribuintes para integrarem as comissões de revisão da matéria colectável, não eram representantes dos contribuintes, devendo antes agir com imparcialidade e independência técnica (art. 86.º, n.º 3, do C.P.T., naquela redacção, n.º 5 da redacção do Decreto-lei n.º 23/97, de 23 de Janeiro)...
Nestas condições, a actuação do vogal nomeado pelo contribuinte não produzia efeitos na esfera jurídica deste, pelo que a impugnabilidade contenciosa da deliberação da comissão, apesar da concordância que aquele lhe desse, não encontra qualquer obstáculo no princípio "pacta sunt servanda".
O Mm.º Juiz Relator julgou verificada a oposição de acórdãos. E nada há, na verdade, a objectar ao assim decidido, face ao que ficou dito.

Avançando, então, para a questão que é posta a este Supremo Tribunal com o presente recurso, a resposta não pode deixar de ser aquela que vai no sentido propugnado no acórdão tido por fundamento: a actuação do vogal do contribuinte na comissão de revisão não produz efeitos na esfera jurídica do contribuinte, pelo que a deliberação dessa comissão é impugnável contenciosamente, ainda que tenha havido acordo daquele perito em sede da mesma.
Com efeito e como bem se anota no referido aresto, "o vogal nomeado pelo contribuinte para integrar a comissão

de revisão não é o próprio contribuinte e a nomeação não envolve sequer um mandato para representação dos seus interesses".

Em anotação ao art. 86.°, n.° 4 da LGT, aqui, como vimos, não aplicável, escrevem, a este propósito, Diogo Leite Campos, Benjamim Rodrigues e Jorge Sousa, in LGT anotada, 3ª ed., pág. 429 a 431, que "este regime é distinto do previsto no C.P.T., em que não se fazia qualquer restrição deste tipo e várias disposições inculcavam a ideia de não existir qualquer limitação no direito de impugnação contenciosa do acto de fixação da matéria colectável, no âmbito da impugnação do acto de liquidação (arts. 84.°, n.° 3, 89.°, n.os 1 e 2, 120.°, alínea *a*), e 136.°, n.° 1).

Só em 1998, com o Decreto-lei n.° 24/98, de 9 de Fevereiro, que veio alterar a redacção daquele art. 89.°, n.° 2, se passou a prever um caso de impossibilidade de o contribuinte impugnar a decisão da comissão de revisão nos casos em que ele requeresse a nomeação de um perito independente e, em matéria de facto, a decisão da comissão fosse conforme com o parecer deste.

No entanto, a limitação dos poderes de impugnação neste caso, e não em qualquer outro, indicava que apenas neste, e não nos outros, se pretendeu afastar a possibilidade de impugnação do acto de fixação da matéria colectável.

De qualquer forma, esta limitação era de duvidosa constitucionalidade à face do direito de impugnação contenciosa de todos os actos lesivos e do direito de acesso aos tribunais para defesa dos direitos, garantidos pelo n.° 4 do art. 268.° da C.R.P..

Esta não vinculação do contribuinte pelo acordo no procedimento de revisão impunha-se, no domínio do C.P.T., pelo facto de o próprio vogal nomeado não agir na comissão como um representante do contribuinte, tendo antes o dever legal de agir com imparcialidade e independência técnica (art. 86.°, n.° 5, na redacção dada pelo Decreto-lei n.° 47/95 de 10/3), pelo que não havia justificação razoável para vincular este pela actuação de alguém que não o representava...

Por outro lado, a medida da inimpugnabilidade da liquidação feita com base no acordo, tendo a sua razão de ser na existência deste acordo, terá de ser restringida ao que foi objecto deste, que é a medida da matéria tributável.

Por isso, a existência do acordo não poderá afastar o direito do contribuinte a impugnar a liquidação feita com base no acordo por qualquer razão que não lhe esteja ligada, como, por exemplo, vícios de forma (falta de fundamentação, incompetência, violação de direitos procedimentais) ou de violação de lei (como erro na taxa aplicável, ou sobre a existência de uma isenção total a ou parcial)".

4 – Por outro lado, mesmo que se pudesse considerar que o contribuinte era representado na comissão de revisão pelo vogal por si nomeado e uma vez que este, como vimos, tem o dever de agir com imparcialidade e independência técnica, "sempre teriam de se aplicar à vinculação do contribuintes pela sua actuação as reservas gerais que a lei estabelece em relação à vinculação dos representados pelos actos dos seus representantes, por não haver, naturalmente, qualquer razão para, numa matéria em que está em causa a possibilidade de exercício de um direito de natureza análoga a um direito fundamental, estabelecer um regime mais oneroso para o representado do que o se estabelece, em geral, para qualquer relação jurídica. Ora, nos termos da lei civil, mesmo quando o mandatário é representante, por ter recebido poderes para agir em nome do mandante, os seus actos só produzem efeitos em relação à esfera jurídica deste se forem praticados dentro dos limites dos poderes que lhe foram conferidos ou sejam por este ratificados, expressa ou tacitamente (arts. 258.°, n.° 1, e 268.°, n.° 1, aplicáveis por força do preceituado no art. 1178.°, n.° 1, e art. 1163.°, todos do Código Civil)..." (ob. cit. pág. 430).

Consequentemente e como se decidiu no acórdão fundamento, "não existirá aqui a vinculação do sujeito passivo pela actuação do vogal por si nomeado que seria necessária para se colocar uma questão de observância do princípio "pacta sunt servanda".

Ora, no caso dos autos, tendo o perito da impugnante aceite, na comissão de revisão, os valores nela fixados, isso contende, claramente, com o teor da reclamação subjacente, na qual, a final, se refere que se "não aceita qualquer correcção, mas tão somente os valores declarados e evidenciados pela...contabilidade".

Neste sentido, pode ver-se o Acórdão desta Secção do STA de 23/11/04, in rec. n.° 657/04.

5 – Assim, não poderá deixar de se concluir, como se concluiu no aresto tido por fundamento, que, "não só à face da lei ordinária, mas também numa leitura compatível com a Constituição, as normas dos arts. 84.°, n.° 3, 89.°, n.° 2, 120.°, alínea *a*), e 136.°, n.° 1, do C.P.T. não podem deixar de ser interpretadas como não impedindo o direito de impugnação contenciosa".

6 – Nestes termos, acorda-se em conceder provimento ao presente recurso e revogar o acórdão recorrido, baixando os autos à Secção deste STA para ser proferida nova decisão, respeitando o ora julgado.

Sem custas.

Lisboa, 6 de Junho de 2007

Pimenta do Vale (Relator)
Jorge Lino
António Calhau
Brandão de Pinho
Lúcio Barbosa
Baeta de Queiroz

Recurso n.° 615/04-50

OPOSIÇÃO DE JULGADOS. NOVO REGIME DO ETAF. REVOGAÇÃO DO SIGILO BANCÁRIO. ART. 103.° DO RGIT. VANTAGEM PATRIMONIAL ILEGÍTIMA. ELEMENTO ESSENCIALMENTE CONSTITUTIVO DO TIPO LEGAL DE CRIME.

(Acórdão de 2 de Maio de 2007)

SUMÁRIO:

I – No novo ETAF não existe norma idêntica à do art. 30.°, al. *b*) do ETAF/96.

II – Nos termos do disposto no art. 27.°, n.° 1 daquele diploma legal, o Pleno deste STA passou a conhecer, apenas, para além do estatuído na sua al. a), dos recursos para uniformização de jurisprudência (al. *b*)), a que se reporta o art. 152.° do CPTA.

III – No entanto, o predito art. 152.° não se aplica no domínio do contencioso tributário, mas apenas na jurisdição processual administrativa.

IV – Não obstante o art. 30.°, al. *b*) do ETAF/96 ter sido revogado pela Lei n.° 13/02 de 19/2 e não existir no novo ETAF norma de conteúdo idêntico, a tramitação dos recursos por oposição de julgados, interpostos a partir da entrada em vigor desta Lei e no âmbito da jurisdição tributária, continua a fazer-se de acordo com o estatuído no referido art. 284.°, mantendo-se, porém, quanto à caracterização daquela questão fundamental de direito sobre a qual deve existir contradição, os mesmos critérios jurisprudenciais já firmados no domínio do ETAF/96.

V – A existência de indícios da prática de crime doloso de natureza tributária previsto no art. 103.° do RGIT, como fundamento da revogação do sigilo bancário, não pode deixar de se reportar ao montante da vantagem patrimonial obtida pelo sujeito passivo, que importa, assim, averiguar, na medida em que se trata, não de uma condição objectiva de punibilidade, mas antes de um elemento essencialmente constitutivo desse mesmo tipo legal de crime.

ACORDAM NO PLENO DA SECÇÃO DO CONTENCIOSO TRIBUTÁRIO DO SUPREMO TRIBUNAL ADMINISTRATIVO:

1 – Maria Alzira Ramos Tubal Guedes, melhor identificada nos autos, interpôs recurso para o Tribunal Administrativo e Fiscal de Coimbra da decisão do Substituto Legal do Director-Geral de Impostos, datada de 9/8/05, proferida no processo n.° 549/2.5, que determinou o acesso directo da Administração Fiscal às suas contas bancárias.

Aquele Tribunal julgou o recurso procedente.

Inconformado, o Director-Geral dos Impostos interpôs recurso da decisão para o Tribunal Central Administrativo do Norte, recurso esse a que foi negado provimento.

Deste acórdão, o Director-Geral dos Impostos interpôs recurso para o Pleno desta Secção do Contencioso Tributário, invocando como fundamento do mesmo oposição entre esse acórdão e o acórdão proferido pelo então Tribunal Central Administrativo, no processo n.° 882/05.

Admitido o recurso, o recorrente apresentou, nos termos do disposto no art. 284.°, n.° 3 do CPPT, alegação tendente a demonstrar a alegada oposição de acórdãos.

Por despacho do Exm.° Relator do Tribunal Central Administrativo considerou-se existir a invocada oposição de acórdãos (vide fls. 129).

Por despacho do Relator foi ordenado que os autos baixassem ao Tribunal recorrido para que as partes fossem notificadas para alegações, nos termos do art. 284.°, n.° 5 do CPPT.

A recorrente apresentou alegações com as seguintes conclusões:

a) Tal como se entendeu no douto acórdão fundamento, interpretando o artigo 103.° do RGIT, não é por a vantagem patrimonial ser inferior a € 7.500 que a conduta deixa de ser qualificável como crime de fraude fiscal.

b) Por assim ser, o n.° 2 do artigo 103.° do RGIT não assume e não pode assumir relevância na apreciação da verificação do pressuposto do artigo 63.°-B da LGT relativo à existência de indícios de prática de crime doloso em matéria tributária.

c) A alínea *c*) do n.° 2 do artigo 63.°-B da LGT exige apenas (no que a este pressuposto diz respeito) que se verifiquem indícios fundados da prática de um crime desse tipo.

d) Na situação sub judice a Administração provou factos que indiciam a prática do crime de fraude fiscal previsto no artigo 103° do RGIT

e) Tal deveria ter sido suficiente para se ter concluído pela verificação deste pressuposto da derrogação do sigilo bancário.

f) Decidindo em sentido contrário o douto acórdão recorrido errou quanto à interpretação da lei, não podendo, por isso, subsistir.

A recorrida contra-alegou nos termos que constam de fls. 148 e segs., que se dão aqui por integralmente reproduzidos para todos os efeitos legais, para concluir pela improcedência do recurso e pela manutenção do acórdão recorrido.

O Exm.° Procurador-Geral Adjunto emitiu douto parecer no sentido de o recurso ser julgado findo, uma vez que "não ocorre uma identidade substancial das situações fácticas em confronto.

Não se verificam, pois, os alegados pressupostos do recurso de oposição de julgados ou seja identidade substancial das situações fácticas em confronto e a divergência quanto à mesma questão de direito".

Colhidos os vistos legais, cumpre decidir.

2 – O acórdão recorrido fixou a seguinte matéria de facto:

I – Por escritura pública lavrada em 2003.06.05 no Primeiro Cartório Notarial de Coimbra e exarada de fls. 124 e seguintes do Livro n.° 350-A, a Recorrente declarou comprar a fracção "AC" do edifício composto por 4 blocos de 8 apartamentos cada, sito na Rua Professora Salvadora, Buarcos, Figueira da Foz, inscrito na respectiva matriz da freguesia de Buarcos sob o artigo U-6077, sendo aquela fracção composta de apartamento T3 no rés-do-chão direito do Bloco D com o n.º 21, com garagem na cave e arrumos no sótão, com a área habitável de 142 m2 e terraço com 164 m2, pelo valor de € 102.500,00;

Inf. de fls. 14 a fls. 17 do apenso.

II – Tendo sido notificados todos os compradores das 31 fracções do edifício para prestarem esclarecimentos sobre o valor de aquisição das respectivas fracções, nove dos compradores de fracções T3 admitiram que os valores efectivamente pagos pelas aquisições foram muito superiores aos declarados, tendo procedido à respectiva correcção cfr. quadro infra:

Fracção	Área	Bloco	Andar	Ano	Preço	Escri-turado	Preço Corrigido
D	142m	2A	n.º 15r/c-esq.	2001	€105.000,00		
T	142m2	C	n.º 19r/c-esq.	2003	€150.000,00		
V	142m	2C	n.º 191-esq.	2003	€100.000,00		€150.000,00
Z	142m2	C	n.º 193-esq.	2001-02	€99.759,58		€132.907,00
AG	142m2	D	n.º 212-dto.	2003	€110.000,00		€150.000,00

Inf. de fls. 14 a fls. 17 do apenso. O quadro teve por base o de fls. 3 daquela inf. Mas incluiu a data das escrituras anunciada no 3° § da mesma.

III – E dois dos compradores de T2, fracções "AD" e "AH", que adquiriram em 2002, corrigiram os valores de compra de €84.795,64 para €145.898,38 e €144.675,43, respectivamente;

Inf. de fls. 14 a fls. 17 do apenso.

IV – Em 2005.01.04, a Divisão de Inspecção Tributária da Direcção Distrital de Finanças de Coimbra tomou declarações ao ora Recorrente, as quais foram prestadas com o teor do documento de fls. 29 do apenso e cujo teor aqui dou por integralmente reproduzido para todos os legais efeitos;

Cfr. também inf. de fls. 15 do apenso.

V – Em 2005.05.30, os Serviços de Inspecção Tributária, elaboraram a proposta inserta de fls. 14 a fls. 17 dos autos e que aqui se dá por integralmente reproduzida, e onde, além do mais, se concluía que «sendo a fracção "AC" em tudo semelhante aos demais apartamentos T3's também controlados no edifício, nomeadamente mesmo local, mesma exposição solar, mesmas áreas, mesma construção, mesmos acabamentos, mesmos equipamentos e transaccionados na mesma altura e mesmas condições, não se justifica de maneira alguma que o valor da sua compra/venda seja tão inferior aos referidos valores agora declarados pelos outros adquirentes, que se situam entre os €119.711,49 e os €150.000,00», pelo que se propunha que «dado que o S.P. não autorizou a consulta dos seus documentos bancários e existindo factos concretamente identificados gravemente indiciadores da falta de veracidade do declarado, conforme ficou demonstrado, nomeadamente falta de comprovativos de "despesas" no valor de €32.500,00 e valor declarado da transacção muito inferior aos demais, propõe-se o acesso a todos os documentos bancários do S.P., com a excepção de informações prestadas para justificar o recurso ao crédito, nos termos da alínea *c*) do n.º 2 do art. 63.º-B da Lei Geral Tributária»;

Os §§ transcritos são os dois últimos da inf. a fls. 17 do apenso.

VI – O Ex.mo Sr. Director-Geral dos Impostos lavrou em 2005.06.14 o seguinte projecto de decisão:

«1. Nos termos e com os fundamentos constantes da presente Informação da Inspecção Tributária da Direcção de Finanças de Coimbra, bem como com o parecer e despachos concordantes na mesma exarados, verificando-se os condicionalismos previstos na alínea *c*) do n.º 2 do artigo 63.º-B da Lei Geral Tributária, notifique-se Maria Alzira Ramos Tubal Guedes, com o NIF 155.047.957, e Manuel da Silva Conde Guedes, com o NIF 155.047.965, dando-lhes cópia integral das peças processuais aqui referidas com vista ao exercício do direito de audição, previsto no n.º 3 do citado normativo, informando-os que caso não exerçam o referido direito ou, exercendo-o, as informações prestadas, naquele âmbito, forem consideradas insuficientes ou inconclusivas, será autorizado a inspectores tributários, devidamente credenciados, o acesso aos documentos bancários existentes nas instituições bancárias portuguesas relativos às contas de que sejam titulares.

2. Devolva-se o processo à Direcção de Finanças de Coimbra para efeitos do prosseguimento do procedimento de levantamento do segredo bancário.»

Doc. de fls. 12 do apenso.

VII – Da proposta a que aludem os dois n.ºs anteriores foi então a ora Recorrente e o marido notificados por carta registada datada de 2005.06.21 para exercer o direito de audição;

Doc.s de fls. 10 e 11 do apenso.

VIII – A Recorrente não exerceu o direito de audição;

Cfr. inf. de fls. 8 do apenso.

IX – Em 2005.07.21, foi mantida a proposta sobredita e ordenada a remessa do processo ao Exm.º Sr. Director-Geral para decisão;

Idem. Cfr. também fls. 6 do apenso.

X – Em 2005.08.09, o Substituto Legal do Sr. Director-Geral lavra então a seguinte decisão:

«1. Nos termos e com os fundamentos constantes da presente Informação e da Informação da Inspecção Tributária da Direcção de Finanças de Coimbra que sustentou o Projecto de Decisão, bem como com o parecer e despachos que sobre as mesmas recaíram, verificando-se os condicionalismos previstos na alínea *c*) do n.º 2 do artigo 63.º-B da Lei Geral Tributária e considerando, ainda, que os contribuintes Maria Alzira Ramos Tubal Guedes, com o NIF 155.047.957, e Manuel da Silva Conde Guedes, com o NIF 155.047.965, não exerceram o direito de audição, embora devidamente notificados para o efeito, ao abrigo da competência que me é atribuída pelo n.º 3 do referido normativo, autorizo os funcionários da Inspecção Tributária devidamente credenciados a aceder directamente a todas as contas bancárias e documentos bancários existentes em instituições bancárias portuguesas de que os referidos contribuintes sejam titulares.

2. Devolva-se o processo à Direcção de Finanças de Coimbra, com vista ao prosseguimento do procedimento de levantamento do segredo bancário.»

Doc. de fls. 5 do apenso.

XI – Da decisão a que alude o n.º anterior foram a ora Recorrente e o marido notificados por carta registada com aviso de recepção, recepcionada em 2005.08.19;

Doc. de fls. 2 a 3 do apenso.

XIII (será XII) – O presente recurso deu entrada neste Tribunal Administrativo e Fiscal de Coimbra em 2005.08.24.

Cfr. carimbo aposto no cabeçalho do douto articulado respectivo.

3 – Antes do mais, importa referir que, com a reforma introduzida no ETAF pela Lei n.º 13/02 de 19/2, não existe hoje, naquele diploma legal, uma norma idêntica à do art. 30.º, al. *b*) do ETAF/96.

Nos termos do disposto no art.º 27.º, n.º 1 daquele diploma legal, que define a competência do Pleno desta Secção, esta formação do STA passou a conhecer, para além do estatuído na sua al. *a*), apenas dos recursos para uniformização de jurisprudência (al. *b*)), a que se reporta o art. 152.º do CPTA.

Todavia, tem vindo este STA a entender que este último normativo legal não se aplica no domínio do contencioso tributário, no qual se integra o caso em apreço, mas apenas na jurisdição processual administrativa (vide acórdão do Pleno desta Secção de 13/7/05, in rec. n.º 1.364/04).

Sendo assim e não obstante, nem por isso deixará de se aplicar aqui o regime jurídico de oposição de julgados, na medida em que não desapareceu da ordem jurídica, uma vez que se mantém em vigor o art. 284.º do CPPT, que assegura a tutela efectiva prevista na Constituição (vide art. 268.º, n.º 4) e que não foi revogado, sendo certo, porém, que neste preceito legal não se indicam, tal como se fazia no citado art. 30.º, al. *b*), os pressupostos em que assenta a referida oposição de julgados.

Deste modo e apesar de o predito art. 30.º, al. *b*) ter sido revogado pela predita Lei n.º 13/02 e não existir no novo ETAF norma de conteúdo idêntico, a tramitação destes recursos por oposição de julgados, interpostos a partir da entrada em vigor desta Lei e no âmbito do contencioso tributário, continua a fazer-se de acordo com o estatuído no referido art.º 284.º, mantendo-se, porém e a nosso ver, quanto à caracterização daquela questão fundamental de direito sobre a qual deve existir contradição, os mesmos critérios jurisprudenciais já firmados no domínio do ETAF de 1996.

4 – Feitas estas considerações, há, porém, que começar pela verificação da alegada oposição entre os acórdãos em confronto, até por que ela é questionada pelo Exm.º Procurador-Geral Adjunto junto deste Tribunal, para quem e como vimos, há falta de identidade substancial das situações fácticas em confronto, "não se verificando, pois, os alegados pressupostos do recurso por oposição de julgado ou seja identidade substancial das situações fácticas em confronto e a divergência de soluções quanto à mesma questão de direito".

Mas não lhe assiste razão.

Na verdade, no acórdão recorrido e sobre a verificação dos pressupostos do art. 63.º-B, n.º 2, al. *c*) da LGT, na redacção da Lei n.º 30-G/00 de 29/12, dando-se por provada a existência de factos indiciadores da falta de veracidade do declarado, decidiu-se, porém, que a derrogação do sigilo bancário nos termos do predito artigo, por acto da Administração Fiscal, só pode ter por fundamento indícios da prática de crime doloso em matéria tributária. Todavia, "os indícios da prática de crime doloso em matéria tributária não são, para efeitos deste artigo, os factos que integram em conjunto todos os elementos de um tipo de ilícito e de um tipo de culpa de um determinado crime de natureza tributária, mas os factos indiciantes, que pela sua natureza e pela sua gravidade, indiquem por si só a susceptibilidade de vir a integrar os elementos do tipo de ilícito de crimes desta natureza". Assim, "não é susceptível de vir a integrar um crime fiscal a conduta do sujeito passivo de que resulte uma vantagem patrimonial que não atinja indiciariamente o limiar mínimo de punibilidade previsto no tipo de crime respectivo".

Por sua vez, no acórdão fundamento, dando-se, também, por certa a existência de factos indiciadores da falta de veracidade do declarado, decidiu-se, porém, que, a derrogação do sigilo bancário, tendo também por fundamento a existência de indícios da prática de crime doloso em matéria tributária, era "desprezível determinar se o recorrido criou, com a sua conduta, um prejuízo, para a Administração Tributária, igual ou superior a €7.500".

Sendo assim, é patente que os acórdãos em confronto adoptaram soluções jurídicas diversas perante situações fácticas substancialmente idênticas.

Pelo que, ocorre a alegada oposição de julgados entre o acórdão recorrido e o acórdão fundamento.

Posto isto, passemos, então, à apreciação do objecto do recurso.

5 – Dispunha a al. *c*) do n.º 2 do art. 63.º-B da LGT, na redacção da Lei n.º 30-G/2000, de 29/12 que: "A administração tem o poder de aceder a todos os documentos bancários, excepto as informações prestadas para justificar o recurso ao crédito, nas situações de recusa de exibição daqueles documentos ou autorização para a sua consulta...quando existam indícios da prática de crime doloso em matéria tributária, designadamente nos casos de utilização de facturas falsas, e, em geral, nas situações em que existam factos concretamente identificados gravemente indiciadores da falta de veracidade do declarado".

A propósito deste preceito legal, tem vindo esta Secção a entender de forma pacífica, uniforme e reiterada que "a derrogação do sigilo bancário, nos termos da al. *c*) do n.º 2 do art. 63.º-B da LGT, por acto da Administração Fiscal, só pode ter lugar "quando existam indícios da prática de crime doloso em matéria tributária" designadamente nos "casos de utilização de facturas falsas" e, em geral, nas "situações em que existam factos concretamente identificados gravemente indiciadores da falta de veracidade do declarado".

O vocábulo de carácter exemplificativo "designadamente" abrange e refere-se tanto às facturas falsas como às situações referidas na parte final do mesmo segmento normativo.

Pelo que a dita derrogação só pode ser admitida quando e sempre que "existam indícios da prática de crime doloso em matéria tributária".

E relacionados com a quantificação ou determinação da matéria colectável do contribuinte, como logo resulta da inserção do preceito, no título III da LGT, referente ao procedimento tributário, e não no título V, relativo às infracções fiscais" (vide, por todos Acórdão de 13/10/04, in rec. n.º 950/04).

Nesta parte e como já vimos, os arestos em confronto não se encontram em oposição.

A divergência reside, apenas, em saber se é susceptível de vir a integrar um crime doloso de natureza tributária a conduta do sujeito passivo de que resulte uma vantagem patrimonial que não atinja, indiciariamente, o limiar mínimo de punibilidade previsto no tipo de crime respectivo ou se, pelo contrário, basta a verificação da existência de indícios da prática desse tipo legal de crime, sendo desprezível determinar se o sujeito passivo, com a sua conduta, criou ou não um prejuízo igual ou superior a €7.500,00.

Ora, o crime que aqui está em causa é o previsto no art. 103.° do RGIT.

Dispõe este normativo, inscrito no Capítulo III – Crimes Fiscais, que:

"Constituem fraude fiscal, punível...as condutas ilegítimas tipificadas no presente artigo que visem a não liquidação, entrega ou pagamento da prestação tributária ou a obtenção indevida de benefícios fiscais, reembolsos ou outras vantagens patrimoniais susceptíveis de causarem diminuição das receitas tributárias. A fraude fiscal pode ter lugar por:

"*a*) Ocultação ou alteração de factos ou valores que devam constar dos livros de contabilidade ou escrituração, ou das declarações apresentadas ou prestadas, a fim de que a administração fiscal especificamente fiscalize, determine avalie ou controle a matéria colectável;

"*b*) Ocultação de factos ou valores não declarados e que devam ser revelados à administração tributária;

"*c*) Celebração de negócio simulado, quer quanto ao valor, quer quanto à natureza, quer por interposição, omissão ou substituição de pessoas".

E o n.° 2 deste artigo, acrescenta:

"Os factos previstos nos números anteriores não são puníveis se a vantagem patrimonial ilegítima for inferior a €7.500".

Da descrição deste tipo legal de crime ressalta, a nosso ver, que, no seu n.° 2, o legislador não faz depender a punibilidade da conduta ilegítima do agente apenas da verificação dos pressupostos que constam do predito art. 103.°, n.° 1 e respectivas alíneas.

Exige também que esses pressupostos sejam acompanhados de determinado grau de ilicitude, mas que, para este tipo legal de crime, tem que apresentar a forma de dolo. Grau esse que é determinado em função do montante da vantagem patrimonial ilegítima obtida, conducente à não punibilidade dos factos a título de crime, sem embargo de poderem ser sancionados no âmbito contra-ordenacional, v. g., nos termos dos arts. 113.°, n.° 1, 118.°, n.° 1 ou 119.° do RGIT.

Deste modo, os indícios da prática do predito tipo legal de crime de natureza fiscal previsto no art. 103.° do RGIT não pode deixar de se reportar a esse pressuposto, que importa, também, averiguar, na medida em que se trata, assim, não de uma condição objectiva de punibilidade, mas antes de um elemento essencialmente constitutivo desse mesmo tipo legal de crime.

Assim, não é criminalmente censurável a factualidade conducente à obtenção de uma vantagem patrimonial ilegítima inferior a €7.500, e, quando não existisse uma ilicitude suficientemente grave para merecer uma censura penal e uma conduta dolosa, a lei considerava, na redacção inicial do n.° 2 do art. 63.°-B não se justificar um ataque à privacidade do contribuinte com a dimensão que tem o acesso «a todos os documentos bancários».

Daí que improceda a pretensão do recorrente.

6 – Por último e contrariamente ao alegado pela recorrida, não resulta dos autos que, com a sua intervenção, o recorrente tivesse deduzido pretensão ou oposição sem qualquer fundamento. Pelo contrário, como vimos supra.

Assim como também não resulta que aquele tivesse alterado a verdade dos factos ou omitido factos relevantes para a decisão da causa (cfr. art. 456.° do CC).

Daí que também não possa proceder a alegada pretensão da recorrida de condenação do recorrente por litigância de má fé, uma vez que não se verificam os seus pressupostos.

7 – Nestes termos e com este fundamento, acorda-se em negar provimento ao presente recurso.

Custas pelo recorrente, fixando-se a taxa de justiça em 8 Ucs e a procuradoria em 50%.

Lisboa, 2 de Maio de 2007

Pimenta do Vale (Relator)
Jorge Lino
António Calhau
Brandão de Pinho
Lúcio Barbosa
Baeta de Queiroz
Jorge de Sousa

Recurso n.° 299/06-50

TAXA MUNICIPAL. NULIDADE. ANULABILIDADE.

(Acórdão de 5 de Julho de 2007)

SUMÁRIO:

I – Os artigos 88.°, n.° 1, alínea *c*), do Decreto-Lei n.° 100/84, de 29 de Março, e 1.°, n.° 4, da Lei n.° 1/87, de 6 de Janeiro, sancionam, com nulidade, as deliberações dos órgãos autárquicos que violem as normas legais respeitantes ao lançamento dos tributos aí referidos não previstos na lei, mas já não os concretos actos de liquidação abrigados em tais deliberações.

II – Assim, o acto de liquidação efectuado em aplicação de deliberação autárquica nula, inexistente ou inconstitucional padece de ilegalidade abstracta – artigos 286.°, n.° 1, alínea *a*), do Código de Processo Tributário, e 204.°, n.° 1, do Código de Procedimento e de Processo Tributário – que, nos casos de cobrança coerciva, pode ser invocada até ao termo do prazo de oposição à execução fiscal, mesmo que posteriormente ao de impugnação de actos anuláveis, mas nunca, consequentemente, a todo o tempo.

ACORDAM NO PLENO SECÇÃO DO CONTENCIOSO TRIBUTÁRIO DO SUPREMO TRIBUNAL ADMINISTRATIVO:

Eurobrasil – Administração de Propriedades, Lda., vem recorrer, por oposição de acórdãos, do aresto da Secção que negou provimento ao recurso que interpusera da sentença que, por sua vez, julgou improcedente a impugnação judicial que deduzira contra a liquidação, pela Câmara Municipal de Lisboa, de taxa urbanística no montante de Esc. 22.648.391$00.

Fundamentou-se a decisão, ora recorrida, na extemporaneidade da petição impugnatória, por o acto impugnado ser meramente anulável, que não nulo, como é jurisprudência deste Tribunal, que enuncia.

A recorrente formulou as seguintes conclusões:

1.ª – No caso sub judice foram consagradas soluções jurídicas opostas, pois no douto acórdão recorrido decidiu-se que a imposição do pagamento de tributos não previstos na lei determina apenas a anulabilidade dos actos impugnados e no douto acórdão fundamento considerou-se que tais actos são nulos, podendo ser impugnados a todo o tempo (v. art. 1.º/4 da Lei 1/87, de 6 de Janeiro e art. 88.º do DL 100/84, de 29 de Março) – cfr. texto n.º 1;

2.ª – Conforme se decidiu no douto acórdão fundamento, os actos sub judice são nulos, pois os órgãos e agentes das autarquias locais não podem criar impostos que não se encontrem previstos na lei, traduzindo-se na criação de obrigações tributárias sem base ou causa legal (v. arts. 103.º e 165.º/1/i) da CRP; cfr. art. 88.º/1/a) e c) do DL 100/84, de 29 de Março e art. 1.º/4 da Lei 1/87, de 6 de Janeiro e art. 2.º/4 da lei 42/98, de 6 de Agosto) – cfr. texto n.os 2, 3 e 6;

3.ª – Os actos sub judice são nulos por falta de atribuições e usurpação de poderes (v. art. 133.º/2/b) do CPA) – cfr. texto n.os 4 e 6;

4.ª – Os actos sub judice são ainda nulos por natureza, por violarem o princípio reforçado da legalidade tributária (v. art. 103.º da CRP e art. 133.º/2/d) do CPA) e o direito fundamental de propriedade privada (v. art. 62.º da CRP) – cfr. texto n.os 5 e 6;

5.ª – A presente impugnação é claramente tempestiva, pois está em causa a nulidade de actos de liquidação e cobrança de contribuições especiais não previstas na lei, que podem ser sindicados a todo o tempo (v. arts. 103.º/2, 112.º, 165.º/1/i), 239.º e 266.º da CRP; cfr. art. 28.º da LPTA, art. 88.º/1/a) e c) e 2 do DL 100/84, de 29 de Março e art. 134.º do CPA) – cfr. texto n.os 7 a 9.

E contra-alegou o recorrido Município de Lisboa, concluindo, por sua vez:

I – Qualificação do tributo

A) A TRIU no Município de Lisboa corresponde a uma contrapartida específica devida ao município como compensação das despesas efectuadas, ou a efectuar, pela autarquia, directa ou indirectamente causadas pelas obras sobre que incide esse tributo, cujo valor determinado caso a caso respeita a proporcionalidade entre o seu montante, o fim proposto e os meios utilizados na realização da contraprestação tendo natureza de taxa e não de imposto.

B) Esta taxa de realização de infraestruturas urbanísticas criada por deliberação da assembleia municipal encontra-se prevista na Lei das Finanças Locais, não consubstanciando, assim, qualquer imposto ilegalmente criado, conforme é confirmado pela jurisprudência dominante e conforme foi já também apreciado pelo próprio Tribunal Constitucional.

II – Consequências jurídicas da imposição, liquidação e cobrança por órgãos municipais de impostos não previstos na lei, para efeitos de determinação do prazo de impugnação judicial desses tributos

A) A liquidação de um tributo no cumprimento de deliberação da assembleia municipal não se enquadra na previsão legal da Lei das Finanças Locais que apenas determina a nulidade das deliberações de qualquer órgão das autarquias locais que determinem o lançamento de impostos, taxas, derramas ou mais-valias não previstas na lei.

B) O direito de impugnação do acto de liquidação que aplique eventual deliberação que determine o lançamento de imposto ilegal caduca se não for exercido dentro do prazo do n.º 1 do artigo 102.º do Código de Procedimento e de Processo Tributário.

O Exmo. Magistrado do Ministério Público emitiu parecer no sentido do não provimento do recurso, "devendo dar-se acolhimento à jurisprudência tirada do (...) acórdão recorrido, a qual, aliás, segue a linha de pensamento considerada maioritariamente pela secção (...) no sentido de que, no domínio do contencioso tributário, a nulidade ou mesmo a inexistência de norma em que se baseie um acto de liquidação não implica a nulidade deste, gerando apenas uma situação de ilegalidade abstracta da liquidação", já que "uma coisa é o vício da norma [e] outra, diversa, é o vício do acto".

E, corridos os vistos legais, nada obsta à decisão.

Em sede factual, vem apurado que:

1) A impugnante requereu e obteve aprovação do projecto e o licenciamento de uma construção que pretendia efectuar nos n.os 368 a 372 da Rua de Saraiva de Carvalho, freguesia de Santo Condestável, em Lisboa, cuja emissão da respectiva licença ficou, contudo, condicionada do seguinte modo:

a) Pagamento da Taxa Urbanística art. 4.º no valor de esc. 22.648.391$00.

b) Licenciamento em simultâneo com o processo 3764/OB/93 alteração ao processo 5102/OB/89 (...) – conforme documentos de fls. 17 a 23 e 67 a 70, que se dão por reproduzidos;

2) A impugnante requereu, em 21-12-1994, que, sendo devida "qualquer mais valia, compensação, comparticipação ou taxa urbanística, o seu pagamento seja feito em três prestações semestrais", o que foi concedido por despacho de 10/1/1995, conforme documento de fls. 62 a 62-v, que se dá por reproduzido;

3) A impugnante procedeu ao pagamento, em 23 de Março de 1995, da primeira prestação, no montante de 7.549.463$00, e prestou garantia quanto às duas restantes prestações, conforme documentos de fls. 14/63, 15 e 64, que se dão por reproduzidos;

4) Nesse mesmo dia, 23 de Março de 1995, foi emitida e paga Licença de Obras de Construção do respectivo edifício, conforme documentos de fls. 94 a 96, que se dá por reproduzido;

5) As restantes prestações foram pagas no dia 25 de Setembro de 1995 e em 22 de Março de 1996, respectivamente, conforme documento de fls. 94 a 96, que se dão por reproduzidos;

6) A garantia bancária foi cancelada em 28 de Março de 1996, conforme alegado no art. 7.º da douta contestação;

7) A impugnação foi apresentada no dia 4 de Julho de 2001, conforme carimbo aposto a fls. 1, que se dá por reproduzido;

8) A impugnante apresentou, em 21 de Setembro de 1995, impugnação judicial da taxa objecto destes autos, no referido montante de 22.648.391$00, pedindo que se anulassem ou declarassem nulos os actos de liquidação e cobrança impugnados, conforme documentos de fls. 102 a 116, que se dão por reproduzidos;

9) A referida impugnação foi julgada improcedente, por intempestiva, de cuja douta sentença foi interposto recurso para o STA, que se declarou incompetente em razão da hierarquia para conhecer do recurso por douto acórdão de 7 de Junho de 2000, transitado em julgado, conforme documentos de fls. 117 a 121 e 133 a 168, que se dão por reproduzidos;

10) Dão-se por reproduzidos os documentos de fls. 88 a 93 (edital n.º 22/94) e de fls. 97 (comunicação da CML à impugnante de que se encontra a pagamento a licença e a 1.ª prestação).

Vejamos, pois:

Verifica-se, efectivamente, a oposição de acórdãos.

Trata-se, nos dois arestos, de saber se os actos de liquidação em causa são nulos ou meramente anuláveis, para efeitos de determinação do prazo da respectiva impugnação judicial sendo que o acórdão fundamento se decidiu pelo primeiro termo da alternativa e o recorrido pela segunda.

Isto no mesmo quadro legal e com identidade essencial das respectivas situações de facto.

Certo que, como observa o recorrido Município de Lisboa, no acórdão recorrido, está em causa tributo referente à realização de infra-estruturas urbanísticas (TRIU) – caracterizadamente uma taxa (cfr. os acórdãos do STA de 19/01/2005 rec. 1086/04, 12/11/2003 rec. 598/03, 22/10/2003 rec. 1210/02, 14/05/2003 rec. 30/03, 15/05//2002 rec. 25.750 e do TC de 05/05/2004, DR, II Série, de 20/07/2004, 20/04/2004 *ibidem* 19/07/2004) – e, no fundamento, a denominada "compensação por aumento de área" – caracterizadamente um imposto ou contribuição especial (cfr. os acórdãos do TC de 20/10/1999 n.º 582/99, 07/05/1994 n.º 236/94 *in* BMJ 435-384, 25/10/1994 *in* DR, II Série, de 26/07/1995, 16/03/1994 *ibidem* 07/05/1994).

Tal não altera, todavia, os dados da questão pois, como refere o recorrente, e o STA vem decidindo, "existe identidade de situações de facto quando são constituídas por elementos essencialmente idênticos que devem merecer, por concretizarem uma mesma hipótese normativa, tratamento jurídico igual" – AD 359-1277 e 313-101.

Ora, a norma em causa – artigo 1.º, n.º 4 da Lei n.º 1/87, de 6 de Janeiro – vigente ao tempo, trata, para o efeito, do mesmo modo, os "impostos, taxas, derramas e mais-valias": "são nulas as deliberações de qualquer órgão das autarquias locais que determinem o lançamento de imposto, taxas, derramas ou mais-valias não previstas na lei" (cfr., aliás, o artigo 2.º, n.º 4 da Lei n.º 42/98, de 6 de Agosto).

Quanto ao mais:

Importa começar por sublinhar que o recurso em causa é, como se disse, por oposição de acórdãos, cuja finalidade primacial, no âmbito do contencioso administrativo e fiscal, "é a de assegurar a igualdade de tratamento de situações iguais, contribuindo também "para a uniformização da jurisprudência pela persuasão que a decisão, proferida por um tribunal e formação do mais alto nível, poderá ter sobre os tribunais inferiores".

Cfr. Jorge de Sousa, *Código de Procedimento e de Processo Tributário Anotado*, 4.ª edição, p. 1143.

Temos, assim, que o objecto do recurso é unicamente constituído pela questão já enunciada: a da nulidade ou anulabilidade das liquidações em causa, que não das deliberações, normativas ou não, de que resultam e que não foram objecto de qualquer apreciação concreta e específica, no acórdão recorrido.

E, no ponto, segue-se aqui de perto o acórdão do Plenário do STA, de 7 de Abril de 2005 – processo n.º 01108/03, para que aliás se remete, em que o ora relator interveio como adjunto, dado o modo exaustivo como a questão ali foi tratada.

Na verdade, nem o artigo 88.º, n.º 1, alínea *c*), do Decreto-Lei n.º 100/84, de 29 de Março, nem o n.º 4 do artigo 1.º da Lei n.º 1/87, de 6 de Janeiro, aplicável ao caso, estabelecem a nulidade dos actos de liquidação dos tributos aí referidos mas, antes, a nulidade das deliberações que determinaram o seu lançamento.

No domínio do contencioso tributário, a nulidade ou mesmo a inexistência de norma em que se baseie um acto de liquidação não implica a nulidade deste, gerando apenas uma situação de ilegalidade abstracta da liquidação, com o regime que resulta da alínea *a*) do n.º 1 do artigo 286.º do Código de Processo Tributário (aplicável ao caso).

Assim, a serem nulas as deliberações camarárias que prevêem o lançamento dos tributos liquidados pelos actos impugnados, estes enfermarão de ilegalidade abstracta que poderia ser invocada até ao termo do prazo de oposição, se tivesse tido lugar a cobrança coerciva.

Tendo havido pagamento voluntário, a impugnação dos actos referidos apenas poderia ter lugar de acordo com o regime legal de impugnação de actos anuláveis.

E o mesmo se diga, *mutatis mutandis*, em relação a acto que aplique norma inconstitucional, salvo se ofenderem o conteúdo essencial de um direito fundamental – alínea *d*) do n.º 2 do artigo 133.º do Código de Processo Administrativo – o que não é o caso do princípio da legalidade ou do direito à propriedade privada que não é absoluto ou ilimitado, como o Tribunal Constitucional vem acentuando.

As imposições tributárias não podem ser vistas como restrições ao direito de propriedade mas antes como limites implícitos deste direito, mesmo que se considere o direito de propriedade um direito análogo aos direitos, liberdades e garantias.

Cfr. os acórdãos do STA de 30/05/2001 rec. 22.251 (Plenário) e de 29/06/2005 rec. 117/05, 22/06/2005 rec. 1259/04 (Pleno), 25/05/2004 rec. 208/04, 25/05/2004 rec. 1708/03, 12/01/2005 rec. 19/04, 28/01/2004 rec. 1709/03, 14/01/2004 rec. 1678/03, 15/12/2004 rec. 1920//03; do TC n.º 67/91 *in* BMJ 406-190 e o Parecer da Procuradoria Geral da República de 30/06/2005, in DR, II Série, de 26/09/2005.

Refira-se, finalmente, quanto à arguição de falta de atribuições e usurpação de poder – cfr. conclusão 3.ª – que, como acima se referiu, não estão em causa deliberações dos órgãos autárquicos que violem normas legais respeitantes ao lançamento de tributos mas, antes, a liquidação ao abrigo delas praticada para que valem, ainda, *mutatis mutandis*, as considerações acima expendidas.

Improcedem assim todas as conclusões de recurso.[1]

Termos em que se acorda negar provimento ao recurso, confirmando-se o aresto recorrido.

Custas pelo recorrente, fixando-se a taxa de justiça em € 400,00 e a procuradoria em 60%.

Lisboa, 5 de Julho de 2007

Brandão de Pinho (Relator)
Baeta de Queiroz
Jorge Lino
Lúcio Barbosa
Pimenta do Vale
António Calhau

Recurso n.º 479/06-30

[1] Cfr. ainda, desenvolvidamente, quanto à doutrina sustentada por Vieira de Andrade, *in* "Nulidade e anulabilidade do acto administrativo", *Cadernos de Justiça Administrativa*, n.º 43, pp. 41-48, amplamente reproduzido nas alegações, o acórdão do STA de 25 de Maio de 2004, recurso n.º 208/04: a chamada invalidade mista dos actos em causa recebe naturalmente características do regime geral da nulidade e da anulabilidade.

E o mesmo se diga, *mutatis mutandis*, em idênticos termos, dos votos de vencido apostos ao dito acórdão do Plenário, que de todo desconsideram tal forma de invalidade amplamente consagrada no contencioso tributário.

Acórdãos do Supremo Tribunal Administrativo

1.ª Secção (Contencioso Administrativo)

ACIDENTE DE VIAÇÃO. PRESUNÇÃO DE CULPA. EXTENSÃO DO NEXO CAUSAL.

(Acórdão de 5 de Julho de 2007)

SUMÁRIO:

I – Nos termos do art. 493.º, do Código Civil, o município responde, a título de culpa presumida, pelos prejuízos resultantes de um derrame de águas residuais, originado num seu colector de saneamento.

II – Se essas águas se acumularam numa estrada do mesmo município e a presença delas, criadora de um perigo não sinalizado, provocou que uma viatura se despistasse e acidentasse, pode dizer-se que a responsabilidade do município, dita em I, ainda abrange os danos provocados pelo acidente.

III – É que, se porventura fraccionássemos o descrito nexo causal, separando o derrame do acidente, continuaria o mesmo município a responder pelos danos, por «in casu» ser também de presumir, à luz daquele art. 493.º, que ele omitira culposamente o seu dever de sinalizar o perigo constituído pelas águas derramadas.

ACORDAM NA 1.ª SECÇÃO DO SUPREMO TRIBUNAL ADMINISTRATIVO:

O Município de Abrantes interpôs o presente recurso jurisdicional da sentença do TAF de Coimbra que, julgando parcialmente procedente a acção contra si movida por António José Farinha Bento, identificado nos autos, condenou o réu a pagar ao autor a importância de 1.570,77 euros, acrescida dos respectivos juros desde a citação até efectivo cumprimento, quantia essa correspondente aos danos materiais sofridos pelo autor num acidente de viação da responsabilidade do réu.

O recorrente terminou a sua alegação de recurso concluindo do seguinte modo:

O Município não agiu com culpa, nem a título de negligência, pelo que não pode ser responsabilizado pelos danos causados no veículo automóvel do autor, pois, tendo-se tratado de uma situação normal e imprevisível cuja duração se desconhece, não se pode concluir que o Município incumpriu o seu dever de sinalização de perigo numa via municipal.

Não houve contra-alegação.

O Ex.º Magistrado do M.º P.º junto deste STA emitiu douto parecer no sentido do não provimento do recurso.

Nos termos do art. 713.º, n.º 6, do CPC, damos aqui por reproduzida a matéria de facto que a 1.ª instância considerou assente ou provada.

Passemos ao direito.

A sentença «a quo» condenou o município réu, e ora recorrente, a indemnizar o autor, e aqui recorrido, pelos danos materiais que um seu veículo automóvel sofreu num acidente de viação acontecido na rede viária do réu. Para tanto, e basicamente, a sentença ponderou dois grupos de pressupostos: quanto aos factos, que tal viatura se despistara e acidentara porque o piso da avenida por onde circulava se tornara, sem que houvesse sinalização avisadora «ad hoc», perigosamente escorregadio devido às «águas gordurosas» que o tinham coberto o humedecido depois de extravasarem de um colector de esgotos municipal; quanto ao direito, que se verificavam todos os pressupostos da responsabilidade civil extracontratual do réu, avultando o pormenor de que o município não ilidira a presunção de culpa, prevista no art. 493.º, n.º 1, do Código Civil e que sobre si impenderia, relativa «à fiscalização das vias municipais» e ao «funcionamento da rede de esgotos».

O recorrente mostra-se conformado com aquela descrição material do sinistro e, ainda, com a existência e o «quantum» dos danos e com a verificação do nexo de causalidade. Com efeito, ele só se insurge explicitamente contra a sentença na parte em que esta lhe imputa uma actuação culposa; mas tal censura é susceptível de abranger, mesmo «a silentio», o problema da ilicitude, já que esses dois requisitos da responsabilidade civil extracontratual surgem normalmente conjugados quando os entes administrativos são chamados a responder por actos de gestão pública (cfr. os arts. 4.º e 6.º do DL n.º 48.051, de 21/11/67).

A sentença disse que o recorrente possuía a rede de esgotos – aliás, indiscutivelmente sua – e que tinha o dever de a vigiar. E foi por isso que a Mm.ª Juíza «a quo» entendeu que sobre o município impendia a presunção de culpa prevista no art. 493.°, n.° 1, do Código Civil, ou seja, que o ora recorrente deveria responder pelos danos que as escorrências vindas do colector causassem, salvo se ele provasse «que nenhuma culpa houve da sua parte ou que os danos se teriam igualmente produzido ainda que não houvesse culpa sua».

O recorrente não nega que sobre si impendesse aquela presunção de culpa – e faz bem, pois esse é um segmento em que a sentença está claramente a coberto de uma crítica qualquer. Com efeito, os sistemas de canalizações subterrâneas constituem coisas imóveis donde podem advir danos e que devem ser vigiadas pelas entidades a quem pertençam. E, na linha de uma jurisprudência duradoura e firme deste STA, nenhumas dúvidas oferece hoje a aplicabilidade do art. 493.° daquele diploma à responsabilidade civil extracontratual do Estado e demais pessoas colectivas públicas no domínio dos denominados actos de gestão pública.

Assim, a posição assumida pelo recorrente neste recurso jurisdicional pode resumir-se aos pontos seguintes: o município não podia «prever e evitar» que acontecesse um súbito e fortuito «entupimento do esgoto», pelo que não tem culpa das escorrências para a via pública; não se sabe há quanto tempo as águas residuais escorriam do colector para a via pública, pelo que não pode censurar-se o município por não haver sinalizado (ou, «lato sensu», removido) o perigo correspondente.

Quanto àquele «entupimento», o município afastaria a sua culpa presumida numa de duas hipóteses: se provasse directamente a índole fortuita e imprevisível do fenómeno; ou se a provasse indirectamente, convencendo que organizara bem os seus serviços de vigilância e manutenção da rede de esgotos – por forma a que daí se inferisse, quase «ex necessitate», que o entupimento fora mesmo inesperado, isto é, alheio à presciência e à diligência dos serviços. Portanto, o recorrente ilidiria a presunção «juris tantum» se conseguisse persuadir que o derrame aconteceu apesar da sua atenção e cuidado; e lograria esse resultado directamente (provando que o derrame fora raro, inusitado e inevitável) ou indirectamente (provando que agira com o zelo devido, facto donde depois se inferiria que o derrame tivera, afinal, aquelas características).

Contudo, o município não articulou factos susceptíveis de integralmente preencherem qualquer uma dessas duas hipóteses – o que se percebe, já que ele centrou a sua defesa numa impugnação directa da alegação, feita pelo autor, de que houvera um derrame considerável de águas residuais.

Por conseguinte, não consta da factualidade provada que as sobreditas escorrências advieram de um entupimento súbito e imprevisível do colector, provocado por uma conduta negligente de terceiros, de modo que fosse imperioso dizer que ocorrera uma situação de caso fortuito ou de força maior, alheia ao funcionamento dos serviços do réu. Ademais, os factos de que a sentença partiu também não permitem que, por presunção judicial (cfr. o art. 351.° do Código Civil), agora asseveremos que ocorrera essa situação fortuita e inesperada – pois o entupimento causador da extravasação tanto podia resultar de um qualquer objecto volumoso recentemente lançado na rede de esgotos, como do enchimento paulatino de um colector deficientemente vigiado e mantido pelos serviços do recorrente.

Por outro lado, a factualidade provada também carece dos dados aptos a integrarem o segundo modo de ilidir a presunção de culpa – os quais, no fundo, consistiriam e redundariam na prova de que o município não incorrera numa qualquer «faute de service». Na verdade, o aqui recorrente silenciou quaisquer factos denotativos de que se dotara da organização devida, alegação essa que tenderia ao fim que acima assinalámos; e, na dúvida sobre se o derrame do colector adveio, ou não, de deficiências imputáveis aos serviços do recorrente – deficiências localizadas na sua organização, estrutural e funcional – permanece de pé a referida presunção de culpa e, por isso, também a responsabilidade civil do município pelos danos resultantes do extravasamento das águas residuais.

Como já vimos, o recorrente não questiona a decisão «a quo» no «situs» em que esta vislumbrou um nexo de causalidade entre o derrame e os danos. Esse processo causal foi complexo, pois a decisão inserta na sentença mostra que a relação de causalidade era dupla: o presumido mau estado (ou mau funcionamento) do colector, imputável ao município, foi a causa próxima do efeito que consistiu no extravasamento das águas residuais e na sua deposição sobre a faixa de rodagem; depois, a presença dessas águas, cujo perigo não fora suprimido pela efectiva remoção delas ou neutralizado por uma oportuna sinalização, constituiu a causa imediata do despiste do veículo do autor e, portanto, do acidente e dos respectivos prejuízos. Contudo, o facto de o mesmo município ter «em seu poder» («vide» o art. 493.°, n.° 1, do Código Civil) o colector e a avenida onde se deu o sinistro, ao trazer a unidade do agente ao longo de todo o processo causal, permite uma simplificação deste – legitimando que unamos a acção inicial (que, à luz da presunção, consistiu num «non facere» determinante do mau funcionamento do colector e da produção das escorrências) ao resultado último (os danos sofridos pelo ora recorrido no acidente dos autos). E, nesta perspectiva, achamo-nos perante um processo causal duradouro e extenso, cujo nexo não foi interrompido por alguma acção do agente ou de terceiro.

Sendo as coisas assim, a responsabilidade civil do município manter-se-ia mesmo que o derrame das águas residuais tivesse antecedido por meros instantes o acidente – hipótese em que, como o recorrente clama, seria impossível censurá-lo por não ter sinalizado o perigo. Mas isto afinal significa que – demonstrada a responsabilidade do município pelos prejuízos resultantes da extravasação e assente que tais danos incluem os sofridos pelo recorrido – o problema concernente ao dever de sinalizar perde todo o interesse e não influencia o sentido da decisão.

Se porventura se sustentasse o contrário, seria então de dizer que o ora recorrente não provou («vide» o art. 350.°, n.° 2, do Código Civil) qualquer facto donde se devesse concluir que lhe era inexigível, «in concreto», o cumprimento do dever de sinalizar. Nessa linha de entendimento, culminaríamos na prevalência da presunção de culpa do município, por ter «em seu poder» uma avenida cuja faixa de rodagem se apresentava num estado propiciador do acidente – aplicando-se aqui, «mutatis mutandis», o que expendemos sobre igual presunção ao aludirmos ao colector. E, ante a culpa presumida do recorrente também neste domínio, teríamos fatalmente de concluir pela procedência parcial da acção, secundando por inteiro a condenação proferida na sentença.

Em suma: embora seja certo que a factualidade provada não manifesta «recte» a negligência do município, é seguro que ele não ilidiu, como lhe competia (cfr. o art. 350.º, n.º 2, do Código Civil), a presunção de que tivera culpa no derrame originado no colector de saneamento. Sendo assim, e independentemente da exigibilidade em concreto do seu genérico dever de sinalizar o respectivo perigo, o município tem de responder pelos prejuízos causados por esse derrame, que ultimamente abrangem os danos originados no acidente dos autos. E, se porventura se duplicasse ou fraccionasse tal nexo causal, separando o derrame do acidente, continuaria o município a responder pelos danos, por «in casu» ser também de presumir que ele omitira culposamente o seu dever de sinalizar o perigo trazido pelas águas derramadas.

Soçobra, portanto, a conclusão única da alegação de recurso, justificando-se que a sentença «sub judicio» permaneça por inteiro na ordem jurídica.

Nestes temos, acordam em negar provimento ao presente recurso jurisdicional e em confirmar a sentença recorrida.

Sem custas.

Lisboa, 5 de Julho de 2007

Madeira dos Santos (Relator)
Freitas Carvalho
Costa Reis

Recurso n.º 408/07-11

ACTOS PRÓPRIOS DOS ADVOGADOS. AGÊNCIA DE MEDIAÇÃO IMOBILIÁRIA. PROCURADORIA ILEGAL.

(Acórdão de 19 de Abril de 2007)

SUMÁRIO:

I – **São actos próprios dos advogados todos aqueles que, exercidos no interesse de terceiros, são integradores da sua actividade profissional e que constituem o núcleo exclusivo dessa profissão, como sejam, por ex., a consulta jurídica, exercício do mandato forense e a elaboração de contratos e que, por isso, só eles podem praticar.**

II – **A procuradoria ilegal consiste no exercício do mandato ou da mediação em violação do disposto nas leis estatutárias das profissões em que o mandato ou a mediação constitui o núcleo da sua actividade.**

III – **A mediação imobiliária traduz-se na procura de "*interessado na compra ou na venda de bens imóveis ou na constituição de quaisquer direitos reais sobre os mesmos, bem como para o seu arrendamento e trespasse, desenvolvendo para o efeito acções de promoção e recolha de informações sobre os negócios pretendidos e sobre as características dos respectivos imóveis*", sendo que no exercício dessa actividade podem, ainda, ser prestados "*serviços relativos à obtenção de documentação conducente à concretização dos negócios visados e que não estejam legalmente atribuídos em exclusivo a outras profissões.*"**

IV – **Deste modo, as empresas de mediação imobiliária não podem requerer e levantar certidões de registo nem preparar e marcar escrituras para terceiros porque tal se traduz na prática de actos atribuídos aos advogados ou solicitadores e, portanto, no exercício de procuradoria ilegal, só assim não sendo se ao fazê-lo estiverem a agir na sua qualidade de mediadoras imobiliárias e fosse nesta condição que estivessem a praticar tais actos.**

V – **Não cabe dentro da mediação mobiliária a celebração de contratos promessa de compra e venda ou de contratos de arrendamento, mesmo que tal passe apenas pelo preenchimento dos espaços em branco de contratos já minutados e adquiridos numa papelaria e que os mesmos respeitassem a imóveis cuja transmissão tinha sido angariada por essas empresas.**

ACORDAM NA 1.ª SECÇÃO DO SUPREMO TRIBUNAL ADMINISTRATIVO:

"AGISÔR – Agência de Documentação, Lda.", Maria da Conceição Marques Rufino Duque e Joaquina Maria Canha Tavares Bicho interpuseram, no TAC de Coimbra, **recurso contencioso pedindo a declaração de nulidade da deliberação** do CONSELHO SUPERIOR DA ORDEM DOS ADVOGADOS, de 7/02/2003, que, em sede de recurso hierárquico, confirmou a deliberação do Conselho Distrital de Évora que ordenou o encerramento do estabelecimento sito na Rua João de Deus, n.º 27-B, em Ponte de Sôr, pertencente à primeira Recorrente da qual a recorrente Maria da Conceição é sócia gerente e a recorrente Joaquina Maria empregada.

Para tanto **imputa-lhe os vícios** de violação [1] dos arts. 53.º, n.º 1 e 56.º, n.º 1, ambos dos Estatutos da Ordem dos Advogados, [2] dos arts. 36.º e 39.º do Código de Registo Predial e [3] de violação dos princípios da adequação e da proporcionalidade, justiça e imparcialidade (arts. 5.º e 6.º, ambos do CPA).

Tal recurso mereceu provimento pelo que a **deliberação impugnada foi anulada.**

Inconformado o Conselho Superior da Ordem dos Advogados **recorreu para este Tribunal tendo formulado as seguintes conclusões:**

a) Ao contrário do entendimento perfilhado pelo MM Juiz *a quo*, entende o ora recorrente que os factos dados como provados no processo de averiguações instaurado e imputados às recorrentes configuram o exercício de procuradoria ilícita, proibido pelos artigos 53.º e 56.º do E.O.A. (em vigor à data dos factos).

b) A jurisprudência da Ordem dos Advogados tem definido o conceito de "actos próprios da profissão de advogado" como *"todo e qualquer acto relacionado com os direitos e deveres estabelecidos na Lei"*.

c) O papel do advogado não se esgota na sua intervenção processual, assumindo igual relevância as funções que desempenha no recato do seu escritório quando aconselha, informa, redige contratos e concilia as partes.

d) O exercício dos ditos actos próprios de advogados encontra-se reservado por lei aos advogados (cfr. artigos 53.° e 56.° do E.O.A. em vigor à data dos factos).

e) Através da consagração de tais disposições legais o legislador procurou (i) garantir a integridade do sistema oficial de provimento em profissões de especial interesse público, garantindo-se a seriedade dos serviços que são prestados; (ii) salvaguardar o direito que assiste a qualquer cidadão de poder contar com um corpo profissional devidamente qualificado e habilitado, sujeito a regras éticas e deontológicas e responsável perante a Ordem dos Advogados e (iii) afirmar e defender a garantia da dignidade da Advocacia e lutar contra a concorrência desleal.

f) Tendo em consideração este enquadramento jurídico, parece indubitável que as recorrentes praticaram actos próprios da profissão de advogado. Assim:

g) As aqui recorridas não eram advogadas e mantinham abertos e em funcionamento dois escritórios onde eram prestados determinados serviços, pelos quais era cobrado um preço.

h) As aqui recorridas praticavam actos próprios de advogados já que procediam à marcação e preparação dos documentos referentes a escrituras de compra e venda; doação; habilitação de herdeiros e justificação notarial; à apresentação de actos de registo predial; ao pagamento de SISA e à elaboração de contratos de promessa.

i) Quanto à marcação e preparação dos documentos referentes a escrituras de compra e venda; doação; habilitação de herdeiros e justificação notarial, refira-se que o exercício de tal actividade pressupõe necessariamente o domínio de conhecimentos de Direito, nomeadamente ao nível da verificação de pressupostos, de declaração de vontade e de prazos, para os quais apenas os advogados/solicitadores estão aptos.

j) Quanto à apresentação de actos de registo predial, esta não é uma actividade meramente administrativa, antes pressupondo o conhecimento das regras registrais, ramo do direito específico, cujo exercício amadorístico pode trazer sérios e graves complicações ao cidadão, podendo conduzir, nomeadamente à provisoriedade do registo.

k) Quanto ao pagamento de SISA, não se trata apenas de uma deslocação à Repartição de Finanças com vista ao pagamento de determinado valor, mas antes da prática de um dever que emerge da lei fiscal.

l) Finalmente, também a elaboração de contratos promessas de compra e venda de imóveis, ainda que recorrendo a minuta, pressupõe uma invasão ilícita da esfera de competência atribuída por lei aos advogados.

m) A ser admitido entendimento contrário, estaria certamente encontrado o caminho para tornar a actuação do advogado dispensável sempre que existissem *"minutas"* susceptíveis de, em abstracto, regular determinada situação jurídica (e existem variadíssimas minutas à venda nas papelarias).

n) Ainda que recorrendo a uma minuta pré-definida, a verdade é que, também nesse caso, se procura organizar a convenção das vontades tendentes ao negócio definitivo, o que implica certamente a definição de uma complexa teia de direitos e deveres dos Contraentes.

o) Recorrer a uma minuta com vista à regulação de uma determinada relação jurídica pressupõe, desde logo, a detenção de conhecimentos jurídicos que permitam escolher aquela que mais se adequa aos interesses das partes e ao objecto do negócio e, ainda, perspectivar quais as consequências futuras que poderão decorrer para as partes em caso de incumprimento.

p) Mas mais. Para além de saber preencher os espaços em branco constantes das minutas é, ainda, necessário perceber/entender os direitos e deveres que assistem a cada uma das partes, para depois poder informar o consumidor dos mesmos. Tais informações apenas poderão, logicamente, ser prestadas pelo advogado, pois somente este possui os conhecimentos técnico-científicos necessários.

q) A conclusão de que as aqui Recorridas praticaram actos próprios de advogado, não é seguramente infirmada pelo facto de ter sido proferido despacho de não pronúncia no âmbito do processo crime movido contra as aqui recorridas.

r) Por tudo quanto se deixou supra exposto, resulta evidente que as aqui recorridas praticaram actos da exclusiva competência dos advogados, violando a douta sentença posta em crise o disposto nos artigos 53.° e 56.° do anterior E.O.A.

As Recorrentes contenciosas contra alegaram para defender a manutenção do julgado, tendo concluído do seguinte modo:

1. As recorrentes não praticaram actos da exclusiva competência de advogados ou solicitadores.

2. Não se mostram violados, pela douta decisão em crise, quaisquer preceitos e, designadamente, os dos arts. 53.° e 56.° do anterior EOA.

3. Não foi provado que as recorrentes tivessem prestado de forma regular e remunerada qualquer actividade de procuradoria ou consulta jurídica, pelo que nem sequer se mostraram preenchidos os requisitos impostos pelo referido art. 56.°.

O Ilustre Magistrado do Ministério Público emitiu parecer no sentido do não provimento do recurso por entender que a requisição e levantamento de certidões de registo e marcado escrituras não traduz, por si só, o exercício ilegal da advocacia pois "*nenhuma dúvida há que qualquer interessado pode requerer e levantar certidões de registo e marcar escrituras, sem que a lei atribua, a essas actividades, a natureza de actos próprios dos advogados e solicitadores*", e que o facto de tais actos pressuporem o conhecimento das regras registrais "*não permite concluir que esses actos, apenas, sejam da competência exclusiva dos advogados e solicitadores, sendo, antes, actos que, também, podem praticar.*"

Quanto à elaboração de contratos promessa de compra e venda de imóveis aquele Magistrado entende que a sentença recorrida decidiu bem quando afirmara que "*resultando provado que apenas eram preenchidos contratos resultados de minutas, à venda em qualquer papelaria, também, nada impede que as recorrentes os preenchessem, pelo que a sua prática não constitui qualquer acto que invada a competência dos advogados e/ou solicitadores*", tanto mais quanto era certo que "*nada na lei proíbe que os promitentes compradores e vendedores celebrem o respectivo contrato, sem que intervenha, ou que tenha de, obrigatoriamente, intervir advogado ou solicitador.*"

Finalmente, e no tocante ao pagamento da sisa, acompanhou, também, a sentença recorrida quando esta referiu que "*qualquer interessado se pode dirigir a uma Repartição de Finanças e, sem qualquer necessidade de intervenção de advogado, proceder ao seu pagamento*", o que significava que o cumprimento dessa obrigação fiscal não implicava a intervenção de advogado ou solicitador e, por isso, nada impedia que as Recorridas também o pudessem fazer.

Colhidos os vistos **cumpre decidir**.

FUNDAMENTAÇÃO

I. MATÉRIA DE FACTO

A decisão recorrida julgou provados os seguintes factos:

1. A recorrente "AGISÔR – Agência de documentação, L.da" da qual a recorrente Maria da Conceição Marques é sócia gerente e a recorrente Joaquina Maria empregada da mesma sociedade, tem por objecto, além de outras actividades, a compra e venda de imóveis.

2. Na sequência de participação feita ao Conselho Distrital de Évora da Ordem dos Advogados, aberto processo de averiguações (Proc. n.º 10/P/1998) e depois de efectivadas as diligências tidas por necessárias, a instrutora do processo, elaborou o Relatório de fls. 69 a 73 dos autos, que aqui damos por reproduzido para todos os efeitos legais, onde concluía, no sentido de, além do mais, ser determinado o encerramento dos escritórios da recorrente "AGISÔR – Agência de Documentação, L.da".

3. Após pronúncia das recorrentes, em sede de audiência prévia, elaborado o relatório de fls. 75 a 80 dos autos pela instrutora do processo de averiguações, no qual terminava mantendo o parecer referido no ponto 2 supra, o Conselho Distrital de Évora da Ordem dos Advogados, deliberou, por unanimidade, além do mais, ordenar o encerramento dos escritórios onde funciona a firma "AGISÔR – Agência de Documentação, L.da" – cfr. fls. 82 e 83 dos autos.

4. Interposto recurso hierárquico, foi elaborado o Relatório de fls. 17 a 29 dos autos, que aqui damos por reproduzido para todos os efeitos legais, onde a Relatora, concluindo pela existência de procuradoria ilícita, emitia parecer no sentido de ser negado provimento ao recurso, mantendo-se a decisão recorrida.

5. Por acórdão da entidade recorrida, de 7/2/2003, por unanimidade, em concordância com o Parecer, dito em 4, que subscreve na íntegra, foi negado provimento ao recurso, mantendo-se a decisão recorrida – **acto/deliberação recorrida.**

Nos termos do art. 712.º do CPC julgam-se ainda provados os seguintes factos:

6. A actividade das Recorridas foi participada criminalmente o que deu origem à instauração de processo judicial que terminou com o despacho de não pronúncia junto aos autos de fls. 40 a 52, que se dá integralmente reproduzido.

7. Dão-se integralmente reproduzidos os ofícios enviados ao Presidente do Conselho Distrital de Évora da Ordem dos Advogados pelos Notários de Mora, Gavião, Ponte de Sôr que se encontram a fls. 42, 58 e 59 e 63 do processo instrutor.

II. O DIREITO

Resulta do antecedente relato que o Conselho Superior da Ordem dos Advogados, por deliberação de 7/02//2003, **manteve a ordem de encerramento do escritório** da "Agisôr – Agência de Documentação, L.da", proferida pelo Conselho Distrital de Évora por esta **exercer procuradoria ilegal e nela se praticarem actos próprios dos advogados –** designadamente a marcação e preparação dos documentos referentes a escrituras de compra e venda, doação, habilitação de herdeiros e justificação notarial, de apresentação de actos de registo predial, do pagamento da sisa e da elaboração de contratos de promessa – e de **tal violar o disposto nos arts. 53.º e 56.º do Estatuto da Ordem dos Advogados.**

Tal deliberação foi, contudo, impugnada no TAC de Coimbra, com êxito, já que, por sentença de 3/05/2006 (fls. 151 a 159), a **mesma foi anulada**.

Para assim decidir o Sr. Juiz *a quo* considerou que **as actividades levadas a efeito pelas Recorridas não constituíam procuradoria ilícita nem se traduziam em actos que só os advogados ou solicitadores pudessem praticar.** E justificou este julgamento afirmando que – **a requisição e o levantamento de certidões de registo e a marcação de escrituras** não eram da competência exclusiva de advogados e solicitadores e, por isso, podiam ser praticados por qualquer pessoa, designadamente pelas Recorridas, tanto mais quanto era certo que estas se dedicavam à actividade de mediação imobiliária.

– Depois, e **no tocante à elaboração de contratos promessas de compra venda de imóveis,** considerou que se provara apenas que as Recorridas preenchiam "*contratos resultantes de minutas, à venda em qualquer papelaria,*" e que isso não constituía nenhuma ilegalidade já que "*os preenchessem, pelo que a sua prática não constitui qualquer acto que invada a competência dos advogados e/ou solicitadores.*"

– Finalmente, e quanto ao **pagamento de sisa**, considerou que qualquer pessoa podia dirigir-se a uma Repartição de Finanças e pagar esse tributo, pelo que também aqui nada havia de ilegal na actividade das Recorridas.

Daí que **tivesse concluído** que "*quaisquer dos actos imputados às recorrentes podiam por elas ser praticados, sem que, com a sua prática, se invada a esfera de competência atribuída aos advogados, na medida em que não resultou sequer demonstrado que esses actos obrigassem a análise de questões jurídicas com alguma complexidade*" e, **com essa fundamentação tivesse anulado a deliberação impugnada**.

Contra esta decisão se **insurge o Conselho Superior da Ordem dos Advogados** por entender que de acordo com o que se estabelecia nos arts. 53.º e 56.º do EAO, na redacção vigente à data dos factos, o legislador procurou *"(i) garantir a integridade do sistema oficial de provimento em profissões de especial interesse público, garantindo-se a seriedade dos serviços que são prestados; (ii) salvaguardar o direito que assiste a qualquer cidadão de poder contar com um corpo profissional devidamente qualificado e habilitado, sujeito a regras éticas e deontológicas e responsável perante a Ordem dos Advogados e (iii) afirmar e defender a garantia da dignidade da Advocacia e lutar contra a concorrência desleal*" e que estes objectivos foram violados pelas Recorridas já que estas, apesar de não disporem das necessárias habilitações académicas, praticavam actos próprios de advogados e exerciam procuradoria ilegal ao procederem "*à marcação e preparação dos documentos referentes a escrituras de compra e venda; doação; habilitação de* *herdeiros e justificação notarial; à apresentação de actos de registo predial; ao pagamento de SISA e à elaboração de contratos de promessa."*

A questão que temos para resolver é, pois, como se vê, a **de saber se a actividade levada a cabo pelas Recorridas era ilegal** por se traduzir no exercício de procuradoria ilegal e na prática de actos próprios dos advogados.

1. É pacífico que a Recorrida "AGISÔR – Agência de documentação, L.da", tem por objecto "*a prestação de serviços de contabilidade, agência de documentação, projectos de arquitectura e compra e venda de imóveis*".

Como também é inquestionável que a razão determinante do seu encerramento foi o convencimento, primeiro do Conselho Distrital de Évora e depois do Conselho Superior da Ordem dos Advogados de que as Recorridas **praticavam actos próprios dos advogados e exerciam a procuradoria ilegal** através da elaboração de requerimentos, pedidos de certidão, requisição de registos, marcação e outorga de escrituras, celebração de contratos de promessa de compra e venda, deslocações às Repartições Públicas, Cartórios Notariais, Conservatórias de Registos Comerciais e de Registos Prediais e Repartições de Finanças, sós ou acompanhadas dos seus clientes, para tratar de assuntos que a estes respeitavam, *"recebendo honorários e emitindo recibos"*. – vd. relatório final que fundamentou a deliberação impugnada, de fls. 17 a 29.

A sentença recorrida, porém, não considerou que as Recorridas praticassem todos aqueles actos pois julgou apenas provado que, de facto, aquelas requeriam e levantavam certidões de registo, marcavam escrituras, preenchiam as minutas de contratos de promessa de compra e venda de imóveis, "*à venda em qualquer papelaria*", e procediam ao pagamento da sisa. Mas entendeu que a **prática de tais actos não era exclusiva dos advogados ou solicitadores nem constituía o exercício de procuradoria ilegal,** porquanto qualquer pessoa os podia praticar, e daí que tivesse considerado que não tinha havido violação do disposto nos art. s 53.° e 56.° do EOA.

Será que ao decidir desse modo decidiu bem?

Vejamos.

2. O **art. 53.° dos Estatutos da Ordem dos Advogados**[1], na redacção vigente à data dos factos e, por isso, aqui aplicável, sob a epígrafe *"Do exercício da advocacia em território nacional"*, **preceituava o seguinte**:

"1 – Só os advogados e advogados estagiários com inscrição em vigor na Ordem dos Advogados podem, em todo o território nacional e perante qualquer jurisdição, instância, autoridade ou entidade pública ou privada, praticar actos próprios da profissão[2] *e, designadamente, exercer o mandato judicial ou funções de consulta jurídica em regime de profissão liberal remunerada.*

2. – O exercício da consulta jurídica por licenciados em Direito que sejam funcionários públicos ou que a exerçam em regime de trabalho subordinado não obriga à inscrição na Ordem dos Advogados sempre e quando o destinatário da consulta seja a própria entidade patronal.

3 – Exceptuam-se do disposto no n.° 1 os solicitadores inscritos na respectiva câmara, nos termos e condições constantes do seu estatuto próprio.

4. – ......

5. – ...."

E o art. 56.° dos mesmos Estatutos, sob o título "*Escritório de procuradoria ou de consulta jurídica*", **estipulava que**:

1 – É proibido o funcionamento de escritório de procuradoria, designadamente judicial, administrativa, fiscal e laboral, e de escritórios que prestem, de forma regular e remunerada, consulta jurídica a terceiros, ainda que, em qualquer dos casos, sob a direcção efectiva de pessoa habilitada a exercer o mandato judicial.

2. – Não se consideram abrangidos pela proibição os gabinetes formados exclusivamente por advogados ou por solicitadores e as sociedades de advogados.

3 – A violação da proibição estabelecida sujeita as pessoas que dirijam o escritório, os advogados ou solicitadores que nele trabalhem e os que facultem conscientemente o respectivo local à pena prevista no n.° 2, do artigo 400.° do Código Penal e determina o encerramento do escritório pela autoridade policial, a requerimento do respectivo conselho distrital da Ordem dos Advogados.

4 – Da decisão do conselho distrital que determine o encerramento cabe recurso, com efeito suspensivo, para o conselho superior da Ordem dos Advogados.[3]

5 – Para efeito da aplicação da pena cominada no n.° 2.° do artigo 400.° do Código Penal, o procedimento criminal é instaurado pelo Ministério Público, a requerimento do conselho distrital que houver proferido a decisão.

6 – Não ficam abrangidos pela proibição do n.° 1 os serviços de contencioso e consulta jurídica mantidos pelos sindicatos, associações patronais ou outras associações legalmente constituídas, sem fim lucrativo e de reconhecido interesse público, destinados a facilitar a defesa, mesmo judicial, exclusivamente dos interesses legitimamente associados"[4].

Deste modo, e nos termos das transcritas disposições, só os advogados e os advogados estagiários com inscrição em vigor na respectiva Ordem podiam praticar **actos próprios da respectiva profissão**, sendo que **também era proibido o funcionamento de (1) escritórios de procuradoria** judicial, administrativa, fiscal e laboral, e de **(2) escritórios que prestassem, de forma regular e remunerada, consulta jurídica a terceiros.**

E, porque assim, a primeira questão a resolver é a de saber o que se deve entender por actos próprios da profissão de advogado e por procuradoria ilegal.

2. 1. A lei, à data em que os factos ocorreram, não definia o que se devia considerar um acto próprio da profissão de advogado se bem que o transcrito art. 53.° indicasse que nesse conceito cabia o exercício do "*mandato judicial ou funções de consulta jurídica em regime de profissão liberal remunerada*" e os arts. 76/1 e 78/a) do mesmo EOA declarassem que o advogado era "*um servidor da justiça e do direito*"e devia "*pugnar pela boa aplicação das leis*", o que significa que acto próprio dos advogados é, desde logo, o que se relaciona com a representação e consulta jurídica devidamente habilitada e qualificada e que, por isso, só eles podem praticar.

Todavia, a Lei 49/2004, de 24/08, veio definir esse conceito especificando que, sem prejuízo do disposto

[1] Aprovados pelo Dec. Lei 84/84, de 16/3.
[2] Sublinhados nossos.
[3] Sublinhados nossos.
[4] Sublinhados nossos.

nas leis de processo, **eram actos próprios dos advogados e dos solicitadores os seguintes**:

a) O exercício do mandato forense

b) A consulta jurídica

c) A elaboração de contratos e a prática dos actos preparatórios tendentes à constituição, alteração ou extinção de negócios jurídicos, designadamente os praticados junto de conservatórias e cartórios notariais.

d) A negociação tendente à cobrança de créditos

e) O exercício do mandato no âmbito de reclamação ou impugnação de actos administrativos ou tributários

f) Todos aqueles que resultem do exercício do direito dos cidadãos a fazer-se acompanhar por advogado perante qualquer autoridade.

Desde que os mesmos fossem "*exercidos no interesse de terceiros e no âmbito de actividade profissional, sem prejuízo das competências atribuídas às demais profissões ou actividades cujo acesso é regulado por lei*;" – vd. seu art. 1.°, nomeadamente os seus n.os 5 a 9, com sublinhado nosso.

Ora, muito embora esta definição legal do que se deve entender por actos próprios dos advogados seja posterior à prática dos factos que determinaram a deliberação impugnada, certo é que a mesma deve ser aqui adoptada, uma vez que **todos aqueles actos já então se deviam ter como actos integradores da profissão de advogado e já então constituíam o núcleo da sua actividade.**

E, porque assim, a **actividade das Recorridas seria ilegal** e, por conseguinte, seria motivo do encerramento do escritório da AGISÔR se elas tivessem, de forma remunerada e no interesse de terceiros, exercido o mandato jurídico, prestado consultas jurídicas, elaborado contratos ou praticado actos destinados à constituição, alteração ou extinção de negócios jurídicos, pois que qualquer destes actos são actos exclusivos dos advogados ou solicitadores e, por isso, só eles os podiam praticar.

2. 2. Por outro lado, **a procuradoria é**, como se lê no Dicionário Houaiss da Língua Portuguesa, o cargo de procurador e este é o "*indivíduo que possui procuração para resolver ou administrar negócios de outrem; administrador, mandatário; aquele que exerce o papel de intermediário entre as partes interessadas no fecho de um contrato, um negócio; mediador, intermediário....*" e, se assim é, poderá afirmar-se que **a procuradoria ilegal consiste no exercício do mandato ou da mediação em violação do disposto nas leis estatutárias das profissões em que o mandato ou a mediação constitui o núcleo central da sua actividade**.

Se assim é, como é, ter-se-á de concluir, que por princípio, as Recorridas não podiam requerer e levantar certidões de registo nem preparar e marcar escrituras para terceiros porque tal se traduzia na prática de actos atribuídos aos advogados ou solicitadores e, portanto, no exercício de procuradoria ilegal, só assim não sendo **se ao fazê-lo estivessem a agir na sua qualidade de mediadoras imobiliárias** e fosse nesta condição que assumissem a prática de tais actos.

E isto porque **a mediação imobiliária se traduz** na procura de "*interessado na compra ou na venda de bens imóveis ou na constituição de quaisquer direitos reais sobre os mesmos, bem como para o seu arrendamento e trespasse, desenvolvendo para o efeito acções de promoção e recolha de informações sobre os negócios pretendidos e sobre as características dos respectivos imóveis*", sendo que no exercício dessa actividade podem, ainda, ser prestados "*serviços relativos à obtenção de documentação conducente à concretização dos negócios visados e que não estejam legalmente atribuídos em exclusivo a outras profissões*"[5].

Seria, assim, **ilegal** e, por isso, motivo de encerramento do escritório da AGISÔR **que neste se exercesse procuradoria** judicial, administrativa, fiscal ou laboral ou que nele se **prestasse, de forma regular e remunerada, consulta jurídica a terceiros** pois que tal constituía violação do disposto no transcrito art. 56.° do EOA.

3. A Recorrida "AGISÔR – Agência de documentação, L.da" tinha por objecto social, como já o dissemos, entre outros, a de agência de documentação e de compra e venda de imóveis, o que quer dizer que **dentro das suas atribuições estava** a obtenção e tratamento de qualquer tipo de documentação relacionada com a sua actividade de mediação imobiliária, isto é, com a actividade conducente à concretização dos negócios de compra e venda de imóveis.

E, se assim era, nenhuma ilegalidade se cometia quando as Recorridas tratavam da documentação relativa aos negócios de compra e venda de imóveis que angariavam, **desde que ao fazê-lo não praticassem actos exclusivos de outras profissões**, designadamente da profissão de advogado ou solicitador. O que significa que as Recorridas não mereciam qualquer censura quando tratavam da obtenção (requisição e levantamento) de certidões de registo relacionadas com a transmissão de imóveis que elas tinham agenciado ou quando marcavam as respectivas escrituras e os registos e pagavam a correspondente sisa, já que **tratava da prática de actos conducentes à concretização dos seus negócios**. E isto porque tais actos eram integradores do objecto da sua actividade mediadora e, portanto, actos que as Recorridas **podiam praticar livremente sem que essa prática envolvesse qualquer ilegalidade.**

3. 1. Questão diferente é, porém, a de **saber se cabia dentro da mediação imobiliária a celebração de contratos promessa de compra e venda ou de contratos de arrendamento**, mesmo que tal passasse apenas pelo preenchimento dos espaços em branco de contratos já minutados e adquiridos numa papelaria e que os mesmos respeitassem a imóveis cuja transmissão tinha sido angariada pelas Recorridas.

E a **resposta a esta interrogação só pode ser negativa**.

Com efeito, parece-nos evidente que **a celebração de contratos**, fossem eles de promessa de compra e venda fossem eles de arrendamento, **envolvia**, por um lado, a escolha do contrato já minutado que cabia à situação concreta – e tal podia, por si só, acarretar sérias dificuldades sabendo-se, como se sabe, que na transmissão e arrendamento de imóveis são muitas as variáveis – e, por outro, a sua análise jurídica, já que esta era indispensável para se saber se o mesmo estava correctamente elaborado e se defendia convenientemente os interesses do cliente. O que significa que a celebração desses contratos pressupunha uma prévia análise jurídica dos seus conteúdos e o aconselhamento de que a mesma podia ser feita por ser isenta de perigos. Ora,

[5] N.os 1 e 2 do art. 3.° do DL 77/99, de 16/03, diploma que regulamenta a actividade da mediação imobiliária, com nosso sublinhado. Este DL foi, entretanto, revogado pelo DL 211/04, de 20/08, mas o conteúdo dos transcritos n.os 1 e 2 do DL 77/99 foi mantido quase integralmente no novo diploma.

esta função de análise e de aconselhamento jurídico é uma função própria e exclusiva do exercício da profissão de advogado ou de solicitador, pelo que só eles podiam realizá-la.

E não se argumente – como o faz o Sr. Juiz *a quo* com a concordância do Ilustre Magistrado do Ministério Público deste Tribunal – com o facto de qualquer pessoa poder preencher os espaços vazios de um contrato-tipo já minutado e de, por isso, os actos praticados pelas Recorridas não poderem ser considerados como exclusivos da profissão de advogado, porquanto se é verdade que tal situação pode ocorrer certo é que quando tal acontece a pessoa em causa age sozinha e por sua conta e risco. Ora, situação diferente é aquela em que o preenchimento é feito ou é aconselhado por terceiros – designadamente mediadores imobiliários – pois, neste caso, os subscritores do contrato estão convencidos de que a intervenção desses terceiros lhes garante a correcta realização de um importante acto jurídico e o acautelamento dos seus interesses.

E se assim é, como é, importa concluir que **quando a empresa de mediação imobiliária** (ou os seus representantes ou funcionários) **escolhe o tipo de contrato a celebrar e aconselha essa celebração ao cliente está a prestar aconselhamento jurídico, isto é, a agir na qualidade de consultora jurídica,** ou seja, e dito de outro modo, está a praticar actos legalmente atribuídos em exclusivo à profissão de advogado.

E importa concluir que, ao agir desse modo, tais pessoas estão a agir de forma **manifestamente ilegal**.

4. No caso *sub judice* encontra-se provado que as Recorridas **marcavam escrituras de compra e venda de imóveis, procediam ao registo de prédios e procediam ao pagamento de sisa.**

Todavia, **não se provou que esses actos respeitassem a prédios cuja transmissão as mesmas não tinham intermediado** pelo que, nesta matéria, ficou por demonstrar que as Recorridas tivessem sido exercido a procuradoria ilegal.

No entanto, já **ficou provado** que as mesmas preencheram pelo menos alguns dos contratos de promessa das compras e vendas em que intervieram na qualidade de mediadoras imobiliárias e que requisitaram pelo menos três escrituras de justificação notarial no Cartório Notarial de Mora (vd. fls. 42 do instrutor) e duas escrituras de justificação notarial no Cartório Notarial de Gavião (vd. fls. 58/59) e que a Recorrida Conceição marcou a escritura de uma constituição da propriedade horizontal e elaborou os contratos de arrendamento das fracções desse mesmo prédio (vd. fls. 47).

Ora, como já se disse, o preenchimento desses contratos, ainda que adquiridos na papelaria já parcialmente minutados, pressupõe um juízo jurídico sobre a adequação do mesmo à situação concreta e que tal significa a invasão de uma actividade legalmente atribuída a outras profissões. Ou seja, **o preenchimento desses contratos extravasa, claramente, a actividade de mediação imobiliária traduzindo-se na prática de actos próprios dos advogados**.

E o mesmo se diga com a sua **intervenção nas escrituras de justificação notarial, na constituição da propriedade horizontal**, já que estes são **também actos exclusivos dos advogados**.

Todavia, essa prática de actos próprios dos advogados por pessoas destituídas dessa qualidade não constitui, sempre e em qualquer caso, o exercício de procuradoria ilegal pois que, **em certas circunstâncias, a mesma deve, antes, ser assimilada à consulta jurídica** na medida em que se traduz no aconselhamento e na indicação das decisões jurídicas a tomar.

Sendo assim, e sendo que **só constitui fundamento do encerramento do escritório o exercício da procuradoria ilegal e a consulta jurídica prestada de forma *regular*** – vd. n.º 1 do transcrito art. 56.º do EOA – importa saber se as circunstâncias em que as Recorridas agiram podiam determinar que os seus actos fossem qualificados como actos de procuradoria ilegal ou actos de consulta jurídica prestada de forma regular, pois que só assim se poderá saber se os mesmos podiam fundamentar o encerramento do escritório da "AGISÔR – Agência de documentação, L.da".

Ora, tendo em conta que os actos ora em causa – celebração de contratos e a intervenção em actos de justificação notarial e constituição de propriedade horizontal – nas circunstâncias em que foram praticados pressupunham o aconselhamento jurídico como seu elemento fundamental, entendemos que **os mesmos devem ser assimilados a actos de consulta jurídica e não a actos de procuradoria.** E, porque assim, só poderiam fundamentar o encerramento do escritório da AGISÔR **se tivesse ficado provado que as Recorridas tinham praticado, regular e continuadamente, tais actos.**

Ora, **essa prova não se fez.**

Com efeito, não se pode concluir que as Recorridas praticavam regularmente actos de consulta jurídica e, portanto, actos proibidos pelo disposto no art. 56.º do EOA só porque minutaram alguns contratos promessa de compra e venda e de arrendamento, intervieram em 5 escrituras de justificação notarial e constituíram a propriedade horizontal de um prédio.

É certo que boa parte das testemunhas que depuseram no instrutor afirmaram que as Recorridas eram vistas com muita frequência nas Repartições Públicas (Finanças, Conservatórias e Notários) e que o Sr. Notário do Cartório de Ponte de Sôr referiu – no ofício junto a fls. 63/64 daquele processo – que a Recorrida Maria da Conceição "*segundo consta passou a exercer a sua actividade predominantemente no concelho de Mora ou Gavião, sendo ali que marca a maioria dos actos notariais, que são sobretudo os actos que são suporte de processos registrais, tais como justificações, habilitações, procurações ou vendas*" o que tal pode fazer presumir que as aquelas praticavam com regularidade a procuradoria ilegal.

Mas a verdade é que **essa presunção não basta para se poder concluir, com a necessária segurança, que as Recorridas praticavam procuradoria ilegal** e que, por isso, a deliberação impugnada não merecia qualquer censura.

Aliás as Recorridas aceitam que, efectivamente, se dirigiam com frequência às Repartições Públicas, recebiam clientes, elaboravam requerimentos, pedidos de certidões, requisições de registo, marcação e outorga de escrituras **mas justificam esses actos afirmando que os mesmos cabiam no objecto da sua actividade profissional** e que, por isso, ao praticá-los não estavam a infringir a lei.

Acresce que num caso como o dos autos, atento o melindre da situação e as graves consequências decorrentes, uma deliberação da natureza da ora impugnada

só podia suportar-se em prova qualitativa e quantitativa inquestionável. E o certo é que a mesma não existe.

E, se assim é, como é, **não estavam reunidos os pressupostos justificativos da deliberação impugnada.**

Termos em que acordam os Juízes que compõem este Tribunal em **negar provimento ao recurso confirmando-se**, assim, ainda que por razões diferentes, **a decisão recorrida.**

Sem custas.

Lisboa, 19 de Abril de 2007

Costa Reis (Relator)
Rui Botelho
Azevedo Moreira

Recurso n.° 970/06-11

ART. 150.° DO CPTA. RECURSO DE REVISTA. ACÇÕES ADMINISTRATIVAS ESPECIAIS. LEGITIMIDADE PASSIVA.

(Acórdão de 10 de Maio 2007)

SUMÁRIO:

I – A *acção administrativa especial* deve ser intentada contra a outra parte na relação material controvertida.

II – Mas se essa parte for uma entidade pública, a acção não será proposta contra o autor do acto praticado – ou que devesse ser praticado –, mas sim contra a *pessoa colectiva de direito público* de que aquele faça parte, o que sucede, por exemplo, com as pessoas colectivas que compõem a chamada *administração indirecta* do Estado, dotadas de autonomia, independência e personalidade jurídica.

III – No entanto, se essa pessoa colectiva fizer parte do Estado através da chamada *administração directa* – que estabelece um vínculo de dependência em relação aos ministérios – então parte passiva para a demanda será já o *ministério* de que o órgão autor do acto – praticado ou a praticar – depende directamente.

ACORDAM NA 1ª SUBSECÇÃO DA 1ª SECÇÃO DO STA:

I – RELATÓRIO

Honório José da Silva Marques Cavaco e Outros, oficiais da Força Aérea, moveram no TAF de Sintra acção administrativa especial contra a Força Aérea pedindo a anulação do despacho do **General Chefe do Estado-Maior da Força Aérea (CEMFA)** de 29/12/2003 e a condenação daquele ramo das Forças Armadas (FA) a processar por inteiro da remuneração de reserva dos AA e repor aquilo que alegadamente lhes havia sido reduzido de forma indevida.

Por despacho de fls. 38 dos autos foi determinado que a legitimidade passiva se conferia ao Ministério da Defesa Nacional (MDN).

No entanto, foram apresentadas duas contestações, uma do General CEMFA (fls. 44/57) e outra pelo MDN (fls. 76).

Na oportunidade, foi lavrado *despacho saneador* em que se decidiu tomar em consideração somente a contestação do MDN e não já a do CEMFA, por esta entidade não ser parte legítima (fls. 131).

O CEMFA apresentou *recurso de agravo* (fls. 135; cfr. ainda requerimento corrigido a fls. 184) e, após as respectivas alegações, subiu o processo ao TCA/Sul, onde o digno Magistrado do MP opinou no sentido do improvimento do recurso (fls. 227).

O CEMFA pronunciou-se sobre a posição do MP (fls. 232/240).

O TCA lavrou, então, acórdão de 23/02/2006, concedendo provimento ao recurso jurisdicional, por considerar que a legitimidade passiva deve ser atribuída ao CEMFA e, por isso, revogando o despacho saneador recorrido na parte em que havia conferido essa legitimidade ao Ministério da Defesa Nacional (fls. 247/257).

***

É contra esse aresto que, ao abrigo do *art. 150.° do CPTA*, o MDN, inconformado, apresentou o presente recurso *de revista*, em cujas alegações concluiu:

«A. Pretende-se, através do presente recurso e conforme disposto no n.° 3 do artigo 150.°, do Código de Processo nos Tribunais Administrativos (CPTA), que o Supremo Tribunal Administrativo aplique definitivamente o regime jurídico que julgue mais adequado à questão da legitimidade passiva em acções administrativas em que haja intervenção dos chefes do Estado-Maior dos ramos das Forças Armadas.

B. A questão de direito que constitui o objecto do recurso de revista – a definição da legitimidade passiva no âmbito do CPTA, em matérias em que haja intervenção do chefes do Estado-Maior dos ramos das Forças Armadas – numa primeira apreciação, não aparentava ser complexa, em termos lógicos ou jurídicos.

C. De facto, desde a entrada em vigor do CPTA, a Jurisprudência tem considerado que o facto de o chefe do Estado-Maior do ramo das Forças Armadas que praticou o acto poder nomear jurista (n.° 5 do artigo 11.°) não dispensa o Jurista em causa de contestar em nome do Ministério da Defesa Nacional, porque fora os casos em que estamos perante pessoas colectivas de direito público, o Réu é sempre o Ministério.

D. No entanto, o facto de a decisão proferida pelo tribunal "*a quo*", ser em sentido contrário às orientações que têm sido seguidas pelos Tribunais de 1ª instância em matéria de legitimidade passiva, atribuiu à referida questão *in casu* natureza controversa.

E. Entendeu o Tribunal Central Administrativo que a competência atribuída, por lei, aos chefes do Estado-Maior dos ramos das Forças Armadas constitui causa de atribuição aos mesmos de legitimidade passiva nas acções em que sejam impugnados actos praticados por estes.

F. Omitiu aquela instância que, conforme referido por Esteves de Oliveira (In anotação ao artigo 10.° do Código de Processo nos Tribunais Administrativos, Volume 1, Almedina, 200 páginas 166 e seguintes) "*salvo disposição legal em contrário, a legitimidade passiva cabe (como vem depois afirmar o art. 10.°/2) à pessoa colectiva pública a quem seja imputável o dever que se pretende efectivar no processo. É ela portanto, e não aos seus órgãos (nem aos respectivos titulares ou membros), que a lei reconhece em primeira linha o tal interesse directo em contradizer o pedido formulado pelo autor*".

G. Mais acrescenta o mesmo autor, que "*o artigo 10.°/2 corresponde a uma importantíssima inovação em matéria de legitimidade passiva nos processos que tenham por objecto o exercício ou a recusa do exercício) de poderes de autoridade para a emissão de normas ou actos administrativos da autoria de determinado órgão ou ente público (...). Quem defende aqui tais actos, agora, é a entidade pública (ou o ministério no caso do Estado) de cujos órgãos eles emanaram, e não esses mesmos órgãos, como sucedia no regime anterior em relação aos recursos contenciosos de anulação de actos administrativos e aos restantes processos impugnatórios*".

H. Como circunstância agravante ocorre que esta questão é susceptível de se repetir em casos futuros, o que tudo evidencia a relevância prática de que a mesma se reveste, sem esquecer que a sua concreta resolução encerra alguma acuidade, pelo que se impõe a intervenção do Supremo Tribunal Administrativo.

I. Por outro lado e ao contrário do entendimento vertido no acórdão recorrido, os Estado-Maior dos ramos das Forças Armadas não têm autonomia jurídica. Efectivamente, da legislação citada no acórdão do TCA nenhuma confere aos chefes do Estado-Maior dos ramos das Forças Armadas personalidade judiciária.

J. A eventual consolidação do referido entendimento vertido no acórdão recorrido abalaria as estruturas em que se baseia a relação entre os chefes do Estado-Maior dos ramos das Forças Armadas e o Ministério (através do qual, por imposição legal – n.° 1 do artigo 35.° da Lei da Defesa Nacional (Aprovada pela Lei n.° 29/82, de 11 de Dezembro, e alterada pelos seguintes diplomas: Lei n.° 41/83, de 21, de Dezembro, Lei n.° 111/91, de 29 de Agosto, Lei n.° 113/91, de 29 de Agosto, Lei; n.° 18/95, de 13 de Dezembro, Lei n.° 3/99, de 18 de Setembro, Lei n.° 4/2001, de 30 de Agosto) – se inserem na administração directa do Estado) e, inclusivamente, o Ministro da Defesa Nacional de quem, incontestavelmente, e também por expressa determinação legal (vide n.° 2 do artigo 35.° da Lei da Defesa Nacional) dependem.

K. Acresce que, pelos motivos atrás expostos, aliados à constatação da manifesta violação pela decisão ora recorrida de preceitos legais concretos, torna-se premente a necessidade do recurso para uma nova e me1hor aplicação do direito, no que concerne à definição do regime jurídico sobre a 1egitimidade passiva em processos ju1gados nos Tribunais Administrativos que é aplicável à matéria em que intervêm chefes do Estado-Maior dos ramos.

L. Constata-se que a não aplicabilidade do disposto no n.° 2 do artigo 10.°, do CPTA a acções administrativas em que seja impugnado acto administrativo praticado por chefes de Estado-Maior dos ramos das Forças Armadas, entendimento perfi1hado no Acórdão recorrido, configura uma questão que deve ser reapreciada, visando aferir sobre se tal preceito deve ou não ser aplicado, como, de resto, se julga, imperativo, por força da inserção dos ramos das Forças Armadas na administração directa do Estado, através do Ministério da Defesa Nacional.

M. Importará atender a que o acórdão proferido pelo TCA, para além de não especificar os fundamentos que justifiquem a decisão proferida, padece de falta de pronúncia, relativamente a parte da legislação em vigor em matéria de Defesa Nacional e sua organização administrativa, a saber:

a) Nos termos do disposto no artigo 1.° do Decreto-Lei n.° 47/93, de 26 de Fevereiro, "o Ministério da Defesa Nacional (MDN) é o departamento governamental responsável (".) por assegurar e fiscalizar a administração das Forças Armadas (FA) e dos demais órgãos e serviços nele integrados",

b) Acrescenta-se na alínea b) do artigo 2.° que constitui atribuição do Ministério da Defesa Nacional "assegurar e fiscalizar a administração das FA nos termos da LDNFA e da Lei Orgânica de Bases da Organização das Forças Armadas (LOBOFA)".

c) Ora, prevê o n.° 1 do artigo 35.° da LDNFA que as Forças Armadas se inserem na administração directa do Estado, através do Ministério da Defesa Nacional.

d) Nos termos do n.° 1 do artigo 2.° da Lei n.° 4/2004, de 15 de Janeiro (aplicável às Forças Armadas ex-vi n.° 3 do mesmo artigo), "integram a administração directa do Estado os serviços centrais e periféricos que, pela natureza das suas competência e funções, devam estar sujeitos ao poder de direcção do respectivo membro do Governo",

e) Acresce que, nos termos do n.° 2 do mesmo artigo, "dependem do Ministro da Defesa Nacional: *a*) O Chefe do Estado-Maior-General das Forças Armadas; *b*) Os Chefes de Estado-Maior da Armada, do Exército e da Força Aérea".

N. Decorre manifestamente da interpretação das referidas disposições que os Ramos das Forças Armadas são serviços da Administração directa do Estado e, consequentemente, sujeitos ao poder de direcção do Ministério da Defesa Nacional. Como tais, não podem, em caso algum, invocar uma titularidade de interesses diversos dos interesses do Ministério da Defesa Nacional, que lhes permita surgir como terceiros face ao mesmo,

O. Ora, a falta de especificação dos fundamentos de facto e de direito que justificassem decisão proferida e a falta de pronúncia, relativamente a parte do regime jurídico necessariamente aplicável à questão em apreço, configuram causas de nulidade da decisão, previstas nas alíneas *b*) e *d*) do n.° 1 do artigo 668.° do Código de Processo Civil aplicável ao procedimento administrativo *ex vi* artigo 1.° do CPTA.

P. Não poderá a questão da autonomia jurídica ser considerada *ceteris paribus*, ou seja desligada das suas consequências práticas ao nível da inserção das Forças Armadas na estrutura do Estado Democrático.

Q. É manifesta a gravidade da manutenção da decisão em causa, dada a interpretação que advoga no sentido na exclusão dos ramos das Forças Armadas da organização administrativa do Estado, em particular da sua não integração no Ministério da Defesa Nacional

R. Por outro lado, não poderá proceder o argumento de que a competência cometida ao chefes do Estado-Maior dos ramos das Forças Armadas para a prática de actos administrativos lesivos fundamenta a não aplicabilidade do preceituado no n.° 2 do artigo 10.°, do CPTA.

S. É certo que à luz da anterior legislação processual administrativa a legitimidade passiva cabia ao Autor do acto administrativo recorrido,

T. Contudo, esta regra foi, expressamente, alterada, passando a atribuir-se a legitimidade passiva, no caso de a acção ter por objecto a acção ou omissão do Estado, ao ministério a cujos órgãos seja imputado o acto jurídico impugnado.

U. Termos em que não poderá aplicar-se a acções propostas à luz do CPTA a legislação processual administrativa que foi por este revogada.

V. De todo o modo, o facto de o despacho do Chefe do Estado-Maior da Força Aérea impugnado na acção administrativa especial (que consistia na retenção de 2/3 da remuneração de reserva doa Autores, por aplicação do disposto no n.º 5 do artigo 121.º do EMFAR) ter sido proferido em cumprimento de despacho de 23/07/2003 do Secretário de Estado da Defesa e Antigos Combatentes) sempre obrigaria a que este membro do Governo detivesse a legitimidade passiva necessária à intervenção na acção em causa.

W. Através do ofício n.º 9225, de 19/06/2002, do Chefe do Gabinete do Chefe do Estado Maior da Força Aérea, foi solicitada ao Chefe de Gabinete do Ministro de Estado e da Defesa Nacional a comunicação da posição do Ministério sobre a aplicação do artigo 121.º do EMFAR, nomeadamente no que concerne aos militares da Força Aérea, na situação de reserva, que exercem funções no Instituto Nacional de Aviação Civil (INAC), entre os quais, figuram Luís da Silva Marques Feire, Honório José da Silva Marques Cavaco, José Henrique Rodrigues de Carvalho, Francisco Contreiras Brás de Oliveira e Joaquim Manuel da Rocha de Carvalho.

X. A 23/07/2003, o Secretário de Estado da Defesa e Antigos Combatentes emitiu despacho de concordância com a Informação n.º 300, de 09/05/2003, da Direcção-Geral de Pessoal e Recrutamento Militar, que se pronunciou sobre a interpretação do artigo 121.º do EMFAR, por referência a um conjunto de situações de remuneração de militares na reserva, entre as quais as referidas no ofício n.º 9225 acima citado.

Y. Na referida Informação conclui-se que "a diminuição da remuneração da reserva [prevista no n.º 5 do artigo 121.º do Estatuto dos Militares das Forças Armadas (EMFAR)] se aplica a todas as relações jurídicas de emprego (de direito público e de direito privado) com entidades públicas".

Z. O mencionado despacho integrava instruções de serviço sobre a aplicabilidade da retenção de 2/3 da remuneração de reserva, nos termos do disposto no n.º 5 do artigo 121.º do EMFAR.

Nestes termos e nos demais de Direito, verificando-se causas de nulidade do acórdão que determinou a revogação do despacho saneador proferido em primeira instância, previstas nas alíneas *b*) e *d*) do n.º 1 do artigo 668.º do Código de Processo Civil, deve o acórdão recorrido ser revogado e, em consequência, manter-se o despacho saneador que se pronunciou sobre a legitimidade passiva».

***

Também o CEMFA alegou, apresentando as seguintes conclusões:

«*a*) Em Acção Administrativa Especial proposta contra o CEMFA, os Autores pediram a anulação do Despacho do CEMFA de 29/12/2003, proferido ao abrigo do disposto no n.º 5, do artigo 121.º do EMFAR.

b) Em 25/06/2004 a Meritíssima Juiz proferiu Despacho Saneador, dando por adquirida a ilegitimidade passiva do CEMFA, na sequência do que foi interposto recurso jurisdicional.

c) Em Acórdão de 23 de Fevereiro de 2006 da 1ª Secção do 2.º Juízo, o Tribunal Central Administrativo Sul, concedeu provimento ao recurso interposto pelo General CEMFA, entendendo que «*nos termos do disposto no art. 10.º, n.º 1 do CPTA a legitimidade passiva na circunstância dos presentes autos compete ao Recorrente, General Chefe do Estado-Maior da Força Aérea Portuguesa cabendo apenas a esse Órgão da Administração Militar – e não ao Ministério da Defesa Nacional – o poder jurídico de intervir processualmente para a prática de todos os actos na qualidade de parte demandada no âmbito da presente instância.*»

d) A questão controvertida no presente recurso de revista consubstancia-se na determinação do pressuposto processual da legitimidade passiva à luz da relação material litigada, quando o CEMFA é o autor do acto lesivo

e) A legitimidade consiste fundamentalmente em serem as partes os sujeitos da relação material controvertida, isto é, do direito (legitimidade activa) que se arroga quem vem a juízo e da correlativa obrigação (legitimidade passiva) de quem é demandado.

f) O artigo 10.º, n.º 1 do CPTA consagra o regime regra em matéria de legitimidade passiva, sendo certo que o critério de legitimidade passiva definido no n.º 2 do mesmo artigo não é imperativo.

g) O artigo 10.º, n.º 2 do CPTA pressupõe que, no caso do Estado, o órgão de que emana o acto lesivo seja órgão do ministério demandado.

h) O enquadramento constitucional e normativo vigente aplicável às Forças Armadas – LDNFA, LOBOFA, Lei Orgânica do Ministério da Defesa Nacional e EMFAR -estabelece a inequívoca e indiscutida inserção das Forças Armadas na Administração directa do Estado através do Ministério da Defesa Nacional.

i) O enquadramento constitucional e normativo vigente aplicável às Forças Armadas – LDNFA, LOBOFA, Lei Orgânica do Ministério da Defesa Nacional e EMFAR; Lei n.º 4/2004, de 15 de Janeiro – não qualifica as Forças Armadas e os Chefes de Estado-maior dos ramos como órgãos do Ministério da Defesa Nacional.

j) Nos termos dos artigos 35.º, 37.º, 56.º e 59.º da LDNFA e dos artigos 1.º, 5.º e 8.º da LOBOFA a inserção das Forças Armadas na administração directa do Estado, através do Ministério da Defesa Nacional, e a consequente dependência dos Chefes de Estado-Maior dos ramos do Ministro da Defesa Nacional é de natureza estritamente jurídico-política, configurando uma matriz multiforme, heterogénea e plural da Administração Pública.

k) Em conformidade com a específica estrutura jurídico-político-administrativa estabelecida nos artigos 35.º, 37.º, 56.º e 59.º da LDNFA e nos artigos 1.º, 5.º e 8.º da LOBOFA, os Chefes de Estado-Maior dos ramos detêm um amplo leque de competências próprias e exclusivas, de que se destacam as previstas no Decreto-Lei n.º 264/ /89, de 18 de Agosto, em matéria de pessoal civil, e no EMFAR, em matéria de pessoal militar.

l) No âmbito das competências que lhes estão legalmente cometidas, os Chefes de Estado-Maior dos ramos decidem exclusivamente e de forma definitiva as situações jurídico-funcionais do pessoal militar e do pessoal civil dos respectivos ramos.

m) No âmbito das competências que lhes estão expressamente cometidas pela lei, os Chefes de Estado-Maior dos ramos das Forças Armadas, como autores materiais e jurídicos exclusivos dos actos praticados no exercício daquelas competências, são a única parte na relação material controvertida, com legitimidade e interesse processual.

n) Os actos do CEMFA praticados no exercício daquelas competências são actos administrativos lesivos, insusceptíveis de recurso hierárquico, sendo a legitimidade passiva determinada estritamente nos termos do n.º 1 do artigo 10.º do CPTA, tanto mais que o n.º 2 do mesmo artigo não é uma regra imperativa.

o) As sentenças que imponham formalmente a adopção de actos jurídicos e de operações materiais devem ser pronunciadas no âmbito de processos em que figurem as entidades a quem incumba a adopção de tais actos e operações, que para tanto devem ser desde o início demandadas ou, pelo menos, chamadas a intervir no processo, de forma a ficarem abrangidas pela autoridade de caso julgado».

Esta mesma entidade, CEMFA, manifestar-se-ia contra a consideração pelo tribunal das conclusões V) a Z) das alegações do recorrente, por entender que extravasam o âmbito do presente recurso excepcional (fls. 326//331).

Fora proferido acórdão interlocutório, declarando a existência dos requisitos previstos no art. 150.º do CPTA para a presente revista.

Cumpre decidir.

II – OS FACTOS

Por despacho de 23/12/2003 o Chefe de Estado-Maior da Força Aérea determinou o seguinte:

1 – «A. A redução de dois terços na remuneração de reserva dos TCOR/MED/RES. NIP 018454-D, Francisco Manuel Contreiras Braz de Oliveira. CAP/TINF/RES, NIP 014312-L, José Henrique Rodrigues de Carvalho, CAP.TINF/RES, NIP 014210-H, Honório José da Silva Marques Cavaco e CAP/PA/RES, N1P 032129-L, Joaquim Manuel da Rocha de Carvalho, **por força do disposto no número 5 do artigo 12.º do EMFAR e com base nos entendimentos constantes da Informação 300/DSCJE7DTJ/O3.05.09/03-99/PAO3 da DGPRM/MDN que, em 23JUL03, mereceu despacho de concordância de Sua Excelência o SEDAC.**

B. Que seja requerida aos TCOR/MED/RES. NIP 018454-D, Francisco Manuel Contreiras Braz de Oliveira, CAP/TINF/RES. NIP 014312-L José Henrique Rodrigues de Carvalho, CAP/TINF/RES. NIP 014210-H Honório José da Silva Marques Cavaco e CAP/PA/RES. NIP 032129-L Joaquim Manuel da Rocha de Carvalho **a reposição das quantias indevidamente abonadas no ano anterior à data em que procede à reclamação das mesmas, a qual deve coincidir com a da efectivação da redução de dois terços na respectiva remuneração de reserva nos termos do preceituado no número 5 do artigo 121.º do EMFAR**.

C. O envio a Sua Excelência a Ministra de Estado e das Finanças dos requerimentos apresentados pelos mencionados militares, nos quais solicitam a relevação da reposição das quantias indevidamente abonadas a título de remuneração, nos termos do que se dispõe no artigo 4.º do Decreto-Lei n.º 324/80, de 25 de Agosto» (fls. 24/26).

2 – Os interessados visados naquele despacho moveram *acção administrativa especial* contra a "**Força Aérea**" com vista à sua anulação, bem como à condenação da Ré a processar por inteiro a remuneração de reserva e a repor aquilo que nela indevidamente reduziu nos meses de Janeiro e Fevereiro de 2004.

3 – O CEMFA foi citado para contestar (fls. 31), mas o MDN veio requerer esclarecimento sobre qual a entidade que deveria apresentar contestação, uma vez que disse ter sido demandado nos autos de providência cautelar de suspensão de eficácia do acto administrativo aqui impugnado (fls. 33), pedido que posteriormente reiterou, agora com o argumento de ainda não ter sido citado para o efeito (fls. 36).

4 – Por despacho de fls. 38 foi «*considerado como parte demandada o Ministério da Defesa nacional (...), pelo que se considera a presente acção proposta contra o referido Ministério*».

5 – O CEMFA apresentou contestação (fls. 44), tal como o fez o MDN (fls. 76).

III – O DIREITO

1 – *Da nulidade do acórdão do TCA*

Para o recorrente, o acórdão do TCA sofrerá de falta de fundamentação e de omissão de pronúncia, o que, alegadamente, o afectaria da nulidade a que respeitam as alíneas *b*) e *d*), do art. 668.º do CPC (cfr. conclusões F), M), O)).

Não tem razão.

O que estava em causa para o acórdão recorrido era a bondade do despacho saneador sobre a *legitimidade passiva* ali decidida (fls. 131/132), em consonância de resto com anterior despacho para o qual remetia (fls. 38/39), em que já havia sido dito «...*que se considera a presente acção proposta contra o referido Ministério*».

Ora, se para decidir essa matéria, ao TCA bastava identificar o despacho saneador, por ser ele o único objecto do recurso jurisdicional, e equacionar de seguida o tema decidendo, cumprido está o seu dever de fundamentar se, para além de o fazer, dele ainda acabou por fazer integral transcrição.

E não se concorda, por outro lado, com a existência da arguida nulidade, pelo facto de o aresto em crise ter, a seu modo, interpretado o art. 10.º do CPTA, numa tarefa em que, mesmo de forma breve, se fez acudir do "*discurso fundamentador das alegações do Recorrente acima transcrito*", para o qual remeteu "*apropriando-nos e fazendo nosso*" (sic: fls. 256).

Fundamentado está, portanto.

Não de aceita, de igual modo, que dele se diga ter feito a apreciação do caso sem a devida consideração da "pessoa colectiva pública" de que trata o preceito. Na verdade, foi mesmo pelo conceito doutrinário de *pessoa colectiva pública* que o aresto começou o estudo sobre o pressuposto processual em causa (ver fls. 255). Depois, ao fazer remissão para o regime jurídico exposto pelo recorrente – CEMFA – nas suas alegações (onde se descobre uma exaustiva exposição, com parcial transcrição, das normas relativas às Forças Armadas que em seu entender justificavam a atribuição e o reconhecimento da sua legitimidade: ver fls. 185/205), claramente fez a sua opção pela tese que reconhece ao CEMFA a legitimidade.

Quer dizer, e em suma, que o acórdão recorrido contém a indispensável fundamentação de facto e de direito, além de não omitir nada de essencial que fosse necessário ao conhecimento pleno do objecto do recurso. O que significa, pois, que improcede a alegada nulidade.

2 – *Do recurso*

2.1 – Com o presente recurso de revista, intenta-se obter uma decisão que dirima a dissensão entre as anteriores instâncias sobre «*a apreciação de uma questão...*» que apresenta «*relevância jurídica...*» e que se reveste de «*importância fundamental...*», razão ainda pela qual a sua admissão se tornou «*claramente necessária para uma melhor aplicação do direito*» (art. 150.°, n.° 1, do CPTA).

Neste sentido, «*tudo gira à volta da aplicação do regime prescrito no artigo 10.° do CPTA*», como o assinalou o acórdão interlocutório de fls. 303/306, ao abrigo do n.° 4, do art. 150.° citado. Delimitado, assim, o âmbito do recurso, a nossa tarefa é estudar o alcance do referido preceito e, a partir do resultado obtido, extrair a conclusão sobre o acerto de uma das decisões em confronto, o mesmo é dizer, sobre a entidade a quem, à luz daquela disposição legal, deve ser reconhecida a legitimidade passiva na acção, se ao Ministro da Defesa Nacional (MDN), se ao General Chefe de Estado Maior da Força Aérea (CEMFA).

Mas porque assim é, não levaremos em consideração o teor das conclusões V) a Z das alegações do recorrente (MDN), não apenas por tal factualidade não ser essencial aos fins da revista, mas também por nem sequer ter sido fixada nas anteriores instâncias (cfr. art. 150.°, n.° 3, do CPTA).

2.2 – A presente revista foi despoletada para dirimir a questão que opôs as instâncias anteriores e que se prende, exclusivamente, com a *legitimidade passiva* nas *acções administrativas especiais* no âmbito do novo CPTA.

A 1ª instância, escorada no art. 10.°, n.ᵒˢ 2 e 4, do CPTA, decidira que a acção deveria ser movida contra o *Ministério da Defesa Nacional* (MDN) e não contra a o *General Chefe de Estado-Maior da Força Aérea* (fls. 38/39 e 131/132).

O TCA/Sul, porém, perfilhou entendimento diverso, julgando em consequência que a legitimidade passiva pertencia ao *autor do acto impugnado* – no caso, o General CEMFA (fls.247/257).

Pois bem. No contencioso anulatório disciplinado pela LPTA a legitimidade passiva era determinada em razão do autor do acto (*arts. 7.° do ETAF e 26.°, n.° 2 e 36.°, n.° 1, al.c), da LPTA*), regra que a doutrina e a jurisprudência estendeu às acções para reconhecimento de direito, à luz do art. 70.° do mesmo diploma.

O novo CPTA, porém, preocupado por razões de celeridade e economia, visando facilitar a tarefa do autor que, não raras vezes, sente dificuldade em saber a quem atribuir a autoria do acto impugnado, e procurando harmonizar este pressuposto à garantia agora introduzida de uma tutela jurisdicional plena através, por exemplo, de cumulação de pedidos em acções administrativas especiais (v.g. impugnatórios e de condenação: *arts. 5.° e 46.° do CPTA*), permitindo a demanda da pessoa que realmente possa vir a sofrer os efeitos jurídicos de uma eventual procedência da acção (v.g., a atribuição de indemnização ao autor), introduziu um novo paradigma adjectivo em matéria de *legitimidade passiva*.

No entanto, querendo desse modo abrir caminho a uma mais eficaz utilização das vias processuais ao dispor dos administrados, simultaneamente – como vem sendo reconhecido pela doutrina que sobre o assunto já meditou – introduziu uma inovação que não deixa de gerar embaraço e alguma controvérsia (***M. Esteves de Oliveira e Rodrigo Esteves de Oliveira***, in *Código de Processo nos Tribunais Administrativos*, anotado, I Vol, pag. 168; também assim opinando, ***Alexandra Leitão***, in *Cadernos de Justiça Administrativa*, n.° 47, pag. 33/34).

Presentemente, o Código prescreve uma regra geral: «*Cada acção deve ser proposta contra a outra parte na relação material controvertida...*». Quer isto dizer que o outro sujeito da relação jurídica – estabelecida com o autor, mas de que adveio uma dissonância e um conflito a carecerem de composição – se apresenta, em princípio, como sendo a parte com interesse em agir (em contradizer, em se defender, entenda-se) e que, portanto, figurará pelo lado passivo da demanda (*arts. 26.°, n.ᵒˢ 1 e 3 e 467.° do CPC; também art. 78.°, n.°1 , al. e), do CPTA*). Isto aplica-se na perfeição às partes passivas que não sejam entidades públicas, pois se permite agora, como se sabe, a demanda de *pessoas e entidades particulares* (*art. 10.°, n.° 7, do CPTA*).

Mas, se a demanda for dirigida contra uma *entidade pública*, a acção deixa de ser movida contra o "*órgão*" que praticou ou deveria ter praticado o acto, para ser impulsionada contra a "*pessoa colectiva de direito público*" de que aquele faça parte. Assim o afirma categoricamente o n.° 2, do art. 10.°.

No entanto, a mesma norma (*n.° 2*) acrescenta que, se em causa estiver o *Estado*, então a legitimidade pelo lado passivo da demanda vem a ser conferida ao «*ministério a cujos órgãos seja imputável o acto...*» praticado ou que devesse ter sido praticado.

Ora, a dicotomia estabelecida no n.° 2 – para além da excessiva concentração de competências que vai acarretar sobre entidades públicas em matéria de intervenção processual nas acções – gera algumas dificuldades de compreensão. Desde logo, porque "*pessoas colectivas de direito público*" é expressão sinónima de "*pessoas colectivas públicas*" (D. Freitas do Amaral, *Curso de Direito Administrativo*, 2ª ed., I, pag. 584). O que envolve a dizer que nela se inscrevem os "*institutos públicos*", as "*empresas públicas*", as "*associações públicas*", as "*autarquias locais*", as "*regiões autónomas*" e, à frente de todas, o próprio "*Estado*" (ob. cit., pag. 586), enquanto macro pessoa colectiva (ob. cit., pag. 213). Assim sendo, a referência à expressão normativa "*pessoa colectiva de direito público*", na medida em que também abrange o "Estado", só pode ter um sentido inclusivo. Quer dizer, a alusão ao "Estado" não serve para dizer que é coisa diferente de "pessoa colectiva de direito público", mas tem em mente assinalar somente a distinção em relação à legitimidade. No primeiro caso, intervém a *entidade pública* a que pertença o órgão; no segundo, intervém o *ministério* em representação do Estado.

Só que, por outro lado, o "Estado" pode ser encarado sob diversas acepções, nomeadamente no que concerne à administração: *administração central e periférica*, do ponto de vista da influência territorial da sua acção, por um lado, e *directa* e *indirecta,* do ponto de vista do exercício material ou da actividade praticada. E aí as dificuldades já se avolumam. É que se na Administração Indirecta se incluem os Institutos Públicos e as Empresas

Públicas, só para citar dois exemplos, então pode haver o perigo de se pensar que "tudo" cabe no "Estado", pouco sentido fazendo então a diferenciação estabelecida na norma em relação às "pessoas colectivas de direito público".

Na verdade, na *administração directa* inclui-se a administração *central* e os *órgãos* e *serviços desconcentrados,* porque ela é caracterizada por uma relação de dependência e hierarquia (*art. 199.º, al. d), da CRP*), enquanto na *indirecta* se incluem os centros de decisão autónomos e dotados de personalidade jurídica, criados especificamente com esse fim, mesmo que desempenhando tarefas do Estado, sujeitando-se nesse caso à superintendência do Governo (*cit. artigo da CRP*).

Cremos, ainda assim, que o legislador se expressou de maneira a deixar claro que alguma distinção relevante quis, efectivamente, estabelecer. Ao incluir o elemento referenciador "*ministério*" terá querido abranger não apenas a *administração central*, mas também a *periférica* (sobre os conceitos de *serviços centrais* e *periféricos*, ver art. *11.º, n.º 4, da Lei n.º 4/2004, de 15/01*), portanto *serviços dependentes*, ficando de fora, deste modo, a "administração autónoma" e "independente". O que parece ter querido sublinhar foi a chamada "personalidade jurídica una" da administração do Estado, aquela em nome de quem os órgãos e serviços actuam, vinculando-o e responsabilizando-o **directamente**, o que é próprio dos fenómenos de *desconcentração*, característicos da referida *administração directa* (autor cit., pag. 220/221). Farão parte, então, da previsão normativa, certamente, os órgãos e serviços centrais e periféricos colocados sob a direcção do Governo (*Lei n.º 4/2004, de 15/01*; ver exemplos citados por F. Amaral, in *ob. cit.*, pag. 229).

Por conseguinte, a *administração indirecta* não faz parte do segmento da norma que se refere à intervenção dos ministérios, ficando para ela (administração indirecta) o outro segmento que obriga somente à intervenção da pessoa colectiva de direito público (incluindo empresas públicas [DL 558/99, de 17/12] e institutos públicos [Lei n.º 3/2004, de 15/01]), de que o órgão faça parte.

2.3 – Problema que ainda não está de todo resolvido é o que se prende com uma certa leitura restritiva que o CEMFA faz do preceito. Para ele, ante a literalidade da norma, a intervenção ministerial só se justificará quando o órgão em causa *pertencer* ao ministério.

Essa é, efectivamente, dúvida de monta, em nossa opinião.

Realmente, a alusão ao «*ministério a* ***cujos órgãos*** *seja imputável o acto jurídico impugnado...*» (n.º 2: destaque a *bold* nosso) pode inculcar uma ideia de *integração*, ao ponto de levar a pensar que a intervenção do ministério só possa ter lugar caso o acto impugnado tenha sido praticado pelos ***seus*** órgãos (pelos órgãos que integrem o ministério). De modo que, consoante a estrutura orgânica de cada ministério, a norma só se aplicaria, isto é, só obrigaria à intervenção do ministério na acção pelo lado passivo, sempre que o acto praticado, ou a praticar, pertencesse à autoria dos seus *gabinetes ministeriais, serviços de estudo, serviços de coordenação – como secretarias-gerais e serviços de inspecção – serviços executivos – como as direcções-gerais –, serviços externos regionais e locais* e *organismos dependentes.* Tese que até poderá sair reforçada se atentarmos que o mesmo artigo regressa ao tema, quando prescreve que a acção se considere regularmente proposta se o autor indica como parte demandada o órgão que praticou o acto, ou que o deveria ter praticado, considerando-se nesse caso a acção intentada contra a pessoa colectiva de direito público ou, no caso do Estado, «*contra o ministério a que o órgão* ***pertence***» (n.º 4; destaque a *bold* nosso).

Pois bem, a entender-se estar ali alojada uma noção de *integração*, então o ministério só responderia directamente perante o autor na acção se o acto praticado – admitindo ser esse o caso – fosse de "produção interna", vamos dizer assim. Quer dizer, o ***ministério*** responderia directamente em tribunal se, e apenas, o acto derivasse da ***sua*** actividade e praticado pelos ***seus*** órgãos internos.

Mas não. Para ter utilidade, a 2ª parte do n.º 2, do artigo 10.º tem que ultrapassar a aparente restrição que o n.º 4 pode parecer reforçar-lhe. A ***pertença*** vertida no n.º 4 do órgão ao ministério não pode ser interpretada no sentido literal e orgânico – como defende o CEMFA – de modo a só permitir a intervenção do ministério como "parte" nas situações em que algum órgão da ***sua*** estrutura orgânica tenha agido contra o autor. Essa é uma visão restritiva e indefensável. O que o legislador quis foi racionalizar meios e conferir eficácia ao uso do instrumento jurisdicional. Isto é, não estando apenas em causa a defesa da legalidade do acto – cuja tarefa o seu autor poderia melhor levar a cabo, é verdade – mas também a defesa de uma posição jurídica substantiva que evite uma condenação tendente à reparação de um dano, por exemplo, a pessoa colectiva terá todo o interesse em pelejar, com argumentos porventura mais fortes e decisivos do que aqueles que o órgão autor poderia esgrimir, pois é sobre si que pode vir a recair o efeito da condenação indemnizatória.

Por isso entendemos que a ideia de *pertença* ou de *integração,* como se quiser, deve ser revertida para uma ideia de *relação* e de *dependência*, isto é, para um nexo de *ligação do órgão* (autor do acto) ao *ministério a que se* ***relaciona directamente*** por um ***vínculo de dependência*** (às vezes diz-se, nem sempre com rigor terminológico, ao *ministério da* ***tutela***). Situação que é, como se sabe, a particular característica da *administração directa do Estado.*

E se assim virmos as coisas, então já se perceberá melhor o objectivo da norma: obrigar à intervenção, pelo lado passivo e nas acções administrativas especiais intentadas contra o Estado – na perspectiva referida em 3.1 – dos ministérios de que dependam directamente os órgãos e titulares de órgãos que tenham sido autores dos actos já praticados (impugnados) ou que se queira venham a ser praticados.

2.4 – Posto isto, resta observar o que o universo normativo concernente ao caso nos fornece em auxílio da conclusão que importa concretamente atingir.

E em nossa opinião, existe no caso presente um conjunto de normas que nos iluminam o caminho para a solução.

Desde logo, na **Lei de Defesa Nacional e das Forças Armadas** (***LDNFA: Lei n.º 29/82, de 11/12***).

O art. 26.º, n.º 5 diz que o **Governo** «*orientará e fiscalizará a execução das leis (...) dos orçamentos das Forças Armadas, bem como a respectiva gestão patrimonial (...)*».

O art. 37.°, n.° 1, al. *c*) refere que o **Governo**, além do Presidente da República e da Assembleia da República, é *órgão do Estado directamente responsável pelas Forças Armadas.*

E o art. 41.°, n.° 1 acrescenta que «*O Governo (...) é o órgão superior da administração das Forças Armadas*».

Por outro lado, no que concerne especialmente ao **Ministério da Defesa Nacional**, o mesmo diploma é esclarecedor:

O art. 34.° refere que o **Ministério da Defesa Nacional** é «*o departamento governativo da administração central ao qual incumbe, (...) assegurar e fiscalizar a administração das Forças Armadas e dos demais órgãos, serviços e organismos nele integrados*» (no mesmo sentido, *os arts. 1.° e 2.°, al. b), do DL n.° 47/93, de 26/02;* em sentido semelhante, *art. 1.°, n.os, al. c) e 3, da Lei n.° 111/91, de 29/08*).

O art. 44.°, n.° 1 assegura que o ***Ministro da Defesa Nacional*** é «*politicamente responsável pela administração das Forças Armadas (...), bem como pela administração dos órgãos, serviços e organismos dele dependentes*».

E tudo isto, afinal, porque:

a) Ao **Governo** cabe «*dirigir os serviços e a actividade da* ***administração directa do Estado*** *civil e* ***militar***...». (destaque nosso; *art. 42.°, n.° 1, al. i), LDNFA*);

b) «*As Forças Armadas inserem-se na* ***administração directa do Estado****, através do Ministério da Defesa Nacional*» (destaque nosso; *art. 35.°, n.°1, Lei n.° 29/82: Lei de Defesa Nacional e das Forças Armadas*);

c) «As *Forças Armadas obedecem aos órgãos de soberania competentes, nos termos da Constituição e da lei, e inserem-se na* ***administração directa do Estado****, através do Ministério da Defesa nacional*» (destaque nosso; *art. 1.°, n.° 1, da Lei n.° 111/91, de 29/08: Lei Orgânica da Organização das Forças Armadas*).

d) Sem prejuízo das necessárias adaptações constantes das respectivas leis orgânicas, a Lei que estabelece os princípios e normas a que obedece a organização da ***administração directa do Estado*** *também se aplica às Forças Armadas* (*art. 2.°, n.° 3, da Lei n.° 4/ /2004, de 15/01*).

Temos, portanto, aqui a solução. O legislador deixou bem claro que as Forças Armadas *directamente dependem* do Governo, através do Ministério da Defesa Nacional, e que este é responsável por elas no quadro da *administração directa* em que estão inseridas.

E, ao contrário do que afirma o CEMFA, não se venha dizer que a responsabilidade e a direcção das F.A. por parte do Governo é simplesmente de natureza política. A componente política dessa responsabilidade está, efectivamente, patente em diversos preceitos (quando a norma diz que o MDN é politicamente responsável pela elaboração, condução e execução da componente militar da política de defesa nacional: v.g, arts. 41.°, n.° 1 e 44.°, n.° 1, da Lei n.° 29/82), mas a verdade é que eles mesmos – e os outros que acima citámos – também revelam que toda a administração das Forças Armadas (e não apenas no seu aspecto mais marcadamente político) pertence ao Governo, através do MDN. Estamos de acordo, sim, que as Forças Armadas obedecem a um plano nacional prosseguido pelo Governo e que visa a consecução dos objectivos da *política* de defesa nacional. Desígnio que, entre outras iniciativas do comando político, encontra a sua realização maior no *conceito estratégico de defesa nacional* (*ver art. 8.° da LDNFA; Resolução do Conselho de Ministros n.° 6/2003, de 20/ /12/2002*). Simplesmente, quando a lei determina que as Forças Armadas dependem directamente do Governo não o faz apenas desse ponto de vista, mas também no plano da sua *administração geral*, pois é aí que a sua vocação é directamente visível pela via das decisões que, aos mais variados níveis, podem vincular os órgãos, serviços e organismos das Forças Armadas dele dependentes.

A esse respeito, não nos devemos deixar impressionar pelo facto de as resoluções do CEMGFA ou dos CEM constituírem *actos administrativos directamente impugnáveis* (*arts. 59.° da Lei n.° 29/82: LDNFA; 106.° do DL 236/99, de 25/06: EMFA*), porque essa é uma prerrogativa intrinsecamente relacionada com o poder dispositivo próprio da competência que lhes é conferida no quadro das diversas leis aplicáveis (v.g. leis orgânicas). A autonomia decisória da actividade administrativa que desenvolvam não anula o poder que é próprio da "administração directa" e da responsabilidade que sobre o Governo recai nesse âmbito. São coisas distintas. O que sucede é que, enquanto aquelas disposições prevêem que esses actos administrativos são "definitivos" e "executórios", por conseguinte *recorríveis contenciosamente* à luz da LPTA – o que obrigaria à intervenção dos seus autores pelo lado passivo –, agora elas têm que ser interpretadas actualisticamente de maneira a que nelas se contemple a previsão de impugnação perante os tribunais administrativos pelo modo, meios e pressupostos que o CPTA agora estabelece, sem ignorar a própria legitimidade passiva, presentemente atribuída ao ministério.

Finalmente, e diferentemente do que ainda sustenta o CEMFA, a sua presença nos autos pelo lado passivo, mesmo em sede de litisconsórcio, não é automática. Com efeito, o n.° 8, do art. 10.° do CPTA apenas consente a intervenção de terceiros ("*outra entidade*") a par da parte "*contra a qual é dirigido o pedido principal*" se "*esta última promover a respectiva intervenção no processo*" Isto significa que o seu poder de intervenção carece, obrigatoriamente, de um impulso processual da parte demandada nesse sentido, através do incidente da "*intervenção provocada*" (ver art. 325.° e sgs.). E tal não foi feito no caso em apreço. Por essa razão, não se justificava a sua presença nos autos em litisconsórcio passivo.

Eis, em suma, os motivos que nos levam a concluir pela falta de acerto do acórdão do TCA ao reconhecer a legitimidade passiva ao CEMFA e não ao Ministério da Defesa Nacional, como bem tinha inicialmente asseverado o TAF.

IV – DECIDINDO

Face ao exposto, acordam em:

1 – *Conceder provimento ao recurso de revista* interposto pelo Ministério de Defesa Nacional e, em consequência, *revogar o acórdão recorrido; e*

2 – *Negar provimento ao recurso jurisdicional* interposto pelo CEMFA do despacho saneador do TAF e, em consequência determinar que a acção prossiga os seus normais trâmites apenas contra o M. D. N.

Custas pelo CEMFA neste STA e no TCA.

Lisboa, 10 de Maio de 2007

Cândido de Pinho (Relator)
Santos Botelho
Adérito Santos

Recurso n.º 886/06-11

AUTONOMIA ADMINISTRATIVA. RECURSO HIERÁRQUICO.

(Acórdão de 3 de Julho de 2007)

SUMÁRIO:

I – O IPPAR é um organismo dotado de personalidade jurídica, autonomia administrativa e património próprio, dispondo ainda de autonomia financeira enquanto gestor de projectos do PIDDAC co-financiados pelo orçamento das Comunidades Europeias

II – A autonomia exclui a hierarquia administrativa e confere ao dirigente máximo do serviço público, no caso, o Presidente da Direcção do IPPAR competência própria e exclusiva e daí que dos seus actos não caiba recurso hierárquico, quer necessário quer facultativo, sendo contenciosamente recorríveis.

ACORDAM NA 1ª SECÇÃO DO SUPREMO TRIBUNAL ADMINISTRATIVO:

A SANTA CASA DA MISERICÓRDIA DE SINTRA veio interpor recurso contencioso do indeferimento tácito, que imputa ao MINISTRO DA CULTURA, do recurso hierárquico interposto do acto do Presidente do Instituto Português do Património Arquitectónico que decidiu suspender o pagamento de 25% das receitas resultantes da venda de bilhetes nos Palácios da Pena e de Sintra que a recorrente vinha auferindo desde 1912.

Alegou fundamentalmente:

A decisão de suspender o referido pagamento é ilegal, padecendo o indeferimento tácito, ora impugnado, dos mesmos vícios de que enferma aquela decisão e que são: violação do art. 9.º da Lei de 28 de Junho de 1912, violação dos princípios da legalidade, justiça, proporcionalidade e boa fé (arts. 3.º, 5.º, 6.º e 6.º-A do CPA), vícios de forma por preterição da audiência prévia (art. 100.º e segs. do CPA) e do dever de fundamentação (arts. 124.º e segs. do CPA).

Na resposta, a entidade recorrida veio suscitar a questão da falta de dever legal de decidir por entender que, no caso, não havia lugar a recurso hierárquico por não existir relação de hierarquia entre o IPPAR (instituto público dotado de autonomia administrativa e financeira) e o Ministro da Cultura, não existindo, por outro lado, no âmbito da relação tutelar, qualquer disposição legal que permitisse que este revogasse o despacho em questão.

A Recorrente, apesar de ouvida, nada veio dizer.

O Exm.º Magistrado do Ministério Público entende dever o recurso ser rejeitado quer pelas razões invocadas pela autoridade recorrida quer por falta de lesividade da decisão do IPPAR que ordenou a suspensão dos pagamentos em causa por resultar dos autos que a Recorrente deixou de auferir a referida percentagem por força do despacho do Secretário de Estado do Orçamento, de 24.7.00 que, homologando o parecer n.º 54//2000 do Gabinete Jurídico e do Contencioso do Ministério das Finanças, concluiu não se poderem manter aqueles pagamentos por não se poder manter em vigor a Lei de 1912 à luz do qual eram atribuídos, despacho esse que, aliás, a Recorrente impugnou contenciosamente e deu origem ao recurso n.º 47123.

A Recorrente foi notificada do parecer do Ministério Público e também não se pronunciou.

Colhidos os vistos legais, cumpre decidir das questões prévias suscitadas. Com interesse para a decisão, considera-se provado:

1 – Em 30/11/99, o Presidente do IPPAR decidiu suspender, a partir de Janeiro de 2000, o pagamento de 25% das receitas dos Palácios da Pena e de Sintra à recorrente.

2 – Após orientações do Ministro da Cultura fornecidas ao IPPAR, este Instituto continuou a assegurar o pagamento dos 25% do valor das aludidas receitas até Junho desse ano.

3 – Em 28/3/2000, a recorrente interpôs recurso hierárquico para o Ministro da Cultura do acto do Presidente do IPPAR referido em 1, não tendo, porém, obtido decisão expressa.

4 – A partir do mês de Julho de 2000, inclusive, a recorrente deixou de auferir as referidas receitas.

5 – Em 15.11.2000, foi a recorrente notificada de que "Por despacho do Senhor Secretário de Estado do Orçamento foi homologado o parecer n.º 54/2000 do Gabinete Jurídico e do Contencioso do Ministério das Finanças o qual concluiu que, por contrariar as disposições constitucionais e o direito ordinário citado, a lei de 1912 não pode manter-se em vigor, nos termos do artigo 290.º n.º 1 da CRP" e que "os apoios do Estado às IPSS só podem ser concedidos através de acordos nos termos do artigo 4.º do Decreto-Lei n.º 119/93".

6 – Em 16 de Janeiro de 2001, a recorrente interpôs recurso contencioso de anulação do despacho do Secretário de Estado do Orçamento referido em 5.

Este STA já decidiu o recurso contencioso referido em 6, tendo o Pleno, pelo acórdão de 6.12.05, rec. no 47.123, confirmado o acórdão da 1ª Subsecção que julgou contenciosamente irrecorrível o despacho do Secretário de Estado do Orçamento que homologou o parecer n.º 54/2000 do Gabinete Jurídico e do Contencioso do Ministério das Finanças.

Nesse acórdão do Pleno, para cuja fundamentação se remete, pode ler-se: "*O Ministro da Cultura, primeiro, e o Secretário de Estado do Orçamento, depois, com a homologação do parecer n.º 54/2000 do Gabinete Jurídico e do Contencioso do Ministério das Finanças, não definiram, qualquer deles, nem provisória, nem definitivamente, a situação jurídica da recorrente.*

Logo, como bem decidiu o aresto, o acto impugnado – homologação pelo Secretário de Estado do Orçamento do parecer n.º 54/2000 – não é fonte de lesividade para a recorrente e, por consequência, não é contenciosamente recorrível".

Posto isto, resta, em sede de questões prévias, conhecer e decidir da invocada falta do dever legal de decidir por parte da autoridade recorrida. À data a que se reportam os autos, e de acordo com o disposto no art. 1.° da respectiva Lei Orgânica aprovada pelo Dec.-Lei n.° 120/ /97, de 16 de Maio, o Instituto Português do Património Arquitectónico (IPPAR) era um organismo dotado de personalidade jurídica, autonomia administrativa e património próprio, atribuindo-lhe ainda o art. 36.° do mesmo diploma, autonomia financeira enquanto gestor de projectos do PIDDAC co-financiados pelo orçamento das Comunidades Europeias.

Como pessoa colectiva de direito público, dotada de autonomia administrativa, integra-se na categoria dos institutos públicos os quais se enquadram no conjunto da administração indirecta do Estado, que deriva da transferência a que o Estado procede de atribuições suas para outras pessoas colectivas de direito público, criadas para o efeito.

A autonomia administrativa caracteriza-se pelo poder de praticar actos que constituem a última palavra da Administração sendo, por isso, insusceptíveis de censura por outros órgãos administrativos e só sindicáveis pelos tribunais administrativos. A autonomia exclui a hierarquia administrativa e confere ao dirigente máximo do serviço público competência própria e exclusiva e daí que dos seus actos não caiba recurso hierárquico, quer necessário quer facultativo.

A tutela administrativa constitui um limite à autonomia administrativa, como um poder conferido por lei ao órgão de uma pessoa colectiva pública de intervir na gestão de outra pessoa colectiva de direito público para autorizar ou aprovar os seus actos ou para os revogar ou modificar. No entanto, a autonomia administrativa é que constitui a regra, sendo a tutela a excepção, só existindo nos casos expressamente previstos na lei e para os efeitos nela determinados. O recurso tutelar, tal como a tutela, é excepcional, tendo, salvo disposição em contrário, carácter facultativo (art. 177.°, n.° 2 do CPA).

O Presidente da Direcção do IPPAR é o dirigente máximo do serviço, competindo-lhe exercer as competências da Direcção (arts. 9.°, 10.° n.ºs 1, 3 e 11.° da citada Lei Orgânica), designadamente, superintender nos serviços e actividades do IPPAR e dos serviços dependentes, bem como coordenar as respectivas actividades, administrar e dispor do património próprio, apreciar as contas dos serviços relativamente às verbas que lhe forem atribuídas e também promover a organização da contabilidade e fiscalização da sua escrituração, assim como fiscalizar a cobrança e arrecadação das receitas, verificar a conformidade legal e regularidade financeira das despesas, a sua eficiência e eficácia e autorizar o respectivo pagamento.

Os Palácios Nacionais da Pena e de Sintra são serviços dependentes do IPPAR (art. 8.° n.° 2 e anexo I do citado diploma).

Não há entre o Presidente do IPPAR e o Ministro da Cultura qualquer relação de hierarquia pelo que não cabia recurso hierárquico da sua decisão de suspender o pagamento à Recorrente dos 25% das receitas em causa.

Por outro lado, da análise da Lei Orgânica do IPPAR retira-se, claramente, que a tutela por parte do Ministro da Cultura que recai sobre este organismo não atinge o sector em causa. Ora, como já se disse, a tutela só existe nos precisos termos em que a lei a confere e para os efeitos nela previstos.

Assim, não havia por parte do Ministro o dever legal de decidir, não se podendo presumir o indeferimento tácito impugnado, como defendem a autoridade recorrida e o Exm.° Magistrado do M°P°.

Pelo exposto, acordam em rejeitar o recurso por falta de objecto e, consequentemente, por ilegal interposição, nos termos do art. 57.° do RSTA.

Custas pela Recorrente.

Taxa de justiça: 250 euros.

Procuradoria: 125 euros.

Lisboa, 3 de Julho de 2007

Isabel Jovita (Relatora)
Rosendo José
Azevedo Moreira

Recurso n.° 47688-12

CONSTRUÇÃO DE VIA PÚBLICA. DELIBERAÇÃO CAMARÁRIA. OBRA DE IMPACTE RELEVANTE. AUDIÊNCIA DOS INTERESSADOS. INTERPRETAÇÃO DA LEI.

(Acórdão de 17 de Maio de 2007)

SUMÁRIO:

I – Nos termos do art. 4.° da Lei 83/95, de 31/08, a decisão sobre a localização e a realização de obras públicas com impacte relevante no ambiente ou nas condições económicas e sociais e de vida em geral das populações devem ser precedidos, na fase de instrução dos respectivos procedimentos, da audição dos cidadãos interessados e das entidades defensoras dos interesses que possam vir a ser afectados por essa decisão.

II – Obras públicas de impacte relevante são as que se traduzem (1) em custos superiores a um milhão de contos e as que, (2) sendo de valor inferior, influenciem significativamente as condições de vida das populações de determinada área.

III – Deste modo, e porque o mencionado normativo declara que se considera que uma obra pública tem *impacte relevante* quando o seu custo for superior a um milhão de contos ter-se-á de entender que esse custo é a totalidade do montante gasto com ela, isto é, que nesse custo estão englobados todos os valores parcelares efectivamente gastos e não apenas uma parte destes.

ACORDAM NA 1ª SECÇÃO DO SUPREMO TRIBUNAL ADMINISTRATIVO:

O Ilustre Magistrado do Ministério Público junto do Tribunal Administrativo de Círculo de Lisboa **interpôs recurso contencioso de anulação da deliberação,** de 24.11.1999, da Câmara Municipal de Cascais, que aprovou o traçado do prolongamento da A5 (IC-15) até à Areia, **alegando** que esta obra, para além de ter um custo superior a um milhão de contos, tinha impacte relevante no ambiente e nas condições económicas e sociais e da vida em geral da população local, pelo que a deliberação que a aprovou devia ter sido, e não foi, precedida de audiência prévia.

Tal omissão constituía violação ao disposto no art. 4.°, n.os 1 e 3, da Lei 83/95, de 31/08, determinante da anulação da deliberação impugnada.

Por sentença de 13/10/2006 foi **dado provimento ao recurso e anulada a decisão impugnada** por ter sido entendido que havia que ouvir os cidadãos e entidades interessadas e que a omissão desta formalidade determinava a sua anulação.

Inconformada a **Câmara Municipal de Cascais recorreu para este Tribunal tendo concluído do seguinte modo**:

I. A via cujo traçado foi fixado pela deliberação sub-judice encontra-se fora da área protegida do Parque Natural de Sintra – Cascais, pelo que são para o caso irrelevantes as conclusões expressas no parecer elaborado pelo professor Eugénio Menezes de Sequeira;

II. O aludido parecer foi elaborado com base em pressupostos de facto errados, pelo que é abusiva a conclusão expressa na douta sentença recorrida;

III. Situando-se a via fora da área protegida do PNASC, não tinha o EIA, que debruçar-se sobre eventuais impactes sob tal área;

IV. É por isso evidente a contradição existente entre a matéria de facto dada como provada e a conclusão expressa na douta sentença recorrida;

V. Por outro lado, para efeitos do preceituado no art. 4.° da Lei n.° 83/95, de 31/08, apenas relevam os custos e investimentos com a obra e não o preço dos terrenos necessários à implantação dessa mesma obra;

VI. No caso vertente a obra em questão, tem um valor inferior a um milhão de contos e de acordo com o EIA, os impactes negativos da obra são reduzidos.

VII. Sendo certo, que o dever de audiência, prende-se apenas com a necessidade de recolher a posição dos cidadãos sobre uma obra que sabendo-se ser necessária, irá ter reflexos negativos nas suas condições de vida.

VIII. Pelo que no caso vertente, a obra de prolongamento da via não está sujeita a prévia audição dos interessados.

IX. A douta decisão recorrida enferma assim de erro de julgamento, na medida em que fez uma interpretação errada do preceituado no art. 4° do supra referido diploma legal, impondo-se em conformidade a sua revogação.

O **M.P. contra alegou para formular as seguintes conclusões:**

1. O Parecer do ilustre Prof. Eugénio Menezes de Sequeira, junto aos autos, recaiu sobre o Estudo Prévio de Impacto Ambiental da construção da infra-estrutura em questão, ao qual apontou omissões relevantes, ao nível dos impactos provocados fora do local de implantação da via.

2. A título de exemplo, aponta o aludido Parecer três impactos considerados importantes fora da área estudada: Impacto sobre o Parque Natural Sintra-Cascais, Recursos Hídricos e Ecologia.

3. O impacto causado sobre o Parque deve-se à proximidade deste com o local previsto para a construção da via projectada, e não ao facto de se ter considerado, como pretende a recorrente, que a construção da via ocorreria em área do Parque.

4. A afirmação da recorrente de que o Estudo Prévio de Impacto Ambiental não tinha que debruçar-se sobre eventuais impactos no Parque Natural Sintra-Cascais por, em tal área, os impactos serem inexistentes é, no mínimo, precipitada pois, como se demonstra no referido Parecer, os impactos existem e são importantes.

5. Não se verifica contradição entre a matéria dada como provada e a conclusão expressa na douta sentença recorrida, uma vez que o Parecer chamado à colação não parte do pressuposto de que a via em questão se situa no interior do Parque Natural Sintra-Cascais.

6. O valor da indemnização a atribuir pelas expropriações necessárias à realização da obra não pode deixar de considerar-se como um investimento com a obra, para efeito do disposto no art. 4.° da Lei n.° 83/95, de 31 de Agosto.

7. No caso em análise, a obra tem um custo de Esc. 705.139.081$00, acrescido de IVA, e o valor das indemnizações a atribuir pelas expropriações é no montante de Esc. 712.980.000$00, o que perfaz um investimento total de Esc. 1.418.119.080$00.

8. Significa isto, que este investimento se caracteriza como tendo impacto relevante, logo, sujeito ao dever de prévia audição dos interessados.

9. Em suma, a decisão recorrida deverá manter-se.

Colhidos os vistos **cumpre decidir**.

FUNDAMENTAÇÃO

I. MATÉRIA DE FACTO

A decisão recorrida julgou **provados os seguintes factos**:

1. Na reunião de 24.11.1999 a Câmara Municipal de Cascais aprovou a proposta apresentada por um dos seus Vereadores, referente à "*Aprovação da fixação do traçado do prolongamento da A5 (IC-15) até à Areia*", do seguinte teor:

"Considerando que:

1. *A Câmara atenta aos problemas de desenvolvimento do Concelho criou uma rubrica para a execução do prolongamento da A5 (IC-*15);

2. *O projecto de execução está perfeitamente definido;*

3. *É urgente aprovar* o *traçado como forma de se dar início a todas as acções imediatas de preparação da empreitada de construção* e *necessárias expropriações.*

Propõe-se que:

Seja aprovado o *traçado proposto no projecto do prolongamento da A5 (IC* 15)".

2. O *"projecto do prolongamento da A5 (IC 15)"* é o que consta do processo instrutor apenso, com cópia parcial a fls. 16 a 139 dos autos, elaborado pela "Diâmetro – Estudos e Projectos", cujo teor integral se dá aqui por reproduzido. Dele consta nomeadamente que:

"A obra em causa desenvolve-se numa extensão de 1.750 Km, no sentido Poente/Nascente. Com inicio junto

à denominação Quinta da Marinha, do lado Sul e *lugar da Areia do lado Norte, terminando na Rua das Glicínias com ligação à EN* 9-1. *Desenvolve-se na freguesia de Birre, concelho de Cascais.*

De acordo com o *PDM de Cascais* o *troço* em *causa está inserido* em *Classe de Espaço Canal, definido como aquele "*que corresponde a áreas a afectar por infra-estruturas e que têm efeito barreira física de espaços que os marginam*".*

Atravessa terrenos marcadamente não urbanizáveis. No entanto, no início do traçado (...) *inserem-se num núcleo urbano consolidado e em expansão com a existência de vivendas unifamiliares, algumas de construção recente de boa qualidade arquitectónica, muradas* e *com aproveitamento de áreas ajardinadas. Beneficiando das infra-estruturas urbanísticas existentes, inserem-se* em *Espaço Urbanizável de baixa densidade.*

As parcelas entre os km (...) *são servidas por algumas infra-estruturas urbanísticas existentes na confinância ou proximidade. Inserem-se na categoria de Espaço Agrícola Nível* 4, *solos planos, argilosos, com boa capacidade produtiva, apresentando-se presentemente alguns incultos, cobertos de vegetação espontânea, ou restolhos de praganosos.*

Entre o *km* (...) *não dispõem de acesso directo* a *vias públicas, nem beneficiam de outras infra-estruturas urbanísticas,* o *solo está coberto por vegetação espontânea* e *as parcelas do PDM encontram-se inseridas* em *Espaços de Protecção* e *Enquadramento, áreas* à *partida "non aedificandi"* e *que "privilegiam a protecção dos recursos naturais ou culturais,* e *salvaguarda dos valores paisagísticos,* e *constituem áreas de compartimentação* e *reestruturação paisagística, de satisfação de procura urbana, oferecendo recursos panorâmicos dignos de protecção ou carecendo de protecção, na constituição perfeita entre os espaços urbanos, espaços agrícolas* e *florestais.*

A parcela (...) *faz parte de um prédio onde está instalada uma unidade fabril* em *laboração* (...)";

3. O troço constituído pelos primeiros 375 metros da via projectada, compreendidos entre a rotunda mais a nascente e o final da Auto-estrada, tem quatro faixas de rodagem (2x2x7,0m), com separador central de 2 metros de largura e bermas laterais de 2 metros cada;

4. O troço seguinte prossegue com as mesmas duas vias, com duas faixas de rodagem de 3,50 metros cada, com separador central de 4 metros, com zonas verdes adjacentes às vias, com 2,50 metros e passeios laterais de 2,50 metros, dividido em 4 rotundas;

5. A via encontra-se programada no Plano Director Municipal de Cascais como corredor a integrar no sistema viário principal e o troço escolhido desenvolve-se dentro do espaço-canal definido no referido Plano;

6. Do programa de concurso para a adjudicação da "*empreitada de construção do prolongamento da A5-(IC-15) até á Areia"* consta como preço base do mesmo 705.139.081$00 não incluindo o IVA;

7. Ao traçado da via serão afectados 49 prédios, correspondendo a uma área de 70.242 m2 e um valor global de 712.980.000$00 para efeitos de expropriação;

8. A pedido da CMC foi elaborado o "estudo de impacte ambiental" cuja cópia está junta a fls. 71 a 234 dos autos, cujo teor integral se dá aqui por reproduzido, no qual foram analisadas cinco possíveis traçados para o "prolongamento da A5-IC15", tendo concluído no que respeita à avaliação global dos impactes nos termos que constam do quadro de fls. 212 e, a final, que em termos gerais as várias soluções de traçado propostas, *"apresentam impactes negativos de importância reduzida";*

9. Sobre aquele estudo foi emitido um parecer pelo Investigador Coordenador Eugénio Menezes de Sequeira – junto a fls. 234 a 249, cujo teor integral se dá aqui por reproduzido – referindo que o mesmo *se limita à avaliação do impacto estritamente no local afectado directamente, isto é, no corredor previsto no PDM para a passagem desta via,* que existem *impactos sérios no local.* Aponta, a *título de exemplo, três impactos importantes que afectam zonas fora da área estudada: Impacto sobre* o *Parque Natural Sintra Cascais; Recursos Hídricos (Águas superficiais* e *recursos hídricos subterrâneos); Ecologia.*

II. O DIREITO

O relato antecedente informa-nos que o Ilustre Magistrado do M.P. junto do TAC de Lisboa interpôs **recurso contencioso de anulação da deliberação da Câmara Municipal de Cascais**, de 24/11/99, **que aprovou o traçado do prolongamento da A5 (IC-15) até à Areia**, por considerar que a referida deliberação tinha de ser, e não foi, precedida de audiência dos cidadãos e entidades interessadas e que tal omissão determinava a sua ilegalidade. Com efeito, **a referida consulta era indispensável** porque, por um lado, se tratava de uma obra com forte impacte no ambiente e nas condições sociais, económicas e de vida da população envolvente e, por outro, tinha um custo superior a um milhão de contos.

E o **Tribunal recorrido considerou** que, efectivamente, o art. 4.º da Lei 83/95, de 31/08, impunha o dever de audição dos cidadãos interessados e das entidades defensoras dos interesses que pudessem ser afectados pela realização de obras com impacte relevante e que influenciassem significativamente as condições de vida das populações envolventes e do ambiente e que, sendo assim, e sendo que a obra em causa tinha essas características impunha-se o cumprimento daquele dever. Para além disso, considerou que aquela obra tinha um custo superior a um milhão de contos e que, também por esta razão, aquela audição era obrigatória. Daí que, tendo tal dever sido omitido, tivesse concluído que **a deliberação impugnada era ilegal e, com esse fundamento, a tivesse anulado.**

A **Câmara de Cascais não aceita esta decisão** por considerar que a via cujo traçado fora aprovado pela deliberação impugnada encontrava-se fora da área protegida do Parque Natural de Sintra – Cascais, pelo que não seriam as consequências que a mesma teria sobre este Parque que iriam tornar obrigatória aquela consulta. Por outro lado, sustentou que só relevavam os custos com a obra propriamente dita e não com o preço dos terrenos necessários à sua implantação e que, sendo assim, a sentença recorrida tinha feito errado julgamento quando afirmara que o custo da obra englobava tanto o custo da empreitada como o valor a pagar pelas expropriações e que, superando esse custo global um milhão de contos, a realização da mencionada audiência era obrigatória. Finalmente, defende que o dever de audiência só tem lugar quando se trate de recolher a posição dos cidadãos sobre uma obra que, apesar de necessária, terá reflexos negativos nas suas condições de vida e a via em causa não iria ter essas consequências.

E daí que solicite a revogação do decidido.

A questão que o recurso nos coloca é, pois, como se vê, a de saber se a deliberação que fixou o traçado do prolongamento da A5 (IC-15) até à Areia tinha de ser precedida de audiência dos cidadãos interessados e das entidades defensoras dos interesses que podiam ser afectados com a sua construção e se, não o tendo sido, a omissão dessa formalidade determinava a ilegalidade da deliberação impugnada.

1. A Lei 83/95, de 31/08, define os casos e termos em que é **conferido e pode ser exercido o direito de participação popular** em procedimentos administrativos destinados a proteger interesses como a saúde pública, o ambiente, a qualidade de vida, a protecção do consumo de bens e serviços, o património cultural e o domínio público (n.os 1 e 2 do seu art. 1.º).

E, nesse sentido, subordinado epígrafe "*Dever de prévia audiência na preparação de planos ou na localização e realização de obras e investimentos públicos*", estabelece o seu

Artigo 4.º

"1 – A adopção de planos de desenvolvimento das actividades da Administração Pública, de planos de urbanismo, de planos directores e de ordenamento do território e a decisão sobre a localização e a realização de obras públicas ou de outros investimentos públicos com impacte relevante no ambiente ou nas condições económicas e sociais e de vida em geral das populações ou agregados populacionais de certa área do território nacional devem ser precedidos, na fase de instrução dos respectivos procedimentos, da audição dos cidadãos interessados e das entidades defensoras dos interesses que possam vir a ser afectados por aqueles planos ou decisões.

2 – Para efeitos desta lei, considera-se equivalente aos planos a preparação de actividades coordenadas da Administração a desenvolver com vista à obtenção de resultados com impacte relevante.

3 – São consideradas como obras públicas ou investimentos públicos com impacte relevante para efeitos deste artigo os que se traduzam em custos superiores a um milhão de contos ou que, sendo de valor inferior, influenciem significativamente as condições de vida das populações de determinada área, quer sejam executados directamente por pessoas colectivas públicas quer por concessionários."

Deste modo, e nos termos desta disposição, **a decisão sobre a localização e a realização de obras públicas com impacte relevante** no ambiente ou nas condições económicas e sociais e de vida em geral das populações devem ser **precedidos**, na fase de instrução dos respectivos procedimentos, da **audição dos cidadãos interessados e das entidades defensoras dos interesses** que possam vir a ser afectados por essa decisão.

E o n.º 3 do mesmo preceito define o que se deve entender por **obras públicas de impacte relevante especificando que estas são as que se traduzem (1)** em custos superiores a um milhão de contos e as que, **(2)** sendo de valor inferior, influenciem significativamente as condições de vida das populações de determinada área, quer sejam executados directamente por pessoas colectivas públicas quer por concessionários.

2. *In casu*, como sabemos, o Sr. Juiz *a quo* considerou que **a via em causa devia ser qualificada como uma obra pública de impacte relevante** por, desde logo, ter entendido que o seu **custo ultrapassava um milhão de contos,** já que este englobava não só os gastos com a empreitada como também os montantes pagos nas respectivas expropriações e essa soma ter ultrapassado aquele valor, entendimento que a Recorrente rejeita.

No entanto, e a nosso ver, o Sr. Juiz *a quo* **decidiu bem** pelo que essa decisão não merece censura.

Com efeito, **na interpretação da lei o primeiro elemento a ter em conta é a sua letra** pelo que se o n.º 3 do art. 4.º da Lei 83/85 declara que se considera que uma obra pública tem *impacte relevante* quando o seu custo for superior a um milhão de contos ter-se-á de entender que esse **custo é a totalidade do montante gasto com ela**, isto é, ter-se-á de entender que nesse custo estão englobados todos os valores parcelares efectivamente gastos e não apenas uma parte destes.

Só assim não seria se o texto legislativo fosse ambíguo, incongruente ou conduzisse a conclusões manifestamente não queridas pelo legislador pois que, nesse caso, haveria que reconstituir o pensamento legislativo e eleger de entre os sentidos possíveis da lei aquele que melhor se adaptava ao seu texto, à unidade do sistema e à vontade presumida do legislador. – vd. art. 9.º do Cod. Civil.

Ora, no caso, não só o n.º 3 daquele art. 4.º é claro como também não se recolhe na referida Lei qualquer indicação que nos possa levar a considerar que o legislador quis coisa diferente do que se retira da literalidade daquele texto legal. Ou seja, em parte alguma da lei se vê que o legislador, para estes efeitos, quis que o custo da obra não fosse o valor total nela gasto – o valor da empreitada acrescido do valor dispendido nas expropriações dos terrenos indispensáveis à sua realização – mas, apenas e tão só, o custo da empreitada.

Sendo assim, e sendo que a empreitada daquela via importou em 705.139.081$00, acrescido de IVA, e que o valor pago pelas expropriações necessárias à mesma atingiu os 712.980.000$00 (pontos 6 e 7 do probatório), ter-se-á de concluir que o custo daquela obra ultrapassou o valor de um milhão de contos referido no n.º 3 do transcrito preceito e, portanto, que a mesma **devia ser qualificada como uma obra com *impacte relevante*, cuja realização obrigava a que fosse precedida de consulta popular**.

E, porque assim, a omissão desta formalidade constituía vício de violação de lei **determinante da anulabilidade da deliberação impugnada**.

Daí que, nesta parte, **sejam improcedentes as considerações do recurso**.

3. A Recorrente insurge-se, ainda, com o facto da sentença recorrida ter entendido que a via em causa **tinha um *impacte relevante* por influenciar significativamente as condições** de vida das populações da área onde a mesma ia ser implantada e de, também por esta razão, ter entendido que se impunha a audição dos cidadãos e das entidades interessadas.

Todavia, como resulta do n.º 3 do art. 4.º da Lei 83/95, as obras públicas com impacte relevante e, por isso, cuja realização tem de ser obrigatoriamente precedida de consulta **são de dois tipos**; por um lado, aquelas que se traduzem em custos superiores a um milhão de contos ou e, por outro, aquelas que, sendo de valor inferior, influenciem significativamente as condições de vida das populações de determinada área.

Sendo assim, e **sendo que o custo da obra em causa foi superior a um milhão de contos, a referida consulta era necessariamente obrigatória.**

Fica, pois, **prejudicada a análise da questão** de saber se, para além disso, a mesma também devia considerar-se de *impacte relevante* por influenciar significativamente as condições de vida das populações atingidas pois que esta análise só relevaria se o valor da obra fosse inferior a um milhão de contos. O que, como se viu, não é o caso.

Termos em que acordam os Juízes que compõem este Tribunal em **negar provimento ao recurso confirmando-se, assim, a decisão recorrida.**

Sem custas.

Lisboa, 17 de Maio de 2007

Costa Reis (Relator)
Rui Botelho
Azevedo Moreira

Recurso n.º 141/07-11

CONVENIÊNCIA. CONCEITOS INDETERMINADOS. DESTACAMENTO.

(Acórdão de 14 de Junho de 2007)

SUMÁRIO:

I- **A expressão "*conveniência da Administração*" justificativa do destacamento contida nos art. 25.º, n.º 3 e 27.º, n.º 6, do DL n.º 427/89, de 7/12 encerra um conceito jurídico indeterminado, cuja ampla indefinição confere à Administração uma larga margem de liberdade no seu preenchimento concreto.**

II- **Os conceitos indeterminados são sindicáveis, pelo menos, em algumas situações típicas, designadamente, (i)"na maioria dos conceitos descritivos cujo critério de avaliação não exige conhecimentos técnicos especiais"(por exemplo, "*grande quantidade*"), (ii)"classes de conceitos indeterminados de valor, cujo critério de concretização resulta, por forma directa da exegese dos textos" legais ("*local apropriado*") (iii)"todos os conceitos de valor cuja concretização envolva juízos mais especificamente jurídicos" e que, portanto não permitem a afirmação de que o tribunal não possui os necessários conhecimentos técnicos ("*jurista de reconhecida idoneidade*").**

III- **Para além dos aspectos vinculados do acto (v.g., a competência), os conceitos indeterminados são sujeitos ao escrutínio do tribunal relativamente aos vícios de forma por falta ou insuficiência de fundamentação, de desvio de poder e de erro sobre os pressupostos de facto. Neste último caso, procederá o vício se for demonstrada a desnecessidade da renovação de um destacamento, contrariamente aos pressupostos do interesse e da conveniência invocados no acto impugnado.**

ACORDAM NA 1ª SUBSECÇÃO DA 1ª SECÇÃO DO STA:

I - RELATÓRIO

Maria Alexandra Campos Figueira da Silva, economista, assessora principal do quadro de pessoal da escola profissional de hotelaria e turismo da Madeira, recorre jurisdicionalmente do acórdão do TCA/Sul, que negou provimento ao recurso contencioso que ali havia interposto do despacho do Sr. **Secretário Regional de Educação do Governo Regional da Madeira**, datado de 13 de Setembro de 2000, que renovou o seu *destacamento* por mais um ano para o Gabinete da Direcção Regional de Educação Especial e Reabilitação com efeitos a partir de 15/09/2000.

Nas suas alegações, apresentou as seguintes conclusões:

«*a) Não se põe em causa que cabe à Administração preencher no caso concreto os conceitos vagos ou indeterminados, no exercício de poderes de natureza discricionária.*

b) Trata-se, no entanto, de questão interpretativa, cujo controle cai o âmbito da função dos tribunais, sem que tal represente uma invasão da esfera da função administrativa;

c) Com efeito, e como hoje constitui jurisprudência e doutrina pacíficas, a qualificação de pressupostos, seja ela jurídica ou técnica, é questão de interpretação sendo, pois, mera questão de actividade de subsunção;

d) A Alegante evidencia nos autos o erro grosseiro de integração do conceito em discussão, de onde deriva a necessária violação directa, pejo despacho impugnado, das normas em que a Entidade recorrida se apoia para a renovação do destacamento,

e) Com efeito, dos documentos juntos aos autos com a petição de recurso mostra-se que não poderia haver qualquer razão de facto justificativa do destacamento;

f) Daí que, ao contrário do que vem fundamentado no douto Acórdão recorrido, se verifica no caso um manifesto erro sobre os pressupostos decisórios do destacamento e da sua renovação;

g) Por essa via, verifica-se uma clara ofensa dos Artigos 25.º, n.º 2 e 27.º, n.º 6 do Decreto-Lei n.º 427/89.

h) O douto Acórdão recorrido viola, pois, os apontados preceitos legais, devendo, por isso, ser anulado».

***

Também a entidade recorrida alegou, pugnando pela improcedência do recurso.

Cumpre decidir.

II - OS FACTOS

O tribunal "a quo" julgou assente a seguinte factualidade:

«i. A recorrente detém a categoria de Assessora Principal, pertencendo ao quadro da Escola Profissional de Hotelaria e Turismo da Madeira.

ii. Em 13-9-99, o Secretário Regional de Educação do Governo Regional da Madeira exarou um despacho com o seguinte teor:

"*Considerando que a Drª Maria Alexandra Campos Figueira da Silva, Assessora Principal do quadro de pessoal da Escola Profissional de Hotelaria e Turismo da Madeira, para além da sua vasta experiência profissional como técnica superior na área financeira, exerceu durante largo tempo o cargo de Directora Administrativo-Financeira da Escola de Hotelaria e Turismo da Madeira;*

Considerando que importa potenciar a sua vasta experiência profissional e reconhecida competência na área financeira para sectores estratégicos da Secretaria Regional de Educação;

Considerando que o Gabinete de Assessoria da Direcção Regional de Educação Especial e Reabilitação necessita de funcionário experiente na área financeira;

Considerando ainda ser de extremo interesse e conveniência para a administração dotar aquele serviço de um funcionário com a experiência e conhecimentos técnicos da Assessora Principal, Drª Maria Alexandra Campos Figueira da Silva, face às competências que organicamente lhe estão cometidas;

Nestes termos e ao abrigo do artigo 27.º, conjugado com o n.º 3 do artigo 25.º do Decreto-Lei n.º 427/89, de 7 de Dezembro, alterado pelo Decreto-Lei n.º 175/95, de 21 de Julho e pelo Decreto-Lei n.º 218/98, de 17 de Julho, e com o artigo 21.º do Decreto Regulamentar Regional n.º 13-A/97/M, de 15 de Julho, determino o seguinte:

1 – Destacar a Assessora Principal do quadro de pessoal da Escola Profissional de Hotelaria e Turismo da Madeira, Drª Maria Alexandra Campos Figueira da Silva, para o Gabinete de Assessoria da Direcção Regional de Educação Especial e Reabilitação.

2 – O destacamento é feito por um ano, renovável por iguais períodos.

3 – O destacamento produz, eleitos a partir de 15 de Setembro de 1999." [cfr. fls. 16/17 dos autos, cujo teor aqui se dá por integralmente reproduzido].

iii. Com data de 6 de Janeiro de 2000, o Director Regional de Educação Especial e Reabilitação proferiu o Despacho n.º 1/2000, com o seguinte teor:

"*Considerando que, por despacho de Sua Excelência o Senhor Secretário Regional de Educação, de 99.09.13, a Assessora Principal do quadro de pessoal da Escola Profissional de Hotelaria e Turismo da Madeira, Drª Maria Alexandra Campos Figueira da Silva, foi destacada para o Gabinete de Assessoria da Direcção Regional de Educação Especial e Reabilitação.*

Considerando que, nos termos do disposto no artigo 21.º do Decreto Regulamentar Regional n.º 13-A/97/M, de 15 de Julho, que aprovou a estrutura orgânica da DREER, o Gabinete de Assessoria é um serviço com funções de consulta, competindo-lhe, nomeadamente, emitir pareceres, elaborar estudos e promover de modo adequado a recolha, compilação, sistematização, tratamento e difusão de legislação e documentação de interesse para a DREER.

Atendendo a que os funcionários da categoria de Assessor Principal exercem uma actividade de concepção cujo conteúdo funcional se caracteriza genericamente em funções consultivas de natureza científico-técnica exigindo um elevado grau de qualificação, de responsabilidade, iniciativa e autonomia, assim como um domínio total da área de especialização e uma visão global de administração que permita a interligação de vários quadrantes e domínios de actividade, tendo em vista a preparação de tomada de decisão e ao pessoal Técnico Superior incumbe, "grosso modo" conceber e desenvolver projectos, elaborar pareceres e estudos e prestar apoio técnico no âmbito das respectivas formações e especialidades.

Atendendo a que "a descrição dos conteúdos funcionais não pode, em caso algum, constituir fundamento para o não cumprimento do dever de obediência e não prejudica a atribuição aos funcionários de tarefas de complexidade e responsabilidade equiparáveis, não expressamente mencionadas" conforme prescrito no n.º 4 do artigo 9.º do Decreto-Lei n.º 248/85, de l5 de Julho.

Considerando ainda que a experiência já adquirida nesta Direcção Regional faz presumir o pleno conhecimento da sua orgânica, gestão e funcionamento.

Solicita-se à Srª Drª Maria Alexandra Campos Figueira da Silva a elaboração, em prazo não superior a 20 dias, de um relatório englobando a descrição e a qualificação do conteúdo específico das suas funções que considera adequadas nos serviços, na respectiva área funcional de economia, tendo presente a necessidade de um redimensionamento do Gabinete de Assessoria e a adequada articulação funcional com os demais recursos humanos daquele serviço". [cfr. fls. 18 dos autos, cujo teor aqui se dá por integralmente reproduzido].

iv. Em resposta ao solicitado, a recorrente elaborou uma informação com o seguinte teor:

"*Maria Alexandra Figueira da Silva, Assessora Principal do Quadro de Pessoal da Escola de Hotelaria e Turismo da Madeira, em exercício de funções nesta Direcção Regional, determinado por Despacho do Senhor Secretário Regional de Educação, datado de 13 de Setembro de 1999, nos termos do Despacho número 1/2000, emitido pelo Director Regional de Educação Especial e Reabilitação, vem em conformidade, informar o seguinte:*

1. Nos termos do número 2 do artigo 21.º do Decreto Regulamentar Regional n.º 13-A/97/M, de 15 de Julho, que aprovou a Lei Orgânica da Direcção Regional de Educação Especial e Reabilitação, o Gabinete de Assessoria deverá ser dirigido por um Coordenador a designar pelo Director Regional.

2. No entender da signatária será a este Coordenador que compete fazer a ligação entre os serviços de assessoria e o Director Regional, bem como, estabelecer os critérios e formas de relação entre os serviços de assessoria e os demais serviços da Direcção.

3. A inexistência deste Coordenador faz recair sobre o Director Regional as funções e responsabilidades a ele cometidas.

4. A signatária conhece os termos do diploma que aprovou a estrutura orgânica da DREER, o conteúdo genérico da categoria de Assessor Principal no contexto da carreira técnica superior, bem como a norma do artigo 9.º, n.º 4 do DL n.º 248/85, de l5 de Julho.

5. À signatária nunca se suscitou sequer a eventualidade de não cumprir o dever de obediência, quer relativamente ao despacho exarado por V.Exª, quer a qualquer outra ordem de serviço, tomada na forma e conteúdo legais.

6. A signatária acedeu a este serviço no mês de Outubro de 1999 não tendo sido apresentados aos demais serviços da Direcção e informada da realidade dos mesmos. Não lhe foi solicitada desenvolver qualquer actividade durante o período em que vem exercendo funções nesta Direcção. Desconhece a signatária – nem a tanto era obrigada – quer pelas condições de trabalho que [não lhe] foram oferecidas, quer pelo que decorre das suas obrigações legais, quais as necessidades desta Direcção no que concerne à sua área de formação e à sua longa experiência profissional já adquirida.

7. Refira-se a este propósito que o Despacho acima referido e que determinou o destacamento da signatária para esta Direcção, deixava antever – ao contrário do que se verifica – ter, a essa data, já sido determinado o contributo que a signatária daria à Direcção.

8. Não obstante o que acima se disse, sempre se insistirá na ideia de que é necessário que se estabeleçam as necessidades da Direcção e que se determine, igualmente, o investimento a ser efectuado na aquisição de equipamento informático – para uma maximização económica e operacional dos serviços – de forma a que a Direcção possa desenvolver a sua actividade com maior grau de eficácia.

9. As limitações que a signatária tem na formulação de uma resposta mais completa ao que lhe foi solicitado, não lhe sendo imputadas mas determinando o conteúdo da mesma, não deverão ser interpretadas como acto de desobediência mas outrossim, consequência natural de uma determinação não exigível e da inexistência de condições que permitam uma resposta.

10. Reiterando a minha disponibilidade em colaborar com V.Exª e esta Direcção Regional em tudo o que me é atribuído." [cfr. fls. 19/20 dos autos, cujo teor aqui se dá por integralmente reproduzido].

v. Por requerimento datado de 26-1-2000, e dirigido à entidade recorrida, a recorrente expôs e requereu o seguinte:

"Por deliberação de V.Exª datada de 13-9-99 foi a signatária "destacada" com efeitos a partir de 15-9-99, para o Gabinete de Assessoria da Direcção Regional de Educação Especial e Reabilitação.

Esta decisão era tomada em conformidade com a exigência resultante do artigo 27.º, n.º 6 e n.º 3 do artigo 25.º do DL n.º 427/89, com a redacção que lhe foi dada pelo DL n.º 218/98, de 17/6, ou seja, apresentava-se como "devidamente fundamentada" através da invocação da "necessidade" que se verificaria no Gabinete de Assessoria da Direcção Regional de Educação Especial e Reabilitação dos serviços de "um funcionário experiente na área financeira" como é o caso da signatária, "face às competências que organicamente lhe estão cometidas".

Porém, após estarem decorridos mais de quatro meses, a signatária tem permanecido ininterruptamente inactiva no Serviço para onde foi destacada, o que, desde logo, levaria a supor que não existia qualquer necessidade que exigisse a sua colaboração.

Suposição que se encontra neste momento inteiramente confirmada por força de despacho do Sr. Director Regional da Educação Especial e Reabilitação, de que se junta cópia, e no qual é solicitado à signatária que elabore um relatório em que explicite quais as funções que poderá desempenhar nos serviços para onde foi destacada.

Ora, se o Sr. Director Regional responsável máximo por esses serviços, ignora quais sejam as tarefas que devem ser cometidas à signatária, apenas é possível concluir que, ao fim e ao cabo, não existe a necessidade que foi invocada no despacho que ordenou o destacamento, pois, como é óbvio e resulta dos próprios termos do despacho, essa necessidade deveria ser patente e premente, pois, só nesses condições, se acharia cumprido o requisito que é exigido pelo artigo 25.º, n.º 3 atrás citado.

Independentemente deste aspecto, não pode a signatária deixar de sublinhar que o seu quadro de origem se reporta a um estabelecimento público de ensino secundário dotado de autonomia administrativa, financeira e patrimonial aonde todo o pessoal admitido após 21-3-99 ficou sujeito ao regime do contrato individual de trabalho, o que significa que se trata de um serviço com uma organização e funcionamento muito específicos e, por isso, dificilmente equiparável às condições da Direcção Regional para onde se encontra destacada.

Esta evidente especificidade do seu lugar de origem, tornaria ainda mais clara a necessidade de existirem especiais tarefas adequadas ao seu perfil e carreira profissionais, no lugar para onde foi destacada, o que, como atrás se disse, não se veio a confirmar.

Face ao exposto e porque, na prática, não se verificam os pressupostos da decisão de destacamento, como é expressamente reconhecido pelo Sr. Director Regional da Educação Especial e Reabilitação, requer a V.Exª que seja o mesmo dado por findo, com o regresso da signatária ao lugar do quadro que lhe pertence." [cfr. fls. 21/22 dos autos, cujo teor aqui se dá por integralmente reproduzido].

vi. Com data de 2 de Janeiro de 2000, o Director Regional de Educação Especial Reabilitação proferiu o Despacho n.º 2/2000, com o seguinte teor:

"Como é do conhecimento da Drª Maria Alexandra Figueira da Silva, Assessora Principal, no próprio dia do seu comparecimento ao serviço desta Direcção Regional, após reunião, o respectivo Director Regional procedeu à apresentação pessoal da exponente à Divisão de Serviços Administrativos, incluindo as Secções, e aos restantes elementos do Gabinete de Assessoria.

Considerando as atribuições orgânicas deste Gabinete de Assessoria mais concretamente, foi solicitado que, em conjunto com o Dr. António Rui, técnico superior da respectiva área, elaborassem uma proposta de trabalho por forma a que os objectivos a prosseguir fossem alcançados, com a salvaguarda das especificidades técnicas e dignidade profissional de cada um dos elementos em causa.

Do pedido anteriormente referido não dimanou qualquer resultado prático, razão – pelo qual se exarou o Despacho n.º 1/2000, de 6 de Janeiro, a que agora responde.

Conclui-se, ainda, que ao contrário do solicitado a técnica não apresenta uma proposta de trabalho consignando a descrição e a qualificação do conteúdo específico das suas funções, justificando o facto em alguns considerandos que nesta fase não importa controverter, mas antes procurar atingir o fim a que nos propusemos.

Nestes termos solicito:

1. Ao Dr. António Rui para, conjuntamente com os demais elementos afectos ao Gabinete de Assessoria, elaborar um programa de visitas de trabalho aos Serviços considerados de interesse para o fim em apreço.

2. O referido plano ser-me-á presente a fim de providenciar junto das chefias as condições adequadas a que o mesmo se concretize com a maior brevidade possível.

3. Concluídas as citadas visitas e com base no conhecimento entretanto adquirido, julgo ficarem reunidas as condições para que seja dado cumprimento ao meu Despacho n.º 1/2000, de 6 de Janeiro.

Dê-se conhecimento a cada um dos elementos do Gabinete de Assessoria." [cfr. fls. 27 dos autos, cujo teor aqui se dá por integralmente reproduzido].

vii. Com data de 21.2.2000, o Director Regional de Educação Especial e Reabilitação remeteu à chefe de gabinete do recorrido o ofício n.º 709, com o seguinte teor:

"*Com referência ao V. Ofício 000310/1, de 2000-02-16, e em cumprimento do Despacho de Sua Excelência o Senhor Secretário Regional de Educação, de 2000-02-15, exarado no requerimento subscrito por Maria Alexandra Campos Figueira da Silva, vimos esclarecer o seguinte:*

1 – No âmbito das atribuições orgânicas do Gabinete de Assessoria da DREER foi solicitado à requerente que, "em conjunto com o Dr. António Rui, técnico superior da respectiva área, elaborassem uma proposta de trabalho por forma a que os objectivos a prosseguir fossem alcançados, com a salvaguarda das especificidades técnicas e dignidade profissional de cada um dos elementos em causa ". — [Doc. n.º 1].

2 – Do pedido anteriormente referido não dimanou qualquer resultado prático, razão pelo qual se exarou o Despacho n.º 1/2000, de 6 de Janeiro, já junto ao processo pela requerente.

3 – Em resposta a visada prestou a informação que se anexa. — [Doc. n.º 2].

4 – Como consequência, conforme melhor se alcança do Despacho n.º 2/2000, elaborou-se um programa de visitas de trabalho aos Serviços considerados de interesse que, tão só não foi ainda executado por força do atestado médico entretanto apresentado pela funcionária destacada.

5 – Desta guisa, conclui-se que a actuação da Direcção Regional nunca foi a de manter a dita funcionária inactiva no Serviço. Antes pelo contrário, compulsando os Despachos 1/2000, de 6 de Janeiro, e 2/2000, de 26 de Janeiro, conclui-se inequivocamente pelo interesse premente na actividade profissional da exponente e pela lisura do procedimento adoptado.

6 – Aproveitamos ainda a oportunidade para informar que durante a permanência da requerente nos Serviços, os períodos de 15/Set/99 a 22/Out/99, e de 10/Fev/2000 até à data correspondem a faltas por doença, o período de 2 a 21 Dez/99 corresponde a férias, e que nos dias 7, 14 e 21 de Jan. 2000 e 4 de Fev. 2000 aquela foi dispensada da comparência ao serviço. – [Doc. n.º 3 da Secção de Expediente e Pessoal que aqui se junta e dá por integralmente reproduzido]" – Cfr. fls. 25/26 dos autos, cujo teor aqui se dá por integralmente reproduzido].

viii. No rosto do ofício a que se alude em vii., a entidade recorrida exarou o seguinte despacho, datado de 25-3-2000:

"*Remeta cópia do presente à requerente, sublinhando, nomeadamente, o explicitado em 5.*" [idem, fls. 25 dos autos, cujo teor aqui se dá por integralmente reproduzido].

ix. A recorrente foi notificada do despacho a que se alude em viii através do ofício n.º 000577, de 30-3.2000 [Cfr. fls. 24 dos autos, cujo teor aqui se dá por integralmente reproduzido].

x. Com data de 5-4-2000, a recorrente dirigiu ao Secretário Regional de Educação da Madeira um requerimento com o seguinte teor:

"*Maria Alexandra Campos Figueira da Silva, face ao ofício de V. Exª nº 000577, de 30-3-2000, com a referência 1.57/00, vem dizer o seguinte:*

A exposição do Sr. Director Regional de Educação Especial e Reabilitação apenas vem confirmar o conteúdo do anterior requerimento da signatária, ou seja constata-se que após terem decorrido vários meses, ainda não existem funções definidas que fossem atribuídas à signatária, sendo óbvio que "visitas" aos serviços, mesmo pomposamente designadas de "trabalho" apenas podem corresponder a uma total indefinição quanto às tarefas que lhe caberiam.

Com efeito a "imperiosa urgência e conveniência de serviço que levaria a signatária para esta Direcção Regional não consistirá seguramente em visitas...".

Ou, por outras palavras, o despacho de V. Exª que ordenou o destacamento [diga-se compulsivo] é claro e apenas admite a interpretação de que existiam, nesse momento na Direcção Regional de Educação Especial e Reabilitação, tarefas bem determinadas e que necessitavam da especifica colaboração da signatária na sua execução, caso contrário não faz qualquer sentido o teor do mesmo nos seus parágrafos segundo e quarto:

"Considerando que importa potenciar a sua vasta experiência profissional e reconhecida competência na área financeira para sectores estratégicos..." "Considerando ainda ser de extremo interesse para a administração dotar aquele serviço de um funcionário com a experiência e conhecimentos técnicos da Assessora Principal, Drª Maria Alexandra Campos Figueira da Silva...".

A experiência de sete meses veio a demonstrar que a realidade era diversa, o que veio a ser confirmado pelas dificuldades do Sr. Director Regional em definir quaisquer funções concretas, situação que apenas vem atribuir maior acuidade à pretensão que a signatária dirigiu a V.Exª, ou seja o fim do destacamento que lhe foi imposto.

Aguardando-se por isso que recaia qualquer decisão quanto àquele pedido formulado em 26-1-2000." [Cfr. fls. 33/34 dos autos, cujo teor aqui se dá por integralmente reproduzido].

xi. Em resposta ao requerimento a que se alude em x., o Gabinete do Secretário Regional de Educação remeteu à recorrente o ofício n.º 001288, datado de 15-6-2000, com o seguinte teor:

"*Em referência ao Vosso requerimento, datado de 2000/04/05, encarrega-me Sua Excelência o Secretário Regional de Educação de transcrever a V. Exª o teor do seu Despacho datado de 2000/06/09:*

"Face ao parecer da Direcção Regional de Educação Especial e Reabilitação informe-se em conformidade com os parágrafos 1) e 2) do respectivo parecer, solicitando-lhe, em conformidade, que assuma integralmente as funções que lhe estão cometidas pelo Director Regional"

Parecer:

"1) As conclusões vertidas no requerimento da funcionária acima identificada são manifestamente abusivas.

2) Demonstram, só, que desde a primeira hora não se disponibilizou para a colaboração com a Educação Especial e aceitação da respectiva integração nos serviços da orgânica da Direcção Regional de Educação

Especial e Reabilitação, subscrevendo sucessivos pedidos para sustação do destacamento, sem fundamento verdadeiro e atendível, revelando, assim, a sua real intenção." [Cfr. fls. 36/37 dos autos, cujo teor aqui se dá por integralmente reproduzido].

xii. O Secretário Regional de Educação da Madeira exarou em 13 de Setembro de 2000 um despacho com o seguinte teor:

"*Por despacho do Secretário Regional de Educação de 13-9-99, a Drª Maria Alexandra Campos Figueira da Silva, Assessora Principal do quadro de pessoal da Escola Profissional de Hotelaria e Turismo da Madeira foi destacada para o Gabinete de Assessoria da Direcção Regional de Educação Especial e Reabilitação, por um período de um ano, com efeitos a partir de 15 de Setembro de 1999.*

Considerando ser de extremo interesse e conveniência para a Administração, face à experiência e conhecimentos técnicos da aludida Assessora Principal, que a mesma se mantenha nos serviços da Direcção Regional de Educação Especial e Reabilitação.

Nestes termos e ao abrigo do artigo 27.°, conjugado com o n.° 3 do artigo 25.° do Decreto-Lei n.° 427/89, de 7 de Dezembro, alterado pelo Decreto-Lei n.° 218/98, de 17 de Julho, e com o artigo 21.° do Decreto Regulamentar Regional n.° 13-A/97/M, de 15 de Julho, determino o seguinte:

1 – Renovar o destacamento por um ano, da Assessora Principal, do quadro de pessoal da Escola Profissional de Hotelaria e Turismo da Madeira, Drª Maria Alexandra Campos Figueira da Silva, para o Gabinete de Assessoria da Direcção Regional de Educação Especial e Reabilitação.

2 – A renovação do destacamento produz efeitos a partir de 15 de Setembro de 2000." [Cfr. fls. 7 dos autos, cujo teor aqui se dá por integralmente reproduzido].

xiii A recorrente interpôs neste TCA recurso contencioso do despacho referido em xi., a que veio a caber o n.° 4806/2000, da 1ª Secção, ao qual foi negado provimento, por acórdão datado de 13-2-2003, posteriormente confirmado por acórdão do STA, datado de 19-11-2003 [Cfr. recurso n.° 01127/03, da 1ª Subsecção do CA do STA, disponível para consulta em www.dgsi.pt/jsta].

xiv. O acto recorrido é o identificado em xii.

III – O Direito

A recorrente imputava ao despacho em crise os vícios de:

i – violação de lei (art. 27.°, conjugado com o art. 25.°, n.° 3, do DL n.° 427/89, de 7/12 – alterado pelo DL n.° 218/98, de 17/7 – e com o art. 21.° do Decreto Regulamentar Regional n.° 13-A/97/M, de 15/07) e de

ii – erro sobre os pressupostos de facto.

Fundamentava-os na circunstância de nunca ter havido interesse e/ou conveniência no seu destacamento para o Gabinete de Assessoria da Direcção Regional de Educação Especial e Reabilitação, nem interesse e/ou conveniência na respectiva renovação.

O aresto impugnado, depois de reconhecer que o destacamento – especialmente por ter sido de iniciativa oficiosa – se deveria basear em "*conveniência de serviço*" e que este é um conceito indeterminado a preencher casuisticamente pela Administração, concluiu que a recorrente mais não fez do que sindicar o "(de)mérito" da renovação do seu destacamento, isto é, a "*conformidade dos aspectos discricionários do acto – renovar ou não renovar – com a conveniência do interesse público*". E por entender que, nestes casos, a valoração efectuada pela Administração sobre a conveniência no seu destacamento não pode ser sindicada pelo Tribunal (que apenas aprecia os juízos administrativos por critérios jurídicos e apenas nos seus aspectos vinculados), a não ser em casos de erro flagrante ou de injustificação manifesta (em sua óptica, aqui inexistentes) negou provimento ao recurso.

Vejamos.

Não se duvida que a recorrente desferiu o ataque contencioso à desnecessidade do seu destacamento, insistindo no facto de – desde que tal aconteceu e mesmo após a renovação, "passados todos estes anos" – continuar inactiva e sem nada que fazer, segundo diz. Era esta uma forma de dizer que, ao contrário do que resultava do acto impugnado, não havia conveniência no seu destacamento, nem na sua renovação.

Ora, é verdade que a lei permite, efectivamente, que o destacamento seja feito por «*conveniência da Administração*» (art. 25.°, n.° 3, "ex. vi art. 27.°, n.° 6, do DL n.° 427/89, de 7/12). A sentença fez uma extensão do conceito, abordando-a como se fosse "conveniência de serviço". Bem, conquanto a literalidade da expressão normativa não seja coincidente com aquela sobre a qual a sentença tergiversou, concedemos que ela encerra um *conceito vago* ou *indeterminado*, que a Administração casuisticamente deve valorar, concretizar, enfim, precisar e definir ("determinar"). Nesta perspectiva, estamos de acordo com a sentença em crise com a qualificação atribuída.

Ora, se ninguém já admite que essa valoração escape a toda e qualquer sindicabilidade contenciosa, mal se aceita, por outro lado, que a apreciação judicial se possa restringir às situações em que o caso levado a juízo evidencia um erro grosseiro ou manifesto (tese da sentença).

Sobre o assunto, de resto, o acórdão do STA de 18/06//2003, Proc. n.° 01283/02 asseverou:

«*Como este Supremo Tribunal vem ultimamente decidindo, ao usar tais termos o legislador não está a entregar à Administração poderes discricionários, mas a fixar-lhe um quadro de vinculação, se bem que mitigado pela possibilidade de preenchimento de conceitos vagos e indeterminados – v. sobre a matéria os Acs. deste STA de 22.9.09, P. n.° 44.217, 11.5.99, P. n.° 43.248, e 29.3.01, P. n.° 46.939, de 20/6/02, P.41.706, de 11/3/03, P.42.973 e de 26/3/03, P.1168/02*».

Como se refere no acórdão deste STA de 10-12-98, tirado no Processo n.° 37.572, "*conceitos indeterminados são aqueles que, por concreta opção do legislador, envolvem uma definição normativa imprecisa e a que se terá de dar, na fase de aplicação, uma definição específica; em face dos factos concretos, de tal forma que o seu emprego exclui a existência de várias soluções possíveis, uma vez que se impõe uma única solução (a concreta) para o caso em concreto. Não estamos, aqui, no domínio da discricionariedade.*

Nos conceitos indeterminados, a lei refere-se a uma realidade cujos contornos e limites não aparecem bem delineados no seu conceito enunciado, mas que, contudo, resulta também claro que se pretende ver delineado um pressuposto concreto.

Estamos, assim, no campo da aplicação da lei, já que, no fundo, se trata de subsumir os factos a uma determinada categoria legal contida em conceitos indeterminados" (Neste sentido e na perspectiva geral do problema, **Fernando Azevedo Moreira,** in *Revista de Direito Público*, n.º 1, pg. 67 e ss.[1]).

Na verdade, e para já não falar nos aspectos vinculados do acto (v.g., a competência) – que sempre permitirão a sua apreciação judicial –, se a Administração se limitar a refugiar-se no conceito, servindo-se dele para justificar o acto sem qualquer outra explanação de motivos, obviamente que o acto administrativo poderá ser sindicado com base em vício de forma por falta ou insuficiência de fundamentação. Da mesma maneira, não está afastada a possibilidade de controlo nos casos em que se lhe aponte desvio de poder e erro sobre os pressupostos de facto. Aliás, é enorme a importância de que se reveste este último vício, particularmente em casos deste género (também nos de actuação discricionária), uma vez que do seu êxito decorrerá a demonstração de que o preenchimento do conceito foi mal efectuado pela Administração e que, por conseguinte, a situação concreta não corresponde à realidade e à exactidão dos factos representados pela Administração.

E foi com a mesma eloquência que ainda este tribunal defendeu um controle judicial mais amplo dos conceitos indeterminados.

Disse-se, com efeito:

«*... o uso de conceitos indeterminados, não é uma fórmula de concessão à autoridade de uma qualquer margem de apreciação insusceptível de controle judicial pleno ulterior, sem embargo da existência de situações, em que, por razões essencialmente práticas se aceite redução do controle judicial, em situações em que as normas contenham juízos de valor de carácter não jurídico, fazendo apelo a regras técnicas, científicas, ou juízos de prognose, valorizações subjectivas de situações de facto...*

... Nas situações, de conceitos meramente descritivos, dos que contenham conceitos de valor cuja concretização resulte de mera exegese dos textos legais, sem necessidade de recurso a valorações extra legais ou quando tais juízos envolvam valorações especificamente jurídicas, o tribunal haverá de proceder ao controle pleno, designadamente de interpretação/aplicação realizada pela Administração no acto prolatado ao seu abrigo...» (*Ac. do STA de 20/11/2002, Proc. n.º 0433/02*).

Recentemente, outro aresto deste Tribunal continuou a pronunciar-se em favor da sindicabilidade contenciosa dos conceitos indeterminados – ainda na linha de Azevedo Moreira – nos seguintes casos: *«(i)"na maioria dos conceitos descritivos cujo critério de avaliação não exige conhecimentos técnicos especiais"(por exemplo, "grande quantidade"), (ii)"classes de conceitos indeterminados de valor, cujo critério de concretização resulta, por forma directa, ... da exegese dos textos" legais ("local apropriado") (iii)"todos os conceitos de valor cuja concretização envolva juízos mais especificamente jurídicos" e que, portanto não permitem a afirmação de que o tribunal não possui os necessários conhecimentos técnicos ("jurista de reconhecida idoneidade"). De igual modo, Marcelo Rebelo de Sousa, "Lições de Direito Administrativo, I, 111, defende que "Apurado que seja um conceito indeterminado, podemos reiterar o que atrás dissemos: a sua interpretação e aplicação não são discricionárias e, por conseguinte, são jurisdicionalmente controláveis*» (*acórdão de 17/01/2007, Proc. n.º 01068/06*).

Ora, se tudo isto é assim, não pode dizer-se que o conceito "*conveniência da Administração*" esteja subtraído ao escrutínio do tribunal. Trata-se, com efeito, de uma ampla indefinição que confere à Administração uma larga margem de liberdade no seu preenchimento concreto, próximo da discricionariedade (Forsthof dizia, por exemplo, que "*conveniência de serviço*" ou "*melhor estruturação da Administração Pública*" são «*numa perspectiva, conceitos discricionários e, noutra, conceitos de interpretação*»: apud, Azevedo Moreira, *ob. cit.*, 87. Mário Esteves de Oliveira, chega mesmo a entender que a aplicação concreta deste conceito "*conveniência*" é feita no âmbito de um poder discricionário da Administração, in *Direito Administrativo*, pag. 246).

Revertendo ao caso presente, se temos por inquestionável que a Administração fez um preenchimento fecundo do conceito logo por ocasião do destacamento, (ver facto *ii*), não é menos certo que, embora de forma bem parca, o continuou a fazer no despacho de renovação, na medida em que considerou «*...ser de extremo interesse e conveniência para a Administração, face à experiência e conhecimentos técnicos da aludida Assessora Principal que a mesma se mantenha nos serviços da Direcção Regional de Educação Especial e Reabilitação*» (facto *xii*). Havia, portanto, *interesse* e *conveniência* na manutenção da recorrente em funções na DREER.

Ponto é saber se esse preenchimento está correcto, isto é, se condiz com a realidade, se os pressupostos em que ele se fundou são reais.

E essa é, por enquanto, questão ainda não decidida.

Efectivamente, o que é preciso é ver até que ponto a prova dos factos alegados pela recorrente concretiza, ou não, a falta de interesse e de conveniência na manutenção do destacamento, pressupostos que estiveram na base do acto em causa.

Essa, porém, é tarefa que em primeiro grau de jurisdição cumpre efectuar pelo tribunal "a quo". Só ele, após a avaliação que dos elementos de prova fizer, poderá concluir pela eventual existência do vício. E como ainda o não fez, a ele terão os autos que voltar para o efeito.

IV – DECIDINDO

Face ao exposto, acordam em dar provimento ao recurso, revogando-se o acórdão recorrido e ordenando-se a baixa dos autos ao TCA para os sobreditos termos e efeitos.

Sem custas.

Lisboa, 14 de Junho de 2007

Cândido de Pinho (relator)
Azevedo Moreira
Adérito Santos

Recurso n.º 1057/06-11

[1] Para este autor estariam excluídas da apreciação pelos tribunais situações muito específicas: (i) actos praticados por órgãos autónomos (v.g. *juris de exames* ou *de avaliação de conhecimentos*, (ii) certas avaliações, operadas sem a autonomia do ponto anterior (v.g. *avaliação de funcionários*), (iii) as hipóteses da chamada discricionariedade técnica, desde que reduzida a limites muito estreitos (v.g. *importância de um monumento*) e (iv) aqueles casos em que se verifica uma conexão particularmente íntima entre o exercício de uma competência discricionária e o seu pressuposto vinculado (v.g., *distúrbios violentos* justificativos das intervenções policiais) – ob. cit., fls. 69 a 75.

CPTA. RECURSO DE REVISTA (ART. 150.º DO CPTA). LEGITIMIDADE ACTIVA DE ASSOCIAÇÕES E FUNDAÇÕES. PROVIDÊNCIA CAUTELAR (PEDIDO DE SUSPENSÃO DE EFICÁCIA DE ACTO ADMINISTRATIVO).

(Acórdão de 17 de Maio de 2007)

SUMÁRIO:

I – Legitimidade para impugnar um acto administrativo, ou requerer providência cautelar com ele relacionada (112.º, n.º 1, do CPTA), encontra-se prevista no art. 55.º.

II – A legitimidade activa de uma associação ou fundação pode filiar-se nas alíneas *a*), *c*) ou *f*) do seu n.º 1.

III – A legitimidade activa de uma associação, fundada nas alíneas *c*) ou *f*), só existirá na justa medida em que actue na defesa dos interesses, bens ou valores que se insiram no seu objecto social, no cumprimento das finalidades e objectivos para que foi constituída (alíneas *c*) e *f*) do n.º 1 e art. 9.º, n.º 2, do CPTA, para que esta remete, e alínea *b*) do art. 3 da LAP, a Lei n.º 83/95, de 31.8).

IV – Trata-se de dar cumprimento a um princípio de harmonia e coerência (especialidade) e de não permitir o acesso irrestrito aos tribunais, que são um bem caro, pautando esse acesso sempre por interesses, num caso, interesses directos e pessoais dos destinatários (art. 55, n.º 1, a)), no outro, interesses comuns da sociedade (ou de partes dela) que, sendo associações ou fundações, são ditados pela própria razão de ser da sua existência, razão de ser que está identificada no seu escopo estatutário.

V – Assim, a Associação de Mulheres em Acção, constituída a coberto do regime jurídico instituído pela Lei n.º 95/88, de 17.8, que tem como escopo "*a eliminação da discriminação e a promoção da igualdade entre homens e mulheres*", não tem legitimidade para impugnar o acto administrativo (ou requerer a suspensão da sua eficácia) que permitiu a colocação no mercado do medicamento NORLEVO, se a fundamenta num qualquer direito visando a defesa da saúde pública (a saúde da mulher), já que este valor constitucional se não insere no seu objecto, ou seja, no conjunto de *direitos e interesses que lhe cumpre defender* (nos *interesses em causa*, nas *suas atribuições ou nos seus objectivos estatutários*, terminologia utilizada nos preceitos acima referidos).

ACORDAM NA SECÇÃO DE CONTENCIOSO ADMINISTRATIVO DO SUPREMO TRIBUNAL ADMINISTRATIVO:

I – RELATÓRIO

A Associação de Mulheres em Acção, com melhor identificação nos autos, vem recorrer, ao abrigo do disposto no art. 150.º do CPTA, do acórdão do Tribunal Central Administrativo, SUL (TCA), de 7.12.06, que negou provimento ao recurso por si interposto da sentença proferida pelo Tribunal Administrativo e Fiscal de Lisboa (fls. 533) que julgou "procedente a excepção dilatória da ilegitimidade activa, absolvendo os requeridos da instância", no pedido de suspensão de eficácia do acto do Instituto Nacional da Farmácia e do Medicamento (INFARMED), de 7.10.05, pelo qual foi autorizada a introdução no mercado do medicamento NORLEVO 1,50 mg (1 comprimido) por parte da sociedade Fargin Produtos Farmacêuticos Limitada.

Terminou a sua alegação formulando as seguintes conclusões:

"1) saber se, no caso da legitimidade activa das Associações para a impugnação de actos administrativos, prevista na alínea *c*) do art. 55.º-1, é preciso que venha escrita nos seus Estatutos expressamente a palavra "defesa" de determinados interesses, ou basta que a Associação tenha estatutariamente a capacidade para actuar no que diz respeito a esses interesses ou nessa matéria, para, se poder concluir que – implicitamente – são interesses que lhe cumpre defender e por isso tem legitimidade activa para atacar actos administrativos reputados de ilegais nessa mesma matéria;

2) do mesmo modo, saber se, no caso da legitimidade activa das Associações para a impugnação de actos administrativos em sede de "acção popular", prevista na alínea *f*) do art. 55.º-1 e através dela, no n.º 2 do art. 9.º (ambos do CPTA), e *"nos termos da lei"* (de acção popular) é preciso que venha escrita nos seus Estatutos expressamente a palavra "defesa" de determinados interesses, ou basta que a Associação tenha estatutariamente a capacidade para actuar positivamente no que diz respeito a esses interesses ou nessa matéria, para se poder daí concluir que são interesses que lhe compete defender e por isso tem legitimidade activa para atacar actos administrativos reputados de ilegais nessa mesma matéria;

3) saber se, para se cumprir o contraditório e evitar "decisões surpresa", basta que tenha havido a resposta (ou a possibilidade de resposta) a uma questão prévia de excepção (neste caso de ilegitimidade) expressamente suscitada, podendo depois o Tribunal, no fim do julgamento e sem qualquer prévio aviso, decidir por outra questão diferente (que se abriga sob o mesmo nome de ilegitimidade) que nunca antes fora levantada nem por ninguém negada, ou se, pelo contrário, não deve haver apreciação e decisão de uma questão concreta que antes não foi como tal suscitada nem controvertida.

O douto Acórdão recorrido entendeu como se referiu acima quanto a estas três questões: dum modo rigorista, excessivamente formalista e restritivo as primeiras duas questões, quanto ao âmbito das possibilidades de quem quer acorrer a Tribunal. De modo, pelo contrário, já muito amplo quanto às possibilidades de actuação "de surpresa" pelo Juiz, no caso da última ou últimas questões, permitindo que já após encerramento dum julgamento venha a ser suscitado pelo Juiz um ponto novo, uma questão concreta nova, nunca antes contestada, e a seguir decidida sem audição da parte a quem esse ponto desaproveita.

A Requerente entende, pelas razões vindas de expressar, que o Tribunal fez incorrecta e ilegal interpretação da lei: nomeadamente dos arts. 55.° n.° 1 alínea *c*); do art. 55.° n.° 1 alínea f), art. 9.° n.° 2 do CPTA, e art. 1.°, 2.° e 6.° da Lei 95/88, 17 de Agosto, e art. 52.° n.° 3 da CRP; do art. 87.° n.° 2 e 95.° n.° 2 do CPTA e 3.° do CPC, pelo que deve ser totalmente revogado, com as demais consequências legais".

A recorrida, Instituto Nacional da Farmácia e do Medicamento, apresentou contra-alegações que concluiu assim:

"1ª – A interposição do presente Recurso de Revista é inadmissível, porquanto não se verificam os requisitos do n.° 1 do artigo 150.° do C.P.T.A.; com efeito,

2ª – Não estamos perante uma questão que revista relevância jurídica ou social de importância fundamental, nem perante uma situação em que a admissão do recurso seja claramente necessária para uma melhor aplicação do direito, não carecendo o presente caso de ser excepcionalmente julgado para orientar os tribunais inferiores quanto ao sentido que deve presidir a respectiva jurisprudência; acrescendo que,

3ª – O caso em análise não atinge o grau de exigência particularmente reforçada nos casos em que a questão que o recorrente quer ver reapreciada se reporta apenas à tutela provisória do direito ou interesse que quer defender em sede de processo principal, como é o caso *sub judice;* por outro lado, ainda que assim não se considere, o que em mera hipótese se pondera,

4ª – Não se percebe o porquê de a Recorrente vir apelidar a decisão do T.A.F" de 05/06/2006, como uma "decisão surpresa" e violadora do principio do contraditório, na medida em que, ilegitimidade da Recorrente, não tendo sido alegada pelo Recorrido, foi-o, contudo, pela contra-interessada na sua douta e tempestiva contestação (cfr. artigos 21.° a 26.° da suas alegações) – o que, obviamente, não significa que o Recorrido tenha admitido a legitimidade da ora Recorrente;

5ª – Nem se diga em contrário, como faz a Recorrente, que o douto T.A.F. de Lisboa deveria ter suprido oficiosamente tal irregularidade ou, se tal não fosse possível, ter convidado aquela ao aperfeiçoamento dos articulados, nos termos dos n.os 1 e 2, respectivamente, do artigo 88.° e 95.°, n.° 2, todos do Código de Processo dos Tribunais Administrativos (CPTA), uma vez que em sede cautelar, como é o caso, não são aplicáveis tais normativos processuais, mas apenas nos casos em que o juiz se defronte com uma "acção administrativa especial" (cfr. artigo 46.°, n.° 1 do CPTA);

6ª – Em sede cautelar apenas se prevê a possibilidade de "despacho liminar" (cfr. artigo 116.° CPTA) de rejeição do requerimento do interessado, *in casu* com fundamento na alínea *b*), do n.° 2, do artigo 116.° do CPTA, limitando-se aos casos em que "... o tribunal considere que é evidente ou manifesto que a pretensão formulada é infundada... ", não devendo ser aplicável nas situações em que o tribunal não esteja ab initio em condições de proferir uma decisão com tal teor, por não ser "manifesto", sendo que essa análise compete tão-só ao prudente juízo do juiz;

7ª – Ora, foi manifestamente esse o caso: não considerando ser manifesta a ilegitimidade activa da Recorrente, o douto T.A.F. de Lisboa mais não fez que, como mandam as regras da prudência, mandar seguir o processo, relegando para o fim o conhecimento desta excepção dilatória, que veio, e bem, a julgar procedente, o que dá indiscutíveis garantias de uma decisão jurisdicional mais maturada e reflectiva;

8ª – Acresce que, conforme bem decidiu o Acórdão do T.C.A. Sul, a Recorrente pronunciou-se sobre a questão da sua ilegitimidade, dizendo "(,.) *Para além de que, neste caso em concreto – o de um medicamento destinado às mulheres – é uma questão que se situa no âmbito dos interesses próprios da Associação Requerente (al, c) do n.° 1 do art. 55.° do Código de Processo dos Tribunais Administrativos) – como consta do art. 33.° da sua resposta à referida excepção de ilegitimidade activa*"», pelo que é certo que a sentença do T.A.F. atentou à alegação jurídica da Requerente, não sendo uma "decisão surpresa";

9ª – Todas as considerações tecidas pela ora Recorrente, no sentido de sufragar a sua legitimidade processual activa, esbarram em elementos jurídicos e factuais insuperáveis;

10ª – Por um lado, no processo o que se discute é tão só a não inclusão de três frases na bula de um medicamento, não estando em causa uma lesão da saúde pública – a não ser que se extravase de forma fictícia o conceito de *saúde pública...*

11ª – Por outro lado, de forma fictícia pretende a Recorrente retirar da norma habilitante do seu Estatuto (artigo 4.°, alínea *g*)), com base na qual se pretende arrogar parte legítima, uma competência que daí manifestamente não se retira, nem pelo argumento literal, conforme decorre da douta sentença de 05/06/2006 do T.A.F. de Lisboa, nem, de forma alguma, pelo argumento teleológico da interpretação;

12ª – Numa palavra: denúncia não é, de modo algum. sinónimo de defesa;

13ª – A Associação Mulheres em Acção deveria fazer constar do seu Estatuto esse fim, que, objectivamente, daí não decorre, sob pena de vir a incorrer numa causa de extinção de associações expressamente elencada na alínea *h*), do n.° 2, do artigo 182.° do Código Civil, a saber, a prossecução de fim diverso (defesa dos direitos das mulheres) do fim expresso no acto de constituição e/ou nos Estatutos mera denúncia de tais situações);

14ª – A Recorrente deverá tão-só de prosseguir, os aliás louváveis, fins estatutários, e, se o fizer, não tem legitimidade processual activa, o que, alias, é confirmado pela simples leitura do artigo 3.° da Lei n.° 83/95, de 31 de Agosto, aplicável *ex vi* artigo 9.°, n.° 2 do CPTA, que prevê os requisitos da legitimidade activa das associações e fundações, entre os quais, na alínea *b*) a necessidade de *"incluírem expressamente nas suas atribuições ou nos seus objectos estatutários a* defesa *dos interesses em causa no tipo de acção de que se trate;* "

NESTES TERMOS

O presente Recurso de Revista não deve ser admitido ou, em qualquer caso, deve ser julgado improcedente, com as consequências legais."

A contra-interessada, Fargin Produtos Farmacêuticos Limitada, concluiu a sua contra-alegação da seguinte forma:

"I – O presente recurso não é admissível, porque não se encontram presentes os requisitos exigidos pelo artigo 150.° do Código de Processo nos Tribunais Administrativos.

II – A Recorrente é parte ilegítima por vários títulos e razões, como resulta de toda a discussão já mantida nos autos. A primeira causa pela qual não é parte legitima resulta de, no seu objecto social, como foi alegado pela interessada particular, ora recorrida, ao contrário do alegado pela Recorrente, não caber a noção de *"defesa de valores e bens constitucionalmente protegidos, como a saúde pública",*

III – O conteúdo do texto da redacção da bula de um medicamento, não pode ser subsumido à noção de *"atentado à integridade física e psíquica da mulher."*

IV – Não cabe no conceito de «*"defesa dos valores* e *bens constitucionalmente protegidos, como a saúde pública*" a *denúncia de situações de atentado à integridade física e psíquica da mulher.*

V – Mulheres menstruadas e capazes de praticarem o coito completo, único idóneo à produção da gravidez, não serão, propriamente *"ninhas"*, nem pessoas ingénuas, que não sabem as razões porque recorrem ao medicamento. Logo, a questão da violação do direito à informação e de saúde pública, por muito amplo que seja o entendimento de saúde pública que se quer ter, não existe e não está presente nestes autos.

VI – A providência requerida nunca pode ser concedida, porque a mesma é excessiva, tendo em consideração o interesse que se encontra em causa.

VII – A Recorrente tem como objecto social *"a denúncia de situações de atentado à integridade física e psíquica da mulher."* O que não pode ser subsumido à noção de *"atentado à integridade física e psíquica da mulher."*

VIII – A alínea *f*) do artigo 55.° do Código de Processo nos Tribunais Administrativos não é aplicável à presente situação e caso.

IX – O artigo 95.° cabe no título III do Código de Processo nos Tribunais Administrativos reportando-se à acção administrativa especial e não aos processos urgentes, previstos no título seguinte, pelo que não é aplicável ao caso dos autos.

X – A Recorrente ignora o conteúdo do artigo 495.° do Código de Processo Civil, segundo o qual o *tribunal deve conhecer oficiosamente de todas as excepções dilatórias, salvo da incompetência relativa nos casos não abrangidos pelo disposto no artigo 110.°, bem como da preterição do tribunal arbitral voluntário.* O Tribunal tinha o dever de tomar conhecimento da excepção dilatória, quer a mesma fosse ou não arguida pela opoente à providência cautelar, como a Recorrente tem obrigação de saber. Logo, a sua argumentação é estulta.

XI – O previsto no artigo 116.° n.° 2 do Código de Processo nos Tribunais Administrativos não é aplicável ao caso dos autos.

XII – Não existiu, na decisão recorrida, qualquer falta de contraditório, porque a opoente à providência cautelar alegou a ilegitimidade activa da requerente e esta teve ocasião de, em articulado próprio, não previsto para providência cautelares, defender a sua legitimidade.

XIII – O acto administrativo posto em questão jamais pode ser qualificado de *"atentado à integridade física e psíquica da mulher".*

XIV – Segundo a Lei 95/88 de 17 de Agosto, a Recorrente continua a não ser parte legítima na presente acção porque o conteúdo de uma bula de um medicamento e o facto do mesmo ser comercializado sem receita médica nada, têm que ver com *"a eliminação de todas as formas de discriminação e a promoção da igualdade entre mulheres e homens".*

A Magistrada do Ministério Público junto deste Tribunal emitiu o seguinte parecer:

"Notificado o Ministério Público, nos termos e para os efeitos do art. 148.°, n.° 1 e 147.°, n.° 2, do CPTA, no processo identificado em epígrafe, cumpre emitir parecer: A decisão que é objecto do presente recurso de revista é o acórdão do TCAS, de 2006.12.07, que manteve a sentença do TAF de Lisboa que julgou a Associação requerente parte ilegítima, subscrevendo a tese da ilegitimidade activa e rejeitando o entendimento defendido pela recorrente de que tal decisão constituía decisão surpresa.

Parece-nos, salvo melhor opinião, que o recurso merece provimento.

Nos termos do art. 3.° dos respectivos Estatutos: *A Associação tem por finalidade a eliminação da discriminação* e *a promoção da igualdade entre homens* e *mulheres.* Por sua vez, de harmonia com o art. 4.°: *A associação desenvolve as seguintes actividades:*

g) Denúncia de situações de atentado à integridade física e *psíquica da mulher.*

Para decidir como decidiu, pondera o acórdão: *...a situação invocada nos autos – defesa do direito à saúde pública – vai para além da finalidade prosseguida por tal associação, se tratar apenas da saúde das mulheres, extravasando o seu objecto expressamente definido no referido art. 3.° dos Estatutos. Por outro lado, mesmo que se entenda que o caso dos autos, a introdução no mercado do medicamento NORLEVO, 1,50 mg* e *a sua comercialização pode consubstanciar uma situação de perigo de lesão da* integridade física e psíquica *da mulher,* é *medianamente claro que nos Estatutos da recorrente se mostra prevista apenas a* denúncia *de situações de atentado a tal integridade física* e *psíquica da mulher,* e *não também a respectiva defesa, tal como se considerou na sentença recorrida, consideração que este tribunal não repudia antes corrobora. Ora, se a propositura de uma providência cautelar pode ser entendida como* denúncia *de uma determinada situação, ela* é, *seguramente, muito mais do que uma denúncia pois* é *uma acção concreta, especial ... visa a defesa de determinados interesses, e os invocados pela recorrente não cabem nas atribuições dadas pelos seus estatutos.* E mais adiante: *... porque a recorrente não preenche o requisito previsto na alínea b) do art. 3.° da Lei n.° 83/95, de 31.08, não* é *titular do direito de acção popular que se arroga, não dispondo de legitimidade activa para defesa do direito à saúde pública, carecendo de legitimidade activa para propor a presente providência cautelar.*

Não subscrevemos este entendimento.

De harmonia com o art. 116.°, n.° 2, alínea *b*), do CPTA, é necessário que a ilegitimidade activa seja manifesta para que *o* Tribunal deixe de apreciar o pedido de decretamento da providência cautelar. E compreende-se que assim seja; destinando-se a providência cautelar a afastar o perigo de lesão irreversível decorrente da demora da decisão definitiva e caracterizando-se pela celeridade e provisoriedade, não se coaduna com um juízo aprofundado sobre o pressuposto processual da legitimidade, activa ou passiva. No caso em estudo, parece-nos que haverá que reconhecer haver fundamento para algumas dúvidas sobre a titularidade, por parte da requerente, de legitimidade activa. Já se nos afigura excessivo um juízo de ilegitimidade tal como foi formulado pela sentença do TAF e pelo acórdão do TCA. Como pressuposto processual que é, a legitimidade activa afere-se em função dos termos em que o autor ou o requerente configura, na petição, a relação material controvertida. Neste caso, como fundamento da providência que requer, alega a requerente, na petição, que o acto em causa, que autorizou a introdução no mercado do medicamento NORLEVO é contrário à saúde pública, sendo que a toma desse medicamento tem efeitos secundários potencialmente perniciosos sobre a saúde humana. O medicamento NORLEVO, como é sabido, apenas é tomado por mulheres. Uma das actividades a prosseguir pela requerente, segundo os seus Estatutos, é a denúncia de situações de atentado à integridade física e psíquica da mulher. Ora, parece inegável que ao denunciar tais situações, a requerente acaba por defender a integridade física e psíquica da mulher em geral, na medida em que promove a consciencialização social e a tomada de medidas por parte das entidades competentes tendentes a reprimir e a erradicar tais situações. É certo que se pode defender que estas actividades da requerente se inserem na finalidade para que foi constituída, a eliminação da discriminação da mulher, pelo que estaria fora desse âmbito a defesa da integridade física da mulher no que concerne à toma do medicamento NORLEVO. No entanto é igualmente defensável que, existindo ainda discriminação relativamente às mulheres, nesta fase da evolução da sociedade, os efeitos dessa discriminação são minimizados através da actuação de uma associação, como a requerente, ao assumir a defesa das mulheres na denúncia contra determinado medicamento com efeitos colaterais alegadamente nocivos à saúde; ou seja, parece-nos aceitável que, na prossecução dos fins estabelecidos nos seus Estatutos, a requerente possa publicamente denunciar a mesma situação em que se funda para pedir a adopção da providência cautelar, situação alegadamente atentatória da saúde pública considerado o universo das mulheres. Se assim é, se a finalidade para que foi constituída abarca essa denúncia, o que nos parece defensável, então podemos concluir, para efeitos do art. 9.°, n.° 2, do CPTA e do art. 3.°, alínea *b*), da Lei n.° 83/95, de 31.08, que a requerente é defensora dos interesses que estão em causa na providência cautelar requerida. Nessa medida, ter-se-á de reconhecer que dispõe de legitimidade activa para requerer a providência cautelar, ficando prejudicado o conhecimento da invocada violação do princípio do contraditório.

Em razão do exposto, parece-nos que deverá ser concedido provimento ao presente recurso."

As requeridas pronunciaram-se sobre este parecer, mantendo as suas posições anteriores.

Sem vistos, mas com entrega do projecto de acórdão aos Senhores Conselheiros Adjuntos, cumpre decidir.

II – FACTOS

Remete-se, nos termos da lei (art. 713.°, n.° 6, do CPC), para a matéria de facto constante do acórdão recorrido.

II – DIREITO

1. Por acórdão de 15.2.07 proferido pela formação da Secção de Contencioso Administrativo deste Tribunal, prevista no n.° 4 do art. 150.° do Código de Processo nos Tribunais Administrativos (CPTA), foi admitido o recurso de revista interposto pela recorrente (fls. 904). Esse recurso foi deduzido do acórdão do Tribunal Central Administrativo Sul (TCA), de 7.12.06, que negou provimento ao recurso por si intentado da sentença proferida pelo Tribunal Administrativo e Fiscal de Lisboa (fls. 533) que julgou "procedente a excepção dilatória da ilegitimidade activa, absolvendo os requeridos da instância", no pedido de suspensão de eficácia do acto do Instituto Nacional da Farmácia e do Medicamento (INFARMED), de 7.10.05, pelo qual foi autorizada a introdução no mercado do medicamento NORLEVO. O objecto do presente recurso circunscreve-se, assim, ao dito acórdão do TCA. Estamos, pois, perante uma via de recurso excepcional, aberta por aquela formação por ter dado como verificados os requisitos legais contemplados no n.° 1 desse art. 150.°.

2. Os fundamentos da admissão do presente recurso, onde se definem as questões a que urge responder, encontram-se naquele acórdão explanados nos seguintes termos: "No caso concreto a legitimidade activa respeita a uma situação que se pode dizer típica, porque ela tem de ser apreciada em face de princípios gerais como o acesso à justiça e normas de carácter geral como a do art. 9.° n.° 2 do CPTA que estatui no sentido de conferir legitimidade às associações defensoras dos interesses em causa para propor e intervir no respectivo meio contencioso, qualquer que seja a sua espécie. Igualmente terá de ser apreciada em face de normas como Artigo 6.° da Lei 95/88, de 17 de Agosto, que convoca garantias constitucionais e legitimidade alargada em relação ao regime comum e estatui:

Direito de prevenção e controle

1 – As associações de mulheres têm legitimidade para:

a) Propor as iniciativas necessárias à prevenção ou cessação de actos ou omissões de entidades públicas que violem os direitos das mulheres, designadamente através do direito de queixa ao Provedor de Justiça;

b) Exercer o direito de acção popular em defesa dos direitos das mulheres, nos termos do artigo 52.° da Constituição.

Portanto, independentemente da particularidade de uma referência estatutária da associação concreta, o certo é que a questão é mais geral e a própria interpretação da particularidade tem de ser analisada face critérios preponderantemente normativos e de alcance geral, que apresentam relevância quer para o caso concreto quer para situações semelhantes. Por outro lado a questão tem grande relevância social seja qual for o sentido em que haja de concluir-se quanto ao mérito, uma vez que se pretende obter uma decisão sobre a prevenção da saúde e cautelas que se impõem à Administração na autorização de medicamentos e que estão correlacionadas com riscos para a saúde das pessoas e com a defesa e preservação da vida. Como a decisão pretendida apenas pode ser alcançada pelo conhecimento substantivo da matéria, não deve ser cerceada essa apreciação por razões processuais, se para tanto não houver uma justificação cabal, obstáculo esse que está em discussão, precisamente no ponto relativo à legitimidade activa. A matéria substantiva subjacente ao uso do meio processual é um assunto sensível para a opinião pública e o respectivo sentimento geral de segurança, pelo que é de interesse e alcance social relevantes e, através da relação directa que necessariamente se estabelece com aquela relevância social a questão jurídica concreta deve também considerar-se de importância fundamental."

3. O âmbito do recurso jurisdicional é delimitado pelas conclusões das alegações do recorrente e o seu objecto é a decisão recorrida, não podendo conhecer-se de questões de que naquela se não haja conhecido, salvo se forem de conhecimento oficioso, destinando-se o mesmo à reapreciação das questões decididas (revogando-se, alterando-se ou confirmando-se) e não a emitir juízos sobre matéria nova" (acórdãos STA de 9.6.05 no recurso 260/05, de 23.9.04 no recurso 215/03, de 31.1.02 no recurso 41054, de 14.3.02 no recurso 45010 e de 24.10.02 no recurso 43420, entre muitos outros). Tudo como simples decorrência do art. 676, n.º 1, do CPC. Portanto, é também neste contexto que o presente recurso, interposto ao abrigo do art. 150 do CPTA, deve ser apreciado. Observe-se, todavia, que no caso em apreço, a recorrente, alegando para os efeitos daquele preceito, veio pedir a este Supremo Tribunal que se pronunciasse sobre duas questões: a sua ilegitimidade e o facto de a decisão emitida a esse respeito ter aparecido como uma "decisão surpresa". Tendo em consideração o conteúdo do acórdão que se pronunciou sobre os termos da admissão do recurso, a única questão erigida como fundamento foi a primeira, de modo que tudo o mais só deverá apreciar-se se for de concluir pela legitimidade da recorrente.

4. Vejamos. A recorrente, uma associação de mulheres constituída a coberto da Lei n.º 95/88, de 17.8, apresentou no TAF de Lisboa uma providência cautelar traduzida no pedido de suspensão de eficácia de um acto administrativo que colocou no mercado um medicamento, denominado NORLEVO, alegando, resumidamente, que esse medicamento poderia ser nefasto para a saúde das mulheres e que ao agir actuava na defesa da sua saúde, e logo, também, na salvaguarda da saúde pública. Nesse Tribunal foi considerada parte ilegítima, sentença que viria a ser confirmada pelo acórdão do TCA ora recorrido.

5. A recorrente invoca em seu abono o disposto nos arts. 55, n.º 1, alíneas *c*) e *f*), remetendo esta para o n.º 2 do art. 9.º, todos do CPTA. Portanto, antes de mais, está em causa a interpretação desses preceitos e, seguidamente, o acto de constituição da Associação, os estatutos que delimitam a sua acção e o enquadramento normativo que presidiu à sua formação.

De acordo com o disposto no art. 55.º [1], inscrido no Título III do Código, referente à acção administrativa especial, epigrafado de "Legitimidade activa":

"*1 – Tem legitimidade para impugnar um acto administrativo:*

c) Pessoas colectivas públicas e privadas, quanto aos direitos e interesses que lhes cumpra defender;

f) Pessoas e entidades mencionadas no n.º 2 do artigo 9.º"

Nos termos do art. 9.º, n.º 2, "*Independentemente de ter interesse pessoal na demanda, qualquer pessoa, bem como as associações e fundações defensoras dos interesses em causa, as autarquias locais e o Ministério Público têm legitimidade para propor e intervir, nos termos previstos na lei, em processos principais e cautelares destinados à defesa de valores e bens constitucionalmente protegidos, como a saúde pública, o ambiente, o urbanismo, o ordenamento do território, a qualidade de vida, o património cultural e os bens do Estado, das regiões Autónomas e das autarquias locais.*"

A legitimidade activa (o interesse em demandar face à causa de pedir invocada), em qualquer das hipóteses convocadas pela recorrente, alíneas *c*) ou *f*) – no primeiro caso, como titular de interesses individuais ou colectivos ligados ao fim estatutário (confundindo-se algumas das situações figuráveis nesta alínea com as da alínea *a*), como destinatária preferencial, titular de um interesse pessoal e directo), e no segundo, como autora popular, titular de um interesse difuso (interesses difusos em sentido estrito, interesses colectivos e interesses individuais homogéneos[2]) – no caso das pessoas colectivas privadas (associações ou fundações[3], por força da restrição contida no n.º 2 do art. 9), está relacionada com os *direitos e interesses que lhes cumpra defender* (alínea *c*)) ou com a defesa *dos interesses em causa* (alínea *f*) que remete para o art. 9.º, n.º 2). Por outro lado, *os termos da lei* referidos no n.º 2 do art. 9.º são, tanto os termos da Lei n.º 83/95, de 31.8 (LAP), que trata, em termos gerais, do "Direito de participação procedimental e de acção popular", como os dos diversos diplomas avulsos que regulam a defesa dos valores e bens constitucionais (art. 52.º da CRP) ali também enunciados, e que recortam as formas de intervenção administrativa ou judicial dos particulares e das pessoas colectivas para alcançarem esses objectivos. Observe-se que também a alínea *b*) do art. 3.º desta lei exige, como requisito da legitimidade activa das associações, que incluam "*expressamente nas suas atribuições ou nos seus objectivos estatutários a defesa dos interesses em causa no tipo de acção de que se trate*". No fundo, utilizada esta terminologia nas três situações, o legislador quis significar que cada associação ou fundação apenas tem legitimidade para agir como autora na defesa dos interesses, bens ou valores que se insiram no seu objecto social, no cumprimento das finalidades e objectivos para que foi constituída. Trata-se de dar cumprimento a um princípio de harmonia e coerência (especialidade) e de não permitir o acesso irrestrito aos tribunais, que são um bem caro, pautando esse acesso sempre por interesses, num caso, interesses directos e pessoais dos destinatários (art. 55.º, n.º 1, *a*)), no outro, interesses comuns da sociedade (ou de partes dela) que, sendo pessoas colectivas, são ditados pela própria razão de ser da sua existência, razão de ser que está identificada no seu escopo estatutário. Fora desses interesses na há legitimidade. Como assinalam Esteves de Oliveira e outro, "Código de Processo nos Tribunais Administrativos", 162, "A legitimidade das fundações e associações cinge-se aos litígios respeitantes aos bens e valores constitucionais para cuja defesa se constituíram por força de um natural princípio da especialidade – e no caso de serem de âmbito local, aos bens e valores aí situados".

Ora, a recorrente é uma associação privada, constituída a coberto do regime jurídico instituído pela Lei n.º 95/88, de 17.8, que visa a "Garantia dos direitos das associações das mulheres". O art. 1.º define o respectivo âmbito, estabelecendo "*os direitos de actuação e participação das associações de mulheres, tendo por finalidade a eliminação de todas as formas de discriminação e a promoção da igualdade entre mulheres e*

[1] Aplicável a este procedimento por força do art. 112.º

[2] "Código de Processo nos Tribunais Administrativos", Mário Esteves de Oliveira e outro, 159.

[3] Pessoas colectivas sem fim lucrativo, vocacionadas para a prossecução de finalidades altruístas ou de defesa de bens sociais.

homens" e o art. 2.° considera associações de mulheres "*as que, sendo constituídas nos termos da lei geral e dotadas de personalidade jurídica, prossigam o escopo referido no artigo anterior e não tenham fins lucrativos*". Os artigos subsequentes definem os direitos que lhes são concedidos: o direito de participação (art. 5.°), o direito de prevenção e controle (art. 6.°), aqui se inserindo o "*direito de acção popular em defesa dos direitos das mulheres, nos termos do artigo 52.° da Constituição*", prevendo-se no art. 9.° a inscrição destas associações junto da Comissão da Condição Feminina, entidade a quem devem ser enviados os respectivos estatutos. Portanto, é condição *sine qua non* para se poder constituir uma associação de mulheres, nos termos da lei, que essa associação tenha por finalidade única a eliminação de todas as formas de discriminação e a promoção de igualdade entre os sexos. Como resulta do art. 3.° dos respectivos [4] Estatutos, juntos com a petição inicial, com a epígrafe de "Objecto", "*A Associação tem por finalidade a eliminação da discriminação e a promoção da igualdade entre homens e mulheres*", assim respeitando, inteiramente, a obrigação imposta pelo art. 2.° acima transcrito. Por outro lado, e para cumprir essa obrigação estatutária, apresentando-se como procedimentos meramente instrumentais (meios) em relação ao escopo da Associação (o fim), o art. 4.° [5] enumera as suas actividades, constando na alínea g) a "*Denúncia de situações de atentado à integridade física e psíquica da mulher*". É, pois, patente que esta actividade não integra o objecto, o escopo, da Associação, constituindo, como todas as demais, instrumentos, formas de o conseguir realizar ou alcançar. Desde logo, promovendo acções de formação no âmbito da igualdade entre os sexos (a)), a divulgação dos direitos da mulher (b)), o apoio à família (c)), o apoio médico-psicológico às mulheres discriminadas (d)), a recolha de dados estatísticos (e)), a promoção de estudos visando a procura de soluções (f)) e, também, denunciando *situações de atentado à integridade física e psíquica da mulher* (g); tudo culminando com a edição de material de divulgação e apoio (h)). Assim, quando se enuncia a denúncia "*de situações de atentado à integridade física e psíquica da mulher*" como uma das actividades da recorrente quer-se, simplesmente, significar que o tornar público qualquer um desses actos contribui para lhes pôr fim, e, desse modo, contribui, igualmente, para caminhar na direcção dos objectivos prosseguidos por ela, *a eliminação da discriminação e a promoção da igualdade entre homens e mulheres.* (ainda se poderia antever uma intervenção judicial a respeito da circulação de um medicamento só que, nesse caso, o seu fundamento não poderia consistir na defesa da saúde da mulher, mas sim, na circunstância de própria existência no mercado de semelhante medicamento ser geradora de desigualdade entre mulheres e homens).

Concluindo, esta denúncia de situações de atentado à integridade física e psíquica da mulher não constituindo – nem podendo constituir – o objecto de uma associação de mulheres, nem constituindo o objecto da Associação recorrente, em caso algum lhe poderia conferir legitimidade activa para exercitar um qualquer direito visando a defesa da saúde pública (a saúde da mulher), já que este valor constitucional se não insere no seu objecto, ou seja, no conjunto de *direitos e interesses que lhe cumpre defender* (nos *interesses em causa*, nas *suas atribuições ou nos seus objectivos estatutários*).

IV – DECISÃO

Nos termos e com os fundamentos expostos, acordam em negar provimento ao recurso e em confirmar o acórdão recorrido.

Custas a cargo da recorrida.

Lisboa, 17 de Maio de 2007

Rui Botelho (Relator)
Pais Borges
Freitas Carvalho

Recurso n.° 107/07-11

EMPREITADA DE OBRAS PÚBLICAS. HABILITAÇÃO DOS CONCORRENTES. CAPACIDADE TÉCNICA. OBRAS EXECUTADAS DA MESMA NATUREZA. TITULARIDADE DE ALVARÁ.

(Acórdão de 12 de Julho de 2007)

SUMÁRIO:

I – Para efeito de *habilitação dos concorrentes* relativamente à *capacidade técnica* de cada um em concurso para adjudicação de obra pública, nos termos do art. 67.°, n.° 1, al. *n*), do DL n.° 59/99, de 02/03, as «*obras executadas da natureza da obra posta a concurso*» não têm que ser iguais.

II – Preciso é, no entanto, que a natureza delas seja a mesma, ou que haja entre elas uma forte identidade, com pontos de contacto substanciais e decisivos, de maneira que não difiram naquilo que é essencial.

III – Para preencher esse requisito, não pode bastar a titularidade de alvará de empreiteiro de obras

---

[4] A Associação constituiu-se por escritura notarial de 24.7.01, no 3.° Cartório Notarial de Lisboa, escritura a que estão anexos os respectivos Estatutos.

[5] Artigo 4.° **(Actividades)**

Associação desenvolve as seguintes actividades:

a) Promoção de acções de formação e informação no âmbito do objecto social;

b) Divulgação dos direitos juridicamente atribuídos à mulher, nomeadamente:

– o direito à igualdade de acesso ao emprego;

– o direito à igualdade salarial;

– o direito à protecção na maternidade;

– a atribuição de mais direitos à mulher a fim de facilitar a conjugação da vida familiar e profissional;

c) Fomento de políticas de apoio à família;

d) Apoio legal e médico-psicológico à mulher vítima de discriminação;

e) Recolha de dados estatísticos referentes às diferentes realidades sociais da mulher;

f) Promoção de estudos interdisciplinares dirigidos à análise dos problemas e à procura das soluções adequadas;

g) Denúncia de situações de atentado à integridade física e psíquica da mulher;

h) Edição de material de divulgação e apoio

públicas demonstrativo da capacidade técnica para a execução das obras compreendidas em determinada subcategoria de uma das categorias referidas na Portaria n.º 19/2004, de 10/01.

IV – Essa titularidade apenas confere uma habilitação abstracta, que, porém, não é sinónimo de garantia de boa execução em todos os tipos de obras ali enquadráveis. Constitui simplesmente presunção de capacidade técnica, mas não fornece elementos para uma habilitação concreta à boa execução da obra, o que só passará pela análise das obras que o concorrente tenha executado e pela sua comparação com a natureza da que é posta a concurso.

ACORDAM NA 1ª SUBSECÇÃO DA 1ª SECÇÃO DO STA:

I – RELATÓRIO

"Nativa – Tecnologias em Áreas Verdes, Ldª" e "M.C. Carvalho e Filhos, Ldª" intentaram no TAF de Ponta Delgada acção administrativa especial de contencioso contratual contra o **Município de Ponta Delgada** e as contra-interessadas "**Tecnovia Açores – Sociedade de Empreitadas, SA**", "**Marques, SA**" e associação constituída por "**Construtora do Tâmega, SA**" e "**Construtora do Tâmega Açores, SA**".

Tendo a acção sido julgada totalmente improcedente (fls. 405/414), interpôs a então autora recurso jurisdicional para o TCA/Sul que, por acórdão datado de 30/01/ /2007, lhe negou provimento (fls. 467/472).

É contra esse aresto que, ao abrigo do *art. 150.º do CPTA*, "Nativa" apresentou o presente *recurso de revista*, em cujas alegações **concluiu**:

«A – Ao considerar que a sentença do Tribunal Administrativo de Ponta Delgada procedeu ao adequado enquadramento jurídico dos factos, julgando improcedentes as conclusões da ora Recorrente, o acórdão saiu inquinado dos mesmos erros que vitimaram aquela sentença incorrendo nas mesmas erróneas interpretação e aplicação das normas legais aplicáveis à situação de facto em discussão.

B – Em causa está a avaliação da capacidade técnica dos concorrentes. Esta terá de ser efectuada, à luz do quadro legal actualmente em vigor e aplicável ao procedimento concursal em causa, segundo o determinado no artigo 98.º do Decreto-Lei n.º 59/99, de 2 de Março e de acordo com os critérios cumulativos fixados no Programa de Concurso em obediência ao previsto no ponto 19 do Programa de Concurso Tipo, aplicável a todos os procedimentos concursais de obras públicas constante da Portaria n.º 104/2001, de 21 de Fevereiro.

C – Tal avaliação consiste na verificação ou preenchimento dos seguintes três requisitos cumulativos, conforme o Programa de Concurso do procedimento em discussão enuncia:

"*a) Apresentação de declaração comprovativa de terem executado satisfatoriamente uma obra de idêntica natureza da obra posta a concurso, de valor não inferior a 649.800,000 €;*

b) Comprovação da adequação do equipamento e da ferramenta especial a utilizar na obra, seja própria, alugada ou sob qualquer outra forma, às suas exigências técnicas;

c) Comprovação da adequação dos técnicos e dos serviços técnicos, estejam ou não integrados na empresa, a afectar à obra"

D – Contudo, na douta sentença do Tribunal Administrativo e Fiscal de Ponta Delgada, reiterada pelo acórdão do Tribunal Central Administrativo Sul de que ora se recorre, é afirmado que "*quando ali se aduz a uma obra de idêntica natureza à posta a concurso se tenha de interpretar como se tratando se tratando de uma obra de igual natureza*".

E – Isto quando o legislador determina que para demonstrar a sua aptidão técnica para realização da obra em concurso, o concorrente não só terá que provar ter já executado obras de valor não inferior ao indicado no Programa de Concurso (valor esse que, de acordo com o ponto 19.4 a) do Programa de Concurso Tipo constante a Portaria n.º 104/2001, não será superior a 60% do valor estimado do contrato), mas obras da mesma natureza da posta a concurso e não quaisquer outras.

F – Não se pode, pois, aceitar aquela interpretação, já que ao ser exigida a demonstração da realização de pelo menos uma obra de idêntica natureza da posta a concurso, terá, para se considerar preenchido aquele requisito, de se encontrar na lista apresentada pelo empreiteiro concorrente, devidamente acompanhada do correspondente certificado de boa execução, uma obra de igual natureza à da concursada. De outro modo, bastaria a demonstração da execução de uma qualquer obra e seria desnecessária a expressa exigência feita pelo legislador quanto à especial natureza da obra a apresentar.

G – Sendo certo que, menos se compreende tal interpretação, quando se verifica que a sentença reiterada pelo acórdão do Tribunal Central Administrativo Sul, contraditoriamente, procura demonstrar que as obras consideradas na verificação deste requisito pela Comissão de Abertura de Propostas, tomadas num conceito mais global, são de igual natureza à da obra posta a concurso.

H – Ou seja, tomada num "conceito mais global" a natureza da obra objecto do concurso em causa seria a de simples obra de construção civil, logo à Comissão de Abertura de Propostas, para considerar verificado o requisito de apresentação de obras de idêntica natureza, bastaria detectar nas listas de obras apresentadas pelos concorrentes, obras de construção civil, isto apesar de a obra em concurso respeita ao arrelvamento sintético de um campo de futebol.

I – Aberto ou "flexibilizado" deste modo o requisito legalmente imposto, a sentença e o acórdão do Tribunal Central Administrativo Sul que a reitera, acabam por chegar àquilo que, estamos em crer, não bastou ao legislador: demonstrada a execução de uma qualquer obra de montante não inferior ao indicado ao Programa de Concurso, tem-se por demonstrada a especial experiência para a realização do tipo de obra a concurso!

J – Acresce que, partindo desta conclusão a propósito do critério da alínea *a*) do 19,4 do Programa de Concurso, foram ainda ilegalmente considerados verificados os dois outros requisitos de capacidade técnica: a sentença recorrida, reiterada pelo acórdão de que ora se recorre, em duas linhas, sem qualquer verificação ou fundamentação, considera automaticamente os técnicos e equipamentos adequados à boa execução da obra posta a concurso.

L – Por outro lado, além das contradições e erróneas interpretações já expostas, o acórdão do Tribunal Central Administrativo Sul ora recorrido ao reiterar a sentença do Tribunal Administrativo e Fiscal de Ponta Delgada assenta ainda numa outra errada interpretação, neste caso do disposto no Decreto-Lei n.° 59/99, de 2 de Março acerca da presunção de capacidade que resulta da titularidade do alvará de construção, ao ser considerado que o "*alvará de empreiteiro de obras emitido pelo Instituto dos Mercados de Obras Públicas e Particulares e do Imobiliário, não pode deixar de comprovar para os seus titulares (entre eles os visados pelo presente pedido de exclusão) a respectiva capacidade técnica para a execução da obra posta a concurso*",

M – Todavia, estipula o artigo 69.° do Decreto-Lei n.° 59/99, de 2 de Março que este alvará constitui uma presunção de idoneidade, capacidade financeira, económica e técnica "apenas no que respeita aos elementos abrangidos pelos documentos indicados nas alíneas *a*) a *d*), *h*), *j*), *m*) e *p*), do n.° 1, do artigo 67.°"

N – Determina o legislador que os demais documentos, designadamente referentes à capacidade técnica, sejam apresentados por todos os concorrentes, com vista a uma verificação acrescida dos requisitos supra enunciados que impende sobre os donos da obra, tendo em conta a obra especificamente em concurso.

O – Afigura-se-nos que entendeu o legislador que, para além de demonstrar estar habilitado com o alvará, o empreiteiro para se habilitar à adjudicação de uma determinada obra, terá que provar ter capacidade para a sua execução.

P – No que respeita à capacidade técnica, elegeu o legislador a experiência em obras de igual natureza da posta a concurso a par de meios técnicos e humanos adequados à obra concursada, como requisitos a comprovar.

Q – Quanto a estes, não se bastou o legislador com a simples prova da detenção do alvará. Exigiu que, para cada obra, fossem verificadas as condições de cada empreiteiro concorrente.

R – Nestes termos, não poderão os efeitos da presunção do alvará quanto a outros aspectos ser estendidos àqueles que o legislador claramente subtraiu da mesma e cuja verificação impôs.

S – Acresce que determina a alínea *n*) do n.° 1 do artigo 67.° do Decreto-Lei n.° 59/99, de 2 de Março, que os concorrentes, para efeitos de avaliação da capacidade técnica à luz dos requisitos fixados no Programa de Concurso, deverão apresentar "*lista de obras da mesma natureza da obra posta a concurso, acompanhada de certificados de boa execução, nos termos da alínea anterior*"

T – A alínea anterior, a alínea *m*), prevê, no que respeita à lista de obras, que as obras que dela constam terão de ter sido "*...executadas nos últimos cinco anos...*"

U – Pretende-se que a experiência revelada na realização de pelo menos uma obra de idêntica natureza da posta a concurso, seja minimamente actual, tendo o legislador, por remissão para os termos da alínea *m*) do artigo 67.°., eleito como parâmetro, cinco anos.

V – Logo, mesmo que os concorrentes na elaboração das suas listas de obras, incluam obras de natureza diversa da posta a concurso, de valor inferior ao montante mínimo exigido ou realizadas para além dos últimos cinco anos, não poderão as mesmas ser consideradas como reveladoras de capacidade técnica, mais especificamente como aptas a preencher o primeiro dos requisitos cumulativos dessa capacidade, Contudo, não foi isso o que sucedeu quanto ao Concorrente Marques, S.A, que apesar de apresentar uma obra realizada há mais de 9 anos a viu considerada e aceite para efeitos de comprovação do primeiro requisito de capacidade técnica.

X – Em virtude da errónea interpretação e consequente má aplicação do regime jurídico aplicável ao concurso para a execução de uma empreitada de obras públicas em causa, foram qualificados ilegalmente dois concorrentes, permitindo-se a sua continuação em concurso, quando a correcta aplicação da lei determinava a sua exclusão por não revelarem capacidade técnica para a execução da obra concursada.

No que respeita ao concorrente Marques, SA" a obra considerada pela Comissão de Abertura refere-se apenas a arranjos exteriores, não contemplando trabalhos de execução do correspondente campo de futebol e muito menos de arrelvamento sintético, para além de, como se assinalou, ter tido lugar há mais de 5 anos.

Por sua vez, a obra apresentada pelo concorrente Construtora do Tâmega, SA, /Construtora do Tâmega Açores, S,A, considerada pela Comissão – "Concepção dos Projectos de Especialidade e Construção do Estádio Municipal de Aveiro" – não poderá ser tida como de natureza idêntica à da posta a concurso (obra de arrelvamento sintético), na medida em que, como aliás é de conhecimento público, a referida instalação não está dotada deste tipo de material, nem a construção deste empreendimento teve como objectivo tal revestimento artificial no seu campo de jogos, ao que acresce o facto de as empresas concorrentes aí apenas terem procedido à execução dos projectos de especialidades, que por natureza não contemplam quaisquer trabalhos idênticos ou sequer semelhantes aos de arrelvamento sintético.

Z – Face ao exposto, o douto acórdão do Tribunal Central Administrativo Sul ora recorrido, ao reiterar e manter na íntegra a decisão do Tribunal Administrativo e Fiscal de Ponta Delgada não interpretou, nem aplicou correctamente o regime jurídico decorrente do Decreto-Lei n.° 59/99, de 2 de Março e da Portaria 104/2001, de 21 de Fevereiro conforme se ilustrou, enfermando de manifestos erros de interpretação e aplicação do direito que o impediram de detectar as ilegalidades que inquinaram o concurso e que permitiram que dois concorrentes subsistissem em concurso não obstante não revelarem, como exige a lei e o Programa de Concurso, capacidade técnica para a realização da obra posta a concurso, devendo, por isso, ser revogado.

AA – Requerendo-se, atenta a relevância das questões jurídicas suscitadas para a certeza, legalidade e transparência dos procedimentos concursais de obras públicas, a intervenção do Supremo Tribunal por ser essencial a uma clarificação das mesmas e à melhor aplicação do direito, conforme se ilustrou no ponto I destas alegações».

***

Não houve contra-alegações.

***

A revista foi admitida pelo acórdão interlocutório de 12/04/2007 (fls. 508/510).

***

Cumpre decidir.

II – OS FACTOS

As instâncias deram por provada a seguinte factualidade:

«1) Por decisão datada de 15 de Julho de 2005 da respectiva Comissão de Abertura do Concurso, foi elaborado Relatório de Qualificação dos concorrentes relativo à "*Empreitada de Arrelvamento com Relva Sintética do Campo de Futebol do Águia Clube Desportivo*", sito na Freguesia dos Arrifes, concelho de Ponta Delgada (vide o documento respectivo no processo instrutor e a fls. 26 a 55 dos autos, cujo teor aqui se dá por integralmente reproduzido).

2) Essa decisão foi notificada às Autoras pelo ofício n.° 14.412, de 29 de Julho de 2005 (vide o documento de fls. 25 dos autos):

3) Que apresentaram a sua resposta a 09 de Agosto de 2005, conforme o documento de fls. 60 a 69 dos autos, aqui também reproduzido na íntegra, onde intentaram a não admissão ao Concurso das concorrentes "*Marques, SA*" e "*Construtora do Tâmega, S.A*" (esta associada à "*Construtora do Tâmega Açores, SA.*").

4) Mas tendo sido mantida, em 25 de Agosto de 2005, aquela decisão de admitir todos os concorrentes ao Concurso (vide a respectiva acta a fls 75 a 85 dos autos, aqui igualmente dada por reproduzida na íntegra).

5) Notificada às Autoras "*Nativa-Tecnologia em Áreas Verdes, Lda*" e "*M C Carvalho e Filhos, Lda*" pelo oficio n.° 16219, de 29 de Agosto de 2005 (vide o documento de fls 74 dos autos.

6) De que elas apresentaram recurso hierárquico a 6 de Setembro de 2005, nos termos do documento de fl. 86 a 104 dos autos, que aqui também e dá por reproduzido integralmente.

7) Pelo oficio n.° 18.978, datado de 11 de Outubro de 2005, foi entretanto comunicado às Autoras que fora preferida a proposta da firma "*Marques, SA*", ora contra-interessada, no valor de € 707.391,59 (setecentos e sete mil, trezentos e noventa e um euros e cinquenta e nove cêntimos) – (vide o documento de fls 133 dos autos).

8) A presente acção administrativa foi depois instaurada a 20 de Outubro de 2005, conjuntamente com o processo cautelar apenso, conforme os carimbos de registo postal que constam dos documentos de fls 203 e 204 desse apenso (um relativo ao processo cautelar e o outro a esta acção).

9) Do Programa do Concurso constava que "relativamente à avaliação da capacidade técnica, serão admitidos apenas os concorrentes que satisfaçam cumulativamente os seguintes requisitos:

a) Apresentação de declaração comprovativa de terem executado satisfatoriamente uma obra de idêntica natureza da obra posta a concurso, de valor não inferior a 649.800,00;

b) Comprovação da adequação do equipamento e da ferramenta especial a utilizar na obra, seja próprio ou alugado ou sob qualquer outra forma, às suas exigências técnicas;

c) Comprovação da adequação dos técnicos e dos serviços técnicos, estejam ou não integrados na empresa, a afectar à obra" (sic vide o seu número 19.4, a fls. 111 do processo instrutor apenso I).

10) E exigia a titularidade de alvará de empreiteiro de obras públicas emitido pelo IMOPPI (Instituto dos Mercados de Obras Públicas e Particulares e do Imobiliário), que contivesse" *a 10ª subcategoria da 2.ª categoria, na classe que cubra o valor da proposta*" e "*as 2ª e 15ª subcategorias da 4ª categoria, na classe correspondente ao valor dos trabalhos*" (sic vide o seu número 6.2, a fls. 120 daquele processo instrutor apenso).

III – O DIREITO

Como bem assinalou o acórdão interlocutório, a questão juridicamente relevante a tratar neste âmbito consiste em saber como deve ser efectuada a apreciação sobre a habilitação dos concorrentes relativamente à capacidade técnica de cada um em concurso para adjudicação de empreitada de obra pública, designadamente em sede de interpretação do art. 67.°, n.° 1, al. *n*)*,* do DL n.° 59/99, de 02/03.

Vejamos o que diz a norma em apreço, respeitante aos «***Documentos de habilitação dos concorrentes***»:

«*1 – Os concorrentes do espaço económico europeu não detentores de certificado de classificação de empreiteiro de obras públicas ou que não apresentem certificado de inscrição em lista oficial de empreiteiros aprovados, nos termos do disposto no artigo 68.°, bem como aqueles a que se refere a alínea d) do artigo 54.°, devem apresentar os seguintes documentos:*

(...)

n) Lista das obras executadas da natureza da obra posta a concurso, acompanhada de certificados de boa execução, nos termos da alínea anterior (...);».

Pergunta-se: o que deve entender-se por "*obras executadas da natureza da obra posta a concurso...*" (*al. n)*). Deverá ser uma "obra igual"? Poderá ser uma obra de "natureza idêntica"? E neste segundo caso – caso se aceite essa interpretação – que tipo de identidade deve exigir-se?

Deve começar por dizer-se que esta questão só releva no quadro da demonstração formal dos atributos do concorrente do ponto de vista da sua idoneidade, experiência e capacidade técnica para executar os trabalhos postos a concurso. Estamos, com efeito, no domínio da "*habilitação dos concorrentes*". A sua importância circunscreve-se, pois, a esse parâmetro e a compreensão da norma só nesse domínio deve ser alcançada. O que, diga-se de passagem, já não é pouco.

Mas porque é assim, o que em cada caso importa é que haja uma correspondência entre o grau de especificidade técnica da obra a realizar com alguma outra que o concorrente tenha já executado anteriormente, pois só dessa maneira se avalia a sua experiência nesse campo e se presume a sua aptidão para levar a cabo aquela a que se propôs. Sendo assim, parece evidente que *as obras* não têm que ser iguais, pois se *igualdade* quisesse o legislador impor, tê-lo-ia dito precisamente com tais termos. Como não foi tão longe na literalidade de que serviu, é forçoso que se presuma que assim o quis estatuir, que essa era a solução considerada mais acertada, que, enfim, soube exprimir o seu pensamento em termos adequados (cfr. art. 9.°, n.° 3, do Código Civil).

A experiência que é exigida não se mede, portanto, pelo número de "*obras iguais*" em sentido estrito, mas sim pela execução de obras que apresentem um tipo de tecnicidade equivalente. E esta interpretação tem apoio na referida norma. É que, além de o vocábulo "igualdade" ou a expressão "obras iguais" não fazer parte do conteúdo normativo, dele emerge algo que serve para apontar o caminho da melhor hermenêutica. Para o legislador, com efeito, o que basta é que as "*obras executadas*" pelo concorrente sejam da "*natureza da obra posta a concurso*". O traço dominante contido na norma é, pois, a "*natureza da obra*". O que importa, enfim, dizer é que essa equivalência não se faz pela obra em si mesma, mas pela sua natureza. O que se compreende, aliás, muito bem, até porque dificilmente há obras iguais (não há duas pontes iguais, duas estradas iguais, etc).

Mas, pergunta-se: mesmo na natureza, exigirá o legislador uma *igualdade*? Será necessária uma "*natureza igual*"?

A questão é pertinente, na medida em que o segmento transcrito também não fala em natureza "igual". No entanto, a forma como a frase está redigida inculca a ideia de que se pretende que a natureza seja a "mesma". E a prova disso é que a *Portaria n.º 104/2001, de 21/02* obriga a que os concorrentes apresentem uma lista das obras executadas "*da mesma natureza"* da que é posta a concurso. Portanto, a correspondência parece-nos aqui fatal. Aceita-se que as obras devam ser da *mesma natureza* daquela que se pretende edificar, pois só desse modo se pode aquilatar com maior segurança acerca da capacidade e da habilitação técnica do concorrente, salvaguardando-se ao mesmo tempo o interesse público da boa execução da empreitada e da utilidade que da obra, depois de pronta, se pretende retirar.

É claro que, se para o legislador é necessária essa mesma natureza, a salvaguarda daquele interesse público sairá ainda mais reforçada se – mesmo que só em casos raros isso aconteça – algum concorrente apresentar como "trunfo" a comprovação da execução de uma *obra igual* à posta em concurso. Em tal hipótese, estará mais que preenchido o requisito legal, pois além da correspondência na natureza, concorrerá "igualdade de obra", o que sem dúvida funcionará como um factor acrescido no âmbito da avaliação da sua habilitação e capacidade técnica. De qualquer modo, essa será sempre uma situação excepcional e até por isso não poderia estar contida na norma geral que se limita a consagrar uma *regra*: a de que a obra deve ter a *mesma natureza* de outras que o concorrente tenha já executado.

Porém, ainda aqui a dificuldade pode subir de tom, se se der ao conceito "mesma natureza" uma amplitude maior do que a desejada pelo legislador, correndo-se o risco de o preencher com situações que nele não deviam caber. Também aqui, portanto, é forçoso descer até onde a precisão o impuser. Por "*mesma natureza*" deve interpretar-se, sempre que possível ou "igual natureza", ou pelo menos *forte identidade.* Neste sentido, não basta uma *mera identidade,* uma *remota semelhança.* Ampliar o conceito dessa maneira teria o grave inconveniente de incluir nele obras que caberiam na designação lata de "engenharia", mas que na verdade pouco teriam de comum, no tocante ao universo dos diversos aspectos técnicos de concepção, implantação e execução que é preciso respeitar (v.g. uma ponte e um hospital, sendo ambas de engenharia, são obras que diferem tanto entre si que nunca se poderá dizer serem de idêntica natureza). Ou então, poderia levar a equivaler, para efeito de concurso, coisas que só aparentemente são idênticas. Por exemplo, entre uma ponte em ferro e uma ponte em betão há certamente uma *identidade no objectivo e no fim*: a ligação entre duas margens para a passagem de pessoas e veículos. Mas não haveria, certamente, entre ambas *identidade essencial* na sua natureza, dada a diferença na estrutura e nas especificidades de cada uma (Assim como há grande diferença entre uma ponte pedonal e um viaduto para permitir a passagem de veículos, pese embora alguma semelhança de natureza).

Há, pois, que restringir o conceito, de modo a que entre as obras se descubra mais do que uma simples semelhança. Entre elas deve haver pontos de contacto substanciais e decisivos, de maneira a emprestar-lhes a ideia de que não diferem naquilo que é essencial, de molde a criar, em suma, a noção de que têm uma mesma natureza (Este STA chegou a dizer que "obra da mesma natureza" pode ser entendido por "obra de natureza similar": Ac. de 11/12/2003, Processo n.º 01795/03).

Para se saber, no entanto, se entre a obra a concurso e as executadas pelos concorrentes há, ou não, identidade nos termos atrás definidos, é preciso que o processo reúna os indispensáveis elementos. Ou seja, se estamos perante um conceito indeterminado que, pela sua objectividade, pode ser sindicado pelo tribunal (Azevedo Moreira, *Conceitos Indeterminados*, pag. 69/75), a verdade é que essa tarefa só pode ser levada a cabo com êxito se os autos fornecerem os indispensáveis factos concretos correspondentes.

Assim, e descendo já ao caso em apreço, se o ponto 19.4 do Programa do Concurso exigia a "*apresentação de declaração comprovativa de terem executado satisfatoriamente uma obra* **de idêntica natureza** *da obra posta a concurso, de valor não inferior a € 649.800,00*", teria que ser com base nela que a apreciação sobre a capacidade técnica também deveria ser feita, pois que assim o impõe o n.º 1, do art. 98.º do mesmo diploma[1] e no ponto 15.1-f) e 15.7 da Portaria n.º 104/2001, de 21/02[2].

Ora, a situação dos autos era de execução de uma «*Empreitada de arrelvamento com relva sintética do campo de futebol do Águia Clube Desportivo – Arrifes – Ponta Delgada*». Empreitada que, de acordo com as "***Condições Técnicas Especiais: apêndice III.2.b), a fls. 35 do apenso I***" implicaria *movimento de terras* (capítulo 2), fornecimento *e colocação de betões* (capítulo 3), *revestimentos* (capítulo 3), *serralharias* (capítulo 4), *pinturas* (capítulo 5), *equipamento electromecânico* (capítulo 6), *pavimento* (capitulo 7 – aí se incluindo então, entre outros, o da relva sintética), *tubagens e acessórios* (capítulo 8), e*quipamentos (capitulo 9), caleira (capítulo 10), diversos* (capítulo (11), *alvenarias* (capítulo 12), *demolições* (capítulo 13) e *equipamento desportivo* (capítulo 14).

O próprio **anúncio do concurso** descrevia a empreitada como sendo o "*arrelvamento com relva sintética do campo de futebol do Águia Clube Desportivo Arrifes, com a área aproximada de 8.040m2, constituindo trabalhos de pavimentação em betão betuminoso, aplicação de revestimento de relva sintética, drenagem pluvial,*

[1] O número 1 desse artigo dispõe do seguinte modo:

«1 – *A comissão deverá, em seguida, avaliar a capacidade financeira, económica e técnica dos concorrentes, tendo em conta os elementos de referência solicitados no anúncio do concurso ou no convite para apresentação de propostas e com base nos documentos indicados nos artigos 67.º e seguintes*».

[2] O ponto 15.1-f) diz que os concorrentes devem apresentar «*Lista das obras executadas da mesma natureza da que é posta a concurso, acompanhada de certificados de boa execução relativos às obras mais importantes; os certificados devem referir o montante, data e local de execução das obras e se as mesmas foram executadas de acordo com as regras da arte e regularmente concluídas*».

O ponto 15.7 estipula que «*Os documentos indicados nas alíneas e) a i) do n.º 15.1 e a) e b) do n.º 15.2, bem como nas alíneas g) e h) do n.º 15.3, destinam-se à avaliação da capacidade técnica, para os efeitos do disposto no artigo 98.º do Decreto-Lei n.º 59/99, de 2 de Março.*

rede de rega automática, construção de muros, depósito com capacidade de 25 m3 e posto de transformação, iluminação do campo, bem como o fornecimento de equipamento desportivo" (**Anúncio *no ponto II 1.6: fls. 149 do apenso 1***), sendo por outro lado certo que "*a proposta é feita para a totalidade dos trabalhos que constituem a empreitada*" (***ponto II.2.1*: *loc. cit***.). A colocação da relva era, pois, uma parte dos trabalhos.

As recorrentes consideram que este requisito não era preenchido pelas concorrentes "*Marques, S.A.*" e "*Construtora do Tâmega, S.A./Construtora do Tâmega Açores, S.A.*" por nenhuma delas ter apresentado uma obra com a mesma natureza daquela.

Diferentemente, a sentença da 1ª instância, confirmada na íntegra pelo acórdão do TCA, entendeu que as obras apresentadas por estas concorrentes tinham uma natureza idêntica à do concurso.

Vejamos.

"*Marques, SA*" comprovou ter executado a obra de "*Arrelvamento do Estádio de Ponta Delgada no valor de 109.780.595$00*" (fls. 108) e disse na sua contestação ter procedido ainda a outra de "*Arrelvamento com relva sintética do campo de futebol do Clube Operário Desportivo*" (fls. 105, 157 e 199 dos autos). Ora, em 1.º lugar, a 2ª obra indicada não pode ser aqui obviamente tida em conta, dado que não foi apresentada ao abrigo daquele dispositivo legal, (até pela simples razão de ter sido posterior ao concurso: fls. 202), sabendo-se, como se sabe, que a avaliação da capacidade técnica deve ser efectuada no seio do concurso e de acordo com os elementos para ele carreados referentes a obras realizadas antes e não "a posteriori". Quanto à 1ª, tratando-se, embora, de um *arrelvamento* com *relva natural*, o conjunto de trabalhos que seria preciso efectuar poderia não diferir daqueles que a obra posta a concurso implicaria (fls. 056 apenso instrutor II). Caso em que, se isso se verificar, se poderia ter que reconhecer haver pontos de contacto essenciais que a tornavam fortemente idêntica àquela outra. No entanto, além de essa factualidade não estar aqui devidamente demonstrada documentalmente, também o valor final dessa obra (109.780.595$00: também a fls. 108 dos autos) é inferior ao da obra posta a concurso (€ 694.800,00 ou 129.960.000$00), o que impediria o preenchimento do requisito exigido no Programa do Concurso. Portanto, não pode ser por esta obra que se pode dar por verificado o requisito.

Quanto à obra "*Beneficiação e arranjos exteriores do Estádio de Ponta Delgada*" que a Comissão relevou (fls. 47 dos autos), não está este Tribunal em condições de afirmar, peremptoriamente, que ela equivale nos seus aspectos essenciais à obra posta a concurso. Não se sabe até que ponto a obra referida incluía trabalhos correspondentes àqueles que a empreitada em causa exigia. Por isso, não pode este STA decidir definitivamente esta questão, pois que só conhece de direito.

E o mesmo se dirá no que respeita à "*Construtora do Tâmega, SA e Construtora do Tâmega Açores, SA*". A Comissão considerou que o requisito do ponto 19.4 do Programa do Concurso estava preenchido face à obra que a construtora disse ter executado e que tinha consistido na "*Concepção dos Projectos de Especialidade e Construção do Estádio Municipal de Aveiro*" no valor de € 43.323.439,53 (fls. 40 dos autos). Porventura haverá identidade entre ela e a empreitada aqui em apreço, se se partir do princípio de que a construção do estádio de Aveiro também incluiria o seu arrelvamento. Contudo, os autos não contêm os elementos documentais necessários à eliminação da dúvida, o que poderia ser feito através da junção do anúncio do concurso, do programa e do caderno de encargos em que se demonstrasse que a obra incluía o arrelvamento do Estádio e em que moldes.

Significa, portanto, que, ao contrário da conclusão a que chegaram as anteriores instâncias, este Supremo Tribunal não se encontra em condições de avaliar a aludida *identidade na natureza de obras*. Estamos, pois, perante um "non liquet" insuperável em sede de revista, pelo que se impõe a baixa do processo para que o tribunal proceda à ampliação da matéria de facto, buscando recolher junto dos contra-interessados os documentos que demonstrem que entre tais obras e aquela que constituiu a empreitada aqui em jogo há pontos de contacto essenciais que atestem a necessária identidade, a fim de, posteriormente, de novo julgar a causa em conformidade com a afirmação do direito estabelecida na presente revista (arts. 729.º, n.º 3, 730.º, n.º 1, do CPC e MÁRIO AROSO DE ALMEIDA e C. ALBERTO CADILHE, in *Código de Processo nos Tribunais Administrativos*, pag. 750).

***

Mas, a sentença da 1ª instância (cujo conteúdo o acórdão sindicado assimilou e assumiu como seu), além de considerar verificado aquele requisito – *identidade de natureza da obra* – ainda disse o seguinte:

«*Por outro lado, o próprio Programa do Concurso exigia no seu ponto 6.2 a titularidade, entre outros, de alvará de empreiteiro de obras públicas pelo Instituto dos Mercados de Obras Públicas e Particulares e do Imobiliário, o qual contivesse, na parte que aqui interessa, a 10ª subcategoria da 2ª categoria relativas à actividade da construção que vêm previstas na Portaria n.º 19/2004 de 10 de Janeiro – correspondente a infra-estruturas de desporto e de lazer – o que não pode deixar de comprovar para os seus titulares (entre eles os visados pelo presente pedido de exclusão) a respectiva capacidade técnica para a execução da obra posta a concurso*».

Como se vê, embora esta não tenha sido questão que o aresto em crise tenha tratado como tema central da decisão, a verdade é que ao ter aportado um tal argumento, duplicou o acervo de razões pelas quais negava provimento ao recurso. Ou seja, o acórdão recorrido considerou comprovada a *habilitação daqueles concorrentes* pela *identidade da natureza das obras* executadas, assim como também entendeu que essa habilitação resultava ainda do facto de ter sido apresentado *alvará de empreiteiro de obras demonstrativo da capacidade técnica para a execução das obras compreendidas na subcategoria 10ª da 2ª categoria referidas na Portaria n.º 19/2004, de 10/01*. Consequentemente, importa ver até que ponto a afirmação do acórdão recorrido tem consistência legal.

Em nossa opinião, esta questão não pode, claramente, ser encarada sob o ponto de vista do aresto recorrido. Com efeito, tal como decorre do DL n.º 12/2004, de 9/01, o alvará só é concedido depois de uma avaliação de três requisitos (*idoneidade, capacidade técnica e capacidade económica e financeira*: art. 7.º), sendo certo que uma avaliação positiva do segundo deles (art. 9.º) *habilita* o titular a exercer a actividade de construção das obras enquadráveis naqueles parâmetros legais (art. 4.º, n.ºs 1 e 4 e 11.º, n.º 1, al.b)). Atente-se, porém, que aquilo que ali está previsto é uma habilitação abstracta que, portanto, não é sinónimo necessário de garantia de boa execução em todos os tipos de obras, mesmo que longinquamente se encaixem naquelas subcategorias. O que é determinante é a natureza **concreta** das obras e esta, obviamente, pode não encaixar rigorosamente no respectivo alvará. Ou seja, o alvará permite executar as obras inscritas nos referidos parâmetros, mas a habilitação técnica para a execução concreta da obra concursada não resulta do alvará (no sentido de que a titularidade de alvará, sendo embora condição necessária para a admissão como concorrente, não é condição suficiente, vide Ac. do STA/Pleno, de 28/09/2006, Processo n.º 0192/04)

Tal título apenas certifica a classificação do empreiteiro de obras públicas e contém a *autorização necessária à realização da obra posta a concurso* (art. 69.º, n.º 1, do DL 59/99), mas isso somente constitui «***presunção*** *de idoneidade, capacidade financeira e técnica relativamente apenas no que respeita aos elementos abrangidos pelos documentos indicados nas alíneas a) a d), h), j), m) e p), do n.º 1, do art. 67.º*» (art. 69.º, n.º 2; destaque nosso). Ora, a alínea *n), do art. 67.º* está fora da previsão do preceito transcrito, precisamente porque o que ali se pretende é o fornecimento de elementos que contribuam para uma habilitação concreta à boa execução da obra, o que passará pela análise das obras que o concorrente tenha executado e pela sua comparação com a natureza da que é posta a concurso. Só na presença de todos os elementos referidos no artigo (aquele, obviamente, incluído) é que, a seu tempo, se fará a adequada apreciação sobre a habilitação dos concorrentes (arts. 92.º cit. dip.) e, mais tarde, sobre a capacidade técnica de cada um (art. 98.º).

Sendo isto assim, não está certa a afirmação feita na sentença de que o alvará, «*...não pode deixar de* ***comprovar*** *para os seus titulares (entre eles os visados pelo presente pedido de exclusão) a respectiva capacidade técnica para a execução da obra posta a concurso*» (fls. 470; destaque nosso).

E se esta fosse a questão única a apreciar, poderia este STA substituir a decisão impugnada por uma sua que a resolvesse definitivamente (art. 150.º, n.º 3, do CPTA). Porém, está por resolver a primeira parte do problema: saber se obra a concurso tem a "mesma natureza" das obras executadas por aqueles concorrentes, para o que, como se disse, haverá que ampliar a matéria de facto.

IV – DECIDINDO

Face ao exposto, acordam em conceder provimento ao recurso de revista e, em consequência revogar a decisão recorrida e ordenar a baixa dos autos ao tribunal "a quo" nos termos e para os supra enunciados efeitos.

Custas somente no TCA e apenas pelo Município de Ponta Delgada, por apenas ele ter apresentado contra-alegações no recurso jurisdicional ali interposto.

Lisboa, 12 de Julho de 2007

Cândido de Pinho (Relator)
Santos Botelho
Adérito Santos

Recurso n.º 268/07-11

ESPECIFICAÇÃO E QUESTIONÁRIO. USURPAÇÃO DE PODER. DIREITOS FUNDAMENTAIS. DIREITO À FUNDAMENTAÇÃO. DIREITO AO RESPEITO POR PRINCÍPIOS CONSTITUCIONAIS. PRINCÍPIO DA IGUALDADE. NULIDADE/ANULABILIDADE.

(Acórdão de 19 de Abril de 2007)

SUMÁRIO:

I – A elaboração de *especificação* e *questionário* no recurso contencioso, nos termos do art. 845.º do Código Administrativo, *ex vi* do art. 24.º, al.*a*), da LPTA, só tem lugar quando, devendo o processo prosseguir, subsistam factos controvertidos que se mostrem relevantes para a resolução do recurso, que impliquem que o juiz não possa decidir com segurança sem prévia produção de prova. Fora desses casos, a falta dessas peças processuais não gera nulidade processual.

II – Mesmo que Câmara e particular tenham celebrado um contrato privado de compra e venda de lotes para construção, não pode o comprador particular deixar de submeter à apreciação jurídico-pública a sua pretensão de construir, a fim de obter um licenciamento que traduza o respeito pelas regras, planos urbanísticos e de gestão territorial em vigor no domínio da construção e de ocupação de solo.

III – Se a Câmara licenciou a construção em determinados moldes, pode proceder ao embargo da obra se esta vier a ser executada contra o que fora licenciado, sem que isso represente *usurpação de poderes*. Neste caso, não se pode dizer que a Câmara violou o contrato, uma vez que ao assim proceder está já a agir no interesse e domínio públicos, como é o do licenciamento construtivo.

IV – O *direito à fundamentação* e ao *respeito pelos princípios da proporcionalidade, justiça e imparcialidade*, embora consagrados na Constituição (arts. 268.º, n.º 3 e 266.º, n.º 2, da CRP, respectivamente) não se elevam à categoria de direitos fundamentais, cuja inobservância produza nulidade.

V – Conquanto o *princípio da igualdade* se reveja num direito fundamental (art. 13.º da CRP), a verdade é que a sua violação só gera nulidade nos casos em que ela fira o núcleo do *conteúdo essencial do direito*, o que se verifica somente nos casos em que é atingido o cerne das categorias vertidas no n.º 2 do art. 13.º, através de discriminações com as causas ali previstas, e das contempladas no art. 36.º, n.º 4 da Constituição.

Fora desses casos, a eventual verificação do vício é caracterizada como de violação de lei, sancionável com a mera anulação do acto.

ACORDAM NA 1ª SUBSECÇÃO DA 1ª SECÇÃO DO STA:

I - RELATÓRIO

1 – **"Vidor - Comércio e Indústria de Construção, Ldª"** (doravante apenas Vidor) recorre jurisdicionalmente do despacho do juiz do TAC do Porto, de 17/09/2002 (fls. 77 dos autos) – que declarou a inexistência de matéria exceptiva, que manifestou a possibilidade de passar ao conhecimento de mérito do recurso contencioso e que mandou dar prazo para alegações finais, nos termos do art. 848.° do Cod. Adm. – e da sentença final de 17/02//2006 (fls. 312/322).

2 – Relativamente ao primeiro recurso, terminou as suas as alegações (fls. 146/157) com as seguintes conclusões (fls.184):

«1- O presente processo é um recurso contencioso de anulação processado nos termos do art. 24.°, a), da LPTA, pelo que, por se tratar de um recurso de acto administrativo praticado por um órgão da administração pública local (art. 51.°, n.° 1, *c*) do ETAF), a tramitação processual a seguir é a que se encontra regulada no Código Administrativo, aplicável ex vi art. 24.°, al. *a*), da LPTA.

2 – Nos arts. 845.° e sgs. do referido CA, o legislador consagrou uma sequência processual na qual, sempre que existir matéria de facto controvertida, há obrigatoriamente lugar, no despacho saneador, à elaboração da especificação e questionário com vista à preparação da fase de instrução (art. 845.° do CA) – cfr. a jurisprudência e doutrina citadas a pags. 4-6 das alegações.

3 – Nos presentes autos não se verifica acordo das partes em relação a qualquer dos factos que condicionam a decisão a proferir no recurso contencioso interposto, tendo a Entidade recorrida contestado a matéria de facto em que a Recorrente suporta o seu pedido, pelo que se torna evidente a existência de matéria controvertida que o Tribunal *a quo* deveria ter organizado na especificação e questionário (cfr., por exemplo, arts. 7.°, 31.°, 33.° da Contestação da Entidade Recorrida, onde se impugna a matéria de facto alegada pela Recorrente).

4 – A matéria de facto controvertida é decisiva no julgamento a efectuar neste recurso, pois provando-se os factos invocados pela Recorrente procederá, necessariamente, o pedido de declaração de nulidade do acto recorrido com fundamento na violação de princípios fundamentais que tutelam a posição dos administrados face à Administração Pública (igualdade, proporcionalidade, justiça e imparcialidade) e direitos fundamentais da Recorrente (livre iniciativa económica e propriedade privada).

5 – A não elaboração da especificação e questionário e a preterição *in totum* da fase, de instrução no caso *sub judice* influi decisivamente no exame e na decisão da causa, pelo que, verificada a previsão normativa do art. 201.° do CPC, aplicável por remissão do art. 1.° da LPTA, cometeu-se uma nulidade processual que a Recorrente arguiu no prazo legal.

6 – O dever que incumbia ao Tribunal *a quo* de proceder à elaboração de especificação e questionário sai ainda reforçado neste processo pela constatação de que a maioria dos factos alegados pela Recorrente para fundamentar a ilegalidade do embargo decretado (cfr. artigos 6.°, 12.° e 13.°) reveste natureza marcadamente técnica, cuja prova dependia da realização de diligências instrutórias e de documentos, também eles de carácter técnico, a realizar e a juntar na fase de instrução do processo, sendo certo que esta questão se afigura de todo essencial para a decisão do presente recurso contencioso.

7 – O Tribunal *a quo* deveria ter ordenado todas as diligências necessárias à descoberta da verdade material, o que não aconteceu, pelo que o Despacho recorrido também violou o principio do inquisitório (art. 265.°, na 3, do CPC) cfr. a jurisprudência do STA citada na pag. 11 das Alegações;

8 – O Tribunal *a quo* também não especificou os factos que considerava assentes, tendo apenas concluído que no processo já se encontravam os elementos Indispensáveis ao conhecimento e decisão do processo, tendo proferido uma decisão sem especificar os fundamentos de facto e de direito que a suportam e sem exteriorizar os pressupostos em que assenta, pelo que, nos termos dos arts. 158.° e 668.°, n.° 1, *b*), do CPC, aplicáveis *ex vi* do art. 1.° da LPTA, o Despacho recorrido é nulo por falta de fundamentação.

9 – Interpretado e aplicado nos termos em que o Despacho recorrido o fez, o art. 845.° do CA viola manifestamente os arts. 20.°, n.° 4, e 268.°, n.° 4, da Constituição, para além do principio da igualdade dos cidadãos e das partes (arts. 13.° e 20.°, n.° 4, da Constituição)».

3 – A **Câmara Municipal de Penafiel**, alegou igualmente, apresentando as conclusões seguintes:

«1 – O acto judicial objecto do presente recurso jurisdicional não está ferido de nulidade, pois a elaboração da especificação e do questionário no despacho saneador só é obrigatória quando exista matéria de facto controvertida (art. 845.° do C. Adm.);

2 – Nos presentes autos não existe essa obrigatoriedade, pois os factos alegados pelo recorrente como sendo matéria de facto controvertida estão provados no original do processo administrativo enviado ao Tribunal Administrativo de Círculo do Porto;

3 – A matéria que a ora recorrente enuncia como sendo matéria de facto controvertida é matéria cuja apreciação deve ser feita no âmbito de um procedimento administrativo municipal com vista ao eventual licenciamento do executado em desacordo com o projecto aprovado;

4 – Uma vez que a recorrente não apresentou projecto de legalização do edificado, impossibilitou a análise administrativa dos factos alegados na petição de recurso jurisdicional como sendo matéria controvertida, e não permitiu à Câmara Municipal outra alternativa que não fosse determinação do embargo recorrido».

4 – O digno Magistrado do MP junto deste Tribunal opinou no sentido do improvimento do recurso (fls. 180//181).

5 – Relativamente ao recurso da sentença, a mesma recorrente concluiu as suas alegações do seguinte modo (fls. 379/380):

«*a*) O acto impugnado violou e lesou direitos fundamentais da Recorrente, pelo que é nulo nos termos do art. 133.°, n.° 2, do CPA:

b) Sendo um acto nulo, nos termos do art. 134.° do CPA, a arguição dessa invalidade pode ser feita a todo o tempo por qualquer interessado, podendo igualmente ser declarada a todo o tempo por qualquer órgão administrativo ou por qualquer Tribunal;

c) Assim, mal andou o Tribunal recorrido quando relativamente a estes vícios alegados pela Recorrente considerou que os mesmos apenas geravam a anulabilidade do acto impugnado e que, por essa mesma razão, por não ter sido arguida em tempo (art. 28.º, n.º 1, *a*) da LPTA), se sanou a invalidade, sendo o recurso contencioso de anulação, nessa parte, extemporâneo.

Deve o presente recurso, por provado e devidamente fundamentado, ser julgado procedente e, em consequência, ser a sentença recorrida revogada».

***

Não foram apresentadas contra-alegações.

***

O digno Magistrado do MP defendeu o improvimento do recurso e a confirmação da sentença recorrida (fls. 394/395).

Cumpre decidir.

II – OS FACTOS

O acórdão recorrido deu por assente a seguinte factualidade:

«*a*) A Recorrente é proprietária de dois lotes de terreno sitos na zona envolvente à Vila Gualdina, em Penafiel, denominados Lote n.º 57, com a área de 543 m2, e Lote n.º 58, com a área de 519 m2, descritos na Conservatória do Registo Predial de Penafiel sob os n.os 00288/ /120488 e 00289/120488;

b) Os referidos lotes de terreno foram adquiridos à Câmara Municipal de Penafiel (CMP) por escritura pública de compra e venda celebrada em 04.11.1987, de igual teor ao doc. de fls. 16 a 18 dos autos, que aqui dou por integralmente reproduzido;

c) Na escritura de compra e venda dos lotes em causa as partes acordaram expressamente no seguinte:

"Que nos termos das respectivas condições de venda as construções ficam sujeitas às seguintes cláusulas:

a) Ser iniciadas no prazo máximo de dois anos a contar desta data;

b) Estar concluídas no prazo máximo de cinco anos após a aprovação do respectivo projecto, que poderá ser prorrogado, por razões ponderosas, devidamente justificadas; e

c) Que os lotes reverterão para a Câmara Municipal de Penafiel, com todas as benfeitorias neles efectuadas, se os prazos não forem cumpridos ou prorrogados".

d) A referida compra e venda obedeceu às formalidades previstas nas "Condições de Venda de Lotes na Zona Envolvente à Vila Gualdina" (cfr. doc. de fls. 19 a 22 dos autos);

e) O pedido de licenciamento de construção do edifício a erigir nos lotes de terreno em causa foi aprovado pela CMP no âmbito do Processo Camarário n.º 732/85, por despacho de 31.08.87 (cfr. PA apenso);

f) Iniciados os trabalhos de construção do edifício a erigir nos lotes de terreno *sub judice*, a Recorrente introduziu ajustamentos em obra (elementos estruturais, estrutura de suporte, etc.), alegadamente devido a uma diferença de desníveis efectivamente existentes no solo e os previstos no projecto aprovado;

g) A Recorrente, por requerimento datado de 29.11.1988, requereu à CMP a prorrogação da validade do Alvará de Licença n.º 1249, a fim de proceder à construção do edifício nos referidos lotes de terreno (cfr. doc. de fls. 23 dos autos);

h) Tal pedido foi deferido pela CMP, que procedeu à emissão do Alvará de Licença de Construção n.º 443/89;

i) Em 29.11.1989, a Recorrente requereu à CMP a prorrogação da validade do Alvará de Licença de Construção n.º 443/89, nos termos de requerimento de igual teor ao doc. de fls. 24 dos autos;

j) A CMP deferiu o pedido de prorrogação formulado em 29.11.1989 e emitiu o Alvará de Licença de Construção n.º 358/91;

k) Em 13.11.1991, a Polícia Municipal de Penafiel elaborou Informação com o seguinte teor:

" *(...)*

A referida Empresa (a ora Recorrente) leva a efeito a construção do prédio que se encontra licenciado nesta Câmara com o processo n.º 732/85, não estando a Empresa Construtora a cumprir com o projecto aprovado por esta Câmara.

(...) – cfr. doc. de fls. 25 dos autos, que aqui dou por integralmente reproduzido;

l) Na sequência da Informação referida na antecedente alínea *k*) e de um Despacho do Senhor Vereador em Regime de Permanência, os serviços da CMP, em 28.11.1991, procederam ao embargo da obra que a Recorrente se encontrava a efectuar nos lotes em causa, nos termos constantes do respectivo auto de embargo de obras cuja cópia se encontra a fls. 26-27 dos presentes autos e cujo teor aqui dou por integralmente reproduzido;

m) Por deliberação tomada em reunião ordinária realizada no dia 12.12.91, a CMP confirmou o embargo referido na antecedente alínea 1) – cfr. docs. de fls. 15 e 26 dos autos;

n) A CMP indeferiu o novo pedido de prorrogação da validade do alvará de licença de construção apresentado pela Recorrente em 15.01.1992 para conclusão da obra, mantendo o embargo das obras de construção do edifício a erigir nos lotes de terreno em causa;

o) A entidade recorrida, em reunião ordinária realizada em 22.01.1996, deliberou proceder à reversão dos lotes em causa, nos termos de deliberação de igual teor à constante do doc. de fls. 29 a 31 dos autos, que aqui dou por integralmente reproduzida;

p) A deliberação referida na anterior al. *o*) foi declarada nula pelo Tribunal Administrativo do Círculo do Porto, por sentença de 2.04.97, transitada em julgado, de igual teor à cópia de fls. 33 a 40 dos autos, que aqui dou por reproduzida, proferida no âmbito do processo de recurso contencioso de anulação que naquele Tribunal correu termos sob n.º 311/96;

q) O presente recurso contencioso de anulação foi instaurado em 29.01.2002 (cfr. fls. 2 dos autos).

III – O DIREITO

1 – *Do recurso do despacho de 17/09/2002*

O recurso contencioso interposto no TAC do Porto dizia respeito, efectivamente, a um acto administrativo compreendido no art. 51.º, al. *c*), do ETAF. Portanto, enquanto praticado por órgão da administração local, corresponder-lhe-ia a forma de processo prevista no Código Administrativo, *ex vi* do art. 24.º, al. *a*), da LPTA.

Isto quer dizer que, findos os articulados, haveria que lavrar despacho saneador (o que foi feito), pois assim o proclama o art. 845.º daquele Código.

Mas aquele preceito não se fica por aí. Diz ainda que: «...*o auditor, no próprio despacho saneador, especificará os factos que considera provados, admitidos por acordo das partes ou provados por documentos e elaborará conjuntamente um questionário em que fixe, por ordem numérica, os* ***pontos de facto controvertidos cujo apuramento interesse à resolução do recurso***...» (destaque nosso).

Por seu turno, o art. 848.° do mesmo diploma legal estipula que "*concluída a produção de prova, será o processo continuado com vista aos advogados do recorrente e do recorrido ao Ministério Público, para alegarem por escrito*".

Da conjugação destes dois preceitos conclui-se que haverá lugar a alegações depois de concluída a *produção de prova*, na hipótese de a ela haver lugar. Ora, não lugar à produção de prova quando não houver matéria de facto controvertida (*Ac. do STA de 29/11/2005, Proc. n.° 0810/03*).

Com efeito, «*A elaboração de especificação e questionário no recurso contencioso, nos termos do art. 845.° do Código Administrativo, só tem lugar quando, devendo o processo prosseguir, subsistam factos controvertidos relevantes para a resolução do recurso que impliquem que o juiz não possa decidir com segurança sem prévia admissão de prova*» (Ac. STA de 13/02/96, Proc. n.°038811).

Na verdade, só a existência de matéria controvertida que urja apreciar em sede de julgamento de facto impõe a elaboração daquelas peças. Se tal não for o caso, a falta delas não determina a nulidade processual invocada. Como este STA já afirmou «*Nos recursos contenciosos que seguem a tramitação do art. 24.°, al. a), da LPTA, a falta de especificação e questionário (arts. 51.°, n.° 1, do ETAF, 843.° e 845.° do C.A. e 511.° do CPC) não configura nulidade nem constitui caso julgado formal, pois que a factualidade pertinente ao conhecimento do recurso pode a todo o momento ser expressamente considerada, ampliada e alterada*» (neste sentido, o acórdão deste STA de 9/04/2003, Proc. n.° 0598/02).

Resta, então, averiguar se havia necessidade neste caso concreto de ser produzida qualquer outra prova para além da que já resultava dos autos e do processo administrativo apenso.

O que estava em causa nos autos, recorde-se, era uma deliberação da CMP de 12/12/91, que manteve e confirmou o embargo decidido pelo Sr. Vereador em 13/11/91 relativamente à obra que a recorrente estava a levar a cabo na zona envolvente à Vila Gualdina. Ora, a recorrente imputava ao acto o vício de forma por falta de fundamentação (arts. 24.°/26.° da p.i.), a violação de princípios como o da igualdade, proporcionalidade, justiça e imparcialidade (art. 27.° da p.i.), a usurpação de poderes (arts. 28.°/33.°, da p.i.), e violação do direito à iniciativa económica privada e de propriedade consagrado nos arts. 61.° e 62.° da CRP (art. 33.° da p.i.).

Como se vê, praticamente nenhum dos vícios implica uma prova diferente e mais alargada do que aquela que os elementos juntos, quer com a petição inicial, quer com o p.a. apenso, já nos revelam. A única reserva relativamente a esta afirmação estaria na parte concernente à violação dos *princípios* da igualdade e imparcialidade. Todavia, a recorrente não foi capaz de preencher a violação desses princípios com os factos pertinentes, limitando-se a não mais do que uma afirmação genérica e conclusiva. E, naturalmente, perante essa falta de alegação factual, nenhuma prova poderia ser feita. O que equivale a dizer que nenhuma base instrutória haveria que ser efectuada a esse respeito.

É verdade que a contestação impugna o teor dos arts. 11.°, 14.°, 19.°, 20.° e 27.° da petição (ver arts. 7.° e 31.° da peça de fls. 55 a 64). Todavia, tal como refere o M.P., nenhuma dessa matéria é essencial à decisão da causa, por se apresentar irrelevante ao preenchimento dos vícios (excepção feita ao caso da violação dos referidos princípios – art. 27.° da pi –, mas para os quais a recorrente não aportou nenhuma factualidade). E assim, a pretensa controvérsia em redor dessa matéria não justificava a elaboração de um questionário com vista à eliminação de qualquer dúvida a seu respeito. Pretendia a recorrente fazer crer que a alteração ao projecto inicial se justificava de todo, em virtude de o terreno apresentar um desnível que impossibilitava a execução da obra tal como ela estava desenhada no projecto (arts. 11.°, 14.°, 19.° e 20.° da pi). Ora, saber se a recorrente comunicou esse facto à Câmara e se esta não se opôs à execução com a pretendida alteração já não é importante, se a respectiva factualidade apenas preenche vícios sancionáveis com a mera anulação, cuja impugnação haveria de respeitar os prazos do art. 28.° da LPTA, há muito ultrapassados no momento da interposição do recurso (quase dez anos depois) como a sentença final acabaria por reconhecer.

Sendo assim, se a matéria controvertida ou era inoperante para a procedência dos vícios ou estava afastada do conhecimento pelo tribunal "a quo" não havia necessidade de realizar a base instrutória.

Improcedem, pois, as conclusões do recurso jurisdicional.

2 – *Do recurso da sentença*

2.1 – Entende a recorrente que a sentença recorrida andou mal ao julgar improcedente o vício de *usurpação de poderes*. E isto por duas razões:

– As obras embargadas foram erigidas no âmbito de um contrato de direito privado celebrado entre a recorrente e a entidade recorrida. Logo, por se encontrar despida de *ius imperii* nesta relação contratual, não podia a Câmara interferir numa questão em que era parte interessada. Nem mesmo o facto de se tratar de um licenciamento urbanístico a legitimava a sobrepor-se ao acordado contratualmente, sob pena de incumprimento.

– Tratando-se de uma relação de direito privado, só os tribunais judiciais poderiam pronunciar-se acerca dessa questão, isto é, do litígio daí emergente e de um eventual incumprimento da recorrente relativamente ao estipulado entre as partes do referido contrato. Assim, o acto intrometeu-se na esfera de competência dos tribunais jurisdicionais (arts. 2.°, 111.°, n.° 1 e 202.°, n.° 2, da CRP).

Não tem, obviamente, razão.

Sem dúvida que é de natureza privada o contrato de «*compra e venda*» celebrado por escritura de 4/11/1987 entre a Câmara e Vidor (fls. 16/18). E essa venda ficou sujeita às seguintes condições:

a) As construções deveriam ser iniciadas no prazo máximo de dois anos a contar da data da escritura;

b) Deveriam estar concluídas no prazo de cinco anos após a aprovação do respectivo projecto, que poderia ser prorrogado por razões ponderosas e devidamente justificadas;

c) Os lotes reverteriam para a Câmara Municipal com todas as benfeitorias nele efectuadas se os prazos não fossem cumpridos.

Ora, em primeiro lugar nenhuma destas cláusulas foi posta em causa pelo acto administrativo sindicado. Ou seja, o acto não interfere com o conteúdo do contrato a ponto de se dizer que, por ele, a Câmara realizou uma função que só aos tribunais judiciais caberia exercer. O eventual incumprimento do contrato poderia, claro está, ser apreciado pelos tribunais se a questão fosse, efectivamente, de violação contratual. Ora, manda a verdade que se diga que não houve qualquer litígio a respeito do conteúdo e da execução do contrato celebrado. O acto, com efeito, não impedia a recorrente de executar as obras. A Câmara pretendeu evitar, isso sim, que as obras fossem levadas a cabo sem licença, ou melhor em desrespeito da licença inicialmente atribuída.

O que se passou com a Vidor foi que, alegadamente, se viu impossibilitada de levar a cabo as obras licenciadas devido ao desnível que encontrou no terreno, em desconformidade, pois, com o desnível ponderado no projecto aprovado. Ora, postas assim as coisas, facilmente se chega à conclusão que a dificuldade não foi criada pela Câmara, mas pela configuração do próprio solo. Mas, porque é assim, a interessada construtora deveria ter sido diligente ainda na fase de preparação do projecto, antes mesmo do pedido de licenciamento, que sem qualquer entrave foi imediatamente deferido. A Câmara, inclusive, até concedeu duas prorrogações à validade temporal do alvará de licença (ver alíneas *h*) e *j*), da matéria de facto). Por conseguinte, não pode dizer-se que a Câmara agiu em violação das cláusulas do contrato. Se o projecto inicial não servia os interesses da Vidor, ou não podia ser realizado como estava desenhado, então haveria que pedir alteração ao licenciamento e obter, na oportunidade, o devido acto administrativo de deferimento da respectiva pretensão.

Em segundo lugar, o acto sindicado está já fora da relação contratual firmada entre as partes. Não pode esquecer-se que, independentemente da natureza privada do contrato, o objectivo a que o negócio da compra por parte de Vidor tendia era já do domínio da construção e do licenciamento urbanístico, matéria que é consabidamente do interesse e domínio públicos. Efectivamente, a utilização dos solos e a sua transformação pela via construtiva é o resultado de uma concessão jurídico-pública em face das regras e dos planos urbanísticos e de gestão territorial, que são de índole vinculada (Ac. do STA de 26/09/2002, Proc. n.° 0485/02; 18/05/2006, Proc. n.° 167/05; também Ac. de 22/03/2007, Proc. n.° 390/06-11).

Por conseguinte, não se sufraga de modo nenhum a arguição do referido vício, que aqui julgamos inexistente.

2.2 – Defende também a recorrente que o mesmo acto é nulo (art. 133.°, n.° 2, al. *d*), do CPA), por ter lesado e violado direitos fundamentais, como sejam:

– Os direitos à fundamentação dos actos administrativos (art. 124.° e 125.° do CPA);

– Os direitos consagrados à igualdade, proporcionalidade, justiça e imparcialidade (arts. 13.°, 266.°, n.° 2, da CRP e 5.° e 6.° do CPA);

– Os direitos à iniciativa económica e da propriedade privada (arts. 61.° e 62.° da CRP).

Esta forma de alegar pretende contrariar a posição manifestada pela sentença recorrida, que sobre o tema adiantou tratar-se de matéria que só é resolúvel através de vícios de anulação e não de nulidade. E deve dizer-se que andou bem a sentença neste aspecto.

Com efeito, não é pelo facto de o direito à fundamentação (art. 268.°, n.° 3, da CRP) e ao respeito pelos princípios da proporcionalidade, justiça e imparcialidade acima referidos estarem consagrados na Constituição (art. 266.°, n.° 2, da CRP) que se elevam à categoria de direitos fundamentais. Na verdade, o que a Constituição ali vem plasmar é um dever de agir com determinados contornos impostos à Administração, recebidos pelo legislador ordinário nos arts. 5.° e 6.° do CPA, como limites internos da actividade discricionária. Nesta medida, a correspondente violação pela entidade administrativa onerada é sancionável com a anulação e não com a nulidade (cfr. arts. 135.° do CPA), como sempre a jurisprudência tem afirmado.

Da mesma maneira, conquanto o princípio da igualdade se reveja num direito fundamental (art. 13.° da CRP), a verdade é que a jurisprudência sempre tem afirmado que a sua violação não se resolve através da nulidade, por representarem limites internos de actuação administrativa, desse modo caracterizando violação de lei que somente ocasiona anulabilidade e não nulidade, a não ser nos casos em que esteja ferido o núcleo do *conteúdo essencial* de um direito fundamental (Ac. STA de 13/04/99, Proc. n.° 041639; de 4/5/2000, Proc. n.° 045905; 31/10//2000, Proc. n.° 046315; 8/03/2001, Proc. n.° 046459). E a justificação que se vem dando é que só ofende esse conteúdo essencial o acto que atinja o cerne do direito vertido nas categorias do n.° 2, do art. 13.° da CRP, em que se colocam descriminações ilegítimas baseadas no sexo, língua, religião, convicções políticas, religiosas, etc, ou em outras categorias subjectivas traduzidas por "direitos especias de igualdade", como os que estão contemplados no art. 36.°, n.° 4, da CRP (v.g., cit. acórdão de 8/03/2001).

No que respeita à violação do direito de iniciativa privada e de propriedade privada (cfr arts. 61.° e 62.° da CRP) não é diferente a solução.

Efectivamente, os direitos ali plasmados não são irrestritos ou absolutos, podendo estar sujeitos a certos condicionamentos. A respeito do segundo, permitimo-nos, inclusive, transcrever um excerto de um acórdão deste STA, alusivo à matéria em apreço e a cuja doutrina aderimos inteiramente a propósito do *ius aedificandi*:

«No que concerne à vertente relacionada com a hipotética protecção constitucional considera-se que não se trata de direito que se encontre abrangido pela tutela, fundamentalmente subjectiva, do direito de propriedade privada, tal como acolhido no artigo 62.° da CRP, não se entendendo, por isso, que o direito de construir se apresente, à luz do texto constitucional, como parte integrante do direito fundamental de propriedade privada.

(...) entendemos que se trata aqui de um direito de natureza jurídico-pública, não existindo um direito originário à construção. Cfr., neste sentido, Rogério Soares, in "Direito Administrativo", a págs. 116-117.

O "jus aedificandi" não é, por isso, uma faculdade ínsita no conteúdo prévio e substancial do direito de propriedade, podendo dizer-se que a realidade constitucional do direito de propriedade em matéria urbanística, de direito de construção, é juspublicisticamente condicionável e regulável.

Vide, neste sentido, Osvaldo Gomes, in "Plano Director Municipal", a págs. 197-198.

Esta é, também, a posição de Alves Correia, in "O Plano Urbanístico e o Princípio da Igualdade" e de Carlos Ferreira de Almeida, in "Direito Económico", II Parte, 1979, a págs. 455-457.

O Tribunal Constitucional tem, também, defendido a tese antes enunciada, como se pode constatar dos seus Acs. n.os 115/88, in DR, II Série, de 5-9-88, n.º 131/88, in Revista da Ordem dos Advogados, ano 48, Dezembro de 1988, a págs. 895 e segts., n.º 52/90, in DR, de 2-4--92, n.º 329/99/T, de 2-6-99, in DR, II Série, de 20-7-99 e n.º 517/99/T, de 22-9-99, in DR, II Série, de 11-11-99.

Esta tem sido, aliás, a posição seguida por este STA.

Cfr., entre outros, os Acs. de 18-6-98 – Rec. 41653, de 13-1-00 – Rec. 44287, de 15-10-98 – Rec. 42683, de 4-4-00 – Rec. 42438 e de 12-12-00 – Rec. 46738

(...) propendemos para uma perspectiva juspublicista desta questão, partindo-se, essencialmente, do texto constitucional, para se sustentar que o "jus aedificandi" não faz parte do direito constitucional de propriedade, tal como consignado no art. 62.º da CRP.

De facto, a aptidão construtiva dos solos urbanos e não urbanos não está desligada do que em matéria de planeamento e ordenamento do território está previsto na CRP (cfr., em especial, os art. 65.º e 66.º).

O direito de construir não pode, consequentemente, ser visto apenas numa perspectiva que tenha unicamente em conta os interesses privados, impondo-se a consideração de outros interesses constitucionalmente condicionantes do direito de propriedade acolhido no art. 62.º da CRP.

É que, tal como decorre do preceito acabado de citar, o direito de propriedade é para ser gozado "nos termos da Constituição".

A consagração constitucional do direito de propriedade não obsta à existência de limites a este direito, resultantes, de resto, de outros direitos e princípios constitucionalmente consagrados. Cfr., neste sentido, em especial, Luís Cabral de Moncada, in "Direito Económico", 2ª edição, a págs. 152, G. Canotilho e Vital Moreira, in "Fundamentos da Constituição", 1991, a págs. 164.

Pode, assim, concluir-se que o uso e fruição, pelos respectivos titulares, do direito de propriedade não é livre e absoluto, antes se apresentando como juspublicisticamente enquadrado e condicionado. Ou, noutra formulação, podemos dizer não ser livre o modo de uso e fruição do direito de propriedade, na vertente relacionado com o direito de construir, dado que este direito está dependente de uma permissão administrativa prévia, que se destina, em larga medida, a aferir da compatibilidade da pretensão de construir com os interesses e necessidades públicas legalmente protegidas neste domínio, como é o caso, por exemplo, da REN.

A edificabilidade potencial dos terrenos terá, assim, de se concretizar legalmente através da emissão dos competentes alvarás, na sequência dos pertinentes pedidos de licenciamento». (Ac. do STA de 10/10/2002, Proc. n.º 0912/02. No mesmo sentido, Ac. de 26/09/2002, Proc. n.º 0485/02; de 18/05/2006, Proc. n.º 0167/05).

Quer dizer, ao não estar em causa o conteúdo essencial do direito fundamental, nunca a sua violação geraria a mais grave das invalidades, sancionável com a nulidade, mas simplesmente com a anulação, como a sentença recorrida afirmou.

Por tudo o que acaba de dizer-se, somos a concluir ter andando bem a sentença recorrida quando considerou improvido o recurso contencioso na parte referente ao vício de usurpação de poder e extemporâneo quanto aos demais.

IV – DECIDINDO

Face ao exposto, acordam em negar provimento aos recursos, confirmando o despacho e sentença recorridos.

Custas pela recorrente.

Taxa de justiça: 400 euros.

Procuradoria: 200 euros.

Lisboa, 19 de Abril de 2007

Cândido de Pinho (Relator)
Azevedo Moreira
Costa Reis

Recurso n.º 809/06-11

EXECUÇÃO DE ACÓRDÃO DO STA PROFERIDO EM 1.º GRAU DE JURISDIÇÃO PELO TCA. TRIBUNAL COMPETENTE.

(Acórdão de 21 de Junho de 2007)

SUMÁRIO:

I – Em matéria de execução de sentenças administrativas a regra é a de que o Tribunal competente para essa execução é aquele que tiver "*proferido a sentença em primeiro grau de jurisdição*" e que a mesma corre por apenso à causa principal, conforme resulta do disposto no arts. 164, n.os 1 e 2, (execução para a prestação de factos ou de coisas) e 176.º, n.os 1 e 2, do CPTA (execução de sentenças de anulação de actos administrativos), como resultava já, aliás, da legislação anterior, o art. 7.º, n.º 4, do DL 256-A/77, de 17.6, e também em conformidade com a regra geral do CPC, o art. 90.º, n.º 1.

II – E, porque assim, o TCAS é o competente para executar o Acórdão do STA julgado em primeiro grau de jurisdição pelo Tribunal Central Administrativo já que as normas de atribuição de competência com carácter específico, como é o caso do disposto no n.º 1 do art. 164.º do CPTA, prevalecem quando confrontadas com normas competência de carácter geral.

III – E tal não é afectado pelo facto do Tribunal Central Administrativo ter sido extinto e, em sua substituição, terem sido criados dois novos Tribunais – o TCAS e o TCAN – já que, por um lado, a instauração de uma execução, em bom rigor, não significa a instauração de um novo processo já que não tem existência sem o pro-

cesso principal ao qual está umbilicalmente ligado e, por outro, o TCAS é uma consequência da extinção do TCA e, se assim é, só aquele pode executar um Acórdão cuja competência cabia ao TCA.

ACORDAM NA 1ª SUBSECÇÃO DA 1ª SECÇÃO DO STA:

1. A Exm.ª Magistrada do Ministério Público junto do Tribunal Central Administrativo Sul instaurou, por apenso ao recurso contencioso de anulação 10134/00, **a presente execução do acórdão do STA** que, revogando o Acórdão do TCA, concedeu provimento ao recurso contencioso do despacho do Sr. Ministro da Justiça que rejeitara o recurso hierárquico interposto do acto do Sr. Director-Geral dos Serviços Prisionais que autorizara a funcionária Ana Cristina Gomes a transitar para a categoria de Chefe de Repartição do grupo de pessoal administrativo dos quadros da DGSP.

O TCAS, todavia, **declarou-se incompetente, em razão da hierarquia, para essa execução,** declarando que essa competência cabia ao TAF de Lisboa para onde, oficiosamente, ordenou a remessa dos autos.

Inconformada **aquela Magistrada interpôs o presente recurso que concluiu do seguinte modo:**

A. A regra de competência para a apreciar as execuções de sentenças administrativas é a do tribunal que tiver **proferido a sentença em primeiro grau de jurisdição e da apensação do processo executivo** a esses autos, conforme arts. 164.º, n.ºs 1 e 2, e 176.º, n.ºs 1 e 2, do CPTA e também em conformidade com a regra geral do art. 90.º, n.º 1, do CPC, como aliás já resultava da legislação anterior, do art. 7.º n.º 4, do DL n.º 256-A/77, de 17.6 (cfr. Acórdãos do STA de 07/04/05, rec. 189/05; de 09/01/2007, rec. 0990/06; de 01/03/07, rec. 066/07; de 18/05/07, rec 0430/06; de 27/10/05, rec. 0964/05 com as devidas adaptações).

B. O M.P. interpôs, em 2000, no TCA um recurso contencioso visando a anulação de acto administrativo, processo que obteve o n.º 10134/00 e que veio a ter êxito no Acórdão do STA, proferido, em 01/06/2006, após recurso jurisdicional do Acórdão do TCA, proferido em 22/09/2005, nos indicados autos.

C. E, em 23/02/2007, o M.P. veio instaurar **por apenso** ao referido recurso contencioso de anulação n.º 10134/ /00, agora do **1.º Juízo Liquidatário do TCAS,** a execução do mencionado Acórdão do STA que revogou o Acórdão proferido **em primeiro grau de jurisdição,** naquele 1.º **Juízo do** TCAS.

D. Um processo de execução baseado em sentença condenatória embora regido pelas disposições do CPTA, conforme a norma transitória do art. 5.º n.º 4 da Lei n.º 15/2002 de 22/02, **nunca é um processo novo,** por não ter existência (autónoma) sem o processo principal ao qual está umbilicalmente ligado.

E. É nesse entendimento que esse Venerando STA tem vindo a julgar execuções instauradas, após 01/01/ /2004, por apenso a Acórdãos por si proferidos em primeiro grau de jurisdição no domínio do complexo normativo anterior ao CPTA.

F. O art. 2.º, n.º 1, da Lei n.º 107-D/2003 de 31/12 (que alterou a Lei n.º 13/200 de 19/02) apenas prevê que não sejam "distribuídos processos novos" quando as execuções deste tipo <u>não são distribuídas</u>, *mas autuadas por apenso ao processo onde foi emitida a sentença exequenda* (cfr. Acórdãos do STA atrás mencionados, com as inerentes adaptações).

G. Ao julgar incompetente em razão da hierarquia este TCAS para conhecer da presente execução, o Acórdão, ora em recurso, <u>não</u> considerou a existência de estar afecto a este mesmo TCAS o 1° Juízo Liquidatário, em que o TCA se converteu (art. 2.º, n.º 1, da Lei n.º 107-D/2003 de 31/12), ao qual pertence o processo de recurso contencioso cujo Acórdão se pretende executar, e a que a execução é apensada.

H. Ao ter-se declarado absolutamente incompetente para conhecer da presente Execução, o Acórdão em recurso incorreu em erro de julgamento por errada interpretação e aplicação das disposições do art. 176.º n.ºs 1 e 2 do CPTA, art. 8.º nos 2 e 3 do DL n.º 325/2003, art. 2.º n.º 1 da Lei n.º 107-D/2003 e arts. 44.º, n.º 1, e 37.º al. *d*) da Lei n.º 13/2002, com violação destes normativos legais.

Com dispensa de vistos, **vem o processo submetido à conferência.**

2. O presente recurso **dirige-se contra o Acórdão do TCAS que se declarou incompetente para esta execução,** decisão que foi justificada da seguinte forma:

"Com efeito, por um lado, o Tribunal Central Administrativo foi extinto e substituído pelos TCA Norte e Sul com efeitos reportados a 1/01/2004 – cfr. arts. 8.º, al. b) da Lei 13/2002, de 19/02, ... e 2.º, n.º 2, do DL 325/2003, de 29/12 – e, por outro, de acordo com o n.º 2 do art. 8.º ainda deste último diploma, só os processos pendentes no extinto TCA extinto prosseguem os seus trâmites no TCAS.

Ora, de acordo com o art. 44.º, n.º 1, do ETAF vigente, compete aos tribunais administrativos de círculo conhecerem de todos os processos do âmbito da jurisdição administrativa, com excepção daqueles cuja competência, em primeiro grau de jurisdição, esteja reservada aos tribunais superiores (Tribunais Centrais Administrativos e Supremo Tribunal Administrativo) e, concordantemente com o art. 37.º do mesmo diploma, os Tribunais Centrais Administrativos, salvo nas matérias específicas em que devem julgar como tal (que não corresponde à que foi objecto do acórdão exequendo), não têm competência em primeiro grau de jurisdição, razão por que, nesse grau, também não têm competência em matéria de execução de julgados.

A presente execução, instaurada em 23-02-2007 e titulada por decisão judicial proferida no domínio do complexo normativo anterior ao CPTA, que não versou sobre caso específico de competência em primeiro grau fixada para os novos Tribunais Centrais Administrativos, é regida pelas disposições daquele novo diploma, em conformidade com a disposição transitória do art. 5.º, n.º 4 da Lei 15/2002, de 22-02.

Portanto, suprimido, por um lado, o TCA, que detinha competência para a execução dos seus julgados em primeiro grau de jurisdição (al. g) do art. 40.º do ETAF, na redacção introduzida pelo DL 229/96, de 29-11), e, por outro, retirada à 2.ª instância a competência nesse grau de jurisdição, que passou a estar cometida à 1.ª Instância (cfr. arts. 37.º e 44, n.º 1 antes citados), é de concluir que o Tribunal Central Administrativo Sul é absolutamente incompetente em razão da hierarquia para conhecer a execução em causa, instaurada em 2007, ao abrigo das disposições do CPTA.

Assim, em conformidade com o disposto no n.º 1 do art. 14.º do CPTA, cumpre ordenar, oficiosamente, a remessa do processo ao tribunal de 1.ª Instância territorialmente competente."

É **contra o assim decidido** que a Ilustre Magistrada do M.P. junto do TCAS **se insurge** pelas razões sumariadas nas conclusões do seu recurso.

2. 1. A questão que este recurso nos coloca é, pois, como se vê, a de saber **qual o Tribunal competente para a execução de Acórdão do STA julgado em 1.º grau de jurisdição pelo Tribunal Central Administrativo.**

Ou, dito de forma mais concretizada, **o que ora importa decidir é** se a execução do Acórdão do STA que, revogando decisão do TCA, julgou procedente o recurso contencioso de anulação que neste tinha sido interposto deve correr, por apenso àquele recurso, no TCAS ou se, perante a extinção do TCA e a sua substituição por dois novos Tribunais, o TCAN e o TCAS, essa execução deverá ser requerida no TAF de Lisboa.

Respondendo a esta interrogação **o Acórdão recorrido sustentou que a competência para essa execução cabe ao TAF de Lisboa** justificando esse entendimento em **duas razões fundamentais**; por um lado, o Tribunal que seria competente para o efeito – o Tribunal Central Administrativo – foi extinto pela nova reorganização judiciária administrativa operada pela publicação da Leis n.º 15/2002, de 22/02, e n.º 13/2002, de 19/02, sendo substituído por dois novos Tribunais – o TCAS e o TCAN – e, por outro, a nova legislação retirou ao TCAS a competência para conhecer em primeiro grau de jurisdição da matéria atinente à execução atribuiu-a aos TAF.

Entendimento que **não convence a Ilustre Magistrada Recorrente** que sustenta que "*a regra de competência para a apreciar as execuções de sentenças administrativas é a do tribunal que tiver* ***proferido a sentença em primeiro grau de jurisdição e da apensação do processo executivo*** *a esses autos, conforme arts. 164.º, n.os 1 e 2, e 176.º, n.os 1 e 2, do CPTA e também em conformidade com a regra geral do art. 90.º, n.º 1, do CPC ...* " e que, sendo assim, e sendo que o 1.º Juízo Liquidatário do TCAS **é uma consequência da extinção do TCA é a esse Tribunal que cabe a competência para a presente execução**

3. A questão de saber se a execução de sentença proferida em contencioso anulatório deve correr no Tribunal onde foi julgada a causa em 1.ª instância, e por apenso a esta, ou se, no caso de extinção daquele Tribunal – decorrente da referida reorganização judiciária – essa execução deve ser instaurada em diferente Tribunal já foi abordada, por diversas vezes, neste STA tendo a mesma recebido resposta unânime no sentido de que – apesar daquela reorganização – a **execução deve correr no Tribunal onde foi proferida a sentença em 1.º grau de jurisdição e por apenso ao respectivo processo.**

Entendimento que foi justificado do seguinte modo:

"*O que temos, portanto, é que o requerente, tendo interposto em 1999, com êxito, no TAC de Coimbra, um recurso contencioso visando a anulação de um acto administrativo, veio pedir-lhe a execução dessa decisão, em Junho de 2004. O que sucedeu, de relevante, e que no fundo está na base do conflito, foi ter havido uma reforma da Administração e Organização Judiciária Administrativa e Tributária cujos aspectos essenciais começaram a vigorar em 1.1.04 (data em que o CPTA entrou em vigor, art. 7.º da Lei n.º 4-A2003, de 19.2, cujo art. 2. alterou o art. 7.º da Lei n.º 15/2002). O que originou uma sucessão de leis processuais no tempo. À falta de norma expressa, a regra, nesta matéria, é a de que, aos actos processuais se aplica a lei que vigorar no momento da sua prática (art. 142.º, n.º 1, do CPC); já a forma do processo é determinada pela lei vigente na data da propositura (n.º 2).*

Sucede, todavia, que o problema foi resolvido por via legislativa, no art. 5.º da Lei n.º 15/2002, de 22.2, ao estatuir que as novas disposições "não se aplicam aos processos que se encontrem pendentes à data da sua entrada em vigor." *Definiu, contudo, que os novas disposições se aplicavam de imediato às providências cautelares como incidentes de processos pendentes (n.º 2) e às execuções de sentença instauradas após a entrada em vigor do novo código. O regime jurídico do CPTA é, por isso, aplicável àquele requerimento executivo.*

Em matéria de execução de sentenças administrativas a regra é a de que é competente para a apreciar o tribunal que tiver "proferido a sentença em primeiro grau de jurisdição" *(1.ª Instância), e, ainda, que a esses autos é apensado o processo executivo, conforme resulta do disposto no arts. 164.º, n.os 1 e 2, (execução para a prestação de factos ou de coisas) e 176.º, n.os 1 e 2, do CPTA (execução de sentenças de anulação de actos administrativos), como resultava já, aliás, da legislação anterior, o art. 7, n.º 4, do DL 256-A/77, de 17.6, e também em conformidade com a regra geral do CPC, o art. 90.º, n.º 1. Portanto, o Tribunal competente para conhecer da execução baseada em sentença é o da emissão da sentença exequenda.*

A pretensão – manifestada pelo sr. Juiz do TAC – de afastar estas regras com fundamento no referido n.º 1 do art. 9.º do DL n.º 325/2003 (diploma complementar do ETAF), não tem qualquer fundamento.

Em primeiro lugar, um processo de execução baseado em sentença condenatória nunca é um processo novo, pois não tem existência (autónoma) sem o processo principal ao qual está umbilicalmente ligado. Em segundo lugar, ainda que se considerasse a execução como processo novo, o certo é que o preceito em causa apenas prevê que não sejam "distribuídos processos novos" quando as execuções deste tipo não são distribuídas mas autuadas por apenso ao processo onde foi emitida a sentença exequenda. Finalmente, as normas dos n.os 2 e 4 do art. 5 da Lei n.º 15/2002, interpretadas «a contrario sensu», demonstram que sem elas, a esses expedientes processuais – providências cautelares e execuções – seriam aplicáveis as disposições da legislação anterior, justamente por se entender, dogmaticamente, que tais providências não são considerados processos novos." – Acórdão de 07/04/2005 (rec. 189/05).[1]

Ou seja, o que citada jurisprudência tem decidido é que – quer por força do que se dispõe nos arts. 164.º,

[1] Neste sentido, e sem preocupação exaustiva, podem ver-se os Acórdãos de 25/05/2005 (rec. 544/05), de 7/07/2005 (rec. 530/05), de 27/10//2005 (rec. 964/05), de 30/11/2005 (rec. 974/05), de18/05/2006 (rec. 430/06), de 9/01/2007 (rec. 990/06), e de 1/03/2007 (rec. 66/07).

n.os 1 e 2, e 176.º, n.os 1 e 2, do CPTA quer em conformidade com a regra geral estabelecida no art. 90.º, n.º 1, do CPC – **o Tribunal competente a executar sentença anulatória de acto administrativo é o que a tiver proferido em 1.º grau de jurisdição.**

E esta doutrina aplica-se ao caso *sub judice,* muito embora os contornos deste não sejam inteiramente coincidentes com os que vêm sendo julgados, na medida em que nestes o conflito negativo de competência verificou-se entre Tribunais de 1.ª Instância e a situação que ora se aprecia é a de um recurso de um Acórdão do TCAS que se declarou incompetente para executar um Acórdão que o TCA havia julgado em primeiro grau de jurisdição.

E isto porque o **que releva nesta sede é saber a quem a lei atribuiu a competência para a execução de uma sentença** e o n.º 1 do art. 164.º do CPTA é muito claro a este propósito ao afirmar que "*quando a Administração não dê execução espontânea à sentença no prazo n.º 1 do art. 162.º, pode o interessado **pedir a respectiva execução ao Tribunal que tenha proferido a sentença em primeiro grau de jurisdição***"[2], determinação que é reforçada pelo que se dispõe no n.º 1 do art. 176.º do mesmo código cuja redacção é, aliás, muito idêntica.

E esta estatuição não é subvertida – ao contrário do suposto no Acórdão sob censura – pelo que se dispõe nos arts. 44.º, n.º 1 e 37.º, n.º 1, do ETAF **já que estas são normas de atribuição de competência de carácter geral e, por isso, a sua aplicação é afastada quando confrontadas com normas de atribuição de competência com carácter específico,** como é o caso dos citados arts. 164.º e 176.º do CPTA.

Por outro lado, a extinção do Tribunal Central Administrativo e a criação, em sua substituição, de dois novos Tribunais não afecta as regras de competência estabelecidas naqueles normativos já que, por um lado, como este STA tem dito, **a instauração de uma execução, em bom rigor, não significa a instauração de um novo processo** e, por outro, o TCAS é uma consequência da extinção do TCA e se assim é, só o Tribunal recorrido pode executar o Acórdão ora em questão.

São, assim, **procedentes as conclusões deste recurso jurisdicional.**

Termos em que os Juízes que compõem este Tribunal acordam conceder provimento ao recurso e, revogando o Acórdão recorrido, **em declarar o TACS competente para a presente execução.**

Sem custas.

Lisboa, 21 de Junho de 2007

Costa Reis (Relator)
Azevedo Moreira
Madeira dos Santos

Recurso n.º 509/07-11

[2] Sublinhado nosso.

EXECUÇÃO DE SENTENÇA. CONCURSO DE PROVIMENTO. LITISCONSÓRCIO NECESSÁRIO. CAUSA LEGÍTIMA DE INEXECUÇÃO.

(Acórdão de 12 de Abril de 2007)

SUMÁRIO:

I – Nos termos do n.º 1 do art. 173.º do CPTA, a execução de sentença de anulação de acto administrativo 'pode' constituir a Administração no dever de praticar actos com efeitos reportados à data da emissão do acto anulado, sendo esta a regra geral, para se atingir o escopo de reconstituir a situação actual hipotética.

II – A Administração e a recorrida particular que foram parte vencida no meio contencioso que anulou a graduação final de um concurso de provimento são partes na acção executiva da sentença de anulação em litisconsórcio necessário, pelo que o recurso jurisdicional interposto pela executada particular aproveita à Administração, não podendo os interesses em causa ser regulados e obter-se o efeito útil normal do meio processual, sem envolver todos aqueles intervenientes na relação jurídica – arts. 28.º e 683.º n.º 1 do CPC.

III – A funcionária classificada e graduada em primeiro lugar em concurso de provimento para chefe de secção (ao qual concorria apenas outra opositora), que foi nomeada, exerceu o lugar e passou à aposentação mais de um ano antes do trânsito em julgado da anulação daquela graduação, não pode fazer-se intervir em procedimento de renovação do concurso, para a execução daquela decisão.

É impossível refazer o concurso de que resultou o acto anulado ao qual se candidatavam as duas referidas concorrentes, ambas aprovadas e das quais a primeira classificada passou à aposentação, em virtude, também, da impossibilidade da presença desta última como candidata eliminar a hipótese de segundo lugar.

Nas circunstâncias referidas existem razões objectivas e de facto que tornam irrepetível o concurso e, como razões inultrapassáveis, obstam à reconstituição da situação actual hipotética tal como decorreria dos termos da sentença a executar, isto é, dos seus efeitos constitutivo e repristinatório, pelo que deve ser declarada a existência de causa legítima de inexecução, conforme os artigos 163.º e 178.º do CPTA.

ACORDAM NA SECÇÃO DO CONTENCIOSO TRIBUTÁRIO DO SUPREMO TRIBUNAL ADMINISTRATIVO:

1. Maria Teresa Rolão Sena requereu no TCA Sul a execução do Acórdão de 27.11.2003, em que era recorrido O SECRETÁRIO DE ESTADO DO AMBIENTE e recorrida particular Lucinda Maria Costa Feliciano Lobato Correia, pelo qual foi anulado, com trânsito em julgado, o despacho de homologação da lista classificativa do concurso interno de acesso para um lugar de Chefe de Secção do quadro de pessoal da Direcção Regional do Ambiente e Ordenamento do Território do Algarve.

Contestando o pedido interveio agora, como sucessor legal daquela primeira entidade, O MINISTÉRIO DAS CIDADES ORDENAMENTO DO TERRITÓRIO E AMBIENTE.

A Lucinda foi notificada para a execução, mas não apresentou resposta.

Por Acórdão de 19 de Maio de 2005 o TCA decidiu:

– condenar o ente público a executar o Acórdão, em 30 dias, nomeando novo júri e prosseguindo com as operações do concurso sem os vícios determinantes da anulação e ainda

– condenar o Ministro numa multa compulsória diária de 5% do salário mínimo nacional mais elevado; bem como

– declarar a nulidade do provimento da 1.ª classificada como chefe de secção e todos os actos consequentes relativos à respectiva carreira, incluída a sua passagem à reforma.

Deste Acórdão pediu esclarecimentos o Ministério das Cidades Ordenamento do Território e Ambiente, tendo tal requerimento sido objecto do Acórdão de fls. 151-152, de 14 de Dezembro de 2005, em que foi esclarecido que a sanção pecuniária compulsória era imposta ao actual Ministro do Ambiente, do Ordenamento do Território e do Desenvolvimento Regional e indeferiu, no restante, o pedido de aclaração.

Este último Acórdão foi notificado aos representantes das partes.

Antes, porém, a contra interessada Lucinda que tinha sido indicada como executada e notificada para responder ao pedido executivo, foi também notificada do Acórdão de 19 de Maio de 2005, do qual interpôs imediatamente o presente recurso jurisdicional, que foi processado com alegações da Recorrente e contra alegações da Maria Teresa, sem embargo do prosseguimento simultâneo da reclamação da entidade executada que deu lugar ao Acórdão de esclarecimento de 14.12.2005.

Devido a este facto foram de novo ouvidos os intervenientes, mas não apresentaram novas observações.

A Recorrente alegou e formulou as conclusões seguintes:

A – A actual situação de aposentada por parte da ora Recorrente, sendo independente do despacho sob recurso e da sua anulação, não é alterada pelos actos ou operações de execução do acórdão.

B – Contudo, porque é irreversível, impede juridicamente a ora Recorrente de concorrer na repetição do concurso, a ocorrer por força da anulação do acto recorrido.

C – O acórdão recorrido faz incorrecta aplicação do direito ao fundamentar-se na possibilidade de a Recorrente reassumir funções para se apresentar na repetição do concurso.

D – A reposição da situação que existiria se não tivesse ocorrido o vício que levou à anulação do acto é por isso juridicamente impossível, o que leva à impossibilidade absoluta de executar a sentença.

E – Apesar de não poder apresentar-se de novo a concurso, a eventual repetição deste, apenas com presença da Requerente, iria provocar lesão manifesta no direito legítimo da ora Recorrente, sem que esta tivesse meios legais ao seu dispor para a respectiva defesa.

F – A verificar-se esta situação cair-se-ia numa falta de tutela efectiva do direito da ora Recorrente, com violação evidente da garantia do art. 20.1 da Constituição.

G – A nomeação de novo júri e a definição de critérios de valoração e ponderação dos candidatos não pode mais realizar-se sem violação das garantias de imparcialidade, justiça e isenção, uma vez que o curriculum da candidata única não pode deixar de poder ser conhecido pelos membros do júri, pelo que é materialmente impossível repetir o concurso sem que o mesmo enferme dos vícios correspondentes.

H – O facto de a entidade recorrida ter reestruturado os serviços e de a reestruturação ter implicado a extinção do cargo que o concurso se destinava a preencher leva a que o concurso fique sem objecto e que a candidata eventualmente aprovada não tenha cargo nem funções a desempenhar.

I – O provimento de um funcionário em cargo e função extinta pela reorganização dos serviços, para mais em época de drástica contenção de despesas públicas representa uma grave lesão do interesse público que fundamenta causa legítima de inexecução do acórdão exequendo.

J – Já vimos que da decisão aclarada não foi interposto recurso pela entidade pública.

Em seguida o processo foi remetido a este STA.

Verificando que o Acórdão foi impugnado apenas pela interessada particular e que tal recurso foi processado antes do esclarecimento que viria a integrar o conteúdo da decisão impugnada o relator ordenou que se ouvissem de novo as partes, mas a entidade executada não se pronunciou sobre o recurso da Lucinda que no presente recurso jurisdicional, reage contra *o Acórdão* que atingiu a sua posição jurídica, na medida em que concluiu por *declarar a nulidade do seu provimento no lugar de chefe de secção, bem como do acto que autorizou a aposentação*, considerando-os actos consequente da anulada lista de graduação dos candidatos para o referido lugar.

Assim, importa começar por determinar, num primeiro momento, o alcance do recurso da Lucinda, para saber se os seus efeitos aproveitam à comparte pública que não recorreu e, por outro lado, se ele atinge todos os aspectos da decisão proferida no Acórdão recorrido, ou estritamente aqueles que respeitam à posição subjectiva da Recorrente, mesmo quando questionados nas respectivas conclusões do recurso jurisdicional, para assim balizar o âmbito do conhecimento a efectuar por este Tribunal.

2. Quanto à extensão do recuso ao ente público executado, mas não Recorrente, diz o n.º 1 do art. 683.º do CPC que o recurso interposto por uma das partes aproveita aos seus compartes no litisconsórcio necessário e também aos outros intervenientes que se encontrem em alguma das situações das al. *a*) a *c*) do n.º 2 do mesmo artigo.

As situações do n.º 2 não importam ao caso, pelo que apenas releva determinar se na situação em análise existe litisconsórcio necessário em face dos critérios do n.º 2 do art. 28.º do CPC.

Desta norma resulta que é necessária a intervenção de todos os interessados quando, devido à natureza da relação jurídica, da respectiva intervenção dependa o atingir do efeito útil normal do meio processual, sendo que este efeito consiste em regular definitivamente a situação concreta das partes relativamente ao pedido formulado.

No caso de concurso de pessoal da função pública para o provimento de um lugar, em que o primeiro classificado foi nomeado, mas o concurso é impugnado, a relação jurídica envolve o Recorrente, o nomeado e a entidade que efectuou o concurso, porque a procedência da impugnação é susceptível de prejudicar o primeiro classificado, visto que o acto que lhe conferiu a posição de vantagem, a ser destruído, deixa sem base jurídica aquela posição e também as subsequentemente constituídas com base nela.

Esta asserção vale para o meio impugnatório e igualmente para o meio executivo da sentença anulatória do concurso, visto que é na execução que se define a delimitação e concretização dos efeitos a destruir e se efectivam as transformações jurídicas e materiais decorrentes da procedência da impugnação.

Por esta razão bem andou a exequente quando chamou à execução desde o início a interessada Lucinda.

Pelo modo explicitado, e pelo sucedido em concreto nestes autos, pode concluir-se que o efeito útil da execução de sentença anulatória de um acto administrativo pode atingir posições subjectivas de um executado particular tão profundamente como a destruição que se obtém na fase declarativa de impugnação do próprio acto.

E do que se disse podemos extrair como primeira conclusão, que estamos perante litisconsórcio necessário em virtude do que os efeitos do recurso da interessada particular são extensíveis à parte pública.

3. A Recorrente sustenta que é impossível a reposição da situação que existiria se não tivesse ocorrido o vício que conduziu à anulação, pelo que se verifica impossibilidade absoluta de executar a sentença através da recomposição do concurso, em novo procedimento.

Estamos em sede executiva de decisão anulatória em que se apresenta como questão prioritária saber se é viável a execução nos termos exactos de reconstituição da situação que existiria não fora o acto anulado, ou se, pelo contrário, deve declarar-se a existência de causa legítima de inexecução, por impossibilidade absoluta, como vem alegado.

A possibilidade de execução afere-se pela viabilidade objectiva de reconstituir, através de actuações jurídicas e materiais adequadas, a situação que existiria se não tivesse sido praticado o acto anulado, por referência à situação jurídica e de facto existente no momento em que um acto válido deveria ter tido lugar, como decorre do n.º 1 do artigo 173.º do CPTA.

No caso em apreço, ao concurso para um único lugar de Chefe de Secção da DR do Ambiente e do Ordenamento do Território foram apenas admitidas as duas concorrentes Lucinda e Maria Teresa e a anulação teve como fundamento a fixação pelo júri dos critérios de valoração e classificação depois de conhecidos os currículos das candidatas, sendo que a Maria Teresa acabou por ser classificada com 16,42 e a Lucinda com 14,9.

O recurso contencioso foi interposto em 29 de Maio de 2001, a recorrida Lucinda passou à reforma por despacho publicado em 31 de Janeiro de 2002, tendo a execução sido requerida ao TCA Sul, em 19 de Março de 2004.

Na ponderação da possibilidade ou não de reconstituição natural em processo de execução de julgado deverá ter-se em conta que está em causa uma apreciação de carácter eminentemente jurídico em que, como em toda a actividade jurisdicional, têm de estar presentes considerações de razoabilidade e equilíbrio que são a essência do Direito.

No contexto factual e jurídico temos de ter em linha de conta, desde logo, que não se pode considerar juridicamente admissível, por não o ser em termos de razoabilidade, impor à Recorrida Particular, que se encontra na situação de aposentada há mais de cinco anos, um regresso à situação do activo com a finalidade de a fazer participar num concurso que foi anulado não por ter sido indevidamente graduada, mas por um mero vício formal, susceptível de, na reconstituição de julgado, conduzir precisamente à mesma graduação.

Por outro lado, sob a perspectiva da Recorrente, a reconstituição natural que se traduziria na repetição do concurso não lhe garantiria qualquer alteração da situação em que se encontra, proporcionando-lhe apenas a possibilidade de ver reapreciada a sua graduação em confronto com a Recorrida Particular, reapreciação essa em que a probabilidade de alteração da sua situação aparece como manifestamente reduzida, se se tiver em mente que no recurso contencioso em que foi proferida a decisão exequenda não conseguiu demonstrar que a graduação efectuada enfermasse de qualquer vício de violação de lei.

Neste quadro, colocando num dos pratos da balança a ***certeza*** de uma alteração profunda da situação da Recorrida Particular que a reconstituição natural implicaria, com efeitos negativos pessoais óbvios que teria o regresso ao serviço activo depois de mais cinco anos de aposentação, e no outro prato apenas uma ***probabilidade*** que se afigura remota de se justificar a nível do direito substantivo uma alteração dessa situação, as considerações de equilíbrio não podem deixar de pender em favor daquela.

É que a Recorrente tem direito à tutela judicial efectiva dos seus direitos, mas a Recorrida Particular também tem direito à tutela judicial dos seus, e não se demonstrou que não tivesse direito à graduação que obteve, antes pelo contrário, o facto de não ter havido anulação do acto com fundamento em vício de violação de lei, aponta manifestamente no sentido de ele não ter ocorrido.

Assim, deve ter-se por assente a ***impossibilidade jurídica*** de anular o acto que decidiu a aposentação da Recorrida Partícula.

Sendo assim, a questão que se coloca é a de saber se é possível reconstituição da situação sem fazer regressar a Recorrida Particular à situação do activo.

É manifesto que para reconstituição de um concurso em que havia apenas duas candidatas a um só lugar, a participação de ambas no concurso é essencial, pois se apenas uma se candidatasse o lugar ser-lhe-ia atribuído necessariamente, sendo a reconstituição do concurso apenas um simulacro que conduziria a uma situação que, no mínimo, não se poderia demonstrar ser a que existiria se o acto praticado não tivesse sido praticado com o vício que justificou a sua anulação e, no máximo (altamente provável depois de um recurso contencioso em que não se provou que o acto enfermasse de vício de violação de lei ao graduar uma das candidatas à frente da outra), conduziria a que, em vez de se atingir a pretendida reconstituição da situação que existiria se não tivesse ocorrido o vício que justificou a anulação, se viesse a dar consagração prática a uma situação que provavelmente (ou quase seguramente) não existiria.

Esta constatação da impossibilidade jurídica de reconstituição da situação que existiria se não tivesse sido praticado o acto anulado com o vício que justificou a anulação obsta em absoluto a que a execução de julgado se concretize por forma diferente da fixação de indemnização, pois essa execução ou se concretiza através dessa reconstituição ou através de indemnização pela inexecução, não havendo suporte legal para soluções alternativas de semi-reconstituição ou pseudo-reconstituição mesmo que subjectivamente aparentem ser equilibradas.

Num Estado de Direito, em que os Tribunais estão sujeitos à lei, o aplicador do direito não pode sobrepor os seus critérios pessoais aos juízos legislativamente formulados pelos órgãos estaduais a quem constitucionalmente incumbe a produção legislativa, mesmo que esteja convicto de que as soluções que ele próprio adoptaria se fosse o legislador são mais adequadas dos que as previstas na lei.

Por isso, na situação em apreço, há que concluir pela existência de causa legítima de inexecução, derivada da impossibilidade jurídica de reconstituição da situação que existiria se não tivesse sido praticado o acto anulado com o vício que baseou a anulação.

DECISÃO

Em conformidade com o exposto acordam em

– conceder provimento ao recurso jurisdicional;

– revogar o Acórdão recorrido;

– declarar a existência de causa legítima de inexecução da sentença;

– ordenar a remessa dos autos ao tribunal recorrido, a fim de prosseguir a execução com notificação da Administração e da Requerente, nos termos do art. 178.°, n.° 1, do CPTA.

Sem custas

Lisboa, 12 de Abril de 2007

Rosendo José (Relator)
Jorge de Sousa
Fernanda Xavier

Recurso n.° 291/06-12

FUNÇÃO PÚBLICA. MOBILIDADE DE PESSOAL. MUDANÇA DE CARREIRA.

(Acórdão de 12 de Julho de 2007)

SUMÁRIO:

I – O princípio da intercomunicabilidade dos quadros da função pública define-se como aquele que permite a qualquer funcionário ser opositor a concurso para lugar de categoria de acesso de carreiras de um grupo de pessoal diferente daquele em que está integrado.

II – O artigo 18.°, do Decreto-Lei n.° 353-A/89, de 16 de Outubro, na redacção dada pelo Decreto-Lei n.° 404-A/98, de 18 de Dezembro, constitui manifestação desse princípio, não sendo aplicável às situações de integração do funcionário em nova carreira, por via de concurso de ingresso e não de acesso.

III – Assim, não beneficia do regime previsto nesse preceito legal o funcionário que, integrando a carreira de técnico de informática, na categoria de técnico de informática, é nomeado para a categoria de técnico de administração tributária adjunto, na sequência de concurso externo de ingresso para admissão de liquidadores tributários estagiários, com vista ao posterior provimento de lugares da categoria de liquidador tributário, da carreira técnica tributária, do grupo de pessoal técnico de administração fiscal do quadro de pessoal da Direcção-Geral dos Impostos, constante do mapa anexo à Portaria n.° 663/94, de 19 de Julho.

ACORDAM, NA SECÇÃO DO CONTENCIOSO ADMINISTRATIVO, DO SUPREMO TRIBUNAL ADMINISTRATIVO:

1. José Eduardo de Matos Lisboa, técnico de administração tributária, melhor identificado nos autos, veio interpor recurso do acórdão, de 16.2.06, do Tribunal Central Administrativo, que negou provimento ao recurso contencioso do presumido indeferimento, imputado ao Secretário de Estado dos Assuntos Fiscais (SEAF), do recurso hierárquico do acto de processamento de vencimento, referente ao mês de Maio de 2002.

Apresentou alegação, com as seguintes conclusões:

a) O ora recorrente interpôs para o SEAF recurso hierárquico do acto de processamento do vencimento do mês de Maio/02, referindo nomeadamente que a data da sua tomada de posse como Técnico de Administração Tributária Adjunto, nível I, na sequência da aprovação em estágio (concurso aberto por aviso no DR, II série, n.° 76 de 31/03/98), já era funcionário de nomeação definitiva, integrando a carreira de Técnico de Informática, com a categoria de Técnico de Informática, grau 1, nível 1, e vencia pelo escalão 3, a que corresponde o índice 370, conforme Mapa II anexo ao DL 97/01, de 26/03, pelo que estamos perante uma situação de mobilidade entre carreiras mediante concurso, a que se aplica a regra constante do n.° 4 do art. 18.° do DL 353A/89, de 16-10, na redacção dada pelo art. 27.° do DL n.° 404-A//98, de 18-12, por se encontrarem preenchidos os requisitos ali previstos, pelo que o recorrente solicitou o seu posicionamento na categoria de Técnico de Administração Tributária Adjunto, nível 1, escalão 4, índice 400.

b) Assim, o que está em causa nos presentes autos é a nomeação do recorrente na categoria de ingresso de técnico de administração tributária – adjunto o que só ocorreu em Maio de 2002 na sequência, é certo, do Aviso publicado no DR II série de 31-3-98 mas este para admissão de liquidadores tributários estagiários com vista ao posterior provimento de lugares de liquidador tributário o que só veio a ocorrer, como se disse acima, por despacho de nomeação na categoria de ingresso já com a nova designação de técnico de administração tributária – adjunto) muito depois da entrada em vigor do art. 18.º n.º 4 do DL 353-A/89 de 16-10 introduzido pelo DL 404-A/98, de 18-12, pelo que, com todo o respeito, a afirmação do douto Acórdão recorrido, segundo o qual o art. 18.º n.º 4 do DL 353-A/89 não se aplicaria "in casu" não colhe porque a nomeação do recorrente nessa categoria foi publicada apenas em Maio de 2002 sendo precedido de estágio que, como se sabe, tem a periodicidade de pelo menos 1 ano (cfr. art. 3.º n.º 3 do DL 42/97, de 7-2) e é condição "sine qua non" para a nomeação na categoria de ingresso.

c) Na verdade, aquando da sua aprovação no estágio e consequente posse na nova categoria (de ingresso) em nova carreira, já há muito, estava em vigor o art. 18.º n.º 4 do DL 353-A/89 introduzido pelo DL 404-A/98 de 18-12 pelo que, em qualquer caso, a afirmação de que o art. 18.º n.º 4 em causa não era aplicável "in casu" não é sustentável pois não está em causa a data da abertura de concurso para estagiário mas sim a data de nomeação e consequente posse do recorrente na categoria (de ingresso) de Técnico de Administração Tributária Adjunto após a aprovação em estágio que se prolongou até por mais de um ano logo, sempre, pois, após a entrada em vigor do preceito em causa.

d) Assim, estamos perante uma situação de mobilidade entre carreiras a que se aplica a regra constante do n.º 4 do art. 18.º do DL 353-A/89, de 16-10, por se encontrarem preenchidos os requisitos ali previstos, uma vez que, entre a carreira de Técnico de Informática que o recorrente integrava e a carreira do grupo de administração tributária (GAT), que agora integra, está estabelecido legalmente o mesmo nível de habilitações, ou seja, o 12º ano, conforme art. 9.º do DL 97/2001 de 26-3 e art. 29.º do DL 537/99, de 17-12.

e) Pelo que, a integração na nova carreira faz-se em escalão a que corresponde o mesmo índice remuneratório ou, na falta de coincidência, no índice superior mais aproximado na estrutura da categoria (art. 18.º/2, por remissão do art. 18.º/4, ambos do DL 353-A/89, de 16-10), sendo certo que do disposto no art. 18.º n.º 4 não se retira, de forma alguma, que este só se aplicaria para categorias de acesso e não também para as de ingresso.

f) Donde, aquando do seu posicionamento indiciário na estrutura remuneratória da categoria de Técnico de Administração Tributária Adjunto, nível I, deveria o recorrente ter sido posicionado no escalão 4, índice 400, porquanto não há nesta estrutura indiciária índice idêntico àquele pelo qual vencia na anterior categoria (370) e, não, como sucedeu, ter mesmo baixado de índice para o escalão 1 índice 315 da nova categoria (I).

g) Esta regra do art. 18.º constitui pois uma excepção ao disposto no art. 26.º/2 do DL 184/89, de 2-6, e que assim, ao contrário do sustentado no douto Acórdão em apreço, não é aqui aplicável, nem faria sentido que assim não fosse, pois então ficaria inviabilizada a mudança de carreira por os funcionários ficarem penalizados em termos remuneratórios (baixando até, como sucedeu no caso do recorrente, de índice remuneratório), quando para ambas as carreiras em confronto está estabelecido legalmente o mesmo nível de habilitações ou habilitação superior, nada havendo na lei que não permita configurar, salvo melhor opinião, a situação como uma situação de mobilidade entre carreiras.

h) Finalmente, não se diga, como faz o Acórdão "a quo" que por se estar perante mudança de carreira por exclusiva opção do recorrente, não haverá lugar à aplicação das regras da mobilidade entre carreiras pois o legislador certamente não pretendeu com os instrumentos de mobilidade que estes fossem apenas da iniciativa da Administração antes devendo a lei ser interpretada como incentivadora dos seus funcionários a melhorar e valorizar as suas carreiras profissionais o que, no caso concreto, foi, plenamente, atingido pois o recorrente teve de se submeter a um estágio probatório de um mínimo de 1 ano para aceder à nova carreira.

i) Verifica-se assim que o douto Acordo recorrido, e salvo o devido respeito, não interpretou correctamente a norma contida no art. 18.º n.º 4 do DL n.º 353-A/89 de 16/10, aplicável ao caso, e que resulta assim violada.

Termos em que, e invocando o douto suprimento de V. Exas, deve revogar-se o Acórdão "a quo" com todas as legais consequências.

A entidade recorrida apresentou contra-alegação, com as seguintes conclusões:

A – O Recorrente Jurisdicional encontrava-se nomeado como Técnico de Informática, grau 1, nível 1 e vencimento pelo escalão 3 (índice 370), estando integrado na carreira do pessoal de informática para onde ingressara.

B – Pelo Aviso n.º 5133/98, publicado no D.R. n.º 76, II Série, de 31/03/1998, foi aberto concurso externo de ingresso na carreira da administração tributária ao qual o Recorrente Jurisdicional concorreu e foi aprovado pelo que, após o respectivo estágio, foi nomeado definitivamente como Técnico de Administração Tributária Adjunto (nível 1).

C – À data da abertura do aludido concurso ainda não se encontrava em vigor o n.º 4 do art. 18.º do Dec.-Lei n.º 353-A/89, de 16/10, pois o mesmo foi inserido pelo Dec.-Lei n.º 404-A/98, de 18/12.

D – Por conseguinte e àquela data, para a subsunção dos factos às normas reguladoras da mobilidade do pessoal da Administração Pública e da intercomunicabilidade de carreiras, haveria que interpretar conjugadamente, entre outras, os arts. 16.º e 17.º do Dec.-Lei n.º 248/85 de 15/07 e, consoante os casos, o art. 23.º (mobilidade em sentido técnico) ou o art. 26.º do Dec.-Lei n.º 184/89 de 02/06.

E – Subsumindo os factos às normas directamente aplicáveis, constata-se que ter sido o próprio Recorrente Jurisdicional que, por seu desejo, transitou para uma carreira diferente daquela para que tinha sido nomeado originariamente.

F – Por outras palavras: o Recorrente Jurisdicional mudou voluntariamente de carreira, com base em concurso de ingresso e não de acesso, não havendo entre ambas as carreiras qualquer identidade de conteúdos funcionais, para além de se estar perante uma situação totalmente estranha a uma eventual política de modernização administrativa ou de aproveitamento racional de efectivos.

G – Logo e necessariamente, ao Recorrente Jurisdicional terá que se lhe aplicar directamente o consagrado no n.º 2 do art. 26.º do Dec.-Lei n.º 184/89, ou seja, a de que o ingresso em cada carreira se faz no primeiro escalão da categoria de base, na sequência de concurso ou de aproveitamento em estágio.

H – Ora, foi isso que aconteceu efectivamente.

Em face do exposto, deverá:

– Negar-se total provimento ao presente recurso, porque carecido de qualquer apoio legal.

E, em consequência,

– Manter-se integralmente o Douto Acórdão recorrido, com as consequências legais.

Neste Supremo Tribunal, o Exmo. Magistrado do Ministério Público emitiu o seguinte parecer:

José Eduardo de Matos Lisboa recorre do Acórdão do TCA que negou provimento ao recurso contencioso do indeferimento tácito que se formou na sequência do recurso hierárquico que dirigiu ao Secretário de Estado dos Assuntos Fiscais, em 26.2.2002, pedindo a sua revogação.

Para tanto, em breve síntese, alega que, "o que está em causa nos presentes autos é a nomeação do recorrente na categoria de ingresso de técnico de administração tributária – adjunto o que só ocorreu em Maio de 2002 na sequência, é certo, do Aviso publicado no DR II série de 31-3-98 mas este para admissão de liquidadores tributários estagiários com vista ao posterior provimento de lugares de liquidador tributário o que só veio a ocorrer, como se disse acima, por despacho de nomeação na categoria de ingresso (já com a nova designação de técnico de administração tributária – adjunto) muito depois da entrada em vigor do art. 18.° n.° 4 do DL 353--A/89 de 16-10 introduzido pelo DL 404-A/98 de 18-12, pelo que, com todo o respeito, a afirmação do douto Acórdão recorrido, segundo o qual o art. 18.° n.° 4 do DL 353-A/89 não se aplicaria "in casu" não colhe porque a nomeação do recorrente nessa categoria foi publicada apenas em Maio de 2002 sendo precedido de estágio que, como se sabe, tem a periodicidade de pelo menos 1 ano (cfr. art. 3.° n.° 3 do DL 42/97 de 7-2) e é condição "sine qua non" para a nomeação na categoria de ingresso.

Pois que, "aquando da sua aprovação no estágio e consequente posse na nova categoria (de ingresso) em nova carreira, já há muito, estava em vigor o art. 18.° n.° 4 do DL 353-A/89 introduzido pelo DL 404-A/98 de 18-12 pelo que, em qualquer caso, a afirmação de que o art. 18.° n.° 4 em causa não era aplicável "in casu" não é sustentável pois não está em causa a data da abertura de concurso para estagiário mas sim a data de nomeação e consequente posse do recorrente na categoria (de ingresso) de Técnico de Administração Tributário Adjunto após a aprovação em estágio que se prolongou até por mais de um ano logo, sempre, pois, após a entrada em vigor do preceito em causa.

Pelo que, "estamos perante uma situação de mobilidade entre carreiras a que se aplica a regra constante do n.° 4 do art. 18.° do DL 353-A/89, de 16-10, por se encontrarem preenchidos os requisitos ali previstos, uma vez que, entre a carreira de Técnico de Informática que o recorrente integrava e a carreira do grupo de administração tributária (GAT), que agora integra, está estabelecido legalmente o mesmo nível de habilitações, ou seja, o 12° ano, conforme art. 9.° do DL 97/2001 de 26-3 e art. 29.° do DL 537/99, de 17-12.

Sendo que "a integração na nova carreira faz-se em escalão a que corresponde o mesmo índice remuneratório ou, na falta de coincidência, no índice superior mais aproximado na estrutura da categoria (art. 18.°/2, por remissão do art. 18.°/4, ambos do DL 353-A/89, de 16-10), sendo certo que do disposto no art. 18.° n.° 4 não se retira, de forma alguma, que este só se aplicaria para categorias de acesso e não também para as de ingresso", pelo que, o recorrente deveria ter sido posicionado no escalão 4, índice 400, da carreira de Técnico de Administração.

O que se discute é a interpretação do n.° 4 do art. 18.° do DL n.° 353-A/89, de 16 de Outubro, que o Recorrente alega ter sido violado pelo douto Acórdão recorrido.

O Recorrente integrava a carreira de Técnico de Informática com a categoria de Técnico de Informática, grau 1, nível 1, vencendo pelo escalão 2 a que corresponde o índice 340, de acordo com o Mapa anexo ao DL 97/01, de 26.3.

Em 22.2.02, tomou posse como Técnico de Administração Tributária Adjunto, dessa mesma categoria, tendo sido posicionado no nível 1, na sequência de aprovação em estágio por concurso publicado no DR II Série, n.° 76, de 31.3.98.

No douto Acórdão recorrido diz-se, a dado passo:

"Assim, não se estando perante uma situação de mobilidade em sentido técnico, tal como a define o art. 23.° do Dec. Lei n.° 184/89, de 2.6, não se verifica a situação prevista no n.° 4 do art. 18.° do diploma invocado, independentemente do concurso ser de ingresso ou acesso, sendo certo que, se se verificasse uma situação de mobilidade, o concurso para esse efeito teria que ser de acesso e não de ingresso, como aconteceu no caso presente."

Este Supremo Tribunal, decidindo em caso semelhante, veio dizer que "o art. 18.° do DL n.° 353-A/89, de 16.10, mostra-se concebido para verdadeiras situações de intercomunicabilidade ou mobilidade de funcionários, não se aplicando, por isso, quando se acede à nova categoria através de um concurso de ingresso e não de acesso."[1]

A nomeação do Recorrente na categoria de Técnico de Administração Tributária Adjunto, nível I, ocorreu após aprovação no estágio do concurso externo de ingresso aberto pelo Aviso acima referido.

Citando o douto Acórdão deste Supremo Tribunal, supra referido, "ora, tal como na situação versada neste aresto (o Acórdão do Pleno deste STA, de 15.3.01, proferido no recurso n.° 36.733), o interessado concorreu a um concurso externo de ingresso...pelo que não lhe é aplicável o n.° 4 do art. 18.° e, por remissão, o invocado regime dos números anteriores (do mesmo artigo).

Pelas razões doutamente expostas neste Acórdão, o recurso não merece provimento.

Colhidos os vistos legais, cumpre decidir.

2. O acórdão recorrido deu por assentes os seguintes factos:

A) – O recorrente por requerimento expedido postalmente em 20/6/2002., interpôs para o SEAF recurso hierárquico do acto de processamento do vencimento do mês de Maio/02, referindo o que consta de fls. 8 e 9 dos autos, nomeadamente, que "(...) à data da sua tomada de posse como Técnico de Administração Tributária Adjunto, nível 1, na sequência de aprovação em estágio (concurso aberto por aviso no DR, II Série, n.° 76 de 31/ /03/98), já era funcionário de nomeação definitiva, integrando a carreira de técnico de informática, com a categoria de Técnico de Informática, grau 1, nível 1, e vencia pelo escalão 2, a que corresponde o índice 340, con-

[1] Ac. de 4.4.06, proferido no recurso n.° 802/05

forme mapa II anexo ao DL 97/2001, de 26/03 (...)" e que "(...) estamos perante uma situação de mobilidade entre carreiras mediante concurso, a que se aplica a regra constante do n.º 4 do art. 18.º do DL 353-A/89, de 16-10, por se encontrarem preenchidos os requisitos referidos", solicitando o seu posicionamento na categoria de Técnico de Administração Tributária Adjunto, nível 1, escalão 3, índice 355.

B) – Não obteve resposta.

3. Alega o recorrente que o acórdão recorrido julgou erradamente, ao decidir que não era aplicável o disposto no art. 18.º, n.º 4 do DL 353-89, de 16.10, no respectivo posicionamento na carreira do Grupo de Administração Tributária (GAT), na qual ingressou, com a categoria de Técnico de Administração Tributária Adjunto, nível 1, índice 315, na sequência de aprovação o estágio de ingresso, cuja frequência requereu, no âmbito do concurso externo de ingresso, aberto por aviso publicado no Diário da República, II Série, n.º 76, de 31.3.98.

Para assim decidir, o acórdão recorrido considerou que o ingresso do recorrente naquela carreira do GAT devia obedecer, como obedeceu, à regra estabelecida no art. 26.º, do DL 184/89, de 2.6, segundo a qual «2 – O ingresso em cada carreira se faz, em regra, no primeiro escalão da categoria de base na sequência de concurso ou de aproveitamento em estágio probatório». Pois que a mudança de carreira do ora recorrente não corresponde a situação de mobilidade entre carreiras, tal como é prevista no art. 23.º [2] daquele DL 184/89, tendo-se operado por exclusiva opção do mesmo recorrente, na sequência da respectiva candidatura a concurso de ingresso, e sendo alheia à eventual identidade de conteúdos funcionais e às políticas de modernização administrativa e de aproveitamento racional de recursos.

O recorrente contesta o entendimento seguido no acórdão, defendendo que estamos perante situação de mobilidade entre carreiras, por isso que, quando tomou posse como Técnico de Administração Tributária Adjunto, nível 1, na sequência da respectiva aprovação em estágio, já era funcionário de nomeação definitiva, da carreira de Técnico de Informática, com a categoria de Técnico de Informática, grau 1, nível 1, vencendo pelo escalão 3. E que, embora o aviso de abertura do concurso para admissão de liquidadores tributários estagiários tenha sido publicado em 31.3.98, a respectiva nomeação, na categoria de ingresso de Técnico de Administração Tributária, só ocorreu em Maio de 2002, posteriormente ao início de vigência do art. 18, n.º 4, do DL 353-A/89, introduzido pelo DL 404-A/89, de 18.12, e após a realização do estágio, que é condição necessária para naquela categoria de ingresso. Conclui, assim, que era aplicável este art. 18, n.º 4, do qual se não retira, acrescenta o mesmo recorrente, que só vale para categorias de acesso e não para as de ingresso.

Não assiste razão ao recorrente.

O invocado art. 18.º, na redacção introduzida pelo DL 404-A/98, de 18.12, estabelece o seguinte:

Artigo 18.º
Mobilidade

1 – Para efeitos de determinação da categoria na nova carreira nos casos de intercomunicabilidade horizontal ou vertical ou de mobilidade entre carreiras, a relação de natureza remuneratória legalmente fixada estabelece-se entre os índices remuneratórios correspondentes ao escalão 1 da categoria em que o funcionário se encontre e o escalão 1 da categoria da nova carreira.

2 – Nos casos referidos no número anterior, a integração na nova carreira faz-se em escalão a que corresponda:

a) O mesmo índice remuneratório;

b) Na falta de coincidência, o índice superior mais aproximado na estrutura da categoria.

3 – Nas situações previstas na alínea *a*) do número anterior, o tempo de serviço prestado no escalão de origem releva para progressão na nova carreira.

4 – As regras estabelecidas nos n.ºs 2 e 3 são também aplicáveis às situações de mobilidade, mediante concurso, entre carreiras inseridas nos grupos de pessoal operário e auxiliar e, bem assim, entre carreiras para cujo provimento esteja estabelecido legalmente o mesmo nível de habilitações ou nível de habilitações superior.

Esta norma estabelece o princípio da intercomunicabilidade de quadros da função pública.

E, como se decidiu no acórdão do Peno desta 1ª Secção, de 15.3.01, proferido no recurso n.º 36.733, «o princípio da intercomunicabilidade dos quadros da função pública define-se como aquele que permite a qualquer funcionário ser opositor a concurso para lugar de categoria **de acesso** de carreiras de um grupo de pessoal diferente do seu» (realce nosso).

Ora, como reconhece o próprio recorrente, este concorreu a um concurso externo de ingresso. Pelo que não lhe era aplicável o n.º 4 do referenciado art. 18.º e, por remissão, o invocado regime dos números anteriores desse mesmo preceito.

«Não é necessário que o art. 18.º o diga expressamente, pois – como bem se decidiu, perante situação idêntica à dos presentes autos, no acórdão de 4.4.06 (R.º 802/05) – o próprio sistema implica que as situações aqui contempladas, ditas de 'mobilidade, mediante concurso entre carreiras', só podem ser concursos de acesso – a categoria de ingresso, ou de entrada, é aquela a que corresponde normalmente o nível remuneratório mais baixo da carreira.

Por outro lado – como bem pondera, ainda, o mesmo acórdão –, esse início de carreira terá de ser feito em igualdade de circunstâncias (o que implica igualdade remuneratória) para todos os que, competindo, se apresentaram ao concurso».

Assim sendo, bem se vê que, em situações como a do recorrente, não é possível beneficiar do regime do art. 18.º, como acertadamente se decidiu no acórdão recorrido.

4. Pelo exposto, acordam em negar provimento ao recurso, confirmando o acórdão recorrido.

---

[2] *Artigo 23.º* ***(Mobilidade)****:*

1 – Devem os serviços públicos desenvolver programas de incentivos à produtividade de âmbito individual ou colectivo, criando para o efeito instrumentos que permitam uma avaliação concreta.

2 – Os incentivos à produtividade de âmbito individual materializam-se nos mecanismos de progressão ou promoção na carreira previstos no presente diploma e em outras medidas de reconhecimento individual de natureza não pecuniária, designadamente frequência de estágios ou concessão de bolsas de estudo.

3 – Os incentivos à produtividade de âmbito colectivo podem traduzir-se em melhoria dos equipamentos sociais e iniciativas de natureza cultural

Custas pelo recorrente, fixando-se a taxa de justiça e a procuradoria, respectivamente, em Euros 300,00 (trezentos euros) e Euros 150,00 (cento e cinquenta euros).

Lisboa, 12 de Julho de 2007

Adérito Santos (Relator)
Madeira dos Santos
Santos Botelho

Recurso n.º 640/06-11

GERENTE DE ESTABELECIMENTO COMERCIAL. GERENTE DE SOCIEDADE. INTERESSADO PARA EFEITOS CONTENCIOSOS.

(Acórdão de 19 de Abril de 2007)

SUMÁRIO:

I – O "gerente das sociedades comerciais" é membro ou titular do órgão social "gerência", com poderes para administrar a sociedade, à qual não pode ser atribuída outra vontade diversa da que é corporizada e definida pelo referido órgão.

II – O "gerente de um estabelecimento comercial" ou "*gerente de comércio*", ao contrário do que sucede com o gerente de uma sociedade comercial, não é titular de um órgão social, com poderes de administração e de representação da sociedade, antes se encontra ligado a esta por um vínculo contratual laboral, cuja possibilidade de prática de actos comerciais em nome do comerciante ou da sociedade depende dos termos do contrato ou da extensão de eventual mandato.

III – Determinando a decisão administrativa a restrição do horário de funcionamento de um estabelecimento comercial, e podendo daí resultar, directa ou indirectamente, prejuízos económicos relevantes, é ao respectivo proprietário, concretamente à sua esfera jurídico-económica, que se reporta a eventual lesividade de tal decisão, sendo pois ele, nessa qualidade, o verdadeiro "interessado" no procedimento, nele se projectando os eventuais efeitos lesivos da decisão administrativa, e não sobre o gerente do estabelecimento, dada a natureza laboral da sua ligação ao proprietário.

IV – Assim, "*interessado*" para efeitos de audiência prévia (art. 100.º do CPA), e para efeitos de impugnação contenciosa e contagem do respectivo prazo (arts. 28.º e 29.º da LPTA), é, seguramente, o proprietário do estabelecimento comercial – pessoa singular ou colectiva –, e não o gerente do estabelecimento.

ACORDAM, EM CONFERÊNCIA, NA SECÇÃO DO CONTENCIOSO ADMINISTRATIVO DO SUPREMO TRIBUNAL ADMINISTRATIVO:

RELATÓRIO

António Rodrigues Ribeiro, identificado a fls. 1 dos autos, intentou no TAF de Braga *acção administrativa especial* de impugnação da deliberação do GOVERNADOR CIVIL DE BRAGA, de 07.08.2003, no sentido da restrição do horário de funcionamento do estabelecimento comercial denominado *Pub Susan*, de que o A. é proprietário, sito no Centro Comercial Villa, em Guimarães, peticionando a anulação dessa deliberação.

Por sentença daquele Tribunal, de 26.04.2005 (fls. 195 e segs.), foi declarada a caducidade do direito de acção, sendo o R. absolvido do pedido.

Interposto pelo A. recurso jurisdicional desta decisão, foi a mesma revogada por acórdão do TCA-Norte, de 23.02.2006 (fls. 260 e segs.), o qual julgou tempestiva e procedente a acção interposta, anulando a deliberação impugnada com fundamento em vício de forma por preterição de audiência prévia.

Não se conformando com este acórdão, dele vem agora o R. Governador Civil de Braga interpor **recurso de revista**, nos termos do art. 150.º do CPTA, em cuja alegação formula as seguintes conclusões:

I. José Manuel Rodrigues Ribeiro exercia, aquando da sua notificação do projecto de decisão e da decisão impugnada, as funções de gerente do estabelecimento "Pub Susan".

II. Os gerentes de comércio tratam de comércio em nome e por conta do comerciante.

III. A notificação do projecto de decisão e da decisão de restrição do horário de funcionamento do gerente produziu efeitos na esfera jurídica do Autor, considerando-se este notificado.

IV. O Douto Acórdão do TCAN violou, assim, o disposto nos arts. 248.º, 249.º, 250.º e 251.º do Código Comercial, art. 34.º do Decreto-Lei n.º 168/97, de 4 de Julho, n.º 1 do art. 231.º do Código do Processo Civil e art. 64.º do Código das Sociedades Comerciais.

V. Na data da propositura da acção o prazo de reacção já se encontrava esgotado e o respectivo direito caduco.

VI. A decisão de restrição do horário de funcionamento foi, de facto, fundamentada na queixa de morador do prédio de 7 andares muito próximo do bar e na informação do Sr. Comandante da PSP que considerou que o estabelecimento vinha criando instabilidade nas populações ali residentes.

VII. A Autoridade Administrativa recorrida concluiu pela susceptibilidade do estabelecimento perturbar a tranquilidade e segurança dos moradores.

VIII. A medida de polícia foi adequadamente proporcionada, cumprindo os direitos subjectivos em presença tão só no limite necessário à defesa dos valores da segurança, da tranquilidade e da ordem pública.

IX. O acto administrativo impugnado não violou qualquer preceito legal.

Nestes termos deverá ser dado acolhimento ao presente recurso, revogando-se o douto Acórdão e declarando-se a caducidade do direito de acção do Autor.

Contra-alegou o recorrido, nos termos de fls. 293 e segs., sustentando, em suma, a não admissibilidade da revista, por não estar em causa, em seu entender, nenhuma das circunstâncias referidas no n.º 1 do art. 150.º do CPTA, ou, caso assim se não entenda, a improcedência do recurso por o acórdão recorrido ter feito correcta interpretação e aplicação do direito.

Por acórdão deste STA, de 22.06.2006 (fls. 309 e segs.), em apreciação preliminar sumária proferida pela formação a que alude o n.º 5 do art. 150.º do CPTA, foi admitida a presente revista excepcional.

FUNDAMENTAÇÃO
OS FACTOS

O acórdão impugnado considerou assentes os seguintes factos:

1. No seu horário de funcionamento, de 04.12.96, o estabelecimento que consiste na exploração do *pub* em questão (estabelecimento e *pub*) foi considerado do autor;

2. A decisão de restrição do horário de funcionamento do *pub* (cujo teor aqui se dá por reproduzido), do Governador Civil de Braga, de 07.08.03 (decisão), foi notificada a José Manuel Rodrigues Ribeiro (Ribeiro), na qualidade de gerente do estabelecimento;

3. O Ribeiro pronunciou-se sobre o projecto da decisão e sobre esta;

4. O autor não foi notificado do projecto da decisão;

5. O Ribeiro era, à data da notificação do projecto da decisão, gerente do estabelecimento; e

6. O Ribeiro foi notificado da decisão em 10.09.03, tendo a petição inicial desta acção dado entrada em 10.02.04 – fls. 2 v.º do doc. 2 junto pelo Governo Civil com a sua contestação, e registo da entrada da petição inicial.

O DIREITO

O presente recurso de revista, interposto pelo GOVERNADOR CIVIL DE BRAGA ao abrigo do art. 150.º do CPTA, tem por objecto o acórdão do TCA Norte que, dando provimento ao recurso jurisdicional de sentença do TAF de Braga, julgou tempestiva e procedente a acção administrativa especial intentada por ANTÓNIO RODRIGUES RIBEIRO, anulando o despacho do ora recorrente que determinou a restrição do horário de funcionamento do estabelecimento comercial denominado "*Pub Susan*", sito em Guimarães, de que o A. é proprietário, com fundamento em vício de forma por falta de audiência prévia.

Para assim decidir, considerou o acórdão sob revista que o A., proprietário do estabelecimento em causa, não fora notificado nem do projecto de decisão, para efeitos de audiência prévia, nem da respectiva decisão final (a notificação foi feita, em ambos os casos, na pessoa do gerente do estabelecimento), pelo que o prazo de impugnação contenciosa do acto não chegou a iniciar-se, sendo pois tal impugnação tempestivamente exercida, e considerou, por outro lado, que a decisão se mostra inquinada de vício de forma por preterição de audiência do interessado (art. 100.º do CPA).

Discordando desta decisão, o recorrente alega, em suma, que os gerentes de comércio tratam de comércio em nome e por conta do comerciante, pelo que a notificação ao gerente do projecto de decisão e da decisão final produziu efeitos na esfera jurídica do A., devendo considerar-se este notificado, com o que o acórdão recorrido teria violado o disposto nos arts. 248.º a 251.º do Código Comercial, 34.º do DL n.º 168/97, de 4 de Julho, 231.º, n.º 1 do CPCivil e 64.º do Código das Sociedades Comerciais, devendo, por outro lado, e em consequência, considerar-se que à data da propositura da acção já o respectivo direito de impugnação tinha caducado.

A questão a decidir consiste, assim, em saber se a notificação do projecto da decisão de restringir o horário de funcionamento do "*Pub*" e, posteriormente, da própria decisão, feita na pessoa do gerente do estabelecimento comercial, produz efeitos na esfera jurídica do proprietário do estabelecimento, tal como se este tivesse sido notificado na sua própria pessoa, ou, dito de outro modo, em determinar a relevância jurídica da notificação do projecto de decisão e da decisão de restrição do horário de funcionamento de um estabelecimento comercial na pessoa do respectivo gerente, relativamente ao exercício do direito de impugnação de tal decisão por parte do seu proprietário, e à legalidade formal da mesma decisão.

Nos termos do art. 150.º do CPTA, a revista só pode ter como fundamento a violação de lei substantiva ou processual (n.º 2), e o tribunal de revista aplica definitivamente aos factos materiais fixados pelo tribunal recorrido o regime jurídico que julgue adequado (n.º 3).

A questão delineada, à qual foi reconhecida, pela sua *relevância jurídica, importância fundamental*, nos termos do acórdão de fls. 309 e segs., tem assim um duplo relevo processual: o reportado à tempestividade do direito de impugnação contenciosa (cujo prazo se inicia com a notificação da decisão ao *"interessado"* – cfr. arts. 28.º e 29.º da LPTA, e 58.º a 60.º do CPTA); e o respeitante à observância do dever de audiência prévia (através da audição e notificação do projecto de decisão ao *"interessado"* – cfr. art. 100.º e segs. do CPA).

Em ambos os casos, e para ambos os efeitos, a lei postula a notificação do "interessado", que o mesmo é dizer, do titular dos interesses a cuja tutela se dirige a impugnação contenciosa, alegadamente lesados pela decisão administrativa impugnada.

O que significa que é neste quadro de referência conceptual que a questão *sub judicio* deve ser apreciada e valorada, em ordem a revelar-nos se, no caso em apreço, e de acordo com o quadro legal pertinente, o gerente do estabelecimento comercial pode ou não ser considerado, para os referidos efeitos, titular, ou depositário legal, daqueles interesses relevantes.

O que nos conduz à necessidade de uma caracterização sumária da figura do "gerente" de estabelecimento comercial e da natureza jurídica dos poderes por ele exercidos na gestão do estabelecimento.

Importa sublinhar, antes do mais, que não deve confundir-se a figura do "*gerente de comércio*" com a do "*gerente das sociedades comerciais*".

Este último é membro ou titular do órgão social "*gerência*", com poderes para administrar a sociedade, que molda e exprime em exclusivo a vontade juridicamente imputável à própria sociedade, à qual não pode ser atribuída outra vontade diversa da que é corporizada e definida pelo referido órgão.

E as próprias sociedades podem, naturalmente, ter "*gerentes de comércio*" para actuarem em sua representação, ou seja, para praticarem, em seu nome, determinados actos de comércio, como resulta expressamente dos arts. 250.º e 251.º, § 2.º do Código Comercial, e do art. 13.º do Código das Sociedades Comerciais.

Quanto ao "*gerente de comércio*", ele é um mero gestor do estabelecimento comercial, com vínculo laboral ao proprietário, e com poderes de representação, mais ou menos amplos, para a prática de actos comerciais em nome de um comerciante.

Segundo o conceito fornecido pelos arts. 248.° e segs. do Código Comercial, "*gerente de comércio*" é aquele que, em nome e por conta de um comerciante, trata do comércio deste no lugar onde este o exerce ou noutro qualquer, ou seja, aquele que pratica actos de comércio por mandato ou em representação de outrem, sendo certo que o poder de representação conferido ao gerente se presume geral e compreensivo de todos os actos necessários ao exercício daquele comércio.

Os "*gerentes de comércio*", tal como os auxiliares e os caixeiros, são caracterizados no Código Comercial como mandatários comerciais com representação, uma vez que as disposições que se lhe referem (citados arts. 248.° e segs. do Código Comercial) estão inseridas no Capítulo II do Título V, sob a epígrafe "Do Mandato".

Esta caracterização é hoje juridicamente insubsistente, por desactualizada, como observa J. M. Coutinho de Abreu, "*Curso de Direito Comercial*", *Vol. I, 5ª edição, pág. 129*), só fazendo sentido à luz da velha concepção de que os poderes de representação voluntária tinham necessariamente que assentar num contrato de mandato, concepção igualmente partilhada pelos Códigos Comerciais italiano e espanhol, de 1882 e 1885, respectivamente, que o nosso legislador de 1988 seguiu de perto.

O que hoje, manifestamente, não corresponde à realidade, já que os poderes de representação voluntária podem agora decorrer igualmente de outros negócios jurídicos, como é o caso, por exemplo, do contrato de trabalho, face ao disposto no art. 5.°, n.° 3 da LCT, onde se estabelece a possibilidade de concessão ao trabalhador de poderes de representação da sua entidade patronal.

Ora, o que ressalta desta análise comparativa entre as duas figuras é a ambiência laboral que informa o estatuto do "*gerente de comércio*", dissociando-o dos vínculos sociais inerentes ao "*gerente de sociedade*", e conferindo ao seu estatuto jurídico uma forte componente de relação contratual laboral (cfr. Brito Correia, "*Direito Comercial*", pág. 198 e 199), mesclada embora com poderes de representação conferidos pelo comerciante para a prática de actos de comércio.

Aliás, o Código Comercial de 1833 falava em "feitores" ou "gerentes de comércio" como "*empregados ou trabalhadores assalariados com poderes de representação*".

Nesta perspectiva, os gerentes de um estabelecimento comercial devem ser qualificados preferencialmente como trabalhadores subordinados (arts. 1152.° do CCivil e 10.° da LCT), com poderes de representação para a prática de actos de comércio em nome de outrem, e não como mandatários.

Neste sentido se pronunciou o Ac. do STJ de 30.09.2004 – Rec. 03S2053, onde se salienta:

"*Todavia, não é o facto de os Códigos Civil e Comercial estabelecerem que [os "gerentes de comércio"] são mandatários que impede a referida qualificação como trabalhadores subordinados, já que é o próprio art. 5.°, n.° 3 da LCT que estabelece a possibilidade de um trabalhador ter também um mandato com representação e, por outro lado, o conceito de mandato utilizado no C. Comercial ... não coincide exactamente com o utilizado no C.Civil (arts. 1155.° e 1157.°), referindo-se a actos de comércio – que abrangem quer actos materiais, quer actos jurídicos – e podendo ter por objecto tanto um resultado como uma actividade (Vide Brito Correia, in "Os Administradores das Sociedades Anónimas", Coimbra, 1993, pp. 386 e ss).*

Assim, esta qualificação como mandatários por parte da lei não obsta a que se deva considerar que [os gerentes] exercem uma relação laboral (...)"

De tudo isto resulta, como se afirma no acórdão sob revista, que o gerente de um estabelecimento comercial, ao contrário do que sucede com o gerente de uma sociedade comercial, não é titular de um órgão social, com poderes de administração e de representação da sociedade, antes se encontra ligado a esta por um vínculo contratual laboral, cuja possibilidade de prática de actos comerciais em nome do comerciante ou da sociedade depende dos termos do contrato ou da extensão de eventual mandato.

O que nos indicia, desde já, não ser ele o verdadeiro titular dos interesses a cuja tutela se dirige a impugnação contenciosa, alegadamente lesados pela decisão administrativa impugnada, dado não ser titular de órgão da sociedade, que não é, assim, por ele representada, e à qual se encontra antes ligado por uma relação contratual laboral, com eventuais poderes de representação para a prática de determinados actos de comércio inerentes à gestão do estabelecimento comercial.

Bulindo a decisão administrativa impugnada com o horário de funcionamento do estabelecimento comercial, determinando concretamente a sua restrição, e podendo daí resultar prejuízos económicos relevantes, directamente, pela perda de receitas que tal facto originará face a um menor período de funcionamento do estabelecimento, e indirectamente, pela eventual perda de clientela mesmo no horário mais restrito (as pessoas que pretendem frequentar o Pub podem passar a preferir outro que não feche tão cedo), é evidente que é ao respectivo proprietário, concretamente à sua esfera jurídico-económica, que se reporta a eventual lesividade de tal decisão.

Sendo o ora recorrente o proprietário do estabelecimento em causa, ele é, nessa qualidade, o verdadeiro "interessado" no procedimento que culminou com a decisão de restrição do horário de funcionamento do mesmo.

É nele que se projectam os eventuais efeitos lesivos da decisão administrativa, e não sobre o gerente do estabelecimento, dada a natureza laboral da sua ligação ao proprietário.

E nada em contrário resulta do disposto no art. 34.° do DL n.° 168/97, de 4 de Julho (regime jurídico da instalação e funcionamento dos estabelecimentos de restauração e bebidas), preceito que antes conforta o entendimento atrás exposto, ao estatuir que nesses estabelecimentos deve haver "*um responsável, a quem cabe zelar pelo seu funcionamento e nível de serviço e ainda assegurar o cumprimento das disposições legais e regulamentares aplicáveis*", para o que "*a entidade exploradora deve comunicar à Direcção-Geral de Turismo o nome da pessoa ou das pessoas que asseguram permanentemente aquelas funções*".

Como, igualmente, outra solução não resulta do disposto no invocado n.° 1 do art. 231.° do CPCivil, onde se dispõe que as sociedades são citadas ou notificadas na pessoa dos seus **legais representantes**, uma vez que, como se deixou dito, o gerente de um estabelecimento comercial não é titular do órgão social gerência, não detendo poderes de administração ou de representação da sociedade.

Em nada se mostrando também afrontado o disposto no art. 64.º da Lei das Sociedades Comerciais, normativo que, justamente, estabelece os deveres (de cuidado e de lealdade) que devem ser observados pelos "*gerentes ou administradores da sociedade*".

Nesta conformidade, é forçoso concluir que "*interessado*" para efeitos de audiência prévia (art. 100.º do CPA), e para efeitos de impugnação contenciosa e contagem do respectivo prazo (arts. 28.º e 29.º da LPTA), é, seguramente, o proprietário do estabelecimento comercial – pessoa singular ou colectiva[1] –, e não o gerente do estabelecimento.

Temos, assim, por adquirido que o acórdão recorrido fez correcta aplicação do direito no que concerne à questão enunciada, não tendo violado nenhuma das normas legais invocadas pelo recorrente, improcedendo pois todas as conclusões da sua alegação.

DECISÃO

Com os fundamentos expostos, acordam em negar a revista, confirmando a decisão impugnada.

Custas pelo recorrente.

Lisboa, 19 de Abril de 2007

Pais Borges (Relator)
Rui Botelho
Freitas Carvalho

Recurso n.º 632/06-11

GREVE. AVISO PRÉVIO. NECESSIDADES SOCIAIS IMPRETERÍVEIS.

(Acórdão de 3 de Julho de 2007)

SUMÁRIO:

I – Nas empresas ou estabelecimentos que se destinem à satisfação de necessidades sociais impreteríveis o prazo de aviso prévio de greve é de 10 dias, em vez do prazo geral de 5 dias.

II – A greve declarada com inobservância do disposto na respectiva lei (Lei 65/77, de 26/8) faz incorrer os trabalhadores a ela aderentes no regime das faltas injustificadas – art. 11.º da Lei 65/77.

III – Consideram-se empresas ou estabelecimentos que se destinem à satisfação de necessidades sociais impreteríveis as que se integram, nomeadamente, em alguns dos seguintes sectores: (...) c) salubridade pública, incluindo a realização de funerais; (...) g) transportes, cargas e descargas de animais e géneros alimentares deterioráveis" – art. 8.º, n.º 2 da Lei 65/77.

IV – A finalidade do alargamento do prazo de aviso prévio destina-se, além do mais, a minimizar os danos da greve na esfera jurídica de terceiros alheios à relação de emprego.

V – A actividade médico-veterinária, na medida em que procede ao controle médico-sanitário dos animais a abater e do pescado a introduzir na cadeia alimentar humana, deve considerar-se como destinada a satisfazer necessidades sociais impreteríveis, sendo assim de 10 dias o prazo de aviso prévio de greve.

ACORDAM NA 1ª SECÇÃO DO SUPREMO TRIBUNAL ADMINISTRATIVO:

1. RELATÓRIO

Edmundo Gouveia Andrade Pires, e outros, recorreram para este Supremo Tribunal do acórdão proferido no Tribunal Central Administrativo Sul que negou provimento ao RECURSO CONTENCIOSO DE ANULAÇÃO interposto do despacho do Senhor SECRETÁRIO DE ESTADO DA AGRICULTURA, de 14-1-2004, que, em suma, julgou injustificadas as faltas dadas pelos recorrentes nos dias da greve nacional realizada entre 21 e 24 de Dezembro de 1998, por esta não ter sido convocada com a antecedência de dez dias.

Terminaram as suas alegações com as seguintes CONCLUSÕES:

1. Vem o presente recurso interposto do Acórdão do l.º Juízo Liquidatário (ex. 1ª Sub.) do Tribunal Central Administrativo Sul que, em 7 de Dezembro de 2006, julgou improcedente o recurso contencioso de anulação do despacho do Senhor Secretário de Estado da Agricultura, com data de 2002.01.14, o qual, em execução do douto Acórdão proferido pelo mesmo Tribunal Central Administrativo no proc° n.º 3542, que correu termos também por aquela ex-Subsecção, indeferira o recurso hierárquico oportunamente interposto do acto do Director-Geral de Veterinária que havia declarado como injustificadas as faltas dadas pelos recorrentes nos dias da greve nacional dos médicos veterinários realizada entre os dias 21 e 24 de Dezembro de 1998.

2. Por se poder considerar relevante para o exame do presente recurso, refere-se que o Tribunal Central Administrativo Sul, pronunciando-se sobre a mesma factualidade e a mesma questão de direito, proferiu, no passado dia 13 de Julho de 2006, Acórdão, já transitado em julgado, em que julgou procedente a pretensão dos médicos veterinários grevistas ali recorrentes.

3. Ao contrário do que propugna a decisão ora recorrida, a greve cumprida pelos recorrentes foi inteiramente legal, respeitando o respectivo pré-aviso o prazo geral de antecedência de cinco dias, estipulado no n.º 1 do art. 5.º da Lei n.º 65/77 (Lei da Greve), de 26.08, com a redacção que lhe foi dada pela Lei n.º 30/92, de 20.10, e ao caso aplicável, de harmonia com o estabelecido pelo respectivo art. 12.º e no entendimento dos diversos Pareceres sobre a matéria emitidos pela Procuradoria-Geral da República.

4. O prazo especial de dez dias estabelecido no n.º 2 do art. 50.º da mesma Lei da Greve, aplica-se apenas e

[1] Esta naturalmente representada pelo gerente ou administrador da sociedade, figura, como vimos, distinta do gerente de comércio ou gerente de estabelecimento comercial.

exclusivamente, por virtude da remissão feita por este preceito, aos casos constantes das alíneas do n.º 2 do art. 8.º do mesmo diploma legal.

5. Tal como reconhece expressamente o Acórdão recorrido, o sector em questão em que se desenvolve a actividade, não só dos médicos veterinários inspectores higio-sanitários, como, muito menos, a dos médicos veterinários com funções meramente administrativas – e que é o caso –, não se integra em qualquer das alíneas do n.º 2 do art. 80.º (pág. 11 do aresto em apreço).

6. Porque assim, a greve em causa não poderia ser declarada ilegal, visto que o prazo legal da comunicação do pré-aviso era, no caso, de cinco dias e foi correctamente observado.

7. Por não envolver – tanto em geral, como nas circunstâncias concretas da greve em apreço – a satisfação de uma necessidade primária que careça de imediata utilização ou aproveitamento sob pena de irremediável prejuízo, a actividade dos recorrentes objecto da paralisação grevista não podia, em qualquer caso, integrar-se na definição doutrinária de empresas ou estabelecimentos que se destinem à satisfação de necessidades sociais impreteríveis, referidos pelo art. 8.º da Lei da Greve.

8. Ao invés do que invoca o Acórdão recorrido, a qualificação de uma necessidade social como impreterível para os efeitos do art. 8.º da Lei da Greve, não pode ser feita em função da maior ou menor intensidade do uso dessa necessidade em determinados períodos do ano – não estamos em face da satisfação de uma necessidade social impreterível só porque no período do Natal se consome mais carne de peru ou de cabrito.

9. Por outro lado, só o desconhecimento da realidade e do sistema económico em que o país se acha inserido permite concluir – como erradamente faz o Acórdão recorrido – que a greve (por quatro dias) dos médicos veterinários inspectores higio-sanitários, com a consequente paralisação do abate de gado e comercialização do pescado nacionais, poderia pôr em causa o abastecimento público de carne e de peixe, tendo em conta o regime de livre circulação e comercialização de mercadorias em vigor no espaço da União Europeia, de que Portugal faz parte.

10. Seja como for, e tal como concluíra já o Acórdão do Tribunal Central Administrativo Sul no supra referido Acórdão de 13 de Julho de 2006, não existem nos autos (...) quaisquer elementos comprovativos de que a greve tenha, de alguma forma, afectado o normal funcionamento das operações de distribuição e venda de bens alimentares aos particulares.

11. Acresce, por outro lado, que, ao invés do que especula o Acórdão recorrido, a greve aqui ilicitamente declarada ilegal, também nunca poderia conduzir ao consumo de produtos não controlados, pela simples razão de que, não se realizando a inspecção sanitária obrigatória por médico veterinário, nenhum animal entrado nas abegoarias pode ser abatido e, consequentemente, a respectiva carcaça(carne) está impossibilitada de entrar no circuito da distribuição e consumo; para além de que as acções de fiscalização da qualidade alimentar de qualquer produto estava a cargo da então Inspecção-geral das Actividades Económicas.

12. Não definindo a lei o conceito de necessidades sociais impreteríveis, "os limites impostos ao direito de greve pelo art. 80.º da Lei 65/77 devem ocorrer apenas na medida do estritamente indispensável ao assegurar dessa finalidade e quando representem o único meio de satisfação das necessidades sociais impreteríveis em jogo no caso concreto" (Direito de greve e serviços mínimos, José João Abrantes, in Questões Laborais, ano II, n.º 6, 1995, págs. 129 e segs.) – o que, na situação em apreço, claramente não ocorre.

13. Pelas múltiplas razões atrás aduzidas, não existe, nem existiu, no caso em apreço, qualquer obrigação de prestação de serviços mínimos por parte dos recorrentes, ainda que, a colocar-se essa hipótese, caberia ao Governo a definição do nível, conteúdo e extensão desses serviços mínimos, questão esta que nunca foi suscitada pelo Ministério competente.

14. Ao manter o despacho que ilegalmente sujeitou os recorrentes ao regime do art. 11.º da Lei da Greve, declarando as faltas dadas no período da greve em causa como faltas injustificadas, o Acórdão recorrido, para além de infundado, violou, por errónea interpretação e incorrecta aplicação, o disposto nos arts. 50.º, 70.º, 8.º e 11.º da Lei 65/77, com a redacção que lhe foi dada pela Lei n.º 30/92, de 20 de Outubro, e ainda o estatuído no art. 57.º da Constituição da República.

A entidade recorrida não contra-alegou.

Neste Supremo Tribunal o Ex.mo Procurador-Geral Adjunto emitiu parecer no sentido de ser negado provimento ao recurso.

Colhidos os vistos legais, foi o processo submetido à conferência para julgamento.

2. FUNDAMENTAÇÃO

2.1. MATÉRIA DE FACTO

O acórdão recorrido deu como assente a seguinte matéria de facto:

a) O Ministro da Agricultura, do Desenvolvimento Rural e das Pescas, por despacho datado de 18/12/98, exprimiu concordância com a seguinte informação:

"1 – O Sindicato Nacional dos Médicos Veterinários decretou, para os dias 21 a 24 do corrente mês, uma greve de âmbito nacional, com a qual, entre outros, pretende paralisar os serviços de inspecção sanitária durante o referido período.

2 – As acções de inspecção higio-sanitárias dos animais, carnes, produtos da pesca e aquicultura frescos, destinados ao consumo público, bem como as de controlo dos estabelecimentos de abate, preparação, tratamento e armazenamento de produtos frescos de origem animal e respectivos subprodutos, dos estabelecimentos de inspecção e laboração dos produtos frescos da pesca e aquicultura, têm um carácter assumidamente essencial para a produção, transformação e distribuição dos produtos alimentares, sendo que, a maioria deles, é de primeira necessidade.

3 – Ao não se assegurar a prestação daqueles serviços, para além de se pôr em causa o bem-estar dos animais que se encontram já nos estabelecimentos de abate que, como é legalmente estabelecido, uma vez ali entrados não poderão dali sair a não ser abatidos, o abastecimento público não terá a garantia de que será efectuado em condições que não ponham em risco a saúde dos consumidores, tendo, em consequência, que ser interrompido. Essa interrupção, porém, não garante que não possa vir a existir um fornecimento irregular ao consumo de produtos não controlados, com as inerentes prováveis consequências para a saúde pública, tanto mais que se trata de uma época festiva onde tradicional-

mente se consomem grandes quantidades daqueles produtos alimentares.

4 – Os serviços de inspecção higio-sanitária a que nos vimos reportando, constituem, pois, serviços destinados à satisfação de necessidades sociais impreteríveis, tendo o pré-aviso de greve sido apresentado com antecedência inferior àquela que estabelece o n.º 2 do art. 5.º da Lei n.º 65/77, de 26/8, na redacção que lhe foi conferida pela Lei n.º 30/92, de 20/10 (10 dias).

5 – Acresce ainda que a comunicação que foi enviada a este Ministério não continha qualquer indicação que permitisse inferir que estava garantida a prestação dos serviços essenciais para o interesse público que a greve poderia afectar.

6 – A determinação dos sectores correspondentes a necessidades sociais impreteríveis é feita no n.º 2 do art. 8.º da Lei n.º 65/77, onde a nova redacção conferida pela Lei n.º 30/92, procedeu a um alargamento dos sectores anteriormente estabelecidos. Quer o legislador quer a doutrina têm vindo a aceitar expressamente que do carácter meramente exemplificativo da enumeração, decorre a admissibilidade de surgimento da obrigação de serviços mínimos noutros sectores económicos que satisfaçam necessidades sociais vitais (ver Monteiro Fernandes, in Direito de Greve, pag. 63) em que aponta o sector alimentar.

7 – Conclui-se, assim, que a greve decretada sofre de ilicitude, com a consequente sujeição dos trabalhadores grevistas ao regime do art. 11.º da Lei da Greve";

b) Os recorrentes, médicos veterinários a exercerem funções estrita e exclusivamente administrativas na Direcção-Geral de Veterinária, aderiram à greve convocada pelo Sindicato Nacional dos Médicos Veterinários para os dias 21 a 24 de Dezembro de 1998;

c) O Director-Geral de Veterinária decidiu declarar injustificadas as faltas dadas pelos recorrentes no referido período de 21 a 24/12/98;

d) Da decisão referida na alínea anterior, os recorrentes interpuseram, em 18/5/99, recurso hierárquico para o Ministro da Agricultura, do Desenvolvimento Rural e das Pescas;

e) O Secretário de Estado da Modernização Agrícola e da Qualidade Alimentar, por despacho datado de 17/ /6/99, rejeitou liminarmente esse recurso hierárquico;

f) No recurso contencioso que correu termos neste Tribunal, com o n.º 3542/99, foi proferido acórdão que anulou o despacho referido na alínea anterior;

g) Em 14/1/2002, o Secretário de Estado da Agricultura proferiu o seguinte despacho:

"Tendo em conta a decisão do Tribunal Central Administrativo proferida no Proc. n.º 3542/99 em que são recorrentes Edmundo Gouveia Andrade Pires e outros, mantenho a decisão do Sr. Director-Geral de Veterinária, que declara como injustificadas as faltas dadas pelos recorrentes no período de 21 a 24 de Dezembro de 1998, com fundamento no despacho do Ministro da Agricultura, do Desenvolvimento Rural e das Pescas, de 18/12/98, exarado na informação deste Gabinete da mesma data. Comunique-se à D.G.V. e aos recorrentes".

2.2. MATÉRIA DE DIREITO

i) *objecto do recurso*

O acórdão recorrido, no essencial, considerou que a greve nacional convocada pelo Sindicato Nacional dos Médicos Veterinários para os dias 21 a 24 de Dezembro de 1998 foi irregularmente convocada e, por isso, não anulou o acto administrativo impugnado que considerou injustificadas as faltas dos ora recorrentes nos dias da greve. Para assim concluir entendeu que, o sector de actividade económica onde se integravam os ora reclamantes (médicos veterinários) integrava o conceito indeterminado de "empresas ou estabelecimentos" destinados à "satisfação de necessidades sociais impreteríveis" (art. 8.º, 1 e 2 da Lei da Greve – Lei 65/77, de 26/8), e, nessa medida, o pré-aviso de greve a que alude o art. 5.º da mesma lei deveria ter sido feito com 10 dias de antecedência, o que não aconteceu.

Sendo certo que o aviso prévio não respeitou os 10 dias a que alude o art. 5.º, n.º 2 do Dec. Lei 65/77, de 26/8, e decorrendo expressamente do art. 11.º da mesma Lei que "a greve declarada com inobservância do disposto no presente diploma faz incorrer os trabalhadores grevistas no regime das faltas injustificadas", é objecto deste recurso a questão de saber se, no caso, o prazo de aviso prévio era de 10 dias (art. 5.º, 2) ou de 5 dias (prazo geral, previsto no art. 5.º, 1).

ii) *Prazo legal do pré-aviso de greve*

O prazo geral do aviso prévio é de 5 dias (art. 5.º da Lei 65/77, de 26/8). No entanto, nos termos do n.º 2 do mesmo artigo:

"*Para os casos do n.º 2 do art. 8.º, o prazo de pré--aviso é de 10 dias*".

O art. 8.º, da referida Lei 65/77, de 26/8, com a epígrafe "Obrigações durante a greve", tem a seguinte redacção:

"*1 – Nas empresas ou estabelecimentos que se destinem à satisfação de necessidades sociais impreteríveis ficam as associações sindicais e os trabalhadores obrigados a assegurar, durante a greve, a prestação dos serviços mínimos indispensáveis para ocorrer à satisfação daquelas necessidades.*

2 – Para efeitos do disposto no número anterior, consideram-se empresas ou estabelecimentos que se destinam à satisfação de necessidades sociais impreteríveis os que se integram, nomeadamente, em alguns dos seguintes sectores:

a) Correios e telecomunicações;

b) Serviços médicos, hospitalares e medicamentosos;

c) Salubridade pública, incluindo a realização de funerais;

d) Serviços de energia e minas, incluindo o abastecimento de combustíveis;

e) Abastecimento de águas;

f) Bombeiros;

g) Transportes, cargas e descargas de animais e de géneros alimentares deterioráveis;

3 – As associações sindicais e os trabalhadores ficam obrigados a prestar, durante a greve, os serviços necessários à segurança e manutenção do equipamento e instalações.

4 – No caso do não cumprimento do disposto neste artigo, o Governo poderá determinar a requisição ou mobilização nos termos da lei aplicável."

O acórdão recorrido entendeu que estávamos perante "serviços destinados à satisfação de necessidades sociais impreteríveis" com a seguinte argumentação: "Na verdade, a paralisação, no período de 21 a 24 de Dezembro, das acções de inspecção higio-sanitária dos animais, carnes e produtos de pesca e aquicultura destinados ao consumo público é susceptível de pôr em causa o abastecimento público, numa época em que se consomem grandes quantidades daqueles produtos, ou de conduzir ao consumo de produtos não controlados, com o consequente risco para a saúde pública".

Os recorrentes não aceitam a argumentação do acórdão, alegando em síntese, que no caso, deveria ser aplicável o regime geral, ou seja, o prazo de cinco dias, por não envolver "tanto em geral, como nas circunstâncias concretas da greve em apreço, a satisfação de uma necessidade primária que careça de imediata utilização ou aproveitamento (...)". Não poderia assim a actividade dos recorrentes integrar-se na definição doutrinária de empresas ou estabelecimentos que se destinem à satisfação de necessidades sociais impreteríveis. Em seu entender, a qualificação de uma necessidade social como impreterível, "não pode ser feita em função da maior ou menor intensidade do uso dessa necessidade em determinados períodos do ano – não estamos em função de maior necessidade social impreterível só porque no período de Natal se consome mais carne de peru ou de cabrito". Acresce que um regime de livre circulação, a paralisação do abate de gado e comercialização de pescado nacionais, não põe em causa o abastecimento público de carne e pescado oriundos dos outros países da União Europeia, de que Portugal faz parte. Não definindo a lei o que se entende por necessidades sociais impreteríveis, as mesmas devem ocorrer apenas "na medida do estritamente indispensável.

Vejamos.

Não há dúvida que o prazo de aviso prévio de 10 dias se aplica não só às actividades exemplificativamente enumeradas no art. 8.°, n.° 2, da Lei 65/77, mas ainda a todas aquelas onde o "*estabelecimento ou a empresa se destinem à satisfação de necessidades sociais impreteríveis*". A remissão do art. 5.°, n.° 2.° da mesma Lei refere-se aos casos previstos no n.° 2, e este preceito opta por enumerar exemplificativamente as empresas ou estabelecimentos destinados à satisfação de necessidades impreteríveis: "consideram-se empresas ou estabelecimentos que se destinam à satisfação de necessidades sociais impreteríveis os que se integram, nomeadamente, em alguns dos seguintes sectores (...)". Assim, a melhor interpretação da lei é que entende estarmos perante empresas ou estabelecimentos que se destinam à satisfação de necessidades impreteríveis em todos os casos enumerados e em todos aqueles que visam satisfazer necessidades sociais semelhantes, tendo em vista a finalidade da lei.

A finalidade da lei, neste caso concreto, é desde logo, a de estabelecer um regime de "serviços mínimos". O art. 8.° da citada Lei tem como epigrafe "obrigações durante a greve", e delimita os sectores de actividade em que, mesmo durante a greve, os trabalhadores, mesmo que adiram à greve, ficam obrigados "*à prestação dos serviços mínimos indispensáveis para ocorrer à satisfação daquelas necessidades*".

Contudo o alargamento do prazo do pré-aviso de greve, nos casos em que haja necessidade de serviços mínimos, justifica-se também pela ponderação que devem merecer os interesses de terceiros lesados com a greve.

É verdade que "o aviso prévio, como refere PEDRO ROMANO MARTINEZ, Direito do Trabalho, 2ª Edição, Coimbra, 2005, pag. 1152, pode constituir e muitas vezes representa uma forma de evitar a greve: através do pré-aviso, conhecendo-se as reivindicações dos trabalhadores, o empregador, na iminência da greve, pode não estar disposto a correr o risco de uma paralisação, e, nessa medida, pode aceder a certas pretensões do empregador".

Porém a razão de ser do alargamento do prazo, em sectores destinados a prover necessidades sociais impreteríveis, tem a ver com uma outra finalidade do aviso prévio, qual seja a de minimizar os danos da greve sofridos por terceiros: "*É o caso das greves nos transportes, das greves nos correios, etc. Nesses casos, o aviso prévio tem indiscutíveis vantagens, porque durante o período que medeia entre a comunicação e a greve podem encontrar-se formas alternativas para minimizar os prejuízos ocasionados à comunidade, designadamente mediante a prestação de serviços alternativos*" (autor e obra citada, pág. 1153).

Deste modo, a razão de ser da lei ao alargar o prazo do aviso prévio é, não só a de conceder um maior prazo ao empregador para reflectir sobre as reivindicações e os danos que sofre com a greve, mas ainda para minimizar, perante terceiros alheios à relação de emprego, os danos da greve.

Tendo em atenção os sectores de actividade enumerados no art. 8.°, 2 da Lei da Greve acima descritos, verificamos que, entre eles se encontram: os serviços de salubridade pública, transporte e cargas de animais.

Parece, a nosso ver de modo indiscutível, que o controle médico-veterinário do estado dos animais abatidos para consumo público, se destina a satisfazer necessidades sociais impreteríveis, pois como é notório o consumo de carne e peixe constitui a mais significativa fatia da cadeia alimentar humana. Há assim uma clara identidade das razões para considerar uma necessidade social impreterível os serviços de "salubridade pública" e "transporte de animais" (expressamente previstos) e o controle sanitário do abate de animais e estado sanitário do pescado introduzido no comércio alimentar.

Para além da analogia *funcional* (controle da qualidade dos animais (peixe e carne) usados na alimentação e a salubridade pública e transporte de animais, há ainda analogia entre as razões justificativas do alargamento do prazo. Na verdade, como os recorrentes alegam era viável, neste caso, minimizar os efeitos da greve perante terceiros através do consumo de carne e peixe oriundo de países da União Europeia. O alargamento do prazo – tendo em vista esse objectivo – é tão importante quanto à procura de alternativas, no "transporte de animais" e na defesa da "salubridade pública (actividades previstas expressamente na lei), como no controle sanitário da carne e peixe, introduzidas no mercado.

Há, assim claras razões para se considerar que a actividade médico-veterinária é uma actividade que, em grande medida, se destina a assegurar necessidades sociais impreteríveis.

Finalmente, é completamente irrelevante que alguns dos aderentes à greve, não exerçam funções concretamente ligadas à inspecção prévia dos animais destinados ao consumo. Para que seja aplicável o art. 5.°, 2, da Lei da Greve o que importa é que existam casos concretos de "estabelecimentos ou empresas", isto é locais concretos onde a greve vai suspender a relação de emprego, que satisfaçam necessidades sociais impreteríveis. Ora não há dúvida que através da greve em causa se abrangia (também) os serviços de inspecção higio-

-sanitária dos animais, carnes e produtos de pesca destinados ao consumo público, pelo que a existência de aderentes à greve com funções meramente administrativas não tem qualquer significado para o efeito. O aviso prévio não pode ser de 5 dias para uns e de 10 dias para outros; isto é, legal e ilegal ao mesmo tempo.

Do exposto resulta que o Tribunal Central Administrativo fez a melhor interpretação e aplicação da lei, improcedendo em consequência o presente recurso.

3. DECISÃO

Face ao exposto, os juízes da 1ª Secção do Supremo Tribunal Administrativo acordam em negar provimento ao recurso.

Custas pelos recorrentes fixando-se a taxa de justiça, a cada um deles, no montante de 200 €. Procuradoria: 50%.

Lisboa, 3 de Julho de 2007

São Pedro (Relator)
João Belchior
Fernanda Xavier

Recurso n.º 399/07-12

JUÍZES DOS TRIBUNAIS ADMINISTRATIVOS E FISCAIS. ANTIGUIDADE. AUDITOR DE JUSTIÇA. DIREITO DE AUDIÊNCIA. DEVER DE FUNDAMENTAÇÃO.

(Acórdão de 17 de Maio de 2007)

SUMÁRIO:

I – O exercício de funções, como juiz auxiliar, em tribunal tributário de 1ª instância não releva para a contagem da antiguidade na categoria de juiz dos tribunais administrativos e fiscais de 1ª instância.

II – Os candidatos admitidos ao concurso de recrutamento dos juízes dos tribunais administrativos e fiscais, anunciado pelo aviso n.º 4902/ /2002, publicado no DR, II Série, de 11.4.2002, e aberto nos termos do n.º 1 do artigo 7.º da Lei 13/2002, de 19 de Fevereiro, e do n.º 1 do artigo 1.º do Regulamento do Concurso para o Preenchimento de Vagas nos Tribunais Administrativos e Fiscais, mantiveram o estatuto de auditores de justiça enquanto frequentaram o curso de formação e até que foram nomeados juízes de direito em regime de estágio.

III – Nos termos do artigo 72.º, n.º 1 do Estatuto dos Magistrados Judiciais, a publicação desta nomeação marca o termo inicial da contagem da antiguidade destes juízes na categoria de juízes dos tribunais administrativos e fiscais de 1ª instância.

IV – O direito de audiência, regulado no artigo 100.º do Código do Procedimento Administrativo é aplicável aos procedimentos especiais, por força do n.º 6 do artigo 2.º do mesmo Código.

V – Conforme estabelece aquele artigo 100.º, o dever de audiência deve ser cumprido antes da prática do acto administrativo e não é afastado pela possibilidade, que a lei eventualmente confira ao interessado, de exprimir, por via de reclamação, discordância com decisão já tomada.

VI – A exigência de fundamentação dos actos administrativos, a que respeitam os artigos 124.º e seguintes do Código do Procedimento Administrativo, contempla a dupla finalidade, visada pela lei e pela própria Constituição da República (art. 268.º, n.º 3), de acautelar, por banda da Administração, a adequada reflexão na decisão a proferir e, por parte do administrado, uma opção esclarecida entre a aceitação e a eventual impugnação de uma tal decisão.

VII – Só é válida a fundamentação contextual ou seja, a que se integra no próprio acto ou que dele é contemporânea.

ACORDAM, NA SECÇÃO DO CONTENCIOSO ADMINISTRATIVO, DO SUPREMO TRIBUNAL ADMINISTRATIVO:

RELATÓRIO

1. Luís Cândido de Carvalho Monterroso Miguéis Garcia, juiz de direito, melhor identificado nos autos, veio intentar acção administrativa especial contra o Conselho Superior dos Tribunais Administrativos e Fiscais (CSTAF), pedindo a anulação da deliberação, de 31.12.03, que aprovou a lista de antiguidade dos juízes dos tribunais administrativos e fiscais de 1ª instância, reportada a 31.12.03.

Indicou como contra-interessados:

– Mário Manuel Feliciano Rebelo,
– Jorge Alexandre Trindade Cardoso Cortês,
– Marta Cação Rodrigues Cavaleira,
– Helena Maria Mesquita Ribeiro,
– Maria da Conceição de Magalhães Santos Silvestre,
– Esperança da Conceição Pereira Mealha,
– Catarina Alexandra Amaral Azevedo de Almeida e Sousa,
– Ana Celeste Catarilhas da Silva Evans de Carvalho,
– Ricardo Jorge Pinho Mourinho de Oliveira e Sousa,
– Dora Sofia Lucas Neto Gomes Moura Cardoso,
– Ana Carla Teles Duarte Palma,
– António Mello Gomes Passos Leite,
– Pedro José Marchão Marques,
– Maria Helena Barbosa Ferreira Canelas,
– Sofia Ilda Moura de Mesquita da Cruz David,
– Nuno Maria e Sousa Coutinho,
– Beatriz Alexandra Gomes da Cruz,
– Alexandra da Felicidade Machado Coelho Martins,
– Ana Cristina Gomes Marques Goinhas Patrocínio,
– Maria Helena Pinto da Costa Ferreira,
– Deolinda Maria Manilha Oliveira,
– Maria Alexandra Alendouro Ribeiro,
– Luísa Maria Balinha Soares,
– Maria Clara Alves Ambrósio,

– Paula Cristina Oliveira Lopes,
– Carla Sofia Pereira Portela,
– Anabela Piloto Araújo,
– Cláudia Sofia Martins Henriques de Almeida,
– Helena Maria Telo Afonso,
– José Manuel Vieira Conde Rodrigues,
– Fernanda de Fátima Esteves,
– Guida Maria Coelho Jorge,
– Maria Cristina Flora Santos Miguel Tainha,
– Fernando Augusto Martins Duarte,
– Bárbara de Aguiar Tavares Teles Themudo Santos,
– Pedro Augusto Carrilho da Silva Bento,
– Maria Cremilde Abreu Pinheiro Miranda Alves de Almeida,
– Isabel Maria Sardinha de Sousa Patrício,
– Ana Cristina de Sá Lameira Veigas Cordeiro,
– Ana Paula Rodrigues Coelho dos Santos,
– Cristina Alexandra Paulo Coelho da Silva,
– Paulo Eduardo Ferreira de Magalhães,
– Maria do Rosário Meneses da Silva Pais,
– Cristina Paula Travassos de Almeida de Jesus Bento Duarte,
– Margarida Maria da Costa Reis Canada de Abreu,
– Paulo Jorge Duarte Gomes,
– Jorge Martins Pelicano,
– José Adelino Cardoso Ferreira Gapo,
– Aurora Emília da Costa Patrício Bracons Ferreira,
– Celestina Maria Galamba Caeiro Castanheira,
– Ana Cristina Gomes de Carvalho,
– Isabel Jovita Macedo Portela Costa,
– Joaquim Pereira do Cruzeiro,
– Alda Maria Alves Nunes,
– António Augusto Cabral Ziegler Patkoczy,
– Lina Maria da Fonseca Costa,
– Frederico Manuel de Frias Macedo Branco,
– Ana Maria Marques Florido Pinhel,
– Isabel Maria Vaz Martins Fernandes Gomes Ferreira,
– Paula Cristina de Carvalho Mestre,
– Maria Joana de Meneses e Lorena de Séves,
– Paulo Manuel Santos Alhinho,
– Hélder Frazão da Costa Vieira Bonito,
– Maria Celeste Gomes Oliveira,
– Marcelo da Silva Mendonça,
– Maria Helena Paulino Costa Moirinho Filipe,
– Carlos Alexandre Morais de Castro Fernandes,
– Paula Maria Dias de Moura Teixeira,
– Hélia Maria Correia Gameiro Silva,
– Ana Cristina Chinita Rodrigues e Lança Casimiro,
– Aurora Celeste Sampaio Alves Veiga,
– Maria Teresa Caiado Fernandes Correia,
– Maria Manuela Vieira Dias Lopes,
– Mário José Feliciano e Silva,
– Maria da Conceição Pereira Soares,
– Paulo Augusto Cardoso de Moura,
– Miguel Nuno da Cerveira Pinto Nadais de Vasconcelos,
– Manuel Escudeiro dos Santos,
– Susana Maria Reis Moniz Barreto,
– Quintino Lopes Ferreira,
– José Vital Brito Lopes,
– Maria de Lurdes Delfino Toscano,
– Bernardo José Correia Afonso,
– Maria da Luz de Jesus Cardoso Rodrigues de Gouveia,
– Victor Adelino Pires Domingues,
– Paulo Heliodoro Pereira Gouveia,
– Brígida Carreira de Sousa e Silva,
– Irene Isabel Gomes das Neves,
– Nuno Filipe Morgado Teixeira Bastos,
– Maria do Céu Dias Rosa das Neves,
– Benjamim Magalhães Barbosa,
– Anabela Esteves Alves Russo,

Alegou, em síntese conclusiva, que a deliberação impugnada é ilegal, porquanto:

– não foi precedida de audiência dos interessados recorrente, violando os artigos 100.º e segts do Código de Procedimento Administrativo (CPA) e 268.º, n.º 1, da Constituição da República Portuguesa;

– não se encontra fundamentada, violando os artigos 123.º a 126.º do CPA;

– não considerou o tempo prestado pelo recorrente como auxiliar, violando os arts 72.º e 76.º do Estatuto dos Magistrados Judicias (EMJ), aprovado pelo DL 129/84, de 27.4, e 92, n.º 2, do DL 100/99, de 31.3;

– atribuiu precedência, relativamente ao recorrente, a juízes de direito, que, tendo anteriormente a categoria de auditores de justiça, foram nomeados, naquela categoria, na mesma data ou em data posterior à do recorrente, violando os arts. 7.º, n.º 2, da Lei 13/02, de 19.2, 18 e 21 do Regulamento anexo à Portaria 386/02, de 11.4, e 6, da Lei 4-A/03, de 19.2;

– o estabelecimento de tal precedência violou os princípios constitucionais da justiça, igualdade e proporcionalidade, pois que o recorrente foi considerado apto no mesmo concurso a que se candidataram aqueles juízes, partilhando o respectivo percurso até ao momento em que desistiu de subsequente curso de formação e estágio, por virtude da nomeação, em 14.2.00, como juiz auxiliar no extinto Tribunal Tributário de 1ª Instância de Lisboa.

Na contestação, o Réu CSTAF sustentou que são improcedentes todos os vícios assacados à deliberação impugnada. Defende, em síntese, que:

– a deliberação impugnada foi tomada, sem precedência de instrução, em procedimento especial que não prevê audiência de interessados;

– estando prevista, nesse procedimento, a reclamação da lista de antiguidades aprovada, a realização de audiência prévia dos interessados corresponderia a uma duplicação dos mecanismos ao dispor dos interessados para expressão da sua discordância face à respectiva graduação naquela lista de antiguidades;

– não deverá anular-se o acto impugnado, com fundamento no princípio do aproveitamento dos actos administrativos, por ter sido praticado no exercício de poder estritamente vinculado e não ter alternativa juridicamente válida;

– a deliberação impugnada indica as razões de facto e de direito em que se baseou e foi complementada pela deliberação do Conselho, de 18.10.04, onde se explicitam os critérios que presidiram à graduação espelhada na lista aprovada;

– esta foi elaborada tendo em conta a antiguidade na categoria, para efeitos da qual não pode ser contabilizado o tempo de serviço prestado como juiz auxiliar, por nao ser precedida de concurso a nomeação nesta última qualidade;

– a consideração, na antiguidade na categoria de juiz de direito, do tempo de serviço como auditores de justiça dos juízes recrutados ao abrigo do art. 7.º da Lei 13/2002, de 19.2, é imposta por razões de justiça e igualdade, uma vez que existe permeabilidade entre magistraturas e o Conselho Superior da Magistratura fixa, para todos os magistrados, como termo inicial de contagem da antiguidade, a data da publicação da designação como auditor de justiça. Sendo que o próprio Autor beneficiou da contagem do tempo de serviço como auditor de justiça, estando, por isso, em condições de prever que ficaria graduado após os juízes aprovados no concurso, que abandonou, para ser nomeado, em comissão permanente de serviço, juiz do 1.° juízo-1ª secção do Tribunal Tributário de 1ª Instância de Lisboa.

Apesar de devidamente citados, nenhum dos contra-interessados apresentou contestação.

O Autor respondeu (fls. 265, ss.) à contestação apresentada pelo Réu CSTAF, concluindo, como na petição inicial, pela procedência dos vícios nesta imputados à deliberação impugnada.

Não existindo matéria de facto controvertida, foram o Autor e o Réu notificados, nos termos do art. 91.°, n.° 4 do CPTA, não tendo qualquer deles, porém, apresentado alegação.

Colhidos os vistos legais, cumpre decidir.

FUNDAMENTAÇÃO
OS FACTOS

2. Com relevo para a decisão a proferir, apura-se a seguinte **matéria de facto**:

a) Por deliberação (n.° 1132/2000) do CSTAF, de 14.2.2000, publicada no DR, II Série, de 14.9.2000, o Autor foi nomeado, em comissão de serviço, juiz auxiliar no Tribunal Tributário de 1ª Instância de Santarém;

b) Por deliberação do CSTAF, de 22.11.99, publicada no DR, II Série, de 19.9.2000, foi nomeado o juiz de direito Paulo Heliodoro Pereira Gouveia foi nomeado, em comissão permanente de serviço, juiz do Tribunal Administrativo de Circulo e do Tribunal Tributário de 1ª Instância agregados do Funchal;

c) Por deliberação do CSTAF, de 19.3.01, publicada no DR, II Série, de 14.9.01, a juiz de direito Brígida Carreira de Sousa e Silva foi nomeada, em comissão permanente de serviço, juiz do Tribunal Administrativo de Circulo de Lisboa;

d) Por deliberações do CSTAF, de 25.2.02, de 13.5.02, de 3.6.02 e de 22.4.02, publicadas no DR, II Série, de 26.9.02, os juízes de direito Irene Isabel Gomes das Neves, Nuno Filipe Morgado Teixeira Bastos, Maria do Céu Dias Rosa das Neves e Benjamim Magalhães Barbosa foram nomeados, em comissão permanente de serviço e com efeitos a partir de 15 de Setembro de 2002, respectivamente, juiz do Tribunal Administrativo do Circulo do Porto, juiz do Tribunal Tributário de 1ª Instância de Aveiro, juiz do Tribunal Administrativo do Circulo de Coimbra e juiz do Tribunal Administrativo do Circulo de Lisboa;

e) Por despacho do Presidente do CSTAF, de 18.7.02, ratificado por deliberação do mesmo CSTAF, de 7.10.02, publicada no DR, II Série, de 3.1.03, a juiz de direito Anabela Ferreira Alves e Russo foi nomeada juiz do tribunal Administrativo do Circulo de Lisboa;

f) Por aviso (n.° 4902/2002), publicado no DR, II Série, de 11.4.2002, foi declarado aberto, nos termos do n.° 1 do artigo 7.° da Lei 13/2002, de 19 de Fevereiro, e do n.° 1 do artigo 1.° do regulamento do Concurso para o Preenchimento de Vagas nos Tribunais Administrativos e Fiscais, aprovado pela Portaria 386/2002, de 11 de Abril, concurso de ingresso em curso de formação e estágio com vista ao preenchimento de 93 vagas de juízes nos tribunais administrativos de círculo e nos tribunais tributários;

g) O Autor candidatou-se e foi admitido a este concurso, tendo concluído a correspondente primeira fase, com realização de prova escrita, avaliação curricular e entrevista, conforme o estabelecido no indicado Regulamento;

h) Em 7.10.2002, o Autor apresentou candidatura ao concurso para provimento de lugar de juiz do 1.° Juízo, 1ª e 2ª Secção, do Tribunal Tributário de 1ª Instância de Lisboa, aberto por aviso (n.° 10003/2002), publicado no DR, II Série, n.° 222, de 25.9.02;

i) Neste concurso, o Autor foi graduado em 2.° lugar, após o candidato Mário Manuel Feliciano Rebelo, graduado em 1.° lugar – cf. doc. n.° 4, junto a fls. 235 e segts., dos autos;

j) Por deliberação do CSTAF, de 4.11.2002, foi homologada a lista de classificação final e graduação dos candidatos, relativamente à primeira fase do concurso referido supra em *b*), figurando o recorrente em 76.° lugar – cfr. docs. n.° 7 e 8, de fls. 248 e segts., dos autos;

k) Por deliberações do CSTAF, de 2.12.2002, publicadas no DR, II Série, n.° 26, de 31.1.2003, e na sequência da graduação referida em *i*), o Autor e o referido Mário Manuel Feliciano Rebelo, foram nomeados, em comissão permanente de serviço, respectivamente, juiz do 1.° Juízo, 2ª Secção, e juiz do 1.° Juízo, 1ª secção, do Tribunal Tributário de 1ª Instância de Lisboa – cf. docs. n.° 4 e 5, juntos a fls. 235, segts., dos autos;

l) Por deliberação do CSTAF, de 22.9.2003, publicada no DR, n.° 229, II Série, de 3.10.2003, foram nomeados juízes de direito, em regime de estágio, com efeitos a partir de 1 de Julho de 2003, e colocados em diferentes tribunais de estágio, 84 dos candidatos graduados a final da primeira fase do concurso referido supra em *f*) e que haviam frequentado, na qualidade de auditores de justiça, a segunda fase (curso de formação e graduação final) do mesmo concurso;

m) Em 31.5.04, o CSTAF tomou a deliberação, cuja cópia corresponde a fls. 14, dos autos, com o seguinte teor:

Deliberam no Conselho Superior dos Tribunais Administrativos e Fiscais:

Nos termos do artigo 38.° do Regulamento do Conselho, o Senhor Secretário do Supremo Tribunal Administrativo apresentou as listas de antiguidade dos juízes de cada quadro dos tribunais administrativos e fiscais, reportadas a 31 de Dezembro de 2003.

Após apreciação, o Conselho delibera:

a) aprovar as listas apresentadas, que ficam a fazer parte integrante desta deliberação;

b) ordenar a remessa de cópia das mesmas ao Ministério da Justiça, para publicação no respectivo Boletim ou em separata deste.

Lisboa, 31 de Maio de 2004.

n) Na lista anexa a esta deliberação, constante de fls. 15 e segts., dos autos, respeitante aos juízes dos tribunais administrativos e fiscais de 1ª instância, e cujo teor integral se dá aqui por reproduzido, constam, além do mais, os seguintes *números de ordem*:

...

38. PAULO HELIODORO PEREIRA GOUVEIA
39. BRÍGIDA CARREIRA DE SOUSA E SILVA

...

41. IRENE ISABEL GOMES DAS NEVES
42. NUNO FILIPE MORGADO TEIXEIRA BASTOS
43. MARIA DO CÉU DIAS ROSA DAS NEVES
44. BENJAMIM MAGALHÃES BARBOSA
45. ANABELA FERREIRA ALVES E RUSSO
...
130. MÁRIO MANUEL FELICIANO REBELO
131. LUÍS CÂNDIDO DE CARVALHO MONTERROSO MIGUÉIS
...

o) Nessa mesma lista de antiguidades, anexa à indicada deliberação de 31.5.04, figuram, em correspondência com os números de ordem 46 a 129, os nomes dos 84 juízes estagiários indicados supra em *i*);

p) Por deliberação do CSTAF, 5.1.04, publicada no DR, n.º 14, de 17.1.04, rectificada pela deliberação de 16.2.2004, publicada no DR, II Série, n.º 55, de 5.3.04, o Autor foi nomeado, com efeitos reportados a 1.1.04, juiz administrativo do Tribunal Administrativo e Fiscal de Castelo Branco;

q) Em 18.10.2004, o CSTAF tomou deliberação com o seguinte teor:

Deliberam no Conselho Superior dos Tribunais Administrativos e Fiscais:

Na sessão de 31 de Maio de 2004, o Conselho aprovou as listas de antiguidade dos juízes de cada quadro dos tribunais administrativos e fiscais, reportadas a 31 de Dezembro de 2003, e ordenou a respectiva publicação no Boletim do Ministério da Justiça ou em separata deste.

Entretanto, apresentaram exposições/reclamações sobre a lista de antiguidades a Dra. Maria Isabel Sousa Ribeiro Silva, a Dra. Ana Paula da Fonseca Lobo, o Dr. Luís Cândido de Carvalho Monterroso Miguéis Garcia, o Dr. Joaquim Charneca Condesso, a Dra. Paula Fernanda Cadilhe Ribeiro, o Dr. Nuno Filipe Morgado Teixeira Bastos, o Dr. Mário Manuel Feliciano Rebelo e Dr. Pedro Nuno Pinto Vergueiro.

Sem entrar na apreciação das reclamações apresentadas – cujo prazo, aliás, só se iniciará com o anúncio em Diário da República da data de distribuição do Boletim do Ministério da Justiça ou separata deste onde se encontrem publicadas as listas de antiguidade (cfr. artigo 77.º do EMJ *ex vi* do artigo 57.º do ETAF) –, desde já se esclarece que subjacente à elaboração das listas de antiguidade aprovadas naquela sessão esteve – tal como ocorrera em anos anteriores – a consideração de que uma coisa é a antiguidade na categoria, que se conta desde a data da publicação em Diário da República do provimento como juiz efectivo (em comissão permanente de serviço ou a título definitivo), e outra a antiguidade na jurisdição, em que se conta todo o tempo de serviço prestado na jurisdição administrativa e fiscal, quer como efectivo quer como auxiliar.

Mais se esclarece que as listas em causa foram elaboradas atendendo à antiguidade na categoria.

Notifique-se todos os interessados com a advertência de que, se nada disserem no prazo de cinco dias, entender-se-á que, face ao ora deliberado, deixaram de ter interesse no pedido anteriormente formulado.

Lisboa, 18 de Outubro de 2004.

O DIREITO

3. A deliberação impugnada aprovou a lista de antiguidades relativa aos juízes dos tribunais administrativos e fiscais de 1ª instância, na qual o Autor figura em 131.º lugar.

O Autor pede a anulação de tal lista de antiguidades, defendendo que, para além de vícios de forma, por não ter sido precedida de audiência dos interessados e não conter a fundamentação legalmente exigida, a mesma deliberação padece de vícios de violação de lei, pois que a lista aprovada não considerou o tempo de serviço que prestou como juiz auxiliar, desrespeitando o disposto nos arts 72.º e 76.º, n.º 2 do EM, e atribuiu precedência, relativamente ao mesmo Autor, a juízes de direito recrutados ao abrigo do disposto no art. 7.º, n.º 2 da Lei 13//2002, de 19.2, contabilizando como tempo de serviço, nessa categoria, o tempo em que se mantiveram como auditores de justiça, em infracção ao disposto no art. 18.º e 21.º do Regulamento aprovado pela Porte. 386//2002, de 20.3.

3.1. Começaremos por apreciar da invocada existência dos invocados vícios de violação de lei, o primeiro dos quais decorreria, segundo o Autor, da não consideração como tempo de serviço na categoria, do que prestou enquanto juiz auxiliar no Tribunal Tributário de Santarém. O que, segundo defende, implica violação do estabelecido nos arts. 72.º e 76.º, n.º 2 do EMJ, aplicáveis *ex vi* art. 57.º do actual Estatuto dos Tribunais Administrativos e Fiscais (ETAF).

Dispõe o primeiro desses preceitos legais que «*1. A antiguidade dos magistrados na categoria conta-se desde a data da publicação do provimento no Diário da República*».

Por seu turno, estabelece o indicado art. 76.º que «*2. Os magistrados judiciais são graduados em cada categoria de acordo como tempo de serviço, mencionando-se, a respeito de cada um, a data de nascimento, o cargo ou função que desempenha, a data da colocação e comarca da naturalidade*».

O Autor, por deliberação publicada no DR, de 14.9.2000, foi nomeado, em comissão de serviço, juiz auxiliar no Tribunal Tributário de Santarém. Vindo a ser nomeado, por deliberação publicada no DR, de 31.1.03, em comissão permanente de serviço, juiz do 1.º Juízo, 1ª secção, do Tribunal Tributário de 1ª Instância de Lisboa – vd. alíneas ***a***) e ***k***), da **matéria de facto**.

E pretende que, para efeitos da ordenação da questionada lista de antiguidades dos tribunais administrativos e fiscais de 1ª instância, seja contado o tempo de serviço que prestou, naquela qualidade de auxiliar, invocando a identidade de funções então exercidas, relativamente às que continuou a exercer, após a respectiva nomeação em comissão permanente de serviço.

Ou seja: o A. defende uma interpretação do citado art. 72.º, segundo a qual o 'provimento' a que alude esse preceito abrangeria não só a colocação em lugar do quadro mas também a nomeação como auxiliar.

Não é aceitável esse entendimento.

Como bem se ponderou no acórdão do Pleno, de 9.1.90 (R.º 27824)[1], em termos que têm aqui pleno cabimento,

...

[1] No mesmo sentido, os acórdãos, igualmente do Pleno, de 9.1.90 (R.º 27822) e de 6.6.02 (R.º 44764).

No art. 96.°, n.° 1, do ETAF dispõe-se:

«Os juízes dos tribunais administrativos e fiscais oriundos da magistratura judicial e do Ministério Público ou da função pública podem ser providos a título definitivo ou exercer o cargo em comissão permanente de serviço».

Do que resulta que na transcrita disposição normativa se iguala a «comissão permanente de serviço» a «provimento definitivo», o que, por sua vez, pressupõe que só poderão ser nomeados em «comissão permanente de serviço» os juízes que puderem ser nomeados a «título definitivo», salvo a manutenção de ligação ao seu quadro de origem: da magistratura judicial, do Ministério Público ou da função pública.

Mas como é apodíctico, só há possibilidade de provimento a título definitivo no caso de existência de vagas no quadro do respectivo tribunal administrativo ou fiscal; portanto, face à igualação atrás referida, a nomeação em «comissão permanente de serviço», nos termos do artigo 96.°, n.° 1, do ETAF, só é possível quando haja vaga no tribunal considerado».

E, após referenciar o disposto no art. 106.° do ETAF, onde se estabelece que «são fixados em diploma complementar os quadros: (...) c) dos juízes dos tribunais tributários de 1ª instância», prossegue o mesmo o mesmo acórdão:

«Ora, e em conformidade com o exposto, só aquelas vagas é que podem ser providas a título definitivo ou em comissão permanente de serviço, de harmonia com o disposto no artigo 96.°, n.° 1, do ETAF.

E só os juízes nomeados nos termos desta disposição legal é que são «juízes dos tribunais administrativos» considerados, justamente porque constituem o conjunto dos titulares do quadro desses tribunais.

4.2.3. Mas, como é notório, por várias razões, desde estruturais até conjunturais, o serviço em certo tribunal ou tipo de tribunal, em dado momento, pode encontrar-se atrasado, acumulado, a ponto de não haver possibilidade de, como os juízes do quadro, dar resposta satisfatória às questões suscitadas nos processos distribuídos no tribunal ou tribunais em causa, em tempo útil, com as consequências perversas daí decorrentes, quer a nível dos utentes interessados quer a nível do prestígio dos tribunais e da própria justiça.

Prevenindo situações destas, a lei prevê a existência de juízes auxiliares.

Assim, no artigo 108.° do ETAF dispõe-se:

«Podem ser nomeados juízes auxiliares:

a) Em comissão de serviço, os que reúnam os requisitos gerais e especiais exigidos para o concurso;

b) ...

Ora, ... deve evidenciar-se que a «comissão de serviço» prevista naquela alínea *a*) nada tem a ver com a «comissão permanente de serviço» a que se refere o artigo 96.° do ETAF, que, como se demonstrou, pressupõe a existência de vaga no quadro do tribunal considerado e permanência no exercício do cargo, naquela, simples comissão de serviço, por sua própria origem e natureza, pressupõe-se exactamente a não existência de vaga no quadro dos juízes, do tribunal considerado, ou o não preenchimento dessa vaga por qualquer razão, v. g., da morosidade do concurso para seu preenchimento e tem duração limitada, no tempo, precisamente por se destinar a responder a situação de serviço, por definição, pontual e transitória.

...

Assim, o decurso do prazo faz cessar a comissão de serviço.

Deste modo, e na perspectiva que vimos seguindo, os juízes auxiliares não são juízes do tribunal onde exercem funções, por não fazerem parte do respectivo quadro, e, portanto, não é o recorrente, como o não são os restantes em situação idêntica, no sentido referido, juiz do Tribunal Administrativo do Circulo de Lisboa e os outros daquele ou de outro tribunal administrativo de circulo onde exercem, embora ali preste serviço, em comissão de serviço temporária por um ano, por aplicação do disposto no artigo 85.° do Estatuto dos Magistrados Judiciais, aliás, e como se viu expressamente invocado nas duas últimas deliberações do CSTAF, que renovaram a «comissão de serviço» para que inicialmente fora nomeado e que agora não estão em causa, por não constituírem objecto do presente recurso.

Aliás, e contrariamente ao afirmado pelo recorrente, dos artigos 53.°, 54.°, 55.°, 56.°, alínea *d*), 57.° e 58.° do estatuto dos Magistrados Judiciais não se pode concluir que os juízes auxiliares sejam juízes do tribunal onde exercem funções, nomeadamente dos tribunais administrativos de círculo.

É que as próprias comissões ordinárias de serviço [e nesta categoria se incluem as de natureza judicial, uma das quais é a de «juiz em tribunal não judicial» – artigos 55.° e 56.°, alínea *d*), da Lei 21/85, de 30 de Julho], estão sujeitas a prazo que, salvo disposição especial, é de três anos. O que reforça a afirmação que, não sendo essas comissões de serviço de carácter permanente, delas não resulta que se devam considerar esses juízes como integrados nos quadros do tribunal onde servem, designadamente nos tribunais administrativos de círculo, pois essa integração pressupõe a existência de vaga no quadro. E não existindo, comum por definição naquela situação de juízes auxiliares não existe, vaga em aberto ou ocupável no quadro dos juízes dos juízes do respectivo tribunal, essa integração é legalmente impossível.

Em síntese: os juízes auxiliares não são juízes do tribunal onde exercem, mas tão só juízes no tribunal onde exercem.

...

Assim, o Autor, enquanto exerceu funções, como auxiliar, no Tribunal Tributário de 1ª Instância de Santarém, não era juiz desse tribunal. Daí que não deva contar-se o tempo correspondente a esse exercício funcional, para efeitos de antiguidade na categoria de juiz dos tribunais administrativos e fiscais de 1ª instância.

Para este efeito, apenas conta o tempo de serviço prestado após a integração do mesmo Autor no quadro de um destes tribunais. O que sucedeu, em 2.12.02, com a respectiva nomeação, em comissão permanente de serviço, como juiz do Tribunal Tributário de Lisboa – vd. alínea **k)**, da **matéria de facto**.

Como bem pondera o acórdão do Pleno, de 16.12.04, proferido no R.° 1467/02,

...

Não faria sentido contar o tempo de serviço na categoria, mas fora do quadro a que se reporta a contagem, quando as listas se destinam a estabelecer precedências dentro de um determinado quadro ao qual aqueles que prestam serviço como auxiliar ou além do quadro não pertenciam. Assim como não faria sentido contar o tempo de serviço anterior ao ingresso no quadro para efeito de os entrados posteriormente ultrapassarem os que já tinham tempo anterior no quadro a que se reportam as listas de antiguidade. Ou seja as listas de antiguidade só fazem sentido em relação a um quadro e ao seu preenchimento e não em relação a serviço prestado numa categoria igual mas fora do quadro, porque se assim fosse ficaria desvirtuado o sentido de precedência que lhes está associado.

Precedência que em contexto diferente a alínea *b*) do artigo 75.° do EMJ expressa deste modo: "Nas promoções e nomeações por concurso à antiguidade é determinada pela ordem de acesso".

...

A graduação na categoria por tempo de serviço a que se refere o artigo 76.° EMJ (L 21/85, na redacção da L 143/99, de 31 de Agosto) é pois o tempo de serviço prestado na categoria e no quadro a que respeita a ordenação e não o tempo de serviço na categoria em situação fora do quadro, mesmo quando o interessado passou posteriormente a integrar o quadro.

Este STA tem por diversas vezes vincado esta ideia central de que a antiguidade a ter em conta nas listas respectivas é referida aos lugares do quadro, como p. ex. os Ac. de 1984.03.22, P. 017671 e do Pleno de 1977.01.27, P.009079. O sumário deste último refere que "As listas a que se refere o DL 348/70, de 27/7, reportam apenas a antiguidade na categoria ou classe no quadro de cada Direcção Geral ou organismo equiparado, salvo quando a lei disponha de forma diversa". E "A expressão (...) dos respectivos quadros (...) inserida no n.° 1 daquele diploma não significa que, para efeitos de antiguidade, deva contar-se o tempo de serviço prestado em quadro diferente".

Assim sendo, não assiste razão ao Autor, quando contesta a precedência dada, na questionada lista de antiguidades, aos juízes nela colocada em 38.°, 39.°, 41.° a 44.° e 45.°. Pois que, em qualquer caso, foram nomeados, em comissão permanente de serviço, juízes dos tribunais administrativos e fiscais em data anterior aquela em que ocorreu idêntica nomeação do próprio Autor – cfr. alíneas **b)**, **c)**, **d)**, **e)** e **k)**, da **matéria de facto**.

E também não tem razão o Autor, ao contestar a respectiva colocação, na mesma lista de antiguidades, à direita do contra-interessado Mário Manuel Feliciano Rebelo. Uma vez que tal se mostra em conformidade com o critério estabelecido no art. 75.°[2] do citado EMJ, dada a melhor graduação deste no concurso para juiz do Tribunal Tributário de 1ª Instância de Lisboa, a que ambos concorreram e na sequência do qual ambos foram colocados, na mesma data, em comissão permanente de serviço – vd. **h)**, **i)** e **k)**, da **matéria de facto**.

3.2. Vejamos, agora, da alegação do Autor, no sentido de que deveria ter sido graduado com precedência sobre os juízes recrutados ao abrigo do art. 7.° da Lei 13/2002, de 19.2.

[2] Artigo 75.° **(Contagem de antiguidade)**
Quando vários magistrados forem nomeados ou promovidos por despacho publicado na mesma data observa-se o seguinte:
a) ...
b) Nas promoções e nomeações por concurso, a antiguidade é determinada pela ordem de acesso;
c) ...

Conforme a matéria de facto provada, estes juízes ocupam, na lista de antiguidades em causa, os lugares 46.° a 129.°, à frente, pois, do Autor, que ocupa o 131.° lugar.

O que, como reconhece o Réu, na respectiva contestação (n.° 51), resulta de ter sido considerada, para efeitos de início de contagem de antiguidade desses mesmos juízes, na categoria e na jurisdição administrativa, a data de 7.1.03, em que se iniciou, no Centro de Estudos Judiciários (CEJ), o curso de formação e graduação final, previsto no art. 1.°, n.° 4, do Regulamento aprovado pela Port. 386/2002, de 11.4.

Para o Autor, tal constitui violação do disposto nos arts. 7, da referida Lei 13/2002, bem como das disposições dos arts. 18.° e 21.°, do também referido Regulamento do concurso, mediante o qual foram recrutados tais juízes de direito.

E, a este propósito, assiste razão ao Autor, como se verá.

Estabelece a indicada Lei 13/2002, na redacção que lhe foi dada pela Lei 4-A/2003, de 19 de Fevereiro:

Artigo 7.°
Disposição transitória relativa ao recrutamento e formação de juízes

1 – ...

2 – A admissão a concurso depende de graduação baseada na ponderação global dos factores enunciados no artigo 61.° do Estatuto aprovado pela presente lei e os candidatos admitidos frequentam um curso de formação teórica de três meses, organizado pelo Centro de Estudos Judiciários.

3 – Os candidatos admitidos ao concurso têm durante a frequência do curso de formação teórica referido no número anterior, o mesmo estatuto remuneratório e os mesmos direitos, deveres e incompatibilidades dos restantes auditores de justiça do Centro de Estudos Judiciários e, no caso de serem funcionários públicos ou de empresas públicas, podem frequentar o curso em regime de requisição ou optar por auferir a remuneração base relativa à categoria de origem, retomando os respectivos cargos ou funções sem perda de antiguidade em caso de exclusão ou de desistência justificada.

4 – A frequência do curso de formação teórica por magistrados judiciais e do Ministério Público e o seu eventual provimento em comissão de serviço na jurisdição administrativa e fiscal dependem de autorização, nos termos estatutários.

5 – No termo do curso previsto no n.° 2, os candidatos são avaliados em função do seu mérito absoluto e qualificados como aptos ou não aptos, para o efeito de serem admitidos à fase seguinte, que é constituída por um estágio de seis meses, precedido de um curso especial de formação teórico-prática de âmbito geral, organizado pelo Centro de Estudos Judiciários, com a duração máxima de três meses e incidência predominantemente sobre matérias de deontologia e direito processual civil.

6 – O Centro de Estudos Judiciários, no termo do curso especial previsto no número anterior, procede a uma graduação que releva para o efeito da selecção dos tribunais de estágio.

7 – O montante da bolsa atribuída aos auditores durante a frequência do curso especial previsto no n.° 5 corresponde ao índice 100 da escala indiciária dos magistrados judiciais.

8 – O Governo adoptará os procedimentos necessários ao desenvolvimento regulamentar do regime estabelecido no presente artigo.

9 – ...

Importa, ainda, considerar o disposto nos arts 6.° e 7.°, da mencionada Lei n.° 4-A/2003:

Artigo 6.°

Salvaguarda de direitos adquiridos

As alterações introduzidas no artigo 7.° da Lei n.° 13/ /2003, de 19 de Fevereiro, não prejudicam a aquisição, pelos auditores de justiça, no termo do curso a que se refere o n.° 2 do mesmo artigo, do direito de ingressar na jurisdição administrativa e especial.

Artigo 7.°

Entrada em vigor

1 – A presente lei entra em vigor no dia seguinte ao da sua publicação, sendo as novas disposições introduzidas no artigo 7.° da Lei n.° 13/2003, de 19 de Fevereiro, imediatamente aplicáveis ao concurso aberto pelo aviso n.° 4902/2002, de 11 de Abril.

2 – ...

Por seu turno, o já citado Regulamento do Concurso de Recrutamento Para o Preenchimento de Vagas nos Tribunais Administrativos e Fiscais, aprovado, conforme previsão do n.° 8 da Lei 13/2002, pela também já referida Port. 386/2002, de 11 de Abril, depois de disciplinar, na respectiva *Secção III*, a segunda das fases do concurso, correspondente ao *curso de formação e graduação final* (vd. art. 1, n.° 4[3]), estabelece:

Artigo 18.°

Estágio

1 – Os auditores de justiça graduados nos termos do disposto na secção anterior são nomeados juízes de direito em regime de estágio pelo CSTAF, conservando o estatuto de auditores de justiça enquanto não forem nomeados.

2 – Os candidatos graduados que já possuam o estatuto de magistrados são colocados em regime de interinidade durante o período de duração do estágio, após o que são colocados, em situação de paridade com os demais participantes no concurso, segundo o critério de preferência estabelecido no n.° 2 do artigo anterior.

E, nas disposições finais, estabelece, ainda, o mesmo Regulamento:

Artigo 21.°

Estatuto dos candidatos durante o curso e estágio

Os candidatos admitidos ao curso de formação têm, durante a frequência do mesmo, bem como durante o período de estágio, igual estatuto remuneratório e iguais direitos deveres e incompatibilidades que os restantes auditores de justiça do CEJ e, no caso de serem funcionários ou agentes do Estado, de institutos públicos ou de empresas públicas, podem frequentar o curso em regime de requisição ou comissão extraordinária de serviço, nos termos da lei geral, e optar por auferir a remuneração base relativa à categoria de origem, retomando os respectivos cargos ou funções sem perda de antiguidade em caso de exclusão ou desistência justificada.

Decorre, claramente, de tal regime legal, designadamente, dos transcritos arts. 7.°, n.° 3, da Lei 13/2003, e 18 e 21, do Regulamento do concurso de recrutamento dos juízes graduados nos lugares 46 a 129 da lista em causa, que estes mantiveram o estatuto de auditores de justiça enquanto frequentaram o curso de formação e até que foram nomeados juízes de direito em regime de estágio.

Esta conclusão é reforçada pelo disposto no art. 6.° da Lei 4-A/2003, que expressamente refere a aquisição, pelos auditores de justiça, do direito de ingressar na jurisdição administrativa e fiscal «*no termo*» desse curso de formação e graduação final[4].

Tal ingresso na jurisdição administrativa e fiscal só ocorreu, pois, com a nomeação como juízes de direito em regime de estágio, nos termos do art. 18.°, n.° 1 do citado Regulamento do concurso. Sendo que, em conformidade com o disposto na Lei Orgânica do CEJ, aqui aplicável, *ex vi* art. 23.° daquele mesmo Regulamento, aos magistrados em regime de estágio, embora com a assistência de formadores, exercem, «*sob responsabilidade própria, as funções inerentes à respectiva magistratura, com os respectivos direitos, deveres e incompatibilidades*».

Ora, os referidos contra-interessados só em 22.9.2003, por deliberação do CSTAF, publicada em 3.10.2003, foram nomeados juízes de direito em regime de estágio, com efeitos a partir de 1 de Julho de 2003 – vd. alínea **l)**, da **matéria de facto**.

Pelo que, como se viu, só nesta data ocorreu o ingresso desses contra-interessados na jurisdição administrativa e fiscal e consequente provimento na categoria de juízes dos tribunais administrativos e fiscais de 1ª instância. Sendo que, nos termos do citado art. 72.°, n.° 1 do EMJ, é desde a data da publicação desse provimento que deve contar-se a respectiva antiguidade em tal categoria.

Assim sendo, a deliberação impugnada, ao aprovar lista de antiguidades dos juízes desta categoria, em que se considerou a data de 7.1.03 como termo inicial da contagem da antiguidade dos referidos contra-interessados, incorreu em violação das indicadas disposições legais dos arts 7.° da Lei 13/2002, 72.°, do EMJ e 18.° e 21.° do Regulamento aprovado pela Port. 386/2002.

3.3. O autor alega, ainda, que tal deliberação foi tomada sem que lhe fosse concedido direito de audiência, violando-se o disposto no art. 100.° do Código do Procedimento Administrativo (CPA).

Contestando essa alegação, começa o Réu por defender que este preceito legal não era aplicável ao caso *sub judice*, por ter sido a deliberação em causa tomada no âmbito de procedimento especial, previsto nos arts 76.° a 79.° do EMJ, no qual se não prevê audiência prévia dos interessados, mas reclamação da lista de antiguidades elaborada (art.. 77.° EMJ). Pelo que, argumenta o mesmo Réu, a concessão de audiência prévia, corres-

[3] Artigo 1.° **(Direito aplicável)**:
1 – ...
...
4 – O concurso é constituído por três fases:
a) Graduação dos candidatos;
b) Curso de formação e graduação final;
c) Estágio.

[4] Veja-se, ainda, o acórdão, de 19.12.96 (R.° 1259/05), no sentido da irrelevância do tempo como auditor de justiça, para a contagem da antiguidade na categoria de procurador-adjunto.

ponderia, no caso, a «*uma duplicação dos mecanismos ao dispor dos interessados para exprimir a sua discordância face à sua graduação na lista de antiguidades*». Por outro lado, «*a aprovação da lista de antiguidades é um procedimento que não é precedido de instrução, não estando, por isso, sujeito à norma do art. 100.º do CPA*». Por fim, sustenta que, tendo sido o acto em causa praticado no exercício de poder estritamente vinculado, sem alternativa juridicamente válida, a decisão nele tomada não poderia ter sentido diverso, independentemente do eventual contributo dos interessados no procedimento administrativo que a ele conduziu. Daí que não fosse de anular o acto, por aplicação do princípio do aproveitamento dos actos administrativos ou da relevância limitada dos vícios de forma.

Adiante-se, desde já, que a razão está com o Autor.

Como é entendimento da jurisprudência, designadamente do Pleno desta 1ª Secção[5], que agora se reafirma, o direito de audiência dos interessados, regulado nos arts. 100.º a 104.º do CPA, é aplicável aos procedimentos especiais, por força do n.º 6 do art. 2.º do mesmo CPA.

Depois, importa notar que, como expressamente estabelece o citado art. 100.º CPA, o dever de audiência deve ser cumprido antes da prática do acto administrativo. Pois que «*a audiência dos interessados representa o cumprimento da directiva constitucional, de "participação dos cidadãos na formação das decisões ou deliberações que lhes disserem respeito" (art. 267.º, n.º 5 CRP), determinando para o órgão administrativo competente a obrigação de associar o administrando à tarefa de preparar a decisão final*» (ac. de 28.5.98-R.º 41.865). Em causa está o direito do interessado em participar na conformação da própria decisão, que não pode ser afastado pela consideração da existência de possibilidade legal de exprimir, por via de reclamação, discordância com decisão já tomada.

Para além disso, não se mostra fundada a afirmação de que, no caso, não houve instrução.

O próprio Réu afirma, na contestação, que «*a aprovação da lista de antiguidade é um procedimento*», pelo qual, conforme a própria definição legal, deve entender-se «*a sucessão ordenada de actos e formalidades tendentes à formação e manifestação da vontade da Administração Pública ou à sua execução*» – art. 1.º do CPA.

E a própria deliberação impugnada começa por referir que a lista nela aprovada foi apresentada pelo Secretário do Supremo Tribunal Administrativo, «*nos termos do artigo 38.º do Regulamento*[6] *do Conselho*» – vd. alínea ***m)***, da **matéria de facto**. Sendo que, conforme prevê esta disposição legal, as listas de antiguidade dos juízes de cada quadro dos tribunais administrativos e fiscais, reportadas a 31 de Dezembro de cada ano, são «*organizadas*» pelo indicado Secretário, até 15 de Fevereiro, para posterior aprovação do mesmo Conselho.

Essa organização das listas não é senão o conjunto de operações tendentes à recolha de elementos possibilitadores da determinação, em conformidade com os critérios legais, da antiguidade de cada magistrado na categoria em causa e, por essa via, à definição do lugar relativo que, em tais listas, esses magistrados devem ocupar. O que vale dizer que as decisões de aprovação dessas listas, como a que foi tomada pela deliberação impugnada, são precedidas de instrução. Cujo conceito, para efeitos de aplicação do referenciado art. 100.º CPA, «*designa, em termos latos, uma qualquer conduta destinada a captar e estabelecer os dados de facto que servirão de base à ponderação e eleição inerentes ao acto de decidir*» (ac. de 25.10.01-R.º 46934).

De todo o modo, e diversamente do que pretende o Réu, a situação em apreço não seria assimilável aos casos em que a jurisprudência tem entendido[7] que não tem que facultar-se a audiência prévia imposta pelo art. 100.º CPA, por isso que, sendo o processo de impulso particular, a decisão se segue ao próprio requerimento do interessado.

Diferentemente, no caso sujeito, como bem salienta o Autor, estamos face a um procedimento da iniciativa da Administração, em que o particular interessado é colocado perante decisão que lhe diz respeito, sem que, de algum modo, para ela possa ter contribuído. Nestas circunstâncias, a falta de audiência prévia, na situação a que respeitam os autos, sempre implicaria a negação dos apontados objectivos (participação do administrado e mais esclarecida e justa decisão da Administração), de que é tributário o referido art. 100.º a referida norma do CPA. Que, assim, foi violado pela deliberação impugnada.

Para além disso, também não estamos perante situação em que, não obstante a existência desse vício de forma, devesse aproveitar-se o acto, por não ter alternativa juridicamente válida. Pois que, como demonstrou a análise que dele se fez, esse acto não só poderia como deveria, mesmo, ter outro sentido, à luz da lei substantiva aplicável. Veja-se, a este propósito, o acórdão, de 6.2.07, proferido no recurso n.º 1260/05.

3.4. Por fim, resta apreciar da invocada existência de vício de forma, por falta de fundamentação, que, igualmente, vem imputado à deliberação impugnada.

Vejamos.

A lei (art. 124.º CPA) estabelece o dever de fundamentação dos actos administrativos, que «*deve ser expressa, através de sucinta exposição dos fundamentos de facto e de direito da decisão*» (art.125.º, n.º 1 CPA).

Tal exigência legal tem, naturalmente, um carácter relativo, sendo de considerar que é bastante a fundamentação de um acto administrativo que seja apta a revelar, perante um seu destinatário normal, qual foi o *iter* lógico, o raciocínio do respectivo autor para, face à situação concreta do procedimento, tomar aquela decisão[8], assegurando-se a dupla finalidade, visada pela lei e pela própria Constituição (art. 268.º, n.º 3), de acautelar, por banda da Administração, a adequada reflexão na decisão a proferir e, por parte do administrado, uma opção esclarecida entre a aceitação e a eventual impugnação de uma tal decisão[9].

No caso sujeito, a deliberação impugnada, limita-se a referir que, nos termos do art. 38.º do regulamento do CSTAF, foram apresentadas as listas de antiguidade dos juízes de cada quadro dos tribunais administrativos

[5] vd., por todos, os acórdãos do pleno, de 12.12.01 (R.º 39893) e de 29.11.06 (R.º 45899/00).

[6] Publicado no DR, II Série, n.º 104, de 7.5.87.

[7] vd., p. ex. acs. de 10.1.01-R.º 36575 e de 19.12.01-R.º 47774).

[8] vd. acórdãos do Pleno desta 1ª Secção, de 28.5.87 e 11.5.89, citados pelos Cons. S. Botelho, P. Esteves e C. Pinho, in CPA Anot. e Com., 5ª ed., 715.

[9] vd. acórdão do Pleno, de 21.3.91 (R.º 24555), in AA. e Loc. cit., 719.

e fiscais e que, após apreciação, foi deliberado aprovar as listas apresentadas e ordenar a remessa de cópia das mesmas ao Ministério da Justiça, para publicação – vd. alínea *m)*, da **matéria de facto**.

Porém, diversamente do que afirma o Réu, na respectiva contestação, a mesma deliberação não indica, por si mesma ou por remissão para qualquer parecer, informação ou proposta em que se tivesse baseado, as razões, designadamente de direito, que levaram à graduação em causa.

O próprio Réu reconhece, aliás, que «*a deliberação impugnada foi complementada pela deliberação do Conselho, de 18 de Outubro de 2004 ... onde se explicita os critérios que presidiram à graduação*» – vd. **alínea *q)***, da **matéria de facto**.

Todavia, esta explicitação de critérios, para ter a virtualidade de afastar a existência do vício de forma agora em apreço, deveria constar da própria deliberação impugnada. Pois que, como reiteradamente tem afirmado a jurisprudência, «*só é válida a fundamentação contextual ou seja, a que se integra no próprio acto ou que dele é contemporânea*». Neste sentido, vejam-se, p. ex., os acórdãos de 10.2.94, de 10.3.94 e de 19.12.01, proferidos, nos recursos n.º 32916, n.º 32494 e n.º 48126, respectivamente.

Ocorre, pois, o invocado vício de forma, por falta de fundamentação.

DECISÃO

4. Nos termos e com os fundamentos expostos, acordam em julgar procedente a acção, anulando-se a impugnada deliberação do CSTAF, de 03.05.2004.

Custas a cargo do Réu CSTAF.

Taxa de justiça (arts. 73.º-D CCJ e 34/1 CPTA): 10 (dez) UC.

Procuradoria (art. 41 CCJ): 20%.

Lisboa, 17 de Maio de 2007

Adérito Santos (Relator)
Cândido de Pinho
Pais Borges

Recurso n.º 1089/04-11

LICENÇA DE CONSTRUÇÃO. PEDIDO DE INFORMAÇÃO PRÉVIA. ACTO CONSTITUTIVO DE DIREITOS.

(Acórdão de 12 de Julho de 2007)

SUMÁRIO:

I – **A pronúncia emitida por uma Câmara Municipal, em sede de informação prévia, sobre a possibilidade de realização de determinada obra sujeita a licenciamento municipal tem conteúdo meramente informativo.**

II – **Todavia, e muito embora essa pronúncia – favorável ou desfavorável – não constitua o acto final, o acto definidor da situação jurídica do Requerente no tocante àquele licenciamento, constituindo apenas uma mera antecipação da provável decisão final da Administração, certo é que a mesma pode ser constitutiva de direitos.**

III – **Com efeito, sendo a informação favorável a mesma, apesar de incapaz de fazer nascer imediatamente na esfera jurídica do Requerente o direito à construção, atribui-lhe, no entanto, o direito de exigir o deferimento do pedido de licenciamento se este se contiver dentro dos limites da informação prestada. E, concorrentemente, faz nascer na esfera jurídica da Câmara a obrigação de deferimento do futuro pedido de licenciamento desde que este, como se disse, não exceda o conteúdo daquela informação.**

IV – **E concordantemente, a pronúncia desfavorável sobre a pretensão do Requerente não faz nascer na sua esfera jurídica qualquer direito.**

V – **Sendo assim, e sendo que essa pronúncia desfavorável, por um lado, não constitui a última palavra da Administração e, por outro, não tem aptidão lesiva, a mesma é irrecorrível.**

ACORDAM, NA SECÇÃO DO CONTENCIOSO ADMINISTRATIVO, DO SUPREMO TRIBUNAL ADMINISTRATIVO:

COMPANHIA DA ASSEMBLEIA DA GRANJA, S.A., sociedade comercial anónima, com sede na Avenida Vasco da Gama, 271, em V.N. de Gaia, intentou, no TAC do Porto, contra o VEREADOR DO ORDENAMENTO DO TERRITÓRIO, URBANISMO, PLANEAMENTO URBANISTICO E PAISAGEM URBANA DA CÂMARA MUNICIPAL DE VILA NOVA DE GAIA, o presente recurso contencioso de anulação do acto por este proferido, em 14/11/2002, que indeferiu o pedido de informação prévia (doravante PIP) sobre a viabilidade de construção de obra particular apresentado em 28 de Junho de 2002.

Para tanto alegou que o acto impugnado estava ferido por vícios de forma e de violação de lei.

E com êxito já que o Tribunal a quo, depois julgar improcedente a invocada excepção da irrecorribilidade do acto impugnado, considerou que este era ilegal por ter sido proferido sem que, previamente, tivesse sido cumprido o disposto no art. 100.º do CPA e consequentemente, dando provimento ao recurso, anulou aquele acto.

Inconformados, tanto o Sr. Vereador da CM de Gaia como o Recorrente contencioso agravaram para este Supremo Tribunal.

O referido Autarca concluiu o seu discurso alegatório da seguinte forma:

1. A sentença padece de erro de julgamento, violando o disposto nos artigos 14.º a 17.º do D.L. 555/99, de 16/12, na redacção do D.L. 177/01, de 04/06, e o disposto no artigo 100.º do CPA.

2. A lei, designadamente os arts. 14.º a 17.º do D.L. 555/99, é clara, no sentido de definir a informação prévia como uma informação que se inicia com um pedido de informação. E, sabendo o legislador exprimir-se, não há

motivos para chamar informação prévia a uma actuação que se pretende que não o seja.

3. A entidade recorrida quando presta a informação prévia dá a sua opinião sobre a proposta apresentada, transmite ao requerente os seus conhecimentos sobre os condicionamentos existentes para o local e não toma uma decisão de licenciamento ou não, mesmo que antecipada, sobre o projecto apresentado.

4. Lendo atentamente o disposto no artigo 17.° do RJEU verifica-se que o carácter vinculativo é só atribuído ao conteúdo da informação prévia aprovada, isto é favorável.

5. A informação prévia desfavorável não compromete a decisão do pedido de licenciamento.

6. O requerente não está impedido de apresentar um pedido de licenciamento com a mesma proposta apresentada no PIP e a câmara não está impedida de considerar que informou mal no PIP e de aprovar o pedido de licenciamento da mesma proposta.

7. O carácter vinculativo da informação favorável é só pelo prazo de um ano e relativamente à mesma proposta. Pelo que, a haver direitos adquiridos, isto é, o direito ao licenciamento (e não o direito de promover e executar a operação urbanística apreciada, como é referido na sentença), é só quando exista informação favorável, é só no prazo de um ano e é só se o projecto apresentado corresponder na íntegra ao apreciado no PIP.

8. A informação prévia desfavorável que apenas informa ao requerente que, de acordo com os instrumentos de planeamento e ordenamento em vigor, o conteúdo do seu direito de construir não abrange o que pretende, não há lesão de qualquer direito ou interesse legalmente protegido do mesmo nem tão pouco a definição da situação jurídica do particular.

9. O Acórdão do STA de 21/01/2003, proferido no processo 0830/02, conclui que "A informação prévia sobre a possibilidade de realizar determinada obra sujeita a licenciamento municipal tem conteúdo exclusivamente informativo no qual cabe a indicação de condicionamentos a observar no projecto de licenciamento..."

10. Também já o Acórdão do STA, de 3/03/1998, proferido no processo 43.004 dizia: "E encarando em mais detalhe este último tipo de informação, as desfavoráveis, como convém, por o caso dos autos se enquadrar a te mos que as mesmas não definem directa e imediatamente a situação jurídica do particular. Sem prescindir,

11. A informação solicitada é para esclarecer e dar a conhecer ao interessado a viabilidade de uma determinada operação urbanística e os seus condicionamentos porque, em princípio, ele desconhece.

12. A audiência é sobre o objecto do procedimento que in casu foi fornecido e delimitado pelo próprio requerente. Por isso, neste tipo de procedimento, a participação do interessado restringe-se ao fornecimento desse elementos sobre os quais pretende a informação. Sendo certo que esta também só é válida para o conteúdo desses elementos.

13. No procedimento de informação prévia não existe uma decisão, pois não há a definição da situação jurídica do requerente, mas uma mera informação, uma consulta, como já supra se deixou dito, e também por isso, por se tratar de acto instrumental sem eficácia lesiva imediata, o referido normativo é inaplicável.

14. Pelo que a sentença também violou o disposto no artigo 100.° do CPA.

15. Por último, refira-se que o despacho em questão é legal, encontra-se devidamente fundamentado, pois dá a conhecer as razões pelas quais foi prestada informação desfavorável, bem como não padece de violação de lei por erro nos pressupostos de facto nem ocorreu qualquer deferimento tácito, pelo que deve ser mantido.

16. O M.mo Juiz ao assim não entender fez errada interpretação dos factos e aplicação da lei, violando o disposto nos artigos 14.° a 17.° do D.L. 555/99, de 16/12, na redacção do D.L. 177/01, de 04/06, e o disposto no art. 100.° do CPA, pelo que a douta sentença deve ser revogada e, em consequência, a R. ser absolvida do pedido.

Por seu turno o Recorrente contencioso terminou assim as suas alegações:

1. Vem o presente recurso interposto da sentença de 1.ª instância que considerou procedente o recurso contencioso por violação do direito de audiência prévia, pretendendo-se agora a revisão dessa sentença no que toca, apenas, à ordem de prioridade de conhecimento dos vícios imputados ao acto recorrido.

2. Estabelece o art. 57.° da LPTA que a ordem de conhecimento dos vícios invocados pelo recorrente (ou de conhecimento oficioso) deverá ser aquela que determine, segundo o prudente critério do julgador, mais estável ou eficaz tutela dos interesses ofendidos.

3. Daqui decorre que em princípio deve ser dada primazia aos vícios atinentes com a "ilegalidade interna" em detrimento dos vícios relacionados com a legalidade externa (incompetência e vício de forma) – cfr. Santos Botelho, Contencioso Administrativo, 2.ª Edição, Almedina, 1999, pg. 314.

4. O vício formal de preterição da audiência prévia, que indubitavelmente ocorreu, poderá ser ultrapassado e ser proferida outro acto (eventualmente) com idêntico teor, obrigando o recorrente a ter que cumprir nova via crucis impugnado o acto com os vícios de que agora se poderia ter tomado conhecimento.

5. Como se refere no acórdão do Supremo Tribunal Administrativo, de 4/11/2001, rec. 047519, rel. Santos Botelho, in www.dgsi.pt «a ilegalidade externa não impedirá a Administração de praticar novo acto com o mesmo sentido decisório só que agora expurgado do vício que conduziu à decisão anulatória, desta via não se assegurando um grau de eficiência ao nível da tutela pretendida pelos Particulares, como a que se poderia obter mediante a anulação contenciosa com base em fonte de invalidade obstativa da renovação do acto com o mesmo sentido decisório».

6. Esse mesmo Supremo Tribunal Administrativo decidiu recentemente que «a procedência do recurso contencioso, por via de anulação de acto inquinado de violação de lei por erro nos pressupostos de direito, seguramente que dá ao interessado uma "mais estável ou eficaz tutela dos interesses ofendidos" do que a procedência por mera anulação derivada de vício de forma de preterição do direito de audição prévia» – acórdão de 24/01/2007, rec. 0939/06, rel. Jorge Lino, in www.dgsi.pt.

Em alguns casos poderão os vícios de forma (nomeadamente a falta de fundamentação ou preterição do direito de audiência prévia) pode ter precedência sobre o conhecimento dos vícios de fundo

Isso pode acontecer em dois tipos de situações:

a) pode justificar-se a precedência do vício de forma quando a indagação acerca da concreta motivação do acto se mostrar indispensável ao controlo dos vícios de substância, o que supõe que o acto materializa predominantemente poderes discricionários.

b) nos casos em que o recorrente seja o destinatário do acto positivo (e não meramente negatório) desfavorável ou quando o recorrente não seja o destinatário do acto (mas sim, por exemplo, o contra-interessado).

7. Nestes casos, efectivamente, a anulação do acto por vício de forma apenas beneficia o recorrente, não havendo qualquer prejuízo em termos temporais (pois sendo o destinatário do acto, mas sendo o seu conteúdo desfavorável, o tempo não lhe causa prejuízo, o mesmo se passando no caso do contra-interessado de acto positivo).

8. Só se deverá permitir a renovação do acto formalmente inválido quando se conclua que ele está conforme a lei material.

9. A sentença recorrida, contrariando a ordem de conhecimento dos vícios estabelecida no artigo 57.° da LPTA, anulou o acto impugnado por vício de procedimento, sem cuidar de saber se o seu conteúdo era ou não legítimo, impondo-se a apreciação prioritária dos vícios substanciais, aliado à circunstância do acto se dever qualificar como acto vinculado, quer quanto aos pressupostos quer quanto aos efeitos jurídicos.

10. Conclui-se, pois, ter havido erro de julgamento, por preterição da ordem de conhecimento dos vícios estabelecida no artigo 57.° da LPTA, com o que terão sido violados igualmente os arts. 20.° e 268.°-4 da CRP, normas atinentes ao direito de acesso aos tribunais e à garantia da tutela jurisdicional efectiva.

O Exm.° Procurador Geral-Adjunto emitiu parecer no sentido de que o recurso do Sr. Vereador da CM de Gaia merecia provimento e que este provimento tornava inútil o conhecimento do recurso da Companhia da Assembleia da Granja, S.A.

Colhidos os vistos cumpre decidir.

FUNDAMENTAÇÃO

I. MATÉRIA DE FACTO.

A decisão recorrida julgou provados os seguintes factos:

1. Em 14/06/2002 a Recorrente apresenta nos serviços do Recorrido um pedido de informação prévia para obras de edificação, acompanhado de vária documentação (doc. de fls. 1 a 39 do PA).

2. Sobre este pedido foi emitida em 22/10/2002 a informação com a referência 1-8022/02, onde é proposta a emissão de informação desfavorável ao pedido apresentado pelos motivos aí indicados (cf. doc. de fls. 31 e 32 dos autos que aqui se dá por integralmente reproduzida).

3. Sobre esta informação recaiu em 14/11/2002, o despacho do Vereador Prof. Doutor Joaquim Poças Martins com o seguinte conteúdo "Concordo. Oficie-se" (cf. doc. de fls. 32 dos PA).

4. Por ofício datado de 18/11/2002, com a referência 1895/02, foi a Recorrida notificada da decisão que recaiu sobre o pedido de informação prévia que havia apresentado, bem como da fundamentação que presidiu à mesma (cf. doc. de fls. 33 e 34 do PA).

II. O DIREITO

Resulta do antecedente relato que a COMPANHIA DA ASSEMBLEIA DA GRANJA, S.A. deduziu recurso contencioso de anulação do despacho do Sr. VEREADOR DO ORDENAMENTO DO TERRITÓRIO, URBANISMO, PLANEAMENTO URBANÍSTICO E PAISAGEM URBANA DA CÂMARA MUNICIPAL DE V.N. de GAIA, que se pronunciou desfavoravelmente sobre o pedido de informação prévia que apresentara relativo a uma construção (reabilitação e ampliação de um edifício pré existente) que pretendia levar a cabo.

Fundamentou esse pedido anulatório na ilegalidade do acto impugnado, a qual decorria não só de vícios procedimentais mas também de vícios substanciais.

A Entidade Recorrida, na sua contestação, defendeu a irrecorribilidade do acto impugnado uma vez que, sendo o seu conteúdo meramente informativo, se tratava de decisão incapaz de atingir a esfera jurídica da Recorrente com carácter lesivo.

A Sr.ª Juíza a quo assim não entendeu por ter considerado que a "informação prévia fornecida pela câmara municipal não é uma mera actuação de natureza declarativa mas um verdadeiro acto administrativo que se pronuncia (de forma antecipada) sobre uma concreta operação urbanística. Trata-se pois, de um acto prévio de natureza verificativa e sem carácter permissivo, na medida em que é com base nele que o particular pode promover e executar a operação urbanística apreciada." E daí que tenha concluído que a mesma era constitutiva de direitos e, porque assim, recorrível.

E, prosseguindo, iniciou a análise da legalidade desse acto pela questão de saber se o mesmo não seria ilegal em resultado de ter sido proferido sem que, previamente, tivesse sido cumprido o disposto no art. 100.° do CPA e, concluindo pela procedência desse vício, deu provimento ao recurso e anulou o acto impugnado.

É contra o assim decidido que se dirigem os recursos interpostos pela Entidade Recorrida e pela Recorrente contenciosa.

O Sr. Vereador da CM de Gaia argumentou que a pronúncia sobre o pedido de informação prévia se limitava a informar a Requerente de que esta, de acordo com os instrumentos de planeamento e ordenamento em vigor, não tinha direito a construir nos termos pretendidos e que, sendo assim, aquela pronúncia não só não definia a sua situação jurídica como também não lesava os seus direitos ou interesses legalmente protegidos. Ou seja, o referido procedimento de informação prévia não continha uma decisão que definisse a situação jurídica da Requerente mas, apenas e tão só, uma mera informação – prestada em resultado duma consulta que lhe fora feita – onde se dava a conhecer ao interessado a inviabilidade de uma determinada operação urbanística. E, porque assim, tratava-se de um acto instrumental sem eficácia lesiva.

E daí ter terminado pedindo a revogação da sentença recorrida.

A Companhia da Assembleia da Granja, por seu turno, defende que – por força do disposto no art. 57.° da LPTA – a Sr.ª Juíza a quo deveria ter iniciado o conhecimento dos vícios imputados ao acto impugnado por aqueles que determinassem mais estável ou mais eficaz tutela dos seus interesses, o que significava ter começado pela análise dos vícios cuja procedência impedia a renovação do acto. Sendo assim, e sendo que tal prescrição foi desrespeitada, na medida em que se iniciou esse conhecimento pela análise de um vício de natureza formal e que, tendo esse sido julgado procedente, nenhum mais foi conhecido, a sentença recorrida deveria ser revogada para que a ordem de conhecimentos dos vícios prescrita no citado normativo fosse observada. A não ser assim permitia-se a prática de novo acto de idêntico teor ao anulado, desta vez expurgado do vício invalidante, o que a obrigaria a cumprir uma nova via crucis, impugnando o novo acto com os vícios que agora poderiam ser conhecidos.

Vejamos, pois.

1. Nos termos do n.º 1 do art. 14.º do DL n.º 555/99, de 16/12, "qualquer interessado pode pedir à Câmara Municipal, a título prévio, informação sobre a viabilidade de realizar determinada operação urbanística e respectivos condicionamentos legais e regulamentares, nomeadamente relativos a ..... índices urbanísticos, cérceas, afastamentos e demais condicionantes aplicáveis à pretensão."

Pedido esse a que a Administração tem de dar resposta, favorável ou desfavorável, sendo que "o conteúdo da informação prévia aprovada vincula as entidades competentes na decisão sobre um eventual pedido de licenciamento ou autorização da operação urbanística a que respeita, desde que tal pedido seja apresentado no prazo de um ano a contar da data de notificação da mesma ao requerente." – Vd. n.º 1 do art. 14.º do mesmo diploma.

O que quer dizer que, de harmonia com as transcritas normas, o único direito que a prestação de uma informação favorável à pretensão faz nascer na esfera jurídica do Requerente é o direito de exigir a aprovação do seu pedido de licenciamento ou autorização da operação urbanística, desde que este, como é evidente, se contenha dentro dos parâmetros da informação prestada e desde que a sua apresentação se faça no ano imediato à notificação da informação.

O que significa que o pronunciamento – favorável ou desfavorável – sobre a pretensão do Requerente em sede de informação prévia não constitui o acto final, o acto definidor da sua situação jurídica no tocante ao licenciamento da obra que o mesmo pretende erigir, constituindo apenas uma mera antecipação da provável decisão final da Administração.

E, porque assim, a informação favorável é incapaz de fazer nascer imediatamente na esfera jurídica do Requerente o direito à construção, muito embora seja certo que a mesma enriquece a sua esfera jurídica já que lhe atribui o direito de exigir o deferimento do pedido de licenciamento se este se contiver dentro dos limites da informação prestada. E, concorrentemente, faz nascer na esfera jurídica da Câmara uma obrigação vinculativa de deferimento do futuro pedido de licenciamento desde que este, como se disse, não exceda o conteúdo da informação prestada.

Aquela informação é, pois, um acto provisório, um acto que antecipa aquela que, muito provavelmente, será a posição final da Câmara, sem que essa provisoriedade autorize a que se qualifique essa informação como um mero acto precário sem reflexos externos, isto é, como um acto que a Administração pode modificar a todo tempo por sua simples vontade nem tão pouco como um acto meramente declarativo, visto que, sendo favorável, a mesma é constitutiva de direitos. Mas, sublinhe-se, o direito constituído por essa informação favorável não é o direito à construção mas sim, e apenas, o direito a que a Administração decida o pedido de licenciamento de acordo com os termos da informação prestada.

Nesta conformidade, a primeira conclusão que se impõe retirar é a de que o acto final da Administração, o acto que define a situação jurídica do interessado é o que, na sequência do pedido de licenciamento, decide se este é, ou não, deferido. Só esta decisão é susceptível de ter capacidade lesiva e, consequentemente, só ela pode constituir objecto de impugnação judicial.

O que vale por dizer que, nesta matéria, a lesividade do acto é incindível da sua definitividade e é esta reunião de atributos que o torna judicialmente recorrível.

Nesta conformidade, e concordantemente, a pronúncia desfavorável sobre a pretensão do Requerente não faz nascer na sua esfera jurídica qualquer direito.

Sendo assim, e sendo que a mesma, por um lado, não constitui a última palavra da Administração e, por outro, não tem aptidão lesiva resta concluir que é irrecorrível.

2. No caso dos autos a Recorrente contenciosa dirigiu à CM de Gaia um pedido de informação prévia solicitando que esta a informasse sobre a viabilidade da construção de uma obra que pretendia levar a cabo (reabilitação e ampliação de um edifício pré existente), pedido esse que foi desfavoravelmente informado, tendo-lhe sido comunicado que a impossibilidade dessa construção decorria do facto da cércea do projectado edifício ultrapassar o estipulado no Regulamento do PDM, do mesmo não prever o necessário estacionamento e do facto do dessa construção ir alterar o carácter e morfologia do edifício pré existente (vd. fls. 54 dos autos).

Ou seja, o que a Entidade Recorrida disse à Requerente foi que seria inútil solicitar o licenciamento da construção descrita no pedido de informação prévia porque este seria indeferido e sê-lo-ia não só por a mesma violar o estabelecido nos regulamentos municipais mas também por ir desfigurar o edifício cuja reconstrução se pretendia. Ao prestar essa informação aquela Entidade estava apenas a antecipar a sua decisão final sobre o eventual pedido de licenciamento e não a decidir um pedido de licenciamento.

E, se assim é, como é, esta pronúncia desfavorável não constituiu o acto final da CM de Gaia sobre a pretensão da Recorrente e, como tal, é insusceptível de constituir lesão na esfera jurídica desta.

Tanto basta para se poder concluir que o acto aqui sindicado não é recorrível.

O que fica dito não só conduz ao provimento do recurso da Autoridade Recorrida como torna inútil o conhecimento do recurso jurisdicional da Recorrente contenciosa.

Termos em que os Juízes que compõem este Tribunal acordam em:

a) conceder provimento ao recurso do Sr. Vereador da Câmara Municipal de V.N. de Gaia e, revogando-se a sentença recorrida, rejeitando-se o recurso contencioso por ilegalidade da sua interposição.

b) Julgar prejudicado o conhecimento do recurso interposto pela Companhia da Assembleia da Granja, S.A.

Custas pela Recorrente contenciosa apenas em 1ª Instância, fixando-se a taxa de justiça em 300 euros e a procuradoria em metade.

Lisboa, 12 de Julho de 2007

Costa Reis (Relator)
Rui Botelho
Azevedo Moreira

Recurso n.º 415/07-11

PEDIDO DE INFORMAÇÃO PRÉVIA. INVIABILIDADE DE LOTEAMENTO. APLICAÇÃO DE UM POOC. PRINCÍPIOS DA IGUALDADE E DA PROPORCIONALIDADE.

(Acórdão de 22 de Maio de 2007)

SUMÁRIO:

I – De acordo com o princípio «tempus regit actum», a pronúncia sobre a viabilidade de um loteamento tinha de tomar como seu pressuposto jurídico o POOC então já vigente e operatório nos casos do género.

II – Não pode haver ofensa do princípio da igualdade se as diferentes soluções postas em comparação não forem subsumíveis ao mesmo regime jurídico.

III – Os princípios da igualdade e da proporcionalidade só relevam no domínio da discricionariedade.

ACORDAM NA 1.ª SECÇÃO DO SUPREMO TRIBUNAL ADMINISTRATIVO:

Álvaro Ferreira Barbosa e mulher, Felicidade de Barros Saraiva, Maria Fernanda Oliveira Dias, Fernando Augusto Gomes Barbosa e Maria Cristina Gomes Barbosa, todos identificados nos autos, deduziram recurso jurisdicional da sentença do TAF do Porto que negou provimento ao recurso contencioso de anulação por eles interposto do despacho de 18/10/99, em que um vereador da CM de VN Gaia denegara o seu pedido de informação prévia quanto à viabilidade de um determinado loteamento.

Os recorrentes terminaram a sua alegação de recurso com o oferecimento das seguintes conclusões:

1 – Conforme resulta da fundamentação tecida pelo Mm.º Juiz «a quo» no enquadramento jurídico (cfr. fls. 306 e ss. dos autos), a douta sentença em apreciação defende que o momento relevante é o da prolação do despacho contenciosamente impugnado, de acordo com o princípio «tempus regit actum», que postula que, em regra, a legalidade do acto administrativo se afere pela situação de facto e de direito existente à data da respectiva prolação.

2 – Com o devido respeito, entendemos que a argumentação jurídica em que se sustenta o decidido é incorrecta e resulta de má aplicação das regras de direito substantivo e, até, constitucional.

3 – Desde logo, no nosso ordenamento jurídico-constitucional a retroactividade da lei é vedada quanto a normas incriminadoras (art. 29.º, n.º 1, da CRP) e a normas restritivas de direitos, liberdades e garantias (art. 18.º, n.º 3, da CRP).

4 – Do mesmo passo, o princípio geral consagrado na lei (art. 12.º do Código Civil) proíbe, como regra, a aplicação retroactiva da lei.

5 – Como corolário das normas anteriores, o regime do DL 448/91, de 29/11, ordenamento em vigor à data do pedido de informação prévia dos recorrentes, claramente tem apenas aplicação futura, como resulta do art. 71.º, n.os 2 e 3, do diploma.

6 – Esta irretroactividade de aplicação da lei manteve-se no regime legal que se lhe seguiu, o DL 555/99, de 16/12, em cujo art. 128.º, como regra, o legislador manda aplicar aos processos pendentes o regime legal previsto no DL 448/91.

7 – Parece-nos manifesto que o pedido de informação prévia formulado pelos recorrentes em 15/12/98, à data em que o mesmo foi formulado, apenas tinha como enquadramento o PDM que caracterizava o prédio objecto do pedido de informação prévia como «fora da RAN», «fora da REN» e de «edificabilidade intensiva» e devia ser despachado nos termos do DL 448/91, de 29/11, na redacção actualizada saída do DL 334/95, de 28/12.

8 – De igual modo, nada impedia a CM de VN Gaia de prestar o requerido pedido de informação prévia sobre a operação de loteamento pretendida pelos recorrentes sustentada na lei vigente à data de 30/3/99, data em que se preencheram todos os elementos para a decisão do acto administrativo.

9 – E, quer na data referida na conclusão 7.ª, quer na data referida na conclusão 8.ª, o POOC não estava em vigor, tanto mais que só foi publicado pela Resolução do Conselho de Ministros n.º 25/99, no DR, I Série B, n.º 81, de 7/4/99.

10 – Mau grado tal realidade jurídica, o único fundamento de direito que sustentou a decisão de indeferimento do pedido dos recorrentes residiu na aplicação de um diploma legal inexistente (o POOC) à data. Como se uma proposta de lei pudesse já ter força de lei!

11 – À data dos factos e em conformidade com o enquadramento legal então em vigor, o pedido de informação prévia da requerida operação de loteamento só poderia ser indeferido nos casos taxativos previstos no art. 13.º do DL 448/91, de 29/11, nomeadamente a violação do PDM de VN Gaia, o que manifestamente não foi o caso.

12 – Do exposto resulta a violação do princípio da não aplicação retroactiva da lei, postulado do princípio da tutela da confiança legítima dos cidadãos.

13 – A aplicação retroactiva do instrumento de planeamento territorial (o POOC) traduziu-se numa intolerável quebra da confiança dos recorrentes na estabilidade dos direitos que a ordem jurídica lhes havia legitimamente reconhecido, sufragados no disposto no art. 266.º da CRP, que prevê que a prossecução do interesse público pela Administração Pública é pautada pelo respeito dos direitos e interesses legalmente protegidos dos cidadãos.

14 – Acresce que o POOC nunca poderia ter motivado a decisão de indeferimento e arquivamento do requerido pelos recorrentes à CM de VN Gaia porquanto o prédio dos recorrentes situa-se a nascente da estrada existente (cfr. fotografias a fls. 213 e 214 dos autos), tendo ocorrido erro nos pressupostos legais em que assentou o acto administrativo de indeferimento da pretensão dos recorrentes uma vez que o POOC apenas visa impedir construções a poente da estrada nacional existente, sendo certo que o requerido não punha em causa o equilíbrio ambiental defendido pelo diploma.

15 – Da visualização das fotografias anteriormente referidas resulta que o prédio dos recorrentes em causa se insere numa mancha urbana construída em todo o seu redor, havendo sido todas as construções que rodeiam o prédio dos recorrentes edificadas em momento anterior à publicação do POOC e, logo, não abrangidas por ele.

16 – Defendendo os recorrentes que tal enquadramento anterior à entrada em vigor do POOC é o que se devia aplicar ao seu caso, parece-nos manifesta a violação pela entidade recorrida do princípio da igualdade, uma vez que, ao abrigo do mesmo enquadramento legal e na mesma área de aplicação do PDM, autorizou operações de loteamento e a construção de edifícios a terceiros, direitos que negou aos recorrentes.

17 – Por outro lado, verificou-se também violação do princípio da proporcionalidade, na medida em que a decisão da Administração afectou os interesses privados dos recorrentes sem se vislumbrar que objectivos públicos pudessem ser lesados com o deferimento do pedido de informação prévia requerido pelos recorrentes.

18 – Foram violados os princípios e comandos legais que fomos referindo ao longo das conclusões.

A autoridade recorrida contra-alegou, formulando as conclusões seguintes:

I – Limitar-se-á a autoridade recorrida a pugnar pela manutenção do julgado que fez correcta apreciação dos factos e do direito aplicado, ao julgar não verificados os vícios invocados pelos recorrentes, nem quaisquer outros de conhecimento oficioso, julgando improcedente o recurso contencioso de anulação e mantendo o acto recorrido.

II – O acto recorrido não padece dos apontados vícios de violação de lei e dos princípios da igualdade e da proporcionalidade, que os recorrentes lhe pretendem assacar.

III – Aquando da sua prolação, já tinha entrado em vigor o POOC de Caminha – Espinho, pelo que sempre tinha de ser indeferida a pretensão dos recorrentes, por violação dos arts. 14.º e 16.º do Regulamento aprovado pela Resolução do CM n.º 25/99, de 7/4.

IV – A planta de condicionantes de fls. 33 evidencia existirem bem vincadas duas linhas de água, cujo levantamento junto sob o doc. 2 ostenta que a proposta apresentada pelos recorrentes ocupava as margens das linhas de água.

V – A pronúncia devida da DRARN, e no sentido em que o fez, nos termos legais, impediu o deferimento da pretensão dos recorrentes, sob pena da nulidade do acto, em desconformidade, configurando pareceres vinculativos.

VI – A autoridade recorrida agiu segundo o critério actual de decisão, no estrito cumprimento da lei e dos princípios a que está vinculada.

VII – Como referido na sentença, os recorrentes nunca questionaram sequer o facto de a sua pretensão contender com o regulamento aprovado pela Resolução do CM n.º 25/99, de 7/4.

VIII – Ao apetecer-lhes fazê-lo nesta sede, conforme alegado e concluído em 14 e 15, prefigura-se situação de questão nova, que não pode ser objecto de conhecimento.

IX – Porém, sempre se dirá não ter qualquer fundamento pela singela razão de que a área de terreno ajuizada insere-se e está classificada como Área de Vegetação Rasteira Arbustiva em APC e como Áreas Agrícolas em APC, estando interdita a execução de quaisquer novas edificações por força do disposto nos referidos preceitos 14 e 16 do Regulamento do POOC.

X – E apodíctico é que, enquanto estiver em vigor o POOC, a câmara não poderá licenciar qualquer construção para esse terreno.

XI – Não há violação dos invocados preceitos, nem se prefigura situação de aplicação retroactiva da lei, sendo que, e em concreto, «tempus regit actum».

XII – A alegada existência da zona envolvente de construção não coenvolve violação dos princípios da igualdade e da proporcionalidade (art. 5.º do CPA), uma vez que tais construções foram feitas em épocas e com diferentes condicionalismos, cujos pressupostos de facto e de direito nem sequer foram alegados ou demonstrados e, sempre, não concorrem nem se verificam no caso em apreço.

XIII – Deve manter-se «qua tale» a decisão recorrida, devendo improceder as conclusões de recurso dos recorrentes, mantendo-se o acto recorrido.

O Ex.º Magistrado do M.ºP.º junto deste STA emitiu douto parecer no sentido do não provimento do recurso.

A matéria de facto pertinente é a dada como provada na decisão «sub censura», que aqui damos por integralmente reproduzida – como estabelece o art. 713.º, n.º 6, do CPC.

Passemos ao direito.

O recurso contencioso dos autos tomou por objecto o despacho, de 18/10/99, em que a autoridade recorrida indeferiu o pedido dos recorrentes de que, a título de informação prévia, fosse declarada a viabilidade de uma certa operação de loteamento. A sentença «a quo» negou provimento ao referido recurso porque concluiu não se verificarem os três vícios de violação de lei que os recorrentes imputaram ao acto contenciosamente recorrido – vícios que adviriam da ofensa dos princípios da igualdade e da proporcionalidade e da aplicação indevida de um POOC. E, no presente recurso jurisdicional, os recorrentes mantiveram a denúncia daqueles vícios, aos quais acrescentaram a arguição de um erro nos pressupostos de facto, referido na conclusão 14.ª da alegação de recurso.

Devemos desde já notar que este último vício, pela sua absoluta novidade, está fora do «thema decidendum». É que, sendo este recurso jurisdicional basicamente de revisão, o STA não pode conhecer de assuntos que o tribunal «a quo» não tenha enfrentado – salvo se eles fossem de conhecimento oficioso, o que não sucede com o vício aludido. Portanto, os nossos poderes cognitivos estão limitados às demais conclusões, em que os recorrentes insistem na existência dos três sobreditos vícios de violação de lei.

Nas conclusões 1.ª a 13.ª, os recorrentes asseveram que o despacho recorrido partiu de um pressuposto de direito errado, já que baseou a sua pronúncia de indeferimento num POOC (o da orla costeira de Caminha a Espinho, cujo regulamento foi aprovado pela Resolução do CM n.º 25/99, de 7 de Abril) que não seria aplicável, «ratione temporis», ao seu pedido de informação prévia. Note-se que os recorrentes não questionam – e aparentemente até aceitam – que as disposições desse POOC realmente obstavam à operação de loteamento que tinham em vista; e note-se também que eles não negam a evidência de que esse POOC já vigorava aquando da prolação do despacho de indeferimento. O que verdadeiramente sucede é que os recorrentes crêem que a lei aplicável à resolução do seu pedido informativo seria a vigente na data em que ele foi formulado ou, pelo menos, na data em que ele, normal ou idealmente, deveria ser decidido – pelo que o despacho de indeferimento, ao louvar-se no POOC, tê-lo-ia aplicado retroactivamente ou «in praeteritum» e, por isso, «contra legem».

Estamos perante uma construção jurídica fantasiosa e ostensivamente inaceitável. O princípio «tempus regit actum» significa que cada pronúncia administrativa deve reger-se pela lei vigente no preciso momento da sua prolação, e não pela «lex praeterita» que vigorasse num qualquer momento anterior – designadamente aquele em que fora formulada a pretensão respectiva ou aquele em que era expectável ou desejável que ela fosse decidida. Assim, o despacho contenciosamente recorrido, porque praticado numa data em que o aludido POOC já vigorava, regendo a situação em causa, não podia ignorá-lo ou desprezá-lo; e, exactamente ao invés, o acto tinha de tomar o POOC como um pressuposto jurídico essencial da pronúncia a emitir – ante o que se dispunha nos arts. 7.º-A e 13.º, n.º 2, al. *a*), do DL n.º 448/91, de 29/11. Em suma: tendo em conta as suas data e natureza, o acto recorrido tinha de considerar e de aplicar o POOC, então vigente; e, se o acto aplicou um POOC que nessa altura vigorava e era operatório no caso, nenhum sentido faz a denúncia de que essa aplicação teria envolvido uma qualquer retroactividade.

Do exposto, segue-se a fatal improcedência das conclusões 1.ª a 13.ª da alegação de recurso. Na verdade, todas elas partem do falso pressuposto de que o despacho recorrido não podia aplicar o POOC sob pena de uma inadmissível retroactividade, devendo antes ater-se à legislação pretérita. Mas a certeza de que o POOC era realmente aplicável pelo acto exclui que o sindiquemos à luz de exigências normativas anteriores ao POOC e por ele afastadas – pelo que o acto não padece da violação de lei correspondentemente arguida e a sentença tem de ser confirmada, nesta precisa parte.

Nas conclusões 15.ª e 16.ª, os recorrentes afirmam que o acto ofendeu o princípio da igualdade, já que lhes denegou possibilidades construtivas que a Administração amplamente reconhecera a vários outros cidadãos. Decerto que os recorrentes concedem que as múltiplas construções existentes em torno do seu terreno foram aprovadas pelos órgãos camarários em tempos passados; todavia, como acham que o seu caso não devia ser regido pelo POOC, mas sim pela legislação que o antecedera, acabam por sustentar que eles e aqueles outros cidadãos enunciaram pretensões que estariam submetidas a um mesmo regime jurídico – mas que, afinal, culminaram em resultados francamente desiguais.

Ora, também esta denúncia soçobra, e com clareza, pois suporta-se em algo que acima recusámos. Com efeito, a desigualdade denunciada pelos recorrentes assenta numa anterior paridade, pois – na óptica deles – haveria um único regime jurídico aplicável, que regularia da mesma maneira as intenções construtivas dos recorrentes, relativas ao terreno a lotear, e as dos cidadãos que lograram edificar uma «mancha urbana» em redor desse terreno. Aliás, essa paridade tinha ainda de significar uma outra coisa: só seria possível invocar eficazmente uma desigualdade de tratamento se, nas várias situações postas em comparação, os órgãos camarários tivessem usado em sentidos díspares o mesmo poder discricionário; e, para esse poder ser o mesmo, a legislação aplicável, que o previsse, tinha também de ser a mesma – senão o mesmo diploma, pelo menos a mesma previsão material típica, persistente e idêntica em diplomas diversos.

Contudo, nós já vimos atrás que o pedido de informação prévia dos aqui recorrentes tinha de ser resolvido à luz do POOC, isto é, segundo os ditames de um diploma inovador que não presidira às condutas administrativas licenciadoras daquela «mancha urbana». Logo, essa sucessão dos regimes jurídicos reguladores dos licenciamentos para lotear e construir exclui qualquer possibilidade de agora se afirmar que o acto recorrido tratou os recorrentes segundo um padrão diferente do usado naqueles outros licenciamentos pretéritos.

Assente, deste modo, a improcedência das conclusões 15.ª e 16.ª, resta-nos conhecer do último vício, tratado na conclusão seguinte – na qual os recorrentes asseveram que o indeferimento da sua pretensão ofende o princípio da proporcionalidade. Mas, e como veremos de seguida, também esta denúncia claudica de maneira notória.

O princípio da proporcionalidade, previsto no art. 5.º do CPA, constitui um dos limites internos do exercício administrativo de poderes discricionários, razão por que é impensável e irrealizável a ofensa desse princípio durante o uso de poderes estritamente vinculados. Ora, a factualidade provada mostra-nos que no acto contenciosamente recorrido se assumiu que a aplicabilidade do POOC ao pedido de informação prévia conduzia à inevitável inviabilidade do loteamento pretendido pelos aqui recorrentes; e, se cotejarmos o POOC com o teor do acto recorrido, logo vemos que este realmente emanou do exercício de poderes vinculados. Sendo assim, o autor do acto, ao pratica-lo, não se situou nem moveu dentro de um espaço de liberdade relativa em que lhe coubesse moldar as características da sua pronúncia; e, na precisa medida em que não exerceu uma liberdade de escolha entre várias soluções possíveis, a autoridade recorrida não podia ofender o princípio da proporcionalidade – como dissemos já. Aliás, a sentença «a quo» salientou – sem nisso ser questionada – que os próprios recorrentes admitiram «a silentio» que a sua pretensão estaria votada a um fatal indeferimento se o POOC lhe fosse aplicável, como agora sabemos que é. Em suma: é inequívoco que o acto emanou mesmo do exercício de poderes vinculados, circunstância que logo afasta a hipótese de aí ter sido ofendido o princípio da proporcionalidade.

Soçobra, assim, a conclusão 17.ª da alegação dos recorrentes. E improcede ainda a conclusão seguinte e última, em que eles se limitaram a recapitular sinteticamente os ataques que haviam levado às conclusões anteriores.

Nestes termos, acordam em negar provimento ao presente recurso jurisdicional e em confirmar a sentença recorrida.

Custas pelos recorrentes:

Taxa de justiça: 400 euros.

Procuradoria: 200 euros.

Lisboa, 22 de Maio de 2007

Madeira dos Santos (Relator)
Freitas Carvalho
Costa Reis

Recurso n.º 125/07-11

PEDIDO DE LICENCIAMENTO DE OBRAS. PARECER VINCULANTE. PARECER TÁCITO CONCORDANTE. REVOGAÇÃO POR PARECER EXPRESSO. AUDIÊNCIA PRÉVIA. PRINCÍPIO DA INOPERÂNCIA DOS VÍCIOS PROCEDIMENTAIS.

(Acórdão de 22 de Maio de 2007)

SUMÁRIO:

I – Se, no âmbito de um procedimento de licenciamento de construção sujeito a parecer favorável concordante da Comissão Directiva do Parque Natural Sintra-Cascais, for proferido um parecer expresso desfavorável, a câmara municipal competente para se pronunciar sobre o pedido de licenciamento não pode decidir em desconformidade com ele, mesmo que tenha sido recebido para além do prazo para formação de presunção de concordância previsto no art. 19.º, n.ºs 8 e 9, do Decreto-Lei n.º 555/99, de 16 de Dezembro, na redacção do Decreto-Lei n.º 177/2001, de 4 de Junho.

II – O referido «*parecer*» tem natureza de acto administrativo de tipo permissivo, configurando uma «*autorização*», estando subordinado ao regime de revogação dos actos administrativos previsto nos arts. 140.º e 141.º do CPA.

III – Na alínea *b*) do n.º 2 da Resolução do Conselho de Ministros n.º 56/2002, de 13 de Março, que interdita os «*actos e actividades*» de «*construção, reconstrução ou ampliação de edifícios ou outras instalações*», inclui-se a alteração de um edifício em construção.

IV – Por força dos princípios do aproveitamento do acto e da inoperância dos vícios, a constatação de que um acto administrativo enferma de um vício procedimental nem sempre justifica que ele seja anulado, não se justificando a anulação, designadamente, quando decisão diferente da que foi adoptada pela autoridade administrativa estaria afectada por nulidade.

ACORDAM NA SECÇÃO DO CONTENCIOSO ADMINISTRATIVO DO SUPREMO TRIBUNAL ADMINISTRATIVO:

1 – CARLOS FERNANDO PEDROSA FERNANDES interpôs no Tribunal Administrativo de Círculo de Lisboa recurso de anulação do despacho do Senhor Presidente da Câmara Municipal de Sintra, de 13-6-2003, proferido no exercício de competência delegada, que indeferiu um pedido de licenciamento de obras.

O Tribunal Administrativo e Fiscal de Lisboa, que sucedeu na competência daquele Tribunal, negou provimento ao recurso.

Inconformado, o Recorrente interpôs o presente recurso para este Supremo Tribunal Administrativo, apresentando alegações com as seguintes conclusões:

1. O facto de os n.ºs 1 dos art. 7.º e 25.º do Regulamento do Plano de Ordenamento do Parque Natural Sintra-Cascais imporem a necessidade do parecer da Comissão Directiva e de este parecer ser vinculativo.

II. Não significa que o parecer – obrigatório e vinculativo – não deva ser dado no prazo geral de 20 dias que a Regime Jurídico da Urbanização e Edificação fixa no n.º 8 do seu art. 19.º.

III. E que, não sendo dado nesse prazo, tal comportamento omissivo não seja considerado como concordância, como estatui o n.º 9 do art. 19.º desse Regime Jurídico.

IV. Pois, não havendo nenhuma norma especial que fixe diferente prazo, então necessariamente haverá que se aplicar a lei geral, sob pena de assim se subverter todo o sistema legal do urbanismo que, hoje em dia, fixa prazos para todo e qualquer acto do procedimento V. Assim se promovendo a celeridade processual como uma das traves mestras d / sistema.

VI. Mas, caso assim se não entenda, o Particular (e a própria Câmara Municipal...) poderia ficar perpetuamente a aguardar o parecer.

VII. O que sempre seria injusto e iníquo, nunca podendo (devendo) ser esse o resultado da aplicação de uma lei num Estado de Direito.

VIII. Também a aplicação das medidas preventivas estatuídas na Resolução do Conselho de Ministros n.º 56/2002 à pretensão urbanística do Recorrente.

IX. A qual se traduz claramente na realização de obras de alteração em edifício não concluído.

X. E cuja possibilidade está expressamente prevista no art. 83.º do Regime Jurídico da Urbanização e Edificação.

XI. Não pode deixar de violar a Lei.

XII. Pois que na al. b) do n.º 2 da RCM 56/2002, não ficaram interditadas as obras de alteração.

XIII. Tendo apenas sido proibidas as obras de construção, de reconstrução e de ampliação.

XIV. Pelo que também esta aplicação das medidas preventivas à pretensão do Recorrente padece de vício de violação de lei.

XV. Sendo que, do teor das conclusões supra e parafraseando o Ilustre Conselheiro António Samagaio, «o direito do interessado na participação da formação do acto de que é alvo (...) é, verdadeiramente, violado no caso de existir a possibilidade, mesmo que ténue que seja, de vir a influir quer pelos esclarecimentos prestados, quer pelo chamamento da atenção de certos aspectos de facto ou de direito, na decisão a proferir, no termo da instrução...»

XVI. Sendo que no caso ora em apreciação, não sendo a Lei tão clara quanto parece decorrer da sentença do M. Juiz a quo,

XVII. Sempre deveria ter sido garantido o direito de audição prévia do administrado previsto no art. 101.º do Código de Procedimento Administrativo

XVIII. Sendo que a omissão desta fase procedimental, porque não fundamentada numa inequívoca aplicação da Lei e do Direito

XIX. Também é ilegal.

XX. Outra solução é injusta, e restringe o direito de participação do Administrado nas decisões que lhe dizem respeito.

Nestes termos e com o sempre mui douto suprimento de Vossas Excelências, deve ser concedido provimento ao presente recurso e, em consequência, revogar-se o Acórdão do Tribunal Administrativo de Círculo de Lisboa, assim se fazendo JUSTIÇA.

Não foram apresentadas contra-alegações.

O Excelentíssimo Procurador-Geral Adjunto emitiu douto parecer nos seguintes termos:

1. Imputa o recorrente à sentença recorrida erro de julgamento sobre a improcedência do alegado vício de violação dos arts 19.º, n.os 8, 9 e 11 e 24.º, n.º 1, al. c) do DL n.º 555/99, redacção do DL n.º 177/01, de 4 de Junho.

Alega, a propósito, que a falta de emissão, no caso, de parecer da Comissão Directiva do Parque Natural Sintra-Cascais (PNSC), no prazo legalmente previsto no n.º 8 do referido art. 19.º, significa concordância daquela entidade com a sua pretensão de licenciamento, nos termos do n.º 9 do mesmo artigo, e que, face a ela, por inobservância daquele prazo, não operaria o parecer desfavorável posteriormente emitido, em 30/1/2003 – cfr. fls. 45/47.

Ora, sendo certo que o silêncio daquele órgão vale como acto tácito de concordância, nos termos sustentados pelo recorrente, o parecer desfavorável posterior à sua formação procedeu à sua revogação, extinguindo todos os respectivos efeitos jurídicos, com fundamento na sua ilegalidade, por violação da al. b) do n.º 2 da RCM n.º 56/2002, de 13 de Março – cfr. fls. 47/45.

Em consequência, dada a natureza obrigatória e o carácter vinculativo que a lei confere ao parecer da Comissão Directiva do PNSC sobre o projecto de licenciamento de construção apresentado pelo recorrente, de acordo com o disposto nos arts. 7.º, n.º 1 e 25.º, n.º 1 do Regulamento do Plano de Ordenamento do Parque Natural de Sintra-Cascais, aprovado pelo Decreto-Regulamentar n.º 9/94, de 11 de Março, a autoridade recorrida não podia deixar de indeferir a pretensão do recorrente, sob pena de nulidade, nos termos dos arts. 24.º, n.º 1, al. c) e 68.º, al. c) in fine do DL n.º 555/99, redacção do DL n.º 177/01, de 4 de Junho, bem como do art. 13.º do DL n.º 151/95, de 24 de Junho.

Improcede nesta parte o recurso.

2. Invoca também o recorrente erro de julgamento em matéria de improcedência do vício de violação de lei, por ofensa do n.º 2, al. b) da RCM n.º 56/2002, de 13 de Março, em cuja previsão de interdição de realização de obras de construção, reconstrução ou ampliação de edifícios ou outras instalações não se incluiria a sua pretensão urbanística, uma vez que ela se traduzia na realização de obras de alteração em edifício não concluído.

Está em questão um pedido de licenciamento de obras de alteração do projecto de arquitectura de um imóvel (moradia), em que a respectiva construção está em fase de estrutura e em desacordo com o projecto aprovado – matéria de facto provada, a fls. 130.

As obras a licenciar compreendem-se pois no âmbito da actividade que tem em vista a construção de uma nova edificação, na medida em que não existe ainda, como resultado dessa actividade, um imóvel susceptível de utilização humana, cujas características físicas sejam objecto de modificação.

E, como tal, elas não poderão deixar de ser qualificadas como obras de construção e não de alteração, como o recorrente pretende, carecendo de suporte a alegação, manifestamente contraditória, de que se trata de obras de alteração em edificação já existente, embora não concluída – cfr. art. 2.º, als a), b) e e) do DL 555/99, de 16 de Dezembro, redacção do DL n.º 177/01, de 4 de Junho.

Acresce que, de acordo com a informação em que se fundou o acto impugnado, o projecto contempla a realização de obras com aumento da área de implantação, o que igualmente obsta à sua qualificação como obras de construção, nos termos da referida alínea e) in fine – Cfr. fls. 48 e segs.

Em consequência, ocorrendo, no caso, a interdição de construção e/ou ampliação prevista no n.º 2, al. b) daquela RCM, improcederá, também aqui, o recurso.

3. Por último, nenhuma censura merece a sentença recorrida, ao negar eficácia invalidante à preterição do direito de audiência do interessado, com o aproveitamento do acto administrativo, sendo certo, como é e resulta do exposto, que o acto de indeferimento do projecto de licenciamento foi praticado no exercício de poderes vinculados e se revela, em juízo de prognose póstuma, como a única decisão concretamente possível – Cfr, entre outros, os Acórdãos deste STA, de 22/11/06, rec. 0425/06; de 10/5/06, rec. 01035/04; de 2/6/05, rec. 01998/03 e de 14/12/04, rec. 01451/03.

4. Em nosso parecer, o recurso não merece pois provimento, devendo, pelas razões expostas, ser confirmada a douta sentença recorrida.

As partes foram notificadas deste douto parecer e nada vieram dizer.

Corridos os vistos legais, cumpre decidir.

2 – Na sentença recorrida deu-se como assente a seguinte matéria de facto:

1. Em 19.9.1999, o Presidente da CMS emitiu, a favor do Recorrente o alvará de licença de construção n.º 789//2001, referente ao processo n.º 1111/99, relativo a uma moradia sita no Mindelo, na Praia das Maçãs, nos moldes constantes a fls. 15 dos autos, aqui dados por reproduzidos na íntegra.

2. No decurso da execução da obra licenciada, o Recorrente introduziu, alterações ao projecto aprovado.

3. Em, 31.1.2001, os Serviços de Fiscalização da CM deslocaram-se ao local e lavraram informação na qual se regista a implantação da dita moradia em desacordo com o projecto aprovado, conforme, consta a fls. 344 do processo instrutor, aqui dado por reproduzido na íntegra.

4. Em 1.2.2002, o Recorrente deu entrada nos Serviços da CMS um pedido de licenciamento de obras de alteração do projecto de arquitectura em edifício não concluído, nos termos constantes no processo instrutor, aqui dado por reproduzido.

5. No dia 4.2.2002, constatando algumas deficiências no projecto apresentado, o Recorrente juntou novas peças desenhadas em substituição das entregues em 1.2.2002.

6. Em 4.2.2002, os Serviços de Fiscalização Técnica da CM deslocaram-se ao local e lavraram, informação na qual se regista a implantação da construção em desacordo como projecto aprovado, encontrando-se a obra em fase de estrutura, com base num projecto não aprovado e sem a necessária licença municipal, nos moldes constantes a fls. 345 do processo instrutor, aqui dado por reproduzido na íntegra.

7. Em 13.2.2002, o Presidente da CMS proferiu despacho a embargar a obra.

8. Em 17.6.2002, na informação de apreciação liminar, a arquitecta Lina Catarino registou deficiências no processo, propondo a notificação do interessado para aí suprir, nos termos constantes no processo instrutor, aqui dado por reproduzido na íntegra.

9. Em 9.10.2002, pelo ofício n.º 7124, o Presidente da solicitou à Comissão Directiva do Parque Natural de Sintra-Cascais parecer relativo à construção em apreço.

10. Em 2.12.2002, o recorrente foi notificado para, no prazo de 30 dias, suprir as deficiências assinaladas.

11. Em 13.12.2002, o Recorrente juntou novas peças, nos moldes constantes no processo instrutor, aqui dados por reproduzido na íntegra.

12. Em 15.1.2003, o técnico do Parque Natural de Sintra-Cascais emitiu informação e proposta de indeferimento do pedido, nos termos e com os fundamentos constantes a fls. 46 a 47 dos autos, aqui dados por reproduzidos na íntegra.

13. Em 30.1.2003, a Comissão Directiva do Parque Natural de Sintra-Cascais deliberou, emitir parecer desfavorável.

14. Em 14.2.2003, a CMS registou, a entrada do dito parecer sob o n.º 780.

15. Face ao silêncio da Autoridade Recorrida quanto ao pedido especificado em 3, o ora Recorrente requereu no Tribunal Administrativo de Círculo de Lisboa a intimação judicial para a prática de acto da CMS, que correu termos na 4ª secção, sob o n.º 157/2003.

10. Em 30.5.2003, foi proferida sentença nos autos supra identificados, a qual intimou a CMS ou o Presidente a deliberar sobre o projecto de arquitectura no prazo de 20 dias, nos termos constantes a fls. 36 a 42 dos autos, aqui dados por reproduzidos na íntegra.

17. Em 11.6.2003, o eng.º Sebastião Pinheiro, do Departamento de urbanismo da CMS, emitiu, informação desfavorável e propôs o indeferimento do pedido de licenciamento da obra, nos termos e com os fundamentos constantes a fls. 48 a 33 dos autos, aqui dados por reproduzidos na íntegra.

18. Em 13.6.2003, o Presidente da CMS proferiu despacho de indeferimento da pretensão do Recorrente, lavrado na folha da informação de 11.6.2003, concordando com o seu, teor, nos termos constantes a fls. 33 dos autos, aqui dados por reproduzidos na íntegra.

3 – O Recorrente apresentou nos serviços da Câmara Municipal de Sintra um pedido de licenciamento de obras de alteração do projecto de arquitectura em edifício não concluído (ponto 4, da matéria de facto fixada).

O Decreto-Lei n.º 555/99, de 16 de Dezembro, estabeleceu o regime jurídico do licenciamento municipal das operações de loteamento, das obras de urbanização e das obras particulares, reunindo num só diploma o regime jurídico destas operações urbanísticas.

No art. 19.º deste diploma, na redacção do Decreto-Lei n.º 177/2001, de 4 de Junho, estabelece-se o seguinte:

Artigo 19.º

Consultas a entidades exteriores ao município

1 – Compete ao presidente da câmara municipal promover a consulta às entidades que, nos termos da lei, devam emitir parecer, autorização ou aprovação relativamente às operações urbanísticas sujeitas a licenciamento.

2 – O interessado pode solicitar previamente os pareceres, autorizações ou aprovações legalmente exigidos junto das entidades competentes, entregando-os com o requerimento inicial do pedido de licenciamento, caso em que não há lugar a nova consulta desde que, até à data da apresentação de tal pedido na câmara municipal, não haja decorrido mais de um ano desde a emissão dos pareceres, autorizações ou aprovações emitidos e não se tenha verificado alteração dos pressupostos de facto ou de direito em que os mesmos se basearam.

3 – Para os efeitos do número anterior, caso qualquer das entidades consultadas não se haja pronunciado dentro do prazo referido no n.º 8, o requerimento inicial pode ser instruído com prova da solicitação das consultas e declaração do requerente de que os mesmos não foram emitidos dentro daquele prazo.

4 – O presidente da câmara municipal promove as consultas a que haja lugar em simultâneo, no prazo de 10 dias a contar da data do requerimento inicial ou da data da entrega dos elementos solicitados nos termos do n.º 4 do artigo 11.º

5 – No prazo máximo de 10 dias a contar da data de recepção do processo, as entidades consultadas podem solicitar, por uma única vez, a apresentação de outros elementos que considerem indispensáveis à apreciação do pedido, dando desse facto conhecimento à câmara municipal.

6 – No termo do prazo fixado no n.º 4, o interessado pode solicitar a passagem de certidão da promoção das consultas devidas, a qual será emitida pela câmara municipal no prazo de oito dias.

7 – Se a certidão for negativa, o interessado pode promover directamente as consultas que não hajam sido realizadas ou pedir ao tribunal administrativo que intime a câmara municipal a fazê-lo, nos termos do artigo 112.º do presente diploma.

8 – O parecer, autorização ou aprovação das entidades consultadas deve ser recebido pelo presidente da câmara municipal ou pelo requerente, consoante quem houver promovido a consulta, no prazo de 20 dias ou do estabelecido na legislação aplicável a contar da data da recepção do processo ou dos elementos a que se refere o n.º 5.

9 – Considera-se haver concordância daquelas entidades com a pretensão formulada se os respectivos pareceres, autorizações ou aprovações não forem recebidos dentro do prazo fixado no número anterior, sem prejuízo do disposto em legislação específica.

10 – As entidades exteriores ao município devem pronunciar-se exclusivamente no âmbito das suas atribuições e competências.

11 – Os pareceres das entidades exteriores ao município só têm carácter vinculativo quando tal resulte da lei, desde que se fundamentem em condicionamentos legais ou regulamentares e sejam recebidos dentro do prazo fixado no n.º 8, sem prejuízo do disposto em legislação específica.

12 – O presidente da câmara municipal pode delegar nos vereadores ou nos dirigentes dos serviços municipais as competências referidas nos n.os 1 e 4.

O art. 24.º, n.º 1, alínea *c*), do mesmo diploma, estabelece que o pedido de licenciamento é indeferido quando «*tiver sido objecto de parecer negativo, ou recusa de aprovação ou autorização de qualquer entidade consultada nos termos do presente diploma cuja decisão seja vinculativa para os órgãos municipais*».

No n.º 2, alínea *b*) da Resolução do Conselho de Ministros n.º 56/2002, de 13 de Março, que estabeleceu medidas preventivas para as áreas a abranger pelo Plano de Ordenamento da Orla Costeira de Sintra-Sado, interditam-se, nas áreas nela referidas, as actividades de «*construção, reconstrução ou ampliação de edifícios ou outras instalações*».

No art. 7.º, n.º 1, do Regulamento do Plano de Ordenamento do Parque Natural de Sintra-Cascais, na versão constante do Decreto Regulamentar n.º 9/94, de 11 de Março, vigente no momento em que foi formulado o pedido de licenciamento, estabelece-se que «*no Parque Natural, e sem prejuízo dos restantes condicionalismos legais, carecem de autorização da comissão directiva os projectos de implantação ou recuperação de construções, grandes infra-estruturas ou quaisquer outras susceptíveis de provocar alterações sensíveis do relevo, do enquadramento paisagístico e do coberto vegetal*». No art. 25.º, n.º 1, do mesmo Regulamento, estabelece-se que «*salvo disposição em contrário, as autorizações e pareceres emitidos pela comissão directiva do Parque Natural são sempre vinculativos e não dispensam outros pareceres, autorizações ou licenças que forem devidos*».

O Recorrente defendeu que, não sendo o parecer da Comissão Directiva do Parque Natural Sintra-Cascais recebido pela Câmara Municipal de Sintra no prazo indicado no n.º 8 do transcrito art. 19.º do Decreto-Lei n.º 555/99, ele deve considerar-se concordante com a pretensão de licenciamento formulada,

Na sentença recorrida entendeu-se que o regime previsto nos n.os 8, 9 e 11 daquele art. 19.º apenas é aplicável quando não existir «*legislação específica*» e que se integra neste conceito o regime previsto nos arts. 7.º, n.º 1, e 25.º, n.º 1, do Regulamento do Plano de Ordenamento do Parque Natural de Sintra-Cascais. Por isso, não terá ocorrido a concordância tácita prevista no art. 19.º daquele Decreto-Lei e, sendo o indeferimento da pretensão do Recorrente baseado no parecer desfavorável da Comissão Directiva do Parque Natural Sintra-Cascais, ele não ofende o disposto nos arts. 19.º, n.os 8, 9 e 11 e 24.º, n.º 1 alínea *c*), do Decreto-Lei n.º 555/99.

Como resulta dos pontos 9 da matéria de facto fixada, o parecer desfavorável da Comissão Directiva do Parque Natural Sintra-Cascais foi recebido pela Câmara Municipal de Sintra muito para além do prazo de 20 dias previsto nos n.os 8 e 9 do art. 19.º do Decreto-Lei n.º 555/99.

5 – A controvérsia entre o Recorrente e a sentença recorrida relativamente à questão da existência de um parecer tácito concordante, originado pelo decurso do prazo previsto no art. 19.º, n.º 8, do Decreto-Lei n.º 555/99, sem recepção de qualquer parecer pela Câmara Municipal de Sintra, foi já objecto de decisão, no sentido afirmativo, pela sentença proferida no processo de intimação cuja cópia consta de fls. 36-43.

Não consta expressamente do presente processo se essa sentença transitou em julgado, embora o facto de a Autoridade Recorrida ter invocado a obrigação de cumprimento do decidido como razão para não ter assegurado a possibilidade de exercício do direito de audiência indicie que a referida sentença não foi impugnada.

No entanto, essa questão da existência ou não de parecer tácito concordante com o pedido de licenciamento enquadra-se na questão mais geral, colocada pelo Recorrente na petição de recurso, de saber se a Câmara Municipal de Sintra violou a lei ao invocar como fundamento do indeferimento do pedido de licenciamento o parecer recebido da Comissão Directiva do Parque Natural Sintra-Cascais, emitido após o decurso do prazo referido.

O Excelentíssimo Magistrado do Ministério Público, no seu douto parecer, defende, em suma, que esse hipotético parecer tácito concordante, a ter existido, devia considerar-se revogado, no momento em que a Câmara Municipal de Sintra praticou o acto impugnado, pelo posterior parecer expresso desfavorável.

A entender-se que, se se tiver formado parecer tácito concordante, terá ocorrido sua revogação, deixará de ter qualquer interesse, para a decisão do presente processo[1], apurar se esse parecer se formou ou não e também não importará esclarecer se se formou caso julgado sobre o decidido no referido processo de intimação no sentido da sua formação.

Assim, justifica-se que se aborde prioritariamente essa questão da revogação, por dela resultar prejudicado o conhecimento das questões de saber se tal parecer se formou e se existe caso julgado relativamente à questão da sua formação.

Ora, é correcto o entendimento do Excelentíssimo Magistrado do Ministério Público sobre a revogação do hipotético parecer tácito concordante com a pretensão do Recorrente pelo parecer expresso desfavorável.

Com efeito, o denominado «*parecer*» tem natureza de acto administrativo de tipo permissivo, configurando uma «*autorização*» que é definida como «*o acto pelo qual um órgão da Administração permite a alguém o exercício de um direito ou de uma competência preexistente*».[2]

Nesta situação, tendo tal «*parecer*» natureza vinculativa, «*na realidade quem decide é a entidade que emite o parecer. Esta é que será a verdadeira decisão: a decisão da segunda entidade é apenas uma formalização de*

[1] O que não significa que a eventual formação de tal parecer não possa ter relevância para outros efeitos, designadamente indemnizatórios.

[2] Freitas do Amaral, *Curso de Direito Administrativo*, volume II, páginas 256-257.

algo que já estava pré-determinado no parecer. Neste último caso, sempre que o parecer seja vinculativo, do que se trata é de os dois órgãos praticarem o acto administrativo em co-autoria. O acto tem dois autores: um é o órgão consultivo ou o especialista que emita o parecer vinculante, e o outro é o órgão com competência para tomar a decisão definitiva, mas que é obrigado a seguir as conclusões do parecer».[3]

Por isso, aquele hipotético parecer tácito estará subordinado ao regime de revogação dos actos administrativos previsto nos arts. 140.º e 141.º do CPA.

No caso, o referido parecer expresso desfavorável, cuja cópia consta de fls. 45-47, teve por fundamento a violação da interdição de «*construção, reconstrução ou ampliação de edifícios ou outras instalações*» que está prevista na alínea *b*) do n.º 2 da Resolução do Conselho de Ministros n.º 56/2002.

Sendo assim, o fundamento da revogação tácita do hipotético parecer tácito concordante, que é corolário do referido parecer desfavorável, será a violação daquela norma, pelo que a revogação podia ser efectuada ao abrigo do disposto no art. 141.º, n.º 1, do CPA.

De qualquer forma, no momento em que foi decidido o indeferimento do pedido de licenciamento pela Câmara Municipal de Sintra tinha sido já proferido o parecer desfavorável, revogatório do hipotético parecer tácito, e era esse o parecer que se mantinha na ordem jurídica, pelo que, tendo ele carácter vinculativo, por força do disposto no art. 25.º, n.º 1, do Regulamento do Plano de Ordenamento do Parque Natural Sintra-Cascais, a decisão de indeferimento do pedido de licenciamento baseada em tal parecer desfavorável não viola qualquer disposição do Decreto-Lei n.º 555/99, sendo, antes, a decisão imposta pela alínea *c*) do n.º 1 do seu art. 24.º.

Assim, embora por razão diferente das que fundamentam a sentença recorrida, é de manter o decidido sobre a não violação deste diploma pelo acto recorrido.

6 – A segunda questão colocada pelo Recorrente no presente recurso jurisdicional é a de saber se a obra cujo licenciamento o Recorrente pediu se encontra abrangida pela interdição de «*construção, reconstrução ou ampliação de edifícios ou outras instalações*», prevista na alínea *b*) do n.º 2 da Resolução do Conselho de Ministros n.º 56/2002, de 13 de Março, que foi o fundamento do parecer desfavorável da Comissão Directiva do Parque Natural Sintra-Cascais (fls. 47).

A tese do Recorrente é, em suma, a de que tratando-se de alteração de edifício não concluído não estará abrangido por aquela interdição.

Na referida alínea b) interditam-se os «*actos e actividades*» de «*construção, de reconstrução ou ampliação de edifícios ou outras instalações*».

Sendo assim, é evidente a falta de razão do Recorrente pois, se o edifício não está concluído, as obras a realizar nele, sejam ou não de alteração das já efectuadas, reconduzem-se necessariamente a ***actos ou actividades de construção ou reconstrução***, pelo que sempre estarão abrangidas por aquela interdição.

Aliás, é essa a interpretação que se coaduna com o objectivo proclamado no Preâmbulo daquela Resolução do Conselho de Ministros de evitar a «*alteração das circunstâncias e condições existentes*».

[3] FREITAS DO AMARAL, *Curso de Direito Administrativo*, volume II, página 274.

Por isso, é de manter o decidido na sentença recorrida sobre este ponto.

7 – O Recorrente discorda também do decidido na sentença recorrida sobre o vício de violação do direito de audição prévia.

Na sentença recorrida entendeu-se que devia ser assegurado o direito de audiência, apesar do fundamento invocado pela Autoridade Recorrida para não realizar a audição ser a urgência, derivada do prazo para decisão imposto na sentença proferida no processo de intimação referido.

No entanto, aplicou-se ao caso o princípio do aproveitamento dos actos administrativos e entendeu-se que o vício de preterição do direito de audição não tem eficácia invalidante, por a decisão da Câmara Municipal de Sintra ser imposta pelo Art. 25.º, n.º 1, do Regulamento do Plano de Ordenamento do Parque Natural Sintra-Cascais, conjugado com o n.º 2, alínea *b*), da Resolução do Conselho de Ministros n.º 56/2002.

A questão de saber se havia lugar a audiência do Recorrente é uma questão distinta da de saber se, devendo ela existir, é de aplicar o princípio do aproveitamento do acto administrativo.

Relativamente à primeira questão, o decidido na sentença recorrida não foi impugnado, pelo que tem de considerar-se assente (art. 684.º, n.º 4, do CPC, aplicável por força do disposto no art. 102.º da LPTA).

Por isso, apenas há que apreciar se é de aplicar o princípio do aproveitamento do acto administrativo.

Este Supremo Tribunal Administrativo tem vindo a aplicar frequentemente o princípio geral de direito que se exprime pela fórmula latina ***utile per inutile non vitiatur***, e que, com essa ou com outras formulações e designações (como a de princípio do aproveitamento do acto administrativo, a de princípio da inoperância dos vícios, a de princípio antiformalista, e a de princípio da economia dos actos públicos)[4].

À face deste princípio não e justifica a anulação de um acto, mesmo que enferme de um vício de violação de lei ou de forma, quando a existência desse vício não se veio a traduzir numa lesão em concreto para o interessado cuja protecção a norma visa, designadamente, no caso de um vício procedimental, quando a sua ocorrência não teve qualquer reflexo no procedimento administrativo.

[4] Essencialmente neste sentido, não anulando actos administrativos apesar de reconhecerem a existência de vícios, por não ser afectada pelo vício a posição do recorrente, podem ver-se os seguintes acórdãos deste Supremo Tribunal Administrativo:

– acórdão de 27-4-1995, proferido no recurso n.º 34743, publicado no *Apêndice ao Diário da República* de 20-1-98, página 3722;

– de 28-5-96, proferido no recurso n.º 33082, publicado em *Apêndice ao Diário da República* de 23-10-98, página 4005;

– de 11-2-98, proferido no recurso n.º 40404, publicado em *Apêndice ao Diário da República* de 17-12-2001, página 913;

– de 17-6-99 proferido no recurso n.º 37667, publicado em *Apêndice ao Diário da República* de 30-7-2002, página 3994;

– de 23-9-99, proferido no recurso n.º 40842, publicado em *Apêndice ao Diário da República* de 9-9-2002, página 5012;

– de 23-1-2001, proferido no recurso n.º 45967, publicado em *Apêndice ao Diário da República* de 21-7-2003, página 321;

– de 7-11-2001, proferido no recurso n.º 38983, publicado em *Cadernos de Justiça Administrativa*, n.º 37, página 26;

– de 13-2-2002, proferido no recurso n.º 48403;

– de 9-4-2002, proferido no recurso n.º 48427;

– de 12-3-2003, proferido no recurso n.º 349/03;

– de 1-4-2003, proferido no recurso n.º 42197;

– de 14-5-2003, proferido no recurso n.º 495/02.

Isto significa, assim, que, nos casos em que se apurar em concreto, com segurança, atentas as específicas circunstâncias do caso, que não ocorreu uma lesão dos direitos procedimentais dos interessados, por a sua intervenção no procedimento não poder ter virtualidade, à face da lei, para influenciar o sentido da decisão, não se justificará a anulação do acto.

No caso em apreço verifica-se uma situação desse tipo.

Na verdade, embora a questão da existência ou não de parecer tácito concordante, apreciada na sentença recorrida possa considerar-se de solução discutível e susceptível de ser influenciada pela participação procedimental do ora Recorrente, essa participação deve considerar-se irrelevante perante a constatação da existência de um parecer desfavorável expresso que se impunha à Câmara Municipal de Sintra ao apreciar o pedido de licenciamento.

Com efeito, sendo nulo um eventual acto da Câmara Municipal de Sintra em dissonância com o referido parecer expresso [art. 68.º, n.º 1, alínea *c*), do Decreto-Lei n.º 555/99) e sendo a nulidade vicio de conhecimento oficioso e a todo o tempo (art. 134.º do CPA), é de entender que estava completamente afastada a possibilidade de ser proferido um acto de deferimento do pedido de licenciamento apresentado pelo Recorrente com susceptibilidade de se manter na ordem jurídica, o que conduz à conclusão da irrelevância da sua participação procedimental antes de ser proferida a decisão impugnada.

Termos em que acordam em negar provimento ao recurso e em confirmar a decisão recorrida, com esta fundamentação.

Custas pelo recorrente, com taxa de justiça de 350 (trezentos e cinquenta) euros e procuradoria de 50%.

Lisboa 22 de Maio de 2007

Jorge de Sousa (Relator)
Políbio Henriques
Rosendo José

Recurso n.º 161/07-12

PROCESSO DISCIPLINAR. MAGISTRADA DO MINISTÉRIO PÚBLICO. PRINCÍPIO DA PROSSECUÇÃO DO INTERESSE PÚBLICO.

(Acórdão de 22 de Maio de 2007)

SUMÁRIO:

I – Só pode caracterizar-se a actuação de uma magistrada do Ministério Público, no âmbito de um processo de inquérito em que foram ordenadas buscas e apreensões, como "desproporcionada, desnecessária e excessiva" se dela objectivamente se colher a constatação de que as buscas levadas a cabo nas sedes e domicílio dos Autores eram, na perspectiva da investigação, injustificadas e desnecessárias, ou que foram levadas a cabo com o uso de meios e procedimentos claramente despropositados ou excessivos.

II – Na ausência dessa constatação, a deliberação do CSMP que determinou o arquivamento da participação apresentada, "*por não se colher notícia, na participação, de infracção disciplinar*", não evidencia sinais de ilegalidade, não infringindo os preceitos legais invocados pelos Autores, nomeadamente o art. 15.º, n.º 1 do Estatuto do Ministério Público (Lei n.º 60/98, de 27 de Agosto), bem como os arts. 202.º e 204.º da Constituição da República.

III – A referida deliberação, de não exercício da acção disciplinar, só poderia ser considerada violadora do "*princípio da prossecução do interesse público e da protecção dos direitos e interesses do cidadão*" (arts. 266.º, n.º 1 e 268.º, n.º 4 da CRP e art. 4.º do CPA) caso se evidenciasse que aquele órgão superior do Ministério Público deixara, injustificadamente, de prosseguir o interesse público do sancionamento disciplinar da actuação da magistrada em causa, dando-se por verificados os respectivos pressupostos legais.
Mas, para que assim fosse, necessário seria que estivessem patentes indícios mínimos reveladores de infracção disciplinar, pois que só nesse caso aquele *interesse público* teria deixado, ilegalmente, de ser prosseguido.

ACORDAM, EM CONFERÊNCIA, NA SECÇÃO DO CONTENCIOSO ADMINISTRATIVO DO SUPREMO TRIBUNAL ADMINISTRATIVO:

RELATÓRIO

I. "MARÍTIMO DA MADEIRA FUTEBOL, SAD", com sede na Rua D. Carlos I, 14, Santa Maria Maior, no Funchal, "PROGIF – PROJECTOS, GESTÃO, INFORMÁTICA E FISCALIDADE, LDA", com sede no Edifício Vila Cave F, na Camacha, e RUI ALBERTO DE NÓBREGA GONÇALVES, residente na Rua da Autonomia, Terraço Vila n.º 2, no Caniço, intentaram neste STA, contra o CONSELHO SUPERIOR DO MINISTÉRIO PÚBLICO (CSMP), nos termos dos arts. 24.º, n.º 1, al. a), ponto IX) do ETAF e 46.º e segs. do CPTA, uma *acção administrativa especial* tendente à anulação da deliberação do CSMP de 24.05.2005, que decidiu arquivar a participação apresentada pelos Autores, para efeitos disciplinares, contra a Procuradora Adjunta no Tribunal do Funchal, Dra. (..................................), e à prática de acto devido consubstanciado no prosseguimento do procedimento disciplinar contra aquela magistrada.

Consideram os Autores que a deliberação impugnada foi tomada sem qualquer fundamentação, e que a mesma é ilegal uma vez que a actuação da Procuradora Adjunta extravasou o âmbito jurisdicional do processo, ordenando diligências inúteis, desproporcionadas e excessivas, pelo que o CSMP deveria ter actuado disciplinarmente contra a referida magistrada.

O CSMP contestou a acção, excepcionando a ilegitimidade dos Autores, e sustentando a improcedência da mesma por inexistência das apontadas ilegalidades.

Contestou igualmente a acção a Sra. Procuradora Adjunta, Dra. (............................), na qualidade de contra-interessada, sustentando igualmente a improcedência da acção.

Após correcção oficiosa de irregularidades formais da petição (art. 88.º, n.º 1 do CPTA), foi proferido despacho saneador (art. 87.º do CPTA), em que se julgou improcedente a excepção da ilegitimidade activa.

II. Notificados para os efeitos do art. 91.º, n.º 4 do CPTA, vieram os Autores apresentar alegação, nela formulando as seguintes conclusões:

1. A conduta da Exma. Procuradora da República Sra. Dra. Ana Maria Ferreira nas buscas às sedes e domicílio dos Requerentes, foi desproporcionada, desnecessária e excessiva, numa patente violação do bom nome e reputação dos Requerentes, violando, assim, claramente os artigos 202.º e 204.º da CRP.

2. O Conselho Superior do Ministério Público, nos termos do artigo 15.º, n.º 1 do Estatuto do Ministério Público, deverá pois exercer a sua competência disciplinar sobre a Exma. Sra. Dra.(............................).

3.Deverá proceder de tal forma, enquanto órgão da Procuradoria Geral da República (Cfr. artigo 220º, n.º 2 da CRP), respeitando desta forma um dos princípios basilares do direito administrativo, o "princípio da prossecução do interesse público e da protecção dos direitos e interesses do cidadão" que mereceu tutela constitucional no artigo 266.º, n.º 1 e legal no artigo 4.º do Código de Procedimento Administrativo.

4.A decisão de arquivamento do processo desencadeado pelos ora Requerentes consubstancia uma evidente violação dos artigos 202.º, 204.º e 268.º, n.º 4 da CRP e 15.º, n.º 1 do Estatuto do Ministério Público.

Nestes termos, os ora Requerentes reiteram o pedido inicial de requerer a V. Exª se digne julgar procedente por provada a presente acção administrativa especial de impugnação da deliberação do Conselho Superior do Ministério Público, determinando a sua anulação, e de condenação à prática de acto legalmente devido – a instauração de procedimento disciplinar contra a Exma. Sra. Dra. Ana Maria Ferreira, Procuradora da República junto da 1ª Secção dos Serviços do Ministério Público do Tribunal Judicial do Funchal –, com o que se fará a devida JUSTIÇA

III. Contra-alegou o Conselho Superior do Ministério Público, formulando as seguintes conclusões:

1. Entende o CSMP que a materialidade imputada pelos Autores à Senhora Procuradora da República – ora contra-interessada – não reveste dignidade disciplinar. Daí que

2. Tenha determinado, com a prática do acto impugnado, o arquivamento da participação que dirigiram ao CSMP contra aquela Senhora Magistrada, com o objectivo de ser instaurado o procedimento adequado.

3. Como se alcança da leitura da Informação n.º 25/ /2005 da Procuradoria-Geral Distrital de Lisboa, "*... A conduta a que atribuem relevância disciplinar ocorre toda ela no âmbito de um inquérito, de que a Magistrada é titular, ou seja, ... em que a Magistrada funciona como autoridade judiciária*", sendo certo que

4. As questões processuais, consubstanciadas em legítimas opiniões divergentes sobre a legalidade, "só podem ser discutidas e decididas nos respectivos processos", não dispondo o CSMP de competência para avaliar da sua conformação legal.

5. A decisão de arquivamento – devidamente fundamentada na Informação acima referida e que o acto impugnado absorve – é o resultado de uma equilibrada valoração de todos os elementos recolhidos e não viola qualquer das normas legais invocadas pelos Autores. Por isso,

1. Deve ser mantida.

***

Houve vista simultânea aos Exmos. Adjuntos (art. 92.º do CPTA).

FUNDAMENTAÇÃO
OS FACTOS

Consideram-se assentes, com interesse para a decisão a proferir, os seguintes factos:

a) A 30.03.2005, os Autores dirigiram ao CSMP uma participação, para efeitos disciplinares, contra a actuação da Sra. Procuradora Adjunta no Tribunal Judicial do Funchal, Dra. (........................), no âmbito do Processo de Inquérito n.º 295/02.5TAFUN, do seguinte teor:

"1 – O participante singular é membro do Conselho de Administração da sociedade MARITIMO DA MADEIRA FUTEBOL SAD;

2 – No dia 18 de Janeiro de 2005, por decisão da Exma. Sra. Dra.(..................), Procuradora da República junto da 1ª Secção dos Serviços do Ministério Público do Tribunal Judicial do Funchal, conforme mandado de busca e apreensão do qual se junta cópia como documento n.º 1, foram ordenadas buscas às instalações do CLUB SPORT MARÍTIMO e da MARÍTIMO DA MADEIRA FUTEBOL SAD, sitas na Rua do Campo do Marítimo, Santo António, Funchal (DOC. N.º 1);

3 – No dia acima referido, compareceram nas instalações do CLUB SPORT MARÍTIMO três agentes da Polícia Judiciária, a fim de efectuarem a referida busca;

4 – No andamento dos trabalhos, os senhores agentes da Polícia Judiciária solicitaram ao funcionário da MARÍTIMO DA MADEIRA FUTEBOL SAD presente, Sr. Eugénio, que lhes facultasse o acesso a alguns documentos, nomeadamente o relatório e contas de anteriores exercícios, os quais foram prontamente fornecidos;

5 – De seguida, os referidos agentes da Policia Judiciária presentes no local, solicitaram ao participante individual, enquanto membro do Conselho de Administração da MARÍTIMO DA MADEIRA FUTEBOL SAD, a entrega dos contratos de utilização de nome e imagem para fins comerciais e publicitários celebrados com a SAD e/ou outras entidades ou pessoas;

6 – O participante individual informou os senhores agentes da Polícia Judiciária presentes que os contratos se encontravam nas instalações da sociedade PROGIF – PROJECTOS, GESTÃO, INFORMÁTICA E FISCALIDADE, LDA., sociedade que presta serviços de contabilidade à MARÍTIMO DA MADEIRA FUTEBOL SAD;

7 – Os agentes da Polícia Judiciária procederam à apreensão dos documentos constantes do relatório e contas, referidos no ponto n.º 6 e deslocaram-se para as instalações da Progif com o objectivo de apreender os restantes documentos;

8 – Nas instalações da Progif solicitaram que lhes fossem facultados vários extractos de contas correntes com o objectivo de seleccionar diversas operações ou

movimentos contabilísticos de forma a serem facultadas fotocópias dos respectivos documentos suporte das mesmas. Atendendo à morosidade da execução da tarefa ficou acordado que seria posteriormente entregue os dossiers contendo as fotocópias de toda a documentação solicitada, designadamente fotocópia dos contratos de imagem, documentos de suporte de transferência de jogadores e documentos contabilísticos de execução dos mesmos, tendo a diligência sido dada como terminada;

9 – Entendendo que a diligência era ilegal, desde logo, por se tratar de uma busca domiciliária e não ter sido ordenada pelo Juiz de Instrução, bem como pelo facto de o mandado não especificar o objecto da diligência (note-se que apenas refere que o mandado é passado para "*efectiva apreensão de objectos e documentos relacionados com o crime em investigação*"), a MARÍTIMO DA MADEIRA FUTEBOL SAD veio, por requerimento apresentado via fax no dia 20 de Janeiro de 2005, arguir a nulidade da mesma, conforme cópia que se junta como documento n.º 2 (DOC. N.º 2);

10 – Pelo mesmo motivo, a MARÍTIMO DA MADEIRA FUTEBOL SAD indicou no referido requerimento que não entregaria a restante documentação solicitada enquanto não fosse decidida definitivamente a questão da nulidade da busca realizada;

11 – No referido requerimento a MARÍTIMO DA MADEIRA FUTEBOL SAD protestou juntar uma certidão do registo comercial e procuração forense;

12 – Em 21 de Janeiro de 2005, a mandatária da MARÍTIMO DA MADEIRA FUTEBOL SAD foi notificada via fax para vir aos autos juntar procuração forense, conforme cópia que se junta como documento n.º 3 (DOC. N.º 3);

13 – Note-se que a notificação indica a MARÍTIMO DA MADEIRA FUTEBOL SAD como arguida;

14 – Note-se ainda que o cabeçalho da referida notificação refere o autor deste inquérito como "desconhecidos"!!?? e o arguido como sendo José Carlos Rodrigues Pereira e outro(s);

15 – Certo é que a MARÍTIMO DA MADEIRA FUTEBOL SAD não é arguida uma vez que nunca como tal foi constituída por quem de direito;

16 – Posteriormente, em 31 de Janeiro de 2005, a mandatária da MARÍTIMO DA MADEIRA SAD, foi notificada via fax do despacho do Exmo. Sr. Dr. Juiz Júlio Gantes que ordenou o desentranhamento do requerimento de arguição de nulidade da busca efectuada no dia 18 de Janeiro de 2005 dado não se tratar de sujeito processual, conforme cópia que se junta como documento n.º 4 (DOC. N.º 4);

17 – Coincidentemente, ou não, nessa mesma data, 31 de Janeiro de 2005, por decisão da Exma. Sra. Dra. Ana Maria Ferreira, Procuradora da República junto da 1ª Secção dos Serviços do Ministério Público do Tribunal Judicial do Funchal, conforme mandado de busca e apreensão do qual se junta cópia como documento n.º 5, as instalações da PROGIF – PROJECTOS, GESTÃO, INFORMÁTICA E FISCALIDADE, LDA., foram sujeitas a uma busca (DOC. N.º 5);

18 – A sociedade PROGIF – PROJECTOS, GESTÃO, INFORMÁTICA E FISCALIDADE, LDA. presta serviços de contabilidade à MARÍTIMO DA MADEIRA FUTEBOL SAD.;

19 – Note-se que o despacho que ordenou a busca e apreensão fundamenta a decisão da seguinte forma: "tendo em atenção o conteúdo de fls. 760 e 761, verificamos que nem toda a documentação foi entregue, sendo precisamente a mais importante. Assim, por a mesma ser indispensável ao bom prosseguimento dos autos, ...";

20 – Nessa diligência compareceram 3 agentes da Polícia Judiciária e a Exma. Sra. Procuradora da República;

21 – Como resultado da diligência foi apreendida toda a documentação contabilística da MARÍTIMO DA MADEIRA FUTEBOL SAD;

22 – Da referida documentação não constavam os contratos mencionados no ponto 5 desta participação;

23 – O participante singular alertou os senhores agentes da Polícia Judiciária para o facto de que não obstante procederem à apreensão de toda a documentação da MARÍTIMO DA MADEIRA FUTEBOL SAD, que tinha em seu poder, naquele mesmo momento, fotocópia de toda a documentação solicitada anteriormente, conforme consta do ponto n.º 8, sendo certo que aqueles não manifestaram qualquer propósito de obtenção dos referidos contratos;

24 – De facto, os agentes da Polícia Judiciária presentes mostraram mais interesse em terminar rapidamente a diligência e seguir para o domicílio do participante do que obter os já famosos contratos;

25 – Desconhece-se qual o verdadeiro interesse em realizar a busca ordenada ao domicílio do participante individual;

26 – Mas é certo que, caso os agentes da Polícia Judiciária tivessem, desde logo, apreendido os referidos contratos, deixariam de ter motivo para efectuar a busca ordenada ao domicílio do participante individual;

27 – Aliás, não se compreende porque é que só foi ordenada busca ao domicílio do participante individual quando o mesmo não é o único membro do Conselho de Administração da MARÍTIMO DA MADEIRA FUTEBOL SAD, nem sequer é o seu Presidente;

28 – Note-se mais uma vez que o participante individual sempre se prontificou a entregar toda a documentação;

29 – De seguida, os presentes deslocaram-se para o domicílio do participante singular, a fim de executar a diligência de busca e apreensão ordenada pelo Exmo. Sr. Dr. Juiz Júlio Gantes, Juiz de Instrução Criminal do Tribunal Judicial do Funchal;

30 – No domicílio do participante singular estavam presentes os 3 agentes da Polícia Judiciária, incluindo o Exmo. Senhor Inspector Chefe da Polícia Judiciária no Funchal (Ricardo ...), outros 2 agentes da Polícia Judiciária, a Exm.ª Sra. Procuradora da República, um Exm.º Sr. Vogal desse Conselho (Exmo. Sr. Dr. Juiz Barateiro), o Exmo. Senhor Director da Polícia Judiciária do Funchal e o Exmo. Sr. Juiz de Instrução Criminal;

31 – Enquanto se aguardava a presença da mulher do participante singular que demonstrou interesse em estar presente na diligência, o Exm.º Sr. Dr. Juiz Júlio Gantes informou o participante singular do objectivo da busca: a apreensão dos referidos contratos e restante documentação já mencionada;

32 – Surpreendido com tal, o participante singular informou o Exmo. Sr. Juiz de Instrução Criminal de que os já famosos contratos se encontravam, em fotocópia, nas instalações da PROGIF – PROJECTOS, GESTÃO, INFORMÁTICA E FISCALIDADE, LDA., e os originais nas

instalações do CLUB SPORT MARÍTIMO DA MADEIRA e que já tinha se prontificado para os entregar, no decorrer da diligência anterior;

33 – Por ordem do Exm.º Sr. Juiz de Instrução, os presentes deslocaram-se de novo às instalações da PROGIF – PROJECTOS, GESTÃO, INFORMÁTICA E FISCALIDADE, LDA., onde foi entregue a documentação "em falta", que já lá estava;

34 – Desta entrega foi lavrado termo de que se junta cópia como documento n.º 6 (DOC. N.º 6);

35 – Face à entrega da referida documentação e conforme consta do termo de entrega junto como documento n.º 6, o Exm.º Sr. Juiz de Instrução Criminal ordenou que se *"desse sem efeito a realização das buscas domiciliárias oportunamente ordenadas"*;

36 – Na sequência, alguns dos agentes da Polícia Judiciária envolvidos e a Exm.ª Sra. Procuradora da República dirigiram-se às instalações do CLUB SPORT MARÍTIMO DA MADEIRA para apreender os originais dos referidos contratos;

37 – De tudo o exposto resulta claro e óbvio que a finalidade das 3 buscas ordenadas, às instalações da MARÍTIMO DA MADEIRA FUTEBOL SAD, às instalações da PROGIF – PROJECTOS, GESTÃO, INFORMÁTICA E FISCALIDADE, LDA. e ao domicílio do participante singular, era a obtenção da documentação que veio a ser voluntariamente entregue pelo participante singular.

38 – Documentação essa que o participante singular sempre se dispôs a entregar voluntariamente e que foi negligenciada pelas autoridades intervenientes;

39 – Pelo menos é o que se pode depreender de toda a actuação dos agentes da Polícia Judiciária e da Exm.ª Sra. Procuradora da República. Vejamos: na primeira busca apreendem apenas os documentos do relatório e contas de exercícios anteriores, sem qualquer critério ou verificação; verificando a falta dos referidos documentos a Exmª Sra. Procuradora da República ordena a segunda busca; nesta, apreendem indiscriminadamente toda a documentação contabilística da MARÍTIMO DA MADEIRA FUTEBOL SAD; face à entrega voluntária por parte do participante singular, a terceira busca ao seu domicílio é dada sem efeito;

40 – Ora, nem a MARÍTIMO DA MADEIRA FUTEBOL SAD, nem a PROGIF – PROJECTOS, GESTÃO, INFORMÁTICA E FISCALIDADE, LDA., nem o participante singular são, à data, arguidos no processo-crime em causa;

41 – Nunca a MARÍTIMO DA MADEIRA FUTEBOL SAD, a PROGIF – PROTECTOS, GESTÃO INFORMÁTICA E FISCALIDADE LDA., ou o participante singular foram notificados no processo-crime em causa para juntar fosse que documento fosse;

42 – Consequentemente, nunca a MARÍTIMO DA MADEIRA FUTEBOL SAD, a PROGIF – PROJECTOS, GESTÃO, INFORMÁTICA E FISCALIDADE, LDA., ou o participante singular se recusaram a entregar fosse que documento fosse;

43 – Pelo que as buscas ordenadas no processo-crime n.º 295/02.5TAFUN foram totalmente despropositadas e desnecessárias;

44 – Já para não falar no gasto de tempo e meios; Note-se o número de autoridades policiais e judiciárias envolvidas;

45 – Pelo que a fazer-se tais buscas, dever-se-ia ter obtido o consentimento das visadas, por serem as suas instalações e os seus documentos os visados na busca e não o domicílio ou os documentos do arguido, ou arguidos;

46 – Acresce que pelo menos a busca efectuada nas instalações da MARÍTIMO DA MADEIRA FUTEBOL SAD teve grande ressonância nos meios de comunicação social;

47 – Toda esta situação colocou em causa o bom nome e reputação da MARÍTIMO DA MADEIRA FUTEBOL SAD, da PROGIF – PROJECTOS, GESTÃO, INFORMÁTICA E FISCALIDADE, LDA., e do participante singular;

48 – Em suma, como pode a Exmª Sra. Dra. Ana Maria Ferreira, Procuradora da República junto da 1ª Secção dos Serviços do Ministério Público do Tribunal Judicial do Funchal ter ordenado tais buscas num processo-crime em que a MARÍTIMO DA MADEIRA FUTEBOL SAD, a PROGIF – PROJECTOS, GESTÃO, INFORMÁTICA E FISCALIDADE, LDA., e o participante singular não são parte, e no qual não foram notificados para juntar fosse que documento fosse;

49 – Escusado será dizer que tais buscas para além do alarme social que provocaram, foram também causadoras da paralisação dos serviços da MARÍTIMO DA MADEIRA FUTEBOL SAD e da PROGIF – PROJECTOS, GESTÃO, INFORMÁTICA E FISCALIDADE, LDA., com todos os prejuízos que isso acarretou.

50 – Houve claramente uma conduta desproporcionada e desnecessária da Exmª Sra. Dra. Ana Maria Ferreira, Procuradora da República junto da 1ª Secção dos Serviços do Ministério Público do Tribunal Judicial do Funchal que prejudicou amplamente a imagem e reputação da MARÍTIMO DA MADEIRA FUTEBOL SAD, da PROGIF – PROJECTOS, GESTÃO, INFORMÁTICA E FISCALIDADE, LDA. e do participante singular, desacreditando-os totalmente perante a opinião pública.

Nestes termos requer-se a V. Exas. que se dignem receber a presente participação e que apreciem disciplinarmente a conduta da Exmª Sra. Dra.(................), Procuradora da República junto da 1ª Secção dos Serviços do Ministério Público do Tribunal Judicial do Funchal no âmbito do processo-crime n.º 295/02.5TAFUN." (cfr. fls. iniciais do PI e docs. sequentes, cujo conteúdo se dá por reproduzido)

b) Sobre esta participação, e a pedido do Procurador-Geral da República, foi prestada pelo Procurador-Geral Distrital de Lisboa a Informação N.º 25/005, de 15.04.2005, na qual se concluiu:

"Pelo exposto, formulo a seguinte PROPOSTA:

1. Seja o expediente recebido ... presente a reunião do CSMP, com esta informação, para obter decisão.

2. Já para o CSMP emito o parecer de que deve ser determinado o arquivamento, por não se colher notícia, na participação, de infracção disciplinar." (doc. de fls. 170 e 171 do PI, cujo conteúdo se dá por integralmente reproduzido)

c) Na Sessão do Plenário do CSMP de 24.05.2005, e sobre a matéria em causa, foi tomada a seguinte deliberação (aqui impugnada):

"Participação apresentada pelo Marítimo da Madeira Futebol SAD, ao CSMP – Relator: Dr. Dias Borges. – O Conselho deliberou no sentido do arquivamento dos autos por não se colher notícia, na participação, de infracção disciplinar."

O DIREITO

Os Autores formularam na petição dois pedidos: anulação da identificada deliberação do CSMP e condenação do R. à prática de acto que determine o prosseguimento do processo disciplinar.

Não se vislumbrando outras irregularidades ou questões prévias que importe conhecer, para além das já apreciadas no saneador, importa então conhecer do mérito da acção, enfrentando os vícios que os Autores apontam à deliberação impugnada, como fundamentos da sua invalidade, e que delimitam o «*thema decidendum*» uma vez que a ausência de convite às partes para alegações complementares (art. 95.°, n.° 2 do CPTA) deixa antever que se não vislumbraram outros factores de invalidade da deliberação impugnada, para além dos invocados pelos Autores.

E, se for caso disso, ou seja, em caso de anulação do acto, apreciaremos então o pedido de condenação à prática de acto devido.

1. Começam os Autores por invocar que a conduta da Sra. Procuradora Adjunta Dra.(...................), nas buscas às sedes e domicílio dos Requerentes, foi desproporcionada, desnecessária e excessiva, numa patente violação do bom nome e reputação dos Requerentes, violando os arts. 202.° e 204.° da CRP, pelo que o Conselho Superior do Ministério Público deveria, nos termos do art. 15.°, n.° 1 do respectivo Estatuto, exercer a sua competência disciplinar sobre a referida magistrada, violando, ao não o fazer, o referido preceito estatutário.

Importa, desde já, sublinhar que da extensa matéria de facto reportada à actuação da Sra. Procuradora Adjunta (tal como a mesma vem descrita na exposição dirigida ao CSMP) se não descortina em que é que os Autores se suportam para caracterizar a actuação daquela magistrada como "desproporcionada, desnecessária e excessiva".

É evidente que esta caracterização impõe um conhecimento mínimo do âmbito e dos contornos específicos da investigação em causa, das vicissitudes inerentes às diversas diligências em que a investigação se desdobra, dos pontos-chave da investigação, para além, naturalmente, das técnicas e metodologias dos investigadores no sentido do apuramento dos factos indiciados.

E é, no mínimo, duvidoso que os Autores dispusessem desse conhecimento, ou estivessem a par dos referidos contornos da investigação contra eles dirigida.

Deste modo, só poderá conceber-se a invocada caracterização da actuação da Sra. Procuradora Adjunta como "desproporcionada, desnecessária e excessiva" se dela objectivamente se colher a constatação de que as buscas levadas a cabo nas sedes e domicílio dos Autores eram, na perspectiva da investigação, injustificadas e desnecessárias, ou que foram levadas a cabo com o uso de meios e procedimentos claramente despropositados ou excessivos.

Parece resultar da exposição dos Autores, levada à matéria de facto, que o cerne da sua imputação tem a ver com a circunstância de ter havido uma injustificada duplicação de buscas, que poderia ter sido evitada.

Apontam, designadamente, as buscas às sedes e domicílio dos Autores, alegadamente para apreensão dos contratos de utilização de nome e imagem para fins comerciais e publicitários celebrados pela "Marítimo da Madeira Futebol, SAD", documentos que se diz terem sido procurados nas sedes e domicílio referidos, quando teria sido desde o início disponibilizada a sua entrega pelos Autores.

Ora, e em primeiro lugar, importa referir que nem todas as buscas foram (nem poderiam ter sido) levadas a cabo pela Sra. Procuradora Adjunta.

A busca domiciliária à residência do Autor Rui Alberto Gonçalves foi ordenada e presidida pelo Sr. Juiz de Instrução, Dr. Júlio Gantes, embora com a presença da Sra. Procuradora Adjunta e dos elementos da PJ [cfr. n.os 29 e 30 da participação reportada na al. *a*) da matéria de facto – als. z) e aa) da alegação].

Por outro lado, importa referir que os Autores parecem contradizer-se nas suas próprias alegações, no que respeita à busca para apreensão dos aludidos contratos de imagem para fins comerciais.

Na verdade, invocam eles na sua participação ao CSMP [cfr. pontos 5 e 6 da participação reportada na al. *a*) da matéria de facto – als. *h*) e *i*) da alegação] que, aquando da busca às instalações do Marítimo e da Marítimo da Madeira Futebol SAD, "*o participante individual (co-autor Rui Alberto Gonçalves) informou os senhores agentes da Polícia Judiciária presentes que os contratos se encontravam nas instalações da sociedade PROGIF...*".

Mas referem depois [ponto 32 da participação reportada na al. a) da matéria de facto – al. cc) da alegação] que, aquando da busca domiciliária à residência do participante individual (co-autor Rui Alberto Gonçalves), este "*informou o Exmo. Sr. Juiz de Instrução Criminal de que os já famosos contratos se encontravam, em fotocópia, nas instalações da PROGIF ... e os originais nas instalações do CLUB SPORT MARÍTIMO DA MADEIRA e que já tinha se prontificado para os entregar, no decorrer da diligência anterior*".

As buscas e apreensões ordenadas não visavam apenas esses documentos, mas também – como resulta da matéria de facto – de diversos outros documentos, como relatórios de contas de anteriores exercícios, de suporte de transferência de jogadores e documentos contabilísticos de execução, etc.

Mas no que àqueles respeita, fica a ideia, corroborada pela própria descrição dos Autores, de que eles próprios terão afinal contribuído decisivamente para a invocada repetição de buscas, por via das incorrectas informações prestadas aos investigadores.

Afinal de contas, a pretensa repetição da busca para detecção dos aludidos contratos não ficou a dever-se a actuação "desproporcionada, desnecessária e excessiva" da Sra. Procuradora Adjunta, como referem os Autores, não se vislumbrando aí qualquer motivo relevante que justificasse a instauração da reclamada acção disciplinar por parte do CSMP.

Acresce que as diligências de investigação criminal, mormente as buscas e apreensões, são ditadas por específicos critérios de oportunidade e de *timing* de realização, que têm a ver com as circunstâncias concretas de cada caso, ligadas aos factos, às provas, aos suspeitos, e a todo um manancial de elementos de informação na posse dos investigadores que podem determinar, em cada momento, uma nova estratégia de condução do processo, naturalmente no respeito pelas determinações da lei.

O procedimento disciplinar não pode ser, como bem se refere na Informação da PGD, "o meio idóneo para avaliar da conformação legal de actos processuais, mesmo acrescentando-lhe a imputação subjectiva", o que "não significa, obviamente, que não possa existir responsabilidade disciplinar de magistrado, relacionada com a sua actuação em processo, em actos processuais".

O certo é que, na situação em análise, não se vislumbra minimamente que os autos forneçam indicação de que a actuação da Sra. Procuradora Adjunta, visada na participação ao CSMP, tenha patenteado sinais de *excesso* ou *desproporção* na realização das buscas por si ordenadas, tidas por necessárias aos fins visados pela investigação criminal por si dirigida, actuando ela, nesse âmbito, como autoridade judiciária, nos termos da lei processual penal.

Pelo que a impugnada deliberação do CSMP, ao determinar o arquivamento da participação apresentada pelos Autores, com os fundamentos constantes da Informação citada, que acolheu, ou seja, "*por não se colher notícia, na participação, de infracção disciplinar*", não evidencia sinais de ilegalidade, não infringindo os preceitos legais invocados pelos Autores, nomeadamente o art. 15.°, n.° 1 do Estatuto do Ministério Público (Lei n.° 60/98, de 27 de Agosto), bem como os arts. 202.° e 204.° da Constituição da República, normativos que, aliás, se reportam ao exercício da *função jurisdicional* pelos Tribunais, isto é, à função de julgar, que aqui não está seguramente em causa.

Improcede assim esta alegação.

2. Alegam ainda os Autores que, ao não exercer a acção disciplinar, determinando o arquivamento da participação, o CSMP desrespeitou um dos princípios basilares do direito administrativo, o "*princípio da prossecução do interesse público e da protecção dos direitos e interesses do cidadão*", com consagração constitucional (arts. 266.°, n.° 1 e 268.°, n.° 4 da CRP) e legal (art. 4.° do CPA).

Também aqui lhes não assiste qualquer razão.

Como sublinham Gomes Canotilho e Vital Moreira, *Constituição da República Portuguesa Anotada*, 3ª edição, pág. 922, o primeiro dos apontados preceitos constitucionais estabelece dois limites substanciais à actividade administrativa: um *limite positivo*, expresso na obrigatoriedade da prossecução do interesse público; e um *limite negativo*, traduzido no respeito pelos direitos e interesses legítimos dos cidadãos.

A prossecução do interesse público é um momento teleológico necessário de qualquer actividade administrativa, mas essa prossecução não pode conseguir-se à custa do sacrifício dos direitos ou interesses legítimos dos cidadãos.

Daí que o segundo preceito constitucional invocado (art. 268.°, n.° 4) conceda aos particulares a garantia da impugnação contenciosa dos actos administrativos que "*lesem os seus direitos ou interesses legalmente protegidos*".

Ora, a impugnada deliberação do CSMP, de não exercício da acção disciplinar contra a Srª. Procuradora Adjunta, só poderia ser considerada violadora dos apontados preceitos caso se evidenciasse que aquele órgão superior do Ministério Público deixara, injustificadamente, de prosseguir o interesse público do sancionamento disciplinar da actuação da magistrada em causa, dando-se por verificados os respectivos pressupostos legais.

Mas, para que assim fosse, necessário seria que estivessem patentes indícios mínimos reveladores de infracção disciplinar, pois que só nesse caso aquele *interesse público* teria deixado, ilegalmente, de ser prosseguido.

Ora, o que os autos evidenciam, como atrás se referiu já, é que não se vislumbra minimamente indicação de que a actuação da Sra. Procuradora Adjunta, visada na participação ao CSMP, tenha patenteado sinais de *excesso* ou *desproporção* na realização das buscas por si ordenadas, designadamente no ponto que parece consubstanciar o cerne da alegação dos Autores, ou seja, a "injustificada duplicação de buscas" tendentes à apreensão dos contratos de utilização de nome e imagem para fins comerciais e publicitários celebrados pela "Marítimo da Madeira Futebol, SAD", e que terá, afinal, ficado a dever-se à própria actuação dos Autores e às informações por eles prestadas aos investigadores.

A decisão de arquivamento da participação dirigida ao CSMP, com o fundamento de não se vislumbrarem indícios de infracção disciplinar, não se revela, assim, violadora dos citados preceitos legais e constitucionais, ou dos princípios neles consagrados, pelo que soçobram os vícios a ela apontados pelos Autores.

Pelo que, sem necessidade de outras considerações, se conclui pela improcedência da alegação.

3. Perante a conclusão de improcedência da pretensão impugnatória, por não ter sido demonstrada a ilegalidade do acto, tem naturalmente que improceder a pretensão de condenação à prática de acto devido, ou seja, de acto que determine o prosseguimento do processo disciplinar.

DECISÃO

Com os fundamentos expostos, acordam em julgar totalmente improcedente a acção.

Custas pelos Autores.

Lisboa, 22 de Maio de 2007

Pais Borges (Relator)
Rui Botelho
Freitas Carvalho

Recurso n.° 864/05-11

PROVIDÊNCIAS CAUTELARES CONSERVATÓRIAS. SUSPENSÃO DE EFICÁCIA. PENA DE INACTIVIDADE. PERDA DE REMUNERAÇÃO.

(Acórdão de 25 de Julho de 2007)

SUMÁRIO:

I – O deferimento de providência cautelar conservatória, como a suspensão de eficácia de acto administrativo, salvo quando ocorra a situação prevista na alínea *a*), do n.° 1, do art. 120.° do CPTA, depende da verificação cumulativa dos requisitos seguintes:

1 – Fundado receio:
***a*) Da constituição de uma situação de facto consumado; ou**
***b*) Da produção de prejuízos de difícil reparação para os interesses que o requerente visa assegurar no processo principal (art. 120.°, n.° 1, al. *b*), do CPTA: periculum in mora);**
2 – *a*) A não manifesta falta de fundamento da pretensão formulada ou a formular no processo principal; ou
***b*) Não manifesta existência de circunstâncias que obstem ao conhecimento de mérito (art. 120.°, n.° 1, al. *b*), do CPTA);**
3 – Da concessão da providência não podem resultar danos superiores aos que possa resultar da sua recusa (art. 120.°, n.°2 do CPTA: ponderação de interesses).

II – Na avaliação do *periculum in mora*, e estando em causa a perda de remuneração em virtude de pena disciplinar de inactividade, poderá a situação provocar prejuízos de difícil reparação para o requerente se estiver em perigo a satisfação das necessidades fundamentais e básicas suas e do seu agregado.

III – Na ponderação de interesses que decorre da observância do n.° 2, do art. 120.° do CPTA, será de conceder a providência face à natureza do ilícito – confinado ao plano interno da estrutura dos serviços do M.P. –, à inexistência de repercussão negativa no interesse da justiça, à competência do Magistrado em questão e à circunstância de ter já o serviço "em dia".

ACORDAM NA SECÇÃO DE CONTENCIOSO ADMINISTRATIVO DO STA:

I– F(.........................), procurador-adjunto do Ministério Público, vem requerer a suspensão de eficácia da deliberação do Plenário do Conselho Superior do Ministério Público de 27/04/2007, que, indeferindo reclamação, manteve a deliberação da Secção Disciplinar desse Conselho 8 de Fevereiro de 2007, confirmando a pena disciplinar de dezoito meses de inactividade.

Em suporte do pedido formulado, fundamenta-se nos seguintes elementos:

1.° Na alegada circunstância de o procedimento disciplinar estar prescrito, nos termos do art. 4.°, n.° 2 do Estatuto Disciplinar dos Funcionários e Agentes da Administração Pública – situação que em seu entender seria subsumível ao disposto no art. 120.°, n.° 1, al. *a*), do CPTA (*fumus boni iuris*);

2.° No erro manifesto na apreciação dos factos susceptíveis de justificar a aplicação da pena de 18 meses de inactividade, em violação do princípio da proporcionalidade – situação que igualmente se cuida ter sido invocada para relevar em sede de aplicação da mesma norma;

3.° Na existência de danos de difícil reparação para si e seu agregado familiar, além da lesão da imagem enquanto magistrado – o que seria motivo para aplicação do disposto no art. 120.°, n.° 1, al. *b*), do CPTA (*periculum in mora*);

4.° Inexistência de prejuízo para o interesse público – o que afastaria a aplicação do n.° 2, do art. 120.° citado.

***

Houve oposição.

II – OS FACTOS

1– O Conselho Superior do Ministério Público deliberou instaurar inquérito ao requerente na sequência da classificação de "medíocre" que lhe havia sido conferida por deliberação de 20/06/2001 relativamente ao serviço prestado no arquipélago dos Açores

2 – A esse inquérito foi atribuído o n.° 170/2004 e a sua conversão em procedimento disciplinar ocorreu por deliberação do CSMP datada de 18/10/2005.

3 – Por alegada violação dos deveres de zelo, lealdade e correcção veio a ser-lhe instaurado outro inquérito, a que foi dado o n.° 1.171/2005, e que foi convertido em procedimento disciplinar pelo CSMP em 15/03/2006.

4 – O CSMP deliberou determinar a apensação dos dois processos disciplinares em 15/03/2006.

5 – O relatório final do Sr. Instrutor concluiu pela apresentação de uma proposta no sentido da aplicação de uma pena disciplinar de dezoito meses de inactividade (fls. 21/38).

6 – O CSMP deliberou em 8/02/2007 aplicar ao requerente a pena de 18 meses de inactividade (fls. 40/54 e 20).

7 – O requerente reclamou (fls. 55/67), mas o Plenário do CSMP, em 27/04/2007, deliberou indeferir a reclamação e confirmar a pena imposta pela Secção Disciplinar (fls. 69/112).

8 – De acordo com o relatório final, problemas de ordem pessoal e familiar afectaram negativamente a prestação funcional do requerente, que posteriormente repôs "em dia" e "em ordem" o respectivo serviço.

9 – O requerente tem três filhos e a esposa não exerce actividade laboral remunerada.

10 – O filho mais velho estuda em Lisboa, na Faculdade de Direito da Universidade de Lisboa, implicando um encargo mensal de 600 euros; Uma filha vive consigo nos Açores, estudando Turismo na Universidade dos Açores, estando totalmente a seu cargo e de si dependente, A terceira filha vive com a sua mãe, contribuindo o requerente com 275 euros mensais.

11 – O requerente suporta um custo mensal de cerca de 1000 euros com a sua habitação.

III – O DIREITO

1 – Como é sabido, os critérios para a decisão da suspensão de eficácia encontram-se vertidos no art. 120.° do CPTA.

E desse normativo legal resulta que, estando em causa uma providência conservatória, como é o caso presente, ela será adoptada se for *evidente a procedência da pretensão* formulada ou a formular no processo principal (n.°1, al.a)).

Ora, não obstante o requerente ter invocado esta circunstância – radicada na alegada *prescrição* do procedimento disciplinar – a verdade é que os autos não fornecem dados irrefutáveis para o conhecimento da questão. Com efeito, não só para situar o tema no quadro da competência para a instauração do procedimento (se o CSMP, se o Procurador Geral da República, se ambos e em que moldes), mas também para apuramento do *dies a quo* concernente ao início da contagem do prazo de prescrição referido no art. 4.°, n.° 2, do Estatuto Disciplinar, importaria saber – até para a aplicação da jurisprudência obtida no Ac. deste STA de 1/03/2007, no Processo n.º 205/06-11 que o requerente invocou, senão até para eventual subsunção ao disposto na parte final da alínea *a*), do n.º1, do art. 120.º citado – o que aconteceu ao Inquérito n.º 170/2004 desde que foi remetido concluído pelo Instrutor à Procuradoria Geral da República e averiguar se ambos (170/2004 e 171/2005) passaram efectivamente, e quando, pelas mãos do Sr. Procurador-Geral da República antes de chegarem ao conhecimento do CSMP.

Não dispomos desses dados. Todavia, não se justificarão diligências instrutórias com vista ao seu apuramento, tendo em conta o juízo de procedência que faremos a propósito dos requisitos restantes do mesmo artigo 120.º.

***

2 – Esses requisitos são os seguintes:

1 – *Fundado receio*:

a) Da constituição de uma situação de facto consumado; ou

b) Da produção de prejuízos de difícil reparação para os interesses que o requerente visa assegurar no processo principal (art. 120.º, n.º1, al. b), do CPTA: periculum in mora);

2 – a) A *não manifesta falta de fundamento da pretensão formulada ou a formular no processo principal*; ou

b) *Inexistência de circunstâncias que obstem ao conhecimento de mérito* (art. 120.º, n.º 1, al. *b*), do CPTA).

3 – Da *concessão da providência não podem, por outro lado, resultar danos superiores aos que possam resultar da sua recusa* (art. 120.º, n.º 2, do CPTA: ponderação de interesses).

Portanto, requisitos positivos e negativos.

Entrando, rapidamente, na análise de cada um em concreto, não encontramos obstáculo à satisfação a pretensão.

Por um lado, de acordo com o teor da petição da acção administrativa especial tendente à anulação do acto impugnado não se mostra manifesta a improcedência do pedido ali formulado, já que não se avistam razões claras e patentes de ordem adjectiva ou substantiva que inviabilizem a apreciação de mérito da sua pretensão ou que conduzam, em grau muito elevado de probabilidade, à insatisfação da demanda. O que significa que o requisito da parte final da alínea *b*) do n.º 1 (*fumus boni iuris*) se mostra verificado.

Haverá *periculum in mora*?

Sem grandes hesitações somos a concluir que sim. Efectivamente, para quem com um só rendimento do trabalho de Magistrado tem que prover ao sustento de um agregado de cinco elementos e suportar as despesas que referiu (não contraditadas, aliás, pelo CSMP), não se duvida que a inactividade por 18 meses coloca seriamente em risco o sustento e os alimentos a esta família, cujo dever sobre o requerente impende. Quer dizer, justifica-se a concessão desta providência conservatória, sob pena de se constituir uma situação de facto que produza prejuízos de difícil reparação. Está, pois, verificado o requisito referente à alínea b), do n.º 1, do art. 120.º.

Resta efectuar a ponderação de interesses a que alude o art. 120.º, n.º 2, do CPTA.

Ora, a manutenção do requerente em funções, atendendo aos ilícitos que lhe são imputados, não será de molde a fazer perigar a imagem do Ministério Público, uma vez que a matéria infraccional detectada se situa "intra muros", isto é, sem ter saltado para fora desse plano. Com efeito, a errada informação incluída nos mapas estatísticos que forneceu à hierarquia releva tão-somente no quadro interno do funcionamento da estrutura do Serviço do Ministério Público, sem que daí tenham resultado prejuízos ao interesse público da justiça. Por outro lado, se os factos relativos aos atrasos na conclusão de processos puderam ser valorados do ponto de vista da violação de alguns deveres funcionais, também é verdade, como o próprio relatório final reconhece, que a partir de 2006 o serviço distribuído ao requerente estava regularizado, "*em ordem*" e "*em dia*". Assim, e porque, além do mais, se trata de um magistrado tecnicamente "bem preparado" (ver relatório, a fls. 29), não se vê que o interesse público, de acordo com os elementos dos autos, fique prejudicado com a manutenção do requerente em exercício de funções. Por outras palavras, o n.º 2 do artigo não constitui obstáculo ao deferimento do pedido.

Face ao que se deixa exposto, e na linha da jurisprudência dominante deste Supremo Tribunal, consideramos preenchidos os requisitos necessários ao deferimento da providência (neste sentido, entre outros, os Acórdãos do STA de 11.7.02, no recurso 955/02-11; de 13/01/2005, Proc. n.º 01273/04; de 1/02/2007, Proc. n.º 027/07, entre outros).

IV – DECIDINDO

Face ao exposto, acordam em deferir o pedido de suspensão de eficácia.

Custas pela entidade requerida.

Taxa de Justiça: 8 Unidades de Conta.

Procuradoria: 2 Unidades de Conta.

Lisboa, 25 de Julho de 2007

Cândido de Pinho (Relator)
Adérito Santos
Baeta de Queiroz

Recurso n.º 462/07-12

RESPONSABILIDADE CIVIL EXTRACONTRATUAL. CAUSALIDADE ADEQUADA. CULPA DO LESADO.

(Acórdão de 5 de Junho de 2007)

SUMÁRIO:

I – O estado irregular do piso de uma via municipal, com uma lomba elevada em 15 cm, onde se encontrava uma tampa de saneamento, é causa adequada do embate da parte inferior de um veículo que ali circulava na referida tampa, partindo o cárter.

II – A circunstância da condutora do veículo ter continuado a circular sem atender à luz indicativa da perda de pressão de óleo que imediatamente acendeu, contribuiu para o agravamento dos danos sofridos nesse acidente (motor queimado).

ACORDAM NA 1ª SECÇÃO DO SUPREMO TRIBUNAL ADMINISTRATIVO:

1. RELATÓRIO

ELISA MARIA BARBOSA DA CUNHA FIGUEIREDO, devidamente identificada nos autos, recorreu para este Supremo Tribunal da sentença proferida no Tribunal Administrativo e Fiscal do Porto que, na acção ordinária por si intentada, absolveu do pedido o réu MUNICÍPIO DE VILA DO CONDE, formulando as conclusões seguintes:

A — Deve considerar-se como provado que a Autora, conduzindo o « NL» embateu com a parte inferior do motor na tampa se saneamento existente no cimo de uma lomba descrita pelo piso estradal com cerca de 15 cm de altura, sem qualquer sinalização de aviso de perigo, sem que tenha contribuído para a produção do acidente, de que resultaram os danos patrimoniais e não patrimoniais, na esfera da Autora.

B — Deve ainda considerar-se não se confirmar que se tenha aceso no veículo uma lâmpada avisadora da falta de pressão do óleo, a que a Autora não deu atenção.

C — Deve considerar-se, ainda, como provado que o embate da parte inferior do motor do veículo com a tampa tenha ou não produzido ruído, e que esse ruído não se tenha confirmado ter sido ouvido pela condutora do veículo.

D — Pelo que deve considerar-se que se encontram preenchidos todos os requisitos exigidos pelo artigo 483.° do Código Civil.

E — Deve considerar-se que o Réu agiu com culpa, culpa essa presumida nos termos do artigo 493.° do C.Civil, e que não a logrou ilidir.

F — O sentido da douta Sentença recorrida não é, deste modo, passível de harmonização, tomando como referência os pontos da factualidade posta em confronto, consubstanciando erro notório na apreciação da prova, que conduziu a erro de julgamento.

G – Decidindo de modo diverso, o Tribunal "a quo" violou designadamente o disposto nos artigos 483.° e 493.° todos do C. Civil.

Contra-alegou apenas interveniente acessória, AXA PORTUGAL – COMPANHIA DE SEGUROS, SA, pugnado pela manutenção da sentença e formulando, por seu turno, as conclusões seguintes:

1ª – As alegações da Apelada serão necessariamente breves, pois a douta sentença proferida pela Meritíssima Juíza do Tribunal "A Quo" não padece de qualquer erro ou vicio; acresce que, as alegações de recurso não cumprem os requisitos do art. 690° A do CPC, muito embora a A. pretenda pôr em causa a matéria de facto tida como provada – pelo, deverá ser liminarmente rejeitado.

2ª – Não existe qualquer contradição entre os documentos juntos aos autos, o depoimento das testemunhas e a matéria tida como provada. Não existe, pois, qualquer erro ou má interpretação do direito ou da prova ou mesmo contradição entre os factos provados e a decisão proferida – enfim, não existe qualquer motivo válido que justifique a alteração do acórdão proferido.

3ª – O cerne da discussão dos presentes autos é a existência dos pressupostos do art. 483 do CC., ou seja, a existência de culpa, de dano e de nexo causal entre o facto culposo e os danos. Ora, não se provou nem a existência de qualquer culpa por parte do agente – seja na forma de acção ou de omissão — nem tão pouco o nexo causal entre o facto causador do acidente e os danos do mesmo.

4ª – Ao não ficar provado o quesito 6° com a formulação que lhe foi dada pela A. mas sim provando-se que «A tampa de saneamento se encontrava no cimo de uma lomba descrita pelo piso estradal com cerca de 15cms» mas ao mesmo nível do piso, o que é bem diferente do sustentado pela A. – que a tampa de saneamento estava acima do nível do piso estradal em cerca de 15 cms. – não se pode assacar qualquer responsabilidade ao Município de Vila do Conde e, consequentemente à AXA;

5ª – Quanto às restantes conclusões, as mesmas não podem ser apreciadas por implicarem reapreciação da matéria de facto, o que no caso concreto não é possível, de acordo com as razões expostas nas conclusões 1 e 2 supra.

6ª – O presente recurso terá necessariamente que improceder, mantendo-se a sentença recorrida, porquanto o Tribunal "a quo" fez urna correcta apreciação da matéria de facto e uma correcta subsunção do Direito a esses mesmos factos.

Neste Supremo Tribunal o Ex.mo Procurador-geral Adjunto emitiu parece no sentido da improcedência do recurso.

Colhidos os vistos legais, foi o processo submetido à conferência para julgamento.

2. FUNDAMENTAÇÃO

2.1. MATÉRIA DE FACTO

A sentença recorrida deu como provados os seguintes factos:

A) O réu Município de Vila do Conde transferiu para a Axa Portugal – Companhia de Seguros SA, a sua responsabilidade emergente de, para além do mais, "actos, omissões ou negligência dos autarcas, funcionários e empregados no exercício das suas funções", nos termos do contrato de seguro titulado pela apólice n.° 102463//07, regido pelas condições gerais e particulares constantes do doc. 2 junto com a contestação do Réu (fls. 37 a 55 dos autos).

B) No dia 3 de Novembro de 2001, pelas 8.00 h, na Av. Gaspar Manuel, na cidade de Vila do Conde, a Autora conduzia o veículo automóvel de marca Fiat, modelo Marea, com a matrícula 52-16-NL, no sentido Sul/Norte.

C) A Autora, ao chegar ao cruzamento da Rua João Ribeiro Gaio com a Av. Gaspar Manuel, parou e em seguida virou à esquerda, entrando na Av. Gaspar Manuel, onde percorreu cerca de 200 metros.

D) A Autora embateu com a parte inferior do veículo que conduzia numa tampa de saneamento existente na Av. Gaspar Manuel, entre os postes de iluminação pública identificados com os nos 7 e 12, frente à Travessa Gaspar Manuel.

E) Aquela tampa de saneamento encontrava-se no cimo de uma lomba descrita pelo piso estradal com cerca de 15 cm de altura.

F) Não existia qualquer sinalização de aviso de perigo.

G) Antes da referida lomba com a tampa de saneamento, existem outras lombas.

I) Após o embate, a Autora ainda percorreu pelo menos cerca de 700 metros, e só quando se imobilizou junto duns semáforos é que foi alertada pelo condutor do veículo que seguia atrás do seu de que o seu carro estava a verter óleo.

J) Imediatamente a Autora estacionou o 52-16-NL, e chamou as autoridades policiais competentes, que se deslocaram ao local do acidente e lavraram o respectivo auto, de igual teor ao doc. de fls. 13-14.

L) Por força do descrito acidente, o veículo ficou imobilizado e teve de ser rebocado do local para a oficina, Garagem Irmãos Félix, Lda., em Vila do Conde, para aí ser reparado.

M) À data do acidente a Autora era repositora de uma marca de brinquedos, deslocando-se diariamente naquele veículo automóvel para visitar os clientes.

N) Sendo o automóvel o único meio de transporte adequado para a profissão que exercia.

O) A Autora despendeu com a reparação do veículo 52-16-NL a quantia de 4.893.33 €.

P) Por via do acidente, a Autora sofreu vários incómodos, quer na sua vida pessoal, quer profissional, imensos transtornos, teve de pedir que lhe emprestassem um veículo automóvel, solicitar favores a pessoas amigas, nomeadamente que a transportassem a determinados locais, onde tinha de visitar clientes e fornecedores.

Q) A A. ficou privada do uso do veículo NL desde 3 de Novembro de 2001 até 30 de Abril de 2002.

R) Tal veículo era do ano de 1999, um ligeiro de passageiros, a gasóleo, e com 1910 cc. de cilindrada.

H) Ao embater com a parte inferior do motor na identificada tampa de saneamento, imediatamente se partiu o cárter, causando o derramamento do óleo do motor ali depositado.

S) Imediatamente após o "NL" embater com a parte inferior do motor na tampa de saneamento, acendeu-se no veículo uma lâmpada avisadora da falta de pressão do óleo, a que a A. não deu atenção.

T) O local do acidente configura uma recta com boa visibilidade, com piso betuminoso em razoável estado de conservação, mas com irregularidades no pavimento, formando pequenas lombas.

U) A tampa de saneamento, em si, não se encontrava saliente, estando porém colocada numa das irregularidades do pavimento.

V) Naquele local a velocidade está restringida a 50 Kms/h.

X) O embate da parte inferior do motor do veículo com a tampa produziu ruído susceptível de ser ouvido pela condutora do veículo.

Z) A A., continuando a circular como fez, queimou completamente o motor do veículo.

AA) Em consequência do embate do veículo "NL" na tampa de saneamento e subsequente andamento do mesmo "forçando o motor", tal veículo sofreu danos cuja reparação ascendeu ao valor global de 4.893,33 €, nos termos discriminados na "Venda a Dinheiro" de fls. 15 dos autos.

2.2. MATÉRIA DE DIREITO

i) *Objecto do recurso.*

A sentença recorrida julgou improcedente a acção com dois tipos de fundamentos: por um lado entendeu que não estavam provados factos bastantes para se imputar o acidente ao réu (falta de causalidade adequada); por outro lado entendeu que comportamento da autora foi causal e culposo do acidente (por circular com velocidade excessiva) e do agravamento dos danos (pois apesar de ter sentido o embate e se ter acendido a luz da falta de pressão do óleo, prosseguiu viagem sem lhe dar atenção).

A autora insurge-se contra a decisão recorrida em dois aspectos fundamentais: (i) pretende, em primeiro lugar, que seja modificada a matéria dada como provada; (ii) pretende que a acção seja julgada procedente face à culpa presumida do réu (art. 493.º do C. Civil).

Vejamos cada um deles.

ii) *Modificação da matéria de facto*

Entende a autora que deve considerar-se provado que "conduzindo o veículo "embateu com a parte inferior do motor na tampa de saneamento existente no cimo de um lomba descrita pelo piso estradal com cerca de 15 cm de altura, sem qualquer sinalização de aviso de perigo, sem que tenha contribuído para a produção do acidente de que resultaram os danos patrimoniais e não patrimoniais" (conclusão A). "Deve ainda considerar-se não se conformar que se tenha aceso no veículo uma lâmpada avisadora da falta de pressão do óleo, a que a autora não deu atenção" (conclusão B). Deve ainda dar-se "como provado que o embate da parte inferior do motor do veículo com a tampa tenha ou não produzido ruído, e que esse ruído não se tenha confirmado ter sido ouvido pela condutora do veículo" (conclusão C);

Não foi feita a gravação dos depoimentos prestados em audiência de julgamento. Resulta da fundamentação da resposta aos quesitos o Tribunal Colectivo tomou em atenção esses depoimentos relativamente aos factos em destaque – cfr. as referências aos depoimentos das testemunhas a fls. 159. Sem a gravação dos depoimentos relevantes para a formação da convicção do julgador, isto é, sem que constem do processo todos os elementos que lhe serviram de base só é possível modificar a matéria de facto, nos termos do art. 712.º, 1, als. *b*) e *c*), do CPCivil, se os elementos fornecidos pelo processo impuserem decisão diversa, ou se o recorrente apresentar documento novo superveniente, que sejam suficientes para destruir a prova em que a decisão assentou.

A recorrente não apresentou qualquer "documento novo" (nem sequer coloca a questão nesse campo) e os elementos do processo – sem termos acesso aos depoimentos prestados em julgamento, repete-se – não *impõem* uma decisão diversa. Aliás é, neste caso, impossível averiguar a plausibilidade da convicção do julgador, pois os depoimentos em que se baseou e onde assentou a prova, não constam dos autos. Só seria possível modificar a matéria de facto se outros meios de prova, constantes do processo – v. g. documentos – tivessem uma força probatória incompatível com o resultado a que chegou o Tribunal através da prova testemunhal (cfr. art. 690.º, 1, *a*), do C. P. Civil). Mas, mesmo nesta situação, caberia ao recorrente o ónus de indicar esse meio de prova que impunha decisão diversa, sob pena de rejeição do recurso, o que não foi feito. E, para concluir, deve dizer-se que não existe no processo qualquer meio de prova que, só por si, imponha decisão diversa daquela a que chegou o Tribunal Colectivo através do exame crítico da prova testemunhal produzida em audiência de julgamento.

Assim, em total concordância com o parecer do Exm.º Procurador-geral Adjunto, neste Supremo Tribunal, entendemos que o recurso com vista à modificação da matéria de facto deve ser julgado improcedente.

ii) *Pressupostos da responsabilidade civil do réu*

A recorrente entende que se mostram preenchidos todos os pressupostos da responsabilidade civil extra contratual da ré, com base nos factos por si alegados e que pretendia ver dados como provados, no recurso sobre a decisão da matéria de facto. Tais factos não se provaram, pelo que se impõe apreciar o caso face à matéria de facto dada como provada.

A sentença considerou que não se provou o nexo de causalidade, tendo o acidente ocorrido por culpa da autora, por circular com velocidade excessiva atendendo às condições físicas da estrada, sendo ainda o seu comportamento causal do agravamento dos estragos, pelo facto de não ter parado desde logo o veículo quando ouviu o estrondo e se acendeu o óleo da pressão do óleo. "*No caso dos autos* – disse a sentença – *ao não ficar provado que foi a saliência da tampa relativamente ao pavimento que originou o acidente, não podemos efectivamente assacar a responsabilidade do mesmo à ré. Pelo contrário, e embora não tenha sido possível apurar qual a velocidade a que efectivamente seguia o veículo conduzido pela Autora, o facto é que, considerando que aquela Avenida se apresentava com irregularidades no pavimento, formando pequenas lombas, pode-se naturalmente concluir que a autora ao bater com a parte inferior do veículo naquela tampa de saneamento, inserida precisamente numa das lombas formadas pelo piso estradal, com uma intensidade tal que partiu o "cárter" do mesmo, estava a conduzir a uma velocidade excessiva atentas as características e o estado daquela via*" – cfr. fls. 178.

Os factos provados onde assentou o raciocínio jurídico da sentença foram os seguintes:

– *A autora embateu com a parte inferior do veículo numa tampa de saneamento – al. d);*

– *Aquela tampa de saneamento encontrava-se no cimo de uma lomba descrita pelo piso estradal com cerca de 15 cm de altura – al. e);*

– *Não havia qualquer sinalização de perigo – al. f);*

– *Ao embater com a parte inferior do motor na identificada tampa de saneamento, imediatamente se partiu o cárter, causando o derramamento do óleo do motor ali depositado – al. h);*

– *Imediatamente após o NL embater com a parte inferior do motor na tampa de saneamento, acendeu-se no veículo uma lâmpada avisadora da falta de pressão do óleo, a que a autora não deu atenção – al. s);*

– *O local do acidente configura uma recta com boa visibilidade, com piso betuminoso em razoável estado de conservação, mas com irregularidades no pavimento, formando pequenas lombas;*

– *A tampa de saneamento, em si, não se encontrava saliente, estando porém colocada numa das irregularidades do pavimento – al. u);*

– *Naquele local a velocidade está restringida a 50 km/h – al. v);*

– *A autora continuando a circular como fez, queimou completamente o motor do veículo – al. z.*

É a nosso ver insustentável defender – como fez a sentença – que o acidente, traduzido no embate do veículo na tampa de saneamento e subsequente quebra do "cárter" não foi causado pelo estado do piso da estrada e falta de sinalização do perigo.

A sentença deu destaque à circunstância de haver divergência entre o alegado e o provado, e ao facto de se ter provado que "*a tampa de saneamento em si não se encontrava saliente*" (al. U) da matéria de facto) para daí concluir que não foi essa saliência a causa (empírica) do embate.

Contudo, o que se provou não foi só isso.

Provou-se ainda (na mesma alínea U) que a tampa de saneamento estava "*porém colocada numa das irregularidades do terreno*", e ainda que estava colocada "*no cimo de numa lomba descrita pelo piso estradal com cerca de 15 cm de altura* (al E)" que a *autora embateu com a parte inferior do veículo que conduzia nessa tampa de saneamento* (al D) e ao *embater com a parte inferior do motor na identificada tampa de saneamento, imediatamente se partiu o cárter, causando o derramamento do óleo do motor ali depositado* (al. H).

Se não fosse o piso irregular, a lomba de 15 cm e a tampa de saneamento colocada numa das irregularidades do terreno, o veículo não poderia ter embatido e ter partido o cárter, o que mostra que o estado da via foi uma condição do evento (conditio sine qua non). Por outro lado, partir o cárter é uma ocorrência que não pode considerar-se anormal ou extraordinária, o que faz da aludida condição, uma condição adequada ao resultado.[1]

Podemos, então, concluir que o estado do pavimento irregular da via foi uma causa adequada do dano.

Provou-se que a ré não tinha na estrada qualquer sinal de perigo, sinalizando as irregularidades do pavimento. De acordo com as disposições combinadas das normas dos artigos 2.° da Lei n.° 2110 de 19.8.1961, que aprovou o Regulamento Geral das Estradas e Caminhos Municipais (na nova redacção do DL n.° 360/77, de 1.9) "é das atribuições das câmaras municipais velar

[1] ANTUNES VARELA, Das Obrigações em Geral, Vol I, 10.° Edição, Coimbra, 2000, pág. 900: "para que um dano seja reparável pelo autor do facto, é necessário que o facto tenha actuado como condição do dano. Mas não basta a relação de condicionalidade concreta entre o facto e o dano. É preciso ainda que, em abstracto, o facto seja uma causa adequada (hoc sensu do dano)". Sendo que, existe essa adequação sempre que o processo factual concreto caiba na aptidão geral ou abstracta do facto para produzir o dano (ob. cit. pág. 896). Como se pode ver no acórdão deste STA de 17-1--2007, proferido no processo 1164, 06, a jurisprudência deste Supremo Tribunal aceita "a teoria da causalidade adequada, devendo adoptar-se a sua formulação negativa correspondente aos ensinamentos de ENNECERUS-LEHMANN, segundo a qual uma condição do dano deixará de ser considerada causa dele sempre que seja de todo indiferente para a produção do dano e só se tenha tornado condição dele, em virtude de outras circunstâncias extraordinárias" – cfr. entre outros – de 28-4-1994, proferido no recurso n.° 33235, publicado no Apêndice ao Diário da República de 31–12-96, página 3199; – de 29-1-1991, proferido no recurso n.° 28505, publicado no Apêndice ao Diário da República de 14-7-95, página 342, e em Acórdãos Doutrinais do Supremo Tribunal Administrativo n.° 359, página 123; – de 25-6-1998, proferido no recurso n.° 43756, publicado em Apêndice ao Diário da República de 26-4--2002, página 4664; – de 2-7-1998, proferido no recurso n.° 43136, publicado em Apêndice ao Diário da República de 14-5-2002, página 4927; – de 13-10-1998, proferido no recurso n.° 43138, publicado em Apêndice ao Diário da República de 6-6-2002, página 5994; – de 5-11-1998, proferido no recurso n.° 39308, publicado em Apêndice ao Diário da República de 6-6--2002, página 6954; – de 27-6-2001, proferido no recurso n.° 37410; e – de 6-3-2002, proferido no recurso n.° 48155; – de 6-11-2002, proferido no recurso n.° 1311/02. Neste sentido, também tem vindo a pronunciar-se o Supremo Tribunal de Justiça, como pode ver-se pelos seguintes acórdãos: – de 6-3-80, proferido no recurso n.° 68425, publicado no Boletim do Ministério da Justiça n.° 295, página 382; – de 11-2-93, proferido no recurso n.° 80993, publicado no Boletim do Ministério da Justiça n.° 414, página 455; – de 15-4-93, proferido no recurso n.° 83292, publicado na Colectânea de Jurisprudência – Acórdãos do Supremo Tribunal de Justiça, ano I, 1993, tomo II, página 59; – de 19-4-95, proferido no recurso n.° 86797; – de 13-2-96, proferido no recurso n.° 87716, publicado no Boletim do Ministério da Justiça n.° 454, página 715; – de 14-11-96, proferido no recurso n.° 375/96; e – de 3-2-99, proferido no recurso n.° 66/99, publicado na Colectânea de Jurisprudência – Acórdãos do Supremo Tribunal de Justiça, ano VII, tomo I, página 73).

pela segurança e comodidade do trânsito, de peões e veículos, nas ruas e demais vias municipais", competindo-lhe, portanto, tomar todas as medidas necessárias e adequadas para o efeito (cfr. Acórdão do STA de 3-10--2006, 760/05). A sinalização do perigo nas vias públicas, visa precisamente, evitar a ocorrência de acidentes (art. 1.° e 2.°, do Dec. Reg. n° 33/98 de 12/09 e, art. 5.° do Código da Estrada)[2]. Está assim demonstrada a ilicitude do facto imputável ao réu, a qual consistiu na violação das regras legais e regulamentares existentes sobre sinalização de obstáculos na via púbica municipal (art. 6.° do Dec. Lei 48.051).

Neste caso, não obstante se poder invocar uma presunção de culpa (art. 493.° do C. Civil) a verdade é que existiu *culpa efectiva* e não meramente presumida do réu. O réu violou o dever objectivo de cuidado, relativamente ao estado do piso da estrada e sinalização do perigo, que lhe era imposto, além do mais, pelas normas legais e regulamentares acima citadas, sendo certo que o facto se produziu em razão da violação desse dever, já que se trata de um evento situado no âmbito de protecção de tais normas[3].

Também é inegável a previsibilidade do evento. Não só era previsível para um homem médio a ocorrência de acidentes devido ao piso irregular, como se pode inferir tal previsibilidade da existência de normas (violadas) impondo a sinalização do perigo nas vias públicas. Se o legislador obriga a sinalização de qualquer obstáculo que crie perigo, na via pública, é porque os acidentes nessas condições são previsíveis – *"a existência da disposição violada revela que esse facto foi considerado normalmente previsível"*.[4]

Desta feita, e atendendo a que houve (i) *violação do dever objectivo de cuidado* – traduzido na violação das regras sobre sinalização; (ii) que *o evento era previsível*; e que o (iii) réu era *imputável*[5], verificam-se todos elementos, em que podemos decompor a culpa ou negligência.

Assim, quanto ao acidente causado pelo embate do veículo na tampa de saneamento colocada num piso irregular (lomba), onde veio a embater um veículo que ali circulava, verificam-se todos os pressupostos da responsabilidade civil, devendo nessa medida ser condenado o réu.

Não está, a nosso ver, justificada a presunção natural a que chegou a sentença recorrida ao considerar que o acidente se ficou a dever a excesso de velocidade, e portanto a culpa da autora. Com efeito, do facto de se ter partido o cárter não pode, sem mais, inferir-se a velocidade a que seguia o veículo, sendo igualmente plausível tal ocorrência apenas devido ao embate do pesado veículo na tampa de saneamento. Assim, sem outros elementos para apurar a que velocidade seguia o veículo, não podia a sentença concluir que a mesma não era a adequada ao piso. Quem tinha o ónus desta prova era o réu (culpa do lesado), e, em boa verdade a mesma não foi feita. Não se tendo provado que a autora tivesse violado qualquer regra do Código da Estrada, para se poder considerar violado o dever objectivo de cuidado deveriam ter sido provados factos de onde resultasse a violação de regras elementares de prudência comum, o que também não foi feito.

Porém, a autora ao conduzir o veículo sem ter dado atenção à luz que denunciava a baixa de pressão do óleo, e continuado a sua condução, deu causa a que o motor fosse completamente queimado. Este seu comportamento, é causal (em termos de causalidade adequada) e culposo do *agravamento do dano*.

É causa adequada do agravamento do dano, pois se suprimirmos o comportamento da autora, o agravamento do dano deixaria de se verificar, ou seja, se autora parasse de imediato o veículo apenas partia o cárter, e não queimava o motor (*condição do dano*). Por outro lado, o concreto agravamento do dano é um efeito típico e normal desse comportamento, como parece evidente – uma consequência típica da condução sem atender à luz da baixa de pressão do óleo é queimar o motor (condição *adequada* do dano)

E é um comportamento culposo, pois também ele violou o dever objectivo de cuidado imposto pelos usos e regras da experiência comum (a luz da pressão de óleo acesa aconselhava a parar imediatamente para evitar "queimar o motor"), e o agravamento resultou precisamente dessa falta de cuidado.

Há, deste modo, *quanto ao agravamento do dano* (motor completamente queimado) uma concorrência de culpas do lesado e da ré.

Há concorrência e não responsabilidade exclusiva da autora, pois os danos agravados, agora em causa (motor queimado), também são imputados à ré a título de causalidade adequada. Com efeito, esse dano não ocorreu devido a uma qualquer circunstância completamente anómala e alheia ao processo causal já iniciado. Pelo contrário, o motor queimou-se por falta de óleo e o derramamento deste, deu-se porque o cárter se tinha partido, sendo uma consequência normal ou típica desse facto.

Assim, e concluindo, quanto à amplitude dos danos causados pelo acidente, houve uma considerável contribuição do lesado, que se estima em 80% pelo que, nos termos do art. 570.°, 1 do C. Civil[6], a obrigação de indemnizar deve ser reduzida na respectiva proporção.

Os incómodos sofridos e dados como provados na al. p) – demora na reparaçao do veículo – não assumem

---

[2] O art. 5.°, 1 do C.Estrada tem a seguinte redacção: «nos locais que possam oferecer perigo para o trânsito ou em que este deva estar sujeito a restrições especiais e ainda quando seja necessário dar indicações úteis, devem ser utilizados os respectivos sinais de trânsito».

[3] Cfr. sobre o dever objectivo de cuidado e relação de determinação entre a violação desse dever e o resultado Germano Marques da Silva, Direito Penal, Parte Geral, II, Teoria do Crime, Editorial Verbo, 1998, pág. 176 e seguintes, em termos semelhantes ao que já defendia Eduardo Correia, Direito Criminal, I, Coimbra, 1971, pág. 425.

[4] Ferrer Correia, Dolo e preterintencionalidade, in Estudos Jurídicos, Coimbra, 1969, pág. 297, infere a previsibilidade da regulamentação legal da actividade: " (...) o agente não previu o resultado mas devia tê-lo previsto: *a existência da disposição violada revela que esse facto foi considerado normalmente previsível, que já não há dúvidas sobre se um indivíduo de diligência média, colocado na situação do agente, o teria ou não previsto*". O mesmo autor adverte, todavia, (Ob. e loc. citado, nota 1) que "há-de ser possível fazer prova de que, no caso concreto, todo o homem de diligência média, colocado naquelas condições do agente, teria deixado de prever o que normalmente era previsível." Eduardo Correia, ob. cit. pág. 425 também refere que o dever, cuja violação a negligência supõe, pode ter uma *origem legal* autónoma, quando derivam de normas ou regulamentos que visam, prevenir perigos, ou *derivar dos usos e da experiência comum*.

[5] Apesar de ser uma Pessoa Colectiva de Direito Público, a sua imputabilidade decorre da lei (Dec. Lei 48.051).

[6] O art. 570.°, 1 do C. Civil tem a seguinte redacção: "Quando um facto culposo do lesado tiver concorrido para a produção ou agravamento dos danos, cabe ao tribunal determinar, com base na gravidade das culpas de ambas as partes e nas consequências que delas resultaram, se a indemnização deve ser totalmente concedida, reduzida ou mesmo excluída".

gravidade para merecer a tutela do direito (art. 496.°, 1 do CC) e portanto não justificam qualquer quantia a título de danos morais. Não se provaram, por outro lado, quaisquer danos causados pela imobilização do veículo, nem, a invocada desvalorização em consequência do acidente. Assim e tendo em conta os danos dados como provados na sentença recorrida – 4.893,33 € – e a contribuição da autora para a sua real dimensão estimada em 80%, deve o réu ser condenado a pagar à autora o montante de € 978,67, isto é 20% daquele montante.

A este montante acrescem juros de mora à taxa legal (art. 806.°, 1 e 2 do C. Civil) devidos desde a citação, nos termos do art. 805.°, n.° 3, do C. Civil (redacção do Dec. Lei 262/83, de 16/06), até integral pagamento.

Deve, assim, ser concedido parcial provimento ao recurso.

3. DECISÃO

Face ao exposto, os juízes da 1ª Secção do Supremo Tribunal Administrativo acordam:

a) Conceder parcial provimento ao recurso;

b) Revogar a sentença recorrida e, em consequência, condenar o réu MUNICÍPIO DE VILA DO CONDE a pagar à autora a quantia de € 978,67 com juros de mora, à taxa legal, desde a citação até integral pagamento;

c) Absolver o réu do restante pedido.

Custas pela autora, na proporção do decaimento.

Lisboa, 5 de Junho de 2007

São Pedro (Relator)
Fernanda Xavier
Maria Angelina Domingues

Recurso n.° 301/07-12

RESPONSABILIDADE CIVIL EXTRACONTRATUAL. HOSPITAL. DIAGNÓSTICO E TRATAMENTOS MÉDICOS.

(Acórdão de 6 de Junho de 2007)

SUMÁRIO:

I – A responsabilidade por factos ilícitos assenta nos pressupostos de responsabilidade civil previstos nos arts. 483.° e segs. do CC, o que significa que a sua concretização depende da prática de um facto (ou da sua omissão), da ilicitude deste, da culpa do agente, do dano e do nexo de causalidade entre o facto e o dano.

II – Deste modo, e sendo que, nos termos do art. 6.° do DL 48.051, se consideram ilícitos os actos que infrinjam os deveres legais ou regulamentares e as regras de ordem técnica e de prudência comum que devam ser tidas em consideração, para saber se um determinado acto médico é ilícito e se, por isso, poder gerar responsabilidade civil importará saber se na sua realização ou no processo que a ele conduziu essas regras ou deveres legais foram observados.

III – Tais regras impõem que o médico aja segundo as *legis artis* e os conhecimentos científicos então existentes, isto é, que actue com competência e sensatez e de acordo com um dever objectivo de cuidado, o que passa pela realização de todos os exames e observações que a situação concreta exige antes de intervir cirurgicamente.

IV – E, porque assim é, exige-se que numa acção deste tipo se articule e, depois, se prove por que razão se considera que a assistência médica ministrada não foi a mais adequada e porque é que foi a mesma a provocar os danos peticionados, e isto porque o facto de um determinado tratamento clínico não produzir os resultados desejados não significa, por si só, que tenha havido erro médico e que tenha sido este o causador das mazelas de que o Autor se queixa.

ACORDAM NA 1ª SECÇÃO DO SUPREMO TRIBUNAL ADMINISTRATIVO:

José Augusto Rei Fernandes Brito, casado, empreiteiro de obras públicas, residente no Lugar e Freguesia de Morgade, Montalegre, intentou contra Hospital Distrital de Chaves, no Tribunal Administrativo de Círculo do Porto, a **presente acção declarativa com processo ordinário** alegando que fracturara o punho direito num acidente de viação e que o tratamento ministrado naquele Hospital a esta fractura foi deficiente do que resultou não ter recuperado, na sua totalidade, a mobilidade e flexibilidade da mão direita e ficado com uma incapacidade de 16%. Pediu, assim, a **condenação do Réu no pagamento de uma indemnização de 14.963,94 euros.**

Tal acção foi **julgada totalmente improcedente** por sentença, de 27/03/2006 (fls. 157/181).

Inconformado, **o Autor recorreu para este Tribunal formulando as seguintes conclusões:**

A) Em 11/04/2002, na consulta de fisiatria, consta da sua ficha sequelas de traumatismo do punho direito após acidente de viação: apresenta edema e limitação articular e ficou de informar se inicia reabilitação H. D. de Chaves ou no Porto – (data até à qual o recorrente esteve sob os cuidados e tratamentos do R., ora recorrido e, a partir da qual face ao que lhe fora noticiado outro remédio não teve senão procurar outros especialistas em ortopedia).

B) "... incorrecto desvio palmar ... a angular parece-me excessiva, ... a tendência natural seria sempre a melhoria:... o braço podia ficar melhor – não devia ser tamanha a angulação, ... o punho está feio ... uma ondulação que não se percebe – podia o Hospital ter feito melhor."

C) E porque não o fez, a sua conduta revelou-se inequivocamente negligente.

D) Pelo que, deverá perante o recorrente responder em sede de responsabilidade civil, a título de negligência nos termos do arte 483.° do C. Civil.

E) Face ao supra exposto, verifica-se uma clara contradição entre o facto (6°) dado como provado em sede de matéria controvertida, e ainda o facto supra dado como assente com a douta decisão proferida.

F) Salvo melhor entendimento a douta decisão viola entre outros preceitos o disposto no art. 712.°, n.° 1, al, *a)* e *b)* e ainda o preceituado no arte 668.°, n.° 1, al. *c)* e *d)*, ambos do C. P. Civil, e ainda o inserto nos arts. 483.° e 342.°, ambos do C. Civil.

Não foram apresentadas contra alegações.

O Ilustre Magistrado do M.P. emitiu **parecer no sentido do não provimento do recurso.**

Colhidos os vistos **cumpre decidir**.

FUNDAMENTAÇÃO

I. MATÉRIA DE FACTO

A sentença recorrida julgou **provados os seguintes factos**:

1. O Autor deu entrada no serviço de urgência do Hospital Réu no dia 24/02/2002, vítima de acidente de viação, apresentando traumatismo do punho direito com fractura da extremidade distal do rádio direito. (al. A)

2. Foi-lhe feita radiografia, manipulação e colocada tala gessada posterior. (al. B).

3. Teve alta medicado para consulta externa de ortopedia. (al. C).

4. Voltou ao serviço de urgência no dia 25/02/2002, constando da sua ficha sequelas de traumatismo do punho direito, com fractura em consolidação, a referência a dores discretas+edema Rx controlo apresenta fractura em posição aceitável, sendo que teve alta medicado para consulta externa. (al. D).

5. Voltou ao Serviço de Urgência nos dias 28-02-2002 e 13-03-2002, constando da sua ficha nesta última: Rx controlo apresente perda de posição, fez nova manipulação+tala gessada. (al. E).

6. Voltou ao serviço de urgência no dia 11/04/2002, constando da sua ficha sequelas de traumatismo do punho direito, Rx de controlo apresenta fractura em consolidação, sendo enviado para fisiatria para iniciar reabilitação. (al. F)

7. Em 11/04/2002, na consulta de fisiatria, consta da sua ficha sequelas de traumatismo do punho direito após acidente de viação, apresenta edema e limitação articular e ficou de informar se inicia reabilitação do H.D. de Chaves ou no Porto. (al. G)

8. No dia 24-02-2002, o A. sofreu acidente de viação ao cair abaixo dum motociclo que conduzia (resposta ao facto 1°);

9. Foi transportado de imediato, do local do acidente, em Boticas, para o Hospital R., por um amigo que estava consigo na altura do acidente, a fim de receber a respectiva assistência médica (resposta ao facto 2°);

10. O A. foi acompanhado no seu tratamento e recuperação no referido Hospital até 11-04-2002 (resposta ao facto 3°);

11. Com o decurso do tempo, o A. apercebeu-se que o seu braço direito apresentava problemas em termos de mobilidade e flexibilidade (resposta ao facto 4°);

12. O A. não recuperou a mobilidade e flexibilidade da sua mão direita, na sua totalidade (resposta ao facto 6°);

13. Em 15-05-2002, o A. recorreu aos serviços de um ortopedista (resposta ao facto 7°);

14. O A. padece de uma incapacidade permanente geral fixável em 8% (resposta ao facto 8°);

15. No período compreendido entre 28-05-2002 e 07-06-2002, o A. efectuou, num centro de recuperação, oito sessões de tratamento neuromuscular da zona braquioradial e do grupo extensor e flexor radial do braço direito canal cárpico (resposta ao facto 11°);

16. O A. sofreu com referência à lesão descrita em A) e apresenta algum desânimo com referência às sequelas resultantes da mesma (resposta ao facto 15°);

17. Após 11-04-2002, o A. nunca mais foi acompanhado no seu tratamento e recuperação pelo R. (resposta ao facto 17°).

18. O A. José Augusto Rei Fernandes Brito nasceu no dia 19 de Outubro de 1974 (doc. de fls. 40).

II. O DIREITO

O presente recurso pretende a revogação da sentença do TAF do Porto que, **julgando improcedente a acção que o Autor tinha dirigido contra o Hospital de Chaves** pedindo a sua condenação no pagamento de uma indemnização, decorrente da deficiente assistência médica que lhe prestou e da sequela que daí resultou, **o absolveu do pedido**.

Para decidir desse modo o Sr. Juiz *a quo* considerou que "*a responsabilidade civil do Estado e pessoas colectivas por factos ilícitos praticados por seu órgãos ou agentes assenta nos pressupostos de idêntica responsabilidade prevista na lei civil, que são o facto, a ilicitude a imputação do facto ao agente, o prejuízo ou dano e o nexo de causalidade entre este e o facto*" e que, *in casu*, **não ocorria a globalidade desses pressupostos** pois que, muito embora fosse certa a ocorrência da lesão e os danos dela resultantes, também o era que se não tinha provado que a assistência ministrada ao Autor naquele Hospital – quer na data do acidente quer durante a sua recuperação – tinha sido deficiente, já que o facto dos tratamentos não terem produzido os resultados desejados não significava que tivesse havido um errado diagnóstico ou uma errada terapia, uma vez que tais resultados poderiam ter-se ficado a dever a circunstâncias variáveis e inesperadas. Ou seja, "*o facto do médico não obter o resultado pretendido não significa só por si que tal falta de resultado lhe seja censurável ou imputável se o mesmo actuou segundo a normalidade da prática clínica ou cirúrgica*." E, daí, que cumprisse ao Autor demonstrar que, segundo os critérios da normalidade, os procedimentos que lhe foram ministrados foram errados e que, por isso, sempre conduziriam ao resultado obtido.

Ora, concluiu, essa prova não se fez e daí não ser possível estabelecer uma relação directa entre a assistência médica prestada pelo Hospital e as sequelas que o Autor teve de suportar, sendo certo que cumpria provar que *"o Réu, naquelas circunstâncias, podia e devia ter agido de maneira diferente e bem assim a prova do nexo de causalidade entre o facto ilícito e culposo e o dano*." Em suma, **o Autor não tinha conseguido provar a existência dos pressupostos da responsabilidade civil extracontratual necessários à condenação do Réu** e, daí, a sua absolvição.

É contra este julgamento que este recurso se dirige, nele se sustentando que "*a matéria de facto apurada impõe uma solução de direito diferente da que a decisão recorrida contém*".

A questão que nos vem colocada é, assim, a de **saber se a matéria de facto dada como provada na sentença recorrida deve conduzir à condenação do Hospital Réu**.

Antes, porém, de nos debruçarmos sobre essa questão importa chamar à atenção que o julgamento da matéria de facto não foi objecto de gravação áudio e, por isso, não deixa de surpreender que o Recorrente, numa manifestação de incompreensível desatenção, refira, umas vezes, que aquela gravação foi feita (vd. a sua alegação deste recurso) e, outras, que "*a audiência de julgamento não foi objecto de gravação no que concerne à prova produzida.*" (vd. requerimento de fls. 206.)

Sendo assim, e sendo que **não tem apoio legal a pretendida reponderação do julgamento da matéria de facto** (vd. art. 712.° do CPC), nesta parte, desde já se **nega provimento ao recurso.**

Como **também se lhe nega provimento quando nele se requer que se declare nula a sentença** por, alegadamente, haver contradição entre os factos n.° 7 e 12 do probatório já que **inexiste qualquer incompatibilidade ou contradição** entre julgar-se provado que "*em 11/04/2002, na consulta de fisiatria, consta da sua ficha sequelas de traumatismo do punho direito após acidente de viação, apresenta edema e limitação articular e ficou de informar se inicia reabilitação do H.D. de Chaves ou no Porto*" (facto n.° 7) e que "*o A. não recuperou a mobilidade e flexibilidade da sua mão direita, na sua totalidade*" (facto n.° 12).

Posto isto vejamos.

1. A jurisprudência deste Tribunal tem vindo, uniformemente, a afirmar que **a responsabilidade extra contratual do Estado e demais pessoas colectivas públicas no domínio dos actos de gestão pública** assenta nos pressupostos da responsabilidade civil previstos nos arts. 483.° e seg.s do CC, o que vale por dizer que a concretização dessa responsabilidade depende da prática de um facto (ou da sua omissão), da ilicitude deste, da culpa do agente, do dano e do nexo de causalidade entre o facto e o dano[1].

E, porque assim, **não haverá que censurar a sentença recorrida se for de concluir** que, efectivamente, **se não provou** que os médicos e demais agentes do Hospital Réu tinham infringido os seus deveres legais ou as regras de ordem técnica e de prudência comum que deviam ser tidas em consideração na assistência prestada ao Recorrente e que, portanto, não fora essa assistência a provocar o resultado danoso de que aquele se queixa. E isto porque o citado normativo estabelece que **só fica constituído na obrigação de indemnizar** aquele que, com dolo ou mera culpa, violar ilicitamente o direito de outrem ou qualquer disposição legal destinada a proteger os interesses alheios e o disposto no art. 6.° do citado DL 48.051 prescrever que só se consideram «*ilícitos os actos jurídicos que violem as normas legais e regulamentares ou os princípios gerais aplicáveis e os actos materiais que infrinjam estas normas e princípios ou ainda as regras de ordem técnica e de prudência comum que devam ser tidas em consideração*».

Ou seja, o Hospital Réu só **será civilmente responsável pelo pagamento dos danos peticionados se for demonstrado que foram os seus serviços a provocá-los**, isto é, se se provar que o pessoal desses serviços praticou, culposamente, no exercício das suas funções e por causa dele, os actos de gestão ilícitos determinantes da produção daqueles danos.

2. É sempre **tarefa delicada e difícil decidir se a realização de determinado acto médico foi a mais correcta e a mais adequada** às circunstâncias do caso concreto ou se, pelo contrário, a mesma violou as regras de ordem técnica e de prudência comum que lhe deviam presidir, pois que não se tratando de uma operação matemática e, portanto, de uma operação em que o diagnóstico e tratamento só pudesse ser um único, os resultados desse acto dependem muitas vezes de variáveis nem sempre antecipadamente conhecidas ou controláveis. E daí – como bem se afirmou na sentença recorrida – "*o facto do médico não obter o resultado pretendido não significa só por si que tal falta de resultado lhe seja censurável ou imputável se o mesmo actuou segundo a normalidade da prática clínica ou cirúrgica.*" Ou seja, "*um mau resultado não prova, sem mais, um mau diagnóstico e um mau tratamento.*"

E, porque assim é, **cumpria ao Autor invocar e demonstrar** que, na situação concreta em que apareceu no Hospital Réu, as *legis artis* da medicina e/ou as regras de prudência comum impunham outro diagnóstico e/ou outro tratamento que não aquele a que foi submetido e que foi esse erro culposamente praticado a determinar os prejuízos peticionados.

Ora, adiante-se desde já, que **essa prova não foi feita** o que significa ter ficado por demonstrar que o estado em que o Autor se apresentou nos serviços de urgência daquele Hospital requeria outro diagnóstico ou outros tratamentos e que foi esse errado diagnostico ou essa errada terapia a provocar os danos peticionados. Ou seja, **ficou por provar que os profissionais do Hospital Réu não prestaram ao Autor a assistência que os meios ao seu alcance permitiam prestar** – tendo-se em conta as leis da sua arte e os conhecimentos disponíveis na altura – e que foram esses os responsáveis pelos sofrimentos desnecessários do Recorrente. – vd. o estatuído no transcrito art. 6.° do DL 48.051 mas também o disposto nos arts. 88.°, n.° 1, do Estatuto Hospitalar – aprovado pelo DL n.° 48.357, de 27.4.68 – e da Base XIV da Lei n.° 48/90, de 24/8 (Lei de Bases da Saúde).

2. 1. Com efeito, o que resulta do probatório é, apenas, que, no dia 24-02-2002, o Autor caiu abaixo do motociclo que conduzia e que, de imediato, foi transportado para o Hospital R. onde se constatou que esse queda tinha originado a fractura do seu punho direito (fractura da extremidade distal do rádio direito) e que esse ferimento não requeria a prática de qualquer intervenção cirúrgica mas, apenas e tão só, a colocação de gesso no punho fracturado e que tendo tal sido feito lhe foi dada alta, medicado, para consulta externa de ortopedia.

E, logo no dia seguinte e nos dias 28/02/2002 e 13/ /03/2002, o Autor voltou à urgência do mesmo Hospital para ser, novamente, observado tendo ficado a constar da sua ficha clínica que o seu punho direito apresentava sequelas de traumatismo com fractura em consolidação e referências a dores discretas+edema e que, tendo sido feitos Rx de controlo, estes evidenciavam fractura em posição inicialmente aceitável mas que na última

[1] Vd., a título meramente exemplificativo, Acórdãos de 16/3/95 (rec. 36.993), de 21/3/96 (rec. 35.909), de 30/10/96 (rec. 35.412), de 13/10/98 (rec. 43.138), de 6/03/2002 (rec. 48.155), de 26/9/02 (rec. 487/02) de 6/11/02 (rec. 1.331/02) e de 18/12/02 (rec. 1.683/02).

consulta apresentava perda de posição, pelo que foi feita nova manipulação+tala engessada.

E, em 2/04/2002, voltou ao mesmo serviço para nova observação constando da sua ficha sequelas de traumatismo do punho direito, tendo sido enviado para fisiatria para iniciar reabilitação, onde teve uma consulta em 11/ /04/2002 e ficado de informar se iniciava a reabilitação no Hospital Réu ou no Porto. Todavia, a partir desta data o seu tratamento e recuperação não mais foi acompanhado no Hospital Réu.

Mais se provou que, com o decurso do tempo, o Autor apercebeu-se que o seu braço direito apresentava problemas, em termos de mobilidade e flexibilidade, de que nunca mais recuperou na sua totalidade ficando, por isso, a padecer de incapacidade permanente de 8% e que, em 15/05/2002, recorreu aos serviços de um ortopedista tendo, no período compreendido entre 28/05 e 7/07/2002, efectuado num centro de recuperação 8 sessões de tratamento neuromuscular.

2. 2. Nesta conformidade, e sendo que – como a jurisprudência deste Tribunal vem afirmando – **as *legis artis* da medicina podem ser definidas** como o conjunto de regras técnico-científicas que um médico medianamente competente, prudente e sensato tem obrigação de conhecer e de saber utilizar correctamente, tendo em conta o estado da ciência e a situação concreta do doente, **resta analisar se a factualidade atrás descrita evidencia que os profissionais do Hospital réu actuaram com o cuidado e a exigência que o seu estado requeria** agindo, por um lado, com a competência e o rigor exigíveis e, por outro, utilizando as técnicas médicas adequadas, atentos os conhecimentos científicos então existentes. – Vd. entre outros, Acórdãos do STJ de 5/10/2001, in CJ, III, pg. 166 e seg.s. e deste STA de 5/02/2003 (rec. 648/02) e de 22/01/2004 (rec. n.º 1.665/02).

Ou seja, perante a mencionada factualidade **a pergunta que cabe fazer** é se a mesma não evidencia que aqueles profissionais infringiram os deveres legais ou regulamentares a que estavam vinculados e se não terá sido esse desrespeito a provocar os danos peticionados.

O Sr. Juiz a quo respondeu negativamente a esta interrogação, considerando que a prova produzida nos autos não conduzia a que se concluísse que os serviços médicos prestados ao Autor no Hospital Réu não tivessem sido os que a situação exigia e, consequentemente, que se tivesse de considerar ter havido violação culposa dos deveres legais e regulamentares ou das regras de prudência comum por parte dos profissionais daquele Hospital.

E esse **entendimento não nos merece censura**.

3. Com efeito, os factos constantes do probatório não revelam, nem sequer sugerem, que a forma como os profissionais do Hospital Réu agiram significasse a violação das regras de ordem técnica e de prudência comum que deviam ser tidas em consideração ou que os meios e os conhecimentos técnicos e científicos de que dispunham lhes permitia fazer mais e melhor.

Ou seja, **ficou por provar** que, na situação concreta em que o Autor apareceu no Hospital Réu, as *legis artis* da medicina e/ou as regras de prudência comum **impunham outro diagnóstico e/ou outro tratamento que não aquele a que foi submetido** e que foi esse desfasamento a provocar as sequelas de que o Autor se queixa.

Aliás, nesta matéria, o recurso que ora se aprecia é muito pouco esclarecedor já que **se limita a afirmar que o Autor não teve a assistência médica que a sua situação clínica requeria** e que foi essa insuficiência a determinar as sequelas de que hoje sofre. **Só que não indicou e, muito menos, demonstrou onde essa falha ocorreu** – seria no diagnóstico? Seria no tratamento? Seria na conjugação das duas? – **e de que forma é que a mesma se materializou**.

Prova essa que era fundamental.

Na verdade, o facto de um determinado tratamento clínico não produzir os resultados desejados não significa, por si só, que tenha havido erro médico e que tenha sido este o causador das mazelas provocadas. E, porque assim é, exige-se que numa acção desse tipo se articule e, depois, se prove porque razão se considera que a assistência médica ministrada não foi a mais adequada e porque é que foi a mesma a provocar os danos peticionados.

Ora, *in casu*, tal não foi feito.

Em suma, a prova recolhida nos autos **não evidencia que a assistência prestada ao Recorrente pelo Hospital Réu tivesse falhado** por falta de cumprimento d*as regras de ordem técnica e de prudência comum que deviam ser tidas em consideração,* isto é, tivesse falhado porque os profissionais daquele Hospital não agiram com os conhecimentos, os cuidados, a diligência e as cautelas a que estavam obrigados a ter e que a situação requeria e que foi esse seu comportamento incompetente, imprudente ou desleixado e, por isso, censurável a determinar as sequelas que o Recorrente sofre.

Termos em que acordam os Juízes que compõem este Tribunal em **negar provimento ao recurso e em confirmar a douta decisão recorrida.**

Custas pelo Recorrente.

Lisboa, 6 de Junho de 2007

Alberto Costa Reis (Relator)
Rui Botelho
Azevedo Moreira

Recurso n.º 21/07-11

RESPONSABILIDADE CIVIL EXTRACONTRATUAL. MUNICÍPIO. DISTRIBUIÇÃO DE ÁGUA. ILICITUDE.

(Acórdão de 19 de Junho de 2007)

SUMÁRIO:

I – A responsabilidade civil extracontratual por actos de gestão pública do Estado e demais pessoas colectivas por facto ilícito, assenta nos pressupostos da idêntica responsabilidade prevista na lei civil, que são: facto, ilicitude, culpa, nexo de causalidade e dano.

II – Determinando o art. 15.º do DL n.º 207/94, de 06/08, que "os contadores de água das ligações

prediais são fornecidos e instalados pela entidade gestora que fica com a responsabilidade da sua manutenção", recai sobre a entidade gestora a obrigação de manter em bom estado de funcionamento o contador de água de uma determinada ligação predial.

III – Resultando provado que a causa determinante da fuga da água que inundou uma casa de habitação se situou na "rosca do canhão do contador" de água, cuja "anilha se encontrava danificada", é de concluir ter aquele dever sido omitido, pelo que não pode deixar de ser imputável ao Réu (ou respectivos serviços), uma omissão violadora daquela disposição legal e por isso mesmo considerada ilícita face ao disposto no art. 6.° do DL 48.051.

ACORDAM NA SECÇÃO DO CONTENCIOSO ADMINISTRATIVO DO STA:

1 – AXA PORTUGAL – COMPANHIA DE SEGUROS, S.A. interpôs no TAC de Lisboa a presente acção que dirigiu contra o MUNICÍPIO DO BARREIRO, pedindo a sua condenação no pagamento da quantia de 518.220$00, acrescida de juros de mora, com fundamento em danos causados a uma sua segurada, na sequência de uma inundação no interior da habitação desta, provocada pela rotura da canalização de água. Danos esses que a A. acabou por suportar por força de contrato de seguro.

2 – Por sentença de 03.03.2006 (fls. 78/91) foi a acção julgada procedente por provada e em conformidade o R. condenado a pagar à A. "a quantia de 2.584,87 € acrescida de juros".

Por se não conformar com o assim decidido dessa sentença veio o R. Município do Barreiro interpor recurso jurisdicional tendo, em sede de alegações, formulado as seguintes CONCLUSÕES:

I – O Tribunal a quo entendeu, no aresto recorrido, que o facto material de fuga de água por danificação da anilha do contador de água, é bastante para demonstrar a omissão ilícita dos actos de gestão pública que, no caso, deveriam ter sido praticados para essa fuga não se verificar.

II – Para considerar a existência de uma omissão ilícita, o tribunal a quo estribou-se nas normas jurídicas contidas no art. 15.° do DL 207/94, de 6/08 e no art. 295.° n.° 1 do Dec-Reg. 23/95, de 23/08, nos termos das quais: Os contadores de água das ligações prediais são fornecidos e instalados pela entidade gestora, que fica com a responsabilidade da sua manutenção.

III – Todavia, o Tribunal a quo fez uma incorrecta interpretação da lei ao confundir o "contador" com o "canhão" e com a respectiva "anilha", quando é certo que a lei só defere à recorrente o dever de manutenção do contador.

IV – Sendo certo que o Regulamento Municipal de Abastecimento de Água e Drenagem das Águas Residuais do Município do Barreiro, publicado no DR n.° 35, Apêndice 19, II série de 11 de Fevereiro de 1998 comete aos proprietários e usufrutuários a responsabilidade pela conservação, reparação e renovação das canalizações e dispositivos de utilização que constituem o sistema de distribuição do prédio, norma que regulamenta o disposto no art. 14.° do citado DL 207/94, de 6/8.

V – Ora, a anilha do canhão do contador faz parte integrante das canalizações e dispositivos de utilização, que constituem os sistemas de distribuição do prédio, pelo que a responsabilidade pela sua conservação, reparação e renovação é dos proprietários ou usufrutuários do mesmo.

VI – Coisa diferente é o contador, mero instrumento de medida ligado ao sistema predial existente – que bem poderia funcionar sem a sua presença, cujo fornecimento, reparação e substituição incumbe por lei às Câmaras Municipais ou às entidades gestoras.

VII – Fora do quadro da sua competência inspectiva ou de realização de obras coercivas (cf. art. 25.° e ss. do citado diploma legal) a recorrente intervém sempre e só quando tal lhe seja solicitado pelos proprietários, usufrutuários ou utilizadores dos sistemas prediais, tal como sucedeu no caso dos autos – cf. art. 23.° do citado DL 207/94, nos termos do qual a responsabilidade pela "conservação, reparação e operações necessárias para os manter em perfeitas condições de funcionamento e salubridade recai sobre os proprietários ou usufrutuários".

VIII – A sentença recorrida faz s.m.o. uma incorrecta aplicação da norma jurídica contida no art. 15.° do DL 207/94, de 6/8 e no art. 295.° n.° 1 do Dec. Reg. 23/95 de 23/8, uma vez que a obrigação de evitar o facto gerador da responsabilidade não recaía sobre a recorrente, mas sobre os proprietários e usufrutuários do prédio, nos termos do art. 42.° n.° 2 do Regulamento Municipal de Abastecimento de Água e Drenagem das Águas Residuais do Município do Barreiro, publicado no DR n.° 35, Apêndice 19, II série de 11 de Fevereiro de 1998 e do art. 14.° do DL 207/94, de 6/8.

Termos em que o recurso deve ser julgado procedente.

3 – Não foram apresentadas contra-alegações.

4 – O M.° P.° emitiu parecer argumentando que a questão invocada pelo R., "que a rosca do contador faz parte integrante das canalizações que constituem o sistema de distribuição do prédio..." não "foi suscitada pelo R. na contestação". E, "porque os recursos se destinam a reapreciar decisões e não a proferi-las sobre matéria nova, (art. 676.° n.° 1 e 690.°, do CPC)", "a questão não deverá ser conhecida, negando-se provimento ao recurso".

Caso assim se não entenda, continua o M.° P.°, deverá ser ordenada a ampliação da "matéria de facto, apurando-se a que estrutura pertence a rosca de redução do canhão do contador e, na hipótese de integrar o sistema de distribuição do prédio, se a rosca em causa se encontra abrangida pelo selo do contador e quais as condicionantes da sua substituição (art. 712.° n.° 4, do C.P.C.).

***

Cumpre decidir:

5 – A sentença recorrida deu como demonstrada a seguinte matéria de facto:

I – A Autora adquiriu, por fusão, todos os direitos e obrigações da extinta Aliança UAP, pelo que exerce, devidamente autorizada, a indústria de seguros em vários ramos.

II – No exercício da sua actividade, a A. celebrou com Maria Celeste Sousa Silva um contrato de seguro do ramo "Multiriscos – Habitação", titulado pela apólice n.° 96-80-20.965, cuja cópia constitui fls. 8 a 11 dos autos, cujo teor se dá por integralmente reproduzido.

III – Pelo referido contrato de seguro a autora obrigou-se a garantir à sua segurada a cobertura dos danos, nomeadamente danos por água, causados no recheio da sua habitação, sita na Rua Armindo Almeida, n.º 32, r/c Esq., no Barreiro.

IV – No dia 1 de Outubro de 1999, cerca das 6 horas da manhã, ocorreu uma inundação no interior da habitação onde reside a segurada da Autora, a qual deu origem à participação que constitui fls. 12 dos autos.

V – Tal inundação resultou da projecção de água para a porta da frente da segurada da autora, a qual entrou em grandes quantidades, inundando o chão.

VI – Após o sucedido, cerca das 6 horas da manhã, a segurada da autora alertou o piquete de serviço da Câmara Municipal do Barreiro, o qual compareceu na Rua Armindo de Almeida, n.º 32, no Barreiro.

VII – Logo que a segurada da autora se apercebeu da situação, e até à chegada do piquete, solicitou a ajuda de familiares para evitar a entrada da água na sua residência, o que não conseguiu dada a sua abundância.

VIII – O funcionário de serviço do aludido piquete verificou que da rosca de redução do canhão do contador correspondente ao rés-do-chão direito corria água.

IX – Para evitar que a água continuasse a correr, o mesmo funcionário do piquete fechou a válvula de suspensão do estabelecimento, comumente designada de "olho-de-boi".

X – Cerca das 7 horas desse mesmo dia, outro funcionário do Réu procedeu à substituição da rosca do canhão do contador, cuja anilha se encontrava danificada.

XI – Não houve qualquer rotura na canalização de ligação à torneira "olho-de-boi", sendo que, se tal tivesse ocorrido, o fecho da torneira "olho-de-boi" não teria feito parar a água que estava a correr, uma vez que a rotura estaria a montante daquele.

XII – Para além da actuação descrita, tais funcionários apenas verificaram que havia água no patamar da escada, encontrando-se a moradora do rés-do-chão direito a varrer a água para a rua.

XIII – As águas que entraram para o interior da referida fracção e a consequente inundação provocaram danos no pavimento, constituído por tacos de madeira, os quais começaram por levantar na totalidade do compartimento.

XIV – O mobiliário ficou sem reparação possível, uma vez que absorveu quantidades elevadas de água.

XV – Os respectivos painéis incharam e empenaram, o que provocou a saída das ferragens de fixação das respectivas sedes e inviabilizou a possibilidade de qualquer reparação.

XVI – Em consequência da inundação ficaram, ainda, danificadas: duas camas, no valor de 75.000$00; um gavetão para cama no valor de 55.000$00; dois roupeiros no valor de 230.000$00; duas mesas de cabeceira no valor de 70.800$00; uma cómoda no valor de 75.000$00; e um aparador, no valor de 70.000$00; perfazendo tudo o montante global de 575.800$00.

XVII – À quantia global referida no facto antecedente foi deduzida a franquia contratual de 57.580$00.

XVIII – A autora indemnizou a sua segurada na quantia de 518.220$00.

***

6 – Através da presente acção pretende a autora obter a condenação do Réu no pagamento da quantia de 518.220$00, acrescida de juros, correspondente ao quantitativo que teve de dispender no âmbito de um contrato de seguro, pelos danos sofridos pela segurada na sua residência na sequência de uma inundação provocada pela rotura de uma canalização ou do contador de água, alegadamente imputável aos serviços do R. que teriam omitido o dever de vigiar e manter em bom estado de conservação a canalização ou o contador de água.

Estamos por conseguinte perante uma acção de responsabilidade civil extracontratual por actos de gestão pública do Estado e demais pessoas colectivas por facto ilícito que, fundamentalmente, se rege pelo DL 48.051 de 21/11/67 e que, face ao que determina o art. 2.º/1 desse diploma e como tem sido jurisprudência pacificamente aceite, assenta nos pressupostos da idêntica responsabilidade prevista na lei civil, que são: facto, ilicitude, culpa, nexo de causalidade e dano – (cf. entre outros Ac. STA de 04.12.03, rec. 557/03 e de 11.02.03, rec. 323/02).

6.1 – A sentença recorrida, partindo do pressuposto que os contadores de água das ligações prediais são da responsabilidade da entidade gestora e que a inundação resultou "do facto de a anilha da rosca do respectivo canhão se encontrar danificado", entendeu que "o facto material de fuga de água por danificação da anillha do canhão do contador é bastante para demonstrar a omissão ilícita dos actos de gestão pública que, no caso, deveriam ter sido praticados para essa fuga se não verificar".

Em conformidade, concluiu-se na sentença recorrida "que o R. por intermédio do seu pessoal e a quem competia a manutenção de tal material, violou as regras de cuidado que tal manutenção exigia" e que tal actuação preenche o conceito de ilicitude contido no art. 6.º do DL 48.051, de 21.11.67.

Por fim, considerando que na situação e além do "facto ilícito" se mostram preenchidos os restantes pressupostos da obrigação de indemnizar, como seja a "culpa", o "dano" e "nexo de causalidade" entre o facto danoso e os danos causados pela inundação, acabou por condenar o R. nos termos supra referidos.

6.2 – Insurge-se agora o R. contra o assim decidido, nos termos das conclusões que formulou na sua alegação, imputando à sentença erro de julgamento por considerar que, na situação, não ocorreu qualquer conduta omissiva considerada ilícita imputável aos seus agentes.

Isto porque, como argumenta o recorrente, o tribunal para concluir pela ilicitude "estribou-se nas normas jurídicas contidas no art. 15.º do DL 207/94, de 6/08 e no art. 295.º n.º 1 do Dec-Reg. 23/95, de 23/08, nos termos das quais: Os contadores de água das ligações prediais são fornecidos e instalados pela entidade gestora, que fica com a responsabilidade da sua manutenção.".

Todavia, acrescenta o recorrente "o Tribunal a quo fez uma incorrecta interpretação da lei ao confundir o "contador" com o "canhão" e com a respectiva "anilha", quando é certo que a lei só defere à recorrente o dever de manutenção do contador. Sendo certo que o Regulamento Municipal de Abastecimento de Água e Drenagem das Águas Residuais do Município do Barreiro, comete aos proprietários e usufrutuários a responsabilidade pela conservação, reparação e renovação das canalizações e dispositivos de utilização que constituem o sistema de distribuição do prédio. Ora, a anilha do canhão do contador faz parte integrante das canalizações e dispositivos de utilização, que constituem os sistemas de distribuição do prédio, pelo que a responsabilidade pela sua conservação, reparação e renovação é dos proprietários ou usufrutuários do mesmo".

Para o recorrente o "contador" enquanto instrumento de medida é coisa diferente da "anilha do canhão do contador" que faz parte integrante das canalizações.

E, assim sendo, a sentença recorrida teria feito "uma incorrecta aplicação da norma jurídica contida no art. 15.° do DL 207/94, de 6/8 e no art. 295.° n.° 1 do Dec. Reg. 23/95 de 23/8, uma vez que a obrigação de evitar o facto gerador da responsabilidade não recaía sobre a recorrente, mas sobre os proprietários e usufrutuários do prédio, nos termos do art. 42.° n.° 2 do Regulamento Municipal de Abastecimento de Água e Drenagem das Águas Residuais do Município do Barreiro, publicado no DR n.° 35, Apêndice 19, II série de 11 de Fevereiro de 1998 e do art. 14.° do DL 207/94, de 6/8".

6.3 – Das conclusões da alegação resulta com nitidez que o recorrente apenas se insurge contra a sentença recorrida na medida em que nela foi dado como demonstrada a "ilicitude" como pressuposto da obrigação de indemnizar.

Em conformidade, terá de ser em função das críticas que o recorrente dirige ao decidido nas conclusões da alegação e que delimitam o objecto do recurso, que o tribunal terá de se movimentar na apreciação do recurso jurisdicional.

Compete-nos por conseguinte averiguar se assiste razão ao recorrente nas conclusões que formulou quando sustenta ter havido erro de julgamento ao ter-se concluído pela conduta "ilícita" dos órgãos ou agentes do R..

E, essa averiguação ou decisão, face ao que resulta do art. 659.° do CPC, apenas pode ser fundamentada ou ter como suporte os factos dados como demonstrados e cujo conteúdo, neste momento, nomeadamente por a matéria de facto não ter sido impugnada, não pode ser alvo de alteração nomeadamente em resultado daquilo que o recorrente eventualmente venha a dizer ou argumentar na alegação relativa ao recurso jurisdicional.

Importa por isso apurar se, na situação em apreço e perante a matéria de facto dada como demonstrada assiste razão à recorrente quando sustenta não lhe ser imputável qualquer conduta ilícita quer positiva quer por omissão.

No que tange à ilicitude, considera o art. 6.° do DL 48.051 como ilícitos para efeitos deste diploma "os actos jurídicos que violem as normas legais e regulamentares ou os princípios gerais aplicáveis e os actos materiais que infrinjam estas normas e princípios ou ainda as regras de ordem técnica e de prudência comum que devam ser tidas em consideração".

Uma vez que a conduta do agente geradora do dano tanto pode consistir num comportamento positivo como numa omissão (cfr. art. 486.° do Cód. Civil), os citados preceitos abrangem não só os actos materiais e omissões que ofendam direitos de terceiros ou disposições legais destinadas a proteger os seus interesses, como ainda os actos ou omissões que ofendam as "regras técnicas e de prudência comum" ou o dever geral de cuidado que devam ser tidos em consideração.

Desde que exista o dever legal de actuar, a omissão dos actos devidos é susceptível de determinar a obrigação de reparar o dano causado.

Para concluir pela ilicitude, a sentença recorrida fundamentou-se essencialmente no art. 15.° do DL n.° 207/ /94, de 06/08, nos termos do qual "os contadores de água das ligações prediais são fornecidos e instalados pela entidade gestora que fica com a responsabilidade da sua manutenção".

Resulta da matéria de facto que a fuga de água que determinou a inundação causadora dos danos, teve origem na "rosca do canhão do contador, cuja anilha se encontrava danificada" (ponto X da matéria de facto). Ou, como melhor resulta do ponto VIII) da matéria de facto a "agua corria" "da rosca de redução do canhão do contador".

Para melhor compreensão da situação interessa referir que, no que respeita à condução da água destinada ao consumo doméstico, existem desde logo, "os ramais de ligação" que, nos termos do art. 32.° n.° 1 do Dec-Reg. n.° 23/95 de 23 de Agosto "asseguram o abastecimento predial de água, desde a rede pública até ao limite da propriedade a servir". A partir do "limite da propriedade a servir" existe uma outra tubagem que se insere no próprio edifício, destinada a conduzir a água ao interior do prédio ou fracção.

A ligação do "ramal" à tubagem da propriedade é feita pela entidade gestora, com a instalação do "contador de água" nos termos da citada disposição.

A água da rede pública é assim transportada através do "ramal de ligação" que, depois de atravessar o "contador de água" é introduzida no consumo doméstico através da tubagem condutora de água, própria do sistema predial.

Ou seja, entre o "ramal de ligação público" e a tubagem que faz parte do "sistema predial" é instalado o contador de água que acaba por fazer a ligação entre o ramal público e o "ramal privado".

Como resulta da matéria de facto, a causa determinante da fuga de água, situou-se na "rosca do canhão do contador", ou seja no próprio contador, cuja "anilha se encontrava danificada". Deste modo, a causa imediata do evento, situa-se em deficiência da "rosca do contador" ou da "anilha" que é o mesmo que dizer, que a avaria que permitiu a fuga de água e determinou a inundação do prédio, resultou de avaria que se insere no próprio contador enquanto elemento que liga a tubagem exterior ou seja o ramal público, à tubagem ou ao sistema condutor de água próprio do edifício a servir.

No fundo e face à matéria de facto dada como provada a fuga de água ou inundação ficou a dever-se a defeito ou mau funcionamento de determinados elementos do contador de água, enquanto elo de ligação do "ramal de ligação público" ao "ramal" próprio do sistema predial que, a partir do contador, conduz a água destinada a consumo da fracção do prédio em questão.

Os contadores de água das "ligações prediais", nos termos da citada disposição, são fornecidos e instalados pela entidade gestora que fica com a responsabilidade da sua manutenção.

A instalação dos "sistemas prediais" ou as "canalizações e dispositivos de utilização que constituem os sistemas prediais" é que, nos termos do art. 9.° n.° 2 do mesmo diploma, são "da responsabilidade dos proprietários ou usufrutuários".

Assim, situando-se a avaria no próprio contador de água ou mais precisamente na ligação do "ramal" exterior ao "ramal" interior do prédio, cuja instalação e manutenção é da inteira responsabilidade da entidade gestora, parece inequívoco que o Réu, através dos respectivos serviços, nos termos da citada disposição, estava legalmente obrigado a manter em bom estado de funcionamento o contador, pelo que e na situação em apreço, tendo aquele dever sido omitido, não pode deixar de ser imputável ao Réu (ou respectivos serviços) uma omissão violadora das citadas disposições legais e por isso mesmo considerada ilícita face ao disposto no art. 6.º do DL 48.051 supra citado.

Assim quer se esteja perante uma situação em que a avaria resultou de uma eventual instalação defeituosa do contador de água ou perante uma situação em que a avaria ocorreu posteriormente à instalação do contador, não podemos deixar de concluir que o réu, por intermédio do pessoal ao seu serviço, ao não manter o contador em bom estado de funcionamento, violou as regras de ordem técnica ou de prudência que na situação, por força do art. 15.º citado, se impunham.

Face ao disposto no art. 6.º do DL n.º 48051, essa actuação (positiva ou omissiva) integra conduta ilícita para efeitos de responsabilidade civil extracontratual.

Improcedem em consequência as conclusões do recorrente e daí a improcedência do recurso.

7 – Termos em que ACORDAM:

– Negar provimento ao recurso jurisdicional.

– Sem custas.

Lisboa, 19 de Junho de 2007

Edmundo Moscoso (Relator)
Angelina Domingues
São Pedro

Recurso n.º 332/07-12

RESPONSABILIDADE CIVIL EXTRACONTRATUAL. PRESUNÇÃO DE CULPA. ÓNUS DE PROVA.

(Acórdão de 12 de Abril de 2007)

SUMÁRIO:

I – É aplicável à responsabilidade civil extracontratual dos entes públicos fundada em acto ilícito a presunção de culpa estabelecida no art. 493.º, n.º 1, do CPC.

II – Nesse caso cabe ao autor da lesão – um Município – a prova de que não teve qualquer culpa na ocorrência do acidente aí se incluindo, igualmente, a prova de que adoptou todas as providências exigíveis para o evitar.

III – Resultando o acidente da existência de um buraco, não sinalizado devidamente, num passeio numa via pública, daquela prova deve resultar, de uma forma concreta e objectiva, como procediam os serviços para evitar acidentes como aquele, enunciando as específicas providências adoptadas, indicando, por exemplo, com que periodicidade a fiscalização das vias era efectuada, de que forma se desenvolvia (apeada ou motorizada), se existiam contactos telefónicos publicitados que permitissem aos munícipes comunicar aos serviços camarários a ocorrência de incidentes nas vias e toda a panóplia de outros procedimentos capazes de demonstrar que só as particulares circunstâncias do caso, por fortuitas e absolutamente imprevisíveis, permitiam explicar a falta de sinalização do buraco.

IV – A mera demonstração de que "O Réu, através dos seus serviços competentes, exerce fiscalização sobre os arruamentos públicos, tendo, designadamente, brigadas que os percorrem, procurando encontrar locais onde existam deficiências ou obstáculos à circulação, para se proceder à sua sinalização e reparação" não cumpre aqueles requisitos, sendo insuficiente.

ACORDAM NA SECÇÃO DE CONTENCIOSO ADMINISTRATIVO DO SUPREMO TRIBUNAL ADMINISTRATIVO:

I – RELATÓRIO

ANTÓNIO MANUEL DA SILVA GOMES, com melhor identificação nos autos, veio recorrer da sentença do Tribunal Administrativo do Círculo de Coimbra (TAC), de 24.5.06, que julgou improcedente a acção emergente de responsabilidade civil extracontratual que intentou contra o **Município de Coimbra**.

Terminou a sua alegação formulando as seguintes conclusões:

"1 – Da matéria de facto dada como provada não resulta ilidida a presunção de culpa que recaia sobre o réu.

2 – O Município de Coimbra apenas fez prova de que em abstracto exerce fiscalização sobre os armamentos públicos.

3 – Não foi demonstrado o "*modus operandl.*" de tal fiscalização.

4 – Não estava assim O tribunal *a quo*, em face da prova produzida, em condições de ajuizar da adequação e eficiência de tal fiscalização.

5 – Não ficou provado que a fiscalização levada a cabo pelo Município de Coimbra teve lugar neste caso concreto.

6 – Não nos são dados a conhecer as concretas medidas de sinalização da vala existente no passeio da Rua Carlos Seixas.

7 – Para ilidir a presunção do artigo 493.º do Código Civil não é suficiente a prova, em abstracto, da existência de serviços competentes que exercem fiscalização sobre os armamentos públicos, é necessário demonstrar quais as providências desencadeadas em relação à concreta via pública e obras em questão.

8 – No caso em apreço, sobre o comportamento concreto do réu nada sabemos.

9 – Ainda que as obras levadas a cabo na Rua Carlos Seixas e a vala que aí foi aberta não sejam da responsabilidade directa dos serviços municipais, não é de excluir a responsabilidade do réu.

10 – Também nestes casos o Município mantém o dever de vigiar de forma continua e sistemática todas as vias e caminhos que estão sob sua jurisdição, detectando eventuais obstáculos e adoptando todas as medidas necessárias para evitar prejuízos.

11 – O desconhecimento da entidade responsável pelas obras e do obstáculo criado pelas mesmas, não é

fundamento de exclusão do dever de prevenção que se impõe ao Município.

12 – Tal desconhecimento só pode significar que o réu não exercia uma adequada fiscalização dos arruamentos públicos, pois que se o fizesse teria certamente detectado a existência do obstáculo.

13 – E neste não cumprimento ou cumprimento defeituoso do dever de vigilância que está a ilicitude do comportamento do réu.

14 – Dizer que a vala estava "referenciada por fitas vermelhas e brancas seguras a estacas de ferro" não é suficiente para afastar a presunção que recaia sobre o réu.

15 – "Referenciado" com fitas não é o mesmo que vedado.

16 – Não conhecemos a forma como tais fitas estavam colocadas, se circundavam ou não todo o obstáculo, se impediam ou não alguém de se aproximar do mesmo?

17 – Dizem-nos as regras da experiência que a existência de umas simples fitas a referenciar uma vala com cerca de 80 cm de profundidade e 1 m de diâmetro, não são uma forma adequada a impedir a queda de alguém que por ali circulasse.

18 – Adequada seria uma sinalização luminosa ou reflectora e uma vedação da vala que impedisse o acesso à mesma, o que não se demonstrou existir no caso em apreço.

19 – Não podemos pois seriamente dizer que foram, no caso concreto, empregues todas as medidas necessárias a garantir a segurança de todos quantos circulavam naquele local.

20 – Logo, não é de considerar ilidida a presunção de culpa que onerava o réu.

21 – Devendo, em consequência ser afirmada a responsabilidade do Município de Coimbra na produção dos danos sofridos pelo autor e ser este condenado a pagar a indemnização pedida na petição inicial, no valor de Esc. 31.940.290$40 (trinta e um milhões, novecentos e quarenta mil, duzentos e noventa escudos e quarenta centavos).

22 – O Acórdão recorrido decidiu assim em infracção dos artigos 4.º do Decreto-Lei n.º 48051, de 21.11; 483.º, 487.º, 493.º e 344.º, n.º 1 do Código Civil."

A autoridade recorrida pronunciou-se pelo improvimento do recurso.

A Magistrada do Ministério Público junto deste Tribunal emitiu parecer com o seguinte teor:

"Vem interposto recurso da sentença do TAF que, concluindo mostrar-se ilidida a presunção de culpa do município de Coimbra, julgou improcedente a presente acção de responsabilidade civil extracontratual para ressarcimento dos danos sofridos pelo A., entre os quais uma incapacidade permanente de pelo menos 15%, em consequência de uma queda, cerca das 18.30h do dia 15.01.97, num buraco aberto num passeio daquela cidade, assinalado apenas com fitas vermelhas e brancas seguras a estacas de ferro.

A conclusão de que nenhuma culpa assistia ao município decorreu de ter resultado provado que o buraco em causa não foi aberto pelo município, nem por qualquer dos seus serviços, nem lhe tinha sido comunicado a sua abertura por qualquer entidade e que «o Réu através dos seus serviços competentes, exerce fiscalização sobre os arruamentos públicos, tendo, designadamente, brigadas que os percorrem, procurando encontrar locais onde existam deficiências ou obstáculos à circulação, para se proceder à sua sinalização e reparação» (resposta ao art. 46 da B.I.).

Ora, constitui orientação jurisprudencial uniforme que «para ilidir a presunção de culpa consagrada no art. 493.º, n.º 1 do C. Civil, não é suficiente a prova, em abstracto da existência de um corpo de técnicos que fiscalizam as vias sob sua jurisdição, tendo de ser demonstrado quais as providências desencadeadas em relação à via pública em questão», a fim de que o tribunal possa aferir se a autarquia organizou os seus serviços de modo a assegurar, em relação ao local em causa, um eficiente sistema de prevenção e vigilância de anomalias previsíveis, exercendo uma «adequada e contínua fiscalização» – Acs. 08.10.2003, Proc. n.º 1923/02, de 05.05.2004, Proc. n.º 1203/03, de 14.04.2005, Proc. n.º 86/04, de 16.02.2006, Proc. n.º 1039/05, e de 18.05.2006, Proc. n.º 222/06.

No caso «sub judicio» não vem alegado nem resulta provado qual o modo e frequência da fiscalização do local em causa, para que, com base nesses factos e na localização concreta da via e passeio a fiscalizar, o Tribunal pudesse concluir que nenhuma culpa assistia à autarquia. Face ao exposto, afigura-se-nos não ter resultado ilidida a presunção de culpa estabelecida no art. 493.º, n.º 1, do C. Civil.

Por outro lado, no que concerne à conclusão da sentença recorrida relativa à culpa do Autor na ocorrência do acidente, afigura-se-nos que esta ilação se não encontra alicerçada em factos suficientes que o Tribunal tenha apurado. O Autor invocou que à hora em que ocorreu o acidente – pouco depois das 18.30 h do dia 15 de Janeiro – era já noite escura, nada poderia fazer prever a existência da referida vala naquele local – artigo 7.º da petição. Estes factos, que se reportam às condições de visibilidade no local, não foram apreciados na decisão recorrida.

Importando apreciá-los, somos de parecer que deverá ser revogada a decisão recorrida e ordenada a baixa dos autos ao TAF a fim de que este proceda à ampliação da matéria de facto (art. 712.º, n.º 4, do C.P.C.)."

Colhidos os vistos cumpre decidir.

II – FACTOS

Matéria de facto dada como assente no TAC:

(i) Em Janeiro de 1997, o Autor exercia a profissão de médico cirurgião, com a categoria de assistente-cirurgia no Hospital Distrital de Cantanhede – alínea A) dos Factos Assentes.

(ii) Na mesma data, o Autor tinha 49 anos de idade – Alínea B) dos Factos Assentes.

(iii) Pelas 18,30h do dia 15 de Janeiro de 1997, no passeio do lado direito, atento o sentido descendente da Rua Carlos Seixas, nesta cidade e concelho de Coimbra, junto ao entroncamento dessa rua com a Rua D. Pedro de Cristo, ao fundo do escadório de acesso pedonal à Rua Verde Pinho, o Autor caiu num buraco que ali se encontrava aberto no passeio – resposta ao art. 1.º da BI.

(iv) Este buraco no passeio, junto ao lancil do mesmo tinha de profundidade cerca de 80cm e de diâmetro cerca de 1 metro – resposta ao art. 2.º da BI.

(v) O buraco referido no art. 2.º encontrava-se referenciado por fitas vermelhas e brancas, seguras a estacas de ferro – resposta aos arts. 4.º e 5.º da BI.

(vi) O Autor caiu no buraco referido no art. 2.º – resposta ao art. 8.º da BI.

(vii) Em consequência da queda, o Autor foi transportado para os Serviços de Urgência do Hospital da Universidade de Coimbra, onde lhe foram ministrados os primeiros socorros – resposta ao art. 9.º da BI.

(viii) O Autor apresentava como lesões visíveis e diagnosticadas, resultantes da queda que sofreu, fractura multiesquirolosa dos ossos da perna direita, exposta de grau 1, além de outras lesões, hematomas e feridas – resposta ao art. 10.º da BI.

(ix) Nos Serviços de Urgência, foi-lhe efectuada redução da fractura e imobilização com gesso cruro-pedioso – resposta ao art. 11.º da BI.

(x) E ficou internado no Serviço de Ortopedia – resposta ao art. 12.º da BI.

(xi) Após a realização de exames laboratoriais, electrocardiograma e estudo radiológico, foi submetido a intervenção cirúrgica no dia 28 de Janeiro de 1997, na qual lhe foi feita redução da fractura e encavilhamento dinâmico com cavilha AO 11/36, aparafusado – resposta ao art. 13.º da BI.

(xii) Em 05 de Fevereiro de 1997, foi-lhe efectuada imobilização com gesso cruropodálico e teve alta intermédia hospitalar com a seguinte orientação terapêutica: retirar os pontos de sutura decorridos 15 dias após a intervenção, deambular em descarga com o apoio de canadianas e ser observado em consulta externa de ortopedia – resposta ao art. 14.º da BI.

(xiii) O Autor, passou assim a ser seguido em tratamento ambulatório, na consulta externa de ortopedia, onde lhe vieram a ser retirados os pontos de sutura – resposta ao art. 15.º da BI.

(xiv) E, passou, também, a movimentar-se sempre em descarga, com o apoio de canadianas – resposta ao art. 16.º da BI.

(xv) Em Março de 1997, voltou a ser examinado na consulta externa de ortopedia, foi-lhe removida a imobilização gessada e foi submetido a estudo radiológico que evidenciava fractura alinhada, mas sem calo ósseo significativo – resposta ao art. 17.º da BI.

(xvi) Passou desde aí a deambular em carga parcial, com apoio de canadianas, utilizando meia eláctica – resposta ao art. 18.º da BI.

(xvii) O Autor voltou a ser reobservado em consulta externa nos dias 7 de Maio, 9 de Julho e 3 de Setembro de 1997 – resposta ao art. 19.º da BI.

(xviii) Os radiogramas realizados em 03 de Setembro de 1997, mostravam calo ósseo já bastante evoluído, embora ainda com algum défice a nível da cortical interna da tíbia – resposta ao art. 20.º da BI.

(xix) Em Dezembro de 1997, voltou a ser internado no Serviço de Ortopedia, onde foi de novo, submetido a intervenção cirúrgica, na qual foi realizada a extracção dos parafusos da cavilha – resposta ao art. 21.º da BI.

(xx) Após ter tido alta, ainda intermédia e não só hospitalar, continuou a ser observado em consulta externa – resposta ao art. 22.º da BI.

(xxi) Sucessivamente observado em Junta Médica, o Autor foi sempre sendo dado como incapaz para o serviço, a 100% até 15-12-97 e a 50% até 19 de Outubro de 1998, data em que teve alta clínica, mas com sequelas – resposta ao art. 23.º da BI.

(xxii) Sequelas que ainda apresentava quando, em 18 de Novembro de 1999, foi submetido a exame médico-legal de avaliação do dano, no âmbito da metodologia própria da medicina Legal de Reparação Civil do Dano – resposta ao art. 24.º da BI.

(xxiii) Tais sequelas consistem em consolidação viciosa da tíbia direita, com encurtamento e ligeira rotação externa e do pé direitos – resposta aos arts. 25.º e 32.º da BI.

(xxiv) E dores de utilização na perna direita e osteopenia do artelho direito – resposta aos arts. 26.º e 32.º da BI.

(xxv) Que lhe dificultam a sua actividade profissional de cirurgia – resposta aos art. 27.º e 32.º da BI.

(xxvi) O Autor esteve com incapacidade temporária total desde o dia do acidente e até 15 de Dezembro de 1997 e com incapacidade temporária parcial de 50% durante o restante tempo até à data da consolidação das lesões, em 19 de Outubro de 1998 – resposta aos arts. 29.º e 30.º da BI.

(xxvii) O Autor sofre de uma incapacidade permanente de, pelo menos, 15% – resposta ao art. 34.º da BI.

(xxviii) O Autor, em Janeiro de 1997, auferia um vencimento mensal ilíquido de esc. 277.600$00, a que acrescia um subsídio de alimentação, também mensal de esc. 12.760$00 e, ainda uma quantia adicional (2%) de esc. 4.916$00 – resposta ao art. 35.º da BI.

(xxix) O autor exercia também a profissão de médico-cirurgião em regime de profissão liberal, como actividade privada, tendo apresentado o documento fotocopiado a fls. 31, para efeitos de IRS, relativo ao ano de 1996 – resposta ao art. 36.º da BI.

(xxx) Também no acidente e dele resultante, sofreu o Autor dores e mal estar que continuaram enquanto era transportado e depois socorrido nos HUC – resposta ao art. 42.º da BI.

(xxxi) Durante o tempo em que esteve acamado e sem possibilidade de se locomover, sentiu mal estar e, por vezes, dores – resposta ao art. 43.º da BI.

(xxxii) Enquanto esteve com a perna direita engessada e após todos os tratamentos médico-cirúrgicos a que teve de se submeter, o A. sentiu mal estar – resposta ao art. 44.º da BI.

(xxxiii) **O Réu, através dos seus serviços competentes, exerce fiscalização sobre os arruamentos públicos, tendo, designadamente, brigadas que os percorrem, procurando encontrar locais onde existam deficiências ou obstáculos à circulação, para se proceder à sua sinalização e reparação** – resposta ao art. 46.º da BI.

(xxxiv) **O Réu não procedeu, através de quaisquer serviços municipais e, designadamente, dos serviços municipalizados de água e saneamento, à abertura de qualquer vala ou buraco no passeio do lado direito, atento o sentido descendente da Rua Carlos Seixas, nesta cidade e concelho de Coimbra e junto ao entroncamento dessa rua D. Pedro de Cristo, ao fundo do escadório de acesso pedonal à Rua Verde Moinho** – resposta ao art. 47.º da BI.

(xxxv) **E, também não procedia a quaisquer obras neste local, destinadas à instalação subterrânea de tubagem, cabos, linhas ou condutas de comunicação ou de escoamento, designadamente, com as características referidas nos arts. 2.º a 6.º da PI** – resposta ao art. 48º da BI.

(xxxvi) **Ao Réu, em relação à concreta obra referida na PI, nenhuma entidade, pública ou privada,**

lhe deu conhecimento ou solicitou autorização para aí proceder a essas obras – resposta ao art. 49,° da BI.

III – DIREITO

1. O ataque dirigido pelo recorrente à sentença assenta, fundamentalmente, na circunstância de, existindo uma presunção de culpa do Município, nos termos do art. 493.° do CC, este, contrariamente ao decidido, não ter conseguido, convincentemente, ilidi-la.

2. Vejamos o que nos diz a sentença a esse respeito. "Ora, a sinalização dos obstáculos (neste caso buraco/ /vala) nas vias e caminhos municipais, bem como, a construção, reparação e conservação das mesmas, compete ao Município – cfr. art. 2.°, da Lei 2110 de 19-08-1961 e, art. 46.°, n.° 1, do Cód. Administrativo. E, esta sinalização, a existir, decorrente da existência de obras ou não, nas estradas caminhos ou ruas (vias públicas) a cargo do Município, visa alertar e prevenir toda a circulação que se desenvolva nos mesmos, de forma a evitar a ocorrência de acidentes – art. 1.° e 2.°, do Dec. Reg. n.° 33/98 de 12/09 e, art. 5.° do C.E. Acresce que, face ao disposto no art. 2.°, al. b), do DL n° 13/94 de 15-01, é aos Municípios que compete velar e assegurar tudo o que respeite à construção, pavimentação, reparação e conservação das estradas municipais e respectivos passeios. Por outro lado, neste caso concreto, ao Réu Município, a lei "impõe-lhe" uma presunção de culpa (art. 493.° do Cód. Civil) pelo que, para a ilidir, cabia-lhe provar que tomou todas as medidas com vista à sinalização dos obstáculos existentes nas vias e, que mesmo assim houve negligência e falta de atenção por parte do Autor, ao circular no passeio da Rua Carlos Seixas. Cfr. neste sentido, o Ac. do STA de 02-12-97, in rec. n.° 41457, quando aí se refere expressamente: "1 – Incumbe aos Municípios, o dever de sinalizarem convenientemente os "obstáculos" existentes nas vias públicas municipais por forma bem visível, de modo a prevenir a ocorrência de qualquer acidente. II – Nas acções de responsabilidade civil extracontratual da Administração por facto ilícito, funciona a presunção de culpa por parte de quem tem a seu cargo a vigilância da coisa, prevista no n.° 1 do art. 493.° do Código Civil. Com efeito, é ao Município que compete alegar e demonstrar para ilidir a presunção de culpa constante do art. 493.° n.° 1 do Código Civil, face à situação concreta, que tinha actuado como seria lícito esperar, no caso, no exercício das suas funções e em função dos meios que tinha ao seu dispor, e que, não obstante a sua actuação dentro desses parâmetros, sempre e em todo o caso o acidente se teria verificado. Mas, atenta a matéria dada como provada, cremos que, não só não se mostra provado que o Réu tivesse cometido qualquer acto ilícito, nem que tivesse agido de forma culposa, como, se mostra ilidida esta presunção de culpa, se atentarmos nas respostas dadas aos arts. 4.°, 5.°, 46.°, 47.°, 48.°, e 49.° da BI. Ou seja, o Réu para além de haver provado que (em abstracto), através dos seus serviços competentes, exerce fiscalização sobre os arruamentos públicos, tendo, designadamente, brigadas que os percorrem, procurando encontrar locais onde existam deficiências ou obstáculos à circulação, para se proceder à sua sinalização e reparação, provou ainda que, não procedeu, através de quaisquer serviços municipais e, designadamente, dos serviços municipalizados de água e saneamento, à abertura de qualquer vala ou buraco no passeio do lado direito, atento o sentido descendente da Rua Carlos Seixas, nesta cidade e concelho de Coimbra e junto ao entroncamento dessa rua D. Pedro de Cristo, ao fundo do escadório de acesso pedonal à Rua Verde Moinho. Mais provou ainda que, não procedia a quaisquer obras neste local, destinadas à instalação subterrânea de tubagem, cabos, linhas ou condutas de comunicação ou de escoamento, designadamente, com as características referidas nos arts. 2.° a 6.° da PI e, que em relação à concreta obra referida na PI, nenhuma entidade, pública ou privada, lhe deu conhecimento ou solicitou a autorização para aí proceder a essas obras. Inexiste, pois, qualquer acto ilícito. Perante toda esta factualidade ainda se podia argumentar que, sendo inegável que o buraco/ vala existia, de tal forma que o Autor caiu nele, sempre seria da responsabilidade do Município (apesar do que atrás se deixou escrito) a inexistência de medidas que tivessem evitado tal situação, com vista a prevenir os utentes e peões, de cair naquela "armadilha". Porém, resultou ainda provado um outro facto, que afasta desde logo, qualquer eventual presunção de culpa que se pretendesse imputar ao Réu e, que respeita ao facto de o buraco onde o Autor caiu, se encontrar referenciado com fitas vermelhas e brancas seguras a estacas de ferro. Assim sendo, é manifesto que a queda que o Autor sofreu só a ele pode ser imputada, uma vez que, quando circulava no passeio referido no art. 1.° da BI não se apercebeu da sinalização que referenciava a existência do referido buraco. E, deste modo, na ausência destes requisitos da culpa e da ilicitude, uma vez que, os requisitos da responsabilidade civil, prevista no art. 483.° do Cód. Civil de que depende a obrigação de indemnizar, são cumulativos, é manifesta a improcedência da acção."

3. Vamos lá a ver. O quadro jurídico que resulta da sentença está devidamente identificado e não mereceu reparo de nenhum dos intervenientes. O acidente ocorreu num passeio de uma via cuja conservação, reparação e vigilância eram, inquestionavelmente, da responsabilidade do Município de Coimbra. Daí, a presunção de culpa que lhe cabe, nos termos do art. 493.°, n.° 1, do CC ("Quem tiver em seu poder coisa móvel ou imóvel, com o dever de a vigiar ... responde perante terceiros pelos danos ... salvo se provar que nenhuma culpa houve da sua parte ou que os danos se teriam igualmente produzido ainda que não houvesse culpa sua"), na ocorrência de qualquer sinistro que nela tenha lugar e que resulte de omissão sua desses deveres de fiscalização e polícia, onde se integra o de sinalização dos obstáculos que ali se possam encontrar. A abertura do buraco descrito nos autos não foi efectuada nem autorizada por nenhum órgão seu, e, mais do que isso, nem sequer conhecia a sua existência. A responsabilidade pelo sinistro não é imputada a um agente identificado apresentando-se como "faute de service", isto é, imputável aos serviços camarários no seu conjunto.

No fundo, a sentença considerou que o recorrido Município de Coimbra ilidiu a referida presunção de culpa apenas com fundamento na matéria constante do ponto (xxxiii) dos factos provados onde se diz que **"O Réu, através dos seus serviços competentes, exerce fiscalização sobre os arruamentos públicos, tendo, designadamente, brigadas que os percorrem, procurando encontrar locais onde existam deficiências ou obstáculos à circulação, para se proceder à sua sinalização e reparação"**. Só que a prova destes factos é manifestamente insuficiente para ilidir a aludida presunção de culpa, impondo-se uma prova bastante mais minuciosa e exigente, atentas as razões de prevenção geral efectiva que lhe estão subjacentes. Com efeito, para além desta prova abstracta, era indispensável que o recorrido tivesse alegado, e provado, de que forma, em concreto, procediam os serviços para evitar acidentes como aquele que ocorreu, enunciando as específicas providências adoptadas, indicando, por exemplo, com que periodicidade a fiscalização das vias era efectuada, de que forma se desenvolvia (apeada ou motorizada), se existiam contactos telefónicos publicitados que permitissem aos munícipes comunicar aos serviços camarários a ocorrência de incidentes nas vias e, ainda, toda a panóplia de outros procedimentos capazes de demonstrar que só as particulares circunstâncias do caso, por fortuitas e absolutamente imprevisíveis, permitiam explicar a falta de sinalização do buraco. Trata-se de jurisprudência uniforme deste STA, como pode ver-se, entre muitos outros, nos acórdãos de 18.5.06 no recurso 222/06, de 16.2.06 no recurso1039/05, de 14.4.05 no recurso 86/04 e de 15.3.05 no recurso 36/04. Aliás, se assim não fosse, dificilmente seria possível agir eficazmente, sinalizando obstáculos existentes nas vias, de modo a evitar acidentes, designadamente se as acções de fiscalização apenas fossem desenvolvidas por amostragem ou com periodicidades elevadas.

Por outro lado, a consideração, evidenciada na sentença, de que a culpa do Município sempre estaria afastada pelo facto de se ter provado que "o buraco onde o Autor caiu, se encontrar referenciado com fitas vermelhas e brancas seguras a estacas de ferro" não tem qualquer sentido e até está em contradição com o segmento inicial acima transcrito, onde se refere a obrigação municipal de proceder à sinalização dos obstáculos existentes nas vias e passeios que estão sob a sua responsabilidade, a sinalização prevista no Código da Estrada, onde se não prevê semelhante sinal de perigo e aviso. De resto, a eficácia dessa sinalética (que ainda poderá ser relevante para efeitos de divisão de responsabilidades, art. 570.º do CC) sempre teria que ser avaliada em função da luminosidade do local e relacionada com o facto de também poder ser noite (face ao mês e hora do sinistro), o que, apesar de ter sido invocado (art. 7.º da petição), por não ter sido averiguado, igualmente não foi feito. Impõe-se, por isso, a ampliação da matéria de facto quanto a esse ponto (art. 712.º, n.º 4, do CPC)

Procede, assim, a ilegalidade imputada pelo recorrente à sentença.

IV – DECISÃO

Nos termos e com os fundamentos expostos, acordam em conceder provimento ao recurso, em revogar a sentença recorrida, e em ordenar a baixa dos autos ao TAC a fim de se proceder à ampliação da matéria de facto, nos termos apontados, e à posterior prolacção de nova sentença com os contornos jurídicos indicados.

Sem custas.

Lisboa, 12 de Abril de 2007

Rui Botelho (Relator)
Cândido de Pinho
Pais Borges

Recurso n.º 952/06-11

2.ª Secção (Contencioso Tributário)

ACÇÃO INSPECTIVA. AUDIÊNCIA DO INTERESSADO ANTES DA VIGÊNCIA DA LEI GERAL TRIBUTÁRIA. ART. 19.°, C) DO CÓDIGO DE PROCESSO TRIBUTÁRIO. CÓDIGO DO PROCEDIMENTO ADMINISTRATIVO. JUROS INDEMNIZATÓRIOS. ART. 24.° DO CPT.

(Acórdão de 26 de Abril de 2007)

SUMÁRIO:

I- Na vigência do CPT, o direito de audição constituía já uma garantia do contribuinte - art. 19.°, *c*) do CPT.

II- Se tal direito não estivesse concretizado em qualquer das formas especiais do procedimento tributário, era aplicável subsidiariamente o art. 100.° do CPA.

III- Nos termos deste dispositivo, impunha-se tal audiência quando havia sido previamente realizada instrução procedimental.

IV- Se o contribuinte, realizada uma acção inspectiva, não era ouvido antes da liquidação, ocorria vício de forma, conducente à anulação do acto de liquidação.

V- O direito a juros indemnizatórios (consagrado então no art. 24.° do CPT) dependia da verificação de várias condições, uma das quais era estar pago o imposto.

ACORDAM, EM CONFERÊNCIA, NA SECÇÃO DE CONTENCIOSO TRIBUTÁRIO DO SUPREMO TRIBUNAL ADMINISTRATIVO:

1. RILIX – Indústria de Calçado, Ld., com sede em Cerdeira das Ervas, Borba de Godim, Lixa, Felgueiras, impugnou judicialmente, junto do então Tribunal Tributário de 1ª Instância do Porto, as liquidações de IVA de 1993 e respectivos juros compensatórios, praticadas pela Direcção-Geral de Impostos.

O Mm. Juiz do TAF de Braga julgou a impugnação procedente, anulou as liquidações impugnadas e declarou ter a impugnante direito a juros indemnizatórios, caso viesse a "demonstrar o pagamento de alguma parcela dos valores das liquidações".

Inconformada, a Fazenda Pública interpôs recurso para o TCA – Norte.

Formulou as seguintes conclusões nas respectivas alegações de recurso:

A. A douta sentença julgou a presente impugnação procedente por violação do Art. 100.° do CPA, reconhecendo à impugnante o direito a juros indemnizatórios, com o que a Fazenda Pública não se pode conformar.

B. No âmbito do CPT e antes da entrada em vigor da LGT, o princípio da audiência prévia dos interessados, previsto no Art. 100.° e seguintes do CPA, não se aplicava no procedimento administrativo tributário.

C. Ainda que se aplicasse o Art. 100.° do CPA, no que não se concede, ressalvado o respeito por melhor opinião, a sua violação reconduzir-se-ia a um vício de forma, por preterição de uma formalidade essencial e esta degradar-se-ia em formalidade não essencial, por ter sido apresentada impugnação e por não terem sido dados como provados elementos novos relevantes.

D. Pelo que a preterição não teria implicações quanto à validade do acto final, por não se verificar qualquer lesão efectiva e real dos interesses ou valores protegidos pelo preceito violado já que, mesmo a admitir a aplicabilidade do regime do Art. 100.° do CPA, não obstante tal preterição, veio a atingir-se o resultado que com ele se pretendia alcançar e que é a defesa contra o acto tributário.

E. O reconhecimento do direito ao pagamento de juros indemnizatórios depende da prova do pagamento da prestação tributária.

F. Não sendo dado como provado o pagamento, não pode ser reconhecido o direito a tais juros, nem se pode fazer depender a execução de sentença de condição, quando esta constitui o próprio pressuposto do direito.

G. A douta sentença recorrida viola o disposto nos Arts. 100.° do CPA e 24.° do CPT.

Não houve contra-alegações.

O TCA julgou-se hierarquicamente incompetente para conhecer do recurso.

Subiram os autos a este Supremo Tribunal.

Aqui o EPGA defende que o recurso merece provimento parcial.

Colhidos os vistos legais cumpre decidir.

2. É a seguinte a matéria de facto fixada na instância:

1. A contabilidade da impugnante foi sujeita a inspecção, pela administração fiscal (AF), que, relativamente ao exercício de 1993, não aceitou, como custos, os valores constantes das facturas referidas no quadro do art. 50 da petição inicial, de AGP – Sociedade Comercial e Industrial, Ld., e, em matéria de IVA, não aceitou as deduções, efectuadas pela impugnante, do imposto liquidado nessas facturas – factos provados documentalmente e, aliás, não controvertidos.

2. Finda a inspecção e antes das liquidações de 1998, a AF não notificou a impugnante nos termos do art. 100.° do CPA, para esta se pronunciar – facto não controvertido.

3. A primeira questão a decidir tem a ver com a necessidade de audiência do contribuinte depois de realizada a inspecção e antes de efectuada a liquidação.

Quid juris?

A Fazenda Pública sustenta que, atendendo a que não vigorava ainda a LGT, não se tornava necessária a audiência prévia da impugnante.

Como é sabido, o art. 60.° da LGT consagra o princípio da participação dos contribuintes na formação das decisões que lhes digam respeito, incluindo-se aí o "direito de audição antes da liquidação" – (alínea *a*) do n.º 1, do citado artigo).

Como é igualmente sabido, este normativo dá corpo a um princípio constitucional, hoje vertido no art. 267.º, 5, da CRP, que reconhece aos cidadãos o direito de participação na formação das decisões e deliberações que lhes disserem respeito.

É certo que, como bem defende a recorrente, a LGT não era ainda vigente à data.

Porém, já o art. 19.º *c*) do CPT reconhecia aos contribuintes os direitos de reclamação, impugnação, *audição* e oposição".

Se tal direito não estivesse concretizado em qualquer das formas especiais do procedimento tributário, era aplicável subsidiariamente o art. 100.º do Código do Procedimento Administrativo, aplicável *ex-vi* do art. 2.º, *b*) do CPT, então vigente.

Ora, o n. 1 do art. 100.º do referido Código, dispunha que, "concluída a instrução, os interessados têm o direito de ser ouvidos no procedimento antes de ser tomada a decisão final, salvo o disposto no art. 103.º".

A referência à "instrução" significa a existência prévia de um procedimento, que, no caso, se deve entender como o processo inspectivo.

Certo que o citado art. 100.º do CPA só tem aplicação no caso de não haver normas procedimentais especiais sobre as matérias nele reguladas[1]. Que no caso não existem.

Nem há nota de que a impugnante, ora recorrida, tenha tido oportunidade de ter sido ouvida antes da liquidação.

Assim, e na hipótese concreta, a falta de audição do contribuinte, que, como vimos, é obrigatória, constitui vício de forma do procedimento tributário susceptível de afectar a decisão que nele for tomada, passível de anulação em impugnação judicial[2].

Nem vale dizer, como o faz a recorrente, que se trata de "um vício de forma, por preterição de uma formalidade essencial e esta degradar-se-ia em formalidade não essencial, por ter sido apresentada impugnação e por não terem sido dados como provados elementos novos relevantes".

Não é assim.

Na verdade, sendo uma formalidade essencial não se vê como possa, no caso, degradar-se em formalidade não essencial

De passo que se poderia dizer que se trata de uma perspectiva reversível, pois situação igual ocorreria se já estivesse em vigor a LGT, onde, ao que cremos, a recorrente reconhecerá a necessidade dessa audiência prévia.

A decisão recorrida, movendo-se dentro destes parâmetros, não merece, neste ponto, qualquer censura.

Vide, a propósito, o acórdão deste STA de 30/11//2005 (rec. n.º 622/05).

A segunda questão tem a ver com os juros indemnizatórios peticionados pela impugnante.

Já vimos em que termos o Mm. Juiz *a quo* decidiu.

Porém, não resulta da matéria de facto provada que a impugnante tenha pago quaisquer quantias.

Vejamos então.

O direito a juros indemnizatórios vinha consagrado no art. 24.º do CPT.

E, da conjugação dos n.os 1, 2 e 6 do art. 24.º do citado artigo, tal direito dependia da verificação de várias condições, uma das quais era estar *pago o imposto*[3].

Idêntica conclusão se deve retirar do n.º 1 do art. 43.º da LGT ("... resulte *pagamento* da dívida tributária..."), que não sofre desvio pela disposição conforme do art. 63.º do CPPT.

Ora, não havendo prova de que a impugnante pagou qualquer parcela das liquidações impugnadas, como o Mm. Juiz *a quo* expressamente reconhece, e não sendo possível, no caso, uma condenação condicional, logra êxito, neste ponto, a pretensão da recorrente Fazenda Pública.

4. Face ao exposto, acorda-se em conceder provimento parcial ao recurso interposto pela Fazenda Pública, apenas no segmento em que a mesma foi condenada em juros indemnizatórios, revogando-se, no ponto, a sentença recorrida, e julgando-se, nessa dimensão, improcedente a impugnação. No mais confirma-se a sentença recorrida.

Sem custas, no tocante à Fazenda Pública, por estar então isenta do seu pagamento. Custas pela impugnante, aqui recorrida, mas apenas na 1ª instância, e na medida do seu decaimento.

Lisboa, 26 de Abril de 2007

Lúcio Barbosa (Relator)
Baeta de Queiroz
António Calhau

Recurso n.º 101/07-30

CONTRA-ORDENAÇÃO FISCAL. RECURSO PARA A MELHORIA DA APLICAÇÃO DO DIREITO. NULIDADE INSUPRÍVEL. ABSOLVIÇÃO DA INSTÂNCIA. BAIXA DO PROCESSO À ADMINISTRAÇÃO TRIBUTÁRIA.

(Acórdão de 20 de Junho de 2007)

SUMÁRIO:

I – O disposto no artigo 73.º, n.º 2, do Regime Geral das Contra-Ordenações é aplicável subsidiariamente ao Regime Geral das Infracções Tributárias.

II – Aquele n.º 2 compreende as decisões concretizadas tanto por sentença, como ali expressamente se refere, como pelo despacho referido no seu artigo 64.º.

[1] Acórdão do STA de 10/4/2002, rec. 26248, e jurisprudência aí citada.
[2] Acórdão do STA de 6/11/2002, rec. n.º 331/02.

[3] Código de Processo Tributário, comentado e anotado, de Alfredo Sousa e José Paixão, 3ª Edição, pág. 73.

III – A expressão, "melhoria da aplicação do direito", dali constante, não deve restringir-se, ao contrário do que parece resultar da sua letra, a casos em que estejam em causa questões de interpretação ou aplicação da regra jurídica, propriamente ditas.

IV – Mas, antes, servindo de válvula de segurança do sistema, deve compreender também casos de erros claros na decisão judicial, nomeadamente no que concerne à consequência da nulidade insuprível decorrente da ausência dos requisitos essenciais da decisão administrativa que aplica a coima fiscal.

V – Decretada, em processo judicial de contra-ordenação tributária, aquela nulidade insuprível, não há lugar à absolvição da instância mas, antes, à baixa dos autos à Administração Tributária, para eventual sanação da mesma e renovação do acto sancionatório.

ACORDAM NA SECÇÃO DO CONTENCIOSO TRIBUTÁRIO DO SUPREMO TRIBUNAL ADMINISTRATIVO:

A Exma. Magistrada do Ministério Público vem recorrer do despacho do Tribunal Administrativo e Fiscal de Lisboa II que, no âmbito de processo de contra-ordenação, absolveu a arguida Dollfus-Mieg & C.ª, Lda., da instância, não conhecendo do mérito da causa.

Fundamentou-se a decisão em que "da decisão administrativa de aplicação de coima não constam os elementos exigidos por lei e consagrados no artigo 79.°, n.° 1, do RGIT", nomeadamente a falta de fundamentação da decisão recorrida, o que configura "uma nulidade insuprível consagrada no artigo 63.°, n.° 1, alínea *d*), do mesmo diploma", sendo que tais nulidades, "na medida em que inquinam a acusação, ou seja, a decisão que aplica a coima, devem visualizar-se como excepções dilatórias que obstam ao conhecimento do mérito da causa pelo Tribunal".

O Ministério Público recorrente formulou as seguintes conclusões:

1. A declaração de nulidade da decisão de aplicação da coima não tem, como efeito, a absolvição da arguida da instância, como refere o Mmo. Juiz na sentença sob recurso;

2. A declaração de nulidade da decisão de aplicação de coimas, nos termos do disposto no artigo 63.°, n.° 1, al. d) e n.° 3 do RGIT tem por efeito a anulação dos termos subsequentes do processo que dela dependam absolutamente, devendo, porém, aproveitar-se as peças úteis ao apuramento dos factos;

3. As nulidades previstas no artigo 63.° do RGIT não são susceptíveis de constituir excepção dilatória determinante da absolvição da instância, figura jurídica não existente no processo contra-ordenacional.

4. E não pode entender-se a sentença como absolvendo a arguida da instância de recurso jurisdicional não só porque a sentença refere, expressamente, que o artigo 63.° n.° 3 do RGIT não tem aplicação no caso dos autos,

5. Mas também porque sendo a arguida a "autora" no recurso nunca podia ser absolvida da instância de que é autora.

6. O Mmo Juiz a quo ao dizer que o artigo 63.° n.° 3 do RGIT não tem aplicação no caso vertente,

7. Ao decidir como decidiu, absolvendo a arguida da instância, violou, claramente, o disposto no artigo 63.° n.° 3 do RGIT, pelo que

8. A decisão recorrida deve ser revogada e substituída por outra que, declarando a nulidade da decisão da Autoridade Administrativa declare a nulidade dos termos que lhe são subsequentes, com o aproveitamento, contudo, das peças processuais úteis ao apuramento dos factos e ordene a remessa do processo de contra-ordenação ao Serviço de Finanças competente para ser proferida decisão que dê cumprimento ao disposto nos artigos 63.° n.° 3 e 79.° n.° 1 do RGIT.

9. Normas jurídicas violadas: artigo 63.°, n.ºs 1 al. d) e 79.° n.° 1 do RGIT.

Não houve contra-alegações.

E, corridos os vistos legais, nada obsta à decisão.

Vejamos, pois:

QUANTO À ADMISSÃO DO RECURSO:

Nos termos do artigo 83.°, n.° 1, do Regime Geral das Infracções Tributárias, "o arguido e o Ministério Público podem recorrer da decisão do tribunal tributário de 1.ª instância para o Tribunal Central Administrativo, excepto se o valor da coima aplicada não ultrapassar um quarto da alçada fixada para os tribunais judiciais de 1.ª instância e não for aplicada sanção acessória", sendo que – n.° 2 –, "se o fundamento exclusivo do recurso for matéria de direito, é directamente interposto para a Secção de Contencioso Tributário do Supremo Tribunal Administrativo".

Todavia, o artigo 73.°, n.° 2, do Regime Geral das Contra-Ordenações, aplicável subsidiariamente por força do artigo 3.°, alínea *b*), do RGIT, dispõe que o tribunal *ad quem* poderá "a requerimento do arguido ou do Ministério Público, aceitar o recurso da sentença quando tal se afigure absolutamente necessário à melhoria da aplicação do direito ou à promoção da uniformidade da jurisprudência".

Ou seja, nos termos do predito artigo 83.°, tendo o recurso como fundamento exclusivo matéria de direito, como acontece no caso dos autos, a Secção de Contencioso Tributário do STA é competente para conhecer do recurso judicial da sentença do Tribunal Administrativo e Fiscal, desde que o valor da coima ultrapasse um quarto da alçada fixada para os tribunais judiciais de 1.ª instância e não seja aplicada sanção acessória.

Contudo, uma vez que a não admissibilidade do recurso, em matéria contra-ordenacional, suscita fundadas dúvidas de constitucionalidade, aquele artigo 73.°, n.° 2, vem concretizar "uma válvula de segurança do sistema de alçadas que permita assegurar a realização da justiça".

Cfr. JORGE DE SOUSA e SIMAS SANTOS, *Regime Geral das Infracções Tributárias anotado*, 2.ª edição, p. 506.

Por outro lado, tal admissibilidade deve estender-se igualmente aos "despachos" substitutivos ou alternativos à sentença, única peça processual ali referida.

É que não existe nenhuma diferença de natureza entre as duas decisões. O artigo 64.°, n.° 2, do RGCO – aplicável por força da referida disposição legal remissiva – prevê a decisão por despacho quando o juiz "não considere necessária a audiência de julgamento e o arguido e o MP não se oponham."

Assim, parece que os casos em que o juiz deve decidir por despacho são aqueles em que a decisão final não dependa da realização de diligências de prova. É o caso da existência de excepções, em que a questão a decidir seja apenas de direito ou o processo forneça já os elementos necessários à decisão.

Cfr. Jorge de Sousa e Simas Santos, *cit.* p. 490.

Quer dizer: a alternativa da decisão por despacho ou sentença não radica na complexidade das questões a decidir, pelo que aquele n.º 2 do dito artigo 73.º se deve aplicar indiferentemente a ambas as decisões.

Refere-se tal inciso normativo à necessidade manifesta do recurso para melhoria da aplicação do direito.

E, dado o escopo referido – válvula de segurança do sistema – ele não deve restringir-se, ao contrário do que parece resultar da sua letra, aos casos em que apenas estejam em causa questões de interpretação ou aplicação da regra jurídica, propriamente ditas.

Antes deve admitir-se em termos de "permitir o controle jurisdicional dos casos em que haja erros claros na decisão judicial ou seja comprovadamente duvidosa a solução jurídica" ou em que "se esteja perante uma manifesta violação do direito".

Cfr., Jorge de Sousa e Simas Santos, *cit.*, p. 506.

É, assim, de aceitar o recurso.

Cfr. o acórdão do STA de 18 de Junho de 2003, processo n.º 0503/03.

Quanto à consequência da nulidade insuprível decorrente da ausência dos requisitos essenciais da decisão administrativa que aplica a coima fiscal:

O artigo 63.º, n.º 1, alínea *d*), do RGIT, preceitua constituir nulidade insuprível, no processo de contra-ordenação tributário, "a falta dos requisitos legais da decisão de aplicação das coimas" – os previstos no seu artigo 79.º –, a qual tem por efeito – n.º 3 – "a anulação dos termos subsequentes do processo que deles dependam absolutamente, devendo, porém, aproveitar-se as peças úteis ao apuramento dos factos".

Tal nulidade – n.º 5 – é de conhecimento oficioso, podendo ser arguida "até a decisão se tornar definitiva".

A qualificação como insuprível não significa que ela não possa ser sanada, mas, antes, que o decurso do tempo não tem esse efeito.

Pelo que a sanação respectiva só pode concretizar-se com a supressão da deficiência ou irregularidade, nomeadamente com a prática, de acordo com a lei, do acto omitido ou da irregularidade praticada.

Assim, e designadamente, "a nulidade por falta dos requisitos legais da decisão de aplicação de coima (...) não impede que venha a ser proferida nova decisão em substituição da anulada".

E, tal conhecimento pode ocorrer "até ao trânsito em julgado da decisão final", tanto na fase administrativa como na judicial e, nesta, tanto na 1.ª instância como no tribunal *ad quem*.

O próprio artigo 19.º do Código de Procedimento e de Processo Tributário estabelece que o tribunal ou entidade para onde subir um processo administrativo tributário deverá tomar a iniciativa de sanar ou mandar suprir qualquer deficiência ou irregularidade.

Cfr. Jorge de Sousa e Simas Santos, *cit.*, pp. 403/05.

O dito n.º 3 é, pois, expresso: apenas são anulados os actos processuais consequentes dos que conformam a nulidade, aproveitando-se as peças úteis ao apuramento dos factos.

E o limite temporal não é o momento em que os autos são tornados presentes ao juiz, ainda que tal apresentação valha como acusação – artigo 62.º, n.º 1 do RGCO – mas a definitividade da decisão que aplica a coima – dito n.º 5 – seja, o seu trânsito em julgado que apenas se verifica quando aquela deixa de ser impugnável por via de reclamação ou recurso ordinário – artigo 677.º do Código de Processo Civil.

Não pode, por outro lado, esquecer-se que, em rigor, a decisão que aplica a coima constitui, substancialmente, um acto administrativo, embora de conteúdo sancionatório, como decisão autoritária de um órgão da Administração, que, ao abrigo de normas de direito público, visa produzir efeitos jurídicos numa situação individual e concreta, cuja apreciação jurisdicional só não cabe exclusivamente aos tribunais administrativos e fiscais por razões de praticabilidade.

Cfr. artigo 120.º do Código de Procedimento Administrativo, o preâmbulo do Decreto-Lei n.º 232/79, de 24 de Julho e ainda Faria da Costa *in Boletim da Faculdade de Direito da Universidade de Coimbra*, n.º 62, 1986, p. 166.

De modo que não pode impedir-se a Administração de renovar o acto anulado por vícios procedimentais, como é o caso.

Assim, decretada, em processo judicial de contra-ordenação tributária, a nulidade insuprível decorrente da falta de descrição sumária dos factos respectivos, não há lugar à absolvição da instância mas, antes, à baixa dos autos à Administração Fiscal para eventual sanação da mesma e renovação do acto sancionatório.

Cfr., aliás, no sentido exposto, os acórdãos deste STA, de 6 de Novembro de 2002 – processo n.º 1507/02, de 18 de Fevereiro de 2004 – processo n.º 1747/03 e de 22 de Setembro de 2004 – processo n.º 0531/04.

Termos em que se acorda conceder provimento ao recurso e revogar o despacho recorrido, baixando os autos à autoridade tributária para os efeitos referidos.

Sem custas.

Lisboa, 20 de Junho de 2007

Brandão de Pinho (Relator)
Pimenta do Vale
Lúcio Barbosa

Recurso n.º 411/07-30

CONTRIBUIÇÕES PARA A SEGURANÇA SOCIAL. LEI N.º 17/2000, DE 8 DE AGOSTO. PRESCRIÇÃO. CÔMPUTO DO PRAZO. INTERRUPÇÃO.

(Acórdão de 5 de Julho de 2007)

SUMÁRIO:

I – A Lei n.º 17/2000, de 8 de Agosto, entrou em vigor em 4 de Fevereiro de 2001 e veio diminuir o prazo de prescrição das dívidas à segurança social de dez para cinco anos.

II – Terminando o prazo prescricional a um sábado, o seu termo transfere-se para o primeiro dia útil seguinte, nos termos do artigo 279.º, alínea *e*), do Código Civil.

III – Se o prazo de prescrição for interrompido pela instauração, ou citação, na execução fiscal, fica inutilizado todo o tempo decorrido até esse momento, começando nesta data a correr novo prazo prescricional de 5 anos – artigo 326, n.º 1, do Código Civil –, sempre salvo o caso da cessação do respectivo efeito interruptivo.

ACORDAM NA SECÇÃO DO CONTENCIOSO TRIBUTÁRIO DO SUPREMO TRIBUNAL ADMINISTRATIVO:

Marcelino, Costa & Andrade, Lda., vem interpor recurso da sentença do Tribunal Administrativo e Fiscal de Loulé, que julgou improcedente a oposição que deduzira à execução fiscal para cobrança de contribuições para a Segurança Social.

Fundamentou-se a decisão em que, sendo o prazo de prescrição de 5 anos, nos termos do artigo 63.º, n.º 2, da Lei n.º 17/2000, de 8 de Agosto, entrada em vigor em 4 de Fevereiro de 2001, ocorreu em 4 de Fevereiro de 2006, transferindo-se, todavia, para 6 seguinte, já que aquele dia calhou a um sábado e o dia 5 ao domingo. E, assim sendo, como a citação na execução fiscal respectiva teve lugar neste dia 6, interrompeu a prescrição que, assim, se não verifica.

A recorrente formulou as seguintes conclusões:

a) A douta sentença recorrida entendeu que o prazo de prescrição em causa e que terminou num sábado, a 04-02-2006, passaria para o primeiro dia útil seguinte, ou seja, segunda-feira, 06-02-2006, por força do disposto na alínea e) do artigo 279.º do Código Civil.

b) Contudo, tal norma reporta-se exclusivamente a prazos terminados em domingos e dias feriados, o que não é manifestamente o caso em apreço, já que o prazo da prescrição dos autos teve o seu termo num sábado;

c) Mesmo que assim não se entendesse, tal normativo não teria aplicação ao caso em apreço, já que a prescrição opera-se simplesmente pelo não exercício de um direito, já previamente definido no decurso do prazo legalmente previsto;

d) Ou seja, para a verificação da prescrição basta ocorrer o decurso do tempo legalmente previsto para o seu efeito, sem necessidade de ocorrência de qualquer outro facto ou a prática de qualquer outro acto;

e) Por outro lado, a citação, como causa interruptiva da prescrição, deverá ocorrer dentro do prazo legalmente previsto para o termo da prescrição, ou seja, teria que ocorrer até ao dia 04-02-02006, inclusive, e apenas ocorreu no dia 06-02-2006;

f) Para mais e salvo melhor opinião, a génese da alínea e) do artigo 279.º do Código Civil que prevê a passagem para o primeiro dia útil dos prazos com termo em domingos e dias feriados, tem subjacente a ocorrência de um outro facto externo ao mero decurso do prazo ou a prática de um acto, o que não acontece com a prescrição que opera com o mero decurso do tempo.

Por sua vez, concluiu o Instituto:

1 – A douta sentença recorrida declarou a Oposição deduzida improcedente e em consequência determinou a não verificação da prescrição das contribuições para a segurança social relativas aos meses de 05/1998 a 02/2000.

2 – De acordo com o disposto no art. 119.º da referida Lei 17/2000, este diploma entrou em vigor (verificados) 180 dias após a data da sua publicação, ou seja, termina no dia 05/02/01.

3 – O decurso do prazo de prescrição de 5 anos só se verificou no dia 07/02/06, uma vez que, tratando-se de um prazo fixado em anos, o mesmo só termina às 24 horas do dia que corresponda dentro do último ano àquela data, ou seja, termina no dia 05/02/06.

4 – No entanto, como o dia 05/02/06 foi um domingo, o fim do prazo dos 5 anos transferiu-se para o primeiro dia útil, ie, 06/02/06, de acordo com o disposto no art. 279.º al. e) do Código Civil, aplicável por força do art. 296.º do mesmo diploma legal.

5 – Veja-se neste sentido os acórdãos n.ºs 1502/06 de 16/01/07, 1573/07 de 14/02/07, 1557/07 de 14/02/07 e 1567/07 de 14/02/07, todos do Tribunal Central Administrativo Sul, bem como Acórdão n.º 68/06.6B6PNF do Tribunal Central Administrativo Norte.

6 – A citação interrompe a prescrição, nos termos do artigo 49.º, n.º 1, da LGT, concluindo-se no caso em apreço nos presentes autos que o novo prazo de prescrição de 5 anos ainda não se completou, em virtude da interrupção operada pela citação no dia 06/02/06.

O Exmo. Magistrado do Ministério Público emitiu parecer no sentido do não provimento do recurso, dada a predita transferência do prazo, de sábado para o primeiro dia útil seguinte – 6 de Fevereiro –, sendo que o artigo 279.º do Código Civil não tinha de prever o sábado, dado que só a partir da Lei n.º 35/80, de 29 de Julho, é que as secretarias judiciais passaram a encerrar naquele dia.

E, corridos os vistos legais, nada obsta à decisão.

Em sede factual, vem apurado que:

– Na execução fiscal (e apensos) executam-se créditos por contribuições para a segurança social referentes aos períodos de 04-1996 a 02-2000.

– A oponente foi citada para a execução em 6 de Fevereiro de 2006.

Vejamos, pois:

Está em causa, nos autos, a prescrição das contribuições para a segurança social relativas aos meses de Maio de 1998 a Fevereiro de 2000.

À data vigorava, para o efeito, o artigo 53.°, n.° 2, da Lei n.° 28/84, de 14 de Agosto, que fixava o prazo de prescrição em dez anos.

Todavia, o artigo 63.°, n.° 2, da Lei 17/2000, de 8 de Agosto, fixou-o em cinco anos.

Por modos que, nos termos do artigo 279.° do Código Civil, é este o prazo aplicável, contado "a partir da entrada em vigor da lei nova".

Pelo que a primeira questão dos autos é justamente a da sua entrada em vigor.

E, a tal propósito, estabelece o artigo 119.° da dita Lei 17/2000 que "a presente lei entra em vigor 180 dias após a data da sua publicação".

Assim, na sua interpretação puramente literal e por mera contagem aritmética, teriam de passar 180 dias sobre aquela data de 8 de Agosto de 2000 – já que o primeiro dia não entra no cômputo do prazo – artigo 279.°, alínea *b*) –, o que situaria o início da vigência em 5 de Fevereiro de 2001.

Mas não será esse o modo mais correcto de ver as coisas.

Na verdade, estabelece o artigo 2.° da Lei n.° 74/98, de 11 de Novembro, que, na falta de fixação do dia, os actos legislativos e os outros actos de conteúdo genérico "entram em vigor no 5.° dia após a publicação".

Saliente-se que o "quinto dia" não corresponde à passagem de cinco dias mas de quatro: assim, a lei entra em vigor no 5.° dia após a publicação e não passados cinco dias, após este momento.

Trata-se, no primeiro caso, de um nome numeral ordinal e, no segundo, de um cardinal, aquele mostrando a ordem, o lugar numérico que as coisas, animais ou pessoas ocupam numa série e este determinando o número exacto das mesmas.

Todavia, dada a geral dificuldade de lidar com os números ordinais (para já não falar dos proporcionais – multiplicativos e partitivos – e dos colectivos), sobretudo quando estes tenham de dizer-se em mais de dois numerais simples, a prática jurídica tem considerado, para o falado efeito da determinação do início da vigência das leis, os números cardinais como se fossem ordinais.

Por simetria com a dita Lei n.° 74/98, deveria assim ter-se dito que a Lei n.° 17/2000 entrava em vigor no centésimo octogésimo dia após a data da sua publicação.

Dada, pois, a dita prática jurídica e porque estamos em matéria garantística de prazos, tem-se a Lei n.° 17/2000 por entrada em vigor no dia 4 de Fevereiro de 2001.

Pelo que o prazo prescricional de 5 anos, previsto no seu artigo 63.°, n.° 2, se completou no dia 4 de Fevereiro de 2006, um sábado.

Modo de ver que levanta a segunda questão dos autos.

Com efeito, segundo dispõe o artigo 279.°, alínea *e*), do Código Civil, "o prazo que termine em domingo ou dia feriado transfere-se para o primeiro dia útil; aos domingos e dias feriados são equiparadas as férias judiciais, se o acto sujeito a prazo tiver que ser praticado em juízo".

Assim, há que equacionar a questão de saber se o prazo prescricional terminado ao sábado, se transfere para o primeiro dia útil seguinte.

Este artigo 279.° aplica-se ao termo dos prazos, transferindo-o para o primeiro dia útil seguinte, se este se verificar em domingo ou dia feriado. O que bem se compreende, pois, se assim não fosse, o prazo seria diminuído em, pelo menos, um dia.

Com efeito, tal normativo vale, "*mutatis mutandis*, para a fixação dos prazos legais" (cfr. Pires de Lima e Antunes Varela, *Código Civil Anotado*), que não só em matéria de negócios jurídicos[1], aplicando-se a prazos relevantes para a prática de actos.

A razão de ser do artigo 297.°, ao ordenar a predita transferência de prazos, concretiza-se em que, se há prazos que não têm que ser praticados em juízo, como normalmente acontece relativamente aos negócios jurídicos, outros têm efectivamente de ser praticados nos tribunais, como é o caso dos prazos judiciais, tendo o legislador resolvido equipará-los para tal efeito.

É que, enquanto os prazos processuais se suspendem nas férias judiciais (excepto se a sua duração for igual ou superior a seis meses ou se tratar de actos a praticar em processos que a lei considere urgentes) e o seu termo se transfere para o primeiro dia útil seguinte se terminarem em dia em que os tribunais estejam encerrados – artigo 144.°, n.ᵒˢ 1 e 2 do Código de Processo Civil –, os prazos substantivos, normalmente mais longos, não sofrem tal suspensão nas férias, feriados ou fins de semana. Todavia, nos preditos termos do artigo 279.°, o termo do seu prazo, ocorrendo num destes dias, transfere-se para o primeiro dia útil. Caso contrário, o interessado teria menos prazo do que o concedido por lei para praticar o acto.

Cfr. o acórdão do Supremo Tribunal de Justiça de 13 de Março de 1991, processo n.° 002785.

Ora, o instituto da prescrição visa sancionar a negligência do titular do direito: não tendo sido exercido, o direito extingue-se decorrido este prazo – que, atenta a sua finalidade, se pode suspender e/ou interromper.

Pelo que, apesar de constituir uma garantia do devedor – decorrido o prazo prescricional, o devedor pode opor-se ao exercício do direito, não por este ser impossível mas por tal exercício já não ser razoável –, o termo do prazo é, nos preditos termos, mais relevante para o titular do direito.

E, assim sendo, o artigo 279.°, alínea *e*), primeira parte, do CC, é aplicável ao prazo de prescrição, mas já não sempre a segunda: é que o termo do prazo que termine nas férias judiciais apenas se transfere para o primeiro dia útil "se o acto (...) tiver que ser praticado em juízo".

Ora, o prazo de prescrição não carece de qualquer acto praticado em juízo para decorrer. A sua interrupção é que pode operar-se por acto praticado em juízo.

Trata-se, pois, de realidades jurídicas distintas, mas articuladas: o prazo substantivo de prescrição obedece às regras do artigo 279.° do CC e o prazo processual da citação é disciplinado, não por esta norma, mas pelas dos artigos 143.° e 144.° do CPC, sendo que, nos termos do n.° 2 daquele primeiro inciso normativo, as citações podem ser efectuadas durante o período das férias judiciais.

[1] Como refere Mário de Brito, *Código Civil anotado*, vol. I, p. 342, nota 570: "O artigo fala em termo e em prazo. Termo é a fixação de tempo pela referência a certa data: – estipula-se, por exemplo, que uma dívida se vence em determinado dia. Prazo é a fixação de tempo com referência a uma série de momentos temporais (anos, meses ou anos): – estipula-se, por exemplo, que uma dívida se vencerá no prazo de um ano.

Isto é, a citação realizada durante as férias judiciais interrompe o prazo de prescrição que esteja a decorrer, pelo que não é necessário que tal prazo se transfira para o primeiro dia útil após as férias, uma vez que o titular do direito pode, neste período, interromper a prescrição.

Cfr. o acórdão do Supremo Tribunal de Justiça de 24 de Janeiro de 2007, processo n.º 06S3757.

Sucede, portanto, que, como ficou dito, o termo do prazo prescricional de 5 anos, previsto no artigo 63.º, n.º 2, da Lei n.º 17/2000, se verificou no dia 4 de Fevereiro de 2006, um sábado.

Todavia, a dita alínea *e*) apenas prevê apenas a transferência dos prazos que terminem ao domingo, dia feriado e nas férias judiciais (neste último caso, só se o acto tiver que ser praticado em juízo, nos preditos termos).

Contudo, a solução é a mesma.

Em 1966, ano em que foi aprovado o Código Civil, as secretarias judiciais estavam abertas aos sábados, situação que só foi alterada em 1980, com o artigo 3.º da Lei n.º 35/80, de 29 de Julho, que reestruturou as secretarias judiciais.

Aliás, note-se que o artigo 144.º, n.º 2, do CPC, a que se fez referência, por ter sido alterado em 1985, já equipara os sábados aos domingos e dias feriado.

Sendo que, mesmo antes de 1980, se entendia que os prazos que findassem aos sábados, transferiam o seu termo para o dia útil seguinte – cfr. o assento de 16 de Março de 1981, *in Boletim*, n.º 295, p. 115, o acórdão do Supremo Tribunal de Justiça de 9 de Junho de 1988 – processo n.º 1893 e Vaz Serra, *Revista de Legislação e Jurisprudência*, 105, p. 345.

Ou seja, o último dia do prazo de prescrição de 5 anos previsto na Lei n.º 17/2000 foi 6 de Fevereiro de 2006, segunda-feira, dia em que a recorrente foi citada.

Importa, pois, verificar se ocorreu algum facto interruptivo ou suspensivo da prescrição, sendo certo que nos autos estão em análise contribuições para a segurança social relativas aos meses de Maio de 1998 a Fevereiro de 2000 e só o artigo 63.º daquele último diploma legal veio regular, pela primeira vez, esta matéria no âmbito das contribuições ora em crise.

E, assim sendo, as disposições relevantes, de acordo com a data em que ocorreu o facto tributário, são, sucessivamente, o artigo 27.º do Código de Processo das Contribuições e Impostos, o artigo 34.º do Código de Processo Tributário, o artigo 49.º da Lei Geral Tributária ou o artigo 63.º, n.º 3, da Lei n.º 17/2000, uma vez que apenas as normas sobre procedimento e processo são de aplicação imediata, valendo as de natureza substantiva apenas para os factos posteriores à entrada em vigor destes diplomas.

Todavia, no caso dos autos, atento o disposto no artigo 297.º, n.º 1, do Código Civil, a todas as dívidas é aplicável este último diploma, pois que se trata de lei que estabelece um prazo mais curto do que o fixado na lei anterior, não faltando, segundo a lei antiga, menos tempo para o prazo prescricional se completar.

Na verdade, mesmo relativamente à dívida mais antiga, de Maio de 1998, e mesmo não tomando em linha de conta a instauração da execução, que, se anterior à LGT, interrompia a prescrição, isto é, considerando o prazo de 8 anos desta lei, faltavam, 4 de Fevereiro de 2001, mais de 5 anos para o prazo de prescrição se completar, pelo que é este o prazo aplicável.

Ora, a Lei n.º 17/2000 entrou em vigor, como se disse, em 4 de Fevereiro de 2001, sendo pois aplicáveis os ditos artigos 49.º, n.º 1, e 63.º, n.º 3, que estatuem que a citação interrompe a prescrição.

E tendo a citação da execução interrompido a prescrição no último dia do prazo, todo o tempo decorrido entre 4 de Fevereiro de 2001 e 6 de Fevereiro de 2006 ficou inutilizado, começando nesta data a correr novo prazo prescricional de 5 anos – artigo 326, n.º 1, do Código Civil – que não se encontra decorrido.

Pelo que não se encontram prescritas as dívidas em causa.

Termos em que se acorda negar provimento ao recurso, confirmando-se a sentença recorrida.

Custas pela recorrente, na instância e neste STA, fixando-se aqui a procuradoria em 1/6.

Lisboa, 5 de Julho de 2007

Brandão de Pinho (Relator)
Pimenta do Vale (Revendo posição, quanto à fundamentação)
Lúcio Barbosa (Voto a decisão e parte da fundamentação).

Recurso n.º 359/07-30

CONTRIBUIÇÕES PARA A SEGURANÇA SOCIAL. NATUREZA. LIQUIDAÇÃO OFICIOSA. NOTIFICAÇÃO POR VIA POSTAL. OPOSIÇÃO À EXECUÇÃO FISCAL. INEXIGIBILIDADE DA DÍVIDA EXEQUENDA.

(Acórdão de 23 de Maio de 2007)

SUMÁRIO:

I – A partir da revisão constitucional de 1982 as contribuições devidas à Segurança Social devem considerar-se como verdadeiros impostos.

II – Sendo assim, essas dívidas assumem a natureza tributária e, como tal, estão sujeitas ao regime das notificações dos actos tributários consagrado no art. 38.º do CPPT.

III – O acto de liquidação, na medida em que é um acto susceptível de alterar a situação tributária do contribuinte deve ser-lhe notificado por carta registada com aviso de recepção nos termos do disposto no art. 38.º, n.º 1 do CPPT.

IV – Pelo que sendo feita por via postal, sem que tivesse sido obtida prova de que o contribuinte o recebeu, a correspondente dívida é inexigível, o que constitui fundamento de oposição à

execução fiscal que vise a sua cobrança, nos termos da al. *i*) do n.° 1 do art. 204.° do CPPT.

V – Se a liquidação das contribuições devidas à Segurança Social foi efectuada oficiosamente e não por autoliquidação do contribuinte (cfr. art. 33.° do Decreto-lei n.° 8-B/02 de 15/1), a sua notificação não pode deixar de ser feita nos termos supra referidos, competindo àquela entidade demonstrar, por outro meio, o seu recebimento.

ACORDAM NESTA SECÇÃO DO CONTENCIOSO TRIBUTÁRIO DO SUPREMO TRIBUNAL ADMINISTRATIVO:

1 – O Instituto de Gestão Financeira da Segurança Social da Guarda, IP, não se conformando com a sentença do Tribunal Administrativo e Fiscal de Castelo Branco que julgou procedente a oposição à execução fiscal instaurada contra Cristina Maria Lopes Dias, melhor identificada nos autos, para cobrança de dívidas de contribuições e juros de mora relativas ao período compreendido entre Outubro/1994 a Janeiro/1998, no valor global de € 5.818,48, veio deduzir o presente recurso, formulando as seguintes conclusões:

1ª – As contribuições a cargo das entidades patronais para a segurança social são consideradas hoje como impostos especiais, dada a não existência de qualquer contrapartida individual e directa daquela prestação, pelo que

2ª – Em princípio estariam sujeitas ao regime fixado pela LGT, quer quanto à forma que os actos e procedimentos administrativos devem revestir, quer quanto ao conteúdo dos mesmos e sua oportunidade. Todavia

As normas que restem carácter específico ou especial, afastam a aplicabilidade da lei geral, senão vejamos:

3ª – Entendemos por liquidação, o acto administrativo complexo formado por um conjunto de actos, tramites e formalidades tendentes a apurar, através da aplicação da taxa ao rendimento colectável, qual o valor do imposto devido. "Strito senso"

4ª – a liquidação é o acto administrativo vinculado que consiste em determinar o montante do imposto através de uma única operação que é justamente a aplicação da taxa ao rendimento colectável apurado. Na verdade,

5ª – O conceitualismo enunciado nas conclusões 3ª e 4ª, não pode ser aplicado por "puro" decalque às contribuições e cotizações, ao arrepio da especificidade e da especialidade das normas que nesta matéria se encontram vigor!! Destarte,

6ª – É dever do contribuinte perante a Segurança Social, sob pena de ser sancionado pela alínea *b*) do n.° 1 do artigo 7.° do D.L. 64/89 de 25 de Fevereiro, fazer a entrega das declarações de remuneração mensalmente;

7ª – Tudo de encontro ao estatuído no n.° 2 do artigo 12.° do D.L. 8-B /2002, de 15 de Janeiro a saber: A apresentação da declaração de remunerações é obrigatória e incumbe às entidades contribuintes, no prazo e nos termos estabelecidos na respectiva legislação. Em complemento,

8ª – Postula o n.° 2 do art. 10.° do D.L. 199/99 de 8 de Junho, que as "contribuições previstas neste decreto-lei devem ser pagas até ao dia 15 do mês seguinte àquele que disserem respeito".

9ª – O contribuinte tem assim pleno conhecimento da quantia que mensalmente tem que liquidar, ou melhor, tem que "auto-liquidar",

10ª – É ele contribuinte, por imperativo legal e na esteira dos princípios da Boa Fé e da Participação, nas relações para com a Segurança Social que deve apresentar a, ou as, declarações de remunerações e correspondentes quantitativos!!!

11ª – Das ditas declarações de remunerações devem constar o total das remunerações auferidas pelos trabalhadores, a taxa de enquadramento e o valor, das contribuições, apurado.

12ª – É para nós intangível, que compete ao contribuinte declarar nas suas declarações de remunerações (auto) denunciando quanto deve entregar nas tesourarias da Segurança Social, em sede de contribuições e cotizações.

13ª – Não existe, portanto, qualquer ónus para a Segurança Social traduzido num "facere", no que à liquidação da taxa social única diz respeito!! Outrossim,

14ª – Os serviços da Segurança Social, emitem avisos de débito e notificam, em regra, através de aviso postal simples, o contribuinte.

Ainda que assim não se entendesse,

15ª – O que salvo o devido respeito, que é muito, nem por mera hipótese académica se admite, temos para nós que as regras referentes às notificações, são regras "*ad forma*" e não regras "*ad probacionem*". Na verdade,

16ª – Tal prova poderia sempre ser efectuada em sede de instrução, mormente, através da prova testemunhal ou outra, desde que se comprove que ela foi efectivamente efectuada. Ademais,

17ª – A não observância da forma da notificação legalmente exigida constituirá mera irregularidade que não afectará o valor da notificação, desde que se prove que foi efectuada, pois as notificações não são finalidades em si mesmas, mas tão só, os meios para garantir determinados objectivos. Outrossim,

18ª – entende o I.G.F.S.S.I.P. que não foi preterida, por parte do Serviços da Segurança Social, muito menos pelo próprio I.G.F.S.S.I.P., qualquer formalidade tida por essencial

A recorrida não contra-alegou.

O Exm.° Procurador-Geral Adjunto emitiu douto parecer no sentido de ser negado provimento ao recurso, "pois que, no caso, não houve autoliquidação, mas liquidação oficiosa (ao abrigo do art. 33.° do DL n.° 8-B//2002, de 15.1), e não se provou que a notificação (legalmente insuficiente à luz dos arts. 3.° n.° 2 da LGT e 38.° n.° 3 do CPPT) da liquidação foi efectivamente recebida pela contribuinte".

Colhidos os vistos legais, cumpre decidir.

2 – A sentença recorrida fixou a seguinte matéria de facto:

1. Foi instaurada execução fiscal contra a oponente por dívidas de contribuições e juros de mora referente ao período de Outubro/1994 a Dezembro/1998, na importância de € 5.818,48 (título executivo de fls. 11);

2. A execução foi autuada em 05/11/2004 (capa do processo executivo a fls. 10);

3. A oponente foi citada para a execução em 04/01/ /2005 (certidão de fls.19);
4. Deduziu oposição em 04/02/2005 (fls. 4);
5. Foram enviados à oponente ofícios, via postal simples atinentes à liquidação das dívidas em cobrança (ofícios do Centro Regional da segurança Social, datados de 19/05/1998, a fls. 31 e 32).

3 – A oposição à execução fiscal deduzida pela ora recorrida foi julgada procedente uma vez que a liquidação que lhe estava subjacente não lhe foi regularmente notificada, por carta registada com aviso de recepção, mas sim por via postal, tudo nos termos do disposto nos arts. 3.°, n.° 2 da LGT e 38.°, n.° 3 do CPPT.

A sentença recorrida qualificou esta circunstância como consubstanciando uma razão de inexigibilidade da dívida exequenda e, por essa razão, julgou a oposição procedente.

E, na verdade, assiste-lhe razão.

Com efeito, dispõe o predito art. 3.°, n.° 2 da LGT que "os tributos compreendem os impostos, incluindo os aduaneiros e especiais, e outras espécies tributárias criadas por lei, designadamente as taxas e demais contribuições financeiras a favor de entidades públicas".

Assim, os tributos compreendem os impostos, as taxas e (eventualmente) as receitas parafiscais.

Por sua vez, "tributos parafiscais são as receitas análogas ao imposto mas que deste se distinguiram ou pela própria essência conceitual ou pela especialidade de regimes jurídicos a que estão submetidos.

Nas receitas fiscais, estariam incluídas as "contribuições da previdência", as "amortizações para o Fundo de Desemprego", as "taxas de organismos de coordenação económica" e as "receitas dos organismos cooperativos".

Contudo, à medida que tais receitas foram desaparecendo ou que a sua natureza jurídica foi sendo melhor precisada pela doutrina, a categoria dos tributos parafiscais tem vindo a perder importância, até ser eliminada da maioria das obras doutrinais. Ficarão, nessa categoria, eventualmente, só, as contribuições para a segurança social se, e na medida em que, não puderem ser consideradas impostos" (Leite Campos, Benjamim Rodrigues e Jorge Sousa in LGT anotada, 3ª ed. pág. 50).

Ora, a partir da revisão constitucional de 1982, quer a doutrina, quer a jurisprudência têm vindo a entender que, as contribuições devidas à Segurança Social, devem considerar-se como verdadeiros impostos.

Neste sentido, pode ver-se, entre outros, Diogo Leite Campos e Mónica Horta Neves Leite de Campos, in Direito Tributário, págs. 29 e segs. e o Acórdão desta Secção do STA de 16/6/99, in rec. n.° 23.889.

Sendo assim, dúvidas não há de que as dívidas provenientes de contribuições para a Segurança Social assumem natureza tributária e, como tal, estão sujeitas ao regime das notificações dos actos tributários consagrado no art. 38.° do CPPT.

4 – Dispõe o art. 36.°, n.° 1 deste diploma legal que "os actos em matéria tributária que afectem os direitos e interesses legítimos dos contribuintes só produzem efeitos em relação a estes quando lhes sejam validamente notificados.

Por sua vez, preceitua o art. 38.°, n.° 1 do mesmo diploma legal que "as notificações são efectuadas obrigatoriamente por carta registada com aviso de recepção, sempre que tenham por objecto actos ou decisões susceptíveis de alterarem a situação tributária dos contribuintes ou a convocação para estes assistirem ou participarem em actos ou diligências".

"Como actos e decisões susceptíveis de alterarem a situação tributária dos contribuintes devem considera-se não só aqueles que efectivamente determinam uma alteração desta, mas também aqueles em que está em discussão a possibilidade de se concretizar essa alteração.

Assim, deverão ter essa qualificação os actos ou decisões que criam deveres ou encargos para os destinatários ou lhes restringem ou negam direitos que aqueles entendem ter.

Serão, pois, de efectuar por carta registada com aviso de recepção, entre outras e em princípio, as notificações de actos de liquidação de tributos que concretizem uma alteração da situação tributária e as de actos que recusem o reconhecimento de benefícios fiscais" (Jorge Sousa, in CPPT anotado e comentado, ed. 2006, pág. 345).

E a este propósito, escrevem, também, Alfredo José de Sousa e José da Silva Paixão, in Código de Procedimento e de Processo Tributário, Comentado e Anotado, em anotação 3 ao artigo 38.°, que os «actos ou decisões susceptíveis de alterarem a situação tributária dos contribuintes» referidos no n.° 1 são, desde logo, os actos tributários – correcção ou fixação da matéria colectável, liquidação dos impostos – e as decisões finais dos processos graciosos, susceptíveis de reclamação, recurso ou impugnação judicial.

Posto isto e voltando ao caso em apreço, resulta provado que a liquidação em causa foi notificada à oponente por via postal e não ficou provado que este postal, com que se pretendia notificá-la, tivesse sido recebido pela destinatária, a executada.

Sendo assim, a falta de notificação da liquidação configura, tal como se entendeu na sentença recorrida, razão de inexigibilidade da dívida exequenda e, nessa medida, constitui fundamento de oposição à execução fiscal, nos termos do disposto no art. 204.°, n.° 1, al. *i*) do CPPT.

5 – Alega, porém, a recorrente que, por imperativo legal, é ao contribuinte que incumbe apresentar as declarações de remunerações e correspondentes quantitativos e pagar as contribuições até ao dia 15 do mês seguinte àquele que disserem respeito (arts. 12.°, n.° 2 do Decreto-lei n.° 8-B/02 de 15/1 e 10.°, n.° 2 do Decreto-lei n.° 199/99 de 8/6). "O contribuinte tem assim pleno conhecimento da quantia que mensalmente tem que liquidar, ou melhor, tem que "autoliquidar"...não existe, portanto, qualquer ónus para a Segurança Social traduzido num "facere", no que à liquidação da taxa social única diz respeito...os serviços da Segurança Social, emitem avisos de débito e notificam, em regra, através de aviso postal simples, o contribuinte".

Mas sem razão.

Na verdade e ao contrário daquilo que pode transparecer da alegação da recorrente, no caso dos autos e como bem anota o Exm.° Procurador-Geral Adjunto, no seu douto parecer, não estamos perante uma situação em que o contribuinte tivesse procedido à autoliquidação das contribuições em causa. Mas antes perante uma liquidação oficiosa levada a cabo pela Segurança Social, nos termos do disposto no art. 33.º do predito Decreto-lei n.º 8-B/02, como resulta dos documentos juntos a fls. 31 e 32 (vide n.º 5 do probatório).

Sendo assim, como é e uma vez que os actos em causa constituem actos de natureza tributária, a sua notificação não pode deixar de ser efectuada nos termos do art. 38.º, n.º 1 do CPPT.

E exigindo a lei o aviso de recepção – cuja existência permitiria a prova da recepção da carta – e não tendo a Segurança Social cumprido essa formalidade, ao remeter a carta sem aviso de recepção, competia-lhe, agora, demonstrar, por outro meio, o seu recebimento – o que, como vimos, não conseguiu fazer.

6 – Por último, também não colhe o argumento que a recorrente pretende retirar dos ensinamentos que a propósito da validade da notificação ministra o Exm.º Conselheiro Jorge Sousa na seguinte passagem da ob. cit., a pág. 348. Aí se escreve que "A não observância da forma da notificação exigida constituirá mera irregularidade que não afectará o valor da notificação, desde que se comprove que ela foi efectivamente efectuada, pois as formalidades processuais são meios de garantir objectivos e não finalidades em si mesmas".

Todavia, escreve aquele Ilustre Conselheiro que só assim será, que "serão irrelevantes as irregularidades, considerando-se sanada a deficiência", sempre que seja atingido o objectivo que se pretendia com a notificação.

Ora e como vimos, não foi isso que aconteceu no caso dos autos, uma vez que não ficou provado que a oponente tivesse sido notificada da liquidação em causa.

Pelo exposto, improcedem as conclusões das alegações da recorrente.

7 – Nestes termos e com estes fundamentos, acorda-se em negar provimento ao presente recurso e manter a sentença recorrida.

Custas pela recorrente, fixando-se a procuradoria em 1/6.

Lisboa, 23 de Maio de 2007

Pimenta do Vale (Relator)
Brandão de Pinho
Jorge Lino

Recurso n.º 63/07-30

DIREITO DE AUDIÇÃO. ART. 60.º DA LGT. ART. 13.º DA LEI N.º 16-A/2002, DE 31/MAIO.

(Acórdão de 16 de Maio de 2007)

SUMÁRIO:

I – O n.º 1 do art. 60.º da LGT assegura a participação dos contribuintes na formação das decisões que lhes digam respeito.

II – Tendo o contribuinte, no decurso de uma acção de fiscalização, sido notificado, ainda no âmbito do procedimento inspectivo, do projecto das correcções, nos termos do citado art. 60.º da LGT, sendo assim ouvido numa das fases do procedimento inspectivo, não tem que ser de novo ouvido antes da liquidação.

III – É o que resulta do disposto no n.º 3 do citado art. 60.º da LGT, na redacção do n.º 1 do art. 13.º da Lei n. 16-A/2002, de 31/5.

IV – Nos termos do n.º 2 do art. 13.º desta lei, aquele n.º 1 tem natureza interpretativa.

ACORDAM, EM CONFERÊNCIA, NA SECÇÃO DE CONTENCIOSO TRIBUTÁRIO DO SUPREMO TRIBUNAL ADMINISTRATIVO:

1. José Agostinho, identificado nos autos, revertido numa execução fiscal, em que é executada originária, por dívidas de IRC dos anos de 1996 e 1997, ITMOL – Sociedade Industrial de Madeiras, Ld., impugnou judicialmente as respectivas liquidações, junto do então Tribunal Tributário de 1ª Instância de Leiria.

O Mm. Juiz do TAF de Leiria julgou a impugnação improcedente.

Entretanto, e por falecimento do impugnante, foram habilitados, para prosseguir nos presentes autos, os seu herdeiros, Palmira Neves Ferreira Agostinho, António José Ferreira Agostinho e Verónica Natália Ferreira Agostinho.

Os ditos habilitados interpuseram então recurso da sentença para este Supremo Tribunal.

Formularam as seguintes conclusões nas respectivas alegações de recurso:

1. O Tribunal *a quo* fez errada aplicação de direito;

2. Pois que a alínea *a*) do art. 60.º da LGT – em vigor nas datas das liquidações *sub-judice* – obrigava à audição do contribuinte antes da liquidação, ainda que este direito lhe tivesse sido concedido antes da conclusão do relatório da inspecção à sua contabilidade;

3. O aludido direito de audiência antes da liquidação, foi preterido por parte da Administração Fiscal;

4. A sentença recorrida julgou em sentido contrário, isto é, de que improcedia o vício da falta de audição prévia invocado na impugnação;

5. Resultou violada a norma contida na alínea *a*) do art. 60.º da LGT, à data dos factos em vigor;

6. Razão porque a sentença sob recurso deverá ser revogada, e, em consequência, determinar-se a anulação das liquidações impugnadas.

Contra-alegou o representante da Fazenda Pública que finalizou as suas contra-alegações no seguinte quadro conclusivo:

a) A Representante da Fazenda Pública revê-se plenamente na douta sentença que ora vem recorrida, quer na factologia que estabeleceu, quer no enquadramento legal que efectuou, quer, ainda, nas conclusões que sustentou.

b) A sociedade devedora originária foi notificada, ainda no âmbito do procedimento inspectivo, do projecto das correcções efectuadas, através de carta registada, datada de 1999.08.30

c) A Administração Fiscal não notificou para (segundo) direito de audição antes das liquidações em causa, porquanto face à lei vigente não teria, nem deveria, tê-lo feito.

d) Efectivamente, tais liquidações fundaram-se em correcções já previamente dadas a conhecer à sociedade interessada e sobre as quais já havia sido possibilitado o exercício daquele direito.

e) Sendo, também, esse o exacto sentido que a actual redacção do art. 60.º da LGT acolhe, na redacção atribuída pela Lei n. 16-A/2002, de 31 de Maio.

f) Com o carácter interpretativo (art. 13.º/1 do Código Civil) que o n. 2 do art. 13.º da Lei n. 16-A/2002, de 31 de Maio, lhe atribuiu.

g) E assim o procedimento de liquidação não revela qualquer falha que mereça censura.

h) Como bem se decidiu na douta sentença ora recorrida que deve ser mantida.

i) Com a consequente improcedência do recurso ora interposto.

Neste STA, o EPGA defende que o recurso não merece provimento.

Colhidos os vistos legais, cumpre decidir.

2. É a seguinte a matéria de facto fixada na instância:

1. A sociedade ITMOL – Sociedade Industrial de Madeiras, Lda. foi submetida a uma acção de fiscalização que incidiu sobre os exercícios de 1996 e 1997. No âmbito dessa acção foi elaborado o relatório da inspecção junto a fls. 23 e ss. cujo conteúdo se dá por integralmente reproduzido.

2. Consta desse relatório designadamente que:

a) o sujeito passivo recorre ao aluguer de equipamento especializado (bombas) para a realização dos serviços prestados de bombagem de betão. O serviço de aluguer é prestado pelo sujeito passivo francês INTER SERVICE POMPE (...)

b) Em 31/12/1996 é contabilizada a factura n.º 963874 de Esc. 147.420.000$00 do sujeito passivo francês, referente ao aluguer de bombas no período de 1994 a 1996. Estes rendimentos estão sujeitos a retenção na fonte, nos termos do art. 75 do CIRC (...);

c) Em 31/12/1997 é contabilizada a factura n.º 973640 de Esc. 31.640.400$00 do sujeito passivo francês, referente ao aluguer de bombas durante o ano de 1997. Estes rendimentos estão sujeitos a retenção na fonte, os termos do art. 75 do CIRC (...)

3. Tendo em conta os montantes pagos, a Administração Fiscal considerou que a retenção devida era de 15%, pelo que procedeu à liquidação adicional em conformidade de que resultou IR nos montantes de 22.11.300$ e 4.746.060$, respectivamente.

4. A sociedade ITMOL foi notificada do projecto de correcções através de carta registada, e no prazo de 10 dias nada disse.

5. Instaurada execução, foi a mesma revertida contra os sócios gerentes, entre os quais o impugnante.

6. Quantia que foi paga em 20/10/2003.

3. Está em causa a interpretação do art. 60.º da LGT. Vejamos então.

O art. 60.º da LGT, subordinado à epígrafe "princípio da participação", vem dar corpo ao art. 267.º, n.º 5, da CRP, que reconhece aos cidadãos o direito de participação na formação das decisões e deliberações que lhes disserem respeito.

E o n.º 1 deste artigo concretiza os moldes da participação dos contribuintes na formação dessas decisões e deliberações.

Como resulta do probatório, o originário devedor foi ouvido (nos termos do citado art. 60.º da LGT), sendo notificado do projecto de correcções.

E sobre o ponto escreve a Mm. Juiz *a quo*, na sua sentença, o seguinte:

"Tendo sido facultado o exercício do direito de audição antes da conclusão do relatório da inspecção, só se impunha o exercício do novo direito se a liquidação se baseasse em elementos distintos daqueles por que o direito de audição inicialmente se concretizou.

"Manifestamente não é o caso...".

Já vimos que o originário devedor foi ouvido sobre o projecto de correcções.

Mas não foi ouvido antes da liquidação.

Quid juris?

Será que o contribuinte deve também ser ouvido antes da liquidação?

A questão encontra-se hoje resolvida no n.º 3 do citado art. 60.º da LGT, que dispõe:

"Tendo o contribuinte sido anteriormente ouvido em qualquer das fases do procedimento a que se referem as alíneas *b*) a *e*) do n.º 1, é dispensada a sua audição antes da liquidação, salvo em caso de invocação de factos novos sobre os quais ainda se não tenha pronunciado".

É certo que este normativo resulta do n.º 1 do art. 13.º da Lei n.º 16-A/2002, de 31/5, ou seja, posterior à acção de fiscalização e à notificação da inspecção tributária.

Porém, o n. 2 daquele art. 13.º estatui que o citado n. 1 tem natureza interpretativa.

E, como é sabido, a norma interpretativa integra-se na norma interpretada, retroagindo os seus efeitos ao início da vigência desta (art. 13.º, n. 1, do C. Civil).

A lei interpretativa, que é uma interpretação autêntica da lei, é vinculativa.

Acresce dizer – e já o referimos acima – que a lei interpretativa "retroage os seus efeitos até à data da entrada em vigor da antiga lei, tudo ocorrendo como se tivesse sido publicada na data em que o foi a lei interpretada"[1].

Vale isto por dizer que, no caso, e face ao probatório, atento o respectivo quadro legal, não havia lugar

[1] Código Civil Anotado, Pires de Lima e Antunes Varela, 2ª Edição, anotação ao art. 13.º.

à audição do originário devedor antes da liquidação, por isso que o mesmo fora ouvido sobre o projecto de correcções. Ou seja: foi exercido o direito de audição. E, no caso, não foram invocados factos novos sobre os quais o originário devedor não se tenha pronunciado.

Assim, não tinha ele que ser ouvido antes da liquidação.

As liquidações adicionais de IRC não padecem pois do alegado vício de violação de lei.

4. Face ao exposto, acorda-se em negar provimento ao recurso.

Custas pelos recorrentes, fixando-se a procuradoria em 50%.

Lisboa, 16 de Maio de 2007

Lúcio Barbosa (Relator)
Baeta de Queiroz
António Calhau

Recurso n.º 186/07-30

DÍVIDAS DOS CLUBES DE FUTEBOL. DAÇÃO EM CUMPRIMENTO E DAÇÃO EM FUNÇÃO DO CUMPRIMENTO. ASSUNÇÃO DE DÍVIDA.

(Acórdão de 23 de Maio de 2007)

SUMÁRIO:

I – A dação em cumprimento e a dação em função do cumprimento constituem meios de extinção da obrigação tributária, nos termos dos artigos 109.º-A, 284.º e 284.º-A do CPT e 837.º a 840.º do CC.

II – O despacho n.º 7/98-XIII, de 4 de Março de 1998, do SEAF, proferido no âmbito do DL 124/96, de 10 de Agosto, prefigura uma hipótese de satisfação de dívidas fiscais por meio de dação em função do cumprimento, não violando, por isso, o disposto nos artigos 109.º-A, 284.º e 284.º-A do CPT.

III – A assunção de dívida, que consiste no acto pelo qual um terceiro se vincula perante o credor a efectuar a prestação devida por outrem (artigo 595.º do CC), pode também ocorrer no domínio das dívidas tributárias.

ACORDAM, EM CONFERÊNCIA, NA SECÇÃO DE CONTENCIOSO TRIBUTÁRIO DO SUPREMO TRIBUNAL ADMINISTRATIVO:

I – Não se conformando com o acórdão do TCA Norte que julgou improcedente a acção administrativa especial de impugnação do despacho n.º 7/98-XIII, de 4/3/98, do Secretário de Estado da Administração Fiscal, dele vem agora a Liga Portuguesa de Futebol Profissional, com sede no Porto, interpor recurso para este Tribunal, formulando as seguintes conclusões:

1.ª Certamente por lapso, a douta sentença recorrida não deu como provados os seguintes factos, alegados pela Recorrente no seu requerimento inicial, e que se encontram indiciariamente provados pela prova documental junta aos autos e pelo processo administrativo, razão pela qual se impõe a ampliação da matéria de facto, mediante a inclusão daqueles factos entre a factualidade dada como provada nos presentes autos de processo cautelar:

A) Em 15-SET-1997, foi prestada pelo Secretário de Estado dos Assuntos Fiscais uma informação, cujo conteúdo se dá agora por reproduzido.

B) Em 16-SET-1997, foi exarado, sobre a informação do Secretário de Estado dos Assuntos Fiscais, o seguinte despacho: "Concordo inteiramente" – Despacho n.º 1199/97.

Isto visto,

2.ª Contrariamente ao decidido pelo Venerando TCAN, o CPT prevê apenas a dação em cumprimento (datio in solutum), não havendo lugar, no campo do direito tributário, à dação em função do cumprimento prevista na lei civil.

Com efeito,

3.ª De acordo com o princípio tempus regit actum, a regra é a de que a apreciação contenciosa da legalidade dos actos administrativos deve ser feita à luz do quadro normativo vigente à data da prolação do acto impugnado, sendo que ao tempo da emissão do acto impugnado estava em vigor o Código de Processo Tributário (CPT), sendo esse diploma o aplicável à hipótese sub juditio.

4.ª As normas tributárias devem ser interpretadas de acordo com os princípios gerais da hermenêutica jurídica, pelo que, na sua interpretação como na de quaisquer outras normas jurídicas, são convocadas as regras consagradas no art. 9.º do Cód. Civil, daí que não possa ser considerado pelo intérprete o pensamento legislativo que não tenha na letra da lei um mínimo de correspondência verbal, ainda que imperfeitamente expresso (art. 9.º, n.º 2), bem como na fixação do sentido e alcance da lei o intérprete presumirá que o legislador consagrou as soluções mais acertadas e soube exprimir o seu pensamento em termos adequados (n.º 3).

5.ª Acresce ao acima exposto que quando o Direito Fiscal utiliza conceitos importados e recebidos de outro ordenamento jurídico devem os mesmos ser qualificados do mesmo modo porque o são no ramo de Direito de origem.

6.ª Ora, o acto impugnado foi proferido no âmbito do plano de regularização de dívidas fiscais regulado no DL n.º 124/96, o qual, por sua vez, foi emitido ao abrigo do regime jurídico estabelecido no art. 59.º da Lei n.º 10--B/96; por outro lado, o Despacho n.º 7/98-XIII, ora impugnado, remete expressis et apertis verbis para os arts. 109.º-A, 284.º e 284.º-A do CPT, normas que na sua redacção empregam as expressões "dação em cumprimento" e "dação em pagamento".

7.ª A dação constitui, a par da consignação em depósito, da compensação, da novação, da remissão e da confusão, uma das causas de extinção das obrigações, além do cumprimento, previstas e reguladas no Código Civil; isto é, os sobreditos diplomas e disposições legais utilizam um conceito recebido da dogmática civilística, pelo que o termo "dação em pagamento" empregue nessas normações deve ser interpretado e qualificado no sentido e acepção que tem no Código Civil, no seguimento aliás do preceituado no art. 11.°, n.° 2, da LGT.

8.ª O Código Civil prevê dois tipos ou modalidades de dação: a dação em cumprimento (dação em pagamento ou datio in solutum) e a dação em função do cumprimento (dação em função do pagamento ou datio pro solvendo).

9.ª São dois os elementos essenciais da dação em cumprimento: i) que haja uma prestação diversa da que é devida; ii) que essa prestação tenha por fim extinguir a obrigação – o que vale por dizer que, seja qual for o seu objecto, o que há de característico na dação em cumprimento é a extinção da obrigação operar-se através da realização de uma prestação diversa da devida.

10.ª Diversamente, a dação em função do cumprimento é uma dação condicional, pois o efeito extintivo da obrigação só se verifica se e quando for realizado o valor da coisa ou do direito que o devedor prestou em substituição da prestação devida.

11.ª Ora, no CPT acolheu-se, exclusivamente, a figura da dação in solutum, pois não desconhecendo o legislador as figuras da dação em cumprimento e da dação em função do cumprimento, é de entender e concluir que empregou o termo "dação em pagamento" na mesma acepção que esta expressão tem no ramo de direito de que provém.

12.ª Ora, na dogmática civilística (nacional e estrangeira), dação em pagamento é sinónimo de dação em cumprimento (datio in solutum, dation en paiement, substituted payment, zahlungsstaff): a dação em pagamento corresponde à dação em cumprimento e como tal sempre foi entendida – assim, Manuel de Andrade/ /Rui Alarcão, Teoria Geral das Obrigações, 1963, pp. 83-84; Jorge Ribeiro de Faria, Direito das Obrigações, II, p. 149.

13.ª A dação em pagamento prevista nos arts. 109.°-A, 284.° e 284.°-A do CPT é, portanto, a dação como causa de extinção automática da obrigação tributária (dação em cumprimento, datio in solutum): por isso se fala no art. 284.° do CPT em "extinção da dívida exequenda com a dação em pagamento de bens móveis ou imóveis" (n.° 1) e "bens a entregar em cumprimento da dívida exequenda e acrescido" (n.° 8), assim como se alude no n.° 4 do art. 284.°-A do CPT a "obrigações extintas com a dação em pagamento".

14.ª Isto é: prevê-se apenas e tão só a extinção automática da obrigação tributária e consequente liberação imediata do devedor; o mesmo é dizer que em nenhures se prevê a condicionalidade do efeito extintivo da dação.

15.ª Em suma: resulta da letra dos arts. 109.°-A, 284.° e 284.°-A do CPT que a única forma de dação neles prevista é a dação em cumprimento e no mesmo sentido depõem o elemento intelectual daquelas normas.

Senão, veja-se.

16.ª Em primeiro lugar, a exigência da avaliação do valor dos bens oferecidos, pois tal avaliação só faz sentido se o fim da dação for a extinção imediata da dívida fiscal: tal avaliação só pode ter o significado de habilitar a Administração Tributária a concluir no sentido da idoneidade e suficiência dos bens oferecidos em pagamento para extinguir a dívida fiscal.

17.ª Em segundo lugar, a natureza extintiva está também reflectida no n.° 14 do art. 284.° do CPT quando aí se estatui que o auto de dação em pagamento valerá, para todos os efeitos, como título de transmissão, pois esse efeito translativo é típico e exclusivo da dação em cumprimento.

18.ª Em terceiro lugar, decorre do n.° 4 do art. 284.°-A do CPT que, no caso de o valor dos bens dados em pagamento ser superior ao valor da dívida fiscal, o devedor não pode pretender que lhe seja devolvido o acréscimo.

19.ª Donde: para além da letra da lei, também o elemento lógico e intelectual precipita a conclusão de que o único meio de extinção da obrigação tributária previsto nos arts. 109.°-A, 284.° e 284.°-A do CPT é a dação em cumprimento (datio in solutum) – nesse sentido vai a lição autorizada de Almeida Costa que, entre vários exemplos de dação em cumprimento, arrola "o art. 284.° do Cód. de Proc. Tributário, aprovado pelo Dec.-Lei n.° 154/91, de 23 de Abril (a respeito da extinção da dívida exequenda e acrescido nos processos de execução fiscal, norma que transitou do Dec.-Lei n.° 52/84, de 11 de Fevereiro" (in Direito das Obrigações, 5.ª ed., p. 934, nota 2).

20.ª De resto, a tradição no nosso ordenamento fiscal é a de apenas admitir a dação em cumprimento – vejam-se, a esse propósito, os exemplos do art. 129.°-A do Código da Sisa e do Imposto sobre Sucessões e Doações; o art. 30.° da Lei n.° 80/77; e o art. 40.°, n.° 2 da LGT.

Isto visto,

21.ª Em obediência ao princípio da legalidade administrativa – que informa e enforma toda a actividade da Administração, por força do art. 266.°, n.° 2, da CRP, concretizado no plano do direito ordinário pelo art. 3.° do CPA e art. 17.°, al. a) do CPT (actualmente, o art. 55.° da LGT) – a Administração Tributária apenas podia determinar a aceitação de uma dação em cumprimento, pois era a única solução legalmente possível.

22.ª Aqui chegados, é de axiomática evidência a nulidade do acto impugnado: a constituição de um terceiro (no caso, a Liga) na responsabilidade do pagamento de uma dívida já extinta é um acto cujo objecto se mostra juridicamente impossível.

23.ª Nos termos da al. *c*) do n.° 2 do art. 133.° do CPA, são nulos os actos cujo objecto seja impossível, ininteligível ou constitua um crime.

24.ª A impossibilidade do objecto do acto pode resultar da falta de substrato material, quando a sua execução seja factual ou tecnicamente impossível ou da falta de substrato jurídico: são de objecto impossível os actos cujos efeitos sejam jurídica ou fisicamente impossíveis.

25.ª In casu, o Despacho n.° 7/98-XIII, no segmento ora impugnado (ponto 7), carece de substrato jurídico, uma vez que os seus efeitos são juridicamente impossíveis: não é juridicamente possível ressuscitar uma dívida extinta e muito menos carregá-la (seja em que medida for) a um terceiro.

26.ª É, pois, manifesta a nulidade do acto impugnado, no segmento em questão, por impossibilidade jurídica do seu objecto.

27.ª Não se diga ex adverso que, ao intervir no auto de dação em pagamento, a Liga veio aceitar a responsabilidade (independentemente da sua exacta qualificação jurídica) que lhe foi imposta no acto impugnado: desde logo, essa figura da "aceitação" mostra-se irrelevante, pela singela mas decisiva razão de que um acto nulo não deixa de o ser pelo facto de o destinatário lhe prestar assentimento.

28.ª No douto Acórdão recorrido não se aborda a questão da violação do princípio da especialidade com fundamento em que tal matéria apenas se coloca relativamente ao auto de dação em pagamento, o qual teria de ser objecto de uma impugnação autónoma que, atenta a natureza contratual que o Acórdão lhe atribui, não teria lugar neste processo – sem razão, porém.

29.ª Juridicamente qualificado, o auto de dação em pagamento não integra um contrato: é, bem pelo contrário, um acto consequente destinado a dar execução ao despacho que aceita a dação em pagamento como modo de exoneração das dívidas fiscais dos clubes.

30.ª Do que resulta que a assunção pela Liga das dívidas fiscais dos clubes – a ter existido, o que não se aceita – é nula, vício invocável a todo o tempo (arts. 160.°, n.° 1, e 294.° do Cód. Civil).

31.ª De tudo o que se deixou dito e demonstrado, decorre, seja qual for o ângulo de observação, que o acto impugnado é nulo, nulidade que se comunica e estende a todos os actos de execução ou consequentes que o concretizaram, pois nulo o acto que define a situação jurídica, nulos são os actos que lhe dão execução – cf. arts. 134.° e 151.° do CPA.

32.ª Temos assim que, nulo o acto impugnado nulos são todos os actos (sejam os mesmos entendidos como actos de execução ou consequentes) que concretizaram e deram efectividade prática à putativa responsabilidade da Liga determinada no ponto 7 do Despacho n.° 7/98-XIII, sendo para tanto desnecessário requerer e obter pronúncia anulatória expressa.

33.ª Ao não ter assim entendido, o douto Acórdão recorrido está viciado de erro de julgamento, na procedência do qual deve ser revogado.

Sem conceder.

34.ª Mal andou também o Acórdão recorrido ao julgar improcedente a nulidade por ininteligibilidade do objecto imputada ao acto impugnado – mesmo admitindo (sem conceder) que a legislação fiscal pudesse, porventura, aceitar a figura da dação em função do cumprimento o que releva para o presente caso é que no Despacho n.° 7/98-XIII a Administração Fiscal procedeu à aceitação de uma dação in solutum.

35.ª Foi efectivamente uma dação em cumprimento – e não uma dação pró solvendo – que a Administração Tributária aceitou, pois a natureza extintiva e solutória da dação está claramente afirmada e traduzida no Despacho n.° 7/98-XIII: nos dizeres unívocos do ponto n.° 1 do conteúdo dispositivo daquele despacho, a dívida fiscal dos clubes até 31 de Julho de 1996 extinguiu-se na sua globalidade, por via da aceitação da dação em pagamento dá-se a dívida por extinta sem a mínima reserva ou condição.

36.ª Designadamente, não se condiciona o efeito extintivo da dação à realização efectiva do valor global das dívidas fiscais apuradas (11.367.198 contos) pelas forças das receitas do Totobola e na medida em que o forem.

37.ª Logo de seguida, porém, no ponto n.° 7 do conteúdo dispositivo do mesmo Despacho n.° 7/98-XIII, se atribui à Liga, ora Autora, e à Federação a responsabilidade – cuja qualificação jurídica é, aliás, duvidosa – pelo pagamento dos valores em falta no caso de "metade do valor arrecadado ser insuficiente para o pagamento de metade da dívida global".

38.ª Ora, por um lado, no ponto n.° 1 do referido despacho dá-se por extinta, por dação em pagamento, a dívida fiscal dos clubes e, logo no ponto n.° 7, designam-se novos responsáveis pelo pagamento da dívida, que a ela eram totalmente alheios – o que a Administração Tributária vem dizer num momento, vem logo desdizer no momento seguinte.

39.ª No mesmo despacho decide-se uma coisa e o seu contrário.

40.ª Nos termos da al. *c*) do n.° 2 do art. 133.° do CPA, são nulos os actos cujo objecto seja ininteligível: a ininteligibilidade de um acto administrativo resulta de não se saber o que nele se determina, ou seja, se não consiga descortinar o que é que foi decidido, qual o seu sentido decisório.

41.ª Não é possível determinar qual o sentido decisório de um acto administrativo, quando do seu conteúdo resultam dois segmentos decisórios entre si incompatíveis e mutuamente excludentes, como é o caso do acto impugnado.

42.ª Daí que se tenha, necessariamente, de concluir pela ininteligibilidade do objecto do Despacho n.° 7/98-XIII, quando cotejados, por uma banda, o conteúdo dispositivo do seu ponto n.° 7 e, por outra banda, o conteúdo dispositivo do ponto n.° 1 em conjugação com o preâmbulo do referido Despacho e os actos preparatórios do mesmo procedimento (muito particularmente o despacho n.° 1199/97 do Ministro das Finanças).

43.ª Nesse sentido, e também por esta via, o acto impugnado padece de nulidade: ao não ter assim entendido, o douto Acórdão recorrido está viciado de erro de julgamento, na procedência do qual deve ser revogado.

Sem conceder.

44.ª De resto, uma interpretação dos arts. 109.°-A, 284.° e 284.°-A do CPT segundo a qual seria possível à Administração Tributária endossar a Recorrente Liga a responsabilidade pelo pagamento de dívidas fiscais alheias em virtude da sua participação (apenas na qualidade de gestora de negócios dos contribuintes relapsos) num procedimento tributário de dação em pagamento é manifestamente inconstitucional, por um lado, por violação do princípio da especialidade das pessoas colectivas recebido no art. 12.°, n.° 2, da CRP; e, por outro lado, por violação do art. 103.°, n.os 2 e 3, da CRP e do princípio do Estado de direito democrático a que corresponde o art. 2.° da CRP.

45.ª Admitir-se que a Administração Tributária possa endossar a uma pessoa colectiva responsabilidades tributárias alheias, apenas porque essa pessoa colectiva – no prosseguimento aliás da sua finalidade representativa estatutária – actuou como gestora de negócios e mandatária dos responsáveis tributários num concreto procedimento tributário, viola o art. 12.°, n.° 2 da CRP, na parte em que se recebe e consagra o princípio da especialidade das pessoas colectivas.

46.ª Por seu turno, o princípio da legalidade fiscal (consagrado no art. 103.° da CRP) implica a tipicidade legal, devendo o imposto ser desenhado na lei de forma suficientemente determinada, sem margem para desenvolvimento regulamentar nem para discricionariedade administrativa quanto aos seus elementos essenciais, pelo que não pode deixar de considerar-se como constitucionalmente excluída a possibilidade de a lei conferir às autoridades tributárias a faculdade de fixar ou modificar os elementos essenciais do regime jurídico de um concreto imposto, como sejam o âmbito de incidência subjectiva ou a responsabilidade tributária subsidiária.

47.ª Ora, a interpretação das normas dos arts. 109.º-A, 284.º e 284.º-A do CPT, que está em causa nos presentes autos, implicaria verdadeiramente que fosse conferido à Administração Tributária um poder exorbitante de, por acto unilateral, ampliar o âmbito de incidência subjectiva de impostos para além do tipificado na lei e instituir responsabilidades tributárias subsidiárias, onde o legislador nada previu.

48.ª Uma tal interpretação seria, de igual modo, violadora do princípio do Estado de direito democrático, consagrado no art. 2 da CRP, e, em especial, do princípio da segurança jurídica nele ínsito, na medida em que tais princípios não são, de todo, compagináveis com a atribuição ou criação ex novo, por mero efeito de acto da Administração Tributária, de uma situação de responsabilidade tributária subsidiária, nem com a transmissibilidade de dívidas fiscais.

49.ª Assim sendo, o douto Acórdão recorrido violou as supracitadas disposições legais.

Contra-alegando veio a entidade demandada dizer que:

a) O douto Acórdão recorrido não sofre de qualquer insuficiência relativamente ao probatório fixado já que do mesmo constam todos os elementos essenciais para a fundamentação da decisão, mostrando-se irrelevantes as referências cujo aditamento é proposto, sendo certo que qualquer que fosse a intenção (subjectiva) da informação do gabinete do SEAF ela não pode ir contra o seu significado "objectivo", lido à luz do respectivo enquadramento legal;

b) O Despacho n.º 7/98-XIII do SEAF deve ser interpretado, na sua globalidade, como a autorização ministerial para a aceitação da dação em pagamento de forma a que a mesma seja indubitavelmente legal, designadamente por não permitir, relativamente aos créditos fiscais a extinguir, qualquer perdão de capital;

c) A legalidade desse Despacho foi reconhecida pelo Conselho Consultivo da Procuradoria Geral da República que se pronunciou no sentido de o mesmo não incorrer em qualquer violação da lei, na medida em que continha uma dação em função do cumprimento (datio pro solvendo) e não uma mera dação em pagamento (datio in solutum);

d) A aceitação da possibilidade deste tipo de dação, embora não seja a regra (a dação para pagamento de impostos deve, em princípio, ser a dação in solutum, e com bens presentes e de valor determinado), justifica-se por ser a forma mais próxima do pagamento em numerário;

e) A dação pro solvendo foi excepcionalmente aceite, em consequência do tratamento já muito especial dispensado aos clubes (tendo em atenção o interesse público na moralização do sector), tendo, por isso mesmo, de ser rodeado de cuidados especiais para garantir o cumprimento;

f) O teor do n.º 7 do mesmo despacho constitui uma das precauções tomadas para que se garanta o efectivo pagamento do crédito fiscal, pelo que tal segmento do Despacho n.º 7/98-XIII do SEAF não é nulo, nem anulável, mas indispensável à efectivação da dação;

g) É que sem tal previsão, assim como de outros cuidados tomados no sentido de garantir o cumprimento da totalidade do capital em dívida, a dação nem teria sido aceite e os clubes, a Liga e a FPF teriam que ter arranjado outros meios para regularizar a situação;

h) Nem se compreende que a Liga não tenha tomado consciência de tal condição e reagido contra tal "ilegalidade", antes da execução do despacho, aquando do auto de aceitação da dação, ou ao longo do período do sucessivo cumprimento do seu conteúdo (durante seis anos...);

i) A assunção de responsabilidade pela Liga não é nula: nem em consequência da nulidade do n.º 7 do Despacho, já que este é válido, nem por qualquer outra razão;

j) O facto de a Liga ter agido, primeiro, como gestora e depois como representante dos clubes seus associados, não impedia a assunção de responsabilidade pelo pagamento do diferencial encontrado na sequência da quantificação prevista no n.º 6 do Despacho n.º 7/98-XIII do SEAF;

k) O artigo 7.º do Decreto-Lei n.º 124/96, de 10 de Agosto, diploma ao abrigo do qual foi efectuada a dação das receitas do totobola, já previa esse mecanismo como forma de regularização das dívidas fiscais objecto da adesão;

l) A natureza jurídica da Liga não impede, mas antes justifica plenamente, a assunção da responsabilidade de pagar as importâncias em falta;

m) Trata-se, precisamente, de um modo adequado de alcançar a realização do interesse público na cobrança das receitas fiscais e a normalização da situação de incumprimento dos clubes devedores;

n) Ao Estado é indiferente a forma como a Liga (tal como a Federação) reunirá os meios para cumprir o que lhe é exigido – se exigirá, por sua vez, de imediato as importâncias dos clubes, agindo mais uma vez como "intermediária", ou se prefere pagar ela própria, subrogando-se nos direitos da Fazenda Pública (n.º 5 do artigo 7.º do Decreto-Lei n.º 124/96) – havendo precisamente exemplos de outras situações anteriores em que a LPFP se substituiu aos clubes no cumprimento das respectivas dívidas;

o) O que é certo é que o pontual cumprimento do que foi aceite por todos os subscritores do auto de dação é de interesse público (pagamento de dívidas fiscais) e colectivo (interessa a todos os clubes, devedores e não devedores) porque, em consequência do incumprimento, poderão desencadear-se, aí sim, consequências susceptíveis de pôr em perigo os campeonatos, por falta de competidores;

p) Também certo é que ao Estado cabe por missão inalienável cobrar as receitas fiscais legalmente devidas, não se podendo abster de agir de forma a atingir esse (superior) objectivo.

Assim, bem decidiu o douto Acórdão recorrido ao considerar a presente acção improcedente, pelo que o recurso deve ser rejeitado, confirmando-se a plena validade do Despacho n.º 7/98-XIII do SEAF na sua globalidade, incluindo o respectivo n.º 7, cláusula de garantia de pagamento dos acertos a efectuar e sem o qual não teria sido autorizada a dação em pagamento das receitas do totobola a que os clubes tinham direito no período entre 1998 e 2010.

Notificado, para os efeitos do artigo 146.º, n.º 1 do CPTA, veio o MP, em defesa dos interesses públicos especialmente relevantes presentes no caso dos autos, manifestar-se no sentido de que é de confirmar o acórdão recorrido, por nele se ter feito boa interpretação e aplicação da lei, na linha do Parecer n.º 45/98, de 15 de Junho, do Conselho Consultivo da Procuradoria Geral da República.

Colhidos os vistos legais, cumpre decidir.

II – Com interesse para a decisão, mostra-se fixada no acórdão recorrido a seguinte matéria de facto:

1. Na Assembleia Geral Extraordinária da Liga Portuguesa de Futebol Profissional, realizada em 30/01/97, todos os clubes de futebol associados presentes conferiram «plenos poderes à L.P.F.P., através do seu Presidente e/ou Comissão Executiva, para que esta, actuando na qualidade de gestora de negócios dos clubes associados, viesse a requerer a sua adesão ao processo extraordinário de regularização de dívidas ao Fisco e à Segurança Social previsto no Decreto-Lei n.º 124/96, de 10 de Agosto, e propor a regularização da situação tributária através de dação em pagamento das verbas futuras do Totobola a que os clubes têm direito»;

2. Nessa sequência, a Liga e a Federação Portuguesa de Futebol, actuando na qualidade de gestores de negócios dos clubes de futebol das (então designadas) I Divisão, II Divisão de Honra, 2ª Divisão B e 3ª Divisão, requereram em 31/01/97 a adesão ao plano de regularização de dívidas fiscais previsto no DL n.º 124/ /96, de 10.08, oferecendo em dação em pagamento as receitas futuras das apostas mútuas desportivas a que esses clubes tinham direito para a liquidação das dívidas fiscais existentes até 31/07/96;

3. Tal requerimento provocou a instauração do procedimento previsto no DL n.º 124/96 com vista à regularização das dívidas fiscais dos clubes de futebol existentes até 31/07/96;

4. No âmbito desse procedimento, o Ministro das Finanças determinou a avaliação das receitas das apostas mútuas desportivas oferecidas em pagamento das dívidas fiscais, por se tratar da dação de um bem futuro e de valor relativamente incerto;

5. Na sequência desse despacho, foi nomeada em 28/10/97 uma Comissão Técnica para avaliar as receitas das apostas mútuas oferecidas em pagamento, que as avaliou entre um valor mínimo de 8,2 e o máximo de 13,1 milhões de contos, com um valor médio de 10.902.000 contos para um período de 12 anos e meio (de 1/07/1998 a 31/12/2010), período de tempo esse equivalente às 150 prestações mensais previstas no n.º 1 do art. 5.º do DL n.º 124/96;

6. Por sua vez, a Administração Fiscal avaliou em 11.367.198 contos o montante global das dívidas fiscais dos clubes até 31/07/96, calculado nos termos do art. 4.º do DL n.º 124/96, de 10.08;

7. No âmbito desse procedimento, o Secretário de Estado dos Assuntos Fiscais (com delegação de competências do Ministro das Finanças, conforme Desp. 460/96-XIII, publicado no D.R., II Série, de 23/10/96), proferiu o Despacho n.º 7/98-XIII, de 4/03/98, com o seguinte teor:

«Considerando que, em 31 de Janeiro de 1997, a Liga e a Federação aderiram, como gestores de negócios dos clubes das 1.º, 2.º divisão de honra, 2.º divisão B e 3.º divisão, ao plano de regularização de dívidas ao fisco constante do DL n.º 124/96, de 10 de Agosto;

Considerando que a Liga e a Federação ofereceram, em dação em pagamento, para liquidação do valor das dívidas ao fisco existentes até 31 de Julho de 1996, as receitas futuras das apostas mútuas desportivas a que os clubes tenham direito;

Considerando que a dação em pagamento está prevista no Código Civil e nos artigos 109.º-A e 284.º do Código de Processo Tributário, na redacção que lhe foi dada pelo D.L. n.º 125/96, de 10 de Agosto;

Considerando que nada obsta, no plano jurídico, à aceitação de bens de montante relativamente indeterminado, como os supra-referidos, ou mesmo de bens futuros, já que podem ser dados em pagamento todos os bens mobiliários ou imobiliários sem excepção;

Considerando que, por razões de uniformidade de tratamento, o prazo de arrecadação das receitas oferecidas em dação em pagamento se deve aproximar do prazo máximo permitido no regime prestacional previsto no DL n.º 124/96 (12,5 anos);

Considerando que, por despacho de 28 de Outubro de 1997, foi nomeada uma Comissão Técnica para avaliar as receitas das apostas mútuas desportivas para um período de doze anos e meio;

Considerando que, segundo o relatório da Comissão Técnica, a árvore de cenários construídos permite identificar uma "banda de sensibilidade" em torno do valor de tais receitas em que o valor mínimo será de 8,2 e o máximo de 13,1 milhões de contos;

Considerando que, segundo o relatório, o valor médio de tais receitas, para uma taxa provável de actualização de 3%, é de 10,902 milhões de contos;

Considerando que o valor global das dívidas fiscais de todos os clubes, até 31 de Julho de 1996, apurado nos respectivos processos de regularização e calculado nos termos do artigo 4.º do D.L. n.º 124/96, de 10 de Agosto e do Código do IVA, é de 11.367.198 contos;

Considerando que os clubes aderentes, constantes da lista em anexo, devem ter, à data da certificação das condições de adesão, a sua situação tributária, posterior a 31 de Julho de 1996, regularizada, de acordo com a lei geral e com as orientações administrativas constantes do Despacho n.º 17/97, de 14 de Março;

Considerando que as dívidas dos clubes à Segurança Social têm vindo a ser pagas, no quadro da lei, por mecanismos próprios;

Considerando que a Liga e a Federação se comprometem a respeitar cláusulas de salvaguarda que neutralizem qualquer risco financeiro da dação em cumprimento,

DETERMINO:

1. A aceitação, como forma de extinção das dívidas fiscais globais dos clubes existentes até 31 de Julho de 1996, no valor de 11 367 198 contos, da dação em pagamento das receitas das apostas mútuas desportivas oferecidas pela Liga e Federação, durante o período que vai de 1 de Julho de 1998 a 31 de Dezembro de

2010, sem prejuízo da manutenção e consideração dos pagamentos por conta já efectuados ou a efectuar até à data do início daquele período.

2. A aceitação do montante de 10 902 000 contos como valor de avaliação das receitas das apostas mútuas desportivas oferecidas.

3. A aceitação em regime de pronto pagamento ou em 150 prestações mensais do pagamento da dívida remanescente, no valor de 465.198 contos.

4. A nomeação de uma Comissão de acompanhamento, constituída por um representante da Inspecção-Geral de Finanças, um representante da Direcção dos Serviços de Justiça Tributária da DGCI e um representante dos Serviços de Inspecção Tributária da DGCI, para análise da situação tributária dos clubes ao longo do período referido no ponto 1.

5. À Comissão de acompanhamento compete, nomeadamente:

a) Certificar que os clubes constantes da lista anexa satisfazem, em 1 de Junho de 1998, as condições de adesão previstas no D.L. n.º 124/96, de 10 de Agosto;

b) Verificar o cumprimento pontual das entregas dos valores das apostas mútuas a efectuar pela Liga e pela federação;

c) Propor os mecanismos de inspecção necessários para garantir o cumprimento integral do presente despacho;

d) Certificar, sempre que necessário, que os clubes em anexo mantém, ao longo do período referido no ponto 1., a sua situação tributária regularizada, nos termos do n.º 5 do artigo 6.º da Lei n.º 103/97, de 13 de Setembro, cumprindo as suas obrigações tributárias principais e acessórias.

6. A Comissão avaliará, no segundo semestre de 2004 e de 2010, o cumprimento do presente despacho e quantificará as importâncias recebidas.

7. No caso de metade do valor arrecadado ser insuficiente para o pagamento de metade da dívida global ao fisco apurada no segundo semestre de 2004 e de 2010, a Liga e a Federação deverão proceder ao pagamento da diferença até ao valor dessas metades.

8. No caso do montante apurado no segundo semestre de 2004 ser superior à metade da dívida global ao fisco apurada, devem os serviços proceder ao reescalonamento da dívida remanescente ou ao encurtamento dos prazos de entrega da dação em pagamento".

8. Em 23/03/98, o Secretário de Estado dos Assuntos Fiscais (no uso daquela delegada competência) proferiu o Despacho n.º 9/98-XIII, com o seguinte teor:

«Considerando que, através do Despacho n.º 7/98--XIII, de 4 de Março, o Governo aceitou, como forma de extinção das dívidas fiscais globais dos clubes existentes até 31 de Julho de 1996, no valor de 11.367.198 contos, a dação em pagamento das receitas das apostas mútuas desportivas oferecidas pela Liga e pela Federação, na qualidade de gestores de negócios, durante o período que vai de 1 de Julho de 1998 a 31 de Dezembro de 2010, sem prejuízo da manutenção e consideração dos pagamentos por conta já efectuados ou a efectuar até à data do início daquele período;

Considerando que o remanescente da dívida, tendo em conta o valor por que foi aceite o montante global das receitas, orçado em 465.198 contos, deverá ser liquidado em regime de pronto pagamento ou em 150 prestações mensais;

Considerando que é necessário que os clubes aderentes tenham, em 1 de Junho de 1998, a sua situação tributária, posterior a 31 de Julho de 1996, regularizada, de acordo com a lei geral e com as orientações administrativas constantes do Despacho n.º 17/97, de 14 de Março;

Considerando que é necessário garantir o cumprimento das cláusulas de salvaguarda que neutralizem eventuais riscos financeiros da dação em pagamento,

DETERMINO O SEGUINTE:

1. A Comissão de Acompanhamento criada pelo Despacho n.º 7/98-XIII, de 4 de Março, integra os seguintes membros:

(...)

2. A Comissão deverá:

a) Actualizar a lista dos clubes de que a Liga e a Federação assumiram a gestão de negócios, conformando--se com o interesse e a vontade, real ou presumível daqueles, e certificar se os mesmos clubes satisfazem, em 1 de Junho de 1998, as condições de adesão previstas no D.L. n.º 124/96 de 10 de Agosto, procedendo à actualização da Lista anexa ao Despacho n.º 7/98--XIII, de 4 de Março.

b) Contabilizar os pagamentos por conta efectuados até 1 de Julho de 1998, abatendo-os ao montante global da dívida;

c) Excluir dos montantes da avaliação efectuada as receitas dos clubes que, em 1 de Junho de 1998, eventualmente não satisfaçam as condições de adesão ou não tenham aprovado a gestão de negócios, bem como abater as eventuais dívidas destes clubes ao montante global da dívida;

d) Rever o remanescente da dívida, tendo em conta as diferenças entre o montante global da dívida e o montante da avaliação das receitas apuradas nos termos da alínea anterior;

e) Solicitar mensalmente à Santa Casa da Misericórdia de Lisboa a indicação do montante das receitas das apostas mútuas desportivas a que os clubes têm direito;

f) Verificar o cumprimento pontual das entregas dos valores das apostas mútuas a efectuar pela Liga e pela Federação;

g) Propor os mecanismos de inspecção necessários para garantir o cumprimento integral do Despacho n.º 7/ /98-XIII, de 4 de Março.

h) Certificar, sempre que necessário, que os clubes que aderiram a este plano, mantêm, ao longo do período de doze anos e meio, a sua situação tributária regularizada, nos termos do n.º 5 do art. 6.º da Lei n.º 103/97, de 13 de Setembro, cumprindo as suas obrigações tributárias principais e acessórias.

i) Avaliar, no segundo semestre de 2004 e de 2010, o cumprimento do Despacho n.º 7/98-XIII, de 4 de Março, e quantificar as importâncias recebidas, devendo:

1. No caso de metade do valor arrecadado ser insuficiente para o pagamento de metade da dívida global ao fisco apurada no segundo semestre de 2004 e de 2010, notificar a Liga e a Federação para procederem ao pagamento da diferença até ao valor dessas metades.

2. No caso do montante apurado no segundo semestre de 2004 ser superior à metade da dívida global ao fisco apurada, informar os serviços para procederem ao reescalonamento da dívida remanescente ou ao encurtamento dos prazos de entrega da dação em pagamento.

j) Elaborar mensalmente um relatório sobre os resultados da sua actividade e apresentá-lo ao Director-Geral dos Impostos para que este tome as medidas que entender por conveniente;

l) Levar a cabo todas as medidas que lhe sejam cometidas por despacho do Secretário de Estado dos Assuntos Fiscais ou do Director-Geral dos Impostos.»

9. Nessa sequência, foi celebrado em 25/02/99 o Auto de Aceitação de Dação em Pagamento, que se encontra documentado a fls. 89/90 e cujo teor aqui se dá por integralmente reproduzido, no qual intervieram o Subdirector Geral da área da Justiça Tributária (com poderes para o acto conferidos pelo despacho de 9/ /09/98), dois representantes legais da Liga e um representante legal da Federação, ambas com procurações emitidas pelos clubes;

10. Nesse Auto consta que: «Pelos representantes da Liga Portuguesa de Futebol Profissional e da Federação Portuguesa de Futebol, foi dito que pela sua adesão ao Decreto Lei n.º 124/96, de 10 de Agosto, com vista à regularização das dívidas fiscais dos clubes de futebol que constam da lista anexa, e com o conhecimento e o consentimento pleno dos mesmos, dão como dação em pagamento, as verbas do Totobola, pelo prazo máximo de doze anos e meio, a contar de 1 de Julho de mil novecentos e noventa e oito até 31 de Dezembro de dois mil e dez no montante máximo de dez milhões novecentos e dois mil contos.

A dação definida no despacho n.º 7/98-XIII, de 4 de Março, de Sua Excelência o Secretário de Estado dos Assuntos Fiscais, que passa a fazer parte integrante do presente auto, destina-se a pagar as dívidas fiscais nele quantificadas, dos clubes de futebol constantes da lista anexa, até ao montante atrás indicado».

11. Dá-se aqui por reproduzido o teor da lista de clubes de futebol anexa ao Auto de Dação, documentada a fls. 91 e segs., da qual constam 100 clubes aderentes;

12. Em 17/12/2004 o Chefe do Serviço de Finanças-5 do Porto notificou a Liga Portuguesa de Futebol para efectuar o pagamento da quantia de 19.957.145,00 €, resultante da diferença entre o valor arrecadado com as verbas do Totobola no período que medeia entre 1 de Julho de 1998 e Junho de 2004, e metade da dívida global que os clubes de futebol pretenderam regularizar com a aludida dação em pagamento;

13. Dá-se aqui por reproduzido o teor dos Estatutos da Liga Portuguesa de Futebol, aprovados em Assembleia Geral realizada em 5/12/89, com as alterações aprovadas nas Assembleias Gerais de 12/06/95 e 22/ /11/96, documentados a fls. 97/110 destes autos.

III – Vem o presente recurso interposto do acórdão do TCAN que julgou improcedente a acção administrativa especial intentada pela ora recorrente com vista à declaração de nulidade do ponto 7 do Despacho n.º 7/ /98-XIII, de 4/3/98, do SEAF, que autorizou, como forma de extinção das dívidas fiscais dos clubes de futebol profissional existentes até 31/7/1996, a dação em pagamento com as receitas das apostas mútuas desportivas que viessem a ser obtidas durante o período compreendido entre 1/7/1998 e 31/12/2010.

Para além de impugnar a matéria de facto fixada, a recorrente imputa ao acórdão recorrido os vícios de erro de julgamento por errónea aplicação do direito quer na apreciação da nulidade, por impossibilidade e ininteligibilidade do objecto, do acto impugnado quer no juízo àcerca da constitucionalidade dos artigos 109.º-A, 284.º e 284.º-A do CPT.

Entende a recorrente que, certamente por lapso, o acórdão recorrido não terá levado ao probatório a informação prestada pelo SEAF em 15/9/1997 e o despacho que sobre a mesma recaiu, factos por si alegados e que se mostram documentalmente provados nos autos.

A aludida informação que mereceu a concordância do Ministro das Finanças surge na sequência de requerimento da ora recorrente a aderir, em nome dos clubes de futebol, ao plano de regularização de dívidas fiscais, previsto no DL 124/96, oferecendo em dação em pagamento as receitas futuras das apostas mútuas desportivas a que os clubes teriam direito, e nela se propõe, dado tratar-se da dação de um bem futuro e de valor relativamente incerto, a avaliação de tais receitas por uma comissão avaliadora externa.

Ora, a esse respeito, foi fixada nos pontos 2 a 5 do probatório a seguinte factualidade:

«2. Nessa sequência, a Liga e a Federação Portuguesa de Futebol, actuando na qualidade de gestores de negócios dos clubes de futebol das (então designadas) I Divisão, II Divisão de Honra, 2ª Divisão B e 3ª Divisão, requereram em 31/01/97 a adesão ao plano de regularização de dívidas fiscais previsto no DL n.º 124/96, de 10.08, oferecendo em dação em pagamento as receitas futuras das apostas mútuas desportivas a que esses clubes tinham direito para a liquidação das dívidas fiscais existentes até 31/07/96;

3. Tal requerimento provocou a instauração do procedimento previsto no DL n.º 124/96 com vista à regularização das dívidas fiscais dos clubes de futebol existentes até 31/07/96;

4. No âmbito desse procedimento, o Ministro das Finanças determinou a avaliação das receitas das apostas mútuas desportivas oferecidas em pagamento das dívidas fiscais, por se tratar da dação de um bem futuro e de valor relativamente incerto;

5. Na sequência desse despacho, foi nomeada em 28/10/97 uma Comissão Técnica para avaliar as receitas das apostas mútuas oferecidas em pagamento, que as avaliou entre um valor mínimo de 8,2 e o máximo de 13,1 milhões de contos, com um valor médio de 10.902.000 contos para um período de 12 anos e meio (de 1/07/1998 a 31/12/2010), período de tempo esse equivalente às 150 prestações mensais previstas no n.º 1 do art. 5.º do DL n.º 124/96;».

Os pontos transcritos revelam, como se vê, no essencial os procedimentos seguidos até à prolação do despacho do Ministro das Finanças cujo conteúdo acolheu no fundo a informação do SEAF pelo que a reprodução desta se mostra desnecessária e sem interesse para a decisão.

Daí que se não justifique a requerida ampliação da matéria de facto.

Vejamos, então, se se verificam os vícios de erro de julgamento por errónea aplicação do direito imputados pela recorrente ao acórdão recorrido.

Com a presente acção administrativa especial, a recorrente pretende ver declarada a nulidade do ponto 7 do Despacho n.º 7/98-XIII, de 4/3/98, do SEAF que autorizou, como forma de extinção das dívidas fiscais dos clubes de futebol existentes até 31/07/1996, a dação em pagamento com as receitas das apostas mútuas desportivas que viessem a ser obtidas durante o período compreendido entre 1/07/1998 e 31/12/2010.

Estabelece-se no aludido ponto que «No caso de metade do valor arrecadado ser insuficiente para o pagamento de metade da dívida global ao fisco apurada no segundo semestre de 2004 e de 2010, a Liga e a Federação deverão proceder ao pagamento da diferença até ao valor dessas metades».

Alega a ora recorrente que tal ponto é nulo por impossibilidade jurídica e ininteligibilidade do seu objecto.

Existe uma impossibilidade jurídica do seu objecto porquanto a lei tributária só admite a dação em cumprimento, e não a dação em função do cumprimento, como forma de extinção das dívidas fiscais, a qual implica a extinção automática da obrigação tributária e a liberação imediata do devedor, havendo, por isso, que interpretar o aludido despacho no sentido de dar por extinta a dívida sem a mínima reserva ou condição, daí resultando que a constituição de um terceiro na responsabilidade pelo pagamento de uma dívida já extinta constitui um acto com objecto impossível.

E é ininteligível dado que no ponto 1 desse despacho se dá por extinta, por dação em pagamento, a dívida fiscal dos clubes e no ponto 7 se designam novos responsáveis pelo pagamento da dívida, que a ela eram totalmente alheios.

Concluiu-se no aresto recorrido que não se verifica nem a invocada impossibilidade jurídica do objecto do despacho do SEAF, o qual consubstancia uma dação em função do cumprimento, também admitida pela lei tributária, já que as obrigações tributárias dos clubes apenas se extinguem à medida que forem sendo satisfeitas, nem a sua ininteligibilidade por virtude de se designarem novos responsáveis pelo pagamento da dívida, já que esta não se encontra totalmente extinta e, como tal, esse acto não contém dois segmentos decisórios entre si incompatíveis e mutuamente excludentes.

Quanto à primeira questão, argumenta a recorrente que, face à letra dos artigos 109.°, 284.° e 284.°-A do CPT, aqui aplicáveis atenta a data em que o despacho impugnado foi proferido, o nosso ordenamento jurídico-tributário, não obstante o CC permitir como forma de extinção das obrigações tanto a dação em cumprimento como a dação em função do cumprimento, apenas admite uma forma de dação para alcançar o cumprimento de obrigações fiscais – a dação em cumprimento – a qual implica, pela sua própria natureza, a extinção automática e imediata da obrigação através da prestação de coisa diversa da devida, pelo que o SEAF só podia aceitar no seu despacho uma dação em cumprimento e nunca uma dação em função do cumprimento.

Importa, assim, determinar qual o sentido das expressões «dação de bens em pagamento», «dação em pagamento» e «bens dados em pagamento», utilizadas no DL 124/96 e no CPT, com vista a resolver a questão de saber se no direito tributário apenas é admitida a dação em cumprimento ou se também o é a dação em função do cumprimento.

A dação constitui, a par da consignação em depósito, da compensação, da novação, da remissão e da confusão, uma das causas de extinção das obrigações, além do cumprimento, previstas e reguladas no Código Civil.

Aí se prevêem dois tipos de dação: a dação em cumprimento (artigos 837.°, 838.° e 839.°) e a dação em função do cumprimento (artigo 840.°).

A dação em cumprimento consiste na realização de uma prestação diferente da que é devida com o fim de, mediante acordo do credor, extinguir imediatamente a obrigação.

Já a dação em função do cumprimento é uma dação condicional, não tendo como fim extinguir imediatamente a obrigação mas sim facilitar o seu cumprimento.

Como refere Antunes Varela, in "Das obrigações em geral", vol. II, pág. 164, na dação em função do cumprimento, a obrigação não se extingue imediatamente, mantém-se e só se extinguirá se e à medida que o respectivo crédito for sendo satisfeito, à custa do novo meio ou instrumento jurídico para o efeito proporcionado ao credor.

Sobre esta questão se pronunciou já o Conselho Consultivo da PGR no sentido de que quando o CPT, após as alterações do DL 125/96, nos artigos 109.°-A, 284.° e 284.°-A fala em dação de bens em pagamento, dação em pagamento e bens dados em pagamento, tais expressões não devem ser entendidas em termos estritos, como abrangendo apenas a dação em cumprimento, mas antes devem ser interpretadas extensivamente, por forma a abranger quer a dação em cumprimento quer a dação em função do cumprimento e isto, em síntese, quer por virtude da evolução histórica do regime jurídico da dação em pagamento no direito tributário, quer por razões de ordem sistemática e teleológica (Parecer 45/98, de 15 de Junho).

Não se vislumbrando razões para divergir de tal parecer porquanto o facto de o legislador ter utilizado nas referidas normas expressões que se aproximam da figura da dação em pagamento não implica sem mais que o legislador não tenha querido aceitar também a dação em função do pagamento como forma de extinção das obrigações tributárias tanto mais que a dação em função do pagamento não deixa de ser uma dação em pagamento só que condicional, e ambas constituem formas legítimas de extinção das obrigações.

Por outro lado, como se refere no parecer citado, o próprio artigo 284.°-A CPT veio consagrar uma figura inominada com afinidades com a dação em função do cumprimento quando permite a locação dos bens dados em pagamento e a contabilização como receitas fiscais das receitas assim obtidas, e o DL 124/96, ao definir as condições em que se podem realizar as operações de recuperação de créditos fiscais e da segurança social, prevê expressamente a articulação da dação com o pagamento em prestações (artigos 2.°, n.ºs 1, alínea *a*) e 2 e 5.°).

Aliás, como se salienta no acórdão recorrido, nem se compreende que assim não fosse quando, por exemplo, se aceita o pagamento dos impostos através de cheque, o que constitui uma dação em função do cumprimento uma vez que a entrega do cheque não traduz, por si só, um pagamento, já que o crédito só se extingue após a sua efectiva satisfação pelo correspondente desconto bancário (v. Ac. STA de 4/3/04, no recurso 408/03).

Daí que se entenda, pois, contrariamente ao pretendido pela recorrente, que as normas tributárias aqui aplicáveis não devem ser entendidas restritivamente como abrangendo apenas a dação em cumprimento mas interpretadas extensivamente por forma a abranger quer a dação em cumprimento quer a dação em função do cumprimento.

Sendo certo que o despacho do SEAF impugnado admite como forma de satisfação das dívidas fiscais dos clubes de futebol uma dação em função do cumprimento.

Com efeito, a recorrente, como gestora de negócios dos clubes devedores, ofereceu ao Estado a dação de um direito de crédito (o direito de crédito a uma quota parte das receitas das apostas mútuas desportivas a que os clubes têm legalmente direito), e o Estado, enquanto credor, assume tal direito e aceita essa forma de satisfação do seu crédito, o qual se extinguirá se e na medida em que as receitas forem sendo percebidas.

As dívidas fiscais dos clubes, nos termos do despacho impugnado, serão pagas mediante a articulação da dação em função do cumprimento com o pagamento a pronto ou a prestações da diferença entre o seu montante e o das receitas previstas, ficando a efectivação do direito de crédito oferecido para pagamento submetida a uma periodicidade mensal.

Assim, tais dívidas não se extinguem, pois, imediatamente mas apenas à medida que a obrigação for sendo satisfeita.

Acresce que, estando perante a cessão de um direito de crédito para cumprimento, presume-se a dação feita nos termos do n.° 1 do artigo 840.° do CC (n.° 2 do mesmo preceito).

E do teor do próprio despacho impugnado se infere que, embora se mencione sempre a dação em pagamento, não foi intenção extinguir-se com esta a dívida global.

Basta atentar no ponto 8 onde se deixou consignado que «No caso do montante apurado no segundo semestre de 2004 ser superior à metade da dívida global ao fisco apurada, devem os serviços proceder ao reescalonamento da dívida remanescente ou ao encurtamento dos prazos de entrega da dação em pagamento» e no ponto 7 onde se prevê a possibilidade de «... metade do valor arrecadado ser insuficiente para o pagamento de metade da dívida global ao fisco apurada no segundo semestre de 2004 e 2010 ...», o que pressupõe que se vai arrecadando o dinheiro para pagamento da dívida que subsiste até à sua total liquidação, a qual se pretende acautelar através da criação de uma comissão de acompanhamento e de cláusulas como a que consta do ponto 7 em apreço que permite exigir à recorrente em 2004 e 2010 o pagamento do remanescente da dívida caso o valor arrecadado seja insuficiente.

Assim sendo, não se verifica nem a alegada impossibilidade jurídica do objecto do despacho do SEAF, pois a lei tributária aplicável deve ser interpretada no sentido de que é admissível não só a dação em cumprimento mas também a dação em função do cumprimento pelo que aquele não estava obrigado a aceitar apenas a primeira e nunca esta, nem a sua ininteligibilidade por se designarem novos responsáveis pelo pagamento da dívida, já que esta não se encontra totalmente extinta e, como tal, esse acto não contém dois segmentos decisórios que sejam entre si incompatíveis.

Alega a recorrente ainda que do facto de ter assinado posteriormente um auto de dação não se pode concluir que tenha assumido a dívida, já que em todo este procedimento actuou como gestora de negócios dos clubes e não em nome próprio, para além de que, se o tivesse feito, estaria a exorbitar dos seus fins.

A assunção de divida consiste no acto pelo qual um terceiro se vincula perante o credor a efectuar a prestação devida por outrem (artigo 595.° CC) e pode ocorrer no domínio das dívidas tributárias, conforme resulta expressamente dos artigos 111.°, n.° 1 CPT e 41.°, n.° 1 da LGT.

A possibilidade de assunção da dívida por um terceiro encontra-se, de resto, contemplada no DL 124/96, cujo artigo 7.° determinava que poderiam beneficiar do regime previsto nesse diploma os terceiros que assumissem a dívida.

Daí que se não veja qualquer ilegalidade na imputação das dívidas dos clubes à ora recorrente nos termos impostos no ponto 7 do despacho impugnado.

Trata-se, aliás, de uma exigência da entidade credora que a impôs como condição para a aceitação do pedido de regularização das dívidas fiscais dos clubes de futebol ao abrigo do regime previsto no DL 124/96 e da dação em pagamento proposta, tendo em vista prevenir a eventual falta de pagamento integral das dívidas por insuficiência dos créditos cedidos.

E que as dívidas em causa foram voluntariamente assumidas não restam dúvidas face ao teor do auto de dação posteriormente lavrado, onde a recorrente se obrigou directamente para com o credor, assumindo a obrigação de pagar o remanescente da dívida global que fosse devida pelos clubes ao Fisco no segundo semestre de 2004 e 2010.

Em tal auto a recorrente interveio não só na qualidade de representante dos clubes aderentes mas também, sem dúvida, em nome próprio, dada a presença e intervenção dos seus legais representantes.

O facto de ter iniciado todo este procedimento na qualidade de gestora de negócios dos clubes de futebol e de ter subscrito o aludido auto de dação na qualidade de representante desses clubes não significa, nem é impeditivo, que a recorrente não pudesse assumir, como o fez, na qualidade de terceiro, responsabilidades na garantia da dívida ou que o credor não pudesse condicionar a aceitação da dação à assunção da dívida remanescente por parte da recorrente.

O próprio despacho impugnado evidencia claramente a responsabilidade assumida pela recorrente tanto num dos seus considerandos, onde se refere que a Liga e a FPF "se comprometem a respeitar cláusulas de salvaguarda que neutralizem qualquer risco financeiro da dação em cumprimento", como no contestado ponto 7, onde se deixa consignado que "... a Liga e a Federação deverão proceder ao pagamento da diferença até ao valor dessas metades", pelo que não podia a recorrente desconhecer a importância de tal responsabilidade para a aceitação da dação proposta pelos clubes e de que só a assunção da obrigação de pagar a diferença eliminaria qualquer risco financeiro da dação, razão por que apenas com essa condição a AT deferiria a requerida regularização das dívidas fiscais dos clubes de futebol.

O auto de dação subsequente ao despacho impugnado mais não é do que o culminar do procedimento iniciado com o pedido de regularização das dívidas fiscais dos clubes de futebol, ao abrigo do DL 124/96, dando execução ao despacho que aceita a dação proposta como modo de extinção dessas dívidas, e concretizando a assunção, por parte da Liga e da FPF, da obrigação de pagar a dívida remanescente.

Não se vislumbra também aqui, por isso, qualquer ilegalidade conducente à sua nulidade.

Alega, por último, a recorrente que uma interpretação dos artigos 109.º-A, 284.º e 284.º-A do CPT segundo a qual seria possível à AT endossar-lhe a responsabilidade pelo pagamento de dívidas fiscais alheias em virtude da sua participação, na qualidade de gestora de negócios dos contribuintes relapsos, num procedimento tributário de dação em pagamento é manifestamente inconstitucional por violação do princípio da especialidade das pessoas colectivas, recebido no artigo 12.º, n.º 2 da CRP, e por violação do artigo 103.º, n.os 2 e 3 da CRP e do princípio do Estado de direito democrático, a que corresponde o artigo 2.º da CRP.

Dispõe o n.º 2 do artigo 12.º da CRP que as pessoas colectivas gozam dos direitos e estão sujeitas aos deveres compatíveis com a sua natureza.

Como dizem Gomes Canotilho e Vital Moreira, in CRP anotada, as pessoas colectivas não podem ser titulares de todos os direitos e deveres fundamentais mas sim apenas daqueles que sejam compatíveis com a sua natureza; saber quais são eles só pode resolver-se casuisticamente. Assim, não serão aplicáveis, por exemplo, o direito à vida e à integridade pessoal, o direito de constituir família mas já serão aplicáveis o direito de associação, a inviolabilidade de domicílio, o segredo de correspondência e o direito de propriedade.

Que o direito obrigacional não é incompatível com a natureza das pessoas colectivas parece-nos evidente e que neste domínio não existe nenhuma proibição absoluta de as pessoas colectivas celebrarem contratos também é verdade, pelo que se não vê qualquer violação deste preceito constitucional.

Tanto mais que, como se deixou dito, o facto de a recorrente ter iniciado este procedimento como gestora de negócios dos clubes e ter subscrito o auto de dação como sua representante não significa que não pudesse ter assumido, como assumiu, responsabilidades na garantia da dívida, ou seja, contrariamente ao que alega a recorrente, esta assumiu, enquanto entidade responsável pelo cumprimento do acordo de dação, subscrito em nome dos seus associados, cumulativamente com estes, a obrigação de satisfazer as importâncias não susceptíveis de ser cobradas pelas receitas das apostas mútuas desportivas.

E essa conduta não é proibida pelo texto constitucional.

Saber se com tal conduta estava a recorrente a exorbitar dos seus fins enquanto pessoa colectiva de direito privado que exerce funções públicas ou mesmo se tinha capacidade para assumir, como efectivamente assumiu, as dívidas fiscais dos seus associados é, todavia, questão que não constitui objecto da presente acção na qual apenas se contesta a legalidade do despacho do SEAF que aceitou a dação condicionando-a, porém, à assunção da dívida por parte da recorrente.

De qualquer forma, não é conhecida contestação à forma empenhada como a recorrente se envolveu na resolução da questão das dívidas fiscais dos seus associados e não deixa de constituir tal actuação uma forma de defesa dos interesses comuns dos seus associados tendo em vista uma boa gestão de um assunto inerente à organização e prática do futebol profissional e das suas competições que sofreriam, sem a resolução desse problema, grave perturbação, sendo que a promoção e a defesa dos interesses comuns dos seus associados é um dos fins da recorrente (artigo 5.º dos seus Estatutos).

Quanto ao invocado artigo 103.º da CRP, dispõem os seus números 2 e 3 que os impostos são criados por lei, que determina a incidência, os benefícios fiscais e as garantias dos contribuintes, não podendo ninguém ser obrigado a pagar impostos que não hajam sido criados nos termos da Constituição, que tenham natureza retroactiva ou cuja liquidação e cobrança se não façam nos termos da lei.

O princípio da legalidade contido neste preceito implica a tipicidade legal dos elementos essenciais dos impostos que são a incidência, a taxa, os benefícios fiscais e as garantias dos contribuintes.

Ora, a assunção de uma obrigação tributária por um terceiro não está abrangida por essa reserva de lei nem a incidência subjectiva do imposto é alterada por tal assunção, pelo que, estando a possibilidade de assunção de dívidas fiscais por terceiros legalmente prevista na lei, designadamente no DL 124/96, não ocorre a alegada inconstitucionalidade.

Finalmente, a conduta da AF que se limitou a actuar no uso das suas competências e no respeito das disposições legais aplicáveis, tendo em vista o superior interesse público da cobrança das receitas fiscais e da regularização da situação de incumprimento dos clubes devedores, de modo algum violou o princípio do Estado de direito democrático, consagrado no artigo 2.º da CRP, e em especial o alegado princípio da segurança jurídica nele ínsito.

Razão por que também esta invocada inconstitucionalidades se não verifica.

Assim, bem decidiu, pois, o acórdão recorrido ao considerar a presente acção improcedente.

IV – Termos em que, face ao exposto, acordam os Juízes da Secção de Contencioso Tributário do STA em negar provimento ao recurso, confirmando a decisão recorrida.

Custas pela recorrente, fixando-se a taxa de justiça devida em 20 UCs (artigo 73.º-D, n.º 3 do CCJ) e a procuradoria em 1/4.

Lisboa, 23 de Maio de 2007

António Calhau (Relator)
Baeta de Queiroz
Brandão de Pinho

Recurso n.º 233/07-30

EXECUÇÃO FISCAL. DESPACHO DE REVERSÃO. IMPUGNAÇÃO JUDICIAL. OPOSIÇÃO À EXECUÇÃO. ERRO NA FORMA DO PROCESSO. CONVOLAÇÃO. DIREITO DE ACESSO À JUSTIÇA.

(Acórdão de 11 de Abril de 2007)

SUMÁRIO:

I- É a oposição à execução, e não a impugnação judicial, o meio processual adequado para o executado por reversão discutir em juízo o despacho que determinou essa reversão.

II- Não deve operar-se, sob pena da prática de actos inúteis, proibida por lei, a convolação da impugnação judicial em oposição à execução fiscal se a petição é intempestiva para o efeito, pois logo haveria lugar a indeferimento liminar por extemporaneidade.

III- Indeferida liminarmente a petição, não pode o juiz conhecer das questões suscitadas na mesma, ainda que de conhecimento oficioso.

IV- Não viola o direito de acesso à justiça, garantido constitucionalmente, o despacho que decide ser outro o meio processual adequado para o interessado fazer valer os seus direitos.

ACORDAM, EM CONFERÊNCIA, NA SECÇÃO DE CONTENCIOSO TRIBUTÁRIO DO SUPREMO TRIBUNAL ADMINISTRATIVO:

I – João José Delgado Cardador, com os sinais dos autos, inconformado com o despacho da Mma. Juíza do TAF de Leiria que indeferiu liminarmente a petição inicial de impugnação judicial que deduziu contra a execução fiscal contra si mandada reverter enquanto responsável subsidiário, dele vem recorrer para este Tribunal, formulando as seguintes conclusões:

1 – O disposto no artigo 22.º, n.º 4 da LGT garante ao contribuinte que se pretende responsabilizar subsidiariamente a possibilidade de impugnar o acto tributário no que a si mesmo diz respeito, nomeadamente invocando como fundamento da impugnação a prescrição da dívida, a sua ilegitimidade e ausência de culpa na inexistência de património na originária devedora.

2 – Assim, com base nesses vícios o contribuinte responsável subsidiário poderia no prazo de 90 dias deduzir impugnação nos termos do disposto nos artigos 99.º e 102.º do CPPT.

3 – Mesmo que assim se não entendesse por força do disposto no artigo 204.º do CPPT, sempre a excepção de prescrição deveria ser apreciada no âmbito da impugnação uma vez que a mesma é de conhecimento oficioso como determina o artigo 175.º do mesmo diploma legal.

4 – Ainda que se viesse a entender que as invocadas ilegalidades eram de invocar num processo de oposição à execução, sempre a impugnação deduzida deveria seguir os seus termos como oposição à execução por força do disposto no artigo 98.º, n.º 4 do CPPT e 97.º, n.º 3 da LGT.

5 – Sendo que a tal não entender-se constituiria uma violação da norma constitucional que garante a todos o acesso efectivo à justiça (artigo 20.º da CRP).

Não houve contra-alegações.

O Exmo. Magistrado do MP junto deste Tribunal emite parecer no sentido de que o recurso não merece provimento, devendo confirmar-se o julgado do tribunal recorrido.

Colhidos os vistos legais, cumpre decidir.

II – É do seguinte teor o despacho recorrido:

«*O impugnante, contra quem reverteram as execuções fiscais identificadas em epígrafe, na p.i., vem colocar em crise os despachos de reversão, pedindo a final a respectiva anulação, com fundamento nas circunstâncias de não ter sido gerente de facto da executada principal, de esta não exercer actividade, nem ser responsável pela insuficiência patrimonial da sociedade executada.*

De acordo com a jurisprudência pacífica dos nossos tribunais superiores, o meio processual adequado à discussão das questões suscitadas pelo impugnante é a oposição à execução fiscal. Assim sendo, ocorre erro na forma de processo que, nos termos do art. 98.º, n.º 4 do CPPT, determina a convolação na forma do processo adequada, nos termos da lei, ou seja, se estiverem reunidas as condições de admissão do processo adequado.

Nos termos do disposto no art. 203.º do CPPT, a oposição deve ser deduzida no prazo de 30 dias a contar da citação pessoal. Compulsados os processos de execução fiscal apensos, verifica-se que, em todos eles, as citações do impugnante, na qualidade de revertido, ocorreram em 23/03/06.

Verificando-se que a petição inicial foi apresentada no serviço de finanças de Ansião em 21.06.2006, foi ultrapassado o prazo de 30 dias de que o interessado dispunha para deduzir oposição, não sendo, por isso, possível a convolação para a forma processual adequada de oposição à execução.

Face ao exposto, o tribunal indefere liminarmente a presente impugnação, por erro na forma de processo.

Notifique.

Custas pelo impugnante.».

III – Vem o presente recurso interposto do despacho da Mma. Juíza do TAF de Leiria que indeferiu liminarmente a impugnação judicial deduzida pelo recorrente contra a execução fiscal contra si mandada reverter com o fundamento de que o meio processual por ele utilizado não era o adequado mas sim a oposição à execução, não sendo possível a sua convolação por se mostrar já ultrapassado o prazo de que dispunha para o fazer.

Nas suas alegações de recurso, o impugnante continua a defender a adequação do meio processual utilizada e de que, a não se entender assim, sempre seria possível a sua convolação ou, no mínimo, o conhecimento da prescrição, por ser de conhecimento oficioso.

A questão de saber qual o meio processual que deve usar o executado por reversão que pretende a nulidade ou a anulação do despacho que determinou aquela tem merecido tratamento uniforme por parte deste Tribunal.

A este propósito se transcreve o que se disse no acórdão de 12/5/05, proferido no recurso 1229/04, e repetido no acórdão de 8/3/06, no recurso 1249/05:

« (...) como este STA vem decidindo, o despacho de reversão da execução não é passível de impugnação judicial, mas sim de oposição à execução fiscal (v., entre outros, os Acs. STA de 4/11/98, rec. 22728, 24/1/01, rec. 25701 e 7/5/03, rec. 159/03, relatado pelo ora relator).

Neste, a este propósito, referiu-se o seguinte:

"Porém, a impugnação apenas é admitida, como decorre do art. 97.°, n.° 1 do citado compêndio normativo, nas situações previstas nas suas alíneas *a*) e *g*).

Significa isto que o revertido pode deduzir impugnação judicial, com fundamento em qualquer ilegalidade, porém, apenas naquelas situações; nelas não se inclui, todavia, o despacho que ordena a reversão da execução.

De concluir é, pois, que do despacho que ordena a reversão da execução não cabe impugnação judicial.

Por outro lado, face ao disposto no art. 204.°, n.° 1, al. *b*) do CPPT, desde logo resulta que, quando o revertido pretenda discutir a responsabilidade pelo pagamento da dívida, o meio próprio é a oposição.

O que também resulta do art. 151.° daquele Compêndio normativo (CPPT), na medida em que o afastamento da responsabilidade da pessoa citada pelo pagamento da dívida traduz-se na ilegitimidade daquela face à instância executiva, constituindo um dos pressupostos da responsabilidade subsidiária, o que, tudo, deve ser discutido em sede de oposição.".

Em suma, ao usar o meio processual impugnação judicial em vez da oposição à execução, cometeu o recorrido e então impugnante erro na forma do processo.».

No mesmo sentido se refere no acórdão de 13/7/05, no recurso 504/05, que «sendo o despacho que decide a reversão proferido no âmbito de um processo de execução fiscal, o meio processual a utilizar para o impugnar será um dos que a lei prevê para os interessados defenderem os seus interesses neste meio processual».

Também Jorge Lopes de Sousa, no seu CPPT, 4.ª edição, pág. 1045, defende que "a oposição à execução fiscal estará naturalmente vocacionada, como contestação que é, para a invocação de quaisquer fundamentos que possam servir para contrariar a pretensão executiva, independentemente do seu carácter substantivo ou adjectivo (art. 487.° do CPC), à semelhança do que sucede com o processo civil, em que a oposição do executado é o meio processual adequado para a invocação de qualquer falta de pressupostos processuais (art. 813.°, alínea *c*), do CPC)".

Assim sendo, na linha da jurisprudência citada, nenhum reparo a fazer ao despacho recorrido que considerou ser a oposição à execução fiscal o meio processual adequado para o revertido, ora recorrente, pôr em crise o despacho de reversão.

É certo que o artigo 97.°, n.° 3 da LGT prescreve em ordem à celeridade da justiça tributária e à concessão de uma tutela jurisdicional efectiva e plena a correcção do processo quando o meio usado não for o adequado segundo a lei, procurando evitar-se que, apesar de uma errada eleição da forma processual idónea, o tribunal deixe de se pronunciar sobre o mérito da causa.

Todavia, neste caso, também a convolação para a forma processual adequada se não poderia fazer, pois à data em que a petição inicial foi apresentada já se mostrava ultrapassado o prazo de 30 dias que o recorrente dispunha para deduzir oposição nos termos do artigo 203.° CPPT, uma vez que tendo sido citado em 23/3/06 só em 21/6/06 veio impugnar judicialmente o despacho de reversão.

E, como se refere no acórdão deste Tribunal de 8/2/06, no recurso n.° 1135/05, não deve operar-se, sob pena da prática de actos inúteis, proibida por lei (artigo 137.° CPC), a convolação da oposição em impugnação judicial se a petição é intempestiva para o efeito, pois logo haveria lugar a indeferimento liminar por extemporaneidade.

E não se diga que tal entendimento constitui uma violação da norma constitucional que garante a todos o acesso efectivo à justiça (artigo 20.° CRP), pois ao revertido sempre está garantido o acesso à justiça para defesa dos seus interesses através de meio processual adequado que é, neste caso, a oposição à execução fiscal, desde que o faça dentro dos prazos previstos na lei, não constituindo qualquer violação ou constrangimento àquele princípio constitucional o estabelecimento de prazos para o seu exercício.

Não sendo por o processo seguir uma ou outra forma que deixam de ser apreciados os fundamentos alegados pelo interessado; pelo contrário, é para melhor o possibilitar que se deve seguir a forma apropriada e não outra.

Por último, indeferida liminarmente a petição apresentada nunca o tribunal poderia conhecer de qualquer dos fundamentos em que aquela se alicerçasse, nem mesmo oficiosamente.

Improcedem, desta forma, todas as alegações de recurso apresentadas.

IV – Termos em que, face ao exposto, acordam os Juízes da Secção de Contencioso Tributário do STA em negar provimento ao recurso, confirmando o despacho recorrido.

Custas a cargo do recorrente, fixando-se a procuradoria em 1/6.

Lisboa, 11 de Abril de 2007

António Calhau (Relator)
Baeta de Queiroz
Brandão de Pinho

Recurso n.° 19/07-30

IMPOSTO SOBRE O RENDIMENTO DAS PESSOAS SINGULARES. MAIS-VALIAS. BENS ADQUIRIDOS POR SUCESSÃO. CASAMENTO EM REGIME DE COMUNHÃO GERAL DE BENS. FUNDAMENTAÇÃO DO ACTO TRIBUTÁRIO. JUROS COMPENSATÓRIOS. SANAÇÃO DE DEFICIÊNCIAS DA NOTIFICAÇÃO.

(Acórdão de 6 de Junho de 2007)

SUMÁRIO:

I – O conceito de transmissão adoptado pelo CIRS, para efeitos de tributação a título de mais-valias, coincide com o utilizado para efeitos de incidência de Imposto sobre sucessões e doações, como se conclui do art. 45.° do CIRS.

II – No caso de dissolução por morte de cônjuges casados em regime de comunhão de bens, o cônjuge sobrevivo tem direito à sua meação, não podendo considerar-se proprietário da totalidade da comunhão.

III – Assim, quando o cônjuge sobrevivo casado em regime de comunhão geral de bens é herdeiro do falecido, tem direito à sua meação e a participar, como herdeiro, na herança constituída pela outra meação, estando-se, nesta última parte, perante uma transmissão de bens ou direitos, para efeito de incidência de Imposto Sucessório e, correlativamente, perante uma transmissão para efeito de tributação em IRS a título de mais-valias.

IV – Não pode considerar-se suficientemente fundamentada uma liquidação de juros compensatórios que não contém indicação do período de tempo considerado e da taxa aplicada.

V – O regime previsto no art. 37.° do CPPT reporta-se a deficiências de notificações dos actos tributários e não a deficiências dos próprios actos notificados.

ACORDAM NA SECÇÃO DO CONTENCIOSO TRIBUTÁRIO DO SUPREMO TRIBUNAL ADMINISTRATIVO:

1 – BLANDINA PEDROSA AMADO BALDRICO recorre para este Supremo Tribunal Administrativo da sentença do Tribunal Administrativo e Fiscal de Almada que julgou improcedente a impugnação que deduziu da liquidação de IRS relativa ao ano de 1999.

A Impugnante apresentou alegações com as seguintes conclusões:

I. A impugnante contraiu casamento no regime de comunhão de geral de bens com José António Luís Baldrico Júnior em 24/09/49.

II. O património comum dos cônjuges era constituído por todos os bens presentes e futuros não exceptuados por lei (art. 1732.° do CC).

III. Na comunhão matrimonial de bens há um conjunto patrimonial unitário sobre o qual incide um só direito com dois titulares (neste sentido, vide, Acórdão do STJ de 03-07-96, proferido no Recurso n.° 03-07-96).

IV. Os cônjuges não são titulares de quotas, ainda que ideais, sobre o todo, durante a comunhão, e muito menos sobre bens concretos inseridos na comunhão, idem.

V. A comunhão de bens consiste numa forma de propriedade colectiva, e nesta há um só direito de propriedade de que são titulares vários indivíduos (neste sentido, vide, Professor Dr. Pires de Lima, in, Direitos de Família, 1953, vol. II, página 98, cit, Aresta do STA supra citado).

VI. A comunhão consiste na contitularidade de duas pessoas num mesmo direito que, além de único, é uno, indivisível e sem quotas (neste sentido, vide, Acórdão do STA de 11-10-2005, proferido no Recurso n.° 05B2720).

VII. No património comum dos cônjuges, os direitos concorrentes incidem não apenas sobre uma coisa comum, mas sobre uma universalidade, cada um dos cônjuges tem sobre a comunhão um direito de propriedade (neste sentido, vide, o Acórdão do STJ de 03-07-96, proferido no Recurso n.° 03-07-96).

VIII. Na comunhão, cada um dos cônjuges é proprietário da totalidade dos bens que a integram, não sendo proprietários de qualquer quota ideal ou meação.

IX. A ora recorrente, antes do falecimento do seu esposo, já era proprietária da totalidade do bem imóvel, cuja transmissão se encontra em causa nos presentes autos.

X. O que acontecia, pelo menos, desde 26/06/73, data do falecimento do último progenitor do marido e, data a que retroagem os efeitos da aceitação da herança.

XI. Com o óbito do seu esposo, a impugnante que era proprietária da totalidade da comunhão, nada adquiriu, aliás viu o seu direito de propriedade reduzido na parte do quinhão hereditário dos restantes herdeiros.

XII. Direito de propriedade que se modificou, mas que em momento algum deixou de existir na esfera jurídica da ora recorrente.

XIII. Nos termos do art. 5.°, n.° 1 do Decreto-Lei 442-A/88, de 30 de Novembro, na redacção então em vigor, os ganhos que não eram sujeitos a Imposto de Mais Valias, não são sujeitos a IRS, se a aquisição dos bens ou direitos tiver sido efectuada depois de 01/01/1989.

XIV. O Imposto de Mais-Valias não incidia sobre a transmissão onerosa de prédios rústicos.

XV. O momento de aquisição do direito de propriedade da impugnante sobre o imóvel em causa foi anterior a 01/01/1989.

XVI. Assim, para efeitos de IRS – categoria G, a venda efectuada a 16/07/99, não está sujeita a tributação, razão pela qual, salvo o devido respeito e melhor opinião, padece a douta sentença recorrida de erro de julgamento.

XVII. A fundamentação da liquidação de juros compensatórios depende do montante do imposto em dívida, da taxa legal desses juros e do período de tempo em que o imposto esteve em dívida, neste sentido, vide, Acórdão do STA de 12-03-03, proferido no Recurso n.° 24409.

XVIII. A liquidação de juros compensatórios é omissa no que respeita à indicação da taxa legal em que assentou, no que respeita ao período de tempo em que o imposto esteve em dívida, pelo que padece de vício de falta de fundamentação.

XIX. Ainda que se entenda, que a irregularidade da notificação não contende com a validade da liquidação mas apenas com a sua eficácia, esta não produziu efeitos em relação à ora recorrente, nem sequer poderá vir a produzir, porquanto há muito decorreu o prazo de quatro anos para que a liquidação seja validamente notificada ao contribuinte.

Termos em que, atentos os factos e fundamentos expedidos, nos melhores de direito e com o douto suprimento V. Exas., deve o presente recurso ser julgado procedente por provado, revogada a douta sentença do Tribunal "a quo" e, em consequência, anulada a liquidação efectuada pelos serviços em sede de IRS do ano de 1999 e respectivos juros compensatórios com todas as consequências legais daí advindas.

Não foram apresentadas contra-alegações.

O Excelentíssimo Procurador-Geral Adjunto emitiu douto parecer nos seguintes termos:

Nota preliminar

O facto enunciado na conclusão X (falecimento da mãe do autor da sucessão em 26.06.73), embora omitido no probatório da sentença, está comprovado pela cópia da escritura de habilitação de herdeiros (fls. 19/21).

Inexistindo controvérsia factual a dirimir o STA é competente, em razão da hierarquia, para o conhecimento do mérito do recurso.

1. Mais-valias (rendimento da categoria G)

A sucessão abre-se no momento da morte do seu autor, sendo chamados à titularidade das relações jurídicas patrimoniais do falecido, com a consequente devolução dos bens que lhe pertenciam, aqueles que gozam de prioridade na hierarquia dos sucessíveis, desde que tenham a necessária capacidade (arts. 2024.°, 2031.° e 2032.° n.° 1 CCivil)

O cônjuge sobrevivo integra a primeira classe e a segunda classe de sucessíveis, sendo considerado tanto herdeiro legítimo com herdeiro legitimário (arts. 2131.°, 2132.°, 2133.° n.° l als. a) e b)e 2157.° CCivil)

Esta sucessão verifica-se independentemente do regime de bens do casamento (comunhão geral de bens ou comunhão de adquiridos)

Na vigência do casamento, quer no regime de comum geral de bens quer no regime de comunhão de adquiridos, cada cônjuge possui um quota ideal no património comum, constituída pela sua meação (cfr. designadamente arts. 1685.° n.° l e 1689.° n.° l CCivil)

A distinção quanto ao regime de bens opera na área do património comum, mais extensa no regime de comunhão geral (arts. 1724.°, 1732.° e 1733.° CCivil)

Neste contexto é inaceitável a tese propugnada pela recorrente no sentido de que não se verificou qualquer aquisição gratuita por morte do cônjuge, susceptível de gerar mais-valias sujeitas a tributação (arts. 9.° n.° 1 al. a), 10.° n.os 1 al. a) e 4 e 45.° n.° 1 CIRS numeração actual).

A recorrente não questiona os valores das componentes do acto de liquidação stricto sensu (valor de aquisição, valor de realização, diferença, taxa aplicada e colecta resultante); nem a exclusão como despesa inerente à alienação da quantia alegadamente paga a título de comissão de intermediação (esc. 5 000 000$00).

2. Juros compensatórios

A liquidação carece de fundamentação suficiente: o seu conteúdo não é bastante para explicar a quantificação apurada, na medida em que omite a taxa aplicada e a extensão temporal (cfr. documento de cobrança fls. 7; art. 35.° n.° 9 e 77.° n.° 3 LGT)

O relatório de análise interna e as conclusões do relatório, que basearam a alteração ao rendimento declarado pelo sujeito passivo, são igualmente omissos quanto à liquidação de juros compensatórios (PA apenso fls. 2/3 e 8/10)

O exercício da faculdade legal prevista no art. 37.° n.° 1 CPPT, pressupondo notificação insuficiente, apenas difere o início do prazo para a reacção graciosa ou contenciosa (art. 37.° n.° 2 CPPT); não convalida um acto tributário inválido por fundamentação insuficiente

CONCLUSÃO

O recurso merece provimento parcial.

A sentença impugnada deve ser revogada e substituída por acórdão com o seguinte dispositivo:

– confirmação da decisão de improcedência da impugnação judicial cujo objecto é o acto de liquidação de IRS.

– revogação da decisão de improcedência da impugnação judicial cujo objecto é o acto de liquidação de juros compensatórios, e substituição por decisão de procedência da impugnação judicial e de consequente anulação do acto tributário

As partes foram notificadas deste douto parecer e nada vieram dizer.

Corridos os vistos legais, cumpre decidir.

2 – Na sentença recorrida deu-se como assente a seguinte matéria de facto:

A) Em 28/03/1941, no Cartório Notarial de Montijo, foi outorgada escritura de compra e venda por José António Luís Baldrico que adquiriu a Rosa da Piedade Margalhau o prédio rústico sito nos Barreiros, Corte das Cheias, Lagoa da Pedra ou Vara Longa, freguesia e Concelho do Montijo, descrito na Conservatória do Registo Predial de Montijo sob o n.° 10.870, a fls. 170 verso, do Livro B-29, inscrito na matriz cadastral sob o art. 20, pelo preço de Esc. 8.000 (Cfr. documento a fls. 8 a 14 dos autos cujo teor aqui se dá por inteiramente reproduzido para todos os efeitos legais).

B) Em 24/09/49 a impugnante contraiu casamento no regime de comunhão geral de bens com José António Luís Baldrico Júnior (Cfr. documento a fls. 15 dos autos).

C) José António Luís Baldrico Júnior era o único herdeiro da herança de José António Luís Baldrico e mulher Rosalina da Silva (Cfr. documento a fls. 16 e 17 dos autos).

D) Em 15/12/1998 faleceu José António Luís Baldrico Júnior (Cfr. assento de óbito a fls. 22 dos autos).

E) José António Luís Baldrico Júnior legou à sua mulher, ora impugnante, em testamento, e por conta da sua quota disponível o usufruto de todos os bens que venham a preencher os quinhões hereditários dos seus descendentes (Cfr. testamento a fls. 23 a 25 dos autos).

F) Em 19/11/1999 no Cartório Notarial de Montijo, foi outorgada escritura de compra e venda, pela qual a sociedade "LCI – Lusicouto – Importação, Exportação e Construções, Lda, adquirida para revenda nos termos do art. 11.° n.° 3 do CIMSISSD, na qualidade de segundo outorgante, à impugnante, Célia Maria Amado Baldrico e Alice da Silva Simões Baldrico, estas na qualidade de primeiras outorgantes, e pelo preço de Esc. 475.000.000, o prédio rústico sito nos Barreiros, Corte das Cheias, Lagoa da Pedra ou Vara Longa, freguesia e Concelho do Montijo, descrito na Conservatória do Registo Predial de Montijo sob o n.° 10.870, a fls. 170 verso, do Livro B-29, inscrito na matriz sob o art. 20 (Cfr. documento a fls. 26 a 33 dos autos).

G) Em 07/05/1999 foi lavrada escritura pública de habilitação de herdeiros do falecido e autor da herança José António Luís Baldrico Júnior deixando como seus únicos e universais herdeiros a sua mulher Blandina Pedrosa Amado Baldrico (cabeça de casal) e sua filha, Célia Maria Amado Baldrico e seu neto Hugo Miguel Simões Baldrico, este último "filho do seu pré-falecido José Joaquim Amado Baldrico" (Cfr. documento a fls. 34 a 37 dos autos).

H) Em 12/01/1999 foi instaurado o processo de liquidação do imposto sobre as sucessões e doações n.° 9099, por óbito de José António Luís Baldrico Júnior, no âmbito do qual foi lavrado o termo de declaração datado de 12/01/1999, assinado pela impugnante, onde consta que o falecido deixou testamento e os seus sucessores são os mencionados na alínea anterior, e constando os bens transmitidos na certidão de fls. 16, cujo teor se dá aqui por reproduzido, sendo o valor para liquidação total no montante de Esc. 25.133.958, onde se inclui, entre outros o prédio inscrito na matriz cadastral da freguesia do Montijo, sob o art. 20 da secção L, com o valor patrimonial de Esc. 74.896 (Cfr. fls. 12 a 15 e 16 do Processo Administrativo).

I) Em 16/07/1999 António Lopes Florêncio declarou por escrito que recebeu a importância de Esc. 5.000.000 referente à comissão de venda do terreno em nome de Blandina Pedrosa Amado e outros, por compra da Firma LCI – Lusicouto (Cfr. documento a fls. 41 dos autos).

J) A impugnante apresentou em 28/04/2000 a declaração de IRS modelo 3, relativa ao ano de 1999, com a qual não apresentou o anexo G (Cfr. fls. 8 do Processo Administrativo).

K) Em 03/10/2003 a impugnante foi objecto de um procedimento interno de inspecção, no âmbito do qual foi elaborado o respectivo relatório e parecer, propondo-se correcção à declaração de IRS do ano de 1999 no montante de 6' 394.819,14, enquanto rendimentos da categoria G, nos termos do n.° 2 do art. 65.° do CIRS, porquanto os serviços de inspecção entenderam que (Cfr. fls. 2, e fls. 8 a 10, do Processo Administrativo cujo teor aqui se dá por inteiramente reproduzido para todos os efeitos legais):

a. A impugnante alienou o prédio inscrito na matriz cadastral da freguesia do Montijo, sob o art. 20 da secção L, à sociedade "LCI – Lusicouto – Importação, Exportação e Construções, Lda", pelo preço de Esc. 475.000.000 em 19/11/1999;

b. A impugnante apresentou em 28/04/2000 a declaração de IRS modelo 3, relativa ao ano de 1999, com a qual não apresentou o anexo G, no qual devia ter participado a alienação mencionada na alínea a);

c. O prédio em questão foi adquirido a título gratuito, por morte do marido da impugnante em 15/12/1998, com quem era casada com comunhão geral de bens;

d. O Prédio em questão entrou no património do casal em 28/03/1941;

e. A meação do cônjuge não está sujeita a imposto, sendo a outra metade sujeita, dividida por três (a impugnante, a filha e o neto representando o pai falecido antes do autor da herança);

f. Calcularam o rendimento tributável nos termos da alínea a) n.° 4 do art. 10.° do CIRS, e n.° 2 do art. 43.° do mencionado diploma nos seguintes termos:

i. Valor de realização de Esc. 475.000.000 (€ 2369.290,00) : 2 = € 1.184.645,00

ii. Valor de aquisição (valor patrimonial) de Esc. 74.896 (373,58) : 2 = 186,79

iii. Valor da realização sujeito a IRS 6 1.184.645,00 : 3 = € 394.881,66 menos o Valor de aquisição € 373,58 : 3 = 62,26, apurando-se uma mais valia da impugnante de € 394.819,40.

L) O relatório mencionado na alínea anterior e o parecer foram objecto de despacho de concordância do Chefe de Divisão dos Serviços de Inspecção Tributária, no uso de poderes subdelegados, datado de 23/10//2003 (Cfr. documento a fls. 2 do Processo Administrativo).

M) Em 23/10/2003, foi elaborada oficiosamente pelos serviços de inspecção a declaração de IRS relativamente ao ano de 1999, na qual alterou-se o rendimento líquido total para 6 218.871,37, nos termos do art. 65.° n.° 4 do CIRS, "De acordo com o relatório de inspecção que aqui se dá por inteiramente reproduzido", e considerando o montante de 6 394.819,40, a título de rendimentos da categoria G, e aplicando o art. 43.° n.° 2 do CIRS, pelo que deduziu-se 50% do montante da mais valia (6198.032,06) (Cfr. fls. 3 do Processo Administrativo).

N) Em 14/11/2003 foi emitida a liquidação oficiosa de IRS n.° 5324101183 referente ao ano de 1999, no montante de 6 95.236,17, sendo o montante de C 17.672,75 referente a juros compensatórios, liquidação cujo prazo legal de pagamento voluntário terminou em 31/12/2003 (Cfr. documento de cobrança a fls. 7 dos autos).

O) A liquidação mencionada na alínea anterior foi remetida por carta registada com aviso de recepção datado de 03/12/2003, da qual a impugnante teve conhecimento (Cfr. documento a fls. 7 junto pela impugnante).

P) A impugnação foi apresentada em 30/01/2004 (Cfr. fls. 2 dos autos).

3 – A Impugnante vendeu um prédio a título oneroso, de que era proprietária em comum com outros herdeiros do seu falecido marido.

O referido prédio tinha sido herdado pelo marido da Impugnante, na constância do matrimónio, no ano de 1973.

O marido da Impugnante faleceu em 1998, sucedendo-lhe, como únicos herdeiros, a Impugnante, sua filha e um seu neto, filho de um seu filho pré-falecido.

Nos termos do art. 10.° do CIRS, constituem mais-valias os ganhos obtidos que, não sendo considerados rendimentos comerciais, industriais, agrícolas ou de capitais, resultem de transmissão onerosa de imóveis.

Mas, por força do disposto no art. 5.° do Decreto-Lei n.° 442-A/88, de 30 de Novembro, os ganhos que não eram sujeitos ao imposto de mais-valias, criado pelo código aprovado pelo Decreto-Lei n.° 46373, de 9 de Junho de 1965, só ficam sujeitos ao IRS se a aquisição dos bens ou direitos a que respeitam tiver sido efectuada depois da entrada em vigor deste Código.

Os ganhos obtidos com a transmissão de prédios urbanos não estavam sujeitos a mais-valias, à face do Código do Imposto de Mais Valias (como se constata pelo seu art. 1.º), pelo que, se se entender que o prédio vendido pela Impugnante, em conjunto com os outros herdeiros, foi por ela adquirido antes da entrada em vigor do CIRS, em 1-1-89, os ganhos obtidos com a venda não serão relevantes para efeitos de IRS.

A primeira questão colocada no presente recurso jurisdicional é a de saber se, sendo a Impugnante casada em regime de comunhão geral de bens com o seu falecido marido, se deve entender que se operou para si a transmissão do totalidade do prédio vendido, na sequência da herança do prédio pelo seu falecido marido, em 1973, ou que tal transmissão só ocorreu em 1998, quando ocorreu o seu falecimento.

4 – O CIRS não fornece directamente um conceito próprio de transmissão gratuita de bens sujeitos a tributação em sede de mais-valias.

Estabelece-se, no entanto, no art. 45.º (redacção inicial, vigente em 1999) que «*para a determinação dos ganhos sujeitos a IRS considera-se valor de aquisição, no caso de bens ou direitos adquiridos a título gratuito, aquele que haja sido considerado para efeito de liquidação do imposto sobre as sucessões e doações*», e que «*não havendo lugar à liquidação do imposto referido no número anterior, considerar-se-ão os valores que lhe serviriam de base, caso fosse devido, determinados de harmonia com as regras próprias daquele imposto*».

Por esta norma se conclui que se pretendeu sintonizar o conceito de transmissão gratuita para efeitos de IRS com o que resulta do CIMSISD, devendo entender-se que se opera uma transmissão a título gratuito quando ocorrer um facto susceptível de servir de base de incidência a imposto sobre as sucessões ou doações, independentemente de o imposto ser, no caso, devido.

No caso de dissolução por morte de cônjuges casados em regime de comunhão de bens, o cônjuge sobrevivo tem direito à sua meação, pois, nos termos do art. 1730.º, n.º 1, do Código Civil «*os cônjuges participam por metade no activo e no passivo da comunhão, sendo nula qualquer estipulação* em sentido diverso». O regime previsto no Código Civil de Seabra, sobre esta matéria, era idêntico, como se conclui do preceituado no seu art. 1123.º, em que se refere que «*os bens da comunhão são repartidos entre os cônjuges ou seus herdeiros, com a devida igualdade*». Por isso não se colocam problemas de aplicação da lei no tempo derivados do art. 15.º do Decreto-Lei n.º 47344, de 25-11-1966, que aprovou o novo Código Civil.[1]

Por isso, não tem suporte legal a tese da Impugnante de que era «*proprietária da totalidade da comunhão*» antes do falecimento do seu marido.

Assim, quando o cônjuge sobrevivo casado em regime de comunhão geral de bens é herdeiro do falecido, tem direito à sua meação e a participar, como herdeiro, na herança constituída pela outra meação.

Nesta última parte, está-se perante uma transmissão de bens ou direitos a título gratuito, que se insere no âmbito de incidência do imposto sobre sucessões à face do preceituado nos arts. 1.º e 3.º do Código do Imposto Municipal de Sisa e do Imposto sobre Sucessões e Doações. Por isso, pelo que se disse está-se também perante uma transmissão relevante para efeitos de I.R.S., a título de mais-valias.

Por outro lado, como decorre do preceituado nos arts. 2031.º e 2050.º, n.º 2, do Código Civil, a sucessão abre-se no momento da morte do seu autor e os efeitos da aceitação retrotraem-se ao momento da abertura.

Por isso é de concluir que a transmissão da meação do cônjuge da Impugnante para os respectivos herdeiros, inclusivamente para a própria Impugnante, ocorreu em 15-12-1998, data do falecimento.

Sendo esta transmissão posterior a 1-1-1989, os ganhos obtidos com a posterior alienação de direitos reais sobre imóveis estão sujeitos a tributação em IRS, a título de mais-valias, por força do estabelecido pela alínea *a*) do n.º 1 do art. 10.º do CIRS, uma vez que não é aplicável o regime transitório previsto no art. 5.º, n.º 1, do Decreto-Lei n.º 442-A/88, de 30 de Novembro, que aprovou o CIRS.

Por isso não merece censura a sentença recorrida ao decidir pela improcedência da impugnação, nesta parte.

5 – A Impugnante suscita ainda ao vício de falta de fundamentação no tocante à liquidação de juros compensatórios,

A exigência de fundamentação dos actos administrativos (conceito em que se inserem os actos tributários, à face do preceituado no art. 120.º do CPA) é formulada no art. 268.º, n.º 3, da C.R.P. que estabelece que «*os actos administrativos estão sujeitos a notificação aos interessados, na forma prevista na lei, e carecem de fundamentação expressa e acessível quando afectem direitos ou interesses legalmente protegidos*».

No n.º 4 do mesmo artigo, garante-se aos interessados recurso contencioso, com fundamento em ilegalidade, contra quaisquer actos administrativos, independentemente da sua forma, que lesem os seus direitos ou interesses legalmente protegidos.

Da conjugação destas duas normas resulta que o direito de impugnação contenciosa de actos lesivos, constitucionalmente reconhecido, não fica satisfeito com a mera possibilidade de os interessados os poderem impugnar judicialmente, antes se exigindo que seja proporcionada àqueles a possibilidade de os impugnarem com completo conhecimento das razões que os motivaram, isto é, trata-se de um direito à impugnação contenciosa com a ***máxima eficácia***.

Em matéria tributária, o dever de fundamentação dos actos decisórios de procedimentos tributários e dos actos tributários é concretizado no art. 77.º da LGT.

Nos termos deste último artigo, «*a decisão de procedimento é sempre fundamentada por meio de sucinta exposição das razões de facto e de direito que a motivaram, podendo a fundamentação consistir em mera declaração de concordância com os fundamentos de anteriores pareceres, informações ou propostas, incluindo os que integrem o relatório da fiscalização tributária*» e a «*fundamentação dos actos tributários pode ser*

[1] Este art. 15.º estabelece que «*o preceituado nos artigos 1717.º a 1752.º só é aplicável aos casamentos celebrados até 31 de Maio de 1967 na medida em que for considerado como interpretativo do direito vigente, salvo pelo que respeita ao n.º 2 do artigo 1739.º*».

efectuada de forma sumária, devendo sempre conter as disposições legais aplicáveis, a qualificação e quantificação dos factos tributários e as operações de apuramento da matéria tributável e do tributo».

Como vem entendendo este Supremo Tribunal Administrativo, a exigência legal e constitucional de fundamentação visa, primacialmente, permitir aos interessados o conhecimento das razões que levaram a autoridade administrativa a agir, por forma a possibilitar-lhes uma opção consciente entre a aceitação da legalidade do acto e a sua impugnação contenciosa.[2]

Para ser atingido tal objectivo a fundamentação deve proporcionar ao destinatário do acto a reconstituição do itinerário cognoscitivo e valorativo percorrido pela autoridade que praticou o acto, de forma a poder saber-se claramente as razões por que decidiu da forma que decidiu e não de forma diferente

Aplicando estas regras à liquidação de juros compensatórios, é de concluir que a mínima fundamentação exigível terá de ser constituída pela indicação da quantia sobre que incidem os juros, o período de tempo considerado para a liquidação e a taxa aplicada.

No caso em apreço, como se regista na sentença recorrida, a liquidação dos juros compensatórios não contém a indicação da taxa e do período de tempo a que se reporta a liquidação.

Na sentença recorrida, reconhecendo-se tal omissão e a sua relevância para efeitos de fundamentação, entendeu-se que não ocorre vício de falta de fundamentação por a falta desses elementos poder ser suprida pelo regime previsto no art. 37.° do CPPT.

No entanto, não se está perante uma situação enquadrável neste artigo.

Este art. 37.° aplica-se apenas aos casos de deficiências de ***notificação dos actos*** tributários e não a ***deficiências dos próprios actos*** tributários.

Isto é, a sanação de deficiências prevista no art. 37.° aplica-se aos casos em que o próprio acto contém os elementos exigidos por lei, mas eles não foram comunicados na respectiva notificação.

Ora, no caso em apreço, o próprio acto notificado não contém fundamentação para o cálculo dos juros compensatórios, não se encontrando no próprio processo administrativo qualquer elemento nesse sentido.

Por isso, está-se perante uma ***falta de fundamentação do próprio acto***, e não apenas perante uma deficiência de notificação de fundamentação que constasse do acto, e só esta podia ser suprida pela faculdade prevista no art. 37.° do CPPT.

Conclui-se assim, que o acto impugnado enferma de vício de forma, por falta de fundamentação, no que concerne à liquidação de juros compensatórios.

Tratando-se de um acto divisível, por serem autónomas a liquidação de juros compensatórios e a liquidação do imposto, o respectivo vício apenas afecta a parte do acto impugnado relativa à liquidação daqueles juros.

Termos em acordam em

– conceder parcial provimento ao recurso jurisdicional;

– revogar a sentença recorrida na parte relativa à falta de fundamentação da liquidação de juros compensatórios e confirmá-la na parte restante;

– julgar parcialmente procedente a impugnação, na parte relativa à liquidação de juros compensatórios, por vício de falta de fundamentação.

Custas pela Impugnante, na proporção em que decaiu, com procuradoria de 50%.

Lisboa, 6 de Junho de 2007

Jorge de Sousa (Relator)
Baeta de Queiroz
Pimenta do Vale

Recurso n.° 155/07-30

[2] Noutro plano, que não assume relevância no caso em apreço, a exigência de fundamentação visará também assegurar a transparência da actividade administrativa, particularmente a observância dos princípios constitucionais da legalidade, da justiça, da igualdade e da imparcialidade, formulados no n.° 2 do art. 266.° da C.R.P..

IMPOSTO SOBRE O VALOR ACRESCENTADO. REEMBOLSOS. PRAZO DE CADUCIDADE DO DIREITO DE LIQUIDAÇÃO.

(Acórdão de 12 de Julho de 2007)

SUMÁRIO:

I – Como decorre do preceituado no n.° 8 do art. 22.° do CIVA, os reembolsos de IVA são efectuados «*quando devidos*», isto é, após a confirmação, no momento em que se vai apreciar um pedido de reembolso, de que no período a que ele se refere a dedução total de imposto a que haja lugar supera o montante devido pela totalidade das operações tributáveis.

II – Para apreciar se se verificam os pressupostos do direito ao reembolso, a Administração Tributária não está limitada pelo prazo de caducidade do direito à liquidação, podendo efectuar correcções às declarações dos contribuintes relativas ao período em relação ao qual é pedido o reembolso, mesmo que anteriores àquele prazo de caducidade.

ACORDAM NA SECÇÃO DO CONTENCIOSO TRIBUTÁRIO DO SUPREMO TRIBUNAL ADMINISTRATIVO:

1 – A UNIÃO DAS ASSOCIAÇÕES EMPRESARIAIS DO VALE DO AVE impugnou no Tribunal Administrativo e Fiscal de Braga o indeferimento de um pedido de reembolso de I.V.A., defendendo, em suma, que a ele está subjacente um acto de liquidação, efectuado pela administração tributária após ter decorrido o prazo de caducidade do direito à liquidação.

O Tribunal Administrativo e Fiscal de Braga julgou improcedente a impugnação.

Inconformada a Impugnante interpôs o presente recurso para este Supremo Tribunal Administrativo, apresentado alegações com as seguintes conclusões:

– Entende a recorrente que para efeito do IVA o conceito de liquidação não pode ser considerado no sentido restrito do termo, devendo ao invés considerar-se que a liquidação comporta duas fases, a fase da determinação do imposto devido e incidente sobre as vendas e a fase da dedução do imposto pago nas aquisições, sendo que, só depois de efectuadas ambas se pode considerar efectuada a operação de liquidação;

– A decisão recorrida considerou, erradamente, não ter havido qualquer correcção à declarações, em clara contradição com os factos dados como provados (ponto 11 da decisão);

– O reporte é obrigatório e permite à AF que actue, atempadamente no sentido da verificação do crédito, podendo esta, a todo o tempo, socorrer-se dos demais instrumentos que a lei lhe confere para verificar os créditos invocados pelos particulares.

– A caducidade é do conhecimento oficioso e é ditada, normalmente e em primeiro lugar pelo interesse público na certeza das relações jurídicas, afastando, quando verificada, quaisquer normas ou princípios relativos ao ónus da prova.

– Entende a recorrente que corrigir um crédito de imposto, relativamente a um período caducado, e fazendo relevar essa correcção no montante do reembolso solicitado é idêntico a corrigir a liquidação daquele período.

– A decisão ora em crise, violou o disposto nos n.os 4 e 11 do art. 22.º, art. 88.º, ambos do CIVA os arts. 45.º e 46.º da L.G.T,

Termos em que deve o recurso ser julgado procedente, por provado, com as legais consequências, assim se fazendo JUSTIÇA.

Não foram apresentadas contra-alegações.

O Excelentíssimo Procurador-Geral Adjunto emitiu douto parecer nos seguintes termos:

O julgado é de confirmar, por nele se ter feito boa interpretação e aplicação da lei (de resto, na linha do parecer do Ministério Público junta da instância), sendo certo, ademais, que, no caso, o que está em causa não é uma liquidação adicional, mas, antes, um pedido de reembolso de I.V.A. e, por outro lado, na sentença recorrida não se afirma (ao contrário do que sustenta a União Recorrente; 2.ª conclusão) que houve correcção de ou das declarações (cfr. o ponto 11 do probatório da sentença que reproduz o ponto 3 do documento de fls. 9).

Termos em que sou de parecer que o recurso não merece provimento.

Corridos os vistos legais, cumpre decidir.

2 – Na sentença recorrida deu-se como assente a seguinte matéria de facto:

1 – Em 1990, as Associações Comerciais e Industriais de Guimarães, Famalicão, Santo Tirso Fafe, Cabeceiras de Basto e Celorico de Basto efectuaram um protocolo e criaram a UNAVE – União das Associações Empresariais do Vale do AVE. A sua legalização foi iniciada nos finais de 1992 sendo concluída em 1993, com a pub1icação dos Estatutos Associação no Boletim do Trabalho e Emprego – 3.ª Série – do Serviço de Informação Cientifica e Técnica – do Ministério do Emprego e da Segurança Social. No artigo primeiro dos seus Estatutos, a UNAVE é uma união livre, sem fins lucrativos e de duração ilimitada.

Tem por objectivos:

Promover o bom entendimento, solidariedade e cooperação entre os membros; Representar os empresários da região do Vale do Ave em assuntos que digam respeito à região no seu todo;

Concretização de projectos que sejam do interesse comum dos membros e cuja realização seja mais fácil em conjunto do que individualmente, Defender os legítimos direitos e interesses das associações que a integram e das empresas suas associadas;

Promover o desenvolvimento socio-económico integrado e harmonioso e o progresso tecnológico da região do Vale do Ave, através de iniciativas próprias ou em conjugação com outras instituições relevantes;

Organizar todos os serviços e iniciativas conducentes à realização dos seus objectivos;

2 – Constituem receitas da União (art. 38.º dos Estatutos):

As jóias e as quotas pagas pelos seus membros;

Os subsídios legados ou donativos que lhe sejam atribuídos;

O produto da venda das suas publicações, serviços e outras iniciativas;

A retribuição de quaisquer outras actividades enquadráveis no seu objecto e fins;

O rendimento de bens, fundo de reserva ou dinheiro depositados;

Quaisquer outros benefícios, donativos ou contribuições permitidos por lei.

3 – Actividade desenvolvida; Elaboração de estudos, no âmbito dos programas do Pronorte (Programa Operacional do Norte), com os temas:

Avaliação do impacto do ensino superior na região do Vale do Ave;

Contribuição para a eficácia do projecto e do sistema de despoluição do Vale do Ave.

– Realização da MOVAVE (Mostra dos Valores do Ave) dos exercícios de 1994, 1995 e 1996 – Feiras com exposições, seminários, etc.

– Os estudos e a MOVAVE/1995, foram subsidiados pelo Pronorte – sendo comparticipadas pelo FEDER nos seguintes montantes:

Avaliação do impacto do ensino superior na região do Vale do AVE, projecto que implicava uma despesa de 13.560.000$00, a comparticipação do FEDER foi de 10.170.000$00. Contribuição para a eficácia do projecto e do sistema de despoluição do Vale do Ave, projecto que implicava um investimento global elegível de 18.730.000$00 em 1997, foi comparticipado pelo FEDER em 14.047.500$00.

A MOVAVE/95, implicava um investimento total elegível de 15.000.000$00, foi comparticipado pelo FEDER em 11.250.000$00.

4 – Grande parte da actividade desenvolvida pela UNAVE, nos anos em análise foi subsidiada pelo FEDER. Os restantes proveitos da UNAVE diziam respeito a quotas, donativos para realização dos eventos em que estava empenhada sendo o restante facturação aos clientes.

5 – Em 16/08/1994, no Serviço de Finanças de Guimarães 1ª, o contribuinte efectuou uma declaração de início de actividade, sendo o seu enquadramento para efeitos de IVA – Regime Normal Trimestral, pelo exercício de actividade de ***CAE*** *91110 – Organizações Económicas e Patronais.*

6 – O impugnante efectuava operações isentas (exemplo – organização de seminários), operações sujeitas (exemplo – facturação de espaços nas feiras, cedência de espaços para organização de ...) e operações não sujeitas (exemplo – subvenções à exploração).

7 – A impugnante efectuou um pedido de reembolso no montante de 4.500.000$00, referente ao período de 1997/09T.

8 – Relativamente a este reembolso, o contribuinte deu cumprimento ao Despacho Normativo 342/93 de 30/10, em 2003/09/02.

9 – O reembolso diz respeito a reporte sucessivos desde o último trimestre de1994.

10 – Em virtude do pedido de reembolso foi a impugnante sujeita a uma inspecção, na qual, considerando-se que o imposto suportado pela impugnante é passível de dedução apenas na percentagem correspondente ao montante anual de operações que dêem lugar a dedução, se procedeu aos seguintes cálculos conforme consta do relatório a fls. 19 ss:

Deste modo, procedemos ao cálculo do pro rata definitivos dos exercícios objecto de análise:

Ano de 1994.
Pro rata = 7.287.750$00 / (7.287.750$00 + 120.000$00 + 750.000$00 + 200.000$00 + 35.000$00-H 995.250$00 + 500.000$00)
Pro rata = 0,737
Pro rata = 74% (arredondamento nos termos do n.º 8 do art. 23.º do CIVA)

Ano de 1995
Pro rata = 8.966.500$00/(8.966.500$00 + 20.000$00 + 35.000$00 + 577.875$00 + 40.000$00 + 200.000$00 + 1.423.527$00 +11.250.000$00 + 500.000$00 + 800.000$00)
Pro rata = 0,3765
Pro rata = 38% (arredondamento nos termos do n.º 8 do art. 23.º do CIVA)

Ano de 1996_...
Pro rata = (2.856.000$00 + 937.400$00) / (2.856.000$00 + 937.400$00 + 48.000$00 + 1500.000$00 +500.000$00 + 1500.000$00 + 200.000$00 + 154.125$00 + 8.136.000$00 + 280.000$00)
Pro rata = 0,2354
Pro rata = 24% (arredondamento nos termos do n.º 8 do art. 23.º do CIVA)

Ano de 1997...
Pro rata = (6.262.000$00 + 9.750.000$00 + 1.000.000$00) / 6.262.000$00 + 9.750.000$00 + 1.000.000$00 + 11.238.000$00)
Pro rata = 0,602
Pro rata = 61% (arredondamento nos termos do n.º 8 do art. 23.º do CIVA)
IVA deduzido

O sujeito passivo só poderia deduzir IVA com base na percentagem do pro rata por si obtido em cada exercício.

Para os cálculos do IVA não dedutível, vamos considerar somente os períodos de reporte do reembolso de 1997/09T.

Período	*IVA Deduzido Out. Bens Serv.*	*IVA dedu Campo 40*	*% Pro rata*	*IVA que devia Ter deduzido Aplicação Pro*	*IVA não dedutível*
94/12T	316.383$00		74%	234.123$00	82.260$00
95/03T	9.645$00		38%	3.665$00	5.980$00
95/06T	34.340$00		38%	13.049$00	21.291$00
95/09T	1.936.367$00	33.600$00	38%	748.587$00	1.221.380$00
95/12T	776.593$00		38%	295.105$00	481.488$00
96/03T	237.504$00		24%	57.001$00	180.503$00
96/06T			24%		0
96/09T			24%		0
96/12T	2.421.030$00		24%	581.047$00	1.839.983$00
97/03T	1.063.514$00		61%	648.744$00	414.770$00
97/06T	988.120$00		61%	602.753$00	385.367$00
97/09T	922.390$00		61%	562.658$00	359.732$00
Total					4.992.754$00

Tendo em atenção que o reembolso tem origem em reportes sucessivos de imposto desde 94/12T, o IVA não dedutível correspondente ao período de 94/12T a 97/09T ascende a 4.992.754$00 valor este superior ao reembolso, pedido em 97/09T, no montante de 4.500.000$00. Nestes termos somos do parecer que o referido reembolso não é devido,

11 – Tal pedido foi indeferido por despacho de 2/2/ /2004, do Ex.mo Senhor Director de Serviços de Reembolsos do Imposto Sobre o Valor Acrescentado, com os fundamentos constantes da informação prestada pelos SPTT, designadamente:

"– Fundamentação das correcções:

O sujeito passivo pediu reembolso de IVA, dentro do prazo legal, referente ao período de 1997/09T no montante de 4.500.000$00. Relativamente a este reembolso, cumpriu o Despacho Normativo 342/93 de 30/10, em 2003/ /09/02. fora dos prazos normais. Nesta data, o direito a liquidação de qualquer imposto relativo aquele período, encontra-se caducado de acordo com o disposto no art. 45.° da LGT. Tendo em atenção ao disposto no n.° 11 do art. 22.° do CIVA. efectuamos inspecção aos elementos contabilísticos do contribuinte a fim de verificar a legitimidade do reembolso. Verificou-se que o sujeito passivo deduziu o IVA pela totalidade, quando o mesmo se encontrava em situação de pro rata de acordo com o disposto no art. 23.° do CIVA. Nos cálculos por nós efectuados» verificou-se que foi deduzido indevidamente IVA o montante de 4.992.754$00. Nestes termos o reembolso não é legítimo, pelo que deve ser indeferido"

3 – A Administração Tributária indeferiu um pedido de reembolso de IVA, apresentado pela Impugnante, por entender que esta havia efectuado anteriormente deduções desse imposto indevidas, em montante superior ao do pedido de reembolso, relativamente ao mesmo período de tempo.

No momento em que a Administração Tributária proferiu a decisão de indeferimento, tinha já transcorrido o prazo legal de caducidade do direito de liquidação de IVA em relação ao período em causa, entendendo a Impugnante que, por ter decorrido esse prazo, nãopodem ser considerados os créditos para a Administração Tributária que resultariam da dedução excessiva.

Assim, a questão que é objecto do presente recurso jurisdicional consiste em saber se, para efeitos de reembolso de IVA podem ser considerados créditos da Administração Fiscal, derivados de anteriores deduções indevidas efectuadas pelo mesmo contribuinte, relativas ao período de tempo a que se refere o pedido de reembolso, que não foram objecto de liquidação, dentro do respectivo prazo legal para a liquidação de tributos.

4 – De harmonia com o disposto no art. 22.°, n.° 1, do CIVA, o direito à dedução de IVA nasce no momento em que o imposto dedutível se torna exigível, efectuando-se mediante subtracção ao montante global do imposto devido pelas operações tributáveis do sujeito passivo, durante um período de declaração, do montante do imposto dedutível, exigível durante o mesmo período.

Sempre que a dedução de imposto a que haja lugar supere o montante devido pelas operações tributáveis, no período correspondente, o excesso será deduzido nos períodos de imposto seguintes (n.° 4 do mesmo artigo), mas se passarem 12 meses relativos ao período em que se iniciou o excesso, persistindo crédito a favor do contribuinte superior a 249,40 € (50 000$), este poderá solicitar o seu reembolso (n.° 5 do mesmo artigo).

Como decorre do preceituado no n.° 8 do mesmo artigo, os reembolsos são efectuados «***quando devidos***», isto é, após a confirmação de que no período a que se refere o pedido de reembolso a dedução total de imposto a que haja lugar supera o montante devido pela totalidade das operações tributáveis.

Para efectuar esta confirmação, a Administração Tributária pode efectuar correcções às declarações dos contribuintes, relativas ao período de tempo a que se reporta o reembolso, podendo também exigir-lhes documentos e informações adicionais, como decorre do preceituado no n.° 10 do mesmo artigo.

No caso em apreço, a Administração Tributária constatou que, no período a que se reporta o pedido de reembolso, a Impugnante deduzira já montante superior ao que era devido pela totalidade de operações efectuadas nesse período, havendo, consequentemente um crédito da Administração tributária em relação à Impugnante e não deste em relação àquela.

Assim, não se verificam as condições para efectuar reembolso, pelo contrário, justificar-se-ia que, se não tivesse transcorrido o prazo de caducidade, se efectuasse a liquidação do imposto deduzido a mais.

O prazo de caducidade do direito liquidação, actualmente previsto no art. 45.° da LGT, reporta-se a actos de liquidação de tributos, que são actos que declaram uma obrigação tributária[1].

É apenas em relação a estes actos de liquidação, em sentido estrito, que provocam uma modificação na situação tributária do contribuinte, definindo a existência de uma obrigação (que através desse acto se torna certa, líquida e exigível, inclusivamente por via coerciva no caso de não cumprimento voluntário), que se justifica, por evidentes razões de segurança jurídica, que se limite o período de tempo em que tais actos podem ser praticados.

Não é esse, porém, o caso dos actos que recusam o reembolso de IVA, pois deles não resulta para os contribuintes qualquer obrigação que não tivessem anteriormente.

Por outro lado, o facto de o n.° 8 do referido art. 22.° incluir a expressão reembolsos são efectuados «***quando devidos***», não tem o mero alcance de expressar que não devem ser efectuados reembolsos indevidos (o que seria absolutamente supérfluo, pois seria inimaginável interpretar o regime de reembolsos como permitindo o pagamento de reembolsos que não fossem devidos), mas sim o de acentuar que os reembolsos não devem ser efectuados sem uma comprovação, no momento do reembolso, da verificação dos seus pressupostos, o que é corroborado pelos n.ºs 10 e 11 do mesmo artigo, ao preverem que, para efeitos de reembolso, possam ser pedidos documentos e informações adicionais, sob pena de o reembolso de considerar indevido.

Aliás, nem seria compreensível outro regime, pois, reportando-se o pedido de reembolso à globalidade

[1] Como refere Casalta Nabais, *Direito Fiscal*, 2.ª edição, página 312, em face do disposto no art. 36.°, n.° 1, da LGT, em que se estabelece que «*a relação jurídica tributária constitui-se com o facto tributário*», é de concluir que se atribui natureza declarativa ao acto administrativo de liquidação.

das relações tributárias relativas a um determinado período, o seu conteúdo definitivo está forçosamente por definir, pelo que não se pode justificar, pelas razões de segurança jurídica subjacentes ao regime da caducidade do direito de liquidação, que haja restrições ao apuramento e relevância dos factos que importam para as definir.

Para além de não haver suporte legal para aplicar o prazo de caducidade do direito de liquidação aos actos que apreciam pedidos de reembolso de IVA, por não serem actos que declaram uma obrigação tributária do contribuinte em relação à Administração Tributária, não se trata de uma situação idêntica, que justifique a aplicação analógica do referido art. 45.º

Na verdade, não valem em relação aos actos de recusa de reembolso as razões de segurança jurídica que justificam a limitação temporal da possibilidade de efectuar actos de liquidação, pois os actos de recusa, como actos negativos que são, não produzem nem declaram qualquer obrigação para o contribuinte.

Conclui-se, assim, que não há suporte jurídico para entender que a Administração Tributária estava limitada pelo prazo de caducidade do direito de liquidação, ao apreciar a existência dos pressupostos do reembolso de IVA.

Termos em que acordam em negar provimento ao recurso e em confirmar a decisão recorrida.

Custas pelo recorrente, com procuradoria de 1/6.

Lisboa, 12 de Julho de 2007

Jorge de Sousa (Relator)
Baeta de Queiroz
Pimenta do Vale

Recurso n.º 303/07-30

INTIMAÇÃO PARA COMPORTAMENTO. MEIO PROCESSUAL ADEQUADO.

(Acórdão de 23 de Maio de 2007)

SUMÁRIO:

I – O meio processual de intimação para um comportamento, previsto no artigo 147.º do Código de Procedimento e de Processo Tributário, consagra declaradamente o direito à determinação da prática de actos administrativos legalmente devidos.

II – Formulado perante a Administração Fiscal o requerimento de «recálculo dos juros nos termos previstos no artigo 4.º do referido DL 124/ /96, e o reembolso aos requerentes do valor indevidamente pago», em face do despacho de que «foi decidido que o pedido de restituição dos juros de mora em causa, deverá ser apreciado (...)», pode o interessado requerer em juízo a intimação da Administração para a conclusão do respectivo procedimento administrativo em prazo a fixar pelo Tribunal.

III – Numa situação tal, não é a impugnação do indeferimento presumido, nem a acção para reconhecimento de um direito, mas a intimação para um comportamento que constitui o meio mais adequado «para assegurar a tutela plena, eficaz e efectiva dos direitos ou interesses em causa», nos termos do n.º 2 do artigo 147.º do Código de Procedimento e de Processo Tributário.

ACORDAM NA SECÇÃO DO CONTENCIOSO TRIBUTÁRIO DO SUPREMO TRIBUNAL ADMINISTRATIVO:

1.1. O Director Geral dos Impostos vem recorrer da sentença do Tribunal Administrativo e Fiscal de Lisboa, de 11-12-2006, que julgou «procedente, por provado, o pedido de Intimação para um comportamento e, em consequência, intima o Senhor Director Geral dos Impostos a, em sessenta dias, proferir decisão final no processo n.º 3547/2004, relativo ao pedido de reembolso de juros indevidamente pagos, desencadeado pelos requerentes em 20-10-2004», nos presentes autos de intimação para um comportamento, em que são requerentes A..., e outros – cf. fls. 111 e seguintes.

1.2. Em alegação, a entidade recorrente formula as seguintes conclusões – cf. fls. 159 a 166.

1. A douta sentença recorrida fez uma incorrecta interpretação e aplicação da lei aos factos ao considerar existirem outros meios processuais mais aptos à defesa das posições jurídicas dos requerentes que o interposto requerimento de intimação para um comportamento e, apesar disso ter considerado que a alegada omissão do dever legal de proferir decisão no procedimento era susceptível de lesar direito ou interesse legítimo em matéria tributária, em virtude de se encontrarem precludidos os prazos legais para accionar esses meios processuais, mantendo-se a omissão de conclusão e de decisão do procedimento;

2. Com efeito, havendo outros meios processuais mais aptos à defesa das posições jurídicas dos requerentes, o interposto requerimento de intimação para um comportamento deveria ter sido liminarmente indeferido;

3. No caso sub judice se os requerentes não recorreram, sibi imputet;

4. A racionalidade e a funcionalidade dos meios adjectivos a usar pressupõe o uso dos meios normais legalmente previstos, apenas se justificando o – emprego do meio consubstanciado no pedido efectuado pelos requerentes – intimação para um comportamento – quando for demonstrado serem os outros meios ineficazes para tutelar os seus direitos ou interesses e não, como sucedeu, quando, por inércia, os mesmos se deixaram precludir;

5. Pelo exposto, a sentença ora recorrida, fez uma errada interpretação e aplicação da lei aos factos.

6. Sem conceder, também se dirá que o despacho proferido, em 20-02-2006, pelo Sr. Subdirector-Geral para a área da Justiça Tributária, por concordância com o parecer do Sr. Director de Serviços de Justiça Tributária, contrariamente ao decidido na douta sentença

recorrida, resolve, quanto aos requerentes, as questões pertinentes suscitadas durante o procedimento e que eram o pedido de recálculo dos juros nos termos previstos no artigo 4.º do referido DL 124/96, e consequente reembolso aos requerentes do valor pago.

7. Com efeito, nessa decisão permitiu-se a reactivação para o sistema, de contribuintes que haviam sido excluídos por incumprimento prolongado e que vieram efectivamente a pagar, para além do prazo dos dois anos referido n.º 5 do artigo 40.º do Decreto-Lei n.º 124/96, de 10 de Agosto e determinou-se que só assim se não procederia se todos ou parte dos contribuintes em causa, não reunissem os requisitos para o efeito, nomeadamente tivessem incumprido qualquer obrigação tributária principal ou contribuições para a Segurança Social, não abrangidas por aquele DL, como se refere na alínea *c*) do n.º 2 do artigo 3.º do mesmo diploma legal.

8. Ou seja, a determinação dos critérios de apreciação feita na decisão proferida, em 20-02-2006, pelo Sr. Subdirector-Geral para a área da Justiça Tributária, é estritamente vinculada, não deixando qualquer margem de discricionariedade para os órgãos que a executam.

9. Os actos, a proferir pelo respectivo Serviço de Finanças – de recálculo dos juros nos termos previstos no artigo 40 do referido DL 124/96, e de reembolso do valor pago – mais não são do que meros actos de execução da decisão final proferida pelo Sr. Subdirector-Geral para a área da Justiça Tributária.

10. Consequentemente, a douta sentença recorrida deveria ao invés do que decidiu, ter rejeitado o pedido por falta de suporte legal efectivo, pelo que fez uma incorrecta interpretação e aplicação da lei aos factos, devendo, em – consequência, ser revogada.

1.3. Os requerentes, ora recorridos, contra-alegaram, e formularam as seguintes conclusões – cf. fls. 182 e 183.

1) A presunção de indeferimento, face ao silêncio da Administração, é uma mera ficção legal para protecção do administrado, com finalidades exclusivamente adjectivas, assim conferindo ao Administrado (o sujeito passivo, se se preferir), a faculdade de presumir o indeferimento, o que acontece exclusivamente para efeitos impugnatórios, razão pela qual não derroga o dever legal de decisão, nem afasta o princípio da boa fé e da colaboração.

2) Se a Administração Fiscal adia a decisão final através da prática de actos não definitivos e executórios, em que se vai pronunciando a favor do Administrado, é-lhe ilegítimo presumir o indeferimento da pretensão deduzida.

3) A intimação para um comportamento é o meio apto e adequado para obter a tutela do direito ou interesse legítimo do Recorrido, pois tem o seu campo de aplicação naquelas situações em que, presumivelmente, a administração se abstém da prática de determinado acto, materializável numa prestação jurídica – a decisão – se todos os outros meios processuais previstos na lei são manifestamente inábeis e já não estão, por culpa exclusiva da Administração Fiscal, ao dispor do Requerente.

4) A Administração Fiscal, depois de alegar que, porque o requerente poderia ter presumido o indeferimento tácito e recorrido a «outros meios ineficazes para tutelar os seus direitos», vem afirmar que «Sem conceder, também se dirá que o despacho proferido, em 20-02-2006, pelo Sr. Subdirector-Geral para a área da Justiça Tributária (...), contrariamente ao decidido na douta sentença recorrida, resolve, quanto ao requerentes, as questões pertinentes suscitadas durante o procedimento (...)», ou seja, vem dizer que indeferiu tacitamente, mas afinal, «sem concedem, sempre deferiu expressamente.

5) A Recorrente, confundindo dever de pronúncia (ou de resposta) e dever de decisão, «decidiu que o pedido de restituição de juros de mora em causa deverá ser apreciado», ou seja, limitou-se a pronunciar-se sobre o seu dever legal de decisão. O conceito de acto administrativo definitivo e executório é um conceito funcional, razão pela qual, o despacho proferido pelo Exmo. Senhor Subdirector-geral, que decidiu que o pedido dos ora recorridos «deverá ser apreciado», não aprecia, consubstanciando um acto cujo conteúdo não decide acerca da pretensão formulada pelos Requerentes com definitividade e executoriedade.

6) Portanto, se o que os Recorridos pretendem uma decisão final, definitiva e executória do seu pedido, (que, como a Administração Fiscal bem reconhece, não poderá ser outra senão o deferimento expresso!), o despacho que "decide" que o pedido de restituição de juros de mora em causa deverá ser apreciado, é um acto meramente interlocutório, e não uma decisão final que reconhece os seus direitos e interesses legítimos.

1.4. O Ministério Público neste Tribunal emitiu o parecer de que o recurso não merece provimento, dizendo o seguinte – cf. fls. 202 e 203.

1. «A presunção de indeferimento, face ao silêncio da Administração, é uma mera ficção legal, para protecção do administrado, com finalidades exclusivamente adjectivas» (acórdão STA – Secção de Contencioso Administrativo 12.01.2006 processo n.º 347/07)

Nesta conformidade «o que a lei confere é uma mera faculdade, que o interessado pode usar ou abster-se de usar, sem que a sua inércia exima a Administração da sua obrigação de decidir ou a situação fique definitivamente decidida pelo indeferimento presumido» (acórdão STA – Secção de Contencioso Tributário 7.03.2007 processo n.º 6/07)

2. A intimação para um comportamento visa o suprimento de uma omissão, por parte da administração tributária, do dever de uma prestação jurídica susceptível de lesar direito ou interesse legítimo em matéria tributária (art. 147.º n.º 1 CPPT)

A melhor adequação do meio processual intimação para um comportamento à prossecução da tutela plena, eficaz e efectiva dos direitos e interesses em causa deve ser apreciada por confronto com os restantes meios contenciosos previstos no CPPT impugnação judicial, acção administrativa especial (ex vi art. 191.º CPTA) e acção para reconhecimento de um direito ou interesse legítimo em matéria tributária (art. 47.º n.º 2 CPPT)

3. No contexto descrito a intimação para um comportamento revela-se o meio processual mais adequado ao cumprimento do dever de decisão pela administração tributária no procedimento iniciado com o pedido de reembolso de juros indevidamente pagos, pelos motivos que se enunciam:

a) ficam excluídos a impugnação judicial e a acção administrativa especial em processo tributário (diferente é a situação no contencioso administrativo, onde esta acção pode ter por objecto pretensões emergentes de comportamentos omissivos cf. art. 46.° n.° 1 CPTA) cujos objectos legais pressupõem a prática de actos de conteúdo decisório (art. 97.° n.° 1 als. *a*) a *g*) e *p*) CPPT) e não o incumprimento de um dever de decisão (art. 9.° CPA; art. 56.° n.° 1 LGT)

b) embora a acção para reconhecimento de um direito (à decisão no procedimento) seja, em abstracto, adequada à tutela do direito em causa, ela apenas pode ser proposta quando for, em concreto, o meio mais adequado à tutela plena, eficaz e efectiva do direito em causa (art. 145.° n.° 1 e 3 CPPT); no caso em apreço deve ser preterida porque

– seguindo os termos do processo de impugnação judicial, se revela mais morosa, por comparação com a tramitação mais simples da intimação para um comportamento (art.145.° n.°4 CPPT)

– é menos eficaz e efectiva para a obtenção da tutela plena requerida, porque na intimação para um comportamento o juiz intima a administração à adopção da conduta necessária, que poderá incluir a prática de actos administrativos, em prazo a fixar na sentença (art. 147.° n.°4 CPPT)

4. Sufragamos o entendimento vertido na sentença, sustentando que a decisão proferida em 20.02.2006 pelo Subdirector-Geral para a área da Justiça Tributária configura um simples acto interno da administração tributária, com carácter interlocutório, dirigido ao Serviço de Finanças local para apreciação do pedido dos requerentes, visando a decisão final do procedimento (sentença fls. 121/122)

1.5. Colhidos os vistos, cumpre decidir, em conferência.

Em face do teor das conclusões da alegação, bem como da posição do Ministério Público, as questões que aqui se colocam são as seguintes:

a) saber (nos termos da conclusão 6. da alegação) se, sim ou não, «o despacho proferido, em 20-02-2006, pelo Sr. Subdirector-Geral para a área da Justiça Tributária (...) resolve, quanto aos requerentes, as questões pertinentes suscitadas durante o procedimento (...)»;

b) em caso de resposta negativa à anterior, saber se é próprio, ou não, o meio processual utilizado, de intimação para um comportamento, para realização da pretensão dos requerentes, ora recorridos, de verem decidido o pedido que no presente caso formularam à Administração Fiscal.

2.1. Em matéria de facto, a sentença recorrida assentou o seguinte.

A) Em 5-8-2004, os Requerentes, através de petição conjunta, requereram ao Chefe do Serviço de Finanças de Lisboa 2 a regularização da sua situação tributária através da re-inclusão dos Requerentes no plano de pagamentos do DL n.° 124/96, 10-8, do qual haviam sido excluídos, e o pagamento dos montantes em dívida executiva com dispensa dos juros compensatórios, dos juros e das custas processuais ou o pagamento da mesma dívida em 36 prestações (cfr. requerimento a fls. 33 e 34 do processo administrativo apenso, que se dá por integralmente reproduzido);

B) Em resposta ao pedido de regularização identificado em A), foi, em 20-9-2004, prestada informação e proferido despacho pelo Chefe do Serviço de Finanças de Lisboa 2, com o teor que se transcreve parcialmente: «INFORMAÇÃO: (...) afigura-se-me que não existe qualquer impedimento em permitir a regularização das dívidas fiscais objecto de adesão ao DL n.° 124/96, ao abrigo desse mesmo diploma e com os benefícios neles previstos, inclusive no caso dos requerentes alvo de exclusão no âmbito de tal plano, desde que seja cumprida a condição prévia do pagamento integral das dívidas à Fazenda Nacional que não foram objecto dessa adesão. (...) DESPACHO: Autorizo o pagamento das dívidas abrangidas pelo Dec. Lei 124/96, de 10-8, com os benefícios aí consignados, desde que seja cumprida a condição referenciada na informação supra. Notifique-se para cumprimento em 15 dias a contar da notificação. (...)» (cfr. fls. 32 do processo administrativo apenso, que se dá por integralmente reproduzida);

C) Em 8-10-2004, no prazo fixado no despacho transcrito em B), os Requerentes pagaram integralmente a dívida executiva, em Regime Prestacional, ao abrigo do DL n.° 124/96, de 10-8, tendo pago simultaneamente as prestações n.os 1 a 24, as quais tinham sido autorizadas por despachos do Chefe de Finanças de Lisboa 2, proferidos em Setembro de 1999 (cfr. fls. 35 a 288 e informação oficial a fls. 364 do processo administrativo apenso, que se dão por integralmente reproduzidas);

D) Em 20-10-2004, os Requerentes dirigiram ao Chefe do Serviço de Finanças de Lisboa 2 um requerimento contendo um pedido de restituição dos juros indevidamente calculados e pagos, no qual se pode ler o seguinte: «...Nas guias emitidas para pagamento das referidas dívidas, foram contabilizados juros que, embora classificados de juros vencidos, exorbitam o período limite para a sua contabilização, isto é, foram calculados como autênticos juros vincendos face ao limite temporal de 31/12/96. O artigo 4.°, n.° 4 do DL 124/96 estabelece que deveriam ter sido contabilizados somente os juros vencidos até à inclusão no plano, ou seja, repetimos, até 31/12/96. Este artigo prevê a isenção de juros vincendos desde a data da adesão ao plano de pagamento, pelo que os juros que se venceram posteriormente à adesão não deveriam ter sido incluídos. O pagamento foi efectuado pelo valor total, dada a dificuldade de cálculo manual dos juros em tempo útil, atenta a urgência dos requerentes em efectuar os pagamentos. Assim, requere-se a V. Exª o recálculo dos juros nos termos previstos no artigo 4.° do referido DL 124/96, e o reembolso aos requerentes do valor indevidamente pago. (...)» (cfr. requerimento a fls. 362 e 363 do processo administrativo apenso, que se dá por integralmente reproduzido);

E) Em 9-11-2004, o Serviço de Finanças de Lisboa 2 remeteu o pedido de restituição de juros de mora identificado em D) para a Direcção de Serviços da Justiça Tributária, com vista ao esclarecimento da situação e dos subsequentes procedimentos a seguir por parte deste Serviço LL de Finanças (cfr. fls. 361 a 364 do processo administrativo apenso, que se dão por integralmente reproduzidas);

F) Em 21-1-2005, a Direcção de Serviços da Justiça Tributária solicitou ao Serviço de Finanças de Lisboa 2, a fim de instruir o processo referenciado, o envio de cópia dos requerimentos de adesão ao DL n.° 124/96, de 10-8, bem como das guias de pagamento e dos despachos de recuperação dos contribuintes para o regime do aludido Decreto-Lei, solicitação essa satisfeita pelo Serviço de Finanças, por ofício remetido em 28-9-2005 (cfr. fls. 30 a 288 do processo administrativo apenso);

G) Em 3-10-2005, a Direcção de Serviços da Justiça Tributária solicitou à Direcção de Finanças de Lisboa fosse prestada informação circunstanciada e parecer sobre o pedido de regularização de dívidas, a fim de instruir o processo com o n.º... para decisão superior, tendo sido feita insistência para cumprimento do solicitado, em 13-1-2006 (cfr. fls. 27 e 29 do processo administrativo apenso);

H) Em 18-1-2006, os Requerentes requereram ao Director da Justiça Tributária a emissão de certidão de todos os ofícios recebidos pelo Serviço de Finanças, com vista a instaurar uma acção administrativa especial de condenação à prática de acto devido (cfr. fls. 26 do processo administrativo apenso);

I) Na sequência de um pedido de agendamento de reunião apresentado pelos Requerentes para solucionar o impasse criado no processo n.º ..., foi emitido, em 20-1-2006, pela Direcção de Serviços de Justiça Tributária, o parecer que constitui fls. 23 e 24 do processo administrativo apenso, objecto de despacho de concordância proferido na mesma data, no qual se refere que o aludido processo aguarda a prestação da informação solicitada à Direcção de Finanças de Lisboa, em 3-10-2005, tendo em vista a sua posterior análise e decisão por parte da Direcção de Serviços de Justiça Tributária (cfr. fls. 23 a 25 do processo administrativo apenso);

J) Em 24-1-2006, a Direcção de Serviços de Justiça Tributária dirigiu à Direcção de Finanças de Lisboa um pedido de insistência para que fosse prestada a informação já solicitada através dos ofícios n.os 5388 e 303, respectivamente, de 3-10-2005 e 13-1-2006 (cfr. fls. 22 do processo administrativo apenso);

K) Em 16-2-2006, a Direcção de Finanças de Lisboa remeteu à Direcção de Serviços de Justiça Tributária, a informação n.º 196/2005 da Divisão de Gestão da Dívida Executiva, informação aquela que, conforme consta do ofício de remessa, se prende com esclarecimento de dúvida a prestar ao Serviço de Finanças de Lisboa 2, e sobre a qual recaiu parecer e despacho de concordância, datados, respectivamente, de 9-2-2006 e 15-2-2006 (cfr. fls. 14 a 18 do processo administrativo apenso que se dão por integralmente reproduzidas);

L) Em 20-2-2006 foi, pela Direcção de Serviços de Justiça Tributária, prestada a informação n.º 613/06, sobre a qual, na mesma data, recaiu parecer e despacho de concordância do Senhor Subdirector-Geral para a área da Justiça Tributária, podendo ler-se no referido parecer o seguinte: «(...) Tendo os contribuintes aderido ao DL n.º 124/96, de 10-8, no regime prestacional de 24 prestações, de harmonia com o preceituado no n.º 5 do art. 4.º daquele diploma legal, eram dispensados do pagamento dos juros de mora vincendos, reduzidos de 60% os juros compensatórios de acordo com o n.º 7 do mesmo diploma, com a redacção que lhe foi dada pelo DL n.º 235-A/96, de 9-12 e, o pagamento integral do capital e dos juros de mora em dívida efectuado nos termos daquele DL n.º 124/96, de 10-8 determinava a redução a metade das custas. No caso em apreço e muito embora os contribuintes tenham incumprido o plano de pagamentos, se a Administração Fiscal lhes veio a relevar a alta e aceitar o pagamento, ter-se-á que concluir que o mesmo beneficia do mesmo regime que lhe foi concedido "ab initio" e cujas condições com os respectivos benefícios já referimos neste parecer. Salvo se todos ou parte dos contribuintes em causa não reunirem os requisitos para o efeito, nomeadamente, tenham incorrido em incumprimento de qualquer obrigação tributária principal ou contribuições para a SS, não abrangidas por aquele DL, como se refere na alínea *c*) do n.º do art. 30.º daquele diploma legal. Sendo que, se vier a ser sancionado o (imperceptível) no presente parecer, dever-se-á oficiar ao respectivo Serviço de Finanças local no sentido de reapreciar a situação à luz do despacho que vier a sancionar o presente parecer e reajustar a liquidação dos juros de mora como nele é referido e sem prejuízo de ser verificado se os contribuintes todos os parte reuniam os requisitos para os efeitos como atrás vem referido. À consideração superior. (...)» (cfr. fls. 10 a 13V do processo administrativo apenso, que se dão por integralmente reproduzidas);

M) Sobre a referida informação e parecer recaiu, em 20-2-2006, despacho de concordância do Subdirector-Geral para a área da Justiça Tributária com o seguinte teor:

«Concordo com o Sr. Director de Serviços. Informe-se em conformidade.» (cfr. fls. 10 do processo administrativo apenso, que se dá por integralmente reproduzida);

N) Através do ofício n.º 1269, de 22-2-2006, a Direcção de Serviços de Justiça Tributária comunicou ao Director de Finanças de Lisboa, «para conhecimento dos serviços e devidos efeitos que, por despacho de 20 do corrente, do Senhor Subdirector-Geral para a área da Justiça Tributária, por subdelegação, foi decidido que o pedido de restituição dos juros de mora em causa, deverá ser apreciado, tendo em atenção que os contribuintes...», reproduzindo-se a seguir, parcialmente, o teor do parecer transcrito em L) (cfr. fls. 8 e 9 dos autos, que se dão por integralmente reproduzidas);

O) A presente Intimação deu entrada neste Tribunal no dia 22-5-2006 (cfr. carimbo aposto na p.i. a fls. 3 dos autos).

Não se provou que os Requerentes tenham sido notificados da informação, parecer e despacho de concordância identificados nas alíneas L) e M) do probatório.

2.2. A intimação para um comportamento está prevista na lei como a forma de processo ou meio processual tributário a utilizar em caso de omissões da Administração Fiscal lesivas de quaisquer direitos ou interesses legítimos – nos termos da alínea *h*) do artigo 101.º da Lei Geral Tributária.

Este artigo manifesta um evidente propósito de eleger a forma de processo segundo a sua melhor adequação para a obtenção da tutela efectiva eficaz do direito subjectivo lesado ou do interesse legalmente protegido que haja sido violado, de acordo com o princípio constitucional afirmado no art. 20.º da Constituição. E a este propósito há que deixar precisado que a questão da eleição da forma de processo adequada para fazer valer, reconhecer ou realizar em juízo determinado direito ou interesse reconhecido pela lei substantiva não está posta na disposição do interessado. Essa é sempre uma questão que deve ser resolvida pelo legislador ordinário dentro da sua discricionariedade legislativa, com respeito pelos parâmetros constitucionais de que o processo deve propiciar a tutela plena, eficaz e em tempo útil daqueles direitos e interesses. As normas de processo são normas de direito público e como tal indisponíveis. Só com fundamento na sua inconstitucionalidade podem deixar de ser aplicadas aquelas normas de direito ordinário que estabelecem qual o processo a usar – Cf. Diogo Leite de Campos, e outros, na Lei Geral Tributária Comentada e Anotada, 3.ª edição, Vislis, 2003, em notas 2. e 4. ao artigo 101.º.

O Código de Procedimento e de Processo Tributário consagra o meio processual da intimação para um comportamento no seu artigo 147.º, nos seguintes termos.

1. Em caso de omissão, por parte da administração tributária, do dever de qualquer prestação jurídica susceptível de lesar direito ou interesse legítimo em matéria tributária, poderá o interessado requerer a sua intimação para o cumprimento desse dever junto do tribunal tributário competente.

2. O presente meio só é aplicável quando, vistos os restantes meios contenciosos previstos no presente Código, ele for o meio mais adequado para assegurar a tutela plena, eficaz e efectiva dos direitos ou interesses em causa.

3. No requerimento dirigido ao tribunal tributário de 1.ª instância deve o requerente identificar a omissão, o direito ou interesse legítimo violado ou lesado ou susceptível de violação ou lesão e o procedimento ou procedimentos a praticar pela administração tributária para os efeitos previstos no n.º 1.

4. A administração tributária pronunciar-se-á sobre o requerimento do contribuinte no prazo de 15 dias, findos os quais o juiz resolverá, intimando, se for caso disso, a administração tributária a reintegrar o direito, reparar a lesão ou adoptar a conduta que se revelar necessária, que poderá incluir a prática de actos administrativos, no prazo que considerar razoável, que não poderá ser inferior a 30 nem superior a 120 dias.

5. A decisão judicial especificará os actos a praticar para integral cumprimento do dever referido no n.º 1.

6. O disposto no presente artigo aplica-se, com as adaptações necessárias, às providências cautelares a favor do contribuinte ou demais obrigados tributários, devendo o requerente invocar e provar o fundado receio de uma lesão irreparável do requerente a causar pela actuação da administração tributária e a providência requerida.

Trata-se de um artigo que não tem norma correspondente no C.P.T., nem L.P.T.A. . Na verdade, nesta última prevê-se um meio processual de intimação para um comportamento, regulado nos artigos 86.º a 91.º, mas que tem por objecto apenas pedidos de intimação de particulares e concessionários e não da Administração.

Porém, a existência de um meio processual que vise a intimação da Administração para adopção de um comportamento, em caso de omissões da prática de actos lesivos de quaisquer direitos ou interesses legítimos é postulada pela garantia da tutela judicial efectiva, assegurada pelo n.º 4 do art. 268.º da C.R.P..

Neste n.º 4 do art. 268.º prevê-se explicitamente que a tutela judicial efectiva abrange o direito à determinação da prática de actos administrativos legalmente devidos.

A possibilidade de este meio processual ser utilizado para provocar a prática de actos administrativos está expressamente prevista no n.º 4 deste art. 147.º.

A utilização deste procedimento, visando obter o cumprimento de um dever pela administração tributária, supõe que esteja definida previamente a existência deste. Será o caso, por exemplo, do direito a juros indemnizatórios, quando não for cumprido o prazo de restituição oficiosa dos impostos, previsto na alínea *a*), do n.º 3 do artigo 43.º da L.G.T. .

A eventualidade de a acção para reconhecimento de direito ou interesse legítimo ser também um meio processual que poderia assegurar a satisfação da pretensão do requerente não deverá servir de fundamento para a rejeição do pedido de intimação, sendo antes necessário apurar se uma conclusão segura sobre a existência do direito ou interesse é possível no processo de intimação, à face do afirmado e documentado pelo requerente e da resposta da administração tributária. Se tal conclusão for possível, o processo de intimação será, naturalmente, o meio mais adequado para assegurar a tutela plena, eficaz e efectiva dos direitos ou interesses do requerente e, por isso, será ele o meio processual a utilizar (n.º 2 deste art. 147.º). Se não for possível concluir com segurança pela existência do direito ou interesse invocado terá de entender-se que este não é o meio processual adequado para a satisfação da pretensão do requerente, o que obstará à sua utilização, por força do disposto no n.º 2 deste art. 147.º.

Cf. Jorge Lopes de Sousa, Código de Procedimento e de Processo Tributário, anotado e comentado, 2006, Áreas Editora, em anotação ao artigo 147.º – doutrinação que, aliás, se vê inteiramente reflectida na jurisprudência, por exemplo, no acórdão desta Secção do Supremo Tribunal Administrativo, de 5-6-2002, proferido no recurso n.º 815/02.

Hoje, a equação que poderia desenvolver-se, sê-lo-ia com a acção administrativa especial de condenação à prática do acto devido (artigos 66.º a 71.º do CPTA), considerando-se que este diploma é lei subsidiária no contencioso tributário. Todavia, vale para tal acção, mutatis mutandis, o que acima se diz relativamente à acção para reconhecimento de direitos.

De outra banda, dispõe o artigo 57.º, n.º 1, da Lei Geral Tributária que "O procedimento tributário deve ser concluído no prazo de seis meses (...)"; e o n.º 5 do mesmo normativo, estabelece que o incumprimento do prazo referido no n.º 1, contado a partir da entrada da petição do contribuinte no serviço competente da Administração Tributária, faz presumir o seu indeferimento para efeitos de recurso hierárquico, recurso contencioso ou impugnação judicial, sem prejuízo do princípio da celeridade e diligência.

Também de acordo com o artigo 109.º, n.º 1, do Código do Procedimento Administrativo, a falta, no prazo fixado para a sua emissão, de decisão final sobre a pretensão dirigida a órgão administrativo competente confere ao interessado, salvo disposição em contrário, a faculdade de presumir indeferida essa pretensão, para poder exercer o respectivo meio legal de impugnação.

Mas a formação da presunção de indeferimento tácito mantém a Administração Fiscal constituída no dever legal de conclusão do procedimento e, consequentemente, de o decidir. A formação da presunção de indeferimento tácito não prejudica o dever legal de a Administração Tributária resolver a pretensão do contribuinte – cf. António Lima Guerreiro, na Lei Geral Tributária Anotada, 2001, p. 264.

Aliás, constitui jurisprudência corrente que a lei não deve ser interpretada com o sentido de impor ao interessado a reacção contenciosa contra o indeferimento presumido, sob pena de tal indeferimento gerar caso decidido ou resolvido. Antes, o que a lei confere é uma mera faculdade, que o interessado pode usar ou abster-se de usar, sem que a sua inércia exima a Administração da sua obrigação de decidir ou a situação fique definitivamente decidida pelo indeferimento presumido. Ainda recentemente – 12 de Janeiro de 2006 – a Secção de Contencioso Administrativo deste Tribunal reafirmou, no processo n.º 347/04, que «(...) a presunção de indeferimento, face ao silêncio da Administração, é uma mera ficção legal para protecção do administrado, com finalidades exclusivamente adjectivas» – consoante se escreve no acórdão desta Secção do Supremo Tribunal Administrativo, de 7-3-2007, proferido no recurso n.º 6/07.

2.3. No caso sub judicio – e consoante está assente na alínea D) do probatório –, «em 20-10-2004, os Requerentes dirigiram ao Chefe do Serviço de Finanças de Lisboa 2 um requerimento contendo um pedido de restituição dos juros indevidamente calculados e pagos», onde se termina pedindo «o recálculo dos juros nos termos previstos no artigo 4.º do referido DL 124/96, e o reembolso aos requerentes do valor indevidamente pago. (...)».

E – de acordo com o que está fixado na alínea N) do probatório – a Direcção de Serviços de Justiça Tributária comunicou ao Director de Finanças de Lisboa, «para conhecimento dos serviços e devidos efeitos que, por despacho de 20 do corrente, do Senhor Subdirector-Geral para a área da Justiça Tributária, por subdelegação, foi decidido que o pedido de restituição dos juros de mora em causa, deverá ser apreciado, tendo em atenção que os contribuintes...» [reproduzindo-se a seguir, parcialmente, o teor do parecer transcrito em L) do probatório].

Como se observa, à pretensão formulada perante a Administração Fiscal pelos requerentes, ora recorridos, de «recálculo dos juros nos termos previstos no artigo 4.º do referido DL 124/96, e o reembolso aos requerentes do valor indevidamente pago (...)», a mesma Administração Fiscal responde, afinal, com o «despacho de 20 do corrente» (20-02-2006), em que se verbaliza que «foi decidido que o pedido de restituição dos juros de mora em causa, deverá ser apreciado, tendo em atenção que os contribuintes...».

Ora, um tal despacho, em que a decisão é que «deverá ser apreciado», não atende, nem dasatende, ou seja, nada decide em relação, mormente, ao preciso pedido claramente formulado no caso à Administração Fiscal, de «reembolso aos requerentes do valor indevidamente pago».

Assim, «julgamos existir, face aos factos provados, uma clara omissão da Administração Fiscal do dever de concluir e decidir o procedimento, consubstanciado na prolação de um acto administrativo-tributário, final e expresso»; «e dúvidas não nos ficam de que a descrita omissão do dever legal de proferir decisão no procedimento iniciado com o pedido de recálculo e reembolso dos juros indevidamente pagos é susceptível de lesar os direitos ou interesses legítimos em matéria tributária dos Requerentes» – acolhendo aqui as palavras certeiras da sentença posta em crise.

Na verdade, é evidente no caso a existência da omissão de um dever de prestação jurídica por parte da Administração Fiscal, consistente na requerida definição da situação dos requerentes, ora recorridos, em relação nomeadamente ao reembolso do alegado «valor indevidamente pago».

Diremos então que tudo está em saber se a intimação para um comportamento era «o meio mais adequado para assegurar a tutela plena, eficaz e efectiva dos direitos ou interesses em causa», em cotejo com aqueles outros meios de que dispunham os requerentes, ora recorridos: a acção para reconhecimento de um direito e a impugnação ou recurso contencioso – seguindo neste passo quase textualmente, data venia, o fino discurso do acórdão desta Secção do Supremo Tribunal Administrativo, de 7-3-2007 (recurso n.º 6/07), já citado.

Fora de consideração fica o recurso hierárquico, que a entidade recorrente entende ser, também, meio processual mais apto, já que se não trata de um meio contencioso, mas gracioso; e, aqui, como se viu, apenas estão em causa os meios contenciosos, nos termos do citado n.º 2 do artigo 147.º do Código de Procedimento e de Processo Tributário.

Não se vê razão para afirmar que a intimação para um comportamento não é o meio mais ajustado ao caso.

A entidade recorrente, para defender a melhor adequação dos demais meios, alega que neles são admitidos mais meios de prova, e que, no caso da impugnação judicial, é possível apresentar alegações escritas. Ao passo que «o processo previsto no artigo 147.º do Código de Procedimento e de Processo Tributário é um processo expedito que não permite tanta ponderação».

Importa dizer que, contra o alegado pela entidade recorrente, o uso da intimação para um comportamento não é legítimo, apenas, «quando for demonstrado serem os outros meios ineficazes para tutelar os seus direitos ou interesses e não, como sucedeu, quando, por inércia, os mesmos se deixaram precludir». A exigência legal refere-se, tão só, às potencialidades tutelares do meio processual, e não à ineficácia dos demais, ou seja, pode haver outro meio igualmente capaz de tutelar os direitos ou interesses em causa – o que não pode é esse meio ser mais adequado para proporcionar essa tutela.

O facto de outros meios processuais admitirem mais meios de prova ou de intervenção do interessado na exposição da sua posição, permitindo ao juiz, eventualmente, uma melhor ponderação, também não é motivo para se concluir pela sua maior adequação. Se, como afirma a entidade recorrente, a intimação para um comportamento «é um processo expedito», isto é, mais ágil do que os demais, essa pode ser razão para que melhor tutele os direitos ou interesses em causa, sabendo-se que eles se consubstanciam na necessidade, para o interessado, de obter da Administração aquilo que ela não lhe prestou em devido tempo. Neste caso, a melhor tutela pode equivaler à tutela mais rápida, e a isso convém um meio processual mais expedito, ainda que propicie menor ponderação.

De outra banda, os meios impugnatórios dirigidos contra o acto silente só conduziriam à anulação desse acto. Mas, ainda que a Administração continuasse adstrita à obrigação de decidir expressamente a pretensão que a recorrida lhe apresentara, se, porventura, incumprisse, seria necessário o recurso a novo meio processual. Enquanto que, através da intimação para um comportamento, a interessada pode obter, logo, o que pretende, ou seja, a vinculação da Administração a, em prazo fixado pelo tribunal, concluir e decidir o procedimento.

A acção para reconhecimento de um direito, por seu turno, só tem cabimento «sempre que esse meio processual for o mais adequado para assegurar uma tutela plena, eficaz e efectiva do direito ou interesse legalmente protegido», de acordo com o n.º 3 do artigo 145.º do Código de Procedimento e de Processo Tributário.

Ora, não se vê que, em confronto com a intimação para um comportamento, os recorridos pudessem obter melhor tutela por aquela via. E sempre se poderá dizer que, determinando o n.º 3 do artigo 145.º do Código de Procedimento e de Processo Tributário que a acção para reconhecimento de um direito siga os termos do processo de impugnação, estamos perante um meio mais moroso, e a tutela requerida, no caso, implica uma decisão tão pronta quanto possível, pois quanto mais demorada ela for mais distante fica a almejada finalização do procedimento administrativo.

Não se demonstrando, pelo exposto, que a lei ponha à disposição dos recorridos outro meio processual «mais adequado para assegurar a tutela plena, eficaz e efectiva» do direito que pretende ver judicialmente reconhecido (n.º 2 do artigo 147.º do Código de Procedimento e de Processo Tributário), não pode concluir-se pela impropriedade do meio utilizado.

Depois da lição do acórdão acabado de citar, estamos agora habilitados a responder às questões decidendas, e dizer que, ao contrário da conclusão da entidade recorrente, «o despacho proferido, em 20-02-2006, pelo Sr. Subdirector-Geral para a área da Justiça Tributária», não resolve aos requerentes, ora recorridos, «as questões pertinentes suscitadas durante o procedimento»; e que o meio processual de intimação para um comportamento, utilizado neste caso pelos requerentes, ora recorridos, é o apropriado à realização da pretensão de eles verem decidido o pedido que formularam à Administração Fiscal.

Pelo que bem andou a sentença recorrida, que decide julgar procedente «o pedido de Intimação para um comportamento e, em consequência, intima o Senhor Director Geral dos Impostos a, em sessenta dias, proferir decisão final no processo n.º 3547/2004, relativo ao pedido de reembolso de juros indevidamente pagos, desencadeado pelos requerentes em 20-10-2004».

E, então, podemos seguramente concluir que o meio processual de intimação para um comportamento, previsto no artigo 147.º do Código de Procedimento e de Processo Tributário, consagra declaradamente o direito à determinação da prática de actos administrativos legalmente devidos.

Formulado perante a Administração Fiscal o requerimento de «recálculo dos juros nos termos previstos no artigo 4.º do referido DL 124/96, e o reembolso aos requerentes do valor indevidamente pago», em face do despacho de que «foi decidido que o pedido de restituição dos juros de mora em causa, deverá ser apreciado (...)», pode o interessado requerer em juízo a intimação da Administração para a conclusão do respectivo procedimento administrativo em prazo a fixar pelo Tribunal.

Numa situação tal, não é a impugnação do indeferimento presumido, nem a acção para reconhecimento de um direito, mas a intimação para um comportamento que constitui o meio mais adequado «para assegurar a tutela plena, eficaz e efectiva dos direitos ou interesses em causa», nos termos do n.º 2 do artigo 147.º do Código de Procedimento e de Processo Tributário.

Termos em que se acorda negar provimento ao recurso, confirmando-se a sentença recorrida.

Custas pela entidade recorrente, fixando-se a taxa de justiça em nove unidades de conta e a procuradoria em um oitavo.

Lisboa, 23 de Maio de 2007

Jorge Lino (Relator)
Lúcio Barbosa
António Calhau

Recurso n.º 0255/07

IRC. PROVISÕES. RISCOS GERAIS DE CRÉDITO.

(Acórdão de 26 de Abril de 2007)

SUMÁRIO:

I – Nos termos da alínea d) do n.º 1 do artigo 33.º do CIRC, na redacção anterior à Lei 30-G/2000, são fiscalmente dedutíveis as provisões constituídas de harmonia com a disciplina imposta pelo Banco de Portugal às empresas submetidas à sua fiscalização.

II – As provisões fiscalmente dedutíveis tanto podem resultar de uma disposição de carácter genérico como de um acto administrativo individual e concreto do Banco de Portugal, de acordo com o n.º 18 do Aviso 3/95.

III – Sendo irrelevante para efeitos de consideração como custo fiscal que a constituição duma provisão que se mostre adequada, do ponto de vista prudencial, resulte de uma prévia determinação do Banco de Portugal ou de uma sua posterior ratificação.

ACORDAM, EM CONFERÊNCIA, NA SECÇÃO DE CONTENCIOSO TRIBUTÁRIO DO SUPREMO TRIBUNAL ADMINISTRATIVO:

I – O Banco BPI, SA, com sede no Porto, veio deduzir impugnação judicial da liquidação adicional de IRC relativo ao exercício de 1996.

Por sentença de 29/4/2005 do Mmo. Juiz do TAF do Porto foi a impugnação julgada totalmente procedente e, consequentemente, anulada a liquidação adicional impugnada.

Não se conformando com tal decisão, dela interpôs a representante da Fazenda Pública recurso para o TCAN, formulando as seguintes conclusões:

A. Em causa está a constituição de **Provisões para riscos gerais de crédito**, consagrada na alínea *b*) do n.° 1.° do Aviso n.° 3/95, do Banco de Portugal, no montante de 2.058.947, 93 euros (esc. 412.781.999$00), que no entender da Inspecção Tributária ultrapassa os limites mínimos fixados no ponto 3 do n.° 7.° do Aviso, tendo sido objecto de correcção ao abrigo do disposto na alínea *d*) do n.° 1 do art. 33.° do CIRC dado que apenas esses revestem carácter obrigatório.

B. A constituição da provisão, acima dos mínimos obrigatórios, para fazer face a riscos específicos dos créditos detidos pela impugnante sobre as sociedades "Incobel" e "Incoper", não decorreu de qualquer imposição legal do Banco de Portugal, que no caso dos autos se limitou a autorizar a provisão constituída acima do quadro mínimo de referência, estabelecido no supracitado Aviso.

C. Na aplicação do direito aos factos, a douta sentença recorrida reconhece que a constituição daquela provisão não foi imposta pelo Banco de Portugal, que esta entidade sancionou a medida adoptada pela impugnante, mas sustenta a aceitação da constituição da provisão como custo fiscal do exercício, enquadrando-a na previsão do n.° 18.° do referido Aviso n.° 3/95.

D. Entende a Fazenda Pública que quer seja através de uma disposição de carácter genérico e abstracto, quer seja através de um acto administrativo individual e concreto, as provisões fiscalmente aceites nos termos da alínea *d*) do n.° 1 do art. 33.° do CIRC têm de ter sido **impostas** pelo Banco de Portugal.

E. Para este efeito fiscal, não pode a constituição de provisões ser apenas objecto de um sancionamento positivo pelo Banco de Portugal, após ter sido solicitada a sua aprovação e enquadramento no Aviso n.° 3/95, como no caso vertente, e *a posteriori*, ou seja, depois de terem sido constituídas por livre arbítrio e iniciativa da impugnante.

F. Apesar de a impugnante pretender agora que as provisões em referência encontram acolhimento legal no n.° 18.° do Aviso n.° 3/95, sendo que este se traduz numa norma prudencial, de natureza individual e **imposição obrigatória**, fazendo parte dos instrumentos de carácter preventivo ao dispor das autoridades de supervisão das instituições bancárias, o facto é que o Banco de Portugal se limitou a autorizar a provisão constituída acima do quadro mínimo de referência, estabelecido no Aviso.

G. Nem todas as provisões constituídas pelas instituições bancárias, mesmo constando do Aviso n.° 3/95 do Banco de Portugal, são de constituição obrigatória e consequentemente impostas por esta entidade, só o sendo se verificadas as condições nele especificadas, como resulta da redacção do n.° 1.° do Aviso.

H. Entende a Fazenda Pública que a constituição da provisão para riscos gerais de crédito fica objectivamente afastada do seu enquadramento como fiscalmente dedutível, nos termos da alínea *d*) do n.° 1 do art. 33.° do CIRC, porquanto **o montante da sua constituição ultrapassa os limites mínimos fixados** no ponto 3 do n.° 7.° do Aviso n.° 3/95, e esse **excesso não foi determinado por uma intervenção prévia da entidade supervisora**, a coberto do disposto no n.° 18.° do mesmo Aviso.

I. É de manter a correcção efectuada pela Administração Tributária ao resultado tributável declarado do exercício de 1996, por não consideração como custo fiscal das provisões em causa.

J. Ao não decidir desta forma, a douta sentença recorrida violou as disposições legais supracitadas.

Contra-alegando, veio a impugnante dizer que:

1.ª Constitui objecto do presente recurso, atento o teor das alegações do Recorrente, a questão de saber se bem andou o Tribunal *a quo* ao julgar conforme com o Aviso n.° 3/95 do Banco de Portugal e com o disposto no então art. 33.°, n.° 1, alínea *d*) do CIRC, a dotação da provisão para riscos gerais de crédito no montante de Pte. 412.781.999$00;

2.ª De acordo com o entendimento do Ilustre Representante da Fazenda Pública tal decisão afigura-se ilegal na medida em que o art. 33.°, n.° 1, alínea *d*) do CIRC impõe que a relevação fiscal, no seu âmbito, de qualquer provisão terá de decorrer de da mesma ter sido "*... imposta por força do disposto nos n.os 4.° e 5.° do Aviso n.° 3/95...*" ou determinada "*... por uma intervenção prévia da entidade supervisora, a coberto do disposto no n.° 18.° do mesmo Aviso.*", o que não se terá alegadamente verificado no caso vertente porquanto o Banco de Portugal "*... limitou a autorizar a provisão acima do quadro mínimo de referência, estabelecido no supra citado Aviso.*";

3.ª Entende o ora Recorrido que não assiste razão ao ora Recorrente;

4.ª Efectivamente e desde logo este poder que o Banco de Portugal tem de fixar a disciplina das entidades que se encontram submetidas à sua supervisão, ao qual o legislador ordinário entendeu dever dar-se a concomitante relevação fiscal através do disposto, designadamente, no art. 33.°, n.° 1, alínea *d*), do CIRC, mais não constitui do que uma delegação de poderes deste naquele determinada por razões de interesse público através da qual o Estado comete ao Banco de Portugal uma parcela da sua função tributária;

5.ª Quer da letra, quer da *ratio*, do art. 33.°, n.° 1, alínea *d*), do CIRC, a delegação dos poderes administrativos acima referida tem de ser entendida como possibilitando a realização das atribuições aí mencionadas tanto pela via da normação regulamentar, por meio de instruções gerais e abstractas, como pela via da prática de actos administrativos, de actos de aplicação desses critérios;

6.ª Evidentemente, que os princípios da legalidade e da igualdade tributária previstos, respectivamente, nos arts. 103.° e 13.° da Constituição da República Portuguesa postulam que a disciplina da matéria cuja competência se reservou para o Banco de Portugal seja efectuada numa primeira linha pela via de normas gerais e abstractas. Nada impede, todavia, que essa matéria seja enunciada com recurso a critérios normais e critérios excepcionais e mereça igual aplicação por via de um "*... acto administrativo individual e concreto*" como se refere no acórdão proferido no processo n.° 16745, em 18 de Março de 1998;

7.ª É neste contexto que surge o n.° 18 do Aviso n.° 3/95;

8.ª A circunstância do Banco de Portugal vir a ratificar, ainda que por via de autorização, uma medida desta natureza adoptada por determinada instituição de crédito mais não traduz que uma confirmação da necessidade e imperatividade da política de provisionamento submetida à sua apreciação;

9.ª De nada importa para efeitos do disposto no n.º 18.º do Aviso n.º 3/95 do Banco de Portugal e, bem assim, do disposto no art. 33.º, n.º 1, alínea *d*), do CIRC, como se referiu, se aquele acto que valida a constituição da provisão se consubstancia numa prévia imposição ou num posterior acolhimento;

10.ª O que releva é, tão somente e por um lado, se o tratamento diferenciado que se pode estar a dar a uma certa entidade sujeita à sua supervisão face às demais continua a estar justificado materialmente em função dos interesses públicos específicos cuja satisfação se pôs a cargo do órgão ou, ao invés, se estão a prosseguir outros interesses e;

11.ª por outro lado, se são os princípios da gestão sã e da prudência que enformam todo o regime do Aviso n.º 3/95 o móbil da actuação do Banco de Portugal para considerar justificada seja *a priori* ou *a posteriori* a constituição daquela provisão;

12.ª Aliás, a questão da admissibilidade da ratificação das provisões a coberto do regime previsto no Aviso n.º 3/95 afigura-se de tal modo incontornável que, por forma a adequar o sistema fiscal àquele que, no entender da Administração Tributária, deveria ser o sentido do referido preceito do CIRC, aquela se viu forçada a alterar o próprio texto legislativo através da Lei n.º 30-G/2000, a qual veio limitar as provisões fiscalmente dedutíveis às que, por força de imposição de carácter genérico e abstracto, tiverem sido obrigatoriamente constituídas pelas entidades sujeitas à supervisão do Banco de Portugal;

13.ª Ressalvando, no entanto, aquela Lei, no art. 7.º, n.º 6, que tal limitação só seria aplicável a partir do exercício de 2001 e não a exercícios anteriores como é o caso do ora em apreço;

14.ª Pelo que cumpre concluir, sem mais delongas, que bem andou o Tribunal *a quo* ao julgar pela ilegalidade da correcção em apreço, devendo agora julgar-se improcedente o recurso *sub judice*.

A Exma. PGA junto daquele Tribunal emitiu parecer no sentido de que devia ser negado provimento ao recurso.

Por acórdão de 20/12/2006, declarou-se o TCAN incompetente, em razão da hierarquia, para conhecer do recurso, por este versar exclusivamente matéria de direito, sendo competente para o efeito a Secção de Contencioso Tributário deste STA.

Aqui remetidos os autos, foram colhidos os vistos legais, pelo que cumpre agora decidir.

II – Mostra-se fixada a seguinte matéria de facto:

1 – Na sequência de exame à escrita levada a cabo pelos Serviços de Prevenção e Inspecção Tributária da Direcção Geral dos Impostos foram efectuadas diversas correcções ao lucro tributável apurado pelo impugnante na declaração modelo 22 referente ao exercício de 1996;

2 – Das conclusões da acção inspectiva constantes do relatório de inspecção resulta que as correcções ao resultado fiscal apurado pelo impugnante foram as seguintes:

a) não aceitação, como custo fiscal, de provisões para crédito vencido contabilizadas no exercício pelo montante de € 245, 48 (Esc. 49.215$00) (...);

b) não aceitação, como custo fiscal, de provisões para riscos gerais de crédito constituídas no exercício pelo montante de € 2.058.947,93 (Esc. 412.781.999$00) por terem sido pretensamente excedidos os limites previstos no Aviso n.º 3/95 do Banco de Portugal;

c) não aceitação, como custo fiscal, de provisões para riscos bancários gerais no montante de € 21.366,55 (Esc. 4.283.609$00 (...);

d) não aceitação, como custo fiscal, de provisões para depreciação de títulos no montante de € 239,77 (Esc. 48.070$00) (...):

e) não aceitação, como custo fiscal, de encargos relevados na conta "Perdas Extraordinárias" no montante de € 3.876,15 (Esc. 777.099$00), por se entender não serem os mesmos indispensáveis à realização dos ganhos sujeitos a imposto;

f) consideração indevida pelo impugnante do reporte dos prejuízos fiscais apurados nos exercícios de 1992 e 1993.

3 – A Administração Tributária procedeu à liquidação adicional de IRC relativa ao exercício de 1996, na importância a pagar de 1.070.074,66;

4 – O impugnante contestou em sede de reclamação graciosa as correcções referidas nas alíneas *b*), *c*), *e*) e *f*) do ponto 2, conformando-se com as constantes das alíneas *a*) e d);

5 – Na sequência do deferimento parcial da reclamação graciosa (notificado ao impugnante em 5/6//2003), a AT anulou as correcções indicadas nas alíneas *c*) e *f*) e manteve as correcções ao lucro tributável referidas nas alíneas *b*) e *e*) do ponto 2;

6 – Das conclusões da acção inspectiva resulta que as correcções em causa assentaram no seguinte:

"*1.2. Provisão para Riscos Gerais de Crédito*

Em 09/02/96 o BFB solicitou ao Banco de Portugal autorização para constituir provisões para risco específico de crédito, por um montante correspondente à totalidade dos créditos da Incopel e da Incofer. Em resposta ao pretendido pelo Banco, o Banco de Portugal considerou adequada, do ponto de vista prudencial, a constituição da provisão para os créditos em questão, no montante de 412.781.999$00.

Dado que a constituição desta provisão não foi imposta pelo BP, nos termos do n.º 18, do Aviso 3/95 do Ministério das Finanças, mas sim autorizada face ao solicitado pelo BFB e uma vez que ultrapassa o limite estabelecido no n.º 3 do n.º 7 do citado Aviso, não vai ser aceite fiscalmente como custo do exercício, nos termos da alínea d) do n.º 1 do art. 33.º do CIRC, conjugado com o Aviso supra citado, pelo que se procedeu à correcção no montante de 412.781.999$00, cfr. anexo n.º 2.

(...)

2. Perdas Extraordinárias (art. 23.º)

O Banco contabilizou em Perdas Extraordinárias os seguintes custos:

– Notas Falsas (nacionais).......... 392.000$00
– Notas Falsas (estrangeiras)....... 164.956$00
– Travellers Cheques .... 119.301$00
– Eurocheques e notas falsas .... 100.842$00

Nos termos do corpo do art. 23.º do CIRC estes custos não são indispensáveis à realização de proveitos ou ganhos, pelo que se efectuará um acréscimo *ao lucro tributável no montante de 777.099$00.*";

7– O impugnante deduziu a presente impugnação judicial em 20/6/2003, relativamente às correcções mencionadas no ponto 2, nas alíneas *b*) e *e*).

III – Vem o presente recurso interposto pela representante da Fazenda Pública da sentença do TAF do Porto que julgou precedente a impugnação deduzida contra a liquidação adicional de IRC do exercício de 1996 no que respeita à correcção relativa à provisão para riscos gerais de crédito, no montante de 412.781.999$00, correspondente à totalidade dos créditos detidos sobre as sociedades Incopel e Incofer.

A Administração Tributária não aceitou esta provisão como custo fiscal, nos termos da alínea *d*) do n.° 1 do artigo 33.° (actual 34.°) do CIRC, por ter considerado que a provisão ultrapassava o limite estabelecido no n.° 3 do n.° 7 do Aviso 3/95, de 30/6, do Banco de Portugal e a sua constituição não ter resultado de imposição prévia desta entidade, não se enquadrando, por isso, no n.° 18 do citado Aviso.

O impugnante sustenta, por seu turno, que a provisão em causa deve ser aceite como custo fiscal, uma vez que a sua constituição foi autorizada pelo Banco de Portugal.

Nos termos da alínea *d*) do n.° 1 do artigo 33.° do CIRC, na redacção vigente à data a que se reportam os presentes autos – exercício de 1996, são fiscalmente dedutíveis as provisões específicas constituídas de harmonia com a disciplina imposta pelo Banco de Portugal às empresas submetidas à sua fiscalização.

Através do Aviso n.° 3/95, de 30/6, o Banco de Portugal definiu as regras e os termos em que as instituições de crédito e as sociedades financeiras estão obrigadas a respeitar na constituição de tais provisões.

A constituição de provisões para riscos gerais de crédito está incluída entre as provisões de constituição obrigatória previstas no referido Aviso (alínea *b*) do n.° 1).

Mas respeitando a provisão em causa a riscos específicos dos créditos detidos pelo impugnante sobre as sociedades Incobel e Incoper, para que possa ser fiscalmente dedutível, nos termos da alínea *d*) do n.° 1 do artigo 33.° CIRC, o seu montante devia corresponder a 1% dos valores que constituem a sua base de incidência, conforme estabelece o ponto 3 do n.° 7 do Aviso 3/95 do Banco de Portugal.

Como no caso em apreço o montante da provisão ultrapassava esse limite, o impugnante solicitou autorização ao Banco de Portugal para a sua constituição, o qual considerou adequada, do ponto de vista prudencial, a constituição da provisão para os créditos em questão, no montante de 412.781.999$00.

Coloca-se, então, a questão de saber se as provisões cuja constituição não é imposta mas apenas autorizada ou ratificada pelo Banco de Portugal devem ser aceites como custos fiscais.

Já vimos que a alínea *d*) do n.° 1 do artigo 33.° CIRC fala em provisões específicas constituídas de harmonia com a disciplina imposta pelo Banco de Portugal.

Ao contrário de outras provisões em que o legislador enunciou logo o seu critério definidor e respectivos limites, aqui delegou no Banco de Portugal o exercício desse poder tributário.

Como se refere no acórdão do STA proferido no processo 16745 em 18/3/98, "Estamos perante um caso nítido de delegação de poder administrativo próprio de certa administração directa do Estado (a administração fiscal) numa outra administração não fiscal do Estado exercida por forma indirecta, numa administração levada a cabo através de institutos públicos, como é o caso do Banco de Portugal, cuja explicação se prende com o facto deste se encontrar melhor posicionado para surpreender e dar satisfação ao interesse público que aqui se resolve numa certa conciliação entre os interesses da obtenção de receitas fiscais com os de execução de uma correcta política monetária e financeira a ser concretizada por todos os agentes financeiros e que constitui uma específica atribuição do Banco de Portugal".

A disciplina da matéria cuja competência se reservou para o Banco de Portugal deve ser efectuada pela via de normas gerais e abstractas mas nada impede que o seja também pela prática de actos administrativos individuais e concretos.

Situação que se veio a alterar, contudo, através da Lei 30-G/2000, a qual veio limitar as provisões fiscalmente dedutíveis como custos fiscais às que, por força de imposição de carácter genérico e abstracto, tiverem sido obrigatoriamente constituídas pelas entidades sujeitas à supervisão do Banco de Portugal, mas que não tem reflexo no caso em apreço na medida em que tal alteração só é aplicável a partir do exercício de 2001 e não a exercícios anteriores como é o caso (n.° 6 do artigo 7.° da citada Lei).

É neste contexto que deve ser visto o n.° 18 do Aviso n.° 3/95 do Banco de Portugal, segundo o qual este poderá determinar, caso a caso, que uma instituição reforce a sua política de provisionamento, quando considere que, designadamente face à situação dos mercados ou dos sectores de actividade em que ela seja mais activa, as provisões constituídas se mostrem insuficientes.

Sendo, a nosso ver, irrelevante para efeitos de consideração como custo fiscal que a constituição duma provisão que se mostre adequada, do ponto de vista prudencial, resulte de uma prévia determinação do Banco de Portugal ou de uma sua posterior ratificação.

O que importa é que ela seja determinada por razões de uma gestão sã e de prudência e seja supervisionada pelo Banco de Portugal.

A sentença recorrida que assim entendeu deve, por isso, ser mantida.

IV – Termos em que, face ao exposto, acordam os Juízes da Secção de Contencioso Tributário do STA em negar provimento ao recurso, confirmando a sentença recorrida.

Sem custas.

Lisboa, 26 de Abril de 2007

António Calhau (Relator)
Brandão de Pinho
Pimenta do Vale

Recurso n.° 127/0730

IRS. RENDIMENTOS DA CATEGORIA B. RENDIMENTO COLECTÁVEL. DEFICIENTES. ISENÇÃO. EBF.

(Acórdão de 16 de Maio de 2007)

SUMÁRIO:

I – O imposto sobre o rendimento das pessoas singulares incide sobre o valor anual dos rendimentos de diferentes categorias, entre as quais se inclui a categoria B respeitante aos rendimentos empresariais e profissionais.

II – O rendimento colectável em IRS é o que resulta do englobamento dos rendimentos das várias categorias auferidos em cada ano, depois de feitas as deduções e os abatimentos previstos.

III – A isenção prevista na alínea *a*) do n.º 1 do artigo 16.º EBF aplica-se directamente aos rendimentos brutos das categorias susceptíveis de beneficiar da mesma e não ao rendimento líquido ou ao rendimento colectável do sujeito passivo.

ACORDAM, EM CONFERÊNCIA, NA SECÇÃO DE CONTENCIOSO TRIBUTÁRIO DO SUPREMO TRIBUNAL ADMINISTRATIVO:

I – O representante da Fazenda Pública, não se conformando com a sentença da Mma. Juíza do TAF de Leiria que julgou procedente a impugnação judicial deduzida por Dionísio Manuel Mendes Galinha, residente em Vila Nova da Barquinha, contra a liquidação de IRS do ano de 2002, dela vem interpor recurso para este Tribunal, formulando as seguintes conclusões:

– A douta sentença de que se recorre incorreu em errónea interpretação do disposto (à data do facto tributário vigente) na alínea a) do n.º 1 do artigo 16.º do EBF.

– O erro na aplicação do Direito em que incorre a douta sentença inicia-se desde logo com a incorrecta convocação ao despacho decisório do disposto no artigo 1.º do CIRS, posto que para a interpretação sobre como aplicar a isenção preceituada na alínea *a*) do n.º 1 do artigo 16.º do EBF não passa por recorrer ao estatuído na norma 1.ª do Código do IRS.

– Mas antes sim pela análise das distintas soluções e técnicas preconizadas pelo legislador no Estatuto dos Benefícios Fiscais, designadamente em sede de IRS, para assim poder apreender qual o pensamento e intuito legislativo que presidiu à redacção do então vigente n.º 1 do artigo 16.º do EBF.

– Soçobra ainda em desfavor da douta sentença o facto da questão da incidência em sede de IRS se ter limitado a uma errónea interpretação de um preceito legal (artigo 1.º) quando, na verdade, para efeito de escrutínio da incidência em sede de IRS imprescindível se tornava *in casu* atentar ao teor dos artigos 2.º e 3.º do CIRS.

– Isto porque, se existe norma que define directa e concretamente quais as realidades materiais sobre as quais recai o imposto sobre as pessoas singulares, essa norma não é a primeira do CIRS, mas antes os dispositivos legais constantes dos artigos 2.º a 11.º do CIRS, na medida em que são estes que delimitam verdadeiramente qual a base de incidência real do imposto, escalpelizando os rendimentos sujeitos a cada uma das categorias do imposto.

– Quer-se com isto afirmar que, ainda que trazendo à colação a matéria da incidência real em termos de IRS para conferir solução em conformidade com a letra da norma e o espírito legislativo subjacente à aplicação da alínea *a*) do n.º 1 do artigo 16.º do EBF, a conclusão teria necessariamente de ser diametralmente oposta àquela que levou vencimento na douta sentença de que se recorre.

– Ou seja, teria de se acolher a interpretação legal vinda de defender pela Fazenda Pública neste pleito e até hoje (ao que nos é dado conhecer) absolutamente pacífica na doutrina e na jurisprudência no sentido de aplicar a isenção de 50% da alínea *a*) do n.º 1 do artigo 16.º do EBF ao rendimento bruto auferido pelo beneficiário em sede de categorias A e B.

– O que vale por dizer que no caso dos vertentes autos, afirmando a alínea a) do n.º 1 do artigo 16.º do EBF uma isenção de tributação de 50% dos rendimentos de categoria A e B, o intérprete terá, em caso de eventual dúvida sobre quais os rendimentos sujeitos a IRS, de recorrer ao normativo ou normativos que lhe permitam delimitar positivamente a incidência real do imposto em cada uma das categorias do IRS.

– Delimitação essa das realidades sujeitas a IRS que apenas podem ser colhidas no caso da citada alínea *a*) do n.º 1 do artigo 16.º do EBF pela análise dos artigos 2.º e 3.º do CIRS, respectivamente.

– Discorda a Fazenda Pública da interpretação efectuada pela douta sentença segundo a qual o IRS incide sobre o rendimento colectável, o que se afigura seguramente destituído de fundamento.

– Igual conclusão se impõe retirar relativamente a uma solução de aplicação da isenção ao rendimento depois de aplicados os respectivos coeficientes ao caso aplicáveis, os quais constam do artigo 31.º do CIRS.

– O rendimento *in casu* susceptível de beneficiar da aplicação da alínea *a*) do n.º 1 do artigo 16.º do EBF são os rendimentos auferidos pelo impugnante em sede de trabalho independente, subsumidos na norma de incidência do artigo 3.º do CIRS que mais não é do que o rendimento bruto.

– No caso do n.º 1 do artigo 16.º do EBF, ter-se-á de partir do princípio que, uma vez mais, o legislador consagrou a melhor solução e exprimiu correctamente o pensamento legislativo.

– A expressão "rendimentos" sem mais concretização jamais poderá significar qualquer expressão quantitativa fiscal que não seja rendimento na acepção dos valores auferidos ou postos à disposição de determinada pessoa singular e sujeitos a tributação em sede de IRS nos termos dos artigos 2.º a 11.º do CIRS.

– Prejudicando qualquer interpretação da norma no sentido de fazer operar a isenção sobre o rendimento colectável ou mesmo sobre o rendimento líquido da categoria, na medida em que a estes não corresponde o quantitativo efectivamente auferido ou posto à disposição da pessoa singular, mas antes a meros resultados de fórmulas de cálculo utilizadas por força da aplicação das técnicas de apuro consagradas no apuramento do imposto em causa – IRS.

– Em abono da interpretação posta em prática pela liquidação de IRS posta em crise neste pleito, importa realçar o posicionamento de Maria Teresa Barbot Veiga Faria, a qual em anotação ao artigo 44.° do "Estatuto dos Benefícios Fiscais – Notas explicativas", Editora Rei dos Livros, Edição de 1998: "*O benefício consagrado no n.º 1 deste artigo consiste na não tributação em IRS de 50% dos rendimentos brutos das categorias A (Rendimentos do trabalho dependente) e B (Rendimentos do trabalho independente)* ...".

– Conclui-se pois e sem margem para qualquer dúvida que o texto do preceito reconstitui de forma perfeita o pensamento legislativo, posto que fica demonstrado que sempre que o legislador se pretende referir a rendimento que não o bruto ou ilíquido o faz referindo-se expressamente ao específico estágio do apuramento do imposto a que se aplica o correspondente benefício fiscal.

– Em suma, a isenção constante da alínea *a*) do n.° 1 do artigo 16.° do EBF terá nos termos legais de ser interpretada como se aplicando ao rendimento bruto da categoria A e/ou B do contribuinte que reúna os pressupostos para dela poder beneficiar, como é o caso do ora impugnante.

– Tendo a liquidação impugnada adoptado a interpretação supra do citado preceito legal, não podia, nem pode, a Fazenda Pública acompanhar os fundamentos e o sentido da douta decisão de que ora se recorre.

Não houve contra-alegações.

O Exmo. Magistrado do MP junto deste Tribunal emite parecer no sentido de que o recurso merece provimento.

Colhidos os vistos legais, cumpre decidir.

II – Mostra-se fixada a seguinte matéria de facto:

1. O impugnante exerce actividade profissional, com o CAE 52463, e o NIF 196842883, na área do Serviço de Finanças de V. N. da Barquinha.

2. Em 28.04.2003 apresentou naquele Serviço de Finanças a Declaração Mod. 3 – Anexo B de IRS relativamente aos rendimentos do ano de 2002, respeitante a rendimentos profissionais, comerciais ou industriais sujeito ao regime simplificado, cujo conteúdo se dá aqui por integralmente reproduzido.

3. Conforme informação prestada pela Técnica da Administração Tributária dos SF de V. N. da Barquinha a fls. 37 e 38 dos autos, o aqui impugnante é deficiente com grau de invalidez que lhe foi atribuído superior a 60 %.

4. Em 18/08/2003 foi efectuada ao impugnante a liquidação de IRS, de acordo com os rendimentos declarados e referidos em 2., a que foi atribuído o n.° 5113015168, conf. fls. 5 dos autos que aqui se dá por integralmente reproduzida, tendo sido apurado imposto a pagar no montante de € 2.951,78.

5. A nota de liquidação supra referida tem data limite de pagamento em 08/10/2003.

6. A presente impugnação foi apresentada no SF de Vila Nova da Barquinha em 16/12/2003.

III – Vem o presente recurso interposto pelo representante da Fazenda Pública da sentença da Mma. Juíza do TAF de Leiria que julgou procedente a impugnação judicial deduzida pelo ora recorrido contra a liquidação de IRS do ano de 2002 e, em consequência, anulou tal liquidação com fundamento em erro na determinação da matéria tributável por ter a AF procedido à aplicação do benefício do artigo 16.° do EBF directamente ao rendimento bruto do impugnante e não ao rendimento colectável.

Nos termos do artigo 16.°, n.° 1, alínea *a*) do EBF, ficam isentos de tributação em IRS 50% dos rendimentos da categoria B auferidos por titulares deficientes, com o limite de € 13.504,76 fixado para o ano de 2002.

A questão aqui em apreço resume-se em saber se a isenção prevista no artigo 16.° do EBF deve ser efectuada ao rendimento bruto, como fez a AF, ou ao rendimento colectável, como se entendeu na sentença recorrida.

Nesta a Mma. Juíza "a quo" concluiu que a aplicação deste benefício pressupunha necessariamente a determinação do rendimento colectável pois só este rendimento se encontra sujeito a imposto e não o rendimento bruto que constitui a sua base tributável.

Mas não tem, a nosso ver, razão.

Com efeito, o imposto sobre o rendimento das pessoas singulares incide sobre o valor anual dos rendimentos de diferentes categorias, entre as quais se inclui a categoria B respeitante aos rendimentos empresariais e profissionais (artigo 1.° CIRS).

Consideram-se rendimentos empresariais e profissionais, nomeadamente, os decorrentes do exercício de qualquer actividade comercial, industrial, agrícola, silvícola ou pecuária (artigo 3.° CIRS).

A determinação destes rendimentos faz-se com base na contabilidade dos sujeitos passivos ou na aplicação das regras decorrentes do regime simplificado (artigo 31.° CIRS).

O rendimento colectável em IRS é o que resulta do englobamento dos rendimentos das várias categorias auferidos em cada ano, depois de feitas as deduções e os abatimentos previstos (artigo 21.° CIRS).

É sobre este rendimento que se hão-de depois aplicar as taxas constantes da tabela do artigo 71.° CIRS.

Ora, não é correcto afirmar-se, como se faz na sentença recorrida, que só este rendimento está sujeito a imposto.

Pelo contrário, o imposto incide sobre todo o rendimento auferido, depois de efectuadas as correspondentes deduções e abatimentos.

E só depois de este estar apurado se pode determinar o rendimento colectável sobre o qual incidirá a taxa correspondente com vista ao cálculo do imposto a pagar.

Sendo que, no caso do IRS, o rendimento colectável será sempre o que resultar do englobamento dos rendimentos das várias categorias auferidos em cada ano.

Assim, se a isenção em causa se reporta apenas a uma dessas categorias ela ter-se-á que aplicar ao rendimento da categoria a isentar para que se possa levar este ao englobamento já subtraído da parte isenta e não ao rendimento colectável que engloba rendimentos de outras categorias relativamente às quais a isenção se não aplica.

Por outro lado, constituindo a isenção modalidade de benefício fiscal que incide sobre os rendimentos sujeitos a tributação (artigo 2.°, n.° 1 EBF), estes, sem dúvida, que são objectivamente todos os rendimentos auferidos pelo sujeito passivo e enquadráveis neste caso na previsão do artigo 3.º CIRS.

Acresce que se outra fosse a intenção do legislador este tê-lo-ia dito de forma expressa, como, de resto, o faz a propósito dos abatimentos respeitantes aos encargos com pensões (artigo 56.º CIRS) e no próprio EBF nos artigos 16.º, n.º 2, 18.º, n.º 1 e 56.º, n.º 1.

Daí que se tenha, pois, que concluir que a isenção prevista na alínea *a*) do n.º 1 do artigo 16.º EBF deve incidir sobre o rendimento global das categorias abrangidas e não sobre o rendimento colectável, como se sustenta na decisão recorrida.

IV – Termos em que, face ao exposto, acordam os Juízes da Secção de Contencioso Tributário do STA em conceder provimento ao recurso, revogando a sentença recorrida, e julgar improcedente a impugnação judicial, mantendo-se, em consequência, a liquidação impugnada.

Custas pelo ora recorrido apenas na 1.ª instância.

Lisboa 16 de Maio de 2007

António Calhau (Relator)
Brandão de Pinho
Pimenta do Vale

Recurso n.º 265/07-30

IVA. ISENÇÃO. DESPESAS DE CONDOMÍNIO. JUROS COMPENSATÓRIOS. INFORMAÇÃO VINCULATIVA.

(Acórdão de 16 de Maio de 2007)

SUMÁRIO:

I – A expressão "actividade isenta" contida na norma do artigo 9.º, n.º 23 CIVA reporta-se ao exercício de uma actividade isenta por parte dos membros do grupo autónomo e não ao exercício de uma actividade isenta pelo grupo autónomo.

II – Não assume a natureza de informação prévia vinculativa para a AF o entendimento expresso numa informação prestada no âmbito de uma acção de fiscalização.

III – O atraso na liquidação e entrega do IVA resulta de comportamento culposo do contribuinte, determinante da liquidação de juros compensatórios, se, apesar de informação prestada pela AF, aquele persiste em não proceder à sua liquidação por divergência com esta.

ACORDAM, EM CONFERÊNCIA, NA SECÇÃO DE CONTENCIOSO TRIBUTÁRIO DO SUPREMO TRIBUNAL ADMINISTRATIVO:

I – Condomínio Edifício Brasília, com sede no Porto, não se conformando com a sentença do Mmo. Juiz do TAF do Porto que julgou apenas parcialmente procedente a impugnação judicial por si deduzida contra as liquidações adicionais de IVA e juros compensatórios, referentes aos anos de 1996, 1997 e 1998, no valor global de € 348.670,61, e, em consequência, anulou as liquidações referentes aos juros compensatórios dos anos de 1996 e 1997, mantendo as restantes liquidações, dela interpôs recurso para o TCAN, formulando as seguintes conclusões:

I. A recorrente não pode concordar com a sentença proferida nos autos à margem referenciados, que considerou que as operações realizadas pela recorrente não estão isentas de IVA.

II. Ao contrário do que se considerou na sentença proferida, o n.º 23 do art. 9.º do Código do IVA visa isentar as prestações de serviços que, em última análise, representam somente o reembolso de despesas pelos aderentes de certos grupos autónomos de pessoas, sendo que os "condomínios" contam-se, inequivocamente, entre os grupos autónomos de pessoas que efectuam aquelas prestações de serviços ou reembolso de despesas.

III. Esta afirmação foi corroborada, de forma expressa e no que à recorrente diz respeito, pela administração tributária, designadamente na informação datada de 13 de Março de 1989, elaborada na sequência de uma outra visita de fiscalização à recorrente, bem como no Ofício-circulado n.º 2 593-SIVA, de 16-11-1993, quando no seu n.º 3 se afirma que "*são pois de considerar aqui incluídos os grupos de condóminos de um mesmo prédio, em regime de propriedade horizontal quanto às despesas de condomínio*".

IV. A interpretação dada pela administração tributária, e acolhida pela sentença recorrida, não está conforme ao teor do n.º 23 do art. 9.º do CIVA.

V. Daquele normativo destacam-se três requisitos, preenchidos no caso *sub judice*: trata-se de **prestações de serviços fornecidas aos seus membros** por grupos autónomos de pessoas, existe o **reembolso exacto da parte que lhes incumbe** nas despesas comuns e trata-se de grupos autónomos de **pessoas que exerçam uma actividade isenta**.

VI. O confronto deste último requisito com o afirmado na informação n.º 1861 permite identificar uma divergência relevante: enquanto o normativo se refere a *pessoas que exerçam uma actividade isenta* a administração fiscal invoca que estamos perante *sujeitos passivos não isentos* e, por isso, a aplicação da isenção afigura-se inviável.

VII. Isto significa que a administração considere equivalentes as expressões "*pessoas que exerçam uma actividade isenta*" e "*sujeitos passivos isentos*", não se podendo confundir o exercício de actividades isentas com categorias de sujeitos passivos, sejam eles isentos, não isentos ou mistos.

VIII. O que a norma exige é que as pessoas, independentemente da sua qualificação em sede de IVA, exerçam uma actividade isenta, que há-de ser a que resulta da participação no grupo autónomo e não qualquer outra alheia ao escopo do grupo.

IX. O condómino, enquanto comproprietário das partes comuns de um edifício, não exerce qualquer actividade ou a única que pode desenvolver traduz-se na cedência do imóvel, actividade que é isenta ao abrigo do n.º 30 do art. 9.º.

X. E se se admitisse que a isenção só seria aplicável a sujeitos passivos isentos, então, ter-se-ia de concluir que ela não beneficiaria os particulares, dado que estes não são sujeitos passivos, o que equivaleria a dizer que qualquer condomínio habitacional, cujos condóminos sejam particulares, não poderia usufruir da isenção prevista no n.º 23 do art. 9.º.

XI. O que releva é, assim, a actividade que resulta da participação no grupo, que tem de ser isenta, e não a qualificação que as pessoas possam ter em sede de IVA em virtude do exercício de quaisquer outras actividades estranhas ao grupo.

XII. Assim, a isenção só é afastada se o grupo autónomo for constituído, por exemplo, por comerciantes (sujeitos passivos não isentos) que repartam despesas comuns de uma actividade conjunta, actividade essa de natureza comercial e não isenta, ao contrário do que sucede no caso dos autos.

XIII. Por outro lado, e sem prescindir ainda, verifica-se que, de acordo com o que consta na al. *h*) da matéria de facto dada como provada em informação "*produzida em 13 de Março de 1989*", elaborada na sequência de uma outra visita de fiscalização à recorrente, concluiu-se expressamente pelo seguinte: "*os condóminos entregam à administração do Condomínio as suas quotas nas despesas comuns, reembolsando apenas o valor exacto da parte que lhes incumbe nessas despesas. Por tal facto, estas prestações estão enquadradas no n.º 23 do artigo 9.º do Código do Imposto sobre o Valor Acrescentado*".

XIV. Para efeitos da aplicação do n.º 5 do art. 68.º da Lei Geral Tributária, é inequívoco que, nos anos de 1996 e até Outubro de 1997 (data em que a recorrente foi notificada da informação referida na al. *i*) da matéria de facto dada como provada), a recorrente adoptou os procedimentos que estão vertidos na informação emitida pelos serviços de fiscalização em 13 de Março de 1989, bem como no ofício circulado n.º 2 593-SIVA, que não se refere na sentença proferida.

XV. Dispõe o n.º 5 do art. 68.º da Lei Geral Tributária que "*não são invocáveis retroactivamente perante os contribuintes que tenham agido com base numa interpretação plausível e de boa fé da lei os actos administrativos decorrentes de orientações genéricas emitidas pela administração tributária*".

XVI. E não se diga, como consta da sentença proferida, que tal artigo se aplique apenas a pedidos de informação prévia vinculativa, até porque o próprio texto do artigo não o exige.

XVII. Por outro lado, o princípio da boa fé, contido no art. 266.º, n.º 2 da Constituição da República Portuguesa, exige "*que se tenha que levar em conta, na actuação da administração fiscal, a confiança que as informações prestadas tenham suscitado nos contribuintes a quem foram prestadas – art. 6.º, n.º 2, alínea a) do CPA.*"

XVIII. Pelo que a vinculação da administração fiscal deve ser reconhecida em todos os casos que a informação prestada seja objectivamente susceptível de gerar no contribuinte a confiança em que a administração tributária proceda de harmonia com o informado, o que sucedeu no caso em análise.

XIX. Por outro lado, a recorrente alegou igualmente que deveria atender-se ao facto de constar de orientação genérica a interpretação aplicada, designadamente o ofício circulado n.º 2 593-SIVA, pelo que, ainda por esta via, e em atenção ao princípio da boa fé, deveriam ser anuladas as liquidações relativas aos anos de 1996 e 1997.

XX. Pelo exposto, deverá revogar-se a sentença proferida, na medida em que não fez correcta aplicação do direito aos factos, anulando-se as liquidações impugnadas.

XXI. Por último, e sempre sem prescindir, deveriam ter-se anulado todos os juros compensatórios liquidados à recorrente, uma vez que não existe um facto ilícito e culposo no caso em apreço, tratando-se antes de divergências entre o contribuinte e a administração fiscal, que o contribuinte não poderia prever.

XXII. A sentença proferida violou, assim, entre outros, os artigos 23.º e 23.º-A do CIVA, bem como o n.º 5 do art. 68.º e o art. 35.º da Lei Geral Tributária, o art. 6.º do CPA e o art. 266.º da Constituição da República Portuguesa, pelo que se impõe a sua revogação.

Não houve contra-alegações.

Por acórdão de 1/2/07, julgou-se o TCAN hierarquicamente incompetente para conhecer do recurso, declarando ser competente para esse efeito a Secção de Contencioso Tributário do STA.

Aqui remetidos os autos, pelo Exmo. Magistrado do MP foi emitido parecer no sentido de que o recurso não merece provimento.

Colhidos os vistos legais, cumpre decidir.

II – Mostram-se fixados os seguintes factos:

a) A impugnante, para efeitos de IVA, encontrava-se enquadrada no regime normal de periodicidade mensal até 31/12/1997 e, a partir desta data, no regime de periodicidade trimestral.

b) Em resultado de uma acção inspectiva efectuada à impugnante pelos Serviços de Inspecção Tributária da Direcção Geral dos Impostos, foram efectuadas correcções de natureza aritmética, para efeitos de IVA, referentes aos anos de 1996, 1997 e 1998, das quais resultou imposto em falta, nos montantes de 10.931.530$00, 19.506.694$00 e 20.206.272$00, respectivamente.

c) No relatório de inspecção constante do processo administrativo apenso e cujo teor se dá por integralmente reproduzido, foi considerado, além do mais, o seguinte:

" (...) *Em Outubro de 1996, o s. p. solicitou à DSIVA esclarecimento sobre o enquadramento em sede de IVA de várias questões relacionadas com a Administração do Condomínio do Edifício Brasília. Em 10-10-97, por despacho do Senhor Subdirector Geral foi sancionado parecer com o n.º 1861 (ver anexo 1), do qual transcrevemos as partes mais relevantes que nos conduzem ao enquadramento da actividade.*

"... A isenção prevista no art. 9.º, n.º 23 do CIVA operará desde que verificados os seguintes requisitos:

– os referidos grupos de pessoas deverão exercer actividades isentas.

– só poderá ser exigido dos seus membros a exacta quota parte nas despesas comuns.

– não se poderão verificar distorções de concorrência.

No caso em apreço verifica-se desde logo que o grupo de condóminos em questão integra comerciantes estabelecidos no Centro Comercial Shopping Center Brasília, pelo que estando perante sujeitos passivos não isentos, a aplicação da isenção nos débitos efectuados aos condóminos afigura-se inviável, devendo assim haver liquidação de imposto, à taxa normal de 17% prevista na alínea c) do art. 18.º CIVA."

Assim, conclui-se que a actividade está sujeita a IVA pela prática de operações sujeitas, designadamente os débitos aos condóminos das despesas comuns. (...).

2.3. Cumprimento das obrigações em sede de IVA

De acordo com os registos efectuados e elementos de escrita, os procedimentos do s. p. em sede de IVA, nos anos de 1996 a 1998, foram os seguintes:

– Liquidação de imposto nos débitos feitos aos condóminos relativos a uma parte das despesas comuns provenientes de consumos de água, de electricidade, serviços de vigilância e ocupação de espaços publicitários;

– Envio de declarações periódicas de IVA, onde constam os valores liquidados, bem como os respectivos meios de pagamento.

Assim, conclui-se que nas declarações periódicas apresentadas não foi incluído imposto referente a operações tributáveis, designadamente, os débitos efectuados aos condóminos relativos às restantes despesas comuns, já que o entendimento do s. p. foi o de considerar estas operações isentas, apondo nos documentos emitidos a menção "isento de IVA nos termos do art. 9.º do Código", e não considerou estes valores nas DPs. (...).

IX – Propostas

Foram emitidos os documentos de correcção:

– mod. 382 para as correcções em sede de IVA referentes ao exercício de 1996 (a partir do 3.º trimestre), 1997 e 1998.

– Foi levantado auto de notícia.".

d) Na sequência das correcções efectuadas, a Administração Fiscal emitiu as liquidações adicionais de IVA e juros compensatórios identificados na petição inicial, referentes aos anos de 1996, 1997 e 1998, no montante global de 69.902.182$00, cuja data limite para pagamento voluntário ocorreu em 30/9/2001.

e) A impugnante apresentou reclamação graciosa contra as referidas liquidações, a qual por despacho de 18/6/2002, constante do processo de reclamação graciosa apenso e cujo teor se dá por integralmente reproduzido, foi totalmente indeferida.

f) A notificação daquele despacho foi recebida pela impugnante em 24/7/2002.

g) A presente impugnação foi apresentada em 14/6//2002.

h) No âmbito de uma fiscalização efectuada à impugnante, a Administração Fiscal prestou a informação datada de 13/3/1989, que consta de fls. 53 a 62 dos autos e cujo teor se dá por integralmente reproduzido.

i) Na sequência de um pedido apresentado pela impugnante, a Administração Fiscal prestou a informação n.º 1861, de 29/9/1997, constante de fls. 51 a 55 do processo de reclamação graciosa e cujo teor se dá por reproduzido.

III – Vem o presente recurso interposto da sentença proferida pelo Mmo. Juiz do TAF do Porto que julgou parcialmente procedente a impugnação deduzida pela ora recorrente contra as liquidações adicionais de IVA dos anos de 1996 a 1998, e juros compensatórios, com o fundamento de que tais liquidações seriam ilegais porquanto consubstanciavam operações isentas de IVA e, por outro lado, a recorrente teria agido de acordo com orientações emitidas pela própria administração tributária.

Na sentença recorrida considerou-se que as operações em causa estavam sujeitas a IVA e, por não ter havido qualquer pedido de informação vinculativa sobre os factos, não estava legitimado o procedimento da recorrente, e muito menos a partir da informação de 29/9//1997, junta a fls. 51 a 55 do processo de reclamação apenso, através da qual a AT expressou o entendimento subjacente às liquidações efectuadas.

Considerando, porém, que a não liquidação do IVA devido no período anterior àquela informação se ficou a dever a um erro desculpável da recorrente, que se limitou a seguir a doutrina fixada pela AT, expressa designadamente na informação de 13/3/1989 e no ofício n.º 2593-SIVA, o Mmo. Juiz "a quo" julgou parcialmente procedente a impugnação deduzida e, em consequência, anulou as liquidações referentes aos juros compensatórios do ano de 1996 e do ano de 1997 (período de Janeiro a Outubro).

Duas questões, portanto, se colocam no presente recurso: a primeira é a de saber se as operações em causa estão ou não isentas de IVA e a segunda se sendo tributadas tais operações são ou não devidos juros compensatórios pela não entrega atempada do imposto devido.

Na génese das liquidações impugnadas está o entendimento da AT de que os débitos das despesas comuns aos condóminos que exercem actividades não isentas são operações tributáveis em IVA, não estando, por isso, enquadrados na isenção prevista no n.º 23 do artigo 9.º CIVA.

Dispõe esta norma que estão isentas de IVA as prestações de serviços fornecidas aos seus membros por grupos autónomos de pessoas que exerçam uma actividade isenta, desde que tais serviços sejam directamente necessários ao exercício da actividade e os grupos se limitem a exigir aos seus membros o reembolso exacto da parte que lhes incumbe nas despesas comuns, desde que, porém, esta isenção não seja susceptível de provocar distorções de concorrência, considerando-se que os membros do grupo autónomo ainda exercem uma actividade isenta desde que a percentagem de dedução determinada nos termos do artigo 23.º CIVA não seja superior a 10 % (n.º 23-A do art. 9.º CIVA, na redacção dada pelo n.º 2 do artigo 32.º da Lei n.º 87-B/98, de 31/12).

Sustenta a recorrente que a referência neste preceito ao exercício de uma actividade isenta se deve reportar ao grupo autónomo e não aos membros deste, como defende a AT.

Não tem, porém, razão a recorrente.

Com efeito, se a actividade isenta se reportasse à actividade exercida pelo grupo autónomo em situação alguma se poria a necessidade de isentar qualquer prestação de serviço deste aos seus membros quando por natureza a sua actividade já estava em princípio isenta.

Por outro lado, a própria redacção do n.º 23-A do artigo 9.º CIVA vem reforçar o entendimento de que a referência à actividade isenta se deve reportar à actividade exercida pelos membros do grupo autónomo pois aí se fala expressamente em «... considera-se que os membros do grupo autónomo ainda exercem uma actividade isenta ...».

Assim, da interpretação da norma em apreço, resulta que são as pessoas que integram o grupo autónomo que têm de exercer uma actividade isenta para que possam beneficiar da isenção aí prevista.

Ou seja, as prestações de serviços fornecidas por grupos autónomos de pessoas (entre os quais se integram os condomínios) aos seus membros só estão isentas de IVA se estes exercerem uma actividade isenta e desde que se verifiquem os restantes pressupostos previstos no n.º 23 do artigo 9.º CIVA.

Tratando-se neste caso de comerciantes, que exercem uma actividade não isenta, a prestação de serviços fornecida pela recorrente aos seus membros não está, assim, isenta de IVA, pelo que se mostram justificadas as liquidações impugnadas.

Alega, no entanto, a recorrente que nos anos de 1996 e 1997 (até Outubro) adoptou os procedimentos constantes da informação de 13/3/89 e do ofício circulado n.º 2593-SIVA pelo que, face ao n.º 5 do artigo 68.º da LGT, não estará obrigada ao pagamento do IVA agora liquidado.

Estabelece a norma referida que não são invocáveis retroactivamente perante os contribuintes que tenham agido com base numa interpretação plausível e de boa fé da lei os actos administrativos decorrentes de orientações genéricas emitidas pela Administração Tributária, presumindo-se a boa fé para este efeito, de acordo com o n.º 6 do mesmo preceito, quando o contribuinte solicitar à AT esclarecimento sobre a interpretação e aplicação das normas em causa.

Ora, no caso em apreço, nem as liquidações impugnadas resultaram de aplicação retroactiva de orientações genéricas emitidas pela AT (os actos tributários impugnados não resultaram de aplicação retroactiva do entendimento expresso no ofício circulado 2593-SIVA, de 16/11/93 – v. fls. 127 e 128 dos autos) nem a informação dos serviços de fiscalização de 13/3/89 citada pela recorrente (alínea *h*) do probatório) tem a natureza de informação prévia vinculativa para a administração fiscal, nos termos dos artigos 72.º e 73.º do CPT, então em vigor, e actual 68.º da LGT.

E só a informação requerida e prestada nesses termos vincula a AT a proceder de acordo com a informação prestada.

Daí que também nesta parte improceda a alegação da recorrente.

Resta-nos apreciar, então, a questão dos juros compensatórios.

Atendendo a que na sentença recorrida já se ordenou a anulação dos juros liquidados com referência ao IVA de 1996 e 1997 (Janeiro a Outubro), decisão de que a Fazenda Pública não recorreu, apenas se coloca, assim, em sede de recurso, a questão de saber se são ou não devidos juros compensatórios pela não liquidação de IVA nos meses de Novembro e Dezembro de 1997 e no ano de 1998.

A este propósito, alega a recorrente que também estes juros deveriam ser anulados uma vez que não existe um facto ilícito e culposo, tratando-se antes de divergências entre o contribuinte e a administração fiscal que aquele não poderia prever.

Nos termos do artigo 89.º CIVA, são devidos juros compensatórios sempre que, por facto imputável ao contribuinte, for retardada a liquidação ou a entrega de parte ou da totalidade do imposto devido.

Também o artigo 35.º, n.º 1 da LGT estabelece que são devidos juros compensatórios quando, por facto imputável ao sujeito passivo, for retardada a liquidação de parte ou da totalidade do imposto devido ou a entrega de imposto a pagar antecipadamente, ou retido ou a reter no âmbito de substituição tributária.

Ora, de acordo com o que resulta da alínea *c*) do probatório, a solicitação da recorrente, a AT expressou o seu entendimento, através de informação de 10/10//1997, de que os débitos aos condóminos das despesas comuns eram operações sujeitas a IVA, pelo que a partir desta informação a recorrente não pode vir alegar que se limitou a proceder de boa fé e que não poderia prever que fosse outra a posição da AT a este respeito.

E, assim sendo, não se pode concluir, relativamente a este período, como a sentença recorrida o fez em relação ao período anterior, que a não liquidação do imposto devido se ficou a dever a erro desculpável da recorrente, mas antes a um comportamento culposo só a si imputável.

Razão por que, também quanto a esta questão, o recurso não mereça provimento.

IV – Termos em que, face ao exposto, acordam os Juízes da Secção de Contencioso Tributário do STA em negar provimento ao recurso, confirmando a sentença recorrida.

Custas pela recorrente, fixando-se a procuradoria em 50%.

Lisboa, 16 de Maio de 2007

António Calhau (Relator)
Brandão de Pinho
Pimenta do Vale

Recurso n.º 184/07-30

LIQUIDAÇÃO ADICIONAL. CORRECÇÃO DE LIQUIDAÇÃO. CADUCIDADE DE LIQUIDAÇÃO.

(Acórdão de 9 de Maio de 2007)

SUMÁRIO:

I – No domínio do CPT, o direito do Estado à liquidação dos impostos caducava se a liquidação não fosse notificada ao contribuinte no prazo de cinco anos – artigo 33.º, n.º 1 do CPT.

II – Praticado tempestivamente um acto de liquidação adicional, e tendo a Administração Fiscal procedido à sua correcção em benefício

do contribuinte para além daquele prazo de cinco anos, não ocorre a caducidade do direito do Estado à liquidação, ainda que a AF tenha praticado um outro acto como consequência daquela correcção.

ACORDAM, EM CONFERÊNCIA, NA SECÇÃO DE CONTENCIOSO TRIBUTÁRIO DO SUPREMO TRIBUNAL ADMINISTRATIVO:

I – Sogrape – Vinhos de Portugal, SA, com sede em Avintes, veio deduzir impugnação judicial contra a liquidação adicional de IRC do ano de 1993, no valor de € 21.981,33, alegando, em síntese, a caducidade do direito à liquidação e o direito a juros indemnizatórios.

Por sentença de 10/11/2006, a Mma. Juíza do TAF do Porto julgou a impugnação procedente, e, em consequência, anulou a liquidação impugnada, reconhecendo à impugnante o direito a juros indemnizatórios.

Não se conformando com tal decisão dela vem agora a representante da Fazenda Pública interpor recurso para este Tribunal, formulando as seguintes conclusões:

1 – A douta sentença sob recurso julgou a acção procedente por haver entendido que: «... a liquidação efectuada não respeitou o prazo de cinco anos a que se refere o art. 33.°, n.° 1 do CPT, pelo que ocorreu a caducidade do direito à liquidação ... .Nestes termos, estando provado tal erro são devidos juros indemnizatórios à agora impugnante.»;

2 – Com a ressalva do devido respeito não pode a Fazenda Pública conformar-se com o assim doutamente decidido;

3 – Extrai-se do probatório todo um conjunto de actos sucessivos dos quais não resultou um novo acto de liquidação, mas sim a correcção dos valores constantes na anterior liquidação, com a anulação de juros compensatórios indevidamente liquidados ao sujeito passivo no acto tributário de liquidação adicional de IRC n.° 8310021679, do 18-12-1998, no valor de € 48.859,57;

4 – Na verdade, suspende-se o prazo de caducidade enquanto pender a acção judicial tendente à anulação ou declaração de nulidade de actos ou negócios judiciais que integrem factos geradores do imposto;

5 – Com a anulação do acto tributário impugnado, a douta sentença recorrida viola o preceituado no art. 32.° do Código de Processo Tributário.

Contra-alegando, vem a impugnante dizer:

1 – A liquidação adicional anterior (n.° 8310021679) foi totalmente anulada pela Administração Fiscal, pelo que a liquidação impugnada constitui um acto tributário, jurídico e materialmente novo e distinto da liquidação anterior.

2 – O artigo 33.°, n.° 2 do CPT apenas prevê como causa de suspensão do prazo de caducidade a instauração de acção judicial.

3 – Não se verifica no caso em apreço qualquer razão suspensiva do prazo de caducidade, porquanto a liquidação anterior não foi objecto de qualquer acção judicial.

4 – A liquidação impugnada viola o prazo de caducidade, porquanto foi notificada à recorrida em 09/06/ /1999, quando o prazo limite era 31/12/1998.

O Exmo. Magistrado do MP junto deste Tribunal emite parecer no sentido de que o julgado é de confirmar, porque – ao contrário do que sustenta a recorrente Fazenda Pública – a liquidação impugnada é uma nova liquidação e não a correcção da liquidação inicial, já que esta foi anulada, não colhendo argumentar com a doutrina do acórdão de 22/03/06, proferido no recurso 1284/05 desta Secção, porque neste caso tratava-se verdadeiramente de uma liquidação corrigida e não de uma nova liquidação.

Colhidos os vistos legais, cumpre decidir.

II – Mostra-se fixada a seguinte matéria de facto:

a) Em 30.05.1994, a agora reclamante entregou junto dos Serviços competentes a declaração mod. 22 relativa ao Imposto sobre o Rendimento das Pessoas Colectivas (IRC) do ano de 1993;

b) A declaração de rendimentos da impugnante a que se refere a alínea a) foi objecto de análise interna pelos Serviços de Prevenção e Inspecção Tributária. Em consequência foram efectuadas correcções àquela declaração que deram origem à liquidação adicional de IRC n.° 8310021679, efectuada em 18.12.1998, no valor de 9.975.544$00 (esc.), cuja data limite de pagamento ocorreu em 10.02.1999;

c) A liquidação n.° 8310021679, referida na alínea anterior, foi anulada oficiosamente na sua totalidade em 09.06.1999;

d) Em 09.06.1999, para substituição da liquidação com o n.° 8310021679, referida supra, a Administração Fiscal procedeu à liquidação de IRC referente ao ano de 1993, a que foi atribuído o n.° 8330010125, no valor a pagar de € 21.981,33, efectuada em 09.06.1999, notificada em 24.06.1999, e cuja data limite de pagamento ocorreu em 04/08/1999;

e) A agora impugnante reclamou graciosamente da liquidação n.° 8330010125 em 02.11.1999;

f) Por despacho proferido pela entidade competente, datado de 03.12.2001, na reclamação graciosa, referida supra, foi decidido o seguinte: "**Defiro a reclamação e deverão ser contados juros indemnizatórios nos termos do art. 45.° da petição, desde a data do pagamento do imposto liquidado indevidamente**". Tal despacho foi notificado à agora impugnante por carta registada expedida em 09.01.2002;

g) Em 12.08.2002, foi expedida notificação à agora impugnante, notificando-a da **revogação** do despacho a que se refere a alínea *f*) desta matéria de facto;

h) Em 14.08.2002, foi a impugnante notificada nos termos do artigo 60.° da Lei Geral Tributária do novo projecto de despacho que recaiu sobre a reclamação graciosa referida na alínea *e*), que aqui se dá por integralmente reproduzido para todos os efeitos legais;

i) Em 15.10.2002, foi a impugnante notificada do indeferimento expresso da reclamação graciosa referida na alínea *e*);

j) O imposto a que se refere a liquidação em crise foi pago ao abrigo do Decreto-Lei 124/96, de 10.08, em 06.09.1999.

III – Vem a representante da Fazenda Pública interpor recurso da sentença proferida pela Mma. Juíza do TAF do Porto que julgou a presente impugnação procedente por haver entendido que a liquidação de IRC referente ao exercício de 1993 não respeitou o prazo de cinco anos previsto no artigo 33.°, n.° 1 do CPT pelo que ocorreu a caducidade do direito à liquidação.

A questão a decidir é, assim, a de saber se à data em que foi efectuada a liquidação de IRC do ano de 1993 já caducara ou não o direito do Estado à liquidação.

Da matéria de facto fixada na sentença recorrida ressalta o seguinte:

Foi efectuada uma liquidação adicional de IRC do ano de 1993 em 18/12/1998 no valor de 9.975.544$00, a que foi atribuída o n.° 8310021679.

Esta liquidação foi oficiosamente anulada e, em sua substituição, a Administração Fiscal procedeu, em 9/6/ /1999, à liquidação a que coube o n.° 8330010125, no valor de € 21.981,33 (4.406.860$00).

É desta liquidação que a ora recorrida deduziu impugnação judicial com o fundamento da caducidade do direito à liquidação.

Com o fundamento de que a liquidação 8310021679 foi anulada na sua totalidade e de que a liquidação 8330010125, tratando-se de uma nova liquidação, foi efectuada para além do prazo de cinco anos previsto no artigo 33.°, n.° 1 do CPT, a Mma. Juíza "a quo" considerou ter ocorrido a caducidade do direito à liquidação e, por isso, julgou procedente a impugnação deduzida.

Importa, assim, desde logo apurar se a liquidação impugnada é, de facto, uma nova liquidação, autónoma e distinta da anterior, logo susceptível de ter sido praticada para além do prazo de caducidade do direito à liquidação.

Na verdade, se esta for uma nova liquidação, verdadeira e própria, então, não há dúvida que quando efectuada já tinha caducado o direito do Estado à liquidação do IRC de 1993, pois o prazo de que este dispunha para a fazer era de cinco anos, nos termos do citado artigo 33.° CPT, aqui aplicável.

À primeira vista poderíamos ser tentados a considerar que efectivamente estaríamos perante uma nova liquidação que nada teria a ver com a anterior a não ser apenas que surgiu na sequência da sua anulação total e à qual até foi atribuído um novo número.

Mas se se atentar, de facto, no que se passou, concluiremos que não é assim.

Do confronto entre a liquidação efectuada em 18/12/ /1998, com o n.° 8310021679, e a liquidação posteriormente efectuada em 9/6/1999, com o n.° 833001025, constata-se que a diferença do montante a pagar resulta apenas da anulação do valor de 5.388.684$00 de juros compensatórios que haviam sido liquidados a mais na primeira liquidação e que na segunda foram anulados, verificando-se que o montante do imposto apurado se mantém inalterável nas duas liquidações (v. fls. 36 e 37 dos autos).

Ou seja, a liquidação 8310021679 foi oficiosamente anulada apenas por integrar um valor de juros compensatórios superior ao devido, como se reconhece, de resto, no projecto de despacho notificado à ora recorrida, a fls. 116 dos autos.

E a liquidação 8330010125 não procedeu a qualquer nova liquidação adicional de IRC, antes se limitou a anular os juros compensatórios indevidamente liquidados na liquidação anterior, assumindo, por esse facto, a natureza de uma anulação parcial de juros compensatórios e não uma verdadeira liquidação adicional de imposto.

Em termos formais, melhor fora para que se não suscitassem dúvidas que a AF tivesse procedido à anulação parcial da liquidação anterior em vez de ter efectuado uma outra liquidação.

Mas, na verdade, em bom rigor não podemos dizer que estamos perante uma nova liquidação, mas sim perante uma liquidação corrigida.

Neste sentido, pode ver-se o acórdão desta Secção de 22/3/06, proferido no processo 1284/05.

E, assim sendo, não se verifica, pois, a alegada caducidade do direito do Estado à liquidação, uma vez que a esta se há-de considerar como efectuada logo aquando da primeira liquidação, e não à data da liquidação que corrigiu aquela.

Razão por que a sentença recorrida que assim não entendeu se não possa manter.

IV – Termos em que, face ao exposto, acordam os Juízes da Secção de Contencioso Tributário do STA em conceder provimento ao recurso, revogando-se a sentença recorrida, e, em consequência, julgar totalmente improcedente a impugnação judicial deduzida.

Custas pela recorrida na 1.ª instância e neste Tribunal, fixando-se a procuradoria em 50 %.

Lisboa, 9 de Maio de 2007

António Calhau (Relator)
Brandão de Pinho
Pimenta do Vale

Recurso n.° 133/07-30

RECURSO JURISDICIONAL. DUPLO GRAU DE JURISDIÇÃO.

(Acórdão de 26 de Abril de 2007)

SUMÁRIO:

Consideram-se proferidos em segundo grau de jurisdição, os acórdãos do Tribunal Central Administrativo emitidos em sede de recursos jurisdicionais de decisões dos Tribunais Administrativos e Fiscais, ainda que neles se conheça, pela primeira vez, de determinada questão, como, por exemplo, da caducidade do direito de acção.

ACORDAM NA SECÇÃO DO CONTENCIOSO TRIBUTÁRIO DO SUPREMO TRIBUNAL ADMINISTRATIVO:

Edgarcar – Comércio de Automóveis Novos e Usados, Lda., vem recorrer do acórdão do Tribunal Central Administrativo-Sul que "revogou" a sentença do Tribunal Administrativo e Fiscal de Almada que, por sua vez, julgara improcedente a impugnação deduzida por aquela contra liquidação adicional de IRC respeitante ao exercício de 1996.

Fundamentou-se a decisão em que, "tendo a recorrente sido notificada do indeferimento de reclamação graciosa em 23 de Abril de 2002" e "tendo a petição inicial da impugnação dado entrada na repartição de finanças do Barreiro em 9 de Maio de 2002", "é a mesma intempestiva, já que foi apresentada no décimo sexto dia contado daquela notificação" e o prazo de impugnação, nos termos do artigo 102.°, n.° 2, do Código de Procedimento e de Processo Tributário, é de 15 dias, pelo que julgou "procedente a questão prévia da caducidade do direito à impugnação e, consequentemente, absolveu do respectivo pedido a Fazenda pública, assim se revogando a decisão recorrida".

A recorrente formulou as seguintes conclusões:

a) Entendeu-se na decisão recorrida que havia caducado o direito da recorrente impugnar uma vez que a impugnação por si apresentada o havia sido intempestivamente dizendo-se para sustentar tal que a recorrente havia sido notificada do indeferimento da reclamação graciosa em 23/04/2002 apenas tendo a impugnação judicial dado entrada na Repartição de Finanças do Barreiro em 09/05/2002, ou seja no 16.° dia quando apenas teria 15 para deduzir em tempo a impugnação.

b) Mais se acrescentando que não se vislumbra que a PI tivesse sido remetida por via postal em data anterior.

c) Em primeiro lugar a recorrente já anteriormente havia sido chamada a pronunciar-se sobre a questão da tempestividade mas num outro prisma, foi ele o de que então se alvitrou que a impugnação teria sido apresentada muito para além do prazo mas sem se levar em devida conta que a aqui recorrente tinha apresentado previamente reclamação graciosa.

d) Ora afastado esse argumento veio a recorrente agora a ser notificada da decisão da intempestividade da impugnação mas com um fundamento diverso e em relação a este aspecto nunca foi a recorrente chamada a pronunciar-se constituindo a mesma uma verdadeira decisão surpresa.

e) Ora tal é, em primeiro lugar, violador do artigo 20.° da CRP uma vez que este pretende assegurar para os intervenientes processuais um processo justo e equitativo.

f) O princípio do contraditório, ou da pronúncia em relação às questões suscitadas no processo, enquanto garantia de processo justo e equitativo, é, pois, incontornável no nosso Estado de Direito.

g) Constituindo a decisão em causa, e como já sobredito, uma decisão surpresa o que tem vindo de forma sistemática e reiterada a repugnar à jurisprudência dos nossos tribunais superiores e supra citada.

h) Sendo, assim, denegado à recorrente o direito a um processo justo e equitativo em violação do artigo 20.°, n.° 4 da Constituição da República Portuguesa.

i) Acresce, em segundo lugar, que nem pode colher contra a pretensão da ora recorrente o facto de não se vislumbrar que a PI tivesse sido remetida por via postal em data anterior pois que nos termos do artigo 111.°, n.° 1 do CPPT a DGCI deve remeter ao representante da Fazenda Pública o processo administrativo devidamente organizado; Acrescentando o n.° 2, alínea c) do mesmo normativo que deverá ser remetida também o procedimento de reclamação graciosa; Mais acrescentando o seu n.° 3 que a reclamação graciosa deve ser apensa à impugnação.

j) E como será também bom de ver naquele processo administrativo deverão estar juntos todos os documentos existentes no procedimento bem como todas as referências à forma como os mesmos chegaram à DGCI.

k) Ora presumiu a recorrente que a DGCI havia dado cumprimento ao dever que lhe incumbia tendo assente tal sua presunção no artigo 59.°, n.° 2 in fine da LGT.

l) Pelo que jamais seria considerável pela recorrente a hipótese de a DGCI remeter, como pelos vistos remeteu, o processo administrativo de forma fragmentada ou selectiva, entenda-se, ter procedido à remessa do mesmo sonegado das referências à forma como a impugnação apresentada pela aqui recorrente havia chegado aos seus serviços.

m) Mas para que dúvidas não fiquem em relação ao menor acerto da decisão que considerou caducado o direito da ora recorrente impugnar junta esta acima o talão de registo dos CTT do qual se vislumbra que a impugnação judicial foi remetida à Repartição de Finanças do Barreiro no dia 08/05/2002.

n) Entende a recorrente que a junção do supra referido documento nesta fase é lícito nos termos do artigo 524.°, n.° 2 do CPC aplicável ex vi artigo 2.°, e) do CPPT, isto uma vez que a sua apresentação se tornou necessária devido a ocorrência posterior.

o) Ainda que a impugnação judicial tivesse dado entrada na Repartição de Finanças do Barreiro no 1.° dia após o terminus do prazo legal, o que jamais se concederá mas que aqui se aborda apenas por mero dever de patrocínio, ainda assim a conclusão não podia ser a que foi sufragada pela decisão, pois que ninguém duvidará que o processo de impugnação assume natureza judicial.

p) Ora assim sendo é-lhe aplicável o artigo 145.° do CPC.

q) E isto ainda que a recorrente se não tivesse aprestado de imediato a pagar a mesma uma vez que perante tal omissão se impunha à secretaria fazer a respectiva notificação para tal – artigo 145.°, n.° 6 do CPC.

r) Por que por tudo quanto vem de se alegar violou a decisão recorrida os artigos 3.°, n.° 3 e 145.°, n.os 5 e 6 do CPC, 111.° do CPPT, 20.°, n.° 4 da CRP bem como fez errónea interpretação da matéria de facto, pelo que não se pode a mesma manter antes devendo ser revogada e substituída por uma outra que faça a apreciação do mérito da causa se a tal nada mais obstar.

Nestes termos e nos melhores de Direito deverá o presente recurso merecer provimento e, em consequência, ser revogada a decisão tomada e substituída a mesma por outra que ordene a prossecução do recurso para apreciação de mérito, tudo o mais com as consequências legais.

Mais se requer, e nos termos supra expostos em relação à admissibilidade da junção de meios de prova nesta fase do processo, que seja oficiado a Repartição de Finanças do Barreiro para proceder à junção aos presentes autos do livro de entradas do dia 09/05/2002 do qual conste, como terá de constar, a forma como a impugnação judicial apresentada pela aqui recorrente deu entrada naqueles serviços com a expressa indicação do número de talão de registo dos CTT que foi em tal livro averbado.

Tudo isto para efeitos de confronto com o documento 1 que aqui se junta.

Não houve contra-alegações.

O Exmo. Magistrado do Ministério Público emitiu parecer no sentido de que "não é admissível a interposição de recurso de acórdão do TCA com fundamento em erro de julgamento, mas apenas com fundamento em oposição de acórdãos, não invocada pela recorrente", pois o "processo foi iniciado (...) [posteriormente] à instalação do TCA em 15 de Setembro de 1997", sendo que "a decisão que admitiu o recurso não vincula o tribunal superior" – cfr. a Portaria n.° 398/97, de 18 de Junho, o artigo 103.°, n.° 1, alínea *a*), da Lei de Processo nos Tribunais Administrativos, na redacção dada pelo Decreto-Lei n.° 229/96, de 29 de Novembro e os artigos 2.°, alínea *e*), do Código de Procedimento e de Processo Tributário e 687.°, n.° 4, do Código de Processo Civil.

Por outro lado, "o argumento invocado pela recorrente de que a questão da caducidade da impugnação judicial apenas foi apreciada, em 1.° grau de jurisdição, no acórdão do TCA não colhe, porquanto a sentença do TAF de Almada já se tinha pronunciado sobre ela (ainda que implicitamente) ao considerar, na componente saneador, que não existiam excepções ou questões que obstassem ao conhecimento do mérito da impugnação judicial". Por fim, mostra-se também inadmissível a convolação do recurso de agravo.

Mostraram-se corridos os vistos legais.

Em sede factual, vem apurado que:

1 – Os serviços de inspecção tributária procederam a uma acção de inspecção à ora impugnante tendo como objectivo o controlo geral das obrigações fiscais da empresa de acordo com a alínea a) do n.° 1 do art. 14.° do RCPIT aos exercícios de 1996 a Julho de 1999 (como consta do relatório de inspecção a fls. 33/158 do apenso).

2 – Em relação ao exercício de 1996 e em sede de IRC foram efectuadas as seguintes correcções "Nos termos do art. 18.° do CIRC: O montante de 11.200.000$00, lançado na contabilidade na conta 6212 – Subcontratos através do doc. int. n.° Div. 08/12, que diz respeitar a mão de obra e material incorporados em diversas viaturas, não se encontra devidamente documentado (anexo 8 folhas I e 2), custo que se verificou ser objecto de facturação no exercício de 1997, tendo sido lançado na contabilidade através de contas de balanço. Acresce-se que todas as viaturas constam do inventário de 31/12/1996. Nos termos do art. 23.° do CIRC: A aquisição da viatura (...) com o valor de 1.538.462$00 foi lançada em duplicado (doc. int. n.° F65/7 e F66/7), o valor de 1.500.000$00 (doc. int. n.° CX71/08) lançado na conta 622193 – Renda Isenta quando efectivamente respeita a uma caução de um contrato de aluguer de veículo sem condutor. Nos termos do art. 41.° do IRC: O montante apurado de acordo com a alínea i) do n.° I do art. 41.° do CIRC – Importâncias devidas pelo aluguer de viaturas sem condutor totaliza 564.191$00, não tendo sido acrescido no quadro 17 da declaração mod. 22, Linha 22, encontrando-se assim aquele valor em falta" (como consta de fls. 47 do apenso).

3 – No referido relatório encontra-se enunciado no ponto VIII – Direito de Audição – Fundamentação, o seguinte "O contribuinte após notificado do projecto de correcções do relatório, nos termos previstos no art. 60.° da Lei Geral Tributária e art.. 60.° do Regime Complementar de Inspecção Tributária para, no prazo de 15 dias exercer o direito de audição conforme ofício n.° 2893 de 26/01/00 com o registo n.° 181752 dos CTT, veio exercer o direito de audição por escrito em 14/02/00" (cfr. fls. 52 do apenso).

4 – Com base no relatório de inspecção foi efectuada a correcção do lucro tributável de IRC do exercício de 1996 de 800.461$00 para 15.603.114$00 (cfr. fls. 37 do apenso).

5 – O ora impugnante apresentou pedido de revisão da matéria colectável fazendo constar no art 76.° da petição expressamente o seguinte "Quanto ao IRC considera-se certo o resultado corrigido no relatório de exame em relação ao exercício de 1996" (cfr. documento de fls. 7/32 do apenso).

6 – Em 17/03/2000 foi efectuada a liquidação de IRC do exercício de 1996 com o n.° 8310004222 resultante da correcção da matéria tributável de 800.461$00 para 15.603.114$00, de que resultou imposto a pagar no montante de € 38.226,71 (7.663.767$00), cuja data limite de pagamento ocorreu em 10/05/2000 (cfr. documento de fls. 18).

7 – Na nota demonstrativa da liquidação é feita referência à fundamentação já remetida, constando ainda da referida nota de liquidação a assinatura do Director-Geral dos Impostos (cfr. fls. 18).

8 – A nota de liquidação foi efectuada por carta registada enviada para a Rua Nuno Tristão 6 A B, 2830 Alto do Seixalinho (cfr. fls. 18).

9 – Em 09/05/2002 foi apresentada a petição de impugnação de fls. 2/16.

Vejamos, pois:

Nos termos do artigo 687.°, n.° 4, do Código de Processo Civil, a decisão que admite o recurso não vincula o tribunal superior, pelo que importa desde já apreciar a questão da admissibilidade daquele.

Como é sabido, são as leis orgânicas e estatutárias específicas que estabelecem a medida de jurisdição por cada categoria e espécie de tribunais, determinando a categoria dos pleitos que a cada um deles é destinada.

Neste sentido, a respectiva competência, em geral, resulta da medida de jurisdição atribuída aos diversos tribunais, repartindo o poder judicial que, em bloco, pertence ao seu conjunto.

Cfr. Manuel de Andrade, *Noções Elementares de Processo Civil*, 1979, pp. 88-89.

Pelo que, onde não há jurisdição, não pode haver competência.

E a possibilidade de recurso só pode ser equacionada até ao tribunal que constitua o último grau de jurisdição.

Ora, o Decreto-Lei n.° 229/96, de 29 de Novembro, extinguiu, no contencioso tributário, o terceiro grau de jurisdição, sendo que tal extinção apenas produz efeitos relativamente aos processos instaurados após a sua entrada em vigor – artigo 120.° do Estatuto dos Tribunais Administrativos e Fiscais, aprovado pelo Decreto-Lei n.° 129/84, de 27 de Abril, na redacção dada por aquele primeiro diploma legal.

Sendo que este entrou em vigor em 15 de Setembro de 1997, nos termos do seu artigo 5.° e da Portaria n.° 398/97, de 18 de Junho, e, de acordo com o ponto 9 do probatório, os presentes autos iniciaram-se com a apresentação da petição de impugnação em 9 de Maio de 2002.

Pelo que, assim, o presente recurso, porque em terceiro grau de jurisdição, não é admissível.

Com efeito, nos termos do artigo 32.º, n.º 1, alínea *a*), daquele Estatuto, a esta Secção do Contencioso Tributário do Supremo Tribunal Administrativo apenas compete conhecer "dos recursos dos acórdãos da Secção de Contencioso Tributário do Tribunal Central Administrativo proferidos em 1.º grau de jurisdição ao abrigo da competência estabelecida no artigo 41.º" do mesmo diploma.

No caso dos autos, o acórdão recorrido conheceu de recurso de decisão de um Tribunal Administrativo e Fiscal, ou seja, foi proferido em segundo grau de jurisdição.

Sendo absolutamente despiciendo, para determinação do grau de jurisdição, que, aí, o tribunal julgue pela primeira vez uma questão, no caso a caducidade do direito de acção: o que releva, no ponto, é saber se o tribunal conheceu do pedido directamente – 1.º grau de jurisdição – ou na sequência de decisão anterior.

Como é jurisprudência deste STA, "em termos de definição do grau de jurisdição, e para efeito de impugnação de decisão que venha a ser tomada, é indiferente, ao contrário do que sustenta a recorrente, que nessa fase de segundo grau de jurisdição o tribunal se pronuncie, ainda que pela primeira vez, sobre determinada questão. Continua a ser decisão proferida em segundo grau de jurisdição porque, efectivamente, o grau de jurisdição não flutua ao sabor do conhecimento primário ou secundário de certa ou certa questão".

Ou seja, "no quadro de definição de recursos, o grau de jurisdição resulta (...) da posição em que o tribunal é chamado a decidir: directamente, por dever conhecer do pedido inicialmente formulado – por exemplo, em acção, recurso [contencioso] ou (...) meio processual acessório –, ou em segunda ou terceira via, por virtude de recurso [jurisdicional] ou meio análogo".

Cfr. o acórdão da Secção do Contencioso Administrativo deste Supremo Tribunal Administrativo, de 13 de Janeiro de 2004 – processo n.º 01960/03 e jurisprudência aí citada, aliás confirmado pelo acórdão do Tribunal Constitucional n.º 381/2004, processo n.º 398/2004, de 1 de Junho de 2004.

Por outro lado, o objecto do recurso jurisdicional é a própria decisão – sentença ou acórdão – que não, directamente, as questões nela equacionadas. Na própria expressão legal, "cabe recurso do acórdão". Aquelas apenas fixam o objecto do recurso no sentido da determinação do seu âmbito, isto é, quanto às questões que o tribunal *ad quem* deve conhecer.

Assim, o Tribunal Central Administrativo julgou em último grau de jurisdição e, consequentemente, por ali se queda a apreciação jurisdicional dos autos.

Termos em que se acorda não tomar conhecimento do recurso.

Custas pela recorrente, fixando-se a taxa de justiça em € 400,00 e a procuradoria em 50%.

Lisboa, 26 de Abril de 2007

Brandão de Pinho (Relator)
Lúcio Barbosa
Jorge Lino

Recurso n.º 195/07-30

RECURSO. TAXA DE JUSTIÇA INICIAL. ART. 23.º, 1, DO CCJ. AUTOLIQUIDAÇÃO. MULTA. ART. 690.º-B DO CPC. GUIA. ART. 124.º, 5 DO CCJ.

(Acórdão de 12 de Junho de 2007)

SUMÁRIO:

I – Para promoção dos recursos é devido o pagamento da taxa de justiça inicial autoliquidada – art. 23.º, 1, do CCJ.

II – Se não for junto o documento comprovativo do pagamento da taxa de justiça inicial no momento definido para esse efeito, o interessado é notificado para, em 10 dias, efectuar o pagamento omitido, acrescido de multa de igual montante – art. 690.º-B, n. 1, do CPC.

III – Mas a taxa de justiça continua a ser autoliquidada, apenas sendo emitida pelo tribunal guia para pagamento da multa.

ACORDAM, EM CONFERÊNCIA, NA SECÇÃO DE CONTENCIOSO TRIBUTÁRIO DO SUPREMO TRIBUNAL ADMINISTRATIVO:

1. Domingos Rodrigues da Silva, identificado nos autos, veio, junto do TAF de Sintra, apresentar reclamação do despacho do competente órgão de execução fiscal, que lhe indeferiu o pedido de extinção do processo executivo.

O Mm. Juiz daquele Tribunal julgou a reclamação improcedente.

Inconformado, o reclamante interpôs recurso para este Supremo Tribunal, apresentando as pertinentes alegações (fls. 65 e ss.).

Tendo o Mm. Juiz entendido que, nos presentes autos, o recorrente não beneficiava de apoio judiciário, notificou-o para pagamento da taxa de justiça e da multa, nos termos seguintes:

"... O apoio judiciário concedido ao ora reclamante diz unicamente respeito ao processo de impugnação e apenas se mantém e é extensivo aos processos que correm por apenso àqueles autos, sendo que o Proc. de Execução e respectivos incidentes, como é o presente caso, se traduz num meio processual distinto do da impugnação, não valendo para a presente causa, devendo o reclamante proceder ao pagamento da taxa de justiça devida pela interposição do recurso, acrescido da multa, nos termos do disposto no art. 690-B, do CPC, face à decisão ora tomada".

Foi, entretanto, junto aos autos, um documento do pagamento de € 96,00 referente a "multa – art. 690.º-B do CPC".

Em função deste documento, o Mm. Juiz proferiu o seguinte despacho:

"Nos presentes autos não foi junto o documento comprovativo do pagamento da taxa de justiça subsequente pelo que, nos termos do disposto no n.º 2 do art. 690.°-B, do CPC, tal determina o desentranhamento do requerimento de interposição do recurso de fls. 65 e ss. Assim, após trânsito vão os autos à conta".

Inconformado com esta última decisão, veio o reclamante interpor recurso para este Supremo Tribunal. Formulou as seguintes conclusões nas respectivas alegações de recurso:

1. O recorrente solicitou para ser "notificado para proceder ao pagamento da taxa de justiça respectiva, sem multa, atentas as razões supra expostas";

2. O recorrente foi então notificado do despacho, por ofício do Tribunal "a quo" com data de 13/02/2007, para "proceder ao pagamento da taxa de justiça devida pela interposição do recurso, acrescida de multa nos termos do disposto no art. 690.°-B do CPC face à decisão ora tomada", ao qual vinham anexadas guias para pagamento até 26/02/2007, no montante de 96,00 €;

3. O recorrente procedeu atempadamente ao pagamento do montante referido nas supra citadas guias, no valor de 96,00 €;

4. O recorrente foi posteriormente notificado pelo Tribunal "a quo" do desentranhamento do requerimento de interposição do recurso apresentado, devido à não junção aos autos do documento comprovativo da taxa de justiça subsequente;

5. O recorrente entendeu que o montante referido nas guias notificadas e pago – correspondia ao montante total que haveria que pagar;

6. Pelo que se depreende do teor do despacho de 08/03/2007, as guias remetidas conjuntamente com a notificação de 13/02/2007 respeitarão apenas ao valor da multa, não contendo a taxa de justiça devida, que deverá ainda ser paga;

7. O teor do despacho notificado com data de 13/02/2007, ao ser acompanhado das respectivas guias, é susceptível de induzir em erro o destinatário, como ocorreu no presente caso, que partiu do princípio que o valor indicado nas guias notificadas correspondiam ao montante integral a pagar;

8. O recorrente pretende que o recurso interposto seja superiormente apreciado;

9. O recorrente requer o aperfeiçoamento do despacho notificado em 13/02/2007, por forma a ser notificado para pagar a taxa de justiça subsequente considerada devida pelo Tribunal "a quo";

10. Nas circunstâncias dos presentes autos, a decisão notificada pelo Tribunal "a quo" com data de 08/03/2007 de ordenar "o desentranhamento do requerimento de interposição do recurso" – na senda da perspectiva expendida no recente acórdão do STA, de 12/12/2006, respeitante ao processo n.° 0781/06, em que foi relator o Mui Ilustre e avisado Juiz Conselheiro Jorge de Sousa – configuraria uma interpretação que "seria incompaginável com os princípios constitucionais do acesso aos tribunais para defesa de direitos e da proporcionalidade (cfr. art. 18.°/2; e art. 20.°/1;

11. A proceder a tese do Tribunal "a quo", "ficaria irremediavelmente afastada a possibilidade de ver apreciada judicialmente a pretensão deduzida, quando é certo que o atraso de alguns dias na arrecadação da receita proveniente da taxa de justiça não tem significado apreciável, a nível do prejuízo que pode provocar para o erário público.";

12. O entendimento referido (pelo Tribunal "a quo") estaria manifestamente ao arrepio do princípio de privilegiar as decisões de mérito e de não aplicar sanções processuais por deficiências sanáveis sem dar às partes a oportunidade de sanação, que emana exuberantemente de inúmeras normas do CPC;

13. "Por ser incompaginável com os referidos princípios constitucionais e por contrariar o princípio da unidade da ordem jurídica, que é o elemento primacial da interpretação jurídica (art. 9.°, n. 1 do Código Civil), tem de rejeitar-se a interpretação" defendida pelo Tribunal "a quo" de ordenar "o desentranhamento do requerimento de interposição do recurso".

Termos em que,

Atentas as razões acima apontadas,

a) Deverá o presente recurso ser julgado integralmente procedente, e em consequência

– ser a decisão recorrida de ordenar "o desentranhamento do requerimento de interposição do recurso" revogada e

– substituída por outra que proceda ao aperfeiçoamento do despacho notificado em 13/02/2007, por forma a ser notificado o recorrente para pagar a taxa de justiça subsequente considerada devida pelo Tribunal "a quo";

– nessa sequência seja o recorrente notificado das respectivas guias para proceder ao pagamento da taxa de justiça subsequente considerada em falta.

Contra-alegou, o Senhor Procurador da República, que finalizou as suas contra-alegações no seguinte quadro conclusivo:

1. O regime de recursos no contencioso tributário segue o regime dos recursos de agravo em processo civil, nos termos do artigo 281.° do CPPT, segundo o qual "os recursos serão interpostos, processados e julgados como os agravos em processo civil";

2. De acordo com o disposto nos artigos 23.°, n.° 1 e 24.°, n.° 1, alínea *c*), do Código das Custas judiciais, para a promoção de recursos é devido o pagamento da taxa de justiça inicial autoliquidada;

3. Daqui resulta, que nunca seriam emitidas nem remetidas pelo Tribunal "a quo", guias para pagamento da taxa de justiça devida pela interposição do recurso, mas apenas para o pagamento da multa, a que se refere o n.° 1, do artigo 690.°-B do Código de Processo Civil, pois somente esta se encontra abrangida pela previsão do n.° 5, do art. 124.° do CCJ;

4. Para proceder ao pagamento da taxa de justiça inicial ou subsequente devida pela interposição do recurso, deveria o recorrente ter procedido à sua autoliquidação e efectuado directamente o seu pagamento na C.G.D. ou através de sistema electrónico, juntando aos autos o documento comprovativo de tal pagamento;

5. Não tendo o recorrente junto aos autos o documento comprovativo do pagamento da taxa de justiça autoliquidada devida pela interposição do recurso, como lhe foi determinado, mas apenas as guias no montante da multa pelo pagamento omitido, bem andou o Mm. Juiz no despacho recorrido, ao ordenar o desentranhamento do requerimento de interposição, nos termos do disposto no n.° 2, do artigo 690.°-B do CPC;

6. Mantendo o douto despacho recorrido, negando provimento ao recurso V.Ex[a]s. farão Justiça.

Foi dada vista ao EPGA.

Com dispensa de vistos, cumpre decidir.

2. Está em causa nos autos a questão seguinte: o recorrente tem que autoliquidar sempre a taxa de justiça, mesmo que não o faça (ou comprove) atempadamente e seja notificado para a pagar com multa? Ou, ao invés, não tendo pago (ou comprovado) o pagamento da taxa de justiça, no prazo legal, devem as guias conter simultaneamente o quantitativo da taxa de justiça e da multa (ou ser passadas guias autónomas para pagamento da taxa de justiça e da multa)?

Vejamos a lei.

Dispõe o art. 690.º-B do CPC (subordinado ao título "omissão do pagamento das taxas de justiça":

"1. Se o documento comprovativo do pagamento da taxa de justiça inicial ou subsequente ou da concessão do benefício do apoio judiciário não tiver sido junto ao processo no momento definido para esse efeito, a secretaria notifica o interessado para, em 10 dias, efectuar o pagamento omitido, acrescido de multa de igual montante ...

"2. Se, no termo do prazo de 10 dias referido no número anterior, não tiver sido junto ao processo o documento comprovativo do pagamento da taxa de justiça inicial ou subsequente e da multa ou da concessão do benefício do apoio judiciário, o tribunal determina o desentranhamento da alegação, do requerimento ou da resposta apresentada pela parte em falta...".

Dispõe, por sua vez, o art. 23.º, 1, do CCJ:

"Para promoção de acções e recursos ... é devido o pagamento da taxa de justiça inicial autoliquidada ...".

Estatui o art. 124.º do mesmo Código:

"1. O pagamento prévio da taxa de justiça é efectuado directamente na Caixa Geral de Depósitos ou através de sistema electrónico, a favor do Instituto de Gestão Financeira e Patrimonial da Justiça.

"2. Mediante portaria do Ministro da Justiça, podem ser aprovadas formas de pagamento prévio da taxa de justiça diversas das previstas no número anterior.

"...

"5. Todos os outros pagamentos não abrangidos pelos números anteriores são efectuados através de guia a emitir pelo tribunal...".

Da conjugação destes preceitos, é fácil concluir que a taxa de justiça é sempre autoliquidada, seja ou não efectuada no prazo legal.

E compreende-se que assim seja, isto para além dos termos literais da lei.

Isto porque não está em causa o seu não pagamento. Está antes em causa o comprovativo do pagamento. O que é coisa diversa. Ou seja: mesmo que o interessado tenha autoliquidado a taxa de justiça no prazo legal, tem que comprovar esse pagamento também nesse prazo, sob pena de não comprovando, no prazo legal, tal pagamento, mesmo assim está sujeito a multa.

Assim, do cotejo do disposto nos n.os 1 e 5 do já citado art. 124.º do CCJ a taxa tem que ser autoliquidada, devendo a multa ser paga através de guia a emitir pelo tribunal.

Ou seja: não há guias para pagamento da taxa, que tem sempre que ser autoliquidada.

Mas será que, no caso concreto, e atentas as nuances de que se revestiu, pode o recorrente alegar que foi induzido em erro pela notificação que lhe foi feita, na sequência de despacho adrede proferido pelo Mm. Juiz *a quo*.

Traçamos o recorte da questão nos termos que agora precisamos.

O Mm. Juiz *a quo* proferiu o seguinte despacho:

"Suscitam-me muitas dúvidas o documento junto pela reclamante quanto ao pedido de apoio judiciário já que, atento a data em que o mesmo foi solicitado é legítima a conclusão que o mesmo se destinou a instruir o processo de impugnação judicial intentado pelo ora reclamante. Assim, se for esse o caso, que deverá ser esclarecido pelo interessado no prazo de 5 dias, então tal deferimento apenas se destina àquela causa e apenas se mantém para efeitos de recurso do mesmo processo, e apenas é extensivo aos processos que seguem por apenso àquele em que a concessão se verificou, o que não será o caso dos presentes autos. Assim, notifique o reclamante para que fundamente o apoio judiciário ora invocado".

A isto respondeu o reclamante (aqui recorrente) com o seguinte requerimento:

"Requer-se ...:

a) Aceite o deferimento do apoio judiciário em apreciação por forma a abranger também o presente recurso;

Assim não se entendendo,

b) Seja o recorrente notificado para proceder ao pagamento da taxa de justiça respectiva, sem multa, atentas as razões supra expostas".

A este requerimento respondeu o Mm. Juiz *a quo* nos termos também já acima transcritos, mas que de novo se trazem à colação:

"... O apoio judiciário concedido ao ora reclamante diz unicamente respeito ao processo de impugnação e apenas se mantém e é extensivo aos processos que correm por apenso àqueles autos, sendo que o Proc. de Execução e respectivos incidentes, como é o presente caso, se traduz num meio processual distinto do da impugnação, não valendo para a presente causa, devendo o reclamante proceder ao pagamento da taxa de justiça devida pela interposição do recurso, acrescido da multa, nos termos do disposto no art. 690-B, do CPC, face à decisão ora tomada".

Foi, entretanto, junto aos autos, um documento do pagamento de € 96,00 referente a "multa – art. 690.º-B do CPC".

Em função deste documento, o Mm. Juiz proferiu o seguinte despacho:

"Nos presentes autos não foi junto o documento comprovativo do pagamento da taxa de justiça subsequente pelo que, nos termos do disposto no n.º 2 do art. 690.º-B, do CPC, tal determina o desentranhamento do requerimento de interposição do recurso de fls. 65 e ss. Assim, após trânsito vão os autos à conta".

Refira-se, num primeiro momento, que não está em causa o pagamento da multa, que o recorrente não questiona.

O que está em causa é saber se o despacho em causa pode induzir o recorrente em erro.

A questão está vazada na conclusão 7ª das alegações de recurso, que se transcreve:

"O teor do despacho notificado com data de 13/02//2007, ao ser acompanhado das respectivas guias, é susceptível de induzir em erro o destinatário, como ocorreu no presente caso, que partiu do princípio que o valor indicado nas guias notificadas correspondiam ao montante integral a pagar".

Já sabemos qual o teor do despacho do Mm. Juiz.

E ele é – diga-se desde já – insusceptível de criar qualquer confusão.

Já sabemos que a taxa de justiça é autoliquidada. Isto decorre directamente da lei, e o despacho em causa não aborda – nem tinha que abordar – tal problemática pelo que não pode provocar aqui qualquer confusão.

E o que dizem as guias?

As guias em causa (folhas 80) referem tão somente isto:

"Multas do I.G.F.I.J." (nota: Instituto de Gestão Financeira e de Infraestruturas da Justiça) 96,00

"Multa – art. 690.º-B CPC 96,00

E a final:

"Pagamento por Multibanco (Entidade ...; referência ...; montante: 96,00 Euros; pagável até ...)";

Ora, fácil é concluir que não foi provocada também aqui qualquer confusão.

Sabendo nós que a taxa de justiça tem que ser autoliquidada, como resulta da lei, que foram passadas guias para pagamento da multa, e que nenhuma confusão foi criada, quer pelo despacho do Mm. Juiz, quer pelas guias que foram emitidas, a decisão do Mm. Juiz *a quo* não merece qualquer censura.

Nem se diga que está negado o acesso do recorrente aos tribunais, como alega. Na verdade, o acesso é inequivocamente possível, cumpridos que sejam os normativos respectivos, que condicionam esse acesso. Ora, no caso, o recorrente não deu cumprimento aos ditames legais, a que acima fizemos referência.

A decisão recorrida é assim de confirmar.

3. Face ao exposto, acorda-se em negar provimento ao recurso.

Custas pelo recorrente, fixando-se a procuradoria em 50%.

Lisboa, 12 de Junho de 2007

Lúcio Barbosa (Relator)
Jorge Lino
Baeta de Queiroz

Recurso n.º 356/07-30

RESTITUIÇÕES À EXPORTAÇÃO. DESPACHO QUE DETERMINA A SUA REPOSIÇÃO. ACÇÃO ADMINISTRATIVA ESPECIAL. COMPETÊNCIA DOS TRIBUNAIS TRIBUTÁRIOS.

(Acórdão de 27 de Junho de 2007)

SUMÁRIO:

Os tribunais competentes para apreciar a acção administrativa especial em que se questiona a legalidade de despacho determinativo da reposição de «restituições à exportação», por considerar que «a mercadoria não reunia os predicados justificativos do direito à restituição à exportação», são os administrativos e não os fiscais, já que o acto não respeita a uma questão fiscal.

ACORDAM, EM CONFERÊNCIA, NA SECÇÃO DE CONTENCIOSO TRIBUTÁRIO DO SUPREMO TRIBUNAL ADMINISTRATIVO:

1.1. A ADEGA COOPERATIVA DE FIGUEIRA DE CASTELO RODRIGO, CRL, com sede em Figueira de Castelo Rodrigo, intentou no Tribunal Administrativo e Fiscal de Castelo Branco acção administrativa especial contra o **INSTITUTO NACIONAL DE INTERVENÇÃO E GARANTIA AGRÍCOLA** (**INGA**), na qual, por despacho de 27 de Julho de 2006, foi declarada a incompetência absoluta do Tribunal.

Recorre de tal despacho, concluindo assim as suas alegações:

«1. Segundo a douta sentença, o douto TAF a quo é materialmente incompetente para conhecer do litígio que opõe a Recorrente ao IVV porque as restituições à exportação são benefícios financeiros integrados na administração prestativa do Estado;

2. Não faz a melhor pronúncia o douto Tribunal a quo. Os impostos também têm uma componente financeira e é inequívoca a competência dos TAF para dirimir conflitos em torno dos impostos.

3. O que releva não é a componente financeira do tributo ou do benefício, mas a natureza do facto gerador;

4. Que, no caso das restituições à exportação, é a declaração de uma mercadoria agrícola para o *regime aduaneiro da exportação* e a sua colocação num entreposto de exportação ou o seu transporte para fora da UE. (CAC, art. 4.º, n.º 16; art. 59.º, 1, 2; art. 161.º, 2).

5. A atribuição e a negação das restituições à exportação são actos de natureza aduaneira, que, como todos os actos tributários, têm uma componente financeira.

6. A PAC tem como instrumento proteccionista os *direitos niveladores* agrícolas cobrados na importação de produtos agrícolas e como incentivo à competitividade a *restituição à exportação.*

7. Os direitos niveladores são uma receita do Orçamento Comunitário, mas que é consignada ao pagamento das *restituições à exportação.* (Reg. (CEE) *25/1965, relativo ao financiamento da política agrícola comum* – Reg. (CEE) n.º 3 86/90 do Cons. de 12/2//1990).

8. Os direitos niveladores são uma modalidade de direitos aduaneiros (CAC – art 4.º, n.º 10). As *restituições à exportação* são o reverso dos direitos niveladores, isto é, materializam uma afectação da receita gerada pelos DN na importação à subsidiação das exportações.

9. A esmagadora maioria dos litígios em torno das restituições à exportação prende-se com a classificação pautal das mercadorias.

10. O código pautal e o código da exportação são fornecidos pela Sistema Harmonizado de Designação e Codificação de Mercadorias.

11. O controlo da veracidade da *declaração* destes códigos no *DU de exportação* pertence exclusivamente à Alfândega e as divergências dão lugar a um *processo técnico* (DL 281/91, 9/8 – art. 10.º e seg.).

12. Das decisões do *processo técnico* cabe recurso para os Tribunais da jurisdição fiscal (art. 49.°, 1, iv do ETAF DL n.° 13/2002).

13. Se os pressupostos da restituição à exportação são integralmente de natureza tributária, não é curial a discussão dos mesmos em jurisdição administrativa. (CPPT, art. 97.°, 1 *a*), *d*), e *f*); art. 102.°/1, *f*).

14. Assim o decidiu, até à presente data, o venerando STA-CT, como atesta o *Acórdão José Carvalho Coimbra.*

15. Importa que o conflito de competência seja decidido de forma a que possam ser sujeito a controlo jurisdicional não apenas a componente financeira do acto mas também os pressupostos em que assenta,

16. Sob pena de se esvaziar de conteúdo o efectivo direito de recurso contencioso, consagrado no art 268.° da CRP.

17. E, deste modo, fazer prevalecer uma interpretação dos art 26.°, 27.° 38.°, 49.° do ETAF, conducente à *inconstitucionalidade material* destes preceitos.

Preceitos Violados:

Os referidos nas conclusões

Termos em que se requer seja revogada a douta sentença recorrida, por enfermar de erro de pronúncia».

1.2. Não há contra-alegações.

1.3. O Mm.°. Juiz sustentou o seu despacho.

1.4. O Exm.°. Procurador-Geral Adjunto junto deste Tribunal foi notificado nos termos e para os efeitos do disposto no artigo 146.° n.° 1 do Código de Processo nos Tribunais Administrativos (CPTA) e nada disse.

1.5. O processo tem os vistos dos Exm.°s Adjuntos.

2. É deste teor o despacho recorrido:

«ADEGA COOPERATIVA FIGUEIRA DE CASTELO RODRIGO, CRL., NIPC 500008442, com sede em Figueira de Castelo Rodrigo, vem recorrer contenciosamente do *acto de denegação de benefício fiscal* praticado por Vogal do Conselho Directivo do Instituto Nacional de Intervenção e Garantia Agrícola.

Na exposição introdutória do recurso, alega o seguinte:

1 – A Recorrente é uma adega cooperativa, cujo objecto social é a transformação e comercialização da produção de pequenos viticultores de Figueira de Castelo Rodrigo e de zonas periféricas;

2 – No âmbito da sua actividade, a Recorrente procedeu à exportação para Angola de 213.75 hectolitros de vinho de mesa branco, a granel;

3 – A Recorrente beneficiou de restituições à exportação que lhe foram processadas quando da declaração de exportação;

4 – Por considerar que a mercadoria não reunia os *predicados justificativos do direito à restituição à exportação,* o *INGA veio exigir a devolução da mesma;*

5 – *É deste acto que vai interposto o presente recurso com fundamento em erro sobre os pressupostos de facto e de direito, cuja existência passa a demonstrar.*

Foi citada para contestar a entidade demandada.

No seu parecer, o Ministério Público excepciona a incompetência material do tribunal fiscal para conhecer da questão suscitada nos autos (fls. 154).

Importa assim conhecer, prioritariamente, da excepção de incompetência, em razão da matéria, suscitada pelo Digno Magistrado do Ministério Público.

Nos termos do n.°1, alínea *iv)* do artigo 49.° do ETAF, aprovado pela Lei n.° 13/2002, de 19 de Fevereiro (redacção actual), *compete aos tribunais tributários conhecer dos actos administrativos respeitantes a questões fiscais que não sejam atribuídos à competência de outros tribunais.*

A jurisprudência do STA tem vindo a entender por *questão fiscal* toda a que emerge de resolução autoritária que imponha aos cidadãos o pagamento de qualquer prestação pecuniária com vista à obtenção de receitas destinadas à satisfação de encargos públicos do ente respectivo.

E tais receitas têm de ter natureza tributária, isto é; referirem-se a impostos, taxas e contribuições especiais – artigos 3.°, n.° 2 e 4.°, da LGT.

Ora, a prestação imposta à recorrente pelo acto impugnado e cujos pressupostos ela pretende discutir, respeita a uma restituição de ajudas comunitárias concedidas à exportação de produtos vitivinícolas com o escopo de salvaguardar a posição da CEE no comércio internacional.

Tratam-se de benefícios financeiros integrados na chamada administração prestativa do Estado, que não integram a actividade da Administração Fiscal.

Como se escreveu no Acórdão do STA, de 08/06//2005, proc. 0133/05:

I – O despacho que ordena a reposição de verbas de restituições á exportação não é uma questão fiscal.

II – Assim, o Tribunal competente para sindicar contenciosamente tal despacho é o *tribunal administrativo e não* o *tribunal tributário".*

Com interesse, destacamos ainda os Acórdãos do STA, de 29/03/2006, proc. 0499/05 e de 25/05/2006, proc. 02037/02 (base de dados do ITIJ).

Termos em que,

Na verificação da excepção de incompetência absoluta o tribunal decide absolver a Ré da instância – artigos 16.° n.°1 e 18.° do CPPT, 493.°, n.° 2 e 494.°, alínea a), do CPC, aplicável ex vi do 2.°, alínea e), do CPPT».

3.1. A questão a decidir é, apenas, a de saber se o tribunal tributário recorrido é o competente para apreciar a acção administrativa especial intentada pela recorrente, em que pede a condenação do recorrido à devolução das «restituições à exportação» que lhe haviam sido concedidas e cuja reposição lhe foi exigida.

Trata-se de tema que tem sido uniformemente tratado por ambas as Secções deste Tribunal.

A Secção de Contencioso Administrativo desde há muito vem aceitando a sua competência – e, consequentemente, a dos tribunais do contencioso administrativo – para se ocupar dos recursos jurisdicionais emergentes de recursos contenciosos atinentes a actos determinativos da reposição de ajudas comunitárias. Tal aconteceu, nomeadamente, nos processos n.ºs 43139, 43864, 40509, 44622, 43206, 46709, 2037/02, 328/02, 1572/02 e 301/04, em que foram proferidos acórdãos em 19 de Janeiro de 1999, 13 de Maio de 1999, 22 de Setembro de 1999, 29 de Março de 2000, 24 de Maio de 2000, 24 de Outubro de 2001, 10 de Julho de 2002, 12 de Dezembro de 2002, 17 de Fevereiro de 2004 e 20 de Outubro de 2004, respectivamente; e, ainda, no acórdão de 6 de Outubro de 2005, no processo n.° 2037/02, este do Pleno da mesma Secção.

A Secção de Contencioso Tributário, por seu turno, tem recusado a sua competência para intervir nos ditos processos – vejam-se, de 8 de Junho de 2005 e 29 de Março de 2006, os acórdãos tirados nos processos n.os 133/05 e 499/05, respectivamente e afirmado que tais recursos contenciosos não são da competência dos tribunais tributários, mas dos administrativos,

3.2. A parcela de jurisdição que cabe aos tribunais administrativos, por um lado, e aos tributários, por outro, é separada de acordo com a respectiva especialização, cabendo a estes últimos, para o que agora importa, ocupar-se «dos actos administrativos respeitantes a questões fiscais que não sejam atribuídos à competência de outros tribunais» – alínea iv) do n.º 1 do artigo 49.º do actual Estatuto dos Tribunais Administrativos e Fiscais. É, pois, a afinidade com as «questões fiscais», para cujo tratamento os tribunais fiscais estão melhor apetrechados, que faz com que competentes para conhecer de um dado acto administrativo sejam esses tribunais e não os administrativos.

Na enunciação que mais recentemente este Tribunal vem adoptando, são questões fiscais «tanto as resultantes de imposições autoritárias que postulem aos contribuintes o pagamento de toda e qualquer prestação pecuniária, em ordem à obtenção de receitas destinadas à satisfação de encargos públicos dos respectivos entes impositores, como também das que as dispensem ou isentem, ou, numa perspectiva mais abrangente, as respeitantes à interpretação e aplicação de normas de direito fiscal, com atinência ao exercício da função tributária da Administração Pública, em suma, ao regime legal dos tributos» – vd. o acórdão do Plenário do Tribunal proferido no processo n.º 937/03, de 29 de Outubro de 2003.

3.3. Ora, a questão que no presente processo se suscita tem a ver com a reposição de uma ajuda à exportação, a pretexto do incumprimento das regras legais que a presidem, o que não cabe na transcrita definição de «questões fiscais», na medida em que se não trata nem de uma imposição de pagamento de prestação pecuniária para satisfazer despesas, ou da respectiva dispensa, nem, sequer, de questão que respeite à interpretação e aplicação de normas respeitantes ao regime legal dos tributos.

Como bem se salientou na decisão recorrida, em consonância com a jurisprudência deste Tribunal, o que está em causa é, antes, a restituição de uma quantia entregue à recorrente como auxílio à exportação, ou seja, nas vestes de Administração dita prestadora, que não nas da Administração Tributária.

Note-se que, diferentemente do que invoca a recorrente, o que no processo se questiona não é o «facto gerador» «do tributo ou do benefício», mas o acto que determinou a reposição da «restituição à exportação» entendida como indevidamente recebida. Até porque nem estamos perante um tributo, nem perante um benefício fiscal, tal qual o define o artigo 2.º do Estatuto dos Benefícios Fiscais.

Não altera as coisas o facto, pela recorrente alegado, de as receitas que suportam os ditos auxílios serem provenientes de direitos niveladores, pois que a origem do financiamento não implica, no caso, a apreciação de uma «questão fiscal», tal qual vem sendo entendida por este Tribunal, já que os pressupostos de facto e de direito do acto administrativo objecto de impugnação nisso não assentam, de acordo, aliás, com a alegação da recorrente na petição inicial.

O que, tudo, nada tem a ver com o «efectivo direito de recurso contencioso» a que alude a recorrente para pretextar que seria inconstitucional, à luz do artigo 268.º da lei fundamental, a interpretação dos artigos 26.º, 27.º, 38.º e 49.º do Estatuto dos Tribunais Administrativos e Fiscais que concluísse como a sentença recorrida: o que é constitucionalmente garantido é a tutela dos direitos e interesses legalmente protegidos, designadamente, através da impugnação de actos administrativos lesivos, o que tanto é atingível mediante uma decisão dos tribunais administrativos como dos tributários.

Improcedem, pelo exposto, os fundamentos do recurso.

4. Termos em que acordam, em conferência, os juízes da Secção de Contencioso Tributário deste Supremo Tribunal Administrativo em, negando provimento ao recurso jurisdicional, confirmar o despacho impugnado.

Custas a cargo da recorrente, com 1/6 (um sexto) de procuradoria.

Lisboa, 27 de Junho de 2007

Baeta de Queiroz (Relator)
António Calhau
Pimenta do Vale

Recurso n.º 264/07-30

REVERSÃO DA EXECUÇÃO FISCAL. CITAÇÃO. COMUNICAÇÃO OU NOTIFICAÇÃO INSUFICIENTE. ARTIGO 37.º DO CPPT.

(Acórdão de 6 de Junho de 2007)

SUMÁRIO:

I – A citação do responsável subsidiário deve conter os pressupostos e extensão da reversão – artigo 23.º, n.º 4, da LGT.

II – Se a citação do interessado não contiver a fundamentação do despacho de reversão, o contribuinte deve invocar a nulidade ou irregularidade da citação, no prazo de contestação, sendo que do indeferimento desta arguição perante o órgão da execução fiscal, cabe reclamação para o tribunal tributário de 1.ª instância – artigos 198.º, n.º 2, do CPC, 276.º do CPPT e 103.º, n.º 2, da LGT.

III – Neste caso, o interessado não se pode socorrer do requerimento de notificação da fundamentação em falta ou da passagem de certidão que a contenha, previsto no artigo 37.º do CPPT, uma vez que este regime é apenas

aplicável às comunicações de "decisões em matéria tributária" que não contenham a fundamentação legalmente exigida.

IV – A citação que não comunique a fundamentação do despacho de reversão não torna o acto de reversão inoponível ao responsável subsidiário.

ACORDAM NA SECÇÃO DO CONTENCIOSO TRIBUTÁRIO DO SUPREMO TRIBUNAL ADMINISTRATIVO:

RUI AUGUSTO FERNANDES DE AMORIM vem recorrer da sentença do Tribunal Administrativo e Fiscal do Porto que julgou procedente a excepção peremptória da caducidade do direito de deduzir oposição e, consequentemente, absolveu a Fazenda Pública do pedido.

Fundamentou-se a decisão em que "no caso de o oponente ser citado por via postal através de terceiro (...), ao prazo de 30 dias para deduzir oposição à execução fiscal a contar da citação pessoal (art. 203.°, n.° 1, al. *a*) do CPPT), deve acrescer uma dilação de 5 dias (art. 252.°, n.° 1, al. *a*) do CPC)", pelo que "atento o disposto no art. 148.° do CPC, a contagem [se faz] como se o prazo fosse de trinta e cinco dias".

E, uma vez que "o processo de execução fiscal, não obstante corra perante órgãos da administração tributária, tem natureza judicial" e "a oposição à execução funciona como uma contestação à pretensão do exequente", a contagem do prazo faz-se de modo contínuo, sendo que "o pedido de notificação da fundamentação (...) não suspende o prazo para deduzir oposição, já que, para a invocação de qualquer dos fundamentos referidos no artigo 204.° do CPPT (salvo a situação enquadrável na al. *h*) do n.° 1), a fundamentação do acto tributário é irrelevante".

"Assim sendo, na data de apresentação da petição inicial – 3/7/2003 –, já havia expirado o prazo para deduzir oposição, bem como a possibilidade de apresentar a oposição nos três primeiros dias úteis subsequentes ao termo do prazo".

O recorrente formulou as seguintes conclusões:

I. A decisão de reversão deve obedecer ao princípio geral de fundamentação das decisões da Administração Tributária tal como consagrado no artigo 77.° da LGT.

II. Não constando da notificação da reversão os suficientes ou qualquer fundamentação de tal decisão, é legítimo ao executado por reversão, requerer a notificação da fundamentação em falta, nos termos do artigo 37.° do CPPT.

III. O artigo 37.° do CPPT contempla no seu âmbito o pedido de fundamentação dos pressupostos e extensão da reversão de processo de execução fiscal contra responsáveis subsidiários.

IV. Que o legislador não pretendeu restringir o pedido de fundamentação aos casos em que das decisões tributárias cabe reclamação, recurso ou impugnação, resulta claro da expressão "ou outro meio judicial" constante quer do número 1 quer do número 2 de tal artigo.

V. A oposição constituirá um desses outros meios judiciais a que o legislador se quis referir.

VI. Requerida a fundamentação dos pressupostos e extensão da reversão, sendo recebido, entendido e cabalmente respondido tal requerimento, aplica-se o disposto no n.° 2 de tal artigo 37.° do CPPT, e o prazo para a interposição da oposição suspende-se até que a resposta seja recebida.

VIII. Apresentada a oposição dentro dos 30 dias que se seguiram a tal resposta, não deve a oposição ser julgada extemporânea.

Não houve contra-alegações.

O Exmo. Magistrado do Ministério Público emitiu parecer no sentido do provimento do recurso, já que "se o meio processual próprio para se impugnar o despacho de reversão é a oposição à execução (...), o revertido há-de poder beneficiar do regime do artigo 37.° do CPPT, sob pena de não se poder defender por não conhecer os fundamentos da reversão".

E, corridos os vistos legais, nada obsta à decisão.

Em sede factual, vem apurado que:

1. Pelo Serviço de Finanças do Porto 5 foram instauradas contra a sociedade "Stand Autolisporto – Comércio e Indústria de Automóveis, Lda.", as execuções fiscais n.° 3190-00/104568.7 e 3190-01/101078.6, apensados em 18/11/2002, por dívidas de IVA e juros compensatórios, referentes a diversos períodos dos anos de 1995, 1996, 1997 e 1998, no montante global de € 147.854,48.

b) Por despacho de 28/4/2003 (após cumprimento do n.° 4 do art. 23.° e 60.° da LGT), foi ordenada a reversão contra o oponente das execuções indicadas na alínea anterior – cfr. fls. 180.

c) Em 5/5/2003, o oponente foi citado através de carta registada com aviso de recepção para efectuar o pagamento da quantia em dívida, no prazo de 30 dias, ou no mesmo prazo deduzir oposição ou requerer o pagamento em prestações – cfr. fls. 181 e 181v.

d) O aviso de recepção referente a tal notificação encontra-se assinado por "Fernanda Maria P. Oliveira Malheiro", com o BI n.° 101589654, emitido em 28/9//1998 – cfr. fls. 181v.

e) Em 29/5/2003, o oponente requereu ao Chefe do Serviço de Finanças do Porto 5, nos termos do artigo 37.° do CPPT, a notificação da "declaração fundamentada" dos pressupostos da reversão e da extensão da mesma, referida no n.° 4 do artigo 23.° da LGT – cfr. fls. 204.

f) Através de correio registado datado de 2/6/2003, foi o oponente notificado dos elementos subjacentes à reversão do processo executivo e à sua extensão cfr. fls. 204.ão microcircuito, registado no POS;

g) A presente oposição foi apresentada em 3/7/2003 – fls. 2 dos autos.

Vejamos, pois:

A questão dos autos é a de saber se o pedido de notificação da fundamentação de despacho de reversão difere, ou não, o prazo para a dedução da oposição à execução, nos termos do artigo 37.°, n.° 2, do Código de Procedimento e de Processo Tributário.

Dispõe o artigo 23.°, n.° 4, da Lei Geral Tributária que "a reversão é precedida (...) da declaração fundamentada dos seus pressupostos e extensão, a incluir na citação" respectiva.

Estabelecendo o n.° 4 do artigo 22.° do mesmo diploma que "as pessoas solidária ou subsidiariamente responsáveis poderão reclamar ou impugnar a dívida cuja responsabilidade lhes for atribuída nos mesmos termos que o devedor principal, devendo, para o efeito, a notificação ou citação conter os elementos essenciais da sua liquidação, incluindo a fundamentação nos termos legais".

O que significa que a citação do responsável subsidiário revertido deve conter, além dos incluídos na citação do executado originário, os elementos essenciais do acto de liquidação incluindo a respectiva fundamentação.

O que bem se compreende se se atentar em que ele não é o executado originário, pelo que pode não conhecer – e não tem tal obrigação – os elementos que propiciam a sua defesa, seja por oposição à execução fiscal, seja por reclamação graciosa ou impugnação judicial do acto tributário.

Daí que o artigo 102.°, n.° 1, alínea *c*) do Código de Procedimento e de Processo Tributário fixe a citação do responsável subsidiário como *dies a quo* do prazo de impugnação judicial respectiva.

Mas, assim sendo, a tutela jurídica devida ao interessado não se concretiza, no ponto, através da oposição à execução mas da invocação da nulidade ou irregularidade da citação que porventura não contenha os elementos legalmente devidos.

Sendo que, do indeferimento da respectiva arguição perante o órgão da execução fiscal, cabe reclamação para o tribunal tributário de 1.ª Instância, *ut* artigos 276.° do mesmo diploma e 103.°, n.° 2, da LGT.

Cfr. o acórdão do STA de 26 de Junho de 2002, recurso n.° 0832/02.

Aliás, por outro caminho se chegaria à mesma conclusão.

Estatuem os n.os 1 e 2 do artigo 37.° do CPPT epigrafado "Comunicação ou notificação insuficiente":

1. Se a comunicação da decisão em matéria tributária não contiver a fundamentação legalmente exigida, indicação dos meios de reacção contra o acto notificado ou outros requisitos exigidos pelas leis tributárias, pode o interessado, dentro de 30 dias ou dentro do prazo para reclamação, recurso ou impugnação ou outro meio judicial que desta decisão caiba, se inferior, requerer a notificação dos requisitos que tenham sido omitidos ou a passagem de certidão que os contenha, isenta de qualquer pagamento.

2 – Se o interessado usar da faculdade concedida no número anterior, o prazo para a reclamação, recurso ou outro meio judicial conta-se a partir da notificação ou da entrega da certidão que tenha sido requerida.

Este inciso normativo radica numa exigência constitucional. Com efeito, o artigo 268.°, n.° 3, da Constituição da República, determina que "os actos administrativos estão sujeitos a notificação aos interessados, na forma prevista na lei, e carecem de fundamentação expressa e acessível quando afectem direitos ou interesses legalmente protegidos".

Ou seja, a Constituição pretende que o particular tenha conhecimento dos actos praticados pela administração para que, caso pretenda, os possa impugnar, ou, então, se conforme com eles.

Sendo que este artigo 37.° se aplica, expressamente, às "decisões [da administração tomadas] em matéria tributária".

O que não é o caso da citação de reversão em processo de execução fiscal, já que esta é o acto destinado a dar conhecimento ao executado de que foi proposta contra ele determinada execução ou a chamar a esta, pela primeira vez, pessoa interessada, como o revertido – artigos 35.°, n.° 2, e 102.°, n.° 1, alínea *c*), do CPPT.

A sua função é comunicar ao devedor os prazos para oposição à execução e para requerer o pagamento em prestações ou a dação em pagamento – artigo 189.° do CPPT –, pelo que deve conter os requisitos do título executivo (com a excepção da assinatura da entidade emissora ou promotora da execução) ou, em alternativa, de ser acompanhada de cópia do mesmo – artigo 190.°, n.os 1 e 2, do CPPT.

Sendo que o título executivo também não é uma "decisão [administrativa] em matéria tributária" mas, antes, um documento – dos taxativamente previstos no artigo 162.° do CPPT – que permite a instauração do processo executivo, dado que tem em si ínsita, se o título contiver os requisitos previstos no artigo 163.° do mesmo diploma, a presunção de que a obrigação que dele consta existe e não se encontra cumprida.

Ou seja, "a citação, em processo fiscal, não é o acto de comunicação da decisão em matéria tributária que verificou constitutivamente a existência da obrigação tributária e o montante da respectiva dívida, (...) mas sim um acto que, ao dar conhecimento da execução e do respectivo título executivo, pressupõe antes, até, a existência daqueloutro acto anterior de comunicação da "decisão em matéria tributária", *recte*, da existência do acto de notificação do acto de liquidação".

Cfr. o acórdão do STA de 29 de Novembro de 2000 – recurso n.° 025.199.

E, deste modo, o regime previsto no artigo 37.° do CPPT não é aplicável no caso de a citação do despacho de reversão não conter a fundamentação deste.

Com efeito, para que a notificação dos requisitos omitidos (ou a passagem de certidão que os contenha) produza, no caso de citação em processo de execução fiscal, os efeitos previstos no n.° 2 daquele artigo 37.°, é necessário que:

– se trate de oposição à execução que tenha como fundamento a ilegalidade da dívida exequenda, sempre que a lei não assegure meio judicial de impugnação ou recurso contra o acto de liquidação – artigo 204.°, n.° 1, alínea *h*) do CPPT; ou

– seja admissível a impugnação judicial a contar da citação – como sucede com os responsáveis solidários ou subsidiários que, nos preditos termos do artigo 22.°, n.° 4, da LGT, podem "reclamar ou impugnar a dívida cuja responsabilidade lhes for atribuída nos mesmos termos do devedor principal".

Nesta segunda hipótese, as pessoas solidária ou subsidiariamente responsáveis podem, pois, impugnar a liquidação com fundamentos de impugnação e/ou opor-se à execução com fundamentos de oposição, sendo certo que "a impugnação judicial é autónoma em relação à oposição.

Por isso, o uso da faculdade prevista no n.° 1 deste artigo 37.° apenas difere o termo inicial do prazo relativamente à própria impugnação judicial e não também em relação à oposição", regime que é de aplicar também "aos casos em que a citação comunica (...) a decisão de reversão da execução fiscal".

Cfr. Jorge de Sousa, *Código de Procedimento e de Processo Tributário anotado*, 5.ª edição, nota 12 ao artigo 37.°, p. 339.

Por fim, o n.° 1 do artigo 37.° prevê, ainda, um requisito temporal – o interessado tem 30 dias para requerer a notificação ou a passagem de certidão que contenha os elementos em falta.

Se durante este prazo o interessado nada requerer, preclude a invocação do vício do acto de notificação que deixará de ser relevante para afastar os efeitos normais desta.

Na verdade, o artigo 102.°, n.° 1, alínea *a*), do CPPT, estabelece que a impugnação será apresentada no prazo de 90 dias contados a partir do termo do prazo para pagamento voluntário das prestações tributárias legalmente notificadas ao contribuinte. Mas se se entendesse que apenas as notificações realizadas de acordo com todos os requisitos legais seriam idóneas para conferir eficácia aos actos notificados, então o n.° 2 do artigo 37.° não teria utilidade: é que tratando de casos em que a notificação não é legal, o prazo de impugnação não começaria a correr.

Daí que este último inciso normativo só tenha sentido útil se se entender que a omissão dos requisitos exigidos pela lei deixa de ser relevante se o interessado nada fizer naquele prazo de 30 dias, tornando-se o acto notificado eficaz.

Cfr. JORGE DE SOUSA, *cit.*, 5.ª edição, nota 3 ao artigo 37.°, p. 333.

Note-se que se trata, aqui, do vício de ausência de comunicação da fundamentação legalmente exigida, que não de nulidade da notificação prevista no artigo 39.°, n.° 9, do CPPT.

Nestes casos de nulidade, não se admite que a invocação dos vícios que a geram – falta de indicação do autor do acto e, no caso de este o ter praticado no uso de delegação ou subdelegação de competências, da qualidade em que decidiu, do seu sentido e da sua data –, precluda com a inércia do notificado: uma vez que têm consequências mais gravosas que a falta de notificação da fundamentação do acto notificado, a inexistência daqueles elementos essenciais torna o acto inoponível ao contribuinte.

E o mesmo se diga, *mutatis mutandis*, da citação, em termos de reversão da execução, dada a importância da sua função, atestada pela natureza dos elementos que deve conter, pois do mesmo modo que é oponível ao contribuinte o acto notificado sem ser acompanhado da sua fundamentação, também a citação que padeça deste vício origina efeitos semelhantes. Aliás, a lei prevê as consequências da citação deficiente, distinguindo entre a falta de citação (que gera a dita invalidade) e a nulidade da citação (que não produz aquele efeito).

Assim, a falta de citação ocorre nos casos taxativamente previstos do artigo 195.° do Código de Processo Civil, aplicável por força do artigo 2.°, alínea *e*), do CPPT, e constitui nulidade insanável em processo de execução fiscal – artigo 165.°, n.° 1, alínea *a*), do CPPT –, sendo de conhecimento oficioso e podendo ser arguida até ao trânsito em julgado da decisão final (n.° 4 deste último inciso normativo).

E a nulidade da citação ocorre quando não hajam sido observadas, na sua realização, as formalidades prescritas na lei – artigo 198.°, n.° 1, do CPC.

Ora, no caso dos autos, a citação do despacho de reversão não foi acompanhado da fundamentação dosto, requisito que é exigido pelo artigo 23.°, n.° 4, *in fine*, da LGT.

Contudo, a nulidade da citação não é de conhecimento oficioso, antes tem que ser arguida (e não o foi) no prazo que tiver sido indicado para a contestação – dito artigo 198.°, n.° 2 –, isto é, no prazo de oposição à execução (que já findou).

Cfr. os acórdãos do STA de 24 de Agosto de 2005 – processo n.° 0934/05 e de 7 de Setembro de 2005 – processo n.° 0950/05.

Termos em que se acorda negar provimento ao recurso e confirmar a sentença recorrida.

Custas pelo recorrente, com procuradoria de 50%.

Lisboa, 6 de Junho de 2007

Brandão de Pinho (Relator)
Jorge Lino
Lúcio Barbosa (Vencido. Entendo aplicável o disposto no art. 37.° do CPPT. Na verdade, se o despacho de reversão não contiver a fundamentação legalmente exigida o oponente não sabe se deve opor-se ou impugnar. Só perante essa fundamentação é que o interessado sabe qual o caminho a seguir. No seguimento desta linha de pensamento, considero que não tinha expirado o prazo para o oponente deduzir oposição. Assim, daria provimento ao recurso).

Recurso n.° 91/07-30

REVERSÃO DA EXECUÇÃO FISCAL. RESPONSABILIDADE SUBSIDIÁRIA. IMPUGNAÇÃO DO DESPACHO QUE ORDENA A REVERSÃO. MEIO PROCESSUAL ADEQUADO. CONVOLAÇÃO. TEMPESTIVIDADE. PRÁTICA DO ACTO NOS TRÊS DIAS ÚTEIS SUBSEQUENTES AO TERMO DO PRAZO.

(Acórdão de 16 de Maio de 2007)

SUMÁRIO:

I – É a oposição à execução fiscal e não o processo de impugnação judicial ou a reclamação prevista no art. 276.° do C.P.P.T., o meio processual adequado para o responsável subsidiário revertido impugnar contenciosamente o despacho que ordena a reversão, com fundamento na sua ilegalidade, por não se verificarem os pressupostos da sua responsabilidade subsidiária, designadamente não se demonstrar a sua culpa.

II – Em caso de erro na forma de processo, a petição de impugnação pode ser convolada em petição de oposição se para tal for tempestiva e satisfizer os requisitos necessários, mesmo que para tal tempestividade tenham de ser considerada a possibilidade de prática de actos processuais nos três dias úteis subsequentes ao termo do prazo, prevista no art. 145.°, n.os 5 e 6, do CPC.

ACORDAM NA SECÇÃO DO CONTENCIOSO TRIBUTÁRIO DO SUPREMO TRIBUNAL ADMINISTRATIVO:

1 – MANUEL ANTÓNIO OLIVEIRA MOCHO impugnou no Tribunal Tributário de 1.ª Instância de Setúbal a decisão do Senhor Chefe do Serviço de Finanças de Alcochete que decidiu a reversão contra o Impugnante de uma execução fiscal em que é executada originária a empresa MAVACOM - ELECTRICIDADE E SERRALHARIA, LDA.

O Tribunal Administrativo e Fiscal de Almada, que sucedeu na competência daquele Tribunal, entendeu existir erro na forma de processo, por o meio processual adequado ser a oposição à execução fiscal e não ser viável a convolação, por a petição apresentada ser extemporânea para oposição à execução fiscal.

Inconformado o Impugnante interpôs o presente recurso para este Supremo Tribunal Administrativo, apresentado alegações com as seguintes conclusões:

Não se pode concluir de fora diferente do que já antes reiteradamente se sublinhou: sempre esteve como permanece em causa uma decisão ilegal e sem qualquer fundamento legal – logo passível de impugnação, nos termos do artigo 99.º, e designadamente da sua alínea c), do CFPT.

Não tendo assim o Recorrente adoptado forma processual errada, deve a impugnação apresentada ser apreciada substantivamente e julgada conforme requerido, ou seja, no sentido a revogação da decisão proferida pelo Serviço de Finanças de Alcochete e do arquivamento dos presentes autos sem aplicação de qualquer sanção.

Devendo o presente Recurso ter efeito suspensivo, caso contrário perderá o seu efeito útil.

Não foram apresentadas contra-alegações.

O Excelentíssimo Procurador-Geral Adjunto emitiu douto parecer nos seguintes termos:

1. A oposição à execução é o meio processual adequado de reacção contra a ilegalidade do despacho de reversão, por falta dos respectivos pressupostos processuais (arts 151.º n.º 1 e 204.º n.º 1 al. b) in fine CPPT)

Doutrina qualificada equaciona a possibilidade de apresentação de reclamação (art. 276.º CPPT) no caso de vícios formais do despacho que ordena a reversão (os quais não constituem fundamento da impugnação judicial deduzida), embora recusando-a por não constituir o meio processual mais adequado à tutela efectiva dos interesses dos revertidos, devendo preferir-se a oposição à execução (Jorge Lopes de Sousa CPPT anotado 4.ª edição 2003 pp. 879-880 e 1044-1045: aderindo a este entendimento cfr. acórdão STA 29.06.2005 processo n.º 501/05)

Inequivocamente excluída fica a impugnação judicial, porque o elenco legal de actos passíveis de constituírem o seu objecto não compreende o despacho de reversão praticado no processo de execução fiscal (art. 97.º n.º 1 CPPT: acórdãos STA 24.01.2001 processo n.º 25701, 7.05.2003 processo n.º 159/03, 29.06.2005 processo n.º 501/05, e 13.07.2005 processo n.º 504/05)).

As partes foram notificadas para se pronunciarem sobre este douto parecer e nada vieram dizer.

Corridos os vistos legais, cumpre decidir.

2 – A questão que é objecto do presente recurso jurisdicional é a de saber se o processo de impugnação judicial pode ser utilizado para impugnar o acto praticado pelo chefe de um serviço de finanças que decide a reversão de uma execução fiscal contra um responsável subsidiário.

O art. 22.º, n.º 4, da L.G.T. estabelece que «*as pessoas solidária ou subsidiariamente responsáveis poderão reclamar ou impugnar a dívida cuja responsabilidade lhes for atribuída nos mesmos termos do devedor principal, devendo, para o efeito, a notificação ou citação conter os elementos essenciais da sua liquidação, incluindo a fundamentação nos termos legais*».

Para além disso, os responsáveis subsidiários podem deduzir oposição à execução fiscal, nos termos dos arts. 203.º e 204.º do C.P.P.T..

O processo de impugnação judicial, regulado nos arts. 99.º e seguintes do CPPT, e a oposição à execução fiscal, regulada nos arts. 203.º e seguintes do mesmo Código, têm campos de aplicação distintos.

O art. 97.º do C.P.P.T. indica os meios processuais judiciais tributários.

Nele se indicam vários tipos de processo de impugnação, designadamente:

a) A impugnação da liquidação dos tributos, incluindo os parafiscais e os actos de autoliquidação, retenção na fonte e pagamento por conta;

b) A impugnação da fixação da matéria tributável, quando não dê origem à liquidação de qualquer tributo;

c) A impugnação do indeferimento total ou parcial das reclamações graciosas dos actos tributários;

d) A impugnação dos actos administrativos em matéria tributária que comportem a apreciação da legalidade do acto de liquidação;

e) A impugnação do agravamento à colecta aplicado, nos casos previstos na lei, em virtude da apresentação de reclamação ou recurso sem qualquer fundamento razoável;

f) A impugnação dos actos de fixação de valores patrimoniais;

g) A impugnação das providências cautelares adoptadas pela administração.

Desta indicação pormenorizada dos tipos de processos de impugnação, conclui-se que a impugnação judicial é o meio processual adequado para impugnar actos do tipo dos aqui indicados.

O despacho que decide a reversão em processo de execução fiscal não se engloba em nenhuma destas alíneas, pelo que é de concluir que o processo de impugnação judicial não é o meio processual adequado para ser discutida contenciosamente a sua legalidade.

Por outro lado, sendo o despacho que decide a reversão proferido no âmbito de um processo de execução fiscal, o meio processual a utilizar para o impugnar será um dos que a lei prevê para os interessados defenderem os seus interesses neste meio processual.

Entre os meios processuais previstos no CPPT para os revertidos defenderem o seus interesses no processo de execução fiscal, há dois que seriam potencialmente aplicáveis, aos casos em que o revertido pretende atacar o despacho que decidiu a reversão: a reclamação prevista no art. 276.º do CPPT, uma vez que se trata de uma decisão proferida pelo órgão da execução fiscal que afecta os direitos do revertido, e a oposição à execução fiscal, na medida em que, nos termos da alínea *b*) do n.º 1 do art. 204.º é fundamento de oposição «**não figurar no título e não ser responsável pelo paga-**

mento da dívida» e, nos termos da alínea *i*) do mesmo número, pode basear-se a oposição em «*quaisquer fundamentos não referidos nas alíneas anteriores, a provar apenas por documento, desde que não envolvam apreciação da legalidade da liquidação da dívida exequenda, nem representem interferência em matéria de exclusiva competência da entidade que houver extraído o título*».

Destes dois meios processuais, a oposição à execução fiscal é o único que assegura, em todos os casos, a defesa dos direitos do revertido, designadamente por não ter o regime-regra de subida diferida que está previsto para a reclamação, no art. 278.° do CPPT, e possibilitar a suspensão do processo de execução fiscal após a penhora ou prestação de garantia (arts. 212.° e 169.°, n.ºs 1, 2, 3 e 5 do mesmo Código).

Por isso, é a oposição à execução fiscal o meio processual adequado para os revertidos impugnarem a legalidade do despacho que ordena a reversão.

Se, eventualmente, os revertidos pretenderem também discutir a legalidade de um acto de liquidação ou outro acto de um dos tipos indicados no art. 97.° como podendo ser objecto de processo de impugnação, poderão também deduzir impugnação.

Mas, cada um destes meios processuais terá de ser utilizado no âmbito do campo de aplicabilidade previsto na lei.

3 – Examinando as questões colocadas pela Impugnante constata-se que nenhuma delas pode ser objecto de processo de impugnação judicial, por os actos a que elas se reportam não estarem incluídos na lista de processos de impugnação que consta do art. 97.°, n.° 1, do C.P.P.T..

Na verdade, o Impugnante defende a ilegalidade do despacho que decidiu a reversão por não se verificarem os pressupostos da sua responsabilidade subsidiária, designadamente não se demonstrar a sua culpa e ela não se presumir e ter demonstrado que não lhe é imputável um comportamento culposo no que concerne à incapacidade da devedora originária para pagamento da dívida exequenda.

4 – Conclui-se, assim, que houve um erro na forma de processo, por o processo de impugnação judicial não ser meio processual adequado para apreciar as questões colocadas pelo Impugnante.

Havendo erro na forma de processo, deve o Tribunal, oficiosamente, convolar o processo para a forma adequada, nos termos dos arts. 97.°, n.° 3, da LGT e 98.°, n.° 4, do CPPT, se a tal nada obstar.

No caso em apreço, a Meritíssima Juíza não ordenou a convolação a petição de impugnação ser intempestiva para efeitos de oposição.

O Impugnante foi citado para a execução fiscal em 27-6-2002 e a petição foi apresentada em 30-9-2002.

O prazo de para deduzir oposição à execução fiscal é de 30 dias a contar da citação pessoal [art. 203.°, n.° 1, alínea *a*), do CPPT].

Este prazo, conta-se nos termos do CPC, como determina o n.° 2 do art. 20.° do CPPT, pois o processo de execução fiscal é um processo judicial na sua totalidade, como decorre do preceituado no n.° 1 do art. 103.° da LGT.

Assim, nos termos do disposto no n.° 1 do art. 144.° do CPC, o prazo de oposição é contínuo, mas suspende-se durante as férias judiciais.

De harmonia com o disposto no art. 12.° da LOTJ (Lei n.° 3/99, de 13 de Janeiro), na redacção vigente em 2002, as férias judiciais decorriam de 22 de Dezembro a 3 de Janeiro, do domingo de Ramos à segunda-feira de Páscoa e de 16 de Julho a 14 de Setembro.

Assim, começando o prazo a contar-se a partir de 28-6-2002, nos termos do art. 279.°, alínea *b*) do Código Civil, decorreram 18 dias até ao início das férias judiciais de Verão (até 15-7-2002), reiniciando-se a contagem dos restantes 12 dias a partir de 15-9-2002, inclusive, pelo que se conclui que o prazo de oposição terminou em 26-9-2006.

A petição foi apresentada em 30-9-2002 e, por isso, foi apresentada fora do prazo de oposição, mas, tendo o prazo referido natureza de prazo judicial (por ter natureza judicial o processo de execução fiscal, como se disse), é-lhe aplicável o disposto no art. 145.°, n.ºs 5 e 6 do CPC, em que se admite a prática dos actos processuais nos três dias úteis subsequentes ao termo do prazo, ficando a sua validade dependente do pagamento de uma multa que, não sendo requerido o pagamento, deve ser paga na sequência de notificação a efectuar pela secretaria.

Assim, é de concluir que não se pode, desde já, considerar intempestiva a petição para efeitos de oposição à execução fiscal, pois, se o pagamento da multa prevista no n.° 6 do art. 145.° do CPC for efectuado, ela será de considerar tempestiva.

Adaptando estas normas à situação em causa, é de concluir que deverá ser decidido existir erro na forma de processo e ser convolada a petição de impugnação em petição de oposição, ficando a decisão sobre a sua tempestividade de pendente da eventualidade de ser efectuado o pagamento a que se refere o art. 145.°, n.° 6, na sequência de notificação a efectuar ao Impugnante.

Nestes termos, acordam neste Supremo Tribunal Administrativo em

– conceder provimento ao recurso jurisdicional, na parte em que se decidiu a inviabilidade de convolação;

– confirmar a sentença recorrida quanto ao decidido sobre a existência de erro na forma de processo;

– convolar a petição de impugnação em petição de oposição à execução fiscal;

– ordenar a notificação do Impugnante para pagamento da multa referida no n.° 6 do art. 145.° do CPC, cujo montante deverá ser liquidado pela secretaria no Tribunal recorrido;

– ordenar que a questão da tempestividade seja reapreciada na sequência do pagamento ou do decurso do prazo para ele ser efectuado.

Sem custas.

Lisboa, 16 de Maio de 2007

Jorge de Sousa (Relator)
Baeta de Queiroz
Pimenta do Vale

Recurso n.° 44/07-30

REVISÃO DO ACTO TRIBUTÁRIO. PEDIDO DO CONTRIBUINTE. ERRO IMPUTÁVEL AOS SERVIÇOS. VÍCIOS DE VIOLAÇÃO DO DIREITO DE AUDIÇÃO PRÉVIA E DE FALTA DE FUNDAMENTAÇÃO.

(Acórdão de 27 de Junho de 2007)

SUMÁRIO:

I – A expressão "erro imputável aos serviços" refere-se a "erro" e não a "vício", o que inculca que quer relevar os erros sobre os pressupostos de facto ou de direito que levaram a Administração a uma ilegal definição da relação jurídica tributária do contribuinte, não considerando os vícios formais ou procedimentais que, ferindo, embora, de ilegalidade o acto, não implicam, necessariamente, uma errónea definição daquela relação.

II – Os vícios de violação do direito de audição prévia e de falta de fundamentação, na medida em que integram os invocados vícios formais ou procedimentais, não são abrangidos pelo "erro imputável aos serviços".

ACORDAM NESTA SECÇÃO DO CONTENCIOSO TRIBUTÁRIO DO SUPREMO TRIBUNAL ADMINISTRATIVO:

1 – Animafoz – Gestão e Hotelaria, SA –, melhor identificada nos autos, não se conformando com a sentença do Tribunal Administrativo e Fiscal do Porto que julgou procedente a excepção peremptória da caducidade do direito de impugnar e, em consequência, absolveu a Fazenda Pública da instância, dela veio interpor o presente recurso, formulando as seguintes conclusões:

A – Em virtude da falta de entrega pela impugnante da declaração de rendimentos referente ao exercício de 1996, a Administração Fiscal emitiu uma liquidação oficiosa estabelecendo um imposto a pagar no montante de 29.326,84 Euros cuja data limite para pagamento voluntário ocorreu em 12/11/2001.

B – Em 26/12/2002, a impugnante, ora recorrente, formulou – ao abrigo do disposto no art. 78.° e 56.° da LGT – o pedido de revisão oficiosa do acto tributário o qual baseou na sua ilegalidade por vícios decorrentes de falta de fundamentação bem como da ausência de audição prévia à liquidação perpetrada.

Concluiu, pedindo a anulação do acto de indeferimento do pedido de revisão efectuado da liquidação impugnada, decretando-se a efectiva anulação do acto tributário de liquidação.

C – Tal pedido de revisão não mereceu, em data oportuna, qualquer pronúncia por parte da Administração Tributária, pelo que face ao indeferimento tácito foi, em 8/7/2003, interposta a competente impugnação.

D – Face a tal factualidade, Mª Juíza a quo, concluiu, e bem, que o indeferimento tácito do pedido de revisão apresentado pela impugnante, seria, efectivamente, passível de impugnação judicial, nos termos do disposto no art. 102.°, n.° 1, al. *d*) do CPPT, desde que o pedido de revisão fosse formulado dentro dos limites temporais em que a Administração Tributária pudesse rever o acto, **com fundamento em erro imputável aos serviços**;

E – CONTUDO,... entendeu que os vícios que fundamentavam do pedido de revisão apresentado, (audição prévia e falta de fundamentação) não consubstanciavam **erro imputável aos serviços** e por essa razão, não podia tal pedido ser considerado tempestivo.

F – **Portanto, a questão fundamental – <u>com a qual se não concorda</u> – é a de se ter entendido que os vícios de falta de audiência prévia à liquidação e de falta de fundamentação do acto tributário não são passíveis de configurarem "erro imputável aos serviços" e, portanto, insubsumíveis à previsão do art. 78.° n.° 1, 2ª parte.**

G – Na verdade, estamos, nos casos referidos, perante formas de ilegalidade do acto, que não são meras irregularidades, mas verificadas **preterições de formalidades no procedimento que traduzem a omissão de concessão de importantes direitos do contribuinte, os quais têm mesmo fundamento constitucional**, como é sabido, por força dos arts. 268.°, n.° 3, in fine e 267.°, n.° 5 da CRP, respectivamente).

H – E, constatadas tais importantes ilegalidades implica, necessariamente, considerar, ter a Administração incorrido em **erro que lhe é imputável**, ao praticá-las:

I – Com efeito, verificada a coarctação de direitos do contribuinte no procedimento de liquidação que importariam as ilegalidades apontadas, e sendo elas efectuadas pelos serviços, é à Administração Tributária que é imputável esse erro, sempre que a elas não dê o contribuinte causa directa ou imediata.

J – Acresce que tal imputabilidade aos serviços é independente da demonstração da culpa de qualquer dos seus funcionários ao efectuar liquidação.

Efectivamente, (...) a Administração Tributária está genericamente obrigada a actuar em conformidade com a lei (arts. 266.°, n.° 1, da C.R.P. e 55.° da L.G.T.), pelo que, independentemente da prova da culpa de qualquer das pessoas ou entidades que a integram, qualquer ilegalidade não resultante de uma actuação do sujeito passivo será imputável a culpa dos próprios serviços...(...).

L – (...) Há, assim, um reconhecimento no âmbito do direito tributário do dever de revogar de actos ilegais.

M – A revisão do acto tributário tanto antes da vigência do CPT, como durante a sua vigência, como depois da LGT, constitui um meio administrativo de correcção de erros de actos de liquidação de tributos, **<u>que é admitido como complemento dos meios de impugnação administrativa e contenciosa desses actos</u>** (...) sublinhados nossos.

N – Deveria, assim, a Mª Juíza, ter considerado os vícios invocados como passíveis de consubstanciar "erros imputáveis aos serviços" e com isso admitir como tempestivo o pedido de revisão do acto ao abrigo do art. 78.° da LGT, o que, a seu ver, acarretaria a tempestividade da impugnação que nos ocupa.

Ao não fazê-lo – decretando a excepção de caducidade do direito de impugnar por extemporaneidade –

aplicou mal, portanto, o referido art. 78.º da LGT.

A Fazenda Pública não contra-alegou.

O Exm.º Procurador-Geral Adjunto emitiu douto parecer no sentido de ser negado provimento ao presente recurso, conforme doutrina e jurisprudência, que cita.

Colhidos os vistos legais, cumpre decidir.

2 – A sentença recorrida fixou a seguinte matéria de facto:

a) Em virtude da falta de entrega pela impugnante da declaração de rendimentos referente ao exercício de 1996, em 25/9/2001, a Administração Fiscal emitiu a liquidação oficiosa n.º 8310013407, com imposto a pagar pela impugnante no montante de € 29.326,84 e cuja data limite para pagamento voluntário ocorreu em **12/11/2001** – cfr. P.A apenso.

b) Em **26/12/2002**, a impugnante requereu ao abrigo do disposto no art. 78.º e 56.º da LGT, a revisão oficiosa do acto de liquidação identificado na al. anterior – cfr. doc. de fls 11/19 dos autos.

c) A Administração Tributária não emitiu qualquer pronúncia sobre tal pedido.

3 – A questão que constitui objecto do presente recurso consiste em saber se, tendo sido feito, pela impugnante, pedido de revisão do acto tributário em causa, invocando como fundamento a violação do direito de audição prévia e a falta de fundamentação desse mesmo acto, tais vícios são passíveis de configurar "erro imputável aos serviços".

Esta questão, embora tratada no âmbito do pedido do pagamento de juros indemnizatórios, mas, cujos princípios gerais, então estabelecidos, têm aqui plena aplicação, tem sido decidida por este Tribunal, como amplamente se reflecte no presente processo. Vejam-se, nomeadamente, a fundamentação da sentença recorrida e o douto parecer do Exm.º Procurador-Geral Adjunto.

Entre as mais recentes pronúncias, está o acórdão de 17/11/04, in rec. n.º 772/04, aliás citado na referida sentença e que, por isso mesmo vamos aqui seguir de perto.

Diz-se, então, no citado aresto, a propósito do estipulado no art. 24.º do CPT – que tem hoje correspondência expressa nos arts. 43.º da LGT e 61.º do CPPT –, que o predito preceito legal "se refere a erro, e não a vício, o que inculca que quer relevar os erros sobre os pressupostos de facto ou de direito que levaram a Administração a uma ilegal definição da relação jurídica tributária do contribuinte, não considerando os vícios formais ou procedimentais que, ferindo, embora, de ilegalidade o acto, não implicam, necessariamente, uma errónea definição daquela relação".

E sobre a mesma questão, escreve, ainda, Jorge Sousa, in CPPT anotado, 4ª ed., pág. 295, também citado pelo Exm.º Procurador-Geral Adjunto, que "a utilização da expressão "erro" e não "vício" ou "ilegalidade" para aludir aos factos que podem servir de base à atribuição do juros, revela que se teve em mente apenas os vícios do acto anulado a que é adequada essa designação, que são o erro sobre os pressupostos de facto e o erro sobre os pressupostos de direito.

Com efeito, há vícios dos actos administrativos e tributários a que não é adequada tal designação, nomeadamente os vícios de forma e a incompetência, pelo que a utilização daquela expressão "erro" tem um âmbito mais restrito do que a expressão "vícios".

Por um lado, é usual utilizar-se a expressão "vícios" quando se pretende aludir genericamente a todas as ilegalidades susceptíveis de conduzirem à anulação dos actos, com é o caso dos arts. 101.º (arguição subsidiária de vícios) e 124.º (ordem de conhecimento dos vícios na sentença) ambos deste Código...

Esta é, aliás, uma restrição que se compreende.

Na verdade, a existência de vícios de forma ou incompetência significa que houve uma violação de direitos procedimentais dos administrados e por isso, justifica-se a anulação do acto por estar afectado de ilegalidade.

Mas, o reconhecimento judicial de um vício daqueles tipos não implica a existência de qualquer vício na relação jurídica tributária, isto é, qualquer juízo sobre o carácter indevido da prestação pecuniária cobrada pela administração tributária com base no acto anulado, limitando-se a exprimir a desconformidade com a lei do procedimento adoptado para a declarar ou cobrar ou a falta de competência da autoridade que a exigiu.

Ora, é inquestionável que, quando se detecta um vício respeitante à relação jurídica tributária, se impõe a atribuição de uma indemnização ao contribuinte, pois a existência desse vício implica a lesão de uma situação jurídica subjectiva, consubstanciada na imposição ao contribuinte da efectivação de uma prestação patrimonial contrária ao direito.

Por isso, justifica-se que, nestas situações, não havendo dúvidas em que a exigência patrimonial feita ao contribuinte implica para ele um prejuízo não admitido pelas normas fiscais substantivas, se dê como assente a sua existência e se presuma o montante desse prejuízo, fazendo-se a sua avaliação antecipada através da fixação de juros indemnizatórios a favor daquele.

Porém, nos casos em que o vício que leva à anulação do acto é relativo a uma norma que regula a actividade da Administração, aquela nada revela sobre a relação jurídica fiscal e sobre o carácter indevido da prestação, à face das normas substantivas".

Sendo assim e uma vez que o "erro imputável aos serviços" se refere ao erro sobre os pressupostos de facto e de direito da relação jurídica tributária e não a vícios de forma ou violação de direitos procedimentais do contribuinte, nos quais se incluem os alegados vícios de violação do direito de audição prévia e da falta de fundamentação, a sentença recorrida não merece qualquer censura.

4 – Nestes termos, acorda-se em negar provimento ao presente recurso e manter a sentença recorrida.

Custas pela recorrente, fixando-se a procuradoria em 50%.

Lisboa, 27 de Junho de 2007

Pimenta do Vale (Relator)
Jorge Lino
Lúcio Barbosa

Recurso n.º 80/07-30

TAXA DE OCUPAÇÃO DO SUBSOLO. TAXA MUNICIPAL. NULIDADE DE SENTENÇA. OMISSÃO DE PRONÚNCIA. DOMÍNIO PÚBLICO. ISENÇÃO. PRINCÍPIO DA IGUALDADE.

(Acórdão de 9 de Maio de 2007)

SUMÁRIO:

I – A sentença é nula, por omissão de pronúncia, nos termos do disposto nos arts. 125.° do CPPT e 668.°, n.° 1, al. *d*) do CPC, quando o juiz deixe de se pronunciar sobre questões que devesse apreciar, face ao preceituado no art. 660.°, n.° 2 do CPC.

II – Não se verifica tal omissão se, a propósito da gratuitidade da utilização do subsolo, pertencente ao domínio público municipal, o Tribunal recorrido concluiu que a impugnante não estava isenta do pagamento de "taxa".

III – A taxa de ocupação do subsolo é um tributo que está conexionado com a utilização de terrenos do domínio público municipal. Sendo assim, não está a impugnante isenta do pagamento da referida taxa, com fundamento nos arts. 13.°, n.° 3, al. *b*) e 15.°, al. *c*) do Decreto-Lei n.° 374/89 de 25/10, 3.°, n.° 1, al. *f*) do Decreto-Lei n.° 445/91 de 20/11 (na redacção dada pela Lei n.° 29/92 de 5/9), 3.°, n.° 4 do Decreto-Lei n.° 232/90 de 16/7 e no Decreto-Lei n.° 33/91 de 16/1, já que o que se confere nestes diplomas legais é tão só a isenção do pagamento de taxas relacionadas com a concessão de licenças de obras, ou seja, previnem uma realidade jurídica distinta.

IV – A gratuitidade da ocupação do subsolo também não resulta do disposto no art. 15.°, al. *c*) do Decreto-Lei n.° 374/89 de 25/10 e na Base XVII do Decreto-Lei n.° 33/91 de 16/1, na medida em que não se vislumbra aqui qualquer norma, ainda que de âmbito geral, que confira a isenção do pagamento da taxa respectiva.

V – Por outro lado, essas normas não podem deixar de ser interpretadas se não no sentido de que os poderes que são conferidos à impugnante só podem ser aqueles poderes que estão limitados à esfera jurídica do concedente, que não violem direitos estabelecidos de terceiros.

VI – Outra interpretação dessas mesmas normas colidiria com o princípio geral da onerosidade da ocupação do domínio público municipal consagrado no art. 19.°, al. *c*) da Lei das Finanças Locais e com o princípio constitucional da autonomia patrimonial e financeira das autarquias locais.

VII – Não se pode concluir pela violação do princípio da igualdade se não forem alegados factos concretos que permitam determinar se, as empresas concessionários de outros serviços públicos, se encontram em circunstâncias idênticas à da impugnante, uma vez que, este princípio, pressupõe situações objectivamente idênticas.

ACORDAM NESTA SECÇÃO DO CONTENCIOSO TRIBUTÁRIO DO SUPREMO TRIBUNAL ADMINISTRATIVO:

1 – Setgas – Sociedade de Produção e Distribuição de Gás, SA –, melhor identificada nos autos, não se conformando com a sentença do Tribunal Administrativo e Fiscal de Almada que julgou improcedente a impugnação judicial que deduziu contra o acto de liquidação da taxa pela utilização do subsolo e licenças efectuado pela Câmara Municipal do Barreiro, respeitante ao ano de 2000, no valor total € 26.883.430, dela vem interpor o presente recurso, formulando as seguintes conclusões:

A) Entende a Recorrente que o Tribunal *a quo*, ao decidir nos termos em que decidiu não fez a melhor interpretação e aplicação do Direito na situação *sub judice*, além de que não se pronunciou sobre todas as questões sobre as quais se devia ter pronunciado;

B) A sentença recorrida não se pronunciou quanto à questão invocada pela Recorrente em sede de impugnação relativa à utilização gratuita do domínio público;

C) Assim sendo, a sentença recorrida enferma de nulidade, por omissão de pronúncia, nos termos do artigo 668.°, n.° 1, alínea *d*) do CPC;

D) Como resulta da matéria de facto provada, a Recorrente é uma concessionária, em regime de direito público, da exploração da rede de Distribuição de Gás Natural da Área Regional Sul, nos termos do contrato celebrado entre o Estado Português no âmbito das Bases de Exploração, em regime de serviço público, das redes de distribuição regional de gás natural, aprovadas pelo D.L. n.° 33/91, de 16 de Janeiro;

E) É, pois, tendo em conta a natureza jurídica de sociedade concessionária de um serviço público que a Recorrente reveste, que as normas legais e contratuais que lhe são aplicáveis devem ser lidas e interpretadas, não podendo pretender-se que à Recorrente sejam aplicadas as mesmas regras e princípios que são aplicáveis às sociedades de direito privado e que prosseguem interesses próprios;

F) No âmbito das obrigações emergentes do contrato de concessão, cabe à Recorrente, enquanto concessionária de um serviço público, a "*construção das infra-estruturas necessárias à exploração*" (vide o n.° 4 da Base I, Anexo I ao D.L. n.° 33/91, de 16 de Janeiro);

G) Resulta da legislação aplicável e do contrato de concessão, que as sociedades concessionárias deste serviço público estão dispensadas de requerer e obter a licença prévia junto das autarquias locais competentes, para a realização das obras necessárias à implementação do projecto aprovado;

H) Porém, a sentença ora recorrida diz que "... estamos perante a cobrança de uma taxa pela ocupação do domínio público, realidade distinta da taxa pela concessão de licenças de obras".

I) Mas, salvo melhor entendimento, tal não merece acolhimento, porquanto a situação tem que ser vista de forma mais articulada e enquadrada, pois não faz qualquer sentido que a Administração Pública transfira para o particular a prossecução de parte do interesse público que incumbe àquela assegurar, para, *a posteriori*, vir onerar esse mesmo particular com o pagamento de tributos pela ocupação imprescindível do subsolo para poder desenvolver os fins públicos que lhe foram transferidos, o que consubstancia uma verdadeira situação de abuso de direito por parte da Administração Pública;

J) Pelo que se entende que a sentença recorrida deverá ser revogada por outra que reconheça a isenção legalmente atribuída à Recorrente enquanto concessionária de um serviço público do pagamento de taxas seja a que título for;

Por outro lado,

L) Sem prejuízo da nulidade acima invocada, deve ainda ter-se em conta que, nunca esquecendo a natureza jurídica da Recorrente de concessionária de um serviço público, entende a mesma que lhe foi conferido o direito de uso gratuito do domínio público, seja ele estadual ou municipal;

M) Esse direito decorre do disposto na alínea *c*), do artigo 15.°, do Decreto-Lei n.° 374/89, de 25 de Outubro e é reafirmado no Decreto-Lei n.° 33/91, de 16 de Janeiro, na Base XVII;

N) Tal direito existe por força da lei e integra a esfera dos direitos da concessionária ora Recorrente, não tendo o legislador condicionado o exercício do mesmo a qualquer ónus ou encargos, contrariamente ao que sucede, por exemplo, no exercício do direito de constituir servidões e de expropriar bens do domínio privado;

O) Aliás, isto é perfeitamente compreensível se tivermos em atenção que várias empresas concessionárias de serviço público, como é o caso da CP, PORTUGAL TELECOM e a EDP, que também utilizam bens dominiais para implantação de infra-estruturas, não pagando por isso qualquer taxa ou renda.

P) Contudo, também aqui a sentença recorrida entendeu que "... não foram alegados factos concretos que permitam determinar se as empresas concessionárias invocadas pela impugnante, se encontram em circunstâncias idênticas à da impugnante para se poder aferir da eventual violação do princípio da igualdade, uma vez que tal princípio pressupõe situações objectivamente idênticas."

Q) Mas não lhe assiste razão, porquanto, por um lado, a isenção concedida a tais empresas concessionárias decorre da lei e o Tribunal pode conhecer oficiosamente dessa isenção (cf. o artigo 664.° do CPC), não devendo abster-se de conhecer tal questão nos moldes em que o fez;

R) E por outro lado, há violação do princípio da igualdade, porquanto o que justifica a isenção de pagamento de taxas no caso das mencionadas empresas, também o justificará no caso das concessionárias de Distribuição de Gás Natural, porque não há dúvida que se trata de situações objectivamente idênticas;

S) As liquidações levadas a efeito pela Câmara Municipal do Barreiro são, pois, ilegais por violação do disposto na alínea *b*) do n.° 3 do artigo 13.° e da alínea *c*) do artigo 15.° do Decreto-Lei n.° 374/89, de 25 de Outubro, na alínea *f*) do n.° 1 do artigo 3.° do Decreto-Lei n.° 445/91, de 20 de Novembro (na redacção dada pela Lei n.° 29/92, de 5 de Setembro), no n.° 4 do artigo 3.° do Decreto-Lei n.° 232/90, de 16 de Julho e no Decreto-Lei n.° 33/91, de 16 de Janeiro, devendo a sentença recorrida ser revogada e substituída por outra de sentido contrário.

A Recorrida contra-alegou nos termos que constam de fls. 501 e segs., que se dão aqui por integralmente reproduzidos para todos os efeitos legais, para concluir que:

1 – A sentença não padece da nulidade por omissão de pronúncia que a recorrente lhe imputa nas suas alegações.

2 – O tribunal *a quo* respeitou integralmente o preceito contido no art. 660.°, n.° 2 do CPC, i.e., o juiz conheceu (...) exceptuadas cuja decisão esteja prejudicada pela solução dada às outras. (...).

3 – Como a própria recorrente reconhece, o Tribunal *a quo* conheceu as questões relativas à isenção invocada.

4 – Ora, se o Tribunal *a quo* entendeu que "não colhe o fundamento invocado pela impugnante de estar isenta da taxa ora em causa, na medida em que estamos perante a cobrança de uma taxa pela ocupação do domínio público, realidade distinta da taxa pela concessão de licenças de obras" (sublinhado nosso), obviamente, que a eventual gratuitidade do uso daquele domínio público é questão, cujo conhecimento ficou prejudicado pela solução dada ao problema da isenção.

5 – Se o Tribunal *a quo* decidiu que a norma constante do Regulamento Municipal de Taxas é aplicável à recorrente, o mesmo é dizer que entendeu que o uso que esta faz do domínio público não é gratuito.

6 – Por último, acrescente-se que, s.m.o., a questão suscitada pela recorrente é uma falsa questão, porque o uso do domínio público só seria gratuito, nomeadamente para a recorrente, se alguma norma a isentasse da compensação devida por esse uso ou houvesse diploma legal específico, que a recorrente não invoca, que previsse essa mesma gratuitidade.

7 – Ora, é justamente, dessa isenção que a recorrente não beneficia, como, aliás doutamente se reafirma na sentença recorrida.

8 – A não se entender assim, o que só por mera cautela de patrocínio se admite, o Tribunal *a quo*, está em tempo para conhecer a questão e decidir em conformidade, reparando o agravo nos termos do disposto no art. 744.° do CPC, *ex vi* do disposto no art. 281.° do CPPT.

9 – Para além da supra referenciada falsa questão, a recorrente persiste num argumento que, salvo o devido respeito, não colhe nem nunca poderia colher.

10 – Qual seja o que extrai do art. 13.° do D.L. 374/89 de 25 de Outubro segundo o qual, enquanto concessionária, goza das licenças necessárias para a execução das obras integrantes do projecto.

11 – À recorrente não estão a ser exigidas quaisquer taxas pelo licenciamento do projecto.

12 – O fundamento do tributo é outro, completamente diverso, e radica na ocupação do domínio público municipal.

13 – De que, aliás, o Governo não poderia dispor, como não dispôs, a qualquer título, sob pena de violação dos poderes e atribuições constitucionalmente cometidos às autarquias.

14 – A recorrente quer extrair da norma que a dispensa do licenciamento das obras compreendidas no projecto, a isenção da taxa de ocupação do solo ou subsolo municipal.

15 – Labora em erro porque confunde realidades jurídicas que não são assimiláveis ou sobreponíveis. As realidades em causa têm autonomia legal, regulamentar e conceptual.

16 – Teria razão se a liquidação respeitasse a taxas de licenciamento das obras.

17 – Mas não lhe assiste razão porque o fundamento da taxa não respeita a essa realidade.

18 – A contrapartida das taxas liquidadas é a utilização do domínio público municipal.

19 – E não se diga que falta à figura jurídica destas taxas o requisito integrador que o saudoso Prof. Teixeira Ribeiro apontou.

20 – A recorrente é uma sociedade anónima que prossegue, legitimamente aliás, fins lucrativos.

21 – Na prossecução desses fins, não tem o direito de enriquecimento à custa da utilização gratuita de bens dominiais autárquicos.

22 – Se assim fosse, de resto, ficaria numa posição de desleal concorrência em relação a todos as demais empresas de produção e distribuição de gás.

23 – Como ficaria numa posição de incompreensível vantagem em relação a todas as demais empresas de rede que têm de suportar o pagamento de taxas decorrentes de utilização de bens do domínio público municipal.

24 – Reitera-se: nem nunca, sob pena de inconstitucionalidade, poderia o Estado (a Administração Central) dispor de bens que às autarquias pertençam.

25 – E mais, nunca por via de uma lei ordinária poderia ser estabelecida a isenção de uma taxa cuja criação não competisse à Administração Central.

26 – A satisfação de necessidades colectivas não pode constituir critério justificativo de qualquer isenção de taxas municipais.

27 – As necessidades colectivas são promovidas por muitas e diversas entidades sem que daí resulte qualquer benefício ou isenção de tais taxas.

28 – As empresas de rede satisfazem, em regra, o pagamento de taxas pela utilização dos bens públicos.

29 – Aliás, como não poderia deixar de ser, uma vez que não há qualquer norma, de âmbito geral, que as isente do respectivo pagamento.

30– Ora, tal norma não existe, nem pode emergir de qualquer interpretação das normas que dispensam a recorrente de licenciamentos.

31 – Aliás, nem o próprio Estado, em muitas circunstâncias, está isento do pagamento de impostos, contrariamente, ao que a recorrente parece pretender.

32 – Acresce que, é de presumir que o Governo soube contratualizar da melhor forma, sob a égide do interesse público, os direitos e obrigações das concessionárias de Direito público.

33 – Se no respectivo Decreto-Lei não se previu clara e inequivocamente qualquer isenção no pagamento destas taxas, foi porque o Estado não a quis consagrar, não se podendo retirar da L. 29/92 de 5 de Setembro, conclusão diversa.

34 – De presumir é também que a concessionária conhece as imposições tributárias existentes e que, por isso, não pode ignorar a existência das respectivas taxas.

35 – Se as não "queria" pagar por poderem representar um encargo de que "discordava", deveria contratualizá-lo com o Governo.

36 – Ora, o que sabemos é que o respectivo diploma legal não previu essa isenção (nem, em bom rigor, o poderia fazer, sob pena de inconstitucionalidade orgânica, por se tratar de matéria de reserva de competência legislativa da Assembleia da República (cft. art. 165.° n.° 1 al. *i*) da CRP).

37 – Se a Assembleia da República também não o fez (nem se conhece sequer qualquer projecto ou proposta de lei nesse sentido), foi porque o Estado entendeu que o regime definido naquele diploma é o que melhor reflecte o equilíbrio de interesses do contrato de concessão.

38 – O entendimento jurisprudencial firmado, nos doutos arestos que, de forma descontextualizada a recorrente transcreveu, sofreu a evolução que estes autos espelham, qual seja, o de que a recorrente não beneficia da isenção de taxas pela ocupação do domínio público municipal.

39 – A inexistência de uma lei geral sobre o domínio público das autarquias locais não colide com a efectiva existência de um domínio público municipal (que o Prof. Marcello Caetano definiu como um " direito de natureza diferente do que os particulares exercem no seu interesse") e que, como direito de propriedade que é, confere às autarquias locais direitos e faculdades que integram o núcleo típico do direito de propriedade.

40 – Ora, no âmbito desses direitos cabe, nomeadamente, o poder de cobrar taxas pelo uso especial ou uso privativo da coisa pública (cft. art. 19.° al. *e*) da Lei das Finanças Locais) – que consagra o princípio geral da onerosidade da ocupação do domínio público municipal.

41 – Neste particular, a recorrente alega factos novos que, tal como na p.i., não concretiza.

42 – Aliás, a recorrente trata realidades que são completamente distintas, como se fossem iguais, pugnando pela aplicação do princípio da igualdade.

43 – Com efeito, hoje, a ocupação do domínio público municipal, está sujeita a regimes jurídicos diferentes, consoante o tipo de concessão ou de serviços que estejam em causa, v.g., se se trata de serviços de gás, de electricidade ou de telecomunicações.

44 – Acresce que, no âmbito do presente recurso, o Tribunal ad quem não poderá conhecer de factos novos, ainda que imprecisamente alegados.

45 – Em todo o caso, não assiste razão à recorrente, uma vez que, se é verdade que o relevo social, económico e jurídico das empresas de rede, como é o caso da recorrente, é indiscutível no contexto do Estado regulador, não é menos verdade que às empresas de rede são atribuídos direitos específicos, nomeadamente, no capítulo da instalação dos respectivos recursos.

46 – É por esse motivo que todos os operadores de rede pagam as respectivas taxas municipais, à excepção da Portugal Telecom (Vide art. 13.° da L. 91/97 de 1/8) que é o único operador do sector a beneficiar de uma isenção legal do pagamento das taxas, facto que constitui uma discriminação que infringe abertamente disposições de direito comunitário, mas não é, com toda certeza, por isso que os municípios ficam adstritos a não cobrar a todos os demais operadores de rede que concorram com a PT e que, não beneficiam da mesma isenção, nem a todos os demais concessionários que ocupem o domínio público municipal.

47 – Em suma, desde logo pela violação do princípio da igualdade seria inaceitável reconhecer-se à

recorrente a isenção que reclama, uma vez que não há qualquer razão que justifique a discriminação positiva da impugnante em relação às demais empresas de rede

48 – Por outro lado, tal isenção colidiria aberta e frontalmente com o princípio geral da autonomia local (cft. art. 238.° n.° 1 da CRP), na sua vertente de autonomia patrimonial e que encontra concretização, no princípio de que as receitas das autarquias provenientes da gestão do seu património são receitas autárquicas obrigatórias (cft. art. 238.° n.° 3 da CRP), conforme se pronunciou o Prof. Gomes Canotilho/Vital Moreira, Constituição da República Anotada, Coimbra, 1993, p. 890.

49 – A conclusão é, pois, a de que nem por via de Lei, nem por Decreto Lei autorizado, poderia o Estado isentar as empresas de rede das taxas municipais devidas, sob pena de violação do princípio constitucional da autonomia financeira das autarquias locais e do princípio de que as receitas provenientes da gestão do património autárquico são receitas autárquicas obrigatórias.

50 – E bem se percebe que assim seja, pela ponderação dos interesses em causa: de um lado, bem jurídico-constitucional da autonomia local; do outro, a protecção do interesse privado e do lucro prosseguido pelas empresas de rede.

51 – A ser como a recorrente pretende teríamos de concluir que o princípio da autonomia do poder local sairia inevitável e injustificadamente ferido, por via de norma que não poderia deixar de ter-se por inconstitucional nessa interpretação concreta (Cft. art. 13.° do D.L. 374/89 de 25/10).

O Exm.° Procurador-Geral Adjunto emitiu douto parecer no sentido de ser negado provimento ao presente recurso, pelas razões referidas nas contra-alegações de fls. 501 e segs..

Colhidos os vistos legais, cumpre decidir.

2 – A sentença recorrida fixou a seguinte matéria de facto:

A) Por contrato celebrado em 16/12/93 a impugnante celebrou com o Estado Português um contrato de concessão de exploração em regime de Serviço Público, da Rede de Distribuição Regional de Gás Natural do Sul, bem como a respectiva construção e instalação das obras e equipamentos necessários, cujo conteúdo de fls. 10 e ss, aqui se dá por inteiramente reproduzido para todos os efeitos legais.

B) O Município do Barreiro liquidou à impugnante o montante de € 26.883.430, referente ao pagamento da renovação anual das taxas devidas pela ocupação pública para o ano de 2000, de acordo com o art. 45.° ponto 15 do Regulamento Municipal de Liquidação e Cobrança de Taxas e Licenças da Câmara Municipal do Barreiro (Cfr. documento a fls. 4 e ss. do Processo Administrativo cujo conteúdo se dá por inteiramente reproduzido para todos os efeitos legais):

i. Esc. 6.540.600 relativa à ocupação de via pública no subsolo com condutas e tubos de diâmetro superior a 20cm, nos troços 3-A/B e 4-A/B;

ii. Esc. 5.685.240 relativa à ocupação de via pública no subsolo com condutas e tubos de diâmetro até 20cm, nos troços 3-A/B e 4-A/B;

iii. Esc. 14.026.950 relativa à ocupação de via pública no subsolo com condutas e tubos de diâmetro até 20cm, nos troços 4-D/E;

iv. Esc. 487.275 relativa à ocupação de via pública no subsolo com condutas e tubos de diâmetro até 20cm, na Rua Andrade Evans Santo António da Charneca.

C) O Município do Barreiro remeteu por aviso postal registado datado de 17/03/2000, a liquidação mencionada no artigo anterior, no cujo prazo limite de pagamento terminava em 31 de Março, e de 1 a 30 de Abril teria agravamento de 50% tendo sido liquidados os seguintes montantes que se discriminam (Cfr. documento a fls. 18 do Processo Administrativo cujo conteúdo se dá por inteiramente reproduzido para todos os efeitos legais).

D) No ponto 14 do art. 45.° do Regulamento Municipal de Liquidação e Cobrança de Taxas e Licenças determinava na sua versão anterior a 6 de Março de 1996 quanto à ocupação da via pública, o pagamento de licenças relativas à instalação de tubos, condutas, cabos condutores e semelhantes com diâmetro até 20 cm o valor de 120$00 e com diâmetro superior a 20 cm o valor de 240$00 (Cfr. regulamento em apenso).

E) Por deliberação da Assembleia Municipal do Barreiro, tomada em 6 de Março de 1996, as mencionadas taxas foram elevadas respectivamente para 1.000$00 e 1.200$00 e, posteriormente, forma novamente alteradas para 1.040$00 e 1.250$00 no ano de 1997, para 1.070$00 e 1.285$00 no ano de 1998 e para 1.095$00 e 1.320$00 no ano de 1999 (Cfr. regulamento em apenso).

3 – Nas conclusões A) a J) da sua motivação do recurso argui a recorrente a nulidade da sentença "a quo", com fundamento em omissão de pronúncia (cfr. art. 668.°, n.° 1, al. *d*) do CPC e 125.°, n.° 1 do CPPT).

Importa, assim, começar pela apreciação da referida nulidade, por que prioritária (cfr. art. 124.°, n.° 1 do CPPT).

Em resumo, alega a recorrente que a sentença recorrida não se pronunciou quanto à questão relativa à utilização gratuita do domínio público municipal.

Mas não lhe assiste razão.

Com efeito, da simples leitura da sentença recorrida ressalta com toda a evidência que a mesma tratou expressamente esta questão.

Como é sabido, a nulidade da sentença por omissão de pronúncia verifica-se quando o tribunal deixe de se pronunciar sobre questões que devia apreciar (cfr. art. 125.° do CPPT).

Na falta de norma neste diploma sobre os deveres de cognição do tribunal, há que recorrer à norma do art. 660.°, n.° 1 do CPC, por força do disposto no art. 2.°, al. e) do CPPT.

Naquele normativo, impõem-se ao juiz o dever de conhecer todas as questões que as partes tenham submetido à sua apreciação, exceptuadas aquelas cuja decisão esteja prejudicada pela solução dada a outras.

O Supremo Tribunal Administrativo vem entendendo que, quando o tribunal consciente e fundadamente não toma conhecimento de qualquer questão, poderá haver erro de julgamento, se for errado o entendimento em que se baseia esse conhecimento, mas não nulidade por omissão de pronúncia.

Esta só ocorrerá nos casos em que o tribunal, pura e simplesmente, não tome posição sobre qualquer questão que devesse conhecer, inclusivamente, não decidindo explicitamente que não pode dela tomar conhecimento.

4 – Ora, no caso em apreço, resulta dos autos que, na sentença recorrida, o Mm.º Juiz "a quo" refere expressamente que "não colhe o fundamento invocado pela impugnante de estar isenta da taxa ora em causa, na medida em que, estamos perante a cobrança de uma taxa pela ocupação do domínio público, realidade distinta da taxa pela concessão de licenças de obras...

Assim, as normas invocadas pela impugnante não prevêem qualquer isenção do pagamento das taxas ora em causa, ou seja, taxas pela ocupação do domínio público, e a contrapartida das taxas liquidadas é a utilização do domínio público municipal".

Ora e como bem salienta a entidade recorrida, se o Tribunal recorrido concluiu que a impugnante não estava isenta do pagamento da taxa em causa equivale o mesmo a dizer que a utilização do subsolo pertencente ao domínio público municipal não é gratuita.

Aliás e como iremos ver, a própria recorrente assim o entendeu, já que centra as restantes conclusões da sua motivação do recurso, precisamente, nessa questão da gratuitidade da referida utilização do domínio público municipal.

Assim sendo e pelo que fica exposto, há que concluir pela improcedência da arguída nulidade.

Posto isto, passemos, então, à apreciação do mérito do recurso.

5 – Começa a recorrente por alegar que goza do direito de uso gratuito do domínio público, direito esse que decorre do disposto nos arts. 13.º, n.º 3, al. *b*) e 15.º, al. *c*) do Decreto-Lei n.º 374/89 de 25/10, 3.º, n.º 1, al. *f*) do Decreto-Lei n.º 445/91 de 20/11 (na redacção dada pela Lei n.º 29/92 de 5/9), 3.º, n.º 4 do Decreto-Lei n.º 232/90 de 16/7 e no Decreto-Lei n.º 33/91 de 16/1.

Por outro lado e a não se entender assim, sempre esse direito "existe por força da lei e integra a esfera dos direitos da concessionária ora Recorrente, não tendo o legislador condicionado o exercício do mesmo a qualquer ónus ou encargos, contrariamente ao que sucede, por exemplo, no exercício do direito de constituir servidões e de expropriar bens do domínio privado" sendo certo que "esse direito decorre do disposto na alínea *c*), do artigo 15.º, do Decreto-Lei n.º 374/89, de 25 de Outubro e é reafirmado no Decreto-Lei n.º 33/91, de 16 de Janeiro, Base XVII...".

Ainda e sem prescindir, acrescenta que há violação do princípio da igualdade "se tivermos em atenção que várias empresas concessionárias de serviço público, como é o caso da CP, PORTUGAL TELECOM e a EDP, que também utilizam bens dominiais para implantação de infra-estruturas, não pagando por isso qualquer taxa ou renda... porquanto o que justifica a isenção de pagamento de taxas no caso das mencionadas empresas, também o justificará no caso das concessionárias de Distribuição de Gás Natural, porque não há dúvida que se trata de situações objectivamente idênticas...".

Na sentença recorrida, entendeu-se que "não colhe o fundamento invocado pela impugnante de estar isenta da taxa ora em causa, na medida em que, estamos perante a cobrança duma taxa pela ocupação do domínio público, realidade distinta da taxa pela concessão de licenças de obras".

Por outro lado e quanto à violação do princípio da igualdade, entendeu-se ali que "não foram alegados factos concretos que permitam determinar se as empresas concessionárias invocadas pela impugnante, se encontram em circunstâncias idênticas à da impugnante para se poder aferir da eventual violação do princípio da igualdade, uma vez que, tal princípio pressupõe situações objectivamente idênticas".

6 – Assim e quanto à primeira das referidas questões, importa salientar que, no caso em apreço, o tributo liquidado está conexionado com a utilização de terrenos do domínio público e nem sequer é controvertido que se trate de subsolo de bens integrados no domínio público municipal.

Nos termos do art. 1.344.º, n.º 1, do Código Civil, "a propriedade dos imóveis abrange o espaço aéreo correspondente à superfície, bem como o subsolo, com tudo o que neles se contém e não esteja desintegrado do domínio por lei ou negócio jurídico" e não há qualquer lei especial que, relativamente a bens do domínio público, restrinja os limites materiais do direito de propriedade.

Por outro lado, o art. 19.º, alínea *c*), da Lei n.º 42/98 de 6/8 (Lei das Finanças Locais) revela claramente que o domínio público municipal abrange o solo, subsolo e o espaço aéreo.

Ora e como resulta da leitura dos supra citados diplomas legais, o que ali se confere à recorrente é tão só a isenção do pagamento de taxas relacionadas com a concessão de licenças de obras – o que é coisa bem diferente.

Sendo assim, é evidente que os mesmos não têm aqui qualquer aplicação, por prevenirem realidades jurídicas distintas.

Pelo que e nesta parte, o recurso não pode deixar de improceder.

7 – Todavia e como vimos, alega, ainda, a recorrente, em defesa da sua argumentação, que a gratuitidade da ocupação do subsolo municipal resultaria, também, por força da lei e integra a esfera dos direitos da recorrente, tal como decorre do disposto na al. *c*) do art. 15.º do Decreto-Lei n.º 374/89 de 25/10 e na Base XVII do Decreto-Lei n.º 33/91 de 16/1.

Mas, também, carece de razão.

Desde logo, importa referir que nos citados diplomas legais não se vislumbra qualquer norma, ainda que de âmbito geral, que confira à recorrente qualquer isenção do pagamento do tributo em causa.

É certo que aqueles normativos lhe concedem a possibilidade de utilizar o domínio público, enquanto entidade que prossegue um fim público, em regra diferente do regime geral de utilização de bens dominiais.

Todavia e por um lado, há que ter em atenção que se trata de uma concessão de utilização desses bens com fim lucrativo.

Por outro, essas normas não podem deixar de ser interpretadas se não no sentido de que os poderes que são conferidos à recorrente só podem ser aqueles poderes que estão limitados à esfera jurídica do concedente e que não violem direitos estabelecidos de terceiros, como é o caso em apreço.

Na verdade, a interpretar-se essas normas da forma que a recorrente pretende acabaria por violar-se, não só, o princípio geral da onerosidade da ocupação do domínio publico municipal consagrado na al. *c*) do art. 19.° Lei n.° 42/98 de 6/8 (Lei das Finanças Locais), que estabelece que «os municípios podem cobrar taxas por (...) ocupação ou utilização do solo, subsolo e espaço aéreo do domínio público municipal e aproveitamento dos bens de utilidade pública».

Mas também o princípio constitucional da autonomia patrimonial e financeira das autarquias locais, consagrado no art. 238.° da CRP.

8 – Por último, as conclusões O) a R) formuladas pela recorrente põem-nos perante a questão da violação do princípio constitucional da igualdade.

Essa violação, resultaria do facto de várias empresas concessionárias de serviço público, que também utilizam bens dominiais para implantação de infra-estruturas, não pagarem, por isso, qualquer taxa ou renda.

Como é sabido, o princípio da igualdade só impõe que à recorrente, como concessionária, seja dado tratamento igual ao das suas congéneres. Para que se imponha, também, dar-lhe tratamento distinto daquele que, em geral, merecem os demais contribuintes, seria preciso demonstrar que entre ela e eles há uma diferença tal que justifica essa disparidade.

O que a recorrente diz a tal respeito é tão só que a CP, Portugal Telecom e EDP, que também utilizam bens dominiais para implantação de infra-estruturas, não pagam, por isso, qualquer taxa.

Todavia, dizendo só isto e como bem se anota na sentença recorrida, "não se pode concluir por tal violação, porquanto, não foram alegados factos concretos que permitam determinar se as empresas concessionárias invocadas pela impugnante, se encontram em circunstâncias idênticas à da impugnante para se poder aferir da eventual violação do princípio da igualdade, uma vez que, tal princípio pressupõe situações objectivamente idênticas".

Alega, porém, a recorrente que não assiste razão à Mmª Juiz "a quo", porquanto "a isenção concedida a tais empresas concessionárias decorre da lei e o Tribunal pode conhecer oficiosamente dessa isenção (cf. o artigo 664.° do CPC)".

Mas, mais uma vez, não tem razão.

Na verdade, os Decretos-Lei que aprovam as bases de concessão de exploração do subsolo, em regime de serviço público, não são diplomas normativos dotados das características da generalidade e abstracção. São, antes, normas que vulgarmente se designam por "normas do tipo estatutário", que dizem, apenas, respeito ao contrato de concessão que aprovam.

Sendo assim, não tem o Tribunal recorrido, nem este Supremo Tribunal, que conhecer oficiosamente do regime consagrado nos contratos de concessão celebrados com as referidas empresas, nos termos do disposto no predito art. 664.° do CPC.

Por último, sempre acrescentaremos que, a generalidade das isenções como a agora pretendida nos autos, são apenas concedidas a entidades de natureza pública em que o capital público é maioritariamente do Estado. E não a empresas particulares, como é o caso da recorrente, com fins públicos.

9 – Nestes termos, acorda-se em negar provimento ao presente recurso e manter a sentença recorrida.

Custas pela recorrente, fixando-se a procuradoria em 50%.

Lisboa, 9 de Maio de 2007

Pimenta do Vale (Relator)
Jorge Lino
Lúcio Barbosa

Recurso n.° 1223/06-30

VERIFICAÇÃO E GRADUAÇÃO DE CRÉDITOS. CRÉDITOS DOS TRABALHADORES. CONTRATO INDIVIDUAL DE TRABALHO. PRIVILÉGIO MOBILIÁRIO GERAL.

(Acórdão de 18 de Abril de 2007)

SUMÁRIO:

I – Os créditos, titulados por sentença transitada em julgado, referentes a salários, indemnização por despedimento ilícito e juros moratórios, gozam de privilégio mobiliário geral, nos termos do art. 4.° da Lei n. 96/2001, de 20/8.
II – Mas apenas se reclamados em processo instaurado ao abrigo do Código dos Processos Especiais de Recuperação de Empresa e de Falência, como decorre do n.° 1 do art. 1.° do citado diploma legal
III – Não gozam de tal privilégio, os créditos, referidos em 1), reclamados em processo de execução fiscal.
IV – O facto de o crédito não beneficiar daquele privilégio, goza, porém, do privilégio concedido pelo art. 737.°, n.° 1, al. *d*) do Código Civil.

ACORDAM NESTA SECÇÃO DO CONTENCIOSO TRIBUTÁRIO DO SUPREMO TRIBUNAL ADMINISTRATIVO:

1 – Fazenda Pública, não se conformando com a sentença do Tribunal Administrativo e Fiscal de Braga que graduou, em primeiro lugar, o crédito da trabalhadora Patrícia Susana Silva Marques, melhor identificada nos autos, dela vem interpor o presente recurso, formulando as seguintes conclusões:

1. No processo executivo, que corre por dívidas de IVA e IRC, foi efectuada penhora, sobre bens móveis, em 30 de Junho de 2003, vindo a Fazenda Pública reclamar créditos de IRC e IVA dos anos de 2001 a 2003 e uma trabalhadora da executada reclamar o crédito que detinha sobre a mesma.

2. A douta sentença sob recurso graduou, em primeiro lugar, o crédito reclamado pela trabalhadora, ao

abrigo do disposto na alínea a) do n.º 4 do art. 4.º da Lei n.º 96/2001, de 20/08, seguido dos créditos reclamados pela Fazenda Pública e respectivos juros de mora, e por último, o crédito exequendo, sem mais.

3. Não concorda a Fazenda Pública com a douta sentença, no que concerne à ordem de graduação do "crédito reclamado pela trabalhadora", e bem assim, quanto à graduação do crédito exequendo, por não se mostrarem graduados os juros de mora que lhe correspondem.

4. Tal ordem de graduação, apenas poderia ocorrer se o crédito da trabalhadora fosse reclamado em processo instaurado ao abrigo do Código dos Processos Especiais de Recuperação de Empresas e de Falência, como decorre do n.º 1 do art. 1.º da citada Lei n.º 96//2001, o que não é a situação dos autos, visto que se trata de um processo de verificação e graduação de créditos por apenso a uma execução fiscal e não de um processo de falência – Neste sentido o Acórdão do STA, de 23/02/2005, recurso n.º 01330/03.

5. Decorrendo dos autos, que o crédito reclamado pela trabalhadora da empresa executada, respeita à compensação global pela cessação do contrato de trabalho, não respeitando assim a retribuições resultantes do pagamento de salários em atraso, não beneficiará igualmente tal crédito, dos privilégios creditórios gerais enumerados no art. 12.º da Lei n.º 17/86, de 14/06 que, nos termos do seu art. 1.º, «rege os efeitos jurídicos especiais produzidos pelo não pagamento pontual da retribuição devida aos trabalhadores por conta de outrem.»

6. Não beneficiando, nem do privilégio mobiliário geral atribuído pelo art. 12.º da Lei n.º 17/86, de 14/06, nem do mesmo privilégio atribuído pela alínea *a*) do n.º 1 e alínea *a*) do n.º 4 da Lei n.º 96/2001, de 20/08, gozará, no entanto, o crédito reclamado pela trabalhadora de privilégio mobiliário geral, nos termos da alínea *d*) do n.º 1 do art. 737.º do Código Civil, devendo ser graduado segundo a ordem estabelecida na alínea *f*) do n.º 1 do art. 747.º do mesmo Código – Neste sentido, o Acórdão do STA, de 22/09/2004, recurso n.º 0515/04.

7. As dívidas provenientes de juros de mora gozam dos mesmos privilégios que por lei sejam atribuídos às dívidas sobre que recaírem – cfr. art. 8.º do DL n.º 73/99, de 16 de Março – entendimento já anteriormente consignado no art. 10.º do DL n.º 49168, de 5 de Agosto de 1969.

8. Em reforço desta ideia, o art. 40.º da LGT estabelece que, no caso de o montante a pagar ser inferior ao devido, devem ser pagos em primeiro lugar os juros de mora.

9. Desta forma, os juros de mora respeitantes ao crédito exequendo devem ser graduados nos termos acima expostos.

10. Face ao exposto, devem ser graduados em primeiro lugar, os créditos reclamados pela Fazenda Pública relativos a IVA (arts. 733.º e 736.º, n.º 1 do C.Civil), IRC (art. 108.º do CIRC), e respectivos juros de mora (art. 734.º C.Civil), seguidos do crédito exequendo e respectivos juros de mora (art. 822.º, n.º 1 do C.Civil e art. 8.º do DL n.º 73/99, de 16/03) e, em último lugar, o crédito reclamado pela trabalhadora (alíneas *a*) e *f*) do n.º 1 do art. 747.º, do C.Civil).

11. A douta sentença sob recurso violou as disposições legais supra citadas.

A recorrida não contra-alegou.

O Exm.º Procurador-Geral Adjunto emitiu douto parecer no sentido de ser concedido provimento ao presente recurso, sufragando-se, para o efeito, na jurisprudência desta Secção do STA, que cita.

Colhidos os vistos legais, cumpre decidir.

2 – No caso em apreço, está em causa o crédito reclamado pela trabalhadora Patrícia Susana Silva Marques.

Entendeu o Mm.º Juiz "a quo" que, de acordo com o disposto no art. 4.º da Lei n.º 96/01 de 20/8, "os créditos emergentes de contrato individual de trabalho (retribuições e indemnizações e juros) gozam de privilégio mobiliário geral, por força da al. *a*) do n.º 4 do supra citado artigo, e preferem não só aos créditos do Estado relativos a impostos mas também a todos os referidos no n.º 1 do art. 747 do CC".

Pelo que e em consequência, graduou o referido crédito em primeiro lugar, à frente dos créditos de IRC e IVA reclamados pela FP, bem como do crédito exequendo.

Contrapõe a recorrente FP que, dizendo o crédito da trabalhadora Patrícia Susana, respeito à compensação global pela cessação do contrato de trabalho, não respeitando assim as retribuições resultantes do pagamento de salários em atraso, não beneficiará do privilégio mobiliário geral enumerado no art. 12.º da Lei n.º 17/86 de 14/6, nem de igual privilégio atribuído pela al. *a*) do n.º 2 e al. *a*) do n.º 4 da Lei n.º 96/01 de 20/8, gozando tão só de privilégio mobiliário geral, nos termos da al. *d*) do n.º 1 do art. 737.º do CC.

Assim sendo, deverá ser graduado segundo a ordem estabelecida no art. 747.º, n.º 1, al. *f*) do CC.

Sendo certo que, quanto ao crédito exequendo, devem ser, também, graduados os juros demora que lhe correspondem.

Vejamos se lhe assiste razão.

3 – Dispõe o art. 4.º, n.º 1, al. *a*) da Lei n.º 96/01 de 20/8 que "os créditos emergentes de contrato de trabalho ou da sua violação não abrangidos pela Lei n.º 17/86, de 14 de Junho, gozam dos seguintes privilégios... privilégio mobiliário geral".

Por sua vez, estabelece o seu n.º 3 que "os privilégios dos créditos referidos no n.º 1, ainda que sejam preexistentes à entrada em vigor da presente lei, gozam de preferência nos termos do número seguinte, sem prejuízo, contudo, dos créditos emergentes da Lei n.º 17/86, de 14 de Junho, e dos privilégios anteriormente constituídos com direito a ser graduados antes da entrada em vigor da presente lei".

E no seu n.º 4, al. *a*) diz-se, ainda, que "a graduação dos créditos far-se-á pela ordem seguinte...quanto ao privilégio mobiliário geral, antes dos créditos referidos no n.º 1 do artigo 747.º do Código Civil, mas pela ordem do créditos enunciados no artigo 737.º do mesmo Código".

No n.º 5 do referido artigo dispõe-se também que "ao crédito de juros de mora é aplicável o regime previsto no artigo anterior".

De harmonia com o regime legal fixado nos preceitos acabados de transcrever resulta, assim, que, o crédito em causa beneficiaria de privilégio creditório geral (mobiliário, no caso).

Mas não é assim.

Com efeito no art. 1.º, n.º 1 da predita Lei n.º 96/01 se evidencia que o privilégio mobiliário geral atribuído pelo artigo 4.º, n.º 1, al. *a*) não releva fora do processo especial de recuperação de empresas e de falência.

Dispõe aquela norma que "a presente lei altera o regime de privilégios dos créditos dos trabalhadores resultante da lei dos salários em atraso, Lei n.º 17/86, de 14 de Junho, na redacção que lhe foi conferida pelo Decreto-lei n.º 281/89, de 5 de Julho, pelo Decreto-lei n. 402/91, de 16 de Outubro, e pela Lei n.º 118/99, de 11 de Agosto, e dos respectivos créditos emergentes do contrato de trabalho e a graduação dos mesmos em processos instaurados ao abrigo do Código dos Processos Especiais de Recuperação de Empresa e de Falência"

Ora, no caso dos autos, estamos perante uma verificação e graduação de crédito por apenso a uma execução fiscal e não a um processo de recuperação de empresa e de falência.

Sendo assim, o crédito em causa agora reclamado pela referida trabalhador não goza nem do privilégio mobiliário geral previsto na Lei n.º 17/86, nem do mesmo privilégio previsto pela Lei n.º 96/01.

4 – Todavia, beneficiará do privilégio mobiliário geral referido no art. 737.º, n.º 1, al. *d*) do CC, segundo o qual "gozam de privilégio mobiliário geral sobre os móveis os créditos emergentes do contrato de trabalho, ou da violação ou cessação deste contrato, pertencentes ao trabalhador e relativo aos últimos seis meses".

Por outro lado e como bem anota a recorrente, "as dívidas provenientes de juros de mora gozam dos mesmos privilégios que por lei sejam atribuídos às dívidas sobre que recaírem".

Neste sentido, pode ver-se os Acórdãos desta Secção do STA de 22/9/04, rec. n.º 515/04 e de 23/2/05, in rec. n.º 1.330/03, que aqui vimos seguindo de perto.

Deste modo e na procedência das conclusões do recurso da FP, a graduação dos créditos reclamados far-se-á do seguinte modo:

1.º – créditos reclamados pela FP relativos a IVA (arts. 733.º e 736.º, n.º 1 do CC) e IRC (art. 108.º do CIRC) e respectivos juros de mora;

2.º – o crédito exequendo e respectivos juros de mora (art. 8.º do Decreto-Lei n.º 73/99 de 16/3);

3.º – o crédito reclamado pela trabalhadora (arts. 737.º, n.º 1, al. *d*) e 747.º, n.º 1, als. *a*) e *f*) do CC).

5 – Nestes termos, acorda-se em conceder provimento ao recurso e revogar a sentença recorrida, graduando-se os créditos pela forma que se consignou supra.

Sem custas.

Lisboa, 18 de Abril de 2007

Pimenta do Vale (Relator)
Brandão de Pinho
Jorge Lino

Recurso n.º 1090/06-30

Tribunal Central Administrativo

1.ª Secção (Contencioso Administrativo)

ACÇÃO ADMINISTRATIVA ESPECIAL.

(Acórdão de 19 de Abril de 2007)

I- De acordo com o artigo 46.º n.ºs 1 e 2 do CPTA, seguem a forma de Acção Administrativa Especial os processos cujo objecto seja a condenação à prática de um acto administrativo legalmente devido.

II- Entre estes, encontram-se aqueles em que se pede a condenação de uma autarquia ao pagamento de quantias, ao abrigo do artigo 21.º da Lei n.º 29/87, de 30/6, pois ele só pode ter lugar após a emissão da deliberação que o autorize.

ACORDAM OS JUIZES DO 2.º JUÍZO, 1ª SECÇÃO, DO TRIBUNAL CENTRAL ADMINISTRATIVO SUL:

1. Francisco ..., com os sinais dos autos, veio recorrer da sentença lavrada a fls. 159 e seguintes dos autos no TAF de Leiria que, julgando procedente a excepção de impropriedade do meio processual empregado, absolveu da instância o Município da ....

Em sede de alegações, formulou as conclusões seguintes:

A – A decisão *a quo* entende, em suma, que deveria seguir a forma de acção administrativa especial a pretensão apresentada, porquanto deveria existir acto administrativo prévio.

B – Para tanto, entende que o A. requereu o pagamento das despesas constantes no art. 21.º da Lei n.º 29/87, de 30.6.

C – Não existindo acto administrativo prévio, e tendo decorrido o prazo, esquecendo que o presente processo esteve no Tribunal Judicial de Porto de Mós até este se declarar incompetente, menos de 6 meses antes da interposição da presente acção, indefere o pedido, por impossibilidade de convolação na acção administrativa especial.

D – A sentença ora em crise encontra-se viciada quer na apreciação da matéria de facto, quer no direito aplicável.

E – O A. solicitou o pagamento, não requereu o pagamento, uma vez que o direito ao ressarcimento decorre directamente do já citado artigo 21.º.

F – Por seu turno, a Lei n.º 29/87, de 30.6, em momento algum "condiciona" o pagamento a acto administrativo prévio que reconheça ou atribua tal pagamento.

G – Também não consta em momento nenhum da lei um procedimento que atribua competência a um órgão para decidir em termos administrativos (ou seja, fixar o direito após um procedimento administrativo).

I – A própria Ré não tem qualquer procedimento administrativo, apenas pretende que o Consultor Jurídico consulte o processo junto do Ministério Público, sendo que este, mesmo sem a oposição do A., nega tal acesso.

J – Assim sendo, o desacordo entre A. e R. apenas pode ser decidido seguindo a acção administrativa comum.

L – O A. entende que a separação, pedra de toque distintiva entre as duas formas de processo, nasce na lei quando esta impõe expressamente uma decisão administrativa para que se produzam efeitos jurídicos ou, mesmo não o fazendo, quando o efeito desejado pelo particular se encontre no âmbito de uma atribuição da Administração, independentemente, embora possa auxiliar, de existir procedimento administrativo ou não.

M – No caso concreto, existe um direito legalmente consagrado decorrente do Estatuto dos Eleitos Locais, no qual a mediação do acto administrativo não se encontra prevista expressamente, nem decorre de uma atribuição do Município, em concreto, da Batalha.

N – É um dever legal, decorrente da lei, por aplicaçao directa a um eleito local, cujo valor poderá ser discutido, mas em pleito, seguindo a acção administrativa comum.

O – Viola, assim, a decisão o disposto no artigo 21.º da Lei n.º 29/87, de 30.6, e o disposto no artigo 37.º do CPTA.

Contra alegou o Município recorrido, pugnando pela manutenção do julgado.

O Exm.º Procurador Geral Adjunto neste Tribunal pronuncia-se pelo improvimento do recurso.

Colhidos os vistos legais, vem o processo à conferência.

2. OS FACTOS

Ao abrigo do preceituado no artigo 713.º n.º 6 do CPC, remete-se para a matéria de facto assente na sentença recorrida (fls. 163 e 164 dos autos), que não necessita de ser alterada.

3. O DIREITO

O Dr. Francisco Coutinho escreveu em 13/10/2000 ao Presidente da Câmara Municipal da Batalha a carta reproduzida a fls. 52 dos autos, onde refere o processo judicial em curso entre 1989 e 1992, onde fora constituído arguido e que acabou por ser arquivado.

Invocando o teor do artigo 21.° da Lei n.° 29/87, de 30/6, juntou a Nota justificativa dos honorários que tivera de suportar, no montante de 1 350 000 cts. (certamente quis-se escrever 1 350 000$), termina com a frase seguinte: *Relativo a um processo judicial como foi o caso, agradeço a liquidação tão breve quanto possível daquela importância* (fls. 52 e 53).

A pedido da edilidade, remeteu-lhe em 16/11/2000 originais da carta, da nota de honorários e despesas apresentadas pelo seu Advogado, no montante de 1 557 000$, acrescentando: *Dado o lapso de tempo entretanto decorrido, agradeço a liquidação daquela importância* (fls. 55 a 59).

Não tendo obtido o deferimento da sua pretensão, veio em 24/11/2005 propor a presente Acção Administrativa Comum, onde pede que o R. (Município da Batalha) seja condenado a reconhecer ao A. o direito ao pagamento de todas as despesas originadas pelo Processo de Inquérito n.° 224/93, e a natureza judicial do mesmo; a condenação do R. ao pagamento das quantias peticionadas, no total de 7 766,23 €, acrescidas de juros vencidos (no de 2 770,32) e vincendos; e no pagamento das custas, taxas, despesas e honorários da presente acção, que estimou em 1 995,19 €, sem prejuízo de posterior liquidação a final (fls. 2 a 21).

Por sentença de 6/6/2006, contudo, o TAF de Leiria julgou procedente a excepção de inidoneidade do meio processual empregado (com o argumento de que a presente acção deveria tramitar-se como Acção Administrativa Especial) deduzida pelo Município da Batalha, absolvendo-o da instância.

Inconformado, o A. recorre dessa decisão, pedindo que a mesma seja revogada, e o prosseguimento dos autos.

Vejamos se com razão.

Preceitua o artigo 37.° do CPTA:

1 – Seguem a forma da acção administrativa comum os processos que tenham por objecto litígios cuja apreciação se inscreva no âmbito da jurisdição administrativa e que, nem neste Código nem em legislação avulsa, sejam objecto de regulação especial.

Exemplificando no seu n.° 2 alguns processos que seguem aquela forma.

Por sua vez, a Acção Administrativa Especial vem regulada nos artigos 46.° e seguintes do CPTA, cujo n.° 1 impõe:

1 – Seguem a forma da Acção Administrativa Especial... os processos cujo objecto sejam pretensões emergentes da prática ou omissão ilegal de actos administrativos, bem como de normas que tenham ou devessem ter sido emitidas ao abrigo de disposições de direito administrativo.

Acrescentando-se, no seu n.° 2:

2 – Nos processos referidos no número anterior podem ser formulados os seguintes pedidos principais:

b) Condenação à prática de um acto administrativo legalmente devido.

O Senhor Juiz *a quo* absolveu o R. da instância, por o A. ter usado meio processual inidóneo para formular a sua pretensão de pagamento de quantias a que entendia ter direito, ao lançar mão da Acção Administrativa Comum e não a devida Acção Administrativa Especial.

Insurge-se o A. no recurso, alegando que não pretende a condenação do R. à prática de um acto administrativo, mas sim o reconhecimento de um direito que lhe assiste em consequência directa da Lei n.° 29/87, de 30/6.

Sem razão, porém.

Como se deixou já realçado, na carta que em 13/10//2000 endereçou à C. M. Batalha, o A. invoca o seu direito a ser ressarcido das despesas feitas em processo judicial, que avaliou em 1 350 000$, "agradecendo" (ou seja, pedindo) a sua breve "liquidação" (expressão obviamente utilizada como sinónimo de pagamento).

Reforçou esse pedido em 16/11/2000 em nova carta, acompanhando a Nota de honorários e despesas apresentada pelo seu Advogado, no montante de 1 557 000$.

Desde logo invocou o preceituado no artigo 21.° da Lei n.° 29/87, de 30/6, e o facto de tais despesas serem provenientes de processos judiciais; em ter sido parte por ter desempenhado a função de Presidente daquela edilidade; e não se ter provado dolo ou negligência da sua parte.

O Município R., porém, não satisfez logo essa pretensão, optando por obter mais elementos sobre o assunto, designadamente quanto ao montante devido relativo às despesas efectuadas, e pondo até em causa a natureza judicial do processo de inquérito, como se observa mais tarde da sua contestação.

Por isso, o Dr. Francisco Coutinho viu-se na necessidade de recorrer à via judicial para se ver ressarcido das despesas judiciais que fizera, e como entendia ser seu direito.

Porém, em vez de propor a adequada Acção Administrativa Especial, pedindo a condenação do R. à prática do acto administrativo devido (deliberação ordenando o pagamento, nos termos do artigo 21.° da Lei n.° 29/87), usou a presente Acção Administrativa Comum, que não contempla tal situação.

E de nada lhe vale alegar que pretendia apenas obter o reconhecimento do seu direito, consequente da aplicação daquele diploma legal, porque da expressão que utilizou *agradeço a liquidação daquela importância,* se deduz claramente que estava a requerer que fosse autorizado o pagamento (após a competente deliberação camarária), e não o mero reconhecimento do seu direito.

Com efeito, para o Município recorrido não estava em causa apenas apurar o montante da quantia a pagar ao A. (para isso pediu que lhe fosse enviada a Nota de honorários e despesas), mas também o preenchimento dos requisitos exigíveis para a aplicação do artigo 21.° da Lei n.° 29/87, razão porque pretendia examinar o processo de inquérito instaurado contra o recorrente, e posteriormente arquivado.

Como explicam Mário Esteves de Oliveira e Rodrigo Esteves de Oliveira, no volume I do seu CPTA Anotado, a fls. 269, *quando a prestação pretendida só seja realizável, só possa ser obtida, nos termos da lei substantiva, mediante a prática de um verdadeiro acto administrativo, primeiro terá que interpelar a Administração para o efeito, e depois, em caso de insucesso (ou de silêncio), lançar mão da Acção Administrativa Especial (de condenação).*

Foi esta, exactamente a situação com que o recorrente se defrontou pois, como bem sabia (foi Presidente da edilidade da Batalha), nunca poderia ser efectuado o desejado pagamento, que acarretava despesa para a autarquia, sem a devida autorização.

Improcedem, assim, todas as conclusões do recurso, não merecendo a decisão recorrida as críticas que lhe foram dirigidas.

4. Pelo exposto, acordam no 2.° Juízo, 1ª Secção, do TCA Sul em negar provimento ao recurso interposto pelo Dr. Francisco ..., confirmando a sentença recorrida.

Custas a cargo do recorrente, com procuradoria mínima.

Lisboa, 19 de Abril de 2007

Gonçalves Pereira
Rogério Martins
Coelho da Cunha

Recurso n.° 02083/06

ACTO SOB CONDIÇÃO SUSPENSIVA. IRRECORRIBILIDADE. PRINCÍPIO DA BOA FÉ. ART. 6.° A N.ºs 1 E 2 A) CPA.

(Acórdão de 19 de Abril de 2007)

SUMÁRIO:

I – Em sede de procedimento administrativo de aposentação, o despacho de arquivamento condicionado à reabertura por apresentação dos documentos solicitados ao destinatário tem a natureza de acto administrativo sob condição suspensiva.

II – Embora seja um acto externo derivado à produção de efeitos suspensivos do procedimento, o despacho em causa não afecta imediatamente nenhuma posição subjectiva do interessado, ainda que meramente procedimental, razão por que não configura um acto lesivo.

III – A condição suspensiva aposta ao despacho em causa torna-o insusceptível de recorribilidade imediata por ausência do pressuposto processual da lesividade de direitos ou interesses do interessado.

IV – Não é lícito à Administração desconsiderar o efeito jurídico decorrente da condição suspensiva, por si imposta, em favor do efeito jurídico da resolução final (arquivamento) do procedimento de aposentação fundado em acto tácito negativo, porque, primeiro, a lei estatui o efeito resolutivo apenas quanto ao acto tácito positivo e, segundo, tal constituiria a violação do princípio da boa-fé na vertente do *venire contra factum proprium* – cfr. arts. 108.° n.° 2 e 6.°-A n.ºs 1 e 2 a), ambos do CPA.

ACORDAM OS JUIZES DO 2.° JUÍZO, 1ª SECÇÃO, DO TRIBUNAL CENTRAL ADMINISTRATIVO SUL:

§ O art. 109.° n.° 1 CPA é claro quanto ao efeito jurídico do silêncio administrativo, no sentido de que tão só "confere ao interessado, salvo disposição em contrário, a faculdade de presumir indeferida essa pretensão".

Ana Miranda Martins Monteiro Cordeiro Mata, com os sinais nos autos, inconformada com o acórdão proferido pelos Mmos. Juízes do Tribunal Administrativo e Fiscal de Sintra, dele vem recorrer concluindo como segue:

A) A A. juntou a documentação comprovativa do tempo de serviço.

B) É impossível apresentar despachos de nomeação, transferências, exonerações, guias de marcha e de vencimento do tempo colonial porquanto com a descolonização ficaram destruídos muitos documentos.

C) A douta Jurisprudência tem considerado suficiente a certidão apresentada: vide Acórdão do STA, processo n.° 42 344, de Janeiro de 1998, 1ª secção e art. 365.° do CC.

D) O art. 9.°, n.° 2 do CPA constitui a Administração no dever jurídico de pronunciar-se de novo sobre a questão – Proc. n.° 2539/04.OBELSB, 3ª U.O..

E) O que significa que o legislador limitou temporalmente o caso decidido ou resolvido após dois anos (V. Ac. STA de 17.10.1995, in CJA 1, 35 e ss.).

F) A A. apresentou pedido de concessão de aposentação em 10/10/1990 que foi adquirido por falta de nacionalidade portuguesa.

G) À data do último requerimento em 17.11.2003 decorreram mais dois anos desde o indeferimento do pedido inicial.

H) Estão reunidos os pressupostos legais que constituem a Administração no dever legal de decidir o pedido do A. formulado em 17.11.2003.

I) Ao exigir a nacionalidade portuguesa nunca se pode falar em caso decidido ou resolvido, uma vez que não tendo havido decisão também não poderá haver caso decidido.

J) Vide Acórdão do STA de 24.03.90, Recurso 17.718 supracitado bem como o Acórdão do STA de 30.06.98 proferido no Recurso 42.468.

K) Constitui jurisprudência pacificamente aceite que, a questão do caso resolvido impede o conhecimento do objecto do processo como levaram a concluir os doutos magistrados do Tribunal Administrativo e Fiscal de Lisboa.

***

A Recorrida contra-alegou, pugnando pela manutenção do decidido.

Colhidos os vistos legais e entregues as competentes cópias aos Exmos. Senhores Juízes Desembargadores, vem para decisão em conferência.

Mostra-se provada a seguinte factualidade:

1. Consta do processo administrativo certidão emitida pelo Banco Nacional de Angola, em 31 de Julho de 1981, assinado pelo Director da Direcção de Gestão de Pessoal e Formação de Quadros do Banco Nacional de Angola, cuja assinatura foi reconhecida em 14 de Outubro de 1981 pelo Cônsul-Geral de Portugal em Luanda, onde consta que a Autora:

"(..) Que se manteve ao serviço sem interrupção, de 22 de Setembro de 1966 a 30 de Junho de 1977, tendo sido durante este período de tempo abonado dos seus vencimentos.

Que começou a descontar para efeitos de aposentação a partir de 1 de Fevereiro de 1969.

Conta de tempo de serviço prestado ao ex-Estado de Angola, para efeitos de aposentação de 22 de Setembro de 1966 a 30 de Junho de 1977, 10 Anos 9 Meses 7 Dias, acrescidos de 1/5 nos termos do artigo 435.º do Estatuto do Funcionalismo Ultramarino, 2 Anos 1 Mês 27 Dias, perfaz o total de 12 Anos 11 Meses 4 Dias. (..)" – Cfr. documento de fls. 2 do processo administrativo junto aos autos;

2. Por requerimento entregue nos serviços da Caixa Geral de Depósitos em **10 de Outubro de 1990**, dirigido ao Senhor Administrador da Caixa Geral de Aposentação, subscrito pela ora Autora, foi requerido o seguinte:

"Ana de Miranda Monteiro Cordeiro da Mata (...), tendo sido funcionária da Inspecção Provincial de Crédito e Seguros, em Luanda, na categoria de 2.º oficial até 1975, vem nos termos do Decreto Lei em vigor, solicitar a V. Exa. a sua aposentação, digo ao abrigo do Decreto-Lei n.º 363/86"(...)" – Cfr. documento de fls. 4 do processo administrativo junto aos autos;

3. Em 11 de Fevereiro de 1991 a Direcção de Serviços de Previdência da Caixa Geral de Depósitos, enviou à autora o ofício com a referência 531 -FP-1709513-1, com o Assunto: "Aposentação – Decreto-Lei n.º 363/86 de 10.30", pelo qual solicitou à ora Autora, para apreciação do processo em destaque, o envio, com a maior brevidade possível, do certificado de nacionalidade, se for natural do ex-ultramar, e fotocópia do Bilhete de Identidade actualizado, e fotocópia do cartão de contribuinte fiscal – Cfr. documento de fls. 6 do processo administrativo junto aos autos;

4. Em **11 de Outubro de 1991** a Direcção de Serviços de Previdência da Caixa Geral de Depósitos, enviou à autora o ofício com a referência 531FP1709513, com o Assunto:

"Pensão de aposentação ao abrigo do D.L. n.º 363/86 de 30/OUT.", donde se extrai o seguinte: "Informo V. Exa. de que para comprovar a referida prestação de serviço, deverão ser apresentados documentos emanados dos serviços oficiais portugueses relativos às condições de serviço efectivamente prestado no ex-Ultramar designadamente, despachos de nomeação, transferências e exonerações, guias de marcha e de vencimentos, dados biográficos referentes ao tempo de serviço, constantes de listas de antiguidades, ou outros de que possa dispor para o fim em vista.

Para esse efeito, solicito a V. Exa. o envio, o mais tardar até 30 de Novembro do corrente ano, dos elementos de informação solicitados.

A não apresentação dos elementos referidos, no prazo indicado, determinará o **arquivamento imediato do processo, sem prejuízo da sua reapreciação posterior, em função dos elementos de informação que venham a ser apresentados** (...)" – Cfr. documento de fls. 7 do processo administrativo junto aos autos;

5. Em **19 de Março de 1992 foi elaborada Informação** no âmbito do Processo n.º 1709513-1, relativa à ora Autora, onde se propôs o arquivamento do processo, tendo sido indicados como motivos para o arquivamento a impossibilidade de obter do interessado e dos Serviços competentes, os elementos indispensáveis para a conclusão do processo, **com a indicação de que "o processo seria reaberto logo que fossem recebidos os elementos em falta"**. – Cfr documento de fls. 8 do processo administrativo junto aos autos;

6. Em **19 de Março de 1992, na Informação** referida na alínea antecedente foi aposto o **despacho** "Concordo – Autorizo, por delegação de poderes, o Chefe do Serviço, assinatura ilegível"– Cfr. documento de fls. 8 do processo administrativo junto aos autos;

7. Em 27 de Março de 1998, a Autora enviou carta dirigida ao Director Geral da Caixa de Aposentações, a qual deu entrada, na Caixa Geral de Aposentações em 31 de Março de 1998, pedindo "a V. Excelência que se digne mandar dizer o que falta para receber a minha aposentação. (...)" – Cfr. documento de fls.11 do processo administrativo junto aos autos;

8. Em resposta à carta referida na alínea antecedente a Caixa Geral de Aposentações enviou à Autora o ofício com a referência SAC 113 AJ, de 17 de Abril de 1998, o qual se dá aqui por integralmente reproduzido, donde se salienta:

"Sobre o assunto em destaque, tenho por conveniente informar V. Exa. de que o correspondente processo foi arquivado dada a impossibilidade de obter de V. Exa. os elementos indispensáveis para a respectiva conclusão, nomeadamente as provas do tempo de serviço prestado nos quadros da ex-administração pública ultramarina, o qual, refira-se, só poderá ser considerado para efeito de aposentação desde que devidamente comprovado através de documentos emanados de serviços oficiais portugueses, relativos às condições de serviço efectivamente prestado. (...)

Quanto aos documentos emitidos pelos actuais países de expressão oficial portuguesa, só poderão ser aceites como prova desde que obtidos através do Ministério dos Negócios Estrangeiros. (..)"– Cfr. documento de fls.12 do processo administrativo junto aos autos;

9. Por requerimento datado de 1 de Fevereiro de 2002, o qual deu entrada nos serviços da CGA em **5 de Fevereiro de 2002**, a Autora solicitou ao Director da Caixa de Aposentações o "desarquivamento" do seu processo, submetendo-o a acto que lhe conceda a aposentação, por entender que não é exigível a posse da nacionalidade portuguesa para que lhe seja concedido o direito à aposentação, invocando jurisprudência do STA. – Cfr. documento de fls.18 do processo administrativo junto aos autos;

10. Por ofício datado de **22 de Abril de 2002**, assinado pelo Chefe de Serviço João Gomes Gonçalves, a Caixa Geral de Aposentações informou a Autora de que:

"Reportando-me à sua carta entregue em 2002/02/05, informo V. Exa. de que o seu pedido de aposentação, ao abrigo do Dec. Lei n.º 362/78, de 28 de Novembro, e legislação complementar, **foi arquivado por despacho de 92/03/19, por falta de elementos necessários ao processo.**

Assim, **tendo-se formado acto tácito de indeferimento, em função do tempo decorrido, sem que V. Exa. tenha procedido à sua impugnação contenciosa, tal acto consolidou-se, face ao disposto no art. 141.º do Código do Procedimento Administrativo (Dec.Lei n.º 442/91, de 15/11), pelo que não se justifica a reabertura do processo**. (...) – Cfr. documento de fls.19 do processo administrativo junto aos autos;

11. Em 19 de Novembro de 2003, a Autora dirige novo requerimento Presidente do Conselho de Administração da Caixa Geral de Aposentações, invocando jurisprudência no sentido de ser inexigível o requisito da nacionalidade portuguesa, requerendo a reapreciação do seu processo, deferindo-lhe o pedido de aposentação – Cfr. documento de fls. 22 do processo administrativo junto aos autos;

12. Em 10 de Novembro de 2004 deu entrada a presente Acção Administrativa Especial – Cfr. carimbo aposto na p.i. de fls. 2.

DO DIREITO

a. objecto imediato do despacho de 22.04.2002; natureza do despacho de 19.03.2002;

Não se acompanha o entendimento sufragado pelo Tribunal *a quo* de que o ofício da Recorrida datado de 22.04.2002 configura a prática de um acto administrativo que "(..) de modo definitivo, dá por encerrado o procedimento (..)".

Em nosso critério, o ofício da Caixa Geral de Aposentações datado de 22.04.2002 não tem a natureza jurídica de resolução final do procedimento de aposentação iniciado pelo requerimento da Recorrente de 10.10.1990, com a consequente obrigatoriedade de impugnação contenciosa sob pena de preclusão do direito de acção *ex vi* do art.° 69.° n.os. 2 e 3 CPTA, pelas razões que seguem.

Para saber quais os elementos estruturais que decidem nesta questão socorremo-nos das seguintes fórmulas doutrinais.

Entende-se como acto administrativo,

§ "(..) *toda a declaração voluntária e unilateral da Administração emanada no exercício de um poder de autoridade e destinada a produzir efeitos jurídicos imediatos numa relação concreta em que ela é parte* (..)"[1],

§ "(..) *uma estatuição autoritária, relativa a um caso individual, manifestada por um agente da Administração no uso de poderes de Direito Administrativo, pela qual se produzem efeitos jurídicos externos, positivos ou negativos* (..) "[2],

§ "(..) *acto jurídico unilateral praticado por um órgão da administração no exercício do poder administrativo que visa a produção de efeitos jurídicos sobre uma situação individual num caso concreto* (..)" [3].

§ "(..)*conduta unilateral da Administração, revestida de publicidade legalmente exigida, que, no exercício de um poder de autoridade, define inovatoriamente uma situação jurídico-admnistrativa concreta, quer entre a Administração e outra entidade, quer de uma coisa.*(..)"[4].

Os entendimentos supra em nada de substância contrariam o conceito, de traça contenciosa, vazado no **art. 120.° CPA** – "Para os efeitos da presente lei, *consideram-se actos administrativos as decisões dos órgãos da Administração que ao abrigo de normas de direito público visem produzir efeitos jurídicos numa situação individual e concreta.*".

A declaração emanada no exercício de um poder de autoridade, ou estatuição autoritária, ou o acto jurídico que visa a produção de efeitos jurídicos, são expressões conceptuais pelas quais, como ensina o **Professor Rogério Soares**, se indica que "(..) todo o acto administrativo se traduz num comando, positivo ou negativo, pelo qual se constituem, se modificam ou extinguem relações jurídicas, se decide um conflito, se fixa juridicamente o sentido duma situação de facto. **Trata-se, portanto, duma declaração dotada de supremacia, destinada a fixar para um particular o que é ou não direito: isto é, produz um efeito jurídico imediato** (..)" – Obra citada págs. 76/77.

Ou seja, ainda que os efeitos jurídicos enunciados no acto administrativo consistam apenas numa verificação de factos ou de situações jurídicas, para assumir a natureza jurídica de acto administrativo a declaração administrativa tem sempre que definir uma situação jurídica entre a Administração e o terceiro destinatário.

Não é esta a situação que o caso presente evidencia, atento o probatório.

No mencionado ofício de 22.04.2002 não se mostra concretizada nenhuma definição jurídica do interesse pretensivo da Recorrente no tocante à pensão de aposentação, na medida em que nesse ofício de **22.04.2002** a ora Recorrida Caixa Geral de Aposentações se limita a remeter para o despacho de **19.03.1992**.

Efectivamente, através da fundamentação do despacho de **19.03.1992**, constantes dos pontos **5. e 6.** do probatório, é evidenciado que o efeito jurídico de concordância do despacho tem por objecto mediato o arquivamento do processo de aposentação sem prejuízo de ser reaberto logo que recebidos os elementos em falta pedidos à ora Recorrente.

Trata-se, pois, de um arquivamento condicional, sujeito a reabertura mediante o cumprimento pelo destinatário, a ora Recorrente, das condições nele expressas, a saber, a adição instrutória ao procedimento dos elementos documentais pedidos pela ora Recorrida.

É exactamente para este despacho de 19.03.1992 e respectivo conteúdo motivador expresso na fundamentação, como é óbvio, que remete o ofício de 22.04.2002 transcrito no ponto **10.** do probatório, em resposta ao pedido de "desarquivamento" da Recorrente entrado nos serviços da Recorrida em 05.02.2002, conforme **ponto 9.** do probatório.

b. natureza do despacho de 22.04.2002; *venire contra factum proprium* – art. 6.°-A CPA;

Vejamos, agora, os termos do mencionado ofício.

A Recorrida declara no ofício de 22.04.2002 que "(..) **não se justifica a reabertura do processo** (..)" porque, no nosso entender, não houve alteração de circunstâncias de facto de 19.03.1992 a 22.04.2002 na medida em que a Recorrente não remeteu ao processo nenhum dos elementos solicitados.

Obviamente que são aqui absolutamente inócuas as considerações jurídicas expendidas no dito ofício de 22.04.2002 – além do mais, erradas – em ordem a, por sua decorrência directa, transmutar o trecho "(..) **pelo que não se justifica a reabertura do processo** (..)" num outro cujo significado o elemento literal expresso não comporta, isto é, o significado de arquivamento do processo.

Estamos no domínio da interpretação da declaração e, por isso, é-lhe aplicável o disposto no art. 238.° n.° 1 C. Civil.

Uma coisa é escrever que "**pelo que não se justifica a reabertura**" do processo, outra, bem diferente é ver aqui escrito "**pelo que se arquiva**" o processo.

---

[1] Mário Esteves de Oliveira, *Direito Administrativo*, Vol. I, 1980, págs. 523/524.

[2] Rogério Ehrhardt Soares, *Direito Administrativo*, Coimbra, 1978, pág. 76.

[3] Freitas do Amaral, *Direito Administrativo*, Vol. III, pág. 66

[4] Sérvulo Correia, *Noções de Direito Administrativo*, Vol. I, Lisboa, 1982, pág. 288.

É que a reabertura do processo, conforme despacho de **19.03.1992**, ficou condicionada à recepção dos elementos documentais pedidos à Recorrente em 11.10.1991.

E, portanto, remetendo o ofício de 22.04.2002 para o dito despacho, é evidente que também remeteu para a respectiva condição de reabertura, sendo em razão da inobservância desta condição pela Recorrente – a remessa dos elementos pedidos – que a Recorrida concluiu e declarou que "**não se justifica a reabertura**" do processo de aposentação da interessada.

Aliás, tendo sido oficiado à Recorrente em 11.10.1991 solicitando a adição de elementos instrutórios ao processo – **ponto 4. do probatório** – e declarado o processo condicionalmente arquivado, isto é, sem prejuízo de reabertura no caso de envio dos elementos pedidos – **pontos 5. e 6. do probatório** – não é lícito à Recorrida **desconsiderar o efeito jurídico decorrente da condição suspensiva** de reabertura do processo por si imposta unilateralmente por despacho no procedimento, **em favor do efeito jurídico da resolução final do processo** com fundamento na formação de acto tácito negativo, por duas ordens de razões.

Primeiro, porque a lei estatui o efeito resolutivo apenas no tocante ao acto tácito positivo, cfr. art. 108.° n.° 2 CPA.[5]

Segundo, porque a pretendida desconsideração da condição de reabertura do processo a favor do arquivamento definitivo constitui a violação de um princípio geral de direito a que a Administração e particulares devem obediência no domínio das relações jurídicas que estabelecem com terceiros, a saber, do **princípio da boa-fé na vertente do *venire contra factum proprium*** – adopção de comportamento originador de confiança, posteriormente contrariada – princípio expresso nesta sede no **art. 6.°-A n.ºs 1 e 2 a) CPA**.[6]

***

Dito de outro modo, o despacho de arquivamento condicionado de **19.03.1992** não é subsumível na previsão do **art.° 106.° do CPA** porque não tem a natureza de causa extintiva do procedimento de aposentação da ora Recorrente nem, muito menos, tem a natureza de resolução final de fundo para os efeitos do **art. 97.° do Estatuto da Aposentação** (=EA).

Assim sendo, também o despacho constante do ofício de **22.04.2002** que para ele remete não pode prevalecer-se de um efeito jurídico que o outro (o de **19.03.1992**) não lhe pode transmitir, porque o não tem.

Por todo o exposto, o ofício de **22.04.2002** não constitui nenhuma definição inovatória no âmbito da situação jurídico-administrativa processual estabelecida entre as ora Recorrente e Recorrida na medida em que nem configura a resolução final de arquivamento do procedimento, *ex vi* **art. 106.° CPA** nem, muito menos, a resolução final de fundo sobre o procedimento de aposentação iniciado pelo requerimento da Recorrente de **10.10.1990,** *ex vi* **art. 97.° EA,** limitando-se a manter o processo de aposentação em *stand-by*, isto é, suspenso de reabertura condicionada ao envio dos elementos solicitados, em ordem a apreciar o requerido, situação que já vinha do despacho de **19.03.1992**.

***

Concluindo, em contrário do interesse pretensivo manifestado no requerimento do **05.02.2002**, o ofício de **22.04.2002** configura a prolação de decisão expressa da Recorrida no sentido de manter o procedimento administrativo de aposentação **suspenso sob condição suspensiva de reabertura mediante junção de elementos documentais solicitados pelos ofícios de 11.02.1991 e de 11.10.91** – **pontos 3. e 4. do probatório** – quais sejam, o certificado de nacionalidade, fotocópia do bilhete de identidade, fotocópia do cartão de contribuinte, despacho de nomeação, transferências e exonerações, guias de marcha e guias de vencimento, dados referentes ao tempo de serviço constantes de listas de antiguidades ou outros documentos "emanados dos serviços oficiais portugueses relativos às condições de serviço efectivamente prestado no ex-Ultramar".

Exigências documentais à margem de qualquer fundamento legal, na medida em que no regime especial de aposentadoria em causa, a concessão da pensão de aposentação depende exclusivamente da verificação na esfera jurídica do interessado dos requisitos previstos no **art. 1.° n.° 1 DL 362/78, de 28.11**, na redacção do **art. 1.° DL 23/80, de 29.2**, a saber,

1. **qualidade de agente ou funcionário da administração pública das ex-províncias ultramarinas;**
2. **prestação de, pelo menos, 5 anos de serviço;**
3. **realização de descontos para efeitos de aposentação durante o mesmo período.**

Condições de facto de que a ora Recorrente demonstrou ser titular conforme **ponto 1. do probatório** no sentido de que a ora Recorrente, nos serviços da Inspecção Superior de Crédito e Seguros da então Província de Angola, "(..) **se manteve ao serviço sem interrupção, de 22 de Setembro de 1966 a 30 de Junho de 1977, tendo sido durante este período de tempo abonado dos seus vencimentos (..) começou a descontar para efeitos de aposentação a partir de I de Fevereiro de 1969.**

Conta de tempo de serviço prestado ao ex-Estado de Angola, para efeitos de aposentação de 22 de Setembro de 1966 a 30 de Junho de 1977, 10 Anos 9 Meses 7 Dias, acrescidos de 1/5 nos termos do artigo 435.° do Estatuto do Funcionalismo Ultramarino, 2 Anos I Mês 27 Dias, perfaz o total de 12 Anos 11 Meses 4 Dias. (..).

***

Para além dos enunciados, nenhum outro requisito é legalmente exigido designadamente, ao contrário do que vem recorrentemente sustentando a ora Recorrida, possuir nacionalidade portuguesa, residir em território português ou ter 60 anos completos de idade.

Neste sentido a jurisprudência uniforme do STA (cfr., entre muitos outros, Acs. de 20.06.89, BMJ 388-309; de 05.05.94, Rec. 33410; de 19.06.97, Rec. 41609 e os Acs. nele citados) e deste TCA (v.g., Acs. de 05.11.98, Pr. n.° 108/98; de 15.04.99, Pr. n.° 1177/98; de 12.07.00, Pr. n.° 3057/99; de 14.04.04, Pr. n.° 12031/03 e de 28.03.07, Pr. n.° 884/05).

Face ao exposto, cumpre saber se ocorreu a caducidade do direito de acção condenatória deduzida no domínio do art.° 66.° e ss. CPTA, reportada ao despacho constante do ofício de 22.04.2002 como sustenta o Tribunal *a quo*.

[5] Carlos Cadilha, *O silêncio administrativo*, CJA n.° 28 págs. 25-27.

[6] Menezes Cordeiro, *Da boa-fé no direito civil*, Almedina, Teses, Vol. II, pág. 745.

***

Como se disse, a pretensão da Recorrente de 05.02.2002 de "desarquivamento" do processo de aposentação foi indeferida por despacho da ora Recorrida constante do ofício de **22.04.2002** remissivo para o despacho de 19.03.1992, pelo qual manteve o procedimento de aposentação suspenso de reabertura condicionada ao envio dos elementos anteriormente solicitados.

Em **19.11.2003** a ora Recorrente renovou o pedido de reapreciação do seu processo de aposentação no sentido do deferimento do pedido de pagamento da pensão, sendo este o interesse material visado com a presente acção condenatória da Recorrida à prática do acto devido – **pontos 9., 10. e 11 do probatório**.

O Tribunal *a quo* pronunciou-se a favor da via impugnatória do despacho constante do ofício de **22.04.2002** à luz do regime vigente à data, art. 28.° n.° 1 *a)* LPTA, que interpretou como despacho de arquivamento.

Na medida em que a ora Recorrente não deduziu impugnação o Tribunal recorrido conclui pela incontestabilidade jurisdicional do despacho em causa e consequente caducidade do direito de acção condenatória da administração à prática do acto devido, entendimento que não se acompanha pelas razões que seguem.

c. despacho de 22.04.2002 – acto sob condição suspensiva – irrecorribilidade; caducidade do direito de acção – art. 69.° CPTA

Em face do respectivo conteúdo o despacho constante do ofício de **22.04.2002** nada definiu no tocante à posição substantiva de fundo estabelecida entre as ora Recorrente e Recorrida que, por isso, se mantém inalterada.

E, também, o ofício de **22.04.2002** em nada alterou a posição procedimental da ora Recorrente de titular do interesse jurídico na satisfação do pagamento da pensão da aposentação, ao abrigo do DL 363/86 de 30.10, oposto à Recorrida pelo requerimento de 10.10.1990 que desencadeou o procedimento, sendo que este não contém nenhuma decisão de fundo por parte da Caixa Geral de Aposentações sobre o interesse jurídico da ora Recorrente, seja de deferimento ou indeferimento do interesse pretensivo da ora Recorrente.

O único efeito jurídico do despacho constante do ofício de **22.04.2002** é a manutenção da condição suspensiva introduzida pelo despacho de **19.03.1992**, ou seja, de manter a reabertura do procedimento administrativo de aposentação condicionada à apresentação pela ora Recorrente dos documentos solicitados.

***

O que sucede, pois, é que **a condição suspensiva aposta impede a recorribilidade imediata do despacho constante do ofício de 22.04.2002 porque falha o pressuposto processual da lesividade de direitos da ora Recorrente.**[7]

***

Embora seja um acto externo derivado à produção de efeitos suspensivos do procedimento, o despacho em causa não afecta imediatamente nenhuma posição subjectiva da ora Recorrente, ainda que meramente procedimental, razão por que não configura um acto lesivo.

De modo que face à suspensão do procedimento com reabertura condicionada à apresentação dos documentos solicitados e não sendo caso de interposição de acção administrativa, a ora Recorrente nada mais podia fazer do que apresentar outro requerimento.

Como fez em **19.11.2003** reproduzindo o anteriormente peticionado e no sentido da inexigibilidade dos documentais solicitados pelos ofícios de 11.02.1991 e de 11.10.91 quais sejam, o certificado de nacionalidade, fotocópia do bilhete de identidade, fotocópia do cartão de contribuinte, despacho de nomeação, transferências e exonerações, guias de marcha e guias de vencimento, dados referentes ao tempo de serviço constantes de listas de antiguidades ou outros documentos "emanados dos serviços oficiais portugueses relativos às condições de serviço efectivamente prestado no ex – Ultramar" – **pontos 3. e 4. e 11 do probatório**.

***

No caso concreto do presente procedimento administrativo, em face do primeiro requerimento de 10.10.1990 da ora Recorrente com pedido de pensão de aposentação ao abrigo do DL 363/86 de 30.10 e dos requerimentos subsequentes de 27.03.1998 e 05.02.2002 – **pontos 2., 7. e 9. do probatório** – a ora Recorrida não indeferiu o pedido em causa, ou seja, não definiu efeitos jurídicos lesivos do interesse pretensivo da ora Recorrente, antes praticou em 11.02.1991, 11.10.1991, 19.03.1992, 17.04.1998 e 22.04.2002, actos procedimentais instrutórios, solicitando a junção de documentos e, simultaneamente, suspendendo condicionalmente o procedimento mantendo a reabertura condicionada à apresentação pela ora Recorrente dos documentos solicitados – **pontos 3., 4., 5., 6., 8. e 10. do probatório**.

De modo que, a ora Recorrente, ou optava pela faculdade de presumir indeferida tácitamente a sua pretensão para efeitos contenciosos ao abrigo do **art. 109.° n.° 1 CPA**, ou, optando "(..) por não presumir indeferida (tacitamente) a sua pretensão, então deve entender-se que a Administração está (ainda) constituída no dever de decidir, não havendo, portanto, lugar à extinção do procedimento, ao contrário do que sugere a inserção do indeferimento tácito (com esta configuração) nesta Secção do Código.

Por outro lado, **se o particular apresentar outro requerimento reproduzindo aquele que havia formulado antes, mas sobre o qual não recaiu decisão, renova-se o dever da Administração decidir, não havendo lugar à aplicação do disposto no art. 9.° n.° 2 [CPA]**. (..)"[8]

***

A figura do indeferimento tácito presumido criada por lei para conferir ao particular a garantia da tutela judicial efectiva em sede de sindicabilidade jurisdicional do agir administrativo, cfr. **art. 109.° n.° 1 CPA**, significa no caso dos autos que, à data do regime da LPTA, perante a sustação do procedimento sujeito a reabertura sob condição suspensiva, a ora Recorrente encontrava-se nas seguintes circunstâncias:

– por um lado, **não podia reagir e pedir a apreciação jurisdicional do despacho pela via das acções administrativas, v.g. da acção para o reconhecimento**

[7] Mário Esteves de Oliveira, *Direito administrativo*, Vol. I, 1980, págs. 589 e 627; Vasco Pereira da Silva, *Em busca do acto administrativo perdido*, Almedina/1998, pág. 628; em favor da recorribilidade imediata, Sérvulo Correia, *Noções de direito administrativo*, Editora Danúbio/1982, págs. 325/328.

[8] Mário Esteves de Oliveira, Pedro Costa Gonçalves, J. Pacheco de Amorim, *Código do procedimento administrativo – Comentado*, Almedina, 2ª edição, pág. 490.

de direito ou interesse legítimo, dada a natureza subsidiária deste meio processual previsto no art. 69.° e ss. LPTA;

– por outro, certo era, como acima dito, que também **não podia lançar mão da impugnação contenciosa do despacho constante do ofício de 22.04.2002** porque, afora os efeitos de suspensão da instância procedimental, **o despacho em causa carece de eficácia lesiva, não passando de uma ameaça de lesão dos direitos e interesses da ora Recorrente**.

Portanto, é do requerimento apresentado em **19.11.2003,** sobre cujo pedido a ora Recorrida não se pronunciou, e não do ofício de 22.04.2002, que cabe aferir a eventual caducidade do direito de acção, tendo em conta que a petição inicial deu entrada em juízo em **10.112004**.

Conjugando o disposto quanto aos prazos estabelecidos no **art. 69.° n.° 1 CPTA** e o **art. 109.° n.ºs 2 e 3 a) CPA** é absolutamente evidente que, no caso concreto, não se mostra esgotado antes da data de instauração da causa [**10.11.2004**] o prazo de **um ano** contado do termo do prazo de **90 dias** para o acto silente negativo, este contado da data de entrada do requerimento no serviço da ora Recorrida [**19.11.2003**].

***

De todo o exposto se conclui que o acórdão sob recurso incorre em erro de julgamento no tocante à caducidade do direito de acção fundada na sustentada impugnabilidade do acto constante do ofício de 22.04.2002, procedendo todas a todas as questões de recurso suscitadas nas conclusões pela Recorrente, cumprindo a este Tribunal, conhecendo em substituição – art. 149.° n.° 3 CPTA – e na procedência do peticionado,

• condenar a Caixa Geral de Aposentações a, no procedimento administrativo para aposentação no âmbito do DL 362/78 de 28.11 em que é titular e interessada Ana Miranda Martins Monteiro Cordeiro Mata, adoptar o acto administrativo devido na forma do despacho de concessão da pensão de aposentação;

• tendo por conteúdo o efeito jurídico decorrente da verificação na esfera jurídica da interessada dos requisitos previstos no art. 1.°, n.° 1 do DL 362/78, de 28/11, na redacção do art. 1.° do DL 23/80, de 29/2.

• sendo a pensão devida a partir do dia **01.NOV.1990**, atenta a recepção em 10.10.90 do requerimento da ora interessada nos serviços da requerida – art. único n.° 2 do DL 363/86 de 30.10;

• acrescendo juros moratórios sobre os valores das pensões mensais, calculados às taxas legais sucessivamente em vigor até à data do efectivo pagamento – arts. 805.° n.° 2 *a*), 559.° n.° 1 C. Civil.

Termos em que acordam, em conferência, os juízes da Secção de Contencioso Administrativo do Tribunal Central Administrativo Sul em, na procedência do recurso, revogar o Acórdão recorrido e

A. condenar a Caixa Geral de Aposentações a, no procedimento administrativo para aposentação no âmbito do DL 362/78 de 28.11 em que é titular e interessada Ana Miranda Martins Monteiro Cordeiro Mata, adoptar o acto administrativo devido na forma do despacho de concessão da pensão de aposentação;

B. tendo por conteúdo o efeito jurídico decorrente da verificação na esfera jurídica da interessada dos requisitos previstos no art. 1.°, n.° 1 do DL 362/78, de 28/11, na redacção do art. 1.° do DL 23/80, de 29/2;

C. sendo a pensão devida a partir do dia 01.NOV.1990, atenta a recepção em 10.10.90 do requerimento da ora interessada nos serviços da requerida, cfr. art. único n.° 2 do DL 363/86 de 30.10;

D. acrescendo juros moratórios sobre os valores das pensões mensais, calculados às taxas legais sucessivamente em vigor até à data do efectivo pagamento – arts. 805.° n.° 2 *a*), 559.° n.° 1 C. Civil.

Custas a cargo da Recorrida.

Lisboa, 17 de Maio de 2007

Cristina dos Santos
Teresa de Sousa
Elsa Esteves

Recurso n.° 1729/06

AJUSTE DIRECTO. ART. 86.° N.° 1 DL 197/99, 8.6. CONCEITOS ABSTRACTOS INDETERMINADOS. AUDIÊNCIA PRÉVIA.

(Acórdão de 21 de Junho de 2007)

SUMÁRIO:

I – **A escolha do tipo de procedimento na modalidade do ajuste directo, independentemente do valor estimado da despesa pública envolvida, configura um agir administrativo no âmbito do poder vinculado quanto às circunstâncias de facto verificáveis na sua realidade concreta, por reporte ao elenco taxativo de pressupostos estatuído no art. 86.° n.° 1, alíneas *a*) a *h*) do DL 197/99, 8.6.**

II – **No art. 86.° n.° 1 alínea *c*) a subsunção das circunstâncias do caso concreto aos pressupostos legais passa pela averiguação do sentido dos conceitos abstractos indeterminados utilizados na lei, a saber, razões de "urgência imperiosa" na decorrência de "acontecimentos imprevistos", "não imputáveis" à entidade adjudicante e em que o contrato é celebrado "na medida do estritamente necessário".**

III – **O pedido de suspensão de eficácia de um acto administrativo inserido no procedimento pré-contratual, ou o pedido de suspensão do próprio procedimento, constitui uma situação imprevista para a entidade administrativa adjudicante e a ela não imputável.**

IV – **A inexistência de normativo específico que imponha a realização de audiência prévia nas situações referidas no art. 86.° DL 197/99 de recurso ao procedimento de ajuste directo, independentemente do valor estimado da despesa, traduz uma opção legislativa tendo em conta a natureza**

do próprio procedimento e não uma lacuna normativa a integrar por recurso ao art. 100.º CPA.

ACORDAM OS JUIZES DO 2.º JUÍZO, 1ª SECÇÃO, DO TRIBUNAL CENTRAL ADMINISTRATIVO SUL:

As sociedades GERTAL – Companhia Geral de Restaurantes e Alimentação, SA e SOCIGESTE – Serviços, Indústria e Comércio de Refeições, Lda., ambas com os sinais nos autos, inconformadas com a sentença proferida pelo Mmo. Juiz do Tribunal Administrativo e Fiscal de Sintra dela vêm recorrer, concluindo como segue:

1. Nos termos da disposição da alínea *c*) do n.º 1 do Art. 86.º do DL 197/99 de 8/6, para que se considerem preenchidos os requisitos da adjudicação por ajuste directo é necessário que, cumulativamente, tenham ocorrido factos imprevisíveis que determinem a urgência da adjudicação e que tais factos não sejam, em caso algum, imputáveis à entidade adjudicante.

2. A suspensão do concurso público internacional é imputável ao MUNICÍPIO DE OEIRAS,

3. Já que foi determinada pela douta sentença proferida no processo n.º 1295/06.1BESNT ao abrigo do disposto na alínea *a*) do n.º 1 do Art. 120.º do CPTA com fundamento na ilegalidade manifesta cometida pelo júri do concurso ao ter procedido à fixação extemporânea da densificação e da grelha classificativa dos sub critérios definidos na Acta de 2 de Agosto em violação do Art. 94.º do DL 197/99 de 8/6 e dos Princípios da legalidade, da transparência, da publicidade, da imparcialidade e da estabilidade consagrados nos artigos 7.º, 8.º, 11.º e 14.º do mesmo diploma legal.

4. Não estamos, assim, perante uma decisão cautelar qualquer, mas perante uma decisão cautelar que suspendeu o concurso por considerar que está na presença de uma ilegalidade manifesta, grosseira, ostensiva, que "entra pelos olhos dentro", ilegalidade essa cometida pelo MUNICÍPIO DE OEIRAS.

5. Pelo que esta circunstância não pode deixar de ser considerada imputável ao MUNICÍPIO DE OEIRAS.

6. Não é necessário alegar e demonstrar que houve intenção por parte da entidade adjudicante em cometer a ilegalidade com o objectivo de contratar por ajuste directo.

7. Basta que a ilegalidade tenha sido cometida pela entidade adjudicante.

8. Como foi decidido pelo Acórdão do STA de 13 de Janeiro de 2005, proferido no Processo 01318/04 *in* www.dgsi.pt: "(...) Ainda que se admitisse que a interposição de um recurso contencioso que imputara uma ilegalidade que conduzira à anulação do concurso levada a cabo pela Administração se consubstanciara num acontecimento imprevisível, a verdade é que tal acontecimento sempre teria de ser imputado à entidade que cometeu a apontada ilegalidade, assim se frustrando o segundo pressuposto cuja verificação era imprescindível para se poder figurar o ajuste directo".

9. O caso julgado pelo STA é idêntico ao caso *sub-judice*: naquele, foi interposto pelo recorrente um requerimento de medidas provisórias e um recurso contencioso de anulação, apontando uma ilegalidade a um concurso, o qual acabou por ser anulado pela entidade adjudicante; neste foi interposto pelas recorrentes uma providência cautelar e uma acção emergente de contencioso pré-contratual, tendo o Tribunal já decretado a suspensão do concurso por considerar manifesta a ilegalidade apontada pelas recorrentes.

10. Para considerar o acontecimento imputável à entidade adjudicante, o STA considerou que bastava o cometimento da ilegalidade, não tendo sequer indagado se a entidade adjudicante cometeu essa ilegalidade de propósito para poder contratar por ajuste directo.

11. Tanto basta para concluir pela não verificação, no caso *subjudice*, de um dos pressupostos exigidos no Art. 86.º n.º 1 al. *c*) do DL 197/99 de 8/6 para o MUNICÍPIO DE OEIRAS poder contratar a UNISELF por ajuste directo.

12. Ao não entender assim, a douta sentença recorrida violou a disposição do Artigo 86.º n.º 1 al. *c*) do DL 197/99 de 8/6.

13. A única solução legalmente possível é o ajuste directo à GERTAL, por aplicação analógica da disposição da alínea *g*) do n.º 1 do Art. 86.º do Decreto-Lei n.º 197/99 de 8/6.

14. A alínea *g*) do n.º 1 do Art. 86.º do DL 197/99 de 8/6 não exige que os serviços sejam iguais, exige apenas que os serviços sejam similares, parecidos

15. Ora, quer os novos quer os anteriores são serviços de fornecimento de refeições a crianças e, como tal, similares

16. Não tem razão a douta sentença recorrida quanto afirma que o Art. 86.º n.º 1 al. *g*) do DL 197/99 de 8/6 não admite aplicações analógicas.

17. Apenas as normas excepcionais não comportam aplicação analógica (cfr. Art. 11.º do Código Civil), o que não é o caso da disposição do Art. 86.º n.º 1 do DL 197//99 de 8/6.

18. Ao não entender assim, violou a douta sentença recorrida a disposição do Art. 11.º do Código Civil e a disposição do Art. 86.º n.º 1 alínea *g*) do DL 197/99 de 8/6.

19. A decisão de celebrar contrato por ajuste directo com a UNISELF não foi precedida de audiência prévia da GERTAL.

20. Sendo certo que tal audiência prévia deveria ter sido realizada,

21. Já que aquela decisão prejudica a GERTAL na medida em que a priva, a partir do dia 3 de Janeiro de 2007, dos lucros resultantes do fornecimento das refeições aos jardins-de-infância e escolas do 1.º ciclo da rede pública do Concelho de Oeiras.

22. Contrariamente ao que refere a douta sentença recorrida, o fornecimento das refeições aos jardins-de-infância e escolas do 1.º ciclo da rede pública do Concelho de Oeiras a partir do dia 3 de Janeiro de 2007 devia ter sido efectuado pela GERTAL ao abrigo do disposto no Art. 86.º n.º 1 al. *g*) do DL 197/99 de 8/6.

23. A obrigação de ouvir os interessados abrange também os contra-interessados como é o caso da GERTAL.

24. Ao não ter realizado a audiência prévia da GERTAL, violou o MUNICÍPIO DE OEIRAS a disposição do Art. 100.º do CPA.

25. Ao decidir em contrário, violou a douta sentença recorrida a disposição do Art. 100.º do CPA.

***

O Recorrido contra-alegou, concluindo como segue:

1. Andou bem o Tribunal *a quo* ao julgar improcedente a acção administrativa especial relativa a contencioso pré-contratual intentada pelas aqui Recorrentes, não merecendo qualquer censura a douta sentença recorrida;

2. Conforme resulta demonstrado na douta sentença recorrida, a adjudicação feita pelo Município de Oeiras à empresa UNISELF, LDA., do fornecimento de refeições às escolas do 1.º ciclo do ensino básico e aos jardins-de-infância da rede pública do concelho de Oeiras, reúne os pressupostos de aplicação constantes da alínea *c)* do n.º 1 do 86.º do Decreto-Lei n.º 197/99, de 8 de Junho;

3. Assim, não têm razão as Recorrentes ao alegarem que os motivos que determinaram a urgência no recurso ao ajuste directo são imputáveis ao Município, na medida em que lhe é imputável a suspensão do concurso público internacional, operada com a sentença cautelar proferida no processo n.º 1295/06.01BESNT;

4. Antes de mais, porque a suspensão do concurso público internacional foi determinada por força de uma disposição legal – art. 128.º, n.º 1 do CPTA – e não pela sentença entretanto proferida no âmbito das providências cautelares por aquelas instauradas;

5. Depois, porque ainda que no âmbito do referido processo cautelar tenha sido proferida sentença a determinar a suspensão do Concurso Público, a mesma não dirime, em definitivo, o litígio pendente;

6. A par da sua instrumentalidade relativamente à acção principal, a tutela cautelar caracteriza-se pela sumariedade na apreciação dos factos e pela provisoriedade do juízo perfunctório emitido;

7. Como bem sustentou o Meritíssimo Juiz do Tribunal *a quo* "O juízo de imputabilidade das circunstâncias invocadas, não pode derivar em exclusivo de uma providência cautelar. em que o juízo formulado é necessariamente perfunctório;

8. (...) a concluir-se por tal imputação, estaríamos indirectamente a antecipar nestes autos a decisão sobre um objecto litigioso que nem sequer constitui o objecto destes autos;

9. Por outro lado, e contrariamente ao alegado, não resulta da douta sentença recorrida o entendimento de que é necessário alegar e demonstrar que houve intenção por parte da entidade adjudicante em cometer a ilegalidade com o objectivo de contratar por ajuste directo, mas, e tão-só, a necessidade de demonstrar e provar que foi, efectivamente, cometida uma ilegalidade pela entidade adjudicante;

10. E essa prova, conforme decisão judicial, não pode ser feita apenas com base na sentença proferida num processo cautelar, objecto de recurso jurisdicional e pendente do resultado da acção principal ainda em curso;

11. Nestes termos, o ajuste directo posto em crise pelas Recorrentes, reúne os pressupostos previstos no art. 86.º, n.º 1, alínea *c)* do DL 197/99, de 8 de Junho, não padecendo a douta decisão recorrida do vício de violação de lei suscitado;

12. Relativamente à alegada violação do disposto no art. 11.º do Código Civil e no art. 86.º, n.º 1, alínea *g)* do Decreto-Lei n.º 197/99, de 8 de Junho, conclui-se que, mais uma vez, não assiste razão às Recorrentes;

13. Para além de o caso concreto não reunir os pressupostos de aplicação da supra invocada disposição legal;

14. quer por ter decorrido mais de três anos desde a data de celebração do contrato inicial (já que o contrato n.º 58/2002, celebrado entre o Município de Oeiras e a Recorrente GERTAL, data de Dezembro de 2002), excedendo o prazo enunciado no ponto ii) do citado artigo;

15. quer por as Recorrentes nunca terem alegado ou demonstrado o preenchimento do ponto iii) do mesmo dispositivo;

16. quer ainda por o fornecimento agora contratado com a UNISELF ter um conteúdo distinto do anteriormente contratado com a GERTAL, já que está previsto o fornecimento de almoços e lanches às escolas e jardins-de-infância c/a rede pública concelhia;

17. Não estamos perante um caso de integração de uma lacuna da lei que admita o recurso a aplicações analógicas, como pretendem as Recorrentes;

18. Com efeito, o recurso à interpretação analógica só é admissível perante uma lacuna da lei, o que não é manifestamente o caso em apreço, já que o legislador quis expressamente consagrar como um dos pressupostos de aplicação do referido preceito normativo, o decurso de um prazo inferior a três anos sobre a data da celebração do contrato inicial;

19. E a circunstância de, no caso concreto, esse pressuposto não se encontrar verificado, não permite concluir estarmos perante uma lacuna na lei que admite o recurso à analogia, sob pena de sair violado o princípio da legalidade;

20. Ademais, e conforme resulta do texto introdutório do n.º 1 do art. 86.º, o recurso a este procedimento reveste natureza facultativa, estando o seu exercício dependente da vontade da entidade adjudicante;

21. Ou seja, ainda que se verificassem os pressupostos de aplicação da alínea *g)*, a sua adopção dependeria sempre de uma vontade livre e expressa de ambas as partes, não podendo a vontade do adjudicatário impor-se à vontade do adjudicante;

22. Todavia, a essência da questão não está em aferir se era ou não admissível o ajuste directo à GERTAL ao abrigo da supra citada disposição legal, mas e tão-só a constatação de que essa opção – desde que verificados os seus pressupostos – constitui reserva de livre actuação da administração;

23. Pelo que, no respeito pelo princípio da separação de poderes, o pedido de condenação do Recorrido a adjudicar à Recorrente GERTAL, à margem de um procedimento pré-contratual determinado pelos respectivos órgãos municipais, extravasa o âmbito de apreciação do poder judicial;

24. Por último, não procede a alegada violação ao disposto no art. 100.º do Código do Procedimento Administrativo, na medida em que a Recorrente GERTAL não é parte interessada ou contra-interessada no procedimento de contratação em apreço;

25. A qualidade de interessada, ou contra-interessada, não lhe advém da circunstância de ter sido a última fornecedora e muito menos da invocada expectativa de lucros que tinha na medida em que o Contrato de Prestação de Serviços n.º 58/2002 cessou no dia 31 de Dezembro de 2006;

26. Ainda que assim não se entendesse, o que não é manifestamente o caso, sempre se acrescentaria que, conforme fundamento legal subjacente à proposta de adjudicação controvertida, estão em causa motivos de URGÊNCIA IMPERIOSA, o que, por si só, afasta a necessidade de semelhante formalidade, em conformidade com o disposto no art. 103.º, n.º 1, alínea *a)* do CPA;

27. Conclui-se, deste modo, que a douta sentença recorrida fez uma apreciação criteriosa dos factos que resultam dos autos e o adequado enquadramento jurídico dos mesmos, improcedendo todas as conclusões do recorrente, as quais em nada permitem contrariar o decidido;

Com dispensa de vistos substituídos pela entrega das competentes cópias aos Exmos. Senhores Juízes Desembargadores Adjuntos, vem para decisão, em conferência – cfr. art. 707.º n.ºs 2 e 3 CPC *ex vi* art. 140.º e 36.º n.º 2 CPTA.

Pelo Tribunal *a quo* foi julgada provada a seguinte matéria de facto:

A) Na sequência de concurso público internacional, e das deliberações da Câmara Municipal de Oeiras de 29 de Maio e 30 de Outubro de 2002, e da Assembleia Municipal de 25 de Junho de 2003, entre o Município de Oeiras e a Gertal-Companhia Geral de Restaurantes e Alimentação, SÁ, foi celebrado em 30 de Dezembro de 2002, um contrato de prestação de serviços de fornecimento de refeições às escolas do 1.º ciclo, com prazo de execução de 4 anos, iniciado em I de Janeiro de 2003 a 31 de Dezembro de 2006 – cf. Documento n.º 3 junto com a petição inicial;

B) Por anúncio publicado no JOCE de 28 de Agosto de 2006, o Município de Oeiras procedeu à abertura de Concurso Público Internacional para fornecimento de refeições (almoços e lanches) aos jardins de infância e às escolas básicas do 1.º ciclo da rede pública do concelho de Oeiras, para o período de Janeiro de 2007 a Julho de 2010 – cf. processo administrativo;

C) O concurso público indicado na alínea anterior encontra-se suspenso na sequência do processo cautelar n.º 1295/06, interposto pelas Autoras – cf. documento n.º 2 junto com a petição inicial;

D) Por deliberação tomada na sua reunião de 13 de Dezembro de 2006, a Câmara Municipal de Oeiras, aprovou a adjudicação, por ajuste directo, ao abrigo do disposto na alínea *c*) do n.º 1 do Artigo 86.º do Decreto-Lei n.º 197/99, de 8 de Junho, do Fornecimento de Refeições aos Jardins-de-Infância e Escolas Básicas do 1.º ciclo do concelho de Oeiras, à empresa Uniself – Gestão e Exploração de Restaurantes de Empresas, Lda. invocando o seguinte: "Verificada a impossibilidade de, até 31 de Dezembro próximo, estar concluído todo o processo relativo ao Concurso Público Internacional para o fornecimento de refeições (...) não obstante ter o Júri do mesmo dado integral cumprimento aos procedimentos decorrentes desta contratação até à elaboração do Relatório Final Fundamentado; Considerando que tal processo se encontra suspenso em virtude de providência cautelar interposta pelo concorrente n.º 3, GERTAL, e que esta Câmara se encontra impossibilitada e lhe dar continuidade até decisão judicial; Considerando que o actual contrato de fornecimento de refeições celebrado a GERTAL, cessa em 31 de Dezembro de 2006. Considerando o grave prejuízo que constituiria a interrupção do fornecimento das refeições (...) Considerando a imperiosa necessidade de assegurar tal fornecimento, sem interrupção, a partir de 3 de Janeiro de 2007 (...) Considerando que os prazos procedimentais inerentes à abertura de um procedimento de contratação consentâneo com o valor da despesa não se coadunam com a urgência patente na data de início do fornecimento, entende-se estarem reunidos os pressupostos para propor a adjudicação da presente proposta de fornecimento de refeições, mediante Ajuste Directo, nos termos do disposto na alínea *c*) do n.º 1 do art. 86.º do Decreto-Lei n.º 197/99, de 8 de Junho, à empresa UNISELF – Gestão e Exploração de Restaurantes de Empresas, Lda. (...) No caso em apreço, é inequívoco o DEVER imperioso de a Câmara Municipal assegurar o fornecimento de refeições aos estabelecimentos escolares em apreço. Essa necessidade assume carácter URGENTE, na medida em que deverá ter lugar a partir do próximo dia 3 de Janeiro de 2007. Por sua vez, tal urgência não é imputável a este Município, na medida em que acautelou em tempo útil a abertura do Concurso Público Internacional para o efeito, tendo ficado impedido de lhe dar continuidade em virtude do efeito suspensivo que o art. 128.º, n.º 1 do Código de Processo nos Tribunais Administrativos confere às providências cautelares que, entretanto, foram interpostas pela Concorrente n.º 3. Na medida do estritamente necessário porque o Ajuste Directo que agora é proposto destina-se a vigorar apenas pelo prazo que nos parece razoável para aguardar a decisão judicial que vier a recair sobre as referidas providências. A escolha do adjudicatário teve por base a qualidade da proposta pelo mesmo apresentado no âmbito do Concurso Público Internacional e as referências e garantias prestadas na sequência de convite para apresentação de proposta (...)" – cf. documento n.º 1 junto com a contestação;

E) Em 22 de Dezembro de 2006, foi proferida sentença no processo cautelar indicado em [**C)**] deferindo a providência de suspensão do procedimento concursal por se considerar evidente que o júri do Concurso procedeu à fixação extemporânea da densificação e da grelha classificativa dos sub critérios definidos na Acta de 2 de Agosto de 2006, em violação do artigo 94.º do DL 197/ /99, de 8 de Junho, desrespeitando os princípios da legalidade e da transparência, da publicidade, imparcialidade e da estabilidade consagrados nos artigos 7.º, 8.º, 11.º e 14.º do mesmo diploma legal, objecto de recurso jurisdicional – cf. documento 2 junto com a petição inicial e documento 2 junto com a contestação;

F) Em 3 de Janeiro de 2007, entre o Município de Oeiras e a firma Uniself, foi celebrado o contrato de prestação de serviços de fornecimento de refeições a que alude a deliberação indicada na alínea anterior, por ajuste directo, tendo por objecto "a aquisição de serviços para o fornecimento de refeições aos jardins-de-infância e às escolas do 1.º ciclo da rede pública do concelho de Oeiras", nele constando a cláusula segunda que estabelece que "o prazo de execução do contrato é de dois meses, com início a partir do dia 3 de Janeiro de 2007, renovável por igual e sucessivos períodos até à decisão judicial transitada em julgado no âmbito do processo cautelar n.º 1295/06.1BESNT que corre termos no Tribunal Administrativo e Fiscal de Sintra, ou, caso as providências requeridas venham a ser deferidas, até à decisão judicial que dirima, com carácter definitivo, a acção principal que as referidas providências visam acautelar." – cf. documento 1 junto com a contestação.

DO DIREITO

Vem assacada a sentença proferida de incorrer em violação primária de direito substantivo por erro de julgamento em matéria de:

1. subsunção da imputabilidade da suspensão do concurso derivado à decretação de providência ao abrigo do

art. 120.º n.º 1 *a)* CPTA (art. 86.º n.º 1 *c)* DL 197/99, 8.6) .... Itens 1 a 12 das conclusões;

2. natureza jurídica e estatuição do art. 86.º n.º 1 g) DL 197/99 ....Itens 13 a 18 e 22 das conclusões;

3. omissão de audiência prévia (art. 100.º CPA) .... Itens 19 a 21 e 23 a 25 das conclusões.

***

a) poder vinculado; conceitos indeterminados;

A lei admite que a Administração escolha o tipo de procedimento na modalidade do ajuste directo, independentemente do valor estimado da despesa pública envolvida, nos casos taxativamente previstos através do elenco de pressupostos estatuídos no **art. 86.º n.º 1, alíneas *a)* a *h)* do DL 197/99, 8.6.**

Todavia, e como se põe de manifesto na sentença sob recurso, no citado **art. 86.º n.º 1 alínea c)** a subsunção das circunstâncias do caso concreto aos pressupostos legais, passa pela averiguação do sentido dos conceitos abstractos indeterminados utilizados na lei, a saber, "na medida do estritamente necessário", "motivos de urgência imperiosa" e "acontecimentos imprevisíveis".

Nesta modalidade excepcional de procedimento concursal sujeito, repete-se, à taxatividade dos pressupostos enunciados na lei, o agir administrativo configura-se no âmbito do poder vinculado quanto às circunstâncias de facto verificáveis na sua realidade concreta que, no tocante à citada **alínea *c)*,** são de molde a não permitirem o cumprimento de prazos ou formalidades previstos para os demais procedimentos tipificados no DL 197/99 e impõem, atento o interesse público envolvido no caso concreto, a opção pelo ajuste directo.

Em suma, na hipótese do art. 86.º n.º 1 DL 197/99 não há uma escolha discricionária de pressupostos, há uma operação vinculada e, consequentemente, sindicável, de interpretação da lei.

Assente este ponto e tendo em conta a matéria de facto provada e o discurso jurídico fundamentador em sede de sentença proferida pelo Tribunal *a quo*, conclui-se pelo preenchimento dos pressupostos legais estabelecidos no art. 86.º n.º 1 *c)* DL 197/99 no sentido da existência de motivo de urgência derivado de circunstância imprevisível para a entidade adjudicante e a ela não imputável, na medida em que, e transcrevendo:

"(..) **O pedido de suspensão de eficácia de um acto administrativo inserido no procedimento pré-contratual, ou o pedido de suspensão do próprio procedimento, constitui uma situação imprevista.**

(..)

O juízo de imputabilidade das invocadas circunstâncias haveria de resultar da alegação e prova de factos que permitissem concluir que tais circunstâncias materializam uma conduta voluntária, dirigida a um resultado pretendido – v.g. **o cometimento de uma ilegalidade no procedimento concursal para inviabilizar a sua conclusão por forma a permitir pelo ajuste directo uma contratação, com os mesmos elementos essenciais**. (..)"..

Pelo que vem dito, improcede o alegado erro de julgamento em matéria de subsunção do probatório no art. 86.º n.º 1 c) DL 197/99, 8.6, itens 1 a 12 das conclusões de recurso.

b) escolha do co-contratante – competência administrativa;

Na economia do DL 197/99, 8.6, na celebração de qualquer contrato administrativo deixou de vigorar a regra geral da obrigatoriedade de precedência de concurso público como decorre do disposto no art. 78.º n.º 1, sendo que "(..) a escolha do co-contratante pela Administração obedece a normas que indicam o critério dessa mesma escolha e fixam o procedimento a desenvolver para o efeito, deixando de vigorar o primado do concurso público (..) A escolha prévia do tipo de procedimento deve ser fundamentada e cabe à entidade competente para autorizar a despesa. Essa escolha pode ser feita em função do valor da despesa estimada do contrato ou independentemente desse valor, em função do fundamento material que suporta essa mesma despesa"[1].

Como vem sendo dito, os pressupostos que representam o fundamento material de opção pelo ajuste directo como a modalidade de procedimento adequada à situação concreta para a realização da despesa, independentemente do valor, constam do art. 86.º, DL 197/99, 8.6, cujas diversas alíneas do n.º 1 discriminam a hipótese legal em sede de pressupostos taxativos da situação aplicável à modalidade de ajuste directo.

Na medida em que a competência de escolha do procedimento é cometida à Administração e os pressupostos materiais referentes a cada modalidade de procedimento constam da lei, carece de base jurídica sustentar o recurso à interpretação analógica para decidir sobre que particular co-contratante deveria ter incidido a escolha administrativa, como se houvesse um silêncio do legislador nessa matéria e houvesse que integrar uma lacuna no tecido normativo – cfr. art.º 10.º C. Civil.

Pelo que vem dito, também improcede o alegado erro de julgamento em matéria de subsunção do probatório no art. 86.º n.º 1 *g)* DL 197/99, 8.6, itens 13 a 18 e 22.

c) audiência prévia;

Fundamentam as Recorrentes no art.º 100.º CPA o vício de forma por omissão da formalidade de audiência prévia, alegando para o efeito em sede de artigos 35.º a 40.º da petição inicial que:

"(..) 35 – a decisão de celebrar contrato por ajuste directo com a UNISELF não foi precedida de audiência prévia da GERTAL;

36 – tal audiência prévia deveria ter sido realizada;

37 – aquela decisão prejudica a GERTAL na medida em que a priva, a partir do dia 3 de Janeiro de 2007, dos lucros resultantes do fornecimento das refeições aos jardins de infância e escolas do 1.º ciclo da rede pública do concelho de Oeiras. (..)".

A lei não contempla especificamente a obrigatoriedade de audiência prévia para a escolha de co-contratante pela Administração por recurso ao procedimento de ajuste directo fundado em qualquer dos pressupostos substantivos discriminados no art. 86.º n.º 1 DL 197/99, 8.6, sendo que na parte geral deste diploma o art. 41.º regula os termos em que a audiência prévia deve ser observada, estabelecendo o princípio da sua realização sob forma escrita sempre que haja decisão relativa à

[1] Mário Bernardino, *Aquisições de bens e serviços na administração pública*, Almedina, 2003, pág. 101/102.

exclusão de concorrentes, propostas e candidaturas, circunstâncias a que o caso dos autos é completamente alheio.

A inexistência de normativo específico que imponha a realização de audiência prévia nas situações de ajuste directo independentemente do valor estimado de despesa do art. 86.° DL 197/99 **traduz uma opção legislativa tendo em conta a natureza do próprio procedimento** e não uma lacuna normativa a integrar por recurso ao art. 100.° CPA.

Natureza procedimental que, no caso específico do **art. 86.° n.° 1 *c*)** se funda em razões de "**urgência imperiosa**" na decorrência de "**acontecimentos imprevistos**", "**não imputáveis" à entidade adjudicante** e em que **o contrato é celebrado "na medida do estritamente necessário**".

***

No caso dos autos a Câmara Municipal de Oeiras procedeu à adjudicação por ajuste directo em **03.JAN.2007** ao abrigo do art. 86.° n.° 1 *c*) DL 197/99, 8.6, com fundamento nos seguintes factos:

"(..) Verificada **a impossibilidade de, até 31 de Dezembro próximo, estar concluído todo o processo relativo ao Concurso Público Internacional para o fornecimento de refeições** (...) não obstante ter o Júri do mesmo dado integral cumprimento aos procedimentos decorrentes desta contratação até à elaboração do Relatório Final Fundamentado;

Considerando que **tal processo se encontra suspenso em virtude de providência cautelar** interposta pelo concorrente n.° 3, GERTAL, **e que esta Câmara se encontra impossibilitada e lhe dar continuidade até decisão** judicial;

Considerando que **o actual contrato de fornecimento de refeições** celebrado a GERTAL, **cessa em 31 de Dezembro de 2006**. (..)

Na medida do estritamente necessário porque o Ajuste Directo que agora é proposto destina-se **a vigorar apenas pelo prazo que nos parece razoável para aguardar a decisão judicial que vier a recair sobre as referidas providências**. (..)

Em 3 de Janeiro de 2007, (..) foi celebrado o contrato de prestação de serviços de fornecimento de refeições (..) por ajuste directo (..) nele constando a cláusula segunda que estabelece que "**o prazo de execução do contrato é de dois meses, com início a partir do dia 3 de Janeiro de 2007, renovável por igual e sucessivos períodos até à decisão judicial transitada em julgado no âmbito do processo cautelar** n.° 1295/06.1BESNT que corre termos no Tribunal Administrativo e Fiscal de Sintra, **ou, caso as providências requeridas venham a ser deferidas, até à decisão judicial que dirima, com carácter definitivo, a acção principal que as referidas providências visam acautelar**. (..)"

No contexto do concurso público internacional para fornecimento de refeições (almoços e lanches) aos jardins de infância e escolas básicas do 1.° ciclo da rede pública do concelho de Oeiras, no período de JAN/2007 a JUL/2010 aberto por anúncio publicado no JOCE de 28.AGO.2006, a alegada realização de lucros pelas Recorrentes a partir de 03.JAN.2007 nem sequer tem a natureza de expectativa jurídica, por inexistência de prova produzida no contexto dos presentes autos relativa a quaisquer circunstâncias de facto indiciadoras de um interesse negocial negativo na esfera jurídica de qualquer das Recorrentes, por força do contexto procedimental do concurso público suspenso pela procedência do processo cautelar.

Pelo que vem dito, também improcede o alegado erro de julgamento em matéria de omissão de audiência prévia por aplicação do art. 100.° CPA, itens 19 a 21 e 23 a 25 das conclusões.

Termos em que acordam, em conferência, os Juízes Desembargadores do Tribunal Central Administrativo Sul em negar provimento ao recurso.

Custas a cargo das Recorrentes, fixando-se a taxa de justiça em 14 (catorze) UC, reduzida a metade – arts. 73.°-D, n.° 3 e 73.°-E n.° 1 *f*) CCJ.

Lisboa, 21 de Junho de 2007

Cristina dos Santos
Teresa de Sousa
Elsa Pimentel

Recurso n.° 2613/07

ART. 120.° N.° 1, AL. A) DO CPTA. EVIDÊNCIA DA PRETENSÃO. COMPOSIÇÃO ILEGAL DO JÚRI.

(Acórdão de 14 de Junho de 2007)

SUMÁRIO:

I – A evidência da providência a que alude o artigo 120.° n.° 1, al. *a*) do CPTA depende, em princípio, da ilegalidade manifesta do acto impugnado na acção principal.

II – Tal evidência tem de ser entendida no sentido de que a procedência da acção principal se apresenta de tal forma notória que dispensa a formulação de quaisquer indagações de facto ou de direito.

III – A composição ilegal do Júri do Concurso, que definiu a fórmula e os critérios de avaliação e ordenação dos candidatos e procedeu à classificação respectiva, inquina essas operações do concurso e, por extensão, o acto final.

IV – O acto que exclui um candidato de um concurso é um acto de conteúdo positivo, susceptível de suspensão de eficácia.

V – A prova oral de conhecimentos e a entrevista dos candidatos não podem ser realizadas em momentos desfasados no tempo, a fim de garantir a identidade de critérios de valoração dos candidatos.

ACORDAM OS JUIZES DO 2.° JUÍZO, 1ª SECÇÃO, DO TRIBUNAL CENTRAL ADMINISTRATIVO SUL:

1. RELATÓRIO

Gustavo Gramaxo Rozeira veio interpor recurso jurisdicional da sentença do TAF de Lisboa que lhe indeferiu o pedido de suspensão de eficácia da lista de candidatos aprovados e excluídos na prova escrita do Concurso Externo de Ingresso na Categoria de Adido de Embaixada da Carreira Diplomática, constante do Aviso 1615/2000.

Formula, para tanto, as conclusões de fls. 933 e seguintes, cujo teor aqui se dá por integralmente reproduzido, e nas quais alega, em síntese, que a sentença padece de erro de julgamento na apreciação dos requisitos do artigo 120.°, n.° 1, alínea *a*) do CPTA e artigo 14.° do Regulamento do Concurso, violando as alíneas *a*) e *b*) do artigo 120.° do CPTA, por julgar não preenchido o requisito do periculum in mora, até por já terem sido declarados ineficazes actos do concurso, pelo despacho de fls. 370 a 373. Alega, ainda, a violação do disposto no artigo 128.°, números 3 e 4 do CPTA, por indeferir a declaração de ineficácia dos despachos de provimento dos lugares de adido.

O Ministério dos Negócios Estrangeiros contra-alegou, pugnando pela manutenção do julgado.

O Digno Magistrado do Ministério Público emitiu douto parecer no sentido de ser concedido parcial provimento ao recurso.

2. MATÉRIA DE FACTO

A sentença recorrida considerou provada a seguinte factualidade, com relevo para a decisão:

a) Pelo Despacho da Ministra dos Negócios Estrangeiros e das Comunidades Portuguesas n.° 10.988/ /2004, de 14 de Maio, publicado no Diário da República, 2ª Série, n.° 129, de 20.06.2004, emitido ao abrigo do disposto no artigo 10.° n.° 1, do Dec. Lei n.° 40-A/98, de 27 de Fevereiro, foi aprovado o "Regulamento do Concurso Externo de Ingresso para a Categoria de Adido de Embaixada da Carreira Diplomática";

b) Pelo Despacho da Ministra dos Negócios Estrangeiros e das Comunidades Portuguesas n.° 12535/2004 (II Série), de 16.06.2004, publicado no Diário da República, 2ª série, n.° 149, de 26.07.2004, foi autorizada, ao abrigo do disposto no n.° 1 do artigo 3.° do "Regulamento do Concurso Externo de Ingresso na categoria de Adido de Embaixada da Carreira Diplomática", aprovado pelo Despacho referido na Alínea anterior, a abertura do concurso externo de ingresso na carreira diplomática em causa nos presentes autos, destinado ao provimento de trinta vagas de adido de embaixada existentes no Quadro I de pessoal do Ministério dos Negócios Estrangeiros;

c) O Júri do Concurso foi constituído pelo Despacho do Ministro dos Negócios Estrangeiros e das Comunidades Portuguesas n.° 12.536/2004, de 16 de Junho, publicado no Diário da República, 2ª série, n.° 149, de 26.06.2004, emitido ao abrigo do disposto no n.° 1 do art. 4.° do "Regulamento do Concurso Externo de Ingresso na Categoria de Adido de Embaixada da Carreira Diplomática", que aqui se dá por integralmente reproduzido, extraindo-se o seguinte:

"(...)

2. O Júri do Concurso Externo de Ingresso na Categoria de Adido de Embaixada da Carreira Diplomática terá a seguinte composição:

(...)

Segundo Vogal Efectivo: Embaixador Fernando Manuel Oliveira de Castro Brandão.

(...)»

(doc. de fls. 236/257 do proc. físico).

d) O concurso foi aberto pelo Aviso n.° 6970 (2ª série), publicado no Diário da República, 2ª série, n.° 150, de 28.06.04, que aqui se dá por integralmente reproduzido;

e) Na prova escrita de conhecimentos, o ora recorrente obteve a classificação global de 13,5 valores (cfr. doc. n.° 2.1 do p.a.).

f) O requerente foi excluído do Concurso na prova escrita de conhecimentos (cfr. Lista dos candidatos aprovados e excluídos na prova escrita de conhecimentos publicitada pelo Aviso n.° 1615/2005 (2ª Série), publicado no Diário da República, II Série, n.° 34, de 17.02.05.

g) Por requerimento de 3.02.05, o ora requerente requereu ao Presidente do Júri do Concurso a "revisão da classificação obtida na prova escrita de conhecimentos (cfr. doc. n.° 3 do p.a.).

h) Por ofício de 1.03.05, expedido na mesma data, a entidade requerida comunicou ao ora requerente que, revista a prova escrita de conhecimentos, foi confirmado o resultado anterior;

i) Por requerimento de 28.02.05, recebido pela entidade requerida em 11.03.05, o ora requerente interpôs, ao abrigo do art. 43.° n.° 1 do Dec. Lei n.° 204/98, de 11 de Julho, recurso hierárquico para o Secretário Geral do Ministério dos Negócios Estrangeiros, do acto que o excluiu do concurso.

j) O recurso hierárquico referido na Alínea anterior foi rejeitado por despacho do Secretário Geral do M.N.E., de 22.03.05, comunicado ao ora requerente por ofício de 23.03.06;

k) Por requerimento de 29.03.05, recebido pela entidade requerida em 6.04.2005, o ora requerente interpôs, ao abrigo do disposto no artigo 24.° do Regulamento do Concurso, recurso hierárquico para o Ministro dos Negócios Estrangeiros do acto que o excluiu do concurso;

l) O recurso hierárquico referido na alínea anterior foi indeferido por despacho do M.N.E., de 3.05.2005, comunicado ao requerente por ofício de 5.05.2005;

m) Pelo Aviso n.° 3991 (2ª Série), publicado no Diário da República, II Série, n.° 73, de 14.04.2005, foi publicada a Lista dos Candidatos Aprovados e Excluídos na Prova Oral de Conhecimentos;

n) Dá-se por reproduzida a redacção do art. 4.° do "Regulamento do Concurso Externo de Ingresso na Categoria de Adido de Embaixada da Carreira Diplomática";

o) Dá-se por reproduzido o art. 11.° do Regulamento do Concurso Externo de Ingresso na Categoria de Adido de Embaixada da Carreira Diplomática

p) Dá-se por reproduzido o n.° 4 do artigo 9.° do "Regulamento do Concurso Externo de Ingresso na categoria de Adido da Embaixada da Carreira Diplomática";

q) Dá-se por reproduzido o teor do artigo 24.° do "Regulamento do Concurso Externo de Ingresso na categoria de Adido da Embaixada da Carreira Diplomática".

DIREITO APLICÁVEL

O pedido formulado no TAF de Lisboa consistiu na suspensão da eficácia da "Lista dos candidatos aprovados e excluídos na prova escrita de conhecimentos do Concurso Externo de Ingresso na Categoria de Adido de Embaixada da Carreira Diplomática, constante do Aviso n.° 1615/2000 (2ª Série) e consequente suspensão dos ulteriores termos do respectivo procedimento concursal».

A decisão recorrida considerou inverificado o requisito a que alude a alínea *a*) do n.° 1 do art. 120.° do C.P.T.A., por não ser evidente a procedência da pretensão a formular no processo principal.

E concluiu, igualmente, pela inexistência de prejuízos de difícil reparação ou irreparáveis para os interesses que o recorrente pretende assegurar no processo principal.

Assim, "não podendo dar como verificado, no caso dos autos, o requisito do "periculum in mora", pressuposto de concessão de quaisquer medidas cautelares, sejam de natureza conservatória, sejam de natureza antecipatória (cfr. alíneas *b*) e *c*) do n.° 1 do art. 120.° do CPTA", o Mmo. Juiz "a quo" teve como desnecessária "a indagação sobre os restantes pressupostos legais de concessão de medidas cautelares: o requisito do "fumus boni juris" e o requisito negativo previsto no n.° 2 do artigo 120.° do C.P.T.A.".

Finalmente, o Mmo. Juiz "a quo", indeferiu o pedido de declaração de ineficácia dos despachos de provimento dos lugares de adido de embaixada colocados a concurso, publicitados pelo Aviso n.° 6268/2005 (2ª Série), publicado no Diário da República, 2ª Série, n.° 121, de 27 de Junho.

Inconformado com este entendimento, o recorrente interpôs o presente recurso jurisdicional, alegando, em síntese, os seguintes vícios:

– Vício de erro de julgamento, na parte em que a decisão "a quo" indeferiu a providência cautelar.

– Relativamente ao incidente de declaração de ineficácia dos actos de execução, vício de violação do caso julgado formal e erro de julgamento.

No tocante ao primeiro vício, o recorrente alega que, no caso dos autos, se verifica o requisito da alínea *a*) do n.° 1 do artigo 120.° do CPTA, por ser evidente a procedência da pretensão a formular no processo principal, uma vez que o acto impugnado é manifestamente ilegal.

Essa ilegalidade manifesta deriva, na tese do recorrente da circunstância de o júri do concurso ter incluído na sua composição, como 2.° vogal efectivo, um funcionário diplomático provido na categoria de embaixador, o que terá violado o artigo 4.°, números 2 e 3 do Regulamento do Concurso (aprovado pelo Despacho n.° 10.988/2004).

Na verdade, o teor das aludidas normas do Regulamento do Concurso prevê que o segundo vogal efectivo será designado com a categoria de ministro plenipotenciário, pelo que é patente a desconformidade do despacho de nomeação do júri do concurso com o disposto no artigo 4.° n.° 3 do Regulamento do Concurso, como diz o recorrente.

Seguidamente, no que diz respeito aos critérios de decretamento da providência previstos no artigo 120.°, n.° 1, al. *b*) do CPTA, o ora recorrente alegou que, não sendo decretada a providência cautelar, ficaria impossibilitado de realizar a prova oral de conhecimentos em condições de igualdade, de imparcialidade e de isenção.

Diz o recorrente, a este respeito, que a apreciação do requisito do "periculum in mora" no presente processo cautelar deveria ter-se centrado, não num juízo acerca da possibilidade de realização da prova oral de conhecimentos pelo ora recorrente, mas num juízo acerca da possibilidade de realizar essa mesma prova oral em condições de igualdade e de respeito objectivo pelos princípios da imparcialidade e da isenção da Administração.

Tais garantias não se verificarão se o recorrente prestar a sua prova oral de conhecimentos em momento temporalmente desfazado da prestação dessa prova pelos outros candidatos, o que impossibilitará a identidade de critérios e valorações.

Acresce que os actos e operações materiais relativos à prova oral de conhecimentos e à entrevista profissional de selecção, bem como as listas dos candidatos aprovados e excluídos foram, nos termos do artigo 128.° do C.P.T.A., declarados ineficazes pelo despacho de fls. 370/373, já transitado em julgado, o que confere ao requisito do periculum in mora um carácter duplamente reforçado.

Conclui, assim, o recorrente, apoiando-se no teor do artigo 128.° n.° 4 do C.P.T.A. que o indeferimento do pedido de declaração de ineficácia pelo Tribunal "a quo" constitui uma violação do efeito do caso julgado formal e, consequentemente, gera a nulidade da sentença nesta parte, nos termos do artigo 668.° n.° 1, al. *d*) in fine, do Cod. Proc. Civil.

São estas as questões a analisar no presente processo cautelar.

O primeiro critério de decisão é o constante da alínea *a*) do n.° 1 do artigo 120.° do CPTA, que permite a adopção da providência cautelar quando seja evidente a procedência da pretensão formulada ou a formular no processo principal, designadamente por estar em causa a impugnação de acto manifestamente ilegal, de acto de aplicação de norma já anteriormente anulada ou de acto idêntico a outro já anteriormente anulado ou declarado nulo ou inexistente.

Tem-se entendido que a procedência da pretensão a formular no processo principal é evidente quando a mesma seja de tal forma clara ou notória que dispense qualquer indagação de facto ou de direito, bastando a verificação dessa evidência para que a providência possa ser concedida (cfr. Mário Aroso de Almeida e C.A. Fernandes Cadilha, "Comentário ao Código de Processo nos Tribunais Administrativos", Almedina, 2005, notas ao artigo 120.°; Ac. TCA – Sul de 20.11.2005, Rec. 1222/05, in "Antologia de Acórdãos do Supremo Tribunal Administrativo e do Tribunal Central Administrativo", Ano IX, n.° 1, pág. 234 e ss; Ac. TCA – Norte de 5.5.2005, Proc. 457/04).

A evidência flagrante, ou notória, deriva antes de mais da ilegalidade manifesta do acto impugnado, consistindo esta ilegalidade numa desconformidade de tal acto com qualquer norma ou princípio jurídico.

A sentença recorrida julgou inverificado este primeiro requisito por considerar que o objectivo da acção não era "obter a anulação de todos os actos subsequentes ao acto que designou o Juri, mas apenas a anulação do acto que determinou a sua exclusão do concurso", e considerou controversa a ilegalidade do acto suspendendo com base nos fundamentos constantes do requerimento inicial.

Por essas razões não decretou a providência ao abrigo do disposto na alínea *a*) do n.° 1 do artigo 120.° do CPTA.

Também a entidade recorrida vem agora dizer, em sede de contra-alegações, que se não verifica qualquer desconformidade entre o acto impugnado e o disposto no número 3 do artigo 4.° do Regulamento do Concurso, considerando irrelevante, para efeitos da norma, que um funcionário diplomático com a categoria de Embaixador seja nomeado como segundo vogal efectivo.

Mas, salvo o devido respeito, não é assim.

O Júri do concurso, incluía na sua composição, como 2.° vogal efectivo, um funcionário diplomático com a categoria de embaixador, sendo certo que o despacho ministerial constitutivo do Júri previa que o segundo vogal efectivo possuísse a categoria de ministro plenipotenciário com pelo menos três anos na categoria.

Ora, como foi nomeado para segundo vogal efectivo do júri do Concurso um funcionário com a categoria de embaixador, a composição do júri do Concurso mostra-se viciada por ilegalidade manifesta, como é notório e imediatamente visível.

A nosso ver não é defensável qualquer interpretação extensiva no sentido de abranger a possibilidade de nomeação de embaixadores para o lugar de segundo vogal efectivo do Júri do concurso, dada a clareza insofismável do elemento literal da norma em questão (art. 4.° n.° 3 do Regulamento do Concurso). –

Não pode pois, dizer-se, como o faz a sentença recorrida que a ilegalidade do acto suspendendo é, no mínimo controversa.

A composição do júri, tal como determinada pelo legislador, não foi respeitada, como se percepciona sem margem para quaisquer dúvidas e conduz à conclusão de que é evidente a procedência da pretensão a formular no processo principal.

Pretensão essa que implica, necessariamente, ao nível da acção principal, a anulação da lista dos candidatos aprovados e excluídos da prova escrita de conhecimentos.

Entendemos, pois, que a providência cautelar em análise deveria ter sido, desde logo, decretada ao abrigo do art. 120.° n.° 1, al. *a*) do C.P.T.A.

Não o tendo sido, cumpre apreciar os critérios de decisão previstos no artigo 120.°, número 1, alínea *b*) do CPTA.

Quanto a este ponto, o Mmo. Juiz entendeu que não se verificava o periculum in mora, considerando, nomeadamente, que o requerente da providência não alegou "quaisquer factos concretos que permitam perspectivar uma situação de impossibilidade de restauração natural da sua esfera jurídica no caso de o processo principal vir a ser julgado procedente ou, pelo menos, concluir pela produção de prejuízos, na sua pendência, que a reintegração da legalidade não seja capaz de reparar".

Mas não é assim.

O ora requerente, digo, o ora recorrente, alegou que o não decretamento da providência o impossibilitaria de realizar a prova oral de conhecimentos em condições de igualdade, de imparcialidade e isenção. Para tanto não bastaria que a acção principal conduzisse à anulação do acto, tornando-se necessária a suspensão do acto. E isto para que a prova oral de conhecimentos e a entrevista profissional de selecção não ocorressem em momento temporalmente desfazado, o que naturalmente poderia conduzir à falta de homogeneidade de critérios de avaliação. Sendo certo que, como refere o recorrente nas suas alegações, em matéria de procedimentos concursais, o "simples risco de lesão e o perigo de parcialidade constituem fundamento bastante para a anulação, mesmo que se desconheça em concreto a efectiva violação dos interesses de alguns concorrentes" – cfr. entre outros, o Ac. STA de 14.5.96, in Ac. Dout. n.° 419; p. 1265.

Não basta, por conseguinte, assegurar que as aludidas provas possam vir a ser realizadas num momento futuro, mas que tal realização seja, igualmente, efectuada em condições de imparcialidade e isenção, o que implica a identidade de critérios e de valoração dos candidatos.

Ora, parece-nos óbvio que o desfasamento temporal na realização das provas, com o consequente esquecimento das situações, é susceptível de comprometer, ainda que inconscientemente, as mencionadas exigências.

Daí a necessidade da presente providência, na qual se deveria ter considerado a existência do "periculum" in mora".

Tal consideração não é impedida pelo facto de a prova oral dos restantes candidatos já ter tido lugar, uma vez que os actos e operações materiais relativos a tal foram declarados ineficazes por despacho de fls. 370/373, já transitado em julgado.

Ainda em sede de critérios de decisão, o Mmo. Juiz "a quo" julgou desnecessário pronunciar-se sobre o requisito do "fumus boni juris", embora, como diz o recorrente, pareça ficar indiciado na decisão recorrida que o acto suspendendo nos presentes autos é um acto de conteúdo negativo e, por conseguinte, insusceptível de execução e de suspensão de eficácia.

Também não é assim.

Dissipando qualquer dúvida a este respeito, basta notar que não estamos perante um acto de não admissão de um candidato a um concurso, mas sim perante um acto de exclusão de um candidato já admitido, e com o direito subjectivo a ser graduado e ordenado a final, como é o caso do recorrente. Isto posto, não se pode deixar de concluir que, tendo sido o recorrente excluído já no decurso de uma fase intercalar, estamos perante um acto de conteúdo positivo, cuja suspensão de eficácia pode ser pedida (cfr. por todos, o Ac. STA de 4.03.93, P. 31763, onde expressamente se qualifica o despacho de exclusão de um candidato como um acto de conteúdo positivo, passível de suspensão da sua eficácia; no mesmo sentido, vide o Ac. STA de 19.03.2003, P. 484/03; na doutrina, cfr. Maria Fernanda Maçãs, "A suspensão judicial de eficácia dos actos administrativos", Coimbra Editora, 1996, p. 73 e seguintes).

Em suma, também o requisito do "periculum" se mostra verificado, pelo que a sentença recorrida violou, igualmente, o artigo 120.° n.° 1, al. *b*) do C.P.T.A.

Finalmente, cumpre observar que a decisão "a quo" indeferiu o pedido de declaração de ineficácia formulado pelo ora recorrente, por considerar que não estão em causa quaisquer actos de execução nos termos e para os efeitos do disposto no artigo 128.° do C.P.T.A.

O pedido de declaração de ineficácia referia-se aos despachos de provimento dos lugares de adido de embaixada publicitados pelo Aviso n.° 6268/05, publicado no D.R., 2ª Série, n.° 121, de 27.06.05; e desde logo se nota que, pelo despacho de fls. 370/373 o Mmo. Juiz "a quo", perante a inexistência da resolução fundamentada a que alude o artigo 128.° n.° 1 do CPTA, declarou indevida a execução do acto suspendendo e, consequentemente, declarou a ineficácia dos actos de execução supra referidos e identificados a fls. 267/271.

Como justamente diz o recorrente, não tendo havido recurso do despacho de fls. 370/373, este transitou em julgado, formando caso julgado formal, que não pode ser eliminado pela contraditória decisão final de indeferimento do mesmo pedido de declaração de ineficácia dos despachos de provimento dos lugares de adido de embaixada. Na verdade, perante o estatuído no artigo 675.° n.os 1 e 2 do Cod. Proc. Civil, a existência de duas decisões contraditórias sobre a mesma questão no âmbito de um processo implica a prevalência e o consequente cumprimento da que primeiro foi proferida e transitou.

Não pode, por isso, subsistir a decisão final de indeferimento do incidente de declaração de ineficácia.

4. DECISÃO

Em face do exposto, acordam em:

– Revogar a sentença recorrida.

– Deferir o pedido de suspensão de eficácia da lista de candidatos aprovados e excluídos na prova escrita de conhecimentos do concurso a que diz respeito a presente processo cautelar;

– Deferir o pedido formulado no incidente de declaração de ineficácia dos despachos de provimento dos lugares de adido de embaixada publicitados pelo Aviso n.º 6268/2005 (2ª Série).

Custas pela entidade recorrida em ambas as instâncias, fixando a taxa de justiça em 4 UC (arts. 16.º, 73.º-D n.º 3 e 73-E n.º 1, al. *f*) do Cod. Custas Judiciais).

Lisboa, 14 de Junho de 2007

as.) António de Almeida Coelho da Cunha (Relator)
Maria Cristina Gallego dos Santos
Teresa Maria Sena Ferreira de Sousa

Recurso n.º 02604/07

CONCURSO DE PESSOAL. ENTREVISTA PROFISSIONAL DE SELECÇÃO. FUNDAMENTAÇÃO.

(Acórdão de 17 de Maio de 2007)

SUMÁRIO:

I – A fundamentação consiste no enunciar das razões fácticas e jurídicas por que um acto administrativo teve um determinado conteúdo e não outro, de modo a que o seu destinatário fique em condições plenas de reagir contra ele, se for desfavorável à sua esfera de direitos e interesses, ou de o acatar, no caso contrário.

II – Neste contexto, um acto diz-se suficientemente fundamentado se os elementos do seu discurso [motivação contextual ou incorporada], incluindo aqueles anteriores de que expressamente se apropriou [fundamentação por remissão], forem capazes de esclarecer o iter cognoscitivo percorrido pelo órgão decisor.

III – Se as grelhas de classificação da entrevista profissional de selecção apenas contêm a pontuação atribuída aos concorrentes nos diversos items que constituíam os factores de ponderação da entrevista de selecção [Responsabilização; Planificação de Tarefas; Espírito de Iniciativa; e Expressão Verbal], sem que a valoração numérica assim definida expresse as razões que levaram ao resultado concreto, nomeadamente sem proceder à análise crítica das diferenças de pontuação atribuídas aos vários candidatos, as mesmas não exprimem convenientemente a necessária fundamentação prevista nos artigos 124.º e 125.º do CPA, já que a recorrente – bem como todo e qualquer destinatário do acto – ficou sem saber por que razão obteve, por exemplo, a pontuação de 4 pontos no factor "Responsabilização" ou 3 pontos no factor "Planificação de Tarefas" e não outra, por contraposição com a contra-interessada, que nos mesmos factores, obteve a pontuação de 5 e 4 pontos, respectivamente.

IV – Deste modo, se a pontuação atribuída pelo júri do concurso aos diversos factores que integravam a grelha da entrevista de selecção não se mostra suficientemente explicitada, o resultado global atingido pela fórmula de cálculo, onde aquele método de selecção "pesava" 1/3, padece da mesma falta de fundamentação.

ACORDAM EM CONFERÊNCIA NO 1.º JUÍZO LIQUIDATÁRIO DO TRIBUNAL CENTRAL ADMINISTRATIVO SUL:

I. RELATÓRIO

Maria Júlia Reis de Sousa Ribeiro, Assistente Administrativo Principal, do quadro e em funções no Instituto Nacional de Emergência Médica [INEM], veio interpor o presente ***RECURSO CONTENCIOSO DE ANULAÇÃO*** do despacho da ***Senhora Ministra da Saúde***, de 5-7-99, que indeferiu o recurso hierárquico necessário interposto da deliberação do Conselho de Direcção do referido Instituto, que manteve inalterada a lista de classificação final do concurso interno geral de ingresso, aberto por Aviso publicado no DR, II Série, n.º 37, de 3-2-98, para provimento de uma vaga de tesoureiro do quadro de pessoal do INEM, assacando-lhe os vícios de violação de lei e de forma por falta de fundamentação, contendendo com as normas citadas e ainda com os artigos 5.º, n.º 1, alínea *d*), 9.º, n.º 2 e 32.º, n.º 1, todos do DL n.º 498/88, de 30/12, e 124.º e 125.º do CPA.

A entidade recorrida respondeu, sustentando que o acto recorrido não padece dos vícios imputados, pugnando a final pelo improvimento do recurso [cfr. fls. 54/60 dos autos, cujo teor aqui se dá por integralmente reproduzido].

De igual modo, também a recorrida particular Ângela de Almeida Camacho Monteiro da Silva respondeu, pugnando pelo improvimento do recurso [cfr. fls. 66/72 dos autos, cujo teor aqui se dá por integralmente reproduzido].

Na sua alegação final, a recorrente apresentou as seguintes conclusões:

"[...]

2ª – A alegante, com o devido respeito que tanto é, tem direito a ser classificada no 1.º lugar da lista de classificação final, justamente por ter alcançado melhor classificação nos dois principais métodos de selecção – prova de conhecimentos e avaliação curricular.

3ª – A inversão das posições e classificação das duas primeiras candidatas imposta pelo Júri do Concurso mediante a aplicação do método de selecção complementar que é a entrevista, implicou a violação das normas vertidas no artigo 26.º, n.ºs 1 e 2 do DL n.º 498/88, e o artigo 5.º, n.º 1, alínea d) do mesmo diploma face ao critério subjectivo adoptado na aplicação deste método de selecção.

4ª – A recusa do Senhor Presidente do INEM em facultar à alegante o curriculum vitae da candidata classificada no 1.º lugar violou o direito à Informação consignado no artigo 268.º, n.ºs 1 e 3 da Constituição da República, e artigos 61.º e seguintes do CPA.

5ª – Já que era e é convicção da recorrente que aquela candidata não dispunha de qualquer experiência na área de Expediente.

6ª – O acto recorrido padece ainda do vício de forma por falta de fundamentação, já que a alegante não dispõe de elementos, face ao critério subjectivo adoptado pelo Júri na atribuição da pontuação de 14 valores na entrevista, que lhe permita identificar o iter cognoscitivo e valorativo percorrido pelo Júri e que motivou tal classificação.

7ª – Pelo que o acto impugnado está também eivado do vício de forma por falta de fundamentação, contendendo, para além das normas citadas, com as vertidas nos artigos 9.º, n.º 2 e 32.º, n.º 1 do DL n.º 498/88.

8ª – Sendo este também o sentido da nossa doutrina e jurisprudência predominante que aliás está na origem da supressão da entrevista nos concursos de acesso".

Por seu turno, a entidade recorrida concluiu a sua contra-alegação nos seguintes termos:

"1ª) Nos termos do n.º 2 do artigo 26.º do DL n.º 498/ /88, de 30 de Dezembro, na redacção dada pelo Decreto-Lei n.º 215/95, de 22 de Agosto, a entrevista profissional de selecção não podia ser utilizada isoladamente nos concursos de pessoal, devendo ser conjugada com um ou mais dos métodos de selecção previstos nas alíneas a), b) e c) do n.º 1 do mesmo artigo;

2ª) O referido diploma não impunha, porém, diferentes factores de ponderação aos diversos métodos de selecção quando utilizados conjuntamente, podendo, como aconteceu no concurso a que se reportam os presentes autos, a pontuação final dos candidatos resultar da média aritmética simples das pontuações auferidas em cada método, sem que tal representasse violação de qualquer das disposições do Decreto-Lei n.º 498/88;

3ª) Tendo os três métodos de selecção [prova de conhecimentos, avaliação curricular e entrevista profissional de selecção] a mesma ponderação, é, pois, irrelevante para a pretensão da recorrente o facto de esta haver obtido a pontuação mais elevada em dois deles, desde que a sua pontuação final, resultante da média aritmética das pontuações dos três métodos, seja inferior à de outro candidato;

4ª) A provar-se a recusa da entidade homologante da lista de classificação final do concurso em facultar à recorrente certidão do curriculum da candidata classificada em primeiro lugar, a interessada sempre poderia consultar livremente o processo instrutor, de modo a tomar conhecimento do teor desse curriculum, ou recorrer aos meios que a lei processual lhe concede para obter a certidão pretendida;

5ª) Do curriculum da candidata classificada em primeiro lugar constam elementos probatórios de a mesma possuir experiência na área de expediente, o que contraria a infundamentada argumentação em contrário da recorrente e confirma o acertado julgamento do júri sobre essa questão;

6ª) Conjugando a grelha classificativa da entrevista profissional de selecção elaborada pelo júri com as fichas classificativas individuais verifica-se que as pontuações atribuídas aos candidatos nesta prova se encontram devidamente fundamentadas, pelo que não se regista o invocado vício de forma por falta de fundamentação".

Também a recorrida particular contra-alegou, concluindo pelo improvimento do recurso, com a consequente manutenção do despacho recorrido [cfr. fls. 85/90 dos autos, cujo teor aqui se dá por integralmente reproduzido].

A Digna Magistrada do Ministério Público junto deste TCA Sul emitiu parecer a fls. 98/101, no qual concluiu da seguinte forma:

"Vem o presente recurso contencioso interposto do despacho da Senhora Ministra da Saúde, de 5-7-99, que em recurso hierárquico necessário manteve a deliberação do Conselho de Direcção do Instituto Nacional de Emergência Médica, que homologou a lista de classificação final do concurso para provimento duma vaga de tesoureiro do quadro de pessoal daquele Instituto, tendo a recorrente ficado em 2.º lugar.

Segundo a recorrente, tinha direito a ficar classificada em 1.º lugar, nomeadamente porque foi classificada em primeiro lugar nos principais métodos de selecção – prova de conhecimentos e avaliação curricular – não podendo o júri, através da prova da entrevista, inverter as posições das duas primeiras candidatas, por via de melhor classificação atribuída, nesta prova, à candidata que nas outras ficara em 2.º lugar, o que ocasionou que, por via da média das classificações atribuídas, esta tivesse sido, a final, classificada em 1.º lugar.

E isto porque, segundo a recorrente, a entrevista, como método de selecção, tem uma função meramente complementar das outras duas provas, dada a sua carga fortemente subjectiva em comparação com os critérios objectivos aplicados naquelas.

Com efeito, a candidata que ficou em primeiro lugar, recorrida particular neste recurso contencioso, obteve a classificação de 16 valores na prova de entrevista, por ter sido pontuada com 5 valores no parâmetro "responsabilização" e com 4 valores no parâmetro "planificação de tarefas", enquanto a recorrente e as terceira e quarta classificadas, obtiveram a classificação de 14 valores na mesma prova, através de classificação igual nas notações parcelares nos respectivos parâmetros. Isto, segundo a recorrente, sem que das actas conste a classificação dada a tal método, limitando-se, o acto recorrido a apelar aos parâmetros constantes do aviso de abertura do concurso.

Parece-nos que terá razão mas apenas em relação a este último aspecto.

Com efeito, tendo o método da entrevista sido pontuada com a mesma valoração das restantes provas, ou seja, numa escala de 0 a 20 valores, e sendo a classificação final resultante da média aritmética da soma das classificações obtidas nas três provas, como consta do ponto 6 do aviso de abertura do concurso junto ao processo instrutor, não nos parece que a entrevista tivesse perdido o carácter de complementaridade e passado a prova principal, com a consequente violação do princípio da aplicação de métodos e critérios objectivos de avaliação, consignado na alínea d) do n.º 1 do artigo 5.º do DL n.º 498/88, de 30/12.

A tal não obsta o facto de a candidata que ficou em primeiro lugar ser a que obteve melhor classificação na entrevista e pior classificação nas outras provas pois não se trata aqui da violação de critérios objectivos abstractamente considerados, mas sim do facto de, na prática, o método classificativo já enunciado poder conduzir a este resultado sem que, contudo, tenham sido violados tais critérios.

Não tendo portanto, a recorrente razão neste aspecto, tem contudo razão quando refere que das actas não consta a fundamentação da classificação dada na entrevista às várias concorrentes e, nomeadamente, à concorrente classificada em primeiro lugar.

Na verdade, nos termos do aviso de abertura, "na entrevista profissional de selecção, serão ponderadas as capacidades e aptidões dos candidatos face às exigências da função, nomeadamente capacidade de planificação de tarefas, facilidade de expressão verbal, responsabilização, espírito de iniciativa".

Por sua vez, na acta n.º 1, na qual foram definidos os critérios de avaliação que presidiram à classificação final, quanto à prova de entrevista, refere-se, apenas, que serão analisados os parâmetros constantes do aviso de abertura, de acordo com a grelha que constitui o anexo n.º 3.

Ora, compulsada a grelha respeitante à concorrente classificada em primeiro lugar, verifica-se que a mesma não contém qualquer justificação para a atribuição das notas ora contestadas, como aliás não contém para as restantes notas, o mesmo acontecendo com as grelhas da entrevista das restantes concorrentes [cfr. fls. 35, 39, 43 e 47].

Na verdade, tais grelhas, para além da referência aos parâmetros de avaliação, apenas contêm a definição mais concreta de cada parâmetro, esclarecendo em que consiste, em fórmula igual para todos os concorrentes.

Assim, por exemplo, a "responsabilização" vem definida como a ponderação da responsabilização global da tesouraria e definição de níveis de responsabilização, assumindo um deles, desconhecendo-se, nomeadamente, porque é que, em relação a este parâmetro, foi atribuída à primeira classificada a nota de 5 e à recorrente a nota de 4.

Do mesmo modo, não se descortina por que é que em relação à "planificação de tarefas" foi atribuída à primeira classificada a nota de 4 e à recorrente a nota de 3. E, consequentemente, também não se sabe porque é que a classificação final desta prova foi diferente para as duas candidatas classificadas nos dois primeiros lugares, o que arrasta a incompreensão da nota geral atribuída.

Parece-nos, pois, que as citadas grelhas não permitem às suas destinatárias compreender porque é que lhes foram atribuídas notas diferentes. "Isto é, não permitem aos candidatos conhecer o percurso lógico, percorrido pelo júri, e as razões justificativas e decisivas da pontuação que deu a cada um dos candidatos e não outra qualquer, o que os impossibilita de tomar, relativamente à classificação e posição relativa atribuída nessa prova, uma posição fundada e esclarecida de aceitação ou impugnação" [cfr. Acórdão do STA, de 25-3-99, in recurso n.º 44.544 – sumário].

Assim sendo, e porque não foi nem alegado nem provado que exista a acta contendo a lista de classificação final e sua fundamentação, a que se refere o n.º 1 do artigo 32.º do DL n.º 498/88, foi violado este dispositivo legal, para além de carecer a decisão recorrida de fundamentação pelo que, como vem referido pela recorrente, se encontra violado, não só o citado dispositivo legal, como também o n.º 2 do artigo 9.º do referido diploma legal, e os artigos 124.º e 125.º do CPA.

A recusa de facultar os elementos a que alude a conclusão 4ª das alegações finais da recorrente é uma decisão autónoma em relação à decisão impugnada pelo que, não constituindo objecto deste recurso contencioso, não pode ser objecto de apreciação neste processo.

Termos em que emitimos parecer no sentido da procedência deste recurso com base no vício analisado, ficando prejudicada a apreciação dos vícios invocados nos artigos 11.º e 12.º petição, que aliás foram abandonados nas alegações finais".

Colhidos os vistos legais, vêm os autos à conferência para julgamento.

II. FUNDAMENTAÇÃO DE FACTO

Com interesse para a decisão, e tendo em conta os documentos constantes do processo instrutor apenso e dos autos, considera-se assente a seguinte factualidade:

i. Por Aviso publicado no DR, II Série, n.º 37, de 3-2-98, foi aberto concurso interno geral de ingresso para provimento de uma vaga de tesoureiro do quadro de pessoal do INEM [cfr. cópia do Aviso publicado no DR, II Série, n.º 37, de 13-2-98, págs. 2051/2052, constante do processo instrutor apenso, não numerado, cujo teor aqui se dá por integralmente reproduzido].

ii. Com base no ponto 6. do referido Aviso, os métodos de selecção a utilizar consistiam numa prova de conhecimentos, em avaliação curricular e numa entrevista profissional de selecção, classificadas numa escala de 0 a 20 valores, considerando-se excluídos os candidatos que obtivessem classificação final inferior a 9,5 valores [Idem].

iii. No último parágrafo do ponto 6. do Aviso de abertura do concurso estabelecia-se que na entrevista profissional de selecção seriam ponderadas as capacidades e aptidões dos candidatos face às exigências da função, nomeadamente capacidade de planificação de tarefas, facilidade de expressão verbal, responsabilização e espírito de iniciativa [Ibidem].

iv. A recorrente e a contra-interessada Ângela de Almeida Camacho Monteiro da Silva, entre outros, foram opositores ao aludido concurso.

v. No dia 9 de Fevereiro de 1998, o júri do concurso reuniu pela primeira vez, com vista à definição dos critérios que iriam presidir à classificação final dos concorrentes, tendo deliberado o seguinte:

"O júri deliberou que todas as classificações seriam atribuídas na escala de zero a vinte valores e resultariam da média aritmética dos parâmetros utilizados.

Assim, a classificação final [CF] será o resultado das pontuações obtidas pela aplicação dos métodos de selecção a utilizar, ou seja, prova de conhecimentos [PC], avaliação curricular [AC], e entrevista profissional de selecção [E], de acordo com a seguinte fórmula cuja ficha constitui o anexo 1 apresente acta:

$$CF = \frac{PC + AC + E}{3}$$

A prova de conhecimentos, sob a forma de prova escrita, é composta por duas partes distintas, sendo a primeira constituída por quinze perguntas com três hipóteses de resposta cada em que só uma está totalmente correcta e valorizada cada uma com um valor e a segunda por um tema para desenvolvimento, valorizada com cinco valores. Foi deliberado permitir a consulta de legislação durante a prova.

A avaliação curricular, cujos factores de ponderação são a classificação de serviço [CS], as habilitações literárias [HL], a experiência profissional [EP] e a formação profissional [FP], atribuindo aos dois últimos parâmetros o factor de ponderação dois, será obtida de acordo com a seguinte fórmula cuja ficha constitui o anexo 2 à presente acta:

$$AC = \frac{CS + HL + 2EP + 2FP}{6}$$

Classificação de serviço – será considerada a média dos três últimos anos fazendo-se a correspondência dessa média para a escala de zero a vinte valores.

Habilitações Literárias – foi deliberado atribuir à posse de: licenciatura, vinte valores; bacharelato, dezoito valores; décimo segundo ano, dezasseis valores; nono ano ou equivalente, quinze valores; sexto ano ou equivalente, doze valores; inferior ao sexto ano ou equivalente, dez valores.

Experiência profissional – foi decidido considerar as áreas específicas da carreira de Oficiais Administrativos, designadamente, pessoal, contabilidade, expediente e aprovisionamento.

Considerou-se, ainda, igual valor para a experiência profissional em áreas afins, no seu conjunto, sendo os candidatos classificados segundo o maior ou menor grau de experiência que detenham, avaliado pelo desempenho efectivo de funções nas respectivas áreas, atribuindo um valor a cada um, no máximo de quatro, ou seja:

Pessoal – 4 valores
Contabilidade – 4 valores
Aprovisionamento – 4 valores
Expediente – 4 valores
Outros – 4 valores
Total – 20 valores

Formação profissional – foi decidido apenas valorar os cursos de formação específica na área administrativa, assim como os de formação em informática, transformando a sua duração em semanas completas, de 35 horas, atribuindo o valor de 2 pontos a cada semana completa até um máximo de 10 semanas.

Foi deliberado que na entrevista profissional de selecção, serão analisados os parâmetros constantes do aviso de abertura do concurso de acordo com a grelha que constitui o anexo 3 à presente acta." [cfr. acta n.º 1, constante do processo instrutor apenso, não numerado, cujo teor aqui se dá por integralmente reproduzido].

vi. Em anexo à acta em causa constam os modelos das fichas individuais de avaliação curricular e de classificação final e a grelha da entrevista de selecção, com os factores e respectivos parâmetros quantitativos [cfr. anexos à acta n.º 1, constantes do processo instrutor apenso, não numerado, cujo teor aqui se dá por integralmente reproduzido].

vii. No dia 19-3-98 o júri do concurso reuniu pela 2ª vez, tendo procedido à elaboração da lista dos candidatos admitidos [cfr. acta n.º 2, constante do processo instrutor apenso, não numerado, cujo teor aqui se dá por integralmente reproduzido].

viii. No dia 25-5-98, o júri do concurso reuniu pela 3ª vez, a fim de proceder à classificação final e ordenação dos candidatos, após a realização das provas escritas de conhecimentos e das entrevistas profissionais de selecção [cfr. acta n.º 3, constante do processo instrutor apenso, não numerado, cujo teor aqui se dá por integralmente reproduzido].

ix. Em anexo à aludida acta constam as fichas individuais de classificação final, as fichas de avaliação curricular e as grelhas da entrevista de selecção da recorrente e da contra-interessada Ângela de Almeida Camacho Monteiro da Silva, devidamente preenchidas pelos membros do júri [cfr. anexos à acta n.º 3, constantes do processo instrutor apenso, não numerado, e fls. 32/35 e 36/39 dos autos, cujo teor aqui se dá por integralmente reproduzido].

x. Nas grelhas da entrevista de selecção da recorrente e da contra-interessada Ângela Silva, o júri limitou-se a inscrever em relação a cada factor um determinado valor quantitativo, que somado traduziu a classificação daquele método de selecção, sem justificar o porquê das classificações parcelares de cada um deles [Idem].

xi. Da aplicação da fórmula classificativa resultou a seguinte ordenação dos candidatos:

1.º – Ângela de Almeida Camacho Monteiro da Silva – 16,15 valores;

2.º – Maria Júlia Reis de Sousa Ribeiro – 15,84 valores;

[...] [Ibidem].

xii. A lista de classificação final dos candidatos assim ordenados foi homologada por despacho do Conselho de Direcção do INEM, de 24-6-98, e publicitada através do Aviso n.º 11.341/98 [2ª série], publicado no DR, II Série, n.º 160, de 14-7-98 [cfr. acta n.º 3 e cópia do DR em causa, constantes do processo instrutor apenso, não numerado, cujo teor aqui se dá por integralmente reproduzido].

xiii. Por requerimentos de 20 e 22 de Julho de 1998, a recorrente solicitou fotocópias de todo o processo referente ao concurso e ainda certidão do "*curriculum vitae e declaração do conjunto de tarefas e de responsabilidades inerentes ao posto de trabalho, a que se refere o ponto 9. do aviso de abertura do concurso, apresentados no mesmo pela candidata classificada no 1.º lugar – Ângela de Almeida Camacho Monteiro da Silva*", o que foi autorizado e recebido pela recorrente em 21-7-98 e 23-7-98, respectivamente, conforme esta fez constar nas folhas onde havia efectuado os requerimentos [[cfr. docs. constantes do processo instrutor apenso, não numerado, e fls. 31 dos autos, cujo teor aqui se dá por integralmente reproduzido].

xiv. Inconformada com o despacho de homologação da lista de ordenação final dos candidatos, a recorrente interpôs recurso hierárquico necessário para a Srª Ministra da Saúde [cfr. doc. constante do processo instrutor apenso, não numerado, e de fls. 21/27 dos autos, cujo teor aqui se dá por integralmente reproduzido].

xv. O júri do concurso emitiu, para os termos e efeitos do disposto no artigo 172.º do CPA, a seguinte pronúncia:

"*INFORMAÇÃO*

Examinado o recurso hierárquico interposto por Maria Júlia Reis de Sousa Ribeiro, da deliberação do Conselho de Direcção do INEM, de 24 de Junho de 1998, que homologou a lista de classificação final para provimento de uma vaga de Tesoureiro, cujo aviso de abertura foi publicado no DR, n.° 37, de 2 de Março de 1998, vem o júri do concurso manifestar-se sobre os fundamentos invocados no mesmo, nos termos que se seguem:

1. Com relação aos argumentos expostos nos n.os 13 e 14 do citado recurso, onde a recorrente alega que "...estando a área de contabilidade ligada às funções do lugar a prover, a recorrente obteve naquela área a pontuação máxima de 4 valores, enquanto a primeira candidata não obteve qualquer pontuação", não entende o júri a finalidade de tal afirmação, uma vez que a classificação se efectuou com rigor o que aliás não é contestado pela recorrente.

Considera, ainda, que quando da definição dos critérios de avaliação na acta n.° 1, não foi considerado que a experiência no domínio da contabilidade fosse mais relevante para o desempenho das funções de tesoureiro, do que a de qualquer outra área administrativa.

Importa, também, salientar que o júri só pontuou a experiência das candidatas na Administração Pública, uma vez que a candidata classificada em primeiro lugar demonstra, através do seu curriculum vitae e declarações anexas, ter experiência de cerca de um ano e meio nessa área.

2. Quanto às afirmações contidas nos pontos 15 a 17 do recurso onde a recorrente argumenta "...que a candidata classificada em primeiro lugar, não tendo experiência na área de expediente tal como a recorrente, não tem, pois direito a qualquer pontuação", carecem de fundamento, pois consta da declaração de tarefas apresentada que "...no período de ausência da Chefe de Repartição, foi responsável por todo o expediente relativo à Repartição". Ora, a Repartição onde a concorrente exerceu essas funções é a Repartição de Pessoal e Expediente Geral, tendo pois experiência na área em causa.

3. As afirmações dos pontos 18 e 19, no entender do júri de selecção mais uma vez carecem de fundamento. Veja-se o que estipula a artigo 26.° do DL n.° 498/88, de 30 de Dezembro, que no seu articulado, contrariamente ao que afirma a recorrente, não dispõe no sentido de secundarizar a entrevista profissional de selecção, estipulando, sim, que ela não pode ser utilizada isoladamente. Aliás, como estabelecido na acta n.° 1, a classificação final será o resultado das pontuações obtidas pela aplicação dos métodos de selecção previstos no aviso de abertura, métodos esses a utilizar de acordo com a fórmula $CF = \frac{PC + AC + EP}{3}$, estando a recorrente ciente de que a entrevista profissional de selecção teria a mesma ponderação que os restantes métodos.

4. Nos pontos 20 a 30 do recurso, pretende a recorrente demonstrar ter o júri utilizado um critério subjectivo na entrevista e que carecem de fundamento as classificações atribuídas.

Importa referir que a entrevista teve por base uma grelha, grelha essa constituída quando da definição de critérios. Ela traduz o entendimento do júri sobre cada parâmetro, a ser pontuado de 1 a 5 valores, e foi com base nos conceitos aí definidos que o mesmo procedou à classificação, tendo considerado que a candidata em 1.° lugar, no parâmetro responsabilização, deveria ser pontuada com a nota máxima 5 valores, por ter demonstrado saber ponderar a responsabilização global de tesouraria e definir os níveis de responsabilização, assumindo um deles.

Considerou, ainda, o júri que no parâmetro expressão verbal ter a recorrente demonstrado um maior domínio da expressão verbal, capacidade de síntese e análise, do que a concorrente classificada em 1.° lugar, tendo por isso, a recorrente uma nota mais elevada.

Pelo exposto mantém o júri a classificação final homologada por despacho do Conselho de Direcção." [cfr. doc. constante do processo instrutor apenso, não numerado, cujo teor aqui se dá por integralmente reproduzido].

xvi. A fim de preparar a decisão da Sr.ª Ministra da Saúde, foi elaborado em 28-4-99 na Secretaria-Geral do Ministério da Saúde o Parecer n.° 67/99, com o seguinte teor:

"***ASSUNTO:*** *Recurso hierárquico necessário interposto por Maria Júlia Reis de Sousa Ribeiro da deliberação do Conselho da Direcção do Instituto Nacional de Emergência Médica, que homologou a lista de classificação final do concurso interno geral de ingresso para provimento de 1 vaga de tesoureiro do quadro daquele Instituto, publicado no DR, II Série, de 98.02.13.*

I

***MARIA JÚLIA REIS DE SOUSA RIBEIRO**, 1.ª oficial, do quadro e em funções no Instituto Nacional de Emergência Médica, vem interpor recurso hierárquico necessário da deliberação do Conselho da Direcção daquele Instituto de 98.06.24, que homologou a lista de classificação final, do concurso interno geral de ingresso para provimento de uma vaga de tesoureiro, publicado no DR, II Série, de 98.02.12.*

Pede a revogação do acto recorrido.

Fundamenta o pedido em vício de violação de lei, por ter sido violado o disposto no artigo 5.°, n.° 1, alínea d) do DL n.° 498/88, e em vício de forma por falta de fundamentação.

Mais invoca várias irregularidades susceptíveis de alterar a lista classificativa final, a saber:

– atribuição de 4 valores, à candidata classificada em 1.° lugar, na área de "Expediente" na qual esta candidata não possui qualquer experiência;

– o facto de à mesma candidata não ter sido atribuído qualquer valor em "contabilidade" enquanto que a Recorrente foi pontuada com 4 valores;

II

1. O recurso é o próprio, foi interposto tempestivamente, a Recorrente dispõe de legitimidade e Sua Excelência a Ministra da Saúde é a Autoridade competente para dele conhecer [artigo 34.°, n.° 1 do DL n.° 498/88, de 30 de Dezembro, na redacção que lhe foi dada pelo DL n.° 215/96, de 22 de Agosto].

2. A Autoridade Recorrida pronunciou-se nos termos do artigo 172.° do CPA, sustentando a manutenção do acto recorrido.

III

Mostra-se relevante a seguinte matéria de facto provada:

1) Através do Aviso n.° 2277/98, publicado no DR, II Série, n.° 37, de 98.02.13, foi aberto concurso interno geral de ingresso para preenchimento de uma vaga de tesoureiro do quadro de pessoal do Instituto Nacional de Emergência Médica.

2) Ao referido concurso foi a Recorrente admitida em 19 de Março de 1998 [Acta n.° 2].

3) Na Acta n.º 1 o Júri deliberou fixar os critérios que iriam presidir à classificação final dos concorrentes, sendo que a classificação final de cada concorrente seria obtida através do resultado dos valores obtidos na prova de conhecimentos, na avaliação curricular e na entrevista profissional, dividindo-se tal resultado por três.

4) Definiu o júri igualmente os critérios relativos à avaliação curricular, e elaborou uma grelha de avaliação aplicável à entrevista profissional de selecção.

5) A Prova de Conhecimentos e a Entrevista Profissional de Selecção tiveram lugar nos dias 21 e 22 de Maio de 1998, respectivamente.

6) O Júri deu cumprimento ao disposto nos artigos 100.º e 101.º do CPA, notificando os candidatos.

7) A Recorrente foi classificada em 2.º lugar na lista classificativa final, que veio a ser homologada em 24 de Junho de 1998, por despacho do Conselho da Direcção do INEM, e afixada nas instalações daquele Instituto.

8) Foram atribuídas à Recorrente as seguintes pontuações:

– 17 valores na Prova de Conhecimentos

– 16,53 valores na Avaliação Curricular

– 14 valores na Entrevista Profissional de Selecção

Obteve assim, a classificação final de 15,84 valores, ficando como já se disse ordenada em 2.º lugar na lista de classificação final.

9) Foi dado cumprimento ao disposto no artigo 172.º do CPA, tendo-se a entidade recorrida pronunciado pela manutenção do acto recorrido.

10) Foram notificados os contra-interessados, que não produziram alegações.

IV

1. Começa a Recorrente por alegar que são indevidos os 4 valores atribuídos à candidata Ângela Silva, posicionada em 1.º lugar na lista classificativa final, na área de "expediente", por aquela não ter qualquer experiência na mesma, e ainda que a referida candidata não obteve qualquer pontuação em "contabilidade", enquanto que a Recorrente foi pontuada com quatro valores.

Foi determinado pelo Júri que a avaliação curricular teria como factores de ponderação os seguintes itens:

– classificação de serviço,

– habilitações literárias,

– experiência, e

– formação profissional

Os dois primeiros itens seriam ponderados com o factor um, e os dois últimos com o factor dois.

Para efeitos de "experiência profissional" releva áreas específicas da carreira em causa, a saber, pessoal, contabilidade, expediente e aprovisionamento, e ainda uma área geral da carreira administrativa ["outros"], que serão pontuados até um máximo de quatro valores cada [Acta n.º 1].

A candidata Ângela de Almeida Camacho Silva obteve no item Experiência Profissional 12 valores, pois foi pontuada com 4 valores nas áreas de "Pessoal", "Expediente" e Outros".

Contrariamente ao que alega a Recorrente, aquela candidata possui experiência na área de "expediente", como aliás resulta do seu "curriculum vitae" e da Declaração emitida pela Chefe de Repartição de Pessoal e Expediente Geral do INEM.

Do seu "curriculum" resulta que esteve colocada na Direcção de Serviços de Telecomunicações e Transportes exercendo funções no Secretariado do Gabinete do Director, onde, entre outras tarefas, lhe estava confiado todo o expediente geral, daquele Gabinete, e também que de 16 de Abril a 27 de Julho de 1997, em substituição da Chefe de Repartição, exerceu todas as tarefas relacionadas com o expediente da repartição [fls. 5 e 6 do curriculum da candidata].

O mesmo resulta da Declaração já referida, que também atesta que aquela concorrente orienta e apoia a Secção de Expediente Geral, sempre que tal se revela necessário.

Verificando-se que a candidata Ângela Silva possui experiência na área referida, foi correcta a posição do júri ao atribuir-lhe pontuação na mesma, pelo que carece de razão a alegação da Recorrente.

2. Relativamente às pontuações que foram atribuídas na área de "Contabilidade", quer à Recorrente [4 valores] quer à candidata classificada em 1.º lugar [0 valores], é de salientar que, aquando da fixação dos critérios de avaliação, não se distinguiu dentro da "Avaliação Curricular" qualquer área, pelo que não pode considerar-se que a área de "contabilidade" fosse mais relevante do que qualquer outra, nem que do facto de à candidata, classificada em 1.º lugar não ser atribuída qualquer pontuação na mesma, se deva retirar qualquer efeito.

Ainda que a Recorrente não concretize esta sua alegação devemos concluir ser indiferente para efeitos da classificação final atribuída, a que itens foram atribuídas pontuações, bem como quais os valores atribuídos a cada uma, sendo apenas de considerar a pontuação atribuída no seu conjunto.

3. Invoca também a Recorrente que o acto recorrido se encontra viciado por violação de lei, consubstanciado na violação da alínea d) do n.º 1 do artigo 5.º do DL n.º 498/89, de 30 de Dezembro – "aplicação de métodos e critérios objectivos de avaliação –, porquanto foi adoptado pelo júri "um critério subjectivo na aplicação do método de selecção-entrevista".

Concretiza a Recorrente, afirmando que obteve a classificação mais elevada na "Prova de Conhecimentos" [17 valores], e que o mesmo se passou relativamente à "Avaliação Curricular" [na qual obteve a pontuação de 16,53 valores], e que através da pontuação atribuída na "Entrevista Profissional de Selecção", tal posição foi invertida pelo júri.

Acrescenta ainda que a adopção de tal critério subjectivo se encontra comprovado através dos factos de apenas à primeira classificada ter sido atribuída a pontuação máxima [5 valores] no parâmetro "Responsabilização", e a pontuação de 4 valores no parâmetro "Planificação de Tarefas" [enquanto as restantes candidatas só lograram obter 3 valores].

De notar que os métodos de selecção constavam já do Aviso de Abertura do Concurso [ponto 6], e que na Acta n.º 1 o júri definiu os critérios a utilizar para a classificação dos candidatos.

A Recorrente não tem razão relativamente a esta sua alegação.

Com efeito, a Entrevista Profissional de Selecção consiste num dos vários métodos de selecção de possível utilização para efeitos de selecção de pessoal.

Assim, estabelece o DL n.º 498/88, de 30 de Dezembro, na redacção que lhe foi dada pelo DL n.º 215/95, de 22 de Agosto, essa mesma possibilidade, limitando apenas que esse método, do mesmo modo que o "Exame

Psicológico" e o "Exame Médico" só possa ser utilizado conjuntamente com, pelo menos, outro dos restantes métodos previstos [artigo 26.°, n.os 1 e 2].

No concurso em apreço o júri determinou a realização de três provas de selecção – Prova de Conhecimentos, Avaliação Curricular e Entrevista Profissional de Selecção, pelo que foi até além do limite mínimo estipulado pela lei.

Acresce ainda ter sido determinado que todos os métodos de selecção tivessem igual ponderação na classificação final a atribuir, assim se garantindo a característica da complementaridade atribuída à Entrevista.

Efectivamente, tendo em conta os métodos de selecção utilizados, bem como os critérios de ponderação respectivos, pudemos verificar que a Entrevista concorreu, para a classificação final, apenas com um terço do valor total desta, encontrando-se, assim, prejudicada a alegação da Recorrente.

De facto, atendendo às pontuações obtidas pela Recorrente e pela 1ª classificada, respectivamente de 17 e 16 valores na Prova de Conhecimentos, e de 16,53 e 16,47 valores na avaliação curricular, e dado que as diferenças entre aquelas não são significativas [especialmente na "Avaliação Curricular"], sempre seria possível que através dum terceiro método de selecção [qualquer que este fosse] tal classificação fosse alterada.

4. Concluímos também pela inexistência de qualquer critério subjectivo adoptado pelo júri na Entrevista, contrariamente ao que entende a Recorrente.

Assim, verificamos que efectivamente apenas à 1ª classificada foi atribuída a pontuação máxima no parâmetro "Responsabilização", bem como a pontuação mais elevada em "Planificação de Tarefas", daí não decorrendo a alegada "Subjectividade".

Não seria de esperar que neste concurso, como aliás em qualquer outro, todos os concorrentes fossem pontuados com igual pontuação nos vários parâmetros em causa, nem mesmo se poderia esperar que os candidatos fossem pontuados, numa prova, em correcção com as pontuações que já haviam obtido nas restantes, tendo em vista a independência existente entre as várias provas de selecção.

No concurso em apreço os candidatos foram avaliados quanto às suas aptidões pessoais e profissionais, nomeadamente quanto a "Responsabilização", "Planificação de Tarefas", "Espírito de Iniciativa" e "Expressão Verbal".

O Júri, atenta a discricionaridade técnica que lhe está atribuída, tinha liberdade para pontuar os vários candidatos de acordo com as aptidões que demonstraram nos parâmetros já referidos, ou seja, de acordo com as garantias de eficiência que cada um denotou na entrevista realizada.

Nem nos parece que pudesse ser de outra forma.

Assim, considerou o Júri que a candidata Ângela, no parâmetro "Responsabilização", "pondera a responsabilização global da tesouraria e define níveis de responsabilização, assumindo um deles", atribuindo-lhe a correspondente pontuação de 5 valores, e na "Planificação de Tarefas", atento o grau de eficiência demonstrada atribuiu-lhe 4 valores.

Da mesma forma considerou o júri que no parâmetro "Expressão Verbal" a Recorrente era possuidora de maiores capacidades, pelo que lhe atribuiu uma pontuação superior a que foi atribuída à 1ª classificada Ângela de Almeida Camacho Monteiro da Silva [4 e 3 valores respectivamente].

Verificamos que a candidata classificada em 1.° lugar na lista classificativa final se revelou, no conjunto dos parâmetros considerados, possuidora de capacidades mais adequadas ao exercício do lugar a concurso.

Conclui-se igualmente que ainda que alguns candidatos tenham obtido pontuação superior na Prova de Conhecimentos a na Avaliação Curricular, tais pontuações parcelares não se revelaram suficientes para que, após avaliação das aptidões pessoais e profissionais dos mesmos, estes fossem classificados em 1.° lugar na lista classificativa final.

Improcede, pois, o alegado vício de violação de lei.

5. Mais alega que o acto recorrido padece de vício de forma por falta de fundamentação, nos termos dos artigos 9.°, n.° 2 e 32.°, n.° 2 do DL n.° 498/88, de 30/12, e 124.° e 125.° do CPA.

A fundamentação dos actos administrativos consiste na exposição dos seus fundamentos de facto e de direito, de forma a que os seus destinatários possam, através da sua leitura, apreender as razões concretas que conduziram à decisão.

Constitui, no entanto, jurisprudência pacífica que a fundamentação é um conceito relativo, de exigência flexível cujo conteúdo varia conforme o tipo de acto de que se trata, e a sua especificidade, devendo exigir-se apenas que um destinatário normal seja capaz de reconstituir o iter cognoscitivo e valorativo percorrido pela entidade decidente na prolação do acto recorrido [nesse sentido, entre outros, Acórdão do STA, de 25-2-93, in A.D. 384-1221, Acórdão do STA, de 30-4-92, in AD 372-1308, e Acórdão do STA, de 15-5-89, in AD 335-1398].

No caso em apreço o Júri fez constar das actas os critérios e as fórmulas de avaliação que viria a utilizar, explicitando a grelha a que obedeceu o processo de classificação, nomeadamente no que se refere à entrevista profissional de selecção.

Com efeito, o Júri definiu na Acta n.° 1 quais os critérios que iriam presidir à classificação final dos concorrentes sendo relativamente à prova "Entrevista Profissional" anexada uma grelha da qual constam não só os vários parâmetros sobre os quais aquela iria recair, que são "Responsabilização", "Planificação de Tarefas", "Espírito de Iniciativa" "Expressão Verbal", como também os factores de pontuação aplicáveis a cada um deles, e ainda uma escala de valores a aplicar em concreto.

Assim, face a cada um dos parâmetros já descritos, existiam vários factores de pontuação aos quais correspondia uma pontuação em concreto, expressa em valores, pontuação essa variável entre o mínimo de 1 e o máximo de 5.

A pontuação final atribuída a cada concorrente, nesta prova, resultava apenas da soma aritmética dos valores obtidos em cada parâmetro.

Verifica-se, assim, que da grelha referida constam com clareza e com pormenor suficiente os vários temas sobre os quais terá incidido a "Entrevista", bem como o que terá levado o Júri a atribuir uma pontuação parcelar em concreto e não qualquer outra a cada um dos candidatos nos temas referidos.

De tal modo que a Recorrente, como aliás os restantes candidatos, podem apreender o iter cognoscitivo e valorativo percorrido pelo Júri até chegar à pontuação final atribuída, ou seja, apreender os motivos determi-

nantes que levaram a classificar duma forma e não de qualquer outra um determinado concorrente.

Foi assim atingido o fim pretendido com a imposição do dever de fundamentação.

Exigir-se mais do que fez o Júri seria exigir uma fundamentação de segundo grau, ou seja, uma fundamentação da própria fundamentação.

EM CONCLUSÃO:

1. O recurso é o próprio, a Recorrente dispõe de legitimidade, foi interposto tempestivamente e Sua Excelência a Ministra da Saúde é a autoridade competente para dele conhecer [artigo 34.º, n.º 1 do DL n.º 498/88, de 30 de Dezembro, na redacção que lhe foi dada pelo DL n.º 215/95, de 22 de Agosto].

2. A Recorrente foi admitida ao concurso interno geral de ingresso para preenchimento de uma vaga de tesoureiro do quadro de pessoal do Instituto Nacional de Emergência Médica, aberto por Aviso publicado no DR, II Série, n.º 37, de 98.02.13, tendo ficado classificada em 2.º lugar da lista classificativa final.

3. Verificando-se que a candidata posicionada em 1.º lugar na lista classificativa final possui experiência na área de "Expediente", como resulta do seu "curriculum vitae" e da Declaração que acompanha o mesmo, improcede a alegação da Recorrente de que seriam indevidos os 4 valores atribuídos àquela na área referida.

4. Quanto à alegação da Recorrente que à 1ª classificada não foi atribuído qualquer valor em "Contabilidade" enquanto ela foi pontuada com 4 valores, dir-se-á que é irrelevante tal facto já que, aquando da definição dos critérios de avaliação, que teve lugar no Aviso e na Acta n.º 1, não foi considerado que a experiência naquela área fosse mais relevante para o desempenho da função do que a experiência em qualquer outra das áreas administrativas salientadas.

5. Improcede a alegada violação da alínea d) do n.º 1 do artigo 5.º do DL n.º 498/89, de 30 de Dezembro – "Aplicação de métodos e critérios objectivos de Avaliação" –, pois a "Entrevista Profissional de Selecção" consiste num método de selecção possível, apenas estando limitada a sua utilização como método único de selecção, o que "in casu" se não verificou, não lhe tendo sido também atribuída ponderação especial face aos restantes métodos utilizados neste concurso.

6. Contrariamente ao que entende a Recorrente não foi adoptado qualquer critério subjectivo pelo Júri na "Entrevista", pelo que improcede a sua alegação.

7. Improcede, por não provada, a alegação de vício de forma pois o acto recorrido encontra-se suficientemente fundamentado tendo sido atingido o fim pretendido com a imposição do dever de fundamentação, e exigir-se mais implicaria uma inaceitável e desnecessária fundamentação da própria fundamentação.

Termos em que, atenta a improcedência dos seus fundamentos, deve negar-se provimento ao recurso interposto, mantendo-se o acto recorrido – deliberação do Conselho de Direcção do INEM que homologou a lista classificativa final do concurso interno geral de ingresso para provimento de uma vaga de tesoureiro, publicado no DR, II Série, de 98.02.13." [cfr. doc. constante do processo instrutor apenso, não numerado, e de fls. 10/20 dos autos, cujo teor aqui se dá por integralmente reproduzido].

xvii. Sobre esse parecer recaiu em 5-7-99 despacho de concordância da Srª Ministra da Saúde – **o despacho recorrido** – negando provimento ao recurso hierárquico interposto pela recorrente.

III. FUNDAMENTAÇÃO DE DIREITO

Sendo esta a factualidade relevante, importa agora determinar se o despacho recorrido padece dos vícios que a recorrente lhe aponta.

Em primeiro lugar, a recorrente sustenta que as fichas individuais dos candidatos anexas à acta n.º 3 [cfr. fls. 17 a 27] são omissas a respeito da pontuação obtida na "*Entrevista Profissional*".

Aponta ao acto recorrido, por consequência, um vício de forma por falta de fundamentação.

De uma maneira geral, costuma dizer-se que fundamentar é enunciar as razões fácticas e jurídicas por que um acto administrativo teve um determinado conteúdo e não outro, de modo a que o seu destinatário fique em condições plenas de reagir contra ele, se for desfavorável à sua esfera de direitos e interesses, ou de o acatar, no caso contrário.

Neste contexto, um acto diz-se suficientemente fundamentado se os elementos do seu discurso [motivação contextual ou incorporada], incluindo aqueles anteriores de que expressamente se apropriou [fundamentação por remissão], forem capazes de esclarecer o iter cognoscitivo percorrido pelo órgão decisor [Neste sentido, cfr. os Acórdãos do Pleno da Secção do STA, de 16-3-2001, proferido no âmbito do recurso n.º 40.618, e de 13-3--2003, proferido no âmbito do recurso n.º 34396/02].

Enunciada assim a questão do ponto de vista teórico, afigura-se-nos assistir razão à recorrente na crítica que faz à actuação do júri do concurso, no que toca à justificação/fundamentação das grelhas de classificação da prova da entrevista profissional de selecção.

Com efeito, se se atentar no teor das referidas grelhas – vd., a título exemplificativo, as grelhas respeitantes à recorrente e à contra-interessada, constantes de fls. 35 e 39 dos autos – constata-se que aquelas contêm apenas a pontuação atribuída aos concorrentes nos diversos items que constituíam os factores de ponderação da entrevista de selecção [Responsabilização; Planificação de Tarefas; Espírito de Iniciativa; e Expressão Verbal].

Porém, a valoração numérica assim definida, sem exposição das razões que levaram ao resultado concreto, nomeadamente sem proceder à análise crítica das diferenças de pontuação atribuídas aos vários candidatos, não exprime convenientemente a necessária fundamentação prevista nos artigos 124.º e 125.º do CPA, já que a recorrente – bem como todo e qualquer destinatário do acto – ficou sem saber por que razão obteve, por exemplo, a pontuação de 4 pontos no factor "*Responsabilização*" ou 3 pontos no factor "*Planificação de Tarefas*" e não outra, por contraposição com a contra-interessada, que nos mesmos factores, obteve a pontuação de 5 e 4 pontos, respectivamente.

E para o caso não releva dizer que os factores, critérios e parâmetros da avaliação estavam definidos na acta n.º 1, como se isso bastasse para posteriormente se justificar qualquer pontuação a atribuir aos concorrentes. Eles, sem dúvida, constituem a base de trabalho, os pontos cardeais e as balizas que delimitariam o espaço da actuação do júri na tarefa classificativa. Mas já não o dispensariam do exercício concreto de subsunção da valia demonstrada por cada um relativamente à valoração abstracta definida na referida acta.

Ou seja, não era suficiente apelar aos critérios e factores estabelecidos previamente, sendo igualmente necessário explicar quais as diferenças entre os candidatos, no tocante aos diversos factores que integravam a grelha de classificação da entrevista de selecção, que justificavam a aplicação de uma determinada pontuação a um e outra distinta a outro, pois só dessa maneira se ficaria a saber o "*iter*" cognoscitivo da valoração e a ponderação casuística dos dados de cognição constantes do procedimento.

Serve isto para dizer que ao júri do concurso não bastava apresentar uma pontuação, uma vez que esta significa apenas o fim de um caminho; o mais importante seria determinar como se chegou à pontuação obtida por cada um dos candidatos.

Ou, dito de outro modo, sendo a pontuação o resultado, este não se pode fundamentar por si próprio [neste sentido, cfr. o Acórdão do STA, de 26-10-2004, proferido no âmbito do recurso n.º 43.240].

E se é certo que a actividade classificativa do júri contém alguma margem de apreciação técnica, verdade é também que é aí onde mais se faz sentir a necessidade de explanação das razões da classificação, a fim de que os erros ostensivos e a adopção de critérios desajustados possam ser conhecidos pelo interessado e sindicados pelo tribunal [vd. Acórdão do STA, de 16-5-96, proferido no âmbito do recurso n.º 32.608].

Não basta, porém, que o júri explicite os parâmetros e critérios de avaliação, sendo ainda preciso que concretize os assuntos abordados relativamente a cada candidato para garantir a pertinência das questões colocadas e a paridade temática do questionamento e justifique, pela fundamentação, a valoração quantitativa atribuída a cada factor.

Como se referiu no Acórdão deste TCA Sul, de 9-11--2006, proferido no âmbito do Processo n.º 0809/05, "*a suficiência da fundamentação exige completude e, acima de tudo, até para ser completa, exige concretização [cfr. Ana Fernanda Neves, Anotação ao Acórdão do STA, da 1ª secção, de 27-5-99, págs. 37.068, in "Cadernos de Justiça Administrativa", n.º 20, págs. 23 e seguintes, Vieira de Andrade, "O Dever de Fundamentação dos Actos Administrativos", Almedina,1991, págs. 234 a 236]*", tanto mais que a especificidade da prova de entrevista nos concursos de pessoal da função pública é susceptível de introduzir naqueles um factor fortemente subjectivo de apreciação, que pode conduzir à alteração aleatória da classificação obtida pelos concorrentes nas restantes provas de avaliação.

Daí que a jurisprudência tenha evoluído no sentido de exigência de uma maior ou mais completa fundamentação da avaliação efectuada através da entrevista, mediante a concretização dos factos que motivaram o juízo formulado, que deve ser tanto mais razoável quanto maior for o grau de liberdade consentido pela decisão e mais intenso o carácter desfavorável da mesma [Neste sentido, cfr. os Acórdãos do STA, de 26-11-2002, de 11-12--2003, de 25-3-99 e de 8-6-99, respectivamente nos recursos n.os 39.559, 1201/03, 45.444 e 42.142]

Deste modo, se a pontuação atribuída pelo júri do concurso aos diversos factores que integravam a grelha da entrevista de selecção não se mostra suficientemente explicitada, o resultado global atingido pela fórmula de cálculo, onde aquele método de selecção "*pesava*" 1/3, padece da mesma falta de fundamentação.

Com efeito, as indicações constantes das "*Grelhas de Avaliação da Entrevista Profissional de Selecção*" são genéricas, abstractas e abrangentes, podendo ser aplicadas a uma infinidade de situações, pelo que as indicações produzidas não cumprem o preceituado nos artigos 5.º e 23.º do DL n.º 204/98, de 11 de Julho, além de infringirem o artigo 268.º, n.º 3 da CRP, e os artigos 124.º e 125.º do CPA, impondo-se, por isso, a anulação do acto impugnado, pela procedência das conclusões 6ª, 7ª e 8ª da alegação da recorrente, ficando prejudicado o conhecimento dos demais vícios assacados ao acto recorrido.

IV. DECISÃO

Nestes termos, e pelo exposto, acordam em conferência os juízes do 1.º Juízo Liquidatário do TCA Sul em conceder provimento ao recurso contencioso interposto e, consequentemente, anular o acto recorrido.

As custas serão apenas suportadas pela contra-interessada Ângela de Almeida Camacho Monteiro da Silva, que contestou o recurso, face à isenção da entidade recorrida, fixando-se por isso a taxa de justiça e a procuradoria devidas em 50%, ou seja, em € 90,00 e € 30,00, respectivamente.

Lisboa, 17 de Maio de 2007

Rui Pereira
Carlos Araújo
Coelho da Cunha

Recurso n.º 3614/1999

DEC.-LEI N.º 511/99 DE 24 DE NOVEMBRO. ESTATUTO DO PESSOAL DA P.S.P. PODERES DISCRICIONÁRIOS DO DIRECTOR NACIONAL DA PSP NO TOCANTE AOS EFEITOS DE PROMOÇÃO (FIXAÇÃO DE ANTIGUIDADE) DE OFICIAIS QUE CONCLUÍRAM O 32.º CPCE. RACIONALIDADE DE CRITÉRIO.

(Acórdão de 12 de Abril de 2007)

SUMÁRIO:

I – O art. 8.º n.º 2 do Dec. Lei n.º 511/99 é uma norma especial e transitória, que confere ao Director Nacional da P.S.P. um poder discricionário no tocante a determinação de efeitos da promoção de Oficiais que concluíram o 32.º CPCE, ascendendo a Subcomissários.

II – Com a publicação do D.L. 511/99, de 24 de Novembro, ficaram tácita e definitivamente revo-

gadas as normas do Dec. Lei n.º 321/94, mesmo as que se tinham mantido transitoriamente válidas por força do art. 107.º da Lei n.º 5/99.

ACORDAM NO 2.º JUÍZO DO TRIBUNAL CENTRAL ADMINISTRATIVO – SUL:

1. RELATÓRIO

Marco André Moreira de Sá Assunção Teixeira e outros, subcomissários da Carreira de Oficial da P.S.P., vieram interpor recurso contencioso de anulação do Despacho do Sr. Director Nacional da Polícia de Segurança Pública, de 24 de Julho de 2000, publicado no Diário da República, II Série, de 9 de Agosto de 2000, na parte em que reportou os efeitos da promoção dos Subchefes que frequentaram o 32.º CPCE ao posto de Subcomissário, a 17 de Junho de 2000.

O Mmo. Juiz do TAF de Sintra, por decisão de 16.06.2004, negou provimento ao recurso.

Inconformados, os recorrentes interpuseram recurso jurisdicional para este T.C.A., em cujas alegações enunciam as conclusões seguintes:

1ª) A discricionariedade conferida pelo art. 8.º n.º 2 do Dec. Lei n.º 511/99 para fixação dos efeitos da promoção não significa a inexistência de limites legais na determinação da data a partir da qual a promoção produz os seus efeitos;

2ª) Como nem a letra nem o espírito do art. 8.º n.º 2 do Dec. Lei n.º 511/99 vedam a possibilidade dos efeitos da promoção dos CPCE serem reportados a 1 de Julho de 2000, como o faz o art. 34 n.º 1 do EPPSP, daí resultando que, ao contrário do estabelecido na sentença recorrida, a primeira das normas citadas não constitui norma especial face à segunda, mas sim uma norma transitória que confere poderes discricionários, os quais deverão conduzir à prática de actos administrativos com conteudo idêntico ao que resulta da aplicação do art. 34.º do EPPSP;

3ª) Não possuindo o art. 8.º n.º 2 do Dec. Lei n.º 511/99 a qualificação de norma especial face à regra geral contida no art. 34.º n.º 1 do EPPSP, desaparece o fundamento esgrimido pela sentença recorrida para sustentar a desigualdade de tratamento conferida pelos Despachos n.º 16 195/2000 e 16196/2000 aos recorrentes e aos contra-interessados;

4ª) Apesar de o 32.º CPCE ter terminado a 16 de Junho e os restantes cursos somente a 30 de Junho, em nada se encontrava prejudicada a aplicação ao 32.º CPCE da mesma solução legal aplicada ao 12.º CFOP, até porque, para tanto apontavam as demais normas jurídicas aplicáveis no exercício dos poderes discricionários cometidos ao Director Nacional da P.S.P. pelo art. 8.º n.º 1 do Dec. Lei n.º 511/99, como sejam o caso do preceituado no art. 20.º n.º 3 do Dec-Lei n.º 353-A/89;

5ª) Ao considerar que o despacho impugnado não padece de violação do princípio da igualdade consagrado no art. 13.º da CRP, a decisão recorrida incorre em erro de julgamento, porquanto a situação jurídica dos recorrentes é merecedora de tutela idêntica à dos contra-interessados quanto à fixação da data da promoção ao posto de Subcomissário, tendo em conta o disposto no art. 136.º n.º 2 do Dec. Lei n.º 321/94, aplicável por via do disposto no art. 107.º da Lei n.º 5/99, mas também em face da duração superior do Curso de Formação de Oficiais de Polícia relativamente ao 32.º CPCE;

6ª) Não andou bem a sentença recorrida ao considerar "como integralmente revogado o D.L. n.º 321/94", dado que o diploma legal em causa apenas foi parcialmente revogado pela Lei n.º 5/99, designadamente, pelo seu art. 107.º;

7ª) Perante a inexistência de revogação, expressa ou tácita, do art. 136.º n.º 2 do Dec. Lei n.º 321/94, devemos entender que o referido preceito se mantém em vigor, pelo que estando a Administração Pública adstrita ao cumprimento do princípio da legalidade, não se compreende a desconsideração da sentença recorrida para com o vício de violação de lei por desrespeito do acto recorrido pelo disposto no art. 136.º n.º 2 do Dec. Lei n.º 321/94.

O recorrido contra-alegou, defendendo a improcedência do recurso jurisdicional.

A Digna Magistrada do M.ºP.º emitiu douto parecer no sentido de ser negado provimento ao recurso.

Colhidos os vistos legais, cumpre decidir.

2. MATÉRIA DE FACTO

A sentença recorrida considerou provada a seguinte factualidade relevante:

a) Foi publicado na II Série do Diário da República n.º 183, de 9 de Agosto de 2000, o Despacho n.º 16.195/ /2000 do Director Nacional da Polícia de Segurança Pública, onde se declara que por seu despacho de 27.07.00 e no uso de competência delegada:

"Promovidos ao posto de Subcomissário (CFOP), nos termos do n.º 1 do Estatuto de Pessoal da P.S.P., aprovado pelo D.L. n.º 511/9, de 24 de Novembro, com efeitos reportados a 1 de Julho de 2000, os seguintes aspirantes, ficando posicionados no 1.º escalão, índice 240, da tabela salarial em vigor na P.S.P. (segue a lista dos 14 nomeados, aqui recorrentes, que se dá por reproduzida – cfr. fls. 6. P.A.)";

b) Foi publicado na II Série do Diário da República n.º 244, de 21.10.2000, a rectificação n.º 26333/2000, a qual refere:

Por ter sido publicado com inexactidão o despacho (extracto) n.º 16.195, 2ª Série, publicado no Diário da República, II Série, n.º 183, de 9 de Agosto de 2000, respeitante à promoção ao posto de Subcomissário dos aspirantes, rectifica-se, na parte que interessa, que onde se lê "ficando posicionado no 1.º escalão, índice 240, da tabela salarial em vigor na P.S.P., deve ler-se "sendo remunerados pelo índice 215, da tabela salarial em vigor na P.S.P.", durante o período probatório, nos termos do n.º 4 do art. 52.º do Estatuto de pessoal da P.S.P., aprovado pelo D.L. n.º 511/99, de 24 de Novembro (cfr. fls. 6 do PA);

c) Foi publicado na II Série do Diário da República n.º 183, de 9 de Agosto de 2000, o Despacho n.º 16 196/ /2000, do Director Nacional da Polícia de Segurança Pública, onde se declara que por seu despacho de 24 de Julho de 2000, e no uso de competência delegada:

Promovidos ao posto de subcomissário (CPCE), nos termos do n.º 1 do art. 8.º do Estatuto de Pessoal da P.S.P, aprovado pelo D.L. 511/99, de 24 de Setembro, os seguintes Subchefes que frequentaram os 32.º e 33.º CPCE:

Com efeitos a partir de 17 de Junho de 2000.

(Segue a lista dos 25 nomeados, aqui contra-interessados, do 32.º CPCE, que se dá por reproduzida – cfr. fls. 15);

d) O 12.º Curso de Formação de Oficiais da Polícia – CFOP – decorreu de Outubro de 1995 a 30 de Junho de 2000 (cfr. fls. 37);

e) O 32.º Curso de Promoção a Chefes de Esquadra – CPCE – decorreu de 18 de Outubro de 1999 a 16 de Junho de 2000 (cfr. fls. 37).

3. DIREITO APLICÁVEL

Nas conclusões das suas alegações, os recorrentes alegam, no essencial, violação do princípio da igualdade (art. 13.º da C.R.P), e violação de lei por ofensa ao disposto no n.º 2 do art. 136.º do Dec. Lei n.º 321/94.

No tocante à pretensa violação do princípio da igualdade consagrado no art. 13.º da C.P.P., consideram os recorrentes que a sentença recorrida incorreu em erro de julgamento, porquanto a situação jurídica dos recorrentes é merecedora de tutela idêntica à dos contra-interessados quanto à fixação da data de promoção dos efeitos da promoção ao posto de Subcomissário, uma vez que o acto impugnado, ao estabelecer o dia 17 de Junho de 2000 como a data a partir da qual produz efeitos a promoção dos contra-interessados ao posto de Subcomissário, acaba por priveligiá-los relativamente aos recorrentes, aos quais é conferida maior antiguidade no posto em causa, o que representa uma desvalorização injusta em futuros concursos de acesso ao posto subsequente da carreira de Oficial da Polícia de Segurança Pública.

Alegam os recorrentes que a discricionariedade conferida pelo n.º 2 do art. 8.º do Dec. Lei n.º 511/99 não permite ao Director Nacional da P.S.P atribuir a data de produção de efeitos, por exemplo, a 1 de Janeiro de 2000 ou à data de início do CPCE, sob pena de violação dos princípios de justiça e imparcialidade.

Aquela data, ainda que fixada ao abrigo do disposto no n.º 2 do artigo 8.º do Dec. Lei n.º 511/99, deveria coincidir com a data resultante da aplicação do regime estabelecido no número 1 do art. 34.º do EP/PSP, em ordem a assegurar uma linha de aplicação uniforme para todos os oficiais da PSP, licenciados ou não pelo ISCPSI, tanto mais que o referido n.º 2 do art. 8.º do Dec. Lei n.º 511/99 não impõe a obrigação de diferenciação de datas, apenas habilitando a entidade competente a determiná-la

Quanto a alegada violação de lei por desrespeito ao disposto no número 2 do artigo 136.º do Dec. Lei n.º 321/94, os recorrentes entendem que o regime respectivo se mantém em vigor, ao contrário do juízo formulado na sentença recorrida, na qual se sustentou a revogação de tal regime pelo novo regime introduzido pelo Dec. Lei n.º 511/99, de 24 de Novembro. Segundo os recorrentes, nos termos do artigo 107.º da Lei n.º 5/99, somente foi "revogada toda a legislação respeitante a atribuições, organização e funcionamento da P.S.P., mantendo-se em vigor em tudo o que não o contrariar, quanto ao estatuto do respectivo pessoal, o Dec. Lei n.º 321/94, de 20 de Dezembro".

Cumpre analisar os vícios arguidos.

O regime geral a seguir quanto ao ingresso no primeiro posto da carreira de oficial de polícia, decorre do n.º 1 do artigo 34.º do EP/PSP, segundo o qual "ingressam no posto de subcomissário os indivíduos habilitados com licenciatura ministrada pelo Instituto Superior de Ciências Policiais e Segurança Interna, com efeitos reportados a 1 de Julho do ano em que concluirem com aproveitamento o respectivo estágio".

Trata-se do regime introduzido pelo novo Estatuto do Pessoal da P.S.P., aprovado pelo Dec. Lei n.º 511/99, de 24 de Novembro, no qual o legislador manteve normas transitórias a vigorar durante o período de cinco anos a contar da data da respectiva entrada em vigor.

No caso dos autos, está em causa o facto de o despacho recorrido ter promovido ao posto de Sub comissário – antigo posto de chefe de esquadra (art. 3.º n.º 2 do D.L. 511/99, de 24 de Novembro – nos termos do n.º 1 do art. 8.º do Estatuto de Pessoal da PSP aprovado por este Dec. Lei, os Subchefes que frequentaram o 32.º Curso de Promoção a Chefes de Esquadra (CPCE), com efeitos a partir de 17.6.00.

Como nota a Digna Magistrada do Ministério Público, "o n.º 1 do artigo 7.º da parte preambular do mesmo Dec. Lei estipula que durante cinco anos a partir da data da entrada em vigor do Estatuto, o recrutamento para o posto de Subcomissário é alargado ao pessoal oriundo da carreira de Sub-chefe não detentor de licenciatura conferida pelo ISCP, desde que aprovado em curso de formação de acesso ao posto de Subcomissário.

"Ora, acontece que os recorridos particulares frequentaram o 32.º Curso de promoção a chefes de esquadra que se iniciou antes da entrada em vigor do Dec. Lei 511/99, pelo que estão abrangidos pelo seu artigo 8.º n.os 1 e 2, nos termos do qual o pessoal que vier a ser promovido em resultado dos cursos a decorrer que se mantêm válidos, será reposicionado por referência ao posto a que for promovido, nos termos das regras constantes dos artigos 3.º e 4.º do mesmo diploma"

"É certo que a antiguidade em todos os postos é reportada à data fixada no respectivo despacho de promoção, nos termos do n.º 1 do artigo 41.º, do D.L. 511/99, o que implica que os recorridos particulares sejam posicionados à frente dos recorrentes na respectiva lista."

A nosso ver, não existe qualquer violação do princípio da igualdade, pois que a entidade recorrida, no exercício de poder discricionário imposto nos art. 7.º n.º 1 e art. 8.º n.os 1 e 2 do Dec. Lei n.º 511/99, não estava impedida de reportar os efeitos da antiguidade a datas diferentes, com base no critério da data de conclusão do curso, de que depende o movimento a efectuar, ou seja, a promoção ao posto superior.

A racionalidade do acto praticado deriva, pois, de o 32.º CPCE, que já deveria ter tido lugar no ano de 1998 //99, só ter vindo a iniciar-se em 18.10.99 e a terminar em 16.6.02, pelo que os elementos que o frequentaram foram promovidos ao posto de Subcomissário com efeitos reportados ao dia seguinte à conclusão do curso, isto é, a 17.6.2000.

Quanto aos recorrentes, e como se nota na decisão recorrida, em face do disposto no art. 34.º do D.L. 511/99 e constatando-se que o curso respectivo havia terminado em 30 de Junho, lógico se torna que a sua promoção tivesse sido reportada a 1 de Julho de 2000.

O que está de acordo com o disposto no diploma preambular ao próprio D.L. 511/99, que estabeleceu um regime especial e transitório relativamente aos cursos iniciados antes da sua entrada em vigor, que mantiveram a respectiva validade até à sua conclusão, com efeitos reportados à data fixada no respectivo despacho de promoção (artigo 8.º, números 1 e 2).

Improcede, pois, o primeiro dos alegados vícios.

Quanto à pretensa violação do disposto no n.º 2 do artigo 136.º do Dec. Lei n.º 321/94, alegam os recorrentes que o regime constante no número 2 do artigo 136 do Dec. Lei n.º 321/94, de 29 de Dezembro, se mantém em vigor, ao contrário do de que entendeu a sentença recorrida.

Esta considerou que, no tocante à alegada violação do artigo 136.º da anterior Lei Orgânica da PSP, por o mesmo se referir a oficiais promovidos na mesma data, tal como ficou demonstrado, "não se aplicaria à controvertida situação, em face das promoções terem ocorrido em datas distintas, em face das promoções terem ocorrido em datas distintas, sendo que em qualquer caso, entendemos como integralmente revogado o Dec. Lei 321/94".

E escreveu-se, ainda, na decisão "a quo", que "na realidade, e no mesmo sentido, não se reconhece validade ao argumento dos recorrentes no sentido de defenderam que o anterior estatuto inserido na revogada lei orgânica, se mantém em vigor, em virtude de o art. 8.º n.º 1 do diploma preambular ao actual estatuto (D.L. 511/99), referir que os cursos iniciados antes da entrada em vigor do presente diploma mantêm a respectiva validade até à sua conclusão.

A única conclusão legítima que ressalta da norma referida é que os concursos mantêm a sua validade (não o estatuto).

Não reconhecendo a coexistência de dois estatutos de pessoal da P.S.P., a decisão recorrida concluiu pela não existência de violação de lei por violação do artigo 136.º do Dec. Lei n.º 321/94, face à entrada em vigor do Estatuto do Pessoal da PSP aprovado pelo Dec. Lei 511/99.

No entanto é prioritário reconhecer que a presente questão fica necessariamente prejudicada uma vez que se verificou não existir violação dos arts. 13.º da C.R.P e art. 8.º do Dec. Lei n.º 511/99, de 24 de Novembro.

O facto de se estar perante um regime de <u>vigência transitória</u>, consagrado, como se viu, nos artigos 7.º e 8.º do Dec. Lei n.º 511/99, sempre afastaria a aplicação do n.º 2 do art. 136.º do Dec. Lei n.º 511/99, cujo regime nunca poderia ser aplicado ao caso concreto, por não se estar perante situações decorrentes da atribuição da mesma data de produção de efeitos da promoção ao mesmo posto.

Improcede, pois, também o segundo vício alegado, nada havendo que censurar à decisão recorrida

4. DECISÃO

Em face do exposto, acordam em negar provimento ao recurso e em confirmar a sentença recorrida.

Custas pelos recorrentes, fixando a taxa de justiça 200 € e a procuradoria em 100 €.

Lisboa, 12 de Abril de 2007

as.) António de Almeida Coelho da Cunha (Relator)
Maria Cristina Gallego dos Santos
Teresa Maria Sena Ferreira de Sousa

Recurso n.º 00465/04

DEC. REGULAMENTAR 68/80, DE 4 DE NOVEMBRO. CONCURSO DE ACESSÃO. INAPLICABILIDADE DO ART. 10.º DO DEC.-LEI 43/84, DE 3 DE FEVEREIRO. DEC-LEI N.º 413/91, DE 19 DE OUTUBRO.

(Acórdão de 24 de Maio de 2007)

SUMÁRIO:

I – Num concurso de acesso a que era aplicável o Dec. Regulamentar 68/80, de 4 de Novembro, não havia lugar à aplicação do artigo 10.º do Dec. Lei 43/84 (consulta prévia ao "Quadro de Efectivos Interdepartamentais").

II – O Dec-Lei n.º 413/91, de 19 de Outubro veio proceder à regularização das situações irregulares existentes no quadro dos serviços autárquicos, nomeadamente dos chamados "agentes putativos", mesmo as derivadas de nulidade ou inexistência jurídica dos actos de nomeação, exigindo tão somente que tais agentes exercessem funções há, mais de três anos à data da entrada em vigor do diploma.

ACORDAM NO 1.º JUÍZO LIQUIDATÁRIO DO TCA – SUL:

1. RELATÓRIO

O Digno Magistrado do M.ºP.º junto do TAC do Porto intentou, contra a Câmara Municipal de Peso da Régua, recurso contencioso de anulação da deliberação de 31.01.89, que homologou a acta de classificação do concurso para chefe de secção e nomeou os funcionários para os respectivos lugares.

Indicou como contra-interessados os funcionários Maria dos Remédios Teixeira Cardoso Gomes e Fernando Hernâni Vasques de Carvalhos.

A C.M. de Peso da Régua responderam, defendendo a improcedência do recurso.

Por sentença de 22 de Junho de 2001, o Mmo. Juiz do TAF do Porto concedeu provimento ao recurso

Inconformada, a C.M. de Peso da Régua interpôs recurso jurisdicional para o T.C.A. mas, não tendo apresentado alegações, o mesmo foi julgado deserto.

Recorreu, igualmente, a recorrida particular Maria dos Remédios Teixeira Cardoso Gomes, enunciando nas suas alegações as conclusões de fls. 120 e seguintes, que se dão por integralmente reproduzidas.

O Digno Magistrado do M.º P.º contra-alegou, pugnando pela manutenção do julgado.

2. MATÉRIA DE FACTO

A sentença recorrida considerou provada a seguinte factualidade, com relevo para a decisão da causa:

a) Por deliberação da Câmara Municipal de Peso da Régua, de 31.01.89, foi mandado abrir concurso interno de provimento para quatro lugares vagos de Chefe de Secção, a que podiam concorrer os funcionários daquela autarquia que reunissem as condições previstas no art. 24.° do Dec-Lei 247/87, de 17 de Junho;

b) Aquele concurso foi tornado público por aviso publicado na II Série do Diário da República de 20.02.1989;

c) Em reunião da Câmara Municipal de Peso da Régua, de 26/09/89, "foi presente a acta de classificação do concurso para chefe de secção, assim ordenada:

Primeiro: Maria dos Remédios Teixeira Cardoso Gomes – quinze valores

Segundo: Fernando Hernâni Vasques de Carvalho – catorze valores

A Câmara deliberou por unanimidade e, decorrido que foi o escrutínio secreto homologar a respectiva classificação e nomear os funcionários para o respectivos lugares.

3. DIREITO APLICÁVEL

A ora recorrente Maria dos Remédios T.C. Gomes alega, em primeiro lugar, que o concurso em causa remonta a Janeiro de 1989, e que nessa altura, em matéria de concursos vigorava o disposto no Dec. Regulamentar 68/80 de 4 de Novembro, não sendo aplicável o Dec. Lei 498/88, de 30 de Dezembro, o qual só veio a ser aplicado à Administração Local pelo Dec. Lei 52/91, de 25 de Janeiro (conclusões 1ª e 2ª).

Assim, o concurso em causa foi aberto, e bem, de acordo com o Dec. Reg. 68/80, e na estrutura deste Dec. Regulamentar o concurso em causa tinha que ser considerado como circunscrito aos funcionários da Autarquia que reunissem as condições legais (conclusões 3ª a 8ª).

Ora, tratando-se de um concurso de acesso, não havia lugar à aplicação do art. 10.° do Dec. Lei 43/84, que só seria de aplicar nas situações de admissão de quadros e não de mobilidade dentro destes (conclusões 8ª e 9ª).

Por último, verificando-se o exercício de funções, pacificamente e de boa fé, o decurso do tempo consolidou a situação jurídica da recorrente, estando a sua situação regularizada ao abrigo do Dec. Lei 413/91, de 19 de Outubro (conclusões 10ª e 11ª).

Por sua vez, o Digno Magistrado do M.° P.° considera nula a deliberação da C.M. Peso da Régua, que nomeou a recorrente como Chefe de Secção, por força do disposto no artigo 88.° n.° 1, al. *f*) do Dec-Lei 100/84, de 29 de Março, uma vez que o concurso em causa foi ilegalmente limitado a funcionários da autarquia, e juridicamente inexistente essa mesma deliberação, por força do disposto no artigo 10.°, números 1 e 2 do Dec.-Lei 43/84.

Quanto à invocada produção de "efeitos putativos", considera aquele Magistrado que o tempo decorrido entre a nomeação da recorrente e a interposição do recurso contencioso não foi suficientemente extenso para que a situação de facto se deva ter por consolidada.

Acresce que o meio processual a utilizar para o reconhecimento de produção, pelo decurso do tempo, dos aludidos "efeitos putativos" do acto nulo, nunca seria o recurso contencioso de anulação, mas sim a acção para reconhecimento de direitos.

E, finalmente, foi intenção clara do legislador que a disciplina do Dec-Lei 413/91, de 19 de Outubro, se aplicasse apenas ao pessoal que tivesse sido admitido para lugares de ingresso ou de acesso <u>há mais de três anos</u> à data da entrada em vigor do diploma (cfr. artigo 2.° n.° 1).

É esta a questão a analisar.

Em primeiro lugar, parece-nos claro que, remontando o concurso em causa a 1989, é aplicável ao mesmo o Dec. Regulamentar 68/80, de 4 de Novembro, que previa dois tipos de concursos para acesso na categoria: os concursos internos ou de promoção para funcionários do quadro em condições de serem promovidos, e os concursos externos, nos casos em que não existiam funcionários que reunissem as condições legais para serem promovidos (cfr. arts. 26.° e 28.°).

Independentemente da sua classificação, e não sendo aplicável ao caso concreto o Dec. Lei 498/88, não existem dúvidas de que, nos termos do Dec. Regulamentar 68/80, o concurso em causa estava circunscrito aos funcionários da autarquia que reunissem as condições legais.

Não era exigível, pois, concurso externo, pelo que o concurso não tinha que observar o preceituado no artigo 10.° do Dec. Lei 43/84.

Não vislumbramos, por isso, que o concurso tenha sido nulo ou juridicamente inexistente.

E, mesmo que o fosse, haveria que analisar a questão dos "efeitos putativos" decorrentes de situações de facto produzidas por actos nulos, que se prolongam no tempo, criando expectativas nos agentes nomeados.

Na doutrina anterior, a questão não era clara, por inexistência de legislação que indicasse qual o tempo que devia ser considerado. Reconhecia-se, contudo, por razões de elementar justiça, que aquelas situações deviam receber alguma protecção.

Assim, Marcello Caetano referia-se aos <u>agentes putativos</u> como sendo "os indivíduos que, em circunstâncias normais, por um acto jurídico ilegal, enquanto a invalidade não é declarada, exercem funções administrativas, apesar de não estarem validamente providos nos cargos" (cfr. "Manual de Direito Administrativo", Almedina, vol. II, p. 644).

Entendia aquele mestre que se devia lançar mão do prazo do artigo 1298.° do Código Civil, sendo as funções exercidas pública, pacífica e continuadamente, para conferir ao agente o direito ao lugar por via de uma espécie de usucapião. (cfr. Marcello Caetano, ob. cit. p. 647; Sérvulo Correia, "Noções de Direito Administrativo", p. 366).

Em princípio, o prazo relevante não poderia ser inferior a dez anos, dependendo a prescrição aquisitiva do "prudente arbítrio do julgador", tendo em conta determinados factores: equidade, negligência dos superiores do funcionário, natureza da situação irregular e dos serviços prestados e boa fé do agente de facto, etc.

Com a evolução do Direito Administrativo, a jurisprudência do S.T.A. tem sido, ao longo dos anos, no sentido de encurtar aquele prazo.

Finalmente, o Dec.-Lei 413/91, de 19 de Outubro, cuja finalidade foi a de proceder à regularização das situações de pessoal do quadro dos serviços autárquicos, abrangendo o maior número de situações possíveis, veio fixar o prazo em três anos, mesmo no caso de eventual nulidade ou inexistência dos actos de nomeação (art. 2.° n.° 1 e 3.° n.° 1).

Nulidade ou inexistência essa que, como vimos, não se verifica no caso dos autos.

Ainda em face da evolução do direito administrativo e, nomeadamente, por via do princípio da tutela jurisdicional efectiva, não cremos que o meio processual a utilizar tenha de ser necessariamente a acção para reconhecimento de direito.

Ao contrário do decidido em 1ª instância, nada obsta a que a situação jurídica da ora recorrente seja analisada em sede de recurso contencioso.

E, no caso concreto pode dizer-se, em suma, que, sendo o concurso em causa regulado pelo Dec. Regulamentar n.º 68/80, necessariamente circunscrito aos funcionários da autarquia, fica excluída a aplicação do D.L. 498/88, tendo a decisão recorrida violado os princípios constantes dos artigos 5.º e 12.º do Cód. Civil, referentes à aplicação das leis.

E, como diz a recorrente, ainda que a deliberação impugnada padecesse dos vícios que a decisão recorrida lhe aponta, sempre a situação jurídica da recorrente seria intocável, por força da aplicação do Dec-Lei 413/91, que veio, obviamente, abranger as situações preexistentes que careciam de ser regularizadas, sob pena de violação do princípio da igualdade.

Dizendo, finalmente, que a recorrente foi nomeada para o concurso em 1989, encontrando-se em funções desde aquela data, continuadamente.

4. DECISÃO

Em face do exposto, acordam em:

- Revogar a decisão recorrida.
- Manter o acto impugnado e manter os efeitos da deliberação da Câmara Municipal de Peso da Régua que nomeou a recorrente.

Sem custas em ambas as instâncias.

Lisboa, 24 de Maio de 2007

António de Almeida Coelho da Cunha (Relator)
Magda Espinho Geraldes
Mário Frederico Gonçalves Pereira

Recurso n.º 05975/02

DIREITO À GREVE. DIREITO AO ENSINO. NECESSIDADES SOCIAIS IMPRETERÍVEIS. PONDERAÇÃO RELATIVA DE INTERESSES.

(Acórdão de 10 de Maio de 2007)

SUMÁRIO:

I – O direito à greve não é um direito absoluto, podendo ser limitado ou restringido por outros direitos fundamentais.

II – O conceito de necessidades sociais impreteríveis previsto no artigo 598.º n.º 2 do Código do Trabalho é um conceito indeterminado, a ser integrado em função de cada situação concreta.

III – A enumeração de sectores vitais que se destinam à satisfação de necessidades sociais imprevistas a que alude o mesmo artigo 598.º do Código do Trabalho é meramente exemplificativa.

IV – A ponderação relativa de interesses entre o direito à greve e o direito ao ensino só pode ser efectuada em concreto, pois que em abstracto tais direitos são equivalentes.

ACORDAM NO 2.º JUÍZO TCA – SUL:

1. RELATÓRIO

Fenprof – Federação Nacional de Professores e FNE – Federação Nacional de Sindicatos da Educação, requereram no TAF de Lisboa a suspensão da eficácia do despacho conjunto dos Ministros do Trabalho e da Solidariedade Social e da Educação, de 16.06.05, que determinou os serviços mínimos a assegurar no caso de a greve já anunciada por aqueles sindicatos nos dias 20, 21, 22 e 23 desse mês de Junho vir efectivamente a ocorrer

O Mmo. Juiz do TAFL, após ordenar a convolação do processo para acção de intimação para protecção de direitos, liberdades e garantias (arts. 109.º e ss. do CPTA), proferiu sentença que absolveu do pedido de intimação as entidades requeridas.

Inconformadas, as recorrentes recorreram para de tal decisão, vindo o recurso jurisdicional a ser julgado pelo TCA em 17.11.05, que julgou extinta a instância por inutilidade superveniente.

Ainda inconformadas com tal aresto, as duas estruturas sindicais recorreram dele para o STA ao abrigo do disposto no art. 150.º n.º 1 do C.P.T.A.

O Venerando STA emitiu acordão preliminar no qual considerou que o recurso de revista era admissível à luz dos pressupostos consagrados no n.º 1 do aludido 150.º e, por acordão de 6.04.2006 decidiu ordenar a baixa dos autos ao TCA para fins de ampliação da matéria de, nos moldes ali enunciados.

Sob promoção do Ministério Público, foram realizadas as diligências ordenadas a fls. 506, vindo o Ministério do Trabalho e da Solidariedade Social e o Ministério da Educação informar não possuir conhecimento da existência de procedimentos administrativos de natureza disciplinar contra os docentes (fls. 509), apesar de terem sido instaurados alguns processos de averiguações que, no entanto, vieram a ser arquivados.

Sob promoção do M.ºP.º de fls. 530, foi proferido neste TCA o Acordão de fls. 536 e seguintes, que, renovando a decisão de 17.11.06 (fls. 329) declarou extinta a lide por inutilidade superveniente.

De novo inconformadas, as recorrentes interpuseram o recurso para o STA, de fls. 547 e seguintes.

Veio, então, a ser proferido o Acórdão do Venerando STA de fls. 677 e seguintes, no qual, após se considerar que a indagação efectuada no TCA teve exclusivamente a ver com uma das situações anteriormente enunciadas como passíveis de possuir relevância na utilidade ou inutilidade da lide, não esclarecendo em definitivo se foi marcada alguma falta por inobservância dos serviços definidos despacho impugnado, ordenou nova baixa dos autos a este TCA para aqui se proceder, nos termos já enunciados, ao alargamento da matéria factual e emitir nova decisão em conformidade com a doutrina expendida no Acórdão de 6.04.2006.

Em obediência a esta douta decisão, procedeu-se a uma indagação mais completa, notificando as partes para virem aos autos identificar todos os processos que tenham sido instaurados no IGE e suas delegações e ainda todas as faltas marcadas por inobservância de serviços mínimos decretados pelo despacho conjunto dos Ministros do Trabalho e Segurança Social e da Educação, de 16.6.05 (cfr. promoção de fls. 698, despachos fls. 698 v e 711 v).

Após alguma insistência, o Ministério da Educação veio fornecer a Informação de fls. 766 e seguintes, da qual consta, nomeadamente, a indicação de que foram marcadas faltas injustificadas, por motivo de adesão à greve, nas Direcções Regionais do Centro e do Alentejo.

Findas estas diligências, o Digno Magistrado do Ministério Público, a fls. 813, renovou o teor da segunda parte do parecer do Ministério Público junto a fls. 447 a 449.

Colhidos os vistos legais, cumpre decidir.

2 – MATÉRIA DE FACTO

Após a ampliação da matéria de facto, nos termos doutamente ordenados pelo Supremo Tribunal Administrativo, mostra-se provado o seguinte, com relevo para a decisão:

a) Por "Pré-Aviso" de 8 de Junho de 2005, da Fenprof e da FNE, foi convocada uma greve nacional de Professores, Educadores e Investigadores, entre as zero horas do dia 20 de Junho de 2005 e as vinte e quatro horas do dia 23 de Junho de 2005;

b) Por despacho da Ministra da Educação de 14 de Junho de 2005, foi determinado que "durante os períodos de interrupção de actividades lectivas a que se referem os números anteriores, todos os docentes dos estabelecimentos de ensino abrangidos por esta medida, incluindo os docentes dispensados da componente lectiva, devem ser obrigatoriamente convocados para a realização do serviço de exames (...)" (cfr. doc. de fls. 64 e 65, que se dá por integralmente reproduzido);

c) Pelo despacho conjunto de 16 de Junho de 2005, das requeridas foi determinado que (cfr. doc. fls. 67-68, o qual se dá por integralmente reproduzido):

"Considerando a urgência de definir os serviços mínimos a assegurar em caso de greve que afecte a satisfação de necessidades sociais impreteríveis, como é o caso, por conjugação dos artigos 43.°, 73.° e 74.° da Constituição da República Portuguesa com os números 1 e 2 do artigo 698 do Código do Trabalho ( );

Nos termos dos artigos 598.° e 599.° do Código do Trabalho, determina-se: Os serviços mínimos necessários à satisfação da necessidade social impreterível que é a realização dos Exames Nacionais do 9.° e 12.° anos, são os seguintes:

– Assegurar a abertura da escola, a recepção e guarda dos enunciados e das provas de exame em condições de segurança e confidencialidade;

– Assegurar a vigilância rigorosa da realização dos exames sendo, para tal, necessária a presença de dois vigilantes por sala";

d) O despacho referido em *c*) produz efeitos imediatos após a sua notificação aos representantes dos trabalhadores;

e) Foram registadas em diversos órgãos de comunicação social declarações de dirigentes das requerentes, referindo que a adesão à paralisação foi grande (cfr. SIC Noticias, Edição da Noite, de 21 de Junho de 2005, Público online e TSF online de hoje, constituindo facto público e notório);

f) Relacionadas com o assunto da greve, em 28 de Abril de 2006, deram entrada no TAF de Leiria, duas acções judiciais intentadas pelas Professoras Maria Gabriela G. dos Santos e Maria Rosa Martins de Jesus Azenha P. Magalhães;

g) Pelos TAFS de Sintra e de Lisboa, correm termos os Processos 15/06.5 BESNT e 96.06.1 BELS, cujas petições se mostram juntas aos autos com as alegações de recurso oferecidas por correio electrónico no dia 1 de Agosto de 2006;

h) No âmbito da Direcção Regional de Educação do Centro foi marcada uma falta injustificada a um docente convocado para o serviço de exames nacionais, e que faltou a esse serviço (cfr. fls. 768);

i) No âmbito da Direcção Regional de Educação do Alentejo foram marcadas 46 (quarenta e seis) faltas injustificadas por motivo de adesão à greve, 13 no Agrupamento de Escolas n.° 2 de Portalegre e 33 na Escola Secundária S. Lourenço (fls. 768).

3. DIREITO APLICÁVEL

Como se escreveu no douto Acordão do STA de fls. 677 e seguintes, a avaliação da utilidade da lide, no caso concreto, terá de fazer-se, não por simples referência ao tipo processual abstracto previsto nos artigos 109.° e seguintes do CPTA, mas atendendo à configuração individual e singular do pleito em presença, "maxime" ao pedido que nele vem formulado.

Sendo certo que, "devido ao incumprimento dos serviços mínimos, grevistas sofreram a marcação de faltas injustificadas ou a instauração de processos disciplinares" (o realce não consta do acórdão), importava averiguar da utilidade do processo relativamente aos docentes que não terão cumprido os serviços mínimos a que o despacho questionado os obrigava, perspectiva esta que não foi, porém, acordão recorrido". (...) "Portanto, a pendência actual desses dois géneros de procedimentos, apresenta-se, "primo conspectu", como uma razão plausível para que as recorrentes obtenham êxito na sua tese de que ainda é útil o prosseguimento da intimação dos autos".

Mais se nota no Acórdão de fls. 677 e seguintes, remetendo para o anterior Acórdão do STA, que ... "Se o TAF tivesse julgado a intimação procedente, todos os grevistas teriam ficado desvinculados de cumprir serviços mínimos nos dias de grave subsequentes a essa decisão. Todavia, o TAF decidiu ao invés; e, por isso, o despacho conjunto continuou a produzir efeitos na ordem jurídica – não só o efeito imediato de obrigar os docentes à observância dos serviços mínimos durante a greve, mas ainda o efeito mediato de servir de suporte às respostas sancionatórias que a Administração porventura tenha dirigido aos grevistas que recusaram o cumprimento desses serviços. Tais respostas constituirão repercussões jurídicas e práticas daquele despacho conjunto e podem não estar ainda consolidadas.

Ora, se a presente intimação tiver êxito, paralisando doravante os efeitos do despacho, isso impor-se-á à Administração de modo que ela, nas decisões definitivas que naqueles procedimentos tome, terá de desconsiderar o despacho conjunto e decidir tais procedimentos como se ele nunca tivesse sido proferido".

À luz desta perspectiva, e numa decisão a que devemos obediências, foram ordenadas as diligências supra referidas, que vieram a demonstrar a existência de marcação de faltas injustificadas na Direcção Regional de Educação do Centro e na Direcção Regional de Educação do Alentejo, além dos processos referidos pelas estruturas sindicais recorrentes, a correr termos nas TAFS de Leiria, Sintra e Lisboa (cfr. *f*), *g*), *h*) e *i*) do probatório).

Ora, estando provada a marcação de faltas injustificadas, por inobservância dos serviços mínimos estabelecidos, justifica-se o prosseguimento da lide, de acordo com a doutrina expendida no Acórdão do STA de 6 de Abril de 2006.

Isto posto, cumpre entrar na apreciação do mérito da causa.

As recorrentes entendem que a sentença de 1ª instância não fez correcta aplicação do direito em matéria de especial delicadeza, por estarem causa situações de limitação dos direitos, liberdades e garantias dos cidadãos, e que os actos dos recorridos ao qualificar a greve de ilícita por ter sido declarada com inobservância da tramitação legal exigida, são ilícitos e violam a Constituição da República Portuguesa (conclusão 1ª, a fls. 143).

Segundo as recorrentes, o sector do ensino não se enquadra em nenhuma das alíneas do n.º 2 do artigo 598.º do Código do Trabalho, para efeitos de necessidade do aviso prévio de greve a que alude o n.º 2 do artigo 595.º do Código do Trabalho (conclusão 4ª).

E o mesmo se deve entender em relação à proposta de serviços mínimos, que só tem de existir quando a greve se realize em empresa ou estabelecimento destinado à satisfação de necessidades sociais impreteríveis (art. 595.º n.º 3 do Código do Trabalho), sendo certo que o sector de ensino não tipifica este género de necessidades, como aliás já o entendeu, em 1983, o Comité de Peritos da Organização Internacional do Trabalho (conclusões 5ª a 12ª).

Por outro lado, o direito à greve é um direito fundamental, não sacrificável em absoluto aos interesses de terceiros e da comunidade, e a interrupção das actividades de ensino não determina uma situação impreterível, maxime no caso de exames, pois são actividades sempre susceptíveis de repetição. Não havia, pois, no caso dos presentes autos, lugar a uma intervenção lícita do Governo à luz do artigo 199.º, alíneas *f*) e *g*) da Constituição, por não se tratar de acautelar a satisfação de necessidades sociais impreteríveis (conclusões 14ª e 15ª).

Acresce que, no caso dos exames nacionais do 12.º ano, os mesmos teriam lugar em estabelecimentos de ensino públicos, o que obrigava a que os serviços mínimos fossem estabelecidos por colégio arbitral a constituir pelo Conselho Económico e Social, nos termos previstos no artigo 599.º n.º 4 do Código do Trabalho e 493.º e seguintes do Regulamento do Código do Trabalho, não possuindo os recorridos competência para a fixação de tais serviços (cfr. conclusões 18ª e 19ª).

E não é por demais recordar que estamos no âmbito do artigo 57.º n.º 2 da C.R.P. e 18.º n.º 2 do mesmo diploma fundamental, razão porque não é lícito ao intérprete suprir uma lacuna da lei (a de não estar ainda completa a lista de árbitros do Conselho Económico e Social), com o recurso a uma previsão normativa que o legislador quis expressamente afastar (conclusão 24ª).

A douta sentença recorrida, ao considerar válidos os actos recorridos, por haver necessidade de restringir o o exercício do direito à greve de forma a conciliar o seu exercício para evitar a colisão do direito ao ensino, violou os artigos 595.º, números 2 e 3, e 599.º, números 4 e 6 do Código do Trabalho, o artigo 133.º, alíneas *a*), *b*) e *d*) do Código do Procedimento Administrativo e o artigo 57.º da Constituição, ao fazer uma interpretação excessiva da protecção do direito ao ensino quando confrontado com o exercício do direito à greve, e que conduziu à limitação deste último direito, não consentida pelo artigo 18.º n.º 2 da Constituição e pela legislação a que este último normativo deu execução (conclusão 34ª).

É esta, no essencial, a argumentação das recorrentes, com a qual, e salvo o devido respeito, não podemos concordar.

A sentença recorrida tomou como referência principal a doutrina constante do aresto do Tribunal Constitucional n.º 199/2005, de 19.04.05, Proc. n.º 117/04, traçando previamente o regime legal constante do Código do Trabalho (arts. 595.º, 598.º, 599.º e 600.º).

Considerando que o direito à greve é susceptível de restrição ou limitação pela necessidade de tutela de outros valores presentes no ordenamento jurídico, observou o Mmo. Juiz "a quo" que, no caso concreto estão em conflito dois direitos fundamentais (a greve e o ensino), podendo o governo, no caso as requeridas, preencher o conceito de necessidades sociais impreteríveis, conceito esse que não pode ser cristalizado (sublinhado nosso). No caso em análise, concluiu a decisão recorrida, os serviços mínimos decretados não violam o princípio da proporcionalidade, e o núcleo fundamental do direito à greve foi garantido.

Analisando a questão mais concreto, desde logo verificamos que a enumeração legal dos sectores que se destinam à satisfação de necessidades sociais impreteríveis, constante do artigo 598.º n.º 2 do Código do Trabalho, é meramente exemplificativa, como deriva do uso da expressão nomeadamente.

A nosso ver, o conceito de necessidades sociais impreteríveis é um conceito indeterminado, que deve ser integrado com recurso às circunstâncias concretas do caso, podendo ser considerados outros sectores vitais, para além dos expressamente consignados no artigo 598.º do Código do Trabalho.

Ora, ninguém duvida de que o sector do ensino é um sector vital para qualquer sociedade democrática e evoluída, que não pode ficar desprovido da tutela conferida pelo conceito de necessidades sociais impreteríveis, sobretudo quando, como sucede no caso concreto, estão em causa exames finais nacionais (9.º e 12.º anos de escolaridade) cuja eventual repetição se afigura difícil. Sem menosprezar a importância do direito à greve como direito fundamental, parece-nos que, no caso concreto, o Governo detinha competência para a definição dos serviços mínimos a observar no decurso da greve decretada pelas estruturas sindicais e que coincidiu com as datas dos exames nacionais do 9.º e 12.º ano.

Dada a impossibilidade de funcionamento do colégio arbitral previsto no n.º 4 do artigo 599.º do Código do Trabalho, nada impedia, a nosso ver, que a definição de serviços mínimos fosse efectuada pelo Governo, nos termos do n.º 3 do mesmo artigo 599.º do Código do Trabalho, como efectivamente foi, assim se concluindo que o despacho conjunto de 16.06.2005 não padece de qualquer ilegalidade ou incompetência. Assim teve de se proceder uma vez que o aviso prévio da greve convocada pelas estruturas sindicais era completamente omisso quanto à definição de serviços mínimos, nem os mesmos puderam ser definidos por acordo. Ou seja, verificando-se a impossibilidade de aplicação do disposto no n.º 4 do artigo 599.º do Código do Trabalho (arbitragem dos serviços mínimos no âmbito do Conselho Económico e Social), tornou-se inevitável o recurso à aplicação da norma geral prevista no número 3 do mesmo artigo, sob pena de grave lesão do interesse público.

E, no tocante à ponderação relativa de valores (direito à greve e direito ao ensino), em abstracto trata-se de valores equivalentes e igualmente essenciais, e apenas numa circunstância concreta se poderá, a nosso ver, optar pela prevalência de qualquer deles. E embora o direito à greve constitua um direito fundamental, não possui carácter absoluto, podendo colidir com outros direitos fundamentais.

Na específica situação dos autos, o direito ao ensino derivava da realização dos exames nacionais do 9.° e 12.° anos, envolvendo milhares de alunos e a generalidade dos estabelecimentos de ensino. Tais exames dependem de complexas medidas de preparação e segurança, para além de posteriores operações materiais de correcção, sendo óbvia a dificuldade da sua repetição, que apenas poderia ser efectuada no mês de Agosto, que coincide com as férias escolares e é tradicional época de repouso. Ou seja, os autos evidenciam uma situação em que a não realização de exames acarretaria perturbações e instabilidade a nível familiar e pedagógico, que num sistema educativo já tão debilitado como é o nosso, não podem deixar de ser qualificadas como potencialmente graves. Além disso, nada garante que no mês de Agosto não viesse a ser decretada nova greve, nas mesmas condições.

Em face destas considerações, nada há a censurar à decisão recorrida, quando esta dá prevalência, no caso concreto, ao direito ao ensino, reconhecendo a competência dos recorridos, no âmbito da alínea *g*) do artigo 199.° da C.R.P., para o preenchimento do conceito indeterminado de necessidades sociais impreteríveis e possibilidade de determinação de serviços mínimos (cfr. a propósito desta questão os Acs. STA (Pleno da 1ª secção) de 20.03.2002, Proc. n.° 42 934, in Cadernos de Justiça Administrativa, n.° 42, p. 22, e o Ac. TCA – Sul de 31.03.04, Rec. n.° 452/04).

4. DECISÃO

Em face do exposto, acordam em negar provimento ao recurso e em confirmar a sentença recorrida, do TAF de Lisboa.

Sem custas (art. 73.°-C, n.° 2, al. *c*) do C.C. J.).

Lisboa, 10 de Maio de 2007

António de Almeida Coelho da Cunha (Relator)
Mário Frederico Gonçalves Pereira (em substituição)
Teresa Maria Sena Ferreira de Sousa

Recurso n.° 11130/05

EXECUÇÃO DE SENTENÇA. COMPETÊNCIA TERRITORIAL. SENTENÇA DE INTIMAÇÃO PARA PASSAGEM DE CERTIDÃO. ART. 108.°, N.° 2 DO CPTA.

(Acórdão de 5 de Julho de 2007)

SUMÁRIO:

I – **O CPTA não veio alterar o que se passava no domínio da LPTA, nomeadamente o que se dispunha no n.° 2 do artigo 84.° da LPTA, ou seja, que "o não cumprimento da intimação importa responsabilidade civil, disciplinar e criminal, nos termos do art. 11.° do Decreto-Lei 256-A/ /77, de 17 de Junho", dispondo hoje o n.° 2 do artigo 108.° do CPTA que "se houver incumprimento da intimação sem justificação aceitável, deve o juiz determinar a aplicação de sanções pecuniárias, nos temos do artigo 169.°, sem prejuízo do apuramento da responsabilidade civil, disciplinar e criminal a que haja lugar, segundo o dispostos no artigo 159.°".**

II – **As razões jurisprudencialmente produzidas, na vigência da LPTA, no sentido de que o processo de execução de sentença regulado nos artigos 9.° e segs. do DL n.° 256-A/77 não é aplicável às sentenças proferidas no processo de intimação para consulta de documentos ou passagem de certidões, por tais sentenças já conterem a injunção sobre os actos a praticar e o respectivo prazo, valem inteiramente para essas sentenças de intimação proferidas na vigência do CPTA.**

III – **Sendo assim, a sentença recorrida não violou os artigos 157.° e segs. do CPTA e, por isso, não se vislumbra qualquer restrição para os direitos de acesso aos tribunais e de tutela jurisdicional efectiva, violadora dos artigos 2.° e 3.° desse diploma, e 20.° e 268.°, n.° 4 da CRP.**

ACORDAM, EM CONFERÊNCIA, NA 1ª SECÇÃO DO 2.° JUÍZO DO TRIBUNAL CENTRAL ADMINISTRATIVO SUL:

I – RELATÓRIO

MANUEL ... veio interpor recurso jurisdicional da sentença do TAF de Lisboa, de 19/09/2004, proferida a fls 61 a 64, que rejeitou o requerimento de execução da sentença que ordenara ao Conselho de Administração do Hospital do Espírito Santo a emissão, em 10 dias, de certidão da qual conste a menção das orientações a imprimir pelo CA para tornar mais eficaz a actuação do Hospital no que respeita ao funcionamento da área de acção médica de pneumologia e para resolver o problema de fundo respeitante ao funcionamento da área de acção médica de pneumologia, ou caso tal documento não exista, emissão de certidão negativa da falta de conteúdo efectivo de tal orientação.

Em síntese, o Recorrente assaca à decisão judicial impugnada:

– A nulidade prevista na al. *c*) do n.º 1 do art. 668.º do CPC, por ter começado *"por apreciar o mérito do requerimento de execução e depois"* vir *"dizer que o Tribunal era incompetente para decidir o pedido, o que evidencia uma contradição insanável, entre os fundamentos que invoca e a decisão que foi proferida..."*

– Erro de julgamento, designadamente, por:

(...) o Tribunal competente para decidir o presente processo de execução" ser *"o Tribunal Administrativo e Fiscal de Lisboa, nos termos dos artigos 13.º do CPTA e do n.º 1 do artigo 5.º do ETAF, normas legais que não foram aplicadas pela Sentença sob recurso (...)*

(...) A Sentença, sob recurso, (...) alegando que o Processo de Execução de Sentença não é aplicável à Sentença que tenha ordenado uma intimação" sustentar-se *em jurisprudência anterior à entrada em vigor do CPTA*

Com a entrada em vigor do CPTA, a partir de 01/01//2004, o mesmo (...) passou a conter, nos artigos 157.º e seguintes, normas legais que visam a execução das suas Sentenças que tenham ordenado uma intimação, normas essas que antes não existiam

Por isso a Sentença sob recurso, que rejeitou o pedido do exequente, não aplicou os artigo 157.º e seguintes do CPTA, maxime o n.º 3 do artigo 157.º

E por via de não ter aplicado o artigo 157.º do CPTA, a Sentença não se conforma com o princípio constitucional da tutela jurisdicional efectiva que foi violado, por violação dos artigos 2.º e 3.º do CPTA e os artigos 20.º e 268.º, n.º 4, ambos da CRP.

A Sentença não foi executada espontaneamente e se o ora exequente ao abrigo da legislação anterior não tinha meios legais para a fazer executar, no âmbito da Jurisdição Administrativa, agora têm, os artigos 157.º e seguintes do CPTA, maxime o disposto nos artigos 159.º e 169.º que se destinam exactamente a compelir os titulares do órgão recalcitrante a fornecer os elementos informativos tal como fora decretado pelo Tribunal

Termos em que deve ser concedido provimento ao presente recurso, revogando-se a douta Sentença recorrida e remetendo-se os autos ao Tribunal a quo para substituir a douta Sentença recorrida por outra que defira o pedido do exequente.

O Exm.º Magistrado do Ministério Público emitiu parecer no sentido de que o despacho/sentença recorrido:

– Não enferma da nulidade do art. 668.º, n.º 1, al *c*) do CPC, por a oposição entre os fundamentos e a decisão só se verificar quando os fundamentos invocados pelo juiz, quer de facto quer de direito, devam, logicamente, conduzir ao resultado oposto ao expresso na sentença, o que não ocorre, por o despacho/sentença, ao apreciar duas questões, a da incompetência como subsidiária da primeira, nenhuma contradição encerrar entre si;

– Deve ser revogado na parte da decisão judicial recorrida que decidiu a incompetência do TAF de Lisboa, pelas razões que constam do Acórdão do STA de 7-04--2005, proc. n.º 189/05;

– Não viola os arts 157.º e segs do CPTA, 20.º e 268.º, n.º 4 da CRP, por, tal como já acontecia no regime da LPTA, o processo de execução de sentença não ser aplicável à sentença que tenha ordenado uma intimação, no caso, para entrega de certidão, pelas razões que constam do Ac. do Tribunal Constitucional n.º 281/04, publicado no DR, II Série, de 9-06-2004, que, embora relativas ao DL 256-A/77, são igualmente procedentes no que se refere aos arts 157.º e segs citados, face ao disposto no art.108.º do mesmo diploma, que corresponde, de forma mais completa, ao art. 84.º da LPTA.

Colhidos os vistos legais, vem o processo submetido à conferência para julgamento.

II – OS FACTOS

Ao abrigo do n.º 6 do art. 713.º do CPC, ex vi do art. 140.º do CPTA, dão-se por reproduzidos os factos dados por provados na sentença recorrida sob as alíneas *a*) a *i*) do seu Ponto II.

III – O DIREITO

Conforme referido em *I*) supra, o presente recurso jurisdicional vem interposto da decisão judicial que rejeitou liminarmente o requerimento do ora Recorrente a promover, em processo de execução de julgado, a execução da sentença de intimação para a passagem de certidão.

O Recorrente assaca à sentença:

– Nulidade por contradição entre os fundamentos e a decisão, em conformidade com al. *c*) do n.º 1 do art. 668.º do CPC;

– Erro de julgamento por:

– Violação dos arts. 13.º do CPTA e 5.º, n.º 1 do ETAF, por, nos termos destas disposições, o TAF de Lisboa ser o competente para apreciar e decidir a presente execução;

– Violação dos arts 157.º e segs do CPTA, por, contrariamente ao decidido, estas disposições legais serem aplicáveis à execução das sentenças que tenham ordenado uma intimação, o que implica que a decisão sob recurso não se conforme com o princípio constitucional da tutela jurisdicional efectiva, violando os arts 2.º e 3.º daquele diploma, 20.º e 268.º, n.º 4 da CRP.

Cumpre, pois, decidir.

3.1. *Sobre a nulidade por contradição entre os fundamentos e a decisão, prevista na alínea c) do n.º 1 do art. 668.º do CPC.*

Dispõe este preceito que a sentença é nula "*Quando os fundamentos estejam em oposição com a decisão*", o que significa que se trata de uma contradição intrínseca, isto é, em que os fundamentos invocados pelo tribunal conduziriam, logicamente, a uma decisão oposta ou, pelo menos, diferente da que foi proferida.

Ora, não se descortina na decisão de rejeição do requerimento executivo qualquer contradição quer dela e do fundamento que a determinou – a consideração de que o processo execução de julgado é inaplicável à execução de sentenças de intimação para prestação de informações ou emissão de certidões, quer entre essa decisão e fundamentação e a consideração de que, mesmo que aquele processo fosse aplicável a essas sentenças, o TAF de Lisboa seria incompetente em razão do território para a presente acção executiva.

Na verdade, o que poderá verificar-se será uma errada interpretação e aplicação das normas em que assentou aquela rejeição e/ou das normas de competência aplicáveis à situação "sub judice", mas tal não consubstanciaria uma contradição entre os fundamentos e a decisão, mas um típico erro de julgamento por violação das disposições legais aplicadas ou aplicáveis.

Portanto, improcede a arguida nulidade da alínea *c*) do n.º 1 do art. 668.º do CPC.

3.2. Erros de julgamento por:

3.2.1 *Violação dos arts. 13.° do CPTA e 5.°, n.° 1 do ETAF*

Sustenta o Recorrente que a sentença viola estas disposições ao considerar que o TAF de Lisboa sempre seria incompetente para a acção executiva por ele instaurada contra o Conselho de Administração do Hospital do Espírito Santo.

É prévio esclarecer duas questões:

A primeira é a de que, em conformidade com o art. 13.° do CPTA, a competência dos tribunais administrativos em qualquer das suas espécies é de ordem pública e o seu conhecimento precede o de qualquer outra matéria (são regras tradicionais do contencioso administrativo, cfr. arts. 818.° do CA, 13.° da LOSTA e 3.° do CPTA);

A segunda é a de que a incompetência do Tribunal sugerida na sentença recorrida é a incompetência territorial, a qual, se se verificasse, não implicaria a rejeição do requerimento executivo mas a remessa oficiosa ao tribunal territorialmente competente.

Vejamos, então.

Da sentença recorrida, consta que:

"*...mesmo que se entenda que haveria no caso concreto lugar a execução de sentença e, consequentemente que não fosse a mesma de rejeitar liminarmente, sempre teria este Tribunal que declarar-se incompetente para apreciar o pedido formulado.*

É que, tendo esta execução, dado entrada em juízo em 30 de Junho de 2004, coloca-se a questão da competência deste Tribunal para o conhecimento do seu mérito.

Na verdade, o Tribunal Administrativo de Círculo de Lisboa foi extinto, em 31 de Dezembro de 2003, e convertido, em 1 de Janeiro de 2004, no 1.° Juízo do Tribunal Administrativo e Fiscal de Lisboa, ao qual apenas são afectos os processos pendentes no Tribunal extinto, não lhe sendo distribuídos novos processos (arts. 3.° n.os 1 a 3, 7.° n.os 1 a 3 e 9.° n.os 1 e 2, DL 325/2003, de 29 de Dezembro, e arts. 1.° n.os 1 e 2, al. i), e 2.° n.° 1, als. e) e f), da Portaria 1418/2003, de 30 de Dezembro).

A presente execução de julgado é uma nova acção (com duas fases: declarativa e executiva), tendo sido instaurada em 31 de Março de 2004, pelo que, face ao acima exposto, conclui-se que este 1.° Juízo (Liquidatário) é incompetente para conhecer da mesma.

É certo que, as execuções de sentença (a ***serem admissíveis)*** *correm por apenso aos autos principais, os quais, estão findos (para arquivo) neste Tribunal.*

Porém, tal facto não pode pôr em causa tal conclusão, já que as regras da apensação não se sobrepõem às da competência.

Tendo o Executado sede em Évora, e face ao disposto no art. 20.° n.° 4, do CPTA, aprovado pela Lei 15/2002, de 22/2, e no mapa anexo ao DL 325/2003, de 29 de Dezembro, seria o Tribunal Administrativo e Fiscal de Beja o competente para conhecer desta execução de julgado, o qual se encontra instalado desde 1 de Janeiro de 2004 (art. 1.° n.° 2, al. c), da Portaria 1418/2003, de 30 de Dezembro)".

Ora, está em questão saber se a execução de sentenças administrativas deverá ser apreciada no tribunal onde correu termos a causa principal, e por apenso a esta, ou se, perante a extinção do TAC e sua substituição pelo TAF, com a consequente limitação da esfera de acção jurisdicional do 1.° juízo liquidatário aos respectivos "processos pendentes", a competência terá que fundar-se noutros critérios, nomeadamente o da residência dos exequentes ou do executado.

Esta questão tem sido tratada em vários arestos do STA (para dirimir conflitos de competência), como seja, nos acórdãos de 7-04-2005, Proc. n.° 189/05, de 25-05--2005, proc. n.° 420/05, de 29-09-2005, proc. n.° 709/05, de 27-10-2005, proc. n.° 964/05, e de 19-04-2007, proc. n.° 171/07, sendo pacífico o entendimento de que

"*I – Em matéria de execução de sentenças administrativas a regra é a de que é competente para a apreciar o tribunal que tiver "proferido a sentença em primeiro grau de jurisdição" (1.ª Instância), e, ainda, que a esses autos é apensado o processo executivo, conforme resulta do disposto no arts. 164.°, n.os 1 e 2, (execução para a prestação de factos ou de coisas) e 176.°, n.os 1 e 2, do CPTA (execução de sentenças de anulação de actos administrativos), como resultava já, aliás, da legislação anterior no art. 7.°, n.° 4, do DL 256-A/77, de 17.6, e também da regra geral estabelecida no art. 90.°, n.° 1, do CPC.*

II – É assim inválida a decisão de um dos Senhores Juízes em conflito de afastar estas regras com fundamento no referido n.° 1 do art. 9.° do Decreto-Lei n.° 325//2003 (diploma complementar do ETAF), segundo o qual aos TACs extintos não são "distribuídos novos processos".

III – Em primeiro lugar, porque um processo de execução baseado em sentença condenatória nunca é um processo novo, pois não tem existência (autónoma) sem o processo principal ao qual está umbilicalmente ligado. Em segundo lugar, ainda que se considerasse a execução como processo novo, o certo é que o preceito em causa apenas prevê que não sejam "distribuídos processos novos" quando as execuções deste tipo não são distribuídas mas autuadas por apenso ao processo onde foi emitida a sentença exequenda. Finalmente, as normas dos n.os 2 e 4 do art. 5.° da Lei n.° 15/2002, interpretadas a contrario sensu, demonstram que sem elas, a esses expedientes processuais – providências cautelares e execuções – seriam aplicáveis as disposições da legislação anterior, justamente por se entender, dogmaticamente, que tais providências não são considerados processos novos" (sumário do último acórdão citado, idêntico aos sumários dos demais).

Firmada jurisprudência uniforme no STA, de sentido diametralmente oposto à posição vertida na sentença sob recurso, impõe-se concluir que o TAF de Lisboa é o territorialmente competente para a presente execução, não assistindo, por isso, razão à Mª Juiz "a quo" quanto à formulada consideração de sentido contrário.

3.2.2 *Violação dos arts 157.° e segs do CPTA, por, contrariamente ao decidido, estas disposições legais serem aplicáveis à execução das sentenças que tenham ordenado uma intimação, o que implica que a decisão sob recurso não se conforma com o princípio constitucional da tutela jurisdicional efectiva, violando os arts. 2.° e 3.° daquele diploma, 20.° e 268.°, n.° 4 da CRP.*

Insurge-se, pois, o Recorrente contra o entendimento perfilhado na decisão judicial impugnada de que o processo de execução de julgado não é aplicável às sentenças de intimação para emissão de certidão, por decorrer expressamente da lei que a falta de cumprimento da intimação "*tem as consequências a que aludia o n.° 2 do art. 84.° da Lei de Processo nos Tribunais Administrati-*

vos e que actualmente se encontram plasmadas no art. 108.º n.º 2 do CPTA".

Nesta parte não assiste razão ao Recorrente.

É que, contrariamente ao que sustenta, o CPTA não veio alterar o que se passava no domínio da LPTA.

Com efeito, dispunha o n.º 2 do art. 84.º da LPTA que "*O não cumprimento da intimação importa responsabilidade civil, disciplinar e criminal, nos termos do art. 11.º do Decreto-Lei 256-A/77, de 17 de Junho*", dispondo hoje o n.º 2 do art 108.º do CPTA que "*Se houver incumprimento da intimação sem justificação aceitável, deve o juiz determinar a aplicação de sanções pecuniárias, nos temos do artigo 169.º, sem prejuízo do apuramento da responsabilidade civil, disciplinar e criminal a que haja lugar, segundo o dispostos no artigo 159.º*".

Ora, se alguma diferença se extrai do confronto das duas disposições legais transcritas, será o reforço conferido pela possibilidade do tribunal impor sanções pecuniárias à Entidade Administrativa intimada pelo incumprimento do ordenado.

Daí que as razões jurisprudencialmente produzidas, na vigência da LPTA, no sentido de que o processo de execução de sentença regulado nos arts 9.º do DL 256-A/77 não é aplicável às sentenças proferidas no processo de intimação para consulta de documentos ou passagem de certidões, por tais sentenças já conterem a injunção sobre os actos a praticar e o respectivo prazo, valham inteiramente para essas sentenças de intimação proferidas na vigência do CPTA.

Na verdade, não se descortina, nem o Recorrente adianta, qualquer razão que leve a alterar esse entendimento.

Neste sentido, com maior desenvolvimento, vide acórdão do Tribunal Constitucional n.º 281/04, publicado no DR, 2ª Série de 9-06-2004, citado pelo Exm.º Magistrado do Ministério Público e, bem assim, acórdãos do STA, produzidos na vigência da LPTA, de 21-12-1995, proc. n.º 38300, e de 21-12-1993, proc. n.º 33215, referidos na decisão impugnada.

Sendo assim, impõe-se concluir que a sentença recorrida não viola os arts 157.º e segs do CPTA e, por isso, não se vislumbra qualquer restrição para os direitos de acesso aos tribunais e de tutela jurisdicional efectiva, violadora dos arts 2.º e 3.º desse diploma, 20.º e 268.º, n.º 4 da CRP.

Por todo o exposto, *acordam em:*

a) Revogar a sentença recorrida na parte em que considerou o TAF de Lisboa territorialmente incompetente para conhecer a acção executiva interposta pelo ora Recorrente;

b) Negar provimento ao recurso e manter a sentença recorrida na parte que rejeitou liminarmente o requerimento executivo para execução de sentença de intimação para emissão de certidão.

Custas pelo Recorrente, fixando-se a taxa de justiça e a procuradoria respectivamente em 120 (cento e vinte) e 60 (sessenta) euros.

Lisboa, 5 de Julho de 2007

Elsa Pimentel
Carlos Araújo
Fonseca da Paz

Recurso n.º 00515/05

INCOMPETÊNCIA MATERIAL DOS TRIBUNAIS ADMINISTRATIVOS. ACÇÃO DE RESPONSABILIDADE CIVIL CONTRATUAL POR VIOLAÇÃO DE UM CONTRATO DE MANDATO SEM REPRESENTAÇÃO.

(Acórdão de 19 de Abril de 2007)

SUMÁRIO:

I – A determinação do Tribunal materialmente competente para o conhecimento da pretensão deduzida pelo Autor deve partir do teor desta pretensão e dos fundamentos em que se baseia, sendo, para este efeito, irrelevante o juízo de prognose que se possa fazer relativamente à viabilidade da mesma (por se tratar de questão atinente ao mérito).

II – A competência terá, por isso, de se aferir pelos termos da relação jurídico-processual tal como foi apresentada em juízo.

III – A alegada violação de um contrato de mandato sem representação configura uma acção de responsabilidade civil contratual, não integrando, de todo, as alíneas *e*) e *f*) do artigo 4.º do ETAF, porquanto, no contrato, as diversas partes contratantes se encontram em paridade, praticando os actos no mesmo regime e condições dos particulares, com submissão às normas de direito privado.

ACORDAM, EM CONFERÊNCIA, NA SECÇÃO DE CONTENCIOSO ADMINISTRATIVO, 2.º JUIZO, DO TRIBUNAL CENTRAL ADMINISTRATIVO SUL:

RIBEIRAPÊRA – Sociedade para o Desenvolvimento de Castanheira de Pera SA, inconformada com a sentença do TAF de Leiria, de 9 de Fevereiro de 2006, que declarou aquele Tribunal materialmente incompetente para conhecer da presente acção administrativa comum, absolvendo os RR. da instância, na medida em que considerou que a questão em litígio consubstanciava uma situação de responsabilidade por incumprimento de um contrato de mandato, que, por não enquadrar uma relação jurídica administrativa e fiscal, e não se encontrar previsto no artigo 4.º n.º 1 alíneas *e*) *f*) do ETAF, dela recorreu e, em sede de alegações, formulou as seguintes conclusões (sintetizadas):

"A) Através da sentença proferida em 9 de Fevereiro p.p o Tribunal "a quo" declarou-se materialmente incompetente para conhecer da acção sub-judice, na medida em que considerou que a questão a decidir consubstanciava uma situação de responsabilidade por incumprimento de um contrato de mandato, que, por não enquadrar uma relação jurídica administrativa e fiscal, e não se encontrar previsto no artigo 4.º, n.º 1 alíneas *e*) e *f*), do Estatuto dos Tribunais Administrativos e Fiscais (doravante "ETAF"), não poderia ser objecto de apreciação por aqueles Tribunais;

B) A recorrente não concorda com o teor desta decisão, desde logo, porque o caso controvertido consubstancia uma verdadeira relação jurídico-administrativa;

C) O contrato de mandato utilizado para formalizar a relação existente entre a Recorrente e os Recorridos foi um meio utilizado pelos últimos – entidades de direito público e entidades de direito privado inteiramente detidas por entidades de direito público – para a realização de uma actividade de gestão pública: a implementação e desenvolvimento do Projecto de Revitalização e Reestruturação do sector têxtil de Castanheira de Pêra;

D) No âmbito de um Plano Estratégico de Desenvolvimento do Concelho de Castanheira de Pêra encontra-se prevista a constituição de uma Sociedade de Desenvolvimento Regional ("SDR"), para o que foi solicitada a intervenção da Recorrente, enquanto estrutura societária de apoio ao seu arranque e implementação que teria de acatar as instruções directas dos Recorridos;

E) A celebração de um contrato de mandato foi apenas o meio utilizado pela Administração Pública para a concretização/implementação desse Plano;

F) As actividades encetadas pela Recorrente foram realizadas para a prossecução do interesse público (desenvolvimento da região da Castanheira de Pêra/satisfação das necessidades colectivas), o qual sempre sobrelevou face a qualquer outro;

G) A Recorrente sempre agiu em prol da concretização dos interesses dos Recorridos que são totalmente coincidentes com o interesse público, ao contrário de agir em prol do seu próprio interesse privado;

H) Em nenhum momento, se esteve perante uma paridade entre os intervenientes na relação jurídica em causa;

I) O desenvolvimento do concelho de Castanheira de Pêra enquadra-se nas competências e atribuições de cada um dos Recorridos;

J) Por tudo isto, a relação existente entre as partes terá que ser qualificada como verdadeira relação jurídico-administrativa;

K) Os termos concretos pelos quais o contrato de mandato se rege têm natureza pública ou privada conforme ao objecto que enquadrará o mesmo, ou seja, se o seu objecto é uma actividade de gestão pública, tal contrato terá natureza pública;

L) A consideração de que o contrato mandato, como figura típica do direito cívil, é um obstáculo à apreciação da responsabilidade dos Recorridos pelo seu incumprimento consubstancia um erro de direito, na medida em que a situação concreta se apresenta como uma verdadeira relação jurídico-administrativa, preenchida com a realização de uma actividade de gestão pública, como tal, passível de julgamento pela Jurisdição Administrativa, sendo o contrato de mandato um mero instrumento para tal;

M) A competência para o julgamento de litígios decorrentes de actividades de gestão pública – ou de relações jurídico-administrativas – incumbe à Jurisdição Administrativa, nos termos do artigo 212.°, n.° 3 da CRP e do artigo 1.° n.° 1 do ETAF;

N) O Tribunal "a quo" efectuou uma incorrecta interpretação das alíneas do n.° 1 do artigo 4.°, designadamente, as alíneas *e*) e *f*) do ETAF, na medida em que o facto das questões emergentes de um contrato de mandato não se encontrarem previstas nas mesmas não afasta a sua resolução da Jurisdição Administrativa, porque, por um lado, trata-se de questões que decorrem de uma actividade de gestão pública, por outro lado, o elenco de matérias vertidas no artigo 4.° citado supra, não é taxativo, mas meramente exemplificativo e, finalmente, a tendência subjacente às recentes alterações do ETAF é de um alargamento da competência de julgamento dos Tribunais Administrativos;

O) A situação sub-judice sempre teria cabimento na Jurisdição Administrativa uma vez que, do exercício da actividade dos Recorridos, na qualidade de entidades públicas ou entidades privadas detidas por entidades públicas, resultaram avultados prejuízos para a Recorrente, resultando, deste modo, a sua responsabilização extracontratual;

P) Sobre a situação sub-judice, está-se perante um iminente Conflito Negativo de Jurisdição, uma vez que sobre a mesma já se pronunciaram os Tribunais Judiciais, decidindo pela sua incompetência material (Processo n.° 173/2002, que correu os seus trâmites legais no Tribunal Judicial de Figueiró dos Vinhos);

Q) Por todo o exposto, conclui-se que a sentença objecto de recurso padece de vício por erro de direito (de julgamento), devendo, por isso, ser decretada a sua revogação, considerando-se a Jurisdição Administrativa como a competente para dirimir o caso sub-judice (...)"

O recorrido Instituto de Gestão Financeira da Segurança Social IP contra-alegou sustentando, tal como a recorrente, a competência da jurisdição administrativa para o presente pleito.

A Exma Magistrada do Ministério Público junto deste TCAS emitiu douto parecer no sentido de ser negado provimento ao recurso jurisdicional e confirmada a sentença recorrida.

Colhidos os vistos legais foi o processo submetido à conferência para julgamento.

A matéria de facto pertinente é a constante da sentença recorrida, a qual se dá aqui por reproduzida, nos termos e para os efeitos do disposto no artigo 713.°, Sn.° 6 do Cód. Proc. Civil.

Tudo visto, cumpre decidir:

Veio o presente recurso jurisdicional interposto da sentença do TAF de Leiria que declarou a incompetência material daquele Tribunal para conhecer da acção sub judice, absolvendo, assim, os ora Recorridos da instância, na medida em que considerou que a questao em litigio consubstanciava uma situação de responsabilidade por incumprimento de um contrato de mandato, que, por não enquadrar uma relação jurídica administrativa e fiscal e não se encontrar previsto no artigo 4.°, n.° 1 alíneas *e*) e *f*) do ETAF não poderia ser objecto de apreciação por aqueles Tribunais.

Vejamos a questão, acompanhando de perto a argumentação expendida pela Exma Magistrada do Ministério Público junto deste TCAS no seu douto parecer, a que aderimos na íntegra.

Com efeito, a questão a decidir resume-se em apurar qual a jurisdição competente, se a comum, se a administrativa, para conhecer da presente acção.

Conforme também elucida a sentença "a quo", é a estrutura da causa apresentada pela A. que fixa o tema decisivo para efeitos de competência material, o que significa que é pelo "quid decidendum" que a competência se afere, sendo irrelevante qualquer tipo de indagação atinente ao mérito do pedido formulado, ou seja, sendo irrelevante o "quid decisum", o mesmo é dizer o juízo de prognose que se possa fazer relativamente à viabilidade da pretensão, por se tratar de questão atinente ao mérito da causa (cfr. Ac do STA de 31/05/2006 in Rec n.º 05/06).

Ora, na sua petição inicial, a A. alega ter celebrado um contrato de mandato sem representação, por via do que praticou diversos actos jurídicos em nome próprio, embora por conta dos RR., peticionando o pagamento/ /reembolso, por estes últimos, das despesas que efectuou, procedentes das instruções dos mandantes, ou que foram indispensáveis para a execução do projecto, no montante de 82 345,20 €, acrescidos de juros moratórios vencidos e vincendos, além da indemnização de 12963,94 € a título de danos morais (cfr. artigos 131.º a 134.º e 141.º e segs da petição inicial).

Dispõe o artigo 1157.º do Código Civil que o "Mandato é o contrato pelo qual uma das partes se obriga a praticar um ou mais actos jurídicos por conta da outra".

De acordo com o disposto no artigo 1180.º do Código Civil, no mandato sem representação o mandatário age em nome próprio, adquirindo os direitos e assumindo as obrigações decorrentes dos actos que celebra;

Nem por isso o mandante deve deixar de assumir as obrigações contraídas pelo mandatário em execução do mandato, de acordo com o disposto no artigo 1182.º do Código Civil que nessa matéria dispõe "O mandante deve assumir, por qualquer das formas indicadas no n.º 1 do artigo 595.º as obrigações contraídas pelo mandatário em execução do mandato; se não puder fazê-lo, deve entregar ao mandatário os meios necessários para as cumprir ou reembolsá-lo do que houver despendido nesse cumprimento".

Face ao teor da pretensão da A. e dos fundamentos em que se baseia, forçoso é concluir (independentemente de qualquer juízo de prognose sobre o mérito da mesma) estarmos perante uma acção de condenação por responsabilidade civil contratual, designadamente por violação de um contrato de mandato sem representação.

Daí que, tal como se afirma na sentença recorrida, o caso em apreço não integre, de todo, nem a alínea *e*) nem a alínea *f*) do artigo 4.º do ETAF, estando, no contrato, as diversas partes contratantes, em paridade, praticando os actos no mesmo regime e condições dos particulares, com submissão às normas de direito privado.

Invoca a ora recorrente, em defesa da competência material dos Tribunais Administrativos, que as actividades por si encetadas, legitimadas pelo contrato de mandato, foram levadas a cabo para a prossecução do interesse público (desenvolvimento do concelho de Castanheira de Pera) e em prol dos interesses dos Recorridos, totalmente coincidentes com o interesse público, sendo que a actividade atribuída à recorrente através do contrato de mandato é uma actividade de gestão pública, que visa, em última análise, a satisfação das necessidades colectivas, pelo que a relação entre as partes terá de ser qualificada como verdadeira relação jurídico-administrativa.

Porém, uma coisa é a responsabilidade civil extracontratual que pudesse eventualmente resultar de algum acto praticado pela ora recorrente e solidariamente, pelos RR., levado a cabo na prossecução do interesse público, através do contrato de mandato, e de se poder enquadrar ou não numa actividade de gestão pública, coisa diversa é a violação de um contrato de mandato sem representação pelos RR na medida em que não tenham assumido as obrigações contraídas pelo recorrente, em execução do mandato, reembolsando-o do que dispendeu nesse cumprimento, sofrendo, em consequência, a ora recorrente, segundo invoca, danos não patrimoniais de que pretende ser ressarcida.

Na verdade, mesmo na consideração do "gestor público", conforme se expende no Acórdão do STA, de 9 de Fevereiro de 1989, in Rec. n.º 24548 «deste regime legal decorre que o gestor público é um mandatário, é o titular de uma relação jurídica contratual de mandato, que se rege, em tudo o que não esteja especialmente previsto, pelo regime da lei civil para o contrato de mandato e que emerge de um acordo entre a vontade do gestor e a do dono da empresa que para essa função o escolheu (...)».

Em face do que ficou exposto, concluímos que não compete à jurisdição administrativa conhecer da presente acção, pelo que a sentença recorrida não enferma de qualquer erro de julgamento ao ter decidido pela incompetência material daquele TAF de Leiria, devendo por isso ser confirmada.

***

Acordam, pois, os juizes que compõem a Secção de Contencioso Administrativo, 2.º Juízo, deste TCAS, em negar provimento ao recurso jurisdicional e confirmar a sentença recorrida.

Sem custas, atentos os princípios da causalidade e do proveito consignados no artigo 446.º, n.º 1 e 2 do Cód. Processo Civil "ex vi" os do artigo 1.º do CPTA.

Lisboa, 19 de Abril de 2007

António Paulo Esteves Aguiar de Vasconcelos (Relator)
Magda Espinho Geraldes
Mário Frederico Gonçalves Pereira

Recurso n.º 01727/06

INTIMAÇÃO PARA A PROTECÇÃO DE DIREITOS, LIBERDADES E GARANTIAS. ACESSO AO ENSINO SUPERIOR. MELHORIA DE NOTA. DIREITO À IGUALDADE DE OPORTUNIDADES.

(Acórdão de 3 de Maio de 2007)

SUMÁRIO:

I – O Despacho n.º 16078-A/2006, do Secretário de Estado da Educação, publicado na sequência da alteração do art. 42.º, n.º 2, al. *c*), do D.L. n.º 296-A/98, de 25/9, pelo D.L. n.º 147-A/2006, de 31/7, ao permitir, exclusivamente aos candidatos ao ensino superior que realizaram a prova de Química na 1ª fase dos exames nacionais

do ensino secundário, a melhoria da nota obtida, mediante a realização de nova prova na 2ª fase desses exames, introduziu um tratamento desigual, favorecendo esses candidatos em relação aos que efectuaram tal prova na 2ª fase daqueles exames.

II – Porque as "circunstâncias extraordinárias" invocadas no Despacho n.º 16078-A/2006 eram comuns a todos os alunos que no ano lectivo de 2006/2007 se submeteram aos exames nacionais de Química, não existe fundamento razoável para o referido tratamento desigual.

III – Assim, mostrando-se violado o direito à igualdade de oportunidades no acesso ao ensino superior consagrado nos arts. 74.º, n.º 1 e 76.º, n.º 1, ambos da CRP, deve ser confirmada a sentença que deferiu a intimação para a protecção de direitos, liberdades e garantias.

ACORDAM, EM CONFERÊNCIA, NA 1ª SECÇÃO, 2.º JUÍZO, DO TRIBUNAL CENTRAL ADMINISTRATIVO SUL:

1. O Ministério da Educação e o Ministério da Ciência, Tecnologia e Ensino Superior, inconformados com a sentença do T.A.F. de Leiria, que julgou procedente a intimação para protecção de direitos, liberdades e garantias contra eles intentada por Guilherme Coutinho Martins Mendes Simões, dela interpuseram recursos jurisdicionais para este Tribunal.

O Ministério da Ciência, Tecnologia e Ensino Superior, na respectiva alegação, formulou as seguintes conclusões:

"A) Nem o D.L. n.º 147-A/2006, de 31/7, nem o Despacho do Sr. Secretário de Estado da Educação n.º 16078-A/2006, de 1/8, foram geradores de restrição de direitos, liberdades ou garantias;

B) Privilegiaram-se os factores de segurança e pressupostos de igualdade jurídica, restabelecendo-se a igualdade de oportunidades entre os candidatos da 1ª fase, desprotegidos dos seus direitos por factores externos, criados pelo próprio Estado e que lhes não eram de forma alguma imputáveis, relativamente aos da 2ª fase, em nada afectando ou minorando restabelecendo-se a igualdade de oportunidades entre os candidatos da 1ª fase, desprotegidos dos seus direitos por factores externos, criados pelo próprio Estado e que lhes não eram de forma alguma imputáveis, relativamente aos da 2ª fase, em nada afectando ou minorando os direitos destes últimos;

C) A retroactividade terá o beneplácito constitucional sempre que razões de interesse geral ou de conformação social, como foi o caso, a reclamem".

O Ministério da Educação também alegou, tendo enunciado as seguintes conclusões:

"A) – O D.L. n.º 147-A/2006, de 31/7, e o subsequente Despacho n.º 16078-A/2006, de 2/8, não são restritivos de direitos, liberdades e garantias;

B) – Nestes termos, não lhes é aplicável a proibição de terem efeito retroactivo, como previsto no art. 18.º, n.º 3, da CRP;

C) – A adopção destas medidas legislativas, veio permitir que fossem assegurados os princípios da protecção da confiança e da segurança jurídicas, corolários de um Estado de Direito, visando-se precisamente garantir o princípio da igualdade e do acesso ao ensino superior em igualdade de oportunidades relativamente aos alunos que realizaram o exame de Química (código 642) na 1ª fase (que foram prejudicados gravemente pelas circunstâncias excepcionais identificadas no Despacho n.º 16078-A/2006, de 2/8, e que manifestamente não lhes eram imputáveis), relativamente aos alunos que realizaram este exame na 2ª fase, em nada afectando ou diminuindo os direitos destes últimos;

D) – Assim sendo, considera-se que também não foram violados os arts. 2.º, 13.º, 74.º, n.º 1 e 76.º, n.º 1, da CRP;

E) – A douta sentença recorrida, ao decidir nos termos do entendimento nela perfilhado é que ofendeu o estatuído nos arts. 18.º, n.º 3, 2.º, 13.º, 74.º, n.º 1 e 76.º, n.º 1, da CRP".

O recorrido não contra-alegou.

O digno Magistrado do M.P. emitiu parecer sobre o mérito do recurso, concluindo pela sua improcedência.

Sem vistos, foi o processo submetido à Conferência para julgamento.

2.1. A matéria de facto pertinente é a que foi considerada provada na sentença recorrida, a qual se dá aqui por reproduzida, nos termos do n.º 6 do art. 713.º do CP Civil.

2.2. A sentença recorrida, depois de julgar improcedentes as questões prévias da "extemporaneidade do processo" e da "inidoneidade do meio processual utilizado", deferiu a intimação para protecção de direitos, liberdades e garantias intentada pelo ora recorrido, condenando os recorrentes a:

"*a*) Assegurar ao requerente a realização de um novo exame de Química (código 642), no prazo de 15 dias a contar da notificação da presente sentença;

b) Admitir o ingresso do requerente no curso de Licenciatura de Medicina Dentária da Faculdade de Medicina da Universidade de Coimbra, neste ano lectivo de 2006//2007, criando para o efeito uma vaga adicional, se necessário, se o requerente obtiver média de classificação final igual ou superior à do último dos candidatos admitidos no citado curso e na citada Faculdade (com a aplicação da mesma ponderação ao requerente que foi aplicada aos candidatos que ingressaram este ano no mesmo curso, no mesmo estabelecimento)."

Para o efeito considerou que, ao não se permitir a repetição de exame e escolha da melhor nota aos alunos que, como o recorrido, realizaram a prova de Química na 2ª fase de exames de acesso ao ensino superior para o ano lectivo de 2006/2007, se violou o direito à igualdade de oportunidades no acesso ao ensino superior, consagrado nos arts. 74.º, n.º 1 e 76.º, n.º 1, da CR.P, por tal ter sido permitido em relação aos alunos que realizaram aquela prova na 1ª fase.

Contra este entendimento, os recorrentes alegam que o D.L. n.º 147-A/2006, de 31/7, e o subsequente Despacho n.º 16078-A/2006, de 2/8, não são restritivos de direitos, liberdades e garantias, podendo, por isso, ter efeitos retroactivos e que tais medidas legislativas visaram precisamente garantir a igualdade de oportunidades no acesso ao ensino superior entre os alunos que realizaram o exame de Química (código 642) na 1ª fase – que haviam sido prejudicados pelas circunstâncias excepcionais referidas naquele Despacho – e os que apenas o efectuaram na 2ª fase.

Vejamos se lhes assiste razão.

O art. 42.º, do D.L., n.º 296-A/98, de 25/9 (diploma que regula o regime de acesso e ingresso no ensino superior), na redacção resultante do D.L. n.º 158/2004, de 30/6, estabelecia, no seu n.º 2, quanto à "melhoria da classificação final do ensino secundário", o seguinte:

"Em cada ano lectivo, a classificação final do ensino secundário utilizada na 1ª fase de concursos a que se refere o capítulo V só pode integrar melhorias de classificação resultantes de exames realizados:

a) Em anos lectivos anteriores;

b) Na 1ª fase dos exames nacionais do ensino secundário desse ano lectivo;

c) Na 2ª fase dos exames nacionais do ensino secundário desse ano lectivo, quando o estudante não tenha realizado o mesmo exame na 1ª fase".

O art. 1.º, do D.L. n.º 147-A/2006, de 31/7, alterou a transcrita al. *c*) que passou a ter a seguinte redacção:

"Na 2ª fase dos exames nacionais do ensino secundário desse ano lectivo, quando o estudante não tenha realizado o mesmo exame na 1ª fase ou quando tal seja permitido por despacho fundamentado do membro do Governo com a tutela sobre o ensino secundário, em razão de circunstâncias excepcionais verificadas no processo de avaliação e susceptíveis de prejudicar gravemente os candidatos ou de pôr em causa o princípio da igualdade entre candidaturas".

Quanto à vigência desta alteração, o art. 2.º, do referido D.L. n.º 147-A/2006, estabeleceu que entrava em vigor "no dia seguinte ao da sua publicação, produzindo efeitos a partir do início do período de candidatura ao ensino superior no ano lectivo de 2006/2007".

Na sequência da nova redacção dada ao citado art. 42.º, n.º 2, al. *c*), foi, em 2/8/2006, publicado o Despacho n.º 16078-A/2006, do Secretário de Estado da Educação, que determinou o seguinte:

"No presente ano, em razão de circunstâncias que gravemente prejudicaram os candidatos e puseram em causa o princípio da igualdade entre candidaturas na 1ª fase dos concursos a que se refere o capítulo V do D.L. n.º 296-A/98, de 25/9, alterado pelos D.Ls. n.ºs 99/99, de 30/3, 26/2003, de 7/2, 76/2004, de 27/3, 158/2004, de 30/6 e 147-A/2006, de 31/7, é permitida, excepcionalmente, aos candidatos que na 1ª fase dos exames nacionais do ensino secundário do ano lectivo de 2005-2006 realizaram exame nas disciplinas de Química (código 642) e Física (código 615) a utilização da classificação final do ensino secundário que integra melhorias de classificação resultantes de exames dessas disciplinas realizados na 2ª fase de exames nacionais deste mesmo ano lectivo".

Não há dúvidas que este Despacho, ao permitir que os candidatos ao ensino superior que realizaram a prova de Química (código 642) na 1ª fase dos exames nacionais do ensino secundário pudessem melhorar a nota obtida, realizando nova prova na 2ª fase desses exames e vedando esta possibilidade àqueles que efectuaram tal prova nesta 2ª fase, introduziu um tratamento desigual, beneficiando os candidatos que haviam realizado a prova em questão na 1ª fase dos exames nacionais do ensino secundário.

E este tratamento desigual verificou-se em razão da retroactividade estabelecida pelo art. 2.º, do D.L. n.º 147-A/2006, que surpreendeu os candidatos com uma alteração das regras previamente definidas, das quais resultou o favorecimento daqueles que haviam realizado a prova de Química na 1ª fase dos exames nacionais do ensino secundário.

Mas, para que este tratamento desigual seja violador do direito à igualdade de oportunidades no acesso ao ensino superior, consagrado nos arts. 74.º, n.º 1 e 76.º, n.º 1, ambos da CRP, é necessário que para ele não exista um fundamento razoável.

Analisando as razões invocadas no Despacho n.º 16078-A/2006 (estar-se perante uma disciplina com um programa novo que foi tardiamente aprovado e que introduziu rupturas com a experiência anterior e a disciplina ter sido sujeita a um procedimento de exames inicialmente não previsto, circunstâncias que teriam originado os resultados anormalmente baixos que foram obtidos), parece-nos não ser justificável a discriminação estabelecida.

Efectivamente – como se escreveu na sentença recorrida –, "as referidas circunstâncias extraordinárias são comuns a todos os alunos que no ano lectivo em causa se submeteram aos exames nacionais de Química (código 642), incluindo o requerente. É que também os alunos que se apresentaram a exame de Química na 2ª fase estiveram sujeitos a todas essas vicissitudes: programas novos, tardiamente aprovados e relativamente aos quais não foi assegurada uma adequada preparação, designadamente, por dificuldades de adaptação de manuais escolares e dos próprios docentes. Pelo que, sendo a mesma argumentação válida para todos os candidatos, deveria igualmente o requerente (bem como todos os outros na mesma situação) poder beneficiar da possibilidade de realizar melhorias de classificação, de molde a utilizá-las no ingresso no ensino superior ainda na 1ª fase do concurso".

Assim sendo, não se encontra no aludido Despacho qualquer fundamento para o tratamento desigual que veio a ser estabelecido.

Argumentam ainda os recorrentes com o facto de os candidatos que realizaram a prova na 1ª fase – ao contrário do que sucedeu com os que a efectuaram na 2ª fase – não terem tido qualquer contacto prévio com qualquer modelo de referência de prova.

Mas, como bem nota a sentença, sempre os alunos que realizaram as provas de exame na 2ª fase tiveram a possibilidade de acesso aos enunciados das provas realizadas na 1ª fase, sem que esse facto tenha alguma vez servido para permitir a estes a realização de novos exames para melhoria de nota.

Além disso, uma vez que todos os candidatos poderiam realizar a prova na 2ª fase, eles estariam numa situação de paridade, não se verificando qualquer tratamento desigual.

Portanto, independentemente da questão de saber se os diplomas em causa poderiam, em abstracto, ter efeitos retroactivos, o que é certo é que a sua aplicação originou um tratamento discriminatório violador do direito de igualdade de oportunidades no acesso ao ensino superior.

Refira-se, finalmente, que esta solução está de acordo com o entendimento perfilhado no Ac. do T.C. (Plenário) n.º 1/97, de 8/1 (publicado no BMJ 463.º-55), em cujo sumário se pode ler:

"As normas que criam retroactivamente um quadro legal que, se fosse actualmente conhecido dos interessados, teria modificado a representação das possibilidades de acesso ao ensino superior pelos candidatos à 1ª fase – pondo em causa as expectativas referentes ao conhecimento prévio das regras de um concurso público e à manutenção de tais regras até à produção de todos os seus efeitos legais – colidem com o princípio da igualdade, consagrado genericamente no art. 13.º e – no que se refere à igualdade de oportunidades no acesso ao ensino superior – no art. 76.º, n.º 1, e afectam o princípio da segurança jurídica, derivado do art. 2.º da C.R.P.".

Nestes termos, a sentença recorrida, ao deferir a requerida intimação para a protecção de direitos, liberdades e garantias, não merece a censura que lhe é dirigida pelos recorrentes, devendo ser confirmada.

3. Pelo exposto, acordam em negar provimento aos recursos, confirmando a sentença recorrida.

Sem custas, por isenção (cfr. art. 73.º-C, n.º 2, al. *c*), do C.C.J.).

Lisboa, 3 de Maio de 2007

José Francisco Fonseca da Paz (Relator)
António Paulo Esteves Aguiar de Vasconcelos
Magda Espinho Geraldes

Recurso n.º 02402/07

LEGITIMIDADE ACTIVA DOS SINDICATOS. PORTARIA N.º 63/02. OPERADORES INFORMÁTICOS.

(Acórdão de 14 de Junho de 2007)

SUMÁRIO:

I- Tanto do ponto de vista do procedimento administrativo, como na via contenciosa, os Sindicatos possuem legitimidade activa para a defesa colectiva dos interesses individuais dos trabalhadores que representa.

II- A Portaria n.º 63/02 não criou qualquer categoria profissional, mas tão somente reconheceu aos operadores informáticos o direito à percepção da sua quota parte nas gratificações dadas pelos frequentadores das salas privativas das máquinas.

III- Tal Portaria não é ilegal, nem possui natureza inovatória em relação ao conteúdo dispositivo do art. 79.º n.º 3 do D.L. 422/89, de 2 de Dezembro.

ACÓRDÃO NO 1.º JUÍZO LIQUIDATÁRIO DO TCA – SUL:

1. RELATÓRIO

Sindicato dos Profissionais de Banca dos Casinos veio requerer a declaração de ilegalidade, com força obrigatória geral, da Portaria n.º 63/02, de 16 de Janeiro, considerando que a mesma viola o artigo 79.º n.º 3 do Dec. Lei n.º 422/89, de 2 de Dezembro, porquanto não foi ouvido na qualidade de representante dos trabalhadores, além de ter sido violado o limite material do poder regulamentar, criando-se com carácter inovatório categorias profissionais com força obrigatória geral.

A entidade demandada respondeu deduzindo a ilegitimidade do Sindicato A., a rejeição do recurso por não se encontrarem verificados os pressupostos do artigo 66.º n.º 1 da L.P.T.A e, por último, se assim se não entender, a improcedência da acção, por inverificação dos pressupostos do artigo 60.º n.º 1 da LPTA.

Em sede de alegações finais, o Sindicato dos Profissionais de Banca dos Casinos apresentou as conclusões de fls. 85 e seguintes, cujo teor se dá por integralmente reproduzido.

Não houve contra-alegações.

O Digno Magistrado do M.º P.º emitiu parecer no sentido de ser negado provimento ao recurso.

Colhidos os vistos legais, cumpre decidir.

2. MATÉRIA DE FACTO

Emerge dos autos a seguinte factualidade, com relevo para a decisão:

a) No dia 16.01.02, foi publicada no Diário da República, n.º 13, I Série B, a Portaria n.º 63/02, de 16 de Janeiro, emitida pelo Sr. Secretário de Estado do Turismo, ao abrigo do disposto no art. 73.º/3 do D.L. 422/89, de 2 de Dezembro;

b) Resulta da referida Portaria que o Sr. Secretário de Estado do Turismo apenas permitiu pronunciarem-se sobre a proposta de alteração da Portaria n.º 1159/90, de 27 de Novembro, dois Sindicatos representantes dos trabalhadores;

c) O Sindicato ora A., que também tem por fim defender os interesses dos trabalhadores que prestam serviço nas salas de jogo das máquinas automáticas dos casinos;

d) O Sindicato A. não participou na elaboração da Portaria, nem sequer exerceu o seu direito de audição, apesar de ser representante de, pelo menos, dois filiados a exercerem as suas funções na sala de máquinas, com direito à percepção de gratificações (cfr. doc. de fls. 64 a 73).

3. DIREITO APLICÁVEL

a) Questões prévias:

A entidade recorrida deduziu a questão prévia da ilegitimidade do A. para interpor a presente acção, por não possuir entre os seus filiados trabalhador algum que exerça a sua actividade nas salas privativas de máquinas dos casinos, com direito à percepção das gratificações em causa. Na verdade, diz a entidade recorrida, os "profissionais de banca" prestam serviço nas bancas (mesas de jogo) e não nas salas privativas de máquinas, pelo que não são minimamente prejudicados com a distribuição, pelos operadores, das gratificações dadas apenas pelos clientes das salas privativas de máquinas.

Contudo, os autos demonstram que, ao contrário do afirmado pela entidade demandada, existem pelo menos dois trabalhadores (Eurico da Silva Reis e Elsa Maria de Oliveira Saltão) que exerceu, respectivamente, as funções inerentes à categoria profissional de Chefe de Sala de Máquinas no Casino da Praia da Rocha e Adjunta de Chefe da Sala de Máquinas do Casino da Figueira da Foz (cfr. docs. de fls. 64 a 73 dos autos).

Não obstante este número reduzido de associados, o Sindicato A. deve considerar-se parte legitima, atentas as regras da legitimidade activa das associações sindicais.

Improcede, pois, a primeira das questões prévias deduzidas.

Seguidamente, a entidade demandada alega que o pedido de declaração de ilegalidade em causa deve ser rejeitado, visto a norma cuja ilegalidade se requer não produzir efeitos jurídicos imediatos na esfera jurídica dos potenciais lesados nem ter sido desaplicada três vezes por um qualquer tribunal (art. 40.°, al. *c*) e 51.°, al. *c*) do E.T.A.F. e art. 66.° n.° 1 da L.P.T.A).

A nosso ver, não é assim.

Como refere a recorrente na resposta a esta questão prévia a Portaria tem aplicação imediata e de eficácia obrigatória, carecendo apenas de actos materiais efectuados pela Comissão de Distribuição de Gratificações, tendentes à distribuição das gratificações de acordo com a mencionada Portaria, procedendo-se posteriormente ao depósito na conta de trabalhador das importâncias apuradas, por realização das operações de liquidação da sua responsabilidade (cfr. Portaria n.° 1159/90, de 27 de Novembro).

Ou seja, as operações de liquidação apenas dependem de se saber quais são as categorias profissionais com direito às gratificações, e não de um acto administrativo subsequente, pelo que a Portaria em causa é imediatamente operativa e aplicável.

b) Questão de fundo.

O A. considera ter ocorrido violação do art. 79.° n.° 3 do Dec. Lei 422/89, de 2 de Dezembro, Legislação ao abrigo da qual a Portaria visa regulamentar, posto que, ao contrário do nela disposto, o Sr. Secretário de Estado do Turismo não ouviu os representantes de todos os trabalhadores cujos interesses estavam em causa com a alteração da referida Portaria. Quanto a este ponto, a A. apela para o preâmbulo da Portaria n.° 1159/90, de 27 de Novembro, onde se afirma expressamente que existem três sindicatos representantes dos trabalhadores beneficiários.

A nosso ver, estamos apenas, e ainda, perante uma questão procedimental, que não tem por consequência necessária a ilegalidade da Portaria n.° 63/2002.

A entidade demandada actuou no pressuposto de que o Sindicato dos Profissionais de Banca dos Casinos não tinha entre os seus filiados trabalhador algum que exercesse a sua actividade nas salas privativas de máquinas dos casinos, com direito à percepção das gratificações em causa.

Por outro lado, os documentos de fls. 64 e 73, juntos para prova de que o Sindicato A. tinha entre os seus sócios trabalhadores que exerciam a sua actividade naquelas condições não é suficientemente claro, dele resultando apenas que os mesmos constam de mapa de quotização sindical de Janeiro, Agosto e Setembro de 2002.

É, assim, duvidoso, que a entidade demandada tivesse que promover a sua audição, como aliás nota o Digno Magistrado do Ministério Público no douto parecer que antecede.

Vejamos, agora, o cerne da questão.

Alega o Sindicato A. que a Portaria objecto da presente acção viola o limite material do exercício do poder regulamentar consentido pelo artigo 79.° n.° 3 do Dec. Lei n.° 422/89, de 21 de Dezembro, visto que a mesma apenas permite que o membro do Governo responsável pelo turismo estabeleça as regras de distribuição da parte das gratificações destinadas aos empregados com direito à sua percepção, e não a criação, com carácter inovatório e efeitos normativos, de categorias profissionais com força obrigatória geral não estabelecidas nem existentes na regulamentação laboral em vigor.

E, conforme decorre do preâmbulo da Portaria, objecto da presente acção, apenas existe a categoria profissional do operador informático, denominação que lhe foi dada sem carácter normativo, pela própria entidade patronal, não sendo uma categoria profissional "Estatuto", na acepção do seu termo, conteúdo funcional normativo, com remuneração mínima fixada, progressão na carreira e remuneratória.

Ou seja, diz a A., "não compete ao membro do Governo, responsável pelo sector do Turismo, criar novas categorias profissionais não presentes na regulamentação em vigor, mas apenas fixar as regras de distribuição das gratificações destinadas aos empregados com direito à sua percepção".

Ora, o disposto no artigo 1.° da Portaria, objecto da presente acção, manifesta natureza inovatória relativamente ao conteúdo dispositivo do artigo 79.° n.° 3, preceito normativo que ela visa regulamentar, excedendo o limite material do poder regulamentar nele consentido.

Vejamos se é assim.

O artigo 79.° n.° 3 do D.L. 422/89 prescreve o seguinte:

"As regras de distribuição da parte das gratificações destinadas aos empregados com direito à sua percepção são fixadas por portaria do membro do Governo responsável pelo sector do turismo, ouvidos os representantes dos trabalhadores".

Todavia, e como é sabido, de entre os sistemas informáticos instalados nas salas de jogos dos casinos, funciona, há vários anos, um sistema que tem como objectivo específico controlar as receitas das máquinas, sendo certo que, do Preâmbulo da Portaria n.° 63/02 consta o seguinte:

"Em resultado do elevado número da máquinas existentes neste momento nos casinos seria inviável a gestão da sua exploração sem o sistema informático que está instalado".

E, como afirma a entidade demandada, não tendo sido tal sistema contestado, e sendo certo que o mesmo não funciona sem operador, foi esta a razão pela qual as empresas concessionárias das zonas de jogo admitiram, há vários anos, os referidos trabalhadores.

Não se trata, pois, da criação de uma nova categoria profissional, mas tão somente do reconhecimento àqueles trabalhadores, por parte da Portaria n.° 63/02, do direito à percepção da sua quota parte nas gratificações dadas pelos frequentadores das salas privativas das máquinas.

Não se pode, pois, dizer, atenta a realidade subjacente, que o disposto no artigo 1.° da Portaria n.° 63/02, de 16 de Janeiro, possua natureza inovatória em relação ao conteúdo dispositivo do art. 79.° n.° 3 do Dec. Lei n.° 422/89 de 2 de Dezembro ou viole o limite material do exercício do poder regulamentar nele consentido.

4. DECISÃO

Em face do exposto, acordam em julgar a acção improcedente, por não se verificar qualquer ilegalidade na Portaria n.º 63/02, de 16 de Janeiro.

Custas pelo A., fixando a taxa de justiça em 300 euros e a procuradoria em 150 euros.

Lisboa, 14 de Junho de 2007

António de Almeida Coelho da Cunha (Relator)
Mário Frederico Gonçalves Pereira
Magda Espinho Geraldes

Recurso n.º 06193/02

PEDIDO DE SUSPENSÃO DO ACTO ADMINISTRATIVO. CONHECIMENTO DA AUTORIDADE ADMINISTRATIVA. IMPOSSIBILIDADE DE INICIAR OU PROSSEGUIMENTO DE EXECUÇÃO SEM PRÉVIA PRODUÇÃO DE RESOLUÇÃO FUNDAMENTADA.

(Acórdão de 6 de Junho de 2007)

SUMÁRIO:

I – Impõe o artigo 128.º n.º 1 do CPTA que, tendo tomado conhecimento de ter sido requerida suspensão do acto administrativo, a autoridade visada não pode iniciar ou prosseguir a execução do mesmo acto, salvo se produzir no prazo legal Resolução Fundamentada que o justifique.

II – Não tendo o requerente do incidente identificado devidamente os actos cuja ineficácia pretende ver declarada, como era seu ónus, deverá o mesmo incidente ser indeferido.

ACORDAM OS JUIZES DO 2.º JUÍZO, 1ª SECÇÃO, DO TRIBUNAL CENTRAL ADMINISTRATIVO SUL:

1. Câmara Municipal de Silves, com os sinais dos autos, veio recorrer do despacho lavrado a fls. 312 e seguintes dos autos no TAF de Loulé, que julgou ineficazes todos os autos de execução por ela praticados, por falta da resolução fundamentada prevista no artigo 128.º n.º 1 do CPTA.

Em sede de alegações, formulou as conclusões seguintes:

1ª) Tendo previsto realizar uma exposição de arte no antigo Matadouro Municipal de Silves, a Câmara Municipal de Silves, para evitar ser eventualmente acusada de desrespeitar a providência cautelar instaurada contra o Município, veio aos autos dar conhecimento deste seu projecto e solicitar que o requerente da providência cautelar se pronunciasse.

2ª) O Celas, requerente da providência cautelar, opôs-se, alegando ser a Comissão Instaladora da Fundação referida nos autos a verdadeira interessada na exposição e solicitando que o requerimento da Câmara fosse indeferido.

3ª) A Câmara Municipal de Silves impugnou os factos narrados pelo Celas, classificando-os de totalmente falsos e esclarecendo o Tribunal que não iniciou nem continuou a sua deliberação de 09.02.2005, deliberação esta que quer a Câmara, quer o requerido particular sustentam ser um acto preparatório.

4ª) A exposição de pintura que deu origem a este incidente irá realizar-se noutros locais que não o edifício do antigo Matadouro Municipal de Silves.

5ª) A referida exposição de arte é da exclusiva iniciativa da Câmara Municipal de Silves e vai realizar-se noutros locais que não o edifício do antigo Matadouro Municipal, factos estes que ficaram claramente explicados nos requerimentos da Câmara Municipal de Silves, no incidente que corre termos neste processo.

6ª) Ao entender e ao decidir de maneira diversa, a decisão recorrida padece de erro de julgamento.

7ª) A decisão recorrida dá por provados factos que foram claramente impugnados pela Câmara Municipal de Silves, o que, representando desrespeito da norma do artigo 653.º n.º 2 do CPC, é causa de nulidade da decisão, nos termos do artigo 668.º n.º 1, alínea *b*), do CPC.

8ª) A decisão recorrida não apreciou minimamente a impugnação deduzida pela Câmara Municipal de Silves no presente incidente, o que representa violação do princípio do contraditório, consagrado no artigo 3.º-A, do CPC.

9ª) A decisão recorrida aderiu exclusivamente aos factos alegados pelo Celas, mas tempestivamente impugnados pela Câmara Municipal de Silves, o que constitui violação da norma do artigo 158.º n.º 2, do CPC.

10.º) A decisão recorrida não se pronuncia minimamente sobre as questões que neste incidente foram postas pela Câmara Municipal de Silves, o que, representando desrespeito da norma do artigo 660.º n.º 2, do CPC, fere a mesma decisão de nulidade, nos termos do disposto no artigo 668.º n.º 1, alínea *d*), do CPC.

11ª) Face à oposição deduzida pelo Celas neste incidente, a Câmara Municipal de Silves absteve-se de realizar a exposição de arte no edifício do antigo Matadouro Municipal, optando por vir a realizá-la noutros locais, facto este que ficou logo claro no inicial requerimento da Câmara Municipal de Silves de 15.06.2005.

12ª) A circunstância de as pinturas virem para Portugal, a fim de neste País serem expostas, não envolve qualquer execução da deliberação camarária de 09.02.2005, pelo que inexistem quaisquer actos de execução praticados pela Câmara Municipal de Silves, relacionados com a referida deliberação camarária.

13ª) O Celas, ao pedir, neste incidente, que seja declarada a ineficácia dos actos de execução indevida que, entretanto, tenham sido ou venham a ser praticados pelo Requerido Município, deduziu um pedido vago, genérico, sem qualquer concretização.

14ª) Competia ao Celas identificar especificamente os actos de execução indevida cuja declaração de ineficácia é pedida.

15ª) Não o tendo feito, não pode este incidente ser decidido a seu favor.

16ª) Tendo decidido o incidente a favor do Celas e tendo aderido à vaguidade do pedido do Celas, a decisão recorrida fez aplicação incorrecta das normas dos n.os 3, 4 e 5 do artigo 128.º, do CPTA.

17ª) A Câmara Municipal de Silves não iniciou nem prosseguiu a execução da sua deliberação de 09.02.2005, pelo que não lhe cabe proferir a resolução fundamentada de que fala a decisão recorrida.

18ª) Inexiste qualquer fundamento para condenar a Câmara Municipal de Silves na multa de 2 UC pela não apresentação da referida resolução fundamentada.

19ª) A decisão recorrida faz, neste caso, aplicação incorrecta da norma do artigo 81.º-A, do CCJ.

Contra alegou o Centro de Estudos Luso-Árabes de Silves (CELAS), pugnando pela manutenção do julgado.

A Exma Procuradora da República neste Tribunal pronuncia-se pelo provimento do recurso.

2. OS FACTOS

Com interesse para a decisão, mostram-se provados nos autos os factos seguintes:

a) Em 21/4/2005, o CELAS veio requerer ao TAF de Loulé a suspensão da eficácia da deliberação da C.M. Silves de 9/2/2005, que autorizou a cedência de espaço no edifício do antigo Matadouro de Silves à Comissão Instaladora da Fundação Al-Moutamid Ibn Abbad (fls. 1 e seguintes).

b) Em 24/6/2005, o CELAS requereu ao TAF de Loulé que declarasse "a ineficácia de todos e quaisquer actos materiais e/ou jurídicos que, eventualmente, tenham sido ou venham a ser praticados pelo Município de Silves, com ofensa do citado n.º 1 do artigo 128.º da LPTA" (fls. 266)

c) Nesse requerimento, o dito Centro alegou ter conhecimento de diligências várias e movimentações de pessoas, nomeadamente pertencentes à Comissão Instaladora, bem como do Município, dentro e fora do edifício do antigo Matadouro, "o que inculca a convicção de que o requerido estará a levar a cabo actos concernentes à pretendida ocupação do espaço daquele edifício" (*ibidem*).

d) Na resposta ao incidente, a C.M. Silves negou ter praticado qualquer acto de execução da sua deliberação de 9/2/2005 (fls. 271 e 272).

e) Não foi por ela proferida a Resolução Fundamentada prevista no artigo 128.º n.º 1 do CPTA.

f) Por despacho de 8/7/2005 do TAF de Loulé, foi considerada indevida a execução dessa deliberação e declarados ineficazes todos os actos de execução administrativos praticados pela C.M. Silves até essa data, por falta da aludida Resolução Fundamentada, condenando-se por isso a requerida na multa de 2UC, ao abrigo do artigo 81.º A do CCJ (fls. 311 a 324).

g) Por sentença de 3/12/2005, foi decretada pelo TAF de Loulé a suspensão requerida (fls. 425 a 449).

h) Por acórdão de 26/10/2006 do TCA Sul transitado em julgado, foi concedido provimento ao recurso interposto pelo Município de Silves, indeferindo-se o pedido de suspensão de eficácia requerido pelo CELAS (fls. 537 a 540).

3. O DIREITO

Antes de mais, há que conhecer da nulidade imputada à sentença por omissão de pronúncia prevista no artigo 668.º, n.º 1, alínea *d*), do CPC, visto não ter apreciado devidamente os argumentos que apresentou, na resposta ao incidente.

Mas do teor da decisão não se refere que tenha sido omitido esse dever de apreciação dos argumentos expostos pela C.M. Silves, mas apenas que os mesmos não lograram convencer a Senhora Juíza *a quo*.

Nesse caso, poderia ter havido erro de julgamento, mas não a apontada nulidade, cuja arguição vai consequentemente indeferida.

4. Preceitua o artigo 128.º do CPTA:

"1 – Quando seja requerida suspensão da eficácia de um acto administrativo, a autoridade administrativa, recebido o duplicado do requerimento, não pode iniciar ou prosseguir a execução, salvo se, mediante resolução fundamentada, reconhecer, no prazo de 15 dias, que o diferimento da execução seria gravemente prejudicial para o interesse público."

Assim, uma vez tomado conhecimento da entrada da providência em juízo, a entidade requerida tem o dever de se abster de lhe dar execução, ou até de impedir, com urgência, que os serviços ou os interessados prossigam nessa execução (n.º 2 do artigo).

Mostrando-se, no caso *sub judicio*, transitada em julgado a decisão deste TCAS que indeferiu a suspensão, é duvidosa a utilidade advinda do prosseguimento do presente incidente.

Como referem Mário Aroso de Almeida e Carlos Cadilha a propósito, *fica assim reforçada a ideia de que o incidente se destina a preservar o efeito útil da providência, quando venha a ser decretada, podendo por isso ser suscitado em qualquer momento do processo cautelar, desde que este ainda não tenha sido dado como findo, e deixando de ter relevo apenas quando seja proferida decisão definitiva que, ou conceda a providência ... ou a denegue, caso em que caduca a proibição de execução do acto* (Comentário ao CPTA, 2ª edição, pgs. 752).

Mesmo assim, sempre se dirá que, no caso em análise, há uma insanável contradição entre as alegações do Centro requerente e da Câmara requerida, sobre a existência, ou não, de verdadeiros actos de execução.

O CELAS não os identifica, usando apenas a expressão vaga "diligências várias e movimentações de pessoas", acabando por requerer a declaração de ineficácia de todos e quaisquer actos ou jurídicos que eventualmente tenham sido ou venham a ser praticados pelo Município de Silves, com ofensa do preceito citado.

Não havia, pois, fundamento suficiente para declarar ineficazes, como fez a sentença recorrida, actos de execução que nunca chegaram a ser devidamente identificados.

Nem também qualquer cabimento em condenar a C.M. Silves na multa de 2 UCs ao abrigo do artigo 81.º A do CCJ (preceito que, pertencente ao Título III – Custas Criminais – não tem aqui obviamente aplicação) pois não se trata de sancionar acto praticado fora do prazo em processo criminal.

O facto de a edilidade ter comunicado a sua intenção de efectuar a exposição no edifício do antigo Matadouro, se não houvesse nisso oposição da parte contrária, não implica necessariamente que tenha avançado com essa intenção para a prática dos factos.

Mostram-se assim procedentes as conclusões 13ª e seguintes do recurso, pelo que o despacho terá que ser devidamente revogado.

5. Pelo exposto, acordam no 2.º Juízo, 1ª Secção, do TCAS em conceder provimento ao recurso interposto pela Câmara Municipal de Silves, revogando o despacho proferido a fls. 311 e seguintes dos autos.

Custas em ambas as instâncias a cargo do recorrido Centro de Estudos Luso Árabes de Silves, com taxa de justiça mínima, sem prejuízo do apoio judiciário concedido.

Lisboa, 6 de Junho de 2007

Gonçalves Pereira
Rogério Martins
Coelho da Cunha

Recurso n.º 1443/06

PROCESSO DISCIPLINAR. ENQUADRAMENTO JURÍDICO DOS FACTOS DIVERSO DA ACUSAÇÃO. NULIDADE INSUPRÍVEL.

(Acórdão de 3 de Maio de 2007)

SUMÁRIO:

I – O enquadramento jurídico dos factos é um elemento essencial da acusação em processo disciplinar, pois esclarece o seu significado incriminador e permite a organização de uma defesa eficaz, colocando o arguido a coberto de quaisquer surpresas e perfeitamente conhecedor das previsíveis consequências da sua conduta.

II – Atento ao objectivo referido em I, há violação do direito de audiência e defesa, gerador de nulidade insuprível, sempre que o enquadramento jurídico-disciplinar acolhido na decisão punitiva, apesar de baseado na mesma materialidade factual, for diverso do constante da acusação, ainda que se esteja perante a aplicação de idêntica pena disciplinar.

ACORDAM, EM CONFERÊNCIA, NA 1ª SECÇÃO, 2.º JUÍZO, DO TRIBUNAL CENTRAL ADMINISTRATIVO SUL:

1. O Ministério da Administração Interna, inconformado com a sentença do T.A.F. de Almada, que julgou procedente a acção administrativa especial que contra ele fora intentada por (F........................), dela recorreu para este Tribunal, formulando, na respectiva alegação, as seguintes conclusoes:

"A) Em sede de recurso hierárquico para o Sr. Director Nacional da P.S.P. foi alterado o despacho punitivo inicial, referindo que os factos apurados configuravam a violação do dever de assiduidade, ao invés do dever de aprumo;

B) Esta rectificação foi expressamente notificada ao arguido e foi publicada em ordem de serviço, na sequência da impugnação hierárquica de 1.º. grau;

C) O próprio arguido ao longo do processo assumiu a sua defesa em relação à violação do dever de assiduidade, não havendo, portanto, violação do princípio do contraditório;

D) Tratou-se, aliás, de uma requalificação jurídica, sem acarretar qualquer alteração da conduta infraccional e da pena que o interessado nem sequer contestou na fase de impugnação contenciosa;

E) A jurisprudência do STA (1ª Secção) é no sentido de que no exercício dos poderes de reexame da autoridade "ad quem", em sede de impugnação hierárquica e numa óptica de celeridade e economia processual, é possível fazer a alteração da qualificação jurídica dos factos que não impliquem pena mais severa, sem que seja ordenada a reformulação do processo disciplinar (deduzindo-se uma nova acusação), desde que esteja garantido o contraditório;

F) A douta sentença recorrida, ao não ter seguido este entendimento, considerando que não foram salvaguardadas as garantias de defesa e, por isso, tendo declarado nula a acusação disciplinar, padece do vício de violação de lei, por erro de interpretação e aplicação do art. 86.º do R.D.P.S.P.".

O recorrido contra-alegou, tendo formulado as seguintes conclusões:

"1 – A douta sentença colheu os seus fundamentos na doutrina e na jurisprudência;

2 – O M^{mo} juiz "a quo" não violou quaisquer preceitos legais;

3 – A douta decisão é justa e legal e assenta na matéria de facto dada como provada;

4 – A douta decisão recorrida aplicou correctamente o direito,

5 – motivo pelo qual deve ser mantida;

6 – O recorrido acompanha a motivação que o Ilustre Tribunal "a quo" sustentar nas suas doutas alegações".

O digno Magistrado do M.P. junto deste Tribunal, notificado para o efeito, não emitiu parecer sobre o mérito do recurso.

Colhidos os vistos legais, foi o processo submetido à Conferência para julgamento.

2.1. A matéria de facto pertinente é a que foi considerada provada na sentença recorrida, a qual se dá aqui por reproduzida, nos termos do n.º 6 do art. 713.º. do C.P. Civil.

2.2. A sentença recorrida julgou procedente a acção administrativa especial intentada pelo ora recorrido, declarando nula a acusação contra ele proferida no processo disciplinar, bem como todo o processado subsequente.

Para o efeito, ponderou o seguinte:

"Nos termos do art. 86.º-1 da Lei 7/90, de 20/2, constitui nulidade insuprível a não audição do arguido em artigos de acusação nos quais as infracções sejam suficientemente identificadas e referidas aos correspondentes preceitos legais. No caso dos autos, a acusação foi formulada por referência ao dever de aprumo. Em sede de recurso hierárquico, foi convertida em violação do dever de assiduidade, o que tem um enquadramento legal diferente. Nos termos do referido artigo, era obrigatório refazer a acusação, ouvir o arguido nesta sede, dar-lhe a possibilidade de se defender quanto a este enquadramento legal, o que não foi feito. Tal falta constitui nulidade insuprível, pelo que o processo disciplinar tem de ser anulado".

Contra este entendimento, o recorrente alega, no presente recurso jurisdicional, que apenas existiu uma mera rectificação da disposição legal que previa o dever disciplinar violado, sem qualquer alteração da matéria fáctica provada, nem da pena aplicada, além de que tal rectificação teve lugar no despacho que decidiu o recurso hierárquico interposto para o Director Nacional da PSP, o qual foi notificado ao ora recorrido e de que este interpôs recurso hierárquico para o Ministro da Administração Interna.

Vejamos se lhe assiste razão.

Na acusação do processo disciplinar instaurado ao ora recorrido consignou-se que a sua conduta infringia o dever de aprumo previsto no n.º 1 e al. *f*) do n.º 2 do art. 16.º do RD/PSP, aprovado pela Lei n.º 7/90, de 20/2, a que correspondia a sanção prevista no art. 25.º, n.º 1, al. *c*), com referência ao art. 45.º, do referido RD/PSP.

Na sequência de recurso hierárquico interposto do despacho punitivo praticado pelo Comandante da Polícia de Setúbal, o Director Nacional da PSP negou provimento a esse recurso hierárquico, mantendo a pena aplicada de 3 dias de multa, no montante de 118,38 euros, mas considerando que a infracção cometida não se subsumia no preceito mencionado na acusação e no despacho punitivo, mas sim no art. 14.º, n.ºs 1 e 2, al. *a*), referente à violação do dever de assiduidade.

Constata-se, assim, que o arguido veio a ser punido pelos factos que lhe haviam sido imputados na acusação, embora com um distinto enquadramento jurídico-disciplinar.

Ora, o enquadramento jurídico dos factos é um elemento essencial da acusação (cfr., v.g, os arts. 57.º, n.º 2 e 59.º, n.º 4, do Est. Disciplinar aprovado pelo D.L. n.º 24/84, de 16/1), pois esclarece o seu significado incriminador e permite a organização de uma defesa eficaz, por colocar o arguido a coberto de quaisquer surpresas e perfeitamente conhecedor das previsíveis consequências da sua conduta (cfr. Acs. do STA de 26/5/92 – Rec. n.º 30419 e de 19/1/95 in BMJ 443.º-118).

É que – como se escreveu no Ac. do STA (P) de 11/12/96, in BMJ 463.º-257 – "ao direito em geral e em particular ao direito disciplinar da função pública, pela natureza aberta das normas que prevêem os comportamentos sancionáveis, os factos "brutos" são insignificativos. Só os factos referidos às hipóteses das normas sancionadoras podem ter sentido jurídico exacto, constituindo a representação de uma realidade inconfundível com qualquer outra ainda que o seu fundo factual possa ser comum".

Assim, se, com a imposição que a acusação enuncie os preceitos legais aplicáveis, o legislador pretendeu evitar o risco de surpresa que a decisão final poderia representar para o arguido, não se compreenderia que o enquadramento da falta constante da acusação fosse livremente modificável, pois, na perspectiva dos seus direitos de audiência e defesa, isso seria o mesmo que inexistir tal imposição; "a defesa do arguido continuaria a debater-se, se não com a ignorância absoluta pelo menos com a dúvida sobre o critério punitivo que viria a ser utilizado a final e consequentemente sobre o modo como deveria estruturar a sua defesa" (cfr. Ac. do STA de 28/1/93 in BMJ 423.º-293).

De acordo com este entendimento, parece-nos que se tem de aderir à doutrina constante do Ac. do STA de 20/1/99 (in BMJ 483.º-87), quando refere que:

"Pode ir-se mesmo mais longe e afirmar-se que haverá violação do direito de audiência e defesa em processo disciplinar sempre que o enquadramento jurídico-disciplinar acolhido na decisão punitiva, apesar de baseado na mesma materialidade factual, for diverso do constante da acusação e representar uma perspectiva nova contra a qual o arguido não teve oportunidade de se defender. Sempre que surja uma situação de indefensão, haverá violação do direito de defesa, independentemente da maior ou menor gravidade do enquadramento acolhido na decisão punitiva face ao enquadramento traçado na acusação".

Portanto, em face do exposto e considerando que o conhecimento do enquadramento jurídico que veio a ser adoptado poderia ter determinado um tipo diferente de defesa do arguido, com o requerimento de outras diligências probatórias, não se pode entender que o seu direito de audiência e defesa ficou assegurado com a notificação do despacho punitivo e a possibilidade de deste interpor recurso hierárquico.

Nestes termos, a sentença recorrida, ao entender que foi violado o direito de audiência e defesa do arguido, incorrendo-se numa nulidade insuprível, não merece a censura que lhe é dirigida pelo recorrente, devendo, por isso, ser confirmada.

3. Pelo exposto, acordam em negar provimento ao recurso, confirmando a sentença recorrida.

Custas pelo recorrente, fixando-se a taxa de justiça em 5 (cinco) Ucs.

Lisboa, 3 de Maio de 2007

Fonseca da Paz (Relator)
António Vasconcelos
Carlos Araújo

Recurso n.º 02087/06

PROVIDÊNCIA CAUTELAR. PROCEDIMENTOS DE FORMAÇÃO DE CONTRATOS. NÃO EVIDÊNCIA DE ILEGALIDADES DOS ACTOS PREPARATÓRIOS.

(Acórdão de 28 de Junho de 2007)

SUMÁRIO:

I – O artigo 132.º n.º 6 do CPTA, respeitante às providências relativas a procedimentos de formação de contratos, remete para os critérios previstos no artigo 120.º n.º 1, alínea *a*), e n.º 2 do mesmo diploma legal.

II- Não se mostrando evidentes as ilegalidades assacadas aos actos preparatórios do contrato, não será de conceder a providência, ainda que tenha sido dispensada a audiência das testemunhas arroladas.

ACORDAM OS JUIZES DO 2.º JUÍZO, 1ª SECÇÃO, DO TRIBUNAL CENTRAL ADMINISTRATIVO SUL:

1. Ipodec Portugal – Gestão de Resíduos, Lda., com os sinais dos autos, veio recorrer do despacho lavrado em 6/10/2006, que indeferiu o decretamento provisório das providências que requerera; do despacho de 1/2/2007, que considerou dispor o tribunal dos elementos necessários à decisão, indeferindo as diligências de prova requeridas; e da sentença proferida a fls. 1148 e seguintes dos autos (todos pelo TAF de Sintra), que decidiu não adoptar a suspensão de eficácia e a intimação que requerera contra a EMAC – Empresa de Ambiente de Cascais, E.M.

Em sede de alegações, formulou as seguintes conclusões:

1ª) A decisão proferida sobre a matéria de facto "declarará quais os factos que o tribunal julga provados e quais os que **julga não provados, analisando criticamente as provas e especificando os fundamentos que foram decisivos para a convicção do julgador**".

2ª) A Requerente desconhece, em absoluto, por que razão os demais factos alegados no requerimento inicial não foram considerados provados, principalmente quando provados por documento oportunamente junto aos autos.

3ª) *A sentença final de **1 de Fevereiro de 2006** é assim nula, nos termos do art. 668.º, n.º 1, al. b) primeira parte por não conter as razões por que se considerou os demais factos alegados no requerimento inicial como não provados, tendo sido ainda violados os arts.158.º, 304.º, n.º 5, 384.º, n.º 3, 653.º, n.º 2 e 659.º, n.º 3 do CPC e os arts.1.º e 94.º, n.º 2 do CPTA.*

4ª) *Da al. O) da matéria de facto considerada provada, resulta que o acto denúncia do contrato mantido com a Requerente, que tinha por objecto a prestação de serviços na Zona 1 e 2 só ocorreu porque através da mesma deliberação (de 6 de Setembro de 2006) se decidiu adjudicar os mesmos serviços que a Requerente então prestava, (i) à ECOAMBIENTE, quanto aos serviços que tinham por objecto a Zona 2; (ii) à GSC-TRIU, quanto aos serviços que tinham por objecto a Zona 1.*

5ª) *O acto de denúncia é um acto consequente de duas decisões ilegais tomadas pela EMAC, pelo que, nos termos do art. 133.º, n.º 2, al. i) do CPA e art. 173.º, n.º 1 a 3 do CPTA, basta atacar a validade do acto antecedente para atacar (também) a validade do acto consequente.*

6ª) A causa de pedir derivada da anulação ou declaração de nulidade dos actos de adjudicação das Zonas 1 e 2 confunde-se com a causa de pedir derivada da anulação ou declaração de nulidade do acto de denúncia, pelo que não se pode afirmar, como faz o Tribunal *a quo*, em termos algo contraditórios, que não se verifica uma situação de *fumus malus* em relação à anulação dos actos de adjudicação, mas que tal já se verificaria em relação ao acto de denúncia.

7ª) A suspensão de eficácia de tal decisão (o acto de denúncia) revela-se como adequada para assegurar a utilidade da sentença que declarar a ilegalidade das duas decisões que a precederam (os actos de adjudicação), porquanto o efeito útil e prático da anulação ou declaração de nulidade dos actos de adjudicação é a "reconstituição da situação que existiria se o acto anulado não tivesse sido praticado" (cfr. art. 173.º, n.º do CPTA).

8ª) O Tribunal *a quo* ao considerar que se verificava uma situação de *fumus malus* em relação ao pedido de suspensão de eficácia do acto de denúncia e ao desconsiderar os prejuízos decorrentes da denúncia enferma de erro de julgamento na selecção da matéria de facto relevante, tendo ainda violado os artigos 83.º, n.º 4 e 90.º do CPTA, 511.º e 513.º do CPC e os arts. 112.º, n.º 1, 132.º, n.º 6 e 173.º do CPTA e 133.º, n.º 2, al. i) do CPA.

9ª) Alega o Tribunal *a quo* que a Requerente apenas alegou factos relacionados com os prejuízos decorrentes da denúncia do contrato e das despesas de participação no concurso (cfr. decisão a fls. 1177 e 1178), mas tal, salvo o devido muito respeito, não corresponde à verdade.

10ª) A Requerente invocou nos presentes autos que o não decretamento da presente providência cautelar implicaria um prejuízo mensal em termos de lucros cessantes e danos emergentes no montante mensal de **103.051,70** • resultantes da cessação ilegal e injusta da actual prestação de serviços.

11ª) A Requerente invocou nos presentes autos que o não decretamento da presente providência cautelar implicaria um prejuízo em danos emergentes resultantes da dispensa de pessoal no montante total de **85.781,83 €** resultantes da cessação ilegal e injusta da actual prestação de serviços;

12ª) A Requerente invocou nos presentes autos que o não decretamento da presente providência cautelar implicaria um prejuízo em danos emergentes resultante das despesas efectuadas para participar do presente concurso em quantia estimada em cerca de **15.000 €** de que não obterá qualquer retorno;

13ª) A Requerente invocou nos presentes autos que o não decretamento da presente providência cautelar implicaria um prejuízo mensal em lucros cessantes no montante de **20.007,83 €**/mês resultante da não adjudicação do contrato posto a concurso à Requerente;

14ª) A Requerente invocou nos presentes autos que o não decretamento da presente providência cautelar implicaria graves prejuízos para o interesse público, nomeadamente para a higiene e saúde pública, pois a execução da proposta do adjudicatário não permite a lavagem, desinfecção e desodorização com a periodicidade exigida no caderno de encargos;

15ª) A Requerente invocou nos presentes autos que o não decretamento da presente providência cautelar implicaria graves prejuízos para o interesse público, nomeadamente para a higiene e saúde pública, pois o adjudicatário não dispõe de equipamento e recursos humanos necessários à prestação de serviços;

16ª) A Requerente invocou nos presentes autos que o não decretamento da presente providência cautelar implicaria graves prejuízos para o interesse público, nomeadamente para o erário público porque até que o processo principal seja decidido a Requerida Pública vai ter um **custo muito superior** ao que teria se se mantiver a prestação de serviços da Requerente até que seja proferida decisão no processo principal a que a presente providência corre por apenso;

17ª) A Requerente invocou nos presentes autos que o não decretamento da presente providência cautelar implicaria prejuízos para o prestígio, a credibilidade e a imagem pública da Requerente, provocando, naturalmente e de acordo com as regras de normalidade social, o descrédito da Requerente no campo em que exerce a sua actividade (o que se traduz na perda de clientela, na redução de capacidade de negociação com fornecedores de grande dimensão, em particular fornecedores de equipamentos, veículos e combustíveis)".

18ª) Dos prejuízos alegados pela Requerente no seu requerimento inicial o Tribunal *a quo* apenas ponderou para efeitos da aplicação dos critérios de decisão referidos na segunda parte do n.º 6 do art. 132.º do CPTA, os prejuízos referenciados e sintetizados nas conclusões 10ª a 12ª, ignorando por completo os restantes prejuízos, os quais nem sequer são ponderados na decisão final.

19ª) Os Requeridos nas oposições à presente providência cautelar não lograram alegar ou provar quaisquer prejuízos superiores aos invocados pela Requerente, sendo certo que, caso as providências cautelares conservatórias requeridas venham a ser deferidas, o que sucederá apenas é que a Requerente voltará a executar os serviços, tal como vinha a fazer há cerca de um ano, pelo que a não execução dos contratos adjudicados e a manutenção da execução da prestação de serviços pela Requerente até que seja proferida decisão (por lapso, escreveu-se acção) no processo principal não causará quaisquer prejuízos aos Requeridos.

20ª) O Tribunal *a quo,* ao desconsiderar e não ter como relevantes os demais prejuízos invocados pela requerente (além dos relacionados com a denúncia e com as despesas de participação no concurso) enferma de erro de julgamento na selecção da matéria de facto relevante para apreciação da matéria de facto relevante para apreciação dos critérios de decisão, tendo violado o artigo 132.º n.º 6 do CPTA, ou caso assim não se considere a decisão final de 1 de Fevereiro de 2007 é nula, nos termos do art. 668.º n.º 1, al. *d*), do CPC, por omissão de pronúncia quanto aos demais prejuízos invocados pela requerente e não apreciados pelo Tribunal *a quo.*

21ª) A Requerente alegou todos os factos relevantes para a procedência da providência cautelar e requereu a produção de prova testemunhal necessária e susceptível de provar tais factos, pelo menos indiciariamente (cfr. requerimento de prova na parte final do requerimento a fls...) pelo que, a provarem-se, a considerarem-se provados ou pelo menos a ser facultada à Requerente a possibilidade de provar tais factos – deferindo-se o requerimento de prova oportunamente apresentado – deveria a presente providência cautelar ser considerada procedente.

22ª) O Tribunal a *quo* no despacho interlocutório e decisão final, ambos datados de 1/2/07, ao ter indeferido os requerimentos de prova e ao ter dispensado a produção de prova não obstante não dispor de "elementos indispensáveis" para a conveniente apreciação dos pressupostos de deferimento da presente providência cautelar, violou o direito à prova da Requerente e os arts. 90.º n.º 2, 118.º n.º 3 e 132.º n.º 4 do CPTA e 384.º n.º 1, 386.º, 511.º e 513.º do CPC.

23ª) A Requerente entendeu em 1ª instância e entende agora que, considerando a vasta documentação entregue em 1ª instância com o requerimento inicial (50 documentos no total), bem como com base nos documentos constantes do processo instrutor apenso aos autos, que o Tribunal *a quo* deveria ter dado como provados com relevo para a decisão em causa os factos alegados nos arts. 16.º a 18.º, 31.º a 38.º, 40.º a 43.º, 45.º a 113.º, 114.º, 116.º a 125.º, 127.º a 173.º, 175.º a 203.º, 205.º a 221.º do requerimento inicial.

24.º) Até porque, como é possível observar pela leitura do requerimento inicial, os arts. 16.º a 18.º, 31.º a 38.º, 40.º a 43.º, 45.º a 113.º, 114.º, 116.º a 125.º, 127.º a 173.º, 175.º a 203.º, 205.º a 221.º do requerimento inicial remetem todos para, pelo menos, um documento junto, cuja credibilidade de fazer prova e fé em juízo não foi afastada nem expressa nem implicitamente pelo Tribunal *a quo.*

25.º) Aliás, quanto aos prejuízos decorrentes da não adopção da providência cautelar, os mesmos estão provados por documentos e declaração do técnico oficial de contas da Requerente (cfr. doc. n.º 25, junto com o requerimento inicial), o qual garantiu a veracidade da informação prestada e assumiu a responsabilidade disciplinar e criminal que é inerente a tais declarações, caso tais informações se venham aprovar como falsas.

26ª) A procedência da presente providência cautelar encontra-se factualmente demonstrada pelos factos alegados nos arts. 16.º a 18.º, 31.º a 38.º, 40.º a 43.º, 45.º a 113.º, 114.º, 116.º a 125.º, 127.º a 173.º, 175.º a 203.º, 205.º a 221.º do requerimento inicial, e tal matéria de facto deve ser, nos termos do art. 712.º n.º 1, al. *a*), do CPC, aditada à matéria de facto provada em sede de recurso, por se encontrar provada por documento (*vide* os 50 documentos juntos com o requerimento inicial e documentos a fls... no processo instrutor).

27ª) O Tribunal *a quo* ao não ter considerado indiciariamente provados os factos alegados pela requerente nos arts. 16.º a 18.º, 31.º a 38.º, 40.º a 43.º, 45.º a 113.º, 114.º, 116.º a 125.º, 127.º a 173.º, 175.º a 203.º, 205.º a 221.º do requerimento inicial, os quais se encontram provados por documento e, em consequência, não ter deferido a presente providência cautelar, enferma de erro de julgamento da matéria de facto e na interpretação dos documentos juntos aos autos, tendo violado os arts. 90.º n.º 2, 118.º n.º 3 e 132.º n.º 4 do CPTA e 384.º n.º 1, 386.º, 511.º e 513.º do CPC.

28ª) O Tribunal *a quo,* no despacho interlocutório de 6/10/2006 e na decisão final de 1/2/2007 (por lapso, escreveu-se 2006), ao não ter decretado provisoriamente as providências e ao ter considerado que não era admissível cumular um pedido de suspensão de eficácia de actos impugnados na acção principal com o pedido de intimação à abstenção de execução dos serviços violou os arts. 112.º e 131.º do CPTA.

Contra alegaram as recorridas Emac – Empresa de Ambientes de Cascais, EM, Ecoambiente – Consultas de Engenharia, Gestão e Prestação de Serviços, SA, GSC – Compañia General de Servicios y Construción, SA, e Triu – Técnicas de Resíduos Industriais e Urbanos, Lda., pugnando todas pela manutenção do julgado.

Pela Ipodec foi requerido o efeito suspensivo para os recurso que interpôs, mas a Senhora Juíza *a quo* não admitiu o primeiro e admitiu os restantes com efeito meramente devolutivo, mantendo a decisão proferida.

O Exm.º Procurador Geral Adjunto neste Tribunal pronuncia-se pelo improvimento dos recursos, em parecer cuja validade a recorrente procurou refutar.

2. OS FACTOS

Ao abrigo do preceituado no artigo 713.° n.° 6 do CPC, remete-se para os factos assentes na sentença recorrida (fls. 1154 a 1161), que se mostram adequados à decisão.

3. O DIREITO

Requereu a Ipodec que fosse atribuído efeito suspensivo ao recurso que interpôs, o que lhe foi recusado pela 1ª instância.

Perante a insistência da recorrente, porém, há que confirmar o assim decido, face ao teor do artigo 143.° n.° 2 do CPTA, que confere efeito meramente devolutivo aos recursos de decisões respeitantes à adopção de providências cautelares, sem distinguir se as decisões recorridas são ou não favoráveis à concessão da providência.

Veio a recorrente arguir a nulidade da sentença por não especificar os fundamentos em que se baseou para seleccionar a matéria de facto dada como assente – alínea *b*) do n.° 1 do artigo 668.° do CPC.

Não tem, contudo, razão para o fazer, pois o artigo 94.° n.° 2 do CPTA (disposição especial aplicável à jurisdição administrativa) apenas exige que o julgador discrimine os factos provados, não havendo que se pronunciar sobre os não provados.

Improcedem, assim, as conclusões 1ª a 3ª do recurso.

Uma vez que não foi admitido o recurso interposto da decisão que indeferiu o decretamento provisório das providências (decisão com a qual a Ipodec se conformou), resta apreciar a nulidade assacada à sentença (conclusão 20ª) por omissão de pronúncia quanto aos prejuízos alegados mas não considerados.

Não existe aqui, também, qualquer nulidade, porque a alínea *d*) do n.° 1 do artigo 668.° do CPC apenas impõe ao juiz que se pronuncie sobre as questões que devesse apreciar (o que a sentença fez, apreciando o preenchimento dos requisitos alegados para a concessão da providência requerida) e não que se pronuncie sobre todos os argumentos que as partes resolveram esgrimir.

O artigo 132.° n.° 6 do CPTA, no que respeita às providências relativas a procedimentos de formação de contratos, como é o caso *sub judicio,* remete para os critérios de evidência e ponderação de interesses fixados no artigo 120.° n.° 1, alínea *a*), e n.° 2 do mesmo Código.

Ora, pelas diversas razões que a sentença explicita, não se mostram evidentes as ilegalidades imputadas pela recorrente aos actos suspendendos, pelo que não há que voltar a referi-las.

Mas é certo que a Ipodec pode vir a provar todas as ilegalidades que invocou, mas terá que fazer no processo próprio, ou seja, na acção principal.

Visto que se trata de uma providência cautelar eminentemente provisória e subsidiária, como é da sua própria natureza, não se mostra o presente processo o meio adequado para proceder a esse escrutínio.

Por isso, não houve também qualquer violação do direito da recorrente à produção das provas porque, em seu entender, a Senhora Juíza *a quo* podia julgar os pedidos formulados, dispensando-se de ouvir previamente as testemunhas arroladas, desde que considerou suficientes para decidir os demais elementos probatórios oferecidos.

A argumentação das recorridas é, aliás, elucidativa sobre as razões porque se suscitam dúvidas sobre os fundamentos da presente providência, não obstante a vasta documentação que lhe foi junta.

Improcedem, assim, as demais conclusões do recurso, pelo que terá este que fracassar.

4. Pelo exposto, acordam no 2.° Juízo, 1ª Secção, do TCAS em negar provimento ao recurso interposto por Ipodec Portugal – Gestão de Resíduos, Lda. confirmando a sentença recorrida.

Custas a cargo da recorrente, com a redução prevista no artigo 73.° E n.° 1, alínea *f*), do CCJ.

Lisboa, 28 de Junho de 2007

Gonçalves Pereira
Rogério Martins
Coelho da Cunha

Recurso n.° 2558/07

2.ª Secção (Contencioso Tributário)

ACÇÃO ADMINISTRATIVA ESPECIAL. REGIME SIMPLIFICADO DE TRIBUTAÇÃO. PRESSUPOSTOS DA SUA APLICAÇÃO E SUA CONSTITUCIONALIDADE.

(Acórdão de 29 de Junho de 2007)

SUMÁRIO:

I- Por injunção do art. 53.º do CIRC, introduzido pela Lei n.º 30-G/2000, de 29.12, são automaticamente abrangidos pelo regime simplificado os sujeitos passivos cujo volume total de proveitos, no exercício anterior, seja inferior a 149.639,37€, a menos que expressamente optem por regime geral.

II- Uma vez que quando se inicia actividade não há exercício anterior que possa ser tomado por referência, terá de ser considerado nesse exercício inicial o montante anual de proveitos estimado indicado na declaração de início de actividade; porém, se face ao volume de proveitos posteriormente declarado relativamente a esse exercício, ocorrerem os requisitos para a inclusão no regime simplificado, será este o regime aplicável.

III- Os sujeitos passivos que ficam sujeitos ao regime simplificado podem optar pelo regime geral, devendo, para o efeito, fazê-lo na declaração de início de actividade ou em declaração de alterações a apresentar até ao fim do 3.º mês do período de tributação do início de aplicação do regime.

IV- Efectuada a opção pelo regime geral, a mesma é válida por um período de três exercícios, findo o qual caduca, excepto se for renovada nos termos e prazos referidos nos n.ºs 8 e 9 do art. 53.º do CIRC.

V- A inclusão automática no regime geral não se encontra sujeita a essa regra de validade, cessando logo que se verifiquem os pressupostos legais para a aplicação do regime simplificado.

VI- O regime simplificado de tributação de IRC, previsto no art. 53.º do CIRC, sendo de carácter facultativo, não contende com o princípio constitucional da tributação das empresas fundamentalmente pelo rendimento real.

ACORDAM NESTA SECÇÃO DO CONTENCIOSO DO TRIBUNAL CENTRAL ADMINISTRATIVO SUL:

I - RELATÓRIO

1. JOSÉ FERREIRA & CUNHA, LDª., recorre da sentença proferida pelo M.º Juiz do Tribunal Administrativo e Fiscal de Leiria, que julgou improcedente a acção administrativa especial que apresentara contra o despacho proferido em 29 de Agosto de 2005 pela Senhora Directora de Serviços de IRC, no uso de subdelegação de competências, do indeferimento do recurso hierárquico referente ao pedido de enquadramento no regime geral de determinação do lucro tributável no ano de 2003.

Formulou as seguintes conclusões:

A) – A douta sentença recorrida fez errado julgamento da matéria de facto, mais concretamente o facto descrito sobre o n.º 2 da matéria provada que deverá ter a seguinte redacção:

B) – 2. O contribuinte assinalou no quadro 19 da declaração de início de actividade a sua opção pelo regime geral de contabilidade.

C) – Facto este cuja prova resulta da cópia da declaração do inicio de actividade que se encontra reproduzida no processo administrativo apenso.

D) – Tendo o recorrente optado na declaração de início de actividade, pela aplicação do regime geral, tal regime aplica-se nos dois anos seguintes, ou seja, 2003 e 2004.

E) – A douta sentença recorrida violou o n.º 2 do artigo 659.º do CPC e a alínea *a*) do n.º 7 do artigo 53.º do CIRC".

Não houve contra-alegações.

O EPGA emitiu a fls. 53 e ss o seguinte douto parecer:

"3 – Ora, de facto, conforme consta da cópia da declaração de início de actividade junta a fls. 18 a 20 do processo administrativo apenso, a recorrente assinalou no quadro 19 que optava pelo regime geral de determinação do lucro tributável, em sede de IRC.

Assim sendo, houve errado julgamento da matéria de facto, devendo o facto descrito sob o n.º 2 ser corrigido no sentido apontado pela recorrente.

A questão essencial é a de saber se isso é por si só suficiente para alterar o sentido da decisão.

Salvo o devido respeito, é.

O cerne da questão está em saber se, uma vez apresentada pelo contribuinte a declaração de opção pelo **regime de tributação por contabilidade organizada,** ela vale para os exercícios subsequentes ao dessa apresentação, sem necessidade de renovação anual, como entende a recorrente, ou, não havendo essa renovação, passa automaticamente ao **regime simplificado,** como entendem os serviços da AT. R.

Nos termos do n.º 1 do artigo 53.º do CIRC, ficam abrangidos pelo regime simplificado de determinação do lucro tributável os sujeitos passivos que, não tendo optado pelo regime de contabilidade organizada, não tenham atingido, no exercício anterior ao da aplicação do regime, um volume total anual de proveitos não superior a € 149 639,37.

E, segundo as alíneas *a*) e *b*) do n.º 7, essa opção pelo regime de contabilidade organizada deve ser formalizada pelos sujeitos passivos na declaração de início de actividade (alínea *a*)) ou na declaração de alterações a que se referem os artigos 110.º e 111.º, até ao fim do 3.º mês do período de tributação do início de aplicação do regime (alínea *b*)).

O recorrente optou, na declaração de início de actividade que apresentara em 2002, pelo regime geral de determinação do lucro tributável e estimou um volume de negócios anual de € 300 000,00.

Porém, nesse mesmo ano, o volume de proveitos efectivos obtidos foi apenas de € 27568,21.

Assim sendo, a integração no regime geral de tributação do lucro tributável no primeiro exercício de actividade, 2002, ficou a dever-se a dois motivos:

– O primeiro, ao facto de ter manifestado essa vontade, formalizada na declaração de início de actividade;

– O segundo, à circunstância de o valor total anual de proveitos estimados ser superior ao limite legal de € 149 639,37.

Ao contrário do que defende a sentença recorrida, o contribuinte não ficou, *ab initio,* enquadrado no regime simplificado apenas porque tenha estimado um volume total de proveitos superior ao valor mínimo de € 149 639,37, mas sim porque optou, nos termos da alínea *a*) do n.º 7 do artigo 53.º do CIRC, pela aplicação do regime geral de determinação do lucro tributável.

E essa opção é válida por um período de três exercícios, de acordo com o disposto no n.º 8, independentemente da apresentação da declaração de alteração a que se refere a alínea *b*) do n.º 7.

Como *refere* o Prof. Saldanha Sanches (Fiscalidade, Julho/Outubro de 2001), "o regime simplificado tem sempre como pressuposto uma opção do contribuinte que renuncia ao seu direito subjectivo de ser tributado com base na contabilidade. E que, procedendo a uma estimativa de custos que vai suportar e declarar, opta pela dedução estandardizada".

"Temos desde modo uma daquelas situações em que a lei atribui relevância à vontade do contribuinte e em que este pode optar pelo regime que considera mais favorável".

No caso, existindo a opção por parte do contribuinte em ser tributado com base na contabilidade, não podia a AT deixar de respeitar essa opção, ficando por isso impedida de determinar, para o ano de 2003, a tributação de acordo com o regime simplificado.

3 – Em conclusão, emito **parecer** no sentido de ser concedido provimento ao recurso, revogando-se a decisão impugnada."

Os autos vêm à conferência depois de recolhidos os vistos legais.

2. FUNDAMENTAÇÃO

2.1. DOS FACTOS:

Na sentença recorrida, deu-se como provado:

1. O Autor apresentou declaração de início de actividade com início em 1/9/2002, estimando um volume de vendas anual de € 300.000,00 (tudo nos termos que constam de fls. 18 e segs. cujo conteúdo se dá por integralmente reproduzido).

2. O contribuinte não assinalou no quadro respectivo a opção pelo regime geral de tributação.

3. Em 25 de Maio de 2004 o contribuinte reclamou da – posterior – inclusão no Regime Simplificado (fls. 17 do apenso cujo conteúdo se dá por integralmente **reproduzido).**

4. Por despacho do Exmo. Chefe do Serviço de Finanças foi indeferida reclamação nos termos que constam de lis. 9 do apenso cujo conteúdo se dá por integralmente reproduzido.

5. Deste indeferimento recorreu hierarquicamente o contribuinte nos termos que constam de fls. 3 e segs. do apenso cujo conteúdo se dá por integralmente reproduzido.

6. Por despacho de 29/8/2005 foi indeferido a pretensão do A. com os fundamentos constantes da informação junta a fls. 28 e segs. do apenso cujo conteúdo se dá por integralmente reproduzido.

FACTOS NÃO PROVADOS.

Com interesse para a decisão, não houve.

MOTIVAÇÃO

A convicção do tribunal baseou-se nos documentos juntos aos autos, referidos nos «factos provados», com remissão para as folhas do processo onde se encontram.

Acolhendo as razões constantes do recurso e do parecer do EPGA, há que alterar a matéria levada ao probatório sob o n.º 2 já que, tendo em conta o conteúdo do capo 19 da declaração de início de actividade, se apura que:

2) A recorrente assinalou no quadro 19 que optava pelo regime geral de determinação do lucro tributável, em sede de IRC conforme consta da cópia da declaração de início de actividade junta a fls. 18 a 20 do processo administrativo apenso.

2.2. DO DIREITO:

O M.º Juiz julgou a impugnação improcedente com a seguinte fundamentação:

"A questão pode resumir-se no seguinte:

O A. declarou o início de actividade em Setembro de 2002. Podia ter optado pelo regime simplificado de determinação do lucro tributável, ou pelo regime geral. Mas não fez qualquer opção, limitando-se a estimar um volume de negócios anual de € 300.000,00.

E para os meses do ano em que iniciou a actividade – 2002 – estimou € 100.000,00.

Todavia, no exercício de 2002 o A. apresentou um volume de negócios de € 25.210,08.

Em conformidade, a Administração Fiscal aceitou a determinação do lucro tributável pelo regime geral no exercício de 2002, mas para os exercícios de 2003 e segs. enquadrou-o no regime geral.

Vejamos agora a questão de direito.

Embora tenha declarado um VN de € 300.000,00, no exercício de 2002 o A. não atingiu sequer o valor de € 149.639,37.

Como tal, por força do disposto no n.º 1 do Art. 53.º CIRC, deveria ter ficado abrangido pelo regime simplificado de tributação (assim vulgarmente designado).

Mas não ficou, pela simples razão de que estimou um VN superior ao que determina o enquadramento no regime simplificado.

Dito de outra maneira, o A. só não ficou «ab initio» enquadrado no regime simplificado porque estimou um VN superior a € 149 639,37, e não por ter efectuado qualquer opção nesse sentido.

Embora não tenha feito a opção pelo regime geral na declaração de início de actividade, podia tê-la feito no momento referido na alínea *b*) do n.º 7 do CIRC.

Mas tão pouco o fez nesta altura.

O A. não optou em nenhum dos momentos em que poderia ter optado pelo regime geral de determinação do lucro tributável (alíneas *a*) e *b*) do n.º 7 do Art. 53.º CIRC).

Não o fez no início de actividade, nem o fez na respectiva declaração de alterações.

Assim, tendo em conta essa omissão e considerando que o VN de 2002 foi apenas de € 25.210,08, no exercício de 2003 teria de ser obrigatoriamente enquadrado no regime simplificado, porque assim determina o n.º 1 do Art. 53.º CIRC.

O A. defende que tendo ficado enquadrado no regime de contabilidade organizada no ano de 2002, tal enquadramento subsiste por mais dois anos, independentemente da opção a que se refere o n.º 7 do Art. 53.º CIRC (artigo 17.º da douta petição inicial).

O A. refere-se à norma constante do n.º 8 do Art. 53.º CIRC.

Simplesmente o enquadramento que foi feito para o exercício de 2002 baseou-se no VN estimado, unicamente, e apenas para aquele exercício.

É o próprio n.º 2 do Art. 53.º do CIRC que limita ao **início da actividade** o enquadramento apenas baseado no VN estimado. Com efeito, diz este preceito que No exercício do início de actividade, *o enquadramento no regime simplificado faz-se verificados os demais pressupostos, em conformidade com o valor total anual de proveitos estimado, constante da declaração de início de actividade, caso não seja exercida a opção a que se refere o número anterior.*

No exercício do início de actividade, apenas.

Nos exercícios seguintes atende-se à opção, se a houver; se não, atende-se ao respectivo VN.

E foi o que a Administração Fiscal fez.

O apelo às regras constitucionais da tributação pelo rendimento real (Art. 104/2 da Constituição) não acolhe a interpretação que o A. pretende.

A «opção» feita pelo regime simplificado (por omissão, entenda-se) é-lhe inteiramente imputável pelo que a tributação com base naquele regime não padece de nenhuma inconstitucionalidade.

Tudo ponderado conclui-se que a Administração Fiscal andou bem; o A. não tem razão."

Sobre as questões colocadas nos autos já se pronunciou *o Acórdão do TCAN de 13-01-2005, tirado no Recurso n.º 01570/04* em termos que merecem a nossa inteira concordância pelo que, com a devida vénia, passamos a adaptar ao caso concreto a fundamentação daquele aresto.

Assim:

A questão colocada nos presentes autos prende-se com o enquadramento da Autora no regime de determinação do lucro tributável, sabido que ela fora inicialmente, aquando da apresentação da declaração de início de actividade, em 2002, enquadrada no regime geral e que posteriormente, durante 2003, a Administração Tributária procedeu à alteração desse enquadramento para o regime simplificado, o que a Autora contesta, visando com a presente acção a reintegração no regime geral.

Na tese da Autora, dado que na declaração de início de actividade optou pelo regime geral de determinação do lucro tributável indicando a quantia de 300.000 € como *estimado* volume anual de vendas, tinha de ser enquadrada no regime geral, já que por força do art. 53.º n.º 2 do CIRC os sujeitos passivos que nessa declaração declararem proveitos estimados superiores a 149.639,37 € ficam automaticamente enquadrados no regime geral, sem necessidade de fazerem qualquer opção. E porque tal enquadramento é válido por um período de três exercícios, de harmonia com o disposto nos n.os 8 e 9 do mesmo art. 53.º, não podia a AT ter alterado, como alterou, esse enquadramento no exercício de 2003.

Segundo o entendimento vertido na sentença recorrida (e que acolhe a tese da AT sobre a questão), apesar de a Autora ter *estimado*, na declaração de início de actividade, um volume anual de vendas de 300.000 € para o exercício de 2002, o certo é que o volume total de proveitos que efectivamente veio a ser *declarado* em 2002 (e que substitui a quantia estimada) era inferior aquele valor, o que nos termos do artigo 53.º n.º 2 do CIRC obrigou ao seu enquadramento no regime simplificado, pois que ela expressamente não optou – nem inicialmente, na declaração de início de actividade, nem posteriormente, na declaração de alteração prevista nos arts. 110.º e 111.º do CIRC – pelo regime geral.

Assim, face ao volume de proveitos declarados e dada a falta de expressa opção pelo regime geral, julgou-se legal a actuação da AT de alterar para o regime simplificado a determinação do lucro tributável da autora, regime esse que lhe é automaticamente aplicável por um período de três exercícios, assim improcedendo a pretensão da Autora de ficar reintegrada no regime geral relativamente ao exercício de 2003.

O EPGA sustenta que o recurso merece provimento porquanto, provando-se que o recorrente optou, na declaração de início de actividade que apresentara em 2002, pelo regime geral de determinação do lucro tributável e estimou um volume de negócios anual de € 300 000,00, apesar de nesse mesmo ano, o volume de proveitos efectivos obtidos foi apenas de € 27568,21, a sua integração no regime geral de tributação do lucro tributável no primeiro exercício de actividade, 2002, fica a dever-se a dois motivos:

– O primeiro, ao facto de ter manifestado essa vontade, formalizada na declaração de início de actividade;

– O segundo, à circunstância de o valor total anual de proveitos estimados ser superior ao limite legal de € 149 639,37.

Assim, ao contrário do que defende a sentença recorrida, o contribuinte não ficou, *ab initio,* enquadrado no regime simplificado apenas porque tenha estimado um volume total de proveitos superior ao valor mínimo de € 149 639,37, mas sim porque optou, nos termos da alínea *a*) do n.º 7 do artigo 53.º do CIRC, pela aplicação do regime geral de determinação do lucro tributável.

E essa opção é válida por um período de três exercícios, de acordo com o disposto no n.º 8, independentemente da apresentação da declaração de alteração a que se refere a alínea *b*) do n.º 7.

Quid juris?

Como se expendeu no douto aresto cuja fundamentação vimos seguindo, o artigo 53.º do CIRC, introduzido pela Lei n.º 30-G/2000, de 29.12, instituiu o regime **simplificado de apuramento do lucro tributável**, quer para rendimentos empresariais ou equiparados de pessoas singulares, quer para os rendimentos das pessoas colectivas. Para os sujeitos passivos de IRC, o enquadramento nesse regime simplificado verifica-se quando se encontrem reunidas cumulativamente as seguintes condições:

a) exerçam, a título principal, actividade comercial, industrial ou agrícola;

b) não estejam isentos de IRC;

c) não se encontrem sujeitos à revisão legal de contas;

d) apresentem, no exercício anterior, um volume total de proveitos inferior a 149.639,37 €;

e) não optem pela aplicação do regime geral de determinação do lucro tributável.

Da leitura do referido preceito resulta que são ***automaticamente*** abrangidos pelo regime simplificado os sujeitos passivos cujo volume total de proveitos, no exercício anterior, seja inferior a 149.639,37€, a menos que expressamente optem por regime diferente, caso em que aquele deixa de ter aplicação automática. Mas porque quando se inicia actividade não há exercício anterior que possa ser tomado por referência, há que considerar nesse exercício inicial o montante anual de proveitos *estimado* constante da declaração de início de actividade.

Todavia, os sujeitos passivos que à luz dos aludidos critérios ***fiquem sujeitos ao regime simplificado*** podem ***optar*** pelo ***regime geral***, devendo, para o efeito, fazê-lo na declaração de início de actividade, ou em declaração de alterações a apresentar até ao fim do 3.° mês do período de tributação do início de aplicação do regime. Uma vez efectuada essa opção, a mesma é válida por um período de três exercícios, findo o qual caduca, excepto se for renovada nos termos e prazos referidos nos n.os 8 e 9 do art. 53.° do CIRC.

Donde decorre que só quando há uma expressa ***opção*** pelo ***regime geral*** este se mantém válido por um período de três exercícios, susceptível de renovação, e que a inclusão automática no regime geral não se encontra sujeita àquela regra de validade por três exercícios, cessando logo que se verifiquem os pressupostos legais para a aplicação do regime simplificado.

No caso vertente, a recorrente indicou na sua declaração de início de actividade, apresentada em 2002, um volume anual de vendas ***estimado*** em 300.000 €, optando pelo regime geral de determinação do lucro tributável, pelo que ficou enquadrada no regime geral relativamente a esse exercício.

Porém, em 2003 a AT apurou que nesse exercício de 2002 a recorrente ***declarara*** proveitos no montante total de 27.568,21 €, valor este muito aquém do mínimo da previsão legal para não ser englobada no regime simplificado.

Trata-se então de saber se isso determina o seu automático enquadramento nesse regime simplificado dado que expressou a sua opçao pelo regime geral.

Ora, acolhendo a posição da AT e que foi sufragada pela sentença, dir-se-á que a integração no regime geral de tributação do lucro tributável no primeiro exercício de actividade, se ficou a dever, não ao facto de ter manifestado essa vontade, mas tendo em conta ao dados constantes da sua declaração de início de actividade, designada e mormente, o valor total anual de proveitos estimados ter sido superior ao limite legal. Dito de outro modo: não se tendo verificado os pressupostos estabelecidos no n.° 1 do art. 53.° do CIRC, o enquadramento para o exercício de 2002 era obrigatoriamente o regime geral de determinação do lucro tributável, por imposição legal, nos termos do n.° 2 daquele inciso legal, não produzindo efeito qualquer opção inscrita ou manifestada pelo sujeito passivo pois a lei não confere essa faculdade.

Donde que a opção só seria válida se o sujeito passivo reunisse todas as condições para o enquadramento no regime simplificado, designadamente a estimativa de um valor total anual de proveitos igual ou superior a 149.639 €.

Daí que não mereça qualquer censura a actuação da AT, porquanto, no estrito cumprimento da lei a que se encontra vinculada, procedeu em 2003 ao enquadramento da recorrente no regime simplificado de tributação.

Face ao volume de proveitos *declarado* relativamente a 2002, e que a fazia abranger obrigatoriamente pelo regime simplificado, a recorrente, se não pretendia ficar sujeita a tal regime, devia ter apresentado declaração de alteração para exercer a opção pelo regime geral, de harmonia com o disposto no n.° 7 do art. 53.° do CIRC.

Com efeito, no art. 53.° do CIRC, concretamente nos seus números 1, 2 e 3, prevê-se a possibilidade de os contribuintes formalizarem a sua opção pela aplicação do regime geral de determinação do lucro tributável na declaração de início de actividade (modelo n.° 1698), opção que logo aí deve ser expressada (no quadro 19) se já nessa altura se encontrarem preenchidos os pressupostos de inclusão no regime simplificado.

No caso da recorrente, como do teor da sua declaração de início de actividade resultava a sua inclusão no regime geral (face ao volume estimado de vendas) não se tornava necessário que fizesse logo a opção pelo regime geral, opção que aí só se mostra configurada para os casos em que já nessa altura se mostram reunidos todos os pressupostos para a inclusão no regime simplificado.

Nestas situações, a opção deve ser exercida logo que ocorram os pressupostos para a inclusão no regime simplificado, o que no caso da recorrente ocorreu em 2003 quando declarou um volume de proveitos inferior a 149.639,37 €, pelo que tinha a obrigação de apresentar a declaração de alteração (para opção pelo regime geral) até ao fim do 3.° mês do período de tributação do início de aplicação do regime simplificado.

Não o tendo feito, e verificando-se os requisitos de enquadramento no regime simplificado, foi o mesmo aplicado por um período de três exercícios, regime que só pode cessar após o decurso desse período mínimo de permanência e caso a recorrente impeça a sua renovação pela apresentação de opção pelo regime geral (assim como cessa se for ultrapassado o limite de volume total de proveitos em dois exercícios consecutivos, ou num só exercício em montante superior a 25% desse limite, ou ainda se deixarem de ocorrer os demais requisitos de que depende a aplicação do regime).

Do exposto resulta que a recorrente não foi impedida de formalizar a sua opção pela aplicação do regime geral de determinação do lucro tributável, nem ocorre qualquer motivo legal que permita a aplicabilidade desse regime ao exercício de 2003.

Se é verdade que a forma como se encontra elaborada e redigida a declaração de início de actividade (modelo n.° 1698) só parece permitir fazer logo aí a opção pelo regime geral no caso de estarem reunidos os pressupostos para a aplicação do regime simplificado – o que é perfeitamente compreensível e legal, pois que só nesse caso se impõe saber se o sujeito passivo prefere outro regime – nada impediu a recorrente de apresentar declaração de alteração de regime quando ocorreram os pressupostos para a inclusão automática no regime simplificado, aí assinalando a sua opção pelo regime geral, pelo que não procede a sua argumentação sobre a impossibilidade de formalização dessa opção e sobre a violação do princípio da legalidade e da igualdade.

Na senda do *Acórdão deste TCAS de 09/05/2006, tirado no Recurso n.º 1096/06*[1], por nós relatado, à guisa de reforço argumentativo, ainda se dirá que,

O nosso ordenamento jurídico consagra, como regime regra da tributação, o método declarativo em que coloca na esfera de actuação dos particulares contribuintes a iniciativa no procedimento de apuramento, fixação e pagamento dos impostos.

Tal sistema pressupõe uma cooperação estreita entre a AT e o contribuinte, em ordem a alcançar a tributação dos rendimentos reais, cooperação essa que impõe, desde logo, que o último faculte à primeira, todos os elementos que viabilizem o correcto apuramento daqueles.

Para hipótese de tal cooperação se gorar o ordenamento faculta à AT o recurso a meios alternativos, sob pena de se colocar nas mãos dos contribuintes, o livre arbítrio de pagarem, ou não, os impostos que forem devidos.

Esses meios alternativos são não só o recurso às correcções técnicas ou aos métodos indiciários, como o próprio regime de tributação simplificado ora em questão.

"A atribuição de crescentes deveres de cooperação aos particulares não vem afastar, como já deixámos referido, o princípio de que a aplicação da lei fiscal é uma tarefa da Administração. Que responde pelos resultados gerais desta e desempenha uma função permanentemente supletiva quanto ao cumprimento dos deveres dos particulares.

(...)

Esta articulação entre o princípio da investigação e os deveres de cooperação ganha novas formas pelas consequências que de tal resultam sempre que se verifica a violação, por parte do sujeito passivo, de um dos específicos deveres de cooperação que lhe são atribuídos pelo ordenamento jurídico.

(...)

....independentemente da dimensão formal dos deveres de cooperação que faz com que possa haver um comportamento ilícito sem que este tenha atingido os fins pretendidos pelo agente, o juízo sobre a gravidade da violação é basicamente determinado pela intensidade do resultado.

É esta intensidade que vem determinar a extensão do exercício pleno dos poderes de investigação atribuídos à Administração, (...)

É o resultado da violação que determina a extensão da actividade da Administração que vai exercer a tarefa de reconstituição de uma situação fáctica que não devidamente descrita pelo sujeito passivo, na medida do necessário. E apenas nesta medida."[2].

Como também refere o Prof. Saldanha Sanches, *in* Fiscalidade de Julho/Outubro de 2001, citado na sentença recorrida, «*o regime simplificado tem sempre como pressuposto uma opção do contribuinte que renuncia ao seu direito subjectivo de ser tributado com base na contabilidade. E que, procedendo a uma estimativa de custos que vai suportar e declarar, opta pela dedução estandardizada.*»

(...)

«*Temos desde modo uma daquelas situações em que a lei atribui relevância à vontade do contribuinte e em que este pode optar pelo regime que considera mais favorável*».

Conceptualmente, em termos gerais e como decorre hoje do disposto no n.º 2 do art.º 87.º da LGT, procede-se à avaliação indirecta nas situações em que não existem elementos fiáveis e suficientes para demonstrar exactamente o valor dos rendimentos ou bens ou serviços sujeitos a tributação e, por essa razão, a sua tributação é feita com base em indícios, presunções ou outros elementos de que a AT disponha, inclusivamente aqueles que poderiam ser utilizados na avaliação directa.

A avaliação indirecta é, de resto, excepcional, a ela apenas se procedendo quando não seja viável a determinação da matéria tributável por meio da avaliação directa, seja por falta de elementos para se operar com esta, seja por existirem razões para suspeitar que o valor a que conduz a aplicação dos métodos de avaliação directa não é a matéria tributável real – cfr. arts. 87.º, n.º 1, al. *c*), e 89.º da LGT).[3]

E, definindo o âmbito da avaliação directa, dispõe o **Artigo 81.º da LGT** que:

1. *A matéria tributável é avaliada ou calculada directamente segundo os critérios próprios de cada tributo, só podendo a administração tributária proceder a avaliação indirecta nos casos e condições expressamente previstos na lei.*

No preceito faz-se a referência cumulativa a ***avaliação*** **e** ***cálculo*** da matéria colectável dir-se-á, na senda de *Diogo Leite de Campos, Benjamim da Silva Rodrigues e Jorge Lopes de Sousa, LGT Comentada e Anotada, 3ª ed., pág. 418 e ss*, que ***a designação de avaliação estará reservada para os casos em que a determinação da matéria tributável é feita através de métodos que, mesmo com utilização de critérios objectivos (como exige o n.º 1 do art. 84.º da L.G.T.), não podem deixar de envolver uma margem de subjectividade, como sucede nos casos de determinação do valor de bens (entre outros casos, para efeitos de sisa, imposto sobre sucessões e doações, contribuição autárquica, em certos casos, direitos alfandegários e imposto automóvel) e naqueles em que a determinação é feita utilizando métodos indirectos.***

Destarte ***as referências a avaliação circunscrevem-se aos casos em que houver aplicação de elementos de carácter subjectivo.***

Conforme preceitua o Artigo 83.º da LGT a avaliação directa, visa a determinação do valor real dos rendimentos ou bens sujeitos a tributação (n.º 1) e a avaliação indirecta (que o contribuinte disse ter sido utilizada) visa a determinação do valor dos rendimentos ou bens tributáveis a partir de indícios, presunções ou outros elementos de que a administração tributária disponha (n.º 2).

Resulta do inciso legal transcrito que quer a avaliação directa como a indirecta têm por ***fim determinar o valor dos rendimentos ou bens sujeitos a tributação, nos seguintes termos:***

a) no primeiro caso, a avaliação é feita com base em **elementos de prova do valor real dos bens** ou rendimentos tributáveis e, por isso, **visa-se determinar com exactidão este valor;**

[1] Veja-se, sobre idêntica matéria, o Ac. do STA de 15-02-2007, Recurso n.º 0959/06;

[2] Cfr. J. L. Saldanha Sanches, in *"A Quantificação da Obrigação Tributária"*, 2ª ed., pp. 291, 294 e 295.

[3] Nesse sentido, o Ac. deste TCAS de 05/08/04, no Recurso n.º 163/04.

b) Os casos em que se procede a avaliação indirecta, indicados no art. 87.° da L.G.T., são situações em que não existem elementos fiáveis suficientes para demonstrar exactamente o valor daqueles bens ou rendimentos, metodologia que o contribuinte diz ter sido seguida pela IT, o que não corresponde à verdade pois a avaliação do bem sujeitos ***a tributação não foi feita com base em indícios, presunções ou outros elementos de que a administração tributária dispuser, inclusivamente alguns que poderiam ser utilizados na avaliação directa.***

De resto, dado o seu carácter excepcional, apenas se procede a avaliação indirecta em casos em que não seja viável determinar a matéria tributável através de avaliação directa, quer por falta de elementos para esta ser levada a cabo, quer por haver razões para suspeitar que o valor a que conduz a aplicação dos métodos de avaliação directa não é a matéria tributável real [arts. 87.°, n.° 1, alínea *c*), e 89.° da L.G.T.].

É forçoso concluir, pois, que, em princípio, o regime simplificado de tributação pressupõe a avaliação directa seguindo critérios objectivos em acatamento do comando legal contido no Artigo 84.° que impõe a utilização de critérios técnicos ao determinar que a avaliação dos rendimentos ou valores sujeitos a tributação baseia-se em critérios objectivos (n.° 1), devendo a **fundamentação da avaliação conter obrigatoriamente a indicação dos critérios utilizados e a ponderação dos factores que influenciaram a determinação do seu resultado (n.° 2).** ***Assim, e de acordo com a lei, a avaliação efectuada baseou-se em critérios objectivos, com a possível base técnico – científica, pois da análise, atrás feita, das razões que levaram à atribuição do valor tributável e não de outro, o percurso lógico que foi seguido na avaliação para chegar ao resultado alcançado, foi em perfeito silogismo, demonstrado integralmente de forma objectiva, quer quanto aos elementos utilizados quer quanto ao método de cálculo que tenha sido utilizado.***

E isso porque «i casu» a objectividade ter sido concretizada totalmente, pois para realizar a avaliação foram ponderados factores claramente objectivos.

Não obstante, segundo *Leite de Campos, Benjamim da Silva Rodrigues e Jorge Lopes de Sousa*, a exigência de objectividade nos critérios de avaliação terá de ser meramente tendencial, a objectividade possível no caso concreto, que se traduzirá, nos casos em que têm de ser valorados factores subjectivos, na utilização de uma fundamentação que ultrapasse a estrita subjectividade e permita controlar a correcção dos juízos formulados.

Daí que como ***requisito maior da fundamentação do acto de avaliação, figure a exigência de que ela contenha a indicação dos critérios utilizados e a ponderação dos factores que influenciaram a determinação do seu resultado, devendo esta indicação e ponderação dar a conhecer, na sua totalidade, o itinerário seguido na avaliação para se alcançar o valor da matéria tributável, permitindo conhecer integralmente as razões por que foi atingido esse valor e não qualquer outro.***

Podemos, pois, afirmar, que no caso do regime simplificado estamos perante uma tributação normal (por opção), em que a matéria tributável é determinada com base em elementos exclusivamente objectivos, como acontece nos casos de regime simplificado de tributação (al. *a*) do art. 87.° da LGT).

Os regimes simplificados de tributação, previstos nos arts. 28.° e 31.° do CIRS e 53.° do CIRC, podemos dizer que se trata de regimes aplicáveis a pequenos contribuintes ou a pequenas empresas, concretizando, a contribuintes ou empresas cujo volume de vendas não seja superior a 30.000.000$ (€ 149.639.37) ou cujo valor ilíquido dos restantes rendimentos da categoria B não seja superior a 20.000.000$ (€ 99.759.58) no IRS.

Em tais regimes a tributação não assenta no rendimento real, mas no rendimento normal a apurar com base em "indicadores objectivos de base técnico – científica". Ou, enquanto tais indicadores não forem aprovados, assenta em sede do IRS, no rendimento colectável igual a 0,20% do valor das vendas de mercadorias e de produtos e do valor dos serviços prestados no âmbito das actividades de hotelaria, restauração e bebidas, ou no rendimento colectável igual a 0.65% dos restantes rendimentos.

Esse rendimento colectável tem por montante mínimo, na versão resultante da LOE/2003, E 3.125 no IRS, o que vale por dizer, a aplicação de colectas mínimas indirectas já que determinadas através de matérias tributáveis mínimas *(minimum taxable income).*

Assim, o que verdadeiramente temos aqui são três regimes simplificados ou, noutra versão, três graus de simplificação da tributação, a saber: l) o regime ordinário, que tem por suporte indicadores objectivos de base técnico-científica definidos para cada um dos diferentes sectores da actividade económica, a implementar no futuro, quando estes indicadores estiverem definidos *(regime dos indicadores):* 2) um regime transitório, que tem por base coeficientes definidos na própria lei, a aplicar até que aquele primeiro regime seja implementado *(regime dos coeficientes),* e 3) um imposto mínimo *(minimum tax),* fixado através do estabelecimento de um rendimento tributável mínimo *(minimum taxable income)* igual a 6 3.125 em IRS e a € 6.250 em IRC quando o rendimento colectável decorrente da aplicação daqueles coeficientes for inferior a tais montantes *(regime do imposto mínimo).*[4]

(...) o regime de tributação simplificado foi instituído pela Reforma Fiscal de 2001, visando facultar aos profissionais independentes e os empresários, com rendimentos abaixo de certo nível, a opção fiscal de serem tributados com as suas despesas determinadas de acordo com as regras contabilísticas ou, em alternativa, serem dispensados de registos contabilísticos e terem o seu rendimento objectivo determinado segundo uma dedução estandardizada.

Com efeito, o regime simplificado de determinação dos rendimentos das actividades empresariais e profissionais é um método que se aplica supletivamente aos sujeitos passivos que cumpram determinados requisitos e que não optem pela tributação com base em contabilidade organizada.

Assim, o(s) recorrente(s), porque estava(m) integrado(s) no regime simplificado, não estavam obrigados, por imposição legal, a possuir contabilidade organizada, no período de tributação imediatamente anterior e não atingiram na sua actividade, valor superior a qualquer dos seguintes limites (n.° 2 do Art. 28.° do CIRS): – volume de vendas: C 149 639,37; valor ilíquido das pres-

[4] Cfr. José Casalta Nabais, Direito Fiscal, 2ª ed., pág. 306 a 308.

tações de serviço e restantes rendimentos integrados nesta categoria: C 99 759.58.

Ao(s) recorrente(s) era garantida a opção pelo regime de contabilidade organizada, sendo os seus rendimentos tributados por avaliação directa, nos termos do n.º 2 do Art. 81.º da LGT como se analisou, opção que devia ter sido exercida na declaração de início de actividade ou na declaração de alterações a apresentar até ao fim do mês de Março do ano para o qual se pretende a determinação do rendimento líquido com base na contabilidade, a qual deverá ser organizada de acordo com o disposto no Art. 115.º do CIRC.

E o(s) recorrentes, como é pacífico, não exerceram a opção pela contabilidade organizada, podendo-o fazer até ao fim do mês de Junho de 2001 *(excepcionalmente, no ano de 2001, a opção foi exercida até ao fim de Junho – Circular n.º 3/2001)* através da apresentação de uma declaração de alterações, afastando, assim, de livre vontade, a hipótese dos seus rendimentos serem tributados segundo o rendimento real – n.º 4 do Art. 28.º do CIRS.

Porque não foi exercida até ao final de Junho de 2001 a opção pela aplicação do regime geral, e dada a verificação dos requisitos de enquadramento no regime simplificado, o mesmo era aplicável automaticamente por um período de cinco exercícios, sendo prorrogado por iguais períodos.

Apesar disso, poderia o sujeito passivo transitar para o regime geral para o que deveria comunicar a necessária opção mediante declaração de alterações, a apresentar até ao fim do 3.º mês do período de tributação de início de aplicação deste regime, o que os recorrentes não fizeram.

Donde que, de todo em todo, lhes era aplicável o regime simplificado de tributação, resultando o rendimento da aplicação de indicadores de base técnico – científica determinados para os diferentes sectores da actividade económica, nos termos do n.º 1 do Art. 31.º do CIRS os quais devem ser anualmente definidos pelo Ministro das Finanças após audição das associações empresariais e profissionais, nos termos referidos no Art. 89.º da LGT.

Como tais indicadores não tinham sido aprovados, o rendimento colectável a englobar na declaração anual de rendimentos dos sujeitos passivos abrangidos por este regime, será o resultante da aplicação dos já referidos coeficientes estabelecidos no n.º 2 do Art. 31.º do CIRS.

Estando em causa nos autos o rendimento do ano de 2001 e porque o regime simplificado iniciou a sua vigência em 1 de Janeiro desse ano, era por demais previsível que em tal exercício fossem os coeficientes estabelecidos no n.º 2 do Art. 31.º do CIRS os aplicáveis para a determinação do rendimento colectável, não se podendo afirmar que se goraram as expectativas dos contribuintes com a não aprovação da citada portaria prevista no n.º 4 do Art. 31.º do CIRS.

Ademais, o facto da não aprovação da falada Portaria não era impeditivo de exercício do direito de opção pelo regime de contabilidade organizada que a lei facultava aos recorrentes para evitarem a avaliação indirecta com as inerentes consequências em termos de quantificação próprias do regime simplificado de tributação, e, o certo é que, pura e simplesmente não o exerceram.

Sendo assim, compo é, n.º ao poderá ser assacada ao acto tributário impugnado qualquer tipo de ilegalidade (o art. 81.º, n.º 2 da Lei Geral Tributária estatui que *«Em caso de regime simplificado de tributação, o sujeito passivo pode optar pela avaliação directa, nas condições que a lei definir.»)* ou inconstitucionalidade pois a própria Constituição da República Portuguesa legitima a aplicabilidade do regime simplificado de tributação ao não obrigar a exclusividade da tributação segundo o rendimento real (Art. 104.º n.º 2 da CRP): *«a tributação das empresas incide fundamentalmente sobre o seu rendimento real.»*

A recorrente entregou a declaração de rendimentos de IRC do exercício de 2002, e, encontrando-se abrangidos pelo regime simplificado de tributação, estava sujeita às regras próprias da aplicação desse regime.

Neste conspecto, a lei atribui relevância à vontade do contribuinte, podendo este sempre optar pelo regime que mais lhe convém; ora, tendo a recorrente de ser tributada segundo o regime simplificado de determinação do lucro tributável, a AT agiu de acordo e em estrita obediência ao princípio da legalidade a que está vinculada, não podendo ser assacada à liquidação impugnada qualquer ilegalidade, mormente a violação dos princípios a que alude na conclusão 8ª.

Nem o acto tributário impugnado afrontou o princípio constitucionalmente consagrado de que *«a tributação deve incidir sobre o rendimento real.»*

E o certo é que o princípio constitucional consagrado no n.º 2 do Art. 104.º da CRP é o regime regra mas admite excepções, quais sejam, o regime simplificado de tributação e o recurso a métodos indirectos.

E, como se viu, o recurso a qualquer deles não depende de um critério discricionário da AT, correspondendo, antes, cada um deles, um seu poder vinculado, na estrita medida do necessário ao evitar da evasão fiscal por parte dos contribuintes faltosos, com o duplo objectivo, no mínimo, de evitar, por um lado o *"emagrecimento"* ilegítimo dos recursos do Estado e, por outro, de repartir equitativamente, como constitucionalmente imposto, a carga fiscal.

Assim, a AT encontra-se vinculada ao recurso aos métodos indirectos, quando, demonstrada a violação dos deveres de cooperação do contribuinte tal apuramento se vier a revelar inviável, então não pode deixar de lançar mão dos métodos presuntivos.

Ou seja, o recurso à metodologia indiciária surge, por opção do legislador, como uma medida de último recurso, e na impossibilidade de se proceder ao apuramento por qualquer das outras vias legalmente admitidas, ou dito de outra a forma, a metodologia em causa, uma vez que "marcada por uma inultrapassável incerteza e exigindo uma cuidadosa fundamentação, tem de se conservar com uma *última ratio flsci,..."* o recurso ao método presuntivo[5].

Por consequência, e sendo certo que nos termos das regras do ónus da prova em sede de direito administrativo tributário – *onde, à luz dos vigentes princípios de descoberta da verdade material e, da consequente, oficiosidade de investigação e indagação das provas, não na uma particular incumbência de provar , por parte de quem quer que seja, sem embargo de, vela, impossibilidade de manutenção de um "non liquet", a ausência de prova de factos relevantes não possa deixar de desfavorecer quem com ela estava onerado –*, é à AT que cabe

[5] Cfr. autor e obra citados, 302/303.

a obrigação "... da prova da verificação dos pressupostos legais (vinculativos) da sua actuação, designadamente se agressiva (positiva e desfavorável) ..." cabendo, em contrapartida "...ao administrado apresentar prova bastante da ilegitimidade do acto , quando se mostrem verificados esses pressupostos ..."[6] é àquela que se impõe demonstrar, casuísticamente, a verificação do requisitos que a lei impõe para que possa e deva, em concreto, lançar mão da metodologia indiciaria[7].

Ou seja e ao que aqui releva, importa à AT demonstrar que a contabilidade do recorrente, com referência aos exercícios em questão, padecia de inexactidões, irregularidades e/ou omissões, escamoteadoras ou enganadoras dos reais valores o tributar e impossibilitantes do seu apuramento directo, sem que, a isso, possa ser oposto, que a fiscalização considerou quanto, à regularidade da escrita, que foi dado cumprimento às formalidades extrínsecas a que se encontram sujeitos os livros de escrituração, já que "... a regularidade formal da escrita apenas constitui presunção da sua veracidade e (...) esta presunção de veracidade das declarações dos contribuintes só é estendida aos seus elementos de apoio (...) se estes estiverem organizados de acordo com a lei comercial e fiscal e com as regras da normalização contabilística e se aqueles mesmos elementos de apoio permitirem o apuramento e controlo da matéria tributável efectivamente obtida reflectindo correctamente o lucro liquido do exercício e as operações realizadas"[8].

E, no que tange à tributação pelo regime simplificado, ele é aplicável quando os contribuintes, verificados os pressupostos já escalpelizados supra, não optem pelo regime normal de tributação nas condições também analisadas, caso em que serão tributados com base num lucro normal que corresponde à resultante da aplicação de indicadores de base técnico-científica definidos para os diferentes sectores da actividade económica.

O raciocínio é o mesmo na metodologia indiciária e na aplicação dos ditos coeficientes: se da aplicação dos referidos coeficientes resultasse prejuízo para os ora recorrentes, poderiam sempre ter optado pela contabilidade organizada, onde poderiam deduzir os custos da actividade que comprovadamente tivessem sido indispensáveis para a obtenção dos proveitos ou ganhos, segundo as regras previstas no CIRC.

Com efeito, é possível o recurso a índices ou indicadores de actividade para justificar a utilização de métodos indiciários ou o recurso aos próprios métodos indiciários como forma de determinação da matéria colectável, bem como para operar com os regimes simplificados de tributação.

Como se dá nota no *Acórdão do STA de 30-04-2002,* tirado no *Recurso n.º 98/02*,[9] cuja fundamentação se vai seguir de perto, o Tribunal Constitucional já se firmou jurisprudência no sentido da não inconstitucionalidade das indicadas normas, pontificando o *Ac. TC 348/97, DR II ª S, n.º 170, de 25-7-97, p. 8959*, em que se expendeu que a Constituição, no artigo 107.º, relativo aos impostos, dispõe no n.º 2 que «a tributação das empresas incidirá fundamentalmente sobre o seu rendimento real» tendo-se adoptado, entre as soluções típicas possíveis, a tributação dos lucros reais, isto é, em princípio, dos lucros efectivamente verificados em cada ano, se bem que, exigindo tal opção um sistema fiável de conhecimento dos resultados das empresas e porque isso não se mostra possível em muitos sectores, admite-se que aquela tributação possa incidir pelo menos sobre os lucros presumivelmente realizados e/ou pela tributação com base num lucro normal resultante da aplicação de indicadores de base técnico – científica definidos para os diferentes sectores de actividade económica.

É que conforme escreveu Teixeira Ribeiro, citado no mesmo acórdão, é do rendimento real, e não do rendimento normal, que depende a capacidade tributária contudo por vezes não há mais remédio do que tributar o rendimento normal quando se torna impossível conhecer com suficiente aproximação o rendimento real.

E ainda citando o Prof. Sousa Franco a forma de determinação da matéria colectável, relativamente aos impostos directos, pode efectuar-se com recurso aos rendimentos presumidos pois que se entende que não é possível, por ser fácil a fraude ou o arbítrio, qualquer tentativa de fixação real e directa da matéria colectável escolhendo-se então indicadores, com base nos quais se determina o valor que vai ser tributado, admitindo-se, por exemplo, que existe uma correlação entre o número de empregados, o volume de vendas ou o capital social. Nesta perspectiva o lucro que a empresa deve ter obtido resultará dos indicadores que servem de base à fixação do imposto por presunção da Administração, aplicando critérios legais.

Ainda segundo o mesmo autor a tributação real, sobretudo por razões de justiça e eficiência económica, é preferível – representa um sistema mais justo, que permite a personalização do imposto e mais uma correcta distribuição da carga fiscal –, sendo certo que tal forma de tributação tem recebido entre nós uma concretização efectiva limitada, desde logo porque pressupõe a existência de uma economia desenvolvida: um elevado grau de precisão e desenvolvimento da máquina administrativa, uma estrutura económica com empresas de razoável dimensão, dispondo de processos de contabilidade normalizados e rigorosos, com sujeitos económicos racionais e uma economia altamente monetarizada e baseada na troca.

Citando, ainda, Manuel Pires, «A Constituição de 1976 e a fiscalidade», Estudos sobre a Constituição, 2.º vol., Lisboa, 1978, pp. 417 e seguintes, referiu que: «Sobre a tributação das empresas, adoptou o legislador constitucional a tributação do rendimento real, embora cuidadosamente tenha inserto o advérbio 'fundamentalmente' e não poderia deixar de ser de outro modo. Num país em que existe um número imenso de empresários que não dispõe de contabilidade ou se dela dispõe, ela não oferece as condições de confiança para o apuramento do verdadeiro rendimento, será utópico considerar a tributação sempre segundo o rendimento real. Numa grande parte dos casos, esse apuramento terá de ser feito a forfait ou presumidamente, embora tal implique um elemento não homogéneo para efeito do imposto pessoal (soma de rendimentos reais com rendimentos não reais), no caso de empresários individuais ou mesmo de certo

[6] Cfr. Ac. deste Tribunal, de 02.06.04, tirado no Rec. 3.279/00.

[7] Cfr. entre outros e além do Ac. já referido o Ac. deste Tribunal de 02.11.03 , Rec. n.º 6.382/02.

[8] Cfr. Ac. deste Tribunal tirado no Rec. n.º 3.673/00.

[9] No sentido de que o recurso a métodos indiciários para determinação da matéria colectável do IVA não colide com a autorização concedida pelo art. 22.º da Lei n.º 42/83, de 31 de Dezembro, quando falte ou seja indexada a declaração do contribuinte e de que os art. 82.º, 83.º e 84.º, do CIVA não enfermam de inconstitucionalidade, veja-se, tb., o *Acórdão do STA de 28-10-98, Recurso n.º 015978.*

tipo de sociedades em relação às quais se possa decidir uma não tributação autónoma (os lucros seriam repartidos finalmente entre os sócios de acordo com determinados critérios).»

Entendeu, por isso, o Tribunal Constitucional que não sofre de inconstitucionalidade a norma segundo a qual os contribuintes são tributados com base no lucro presumido pois que da Constituição e nomeadamente do seu artigo 107.°, n.° 2, não pode retirar-se a conclusão de ser vedada entre nós a tributação de rendimentos presumidos ou a utilização de «presunções» na determinação da base tributável.

Porque assim e visto o art. 107.° n.° 2 da CRP, as razões que justificam a tributação pelo método indirecto quanto ao rendimento pontificam igualmente, por identidade de razões, quanto à tributação por regimes simplificados.

É sabido que no domínio do Direito Fiscal interessa a substância das operações económicas a tributar e que este interesse se manifesta na disposição constitucional que visa a tributação do rendimento real das empresas (art. 104.° n.° 2 CRP/RC 97).

Por isso revela acerto a afirmação do M.° Juiz «a quo» de que não sofrem de qualquer inconstitucionalidade, mormente por violação do disposto no art. 107.° da Constituição da República, pois a aplicação do regime de tributação simplificado tem exactamente por finalidade determinar o rendimento real auferido quando não há elementos contabilísticos fiáveis para tal porque o contribuinte não optou por um regime normal de tributação baseado na sua contabilidade legitimando assim o recurso a índices ou indicadores de actividade.

É que quando o preceito constitucional se afirma que a tributação das empresas incide fundamentalmente sobre o seu rendimento real, o termo **fundamentalmente** significa que nem sempre tal pode acontecer, ou seja, de a tributação incidir sobre o rendimento real das empresas.

Ora, como se disse, tal sucede quer no regime simplificado, quer, de um modo geral, nos casos em que a contabilidade não se encontre devidamente organizada em que é necessário o recurso ao método indirecto.

Os recorrentes podiam ter optado pelo regime de contabilidade organizada (e que estivesse devidamente organizada) para que a tributação não fosse calculada com recurso ao método indirecto nos termos do preceituado no artigo 31.° do CIRS e, não o tendo feito, terão de suportar as consequências que a lei atribui a essa opção.

Destarte, a tributação actuada pelo Fisco não é *«in casu»* inconstitucional."

Chama-se, igualmente, à colação o Acórdão do STA de 15-02-2007, Recurso n.° 0959/06:

"(...)

3 – A única questão que é objecto do presente recurso jurisdicional é a da constitucionalidade do regime simplificado de determinação do lucro tributável, previsto no art. 53.° do CIRC, à face do art. 104.°, n.° 2, da CRP, que estabelece que *«a tributação das empresas incide fundamentalmente sobre o seu rendimento real»*.

O próprio texto do referido art. 104.°, n.° 2, da CRP evidencia que o princípio da tributação das empresas pelos lucros reais não foi enunciado em termos absolutos, impondo-se apenas que a tributação incida *«fundamentalmente»* sobre o rendimento real.

O CIRC adopta a regra da tributação pelos rendimentos reais dos sujeitos passivos, estabelecendo o regime da sua determinação (arts. 1.°, 3.° e 15.° e seguintes).

Paralelamente, prevê-se, no art. 53.°, o *«regime simplificado de determinação do lucro tributável»* que se traduz em o rendimento que serve de base à tributação ser determinado através da aplicação de indicadores de base técnico-científica definidos para os diferentes sectores da actividade económica ou, na sua falta, através da aplicação de determinados coeficientes ao valor das vendas de mercadorias e de produtos e restantes proveitos, com um determinado montante mínimo.

A aplicação destes coeficientes às receitas obtidas não serve para determinar o imposto a cobrar, mas sim para determinar a matéria tributável, sobre a qual vai incidir a taxa do IRC aplicável.

Assim, não se compreende a alegação da Recorrente de que este regime só atende às receitas para o cálculo do IRC, pois, se se considera como matéria tributável 20% ou 45% das receitas (ou a percentagem derivada de indicadores de base técnico-científica), é óbvio que são implicitamente consideradas como despesas 80% ou 55% das receitas.)

A tributação segundo este regime simplificado é facultativa, sendo colocada na disponibilidade do sujeito passivo a opção pela tributação pelo rendimento real, como resulta da parte final do n.° 1 do referido art. 53.°.

Nestas condições, impõe-se a conclusão de que o sistema de tributação de acordo com o regime simplificado não é incompatível com a regra do art. 104.°, n.° 2, da CRP, pois, por um lado, o facto de não se tratar de uma imposição absoluta abre ao legislador ordinário a possibilidade de estabelecer excepções e, por outro lado, sendo garantida a todos os sujeitos passivos de IRC a possibilidade de serem tributados pelo rendimento real se o pretenderem, é manifesto que a excepção prevista não desvirtua aquele regime regra de tributação das empresas pelo rendimento real.

Por isso, não ocorre a inconstitucionalidade invocada."

Termos em que improcede o recurso, sendo de manter a sentença recorrida.

Nestes termos, acorda-se em negar provimento ao recurso e manter a sentença recorrida.

Custas pela recorrente.

Lisboa, 26 de Junho de 2007

Gomes Correia
Eugénio Sequeira
Ascensão Lopes

Recurso n.° 1639/07

CONTRA-ORDENAÇÕES TRIBUTÁRIAS. CONCURSO. CÚMULO MATERIAL.

(Acórdão de 5 de Junho de 2007)

SUMÁRIO:

I- Sendo a arguida uma sociedade comercial e devendo os seus representantes legais dar cumprimento às obrigações legais, incluindo a entrega da declaração de IVA acompanhada do respectivo meio de pagamento, a entrega daquela desacompanhada deste traduz-se na violação de um dever de cuidado objectivamente imposto.

II- No que respeita às contra-ordenações tributárias, não há lugar à aplicação do cúmulo jurídico das sanções que resulta do art. 19.° do DL 433/82, dado que o art. 25.° do RGIT estabelece, para aquelas contra-ordenações, um regime especial de punição do concurso de contra-ordenações, que é o do cúmulo material.

ACORDAM NESTA SECÇÃO DO CONTENCIOSO DO TRIBUNAL CENTRAL ADMINISTRATIVO SUL:

RELATÓRIO

1.1 José Constantino da Costa, Lda., com os sinais dos autos, recorre da sentença proferida pelo Mmo. Juiz do TAF de Lisboa – 2, que lhe julgou improcedente o recurso que tinha interposto da decisão do Chefe do Serviço de Finanças de Loures 4 – Sacavém, que, julgando praticada a infracção prevista e punida nos arts. 40.°, n.° 1, al. *a*) e 26.°, n.° 1 do CIVA e 114.°, n.° 2 e 26.°, n.° 4 do RGIT, a condenou na coima no montante de € 2.594,43.

1.2. A recorrente alega o recurso e termina formulando as Conclusoes seguintes:

a) É o presente recurso interposto contra a Sentença de 5 de Dezembro de 2006, proferida no âmbito do processo de recurso de decisão de aplicação de coima que, sob o n.° 358/06.8BELRS, correu termos junto do Tribunal Administrativo e Fiscal de Loures (Lisboa – 2).

b) Nos termos do disposto no artigo 79.°, do Regime Geral das Infracções Tributárias as decisões administrativas de aplicação de coima devem, entre outros elementos, indicar, fundamentadamente, não só a coima aplicada, mas também os elementos que contribuíram para a sua fixação.

c) Visa-se, assim, que à arguida e, bem assim, ao Tribunal, seja possível controlar a legalidade da decisão de aplicação de coima e, correlativamente, impedir uma completa arbitrariedade das mesmas.

d) Sucede, porém, que na "decisão de aplicação de coima" analisada na Sentença recorrida, não se aludiu, minimamente que fosse, aos critérios para determinação da concreta medida da coima que, por regra, são os constantes do artigo 27.° do Regime Geral das Infracções Tributárias.

e) Deste modo, a "decisão de aplicação de coima" é nula, conforme previsto no artigo 63.°, n.° 1, alínea *d*), do Regime Geral das Infracções Tributárias, vício este que se apresenta de conhecimento oficioso (cfr. n.° 5 do artigo 63.° da Regime Geral das Infracções Tributárias).

f) Por outro lado, Sentença recorrida, "objectiviza" a responsabilidade contra – ordenacional.

g) Ora, tal entendimento revela-se inconstitucional à luz do princípio de presunção de inocência ínsito no artigo 32.°, n.° 2, da Constituição da República Portuguesa.

h) A negligência (e o dolo) são elementos duplamente valorados na análise do ilícito contra-ordenacional: em primeiro lugar enquanto elemento do tipo objectivo e, em segundo lugar, nexo de imputação ético-jurídica que liga o facto ilícito à vontade o agente (A. Varela, RU, 102 – 59.°).

i) Deste modo, impunha-se à Administração tributária que não se limitasse a indicar – como fez – os factos dos quais poderá resultar a negligência enquanto elemento do tipo objectivo de ilícito contra-ordenacional, mas também os factos dos quais se pudesse retirar a culpa(bilidade) da arguida.

j) Num outro plano, e atenta a necessidade de prova do comportamento negligente da arguida, prova que a Administração tributária não logrou produzir, a condenação da arguida no pagamento da coima no valor de € 2.594,43, sempre violará o princípio da legalidade previsto no artigo 2.° do Regime Geral das Infracções Tributárias;

k) Toda a sanção penal ou contra-ordenacional tem como suporte uma culpa concreta, apesar da não intervenção nas contra-ordenações de uma censura de tipo ético-social;

l) Culpa que, in casu, não foi nunca provada;

m) Em suma, em parte alguma se logrou demonstrar e provar que a conduta da arguida materializada na omissão de entrega da prestação tributária, é o resultado da violação objectiva de um dever de cuidado;

n) Não resulta de qualquer peça que instrui o presente processo a possibilidade de imputar subjectivamente o resultado que a norma pretende evitar ao comportamento da arguida;

o) A Administração tributária não descreve e, consequentemente, não prova quais as circunstâncias que no caso concreto impunham à ora arguida proceder com o cuidado a que estava obrigada e de que era capaz, nem se a arguida chegou a representar, sequer, a possibilidade de incorrer em infracção, pelo contrário, é referido na decisão de aplicação de coima que a arguida não tinha a obrigação de não cometer a infracção.

p) Nada disto se mencionou, o que legitima a necessária e impostergável conclusão da impossibilidade de se aplicar à arguida qualquer coima em virtude da prática da contra-ordenação prevista no n.° 2 do artigo 114.° do Regime Geral das Infracções Tributárias.

q) Por fim, caso assim não o entendam Vossas Excelências o processo de contra-ordenação em apreço não deveria ser analisado de forma isolada, mas em conjunto com as condutas punidas nos processos de contra-ordenação autuados com os n.ºs 3492200306025846, 3492200306027865, 3492200406008674, 3492200406008941, 3492200406013830, 3492200506517030 e 3492200506522386, relativos aos períodos de tributação de 0211, 0302, 0308, 0309, 0310, 0311 e 0504, na medida em que as condutas que conduziram à instauração de cada um dos referidos processos deverão conduzir, não à existência de sete coimas, mas a uma única em concurso (cfr. artigos 30.º, n.º 1, do Código Penal e 19.º do Decreto-Lei n.º 433/82, de 27 de Outubro).

r) Assim, importa interligar o presente processo de contra-ordenação com os processos acima elencados, no âmbito dos quais se aplicaram à arguida sete coimas distintas pela prática de factos idênticos, aplicando-se, ao conjunto, coima de acordo com as regras de concurso de contra-ordenações.

s) Por fim, no que se refere à apreciação da omissão de imputação subjectiva da conduta ao agente, a Sentença recorrida não refere os respectivos motivos de facto e de direito,

t) e, no que respeita à análise da aplicação do regime do concurso de contra-ordenações, o Senhor Doutor Juiz a quo não indica, pelo menos, as razões de facto em que sustenta a sua decisão, motivo pelo qual a sentença que constitui o objecto do presente recurso deverá ser declarada nula nos termos previstos nos artigos 374.º, n.º 2 e 379.º, n.º 1, alínea a), do Código de Processo Penal.

Termina pedindo que seja dado provimento ao recurso e revogada a decisão recorrida, dando-se como não provada a infracção e revogando a aplicação da coima.

1.3. Contra-alegou o MP, sustentando a confirmação do julgado e alegando o seguinte:

A decisão da autoridade administrativa, constante de fls. 11 e 12 dos autos, subdivide-se em vários quadros, dos quais o último consubstancia a parte decisória ou "despacho". Nesses outros quadros, que integram a fundamentação da decisão, a autoridade administrativa tributária explicita:

– a identificação do processo de contra-ordenação fiscal;

– a "Identificação da Arguida";

– a "Descrição Sumária dos Factos", dela constando, designadamente, que é de 11 199,29 Eur. o montante do imposto exigível, relativo a IVA do período 2002/09; que o termo do prazo para cumprimento da obrigação ocorreu em 11/11/2002; que a obrigação foi cumprida em 20/11/2002; factos que dá como provados.

– as "Normas Infringidas e Punitivas";

– a "Responsabilidade contra-ordenacional";

– a "Medida da Coima". Neste quadro a autoridade administrativa menciona que, em abstracto, a medida da coima tem como limite mínimo o montante de Eur. 2.239,86 e como limite máximo o montante de Eur. 11.199,29. Mais indica, como elementos que contribuíram para a graduação da coima:

– não ter havido actos de ocultação;

– não ter havido benefício económico para a arguida;

– tratar-se de uma prática frequente da mesma arguida;

– ser a conduta da arguida praticada por mera negligência;

– não ter a mesma arguida especial obrigação de não cometer a infracção;

– ser desconhecida a sua situação económica.

Não poderá deixar de entender-se que as indicações e referências concretas e individualizáveis aos factos constantes do auto de notícia e a outros elementos explicitados e levados em consideração na graduação da coima pela autoridade administrativa satisfazem as exigências legais previstas no n.º 1 do art. 79.º do RGIT e a graduação da coima respeita o disposto no n.º 1 e no n.º 2 do art. 27.º, também do RGIT, pelo que a decisão administrativa de aplicação da coima, mantida pela decisão judicial recorrida, não padece da nulidade apontada no recurso interposto.

Com efeito, conforme se salientou no ac. TCA Sul de 23.11.2004, Proc. 00219/04, para fundamentar a aplicação da coima, basta a descrição sumária dos factos e a mera indicação ou referência às normas violadas e punitivas e aos elementos que contribuíram para a fixação da coima, requisitos que estão presentes no texto da decisão administrativa apreciada no despacho judicial recorrido.

Por outro lado, no caso presente, a coima foi fixada muito próximo do limite mínimo abstractamente aplicável, pelo que, tal como se decidiu no ac. STA de 12.12.2006, Proc. 1045/06-30, a exigência da alínea *c*) do art. 79.º, n.º 1 do RGIT – indicação dos elementos que contribuíram para a fixação da coima – sempre perderia o seu significado essencial: o arguido não tem necessidade de conhecer os elementos que contribuíram para a fixação da coima, pois não pode diminuir o seu valor, já que este constitui o limite mínimo abstractamente aplicável, não estando, por isso prejudicado o exercício efectivo dos seus direitos de defesa.

Não tem a recorrente, também, razão quanto ao mais alegado no recurso interposto, pois, não só a decisão judicial sob recurso está devidamente fundamentada, de facto e de direito, obedecendo ao disposto no n.º 4 do art. 64.º do RGCO, aplicável ex vi art. 3.º, al. *b*) do RGIT, como o art. 25.º deste diploma legal dispõe, expressamente, que "as sanções aplicadas às contra-ordenações em concurso são sempre cumuladas materialmente".

1.4. O MP junto deste TCAS emite Parecer no sentido do não provimento do recurso, em concordância com as referidas contra-alegações do MP em 1ª instância.

1.5. Foram colhidos os vistos dos Exmos. Adjuntos e cabe decidir.

FUNDAMENTOS

2.1. A sentença recorrida julgou provados os factos seguintes:

A) – Em 22/07/03 foi levantado o auto de notícia de fls. 2 contra a arguida, ora recorrente, imputando-lhe a prática de uma infracção prevista e punida nos arts. 40.º, n.º 1, al. *a*) e 26.º, n.º l, do CIVA e 114.º, n.º 2 e 26.º, n.º 4 do RGIT, porquanto, registada em IVA no regime normal de periodicidade mensal, fez a entrega da declaração periódica do IVA relativa ao período de Setembro de 2002, cujo prazo de apresentação terminou em 11/11/02, sem a prestação tributária necessária para satisfazer totalmente o imposto exigível, no montante de € 11.199,29;

B) – A arguida foi, em 11/04/05, notificada nos termos e para os efeitos do art. 70.º do RGIT;

C) – Por despacho do Chefe do Serviço de Finanças de Loures 4 – Sacavém, datado de 02/02/2006, foi proferida a decisão que consta de fls. 11 e 12 dos autos e que aqui se dá por integralmente reproduzida, a qual aplicou à arguida a coima de € 2.594,43;

D) – À arguida foram aplicadas mais sete coimas, pela prática de sete infracções previstas e punidas nos arts. 40.°, n.° 1, al. *a*) e 26.°, n.° 1, do CIVA e 114.°, n.° 2 e 26.°, n.° 4 do RGIT, relativas aos meses de Novembro de 2002, Fevereiro, Agosto, Setembro, Outubro e Novembro de 2003 e Abril de 2005, conforme documentos cujas cópias constam de fls. 32 a 38 dos autos e que aqui se dão por integralmente reproduzidas.

E) – Desde 03/02/96 e até 22/07/03, a arguida cometeu as infracções discriminadas no quadro 2 da informação anexa ao auto de notícia, que consta de fls. 3 dos autos e que aqui se dá por integralmente reproduzida.

2.2. A sentença exara que os factos provados são os «com interesse para a decisão da causa» e resultam «Dos documentos e demais elementos dos autos».

3.1. Autonomizando três questões que deviam ser conhecidas [nulidade da decisão recorrida por ausência de fundamentação, já que não indica que circunstâncias foram consideradas e valoradas para a fixação da coima concreta – o que constitui nulidade insuprível do processo de contra-ordenação, à luz do art. 63.°, n.° 1, al. *d*), do RGIT; nulidade da decisão, por total ausência de imputação subjectiva da conduta à arguida; e ilegalidade da decisão por não ter sido observada o regime do concurso de contra-ordenações], a sentença delas conheceu, concluindo pela não verificação de nenhuma dessas ilegalidades.

Para tanto, considerou o seguinte:

a) Quanto à nulidade por falta de fundamentação da decisão de aplicação de coima:

– analisando o conteúdo desta decisão de aplicação de coima, verifica-se que a mesma contém todos os requisitos exigidos pelo art. 79.°, n.° 1, do RGIT, pelo que não ocorre a nulidade prevista no seu art. 63.°, n.° 1, al. *d*).

b) Quanto à questão da alegada total ausência de imputação subjectiva da conduta à arguida:

– a recorrente não tem razão, dado que, (i) aplicados os critérios de graduação e valoração dos factos e circunstâncias em que ocorreram; (ii) visto o disposto no art. 27.° do RGIT; e (iii) atentas a gravidade da infracção, a culpa e as exigências de prevenção geral e especial, no caso, se mostra adequada a coima de € 2.594,43 que foi aplicada, cujo valor se encontra próximo do mínimo legal, sendo que da matéria de facto provada resulta que a infracção é imputável a título de negligência e, assim, a moldura legal aplicável varia entre 20% e a totalidade do imposto em falta, nos termos dos arts. 114.°, n.° 2 e 26.°, n.° 4 do RGIT, ou seja, varia, no caso, entre € 2.239,86 e € 11.199,29.

c) Quanto à alegação de que não foi, como devia tê-lo sido, aplicado o regime do concurso de contra-ordenações (decorrente da circunstância de terem sido aplicadas oito coimas distintas pela prática de factos idênticos – falta de entrega de prestação tributária relativa a IVA dos meses de Setembro e Novembro de 2002, Fevereiro, Agosto, Setembro, Outubro e Novembro de 2003 e Abril de 2005), aplicando-se, ao conjunto uma única coima, de acordo com o previsto no art. 19.° do DL n.° 433/82, de 27/10:

– a recorrente não tem razão, dado que embora no art. 206.° do CPT e no art. 19.° do DL n.° 433/82 se prevejam as situações de concurso de contra-ordenações imputadas ao mesmo arguido e objecto do mesmo processo, aplicando-se, em tais circunstâncias, uma só coima, tal regime não era, no entanto, aplicável às situações em que o mesmo arguido praticava sucessivos factos integradores do mesmo tipo legal de contra-ordenações, como é o caso da falta de entrega de prestações tributárias em que a obrigação de entrega era de natureza periódica, havendo, nesse caso, tantas contra-ordenações quantos os períodos a que respeitava a obrigação tributária, devendo haver um cúmulo material das respectivas coimas.

Ora, tal doutrina continua a ter aplicação no regime actual, conclusão que é reforçada pelo disposto no art. 25.° do RGIT.

3.2. É do assim decidido que a recorrente discorda, sustentando:

1) – Nas Conclusões S e T, que a sentença é nula (nos termos dos arts. 374.°, n.° 2 e 379.°, n.° 1, al. *a*), do CPPPenal), porque, quer no que se refere à apreciação da omissão de imputação subjectiva da conduta ao agente, quer no que se refere à análise da aplicação do regime do concurso de contra-ordenações, não se referem os respectivos motivos de facto e de direito em que assenta a decisão

2) – Nas Conclusões B a E, que a sentença erra no julgamento de facto e de direito, dado que a decisão de aplicação de coima é nula, à luz do disposto na al. *d*) do n.° 1 do art. 63.° do RGIT, dado que nela não se alude, minimamente que seja, aos critérios para determinação da concreta medida da coima que, por regra, são os constantes do artigo 27.° do RGIT.

3) – Nas Conclusões F a P, que a sentença erra no julgamento de facto e de direito, dado que "objectiviza" a responsabilidade contra-ordenacional, mas este entendimento revela-se:

– inconstitucional à luz do princípio de presunção de inocência ínsito no art. 32.°, n.° 2, da CRP, já que se impunha-se à AT que não se limitasse a indicar – como fez – os factos dos quais poderá resultar a negligência enquanto elemento do tipo objectivo de ilícito contra-ordenacional, mas também os factos dos quais se pudesse retirar a culpa(bilidade) da arguida;

– ilegal, por violação do princípio da legalidade previsto no art. 2.° do RGIT, dado que a AT não fez prova do comportamento negligente da arguida, sendo que toda a sanção penal ou contra-ordenacional tem como suporte uma culpa concreta, apesar da não intervenção nas contra-ordenações de uma censura de tipo ético-social e, no caso, essa culpa não foi nunca provada (em parte alguma se logrou demonstrar e provar que a conduta da arguida materializada na omissão de entrega da prestação tributária, é o resultado da violação objectiva de um dever de cuidado).

4) – Nas Conclusões Q e R, que a sentença erra no julgamento de facto e de direito, dado que o presente processo de contra-ordenação não deveria ser analisado de forma isolada, mas em conjunto com as condutas punidas nos outros processos de contra-ordenação também referenciados, sendo que as condutas em causa deverão conduzir, não à existência de sete coimas, mas a uma única em concurso (arts. 30.°, n.° 1, do CPenal e 19.° do DL 433/82, de 27/10).

Saber se ocorre a invocada nulidade da sentença e os também invocados erros de julgamento, são, portanto, as questões a apreciar no presente recurso.

4. Quanto às nulidades imputadas à sentença.

4.1. É no § 5.º das alegações do recurso que a recorrente substancia as razões que veio a condensar nas Conclusões S e T.

E, em síntese, ali alega que a sentença deveria, nos termos do n.º 2 do art. 374.º do CPP, aplicável subsidiariamente, e sob pena de nulidade da sentença (al. *a*) do n.º 1 do art. 379.º do mesmo Código) conter, entre outros elementos, «(...) a fundamentação, que consta da enumeração dos factos provados e não provados, bem como de uma exposição, tanto quanto possível completa, ainda que concisa, dos motivos, de facto e de direito, que fundamentam a decisão, com indicação e exame crítico das provas que serviram para formar a convicção do tribunal».

Ora, no caso, no que se refere à aplicabilidade do regime do concurso de contra-ordenações, a sentença limita-se a transcrever uma anotação doutrinal e no que se refere à omissão de imputação subjectiva da conduta ao agente, a sentença limita-se a afirmar que "da matéria de facto provada, resulta que a infracção é imputável a título de negligência", sem indicar, de entre os factos considerados provados de qual(ais) se pode(m) retirar tal corolário.

Por isso, no entendimento da recorrente, a sentença sofre da nulidade invocada.

Mas, salvo o devido respeito, carece de razão legal.

Nos termos da citada al *a*) do n.º 1 do art. 379.º do CPPenal, a sentença é nula se «... não contiver as menções referidas no artigo 374.º, n.ºs 2 e 3, alínea *b*)», sendo certo que este n.º 2 do art. 374.º dispõe que «Ao relatório segue-se a fundamentação, que consta da enumeração dos factos provados e não provados, bem como de uma exposição tanto quanto possível completa, ainda que concisa, dos motivos, de facto e de direito, que fundamentam a decisão, com indicação e exame crítico das provas que serviram para formar a convicção do tribunal».

A fundamentação da sentença consiste, pois, na exposição dos motivos de facto (motivação sobre as provas e sobre a decisão em matéria de facto) e de direito (enunciação das normas legais que foram consideradas e aplicadas) que determinaram o sentido, isto é, «fundamentaram» a decisão.

Esta necessidade da fundamentação decorre, desde logo, como se escreve no ac. do STJ, de 27/9/2006, no rec. n.º 06P2158 da secção criminal, da circunstância de as decisões judiciais não poderem «impor-se apenas em razão da autoridade de quem as profere, mas antes pela razão que lhes subjaz (Cfr. Germano Marques da Silva, "Curso de processo penal", III, pág. 289)» e porque a «garantia de fundamentação é indispensável para que se assegure o real respeito pelo princípio da legalidade da decisão judicial; o dever de o juiz respeitar e aplicar correctamente a lei seria afectado se fosse deixado à consciência individual e insindicável do próprio juiz.»

Por isso, «A fundamentação adequada e suficiente da decisão constitui uma exigência do moderno processo penal e realiza uma dupla finalidade: em projecção exterior (extraprocessual), como condição de legitimação externa da decisão pela possibilidade que permite de verificação dos pressupostos, critérios, juízos de racionalidade e de valor e motivos que determinaram a decisão; em outra perspectiva (intraprocessual), a exigência de fundamentação está ordenada à realização da finalidade de reapreciação das decisões dentro do sistema de recursos: para reapreciar uma decisão o tribunal superior tem de conhecer o modo e o processo de formulação do juízo lógico nela contido e que determinou o sentido da decisão (os fundamentos) para, sobre tais fundamentos, formular o seu próprio juízo.»

No caso, observando a sentença recorrida, vemos que, quanto à questão atinente à não aplicabilidade do regime do concurso de contra-ordenações, a mesma sentença diz o seguinte:

«Previa o art. 206.º do CPT, bem como o art. 19.º do DL n.º 433/82 de 27/10, as situações de concurso de contra-ordenações imputadas ao mesmo arguido e objecto do mesmo processo, aplicando-se, em tais circunstâncias, uma só coima.

No entanto, como referiam Alfredo José de Sousa e José da Silva Paixão, CPT comentado e anotado, 2ª ed., Almedina, pags. 420 e 421, tal regime não era aplicável às situações em que o mesmo arguido praticava sucessivos factos integradores do mesmo tipo legal de contra-ordenações, como era o caso da falta de entrega de prestações tributárias em que a obrigação de entrega era de natureza periódica, havendo, nesse caso, tantas contra-ordenações quantos os períodos a que respeitava a obrigação tributária, devendo haver um cúmulo material das respectivas coimas.

Tal doutrina continua a ter aplicação no regime actual, conclusão que é reforçada pelo disposto no art. 25.º do RGIT.

Não merece, também neste particular, qualquer censura a actuação da administração fiscal, não colhendo a alegação da recorrente.»

Ora, daqui se vê que a sentença, embora transcreva, quanto ao ponto, e tal como alega a recorrente, a anotação doutrinal citada, também exara que «Tal doutrina continua a ter aplicação no regime actual, conclusão que é reforçada pelo disposto no art. 25.º do RGIT», ou seja, adere àquela doutrina e conclui, embora sucintamente, que o afirmado nessa anotação doutrinal tem aplicação concreta no caso dos autos, dado até o disposto no art. 25.º do RGIT (no qual, sob a epígrafe "Concurso de contra-ordenações" se dispõe que «As sanções aplicadas às contra-ordenações em concurso são sempre cumuladas materialmente».)

Ora, sendo certo que as nulidades da sentença se traduzem, em princípio, em vícios, de ordem formal, desta [os eventuais vícios de ordem substancial, ligados ao mérito da própria decisão, traduzem-se em erros de julgamento – veja-se que, aliás, a recorrente invoca, precisamente, esse erro de julgamento (a respeito desta questão), nas Conclusões Q e R do recurso] crê-se que, a assumpção, por parte da sentença, do entendimento constante da anotação doutrinal citada e a referência à sua aplicação com base no actualmente disposto no art. 25.º do RGIT, são fundamentação suficiente, em termos de a recorrente perceber as razões pelas quais a sentença não atendeu, quanto a essa matéria atinente ao concurso de contra-ordenações, ao que aquela alegara.

Improcede, assim, esta nulidade imputada à sentença recorrida.

4.2. E quanto à também alegada nulidade por a sentença omitir a imputação subjectiva da conduta ao agente e se limitar a afirmar que "da matéria de facto provada, resulta que a infracção é imputável a título de negligência", sem indicar, de entre os factos considerados provados de qual(ais) se pode(m) retirar tal corolário, cremos que a recorrente não tem, igualmente, razão legal.

Vejamos.

Como decorre do citado art. 374.º do CPPenal, aplicável subsidiariamente por força do disposto no art. 41.º do DL 433/82 que, por sua vez, é aplicável subsidiariamente ao processo de contra-ordenação tributário, por força do disposto no art. 3.º do RGIT, a fundamentação deve conter, quer a enumeração dos factos provados e não provados, quer a exposição dos motivos que fundamentam a decisão, quer a indicação e exame crítico das provas que serviram para formar a convicção do Tribunal.

Por outro lado, o art. 63.º do RGIT [norma que a jurisprudência do STA vem entendendo (cfr., por todos, o ac. do STA, 2ª secção, de 17/1/2007, rec. n.º 01116/06) como aplicável tanto na «fase administrativa» como na «fase judicial» do processo de contra-ordenação tributário], define as nulidades deste processo de contra-ordenação, sendo que, também o art. 79.º do RGIT (que refere os requisitos da decisão que aplica a coima) dispõe que tal decisão deve conter, além do mais, a identificação do infractor, descrição sumária dos factos e indicação das normas violadas e punitivas, a coima e sanções acessórias, com indicação dos elementos que serviram para a sua aplicação e a indicação de que vigora o princípio da proibição da reformatio in pejus.

Ora, sendo certo que, no caso, os factos (que poderiam ser praticados a título de dolo ou de negligência) são imputados à recorrente a título de negligência (sendo invocada a norma punitiva do n.º 2 do art. 114.º do RGIT) então, como se exara no ac. do STA, de 30/6/99, rec. 023834, citado, aliás, na sentença recorrida, e publicado no Ap. ao DR, de 19/6/2002, Vol. III, pags. 2721 a 2730, «A culpa, não porque se presuma, mas por ser "algo que em regra ou primafacie, se liga ao carácter ilícito-típico do facto respectivo" (Figueiredo Dias. Pressupostos da Punição, em Jornadas de Direito Criminal, pagina 69) está, em princípio, ínsita na descrição deste facto. Nos casos em que se prevêem tipos legais de infracção cometida com dolo e com negligência preenchidos pela mesma materialidade, a descrição factual terá implícita uma afirmação da existência de culpa, que, na falta de referência explícita ao dolo, se deverá entender ser a negligência, como forma mínima de imputação subjectiva de uma conduta a uma actuação.

No caso dos autos, foi esta imputação por negligência que se fez à arguida (...).

Assim, sendo claro que é feita uma imputação de culpa a este nível, não poderá entender-se ser imprescindível que a decisão de aplicação de coima contivesse qualquer esclarecimento adicional.»

Ou seja, regressando ao caso que nos ocupa, sabido, embora, que a negligência pode ser consciente (quando o agente previu o resultado da conduta mas confiou em que ele não teria lugar ou se mostrou indiferente à sua produção [al. *a*) do art. 15.º do Código Penal] e inconsciente [quando o agente não previu (como podia e devia) a produção daquele resultado [al. *b*) do art. 15.º do Código Penal] e que o «limite inferior, o mínimo necessário é, pois, a previsibilidade do resultado, a linha de fronteira, além da qual começa o império do caso, fortuito em que nullum crimen est in causu» e considerando que «Existe previsibilidade quando o agente, nas circunstâncias em que se encontrava, podia, segundo a experiência geral, ter representado como possíveis as consequências do seu acto, considerando-se este previsível sempre que não escape à perspicácia comum, isto é, quando a sua previsão podia ser exigida ao homem normal, ao homem médio», o que «não significa que seja lícito ficar-se por uma resposta meramente objectiva (que fosse buscar para padrão de referência a capacidade normal ou do homem médio) já que o que está aqui verdadeiramente em causa é um critério subjectivo e concreto ou individualizante, que deve partir do que seria razoavelmente de esperar de um homem com as qualidades e capacidades do agente. Assim, se for de esperar dele que respondesse às exigências do cuidado objectivamente imposto e devido (mas só nessas condições) então é que se deverá afirmar, em concreto, o conteúdo de culpa próprio da negligência e, a partir daí, fundamentar a respectiva punição (Cfr. Figueiredo Dias, Pressupostos da Punição, 71)» – apud Simas Santos e Jorge de Sousa (120 e 121 – Contra-ordenações – Anotações ao regime geral, 2ª ed., Vislis, 2003, pags. 120 e 121), no caso vertente, crê-se que a sentença, afirmando que "da matéria de facto provada, resulta que a infracção é imputável a título de negligência" contém, ao contrário do sustentado pela recorrente, a suficiente afirmação da existência de culpa.

Até porque estando a recorrente obrigada a entregar, simultaneamente com a declaração periódica, o montante do imposto apurado (cfr. arts. 26.º, n.º 1 e 40.º, n.º 1 *a*) do CIVA), ou seja, devendo a liquidação ser por si feita, e consistindo a infracção aqui em causa, precisamente, na não entrega de imposto, apesar de ter sido cumprida a obrigação de o declarar, e sendo que, estamos perante um imposto (IVA) neutral que não é suportado pela entidade que o entrega (já o foi pelo consumidor final), então a conduta da recorrente é, pelo menos, culposa, ao faltar ao cumprimento da obrigação que sabia ser-lhe imposta pelo citado art. 26.º do CIVA.

E sendo a arguida uma sociedade comercial e devendo os seus representantes legais dar cumprimento às obrigações legais, incluindo a entrega da declaração de IVA acompanhada do respectivo meio de pagamento, a entrega daquela desacompanhada deste traduz-se na violação de um dever de cuidado objectivamente imposto, sendo que, das circunstâncias factuais constantes do Probatório (data legal da entrega da declaração e do imposto) só pode concluir-se que, segundo a experiência geral em termos do homem comum, foram representadas como possíveis as consequências do acto.

Concluímos, assim, que, como acima se disse, a sentença, afirmando que "da matéria de facto provada, resulta que a infracção é imputável a título de negligência" contém, ao contrário do sustentado pela recorrente, e salvo o devido respeito, a suficiente afirmação da existência de culpa, não ocorrendo esta invocada nulidade imputada à sentença.

5. Apreciadas as nulidades imputadas à sentença, importa, então, conhecer dos erros de julgamento também invocados.

Assim

5.1. Quanto ao erro de julgamento por a decisão de aplicação de coima ser nula, à luz do disposto na al. *d*) do n.º 1 do art. 63.º do RGIT, dado que nela não se alude, minimamente que seja, aos critérios para determinação da concreta medida da coima que, por regra, são os constantes do artigo 27.º do RGIT (Conclusões B a E).

Tal como diz o MP nas suas contra-alegações, a decisão da autoridade administrativa de aplicação de coima subdivide-se em vários quadros e naquele que se refere à medida da coima exara-se que, em abstracto, a medida da coima tem como limite mínimo o montante de € 2.239,86 e como limite máximo o montante de € 11.199,29. E como elementos que contribuíram para a graduação da coima em concreto, indicam-se os seguintes: – não ter havido actos de ocultação; – não ter havido benefício económico para a arguida; – tratar-se de uma prática frequente da mesma arguida; – ser a conduta da arguida praticada por mera negligência; – não ter a mesma arguida especial obrigação de não cometer a infracção; – ser desconhecida a sua situação económica.

Ora, por um lado, estas indicações e referências concretas e individualizáveis aos factos constantes do auto de notícia (que quer a decisão administrativa de aplicação da coima, quer a sentença tiveram como provados) e aos outros elementos explicitados e levados em consideração na graduação da coima pela autoridade administrativa, satisfazem as exigências legais previstas no n.º 1 do art. 79.º do RGIT e, por outro lado, a graduação da coima respeita o disposto no n.º 1 e no n.º 2 do art. 27.º, também do RGIT.

Acresce que, tal como a jurisprudência do STA e deste TCAS vem entendendo (cfr. o ac. do STA, de 12/12/2006, rec. 1045/06) dado que a coima foi fixada muito próximo do limite mínimo abstractamente aplicável, a exigência da al. *c*) do art. 79.º, n.º 1 do RGIT – indicação dos elementos que contribuíram para a fixação da coima – sempre perderia o seu significado essencial: o arguido não tem necessidade de conhecer os elementos que contribuíram para a fixação da coima, pois não pode diminuir o seu valor, já que este constitui o limite mínimo abstractamente aplicável, não estando, por isso prejudicado o exercício efectivo dos seus direitos de defesa.

Conclui-se, portanto, que, ao contrário do alegado pela recorrente, a decisão administrativa de aplicação de coima não enferma da nulidade que lhe vem imputada, e que, assim sendo, a sentença recorrida, que também assim decidiu, não errou no julgamento quanto a esta matéria, improcedendo, pois, as Conclusões B a E do recurso.

5.2. Quanto ao erro de julgamento por a sentença "objectivizar" a responsabilidade contra-ordenacional e este entendimento ser (i) inconstitucional à luz do princípio de presunção de inocência ínsito no art. 32.º, n.º 2, da CRP, já que se impunha-se à AT que não se limitasse a indicar – como fez – os factos dos quais poderá resultar a negligência enquanto elemento do tipo objectivo de ilícito contra-ordenacional, mas também os factos dos quais se pudesse retirar a culpa(bilidade) da arguida e ser (ii) ilegal, por violação do princípio da legalidade previsto no art. 2.º do RGIT, dado que a AT não fez prova do comportamento negligente da arguida.

Na apreciação desta questão valem inteiramente as considerações que acima já se fizeram em sede da apreciação da nulidade da sentença por «omitir a imputação subjectiva da conduta ao agente e se limitar a afirmar que "da matéria de facto provada, resulta que a infracção é imputável a título de negligência", sem indicar, de entre os factos considerados provados de qual(ais) se pode(m) retirar tal corolário», nada se nos afigurando acrescentar ao que ali se disse, sendo que, uma vez que se conclui que quer a decisão de aplicação de coima, quer a sentença recorrida contêm, nos preditos termos, a suficiente afirmação da existência de culpa, também não ocorre a invocada inconstitucionalidade por violação da presunção de inocência (art. 32.º, n.º 2, da CRP) nem a invocada ilegalidade por violação do princípio da legalidade (art. 2.º do RGIT).

Improcedem, portanto, as Conclusões F a P do recurso.

5.3. Resta, finalmente, apreciar a questão do erro de julgamento (Conclusões Q e R) por a sentença ter considerado que não é aplicável no presente caso o regime do art. 19.º do DL 433/82, de 27/10.

E, adianta-se desde já, também aqui concordamos com a sentença recorrida.

Com efeito, por um lado, no caso da falta de entrega de prestações tributárias, sendo de natureza periódica a obrigação de entrega, há tantas contra-ordenações quantos os períodos a que respeita a obrigação tributária; por outro lado, a recorrente não alega (e também não se prova), para efeitos de apreciação da existência de concurso efectivo ou de contra-ordenação continuada, nenhuma circunstância integradora de qualquer uniformidade do seu procedimento ou de qualquer condicionalismo exterior que tenha propiciado a repetição dos factos e a repetição das violações do dever de cuidado relacionado com o resultado típico concreto, em termos de que tais circunstâncias hajam diminuído consideravelmente a sua culpa de agente [veja-se, aliás, que a recorrente pretende a apensação a este processo (relativo a factos de Setembro de 2002) de processos de contra-ordenação relativos a períodos intermitentes (Novembro/2002, Fevereiro/2003, Agosto a Novembro/2003 e Abril/2005)]; e por outro lado, ainda, no art. 25.º do RGIT estabelece-se, para as contra-ordenações tributárias, um regime especial de punição do concurso de contra-ordenações, que é o do cúmulo material, que se concretiza na aplicação de uma única coima, correspondente à soma das coimas aplicadas por cada uma da contra-ordenações parcelares que integram o concurso, não havendo, assim, no que concerne às contra-ordenações tributárias, o cúmulo jurídico das sanções que resulta do art. 19.º do DL 433/82.

Conclui-se, assim, que também quanto a esta questão a sentença julgou de acordo com a lei aplicável, pelo que não se verifica o invocado erro de julgamento quanto a esta matéria, improcedendo as Conclusões Q e R do recurso.

DECISÃO

Perante o exposto, acordam, em conferência, os juízes da Secção de Contencioso Tributário deste Tribunal Central Administrativo Sul em, negando provimento ao recurso, confirmar a sentença recorrida.

Custas pela recorrente.

Lisboa, 5 de Junho de 2007

Casimiro Gonçalves
Ascensão Lopes
Lucas Martins (vencido por considerar que a decisão administrativa não comporta a factualidade indispensável mínima à caracterização do conceito jurídico da negligência).

Recurso n.º 1726/07

IMPUGNAÇÃO DE IRC. FACTOS TRIBUTÁRIOS DE 1998. DUPLA TRIBUTAÇÃO. APLICABILIDADE DE CONVENÇÕES PARA EVITAR A DUPLA TRIBUTAÇÃO, CELEBRADA ENTRE PORTUGAL E OUTROS PAÍSES. PAGAMENTO DE ROYALTIES. RETENÇÕES NA FONTE A TÍTULO DEFINITIVO. ENTIDADES NÃO RESIDENTES. FALTA DE APRESENTAÇÃO DE CERTIFICADO DE RESIDÊNCIA.

(Acórdão de 24 de Abril de 2007)

SUMÁRIO:

I- É nos pressupostos fixados na Convenção da Dupla Tributação celebrada entre Portugal e outros países para evitar a dupla tributação que se deve operar o reconhecimento do direito à redução da taxa de IRC efectuada por uma entidade sedeada nesses países.

II- A verificação ou inverificação daquele pressuposto substantivo assenta na prova da residência da beneficiária a qual no entanto não é elemento constitutivo do direito ao benefício da redução da taxa normal de IRC de 15% para 5%, pois uma vez feita não poderá deixar de retroagir os seus efeitos à data da ocorrência dos factos tributários gerados pelo pagamento dos *"royalties"*.

III- Isso porque o reconhecimento e funcionamento do regime mais favorável decorrente da existência de benefícios, maxime, fiscais, tem carácter meramente declarativo – art. 4.° n.° 2 do EBF –, no sentido de que é implicante da demonstração dos pressupostos de que depende a atribuição da vantagem específica, independentemente, de poder ser ou não formalizada.

IV- Assim, a possibilidade de a impugnante aplicar taxa de retenção de 5% (em vez da de 15 %), ou, eventualmente, nada reter, apenas dependia da comprovação de que a sociedade a que havia pago *"royalties"*, à data (1998), tinha sede no estrangeiro.

V- Uma vez feita tal prova, ainda que pelas vias exigidas pelas autoridades tributárias portuguesas, a usufruição do benefício de aplicação da taxa mais baixa (ou nenhuma) era imediata e sem poder ser sujeita a outros condicionalismos.

VI- Embora em momento posterior, tendo a impugnante comprovado junto da AT os pressupostos de aplicação da benesse prevista em Convenção internacional, cujo primado e valor é, constitucionalmente, estabelecido – art. 8.° C.R.P. – tem-se o benefício em causa por constituído no momento em que foram pagos os rendimentos aos residentes em país estrangeiro.

VII- As circulares administrativas emanadas pela AT são vinculativas apenas para os respectivos serviços pois, face à lei, os procedimentos definidos, «maxime» o "direito circulado" da AF não podem derrogar o princípio da legalidade tributária.

VIII- Assim, a Circular que impunha a certificação prévia da sede da beneficiária da redução dita em IV), além de ser ilegal por falta de habilitação legal para interpretar extensivamente normas de incidência tributária, seria ilegal, por abusiva desvirtuação de norma comunitária e respectiva transposição ilegal.

IX- Nesse sentido, também a referida Circular, ao limitar a norma de incidência seria inconstitucional por violação do disposto nos art. 165.°, n.° 1, alínea *l*) e no art. 103.°, n.° 2, da Constituição da República Portuguesa, ferindo o princípio da separação dos poderes, haveria a Administração Fiscal usurpado as funções do legislador.

X- É incontroverso que só com a redacção introduzida pela Lei 32-B/2002, de 30 de Dezembro na norma do n.° 3 do art. 90.° do CIRC, é que passou a ser obrigatória a prova de residência do beneficiário dos pagamentos a ser realizada até à data em que deve ser efectuada a retenção na fonte, sob pena da retenção ser feita à taxa normal.

ACORDAM NESTA SECÇÃO DO CONTENCIOSO DO TRIBUNAL CENTRAL ADMINISTRATIVO SUL:

1. A FAZENDA PÚBLICA, com os sinais identificadores dos autos, inconformada com a sentença que julgou procedente a impugnação judicial deduzida por **Lisnave, Estaleiros Navais, S.A.** contra a liquidação do IRC e juros compensatórios relativos ao exercício de 1998, interpôs o presente recurso, formulando as seguintes conclusões:

a) É certo que à data a lei era omissa quanto à prova documental a apresentar para accionar as CDTs;

b) Sendo igualmente certo que a impugnante não dispunha de meios de prova idóneos que possibilitassem o accionar das CDTs;

c) Pois resulta do relatório da Inspecção que a prova apresentada pela impugnante tratava-se de cópias, ou eram documentos passados por entidades que não as competentes;

d) Assim a impugnante deveria ter procedido à retenção na fonte, em conformidade com o disposto no art. 74.°, n.° 4 do Código do Imposto sobre o Rendimento das Pessoas Singulares, por remissão do art. 75.° do Código do Imposto sobre o Rendimento das Pessoas Colectivas, na redacção à data em vigor;

e) Assim não se verificam os vícios apontados pela impugnante;

f) Tendo a AT procedido correctamente ao fazer a liquidação como fez.

Nestes termos e nos mais de Direito aplicável, entende que deve ser julgado PROCEDENTE por totalmente provado, o presente recurso, revogando assim a douta sentença recorrida e substituindo-a por outra em conformidade com o aqui alegado e pedido.

Houve contra-alegações, assim concluídas:

1ª) Na altura dos factos, a lei não exigia uma especial ou específica prova da residência em Estado com o qual Portugal celebrou Convenção sobre Dupla Tributação;

2ª) Os documentos que a impugnante e ora recorrida tinha em seu poder, demonstram, inequivocamente, que as entidades a quem efectuou pagamentos tinham a sua residência em Estados com os quais Portugal tinha celebrado Convenções sobre Dupla Tributação;

3ª) Como é reconhecido na douta sentença recorrida os referidos documentos permitem verificar o domicílio das entidades não residentes e, portanto, aplicar as respectivas Convenções;

4ª) Sendo certo que cabendo à Administração Fiscal o ónus da prova de que as entidades a quem foram feitas esses pagamentos não tinham residência nesses Estados, tal prova não foi feita;

5ª) A douta sentença recorrida não merece, assim, qualquer crítica.

O EPGA emitiu parecer no sentido de que o recurso merece provimento.

Os autos vêm à conferência com dispensa de vistos.

2. Na sentença recorrida fixou-se o seguinte probatório:

Compulsados os autos e vista a prova documental produzida, com interesse para a decisão, apuraram-se os seguintes factos:

1 – A ora impugnante foi objecto de uma acção de inspecção ao exercício de 1998 e em sede de IRC (como consta do relatório de inspecção de fls. 23/102 do processo administrativo em apenso).

2 – Os serviços de inspecção tributária apuraram em relação ao IRC de 1998 imposto em falta no montante de € 591.136,45, como consta de fls. 57 do processo administrativo em apenso.

3 – Os serviços de inspecção fizeram constar do relatório o seguinte "o *motivo desta acção inspectiva relaciona-se com o ofício n.º 020554 de 2002/05/16 da D.S. dos Benefícios Fiscais através do qual foi remetido o originai do processo relativo ao exercício de* 1998, uma vez que as *relações modelo 130 relacionados com rendimentos pagos a não residentes apresentam inexactidões/omissões (...) porquanto foram apresentadas cópias de formulários em vez de certificados de residência fiscal e daqueles que foram enviados como se de certificados de residência se tratassem, os mesmos não são válidos, designadamente por não serem passados por entidade fiscal competente, por não fazerem referência às respectivas convenções, bem como por serem declarações e/ou certificados que atestam o cumprimento das obrigações fiscais (...) Assim, verifica-se que não foram efectuadas as retenções na fonte de vários rendimentos pagos a não* – residentes, *relativamente aos quais não foram aplicadas as taxas internas previstas no art. 71.º, n.º 4 do C/RS, por remissão do art. 88.º, n.º 4 do CIRC, uma vez que não foram cumpridos os requisitos formais que habilitassem o sujeito passivo a aplicar as respectivas Convenções* (...)" como consta de fls. 60 do p.a.

4 – Em 08/10/2002 foi emitido o ofício n.º 28238 para efeitos de notificação do relatório de inspecção à ora impugnante (cfr. documento de fls. 21 do processo administrativo em apenso).

5 – Com data de 16/10/2002 foi efectuada a liquidação n.º 6420002808 referente a comissões por intermediação em contratos e prestações de serviços de IRC do ano de 1998 no montante total de €832.831,03 a que corresponde €591.136,45 de imposto e €241.694,58 referente a juros compensatórios, cuja data limite de pagamento ocorreu em 04/12/2002 (cfr. nota de liquidação de fls. 19).

6 – Em 26/12/2002 foi efectuado o pagamento do imposto correspondente à liquidação n.º 6420002808 no montante de €591.136,45 e nos termos do Decreto-lei n.º 248-A/2002 como consta da guia de pagamento mod.82 a fls. 53.

7– A presente impugnação foi apresentada em 28/02//2003 (cfr. fls. 1).

8 – A impugnante apresentou a declaração mod. 130 do ano de 1998 (fls. 71/74 do apenso) acompanhada de diversos documentos, sendo alguns deles certificados pelas autoridades fiscais de Espanha (fls. 76/77 e 83 do apenso), de Itália (fls. 79/80 do apenso), da Venezuela (fls. 82 do apenso) e do Brasil (fls. 85 do apenso).

A convicção do tribunal formou-se com base no teor dos documentos juntos ao processo e acima expressamente referidos em cada um dos pontos do probatório.

3. Atentas aquelas conclusões e a factualidade fixada e que se reputa a relevante, vejamos qual a sorte do recurso.

Como é pacificamente defendido pela nossa doutrina e decidido na nossa jurisprudência, por força dos termos conjugados dos art.os. 684.º, n.º 3 e 690.º, n.º 1 do CPC, o âmbito do recurso é determinado pelas conclusões da alegação do recorrente, só abrangendo as questões que nestas estejam contidas (*cfr. Prof. J.A.Reis, in CPC Anotado, Vol. V, pág. 363, Rodrigues Bastos, in Notas ao CPC, Vol. III, pág. 299 e, entre muitos, os Acs. do STJ de 4/7/76, BMJ 258.º-180, de 2/12/82, BMJ 322.º-315 e de 25/7/86, BMJ 359.º-522*).

Donde que as questões a apreciar e decidir sejam as de saber se, no que tange à liquidação de retenções na fonte de IRC do exercício de 1998 derivada do facto de a AT considerar que a impugnante ao pagar serviços prestados por entidades estrangeiras, não efectuou a retenção na fonte sobre tais quantias, como estabelece o n.º 4 do art. 74.º do Código do IRS por remissão do art. 88.º, n.º 4 do Código do IRC, e isso porque não foram cumpridos os requisitos formais que permitissem à impugnante aplicar as convenções para evitar a dupla tributação.

A Mª Juiz fundamentou a decisão da procedência da impugnação, em termos que merecem a nossa inteira concordância.

Expende-se na sentença recorrida que:

"A administração tributária fundamentou a sua correcção no facto de considerar que não tinham sido apresentados certificados de residência fiscal e aqueles que foram apresentados não são válidos por não terem sido passados por entidade fiscal competente e não fazerem referência às respectivas convenções.

A administração não aceitou os meios de prova apresentados pela impugnante dado que entendeu que a certificação de residência daquelas entidades tinha de ser efectuada em formulário específico e por entidade fiscal competente.

No caso em análise foi efectuada a liquidação de IRC do ano de 1998 sobre as comissões por intermediação em contratos e prestações de serviços pagas a entidades não residentes por falta de requisitos formais na prova da respectiva situação fiscal dessas entidades de forma a permitir accionar as convenções para evitar a dupla tributação.

Na verdade tais requisitos formais exigidos pela administração tributária baseiam-se no entendimento sufragado na circular n.º18/99 de 7/10/1999 da Direcção de Serviços dos Benefícios Fiscais (circular emitida posteriormente à data da ocorrência dos factos tributários), nos termos da qual, e a propósito da limitação do imposto Português, enuncia no seu ponto 2, que a limitação do imposto depende de dois requisitos; um requisito de fundo – que o beneficiário efectivo dos rendimentos seja residente de Estado Contratante diferente daquele de que procedem esses rendimentos no ano a que os mesmos respeitam, ou tratando-se de imposto liquidado por retenção na fonte, na data em que o ocorreu o facto constitutivo da obrigação da sua entrega, o que será confirmado peias respectivas autoridades tributárias do Estado da residência; e de um requisito formal – que esse beneficiário solicite em tempo oportuno a limitação em formulário próprio, devidamente certificado pelas autoridades tributárias competentes do Estado de residência.

Mas à data dos factos (1998), não existia qualquer diploma legal que estabelecesse a natureza e especificidades dos meios de prova sobre a situação das entidades não residentes, para efeitos de benefício da não retenção na fonte nos pagamentos realizados, pelo que a administração não pode, com base em procedimentos que entretanto adoptou, exigir esses específicos meios de prova em relação a factos anteriores.

Se os documentos apresentados pela impugnante permitiam verificar o domicílio fiscal das entidades não residentes, tais documentos constituíam prova bastante sobre a situação fiscal de tais entidades para efeitos de accionar as convenções para evitar a dupla tributação.

Desta forma conclui-se que nao existindo norma legal que estabelecesse tais requisitos formais, incumbia à administração alegar e provar tais deficiências de prova, ao invés de limitar-se a exigir determinados e específicos meios de prova que à data não se encontravam previstos legalmente."

Assim, inicialmente a impugnante suscitou a ilegalidade da liquidação operada com base na inexistência dos certificados de residência nos países em causa pelo que, segundo a AT, a impugnante estava obrigada à retenção de imposto à taxa de 15%, e só poderia deixar de reter esta taxa se por força do disposto no artigo 7.º da respectiva CDT tivesse qualquer documentação que pudesse atestar a residência fiscal destas sociedades.

A Mm.ª juiz recorrida, como se viu, acolhendo a posição manifestada pela impugnante, considera, no fundamental, que o quadro legal vigente à data, os arts. 75.º, n.º 7 e 69.º, n.º 2, al. *c*), ambos do CIRC, não impunham a necessidade daquela demonstração prévia (*aos pagamentos*) da residência das recebedoras das importâncias.

Dissentindo a impugnante desse entendimento ao sustentar que o ordenamento jurídico aplicável, designadamente as Convenções, não impunham a anterioridade da demonstração da residência da beneficiária antes dos pagamentos como pressuposto do direito à redução da taxa, sendo certo que a actual redacção do n.º 4 do art. 90.º do CIRC, não estava em vigor em 1997, ano em que eclodiram os factos tributários.

Quid juris?

A questão *sub judice* já foi tratada, entre outros, no *Acórdão deste TCAS de 14/11/06, tirado no Recurso n.º 1424/06* em que foram também relator e 1.º adjunto os Juízes que integram esta formação nessa mesma ordem pelo que, por razões de uniformidade, economia e celeridade, passaremos a adaptar a doutrina expressa nesse aresto ao caso concreto.

Fazendo-o, diremos que:

Não vem posta em causa a existência de CDTs entre Portugal e os países em causa nos quais estavam sedeadas as entidades a cujos serviços a impugnante recorreu (França, Alemanha, Espanha, Itália, Brasil, Venezuela e Reino Unido) no sentido de que os lucros de uma empresa de um Estado Contratante só podem ser tributados nesse Estado, a não ser que a empresa exerça a sua actividade no outro Estado Contratante por meio de um estabelecimento estável aí situado.

Ora, é incontornável que o CIRC não exigia, ao tempo (1998), a comprovação dos pressupostos legais de que depende a isenção, resultando essa exigência agora do disposto no n.º 3 do Artigo 90.º CIRC, o qual foi aditado pelo n.º 1 do artigo 27.º da Lei n.º 32-B/2002, de 30 de Dezembro, sendo que a própria CDT também não impunha qualquer especial procedimento.

Sendo assim, como tudo aponta que é, assiste razão à recorrente ao acusar a Administração Fiscal de que criou um conjunto de regras formulários – certificados de residência, requisitos formais com base nos quais se podia/devia accionar o mecanismo das CDTs, recolhendo essas regras de circulares, «*in casu*» a circular n.º 18 de 7/10/1999, as quais só seriam obrigatórias para os particulares se a sua doutrina seja vertida em Lei ou Decreto-Lei, como é o caso do actual artigo 90/3 CIRC.

Donde que, estando comprovada a residência no estrangeiro das sociedades credoras dos rendimentos, a impugnante suscitou a aplicação das CDTs não retendo qualquer imposto, procedimento que se afigura correcto, ficando a Administração, que apoda de ilegal a falta de retenção, onerada com a prova de que a credora dos rendimentos não tinha residência naqueles países [Art. 74/1 LGT e 342/1 do Código Civil], o que, como é manifesto, de todo não fez.

Patenteia o probatório (ponto 8) que a recorrente apresentou a declaração mod. 130 do ano de 1998 (fls. 71/74 do apenso) acompanhada de diversos documentos, sendo alguns deles certificados pelas autoridades fiscais de Espanha (fls. 76/77 e 83 do apenso), de Itália (fls. 79/80 do apenso), da Venezuela (fls. 82 do apenso) e do Brasil (fls. 85 do apenso) tendentes a fazer a prova da residência fiscal das entidades beneficiárias.

A AT estriba-se na circular n.º 18 de 7/10/1999 para sustentar que a recorrente teria de ter em seu poder os mencionados certificados de residência sob pena de ter de proceder à retenção na fonte.

Sucede que para efeitos das Convenções, a expressão "residente de um Estado Contratante" significa qualquer pessoa que, por virtude da legislação desse Estado está aí sujeita a imposto, à sua residência, ao local de direcção ou a qualquer outro critério de natureza similar nada determinando, pois, sobre as formalidades necessárias para usufruir dos benefícios da CDT.

Dúvidas não sobram de que existia uma vazio legal e que devia o Estado Português legislar sobre a matéria e não se limitar a publicar Circulares, já que as circulares administrativas não vinculam os contribuintes, mas apenas os respectivos serviços e, como tal, à data dos factos tributários, a falta do referido certificado ou a prova tardia da residência do beneficiário dos rendimentos no outro Estado contratante, não fazia precludir, salvo melhor opinião, a aplicação do mecanismo da isenção de retenção – Cfr. nesse sentido, os *Acs. deste TCAS de 03/11/2004, Proc. 00151/04 e de 09-05-2006, Recurso n.º 00436/05.*

É, pois, pacífico que a recorrente não estava obrigada a apresentar os formulários referidos pela AT, dado que não havia legislação a exigir os mesmos e só as circulares de que a AT se valeu o exigiam; como se disse, só com a redacção introduzida pela Lei 32-B/2002, de 30 de Dezembro na norma do n.º 3 do art. 90.º do CIRC, é que passou a ser obrigatório que o devedor fizesse prova dos requisitos formais, sob pena da retenção ser feita à taxa normal.

No fundamental, a AT sustenta no Relatório e reitera em sede de impugnação que agiu em perfeita consonância com a lei pressupondo que tinha de se cingir ou de agir de acordo com a Circular 19/89, de 18 de Dezembro, por a mesma ser legal, ou seja, conforme com a lei. Se assim fosse, nenhuma censura nos merecia o acto tributário impugnado.

É que, se é certo que os tribunais estão apenas sujeitos à lei, pelo que não os vincula qualquer orientação administrativa de que decorra uma certa interpretação da mesma, mas não é o caso das instruções dimanadas do referido ofício circular.

Como se doutrina no aresto do *TCAS de 09-05-2006, Recurso n.º.00436/05,* as circulares administrativas não vinculam os contribuintes, mas apenas os respectivos serviços e, na falta de legislação sobre a obrigatoriedade de apresentação do original do certificado de residência do beneficiário dos rendimentos, em país contratante de Convenção para evitar a Dupla Tributação, ou a apresentação tardia do referido certificado, não fazia precludir a aplicação do mecanismo da isenção de retenção.

Na verdade, face à lei, os procedimentos definidos, «maxime» o "direito circulado" da AF não podem derrogar o princípio da legalidade tributária pelo que, a essa luz, é possível afirmar a desconformidade do conteúdo do acto recorrido com as normas legais referidas e, deste modo, que os pressupostos realmente existentes impunham a decisão administrativa de sinal contrário, sendo certo que a Srª Juíza recorrida não estava vinculada àquela decisão administrativa cuja aplicabilidade ao caso concreto afastou por reputar ilegal a tributação.

Assim, a Circular além de ser ilegal por falta de habilitação legal para interpretar extensivamente normas de incidência tributária, seria ilegal, por abusiva desvirtuação de norma comunitária e respectiva transposição ilegal.

Nesse sentido, também a referida Circular, ao limitar a norma de incidência seria inconstitucional por violação do disposto nos art. 165.º, n.º 1, alínea *i*) e no art. 103.º, n.º 2, da Constituição da República Portuguesa, ferindo o princípio da separação dos poderes, haveria a Administração Fiscal usurpado as funções do legislador.

Acresce que, na senda do *Ac. deste TCAS de 16-05-2006, Recurso n.º 00504/05*, é incontroverso que, com a redacção dada ao art. 90.º pelo Dec.-Lei n.º 34/2005 de 17 de Fevereiro, particularmente aos seus n.os 3 a 5, a lei passou a determinar, para o que ao caso releva, que a prova de residência do beneficiário dos pagamentos deverá ser feita até à data em que deve ser efectuada a retenção na fonte.

Todavia, não se afigura que tal exigência consubstancie um pressuposto formal do direito ao benefício, atenta a literalidade do n.º 7 do citado normativo: *"sempre que, por incumprimento do prazo de apresentação do certificado referido no n.º 5, a retenção da fonte sobre os juros ou royalties não for efectuada de acordo com a taxa fixada na alínea f) do n.º 2 do artigo 80.º, a entidade beneficiária dos rendimentos pode apresentar pedido de reembolso do excesso, no prazo de (...) acompanhado do certificado e de outros elementos comprovativos que forem solicitados pelos serviços competentes".*

A nosso ver a lei não atribui ao certificado em causa mais do que um efeito meramente probatório da verdadeira condição à redução da taxa em causa, ou seja, a residência da beneficiária num outro Estado membro.

Ademais, o art. 76.º do CIRC, que corresponde ao art. 90.º que estava em vigor à data dos factos (1998), era omisso quanto à temática do pagamento dos *"royalties"* a sociedade não residente, limitando-se os arts. 4.º, n.º 3, n.º 1, al. *c*) e 69.º do mesmo Código, a determinar que os ajuizados pagamentos estavam sujeitos a tributação em sede de IRC, à taxa de 15%.

E o certo é que o citado art. 90.º, na redacção que lhe foi dada pelo DL 34/2005, teve por objectivo, como se declara no respectivo preâmbulo, transpor para a ordem jurídica interna, a Directiva n.º 2003/49/CE, do Conselho, de 3 de Junho, que estabeleceu um regime fiscal no que concerne ao pagamento de *"royalties".*

Nos termos dessa mesma Directiva (*cfr. 11 a 13/a*), os Estados membros da fonte ficaram legitimados a exigir a certificação dos requisitos exigíveis à aplicação do regime, designadamente da residência da beneficiária, previamente ao pagamento dos *"royalties"*, assim se motivando o estatuído no art. 90.º do CIRC.

Todavia, não era esse o quadro jurídico aplicável ao caso vertente, que deve ser apreciado ao abrigo das CDTs à sombra das quais a recorrida reteve na fonte a taxa de 5%.

Ora, não se antolha que as CDTs estabeleçam alguma vinculação quanto à certificação prévia ao pagamento dos "royalties", das residências dos beneficiários nos Estados contratantes diversos dos da fonte.

O reconhecimento e funcionamento do regime mais favorável decorrente da existência de benefícios, maxime, fiscais, tem carácter meramente declarativo – **cfr. v.g. art. 4.º n.º 2 do EBF,** no sentido de que é implicante da demonstração dos pressupostos de que depende a atribuição da vantagem específica, independentemente, de poder ser ou não formalizada. Ou seja, na situação versada, a possibilidade de a impugnante aplicar taxa de retenção de 15 e 5%, ou, eventualmente, nada reter, apenas dependia da comprovação de que as empresas a que havia pago os *royalties*, à data, tinham residência nos referidos países. Uma vez feita tal prova, ainda que pelas vias exigidas pelas autoridades tributárias portuguesas, se necessário com a possibilidade de corrigir e/ou ultrapassar eventual incumprimento de formalidades prescritas, a usufruição do benefício de aplicação da taxa mais baixa (ou nenhuma) era imediata e sem poder ser sujeita a outros condicionalismos.

Dispõe o art. 11.° do EBF que o direito aos benefícios fiscais se reporta à data da verificação dos respectivos pressupostos, ainda que esteja dependente do reconhecimento declarativo pela administração fiscal ou de acordo entre esta e a pessoa beneficiada, salvo quando a lei dispuser de outro modo.

Por seu turno, o procedimento de reconhecimento dos benefícios fiscais regula-se pelo disposto na Lei Geral Tributária e no Código de Procedimento e do Processo Tributário (v. art. 4.° n.° 3 do EBF).

Na redacção anterior, revogada pelo art. 2.° n.° 2 do D.L. 433/99, de 26/Out, que aprovou o CPPT, dispunha o art. 14.° n.° 1 al. *c*) do EBF que, salvo disposição em contrário, o reconhecimento dos benefícios fiscais dependia da iniciativa dos interessados e, para além do mais, da prova da verificação dos pressupostos de reconhecimento nos termos da lei.

A prova da verificação dos pressupostos do reconhecimento é também requisito previsto no art. 65.° n.° 1 do CPPT.

Como se disse, decorre do art. 11.° do Estatuto dos Benefícios Fiscais, que o direito aos benefícios surge com a verificação histórica dos pressupostos objectivos ou subjectivos da respectiva previsão, que são verdadeiramente, o seu facto constitutivo, ainda que o benefício fiscal esteja dependente de reconhecimento declarativo unilateral pela Administração Fiscal, e mesmo que a respectiva eficácia seja, por vezes, diferida no tempo, por virtude de uma condição suspensiva.

Como a este propósito escreve *o Prof. Alberto Xavier, Manual, págs 294/295* , "*para que o facto impeditivo desenvolva plenamente a sua eficácia torna-se, por vezes, necessário um acto expresso de reconhecimento pela Administração Fiscal: é o que se verifica com as chamadas isenções não automáticas.*

Mas ainda aqui importa distinguir: nuns casos o reconhecimento das isenções é oficioso. Noutros ele depende de um pressuposto autónomo, que é um pedido de reconhecimento dirigido pelo contribuinte à Administração Fiscal, acto de propulsão de um processo que com ele tem início e que culmina com o acto tributário negativo em que o reconhecimento consiste".

Seja como for, o reconhecimento, é sempre praticado no exercício de poderes vinculados e não discricionários, daí decorrendo, necessariamente, que o reconhecimento tem natureza declarativa e não constitutiva do direito ao benefício fiscal respectivo, pelo que ***o nascimento desse direito deve reportar-se sempre ao momento da verificação histórica dos respectivos pressupostos legais*** e não ao momento da prática do próprio reconhecimento, como expressamente consagra o n.° 2, do art. 4.°, conjugado com o art. 11.°, ambos do Estatuto dos Benefícios Fiscais.

O processo de reconhecimento dos benefícios fiscais regula-se pelo disposto nos artigos 14.° e seguintes do EBF, quando não seja previsto processo próprio para o efeito.

E, de acordo com a al. *c*) do n.° 1 do art. 14.°, conjugado com o mencionado art. 11.°, ambos do EBF, compete aos interessados fazer a prova da verificação dos pressupostos de reconhecimento nos termos da lei e, salvo quando a lei dispuser doutro modo, o direito aos benefícios fiscais deve reportar-se à data da verificação dos respectivos pressupostos.

Resulta do que vem dito que, nos termos do art. 11.° do EBF, o momento em que se adquiriu o direito ao benefício coincide com o momento da verificação dos respectivos pressupostos; porque assim, o reconhecimento feito pela Administração será, sempre, não um acto constitutivo mas um simples acto declarativo, de acordo aliás com o princípio constitucional da legalidade e os respectivos corolários da tipicidade fechada e do exclusivismo.

Logo, o mesmo não pode ser feito antes da ocorrência dos pressupostos, por isso não se harmonizar com a natureza de acto declarativo que impõe unicamente que o reconhecimento passe por verificar a existência ou a reconhecer a validade de direitos ou situações preexistentes.

Com efeito, não sendo o reconhecimento um acto constitutivo de direitos (art. 11.° n.° 1 do EBF), mas um mero acto declarativo do direito pré existente, a sua eficácia, como acto administrativo, é, em regra, retroactiva, reservando-se o efeito diferido para os actos constitutivos.

O benefício fiscal nasce no momento em que se verificam os respectivos pressupostos e os efeitos do acto de reconhecimento reportam-se à mesma data, por isso não sendo possível a eventual atribuição de eficácia diferida.

E a criação de impostos está disciplinada na Lei Fundamental nos normativos da CRP contidos na al. *i*) do n.° 1 do art. 168.° na sua concatenação com o art. 106.°, n.ºs 2 e 3 da CRP.

E para a questão «decidenda» releva que o art. 106.°, n.° 2, da CRP estabelece que:

«Os impostos são criados por lei, que determina a incidência, a taxa, os benefícios fiscais e as garantias dos contribuintes ».

Há, com efeito, um princípio de *«numerus clausus»* em matéria de impostos que tem ainda como decorrência a completa descrição nos tipos legais dos elementos necessários à determinação do montante da prestação devida e das garantias dos contribuintes.

E o desrespeito de tal princípio é sancionado nos termos do art.° 106.°, n.° 3, da CRP ao determinar que: ***«Ninguém pode ser obrigado a pagar impostos que não tenham sido criados nos termos da Constituição...»,*** consequência jurídica que já derivava daqueloutros princípios da constitucionalidade e da conformidade dos actos do Estado com a Constituição insítos no art. 3.°, n.° 3 da CRP.

Vigora no Direito Fiscal o principio da legalidade que se traduz no brocardo ***«nullum tributum sine lege»*** e, uma das decorrências do princípio da legalidade fiscal, como se disse já, é a proibição de pagamento de impostos que não tenham sido estabelecidos de harmonia com a Constituição, que se inscreve no quadro das garantias individuais, por isso revestindo as normas atinentes carácter preceptivo (cfr. art. 18.° da C.R.P.).

Donde que, de acordo com o princípio da legalidade, só podem ser cobrados os impostos quando se verificam os pressupostos aos quais a lei condiciona a existência de uma obrigação fiscal, observadas as garantias dos contribuintes na lei estabelecidas como modo de reacção, não sendo lícito e legal proceder a derrogações de tais garantias como direitos adquiridos na vigência de certa lei (a LA, ou seja Lei Antiga) pois isso quebra a unidade sistemática do direito fiscal.

A questão terá de ser apreciada exclusivamente face à lei, desde logo, porque em matéria de garantias, vigora, como se disse e reafirma, o princípio da legalidade, na sua vertente formal e material (art. 106-2 e 3 da CRP).

Aqui não se questiona qualquer facto tributário, mas apenas o direito à redução. Como é sabido, o acto tributário é o acto pelo qual a AF aplica a norma tributária material num caso concreto, sendo que nuns casos essa aplicação tem como conteúdo reconhecer a tributalidade do facto declarando-se, consequentemente, a existência de uma relação jurídica tributária e definir o montante da prestação devida e, noutros, a aplicação da norma tem em vista o reconhecimento da não tributalidade do facto e, assim, da não existência no caso concreto de uma obrigação de imposto. Dito de outro modo: – na primeira situação a AF pratica um acto tributário de *conteúdo positivo* e, na segunda, um acto tributário de *conteúdo negativo.*

No caso *«sub judicio»* estamos perante um acto tributário de *conteúdo negativo* pois que o reconhecimento da não tributalidade resulta da apreciação sobre a alegada verificação de factos impeditivos, i. é, a redução, o que não contende com a existência de factos tributários.

Nestes casos, como salienta *Alberto Xavier in Conceito e Natureza do Acto Tributário, 1972, pág. 114 e 115*, e em *Aspectos Fundamentais do Contencioso Tributário, 1972, pág. 50,* o que sucede é que a lei faz depender o início da investigação de um pressuposto processual, que é um requerimento ou solicitação expressa do particular, sem o qual a Fazenda não pode reconhecer a isenção, nem portanto operar a sua eficácia impeditiva.

Do que vem dito, tem de concluir-se que assiste razão à impugnante, ora recorrida, e à Mª Juíza, quando sustentam que o direito à redução tem de reportar-se à data da verificação dos pressupostos históricos para essa redução, e, como a esse tempo – 1998 – a recorrente reunia todos os requisitos determinados na lei para beneficiar da redução, não pode ser recusado o reconhecimento desse direito.

Embora em momento posterior, a impugnante, beneficiária da utilização de taxas, sempre e em qualquer caso, inferiores a 15%, na tributação dos montantes que pagou às empresas beneficiárias, comprovou junto da AT os pressupostos de aplicação dessa benesse prevista em Convenção internacional, cujo primado e valor é, constitucionalmente, estabelecido – cfr. art. 8.º C.R.P.

Tendo-se o benefício em causa constituído no momento em que foram pagos os *royalties* às firmas residentes em países estrangeiros, uma vez comprovados todos os pressupostos da sua relevância, em conformidade com as exigências das autoridades nacionais, os efeitos plenos daquele benefício também têm de reportar-se ao momento de tal pagamento, "in casu", o exercício de 1998.

Resulta do que vem dito que os pressupostos do direito à redução da taxa de IRC em causa, se tinham de procurar nas CDTs ficando, assim, limitado à prova da residência das beneficiárias nos países em causa, não sendo exigível que tal prova tivesse de ser feita através dos mencionados modelos II F, antes do pagamento dos *"royalties"* como pretende a AT.

Na verdade, por tudo quanto se disse, a referida prova não pode deixar de ser feita, já que é ela que vai permitir o reconhecimento da verificação ou inverificação do pressuposto substantivo; porém, ela não é elemento constitutivo do direito ao benefício em causa (*redução da taxa normal de IRC de 15% para 5%*), e, uma vez feita, não poderá deixar de retroagir os seus efeitos à data da ocorrência dos factos tributários, ou seja, o pagamento dos *"royalties".*

Destarte, deverá dar-se o reconhecimento da requerida redução, porque regulado na íntegra pela lei e sem qualquer margem de livre apreciação por parte da entidade competente, e se insere na categoria de actos ou poderes vinculados da Administração Fiscal que terá de o praticar porque o direito ao benefício foi adquirido no domínio de Lei que não exigia o ajuizado requisito formal pois só com a redacção introduzida pela Lei 32-B/2002, de 30 de Dezembro na norma do n.º 3 do art. 90.º do CIRC, é que passou a ser obrigatório que o devedor fizesse prova dos requisitos formais, sob pena da retenção ser feita à taxa normal.

Termos em que procedem «in totum» as conclusões de recurso.

4. Em conformidade com o exposto, acorda-se em conferência nesta 2ª Secção do Tribunal Central Administrativo Sul em negar provimento ao recurso mantendo, consequentemente, a sentença recorrida.

Sem custas por delas estar isenta a entidade recorrida.

Lisboa, 24 de Abril de 2007

Gomes Correia
Eugénio Sequeira
Ascensão Lopes

Recurso n.º 1704/07

IMPUGNAÇÃO JUDICIAL. CONVOLAÇÃO PARA PROCESSO DE OPOSIÇÃO E/OU RECLAMAÇÃO.

(Acórdão de 29 de Maio 2007)

SUMÁRIO:

I – O erro na forma de processo constitui nulidade de conhecimento oficioso e importa a anulação dos actos que não possam ser aproveitados, e a prática dos que forem estritamente necessários para que o processo se aproxime, quanto possível, da forma estabelecida pela lei – princípio do máximo aproveitamento ou princípio da economia processual.

II – Como é sabido, o objecto da impugnação judicial é um acto tributário (declaração de vontade da A.F., através dos seus órgãos competentes, que define o "quantum" a exigir ao contribuinte (liquidação), ou as situações de facto definitivas de que depende a determinação desse "quantum" (matéria colectável ou valores patrimoniais), inquinado de ilegalidade e que, por isso, deve ser anulado, total ou parcialmente).

III – Não tendo o impugnante atacado qualquer acto tributário, mas antes o despacho de reversão que conduziu à sua citação por reversão, alegadamente por não ter exercido a gerência e haver falta de culpa da sua parte no incumprimento das obrigações tributárias do devedor originário, a situação desenhada na p.i. não se enquadra na previsão de quaisquer das alíneas do art. 99.° do CPPT, ou seja, não constitui fundamento de impugnação – cfr. ainda as als. *a*) a *f*) do n.° 1 do art. 97.° também do CPPT.

IV – A matéria atinente ao não exercício da gerência e da culpa (ausência dela) do peticionante – responsável subsidiário – na situação de insuficiência do património social para pagamento das dívidas fiscais integra-se na previsão do n.° 1 al. *b*) do art. 204.° do CPPT, por isso constituindo fundamento de oposição à execução, enquanto matéria destinada a afastar a responsabilidade da pessoa citada pelo pagamento da dívida – ilegitimidade daquela face à instância executiva.

V – No entanto não é possível a convolação do processo – art. 98.° n.° 4 do CPPT –, visto que se mostra esgotado o prazo de 30 dias contido no art. 203.° n.° 1 al. *a*) do CPPT e/ou de 10 dias estabelecido no art. 277.° n.° 1 do mesmo Código, respectivamente, para deduzir oposição ou reclamação.

VI – A inidoneidade do meio processual usado e a possibilidade da convolação para o que se mostre adequado, tem de aferir-se fundamentalmente pela tempestividade do exercício do direito da acção apropriada, pela pertinência da causa de pedir, bem como a conformidade desta com o correspondente pedido.

ACORDAM, EM CONFERÊNCIA, NA SECÇÃO DE CONTENCIOSO TRIBUTÁRIO DO TRIBUNAL CENTRAL ADMINISTRATIVO SUL:

1. Natália Alexandrovna Iordanskaia Martins, veio interpor recurso para o TCAS da sentença do TAF de Loulé que absolveu a Fazenda Pública da instância em consequência da verificação da nulidade insanável do erro na forma do processo na impugnação que aquela deduziu contra o despacho que determinou a reversão da execução instaurada contra Clássico Viagens e Turismo Ld[a] para cobrança de IRC e IVA, concluindo assim as suas alegações:

a) Os factos alegados pela recorrente no processo de impugnação constituem fundamento de impugnação judicial nos termos do artigo 99.° do CPPT;

b) Com a sua actuação a entidade administrativa violou desde logo o princípio da decisão por não se ter pronunciado sobre os factos contidos na exposição efectuada pela impugnante como impõe o artigo 56.° da Lei Geral Tributária (LG.T).

c) Por outro lado, a entidade administrativa desrespeitou o princípio do inquisitório em clara violação do artigo 58.° da L.G.T. porque não inquiriu a testemunha arrolada pela impugnante e desta forma não realizou todas as diligências necessárias à descoberta da verdade material.

d) O acto impugnado viola ainda o princípio da decisão porquanto na fundamentação da decisão do despacho de reversão não teve em conta os elementos supra descritos suscitados na audição da impugnante e como tal, a decisão impugnada contraria o n.° 6 do artigo 60.° da L.G.T.

e) Consequentemente a douta sentença recorrida viola as supra indicadas disposições legais ao não as apreciar devidamente.

f) O direito da fazenda nacional de receber os tributos que deram origem à citação caducou pois diz respeito a tributos de 2000, cuja liquidação foi comunicada à recorrente por despacho elaborado em 23-08-2005, já depois de decorrido o prazo de 4 anos de caducidade.

g) houve grave erro na citação efectuada à recorrente (vide doc. 1), porque consta da mesma que poderá impugnar judicialmente o despacho nos termos do artigo 99.° e nos prazos estabelecidos no artigo 102.° do então recente CPPT.

h) A entidade administrativa, ao citar a recorrente não respeitou os requisitos exigidos pelo n.° 2 do artigo 36.° do CPPT,

i) ao não conter os fundamentos e principalmente os meios de defesa e prazos para reagir contra o acto notificado,

j) A citação é completamente omissa em relação ao prazo para deduzir oposição e muito menos refere que a citada podia deduzir reclamação e qual o prazo.

k) no caso de o tribunal vier a reconhecer como estando errado o meio de reacção contra o acto notificado indicado na notificação, poderá o meio de reacção adequado ser ainda exercido no prazo de 30 dias a contar do transito em julgado da decisão final, o que desde já se requer.

Nestes termos nos mais de direito entende que deve ser dado provimento ao presente recurso e por via disso:

Ser anulada a sentença recorrida e substituída por uma outra que absolva a R. do processo de execução, atento o decurso do prazo de caducidade, ou que ordene a baixa do processo ao tribunal recorrido para prosseguimento do processo de impugnação.

Ainda que assim não se entenda,

Deve ser declarada como errada a citação por não conter os meios de defesa e respectivos prazos de exercício e por conter que o meio de reacção a seguir pela recorrente é o de impugnação nos termos do artigo 99.° (vide doc. 1), notificando-se a recorrente para exercer o meio de reacção adequado no prazo de trinta dias.

Não houve contra-alegações.

O EPGA emitiu a fls. 93 o seguinte douto parecer:

"Não nos merece censura a sentença recorrida.

Com efeito, ao contrário do que a recorrente refere nas suas alegações, resulta claramente da notificação que lhe foi efectuada que podia deduzir oposição e, no parágrafo seguinte, que também podia deduzir reclamação ou impugnação.

Como é sabido, na caso de reversão, o revertido pode, além de se opor à execução, deduzir impugnação ou reclamar da liquidação exequenda. Está, porém, sujeito aos respectivos prazos e às respectivas causas de pedir e pedido.

Ora, no caso dos autos, a revertida optou por "impugnar". Só que fê-lo com a causa de pedir e o pedido típicos da oposição e já depois de ter decorrido o prazo para esta. Além disso, na sua petição não ataca a liquidação cuja dívida é executada.

Somos de parecer que recurso não merece provimento."

2. Na sentença recorrida foi fixado o seguinte probatório (sendo da nossa iniciativa a ordenação alfabética):

1. FACTOS PROVADOS

a) No Serviço Local de Finanças de Albufeira corre termos uma execução fiscal contra Clássico Viagens e Turismo Ld.ª, para cobrança de IRC e IVA.

b) O Chefe de Finanças do Serviço Local de Finanças de Albufeira proferiu despacho determinando a reversão da execução fiscal contra a Impugnante Natália Alexandrovna Iordanskaia por ter considerado, além do mais, que a mesma era responsável por dela ter sido gerente.

c) Do qual foi aquela notificada em 26.08.2005, bem como de que dispunha de um prazo de 30 dias a partir dessa data para interpor a oposição.

d) A impugnação judicial deu entrada no Tribunal em 29.11.2005.

Ao abrigo do disposto no art. 712.º do CPC, adita-se o seguinte facto:

e) Na citação dita em *c*) é também referido que a impugnante podia deduzir reclamação ou impugnação como decorre do doc. de fls. 12 que se dá por reproduzido na íntegra para todos os efeitos.

2. FACTOS NÃO PROVADOS

Situação não verificada.

3. FUNDAMENTAÇÃO DO JULGAMENTO

A decisão da matéria de facto fundou-se nos documentos juntos aos autos e no acordo das partes.

3. Em face desta factualidade e daquelas conclusões recursivas, importa determinar a sorte do presente recurso cujo thema decidendum é o de saber se a impugnação judicial não é o meio legalmente previsto para o gerente de uma sociedade executada para o pagamento de impostos se opor à reversão da execução fiscal contra ele, cabendo, em tal caso, absolver a FªPª da instância.

Segundo a decisão recorrida, a ilegitimidade do revertido não gera qualquer ilegalidade da liquidação e por isso não pode servir de causa de pedir na impugnação judicial mas, outrossim, sendo causa obstativa a que a execução fiscal prossiga contra ele, somente pode servir de causa de pedir na oposição à execução fiscal com vista à declaração da sua extinção quanto ao mesmo *(art. 817.º, n.º 4 do Código de Processo Civil).*

Nesta perspectiva, a tal causa de pedir cabe o processo de oposição pelo que a impugnante incorreu em erro na forma de processo.

E considerando que não era possível proceder, por manifesta extemporaneidade, à convolação da impugnação em processo de oposição previsto no art. 203.º ou em processo de reclamação previsto no art. 277.º n.º 1, ambos do CPPT, julgou que os autos não podiam ser aproveitados para prosseguirem a forma de processo determinada na lei, absolvendo, consequentemente, a Fazenda Pública da instância.

A recorrente insurge-se contra o assim decidido, sustentando que a sentença enferma em erro de julgamento porquanto:

1.º O acto impugnado viola o princípio da decisão porquanto na fundamentação da decisão do despacho de reversão não teve em conta os elementos supra descritos suscitados na audição da impugnante e como tal, a decisão impugnada contraria o n.º 6 do artigo 60.º da L.G.T e a sentença recorrida viola as supra indicadas disposições legais ao não as apreciar devidamente;

2.º o direito da fazenda nacional de receber os tributos que deram origem à citação caducou pois diz respeito a tributos de 2000, cuja liquidação foi comunicada à recorrente por despacho elaborado em 23-08-2005, já depois de decorrido o prazo de 4 anos de caducidade.

3.º houve grave erro na citação efectuada à recorrente (vide doc. 1), porque consta da mesma que poderá impugnar judicialmente o despacho nos termos do artigo 99.º e nos prazos estabelecidos no artigo 102.º do então recente CPPT.

4.º a entidade administrativa, ao citar a recorrente não respeitou os requisitos exigidos pelo n.º 2 do artigo 36.º do CPPT,

5.º ao não conter os fundamentos e principalmente os meios de defesa e prazos para reagir contra o acto notificado,

6.º a citação é completamente omissa em relação ao prazo para deduzir oposição e muito menos refere que a citada podia deduzir reclamação e qual o prazo;

7.º no caso de o tribunal vier a reconhecer como estando errado o meio de reacção contra o acto notificado indicado na notificação, poderá o meio de reacção adequado ser ainda exercido no prazo de 30 dias a contar do trânsito em julgado da decisão final, o que desde já se requer.

O EPGA junto desta instância demonstrou que ao contrário do que a recorrente refere nas suas alegações, resulta claramente da notificação que lhe foi efectuada que podia deduzir oposição e, no parágrafo seguinte, que também podia deduzir reclamação ou impugnação.

E, na consideração de que, no caso de reversão, o revertido pode, além de se opor à execução, deduzir impugnação ou reclamar da liquidação exequenda mas estando sujeito aos respectivos prazos e às respectivas causas de pedir e pedido, como no caso dos autos, a revertida optou por "impugnar", invocando a causa de pedir e o pedido típicos da oposição e já depois de ter decorrido o prazo para esta, deverá manter-se a sentença recorrida até porque na sua petição a impugnante não ataca a liquidação cuja dívida é executada.

Quid juris?

No essencial, entendemos que, nos termos e para os efeitos do disposto no art. 131.º, do Código de Procedimento e de Processo Tributário, se justificava a rejeição, porquanto nos presentes autos de impugnação a impugnante formula o pedido de anulação do despacho que ordenou a reversão da execução mas sem perder de vista que o referido pedido, bem como as correspondente causa de pedir – não exercício da gerência exigível para a não efectivação da responsabilidade subsidiária – poderá ser objecto de oposição.

É que tais questões não podem ser conhecidas no processo de impugnação cujos fundamentos se encontram previstos no art. 99.º do Código de Procedimento e de Processo Tributário, e, se referem exclusivamente a vícios do acto de liquidação, este praticado fora do processo de execução fiscal, e, naturalmente antecedendo a respectiva instauração.

Resultando que a recorrente foi citado para pagar, poderia ele deduzir oposição – arts. 203.º e segs. – poderia ainda deduzir reclamação ou impugnação – art. 102.º/1-c) do CPPT), era a ele que competia escolher dentre aqueles os meios apropriados ao que pretendia; mas, como visava a anulação do despacho de reversão, o que deveria ter feito era deduzir oposição.

Há, assim, erro na forma de processo, que, consoante o disposto no art. 199.º do Código de Processo Civil, consiste em ter o autor usado de uma forma processual inadequada para fazer valer a sua pretensão, pelo que o acerto ou o erro na forma de processo se tem de aferir pelo pedido formulado na acção[1].

Ora, o que se alcança dos autos é que a impugnante terminou o seu articulado inicial pedindo ao tribunal a anulação do despacho de reversão, "por violação de lei e por não se verificarem os pressupostos da responsabilidade subsidiária da impugnante" e esse pedido não se adequa, ao processo tributário de impugnação, meio processualmente adequado a atacar os actos tributários praticados pela Administração Tributária, designadamente *actos de liquidação*, com vista a obter a declaração da sua inexistência, nulidade ou anulação, não podendo ter por objecto actos praticados em sede de execução fiscal, cuja legalidade tem de ser discutida em sede de oposição ou de reclamação judicial, em harmonia com o disposto nos artigos 97.º al. *o*) e 203.º do CPPT e nos artigos 97.º alínea *n*) e 276.º e segs. do CPPT e art. 101.º al. *d*) da LGT.

Na senda de *Jorge Lopes de Sousa, CÓDIGO DE PROCEDIMENTO E DE PROCESSO TRIBUTÁRIO, ANOTADO, 4ª ed., pág. 441*, «... o processo de impugnação será de utilizar quando o acto a impugnar é um acto de liquidação ou um acto administrativo que comporta a apreciação de um acto desse tipo e, relativamente a actos de outro tipo, quando a lei utilizar o termo «impugnação» para referenciar o meio processual a utilizar.

Assim, podem ser objecto de impugnação judicial, nalguns casos com inclusão de algumas normas especiais, os seguintes actos:

– actos de liquidação dos tributos, incluindo os actos de autoliquidação, de retenção na fonte e pagamento por conta [art. 97.º, n.º 1, alínea *a*), deste Código e 95.º, n.º 1, alínea *a*), da L.G.T.];

– actos de fixação da matéria tributável, quando não haja lugar a liquidação (casos em que houve prejuízos) [art. 97.º, n.º 1, alínea *b*), deste Código e 95.º, n.º 1, alínea *c*), da L.G.T.];

– actos de indeferimento total ou parcial de reclamações graciosas de actos tributários [art. 97.º, n.º 1, alínea *c*), deste Código e 95.º, n.º 1, alínea *d*), da L.G.T.];

– actos administrativos que comportem a apreciação da legalidade de actos de liquidação (como os actos que apreciem recursos hierárquicos interpostos de decisões de indeferimento de reclamações graciosas e os que recusem a revisão de actos tributários) [art. 97.º, n.º 1, alínea *d*), deste Código e 95.º, n.º 1, alínea *d*), da L.G.T.];

– actos que decidam agravamentos à colecta, por falta de fundamento razoável de reclamação ou recurso hierárquico (como os previstos nos arts. 91.º, n.os 9 e 10, da L.G.T. e 77.º, n.º 3, deste Código) [art. 97.º, n.º 1, alínea *e*), deste Código e 95.º, n.º 1, alínea *e*), da L.G.T.];

– impugnação dos actos de fixação de valores patrimoniais (com as especialidades constantes do art. 134.º deste Código) [art. 97.º, n.º 1, alínea, deste Código e 95.º, n.º 1, alínea *b*), da L.G.T.];

– impugnação de providências cautelares adoptadas pela administração tributária (com as especialidades que constam do art. 144.º) [art. 97.º, n.º 1, alínea *g*), deste Código];

– a impugnação dos actos de apreensão (art. 143.º deste Código)».

Saliente-se que os revertidos também podem recorrer à impugnação judicial nos termos do art. 22.º n.º 4 da LGT, apenas permitida para desferir o ataque à legalidade dos *actos tributários* atrás elencados, visando obter a anulação ou a declaração da sua nulidade ou inexistência (arts. 70.º n.º 1, 99.º e 124.º do CPPT e 101.º da LGT), equiparando-se ao recurso contencioso dos actos administrativos regulados na LPTA ou à acção administrativa especial regulada no CPTA.

A essa luz e na consideração de que a cada direito corresponde um meio processual para o fazer valer em juízo, as questões colocadas pela impugnante e que se ligam unicamente à legalidade do despacho de reversão não podem ser conhecidas em processo de impugnação, cujos fundamentos se encontram previstos no art. 120.º do CPPT e se reconduzem exclusivamente, aos vícios dos actos tributários que constituem o seu objecto.

Destarte, é incólume a sentença recorrida ao julgar que o meio adequado para reagir contra o despacho de reversão não é a impugnação judicial mas, antes, a oposição à execução fiscal, ancorando-se na jurisprudência uniforme do STA vertida nos arestos que cita e a que se aduzem os *Acórdãos do STA proferidos em 13/07/2005, no Proc. n.º 0504/05, em 29/06/2005, no Proc. n.º 0501/05, em 8/03/2006, no Proc. n.º 01249/05, em 15/02/2006, no Proc. n.º 01255/05, em 24/09/2003, no Proc. n.º 0160/03, em 30/03/03, no Proc. n.º 097/03, em 30/10/2002, no Proc. n.º 845/02-30 e em 23/10/2002, Proc. n.º 945/02.*

Assim, o revertido como responsável subsidiário, citado para a execução fiscal, pretendendo defender-se invocando erro nos pressupostos de facto do despacho que determinou a reversão da execução fiscal contra si, deve reagir mediante oposição à execução, e não através de impugnação judicial.

E visto que o *acto de liquidação* do imposto que fundou a dívida exequenda não é o objecto desta impugnação judicial em que não é, de todo em todo, questionada a legalidade daquele acto, não pode a Recorrente pretender que o Tribunal conheça das suas eventuais invalidades, designadamente ao abrigo do disposto no art. 95.º n.º 2 do CPTA, pois que o objecto da acção impugnatória condiciona os limites de extensão do poder jurisdicional do juiz, não podendo este fazer tábua rasa da lei

[1] Nesse sentido se pronuncia as mais autorizadas doutrina e jurisprudência, de que são representativos, entre muitos, Rodrigues Bastos, in "*Notas ao Código de Processo Civil*", 3ª ed., 1999, pág. 262; Antunes Varela, in *RLJ 115*, pág. 245 e segs; Acórdão do STJ de 12/12/2002, no Rec. n.º 3981/02, in *Sumários*, 12/2002; Acórdão da R.Coimbra de 14/3//2000, in *BMJ 495*, pág. 371; Ac. R.Évora de 12/11/98, in Col.Jur. Ano XXIII, T5, pág. 256; Acórdão da R.Lisboa de 19/1/1995, in Col.Jur. Ano XX, T1, pág. 95, e Acórdão da R.Porto de 5/7/1990, in Col.Jur. Ano XV, T4, pág. 201. Nesses locais se professa o entendimento de que é pelo pedido final formulado, ou seja, pela pretensão que o requerente pretende fazer valer, que se determina a propriedade ou impropriedade do meio processual empregue para o efeito, pelo que, no caso vertente, será pelo pedido formulado pelo impugnante na petição inicial que se terá de aferir do acerto ou erro do meio processual que utilizou para tal atingir tal desiderato.

processual em nome dos princípios da justiça material, da justiça tributária, da protecção dos princípios e interesses do indivíduo e do princípio da tributação real das empresas.

Vide o *Acórdão do TCAN de 04-05-2006, no Recurso n.º 79/03* que sobre a temática em análise, com a devida vénia, se vem seguindo e em que também se expende:

"Porque tais princípios não são antiprocessuais, eles só são viáveis na medida em que a lei do processo o permitir. E a regra neste campo é-nos dada pelo art. 264.º do CPC ao estabelecer o princípio da disponibilidade pelas partes do âmbito do litígio. O julgador não pode alargar tal âmbito, embora, para que uma decisão de fundo seja possível, deva atender a factos instrumentais ou complementares, que, pela sua própria natureza, de alguma maneira estejam já implícitos na alegação das partes.

Assim, apesar de nada impedir o juiz de interpretar o pedido, determinando o real sentido da pretensão do autor e, consequentemente, se for caso disso, proferir uma decisão cujo conteúdo ultrapasse a literalidade do pedido, o certo é que se encontra sempre limitado pelo objecto do litígio, o qual é definido pelas partes em harmonia com o preceituado no art. 264.º do CPC.

Tendo o impugnante delimitado os termos do litígio nos moldes em que o fez, mediante o enunciado de fundamentos (causa de pedir) e a formulação de pretensão anulatória (pedido) concernente exclusivamente a vícios que imputa ao despacho de reversão, cuja revogação/anulação peticiona, não pode pretender que o Tribunal analise oficiosamente a legalidade do *acto de liquidação* que subjaz à dívida em cobrança coerciva na execução contra si revertida.

Por outro lado, a faculdade concedida pela lei ao responsável subsidiário para deduzir impugnação, nos termos do n.º 4 do art. 22.º da LGT, destina-se a permitir-lhe discutir a legalidade do *acto de liquidação* que conduziu à dívida exequenda, não se confundindo com a discussão sobre a presença ou não de culpa sua face à insuficiência do património da devedora originária para solver os débitos fiscais, nem com a discussão sobre a legalidade do respectivo despacho de reversão. Pelo que o responsável subsidiário deve usar o processo de oposição à execução se alega a sua ilegitimidade substantiva, designadamente por ausência de culpa na insuficiência patrimonial da sociedade devedora.

Ao ser deduzida impugnação judicial em vez de oposição à execução está-se perante um erro na forma de processo, que só pode conduzir à convolação da petição respectiva em petição de oposição se para tal puder ser aproveitada, nos termos dos arts. 97.º n.º 3 da LGT, 98.º n.º 4 do CPPT e 199.º do CPC. Isto é, a convolação só é admissível desde que não seja manifesta a sua improcedência ou extemporaneidade, além de idoneidade da respectiva petição para o efeito Neste sentido se tem vindo também a pronunciar, de forma pacífica e reiterada, o STA – vide, entre outros, os Acórdãos de 4/11/99, no Proc. n.º 22.728, de 24/3/04, no Proc. n.º 1.844/03, de 6/10/05, no Proc. n.º 1.166/04)."

A questão de saber se o processo pode ser convolado em processo de oposição já foi objecto do recurso n.º 6851/02 no qual foi proferido acórdão em 08.10.2002, sendo de seguir inteiramente e com a devida vénia, a respectiva fundamentação por uma questão de uniformidade e da melhor aplicação do direito.

Segundo o ensinamento de Alberto dos Reis, no *Código de Processo Civil Anotado,* II, p. 291, e em anotação ao acórdão do Supremo Tribunal de Justiça de 19-2--1952, na *Revista de Legislação e Jurisprudência,* ano 85.º, pp. 222 e 223, o fim concretamente visado pelo autor e o fim abstractamente figurado pela lei tem de ser coincidentes; se assim acontecer, terá sido bem empregado o processo; se, pelo contrário, o pedido não se ajustar à finalidade para que a lei concebeu o processo, há erro na forma de processo; o erro na forma de processo utilizada afere-se, pois, pelo desajustamento à finalidade para a qual a lei criou o respectivo processo.

Verificado o erro na forma de processo, a petição inicial deve ser indeferida, se não puder ser aproveitada; se a acção tiver ultrapassado a fase liminar, há-de anular-se todo o processado, e absolver-se o réu da instância, nos termos do artigo 288.º, n.º 1, alínea *b*), do Código de Processo Civil – cf., neste sentido, Alfredo de Soveral Martins, *Lições de Processo Civil (Pressupostos Processuais), Apontamentos,* Coimbra, 1969, p. 263 e 264; cf. também, pôr exemplo, o acórdão da Secção de Contencioso Tributário do Supremo Tribunal Administrativo, de 7-2-1990, no *Apêndice ao Diário da República* de 15-10-1992, pp. 25 a 28.

A absolvição da instância, porém, não obsta a que outra acção (apropriada) seja proposta sobre o mesmo objecto – de acordo com os termos do artigo 289.º do Código de Processo Civil.

Por seu turno, o artigo 199.º do Código de Processo Civil – compêndio subsidiariamente aplicável em processo judicial tributário, por força da alínea *e*) do artigo 2.º do Código de Procedimento e de Processo Tributário, vigente à data de entrada da presente petição inicial, em 29-11-2005 – dispõe que o erro na forma de processo importa unicamente a anulação dos actos que não possam ser aproveitados, devendo praticar-se os que forem estritamente necessários para que o processo se aproxime, quanto possível, da forma estabelecida pela lei (n.º 1); e não devem aproveitar-se os actos já praticados, se do facto resultar uma diminuição de garantias do réu (n.º 2).

Aliás, no mesmo sentido apontam também os princípios da celeridade e da economia processual – princípios dos quais se desprende a regra da economia de actos e de formalidades inserta no n.º 1 do artigo 138.º do Código de Processo Civil.

De acordo com os termos dos artigos 202.º e 206.º, n.º 2, do mesmo Código de Processo Civil, o erro na forma de processo é de conhecimento até ao trânsito em julgado da decisão final, e, nesse capítulo, o Tribunal deve operar oficiosamente, sem necessidade de qualquer acção ou requerimento dos interessados.

Em princípio, não existem obstáculos processuais insuperáveis a que um processo de impugnação judicial possa ser conformado, convertido ou convolado em processo de oposição à execução fiscal.

Como é sabido, alguns fundamentos do processo de impugnação judicial, pela sua particular gravidade, são também fundamentos de oposição à execução fiscal. Por exemplo, os casos de ilegalidade em abstracto da dívida exequenda; de inconstitucionalidade de normas que suportam e regem a liquidação e a execução; e de duplicação de colecta. Nestes casos, claramente pode discutir-se a legalidade da liquidação em processo de oposição à execução. Nestas hipóteses, uma vez reconhecida a ilegalidade da liquidação, não pode esta deixar de ser anulada; e, em consequência, deve declarar-se extinta a respectiva execução fiscal, como consequência directa e necessária da ilegalidade da liquidação.

De resto, é o próprio Código de Processo Tributário que, no n.º 2 do seu artigo 286.º, admite casos de oposição à execução fiscal que devem seguir a forma de processo de impugnação judicial – cf. correspondentemente o n.º 2 do artigo 204.º do Código de Procedimento e de Processo Tributário.

Em boa verdade, toda a oposição à execução fiscal, ao intentar a extinção do processo em que decorre a cobrança coerciva da obrigação liquidada, pode ter como objectivo também a eliminação da liquidação tributária. A liquidação da obrigação tributária constitui, no entanto, apenas o seu objecto mediato – pois que o objecto imediato da oposição é a execução fiscal, tendo em vista a extinção desta, total, ou apenas parcial.

Daqui resulta que não existe essencial antítese entre a impugnação judicial e a oposição à execução fiscal – cf. a este respeito os acórdãos da Secção de Contencioso Tributário do Supremo Tribunal Administrativo, de 27-5-1992 (recurso n.º 13 840), de 20-10-1993 (o mesmo recurso em Pleno da Secção), e de 2-11-1994, recurso n.º 17891.

No caso *sub judicio,* vem trazida a Tribunal, a impugnação do acto de reversão de dívida de IRC e de IVA, cuja causa de pedir é a falta de pressupostos exigíveis para a não efectivação da responsabilidade subsidiária e em que o pedido é a anulação do despacho de reversão contra a impugnante da dívida ajuizada nesta petição – cf. a sua petição inicial.

A sentença recorrida absolveu a FªPª por entender, no fundamental, que tais questões não podem ser conhecidas no processo de impugnação.

Na verdade, em princípio, o processo próprio para o conhecimento do pedido formulado (anulação ou revogação do despacho de reversão em execução fiscal) é o processo de oposição à execução fiscal, e não o processo de impugnação judicial (de que a ora recorrente lançou mão).

Mas – sendo embora certo que o pedido de anulação ou revogação do despacho de reversão em execução fiscal deve ser formulado em processo de oposição – nada obsta, também em princípio, que o processo, iniciado na forma de impugnação judicial, possa ser convertido em oposição à execução fiscal.

Ponto é que, no caso concreto, ocorram os demais requisitos legais do processo de oposição à execução fiscal – desde logo, a tempestividade da respectiva petição inicial.

Ora, como se diz na sentença, não é possível a convolação do processo – art. 98.º n.º 4 do CPPT–, visto que se mostra esgotado o prazo de oposição – a impugnante foi citada em 26/08/05 e a p.i. em análise apenas foi apresentada em 29/11/05, ou seja, muito para além do prazo de 30 dias contido no art. 203.º n.º 1 al. *a*) do CPPT.

Tanto basta, a nosso ver, para que a petição inicial no presente caso devesse ser liminarmente indeferida, tendo sido equacionada e ponderada a impossibilidade de a impugnação judicial apresentada dever ser convertida em processo de oposição à execução fiscal e, bem assim e como salienta o M.º Juiz recorrido, por maioria de razão, para a hipótese de o revertido pretender não deduzir oposição à execução fiscal mas reclamar judicialmente do acto de reversão, pois que o prazo legalmente estabelecido para o efeito é ainda menor que o firmado para aquela forma de processo, como se pode ver do que dispõe o n.º 1 do art. 277.º do Código de Procedimento e de Processo Tributário: «*A reclamação será apresentada no prazo de 10 dias após a notificação da decisão e indicará expressamente os fundamentos e conclusões.*»

Acresce que, como bem anota o EPGA ao contrário do que a recorrente refere nas suas alegações, resulta claramente da notificação que lhe foi efectuada que podia deduzir oposição e, no parágrafo seguinte, que também podia deduzir reclamação ou impugnação.

Ocorrendo erro na forma de processo e não sendo a convolação possível, está-se perante uma situação de nulidade de todo o processo, que conduz à absolvição da instância (arts. 288.º al. *b*) e 494.º al. *b*) do CPC).

Como assim, deve ser mantida a sentença recorrida, que laborou em tal entendimento.

4. Termos em que se decide negar provimento ao recurso, e, em consequência, confirmar a sentença recorrida.

Custas pela recorrente.

Lisboa, 29 de Maio de 2007

Gomes Correia
Eugénio Sequeira
Ascensão Lopes

Recurso n.º 1765/07

INTIMAÇÃO PARA UM COMPORTAMENTO. REQUISITOS. CONVOLAÇÃO PARA A FORMA PROCESSUAL CORRECTA.

(Acórdão de 5 de Junho de 2007)

SUMÁRIO:

I – Constituem requisitos legais (cumulativos) do uso do meio processual de intimação para um comportamento previsto no art. 147.º do CPPT, os seguintes:
***a*) Existência de uma omissão por parte da Administração Tributária;**
***b*) Essa omissão tem de se referir a um dever de uma prestação jurídica;**
***c*) É necessário que tal omissão seja susceptível de lesar direito ou interesse legítimo do contribuinte;**
***d*) É necessário que este meio seja o mais adequado para assegurar a tutela plena, eficaz e efectiva dos direitos ou interesses em causa.**

II– Deste modo, não se verificam esses requisitos se o pedido visa a intimação do Chefe do Serviço de Finanças para a repetição de uma notificação de resultado de avaliação de um prédio, que a recorrente não recebeu oportunamente (tendo sido devolvida a respectiva carta de notificação) em virtude de se encontrar de férias.

III– Na verdade, neste caso, não estamos perante qualquer omissão de um dever jurídico, nem a pretensa omissão constituiria imediata lesão de direito ou interesse legítimo do contribuinte, nem esta forma processual constituiria o meio mais adequado de defesa do direito do contribuinte.

IV– Assim, o meio mais adequado à defesa do direito da recorrente poderá ser – se ainda a recorrente estiver em tempo de o fazer – a dedução de impugnação judicial contra a liquidação efectuada com base no valor da avaliação anteriormente realizada e com fundamento em preterição de formalidade legal no acto de avaliação.

V– A convolação de um processo para a forma legal adequada só é possível quando ainda não estiver ultrapassado o prazo previsto na lei para esta forma, ou quando o pedido ou a causa de pedir forem igualmente adequados à forma processual correcta.

VI– Um pedido como o dos autos – intimação para repetição de uma notificação – não se adequa a um processo de impugnação judicial, o qual deve ter como fundamento (causa de pedir) a ilegalidade de um acto tributário e como pedido a anulação ou declaração de nulidade do mesmo acto tributário.

ACORDAM NA SECÇÃO DE CONTENCIOSO TRIBUTÁRIO DO TRIBUNAL CENTRAL ADMINISTRATIVO SUL:

1. M..., contribuinte fiscal n.º ..., residente na ... veio recorrer do despacho do Mm.º Juiz do TAF de Loulé que recusou a produção de prova testemunhal nos presentes autos, por entender não ser a mesma admissível nesta forma processual, bem como da sentença que julgou improcedente o pedido de intimação formulado pela recorrente, apresentando, para o efeito, alegações nas quais conclui:

A) Quanto ao despacho que recusou a produção de prova testemunhal:

Iª) Entendeu-se no despacho ora questionado que o meio processual usado pela recorrente não admitia a fase de produção de provas constituendas.

IIª) Em sede de petição inicial intimação havia a recorrente alegado vários factos.

IIIª) É certo que a recorrente juntou vários elementos de prova documental em relação a tudo o que alegou, mas menos verdade não será que tais elementos de prova, despidos do apoio do depoimento de testemunhas, pode não se revelar suficiente para a prova dos factos alegados com a subsequente procedência do pedido de intimação da recorrente.

IVª) Sendo bom não obnubilar que o meio de prova que a jurisprudência de há muito elegeu como prova-rainha é, precisamente, a testemunhal.

Vª) Ora os factos em causa são passíveis de prova testemunhal.

VIª) E não resulta líquido ou linear do artigo 147.º do CPPT que este meio processual não admite prova testemunhal.

VIIª) E nem se diga que por este meio processual ser urgente não se compadece com delongas.

VIIIª) E não se diga tal porque, em primeiro lugar, mesmo que o processo fosse urgente – que não é como sustentam a jurisprudência e doutrina supra citadas –, tal não impediria, por mera força de tal, que não fosse produzida prova testemunhal.

IXª) Ora, assim sendo, entende a recorrente que não existe razão justificável quer na letra da lei quer no seu espírito que impeça a produção de prova testemunhal.

Xª) Tanto mais que se encontra subjacente ao processo judicial tributário a busca da verdade material com uso pelo tribunal do seu vasto poder inquisitório – artigo 99.º, n.º 1 da Lei Geral Tributária.

XIª) Acresce que o legislador ordinário beneficia, é certo, de alguma liberdade/margem na limitação do uso de meios de prova (in casu a testemunhal); Mas menos verdade não será que tal limitação terá de assentar em razões justificadas e devidamente fundamentadas bem como terá de assumir natureza excepcional e encontrar-se suportada por uma justificação que tenha um mínimo de racionalidade.

XIIª) Neste mesmo sentido já decidiu a jurisprudência do Tribunal Constitucional supra citada.

XIIIª) Ora, no presente caso nenhuma razão ou justificação racional existe para que seja impedida a prova testemunhal; se algo existe será exactamente o contrário, pois que o contributo da mesma aparenta indubitavelmente ser de grande relevância em sede probatória.

XIVª) Entende a recorrente que ao assim não se ter entendido no despacho tal faz incorrer o mesmo numa interpretação inconstitucional do artigo 147.º do CPPT, por violação do artigo 20.º, n.ºs 4 e 5 e 268.º, n.º 4 ambos da CRP.

XVª) Pois que está a ser vedado à recorrente, sem razão plausível, o seu direito a um processo justo e equitativo de modo a poder obter uma tutela efectiva.

XVIª) Ora e como será bom de ver o acesso aos tribunais para defesa dos direitos dos utentes da justiça não pode ser um direito amputado à nascença, isto é, não pode o legislador "dar com uma mão e tirar com a outra".

XVIIª) Isto no sentido de elevar, primeiro, à categoria de direito fundamental o acesso aos tribunais e a um processo justo e equitativo e depois limitar, sem qualquer razão válida, os meios de prova que os cidadãos, in casu a aqui recorrente, possam utilizar para salvaguarda dos seus direitos.

XVIIIª) Pelo que assim não ter entendido violou o despacho o artigo 147.º do CPPT, 99.º, n.º 1 da LGT e 20.º, n.ºs 4 e 5 e 268.º, n.º 4 ambos da CRP;

XIXª) Nestes termos e nos melhores de direito deverá o presente recurso merecer provimento e, em consequência, ser revogado o despacho ora questionado e substituído por um outro que ordene a inquirição das testemunhas arroladas prosseguindo, se a tal nada mais obstar, o processo os seus regulares trâmites, tudo o mais com as consequências legais.

B) Quanto ao recurso da sentença:

a) A decisão tomada padece de claro déficit instrutório.

b) Não se vislumbra, quer dos elementos juntos aos autos quer do probatório fixado quando é que a primeira carta foi devolvida ao serviço de finanças, e tal constitui um elemento absolutamente essencial.

c) Pois que nos termos do artigo 39.°, n.° 5 do CPPT, e no caso de se frustrar a primeira notificação, a segunda notificação será efectuada nos 15 dias seguintes à devolução da carta registada com aviso de recepção que adornava a primeira.

d) Ora, do probatório fixado não consta de ponto algum a data em que ocorreu a devolução da primeira notificação ao Serviço de Finanças, pelo que não se podia concluir sem mais que o prazo previsto no artigo 39.°, n.° 5 do CPPT foi cumprido pelo serviço de finanças de Aljezur.

e) Acresce que não se encontrando tal prova feita, as regras da experiência apontam precisamente em sentido contrário, ou seja, de que a segunda notificação foi enviada antes de ter sido devolvida a primeira.

f) Isto uma vez que tendo o aviso postal referente à primeira notificação sido deixado pelos serviços postais no dia 04/08/2004 o mesmo só poderia ter sido devolvido ao serviço de finanças após se consumarem 6 dias úteis que é o prazo que de acordo com o Regulamento dos Serviços postais em vigor a destinatária da missiva teria para efectuar o seu levantamento no posto dos correios.

g) Significa tal que a primeira notificação havia de ter sido devolvida a 13/8/2006 que foi uma sexta-feira; Significa ainda que a mesma havia de ter chegado ao remetente (o Serviço de Finanças de Aljezur) na segunda-feira seguinte – 16/08/2004; e significa também que nesse mesmo dia teria sido expedida a segunda notificação.

h) Isto não só é altamente improvável de acordo com as regras da experiência como também não consta do probatório fixado, pelo que ocorre manifesto déficit instrutório.

i) Pelo que terá que ser dado provimento à pretensão da recorrente e não, apenas, ser ordenada a ampliação da matéria de facto, isto porque aquela DGCI se encontra representada junto do Tribunal Administrativo e Fiscal de Loulé pelo Sr. Representante da Fazenda Pública tendo sido por aquele apresentada contestação e não tendo o mesmo junto qualquer documento que provasse a data da devolução da primeira notificação.

j) Ora ao assim tendo actuado, e tendo de se presumir que o Sr. Representante da Fazenda Pública exerce as suas funções com a diligência exigível, terá de se concluir que tal meio de prova não existe pelo que sponte sua, é um facto apenas imputável à Fazenda Pública e de que terá de arcar com as respectivas consequências.

k) Isto uma vez que, atenta até a citação supra feita de Ilustre Autor, cabia-lhe o ónus da prova da correcta efectivação da notificação e tal prova não se encontra feita.

l) Por outro lado na decisão tomada foi cometida uma nulidade, decidiu-se sem que se mostrassem cumpridas diligências de prova requeridas pela recorrente.

m) Desde logo, foi desconsiderada a prova testemunhal requerida na p.i., decisão essa que foi oportunamente objecto de recurso interlocutório e cujos fundamentos aqui se reiteram;

n) Além disto, a artigo 75.° da sua petição inicial, a ora recorrente solicitou que se ordenasse a notificação dos CTT para informar a quem e onde foram deixados os avisos atinentes às cartas registadas com aviso de recepção a levantar e tal era um elemento absolutamente essencial para se poder aferir da validade da notificação.

o) O tribunal omitiu-se de ordenar o requerido e com tal omissão foi cometida uma infracção processual susceptível de influenciar a boa decisão da causa.

p) Logo ocorreu uma nulidade nos termos do artigo 201.°, n.° 1 do CPC pois que dúvidas não podem existir que a prova documental requerida era absolutamente essencial para a cabal decisão da presente lide.

q) E a presente infracção pode influenciar na decisão da causa pelo que é o quanto basta para ter ocorrida a invocada nulidade.

r) Isto uma vez que a lei não impõe que a mesma tenha influído na decisão da causa, antes se bastando com a possibilidade de influenciar em tal decisão.

s) A presunção de notificação prevista no artigo 39.°, n.° 5 do CPPT visa, no entender da recorrente, obstar a que contribuintes menos zelosos e "chicaneiros" se furtem às notificações que a DGCI lhes pretende efectuar.

t) E até aí a redacção do preceito é compreensível mas mais do que isso já não será admissível pois uma interpretação do mesmo para além dos adequados e proporcionais limites ferem o mesmo de inconstitucionalidade material por violação do artigo 268.°, n.° 3 da CRP.

u) No presente caso nada de tão reprovável do comportamento da recorrente como o supra referido ocorreu pois que esta limitou-se a ir de férias tendo ainda, em tal período, estado doente com problemas odontológicos.

v) Ora se esta segunda situação é de manifesto justo impedimento já a primeira não pode ser visto como uma manifestação de desleixo ou incúria da sua parte pois que mal fora que fosse visto como tal o exercício de um direito com guarida no artigo 59.°, n.° 1, alínea *d*) in fine da CRP.

w) Como constante do probatório a recorrente iniciou o seu período de férias em 31 de Julho de 2004 e ambas as notificações, pêlos vistos com o beneplácito da sentença, foram remetidas à recorrente com data de 3 e 16 de Agosto respectivamente.

x) A título de obiter dictum ainda refere a sentença que o facto de a recorrente ter ido de férias no mês de Agosto com a generalidade dos portugueses o faz não pode ser tido como facto público e notório.

y) O julgador sabe certamente que o período de férias que o legislador decidiu instituir como sendo de férias judiciais é, precisamente, de 1 a 31 de Agosto de cada ano civil; Ora se o legislador assim o instituiu, e devendo-se presumir nos termos do artigo 9.°, n.° 3 do Código Civil que o legislador escolheu as soluções mais acertadas, então afigurar-se-á peregrino sustentar que não é facto público e notório que os cidadãos, em regra, gozam de férias, ou pelo menos parte delas, naquele período do ano, alegar desconhecimento em relação a tal é negar uma realidade da vida.

z) A actuação do Serviço de Finanças de Aljezur ao pretender efectuar duas notificações à recorrente no mês de Agosto de 2004 é tudo menos respeitoso do princípio da boa fé pois que aquele órgão da administração, sendo certo que não se encontra impedido de efectuar notificações em Agosto, encontra-se, no entanto, vinculado na sua actuação pelo respeito do princípio da boa fé e só com uma generosidade tremenda para a DGCI è possível considerar que a mesma respeitou aqueles ditames pois que a mesma também sabe que o mês de Agosto é o mês de excelência para o usufruto de férias por parte dos cidadãos.

aa) A DGCI – tal como, de resto, toda a Administração Pública –, deve pautar a sua conduta pelos deveres de cooperação e de boa-fé como resulta quer do artigo 55.° da LGT quer do artigo 6.°-A do Código do Procedimento Administrativo.

bb) Pelo que ao actuar como actuou o Serviço de Finanças de Aljezur o fez em claro desrespeito por aquele comando ético-jurídico e o fez de forma consciente ou inconsciente é de todo irrelevante pois que o desrespeito pelo princípio da boa fé também pode ocorrer por negligência.

cc) E no presente caso a conduta do Serviço de Finanças de Aljezur, ao proceder à primeira e segunda notificações no mês de Agosto de 2004 quando sabia que esse é o mês de férias da generalidade dos cidadãos, terá de ser tida como, no mínimo, grosseiramente negligente.

dd) Apenas a procedência do pedido inicial restituirá a agora recorrente a uma situação de plena Justiça perante uma actuação do Sr. Chefe do Serviço de Finanças de Aljezur, no mínimo inusitada e estranha e que, objectivamente, consente a interpretação de se ter dirigido calculadamente a evitar que o contribuinte tomasse conhecimento da primeira avaliação, com isto obstando à realização de uma segunda avaliação.

ee) Por tudo quanto vem de alegar-se, violou a sentença os artigos 39.°, n.° 5 do CPPT, incorreu no vício previsto no artigo 201.° do CPC, violou ainda os artigos 59.°, n.° 1, alínea *d*) e 268.°, n.° 3 da CRP, 55.° da LGT, 6.°-A do CPA e 9.°, n.° 3 do CC.

Nestes termos e nos melhores de Direito deverá o presente recurso merecer provimento e, em consequência, ser revogada a sentença e substituída a mesma por uma decisão que dê provimento à pretensão da recorrente, tudo o mais com as consequências legais.

2. Contra-alegando, relativamente à decisão final, veio a recorrida Fazenda Pública concluir:

1ª) A douta sentença proferida pelo Mm.° Juiz do Tribunal "a quo" fez uma correcta interpretação dos factos e um correcto e rigoroso enquadramento jurídico dos mesmos, pelo que a decisão é de manter.

2ª) Não se vislumbra em nenhum artigo da p.i., que a ora recorrente tenha posto em causa a data em que a primeira carta foi devolvida ao Serviço de Finanças de Aljezur nem que a segunda notificação foi enviada antes de ter sido devolvida a primeira pelo que não pode agora em sede de recurso vir colocar questões novas que não foram apreciadas pelo Juiz "a quo" e que também não podem ser apreciadas pelo Tribunal "ad quem", ou seja,

3ª) Os recursos face à nossa lei, são meios de reapreciação de uma decisão por parte de um tribunal colocado em escala hierárquica superior àquele que a proferiu, e não para conhecer de questões não colocadas ao tribunal inferior, ou sejam as questões novas, salvo sempre as questões que o tribunal deva conhecer oficiosamente, pelo que assume a natureza de questão nova insusceptível de ser conhecida em sede de recurso toda a matéria de facto que extravase o elenco de fundamentos que suportam a parte decisória da sentença recorrida, delimitada esta por objecto do processo (Vide Acórdão do TCA do Sul de 11/01/2007, proc. 02073/06).

4ª) Assim sendo, a ora recorrente não pode vir agora alegar em sede de recurso que a segunda notificação foi enviada antes de ter sido devolvida a primeira, pelo que nos obstemos de mais considerações acerca do mérito dessa questão.

5ª) O que está aqui em causa é apreciar a questão colocada pela ora recorrente na sua p.i., e correctamente decidida pelo Mm.° Juiz na sua douta sentença, e que é saber se existiu ou não justo impedimento fundado no facto da recorrente não se encontrar no seu domicílio à data em que lhe foram remetidas as duas notificações relativas ao resultado da fixação do valor patrimonial tributário resultante da primeira avaliação efectuada ao referido imóvel.

6ª) Para que se verifique o justo impedimento alegado pela ora recorrente, impõe a lei que o evento que impossibilitou a prática do acto seja imprevisível e estranho à vontade da parte (Vide Acórdãos do STA de 14/03/2001 proc. 044582, de 07/11/1996 proc. 039287).

7ª) A existência do justo impedimento tem de ser provado por quem o invoca, nos termos legalmente exigidos – Art. 341.° e Art. 342 .° do CC.

8ª) No domínio da normalidade do agir de uma pessoa mediana e vulgar, não é sustentável que o período de férias possa ser considerado como um evento imprevisto e estranho à vontade da parte.

9ª) Mal andaria a Administração Tributária em particular e a Administração Pública em geral, se no mês de Agosto não procedesse a qualquer notificação aos contribuintes ou aos cidadãos, por ser o mês por excelência de férias da maioria dos portugueses, como alega a recorrente nas alíneas *cc*) das suas conclusões, pois, a ser assim o melhor era o país fechar todos os seus serviços públicos no referido mês.

10ª) Ao contrário do reiterado pela recorrente, a frustração das duas referidas notificações somente a si pode ser imputável, pois o facto de estar de férias não constitui justo impedimento porque geralmente quem se ausenta um mês para o estrangeiro, tem de certeza um familiar ou amigo que fica responsável pelo recebimento da sua correspondência, isto é, o que é normal exigir a um cidadão normal e diligente do cumprimento dos seus deveres.

11ª) Assim sendo, carece de qualquer suporte legal o argumento apresentado pela recorrente, de que tenha havido justo impedimento, logo nenhum tipo de censura pode ser apontada à douta sentença recorrida quando decidiu que o seu gozo de férias no mês de Agosto não poderia, em caso algum, ser considerado um facto notório nem a Administração Tributária estava proibida por lei de proceder às notificações a que procedeu nos presentes autos.

12ª) Por outro lado, o alegado pela recorrente nas alíneas *z*), *aa*) e *bb*) das suas conclusões, também não procede, porque a actuação da Administração Tributária pautou-se pelo estabelecido no normativo legal do n.° 5 do Art. 39.° do CPPT, não se vislumbrando em parte nenhuma da sua conduta que tenha violado os deveres de cooperação e de boa fé a que está vinculada.

13ª) A alegada "má fé" da Administração Tributária invocada pela ora recorrente, carece em absoluto de qualquer sentido legal, pois, o facto de não lhe convir o recebimento daquelas notificações naquele mês, não é do conhecimento nem pode ser oponível à Administração Tributária, a qual agiu dentro do contexto das normas jurídico tributárias.

14ª) O n.º 1 do Art.º 38.º do CPPT estabelece que as notificações são obrigatoriamente efectuadas por carta registada com aviso de recepção, sempre que tenham por objecto actos ou decisões susceptíveis de alterarem a situação tributária dos contribuintes (...), pelo que no caso em apreço (I.Q avaliação de um prédio urbano), trata-se de uma decisão susceptível de alterar a situação tributária do contribuinte aqui em causa, ou seja, essa qualificação têm todos os actos ou decisões que criam deveres ou encargos para os destinatários ou lhes restringem ou negam direitos que aqueles entendem ter.

15ª) No entanto, não estamos aqui perante nenhuma omissão da Administração Tributária, a qual procedeu em conformidade com a lei, isto é, procedeu à notificação por carta registada com aviso de recepção à ora recorrente, da fixação do valor patrimonial tributário dum terreno (1ª avaliação), nos termos do n.º 1 do referido normativo legal.

16ª) Logo, embora ambas as cartas tenham sido devolvidas, nos termos do citado art. 39.º do CPPT, há que considerar que a recorrente foi validamente notificada porque funcionou aqui a presunção do n.º 5 do art. 39.º do CPPT, ou seja, foi deixado aviso e não houve qualquer justo impedimento ao levantamento da carta por parte daquela.

17ª) A Administração Tributária não cometeu, assim, qualquer ilegalidade nem omissão em ter notificado a ora recorrente da fixação dos valores patrimoniais (1ª avaliação do terreno), pois foram cumpridas todas as formalidades essenciais na formação dos actos de notificação daquela que asseguram a defesa e a garantia dos seus direitos ou interesses legítimos.

18ª) Assim sendo, a douta sentença recorrida não violou os arts. 39.º, n.º 5 do CPPT, 59.º n.º 1, alínea *d*) e 268.º, n.º 3 ambos da CRP, 55.º da LGT, 6.º-A do CPA, e 9.º, n.º 3 do CC nem incorreu no vício previsto no art. 201.º do CPC.

Pelo exposto e pelo muito que V. Ex.cias doutamente suprirão, e porque a douta sentença bem decidiu, deve a mesma ser mantida e o recurso apresentado considerado improcedente, assim se fazendo justiça.

3. O M.ºP.º emitiu parecer no sentido da improcedência do recurso, acompanhando a decisão recorrida, quer no que se refere ao despacho que recusou a produção de prova testemunhal, por esta forma processual não ter fase declarativa não podendo ser feita prova através de depoimento de testemunhas, quer quanto à sentença, entendendo, neste caso, que o facto invocado pela recorrente não pode ser considerado justo impedimento da recepção da carta de notificação do resultado da avaliação (v. fls. 162).

4. Colhidos os vistos legais cabe agora decidir.

5. Com interesse para a decisão foram dados como provados em 1ª instância os seguintes factos:

a) A Requerente apresentou declaração para inscrição de prédios urbanos na matriz em 12/11/2003.

b) Na sequência de tal acto, foi desencadeado pela entidade Requerida o procedimento de avaliação do terreno omisso.

c) A Requerente adquiriu conhecimento que o referido terreno foi inscrito na matriz predial urbana da freguesia de Aljezur, distrito de Faro, sob o artigo 8791.

d) Tal significa que ocorreu procedimento de primeira avaliação do referido imóvel.

e) A entidade Requerida veio, em carta remetida à Requerente, informar que o valor patrimonial tributário do terreno se encontrava fixado e que «nos termos do n.º 5 do artigo 39.º do Código de Procedimento e de Processo Tributário, considera-se V. Exª notificada».

f) Porém, a Requerente nunca recebeu efectivamente qualquer notificação da fixação do valor patrimonial tributário, em resultado da primeira avaliação.

g) Desde Julho de 2004 que a Requerente planeava uma viagem à Europa, a realizar durante o mês de Agosto.

h) A Requerente iniciou as suas férias no dia 31 de Julho de 2004.

i) Esteve fora de Lisboa até ao dia ao dia 6 de Setembro de 2004 (excepto entre 2 e 3 de Agosto, período em que esteve com problemas odontológicos e para ali receber tratamento médico).

j) O aviso para levantamento foi deixado pelos serviços postais no dia 4 de Agosto de 2004.

l) A segunda notificação foi remetida no dia 16 de Agosto de 2004.

Ao abrigo do disposto no art. 712.º, n.º 1, alínea *a*) do CPC e porque se encontram provados nos autos e relevam para a decisão, aditam-se ao probatório os seguintes factos:

m) A primeira carta registada com aviso de recepção remetida à recorrente foi devolvida com a menção "Não atendeu às 10,10h. Avisado" (fls. 25).

n) A segunda carta registada com aviso de recepção remetida à recorrente foi devolvida com a menção "Avisado não atendeu 13h 42m" (fls. 27).

6. Conforme resulta do requerimento inicial, a recorrente veio pedir que o requerido – Chefe do Serviço de Finanças de Aljezur – fosse intimado a proceder à válida notificação da fixação do valor patrimonial tributário (primeira avaliação) do seu terreno inscrito na matriz predial da freguesia de Aljezur sob o art. U-08791, bem como a condenação da mesma entidade no pagamento de sanção compulsória, nos termos do disposto no art. 169.º do CPTA, por cada dia de atraso que venha a verificar-se na execução da sentença.

Alegou, para tanto e em resumo que o resultado da avaliação daquele prédio não lhe foi notificado, em virtude de a carta contendo a notificação ter sido devolvida ao Serviço de Finanças por a recorrente se encontrar de férias.

No entender da recorrente, este facto – ausência da residência habitual em virtude do gozo de férias – constitui justo impedimento da recepção da notificação, pelo que esta deverá ser repetida de modo a que a recorrente dela possa tomar conhecimento e contra ela reagir.

O Mm.º Juiz recorrido decidiu que o facto invocado pela recorrente não constituía justo impedimento, tendo anteriormente recusado a prova testemunhal apresentada pela recorrente para fazer prova desse facto com fundamento em que nesta forma processual "não cabe uma fase com produção de provas constituendas".

Caberia então conhecer agora do objecto de ambos os recursos, começando pelo primeiro, uma vez que este, a proceder, prejudicaria o conhecimento do segundo.

Acontece, porém, que uma questão prévia, de conhecimento oficioso, se impõe conhecer anteriormente – a da adequação do meio processual para o fim em vista pela recorrente.

Uma vez que a própria recorrente se pronunciou sobre esta questão nos n.os 3 a 9 do requerimento inicial, não há agora necessidade de a convidar a pronunciar-se novamente. E, quanto à Fazenda Pública, se não se pronunciou sobre a questão logo suscitada no requerimento inicial, foi porque assim o entendeu.

Posto isto, vejamos então se a intimação para um comportamento, meio processual previsto no art. 147.º do CPPT, é adequado ao pedido da recorrente.

6.1. O art. 147.º do CPPT, nos seus n.os 1, 2 e 3, determina o seguinte:

"1. Em caso de omissão, por parte da administração tributária, do dever de qualquer prestação jurídica susceptível de lesar direito ou interesse legítimo em matéria tributária, poderá o interessado requerer a sua intimação para o cumprimento desse dever junto do tribunal tributário competente.

2. O presente meio só é aplicável quando, vistos os restantes meios contenciosos previstos no presente Código, ele for o meio mais adequado para assegurar a tutela plena, eficaz e efectiva dos direitos ou interesses em causa.

3. No requerimento dirigido ao tribunal de 1ª instância deve o requerente identificar a omissão, o direito ou interesse legítimo violado ou lesado ou susceptível de violação ou lesão e o procedimento ou procedimentos a praticar pela administração tributária para efeitos previstos no n.º 1".

Este preceito tem de ser conjugado com o art. 101.º, alínea *h*) da LGT e com o n.º 4 do art. 268.º da CRP que estabelece o seguinte:

"É garantido aos administrados tutela jurisdicional efectiva dos seus direitos ou interesses legalmente protegidos, incluindo, nomeadamente, o reconhecimento desses direitos ou interesses, a impugnação de quaisquer actos administrativos que os lesem, independentemente da sua forma, a determinação da prática de actos administrativos legalmente devidos e a adopção de medidas cautelares adequadas".

Temos então que o art. 147.º foi introduzido no CPPT tendo em vista a tutela jurisdicional dos direitos e interesses legítimos dos contribuintes, no caso de a administração tributária omitir deveres a que está obrigada para com aqueles, no âmbito da sua actividade.

Ora, de acordo com o citado art. 147.º acima transcrito, são os seguintes os requisitos (cumulativos) para que um contribuinte possa recorrer a este meio processual:

a) Existência de uma omissão por parte da Administração Tributária;

b) Essa omissão tem de se referir a um dever de uma prestação jurídica;

c) É necessário que tal omissão seja susceptível de lesar direito ou interesse legítimo do contribuinte;

d) É necessário que este meio seja o mais adequado para assegurar a tutela plena, eficaz e efectiva dos direitos ou interesses em causa.

Vamos apreciar seguidamente cada um destes requisitos e verificar se os mesmos ocorrem ou não no presente caso.

6.1.1. Quanto ao primeiro requisito significa que, da parte da Administração Tributária, terá de existir uma inércia, um "non facere".

A omissão é o contrário da acção, e, por isso, para que aquela se verifique é necessário que a Administração Tributária, em vez de praticar o acto, opte por deixar andar, nada fazer.

Mas, para que ocorra essa omissão, é ainda necessário que exista obrigação de qualquer actuação por parte da mesma Administração Tributária.

No caso dos autos, estava a Administração Tributária – no caso concreto, o Serviço de Finanças de Aljezur – obrigada a praticar qualquer acto, a actuar no sentido de satisfazer algum direito ou interesse legítimo da requerente, ora recorrente?

É evidente que não.

Perante a avaliação realizada ao prédio da mesma recorrente, os respectivos Serviços de Finanças notificaram o resultado à mesma, para o endereço de que dispunham.

Perante a devolução da carta, e em obediência ao art. 39.º, n.º 5 do CPPT, remeteram nova carta para notificação, a qual acabou também por ser devolvida (v. fls. 27).

A partir daqui, restava ao Serviço de Finanças retirar as consequências legais da devolução das cartas: presunção da realização da notificação, por força da parte final do n.º 5 do artigo citado.

Assim, e não estando aqui e agora em causa a apreciação da validade da notificação, desde logo se conclui que por parte da Administração Tributária não existia dever de praticar qualquer acto a favor da recorrente.

Mas, para além disso, e como adiante se verá, este meio processual não se basta com qualquer omissão, antes com a omissão da prática de um acto tributário.

A pretensão da recorrente nunca poderia, por isso, constituir fundamento para uso deste meio processual, uma vez que o que está em causa é um mero acto de procedimento conducente à prática de um acto tributário, e não um acto tributário em si.

Deste modo, não se verifica este requisito, pelo que sendo todos eles cumulativos, isso bastaria para se indeferir logo o pedido liminarmente,

Mas, por uma questão de raciocino e admitindo que existia omissão, para efeitos desta norma, apreciemos os restantes requisitos.

6.1.2. O segundo requisito é o de que a omissão tem de se referir a um dever de uma prestação jurídica.

Quer isto então dizer que a Administração Tributária tem de praticar um acto a favor do contribuinte e devido ou por força de lei, ou por força de decisão judicial, ou por força de acto anterior da própria Administração, podendo traduzir-se mesmo em mero acto de execução de anterior acto administrativo praticado por órgãos da Administração Tributária.

Assim sendo, fica desde logo afastado este meio processual em casos como o dos autos em que se pretende corrigir uma "alegada" irregularidade do procedimento que conduziu ao acto tributário ou a um acto preparatório deste.

E bem se compreende que assim seja pois que, quanto a irregularidades praticadas no procedimento tributário, existem meios legais que protegem o contribuinte, nomeadamente através da invocação da preterição de formalidades legais que podem determinar a anulação do acto tributário com fundamento em vício de forma.

Mas, no caso concreto dos autos, até o n.º 5 do art. 39.º do CPPT permitia à recorrente ilidir a presunção da realização da notificação, mediante a invocação e prova de justo impedimento. Assim, sendo de supor que na sua caixa do correio, ao regressar de férias, estaria o aviso para levantamento da carta, poderia perfeitamente e logo após o regresso, invocar perante o Serviço de Finanças o facto que agora veio invocar perante o tribunal tributário, com a possibilidade de acção administrativa especial posterior contra eventual decisão desfavorável da Administração Tributária.

Temos então que também este requisito não se verifica nos autos.

6.1.3. O terceiro requisito é o de que a omissão seja susceptível de lesar direito ou interesse legítimo do contribuinte.

Isto implica, antes de mais, determinar o que seja um direito ou interesse legítimo do contribuinte.

Para que exista um direito subjectivo é necessário:

a) Que exista um interesse próprio de um sujeito de direito;

b) Que a lei proteja directamente esse interesse;

c) Que, em consequência disso, o seu titular possa legalmente exigir de outrem um ou mais comportamentos que satisfaçam o seu interesse próprio;

d) Que a lei imponha aos restantes sujeitos de direito a obrigação de adoptar o comportamento que satisfaçam o interesse do titular do direito subjectivo;

e) E, por último, que a lei dê ao titular do direito subjectivo o poder de obter a sua plena realização em caso de violação ou não cumprimento (Freitas do Amaral – Direito Administrativo II, págs. 86/87, Lisboa 1988)

Para que exista um interesse legítimo é necessário:

a) Que exista um interesse próprio de um sujeito de direito;

b) Que a lei proteja directamente um interesse público que, se for correctamente prosseguido implicará a satisfação simultânea do interesse individual referido;

c) Que o titular do interesse privado não possa legalmente exigir da Administração que satisfaça o seu interesse, mas possa exigir-lhe que não prejudique esse interesse ilegalmente;

d) Que a lei, não impondo à Administração que satisfaça o interesse particular, a proíba de realizar o interesse público com ele conexo por forma ilegal;

e) E, que, em consequência disto, a lei dê ao particular o poder de obter a anulação dos actos pelos quais a Administração tenha prejudicado ilegalmente o interesse privado. A Administração poderá então reconsiderar a situação praticando novo acto; nesta "segunda volta", a lei também não impõe à Administração a obrigação de satisfazer o interesse particular que venceu o recurso, embora mantenha a proibição de que esse interesse seja prejudicado ilegalmente (Ob., autor e local citado, págs. 90/91).

Aplicando estas noções à recorrente e à matéria tributária, desde logo se vê que a sua pretensão não envolve a satisfação de qualquer direito ou interesse nos termos aqui definidos, antes e apenas um direito de carácter procedimental.

Todavia, ainda que de direito ou interesse legítimo se tratasse, nem assim este meio processual poderia ser usado.

É que, embora não se refira na norma, esta lesão tem de ser directa e imediata, não bastando a prática de qualquer ilegalidade para fundamentar o uso deste meio processual.

No caso dos autos, ainda que se considerasse que a notificação era necessária, a sua omissão, só por si não era susceptível de lesar directa e imediatamente qualquer direito ou interesse legítimo da recorrente em matéria tributária. Com efeito, a lesão de interesse ou direito legítimo da recorrente só se concretizará, eventualmente, com o acto de liquidação efectuado com base no valor da avaliação já encontrado pela Administração Tributária.

Assim, até à notificação da liquidação, não existe acto directa e imediatamente lesivo para a recorrente, uma vez que o seu património não pode ser afectado com qualquer acto decorrente da avaliação e da alegada "irregularidade" da sua notificação, pelo que é compreensível que nestes casos nem se admita sequer o uso de meio contencioso quando o acto não for imediatamente lesivo.

A este propósito escreveu-se no Acórdão do STA (1ª Secção – 2ª Subsecção), de 14.03.06 – P n.º 01016/ /05:

"Nos casos em que os actos procedimentais não são imediatamente lesivos, é constitucionalmente admissível o condicionamento das possibilidades de impugnar contenciosamente actos inseridos em procedimentos administrativos, pois esse condicionamento da possibilidade de acesso imediato aos tribunais é desnecessário para assegurar eficazmente a tutela dos direitos ou interesses legalmente protegidos, para além de não ser incompatível com os arts. 20.º, n.º 1 e 268.º, n.º 4 da CRP, até se harmoniza com a finalidade visada por essas normas, pois, ao dispensar os tribunais da intervenção nos casos em que ela não é imprescindível, lhes permitem mais eficazmente dar satisfação aos pedidos de apreciação jurisdicional que lhes sejam apresentados pela generalidade dos cidadãos".

Não ocorre portanto e também este requisito.

6.1.4. E resta finalmente a apreciação do último requisito.

Neste caso exige a norma que este meio processual seja o mais adequado para assegurar a tutela plena, eficaz e efectiva dos direitos ou interesses em causa.

Este requisito resulta do facto de, por vezes, a lei assegurar mais do que um meio contencioso para tutela dos direitos dos administrados, neste caso, dos contribuintes.

Assim, caso se verificassem os restantes requisitos acima enunciados, caberia ainda apurar se este meio processual era o mais adequado para assegurar a tutela plena, eficaz e efectiva do direito que a recorrente pretende fazer valer, ou se existem outros que satisfaçam esse requisito.

Ora, está bem de ver que, presumindo-se a recorrente notificada do resultado da avaliação, e não tendo requerido a segunda, essa avaliação se consolidou, servindo de base à futura liquidação do IMI.

No caso de ser admissível este meio processual e de o pedido proceder, a recorrente poderia eventualmente vir a requerer segunda avaliação do imóvel.

Porém, essa possibilidade, só por si, poderia não evitar uma série de actos procedimentais e processuais destinados à anulação de eventuais liquidações já efectuadas.

Pelo contrário, notificada da liquidação e para o pagamento do imposto, sempre a recorrente poderá impugnar judicialmente a liquidação com fundamento na sua ilegalidade, nomeadamente por preterição de formalidade legal no procedimento de avaliação, por lhe não ter sido notificado o resultado da 1ª avaliação (art. 102.° do CPPT).

E, assim, não só obteria a anulação do acto tributário, como a possibilidade de vir a requerer a segunda avaliação, com economia de actos procedimentais e processuais.

Isto, em teoria, já que, se a recorrente deixou correr os prazos legais sem usar desse meio contencioso, não pode agora usar o presente meio só porque este não depende de prazo.

Então, também este requisito se não encontra preenchido, uma vez que não seria este o meio mais adequado para assegurar a tutela plena, eficaz e efectiva dos direitos ou interesses em causa.

Concluímos então que o meio processual usado pela recorrente não é o adequado para satisfação do direito que pretende fazer valer.

7. Aqui chegados e concluindo-se que não estão verificados os requisitos legais para uso do meio processual de intimação para um comportamento, previsto no art. 147.° do CPPT, não será então que o tribunal deve corrigir a forma processual, em obediência ao disposto nos arts. 97.°, n.° 3 da LGT e 93.°, n.° 4 do CPPT, mandando seguir a legalmente adequada?

A jurisprudência dos tribunais tributários superiores tem admitido a convolação ao abrigo dessas normas, mas com algumas restrições.

Na verdade, essa convolação não pode ser ordenada quando existam obstáculos de ordem legal impeditivos da mesma, nomeadamente a intempestividade, a inadmissibilidade do pedido e a adequação do pedido e da causa de pedir à forma processual correcta.

Assim, por exemplo, se a forma adequada for a da impugnação judicial, a convolação só será admissível se ainda não tiver decorrido o prazo legal para a dedução desta. Do mesmo modo, só será admissível a convolação se o pedido e a causa de pedir forem adequados ao fim visado pela impugnação judicial. (Neste sentido e sobre esta matéria v., entre outros, os Acórdãos do STA (2ª Secção), de 22.05.2002– Recurso n.° 165/2002 e de 08.05.2002 – Recurso n.° 530/2002 e do TCA, de 11.06.2002 – Recurso n.° 6.601/2002).

No caso dos autos, nem o pedido nem a causa de pedir de adequam a um pedido de impugnação judicial, uma vez que não está em causa a ilegalidade de qualquer acto tributário, nem é pedida a anulação ou declaração de nulidade do mesmo.

Sendo assim, não existe possibilidade legal de convolação.

8. Nestes termos e pelo exposto nega-se provimento ao recurso, confirmando-se a decisão recorrida, embora não pelo fundamento aí invocado, mas porque o meio processual não é o adequado, por falta dos requisitos legalmente previstos.

Sem custas (art. 73.°-C do CC Judiciais).

Lisboa, 5 de Junho de 2007

Valente Torrão
Casimiro Gonçalves
Pereira Gameiro

Recurso n.° 01638/07

IRC. FALTA DE FUNDAMENTAÇÃO. PRESSUPOSTOS DA LIQUIDAÇÃO OPERADA COM BASE NO ART. 83.° DO CIRC.

(Acórdão de 19 de Junho de 2007)

SUMÁRIO:

I – Fundamentar o acto tributário consiste na indicação dos factos e das normas jurídicas que o justificam, na exposição das razões de facto e/ou de direito que determinam a AF a proferir uma decisão, enfim, em deduzir expressamente a resolução tomada das premissas em que assenta, ou em exprimir os motivos por que se resolve de certa maneira, e não de outra.

II – Assim, o acto tributário tem de ser sustentado por um mínimo suficiente da fundamentação expressa, ainda que operada por forma massiva e sendo produto de um poder legalmente vinculado, aspectos estes que só poderão ser valorados dentro do grau de exigibilidade da declaração de fundamentação, quer porque a massividade intui maior possibilidade de entendimento dos destinatários, quer porque a vinculação dispensa a enunciação da motivação do agente que decorrerá imediatamente da mera descrição dos factos – pressupostos do acto.

III – Estando expressamente referidos no acto os elementos indispensáveis à formação de um correcto juízo de valor, não se omitindo os fundamentos que, de acordo com as bases legais, permitiram aferir do acerto jurídico do acto final, o mesmo está fundamentado existindo, insofismavelmente, o mesmo nexo lógico que entre as premissas de um silogismo e a sua conclusão.

IV – Nada tem a ver com a fundamentação a alegação de que no acto impugnado se tomaram como verdadeiros factos que na realidade não se verificaram pois, tal configura, antes, um em erro sobre os pressupostos, sendo certo que a

inveracidade dos pressupostos como a falta de convincência dos apelidos legais aduzidos nessa declaração ou externação tem que ver com a legitimidade substancial do acto afectando a sua validade formal da declaração, a menos que os factos fossem aduzidos como meramente hipotéticos.

V– A fundamentação é um conceito relativo, variando em função do tipo concreto do acto e das circunstâncias em que o mesmo foi praticado, por isso se impondo a adopção de um critério prático consistente na questão de saber se um destinatário normal, face ao "itinerário cognoscitivo e valorativo" constante do acto em causa, fica em condições de saber o motivo por que se decidiu num certo sentido e não noutro qualquer, o que aliás se coaduna com o princípio geral que se pode até extrair, nomeadamente, do disposto no artigo 236.°, do Código Civil.

VI– Por isso mesmo, não está abrangido pelo dever legal de fundamentação a *fundamentação substancial* que é caracterizada pela exigência da existência dos pressupostos reais e dos motivos concretos aptos a suportarem uma decisão legítima de fundo.

VII– Uma vez que a AT teve de lançar mão do critério referido na alínea *c*) do n.° 1 do artigo 83.° do CIRC e como a liquidação impugnada teve por base uma matéria colectável apurada "de acordo com os elementos de que a administração fiscal disponha" (nos termos da alínea *c*) do n.° 1 do artigo 83.° do CIRC), competia à impugnante provar, de acordo com as regras do ónus da prova, que aquela matéria colectável era exagerada.

ACORDA-SE, EM CONFERÊNCIA, NA 2ª SECÇÃO DESTE TRIBUNAL:

1. **DINOEMBAL EMBALAGENS PRODUTOS AGRÍCOLAS, LDª,** vem interpor recurso jurisdicional da sentença do TAF de Leiria que julgou improcedente a impugnação judicial por si deduzida contra a liquidação adicional de IRC e juros compensatórios, respeitante ao exercício do ano 1996.

Em alegação, a recorrente formula conclusões que se apresentam do seguinte modo:

A) – A liquidação recorrida, relativa ao exercício de 1996, teve por base uma matéria colectável de 19.002.965$00.

B) – Matéria colectável aquela que teve por base a aplicação do coeficiente de 20% à base tributável do IVA do ano de 1996.

C) – Método de cálculo este da matéria colectável que apenas entrou em vigor em 2001, por força da alteração do artigo 53.° do CIRC que lhe foi introduzida pela L 30-G/OO.

D) – Contudo, em exercício algum anterior a 1996, a recorrente apresentou a referida matéria colectável.

E) – A liquidação recorrida violou o regime de determinação da liquidação oficiosa, previsto no artigo 83.°, 1, *b*) do CIRC.

G) – A douta sentença recorrida fez errado julgamento da matéria de facto e de direito, tendo violado o regime da alínea *b*) do n.° 1 do artigo 83.° do CIRC bem como o artigo 53.°, 4 do mesmo Código.

Termos em que entende que deve o presente recurso ser julgado procedente e em consequência ser revogada a douta decisão recorrida, anulando-se a liquidação de IRCS e respectivos juros compensatórios relativos a 1996.

Não houve contra-alegações.

O EPGA emitiu a fls. 84/87, o seguinte douto parecer:

"O Ministério Público vem emitir parecer nos termos seguintes:

1 – DINOEMBAL – EMBALAGENS PRODUTOS AGRÍCOLAS, LDA, veio interpor recurso da douta sentença proferida pelo M.° Juiz do TAF de Leiria, que julgou improcedente a impugnação judicial que havia deduzido contra a liquidação oficiosa de IRC do exercício de 1996, alegando, em síntese, falta de fundamentação da liquidação por esta não ter tido por base a totalidade da matéria colectável do exercício mais próximo que se encontre determinada, nos termos da alínea *b*) do n.° 1 do artigo 83.° do CIRC, mas sim utilizando um método de cálculo que apenas entrou em vigor em 2001.

2 – Está em causa a questão de saber se a liquidação oficiosa efectuada pela Administração tributária obedeceu ou não aos critérios legais.

No entender da impugnante, a liquidação oficiosa "fundamentou-se numa matéria colectável do exercício de 1996, na quantia de Esc. 19.002.965$00 (...). Sucede, porém, que a recorrente, com excepção do exercício de 1992, nos demais exercícios anteriores a 1996, apresentou sempre prejuízos fiscais. (...) Além disso e apesar de se reconhecer que a declaração modelo 22 relativa a 1996 foi entregue, fora do prazo legal, na citada declaração modelo 22 é apresentado um prejuízo fiscal de (36.147.231$00)". (...) Neste contexto, afigura-se à recorrente que a liquidação recorrida enferma de falta de fundamentação de facto. Na verdade, não se vislumbra em parte alguma da liquidação recorrida o motivo pelo qual foi apurada uma matéria colectável do exercício de 1996, na quantia de 19.002.965$00".

Ora, no que concerne à fundamentação, dispunha o artigo 21.° do CPT, sob a epígrafe "direito à fundamentação", que "as decisões em matéria tributária, que afectem os direitos ou interesses legalmente protegidos dos contribuintes conterão os respectivos fundamentos, de facto e de direito".

Tal direito constituía garantia expressa dos contribuintes, nos termos do artigo 19.°, al. *b*), do mesmo diploma.

Aliás, o referido direito, com relação aos actos que afectem direitos ou interesses legalmente protegidos, constitui, hoje, princípio constitucional (artigo 268.°, n.° 3 da CRP).

Por força do disposto no n.° 1 do artigo 77.° da LGT, a fundamentação deve consistir, no mínimo, numa sucinta exposição dos fundamentos de facto e de direito que motivaram a decisão, ou numa declaração de concordância com os fundamentos de anteriores pareceres, informações ou propostas.

Conforme decorre das alegações de recurso, a impugnante compreendeu perfeitamente por que razão foi considerada aquela matéria colectável. Diz o seguinte: "Por último, sempre se dirá que a fundamentação de facto da matéria colectável (...) reconduz-se a uma aplicação das regras do regime simplificado (...), a matéria colectável do exercício de 1996 foi obtida mediante a aplicação de um coeficiente de 20% à base tributável do IVA do ano de 1996".

Ou seja, a segunda parte das alegações contraria o que é afirmado na primeira parte: a recorrente conhecia as razões por que a AT considerou a matéria tributável de Esc. 19.002.965$00, tendo podido analisar os critérios de que aquela se socorreu para chegar àquele montante.

E a jurisprudência vai no sentido de que "não é insuficiente a fundamentação do acto administrativo cujo *iter* lógico dá a saber a um destinatário normal o necessário para que opte conscientemente pela aceitação da legalidade do acto ou pelo contencioso do mesmo" (Ac. do STA de 23.04.97, Recurso 20 168. No mesmo sentido, cfr. Ac. do TT de 2ª Instância, de 10.03.92, P. 60 860, in CTF. 367/121 eAc. do STA de 11.11.98, 2ª Secção-Pleno, Recurso 20 168).

Aliás, se a impugnante entendesse que a notificação da liquidação não continha a sua fundamentação sempre poderia fazer uso do disposto no artigo 37.º do CPPT, o que não aconteceu.

Ora, a liquidação dos autos foi realizada de acordo com o disposto no artigo 83.º do CIRC que estabelece:

• Quando a liquidação deva ser feita pelo contribuinte nas declarações de rendimentos por ele apresentadas, tem por base a matéria colectável que delas conste (alínea *a*);

• Na falta de apresentação da declaração pelo contribuinte, tem por base a totalidade da matéria colectável do exercício mais próximo que se encontre determinada (alínea *b*);

• Na falta de liquidação nos termos das alíneas anteriores, a mesma tem por base os elementos de que a administração fiscal disponha (alínea *c*).

A declaração modelo 22 relativa ao exercício de 1996 apenas foi apresentada em 30/01/2002 (cfr. n.º 3 do probatório), já após ter sido notificada para efectuar o pagamento da liquidação oficiosa.

Na declaração relativa ao exercício de 1995, o contribuinte não apurou qualquer matéria colectável.

Assim sendo, a AT teve de lançar mão do critério referido na alínea *c*) do n.º 1 do artigo 83.º do CIRC.

Tendo a liquidação dos autos por base uma matéria colectável apurada "de acordo com os elementos de que a administração fiscal disponha" (nos termos da alínea *c*) do n.º 1 do artigo 83.º do CIRC), competia à impugnante provar, de acordo com as regras do ónus da prova, que aquela matéria colectável era exagerada.

O que não logrou fazer, conforme se verifica dos "FACTOS NÃO PROVADOS" referidos na douta sentença recorrida.

De resto, como se diz no Ac, deste TCA Sul, de 18/05//2004, Processo 01355/03, *"efectuada oficiosamente uma liquidação, esta só poderá ser anulada, nomeadamente por inexistência de facto tributário ou excesso de liquidação se o contribuinte reclamar ou impugnar tal liquidação e demonstrando que In casu não existiu facto tributário ou se verificou excesso de liquidação. A simples apresentação tardia de uma declaração de rendimentos da qual vem a resultar inexistência de imposto ou imposto diverso do anteriormente liquidado não anula automaticamente a anterior liquidação, por tal não resultar do artigo 95.º acima citado.*

É que, a ser assim, bastaria um contribuinte não apresentar a sua declaração de rendimentos em tempo; depois apresentava uma declaração de rendimentos em que não declarasse rendimentos e a liquidação oficiosa ficaria pura e simplesmente anulada.

Ora, não é esse o sentido da lei. A liquidação só poderá ser anulada oficiosamente, nos casos previstos na lei, pela Administração Tributária na sequência de decisão proferida em reclamação graciosa ou por determinação de Tribunal Tributário".

Daí que não ocorra, no caso dos autos, o apontado vício de forma, por falta de fundamentação da liquidação.

3 – Em face do exposto, emito parecer no sentido da improcedência do presente recurso, mantendo-se a douta sentença recorrida nos seus precisos termos, por se afigurar que a mesma não enferma de qualquer ilegalidade ou de erro de interpretação e aplicação dos normativos legais aplicáveis."

Os autos vêm à conferência depois de recolhidos os vistos legais.

2. Na sentença recorrida, com base nos documentos juntos aos autos, deu-se como assente o seguinte circunstancialismo fáctico considerado com interesse para a decisão da causa:

OS FACTOS

1. A impugnante foi notificada para proceder ao pagamento de IRC referente ao exercício de 1996, tendo-se apurado imposto a pagar no montante de € 35.994,73, cujo prazo de pagamento expirava em 12/11/2001 (fls. 8 cujo conteúdo se dá por integralmente reproduzido).

2. Constam do documento de cobrança os seguintes dizeres, entre outros: «Fica V. Exa. Nolificado(a) para, no prazo de 30 dias a contar da data da assinatura do aviso de recepção, efectuar o pagamento da importância de 5.651.337 Esc., proveniente de liquidação oficiosa de IRC do exercício de 1996, efectuada nos termos do n.º 1 do art. 83.º do CIRC, por falta de entrega da declaração de rendimentos conforme nota demonstrativa junta ...». (fls. 8 cujo conteúdo se dá por integralmente reproduzido).

3. A impugnante entregou a declaração mod. 22 referente ao exercício de 1996 em 30/1/2002, tendo apurado um prejuízo fiscal de (36.147.231$) (fls. 10 e segs. cujo conteúdo se dá por integralmente reproduzido).

FACTOS NÃO PROVADOS

Não se provou que:

– Durante todo o exercício de 1996, os proveitos da impugnante consistiram na venda de mercadorias no valor global de 1 15.955.172$, aos quais há que deduzir 12.721.880$ de variação de produção e a acrescer 708.806$ e 4.987.819$ de ganhos financeiros e ganhos extraordinários.

– A soma dos proveitos perfaz um proveito do exercício de 108.929.917$.

– Por sua vez, os custos do exercício de 1996 incluem as seguintes rubricas:

39.708.398$00 de custo das mercadorias vendidas e das matérias primas consumidas,
24.051.186$ de fornecimentos e serviços externos,
267.769$ de impostos,
68.404.460$ de custos com o pessoal;
27.570$ de outros custos e perdas operacionais
12.617.757$ de custos e perdas financeiras
863.676$ de custos e perdas extraordinárias.

– A totalidade dos custos suportados pela impugnante no exercício de 1 996 ascenderam a 145.940.824$.

– Pelo que o resultado líquido do exercício obtido em 1996 perfaz o prejuízo de (37.010.907$).

– Com as deduções fiscais àquele prejuízo contabilístico de 269.701$ a título de multas, coimas, juros compensatórios e demais encargos pela prática de infracções bem como de 593.975$ a título de correcções relativas a exercícios anteriores, apurou-se um prejuízo fiscal de (36.147.231$).

MOTIVAÇÃO

A convicção do tribunal baseou-se nos documentos juntos aos autos, referidos nos «factos provados», com remissão para as folhas do processo onde se encontram.

Em relação aos factos não provados, não se produziu qualquer prova.

Não se inquiriram testemunhas, por se considerar que tal era desnecessário, pela simples razão de que a correcção pretendida à liquidação oficiosa era impossível, por facto imputável ao contribuinte, resultante da entrega extemporânea da declaração mod. 22 de IRC.

3. Esquematizados os factos provados e delimitado objectivamente o recurso pelas conclusões da alegação da recorrente – arts. 684.°, n.° 3 e 690.°, n.° 1, ambos do CPC e al. *e*) do art. 2.° e art. 281.°, estes do CPPT– verifica-se que a questão a decidir consiste em saber se há falta/insuficiência de fundamentação.

Protestou a recorrente que o acto impugnado não se acha fundamentado como se impunha por força de um princípio geral de direito consagrado na Constituição e na lei, já que a liquidação não teve por base a totalidade da matéria colectável do exercício mais próximo que se encontre determinada, nos termos da alínea *b*) do n.° 1 do art. 83.° do CIRC, mas sim utlizando um método de cálculo que apenas entrou em vigor em 2001.

Na sentença recorrida discreteou-se sobre o acto tributário impugnado no seguintes termos:

"Quanto à falta de fundamentação.

A impugnante alega também que o acto tributário se não encontra devidamente fundamentado.

No domínio fiscal, o Art. 77.° da LGT dispõe que "*A decisão de procedimento é sempre fundamentada por meio de sucinta exposição das razões de facto e de direito que a motivaram, podendo a fundamentação consistir em mera declaração e concordância com os fundamentos de anteriores pareceres, informações ou propostas, incluindo os que integrem o relatório da fiscalização tributária*". E o n.° 2 do mesmo artigo acrescenta que *a fundamentação pode ser efectuada deforma sumária, devendo sempre conter as disposições legais aplicáveis, a qualificação e quantificação dos factos tributários e as operações de apuramento da matéria tributável e do tributo.*

A densidade da fundamentação varia conforme o tipo de acto e as circunstâncias concretas. Não tendo que obedecer a cânones específicos, impõe-se, no entanto, que a motivação se mostre apta a revelar a um destinatário normal as razões de facto e de direito que determinaram a decisão, habilitando-o a reagir eficazmente pelas vias legais contra o carácter lesivo do acto.

A fundamentação cumpre esta função quando é suficiente, clara e congruente (Artigo 125/2 CPA).

É suficiente quando abarca todos os elementos escolhidos pela administração de forma a permitir a ré constituição do "iter" lógico e jurídico do procedimento que terminou com a decisão final;

É clara quando é inteligível, sem ambiguidades nem obscuridades, tendo em conta a figura do destinatário normal que na situação concreta tenha de compreender as razões decisivas e justificativas da decisão;

E é congruente quando exprime consonância entre os pressupostos normativos do acto e os motivos do mesmo. A adopção de fundamentos que por contradição não esclareçam concretamente a motivação do acto equivale à falta de fundamentação.

Ora, a liquidação oficiosa notificada ao contribuinte fundamenta suficientemente a sua origem – falta de entrega de declaração – e remete para a norma que habilita a Administração Fiscal ao procedimento – Art. 83/1 CIRC. Para além disso evidencia os cálculos efectuados.

Tudo de forma sucinta, mas suficiente.

Donde, deve considerar-se a liquidação oficiosa devidamente fundamentada."

Para o EPGA, conforme decorre das alegações de recurso, a impugnante compreendeu perfeitamente por que razão foi considerada aquela matéria colectável. Diz o seguinte: "Por último, sempre se dirá que a fundamentação de facto da matéria colectável (...) reconduz-se a uma aplicação das regras do regime simplificado (...), a matéria colectável do exercício de 1996 foi obtida mediante a aplicação de um coeficiente de 20% à base tributável do IVA do ano de 1996".

Ou seja, a segunda parte das alegações contraria o que é afirmado na primeira parte: a recorrente conhecia as razões por que a AT considerou a matéria tributável de Esc. 19.002.965$00, tendo podido analisar os critérios de que aquela se socorreu para chegar àquele montante.

Concordamos em absoluto com a fundamentação da sentença adrede pelos fundamentos explanados no douto parecer do EPGA.

Com efeito, como se levou ao probatório – como factos provados – constam do documento de cobrança os seguintes dizeres, entre outros: «Fica V. Exa. Notificado(a) para, no prazo de 30 dias a contar da data da assinatura do aviso de recepção, efectuar o pagamento da importância de 5.651.337 Esc., proveniente de liquidação oficiosa de IRC do exercício de 1996, efectuada nos termos do n.° 1 do art 83 do CIRC, por falta de entrega da declaração de rendimentos conforme nota demonstrativa junta ... ». (fls. 8 cujo conteúdo se dá por integralmente reproduzido) e que a impugnante entregou a declaração mod. 22 referente ao exercício de 1996 em 30/1/2002, tendo apurado um prejuízo fiscal de (36.147.231$) (fls. 10 e segs. cujo conteúdo se dá por integralmente reproduzido).

Mas também se consignaram como FACTOS NÃO PROVADOS que não se provou que:

– Durante todo o exercício de 1996, os proveitos da impugnante consistiram na venda de mercadorias no valor global de 1 15.955.172$, aos quais há que deduzir 12.721.880$ de variação de produção e a acrescer 708.806$ e 4.987.819$ de ganhos financeiros e ganhos extraordinários.

– A soma dos proveitos perfaz um proveito do exercício de 108.929.917$.

– Por sua vez, os custos do exercício de 1996 incluem as seguintes rubricas:

39.708.398$00 de custo das mercadorias vendidas e das matérias primas consumidas,

24.051.186$ de fornecimentos e serviços externos,

267.769$ de impostos,

68.404.460$ de custos com o pessoal;

27.570$ de outros custos e perdas operacionais

12.617.757$ de custos e perdas financeiras

863.676$ de custos e perdas extraordinárias.

– A totalidade dos custos suportados pela impugnante no exercício de 1996 ascenderam a 145.940.824$.

– Pelo que o resultado líquido do exercício obtido em 1996 perfaz o prejuízo de (37.010.907$).

– Com as deduções fiscais àquele prejuízo contabilístico de 269.701$ a título de multas, coimas, juros compensatórios e demais encargos pela prática de infracções bem como de 593.975$ a título de correcções relativas a exercícios anteriores, apurou-se um prejuízo fiscal de (36.147.231$).

Face a esta factualidade, como sustentam o M.º Juiz e o EPGA, a Administração Fiscal, no cumprimento do ónus que sobre si recai, demonstrou pelos factos dados como provados e não provados, e, na sequência da notificação efectuada, a fundamentação expressa de toda a sua actuação na elaboração da liquidação.

À luz de toda esta principiologia não se pode dizer que o acto não está fundamentado ou o está insuficientemente, visto que a própria impugnante, na sua douta p.i., manifesta que através da exposição de motivos aduzidos pela entidade decidente ficou aquela a saber o porquê de tal decisão já que se esclarecem as razões de facto e de direito que determinaram aquela.

O imperativo da fundamentação do acto tributário, como acto administrativo, apresenta uma complexidade funcional que se não reduz apenas à vertente da garantia de protecção dos administrados, com vista ao efectivo direito ao recurso contencioso, antes exige também a satisfação de outros interesses, como o da **racionalidade da própria decisão e o da transparência da actuação administrativa, de maneira a ficar claro porque não se decidiu num sentido e não noutro não se desprezando os critérios de vinculação elencados no regime legal em termos de não prejudicar a compreensão da sua motivação.**

Assim, para que o acto cumprisse **o dever de fundamentação formal,** não bastava que contivesse qualquer declaração fundamentada, antes tal declaração devia consistir num discurso aparentemente capaz de fundar a decisão administrativa.

E para isso, a fundamentação tinha de conter um esclarecimento concreto suficientemente apto para sustentar a decisão, não podendo assentar em meros juízos conclusivos ou em factos que os não suportam, sob pena de ficar prejudicada a compreensão da sua motivação e, consequentemente, qualquer das suas funções.

É por demais evidente que da exposição de motivos aduzidos pela entidade decidente ficou a recorrente a saber o porquê de tal decisão já que se esclarecem as razões de facto e de direito que determinaram aquela.

A fundamentação do acto administrativo tem como escopo fundamental evitar tratamento discriminatório e a permissão do administrado do uso correcto de todos os meios processuais de defesa em relação à Administração, defesa essa que só é susceptível de ser bem sucedida se àquele for dada a conhecer a razão de ser do procedimento tomado e que ao caso se ajuste.

Para o M.º Juiz foram pela entidade decidente apontados os motivos que em base coerente e credível serviram de suporte do acto de que visam ser fundamento e que o seu destinatário não ficou em condições de entender porque razão a entidade decidente actuou daquela forma e não de outra.

Os actos administrativos devem apresentar-se formalmente como disposições conclusivas lógicas de premissas correctamente desenvolvidas e permitir, através da exposição sucinta dos factos e das regras jurídicas em que se fundam, que os seus destinatários concretos, pressupostos cidadãos diligentes e cumpridores da lei, **façam a reconstituição do itinerário cognoscitivo e valorativo percorrido pela entidade decidente.**

Decorre do exposto que não está abrangido pelo dever legal de fundamentação a ***fundamentação substancial*** que é caracterizada pela exigência da existência dos pressupostos reais e dos motivos concretos aptos a suportarem uma decisão legítima de fundo (nesse sentido vide *Prof. Vieira de Andrade, in O Dever da Fundamentação Expressa dos Actos Administrativos», p. 231).*

Neste contexto, o que se impõe, a nosso ver é a análise da prova recolhida nos autos sob o prisma da fundamentação formal, captando da decisão os elementos que comprovem ou infirmem que se trata de uma exposição sucinta dos factos e das regras jurídicas em que se fundam, que os seus destinatários concretos, pressupostos cidadãos diligentes e cumpridores da lei, ficam em condições de fazer a reconstituição do itinerário cognoscitivo e valorativo percorrido pela entidade decidente.

Como se disse, impende sobre a Administração a obrigação de fundamentar os seus actos que possam afectar os direitos e os interesses legalmente protegidos do contribuinte sob pena de tais actos serem susceptíveis de anulação.

É entendido na Doutrina e Jurisprudência Portuguesas que a fundamentação há-de ser **«a indicação dos factos e das normas jurídicas que a justificam»** *(Prof. J. Alberto Reis,in vol. V-pag.24).*

Ou ainda como diz *Henri Capitant, no seu «Vocabulaire Juridique»*, a **«exposição das razões de facto e/ou de direito que determinam... uma decisão».**

Ou, também, como diz *Prof. Marcelo Caetano, no seu Manual, pág. 477,* ***«a fundamentação consiste em deduzir expressamente a resolução tomada das premissas em que assenta,ou em exprimir os motivos pôr que se resolve de certa maneira, e não de outra».***

Constituindo um direito essencial dos administrados a defesa dos seus direitos a qual se traduz, duma banda, na participação activa na fase que conduz à produção do acto administrativo (v. art. 48.º, n.ºs 1 e 2 e 268.º n.º 1 da CRP) e, doutra, pela possibilidade de recorrer contenciosamente contra quaisquer actos administrativos definitivos e executórios (arts. 20.º e 268.º n.º 4 da CRP) é inquestionável que a obrigação de enunciar expressamente os fundamentos de facto e de direito que determinaram o autor do acto é de extrema relevância porquanto, face à fundamentação do acto é que se podem verificar a legalidade da actuação e conhecer as razões que determinaram o órgão administrativo.

É que a fundamentação do acto constitui um meio importante para a realização do princípio da verdade material ao obrigar a Administração a aprofundar as razões da sua conduta, a buscar a conformidade completa entre o direito e a realidade na consideração de que a realização do interesse público exige o respeito pela legalidade e a obediência ao princípio da igualdade perante a lei.

As decisões administrativas, quando devidamente fundamentadas, constituirão para os contribuintes não um produto da mera intuição dos seus autores, mas o produto de um juízo lógico de ponderação, facilitando as relações entre os sujeitos da relação jurídica tributária.

A fundamentação é ainda relevante para a apreciação contenciosa da legalidade do acto pois é face aos motivos determinantes do acto que o interessado poderá decidir mais seguramente sobre a sua conformidade com a lei, facilitando, por essa via, o controle jurisdicional ao possibilitar a verificação da existência ou não de diversos vícios não só os respeitantes à forma, como também ao desvio de poder, a incompetência e a violação de lei, sem descurar a sua extrema utilidade como elemento interpretativo ao permitir o conhecimento da vontade manifestada e do poder que se procurou exercer.

Assim, quando é desconhecido o itinerário cognitivo e valorativo seguido pelo autor do acto deve concluir-se que houve preterição de formalidades legais.

Em consonância com o ponto de vista atrás afirmado e porque no n.º 3 do art. 1.º do Dec.-Lei n.º 256-A/77, de 17 de Junho, depois no n.º 1 do art. 21.º do CPT e agora no art.º 77.º da LGT, se faz equivaler à falta de fundamentação a adopção de fundamentos que, por **obscuridade, contradição ou insuficiência,** não esclareçam concretamente a motivação do acto o que vai contra quer o art. 1.º, n.º 1 do próprio diploma, quer o art. 268.º da Constituição da República, em termos de se considerar preterida uma formalidade essencial, teremos de concluir que o acto recorrido se encontra claramente suportado pelos elementos de facto e de direito como o revela a materialidade que deflui dos autos.

Na verdade, e como já se demonstrou, a fundamentação do acto recorrido está vazada em termos claros, suficientes e congruentes sobre o motivo determinante das correcções que se teriam de operar.

É que a fundamentação prossegue ainda o princípio da verdade material na medida em que como *ensina Osvaldo Gomes in «Fundamentação do Acto Administrativo» pag 21 e segs.*– obriga a administração a aprofundar as razões da sua conduta, a procurar a conformidade completa entre o direito e a vida.

Na verdade, a realização do interesse público postula o respeito pela legalidade e a obediência ao princípio da igualdade perante a lei acarreta a irrenunciabilidade aos poderes que esta atribui aos órgãos administrativos.

A fundamentação realiza uma espécie de *«aveu préconstitué»* das razões do acto pela administração funcionando coma um processo de autolimitação.

Por outro lado, sujeita-se indirectamente a certas regras de trabalho na medida em que a toma mais prudente, mais atenta e mais respeitadora do direito e lhe impõe a racionalização dos métodos de trabalho administrativo servindo de meio de reacção contra o comodismo a rotina e o arbítrio.

Perante todo o exposto, afigura-se-nos que deve entender-se que em relação ao caso «sub iudicio» a administração esclareceu em concreto os motivos da sua decisão, a motivou clara e congruentemente e tudo indica que no acto impugnado se socorreu a entidade decidente de fórmula tendente a enfrentar os estrangulamentos organizacionais derivados da prática maciça de actos administrativos semelhantes.

Todavia, o acto tributário, como salienta *José Carlos Vieira de Andrade no seu «O Dever de Fundamentação Expressa de Actos Administrativos», págs. 153-155,* tem de ser sustentado por um mínimo suficiente da fundamentação expressa, ainda que operada por forma massiva e **sendo produto de um poder legalmente vinculado,** aspectos estes que só poderão ser valorados dentro do grau de exigibilidade da declaração de fundamentação, quer porque a massividade intui maior possibilidade de entendimento dos destinatários, quer porque **a vinculação dispensa a enunciação da motivação do agente que decorrerá imediatamente da mera descrição dos factos-pressupostos do acto.**

Daí a necessidade de que o acto resulte de uma **comunicação clara** – i. é, não indistinta, confusa, dubitativa, obscura ou ambígua –, **congruente** – i. é, que se traduza num processo lógico coerente e sensato, justificativo e com aptidão por si para sustentar o acto, dos factos e razões de direito – tudo apreensível pelo discurso justificativo e sem que esteja dispensada uma certa análise ou interpretação dele.

Como ensina o *Prof. Marcello Caetano, Manual de Direito Administrativo, 10ª ed., tomo I, pág. 478,*« **...quando uma autoridade concorda com (...)uma informação, em que se propor determinada solução para o caso vertido, esse despacho de concordância apropria-se das razões (...) da informação, cujos fundamentos ficam, desde então, sendo os seus».**

No seguimento desta doutrina, o STA firmou jurisprudência no sentido de que o despacho de mera concordância com o parecer ou informação que lhe serve de base apropria-se dos respectivos fundamentos como pode ver-se de inúmeros arestos de que se destacam os *Acs. de 21/1/1971, Ads. 112.º-511; de 13/7/1972, ob. cit. 132.º-1702 e de 9/11/76, ob. cit. 184.º-210.*

Essa fundamentação *per relationem* está expressamente consagrada no vigorante art. 77.º da LGT em cujo n.º 1 se prevê que a fundamentação pode *"...**consistir em mera declaração de concordância com os fundamentos de anteriores pareceres, informações ou propostas, incluindo os que integrem o relatório da fiscalização tributária**".*

Analisando os elementos de suporte para onde remete a decisão em causa, vê-se que a fundamentação neles contida é clara e congruente e permite à recorrente a reconstituição do itinerário cognoscitivo e valorativo percorrido pela entidade decidente, a que ela própria procedeu na p.i...

Assim, a **fundamentação formal** existe e é manifestamente suficiente e clara, pelo que não ocorre a violação do disposto nos artigos 268.º, n.º 3, da Constituição da República, dos arts. 124.º, n.º 1, *a*) e *b*) 125.º e 133.º, n.º 1 e n.º 2 , al. *d*), todos do Código do Procedimento Administrativo.

Teremos de concluir que os elementos indispensáveis à formação de um correcto juízo de valor estão expressamente referidos no acto, não se omitindo os fundamentos que, de acordo com as bases legais, permitiram aferir do acerto jurídico do acto final.

É que a tese da impugnante é que no acto impugnado tomaram-se como verdadeiros factos que na realidade não se verificaram. Ora, tal traduz em erro sobre os pressupostos.

Como salienta José Carlos Vieira de Andrade, obra citada, págs. 237, *a inveracidade dos pressupostos como a falta de convincência dos apelidos legais aduzidos nessa declaração ou externação tem que ver com a legitimidade substancial do acto afectando a sua validade formal da declaração, a menos que os factos fossem aduzidos como meramente hipotéticos.*

Daí que volva necessário e suficiente que o acto resulte de uma comunicação clara – i. é, não indistinta, confusa, dubitativa, obscura ou ambígua), congruente – i. é, que se traduza num processo lógico coerente e sensato, justificativo – e com aptidão por si para sustentar o acto, dos factos e razões de direito – tudo apreensível pelo discurso justificativo e sem que esteja dispensada uma certa análise ou interpretação dele (cfr. Acórdão do TT2ª de 7/4/92, in CTF 368.° – págs. 201 e seguintes).

Por isso que nada tem a ver com a fundamentação a alegação de que no acto impugnado se tomaram como verdadeiros factos que na realidade não se verificaram pois, tal configura, antes, um em erro sobre os pressupostos, sendo certo que a inveracidade dos pressupostos como a falta de convincência dos apelidos legais aduzidos nessa declaração ou externação tem que ver com a legitimidade substancial do acto afectando a sua validade formal da declaração, a menos que os factos fossem aduzidos como meramente hipotéticos.

Resulta de tal doutrinação que não está abrangido pelo dever legal de fundamentação a ***fundamentação substancial*** que é caracterizada pela exigência da existência dos pressupostos reais e dos motivos concretos aptos a suportarem uma decisão legítima de fundo (nesse sentido vidé *Prof. Vieira de Andrade, in O Dever da Fundamentação Expressa dos Actos Administrativos», p. 231*).

Deve assim decidir-se que o acto está fundamentado, improcedendo as conclusões sob apreciação.

***

Por outro lado e em virtude do que vem de dizer-se, também não se nos afigura que a sentença incorra em erro de julgamento derivado do facto de se considerar a verificação da **fundamentação substancial.**

Na verdade, apreciando a **inexistência do facto tributário,** afirma o M.° Juiz «a quo» que a impugnante defende a inexistência de facto tributário por não se ter apurado o RLE pressuposto na liquidação oficiosa já que o mesmo foi o que apurou na declaração mod. 22.

Todavia, o conteúdo da declaração mod. 22, referente ao exercício de 1996, entregue pela impugnante em 30/1/ /2002, não pode ser aceite, por duas razões.

Em primeiro lugar, porque a declaração foi entregue fora do prazo previsto no Art. 112/1 do CIRC, que manda entregar a respectiva declaração até ao último dia do mês de Maio;

Em segundo lugar, a declaração foi apresentada depois do termo do prazo de caducidade de cinco anos, previsto no Art. 33.° CPT isto é, cinco anos, *contados a partir do termo em que se verificar o facto tributário* (O prazo de 4 anos previsto no Art. 45.°/1 LGT. Apenas se aplica aos factos tributários ocorridos a partir de 1 de Janeiro de 1998. conforme dispõe o Art. 5.° do Decreto – Lei n.° 398/98 de 17 de Dezembro)

Ou seja, sendo os factos tributários referentes a 1996, o prazo de caducidade iniciou-se no dia 31 de Dezembro de 1996, e expirou no dia 31 de Dezembro de 2001.

A pergunta que se poderá colocar é a de saber qual a liquidação a corrigir, se a oficiosa, ou a do contribuinte, ao abrigo do disposto no Art. 83.°/10 CIRC.

A meu ver, a liquidação susceptível de correcção é a liquidação oficiosa, e não a do contribuinte.

Isto porque a falta de apresentação tempestiva da declaração do contribuinte – no prazo previsto no Art. 112.°/1 CIRC – legitima a Administração Fiscal a efectuar a liquidação oficiosa nos termos do Art. 83.°/b CIRC.

E feita esta, a correcção a que houver lugar posteriormente é sobre a liquidação oficiosa, e não sobre a liquidação intempestiva da contribuinte.

Na correcção a efectuar, a Administração Fiscal poderá levar em linha de conta os elementos declarados – extemporaneamente – pelo contribuinte. Mas para isso é necessário que tais elementos sejam declarados «a tempo»; isto é, um «tempo razoável» antes de expirar o prazo de caducidade, e não depois desta, como parece evidente.

Deste modo, tendo a impugnante apresentado a declaração em 30/1/2002, manifestamente impediu a Administração Fiscal de efectuar qualquer correcção a que houvesse lugar.

Em suma, e para concluir:

Se a correcção à liquidação oficiosa não foi efectuada pela Administração Fiscal, tal apenas se deve ao comportamento declarativo do próprio contribuinte.

Esse entendimento é igualmente sufragado pelo EPGA em termos que se acolhem sem qualquer reserva já que da fundamentação do acto resulta que a liquidação foi operada com base no disposto no artigo 83.° do CIRC que estabelece:

• Quando a liquidação deva ser feita pelo contribuinte nas declarações de rendimentos por ele apresentadas, tem por base a matéria colectável que delas conste (alínea *a*);

• Na falta de apresentação da declaração pelo contribuinte, tem por base a totalidade da matéria colectável do exercício mais próximo que se encontre determinada (alínea b);

• Na falta de liquidação nos termos das alíneas anteriores, a mesma tem por base os elementos de que a administração fiscal disponha (alínea *c*).

Sendo esse o fundamento legal da liquidação, em sede fáctica apurou-se que a declaração modelo 22 relativa ao exercício de 1996 apenas foi apresentada em 30/01/2002 (cfr. n.° 3 do probatório), já após ter sido notificada para efectuar o pagamento da liquidação oficiosa e que na declaração relativa ao exercício de 1995, o contribuinte não apurou qualquer matéria colectável.

Porque assim, a AT teve de lançar mão do critério referido na alínea *c*) do n.° 1 do artigo 83.° do CIRC e como a liquidação impugnada teve por base uma matéria colectável apurada "de acordo com os elementos de que a administração fiscal disponha" (nos termos da alínea *c*) do n.° 1 do artigo 83.° do CIRC), competia à impugnante provar, de acordo com as regras do ónus da prova, que aquela matéria colectável era exagerada.

O que não logrou fazer, conforme se verifica dos "FACTOS NÃO PROVADOS" referidos na douta sentença recorrida.

Pertinente se revela a doutrina vazada no Ac, deste TCA Sul, de 18/05/2004, Processo 01355/03, citado no douto parecer do M.°P.°, segundo a qual: *"efectuada oficiosamente uma liquidação, esta* só *poderá ser anulada, nomeadamente por inexistência de facto tributário ou excesso de liquidação se o contribuinte reclamar ou impugnar tal liquidação e demonstrando que In casu não existiu facto tributário ou se verificou excesso de liquidação. A simples apresentação tardia de uma declaração de rendimentos da qual vem a resultar inexistência de imposto ou imposto diverso do anteriormente liquidado não anula automaticamente a anterior liquidação, por tal não resultar do artigo 95.° acima citado.*

É que, a ser assim, bastaria um contribuinte não apresentar a sua declaração de rendimentos em tempo; depois apresentava uma declaração de rendimentos em que não declarasse rendimentos e a liquidação oficiosa ficaria pura e simplesmente anulada.

Ora, não é esse o sentido da lei. A liquidação só poderá ser anulada oficiosamente, nos casos previstos na lei, pela Administração Tributária na sequência de decisão proferida em reclamação graciosa ou por determinação de Tribunal Tributário".

Daí a conclusão de que a sentença recorrida não incorre em qualquer ilegalidade ou de erro de interpretação e aplicação dos normativos legais aplicáveis, o que vale por dizer que improcedem todas as alegações de recurso.

4. Termos em que, acordam os Juízes deste Tribunal em negar provimento ao recurso e mater a sentença recorrida.

Custas pela recorrente com 4 UCs de taxa de justiça.

Lisboa, 19 de Junho de 2007

Gomes Correia
Eugénio Sequeira
Ascensão Lopes

Recurso n.° 1788/07

IRS. LOTEAMENTO DE PRÉDIO RÚSTICO. SUCESSÃO HEREDITÁRIA. SUJEIÇÃO A IRS. CATEGORIA C. FUNDAMENTAÇÃO DO ACTO TRIBUTÁRIO. INFORMAÇÃO POSTERIOR À PRÁTICA DO ACTO TRIBUTÁRIO E QUE ESCLARECE A FUNDAMENTAÇÃO.

(Acórdão de 5 de Junho de 2007)

SUMÁRIO:

I – Estão sujeitos a IRS – Categoria C, os rendimentos auferidos pela venda de lotes de terreno para construção, obtidos pelos impugnantes mediante a transformação de um prédio rústico adquirido por sucessão hereditária em 04.07.79 e vendidos nos anos de 1990 a 1993.

II – A fundamentação do acto tributário tem de ser contemporânea deste, irrelevando para a mesma, o facto de, posteriormente, ser prestada na impugnação uma informação relativa aos custos levados em conta na liquidação e que se limitava a esclarecer como se tinha chegado ao total dos custos, sem alterar o seu montante global.

III – O agravamento a fixar pela Comissão de Revisão ao abrigo do disposto no art. 68.°, n.° 4 do CIRS tinha de ser graduado, de acordo com as circunstâncias. Tendo a Comissão fixado apenas o agravamento sem referir fundamentos para o montante fixado, deve o mesmo ser fixado no mínimo legal.

ACORDAM NA SECÇÃO DE CONTENCIOSO TRIBUTÁRIO DO TRIBUNAL CENTRAL ADMINISTRATIVO SUL:

1. A Fazenda Pública veio recorrer da decisão do Mm.° Juiz do TAF de Castelo Branco que julgou procedente a impugnação deduzida por A...e M..., contra a liquidação adicional de IRS do ano de 1993, no montante de 15.511.722$00, apresentando, para o efeito, alegações nas quais conclui:

a) Os rendimentos auferidos em resultado da acção de loteamento do terreno rústico são tributáveis em IRS pela categoria C.

b) Cometia aos ora recorridos atribuir o valor de mercado ao terreno na data da sua afectação à actividade empresarial – artigos 2/4 do CIRS (actual artigo 29.°).

c) Competia igualmente aos ora recorridos indicar e justificar ou provar o montante gasto em deslocações.

d) A atribuição daqueles valores foi feito em sede de inspecção e com necessário conhecimento dos ora recorridos.

Pelo que, com o mais que Vossas Excelências se dignarão suprir, deve ser dado provimento ao recurso e em consequência ser revogada a decisão recorrida.

2. O M.°P.° emitiu parecer no sentido da improcedência do recurso (v. fls. 173).

3. Colhidos os vistos legais cabe agora decidir.

4. Com interesse para a decisão foram dados como provados em 1ª instância os seguintes factos:

1ª) O impugnante dedica-se à actividade de venda de terrenos para construção (acto isolado);

2ª) Com referência aos anos de 1990 a 1993 foi, o impugnante, sujeito a uma acção inspectiva que culminou com a elaboração do relatório de 18/09/1995, que constitui fls. 81 e segs. dos autos e aqui se dá por integralmente reproduzido face à sua extensão;

3ª) Consta daquele relatório, textual, expressa e, designadamente, o seguinte:

«Quanto aos custos (...) socorri-me dos documentos comprovativos da despesa efectuada ao longo dos anos, chegando à conclusão que o seu montante é de 71.768.371$00, e por conseguinte, o respectivo "valor de mercado".

Naquela importância estão incluídas todas as infra-estruturas, designadamente, terraplanagem, esgotos, águas, electricidade, arruamentos, deslocações, etc.».

4ª) No seguimento do relatório de inspecção foi alterado, por despacho do Sr. Director de Finanças, de 06/11//1995, a fls. 86, o rendimento colectável dos impugnantes para 37.160.993$00, dele constando a seguinte fundamentação.

«Correcções técnicas da categoria "C" – Acto isolado

De harmonia com a informação prestada pelos Serviços de Inspecção Tributária, que passa a fazer parte da integrante da presente alteração, o total dos proveitos da categoria "C" – Acto isolado, é de 65.000.000$00 e os proveitos são do montante de 33.440.460$00 o que se traduz num resultado líquido e 31.559.540$00».

5ª) Os impugnantes reclamaram cara a CDR, tendo esta mantido as correcções efectuadas pela inspecção;

6ª) Consta da acta da CDR, de 20/12/1995, textual, expressa e, designadamente, o seguinte:

«Acresce ainda dizer que os critérios e cálculos utilizados no apuramento do resultado para efeitos fiscais, efectuado pelos Serviços de Inspecção Tributária, aos rendimentos da categoria "C" são perfeitamente adequados à presente situação já que se encontram fundamentados em documentos comprovativos das despesas efectuadas1 ao longo dos anos com aqueles loteamentos, designadamente, terraplanagens, esgotos, águas, electricidade e outro».

7ª) Com base nas correcções à matéria colectável foi efectuada a liquidação adicional de IRS, juros compensatórios e agravamento no montante de 15.511722$00 (documento de cobrança, a fls. 12);

8ª) Consta daquele documento de cobrança como "data limite de pagamento", 06/03/1996;

9ª) A impugnação deu entrada na Repartição de Finanças de Seia, em 08/03/1996 (fls. 3);

10ª) Consta dos autos uma informação dos Serviços de Inspecção Tributária, datada de 27/11/1997, prestada no seguimento desta impugnação, de que consta textual, expressa e, designadamente, o seguinte:

«Em 18/09/95, data em que elaborei o relatório, foram-me exibidos todos os originais das facturas e demais documentos, comprovativos dos custos do loteamento, os quais importavam, sem qualquer margem para dúvidas, na quantia de 65.768.371 $00.

Na mesma data, e uma vez que não havia documentos comprovativos, foram presumidos 2.000.000$00 de custos com deslocações, por me parecer uma importância razoável, já que a urbanização se situava em Viseu;

Também na mesma data, ao prédio rústico que deu origem ao loteamento, atribuí o valor de 4.000.000$00, por me parecer um valor dentro do razoável».

Ao abrigo do disposto no art. 712.º, n.º 1, alínea *a*) do CPC e porque relevam para a decisão e se encontram provados nos autos, aditam-se ao probatório os seguintes factos:

11ª) O prédio loteado e em causa nos autos foi adquirido por sucessão do pai do impugnante, falecido em 04.07.1979 (v. art. 3.º da petição e relatório de fls. 75).

12ª) Ao tempo da emissão do alvará de loteamento – 07.06.1989 – o valor matricial do prédio era de 278.360$00, o mesmo, aliás, constante no respectivo processo de imposto sucessório (v. art.º 6.º da petição e informação de fls. 52-v.º).

5. Tal como consta da decisão recorrida, o Mm.º Juiz julgou procedente a impugnação com fundamento em que existiu erro na fundamentação material do acto.

E isto porque foram presumidos custos no valor de 6.000.000$00, sem que tal tivesse sido dado a conhecer aos impugnantes nem, consequentemente as razões determinantes dos critérios dos cálculos subjacentes.

Este entendimento manifestou também o M.ºP.º no seu parecer de fls. 173, conforme já se referiu.

Será que este entendimento é de manter?

Vejamos.

5.1. Como é sabido a fundamentação consiste na explicitação da razão de ser da prática do acto (do acto tributário, no caso concreto dos autos), devendo, por isso, o seu autor indicar os factos que a ele conduziram e as normas legais aplicáveis.

A exigência da fundamentação pode ser vista sob duas vertentes:

a) A do autor do acto, ao exigir deste maior ponderação na decisão e dando lugar a uma maior transparência pela indicação clara das razões de facto e de direito que estiveram na sua génese;

b) A do administrado (neste caso, o contribuinte), na medida em que, conhecedor das razões de facto e de direito que motivaram o acto, ficará na posição de se conformar com o mesmo, se assim o entender, ou de o impugnar, administrativa ou contenciosamente, quer na sua motivação de facto, quer na sua motivação de direito.

Deste modo, a fundamentação do acto tem de ser contemporânea da sua prática, não podendo, obviamente, ser posterior, pois que, desse modo, os objectivos visados com a fundamentação seriam postergados.

No caso concreto dos autos, a fundamentação da prática do acto impugnado é a que consta de fls. 85/86 e do relatório de fls. 87/89 dos autos e que foi mantida também pela Comissão de Revisão (v. acta de fls. 35/37).

Ora, examinando o relatório citado chega-se à conclusão de que o contribuinte quanto a custos "entendeu que o valor de mercado introduzido pelo DL 141/92, de 17 de Julho, mas sujeito a consideração da Administração Fiscal, deveria ser igual ao valor da venda à medida que os lotes foram sendo transmitidos".

Porém, assim não tendo sido entendido pelo perito de fiscalização tributária, este socorreu-se dos documentos de despesas apresentadas pelos impugnantes tendo chegado ao montante de 71.768.371$00 de custos referentes aos vários anos.

Nesses custos foram incluídas as infra-estruturas, designadamente terraplanagem, esgotos, águas, electricidade, arruamentos, deslocações, etc.

Os custos globais foram proporcionalmente repartidos pelos anos de 1990 a 1993, dado que todos os lotes já se encontravam vendidos à data da acção de fiscalização, tendo sido apurado quanto ao ano de 1993 o valor de 33.440.460$00 de custos para um valor de 65.000.000$00 de proveitos (v. relatório de fls. 88).

Ora, mantidos estes valores pela Comissão de Revisão, como já acima se referiu, a liquidação foi efectuada tendo por base a correcção constante de fls. 86 e da qual constam como proveitos e custos os valores de 65.000.000$00 e 33.440.460$00, respectivamente.

Quer isto dizer então, que a liquidação foi efectuada exactamente nos termos e com os fundamentos anteriormente notificados aos contribuintes.

Na verdade, o que induziu em erro o Mm.º Juiz e tanto "alarmou" os impugnantes, motivando a reacção constante do intróito de fls. 68 – a informação de fls.

52 – não constitui qualquer fundamentação do acto tributário em apreciação nos autos, pela simples razão de que, como acima se referiu, a fundamentação tem de ser contemporânea do acto e não posterior.

Assim, se essa informação constituísse fundamentação do acto tributário efectuada "a posteriori" (e outra não existisse), careceria de qualquer valor, não podendo classificar-se, como foi feito na decisão recorrida, como "erro na fundamentação material", antes conduzindo à anulação do acto tributário por falta de fundamentação.

Porém, examinando tal informação, desde logo se vê que a mesma se limita a confirmar o valor global dos custos apurados na acção de fiscalização, apenas discriminando a origem de alguns dos custos – entidades às quais foram pagas despesas motivadas pelo loteamento – e indicando que foram considerados (presumidos) os valores de 2.000.000$00 a título de deslocações, relativamente às quais os impugnantes não apresentaram documentos e 4.000.000$00 relativamente ao valor do prédio, à data do loteamento, sendo certo que o seu valor matricial era de 278.360$00.

Temos então que esta informação nada veio trazer de novo – nem o poderia trazer – pelo que acima se referiu, quanto à fundamentação do acto tributário de liquidação impugnado.

5.2. Aqui chegados, porém, importa tecer mais algumas considerações sobre a mesma matéria, atendendo não só ao que ficou escrito na sentença, como ao alegado pelos impugnantes na sua resposta de fls. 68 e segs.

5.2.1. Na decisão recorrida escreveu-se o seguinte:

"Em parte alguma do relatório de inspecção ou da Acta da CDR se refere a existência de custos presumidos antes se referindo expressamente que os custos a abater aos proveitos são os documentados – pontos 3,4, 6 e 10 da MF.

Ou seja, foram presumidos custos no valor de 6.000.000$00 sem que tal se desse a conhecer aos impugnantes nem, consequentemente, as razões determinantes dos critérios e cálculos subjacentes".

Também os impugnantes, a fls. 69 vieram dizer o seguinte:

"Pelo que os processos têm de ser anulados, para ser dada oportunidade aos contribuintes de se oporem aos elementos que até agora lhes foram sonegados, isto é, "... os restantes 6.000.000$00, de custos que foram presumidos, 2.000.000$00 com deslocações e 4.000.000$00, para o valor do terreno, ambos por parecerem ao Sr.º TVT razoáveis. Com engano visível nos fundamentos e apreciações respectivas, porque teria o impugnante de ser notificado para os fins do art. 84.º do CPT".

5.2.2. Salvo o devido respeito, mais uma vez, tanto a decisão recorrida como os impugnantes, incorrem em confusão, quer relativamente a conceitos de direito tributário, quer em matéria de ónus da prova.

Com efeito, a presunção de custos referida na informação – que não em sede de fundamentação, nem sequer havendo, por isso, necessidade de lhe conferir grande relevância, pelas razões que mais adiante de explicitarão – não foi efectuada com recurso a métodos indirectos.

Na verdade, estamos em sede de IRS, tendo a Administração Tributária apurado que os ganhos obtidos pelos impugnantes com o loteamento por eles efectuado em prédio rústico herdado do pai do impugnante, estavam sujeitos a IRS – Categoria C.

Considerou-se, por isso, que os impugnantes – e é bom que se note que embora conste do n.º 1 do probatório que o impugnante se dedicava à actividade de venda de terrenos de construção (acto isolado), o impugnante não era empresário em nome individual nem possuía qualquer sociedade dedicada a essa actividade – tendo rendimentos sujeitos à referida categoria, teriam também direito, como é óbvio, à dedução dos custos havidos para a obtenção dos proveitos.

Porém, à Administração Tributária não cabe apurar os custos suportados pelos contribuintes no exercício de qualquer actividade comercial ou industrial, assim como a nível de pessoas singulares lhe não cabe a obrigação de efectuar deduções, quando aqueles não efectuem na respectiva declaração a indicação dos factos que as determinam.

Assim, cabe ao contribuinte o ónus da prova dos custos indispensáveis para a obtenção dos proveitos sujeitos a imposto, de acordo com o art. 23.º do CIRC.

Ora, tal como resulta das declarações prestadas a fls. 65 (de notar que estas declarações foram prestadas em 27.11.1997, portanto, já após instaurada a impugnação) ao perito de fiscalização tributária, o impugnante solicitado a exibir os documentos de custos relativos ao loteamento declarou que não lhe era possível apresentá-los, pelas razões indicadas nas declarações.

Anteriormente e no âmbito da inspecção de fiscalização – o relatório tem data de 18.09.1995 – o sr.º perito de fiscalização tributária tinha ele próprio apurado custos por sua iniciativa e com base em documentos eventualmente oferecidos pelo impugnante.

Porém, o sr.º perito de fiscalização entendeu ainda de sua justiça e apesar de não possuir documentos, calcular uma estimativa de custos de deslocações a favor do impugnante. E mais. Uma vez que o impugnante não havia estimado o valor do terreno para efeito de dedução de custos, presumiu um valor de 4.000.000$00.

Temos aqui então uma situação em que a Administração Tributária até fez mais do que o que a lei lhe impunha e que, aliás, se justificava em função dos princípios da justiça tributária, da boa fé e da cooperação com os contribuintes. Não tendo o contribuinte cumprido o seu ónus da prova dos custos, a Administração tributária presumiu alguns deles a favor do contribuinte.

Ora, se ao contribuinte foi dada a possibilidade – e isto já em pleno decurso da impugnação, o que é ainda mais significativo – de apresentar prova dos custos das deslocações e não o fez, é agora incompreensível querer vir fazer prova de que o valor das deslocações presumidas a seu favor pela Administração Tributária é irrealista. Este comportamento ronda até a raia da má fé.

Aliás, embora não discriminada, tal verba constava no relatório da fiscalização no qual se refere que no cômputo global dos custos foram consideradas... electricidade, arruamentos, deslocações, etc.

Não compreendemos por isso e agora a surpresa dos impugnantes com a fixação deste custo a seu favor e ao qual até nem tinham direito por omissão do seu de ónus da prova.

O que ficou dito quanto à verba fixada relativamente a deslocações, é também válido relativamente ao valor fixado a título de custos quanto ao prédio.

Logo no relatório da fiscalização ficou escrito que o contribuinte quanto a custos entendeu que o valor de mercado introduzido pelo DL 141/92, de 17 de Julho, mas sujeito a consideração da Administração Fiscal, deveria ser igual ao valor da venda à medida que os lotes foram sendo transmitidos".

E, efectivamente, os impugnantes mantiveram esta posição na sua reclamação para a Comissão de Revisão a qual desatendeu a sua pretensão.

E, por isso mesmo, os impugnantes vieram deduzir impugnação judicial na qual mantêm o mesmo ponto de vista.

Então, não se vê em que medida os seus direitos foram afectados pela ausência na fundamentação do acto tributário da discriminação do valor atribuído ao prédio, uma vez que, se o tribunal constatasse que o valor a considerar seria o referido pelos impugnantes, a impugnação procederia, uma vez que o valor considerado pela Administração Tributária, tal como resulta da acta da Comissão de Revisão, não foi assim calculado.

De qualquer forma, e como bem salienta a Fazenda Pública nas suas alegações, competia aos impugnantes atribuir valor ao terreno herdado do pai do impugnante. Não o tendo feito, à Administração Tributária caberia fixar no mínimo como custo, e ao abrigo do disposto no art. 43.° do CIRC, o valor do terreno em 278.360$00, valor à data da sua aquisição por sucessão e constante do respectivo processo sucessório. Ao fixar valor superior, beneficiou os impugnantes pelo que estes não foram prejudicados pelo facto de no valor total dos custos não lhes ter sido discriminado o valor atribuído ao terreno.

Podemos então concluir que o recurso merece provimento, uma vez que a fundamentação do acto tributário é a que consta do relatório da fiscalização e da acta da Comissão de revisão, representando a informação posterior quanto à discriminação dos custos, um mero esclarecimento sem relevância no acto de liquidação já efectuado. Deste modo, o acto tributário não padece do vício formal de falta de fundamentação.

6. Em face da procedência do recurso, cabe agora conhecer do mérito da impugnação, em substituição do tribunal de 1ª instância, ao abrigo do disposto no art. 753.°, n.° 1 do CPC.

E uma questão se nos coloca já aqui que é a de saber se deverá ser apreciado o recurso dos impugnantes de fls. 109 e segs. e que incidiu sobre o despacho que lhes indeferiu prova pericial relativamente às verbas atrás discriminadas quanto a deslocações e ao valor do prédio.

Parece-nos que não deveremos conhecer de tal recurso, uma vez que o pedido da perícia foi motivado por "facto superveniente" – a informação de fls. 52. Decidida a questão relativamente a essa matéria, o recurso deixa também de relevar.

Assim sendo, vamos apreciar seguidamente as questões suscitadas pelos impugnantes na sua impugnação.

6.1. Os impugnantes suscitaram na sua petição inicial as seguintes questões:

a) Inconstitucionalidade do art. 4.°, n.° 1, alínea *e*) do CIRS;

b) Violação do art.° 5.° do Regime Transitório do IRS;

c) Nulidade da decisão da Comissão de Revisão, porque os motivos apreciados estão em desacordo com o pedido;

d) Erro na quantificação do rendimento da categoria C ao assumir para valor de mercado de transferência do património pessoal para o empresarial o valor de 0$00;

e) Desproporcionalidade no valor atribuído a título de custas na decisão da Comissão de Revisão.

6.1.1. Relativamente às questões enunciadas nas alíneas *a*) e *b*) do número anterior, a sentença recorrida já delas conheceu em sentido desfavorável aos impugnantes e, em nosso entender, com acerto e seguindo a jurisprudência dos tribunais tributários superiores sobre a matéria.

(No sentido de que os rendimentos resultantes de operações de loteamento estão sujeitos a IRS – Categoria C, entre outros, V. os Acórdãos do STA (2ª Secção), de 18.06.03 – Recurso n.° 624/03, do TCA (2ª Secção), de 05.07.03 – Recurso n.° 573/03 e do TCAN (2ª Secção), de 24.02.05 – Recurso n.° 267/04).

Sendo assim, remete-se a fundamentação sobre estas questões para a sentença – fls. 144/146.

6.1.2. Relativamente à nulidade da decisão da Comissão de Revisão, se bem compreendemos a argumentação dos impugnantes, a nulidade resulta do facto de eles terem invocado a norma do art. 42.°, n.° 1, alínea *d*) do CIRS para fundamentar a errada quantificação, e a Comissão ter concluído pela não aplicação do art. 44.°-A do mesmo diploma.

Assim, no entender dos impugnantes, não tendo eles invocado esta norma, a Comissão não poderia ter decidido sem os ouvir previamente.

Quid juris?

É certo que os impugnantes, na sua reclamação para a Comissão de Revisão (v. fls. 30/33), invocaram a aplicação da alínea *d*) do n.° 1 do art. 42.° do CIRS para efeitos de cálculo do custo (valor) do prédio loteado e que a Comissão de Revisão se limitou a considerar como inaplicável o art. 44.°-A do mesmo diploma.

Porém, à Comissão de Revisão não cabe conhecer questões de direito, limitando-se a apreciar matéria relevante em sede de matéria tributável. E, neste particular concluiu que "os critérios e cálculos utilizados no apuramento do resultado para efeitos fiscais, efectuado pelos Serviços de Inspecção Tributária, aos rendimentos da Categoria C, são perfeitamente adequados à presente situação, já que se encontram fundamentados nos documentos comprovativos das despesas efectuadas ao longo dos anos com aqueles loteamentos..."

Deste modo, e independentemente de a Comissão ter referido norma diversa da invocada pelos impugnantes, esta não estava obrigada a ouvir aqueles, sendo certo que cumpriu a função legalmente estabelecida na lei e que é a de se pronunciar quanto à matéria tributável.

Improcede, pelo exposto, esta questão.

6.1.3. Quanto ao erro na quantificação do rendimento, referem os impugnantes que o valor de mercado de transferência do património pessoal para o empresarial foi de 0$00, em violação do disposto no art. 42.°, n.° 1, alínea *d*) do CIRS.

Ora, ficou provado que o prédio em causa veio à posse e propriedade dos impugnantes por sucessão hereditária.

Sendo assim, por aplicação do art. 43.° do CIRS, o valor a considerar como custo era o valor do prédio à data da sucessão.

Está provado que o valor do prédio à data da sucessão era de 278.360$00 (v. fls. 52 – v.°).

Por outro lado, e de acordo com a informação de fls. 52 acima referida – e para este efeito já se nos afigura válida a informação, pois que representa um mero esclarecimento das verbas consideradas na fundamentação do acto, não alterando o seu montante – resulta que o valor atribuído ao prédio para efeito de custos foi no montante de 4.000.00$00.

Temos então que, tendo a Administração Tributária considerado valor superior ao legal e não tendo os impugnantes provado valor superior, nada há a censurar ao valor encontrado que até favoreceu os impugnantes, como já acima dissemos.

Aliás, note-se que nem perante a Administração Tributária, nem agora na impugnação, os impugnantes avançaram – a fim de o provar – qualquer valor, tendo-se refugiado na fórmula abstracta do "valor de mercado".

Mas qual era então o valor do mercado? Por outro lado, se o prédio foi adquirido a título gratuito, qual o custo para os efeitos em causa?

Concluímos então no sentido de que também este pedido improcede.

6.1.4. Resta, finalmente, a questão da condenação em custas pela Comissão de revisão.

Aqui, teremos de reconhecer razão aos recorrentes.

Na verdade, o art. 68.°, n.° 4 do CIRS determinava que, quando a reclamação fosse totalmente desatendida, a Comissão fixaria, a título de custas um agravamento até 5% do imposto, graduado conforme as circunstâncias, mas nunca inferior a 5.000$00.

Ora, a Comissão de Revisão limitou-se a fixar o agravamento de 200.000$00, sem qualquer fundamentação.

Com efeito e sobre esta matéria escreveu-se na respectiva acta: "Mais deliberou fixar, o agravamento de 200.000$00 (duzentos mil escudos)" (v. fls. 37).

Sendo assim, e uma vez que o valor a fixar depende das circunstâncias, nomeadamente a complexidade do caso, a duração da reunião da Comissão, etc., não se tendo invocado fundamento algum para a graduação no montante fixado, e sendo certo que essa falta de fundamentação não constitui motivo para a falta de aplicação da sanção, tem esta de ser feita pelo mínimo legal.

Sendo assim, anula-se o valor fixado no excedente ao mínimo legal de 5.000$00.

7. Nestes termos e pelo exposto decide-se:

a) Conceder provimento ao recurso, revogando-se a decisão recorrida;

b) Julgar improcedente a impugnação, em substituição do tribunal de 1ª instância, com excepção da parte referente ao agravamento fixado pela Comissão de Revisão, que se limita ao valor de 5.000$00.

Custas pelos impugnantes apenas em 1ª instância e na proporção do decaimento.

Lisboa, 5 de Junho de 2007

Valente Torrão
Casimiro Gonçalves
Pereira Gameiro

Recurso n.° 01249/06

ISP. COMERCIALIZAÇÃO DE PRODUTOS COMPOSTOS POR ÓLEOS MINERAIS. DESNECESSIDADE DE PEDIDO DE ISENÇÃO.

(Acórdão de 29 de Maio de 2007)

SUMÁRIO:

I – Nos termos do art. 3.° do DL n.° 123/94, de 18 e Agosto, estavam sujeitos a ISP os óleos minerais cujos códigos pautais estavam indicados no art. 2.°, n.° 1 do mesmo diploma,

II – Porém, resultava também do art. 7.°, n.° 1, alínea a) do mesmo diploma que beneficiavam de isenção os óleos minerais que comprovadamente se destinassem a ser utilizados para outros fins que não fosse o uso como carburante ou combustível.

III – Tendo a impugnante apenas comercializado em Portugal produtos em cuja composição entravam óleos minerais, os quais foram fabricados em Espanha e por empresa espanhola que aí pagou o respectivo imposto, não era a mesma sujeito passivo daquele imposto.

IV – E, assim sendo, a impugnante também não tinha de requerer qualquer isenção relativamente aos referidos produtos, já que, de acordo com o n.° 2 da Portaria n.° 1038/97, só estavam obrigados ao pedido de isenção as pessoas singulares ou colectivas que na sua actividade industrial utilizassem como matéria prima e em uso diferente de carburante ou combustível, óleos minerais.

ACORDAM NA SECÇÃO DE CONTENCIOSO TRIBUTÁRIO DO TRIBUNAL CENTRAL ADMINISTRATIVO SUL:

1. A Fazenda Pública veio recorrer da decisão do Mm.° Juiz do (então) Tribunal Tributário de 1ª Instância de Viana do Castelo que julgou procedente a impugnação deduzida por "B... – Artes Gráficas Unipessoal, Ldª, contra a liquidação do ISP no montante de 2.813.726$00 e IVA no montante de 487.261$00, liquidado simultaneamente com aquele, apresentando, para o efeito, alegações nas quais conclui:

Iª – Os produtos adquiridos pela impugnante são óleos minerais classificados pelo Código Pautai 27 05 50 (Vide probatório da douta sentença agora recorrida). De igual modo,

IIª – Os produtos em causa não devem ser considerados como produtos finais fora do âmbito da Portaria n.° 1038/97, de 3. 10, tal como foi decidido na sentença agora recorrida.

IIIª – Aliás, não consta da mesma sentença os fundamentos em que se baseou para considerar os produtos adquiridos e comercializados pela impugnante como produtos diferentes de matérias-primas industriais, além de não ter sido feita a distinção entre matérias-primas industriais e produtos finais.

IVª – De qualquer modo, a Portaria referida abrange todos os óleos minerais que se destinem comprovadamente a um uso distinto de carburante ou de combustível.

Vª – A douta sentença agora recorrida ao entender serem os produtos em causa produtos filiais e como tal não sujeitos à incidência de I.S.P., fez errada interpretação e aplicação da lei.

VIª – Do mesmo modo, tendo a douta sentença decidido anular a liquidação e dar provimento à impugnação por entender que os óleos minerais só estão sujeitos a I.S.P. se se destinarem a ser utilizados como carburante ou combustível, fez errada aplicação da lei nomeadamente do art. 3.º do Dec.-Lei 123/94, de 18/05, na redacção dada pela Lei 10-B/96, de 23.03 (lei do orçamento para 1996) que estabelece que estão sujeitos a I.S.P. os óleos minera» abrangidos pelo Código Pautal 27 07 50, conforme referido no n.º 1 do art. 2.º do mesmo diploma.

VIIª – O que na verdade se verifica é que ocorreu manifesto lapso do meritíssimo juiz a quo" n» determinação da norma aplicável, pois a norma que aplicou já se encontrava e demonstrou supra.

VIIIª – Assim, pode e deve o Juiz "a quo" reparar o agravo praticado, sem mandar subir o processo ao Tribunal Superior, nos termos dos arts. 669.º, n.º 2 alínea *a*) e n.º 3 e 668.º, n.º 4, bem como nos termos do art. 744.º, todos do C.P.C.

IX – Normas violadas: art. 3.º do Dec.Lei 123/94, de 18/05, com a redacção dada pela Lei 10-B/96, de 23.03 e Portaria 1038/97, de 3.10.

Assim se procederá de acordo com a Lei e se fará JUSTIÇA.

2. Em contra-alegações, veio o recorrente (impugnante) concluir:

1ª) Não se aplica ao vertente caso as definições do DL 281/91, de 09/08, porquanto compete à Administração Tributária, e não à Requerente, a organização do processo técnico de contestação, nos termos dos artigos 10.º, 11.º, 12.º e 13.º do citado diploma normativo.

2ª) Mas mesmo que assim não se entendesse, sempre o Conselho Técnico Aduaneiro foi criado na Direcção Geral das Alfândegas, pelo que poderia ser endereçada a contestação da Impugnante "B..., Ldª" para este órgão.

3ª) O D.L. 52/93 de 26 de Fevereiro transpôs para a nossa ordem jurídica a Directiva 92/12/CE do Concelho de 1992.02.25 relativa à circulação de óleos minerais (Artigo 1.º) sujeitos a IEC.

4ª) Mais tarde o D. L. 123/94 transpôs para a nossa ordem jurídica a Directiva do Conselho n.º 92/81/CEE de 11 de Outubro e artigo 2.º da Directiva do Conselho n.º 92/108/CEE de 14 de Dezembro.

5ª) O código de nomenclatura combinado foi entretanto actualizado pelo Regulamento n.º 2502/92 da Comissão de 14/07.

6ª) Nos termos do artigo 2.º do D. L. 123/94, artigo 184.º e artigo 3.º do DL n.º 52/93 os óleos minerais abrangidos pelo NC 270750 estão sujeitos a ISP.

7ª) Só que nem o Aluclean, nem o Limpiador DSR são óleos minerais, nem tão pouco se confundem com óleos minerais.

8ª) São simplesmente dois produtos finais, ou seja, dois detergentes utilizados na indústria gráfica.

9ª) Como produtos finais, eles contêm, entre outros componentes, tais como água e emulsionantes, alguns óleos minerais e por isso não são passíveis de tributação (e, consequentemente, nem do procedimento de isenção).

10ª) O artigo 7.º n.º 1 alínea *a*) do D. L. 123/94 isenta de ISP os óleos minerais utilizados como matérias primas industriais.

11ª) No vertente caso, a Entidade Recorrida parece confundir esses óleos minerais com os produtos finais.

12ª) Ora, só são tributados e/ou isentos os óleos minerais utilizados na fabricação quer do Aludean, quer do Limpiador DSR.

13ª) E essa tributação/isenção têm lugar, não aquando da distribuição dos dois produtos já fabricados (como pretende o acto ora impugnado),

14ª) Mas no momento da fabricação (ou seja, no momento em que são utilizados como matérias primas nos dois produtos).

15ª) E porque o fabricante (B..., S. A.) é Espanhol e o processo de fabricação se desenvolve em Espanha, é aí que deverá ser desenrolado e fiscalizado o processo de tributação e i de acordo com as normas e orientações comunitárias supra.

16ª) O utilizador final dos óleos minerais é a sociedade anónima Espanhola "B..., SA" e não a sociedade Portuguesa distribuidora a "B... – Artes Gráficas, Unipessoal, Ldª".

17ª) E é a "B..., S. A." Espanhola que está sujeita às formalidades comunitárias transpostas para a nossa ordem jurídica através dos DL. 123/94 e Portaria 1038/97.

18ª) O processo de tributação finda com a incorporação/junção dos óleos minerais com outros componentes (água, azeite, emulsionantes) ou seja, como produto final.

19ª) Não pode voltar existir mais tributação e/ou procedimento de isenção.

20ª) A lei não o prevê. O objectivo da lei foi a harmonização comunitária das estruturas do Imposto Especial sobre o consumo dos óleos minerais.

21ª) O mesmo óleo não pode ser tributado em ISP duas vezes, e a ter-se como legal o acto ora impugnado está a defender-se a dupla tributação (em Espanha e mais tarde em Portugal).

22ª) O DL 566/99 de 22/12 confirma o supra exposto no seu artigo 7.º n.ºs 1 e 2 alínea *b*) e artigo 71.º, n.º 1 alínea *a*).

23ª) Por outro lado, resulta provado nos Autos que o método ASTM D 86 (método previsto na própria classificação pautai) não se aplica directamente aos produtos Aluclean e Limpiador DSR.

24ª) Há primeiro que separar os componentes, tais como, a água, azeite, etc., dos hidrocarburantes, através de outros métodos, e só depois é que será viável o método ASTM D 86.

25ª) As normas supra pretendem tão somente tributar/isentar os hidrocarburantes enquanto matérias primas e não os produtos finais sob pena de se cair numa situação "bizarra": tributar em ISP a percentagem de água existente no produto (cerca de 30% no Aluclean e 5% no Limpiador DSR).

26ª) Por último, o preâmbulo da Portaria 1038/97 diz expressamente que pretende-se prevenir a utilização dos óleos minerais para fabricar combustíveis e carburantes em instalações ilegais com a consequente fuga ao pagamento do ISP; e no vertente caso, o risco de fuga é nulo, ou mesmo negativo, porquanto, seria necessário para obter tais óleos minerais, separar estes da água e dos restantes detergentes, emulsionantes, através de métodos próprios e dispendiosos (seria bem mais rentável pagar o ISP).

27ª) É que os dois produtos, tal qual são comercializados não podem ser utilizados, nem como carburante, nem como combustível.

28ª) A própria Direcção Geral da Alfândega e dos Impostos Especiais sobre o Consumo vem assumir por escrito que a classificação pautal do DSR é 38140090 e do Aluclean é 38140090.

29ª) E face a esta posição bem podia a entidade Recorrida reparar o erro em vez de insistir numa tributação injusta e errada.

30ª) É que o documento junto aos autos dá razão à Recorrente "B... – Artes Gráficas, Unipessoal, Ldª" (Cfr. ofício 786 de 2001.09.13 da DGAIE sobre o Consumo).

Termos em que, deve ser mantido o pedido de Impugnação Judicial, e mantendo-se a decisão judicial recorrida, com todas as consequências legais que daí advêm.

3. O M.ºP.º emitiu parecer no sentido da procedência do recurso (v. fls. 232).

4. Colhidos os vistos legais cabe agora decidir.

5. São os seguintes os factos dados como provados em 1ª instância e que relevam para a decisão:

a) A empresa da impugnante foi objecto de uma acção de inspecção levada a cabo pela Divisão de Apoio à Prevenção e Repressão da Fraude da Direcção das Alfândegas do Porto.

b) Entre 1 de Janeiro de 1997 e 13 de Outubro de 1999, a filial de Castelo da Maia da aqui impugnante vendeu a clientes portugueses 5.534 litros de "Aluclean" e 23.350 litros de "Limpiador DSR", que são utilizados na limpeza de bens e equipamentos industriais.

c) No Relatório elaborado na sequência da inspecção referida na alínea *a*) considerou-se que os produtos "Aluclean" e "Limpiador DSR" contêm misturas de hidrocarbonetos, como matéria-prima, com enquadramento no código 27075090 da NC e que, por isso, estavam sujeitos a ISP.

d) Esse Relatório da inspecção foi notificado à impugnante.

e) Em 4 de Janeiro de 2000, a impugnante foi notificada para pagar, no prazo de 5 dias, o montante de 2.813.726$00 relativo a Imposto sobre produtos petrolíferos apurado na sequência da referida acção de inspecção, nos termos que constam de fls. 120, cujo teor aqui se dá por reproduzido.

f) A impugnante pagou o imposto liquidado em 11 de Janeiro de 2000.

g) O "Aluclean" contêm na sua composição 70% de destilados de petróleo e contém 67% de hidrocarbonetos aromáticos e o "Limpiador DSR" é composto em 95% por destilados de petróleo 40% de hidrocarbonetos aromáticos.

h) A Direcção Geral das Alfândegas e dos Impostos Especiais sobre o Consumo prestou as "Informações Pautais Vinculativas" que se encontram juntas aos autos e que aqui se dão por reproduzidas no seu teor.

Ao abrigo do disposto no art. 712.º, n.º 1, alínea *a*) do CPC e por se encontrar provado nos autos e relevar para a decisão, adita-se ao probatório o seguinte facto:

i) Os produtos em causa nos autos e comercializados em Portugal pela impugnante eram fabricados em Espanha pela "B... Vigo", a qual aí pagava o imposto sobre os produtos petrolíferos (v. Relatório -fls. 72 e 73)

6. A decisão recorrida julgou procedente a impugnação, louvando-se nos seguintes argumentos:

a) O art. 3.º do DL n.º 123/94, de 18 de Maio estabelece que os óleos minerais só estão sujeitos a imposto sobre os produtos petrolíferos se destinados a serem colocados à venda ou a serem consumidos como carburante ou combustível; tendo ficado provado que os produtos em causa nos autos e comercializados pela impugnante se destinavam a ser utilizados na limpeza de equipamentos industriais, estão fora do âmbito de incidência do imposto.

b) Por outro lado, a impugnante não estava obrigada a pedir isenção, pois que o âmbito de aplicação da Portaria n.º 1038/97, de 3 de Outubro é apenas aplicável aos óleos minerais que se destinem a ser utilizados como matérias primas industriais, o que não é o caso dos autos.

A recorrente contestou esta argumentação invocando que os produtos em causa não devem ser considerados como produtos finais fora do âmbito da Portaria 1038/97 e que da sentença não constam os factos em que se baseou para considerar os produtos adquiridos e comercializados pela impugnante como produtos diferentes de matérias primas industriais, além de não ter sido feita a distinção entre matérias primas e produtos finais.

Por outro lado, a sentença recorrida, ao considerar que só estão sujeitos a imposto os óleos minerais destinados a consumo como carburante ou combustível fez errada interpretação da lei, uma vez que o art. 3.º do DL n.º 123/94 de 18 de Maio, na redacção que lhe foi dada pela Lei n.º 10-B/96, de 23 de Março, estabelece que estão sujeitos a imposto os produtos abrangidos pelos códigos pautais indicados no art. 2.º.

A recorrida, por sua vez, acompanha a decisão recorrida, tal como resulta das contra-alegações de fls.214 e segs.

6.1. Estabelec o art. 3.º, alínea *a*) do citado DL n.º 123/ /94, que estão sujeitos a imposto os óleos minerais abrangidos pelos códigos pautais indicados n.º 1 do seu art. 2.º, sendo que os produtos em causa nos autos foram enquadrados no código 270750 que consta da citada norma.

Mas será isso suficiente para justificar a tributação da impugnante?

Vejamos.

6.2. Em primeiro lugar, e ao contrário do entendimento da recorrente, a sentença recorrida decidiu e bem que os produtos em causa constituíam produtos finais e não matéria prima destinada a fabrico de outros produtos.

E não se diga que o probatório não contém factos suficientes para retirar essa conclusão, já que resulta claro das alíneas *b*) e *c*) e da matéria agora aditada, que se tratava de um produto final relativamente ao qual a impugnante apenas detinha a sua comercialização e não qualquer outra intervenção de fabrico.

Portanto, os produtos em causa constituíam produto final em cujo fabrico, realizado em Espanha por empresa espanhola e que nesse país pagava o respectivo imposto, entravam óleos minerais.

A não ser assim, até os supermercados e lojas de venda a retalho estariam obrigados ao pagamento de imposto, uma vez que actualmente grande parte dos produtos de uso diário incorporam produtos derivados de óleos minerais.

Por outro lado, e no caso dos autos, é a própria lei que afasta a tributação ao dispor no art. 7.° do mesmo diploma (D. L. n.° 123/94) que estão isentos de ISP os óleos minerais que comprovadamente se destinem a ser utilizados para outros fins que não sejam em uso como carburante ou em uso como combustível.

No caso dos autos os produtos aí referidos possuem utilização diversa da do uso como combustível ou carburante, sendo ainda certo que os óleos minerais que constituem uma parte deles, não podem já ser destinados a fabrico de outros produtos.

Deste modo improcedem todas as conclusões das alegações.

6.3. Apenas uma nota final quanto à necessidade de pedido de isenção do imposto por parte da impugnante.

Entende a Administração Aduaneira que, de qualquer forma, o imposto seria devido por não ter sido desencadeado o procedimento de isenção previsto a Portaria n.° 1038/97.

Porém, também aqui não tem razão.

É que, de acordo com o n.° 2 da citada Portaria, só estão obrigados ao pedido de isenção as pessoas singulares ou colectivas que na sua actividade industrial utilizem óleos minerais como matéria prima e em uso diferente de carburante ou combustível os óleos minerais.

Como acima ficou provado, a impugnante não exercia qualquer actividade industrial de fabrico de produtos que incluíssem na sua composição óleos minerais, apenas os comercializando.

Sendo assim, não tinha de requerer qualquer isenção.

7. Nestes termos e pelo exposto nega-se provimento ao recurso, confirmando-se a decisão recorrida.

Sem custas.

Lisboa, 29 de Maio de 2007

Valente Torrão
Casimiro Gonçalves
Pereira Gameiro

Recurso n.° 06465/02

IVA. DEDUÇÃO. QUOCIENTE DO PRO-RATA DA DEDUÇÃO. ELEMENTOS A INCLUIR NO DENOMINADOR DA RESPECTIVA FRACÇÃO.

(Acórdão de 29 de Maio de 2007)

SUMÁRIO:

I – Estando em causa nos autos a dedução de IVA por parte de SGPS, que realiza operações sujeitas e operações não sujeitas a IVA, há que aplicar o cálculo pro-rata, tal como determina o art. 23.°, n.° 4 do CIVA.

II – O pro-rata é apurado de acordo com uma fracção em que o numerador é constituído pelo valor do montante anual, imposto excluído, das transmissões de bens e prestações de serviços que dão lugar a dedução e o denominador pelo montante anual, imposto excluído, de todas as operações efectuadas pelo sujeito passivo, incluindo as operações isentas ou fora do campo de aplicação do imposto, designadamente as subvenções não tributadas que não sejam subsídio de equipamento. No entanto, e tal como tem vindo a sustentar o TJUE, nesse denominador não devem ser incluídos os dividendos e os juros auferidos pelas holdings.

III – Tendo a Administração Tributária calculado o pro-rata com englobamento no denominador dos dividendos e juros auferidos pela recorrente – SGPS – o cálculo desse pro-rata ofende o disposto no art. 23.°, n.° 4 do CIVA, pelo que as liquidações posteriormente efectuadas com base naquele cálculo são ilegais, devendo, por isso ser anuladas.

ACORDAM NA SECÇÃO DE CONTENCIOSO TRIBUTÁRIO DO TRIBUNAL CENTRAL ADMINISTRATIVO SUL:

1. A Fazenda Pública veio recorrer da decisão do Mm.° Juiz do (então) Tribunal Tributário de 1ª Instância do Porto que julgou procedente a impugnação deduzida por "S... –SGPS, SA", pessoa colectiva n.° 502 290 811, com sede em Lugar do Espido – Via Norte 4470 Maia, contra as liquidações adicionais de IVA indicadas a fls. 1 e 2 dos autos, apresentando, para o efeito, alegações nas quais conclui:

1ª) Concluiu a douta sentença sob recurso, pela ilegalidade dos actos tributários impugnados (IVA dos anos de 1994 a 1997), tendo em conta, por um lado, a factualidade não provada – não se demonstrou que nos anos em causa a impugnante tenha exercido operações de índole financeira – e, por outro lado, por a AT ter considerado para cálculo do pró rata, no denominador todos os proveitos, designadamente, os dividendos de mais valias do imobilizado, contrariamente à lei e à posição que vem sendo tomada pelo TJC;

2ª) Prende-se a questão de fundo, com a aplicabilidade à impugnante, dada a especificidade do seu objecto social, do mecanismo previsto no art. 23.º do CIVA para efeitos de determinação do montante de imposto dedutível, dado exercer simultaneamente actividades isentas sem direito à dedução, e actividades sujeitas que conferem direito à dedução, gerando assim um direito à dedução incompleto;

3ª) Discorda-se do segmento decisório que afirma não resultar provado que a impugnante tenha efectuado operações de índole financeira para, a partir daí retirar – como parece ser o sentido da decisão – que nos anos em questão, a actividade da impugnante se traduziu "na agregação/aquisição de serviços de consultoria, designadamente junto de revisores oficiais de contas, auditores e consultores estrangeiros, ao nível, entre outras, da auditoria, fiscalidade, consolidação de contas e da consultoria jurídico-liberal, bem como de serviços de publicidade respeitantes às publicações obrigatórias das contas individuais e do grupo, bem como aos folhetos institucionais, "redibitando-os" às empresas participadas"' (SIC, em 3 – do probatório), tendo por base o depoimento da única testemunha ouvida, depoimento este que contraria a posição assumida pela própria impugnante na PI, de que nos anos de 1996 e 1997 não existiram de facto prestações de serviços (cfr. art. 93.º), não sendo por isso credível;

4ª) Para além de ser a própria impugnante a caracterizar uma parte da sua actividade como financeira, no que respeita aos dividendos e mais valias do imobilizado, resulta demonstrado que, a actividade desenvolvida por aquela no âmbito do seu objecto contratual, a sua actividade principal, constitui uma actividade financeira na medida em que os seus rendimentos são essencialmente constituídos pela percepção de dividendos, juros de obrigações e outras aplicações financeiras, na sua maioria e mais valias na venda de títulos, operações estas isentas de IVA, nos termos da alínea *f)* do n.º 28.º do art. 9.º do CIVA;

5ª) De harmonia com o preceituado no n.º 1 do art. 1.º do DL. n.º 495/88, de 30 de Dezembro, as sociedades gestoras de participações sociais (SGPS) têm por "único objecto contratual a gestão de participações sociais noutras sociedade como forma indirecta de exercício de actividades económicas", permitindo a diploma que complementarmente à actividade para a qual foram criadas, as SGPS prestem serviços técnicos de "administração e gestão a todas ou a algumas das sociedades em que detenham participações (...) "– n.º 1 do art. 4.º;

6ª) Deste modo, sendo embora as SGPS, sociedades cujo objecto é o exercício, embora indirecto de uma actividade económica, o seu âmbito não se cinge a uma mera actividade de gestão de participações sociais, da mesma forma que, não pode ter como actividade exclusiva, a prestação de serviços técnicos de gestão;

7ª) Decorre do regime legal das SGPS, o referido DL n.º 495/88, de 30/12, que a actividade (principal) deste tipo de sociedades não pode afastar-se do fim para o qual foram criadas, que constitui o seu único objecto contratual, conduzindo o afastamento daquele fim, na medida em que venham a exercer de facto ma actividade económica directa, à sua dissolução, e o mesmo destino terão aquelas que tendo diferente objecto contratual, tenham de facto como único objecto a gestão de participações sociais noutras sociedades (cfr. arts. 8.º, n.º 2); Assim,

8ª) A considerar-se, como faz a douta sentença sob recurso, que nos questionados exercícios, a impugnante apenas se dedicou de prestação de serviços técnicos de administração e gestão, a tal actividade complementar legalmente consentida, tendo exercido apenas esta, tal significa que não exerceu a actividade principal para a qual foi criada, o que justificaria a sua dissolução; Sem conceder,

9ª) É pelo facto de a impugnante exercer cumulativamente com a actividade principal, isenta de IVA e (em princípio) sem direito à dedução (cfr. n.º 1 do art. 20.º do CIVA), uma actividade complementar de prestação de serviços técnicos de administração e gestão, actividade esta sujeita a imposto e dele não isenta, sem prejuízo do direito à dedução (cfr. arts. 19.º a 25.º do Código), que fica sujeita à disciplina do estatuído no art. 23.º do Código, para efeitos de determinação do imposto dedutível, normativo que, expressamente prevê: "I – Quando o sujeito passivo, no exercício da sua actividade, efectue transmissões de bens e prestações de serviços, parte dos quais não confira direito à dedução, o imposto suportado nas aquisições é dedutível apenas na percentagem correspondente ao montante anual de operações que dêem lugar a dedução", percentagem esta denominada de pró rata ou percentagem de dedução;

10ª) Nos termos do n.º 2 do mesmo artigo, esta modalidade que constitui a regra geral, e que se caracteriza pelo facto de o direito à dedução ser proporcional ao valor das operações tributáveis e isentas com direito à dedução relativamente a todas as operações efectuadas pelo sujeito passivo, incluindo as operações isentas ou fora do campo do imposto (dada por uma fracção em que figura no numerador, o valor anula líquido de imposto, das operações que dão direito à dedução, e no denominador o valor anual líquido de imposto, da totalidade das operações efectuadas pelo sujeito passivo – cfr. n.º 4 do art. 23.º) pode ser afastada, permitindo-se que o direito à dedução seja determinado pelo chamado método da "afectação real", que consiste na possibilidade de deduzir a totalidade do imposto suportado na aquisição de bens destinados a actividades que dêem lugar a dedução, mas impedindo simultaneamente a dedução do imposto suportado nas operações que não conferem direito à dedução;

11ª) No caso concreto das SGPS, a AT preconiza, designadamente, em informação (vinculativa) prestada a solicitação de uma das empresas do grupo em que a impugnante se integra (a sociedade" S... Investimentos – Sociedade Gestora de Participações Sociais, SÁ"), que o método a seguir no apuramento do IVA dedutível seria o pró rata a que alude o art. 23.º do Código do IVA, com inclusão no seu denominador dos valores inerentes às colocações temporárias de pequenas participações das disponibilidades de tesouraria, não sendo de aplicar às SGPS a exclusão estabelecida no n.º 5 do citado art. 23.º, na parte respeitante às operações financeiras (relativas a mais valias e dividendos), atendendo ao seu objecto social;

12ª) No que concerne às mais valias de acções e à sua exclusão para efeitos do cálculo do pró rata há que salientar, que aquele normativo (n.º 5 art. 23.º) se refere às transmissões de bens do activo imobilizado que tenham sido utilizados na actividade da empresa, sendo que, a venda de acções e as respectivas mais valias não são bens do activo imobilizado utilizados na actividade da empresa, antes fazem parte dos rendimentos que constituem o objecto social das SGPS, não sendo assim de excluir do cálculo do pró rata;

13ª) Já no que aos juros e suprimentos diz respeito, tais operações consubstanciam, precisamente, a actividade fundamental das SGPS, e não revestem carácter acessório, já que aquela consiste em adquirir e deter com carácter mais ou menos fixo, títulos (acções, obrigações) das suas participadas, como forma indirecta de exercício de actividades económicas, eventualmente, conceder crédito e investir no mercado de capitais, não sendo por isso, de aplicar a estas sociedades o estabelecido no n.º 5 do art. 23.º;

14ª) A modalidade de tributação pretendida pela impugnante não tem cobertura legal na ordem jurídica nacional, o que a admitir-se, contrariaria a disciplina do IVA subvertendo todas as regras e mecanismos do imposto, pois teria como efeito prático o tratamento da actividade fundamental das SGPS em "taxa zero", exercendo estas uma actividade fundamental isenta;

15ª) Estriba-se ainda o decidido, no teor dos acórdão produzidos pelo Tribunal de Justiça das Comunidades (TJC) que, segundo o sentenciado, julgou que" a percepção de dividendos de acções deve ser excluída do denominador da fracção que serve para o cálculo do pró rata de dedução, por força do art. 19.º da Sexta Directiva" seguindo idêntica posição no que respeita aos juros e às mais valias decorrentes da alienação

Porém,

16ª) Tal como salienta Maria Teresa Lemos, em anotação ao acórdão do TJC, de 22/06/93 ("caso Satam"), in Revista Fisco, n.º 61, de Janeiro de 1994, a interpretação que a Jurisprudência Comunitária tem feito do art. 19.º da 6ª Directiva nos recursos submetidos à sua apreciação, como o anotado, acaba por não esclarecer a aplicação global das normas da 6ª Directiva relativas ao direito à dedução, na medida em que se ajusta demasiado ao pedido, alertando para a circunstância de a falta de clareza dali resultante poder suscitar ou uma "interpretação distorsiva em contravenção ao sistema (dedução de 100% para "holdings" mistos) ou uma actuação provavelmente incompleta e ineficaz do princípio da afectação real dos "inputs" utilizados".

17ª) Não resulta claro que o sentenciado pelo TJC nesta matéria, tenha aplicação ao caso concreto dos autos;

18ª) A douta sentença sob recurso, violou o disposto nos normativos legais supracitados.

2. Em contra-alegações veio a recorrida defender a manutenção do decidido (v. fls. 348 e segs.).

3. O M.ºP.º não emitiu parecer (v. fls. 360).

4. Colhidos os vistos legais cabe agora decidir.

5. São os seguintes os factos dados como provados em 1ª instância e que relevam para a decisão:

a) As liquidações de IVA e respectivos JC dos anos de 1994 a 1997, ora em causa, tiveram por base o relatório elaborado pelos SPIT, na sequência de uma acção inspectiva efectuada à actividade da impugnante, a qual versou sobre o período de 01/01/94 a 31/12/97 – cfr. o teor de fls. 97/101, que aqui se dá por reproduzido para todos os efeitos;

b) Em resultado dessa acção entendeu a AF que a impugnante procedeu à dedução indevida de IVA nos exercícios de 1994, 1995,1996 e 1997, nos quantitativos de, respectivamente, 3.791.994$00, 29.565.485$00, 19.690.618$00e 19.493.712$00;

c) Entendeu ainda que, parte das operações efectuadas pela impugnante estão isentas, estando a parte da prestação de serviços técnicos de administração e de gestão realizadas pela mesma sujeita a IVA;

d) Esses Serviços consideraram ainda a aplicação de um pro-rata de IVA, de cariz geral, abrangendo todos os valores de IVA, qualquer que seja a sua natureza, bem como o facto de poder tratar-se de IVA relacionado com prestações de serviços tributados em sede desse imposto; mesmo em relação às operações referentes a mais valias pela alienação de bens do activo imobilizado e dividendos, consideraram, face ao objecto social e de facto das SGPS, que devem ser incluídos no denominador da fracção – cfr. o teor do relatório de fls. 49 e segs. que aqui se dá por reproduzido para todos os efeitos, bem como a informação de fls. 100;

e) No período compreendido entre 1994 e 1997, a impugnante apresentou declarações periódicas de IVA (trimestrais) com valores de imposto a reportar, exceptuando a correspondente ao último trimestre de 1997;

f) Na declaração periódica do último trimestre de 1997, a impugnante procedeu à regularização da soma de 7.835.607$00 a favor do Estado;

g) Esta quantia não foi tida em conta pela AF em sede de cálculo do imposto que considerou devido;

h) Contudo, por despacho proferido em 28/05/2001, o Sr. Director de Finanças revogou, nessa parte, o acto tributário impugnado – fls. 109;

i) Nos anos de 1994, 1995, 1996 e 1997, a actividade desenvolvida pela impugnante traduziu-se, enquanto sociedade de controlo estratégico das suas participadas, na agregação/aquisição de serviços de consultoria, designadamente junto de revisores oficiais de contas, auditores e consultores estrangeiros, ao nível, entre outras, da auditoria, fiscalidade, consolidação de contas e da consultoria jurídico-liberal, bem como de serviços de publicidade respeitantes às publicações obrigatórias das contas individuais e do grupo, bem como aos folhetos institucionais, "redibitando-os" às empresas participadas depoimento da testemunha ouvida;

j) Tudo quanto tinha a ver com o recebimento de juros e dividendos era tratado pelas instituições financeiras, nomeadamente pêlos Bancos, não dispondo a impugnante de quaisquer recursos próprios, materiais ou humanos, afectos ao seu recebimento;

l) Também não tinha qualquer influência na distribuição de dividendos por parte das suas participadas;

m) O Grupo S..., em que se integra a impugnante, tem vindo a participar à AF, desde 1992, o método adoptado na dedução do IVA suportado a montante pelas várias holdings e subholdings que integram o grupo;

n) A impugnante foi notificada das liquidações de IVA ora impugnadas em Outubro de 1999 – fls. 25/47.

6. A questão essencial a apreciar no presente recurso consiste em saber se no cálculo do pro-rata de dedução do IVA a Administração Tributária actuou de acordo com o disposto no art. 23.º, n.º 4 do CIVA.

Resulta do facto consignado na alínea *d*) do probatório e do doc. de fls. 31, que a Administração Tributária incluiu no denominador a que se refere o art. 23.°, n.° 4 do CIVA os juros, dividendos e mais valias obtidos pela recorrida.

A recorrente entende que o quociente do pro-rata foi correctamente calculado, pelo que a decisão recorrida deve ser revogada.

A recorrida, por sua vez, entende que nesse denominador não devem ser incluídos esses valores, na sequência, aliás, do que tem vindo a decidir desde há anos o Tribunal de Justiça da União Europeia.

Assim, ao incluir tais valores no denominador, o quociente pro-rata sofre de erro que inquina as liquidações de IVA com base nele efectuadas.

Será que a recorrente tem razão?

Parece-nos que não.

Na verdade, embora a recorrente manifeste dúvidas quanto à interpretação formulada pelo TJUE no acórdão de 22.06.1993, o certo é que tal interpretação vincula não só os Tribunais, como todas as entidades públicas dos Estados-Membros. Por isso, a Administração Tributária não deveria incluir os dividendos naquele denominador.

Acresce, por outro lado, que o mesmo Tribunal e sobre a mesma questão, decidiu em acórdãos posteriores que também os juros recebidos pelas holdings não deveriam ser considerados no mesmo denominador.

(V. quanto a esta matéria os Acórdãos do TJUE, de 14.11.2000 – Processo n.° C-142/99 e de 20.09.01 – Processo n.° C-160/02).

Então, sendo certo que no denominador da fracção determinante do pro-rata foram incluídos elementos que o não deveriam ter sido e viciaram o respectivo quociente, as liquidações subsequentes encontram-se também viciadas por ofensa do disposto no art. 23.°, n.° 4 do CIVA.

Tanto basta então para que a decisão recorrida tenha de ser confirmada, pelo que o recurso improcede.

7. Nestes termos e pelo exposto nega-se provimento ao recurso, confirmando-se a decisão recorrida.

Sem custas.

Lisboa, 29 de Maio de 2007

Valente Torrão
Casimiro Gonçalves
Pereira Gameiro

Recurso n.° 00833/03

OPOSIÇÃO À EXECUÇÃO FISCAL. DÍVIDA PROVENIENTE DE IVA. FALTA DE FUNDAMENTO. LIQUIDAÇÃO CONJUNTA DOS JUROS COMPENSATÓRIOS.

(Acórdão de 17 de Julho de 2007)

SUMÁRIO:

I – Estando em execução dívida proveniente de IVA, não pode servir de fundamento à oposição a ilegitimidade subsumida à alegação de que se não foi possuidor dos bens que originaram a dívida exequenda no período a que esta respeita (por alegado não exercício da actividade).

II – Os juros compensatórios integram-se na própria dívida de imposto a que respeitam, sendo liquidados em conjunto com a liquidação deste e seguindo o seu regime da prescrição.

ACORDAM NA SECÇÃO DE CONTENCIOSO TRIBUTÁRIO DO TRIBUNAL CENTRAL ADMINISTRATIVO SUL:

RELATÓRIO

1.1. A Fazenda Pública recorre da sentença que que, proferida pelo Mmo. Juiz do TAF de Loulé, julgou procedente a oposição que Ana Cristina Filipe Tadeu de Almeida Rolim, com os sinais dos autos, deduziu contra a execução fiscal n.° 1120199801019759 do Serviço de Finanças de Silves.

1.2. A recorrente alegou o recurso e remata as alegações formulando as Conclusões seguintes:

1 – Decidiu o Meritíssimo Juiz "a quo" que tendo a avó da oponente arrendado a Estalagem de S. Jorge onde desenvolvia a sua actividade, desde 1 de Fevereiro nao era sujeito passivo de IVA e por isso também a oponente o não era, enquanto herdeira, mas o arrendatário do estabelecimento. E assim, não poderiam ser responsabilizados pelo pagamento. O que equivale a dizer que não tinha a primeira nem a segunda legitimidade passiva para estar na execução.

2 – Não podemos concordar, com tal decisão jurídica, por violar o disposto nos arts. 153.°, 155.° e alínea *b*) do n.° 1 do art. 204.°, todos do CPPT.

3 – Pois da subsunção dos factos fixados às normas supra mencionadas resulta solução jurídica diversa.

4 – Desde logo porque não ficou provado que a pessoa que figura no título executivo, no período a que respeita a dívida exequenda, não era possuidora do bem que a originou.

5 – Na verdade a avó falecida arrendou a Estalagem a Estalagem S. Jorge, tendo o arrendamento iniciado em 1 de Fevereiro de 1998.

6 – A dívida exequenda diz respeito ao primeiro trimestre de 1998.

7 – Como atesta a certidão de dívida que serve de base de título executivo, a dívida resultou do facto de a

declaração periódica prevista nos artigos 26.° e 40.° do Código de IVA, remetida para o período acima referido, não ter sido recebido, no prazo de cobrança voluntária que terminou em 1998-05-15, qualquer outro pagamento que pudesse ser associado a essa declaração.

8 – Por interessar à decisão da causa afigura-se-nos ser de acrescer ao probatório fixado este facto.

9 – Se a própria devedora originária enviou a declaração periódica na qual declara que praticou operações tributáveis naquele período, eventualmente praticadas no mês de Janeiro, antes de arrendar a estalagem S. Jorge,

10 – E nada está provado que a sua actividade se circunscrevia à exploração turística daquela estalagem,

11 – Não podia ter sido concluído, como foi na douta sentença recorrida, que a executada que figura no título, não foi, durante o período que a que respeita a dívida exequenda, a possuidora dos bens que a originaram.

12 – Pelo contrário, do exposto, resulta inequivocamente que a devedora originária era parte legítima da execução, tal como a oponente por força do que dispõe o art. 155.° do CPPT.

13 – Termos em que, mantendo-se a douta sentença recorrida, são violadas as normas jurídicas supra referidas.

Devendo, por isso (...) ser dado provimento ao recurso e consequentemente, revogada a douta sentença recorrida, assim se fazendo Justiça.

1.3. Contra-alegou a recorrida, pugnando pela confirmação do julgado, alegando no seguinte:

I. O fundamento do recurso

Se bem atentarmos, o fundamento do recurso constitui o reconhecimento da procedência da oposição.

Com efeito, a oposição assentava na falta de posse do bem que originara o imposto no período a que a liquidação respeita.

Demonstrou-se que a devedora originária, Avó da Opoente e de quem esta é herdeira, deu de arrendamento o estabelecimento de hotelaria onde exercia a actividade geradora da obrigação fiscal, com efeitos a partir de 1 de Fevereiro de 1998.

A Recorrente Fazenda Pública já aceitou a tese de que o contrato de arrendamento do estabelecimento onde a actividade é exercida, ao transmitir a outrem o gozo daquele, faz cessar a posse do bem que dera causa ao imposto.

Não atacando já a construção jurídica que estrutura a oposição, vem agora procurar cercear os seus efeitos.

Fá-lo sustentando que, reportando-se o imposto ao período compreendido entre 1 de Janeiro de 1998, e tendo o arrendamento tido início em 1 de Fevereiro, durante, pelo menos, parte do período, a posse do bem geradora da obrigação fiscal continuou a ser da devedora originária e as operações tributáveis constantes da declaração podem ter sido efectuadas apenas no mês de Janeiro.

Sublinha-se que se trata de uma mera hipótese, de uma eventualidade, de uma possibilidade cuja concretização não é lícito, no entender da própria Recorrente, afirmar.

II. A declaração periódica – Modelo A

Conforme decorre da própria alegação da Recorrente, a declaração reporta-se a todo o período compreendido entre 1 de Janeiro e 31 de Março de 1998.

Por conseguinte, foi enviada em data posterior a 31 de Março de 1998.

Logo, muito depois da cessação da actividade da devedora originária, Avó da Recorrida.

Assim, e porque engloba a actividade de todo o período, já não pode ter sido remetida pela devedora originária. Avó da Recorrida.

Embora fazendo uso dos impressos que continham a identificação da contribuinte que vinha exercendo a actividade no período anterior, já não se trata de uma declaração elaborada e subscrita por essa contribuinte, mas sim por quem a substituiu na posse do bem geradora da obrigação do imposto.

Logo, se, na data em que a declaração foi apresentada já não era a devedora originária a possuidora do bem, já não lhe competia, nem a apresentação da declaração, nem o pagamento do imposto.

E o que é certo é que a Avó da Recorrida não apresentou tal declaração.

E a mesma não a vincula.

Poderia, então, ocorrer falta de apresentação da declaração, com as consequências que a lei manda extrair desse facto.

O que não ocorreu, por certo, foi a apresentação de declaração pelo contribuinte que possa legitimar a liquidação, nos termos e com os fundamentos invocados para esse acto.

Assim, a declaração invocada não pode servir para infirmar as conclusões da douta sentença e para conferir legitimidade, quer à devedora originária, quer à Recorrida.

III. As suposições de rendimentos eventuais e hipotéticos

Nos próprios termos em que a Recorrente sustenta a licitude da liquidação, esta assentaria na possibilidade, insusceptível de corroboração, de parte das operações sujeitas a imposto terem ocorrido no período em que a devedora originária era, ainda, possuidora do bem.

Tratar-se-ia de uma incidência sobre operações supostas, e não de imposto liquidado sobre operações reais.

Ora, tendo sido afastada a presunção de que se trata de operações da devedora originária, decorrente da posse do bem, caberia à Fazenda Pública a demonstração de quais as operações concretas ocorridas no período em que a contribuinte era, ainda, a possuidora do bem, não bastando a afirmação vaga e reticente de que tais operações poderiam ter sido realizadas no período em questão.

IV. Conclusão

As conclusões do recurso não procedem, pelo que deve ser mantida a douta sentença recorrida.

1.4. O MP emite Parecer no qual sustenta que o recurso deve ser procedente, dado que, tal como resulta da petição inicial, os primeiros 7 artigos são para alegar que não é devido o imposto, para no artigo 8.° se concluir que, uma vez que o imposto não é devido, a oponente é parte ilegítima.

Ora, se essa situação fosse possível, estaria esvaziada de conteúdo a proibição do artigo 204.° do CPPT de discutir a legalidade da liquidação no processo de oposição: sempre que o imposto não fosse devido, isto é, que a liquidação fosse ilegal, haveria ilegitimidade do executado.

Ora, na sentença recorrida o que foi apreciado foi precisamente se o imposto era ou não devido; e tendo-se chegado à conclusão que o imposto era ilegal, julgou-se parte ilegítima a executada.

Foi, pois, claramente violado o disposto no artigo 204.º do CPPT, pelo que a sentença deve ser revogada.

1.5. Foi (fls. 103) proferido despacho, pelo relator, ordenando a notificação das partes para, nos termos do n.º 3 do art. 715.º do CPC, se pronunciarem, querendo, sobre a questão do fundamento de prescrição da dívida por juros compensatórios relativos ao período anterior a 20/3/2001 (cfr. art. 9.º da Petição inicial de oposição), apenas a recorrente Fazenda tendo vindo alegar que o art. 307.º do CCivil não é aplicável à relação tributária em apreciação, sendo que a citação da ora executada nos termos do art. 155.º do CPPT menciona a dívida de IVA e juros compensatórios e estes se integram na própria dívida de imposto (n.º 8 do art. 35.º da LGT).

1.6. Correram os Vistos legais e cabe decidir.

FUNDAMENTOS

2.1. A sentença julgou provados os factos seguintes, ora submetidos a líneas:

a) A execução fiscal foi instaurada no Serviço Local de Finanças de Silves para cobrança de créditos de IVA do ano de 1993 e juros compensatórios, contra Ana Neto Tadeu Almeida Calhau Rolim.

b) A qual faleceu em 21-09-2001.

c) A Opoente foi sua herdeira.

d) Por isso foi então citada para a execução fiscal.

e) Esse imposto dizia respeito ao exercício pela Avó da Opoente da actividade de hotelaria, na Estalagem S. Jorge, em Areias de Pêra, freguesia de Pêra, concelho de Silves.

f) Por escritura pública outorgada em 16 de Janeiro de 1998, no Cartório Notarial de Silves, a falecida Avó da Opoente deu de arrendamento, com início em 1 de Fevereiro de 1998, o estabelecimento a António Jorge Calhau Maria.

g) A partir dessa data, passou a receber apenas a renda mensal de 200.000$00.

2.2. Quanto a factos não provados, a sentença exarou:

«**Factos não provados.**

Todos os relevantes se provaram.»

2.3. E em sede de «Fundamentação do julgamento» a sentença exara:

«A decisão da matéria de facto fundou-se nos documentos e cópias certificadas do processo de execução fiscal, nas informações prestadas pela Administração Fiscal e no acordo das partes.»

3.1. A sentença enunciou como questões a decidir as seguintes:

1ª – O arrendamento em 1998 pelo sujeito passivo de IVA do estabelecimento comercial tem legitimidade passiva para ser executado com vista à cobrança do imposto posteriormente gerado?

2ª – E o seu herdeiro, no caso dele falecer na pendência da execução fiscal?

3ª – Tendo legitimidade, qual o prazo de prescrição dos juros compensatórios vencidos após.

E, respondendo à primeira questão, a sentença logo concluiu pela procedência da oposição.

Para tanto, considera, em síntese, o seguinte:

Atendendo ao disposto nos arts. 204.º, n.º 1, al. *b*), 153.º, n.º 1, 154.º, e 155.º, n.º 1, todos do CPPT e 2071.º do CCivil, o que se retira daquelas normas é a de que a legitimidade passiva do herdeiro para estar na execução fiscal está limitada, prima faciae, à legitimidade do próprio de cuius, ou seja, aquele pode ser responsabilizado pelo pagamento da quantia exequenda se este também o poderia ter sido. E se se constatar que a pessoa cujo nome figura no título faleceu, a execução é dirigida contra seus sucessores, de harmonia com o preceituado no art. 155.º do CPPT, sendo, porém, a responsabilidade dos sucessores limitada ao que tenham recebido do devedor originário.

Portanto, no caso, a questão subsequente é a de saber se o de cuius era responsável pelo pagamento do IVA exequendo.

Ora, atendendo ao que dispõem o art. 2.º do CIVA e os arts. 1022.º e sgts. do CCivil (que definem o regime da locação), vemos que no presente caso, se provou que Ana Neto Tadeu Almeida Calhau Rolim faleceu em 21/9/2001, que a oponente foi sua herdeira (e por isso foi então citada para a execução fiscal), sendo que esse imposto dizia respeito ao exercício, por parte da avó da oponente, da actividade de hotelaria, na Estalagem S. Jorge, em Areias de Pêra, freguesia de Pêra, concelho de Silves e sendo que, por escritura pública de 16/1//1998 a falecida avó da oponente deu de arrendamento, com início em 1/2/1998, o estabelecimento a António Jorge Calhau Maria e a partir dessa data, passou a receber apenas a renda mensal de 200.000$00.

E assim sendo as coisas, pode dizer-se, com suficiente segurança, que o sujeito passivo do IVA exequendo não era a falecida Ana Neto Tadeu Almeida Calhau Rolim e por isso também a oponente o não era, enquanto sua herdeira, mas o arrendatário do estabelecimento.

E não sendo qualquer delas sujeito passivo do IVA, também não poderiam ser responsabilizadas pelo seu pagamento, o que equivale a dizer que não tinha a primeira nem tem a segunda legitimidade passiva para estarem na execução fiscal.

E, assim deve julgar-se extinta a execução fiscal relativamente à oponente (art. 817.º, n.º 4, do CPCivil).

3.2. É do assim decidido que a recorrente discorda, sustentando, como se viu:

– Que da subsunção dos factos fixados às normas aplicáveis resulta solução jurídica diversa, desde logo porque não ficou provado que a pessoa que figura no título executivo, no período a que respeita a dívida exequenda, não era possuidora do bem que a originou (a avó falecida arrendou a Estalagem a Estalagem S. Jorge, tendo o arrendamento iniciado em 1/2/1998; mas a dívida exequenda diz respeito ao primeiro trimestre de 1998, tendo resultado do facto de a declaração periódica prevista nos arts. 26.º e 40.º do CIVA, remetida para o período acima referido, não ter sido recebido, no prazo de cobrança voluntária que terminou em 15/5/1998, qualquer outro pagamento que pudesse ser associado a essa declaração) – cfr. Conclusões 3ª a 7ª.

E este facto deve ser acrescentado ao Probatório fixado (Conclusão 8ª).

Ora, se a própria devedora originária enviou a declaração periódica na qual declara que praticou operações tributáveis naquele período, eventualmente praticadas no mês de Janeiro, antes de arrendar a estalagem S. Jorge, e se não está provado que a sua actividade se circunscrevia à exploração turística daquela estalagem, então a sentença não podia ter concluído que a executada que figura no título, não foi, durante o período que a que respeita a dívida exequenda, a possuidora dos bens que a originaram (Conclusões 9ª a 11ª).

Pelo contrário, do exposto, resulta inequivocamente que a devedora originária era parte legítima da execução, tal como a oponente por força do que dispõe o art. 155.° do CPPT (Conclusão 12ª).

Saber se a sentença enferma destes erros de julgamento de facto e de direito são, portanto, as questões a decidir no presente recurso.

Vejamos

4.1. Começando pela discordância quanto aos facto provados, diremos, antes de mais, que tem razão a recorrente quando pretende ter ficado provado que a dívida exequenda diz respeito a liquidação de IVA do primeiro trimestre de 1998, liquidação essa resultante do facto de a declaração periódica prevista nos arts. 26.° e 40.° do CIVA, remetida para tal período, ter sido remetida sem ser acompanhada do respectivo meio de pagamento, nem este ter sido remetido no prazo de cobrança voluntária que terminou em 15/5/1998.

É isso, na verdade, o que resulta do doc. de fls. 37, não impugnado.

E, assim sendo, porque esta factualidade se afigura relevante para uma das soluções possíveis de direito, adita-se ao Probatório tal factualidade que, agora, se julga, também, provada:

h) A dívida exequenda diz respeito a liquidação de IVA do primeiro trimestre de 1998, liquidação essa resultante do facto de a declaração periódica prevista nos arts. 26.° e 40.° do CIVA, enviada aos respectivos serviços da AT, para tal período, ter sido remetida sem ser acompanhada do respectivo meio de pagamento, nem este ter sido remetido no prazo de cobrança voluntária que terminou em 15/5/1998.

4.2. E, apreciando, em seguida o alegado erro na subsunção dos factos provados às normas jurídicas aplicáveis, diremos, desde já, que não concordamos com a decisão recorrida.

Com efeito, na citada (pela sentença) al. *b*) do n.° 1 do art. 204.° do CPPT dispõe-se o seguinte:

«*b*) Ilegitimidade da pessoa citada por esta não ser o próprio devedor que figura no título ou seu sucessor ou, sendo o que nele figura, não ter sido, durante o período a que respeita a dívida exequenda, o possuidor dos bens que a originaram, ou por não figurar no título e não ser responsável pelo pagamento da dívida».

Esta norma é idêntica à anteriormente constante da al. *b*) do n.° 1 do art. 286.° do CPT, bem como à equivalente constante do CPCI.

E já então se entendia (cfr., para maiores desenvolvimentos, Alfredo José de Sousa e J. S. Paixão, Código de Processo Tributário, Comentado e anotado, Nota 13 ao art. 286.°, pags. 540 e 541 e Jorge Lopes de Sousa, Código de Procedimento e de Processo Tributário Anotado, 4ª edição, notas 10 a 15 ao art. 204.°, págs. 878 a 880) que na respectiva previsão estão abarcados três tipos de ilegitimidade substantiva:

– primeiro tipo de ilegitimidade – a «ilegitimidade da pessoa citada por esta não ser o próprio devedor que figura no título ou seu sucessor», que se verifica quando se citou pessoa diversa da que consta como devedora no título executivo ou quando foi citada pessoa na suposição errada de que era sucessora do executado;

– segundo tipo de ilegitimidade – a ilegitimidade decorrente do facto de a pessoa citada, embora figurando no título como executada, «não ter sido, durante o período a que respeita a dívida exequenda, o possuidor dos bens que a originaram».

– terceiro tipo de ilegitimidade – a ilegitimidade que decorre de a pessoa citada «não figurar no título e não ser responsável pelo pagamento da dívida». Neste tipo de ilegitimidade se integram os casos de indevida reversão contra os responsáveis solidários ou subsidiários pela dívida exequenda.

No caso em apreço, a falecida avó da oponente (ou seja, Ana Neto Tadeu Almeida Calhau Rolim) consta do título executivo como devedora, o que afasta, desde logo, a possibilidade da verificação dos primeiro e terceiro tipos de ilegitimidade [é claro que, no presente caso, veio, nos termos do art. 155.° do CPPT – cfr. fls. 65 –, a ser citada a oponente (e não a falecida Ana Neto), na qualidade de herdeira da executada, mas esta circunstância em nada afecta aquela realidade: a de que é a Ana Neto figura no título executivo].

Resta, pois, averiguar se os factos articulados pela oponente [nomeadamente a alegada não posse do bem que originou o imposto, por não ter sido, no respectivo período, exercida a actividade que originou tal imposto – cfr. arts. 6.° a 8.° da Petição Inicial da oposição: aliás, como bem refere o MP, como se vê da PI, nos primeiros 7 artigos a oponente limita-se a alegar que não é devido o imposto, e no artigo 8.° conclui que, uma vez que o imposto não é devido, ela – oponente – é parte ilegítima], como fundamento da sua ilegitimidade, se podem subsumir àquele segundo tipo de ilegitimidade, ou seja, ao que decorre do facto de a pessoa citada, embora figurando no título como executada, «não ter sido, durante o período a que respeita a dívida exequenda, o possuidor dos bens que a originaram».

Ora, este tipo a ilegitimidade só pode verificar-se quando a posse, fruição ou propriedade de determinados bens seja pressuposto da incidência do tributo em execução, ou seja, apenas pode verificar-se em relação à contribuição autárquica e aos impostos rodoviários cuja incidência tenha a ver com a posse dos veículos – Neste sentido, entre muitos outros, cfr. os acs. do STA, de 5/7/1995, Rec. n.° 19.295, in Ap. ao DR de 30/9/1997, págs. 2036 a 2040; de 27/3/1996 (do Pleno), Rec. n.° 18.075, in Ap. ao DR de 17/3/1997, págs. 12 a 16; de 23/10/1996, Rec. n.° 20.390, in Ap. ao DR de 28/12//1998, págs. 3025 a 3028; de 22/1/1997, rec. n.° 21.131, in Ap. ao DR de 14/5/1999, págs. 187 a 190).

Não é este, portanto, o caso dos autos.

Aqui está em causa uma dívida de imposto sobre o consumo (IVA), liquidada à falecida Ana Neto (tendo a oponente ingressado na execução apenas porque é sucessora daquela).

Ora, apreciar em sede de oposição (e como respectivo fundamento) a questão (e por isso também a factualidade alegada pela recorrente a esse respeito) atinente ao alegado não exercício da actividade que terá originado a dívida, equivaleria a apreciar e discutir a própria legalidade de tal liquidação (ao menos em termos de incidência subjectiva do imposto, que é o que faz a sentença).

Só que esta discussão da legalidade em concreto da liquidação é legalmente vedada em sede de oposição à execução fiscal.

Acresce, aliás, que é a própria recorrente que, na parte final da petição Inicial da oposição «requer a suspensão da execução, com fundamento na presente execução» (ter-se-á querido dizer oposição) «e na impugnação nesta data deduzida da liquidação, tendo por objecto a legalidade da liquidação, nos termos das disposições combinadas dos arts. 212.° e 169.° do CPPT, em virtude de a penhora efectuada garantir a totalidade da dívida exequenda e do acrescido». Ou seja, a própria recorrente afirma ter já deduzido impugnação da liquidação que subjaz à dívida exequenda, para, precisamente, nela discutir a legalidade em concreto de tal dívida. E, até, por esta razão, não há que «convolar» a presente oposição em impugnação, isto é, não há que ordenar que a presente oposição passe a seguir a forma processual da impugnação, até porque o pedido feito também não se adequa a esta forma processual.

5.1. De todo o modo, no art. 9.° da Petição inicial, a recorrente alegou que «ocorreu a prescrição da dívida relativa a juros pelo período anterior a 20/3/2001, por força do disposto no art. 307.° do Código Civil.

E a prescrição é fundamento de oposição.

Todavia a sentença nada disse quanto a esta questão. Certamente porque, tendo julgado procedente a oposição pelo fundamento atinente à alegada ilegitimidade, implicitamente terá considerado prejudicada a apreciação desta questão da prescrição.

Porém, procedendo o recurso nesta matéria respeitante ao fundamento da legitimidade, importa, então, à luz do disposto no n.° 2 do art. 715.° do CPC, subsidiariamente aplicável, conhecer dessa questão da prescrição, sendo que tendo as partes sido notificadas para se pronunciarem, querendo, sobre tal questão, nos termos do disposto no n.° 3 do art. 715.° do CPC, apenas a Fazenda, como acima se disse, veio alegar que o art. 307.° do CCivil não é aplicável à relação tributária em apreciação e que a citação da executada nos termos do art. 155.° do CPPT menciona a dívida de IVA e juros compensatórios e estes se integram na própria dívida de imposto (n.° 8 do art. 35.° da LGT).

5.2. Conhecendo, pois deste fundamento de oposição (prescrição da dívida de juros pelo período anterior a 20/3/2001, por força do disposto no art. 307.° do CCivil) dir-se-á que não procede tal fundamento.

Com efeito, é sabido que os juros compensatórios (e têm esta natureza os que foram liquidados à recorrente) se integram na própria dívida de imposto, sendo liquidados em conjunto com a liquidação deste e formam com aquela a globalidade da quantia devida.

E como refere Jorge de Sousa (Juros nas relações tributárias – em Problemas fundamentais do direito tributário, Lisboa, 1999, pag. 145) "Esta natureza dos juros compensatórios, como componente da dívida global de imposto, resulta hoje com evidência do preceituado no n.° 8 do art. 35.° da Lei Geral Tributária que estabelece que «os juros compensatórios integram-se na própria divida de imposto, com a qual são conjuntamente liquidados»".

5.3. Ora, se assim é, no caso vertente, tratando-se de IVA de 1998, o prazo de prescrição não é o referido no art. 307.° do Código Civil, como pretende a recorrente, mas, antes, o de 10 anos, referido no art. 34.° do CPT ou, se for aplicável, o de 8 anos referido, actualmente, nos arts. 48.° e 49.° da LGT.

E esse prazo iniciou-se em 1 de Janeiro de 1999, de acordo com o n.° 2 do artigo 34.° do CPT, pois que a lei reguladora do regime de prescrição das dívidas tributárias é a que vigorar à data da sua constituição.

Mas, potencialmente, na dívida em causa, serão aplicáveis, para o efeito, as regras sobre prescrição contidas nos arts. 34.° do CPT e 48.° e 49.° da LGT, dado que até hoje já se sucederam os regimes de prescrição constantes desses diplomas, sendo o regime do CPT o vigente desde 1/7/91 a 1/1/99 e o da LGT desde 1/1/99. Na aplicação no tempo das normas sobre prescrição haverá que ter-se presente o disposto no n.° 1 do art. 5.° do DL 398/98, de 17/12, que impõe a aplicação do preceituado no art. 297.° do CC, ao prazo de prescrição, o que já vinha sendo entendido pela jurisprudência na vigência do CPT, pelo que «a lei que estabelecer, para qualquer efeito, um prazo mais curto do que o fixado na lei anterior é também aplicável aos prazos que já estiverem em curso, mas o prazo só se conta a partir da entrada em vigor da nova lei, a não ser que, segundo a lei antiga, falte menos tempo para o prazo se completar» – n.° 1 do art. 297.° do CC.

Na vigência do art. 34.° do CPT, o prazo de prescrição é de 10 anos, e esta conta-se desde o início do ano seguinte àquele em que tiver ocorrido o facto tributário e é interrompida pela reclamação, recurso hierárquico, impugnação e pela instauração da execução, mas cessa este efeito se o processo estiver parado por facto não imputável ao contribuinte durante mais de um ano, somando-se, neste caso, o tempo que decorrer após este período ao que tiver decorrido até à data da autuação. Já na vigência dos arts. 48.° e 49.° da LGT, as dívidas tributárias prescrevem no prazo de oito anos contados nos impostos periódicos a partir do termo do ano em que se verificou o facto tributário e, nos impostos de obrigação única a partir da data em que o facto tributário ocorreu, sendo que a citação, a reclamação, o recurso hierárquico, a impugnação e o pedido de revisão oficiosa da liquidação do tributo interrompem a prescrição.

Ora, tendo presentes os elementos constantes nos autos, vê-se que as dívidas em causa ainda não prescreveram no regime dos arts. 48.° e 49.° da LGT porque, quando se encontravam decorridos 7 anos 2 meses e 20 dias (desde a data da entrada em vigor da LGT – 1/1/99), o respectivo prazo (8 anos) de prescrição foi interrompido com a citação da oponente na execução em 20/3/ /2006 (fls. 65), em tal data foi esse prazo interrompido (sendo que este regime só tem aplicação a partir daquela data de 1/1/99, por força do disposto no n.° 1 do art. 5.° do DL 398/98, de 17/12 que manda aplicar o preceituado no art. 297.° do CC).

E quanto à prescrição no regime do art. 34.° do CPT (cujo prazo é de 10 anos e se inicia desde o inicio do ano seguinte àquele em que tiver ocorrido o facto tributário) também o prazo não decorreu.

Na verdade, relativamente a este regime, há que atentar no disposto no n.° 3 deste art. 34.° do CPT, onde se prevêem, como causas interruptivas da prescrição as seguintes: a reclamação, o recurso hierárquico, a impugnação e a instauração da execução e onde também se dispõe que, caso se verifique paragem do processo durante mais de um ano, por facto não imputável ao executado, cessa esse efeito interruptivo e o prazo da prescrição recomeça a contar-se, somando-se, nesse caso, o tempo que vier a decorrer após esse ano, ao que tiver decorrido desde o início do prazo de prescrição até à instauração da execução.

Ora, no caso presente, conforme se vê da informação de fls. 21 e do doc. de fls. 22, a execução foi instaurada em 22/10/98 (com o seu consequente efeito interruptivo), pelo que, mesmo se o processo tivesse desde então estado parado – por forma a que em 22/10/99 se reiniciasse a contagem do prazo (10 anos previstos no dito art. 34.º do CPT) – este só poderia vir a completar-se 22/10/2009.

Conclui-se, portanto, que a dívida de juros compensatórios aqui em questão ainda se não encontra, nesta data, extinta por prescrição.

Improcede, portanto, a oposição, quanto a este fundamento da prescrição da dívida relativa aos juros compensatórios pelo período anterior a 20/3/2001.

DECISÃO

Termos em que, acordam, em conferência, os juizes da Secção de Contencioso Tributário deste TCAS em:

a) Revogar a sentença recorrida e julgar improcedente a oposição quanto ao invocado e apreciado fundamento da ilegitimidade da executada;

b) Conhecendo, em substituição, do fundamento, também alegado, da prescrição da dívida de juros compensatórios pelo período anterior a 20/3/2001, julgar improcedente a oposição quanto a tal fundamento e nessa medida.

Custas pela recorrida, em ambas as instâncias (dado que decai quanto à oposição e dado que contra-alegou o recurso).

Lisboa, 17 de Julho de 2007

Casimiro Gonçalves
Ascensão Lopes
Gomes Correia

Recurso n.º 1708/07

OPOSIÇÃO À EXECUÇÃO FISCAL. INEXISTÊNCIA DE FACTO TRIBUTÁRIO. LEGALIDADE CONCRETA. INIDONEIDADE DO MEIO PROCESSUAL. (IM)POSSIBILIDADE DE CONVOLAÇÃO.

(Acórdão de 3 de Maio de 2007)

SUMÁRIO:

I – O que está em causa nos presentes autos é um caso de inexistência de acto tributário, para o qual foi deduzida, mal, oposição à execução.

II – Tal vício consubstancia um problema de legalidade da liquidação da divida exequenda e, como tal, deveria ser conhecido em sede de impugnação e não de oposição.

III – O Meritíssimo Juiz "a quo" tem poderes oficiosos de convolação, alterando a forma de processo, designadamente para a impugnação fiscal.

IV – Mas quando a petição deu entrada em Tribunal há muito esgotado o prazo para impugnar pelo que a petição de oposição não pode ser aproveitada como petição de impugnação.

ACORDA-SE, EM CONFERÊNCIA, NA SECÇÃO DE CONTENCIOSO TRIBUTÁRIO (2.ª SECÇÃO) DO TRIBUNAL CENTRAL ADMINISTRATIVO:

1. SOREPURB – Empreendimentos Imobiliários, Ldª, com os sinais identificadores dos autos, recorreu para o Tribunal Central Administrativo Sul da decisão do Mm.º Juiz do Tribunal Administrativo e Fiscal de Lisboa que rejeitou liminarmente a presente oposição apresentando, para o efeito, alegações nas quais conclui:

40) A agravante deduziu a oposição à execução dentro do prazo de 30 dias previsto na al. *a*) do n.º 1 do art. 203.º do CPPT.

41) A douta sentença aplica normas do Código de Processo Tributário, já revogado pelo actual CPPT, além de não fazer uma apreciação dos factos invocadas pela agravante.

42) Ora os factos alegados na oposição à execução pela aqui agravante, fundamentem-se no facto desta ter adquirido um imóvel para revenda, ao abrigo da isenção prevista no n.º 3 do art. 11.º do CI.M.SIS.S.D

43) E após aquele imóvel ter sido submetido ao regime da propriedade horizontal, resultaram 23 fracções destinadas exclusivamente a habitação e uma destinada ao comércio.

44) Tendo a agravante dentro do prazo de isenção dos três anos solicitado a liquidação da Sisa da fracção que se destina ao comércio, uma vez que as restantes fracções se destinam exclusivamente a habitação, beneficiando estas da isenção prevista no n.º 22 do art. 11.º do C.I.M.S.I.S.S.D.

45) Assim, não entendeu o Chefe do 6.º Serviço de Finanças de Lisboa, tendo liquidado a Sisa pelo valor total da aquisição no montante de 41.400,23 euros.

46) A aqui agravante requereu a Revisão Oficiosa da Sisa e de pagamento, esta foi indeferida, não se conformando interpôs Recurso Hierárquico daquela decisão.

47) Em 30-03-2005 a agravante foi citada do título executivo e certidão de relaxe desde 16/03/2005, a qual deu origem ao Proc. n.º 3123200501004247.

48) A agravante não obteve resposta ao Recurso Hierárquico, tendo em 2-5-2005 deduzido oposição à execução no Proc. de execução fiscal n.º 3123200501004247, pedindo a convolação daquele em processo de impugnação judicial, o qual correu termos no 2.º Juízo, 2ª Unidade Orgânica do Tribunal Administrativo e Fiscal de Lisboa, sob o Proc. n.º 1308/05.4BELSB.

49) Encontrava-se este dentro dos respectivos prazos para que ocorresse a convolação daquela oposição em impugnação judicial.

50) Por despacho de 9 de Junho de 2005, veio o Chefe do 6.º Serviço de Finanças de Lisboa pedir a anulação daquele processo. E, por consequência foi extinta a instância por inutilidade superveniente da lide.

51) Em 21/06/2005 o Chefe do 6.º Serviço de Finanças de Lisboa, notificou novamente a agravante do mesmo título executivo e da mesma certidão de relaxe, tendo-lhe dado um novo número de processo, ou seja o n.º 3123200501022059.

52) Face à nova citação e a extinção do processo anterior, veio a agravante apresentar uma nova oposição à execução, nos termos das alíneas *h*) e *i*) do art. 204.º do CPPT.

53) Não tendo a agravante outro meio judicial de impugnação ou recurso para se defender da ilegalidade da liquidação de Sisa, senão a oposição à execução nos termos referidos.

54) Esta citação feita pelo Chefe do 6.º Serviço de Finanças de Lisboa, não indica qualquer outro meio de defesa de que a agravante se pudesse socorrer além da oposição à execução.

55) Ora a agravante entende que está perante uma ilegalidade da liquidação, por não existir fundamento legal para este imposto lhe ser exigido quando aquelas fracções se destinam exclusivamente à habitação e por isso gozam da isenção prevista no n.º 22 do art. 11.º do C.I.M.S.I.S.SD

56) Pelo que estão reunidas todas as condições, para que a isenção que foi concedida à agravante ao abrigo do n.º 3 do art. 11.º, seja convolada na isenção prevista no n.º 22, do mesmo artigo do C.I.M.S.I.S.S.D e ainda tendo por base as instruções constantes na Circular n.º 16/88 de 2 de Setembro, com a alteração introduzida pela Circular n.º 18/95 de 1 de Outubro.

57) Face ao exposto a aqui agravante invocou na sua oposição a al. *h*) do art. 204.º do CPPT, e voltando a reiterar aquela norma porque esta permite a invocação da ilegalidade da dívida exequenda (ilegalidade concreta) na oposição, quando a lei não assegure ao oponente outro meio judicial ou recurso contra o acto de liquidação.

58) Tendo o Chefe do 6.º Serviço de Finanças de Lisboa pedindo a anulação do anterior processo retirou à aqui agravante qualquer outro meio de defesa ao seu alcance porque deles já se havia socorrido.

59) Tal como invoca e prova na presente oposição por junção do requerimento de Reclamação Graciosa e do requerimento de interposição de Recurso Hierárquico.

60) A agravante usou estes meios antes de ter lançado mão do processo anulado a pedido da administração fiscal, e no qual estava dentro do prazo para ser possível a convolação em impugnação judicial nos termos do art. 102.º CPPT e era que efectivamente solicitada.

61) A agravante teve de invocar com fundamento de oposição o estatuído a al. *h*) do art. 204.º do CPPT, porque esta norma tem aplicação por força do direito consagrado no n.º 4 do art. 268.º da Constituição da República Portuguesa, e a qual lhe assegura o direito de ver os seus direitos ou interesses legalmente protegidos.

62) Pelo que entende a agravante que a al. *h*) do art. 204.º do CPPT não lhe foi aplicada nem teve a interpretação devida na sentença agora recorrida, uma vez que esta deveria ter sido aplicada porque a agravante não dispunha de qualquer outro meio para se defender da ilegalidade da liquidação da dívida exequenda, direito esse consagrado na CRP.

Termos em que entende que deve o presente Recurso ser provido e, consequentemente, ser revogada a sentença a quo, vindo a ser retomada a tramitação processual adequada, assim se fazendo, a mais serena, sã e objecta, JUSTIÇA.

Não houve contra-alegações.

O EPGA emitiu o seguinte parecer:

"A sentença recorrida não merece censura.

Com efeito, continua a recorrente a pretender discutir a legalidade da liquidação neste processo de execução fiscal.

Ora, a alínea *h*) do artigo 204 do Código de Procedimento e de Processo Tributário, só permite discutir a legalidade da liquidação quando não estiver disponível outro meio de reacção.

Ora, no caso dos autos a recorrente podia ter deduzido atempadamente impugnação da liquidação efectuada.

Somos de parecer que o recurso não merece provimento."

Os autos vêm à conferência com dispensa de vistos.

2. Na decisão recorrida deram-se como provados os seguintes factos com base nos documentos juntos aos autos:

A) A execução fiscal n.º 3123200501022059 foi instaurada contra a oponente por dívida de Imposto Municipal de Sisa, no montante de € 41.400,23, com juros de mora a partir de 16/3/2005, referente ao prédio urbano sito na Rua Amadeu de Sousa Cardoso, 15 a 21, inscrito na matriz predial da freguesia de Alcântara, sob o art. 688, o qual foi adquirido por escritura pública de 27/12//2001, com isenção de Sisa, ao abrigo do art. 11.º n.º 3 do CIMSISS, não se tendo procedido à sua revenda no prazo de três anos (fls. 60).

B) A oponente foi citada em 21/6/2005 e deduziu a presente oposição em 19/6/2005 (fls. 68 e 87)

3. Atenta esta factualidade e aquelas conclusões de recurso, importa determinar a sorte deste.

A nosso ver, não é passível de censura o entendimento expresso da sentença de que ocorria uma questão prévia de prioritária e oficiosa cognição, que é a inidoneidade do meio processual usado e impossibilidade de convolação nos termos pretendidos pela oponente.

Na verdade, inicialmente, e como bem se refere na sentença, a oponente havia fundado a oposição em que, a dívida constante do processo executivo em causa é inexistente já que a oponente adquiriu um imóvel para revenda, ao abrigo da isenção prevista no n.º 3 do art. 11.º do CI.M.SIS.S.D e, após aquele imóvel ter sido submetido ao regime da propriedade horizontal, resultaram 23 fracções destinadas exclusivamente a habitação e uma destinada ao comércio, tendo a agravante dentro do prazo de isenção dos três anos solicitado a liquidação da Sisa da fracção que se destina ao comércio, uma vez que as restantes fracções se destinam exclusivamente a habitação, beneficiando estas da isenção prevista no n.º 22 do art. 11.º do C.I.M.S.I.S.S.D..

Com base nessa factualidade a Mª Juíza rejeitou liminarmente a presente oposição por falta de fundamento legal, ao abrigo do disposto no art. 209.º n.º 1 al. *b*) do CPPT, com a seguinte fundamentação (com as correcções a que procedeu a Mª Juíza no despacho de sustentação exarado a fls. 130):

"Alega a oponente que o imóvel se encontrava todo ocupado por inquilinos e teve que o transformar no regime de propriedade horizontal. Devido à morosidade da Câmara Municipal de Lisboa não foi possível proceder à revenda das respectivas fracções no prazo de três anos.

É patente que a oponente pretende discutir nestes autos de oposição a questão da isenção do Imposto Municipal de Sisa.

Os fundamentos de oposição encontram-se enunciados nas diversas alíneas do n.º 1 do art. 204.º do CPPT.

Dado que os títulos executivos na execução fiscal se equiparam a decisões com trânsito em julgado (art. 164.º), a oposição deve aproximar-se, o mais possível, dos embargos de executado, em processo comum, relativos à execução fundada em sentença (art. 813.º do CPC).

A jurisprudência do STA é unânime em considerar que a isenção fiscal – de um imposto ou de uma taxa – não constitui fundamento de oposição à execução fiscal porque isso conduziria directa ou indirectamente à apreciação da legalidade da dívida exequenda (vg Acs do STA, de 5/6/96, proc.º n.º 020681, JSTA00045886; de 15/12/93, proc.º 016278, JSTA00040639; de 7/2/96, proc.º 019077, JSTA00044182; de 27/5/98, proc.º 020712, JSTA00049347; de 6/5/98, proc.º 020560, JSTA00049475).

Com efeito, a discussão sobre a legalidade em concreto da dívida exequenda só é permitida e possível quando a lei não preveja ou possibilite recurso contencioso ou outro meio judicial de impugnação do acto de liquidação subjacente, nos termos do disposto na al. *h*) do n.º 1 do art. 204.º do CPPT.

É que os fundamentos de oposição são meios de defesa residuais ou sobrantes que, excepto a inexistência de outro meio de defesa, não podem envolver o conhecimento daquela legalidade (cfr. Acs do STA, de 17/9/99, proc.º n.º 24081 e de 20/10/99, proc.º 23663).

Tal é emanação do princípio de que os vícios próprios do acto exequendo devem ser apreciados na impugnação judicial e dentro dos prazos previstos para o efeito, sendo que só as ilegalidades referentes ao acto executório devem ser conhecidos nos meios previstos na lei de oposição à execução.

Como se alcança da factualidade provada, o termo do prazo de cobrança voluntária ocorreu em 16/3/2005 e a oposição foi apresentada em 19/6/2005, mostrando-se, deste modo, ultrapassado o prazo para deduzir impugnação, previsto no art. 102.º n.º 1 al. a) do CPPT, pelo que não é possível convolar a presente oposição em impugnação judicial.

Conclui-se, pois, não ter sido invocado qualquer fundamento válido de oposição pelo que não é este o meio próprio para conhecer da factualidade alegada.

Pelo exposto decide-se rejeitar liminarmente a presente oposição por falta de fundamento legal, ao abrigo do disposto no art. 209.º n.º 1 al. *b*) do CPPT."

A norma da *h*) do art. 204.º do Código de Procedimento e Processo Tributário estabelece, como fundamento da oposição: "ilegalidade da liquidação da dívida exequenda, sempre que a lei não assegure meio judicial de impugnação ou recurso contra o acto de liquidação.

Em regra, a fase executiva é precedida da uma fase administrativa prévia em que é feita a liquidação da dívida exequenda, sendo esta notificada ao interessado, que a pode impugnar pelos meios administrativos e contenciosos previstos na lei (designadamente reclamação graciosa e impugnação judicial), dentro dos prazos legais.

Por isso, como regra, não pode discutir-se na oposição à execução fiscal, a legalidade dessa liquidação, que só pode sê-lo pelos meios próprios de reclamação ou impugnação.

Com efeito, a oposição à execução, em princípio, não pode funcionar como uma segunda oportunidade para poderem fazer valer os seus direitos os contribuintes que deixaram passar os prazos de impugnação administrativa ou contenciosa sem os defenderem.

Como fundamento de oposição à execução, apenas está prevista a designada ilegalidade abstracta da liquidação, por a ilegalidade não residir directamente no acto em que faz aplicação da lei ao caso concreto, mas residir na própria lei cuja aplicação é feita, não sendo, por isso a existência de vício dependente da situação real a que a lei foi aplicada nem do circunstancialismo em que o acto foi praticado.

Cfr. Jorge Lopes de Sousa, Código de Procedimento e de Processo Tributário, anotado, 3ª edição, 2002, pág. 970 e ss..

A oponente pretende discutir a Ilegalidade concreta da divida exequenda.

A lei assegura-lhe meio judicial de impugnação ou recurso contra o acto de liquidação.

Face ao invocado pela oponente, não tendo a mesma reagido contra a ilegalidade da liquidação, em devido tempo e pelo processo adequado, ficou precludida a sua apreciação em sede de execução fiscal; assim, o processo de oposição à execução não é o instrumento processual, adequado para nele ser apreciada a questão da inexistência de facto tributário decorrente da cessação de actividade".

A oponente, como se capta das conclusões de recurso, insurge-se contra o decidido não aceitando que foi deduzida mal oposição à execução.

Todavia, o que ela vem sustentar é que o que está em causa nos presentes autos é um caso de ***inexistência de acto tributário*** e que tal vício consubstancia um problema de legalidade da liquidação da divida exequenda e, como tal, deveria ser conhecido em sede de impugnação e não de oposição.

E, segundo a recorrente, o Meritíssimo Juiz "a quo" tem poderes oficiosos de convolação, alterando a forma de processo, designadamente para a impugnação fiscal, porquanto, estava dentro do prazo para ser possível a convolação em impugnação judicial nos termos do art. 102.° CPPT e era que efectivamente solicitada.

Quid juris?

Dúvidas não sobram de que a oponente veio discutir a legalidade da liquidação e que a oposição à execução fiscal não é o meio próprio para discutir a legalidade em concreto da mesma, devendo por isso concluir-se que ela devia ter sido apreciada em sede de impugnação judicial ou de reclamação graciosa, meios esses que não foram usados pela oponente.

Donde a conclusão definitiva de que a presente oposição é meio inidóneo para obter a anulação da liquidação.

Na verdade, porque só a liquidação afecta, em princípio, os direitos e interesses do contribuinte, só ela é impugnável, abarcando, todavia, essa impugnação todos os referidos actos anteriores, de harmonia com o princípio da impugnação unitária consagrado na nossa lei (impugnação que pode ter por fundamento quaisquer ilegalidades cometidas ao longo do procedimento de liquidação, com vista à respectiva anulação, designadamente a verificação de pressupostos de facto e de direito para determinada isenção que não foi tida em conta pelo órgão liquidador, assegurando-se, desta forma, uma completa e eficaz tutela dos direitos dos contribuintes a não pagarem impostos ilegais).

Vale isto por dizer que a liquidação em sentido estrito se insere num processo típico – processo de liquidação ou liquidação em sentido amplo – e que só esta define a situação jurídica do contribuinte em relação ao imposto.

A ***liquidação*** em sentido amplo é o «*acto pelo qual se fixa não só o montante da prestação mas todo o conteúdo da relação juridicamente tributária nascida da conjugação do facto concreto com a lei*» (cfr. Rodrigues Pardal e Rúben de Carvalho, in "*Código de Processo das Contribuições e Impostos, Anotado*", Vol. I, pág. 43 e A. Xavier, in "*Conceito e Natureza do Acto Tributário*", pág. 245 e segs.), abarcando toda a actividade desenvolvida pela administração fiscal até à exigência final do tributo: desde a determinação da incidência, das ***isenções***, da matéria colectável, da liquidação propriamente dita (*cfr. ob. citada de Rodrigues Pardal e Rúben de Carvalho, pág. 42*).

Assim, porque só a liquidação define a situação jurídica do contribuinte em relação ao imposto, só ela pode afectar ou lesar – como prestação pecuniária que é – os seus direitos e interesses, nomeadamente de carácter patrimonial (cfr., aliás, o Acórdão do STA, Pleno, de 27/06/75, in A.D. n.° 168, pág. 1637). E porque só ela afecta, em princípio, os direitos e interesses dos contribuintes, só ela é impugnável, abarcando todos os actos anteriores, dentro do princípio da impugnação unitária, sem prejuízo dos chamados actos destacáveis que também definem determinada situação jurídica e que por isso são igualmente impugnáveis (cfr. arts. 120.° e segs. do CPT ou arts. 99.° e segs. do CPPT, que prevêem a impugnação do acto tributário com fundamento em qualquer ilegalidade, designadamente, vício de forma, incompetência, violação de lei, inexistência de facto tributário, etc., visando sempre a anulação da liquidação).

No caso vertente, tendo sido efectuada a liquidação adicional de imposto, definindo dessa forma a situação jurídica do contribuinte, há que concluir que aquele acto tributário da liquidação adicional de Sisa constitui ***o acto tributário definidor da situação tributária da recorrente***, um ***acto lesivo dos seus legítimos interesses***, tratando-se, pois, de um acto com eficácia externa, **cujo conteúdo seja susceptível de lesar direitos ou interesses legalmente protegidos do contribuinte** (na terminologia do art. 51.° do CPTA) ou **lesivo** (na terminologia do n.° 4 do art. 268.° da CRP), contenciosamente impugnável face ao disposto naquele art. 51.° do CPTA, conjugado com o art. 268.° n.° 4 da CRP (suposto que constitui acto lesivo aquele que atinge por forma negativa direito ou interesse legítimo legalmente protegido do administrado).

Ora, embora a recorrente tivesse ao seu dispor o processo de impugnação para atacar a liquidação da SISA, tal não o impedia de, em alternativa, usar o meio de reclamação previsto no art. 68.° do CPPT que vigorava ao tempo dos factos e que estabelecia que «*O procedimento de reclamação graciosa visa a anulação total ou parcial dos actos tributários por iniciativa do contribuinte, incluindo, nos termos da lei, os substitutos e responsáveis*». Donde que os meios próprios para atacar qualquer ilegalidade da liquidação eram a impugnação judicial e/ou a reclamação da mesma, nos termos e com os fundamentos estabelecidos no CPPT (cfr. art. 70.°).

Daí que a recorrente podia deduzir a competente impugnação judicial junto do TAF para atacar a legalidade dessa liquidação, nos termos do art. 99.° e segs. do CPPT e do art. 62.° n.° 1 al. *a*) do ETAF, invocando a pertinente ilegalidade e requerendo a consequente anulação do imposto a mais liquidado.

Mas também podia reclamar nos termos do art. 70.° e ss, com os mesmos fundamentos e pedido de anulação do acto de liquidação de Sisa que constitui o verdadeiro acto definitivo e executório, sendo admissível, outrossim e subsequentemente, o recurso hierárquico e recurso contencioso.

E, como fundamento poderia invocar-se qualquer ilegalidade, designadamente, **inexistência de facto tributário**, como agora o fez a recorrente.

No que tange à inexistência de facto tributário, refere *CARDOSO DA COSTA, "Curso de Direito Fiscal", 2ªed., 1972, pág. 126*, que ***«frequentemente o legislador fiscal liga a obrigação do imposto à prática de actos, ao exercício de actividades e ao gozo de situações, que são disciplinadas enquanto tais pelo direito privado».***

Nesses casos, o facto gerador do imposto deriva ou é pelo menos influenciado nos seus contornos pela celebração dum negócio jurídico de determinado tipo.

E, assim, no douto ensinamento de *Alberto Xavier, «Conceito e Natureza do Acto Tributário», 324,*

« O facto tributável com ser facto típico, só existe como tal, desde que na realidade se verifiquem todos os pressupostos legalmente previstos que, por esta nova óptica, se convertem em elementos do próprio facto ».

Em face do que vem dito, impõe-se-nos determinar sobre se deve a p.i. de oposição ser convolada para processo de impugnação judicial.

No essencial, consideramos que a possível convolação desta oposição em impugnação está comprometida pelo facto de entre os termos dos prazos para pagamento voluntário e a entrada da petição deste processo terem decorrido mais do que os 90 dias previstos no art.° 102.° 1 *a*) do CPPT.

Neste passo remetemos para a fundamentação do *Acórdão deste TCA, tirado no Recurso n.° 6851/02 em 08.10.2002* e que, com a devida vénia, passamos a transcrever:

"Segundo o ensinamento de Alberto dos Reis, no Código de Processo Civil Anotado, II, p. 291, e em anotação ao acórdão do Supremo Tribunal de Justiça de 19-2--1952, na Revista de Legislação e Jurisprudência, ano 85.°, pp. 222 e 223, o fim concretamente visado pelo autor e o fim abstractamente figurado pela lei tem de ser coincidentes; se assim acontecer, terá sido bem empregado o processo; se, pelo contrário, o pedido não se ajustar à finalidade para que a lei concebeu o processo, há erro na forma de processo; o erro na forma de processo utilizada afere-se, pois, pelo desajustamento à finalidade para a qual a lei criou o respectivo processo.

Verificado o erro na forma de processo, a petição inicial deve ser indeferida, se não puder ser aproveitada; se a acção tiver ultrapassado a fase liminar, há-de anular-se todo o processado, e absolver-se o réu da instância, nos termos do artigo 288.°, n.° 1, alínea b), do Código de Processo Civil – cf., neste sentido, Alfredo de Soveral Martins, Lições de Processo Civil (Pressupostos Processuais), Apontamentos, Coimbra, 1969, p. 263 e 264; cf. também, por exemplo, o acórdão da Secção de Contencioso Tributário do Supremo Tribunal Administrativo, de 7-2-1990, no Apêndice ao Diário da República de 15-10--1992, pp. 25 a 28.

A absolvição da instância, porém, não obsta a que outra acção (apropriada) seja proposta sobre o mesmo objecto – de acordo com os termos do artigo 289.° do Código de Processo Civil.

Por seu turno, o artigo 199.° do Código de Processo Civil – compêndio subsidiariamente aplicável em processo judicial tributário, por força da alínea e) do artigo 2.° do Código de Procedimento e de Processo Tributário, vigente à data de entrada da presente petição inicial, em 09-05-2001 – dispõe que o erro na forma de processo importa unicamente a anulação dos actos que não possam ser aproveitados, devendo praticar-se os que forem estritamente necessários para que o processo se aproxime, quanto possível, da forma estabelecida pela lei (n.° 1); e não devem aproveitar-se os actos já praticados, se do facto resultar uma diminuição de garantias do réu (n.° 2).

De resto, tal solução encontra também fundamento nos princípios da celeridade e da economia processual.

Por força do disposto nos artigos 202.° e 206.°, n.° 2, do mesmo Código de Processo Civil, o erro na forma de processo é de conhecimento oficioso até ao trânsito em julgado da decisão final, inexistindo obstáculos processuais insuperáveis a que um processo de oposição possa ser convolado em processo de impugnação judicial.

Ademais e como já se referiu, alguns fundamentos do processo de impugnação judicial, pela sua particular gravidade, são também fundamentos de oposição à execução fiscal, como são manifestamente os casos de ilegalidade em abstracto da dívida exequenda, de inconstitucionalidade de normas que suportam e regem a liquidação e a execução e de duplicação de colecta.

Com tais fundamentos, é admissível a discussão da legalidade da liquidação em processo de oposição à execução em termos de, se reconhecida a ilegalidade da liquidação, esta ser anulada declarando-se, em consequência, extinta a respectiva execução fiscal.

O próprio Código de Procedimento e de Processo Tributário, no n.° 2 do seu artigo 204.°, prevê casos de oposição à execução fiscal que devem seguir a forma de processo de impugnação judicial

Em boa verdade, toda a oposição à execução fiscal, ao intentar a extinção do processo em que decorre a cobrança coerciva da obrigação liquidada, pode ter como objectivo também a eliminação da liquidação tributária. A liquidação da obrigação tributária constitui, no entanto, apenas o seu objecto mediato – pois que o objecto imediato da oposição é a execução fiscal, tendo em vista a extinção desta, total, ou apenas parcial.

Daqui resulta que não existe essencial antítese entre a impugnação judicial e a oposição à execução fiscal – cf. os acórdãos da Secção de Contencioso Tributário do Supremo Tribunal Administrativo, de 27-5-1992 (recurso n.° 13 840), de 20-10-1993 (o mesmo recurso em Pleno da Secção), e de 2-11-1994, recurso n.° 17891."

Ora, sendo embora certo que a causa de pedir (inexistência de facto tributário) e o pedido (anulação das liquidações) sejam compatíveis com o processo de impugnação judicial, evidenciam os autos que o prazo de pagamento voluntário ocorreu em 16/3/2005 e a oposição foi apresentada em 19/6/2005, mostrando-se, deste modo, ultrapassado o prazo para deduzir impugnação, previsto no art. 102.° n.° 1 al. *a*) do CPPT, pelo que não é possível convolar a presente oposição em impugnação judicial.

Assim, independentemente da ocorrência e compatibilidade dos demais requisitos legais, i. é, da causa de pedir e do pedido ao processo de impugnação, falha, desde logo, a tempestividade da respectiva petição inicial.

Tanto basta, a nosso ver, para que a petição inicial no presente caso não possa se convertida em processo de impugnação judicial, como a ora recorrente pretende.

A «convolação» da oposição em impugnação judicial, só poderia operar-se desde que, não sendo manifesta a improcedência, ela fosse tempestiva e a petição se mostrasse idónea para o efeito (tem sido esta, sem discrepância, a jurisprudência do STA cfr., por mais recentes, os acs. de 27/2/2002, Rec. 26722, de 21/6/2000, Rec. 24.605 e de 23/2/2000, Rec. 24.357).

De todo o modo, não pode mandar seguir-se a forma adequada, já que a impugnação para a qual se aproveitaria a presente PI sempre seria intempestiva, dado que entre aquelas duas datas decorreram mais do que os 90 dias previstos no art. 102.°, n.° 1, al. *a*) do CPPT. A convolação seria, assim, um acto inútil e, por conseguinte, proibido por lei – artigo 137.° do Código de Processo Civil.

4. Termos em que se acorda negar provimento ao recurso e manter a sentença recorrida.

Custas pela recorrente.

Lisboa, 3 de Maio de 2007

Gomes Correia
Eugénio Sequeira
Ascensão Lopes

Recurso n.° 1720/07

OPOSIÇÃO À EXECUÇÃO FISCAL. RESPONSABILIDADE DOS GERENTES NOS TERMOS DO ART. 13.º DO CPT. GERÊNCIA DE DIREITO/GERÊNCIA DE FACTO.

(Acórdão de 19 de Junho de 2007)

SUMÁRIO:

I – Reportando-se a dívida exequenda a IVA e juros compensatórios de 1995 e 1996, o regime legal da responsabilidade subsidiária dos gerentes por dívidas fiscais é o previsto no art. 13.º do CPT, sendo irrelevante para a determinação do regime legal aplicável a data em que foi ordenada a reversão.

II – Para efeitos de responsabilização segundo o normativo dito em I não basta a mera gerência nominal ou de direito, dependendo a responsabilidade subsidiária da gerência efectiva ou de facto.

III – Não prevendo a lei que a gerência de direito faz presumir a gerência de facto, mas sendo essa uma presunção judicial, admite-se a sua ilisão por qualquer meio de prova, sendo suficiente a contraprova e não sendo exigível a prova do contrario (cfr. arts. 350.º e 351.º do CC).

IV – Não logra ilidir tal presunção o gerente que afirma que era uma outra pessoa que no dia a dia se encontrava à frente da sociedade, quando a mesma era gerente nomeada da sociedade, sendo necessária a sua assinatura para a obrigar e desenvolvia a sua actividade de forma regular.

V – Provando-se que a Oponente foi nomeada gerente e que no período temporal a que se reportam as dívidas exequendas assinou documentos necessários ao giro comercial da sociedade, tem-se por verificada a gerência de facto não obstante se admita que todos os demais actos típicos de gerência eram praticados por terceira pessoa.

VI – Nesse desiderato não pode considerar-se que o oponente tenha logrado ilidir a presunção de gerência de facto.

VII – E, não tendo o gerente logrado fazer prova de que a insuficiência económica da sociedade originária devedora não é da sua responsabilidade e havendo elementos indiciários de que na sua gerência se limitou a assinar documentos e se desinteressou dos destinos da sociedade, deve concluir-se, num juízo de normalidade, que não usou da diligência de um *bonus pater familiae,* e, assim, que não conseguiu ilidir a presunção de culpa que sobre ele impendia.

ACORDA-SE, EM CONFERÊNCIA, NA SECÇÃO DE CONTENCIOSO TRIBUTÁRIO (2.ª SECÇÃO) DO TRIBUNAL CENTRAL ADMINISTRATIVO:

1. MARGARIDA MARIA NICOLAU GOMES FERREIRA, com os sinais identificadores dos autos, recorreu para o TCAS da decisão do Mm.º Juiz do Tribunal Administrativo e Fiscal de Lisboa que julgou parcialmente improcedente a oposição que deduziu à execução fiscal contra si instaurada para cobrança de dívidas provenientes de IVA e IRC dos anos de 1995, 1996 e 2000 devidos pela sociedade **P.R.2-Sociedade de Serviços e Representações de Higiene, Ldª** apresentando, para o efeito, alegações nas quais conclui:

I. A sentença recorrida enferma de errado julgamento da matéria de facto do ponto três, face à prova produzida.

II. Por ter sido ilidida a presunção que recai sobre a ora Recorrente, na qual a gerência de direito faz presumir a gerência de facto, face à prova testemunhal produzida, não deve ser a Recorrente responsabilizada do pagamento da referida dívida.

III. Por não ter sido dado como provado que procedeu de facto ilícito da ora Recorrente que o património da originária executada se tornou insuficiente para o pagamento das referidas dívidas, deve a Recorrente ser considerada parte ilegítima na execução por reversão contra ela movida.

IV. Sendo a natureza das dívidas a mesma, e reportando-se ao mesmo período temporal, a sentença ora recorrida entra em contradição com as sentenças proferidas nos processos 123/2004 e 151/04 já transitadas em julgado, nos quais se concluiu pela não responsabilização da ora Recorrente, configurando uma ofensa ao Caso Julgado Material.

Termos em que, entende que, dando-se provimento ao recurso, deve ser revogada a sentença recorrida, só assim se fazendo integral aplicação do DIREITO e se fará JUSTIÇA.

Não houve contra-alegações.

O EPGA emitiu a fls. 242 o seguinte douto parecer:

"I – Margarida Maria Nicolau Gomes Ferreira vem interpor recurso da sentença do Mmo Juiz do TAF de Lisboa II que julgou a oposição parcialmente procedente, declarando a oponente parte legítima para a execução.

Pretende a recorrente a revogação da sentença sob apreço, com os fundamentos que apresenta nas conclusões de recurso.

A sentença recorrida deu por assente a matéria de facto a fls. 161/162, que determinou a decisão recorrida.

II – Examinada a prova produzida, nomeadamente os documentos juntos aos autos, verifica-se que a oponente assinava documentos ou cheques quando tal era necessário para o giro normal da sociedade, o que aconteceu com regularidade durante o período a que se referem as dívidas exequendas, como ficou comprovado até pela sua intervenção sobre esta matéria, como se mostra no documento junto a fls. 20/24, onde a recorrente solicita o pagamento das dívidas ao abrigo do disposto no DL 124/96 de 10 de Agosto; ficou provado que a oponente assinava cheques para o normal funcionamento da sociedade.

Competia à recorrente, enquanto gerente nomeada, verificar se os impostos estavam a ser pontualmente pagos, não sendo desculpabilizante para a sua conduta, o que agora alega, sendo-lhe exigível que agisse com a diligência de um *bónus* ***pater famílias.***

Não logrou a oponente ilidir a presunção de não ter exercido de facto a gerência da sociedade, uma vez que a assinatura de cheques e de outros documentos essenciais para a vida societária, sem que tenha tido comportamento diligente de controlo, afastam tal pretensão.

De realçar, a favor da tese da sentença recorrida, o entendimento maioritário deste Tribunal, de que a passagem de cheques pelo gerente nomeado, consubstancia actos de gerência efectiva e que a sua assinatura em branco ou não, é insuficiente para ilidir a presunção do art. 13.° do CPT, sendo tida como um acto de gerência negligente e censurável.

Dos factos dados como provados, parece querer retirar a recorrente a consequência de não ter qualquer responsabilidade na diminuição do património da sociedade devedora originária, quando afirma que não era responsável pela respectiva gestão financeira, fazendo uma errada interpretação dos factos e do direito aplicável aos mesmos (art. 13.° do CPT).

No ponto IV das conclusões vem referida a eventual existência de contradição da sentença recorrida com anteriores decisões o que poderia determinar a existência da excepção do caso julgado; porém a recorrente limita-se a referir tal contradição, mas não a alega nem prova quer na 1ª instância quer em sede de recurso, pelo que se entende que não deve tomar-se conhecimento da mesma.

A sentença fez uma correcta apreciação da matéria de facto e do direito aplicável, pelo que deve ser mantida.

Emite-se parecer no sentido do improvimento do recurso."

Os autos vêm à conferência depois de recolhidos os vistos aos Juízes adjuntos.

2. A sentença recorrida deu como assente a seguinte matéria fáctica:

FACTOS PROVADOS:

1 – A firma executada originária, "P.R.2 – Sociedade de Serviços e Representações de Higiene, Lda.", com o n.i.p.c. 503 139 726, encontra-se matriculada sob o n.° 2112/940126, na Conservatória do Registo Comercial de Torres Vedras, tendo como objecto social o comércio, serviços e representações de produtos de higiene, desinfestação, limpeza e materiais de revestimento e decoração (cfr.certidão da Conservatória do Registo Comercial junta a fls.90 a 94 dos autos);

2 – O oponente, Margarida Maria Nicolau Gomes Ferreira, foi gerente da firma executada originária no período que mediou entre 16/2/1995 e 8/8/1997, data em que renunciou a tal cargo (cfr.certidão da Conservatória do Registo Comercial junta a fls. 90 a 94 dos autos; documento junto a fls. 11 dos autos);

3 – No período temporal identificado no n.° 2, a assinatura do opoente era necessária para obrigar a empresa executada originária, sendo este que, além do mais, assinava as declarações fiscais da mesma sociedade, tal como os cheques que visavam o pagamento do salário dos seus trabalhadores (cfr. depoimento das testemunhas arroladas pelo opoente o qual se encontra gravado em cassete áudio que faz parte integrante dos presentes autos; documento junto a fls. 20 a 24 dos autos);

4 – Em 25/11/1996, a Fazenda Pública instaurou processo de execução fiscal com o n.° 1589-96/100931.1 e apensos, tendo por objecto a cobrança coerciva de dívidas da firma "P.R.2 – Sociedade de Serviços e Representações de Higiene, Lda.", relativas a I.V.A. e juros compensatórios, do 3.° e 4.° trimestres de 1995, 1.° trimestre de 1996 e do ano 2000, a coima fiscal e custas processuais relativas a factualidade do ano 2000, e a juros de mora liquidados no ano 2001, tudo no montante global de € 57.780,90 (cfr. documentos juntos a fls. 14, 16, 17, 28, 31 e 34 dos autos; informação exarada a fls. 12 e 13 dos autos);

5 – Em 23/3/2004, devido à inexistência de bens penhoráveis em nome da empresa executada originária, foi exarado despacho de reversão da execução contra o oponente e enquanto responsável subsidiário (cfr. informação exarada a fls. 12 e 13 dos autos; documento junto afls. 47 dos autos);

6 – Em 30/3/2004, o oponente foi citado para a execução fiscal identificada no n.° 4 (cfr. documentos juntos a fls.48, 49 e 49-verso dos autos; informação exarada a fls.12 e 13 dos autos);

7 – No dia 27/4/2004, deu entrada no 1.° Serviço de Finanças de Torres Vedras a oposição apresentada por Margarida Maria Nicolau Gomes Ferreira (cfr. carimbo de entrada aposto a fls. 2 dos autos).

FACTOS NÃO PROVADOS

Dos factos, com interesse para a decisão da causa, constantes da oposição, todos objecto de análise concreta, não se provaram os que não constam da factualidade supra descrita.

MOTIVAÇÃO DA DECISÃO DE FACTO

A decisão da matéria de facto efectuou-se com base no exame das informações e dos documentos, não impugnados, que dos autos constam e no depoimento das testemunhas arroladas pelo opoente, tudo conforme referido a propósito de cada uma das alíneas do probatório.

3. Atenta a ordem do julgamento estabelecida no art. 660.° do CPC, aplicável ao recurso por força das disposições combinadas dos arts. 713.° n.° 2 e 749.°, ambos daquele Código, vemos que as questões sob recurso, suscitadas e delimitadas pelas conclusões da Recorrente, são as de saber se:

A) A sentença recorrida enferma de errado julgamento da matéria de facto do ponto três, face à prova produzida (conclusão I);

B) Se a oponente deve ser responsabilizada pelo pagamento das dívidas objecto do processo de execução fiscal e de que é devedor originário a empresa "P.R.2 – Sociedade de Serviços e Representações de Higiene, Lda." e que, consequentemente, se deve, ou não, considerar-se parte legítima na mesma execução (conclusões II e III);

C) Se é configurável uma ofensa ao Caso Julgado Material (conclusão IV).

Assim:

Do errado julgamento da matéria de facto

Sustenta a oponente a tal propósito que a sentença recorrida enferma de errado julgamento da matéria de facto do ponto três, face à prova produzida.

Ao referido ponto 3 do probatório levou o M.° Juiz que no "...período temporal identificado no n.° 2, a assinatura do opoente era necessária para obrigar a empresa executada originária, sendo este que, além do mais, assinava as declarações fiscais da mesma sociedade, tal como os cheques que visavam o pagamento do salário dos seus trabalhadores (cfr. depoimento das testemunhas arroladas pelo opoente o qual se encontra gravado em cassete áudio que faz parte integrante dos presentes autos; documento junto a fls. 20 a 24 dos autos).

O erro de julgamento da matéria de facto assacado pela recorrente à sentença, deriva (v. pontos 14 a 25), no essencial, de face à prova testemunhal produzida, e tendo em conta o facto de todas as testemunhas afirmarem peremptoriamente que todos os assuntos eram tratados como Carlos Bonificácio, e que a ora recorrente apenas assinava cheques em branco, a pedido de Carlos Bonifácio, ficou ilidida a presunção judicial de que a gerência de direito faz presumir a de facto, bastando-se tal ilisão com a criação de uma dúvida fundada.

O certo é, porém, que o alegado pela recorrente não infirma a decisão fáctica já que, como bem refere a EPGA, examinada a prova produzida, nomeadamente os documentos juntos aos autos, verifica-se que a oponente assinava documentos ou cheques quando tal era necessário para o giro normal da sociedade, o que aconteceu com regularidade durante o período a que se referem as dívidas exequendas, como ficou comprovado até pela sua intervenção sobre esta matéria, como se mostra no documento junto a fls. 20/24, onde a recorrente solicita o pagamento das dívidas ao abrigo do disposto no DL 124/96 de 10 de Agosto; ficou provado que a oponente assinava cheques para o normal funcionamento da sociedade.

E é essa a factualidade que releva para a decisão, apontando a mesma para a responsabilização da oponente nos termos perfilados no enquadramento jurídico da sentença, pelo que, mesmo que se considere que Carlos Bonifácio tinha o domínio efectivo da gerência da sociedade, mesmo assim não pode isentar-se a oponente de responsabilidade como adiante melhor se justificará.

Daí que não proceda a conclusão sob análise.

***

Da responsabilidade da oponente pelo pagamento das dívidas em causa

Na sentença recorrida, com fundamento em que a culpa funcional consagrada no art. 13.°, n.° 1, do C. P. Tributário, só opera quando exista da parte do administrador ou gerente um efectivo exercício do seu cargo, traduzido na prática de actos de administração em nome e no interesse da sociedade visada e que de acordo com a jurisprudência dominante, a responsabilidade dos gerentes de sociedades de responsabilidade limitada deve reportar-se tanto ao período em que ocorreram os factos tributários, como àquele em que se processa a respectiva cobrança voluntária (cfr. por todos ac.S.T.A. – 2ª Secção, 2/3/95, rec.18760, Ap. D.R., 31/7/97, pág.595 e seg.; ac.S.T.A. – 2ª Secção, 15/11/95, rec.19366, Ap. D.R., 14/11/97, pág. 2681 e seg.), entendeu-se que "In casu", da análise da matéria de facto provada retira-se a conclusão que a oponente não logrou provar a não existência de culpa que lhe seja imputável face ao inexistente património da firma executada originária com vista ao pagamento das dívidas exequendas (cfr. n.os 1 a 3 da matéria de facto provada). Pelo contrário, afirma o M.° Juiz recorrido, ficou provado que a oponente foi sócia e gerente no exercício efectivo de funções da mesma empresa durante o período de 16/2/1995 e 8/8/1997, data em que renunciou a tal cargo (cfr. n.os 1 a 3 da matéria de facto provada). E, em face do referido, veio a concluir-se na sentença que deve a oponente ser responsabilizada pela insuficiência do património social da empresa "P.R.2 – Sociedade de Serviços e Representações de Higiene, Lda." com vista à satisfação dos créditos de I.V.A. e juros compensatórios, do 3.° e 4.° Trimestres de 1995 e 1.° trimestre de 1996, no montante global de € 33.239,71 e objecto do processo de execução de que os presentes autos constituem apenso.

Contra o assim fundamentado e decidido se insurge a oponente argumentando que por ter sido ilidida a presunção que recai sobre a ora Recorrente, na qual a gerência de direito faz presumir a gerência de facto, face à prova testemunhal produzida, não deve ser a Recorrente responsabilizada pelo pagamento da referida dívida.

Adita que por não ter sido dado como provado que procedeu de facto ilícito da ora Recorrente que o património da originária executada se tornou insuficiente para o pagamento das referidas dívidas, deve a Recorrente ser considerada parte ilegítima na execução por reversão contra ela movida.

A EPGA defende o bem julgado da sentença não só porque competia à recorrente, enquanto gerente nomeada, verificar se os impostos estavam a ser pontualmente pagos, não sendo desculpabilizante para a sua conduta, o que agora alega, sendo-lhe exigível que agisse com a diligência de um *bónus* ***pater famílias***, mas também porque não logrou a oponente ilidir a presunção de não ter exercido de facto a gerência da sociedade, uma vez que a assinatura de cheques e de outros documentos essenciais para a vida societária, sem que tenha tido comportamento diligente de controlo, afastam tal pretensão tanto mais que há o entendimento maioritário deste Tribunal, de que a passagem de cheques pelo gerente nomeado, consubstancia actos de gerência efectiva e que a sua assinatura em branco ou não, é insuficiente para ilidir a presunção do art. 13.° do CPT, sendo tida como um acto de gerência negligente e censurável.

Aduz por fim a EPGA que dos factos dados como provados, parece querer retirar a recorrente a consequência de não ter qualquer responsabilidade na diminuição do património da sociedade devedora originária, quando afirma que não era responsável pela respectiva gestão financeira, fazendo uma errada interpretação dos factos e do direito aplicável aos mesmos (art. 13.° do CPT).

Quid juris?

Quanto à questão substantiva e que fundamentou a sentença recorrida, julgou o Meritíssimo Juiz "a quo", que estando provada a gerência de direito, ocorreu gerência de facto.

No âmbito do CPT (artigo 13.°), tem sido jurisprudencialmente sufragado a noção de que ocorrendo gerência de direito, se presume a gerência de facto.

Muito relevante para a decisão do pleito é a forma de obrigar da sociedade que exigia a assinatura conjunta da oponente que sempre que necessário a conferiu, logo impelindo o exercício por parte dela à efectiva gerência de facto.

E ainda que se alegue que a gerência de facto havia sido confiada a terceiro, sempre persistiria a intervenção pessoal e activa como gerente titulado na vinculação da sociedade, o que se subsume integralmente à noção de gerência de facto.

Logo por aí, forçoso será concluir que estão verificados todos os pressupostos legalmente erigidos à responsabilização do ora oponente, nos termos do artigo 13.º e 239.º do CPT, a saber: inexistência de bens por parte da devedora originária, nomeação de pessoa a quem reverter a execução, investida na qualidade de gerente direito e efectivo exercício das funções para o qual foi nomeado.

«Prima facie», respeitando a dívida exequenda (na parte sob recurso) a I.V.A. e juros compensatórios, do 3.º e 4.º Trimestres de 1995 e 1.º trimestre de 1996 o regime legal de responsabilidade subsidiária dos gerentes aplicável é o do art. 13.º do CPT, porquanto, é hoje jurisprudência uniforme que as normas com base nas quais se determina a responsabilidade subsidiária dos administradores e gerentes das sociedades de responsabilidade limitada e as condições da sua efectivação são as que estejam em vigor no momento em que se verificam os pressupostos de tal responsabilidade (art. 12.º do Código Civil *(CC)).* Nesse sentido, o *Acórdão deste TCA de 20/01/04, no Recurso n.º 1172/03,* cuja fundamentação iremos seguir de perto, com a devida vénia, no qual se indicam numerosos arestos no sentido precisado.

Por força de tal normativo, a responsabilidade subsidiária dos gerentes das sociedades de responsabilidade limitada não se basta com a gerência nominal ou de direito, exigindo-se também a gerência efectiva ou de facto no período a que se referem as dívidas. Isso mesmo resulta claramente do texto da lei, que alude ao «exercício do cargo».

Tendo presente esse regime, já se viu que a sentença não incorreu em erro de julgamento de facto pois os autos permitem dar como assente, pelas razões já expendidas, que a oponente, Margarida Maria Nicolau Gomes Ferreira, foi gerente da firma executada originária no período que mediou entre 16/2/1995 e 8/8/1997, data em que renunciou a tal cargo e que nesse período a assinatura do oponente era necessária para obrigar a empresa executada originária, e que oponente assinava os documentos, necessários ao giro comercial da mesma.

Ora, atenta a factualidade fixada e tendo presente o regime de responsabilidade aplicável atrás definido, impõe-se concluir que a Oponente foi gerente de facto da sociedade.

Na senda do douto acórdão cuja fundamentação vimos seguindo, é à Fazenda Pública, como titular do direito de reversão da execução fiscal contra o responsável subsidiário, que compete fazer a prova da gerência como pressuposto da obrigação de responsabilidade subsidiária.

Provada a gerência de direito, como no caso acontece, desta se infere a gerência efectiva ou de facto, por presunção que é judicial e, por isso, admite contraprova através de qualquer meio de prova, não se exigindo a prova do contrário para que seja ilidida.

No caso concreto, não só a Recorrente não logrou afastar a presunção de gerência de *facto* resultante da nomeação dela como gerente de direito, como ficou demonstrado que ela praticou actos em representação da sociedade originária devedora, designadamente a assinatura de cheques e outros documentos.

Ademais, porque a sociedade se obrigava com a assinatura da oponente, era naturalmente de presumir, ainda que não estivesse demonstrada, a prática de alguns actos em representação da sociedade, como forma de assegurar o giro comercial.

E, o *facto* de a Oponente ter assinado documentos, mesmo que eles eventualmente constituam os únicos documentos em que ela apôs a assinatura como representante legal da sociedade, é o suficiente para que se considere que praticou actos de gerência pois, tal como se expende no acórdão deste Tribunal Central Administrativo de 20 de Junho de 2000, proferido no recurso n.º 3468/00, «Não explicitando a lei no que consiste a gerência, vem a doutrina e a Jurisprudência referindo que, como tal, se deve considerar aquela em que os gerente praticam actos de disposição ou de administração, de acordo com o objecto social da sociedade, em nome representação desta, vinculando-a perante terceiros, atentos os contornos normativos que dela é feita nos arts. 252.º, 259.º 260.º e 261.º do Cód. Sociedade. Com. – (cfr., entre outros, os Acs. do STA de 4-2-81, in AD 236.º; de 3-10-85, in AD 237.º e Acs. T.T. 2ª Instância de 12-11-91, (n CTF 365.º, pág. 259 e de 24-6-84, in CTF 376.º, pág. 257).

Como se refere no Acórdão que vimos citando, são os gerentes de facto quem exterioriza a vontade das sociedades nos seus negócios Jurídicos, são eles quem manifesta a capacidade de exercício de direitos da sociedade, praticando actos que produzem efeitos na esfera Jurídica desta e não na sua própria. São os gerentes que vinculam a sociedade, em actos escritos, apondo a sua assinatura com indicação dessa qualidade, conforme estipula o art. 206.º n.º 4 do C.S.C, (sobre o assunto, vejam-se, entre outros, Manuel de Andrade, In Teoria Geral da relação Jurídica, vol. I, pág. 115, e Alfredo *Sousa* e José Silva Paixão, In C.P.T. Anotado, 2.ª ed. pág. 50).

E tal como vem sendo jurisprudencialmente entendido, a lei não exige que os gerentes, para que sejam responsabilizados pelas dívidas da sociedade, exerçam uma administração continuada, apenas exigindo que eles pratiquem actos vinculativos da sociedade, exercitando desse modo a gerência de facto,

O legislador limita-se, na instituição da obrigação de responsabilidade, a relevar apenas o cargo de gerente, sem entrar em linha de conta se este abarca a totalidade da capacidade jurídica da sociedade ou apenas certa parcela, estando quanto a esse aspecto arredada qualquer restrição da obrigação de responsabilidade».

Donde que, a Oponente, ao assinar documentos da sociedade na qualidade de representante legal, estava a exteriorizar a vontade da sociedade, vinculando-a, estava a representá-la perante terceiros. Mesmo que sejam estes os únicos factos praticados pelo Oponente enquanto gerente da sociedade, eles revelam o exercício, ainda que restrito, da gerência, como decorre do art. 260.º, n.º 4, do Código das Sociedades Comerciais.

«In casu», resultou provado que a Oponente era gerente de direito da sociedade e que, nessa qualidade, ela assinava documentos respeitantes àquela, o que representa exercício da gerência.

Decorre da nomeação de gerente ou administrador de uma sociedade, a presunção de gerência efectiva da mesma, de ter exercido as correspondentes funções, cabendo ao interessado ilidir tal presunção.

A presunção supra é de natureza meramente simples, natural ou judicial, que não legal, tendo por base os dados da experiência comum e só é admitida nos casos e nos termos em que é admitida a prova testemunhal (cfr. art.os. 350.º e 351.º do CC).

A ilisão de tal presunção pode ser efectuada por qualquer meio de prova, designadamente pela prova testemunhal.

E não logra ilidir tal presunção a gerente que, baseada apenas nos depoimentos das testemunhas inquiridas, afirmam que era uma outra pessoa que no dia a dia se encontrava à frente da sociedade, quando a mesma sociedade tinha a oponente como gerente, sendo necessária a assinatura dele para a obrigar e desenvolvia a sua actividade de forma regular, no âmbito da qual a oponente assinava documentos que a vinculavam.

Assim, impõem-se-nos concluir que o Oponente não logrou ilidir a presunção da gerência de facto resultante da sua qualidade de gerente nominal, havendo-se demonstrado que ela efectivamente praticou actos de gerência na sociedade originária devedora.

***

Tal conclusão extraída na sentença recorrida, implica um correcto julgamento de direito pois pode e deve afirmar-se a responsabilidade subsidiária da oponente como gerente da sociedade originária devedora à luz do direito aplicável.

Na verdade, resulta do art. 13.° do CPT que a culpa susceptível de fundar a responsabilidade subsidiária exige a gerência de facto e, como refere Jorge Lopes de Sousa, in CPPT Anotado, 4ª ed., nota 26 ao art. 204.°, pág. 895, «Se o administrador ou gerente não exercia quaisquer funções de gerência de facto, não se justificava que fosse formulado em relação e ele um juízo de culpa susceptível de basear a responsabilidade subsidiária, já que não era possível a existência de nexo de causalidade entre a sua actuação e a situação de insuficiência patrimonial de sociedade, nem podia falar em relação a ele de possibilidade de pagar as dívidas fiscais e não o fazer, dívidas essas de que, sem um exercício ao menos parcial da gerência, não poderia ter sequer conhecimento.

Era nesta relação de *proximidade real* entre o gerente de direito e a vida da sociedade que assentava aquela presunção de culpa e a responsabilidade subsidiária do gerente.

A mera omissão de concretização prática dos deveres de controle da vida da sociedade inerentes ao cargo de gerente de direito nunca foi considerada pelo Supremo Tribunal Administrativo bastante para justificar e responsabilidade».

Sendo assim, impõe-se a improcedência da invocada falta de um dos requisitos da responsabilidade subsidiária – a gerência de facto – não cabendo aquilatar se a oposição pode proceder com base na culpa do Oponente que, nesse particular, alegou que não tinha culpa pela Insuficiência do património social e, nos termos do disposto no art. 13.° do CPT é ao gerente que incumbia demonstrar que não teve culpa pela insuficiência do património social para responder por essas dívidas, não o logrando fazer.

Não Obstante, sempre se dirá que, não tendo o gerente logrado fazer prova de que a insuficiência económica da sociedade originária devedora não é da sua responsabilidade e havendo elementos indiciários de que na sua gerência se limitou a assinar documentos e se desinteressou dos destinos da sociedade, deve concluir-se, num juízo de normalidade, que não usou da diligência de um *bonus pater familiae,* e, assim, que não conseguiu ilidir a presunção de culpa que sobre ele impendia.

A culpa consiste na omissão reprovável de um dever de diligência, que é de aferir em abstracto (a diligência de um bom pai de família), quer no que respeita à responsabilidade extracontratual, quer no domínio da responsabilidade contratual – cf. artigos 487.°, n.° 2, e 799.°, n.° 2 do Código Civil; Culpa, no sentido restrito traduz-se na omissão da diligência exigível: – o agente devia ter usado de uma diligência que não empregou – devia ter previsto o resultado ilícito, afim de o evitar e nem sequer o previu. Ou, se previu, não fez o necessário para o evitar, não usou das adequadas cautelas para que ele se não produzisse.

Operando com a teoria da causalidade adequada que se consagra no nosso ordenamento jurídico, para que a actuação do recorrente se pudesse dizer causa do prejuízo era mister que, em abstracto, aquela fosse adequada a produzi-lo, que o prejuízo fosse uma consequência normal típica daquela. E para se poder dizer que a acção ou omissão do recorrente foi adequada à insuficiência do património da empresa para a satisfação dos créditos parafiscais, deve seguir-se o processo lógico da prognóse póstuma, ou seja, de um juízo de idoneidade, referido ao momento em que a acção se realiza ou a omissão ocorre, como se a produção do resultado se não tivesse ainda verificado, isto é, de um juízo «ex ante».

É que a causalidade não se refere ao facto e ao dano isoladamente considerados, mas ao processo factual que, em concreto, conduziu ao dano e que não pode existir causalidade adequada quando o dano se verificou apenas por virtude de circunstâncias excepcionais, anormais, extraordinárias ou anómalas que, no caso concreto, se registaram e que interferiram no processo de causalidade, considerado este no seu conjunto.

No entanto, pode dizer-se que o resultado danoso se ficou a dever fundamentalmente a deficiente gestão do oponente que desde sempre participou da gerência, e, como sócio-gerente, competia-lhe verificar se os impostos eram pagos, não exclui a sua responsabilidade o ter sido eventualmente enganado pelo contabilista, pois a escolha e a fiscalização do trabalho deste era sua função como gerente, omitindo, pois, as condutas que naturalmente se lhe impunham ao ponto de deixar criar e manter uma situação de crise financeira, não accionando um dos meios legais atinentes de protecção dos credores, «maxime» a falência, quando o património societário já era manifestamente insuficiente para que os créditos fossem satisfeitos.

Assim, a recorrente não fez o que lhe era exigível perante a situação económica e financeira em que se encontrava a empresa, sendo censurável o se comportamento como gerente ao deixar a sociedade "em roda livre".

Num tal circunstancialismo a conduta adequada passava por levar a cabo diligências tendentes a apresentar a executada à falência ou sujeitar a empresa ao processo de recuperação em tempo oportuno, oferecendo aos credores a possibilidade de cobrarem os seus créditos ainda à custa do património social.

Improcedem, assim, as conclusões em apreço.

***

Da ofensa ao Caso Julgado Material

Sustenta, por fim, a recorrente que sendo a natureza das dívidas a mesma, e reportando-se ao mesmo período temporal, a sentença ora recorrida entra em contradição com as sentenças proferidas nos processos 123/2004 e 151/04 já transitadas em julgado, nos quais se concluiu pela não responsabilização da ora Recorrente, configurando uma ofensa ao Caso Julgado Material.

Tomando posição sobre este fundamento de recurso, afirma a EPGA que a recorrente limita-se a referir tal contradição, mas não a alega nem prova quer na 1ª instância quer em sede de recurso, pelo que se entende que não deve tomar-se conhecimento da mesma.

E, na verdade, a recorrente não substancia a sua alegação e consequência dessa omissão só pode ser a propugnada pela EPGA.

A formação de caso julgado material significa que o decidido tem força obrigatória dentro do processo e fora dele, impedindo que o mesmo ou outro Tribunal *ou qualquer autoridade* possa definir em termos diferentes o direito aplicável à relação material litigada.

Teleologicamente, o que essencialmente se pretende com o caso julgado é que os tribunais e, por maioria de razão, as autoridades públicas, respeitem ou acatem a decisão, *não julgando de novo a questão ou contrariando os seus efeitos daquela*.

É certo que o caso julgado tem limites, uns de carácter objectivo, outros de natureza subjectiva que decorrem dos termos em que está definida a excepção do caso julgado que pressupõe a repetição de uma causa (art. 497.°, n.° 1, do C.P.C.) e sua identidade quanto aos sujeitos, pedido e causa de pedir (art.° 498.°, n.° 1 do C.P.C.).

Seja como for, certo é que a eficácia do caso julgado se limita às partes (art. 674.° do C.P.C.) pelo que se pode concluir que com aquele *se visa evitar não a colisão apenas teórica de decisões, mas a contradição prática dos julgados, ou seja, a existência de decisões concretamente incompatíveis.*

Assim, a impossibilidade de apreciar nestes autos a mesma questão só se justificava se houvesse nexo de prejudicialidade em relação à decisão já proferida em termos de se evitar, mediante aquela excepção, a possibilidade de desencontros ou incoerências.

Não se prova, pois, que ocorra, caso julgado material, substancial ou interno que é o que tem força obrigatória dentro do processo e fora dele, impedindo que o mesmo ou outro tribunal, ou qualquer outra autoridade, possa definir em termos diferentes o direito concreto aplicável à relação material litigada – *A. Varela, Manual Proc. Civil, 2ª ed. – 703;* numa outra formulação, é a eficácia da decisão proferida relativamente a qualquer processo ulterior ***com o mesmo objecto*** .

O caso julgado serve, fundamentalmente, o valor da segurança jurídica – cfr. *Jorge Miranda, Manual de Direito Constitucional, t. II, 3ª ed., reimpressão, Coimbra, 1996, p. 494* – pelo que, fundando-se a protecção da segurança jurídica relativamente a actos jurisdicionais, em último caso, no princípio do Estado de Direito (vd. *Gomes Canotilho, Direito Constitucional e Teoria da Constituição, Coimbra, 1998, p. 257),* constitui um valor constitucionalmente protegido.

Em suma:

É consabido que o caso julgado formal ou externo, é aquele que tem força obrigatória apenas dentro do processo, obstando a que o juiz possa, na mesma acção, alterar a decisão proferida, mas não impedindo que, noutra acção, a mesma questão processual concreta seja decidida em termos diferentes pelo mesmo tribunal, ou por outro entretanto chamado a apreciar a causa – *A. Varela, Manual Proc. Civil, 2ª ed. – 703);*

Inexistindo elementos que nos permitam aquilatar se estamos perante o caso julgado material ou externo que é o que tem força obrigatória dentro do processo e fora dele, impedindo que o mesmo ou outro tribunal, ou qualquer outra autoridade, possa definir em termos diferentes o direito concreto aplicável à relação material litigada – *A. Varela, Manual Proc. Civil, 2ª ed. – 703;* numa outra formulação, é a eficácia da decisão proferida relativamente a qualquer processo ulterior ***com o mesmo objecto***, também improcede esse fundamento de recurso.

4. Face ao exposto, os juízes da Secção do Contencioso Tributário deste Tribunal Central Administrativo acordam, em conferência, em negar provimento ao recurso e confirmar a sentença recorrida.

Custas pela Recorrente.

Lisboa, 19 de Junho de 2007

Gomes Correia
Eugénio Sequeira
Ascensão Lopes

Recurso n.° 1794/07

PRAZO DE PRESCRIÇÃO DA DÍVIDA TRIBUTÁRIA. FACTORES DE INTERRUPÇÃO.

(Acórdão de 3 de Julho de 2007)

SUMÁRIO:

I – O prazo de prescrição da dívida tributária conta-se, à luz do regime previsto no CPT, desde o início do ano seguinte àquele em que tiver ocorrido o facto tributário – art. 32.° n.° 2 do CPT – e é interrompido pela reclamação, pelo recurso hierárquico, impugnação e pela instauração da execução, cessando esse efeito se o processo estiver parado por facto não imputável ao contribuinte, durante mais de um ano, caso em que se soma o tempo que decorrer após este período ao que tiver decorrido até à data da autuação.

II – Interrompido o prazo de prescrição e tendo, posteriormente, ocorrido facto que fez cessar tal efeito interruptivo, nenhum facto posterior tem relevância para a contagem do prazo prescricional, designadamente no que concerne a uma nova interrupção.

ACORDA-SE, EM CONFERÊNCIA, NA SECÇÃO DE CONTENCIOSO TRIBUTÁRIO (2.ª SECÇÃO) DO TRIBUNAL CENTRAL ADMINISTRATIVO:

RELATÓRIO

1.1. A Fazenda Pública recorre da sentença que, proferida pelo Mmo. Juiz do TAF de Sintra, julgou procedente a oposição deduzida pela Modelo Continente, SGPS, SA. (ex Modelo Continente Hipermercados, SA.) contra a execução fiscal n.º 1503199201151231, do Serviço de Finanças de Cascais 1, por dívida de Sisa.

1.2. A recorrente alegou o recurso e termina formulando as Conclusões seguintes:

1. A sentença recorrida não atendeu a todos os elementos susceptíveis de influenciar a contagem da prescrição.

2. Analisada a douta sentença recorrida, verifica-se que não foi ponderado o efeito suspensivo das garantias prestadas, a primeira durou de 8/03/1993 até Novembro de 1998 (data do trânsito em julgado da sentença proferida no âmbito do processo de impugnação judicial, onde foi prestada) e a segunda prestada no presente processo de oposição desde 23/12/2005 até à presente data.

3. De facto, o prazo para o credor da dívida tributária exigir esse crédito deve estar ligado à possibilidade de o mesmo o poder efectivamente exigir, pois só assim se dará cumprimento aos princípios da justiça, da equidade e da igualdade das partes, assegurando um desejável equilíbrio de interesses e direitos.

4. Representando a prescrição uma sanção à negligência do titular do crédito, sanção que o impossibilita de exigir judicialmente a prestação, não há já razão para penalizar o credor, pela sua inércia ou negligência, se ainda dentro do prazo de prescrição aquele veio exigir judicialmente o seu direito.

5. É que, presumindo-se que o legislador pretendeu consagrar as soluções mais acertadas (cfr. n.º 3 do art. 9.º do CC), não nos parece que aquele tenha pretendido que o prazo de prescrição pudesse decorrer ou até que a prescrição pudesse ocorrer quando a entidade credora esteja legalmente impossibilitada de fazer valer o seu direito à exigência do seu crédito.

6. Perante todo o exposto, parece-nos indubitável que, ponderados todos os elementos de facto e direito relevantes para a contagem da prescrição no caso concreto, teremos de concluir não se ter verificado a prescrição das dívidas fiscais em análise.

Termina pedindo o provimento ao recurso, com revogação da decisão recorrida e que esta seja substituída por acórdão que declare a oposição improcedente.

1.3. Contra-alegou a recorrida pugnando pela confirmação do julgado e terminando com a formulação das Conclusões seguintes:

44. O ERFP impugna a decisão sobre a matéria de facto, sem, contudo, cumprir o ónus do artigo 690.º-A do CPC.

45. Pois não indica quais os concretos meios probatórios, constantes do processo, que impunham uma diferente apreciação da matéria de facto.

Sem prejuízo,

46. A douta Sentença considera expressamente que as únicas circunstâncias que, no caso, teriam a virtualidade de interromper a prescrição, eram a apresentação da impugnação judicial ou a instauração do processo de execução fiscal.

47. Contudo, considerou, bem, que não se produziu qualquer interrupção da prescrição.

48. Pela simples razão de que aquelas circunstâncias ocorreram antes do início do decurso do prazo de prescrição, 12.05.1994.

49. Por isso, era inútil saber se a impugnação judicial ou a execução fiscal estiveram ou não paradas durante mais de um ano, por facto imputável, ou não, ao contribuinte.

50. Tão pouco se a garantia prestada em 1993 tinha virtualidade para suspender a prescrição.

Sem prescindir,

51. No caso, apenas relevaria o 1.º facto interruptivo no tempo, ou seja, a dedução da impugnação judicial, uma vez que a lei não prevê interrupções sucessivas da prescrição.

52. A prestação de garantia nunca poderia legalmente suspender a tramitação do processo de impugnação judicial.

53. Era inútil saber o que sucedeu ao nível da tramitação do processo de execução fiscal, no âmbito do qual foram prestadas as garantias invocadas pelo ERFP.

54. O que a lei diz é que a paragem por mais de um ano, por facto não imputável ao contribuinte, faz cessar o efeito interruptivo da prescrição,

55. que é convertido em mera suspensão da prescrição, entre a autuação da impugnação (ou da execução) e até estar completado um ano de paragem da mesma.

56. A lei, ao contrário do que considera o ERFP, não diz que a prestação de garantia suspende ou interrompe o prazo de prescrição (cfr. artigo 34.º n.º 3 do CPT).

Assim,

57. O facto de, desde 12.05.1994, até à presente data, terem decorrido mais de 10 anos, é necessário e bastante para considerar prescrita a dívida exequenda.

58. Já que, entre aquela data e a presente, não se verificou qualquer evento interruptivo (ou "suspensivo") da prescrição.

59. Não foram violados os princípios da justiça, da equidade ou da igualdade das partes, tão pouco o "desejável equilíbrio de interesses e direitos".

60. Pelo que, a douta Sentença, salvo o devido respeito, não é merecedora de qualquer censura; muito pelo contrário.

Termina pedindo seja negado provimento ao recurso.

1.4. O MP emite douto Parecer no qual se pronuncia pelo não provimento do recurso.

Para tanto, sustenta, em síntese, que:

– Para além dos factos julgados provados pela sentença, deve, igualmente, julgar-se provado que no processo referido em C (do Probatório) foi emitido parecer pelo Ministério Público em 21/11/1995 (fls. 77) e que, aberto termo de conclusão em 27/11/1995 (fls. 78), foi proferida sentença em 5/11/1998 (fls. 79 e seg.) não tendo sido praticado qualquer acto entre estas duas datas.

– Atendendo ao que dispunham os n.ºs 2 e 3 do art. 34.º do CPT, então, ao contrário do que pretende a recorrida e se decidiu na sentença, a instauração da impugnação referida em C. teve como consequência a interrupção da prescrição entretanto decorrida desde a data do facto tributário (1989), tendo-se mantido a suspensão do prazo até um ano após o mencionado Parecer do MP emitido em 21/11/95.

Porém, tendo-se verificado a condição a que se reportava o n.º 2 do art. 34.º do CPT, reiniciou-se nesta data a contagem do prazo com a adição do decorrido até à data da instauração da impugnação (cerca de 3 anos). Tendo entrado em vigor o DL 114/94 de 7/5, que alterou o prazo de 20 para 10 anos, por aplicação do disposto no art. 297.º do CCivil, haveria que contar cerca de 7 anos a partir daquela data. Pelo que, mesmo sem contar com a diminuição do prazo para 8 anos por efeito da LGT, o prazo da prescrição já decorreu.

Aliás, o mesmo aconteceria se se contassem os 10 anos a partir daquela data de cessação do efeito interruptivo.

1.5. Corridos os Vistos legais, cabe decidir.

FUNDAMENTOS

2.1. A sentença julgou provados os factos seguintes:

A. Em 26 de Junho de 1989, com base em declaração prestada no Serviço de Finanças de Cascais 1, foi liquidado Imposto Municipal de Sisa relativamente à aquisição pela Oponente, de um lote de terreno para construção, sito em Alcabideche e inscrito na respectiva matriz predial sob o artigo 2014, secção A – fls. 11 e 11/v do processo de execução fiscal.

B. Em 22 de Maio de 1992, a Administração Fiscal procedeu a uma liquidação adicional do imposto referido em A – fls. 35 do processo de execução.

C. Em 22 de Junho de 1992 foi deduzida, pela ora Oponente, Impugnação do acto de liquidação adicional de Sisa que deu origem à dívida referida em A;

D. Em 22 de Dezembro de 1992, no Serviço de Finanças de Cascais 1, foi instaurada execução fiscal contra a ora Oponente, para cobrança da dívida resultante da liquidação adicional referida em B – fls. 48.

2.2. Com base nesta factualidade e considerando que a questão a decidir é apenas a de saber se a dívida exequenda está, ou não, prescrita, a sentença veio a responder afirmativamente a tal questão e, por consequência, a julgar procedente a oposição.

Para tanto, considerou o seguinte:

Ao tempo em que a dívida se constituiu (1989) o prazo de prescrição das dívidas de Sisa era de 20 anos (nos termos do art. 180.º do CIMSISD), a contar a partir do ano seguinte ao ano em que ocorreu o facto tributário.

Com a entrada em vigor do CPT, o prazo genérico de prescrição das dívidas tributárias passou a ser de 10 anos (art. 34.º n.º 1) tendo-se excepcionado (no art. 4.º) a sisa e o imposto sobre as sucessões e doações, aos quais os novos prazos de prescrição só seriam aplicáveis depois de introduzidas nos respectivos códigos as necessárias normas de adaptação (e no que diz respeito à sisa tal adaptação veio a efectivar-se com a publicação do DL 119/94, de 7/5, que, alterando o dito art. 180.º do CSisa, fixou em 10 anos o prazo de prescrição daquele imposto, por remissão para o art. 34.º do CPT.

Com a entrada em vigor da LGT (DL 398/98, de 17/12) o prazo de prescrição das dívidas tributárias passou (seu art. 48.º, n.º 1) a ser de 8 anos.

Nos termos do art. 297.º do CCivil, quando lei nova estabeleça prazos mais curtos do que os fixados em leis anteriores, o novo prazo é também aplicável aos prazos que já estiverem em curso, mas só se conta a partir da entrada em vigor da nova lei, a não ser que, segundo a lei antiga, falte menos tempo para o prazo se completar.

Tendo a LGT entrado em vigor em 1/1/1999 (art. 6.º do DL n.º 398/98, de 17/12), é manifesto que não ocorreu a prescrição à face da nova lei, pois não decorreram mais de oito anos desde aquela data.

Por isso, apenas há que apreciar se a prescrição ocorreu à face do regime previsto no CPT, aplicável por força do art. 180.º do CSisa, na redacção que lhe deu o DL n.º 119/94, de 7/5, que entrou em vigor em 12/5/ /1994.

E não pode deixar de se concluir que sim, decorridos que são mais de 12 anos desde 12/5/1994, data em que se iniciou o decurso do prazo de prescrição, sem que, a partir de então, se tenha verificado qualquer das causa de interrupção da mesma previstas no art. 34.º, n.º 3, do CPT, já que tanto a Impugnação como a Oposição foram deduzidas em datas anteriores.

Sendo a prescrição fundamento de oposição, nos termos do art. 204.º, n.º 1, do CPPT, e verificando-se a prescrição da dívida exequenda, deve a oposição ser julgada procedente e a execução extinta.

2.3. Como se viu, a recorrente Fazenda Pública sustenta que a sentença não atendeu a todos os elementos susceptíveis de influenciar a contagem da prescrição, dado que não foi ponderado o efeito suspensivo das garantias prestadas (a primeira durou de 8/03/1993 até Novembro de 1998 – data do trânsito em julgado da sentença proferida no âmbito do processo de impugnação judicial, onde foi prestada – e a segunda, prestada no presente processo de oposição, durou desde 23/12/2005 até à presente data).

Ora, porque o prazo para o credor da dívida tributária exigir esse crédito deve estar ligado à possibilidade de o mesmo o poder efectivamente exigir e porque, representando a prescrição uma sanção à negligência do titular do crédito, não há razão para penalizar o credor, pela sua inércia ou negligência, se ainda dentro do prazo de prescrição aquele veio exigir judicialmente o seu direito. Até porque, presumindo-se que o legislador pretendeu consagrar as soluções mais acertadas (cfr. n.º 3 do art. 9.º do CC), não parece que aquele tenha pretendido que o prazo de prescrição pudesse decorrer ou até que a prescrição pudesse ocorrer quando a entidade credora esteja legalmente impossibilitada de fazer valer o seu direito à exigência do seu crédito.

A questão a decidir no presente recurso é, pois, a de saber se ocorre o invocado erro de julgamento quanto à contagem do prazo de prescrição.

Vejamos.

3.1. Desde logo importa, como refere o MP, aditar, nos termos do disposto no art. 712.º do CPC, ao Probatório especificado na sentença, a factualidade seguinte que, interessando á decisão da causa, também resulta provada face aos elementos documentais constantes dos autos:

E. No processo de impugnação referido na al. C do Probatório foi, por parte do MP, emitido Parecer em 21/11/1995 (fls. 77) e tendo, em seguida, em 27/11/95, sido ali lavrado termo de conclusão (fls. 78), veio a ser proferida sentença em 5/11/1998 (fls. 79 e seg.), não tendo sido praticado qualquer outro acto entre estas duas datas.

3.2. O prazo de prescrição conta-se em função da ocorrência do facto tributário – início do ano seguinte àquele em que ocorreu o facto gerador do imposto – e não em função da liquidação do imposto ou da sua notificação ao contribuinte.

E a prescrição apenas se suspende e interrompe nos casos expressamente previstos na lei.

No caso, o facto tributário ocorreu em 1989 (cfr. al. A do Probatório), na vigência, então, do CPCI.

Dispunha o art. 27.°, do CPCI, na parte que ora interessa:

"É de vinte anos, sem distinção de boa ou má fé, o prazo de prescrição das contribuições e impostos em dívida ao Estado, se prazo mais curto não estiver previsto na lei. (...)".

E nos termos do § 1.° deste mesmo art. 27.°, só a reclamação, a impugnação, o recurso e a execução interrompiam a prescrição, cessando esse efeito interruptivo se o processo estivesse parado por mais de um ano, por facto não imputável ao contribuinte e somando-se, nesse caso, o tempo que decorresse após esse período com o que tivesse decorrido até à data da autuação.

Com a entrada em vigor do CPT, o prazo de prescrição foi reduzido para 10 anos, mantendo-se idêntico regime quanto à interrupção e suspensão de tal prazo, como decorre do seu art. 34.° que dispõe:

"1. A obrigação tributária prescreve no prazo de 10 anos, salvo se outro mais curto estiver fixado na lei.

2. O prazo de prescrição conta-se desde o início do ano seguinte àquele em que tiver ocorrido o facto tributário, salvo regime especial.

3. A reclamação, o recurso hierárquico, a impugnação e a instauração da execução interrompem a prescrição, cessando, porém, esse efeito se o processo estiver parado por facto não imputável ao contribuinte durante mais de um ano, somando-se, neste caso, o tempo que decorrer após este período ao que tiver decorrido até à data da autuação."

Mas este novo prazo de 10 anos previsto no art. 34.° do CPT não se aplicou de imediato à sisa e ao imposto sobre as sucessões e doações, pois que o art. 4.° do DL 154/91, de 23/4 (que aprovou o CPT) excepcionou a aplicação desse novo prazo a tais impostos.

O novo prazo de 10 anos só veio a aplicar-se a estes impostos após a publicação do DL 119/94, de 7/5 (entrado em vigor em 12/5/94), que, alterando o art. 180.° do CSisa, fixou em 10 anos o respectivo prazo de prescrição, por remissão para o art. 34.° do CPT.

Entretanto, em 1 de Janeiro de 1999 entrou em vigor a Lei Geral Tributária que diminuiu, por força do seu artigo 48.°, n.° 1, o prazo de prescrição das dívidas tributárias para 8 anos.

Mas, também este novo prazo de 8 anos não se aplicou de imediato à sisa e ao imposto sobre as sucessões e doações: só com a alteração introduzida no art. 180.° do CSisa, pelo DL 472/99, de 8/11 (entrado em vigor em 13/11), é que esse prazo de 8 anos passou a aplicar-se à sisa e ao imposto sobre sucessões e doações.

Ou seja: antes de 12 de Maio de 1994, o prazo de prescrição da obrigação tributária aqui em causa era de 20 anos, nos termos do CPCI; após a entrada em vigor do dito DL 119/94, este prazo passou a ser de 10 anos; e após a entrada em vigor do DL 472/99, passou a ser de 8 anos.

Em consequência, relativamente à obrigação tributária aqui em causa, verificou-se uma sucessão de leis no tempo no que respeita ao seu prazo de prescrição.

E, para saber qual a lei aplicável, há que convocar o artigo 297.°, n.° 1, do CCivil que dispõe que "a lei que estabelecer, para qualquer efeito, um prazo mais curto do que o fixado na lei anterior é também aplicável aos prazos que já estiverem em curso, mas o prazo só se conta a partir da entrada em vigor da nova lei, a não ser que, segundo a lei antiga, falte menos tempo para o prazo se completar".

Isto é: se a lei nova fixar um prazo mais curto do que o fixado na lei antiga, então:

– se segundo a lei antiga faltar menos tempo, do que o fixado pela lei nova, para o prazo se completar, é aplicável a lei antiga; mas

– se segundo a lei antiga faltar mais tempo para o prazo se completar, a lei nova é aplicável aos prazos que já estiverem em curso, sendo que o prazo só se conta a partir da entrada em vigor da nova lei.

O que bem se compreende, já que assim se concretiza a intenção do legislador – reduzir o prazo –, sem operar qualquer efeito retroactivo.

No caso dos autos pode, desde já constar-se que:

a) a primeira lei nova (DL 119/94, de 7/5 – entrado em vigor em 12/5/94) veio diminuir o prazo de prescrição de 20 para 10 anos e, à data da sua entrada em vigor, é notório que segundo a lei antiga faltava muito mais do que 10 anos para o prazo prescricional se completar.

b) a segunda lei nova (DL 472/99, de 8/11 – entrado em vigor em 13/11), veio diminuir o prazo de prescrição para 8 anos e, desde a data da sua entrada em vigor (13/11/99) é notório que segundo esta nova lei esse prazo de 8 anos ainda hoje se não completou (só se completará em 13/11/2007).

E, assim sendo, nos preditos termos do artigo 297.° do CC, à obrigação aqui em causa é aplicável o prazo previsto na primeira lei nova (DL 119/94, de 7/5): 10 anos, segundo o regime constante do art. 34.° do CPT já que, como se disse, é notório que segundo o regime do CPCI faltava muito mais do que 10 anos para o prazo prescricional se completar.

Ora, nos termos do n.° 2 deste art. 34.° do CPT, "o prazo de prescrição conta-se desde o início do ano seguinte àquele em que tiver ocorrido o facto tributário", ou seja, dizendo a dívida, que ora se analisa, respeito ao ano de 1989, o prazo de prescrição começou a correr (pelo menos – e, portanto, independentemente de estarmos perante um facto instantâneo) em 1 de Janeiro de 1990.

Todavia, com a dedução da impugnação em 22 de Junho de 1992 – cfr. al. C do Probatório –, interrompeu-se o prazo de prescrição – dito artigo 34.°, n.° 3, primeira parte –, tendo, então, decorrido 2 anos 5 meses e 21 dias.

Entretanto, no período compreendido entre 27 de Novembro de 1995 e 5 de Novembro de 1998, a impugnação esteve parada, por facto não imputável ao contribuinte – cfr. al. E ora aditada ao Probatório.

Assim, desde 1 de Janeiro de 1990 a 22 de Junho de 1992 decorreram 2 anos 5 meses e 22 dias, retomando-se a contagem do prazo em 27 de Novembro de 1996 – cfr. artigo 34.°, n.° 3, segunda parte, do CPT.

Tendo decorrido 2 anos 5 meses e 22 dias até à data da autuação da impugnação, haveria, então, que contar

7 anos, 6 meses e 8 dias a partir da cessação do efeito interruptivo – 27 de Novembro de 1996, pelo que, em princípio, em 4/6/2004, se verificaria o termo do prazo de prescrição de 10 anos.

Não é assim, porém.

É que este prazo de 10 anos só pode começar a contar-se a partir de 12/5/1994, data em que entrou em vigor o mencionado DL 119/94, de 7/5, que veio aplicar tal prazo à sisa e ao imposto sobre sucessões e doações.

Por isso, como bem refere a sentença recorrida, não há, no caso, que somar o tempo decorrido – 2 anos 5 meses e 22 dias – até à data da instauração da impugnação (uma vez que esse tempo decorreu ainda antes da data de entrada em vigor do dito DL 119/94 – 12/5/94), sendo que, contudo, tal não obsta a que, desde então, o regime do art. 34.º do CPT seja aplicável: ou seja, não obsta a que, se desde 27/11/1996 (data em que, nos termos da segunda parte do n.º 3 do art. 34.º do CPT, se retomou a contagem do prazo, em virtude de o processo de impugnação ter estado parado desde 27/11/95 até 5/11/98) até à presente data tiverem decorridos 10 anos, a dívida aqui em causa tenha prescrito.

3.3. É certo que a sentença entendeu que este prazo de 10 anos começou a contar-se logo desde 12/5/1994, quando entrou em vigor o DL 119/94, o que, como se viu, não é correcto, sob pena de se estar a postergar o disposto no n.º 3 do art. 34.º do CPT.

Todavia, mesmo contando o prazo a partir de 27/11/96, verifica-se que esses 10 anos se perfizeram em 27/11//2006.

Pelo que, ainda assim, a prescrição ocorreu nesta data.

3.4. E não se sustente, como pretende a recorrente Fazenda Pública, que o prazo prescricional poderia aproveitar-se de outros factos interruptivos.

É que, apesar de ser certo que, posteriormente, em 22/12/1992, veio a ser instaurada a execução (cfr. al. D do Probatório), não é menos certo que, uma vez que a interrupção da prescrição tinha já ocorrido por via da instauração da impugnação, esta posterior instauração da execução já não releva para aquele efeito.

(i) – Por um lado, no caso, apenas releva o primeiro facto interruptivo no tempo, ou seja, a instauração da impugnação judicial, em 22/6/1992, dado que a lei não prevê interrupções sucessivas da prescrição (cfr. os acs. do TCAS, de 14/10/2003, rec. n.º 00179/04; de 7/2/2006, rec. n.º 00029/03; e do TCAN, de 12/10/2006, rec. n.º 00837/04; e de 11/1/2007, rec. n.º 00007/99).

Daí que, no caso, apenas seja relevante, para efeitos da interrupção/suspensão do prazo da prescrição, a paragem deste processo de impugnação (processo cuja instauração foi a determinante da interrupção do prazo da prescrição) por causa não imputável ao contribuinte[1].

Por isso, ao contrário do sustentado pela recorrente, nem, por um lado, é relevante a prestação das invocadas garantias (dado que, como bem refere a recorrida nas suas contra-alegações, não releva saber o que sucedeu ao nível da tramitação do processo de execução fiscal: é que, no caso, não foi, por um lado, a instauração desta que motivou a interrupção da prescrição e as garantias invocadas pela Fazenda foram, como parece óbvio, prestadas neste processo de execução fiscal e não no processo de impugnação judicial, não suspendendo a normal tramitação deste mesmo processo de impugnação judicial) nem, por outro lado, é relevante a instauração (posterior) do processo de execução (nem, por conseguinte, as vicissitudes que este processo de execução sofreu, nomeadamente o alegado efeito suspensivo do mesmo por prestação de garantia em sede de oposição a tal execução).

(ii) – Por outro lado, como se escreve no ac. do STA, de 12/12/2006, rec. n.º 955/06, «nenhum facto posterior ao que faz cessar o efeito interruptivo tem relevância no cômputo do prazo prescricional, designadamente no que concerne a uma nova interrupção.

De outro modo, ficaria sem aplicação a parte final do dito n.º 3 que manda ter em consideração, no cômputo do prazo, o tempo que tiver decorrido desde o seu início "até à data da autuação", já que esta é diferente para cada um dos sucessivos actos interruptivos.

Assim, uma vez cessado o efeito interruptivo, já não é possível "ressuscitá-lo" para o fazer operar de novo pois, tendo-se já contado o tempo decorrido "até à data da autuação" do processo em que se verifica o primeiro facto, não pode efectuar-se nova e idêntica contagem, já que é necessariamente diversa a data da autuação do processo em que se verificou o segundo acto interruptivo (isto sempre e evidentemente, parando o processo mais de um ano).

Estando o processo parado, por facto não imputável ao contribuinte, por mais de um ano mas diversas vezes, por força da sucessão no tempo dos vários factores interruptivos – reclamação, recurso hierárquico, impugnação e/ou instauração da execução – só o primeiro tem relevância legal, contando-se, então, nos sobreditos termos, o tempo decorrido desde o início do prazo de prescrição até à data da autuação do processo em que ocorreu o facto interruptivo, mais o decorrido posteriormente ao ano referido na lei.

Como referem Ruben Carvalho e Francisco Pardal, citando Manuel Andrade, face a idêntica disposição legal do Código de Processo das Contribuições e Impostos (artigo 27.º), a situação em causa "reconduz-se a uma suspensão e reatamento do curso da prescrição" – cfr. Código de Processo das Contribuições e Impostos anotado, 2ª edição, pp. 182/183.

Em tal hipótese, e ao contrário do que acontece no Código Civil – artigo 326.º –, não começa a correr um novo prazo de prescrição a partir do acto interruptivo, inutilizando-se todo o tempo decorrido anteriormente.

Uma vez que a lei faz cessar o efeito interruptivo, não se inutiliza o prazo já decorrido, procedendo-se à con-

[1] Embora ao tempo da entrada em vigor da lei nova (o DL 119/94, de 7/5) o prazo da prescrição estivesse interrompido por efeito da instauração da impugnação (art. 27.º do CPCI e art. 34.º do CPT) esse facto não é atingido pela mera alteração do prazo prescricional, antes tendo ficado ressalvado com a entrada em vigor da nova lei (art. 12.º do CCivil). De resto, o n.º 2 do art. 299.º do mesmo CCivil aponta para a salvaguarda de tais efeitos, ao dispor que «... se a prescrição estiver suspensa ou tiver sido interrompida no domínio da lei antiga, nem a suspensão nem a interrupção serão atingidas pela aplicação da lei nova». E, como aponta o MP (no douto Parecer proferido na 1ª instância, se esta é a solução legal no caso de haver uma alteração da qualificação do prazo, de prazo de prescrição para prazo de caducidade, maior sentido terá que nem a suspensão nem a interrupção do prazo ocorridas no domínio da lei antiga sejam atingidas pela mera alteração do prazo prescricional, mantendo-se as mesmas causas de suspensão e interrupção do prazo (cfr. o art. 27.º, § 1.º do CPCI e o art. 34.º, n.º 3 do CPT).

tagem do prazo em termos da dita suspensão e reatamento do prazo prescricional.

Como refere Benjamim Rodrigues, Problemas Fundamentais de Direito Tributário, p. 285, na dita hipótese, o efeito interruptivo – que, de outro modo, inutilizaria todo o tempo decorrido anteriormente – degenerou-se em simples suspensão por um ano.

Ou, de outro modo: aí, a interrupção da prescrição converte-se em mera suspensão.»

Conclui-se, portanto, que tendo a prescrição ocorrido em 27/11/2006, a sentença deve ser confirmada, com a presente fundamentação, assim improcedendo, nesta base, todas as Conclusões do recurso.

DECISÃO

Termos em que acordam, em conferência, os juizes da Secção de Contencioso Tributário deste Tribunal Central Administrativo em, negando provimento ao recurso, confirmar, com a presente fundamentação, a decisão recorrida.

Custas pela recorrente (atenta a data de instauração da oposição).

Lisboa, 3 de Julho de 2007

Casimiro Gonçalves
Ascensão Lopes
Gomes Correia

Recurso n.º 1738/07

ROYALTIES. DUPLA TRIBUTAÇÃO INTERNACIONAL. REDUÇÃO DA TAXA DE IRC. JUROS INDEMNIZATÓRIOS.

(Acórdão de 9 de Maio de 2007)

SUMÁRIO:

I – Os recursos destinam-se a modificar as decisões recorridas e não a apreciar questões não decididas pelo tribunal a quo, sem prejuízo do dever de conhecimento em substituição que possa impender sobre o tribunal ad quem, bem como do dever de conhecer das questões de conhecimento oficioso (cfr. o art. 676.º n.º 1 do CPC).

II – Os pressupostos do direito à redução da taxa de IRC por pagamentos feitos a entidades sediadas nos EUA e na Suíça, são os que constam das respectivas CDT's celebradas entre Portugal e aqueles países.

III – A prova da residência da beneficiária não é elemento constitutivo do direito ao benefício da redução da taxa normal de IRC; e uma vez feita, não poderá deixar de retroagir os seus efeitos à data da ocorrência dos factos tributários, ou seja, o pagamento dos "royalties" e dos dividendos em causa.

IV – Para efeitos de juros indemnizatórios, havendo um erro de direito na liquidação e sendo ela efectuada pelos serviços, é à AT que é imputável esse erro, sempre que a errada aplicação da lei não tenha por base qualquer informação do contribuinte

ACORDA-SE, EM CONFERÊNCIA, NA SECÇÃO DE CONTENCIOSO TRIBUTÁRIO (2.ª SECÇÃO) DO TRIBUNAL CENTRAL ADMINISTRATIVO:

RELATÓRIO

1.1. U...Portugal, Produtos Alimentares, SA., actual designação da sociedade K...Portugal, Produtos Alimentares, SA, com os demais sinais dos autos, recorre da sentença que, proferida pelo Mmo. Juiz do 2.º Juízo do TAF de Lisboa, lhe julgou improcedente a impugnação deduzida contra a liquidação adicional do IRC do ano de 1996, n.º 6420003575, no montante de 262.788,50 Euros e respectivos juros compensatórios.

1.2. A Recorrente apresentou alegações com as seguintes conclusões:

a) Os pagamentos efectuados pela recorrente, durante o ano de 1996, de royalties e dividendos a entidades residentes nos EUA e na Suíça, estão sujeitos ao regime fiscal das Convenções para eliminar a Dupla Tributação celebradas por Portugal com a Suíça e com os Estados Unidos da América.

b) Comprovada a residência no outro Estado contratante, está preenchido o requisito material legalmente exigido, pressuposto de cuja verificação depende a aplicação das taxas constantes das CDTs, relativamente a tais royalties e dividendos, estabelecidas pelo respectivo Tratado, conforme se encontra previsto nos artigos 10.º, n.º 1 e 12.º da Convenção para evitar a Dupla Tributação (CDT), celebrada entre o Estado Português e o Estado Suíço e no artigo 13.º da Convenção idêntica celebrada entre o Estado Português e os EUA.

c) Estando provado nos autos, por certificados emitidos pelas autoridades fiscais respectivas, que as entidades beneficiárias dos pagamentos, àquela data, tinham a sua sede no outro Estado contratante, a douta sentença recorrida deveria ter reconhecido o facto de que essa prova, ainda que posterior, desde que emitida nos termos legais, com identificação dos pagamentos abrangidos e do ano em que se efectuam, seria bastante para não poder ser recusado o direito/dever de aplicação das taxas de imposto previstas nas Convenções.

d) Recusando tal aplicação, por os formulários comprovativos da residência, embora reportados a cada pagamento, terem sido emitidos em momento posterior aos pagamentos efectuados, a douta sentença recorrida incorreu em erro de julgamento de facto e de direito.

e) A sentença recorrida enferma de erro de julgamento porque vem sustentada com fundamento, não na lei mas, exclusivamente, em instruções administrativas divulgadas por circulares internas, que não são fonte de Direito, não têm eficácia externa e, por isso, não são susceptíveis de obrigar os contribuintes nem podem ser aplicadas pelos tribunais como fundamento para liquidação de impostos.

f) A lei que estipulou as obrigações tributárias que a Administração Fiscal exigiu à impugnante e ora recorrente, só foi introduzida na nossa ordem jurídica sete anos depois, com o aditamento dos n.os 2, 3 e 4 do art. 90.º do Código do IRC, pela redacção da Lei 32-B/2002 de 30 de Dezembro, que aprovou o OE para 2003.

g) Pelo que, à data dos factos (1996), não existia qualquer lei que estipulasse uma formalidade que era prevista, apenas, nas circulares internas da DGCI.

h) Ao julgar que as instruções administrativas constituem fundamento bastante para legitimar, com base nelas, a liquidação de imposto, a douta sentença recorrida convoca uma fundamentação e interpretação das normas das Convenções sobre Dupla Tributação que não têm acolhimento no seu texto nem no seu espírito, nem em qualquer lei em vigor à data dos factos. Se assim não fosse, seguramente que o legislador não teria sentido a necessidade de legislar sobre essa matéria, com efeitos a partir de 2003, com o aditamento dos n.os 2, 3 e 4 do referido art. 90.º do Código do IRC.

i) A douta sentença recorrida incorreu em erro de julgamento ao não anular a liquidação impugnada que é ilegal por enfermar do vício de violação de lei material das normas: dos artigos 10.º, n.º 1 e 12.º da Convenção para evitar a Dupla Tributação (CDT), celebrada entre o Estado Português e o Estado Suíço, e do artigo 13.º da Convenção idêntica celebrada entre o Estado Português e os EUA.

j) E, consequentemente, enfermando do vício de inconstitucionalidade por ofensa ao disposto no art. 8.º, n.º 2, da CRP e por violação do princípio da legalidade e do disposto no actual art. 103.º, n.º 2 da CRP, nos termos do qual só a lei (e não as circulares) pode determinar os elementos essenciais dos impostos, como a taxa e os benefícios fiscais.

k) Ao manter a liquidação impugnada, com os fundamentos invocados, a douta sentença recorrida fez prevalecer, objectivamente, a mera formalidade de uma data de emissão de uma declaração (exigida por uma circular) sobre a sua substância (a verificação dos requisitos materiais exigidos pela Convenção internacional) e desconsiderou o princípio da obtenção da verdade material em detrimento da mera formalidade.

l) A douta sentença recorrida contraria o sentido da jurisprudência dos tribunais superiores sobre esta matéria, como é o caso do decidido no Acórdão do TCA – Sul, 2ª Secção, de 03-11-2004, rec. 00151/04 e no Acórdão n.º 05675/01, de 05-07-2005, do TCAS, Secção do CT – 1.º Juízo Liquidatário.

m) Tendo a liquidação impugnada sido efectuada e notificada em finais de Dezembro de 2001, foi ultrapassado o prazo legal de caducidade relativamente a todos os factos ocorridos antes de Dezembro de 1996, pelo que a liquidação é ilegal, também, por violação do disposto nos artigos 8.º, n.º 8, alínea *b*) e 93.º do Código do IRC e no art. 45.º da Lei Geral Tributária.

n) Uma vez que não podia julgar legal a liquidação impugnada e improcedente a impugnação, a sentença recorrida está inquinada do vício de erro de julgamento. Pelo que deve ser revogada e substituída por outra que julgue procedente o recurso e determine a anulação da liquidação impugnada, por ilegalidade.

o) Normas jurídicas violadas:

– artigos 10.º, n.º 1 e 12.º da Convenção para evitar a Dupla Tributação (CDT), celebrada entre o Estado Português e o Estado Suíço, aprovada para ratificação pelo Decreto-Lei n.º 716/74, de 12 de Dezembro e publicada no Diário do Governo, I Série, n.º 289, de 12-12-1974;

– artigo 13.º da CDT celebrada entre o Estado Português e os EUA, aprovada pela Resolução da Assembleia da República n.º 39/95 e ratificada pelo Decreto n.º 73/95, de 12 de Outubro, do Presidente da República, e publicada no Diário da República, I Série-A, n.º 236/95, de 12 de Outubro, com troca dos instrumentos de ratificação a 18-12-1995, conforme Aviso n.º 35/96, publicado no DR I Série-A, n.º 7/96, de 9 de Janeiro.

– artigos 8.º, n.º 2 e 103.º, n.º 2, da CRP.

Termina pedindo que se dê provimento ao recurso e seja, em consequência, revogada a sentença e substituída por uma outra que julgue procedente a impugnação.

1.3. Não foram apresentadas contra-alegações.

1.4. O MP emitiu Parecer no qual se pronuncia pelo provimento do recurso, sustentando, em síntese, que, embora a sentença tenha considerado improcedente a impugnação da liquidação respeitante ao IRC relativamente ao exercício de 1996, liquidação esta que se fundamentou no facto da impugnante na data em que estava obrigada a repor o imposto retido não estar munida dos certificados de residência emitidos pelas Autoridades Fiscais Americanas e Suíças, pelo que não lhe eram aplicáveis as Convenções para Evitar a Dupla Tributação Internacional (CDT'S), celebradas entre Portugal e aqueles países, mas sim o CIRC, o que é verdade é que efectivamente não resulta das referidas Convenções nem de qualquer normativo interno, que a prova da residência das entidades, no caso americanas ou suíças, que recebam os rendimentos (dividendos ou royalties) tenha que ser feita aquando da retenção na fonte.

A Circular invocada pela AF e referida na sentença apenas vincula os respectivos funcionários e não se pode substituir à Lei.

Tem sido entendimento da jurisprudência deste TCA de que o requisito formal da não apresentação do certificado da residência na altura da retenção e entrega do imposto nos cofres do Estado não é impeditivo, só por si, da aplicação da respectiva Convenção Para Evitar a Dupla Tributação, disso sendo exemplo aos arestos deste Tribunal referidos pela recorrente.

Pelo que a liquidação deve ser anulada e condenada a AF nos juros indemnizatórios legalmente devidos.

1.5. Correram os Vistos dos Exmos. Adjuntos e cabe decidir.

FUNDAMENTOS

2.1. A sentença recorrida julgou provados os factos seguintes, ora submetidos a alíneas:

a) A impugnante, no ano de 1996, efectuou o pagamento à sua empresa-mãe, a CPC K... , AG, entidade sediada na Suíça, de dividendos, relativamente aos quais procedeu à liquidação de IRC, por retenção na fonte, à taxa de 10%.

b) A impugnante efectuou, também no ano de 1996, o pagamento de royalties, em benefício de duas entidades residentes nos Estados Unidos da América (EUA), a CPC I.... e a CPC E...Ltd., e a uma entidade residente em território suíço, a K... , AG, relativamente aos quais procedeu à liquidação de IRC, por retenção na fonte, à taxa de 5% e 10% para as entidades residentes nos EUA e na Suíça, respectivamente, conforme se encontra previsto no artigo 13.º e 12.º das Convenções para Evitar a Dupla Tributação (CDT) celebradas entre o Estado Português e os EUA e entre o Estado Português e o Estado Suíço, respectivamente.

c) A impugnante possui certificados emitidos pelas autoridades fiscais respectivas, comprovativos de que as entidades beneficiárias, à data do pagamento daqueles rendimentos, tinham a sua sede no outro Estado contratante.

d) Esses certificados foram emitidos posteriormente à retenção na fonte e à liquidação antes referida.

e) Os serviços fiscais recusaram a aplicação do regime das Convenções, com o argumento de os formulários comprovativos da residência terem sido emitidos em momento posterior aos pagamentos efectuados pela impugnante.

f) As liquidações adicionais supra referenciadas fundamentaram-se no facto de a Direcção de Finanças de Lisboa (adiante designada DFL) ter considerado que a impugnante, não poderia ter utilizado as taxas de retenção na fonte do IRC previstas nas Convenções para Evitar a Dupla Tributação celebradas por Portugal com os Estados Unidos da América e com a Suíça relativamente a pagamentos de royalties e dividendos a entidades com sede naqueles Estados contratantes.

g) A decisão ora impugnada deferiu parcialmente o pedido, no montante de 66.348,92 Euros (ou 13.301.764$00) e deduziu esse montante ao valor da liquidação, a qual passou a ser de 262.788,50 Euros (ou 52.684.364$00).

h) Entenderam os serviços da Direcção de Finanças de Lisboa que a impugnante não podia recorrer aos normativos enunciados nas respectivas Convenções, com fundamento no facto de que, "(...) a empresa fez uso indevido das taxas das Convenções, infringindo o disposto nas Circulares da DGCI, que estabelecem que, no caso de limitação por dedução na fonte, o formulário não só tem de existir, como tem de ser autenticado pelas autoridades fiscais, em data anterior aquela em que o devedor dos rendimentos está por lei obrigado a entregar o imposto retido nos cofres do Estado, ou seja não foi cumprido o requisito formal".

i) Com base em tal fundamentação, a DFL entendeu que não haveria lugar à aplicação das respectivas Convenções e procedeu à liquidação adicional de imposto, correspondente ao diferencial entre as taxas de retenção estabelecidas na lei interna e as previstas nas Convenções e utilizadas pela impugnante, tendo os serviços fiscais exigido à impugnante o pagamento adicional de imposto que não foi retido, no montante de Esc. 65.986.128$00 (Euros 329.137,42).

j) Este montante passou a ser de Euros 262.788,50 (ou 52.684.364$00), em virtude de a decisão ora impugnada ter já deferido parcialmente o pedido, no montante de Euros 66.348,92 (ou 13.301.764$00) e ter deduzido esse montante ao valor inicial da liquidação.

k) Em consequência, a impugnante foi notificada para pagamento daquele valor, acrescido dos respectivos juros compensatórios, constante da supra mencionada liquidação adicional de IRC, referente ao ano de 1996 (nota de liquidação n.º 6420003575).

2.2. Com base nesta factualidade e enunciando como questões essenciais a decidir as de saber se, para além do requisito de natureza substantiva (residência do beneficiário dos rendimentos num Estado diferente daquele de onde provêm os rendimentos), é ou não necessária a verificação de outros requisitos, de natureza formal, sem os quais a Convenção destinada a evitar a dupla tributação não pode ser aplicada e, em caso afirmativo, se tais requisitos ocorrem no presente caso, a sentença julgou improcedente a impugnação.

Para tanto, fundamentou-se em que os requisitos de natureza formal, por um lado, seriam os constantes da Circular n.º 3/96, de 21/3/ 1996, da Direcção de Serviços de Benefícios Fiscais, que refere que o pedido de limitação do imposto será feito, no caso de limitação por redução da taxa, no acto da liquidação do imposto, antes de o devedor dos rendimentos proceder à entrega do imposto nos cofres do Estado, e por outro lado, a obrigatoriedade da verificação do requisito formal, não decorre apenas da citada Circular, mas também da Portaria 1189/ /91, publicada no DR, I Série, n.º 281, de 6/11. Nas notas explicativas à declaração modelo 130 (a utilizar quando ocorrem pagamentos a não residentes) é mencionado: "quando tenha havido limitação do imposto ao abrigo de Convenções, esta deverá ser acompanhada do comprovativo da residência da entidade beneficiária".

Por isso, a aplicação da taxa prevista na Convenção depende da verificação dos seguintes requisitos:

– Requisito de fundo: ser o beneficiário dos rendimentos residente num Estado diferente daquele donde provêm os rendimentos no ano a que respeitam;

– Requisito de forma: dever o beneficiário solicitar, em tempo oportuno, a limitação de imposto em formulário devidamente preenchido e também devidamente autenticado pelas autoridades fiscais do Estado da sua residência, sendo esta assim confirmada.

Ora, no caso dos autos, a impugnante admite que os formulários comprovativos da residência, embora reportados a cada pagamento, foram emitidos em momento posterior aos pagamentos efectuados. Só que não basta para legitimar a liquidação de imposto à taxa prevista na Convenção (inferior à prevista no CIRC) a demonstração cabal da residência fiscal do titular dos rendimentos. Torna-se necessário ainda que esse beneficiário solicite, em tempo oportuno, anterior a limitação em formulário próprio, devidamente preenchido e confirmado pelas autoridades fiscais do Estado da sua residência.

Estando, assim, a aplicação das taxas previstas nas Convenções celebradas entre Portugal e a Suíça e Portugal e os Estados Unidos da América dependente dos requisitos enunciados, não pode considerar-se discricionário o poder de correcção da Administração Fiscal nos casos em que tais requisitos se não verificaram, não ocorrendo, pois, a ilegalidade das liquidações em causa.

Só o formulário provido com as informações necessárias e confirmado pelas autoridades competentes, no caso as fiscais do Estado da sede do credor dos rendimentos, pode habilitar o devedor dos rendimentos a seguir a taxa nele mencionada e convencionada pelos dois Estados. Tal entendimento é confirmado pelo Ofício n.º 20076, de 31/10/2002, da Direcção de Serviços dos Benefícios Fiscais, que esclareceu e instruiu os Serviços sobre algumas dúvidas relacionadas com os procedimentos a adoptar no âmbito dos benefícios consagrados em Convenções para evitar a dupla tributação internacional, designadamente quanto à forma e ao momento de efectivação da prova de que estariam reunidos os requisitos de aplicação da Convenção e, que por despacho de 14/8/2002, haviam merecido concordância de SESEAF.

No caso vertente não tendo a impugnante feito a prova no momento fixado pela regulamentação perdeu o direito à limitação da taxa, sendo que a Portaria 1189/91 já estava em vigor antes da liquidação aqui em causa, sendo que as convenções não impedem os Estados Partes de impor obrigações acessórias adequadas ao cumprimento das obrigações tributárias principais e sendo que não há violação dos princípios constitucionais da igualdade, proporcionalidade, boa-fé e protecção da confiança, pois quem invoca um facto do qual decorre um direito deve previamente provar esse facto.

E quanto ao pedido de juros indemnizatórios, esta obrigação de pagamento de juros indemnizatórios a favor do contribuinte tem o seu fundamento no instituto da responsabilidade civil extracontratual do Estado, constituindo a contraface dos juros compensatórios a favor da AF. Mas o direito a juros indemnizatórios por parte do contribuinte depende da verificação das seguintes condições: *a*) Estar pago o imposto; *b*) Ter a respectiva liquidação sido anulada, total ou parcialmente, em processo gracioso ou judicial; *c*) Determinação de que a anulação se funda em erro imputável aos serviços.

No caso dos autos, não se reconhecendo razão à impugnante, é evidente que não se configura uma actuação culposa dos serviços geradora da obrigação do pagamento de juros indemnizatórios.

Quid juris?

3. Porque não vem posto em causa o julgamento da matéria de facto efectuado pela 1ª instância, considera-se fixada a factualidade acima referida.

Todavia, com interesse para a discussão da causa e nos termos do disposto na al. *c*) do n.º 1 do art. 712.º do CPC, julga-se também provada a seguinte factualidade, que ora se adita ao Probatório:

l) Em 20/09/2002, foi instaurado processo de execução fiscal n.º 3255200201029851, para cobrança coerciva do imposto em causa, com base em certidão de dívida emitida pela DSCIR em 21/05/2002 – fls. 155.

m) O imposto foi pago em 23/12/2002, ao abrigo do DL n.º 248-A/02, de 14 de Novembro (cfr. documentos de fls. 155 a 161).

4.1. Na Conclusão M do recurso a recorrente vem invocar a ilegalidade da liquidação por ter ocorrido a caducidade do direito à liquidação do imposto, dado que, tendo a liquidação impugnada sido efectuada e notificada em finais de Dezembro de 2001, foi ultrapassado o prazo legal de caducidade relativamente a todos os factos ocorridos antes de Dezembro de 1996, verificando-se, assim, ilegalidade por violação do disposto nos arts. 8.º, n.º 8, al. *b*) e 93.º do CIRC e no art. 45.º da LGT.

Ora, relativamente a esta questão, importa referir, desde já, que a mesma não pode ser conhecida em sede de recurso.

Com efeito, como é sabido, os recursos, sendo meios de impugnação das decisões dos tribunais inferiores, destinam-se a modificar as decisões recorridas e não a apreciar questões não decididas pelo tribunal a quo, sem prejuízo do dever de conhecimento em substituição que possa impender sobre o tribunal ad quem, bem como do dever de conhecer das questões de conhecimento oficioso (cfr. o art. 676.º n.º 1 do CPC).

Ora, a sentença recorrida não conheceu, nem podia conhecer, da ora invocada caducidade do direito à liquidação, pela simples razão de que tal questão não foi invocada na PI da impugnação. E como esta questão da caducidade do direito do Estado à liquidação não é de conhecimento oficioso, devendo, antes, ser invocada pela parte (cfr., neste sentido, e entre muitos outros, o ac. do Pleno da Secção de Contencioso Tributário do STA, de 18/5/2005, Rec. n.º 1178/04 e o ac. do STA, 2ª secção, de 8/2/2006, rec. 0810/05), também por essa via não pode ser agora conhecida e apreciada em sede de recurso.

Pelo que, nestes termos, não se conhece desta matéria invocada na dita Conclusão M.

4.2. Conforme dá conta a sentença, a questão essencial a decidir é a de saber se, para além do requisito de natureza substantiva (residência do beneficiário dos rendimentos num Estado diferente daquele de onde provêm os rendimentos), é ou não necessária a verificação de outros requisitos, de natureza formal, sem os quais a Convenção destinada a evitar a dupla tributação não pode ser aplicada e, em caso afirmativo, se tais requisitos ocorrem no presente caso.

Isto é, a questão que nos autos se controverte resume-se à de saber se, relativamente aos "royalties" pagos pela recorrente às sociedades americanas e nesse país residentes – CPC I.... e CPC E...Ltd. – e à sociedade suíça e nesse país também residente – K... , AG, bem como em relação a dividendos pagos à sociedade suíça CPC K... AG, as respectivas retenções na fonte, em sede de IRC, deviam ter sido efectuadas às taxas de 10% (para as sociedades residentes nos EUA) e 5% (para as sociedades residentes na Suíça) como fez a recorrente, ao abrigo das respectivas CDT's celebradas entre Portugal e aqueles países, para evitar a dupla tributação, ou se a recorrente devia ter feito tais retenções na fonte, à taxa de 15%, como entendeu a AT, nos termos do preceituado no art. 69.º/2 do CIRC (actualmente art. 80.º), em virtude de, antes de tais pagamentos, não ter obtido os certificados de residência nos EUA e na Suíça, e junto das autoridades fiscais destes países, através dos formulários M/R.P.2, daquelas beneficiárias dos rendimentos.

4.3. Como acima se viu, a sentença acolheu o entendimento da AT, por considerar que a aplicação da taxa prevista na Convenção depende da verificação de um requisito de fundo: ser o beneficiário dos rendimentos residente num Estado diferente daquele donde provêm os rendimentos no ano a que respeitam; e de requisitos de forma: dever o beneficiário solicitar, em tempo oportuno, a limitação de imposto em formulário devidamente preenchido e também devidamente autenticado pelas autoridades fiscais do Estado da sua residência, sendo esta assim confirmada e sendo que estes requisitos de natureza formal, por um lado, seriam os constantes da Circular n.º 3/96, de 21/3/1996, da DSBF, que refere que o pedido de limitação do imposto será feito, no caso de limitação por redução da taxa, no acto da liquidação do imposto, antes de o devedor dos rendimentos proceder à entrega do imposto nos cofres do Estado, e sendo ainda que, por outro lado, a obrigatoriedade da verificação do requisito formal, não decorre apenas da citada Circular, mas também da Portaria 1189/91, publicada no DR, I Série, n.º 281, de 6/11. Nas notas explicativas à declaração modelo 130 (a utilizar quando ocorrem pagamentos a não residentes) é mencionado: "quando tenha havido limitação do imposto ao abrigo de Convenções, esta deverá ser acompanhada do comprovativo da residência da entidade beneficiária".

E só o formulário provido com as informações necessárias e confirmado pelas autoridades competentes, no caso as fiscais do Estado da sede do credor dos rendimentos, é que pode habilitar o devedor dos rendimentos a seguir a taxa nele mencionada e convencionada pelos dois Estados.

Vejamos.

4.4. Como resulta dos autos e a sentença conclui, a AT apoia-se na citada Circular 3/96, de 21/3, da DSBF e no citado Ofício n.° 20076, de 31/10/2002, da mesma DSBF, que esclareceu e instruiu os Serviços sobre algumas dúvidas relacionadas com os procedimentos a adoptar no âmbito dos benefícios consagrados em Convenções para evitar a dupla tributação internacional, designadamente quanto à forma e ao momento de efectivação da prova de que estariam reunidos os requisitos de aplicação da Convenção e, que por despacho de 14/8/2002, haviam merecido concordância do SEAF.

E na informação de fls. 222 e sgts. da reclamação apensa, alude-se, igualmente, às Circulares 13/76, de 8/3, 34/76, de 28/10 e 14/96, de 19/12, da DGCI. E a sentença apela, ainda, ao disposto na Portaria, n.° 1189/91, publicada no DR, I Série, n.° 281, de 6/11, para referir que nas notas explicativas à declaração modelo 130 (a utilizar quando ocorrem pagamentos a não residentes) é mencionado: "quando tenha havido limitação do imposto ao abrigo de Convenções, esta deverá ser acompanhada do comprovativo da residência da entidade beneficiária".

Ora, sendo certo que, como alega a recorrente, é irrelevante a invocação de instruções administrativas para o preenchimento da declaração modelo 130, e essas é que foram aprovadas pela dita Portaria[1], já que o que está em causa é a aplicação das taxas do imposto e estas só podem ser criadas por lei (reserva absoluta de lei formal – art. 103.°, n.° 2 da CRP), então há que averiguar se tal exigência decorre da lei (nomeadamente do CIRC) ou das referidas CDT's (a Convenção sobre Dupla Tributação, celebrada entre o Estado Português e o Estado Suíço, aprovada para ratificação pelo DL n.° 716/74, de 12/12 e publicada no DR, I Série, n.° 289 de 12/12/74; e a Convenção sobre Dupla Tributação, celebrada entre o Estado Português e os Estados Unidos da América, aprovada pela Resolução da Assembleia da República n.° 39/95, de 12/10/95, no DR – I série – A, n.° 236, de 12/10/95, e ratificada pelo Decreto n.° 73/95, de 12/10 do Presidente da República), ao abrigo das quais a recorrente efectuou as retenções na fonte às ditas taxas de 5% e 10%.

Ora, só com a redacção dada ao art. 90.° do CIRC pela Lei 32-B/2002, de 30/12 (OE 3003) ficou certo que a prova de residência do beneficiário dos pagamentos deverá ser feita até à data em que deve ser efectuada a retenção na fonte.

Com efeito, tal normativo (que corresponde ao art. 69.° do CIRC, na redacção em vigor à data dos factos questionados na presente impugnação – IRC de 1996), passou a ter a seguinte redacção:

1 – ...

2 – Não existe ainda obrigação de efectuar a retenção na fonte de IRC, no todo ou em parte, consoante os casos, relativamente aos rendimentos referidos no n.° 1 do artigo 88.°, quando os sujeitos passivos beneficiem de isenção total ou parcial ou, por força de uma convenção destinada a eliminar a dupla tributação celebrada por Portugal, a competência para a tributação dos rendimentos auferidos por um residente do outro Estado contratante não seja atribuída ao Estado da fonte ou o seja apenas de forma limitada.

3 – Nas situações referidas no número anterior, os beneficiários dos rendimentos devem fazer prova perante a entidade que se encontra obrigada a efectuar a retenção na fonte, da verificação dos pressupostos legais de que depende a isenção ou dos que resultem de convenção destinada a eliminar a dupla tributação, consistindo neste último caso, na apresentação de um formulário de modelo a aprovar por despacho do Ministro das Finanças certificado pelas autoridades competentes do respectivo Estado de residência.

4 – Quando não seja efectuada a prova até ao termo do prazo estabelecido para a entrega do imposto, fica o substituto tributário obrigado a entregar a totalidade do imposto que deveria ter sido deduzido nos termos da lei.

5 – O sujeito passivo não residente, quando não tenha efectuado a prova no prazo referido no número anterior, pode requerer à Direcção-Geral dos Impostos o reconhecimento dos benefícios resultantes de convenção destinada a eliminar a dupla tributação e solicitar o reembolso do imposto retido na fonte, no prazo de dois anos a contar da data da verificação do facto gerador do imposto, mediante apresentação de formulário de modelo a aprovar por despacho do Ministro das Finanças.

Ou seja, a lei passou a determinar que, ao que aqui importa, a prova de residência do beneficiário dos pagamentos deverá ser feita até à data em que deve ser efectuada a retenção na fonte. E, como se diz no ac. deste TCAS, de 16/5/2006, rec. 504/05, ainda assim, não é líquido «que tal imposição se traduza no requisito do direito ao benefício, tendo em conta o que estatui o n.° 7 daquele mesmo preceito, quanto ao consignar que "sempre que, por incumprimento do prazo de apresentação do certificado referido no n.° 5, a retenção da fonte sobre os juros ou royalties não for efectuada de acordo com a taxa fixada na alínea *f*) do n.° 2 do artigo 80.°, a entidade beneficiária dos rendimentos pode apresentar pedido de reembolso do excesso, no prazo de (...) acompanhado do certificado e de outros elementos comprovativos que orem solicitados pelos serviços competentes"» ... «parece não conferir ao certificado em causa mais do que um efeito meramente probatório da verdadeira condição à redução da taxa em causa, ou seja, a residência da beneficiária num outro Estado membro.»

De todo o modo, à data dos factos aqui relevantes (1996) o referido art. 69.° do CIRC (nas redacções do DL

[1] Conforme consta do seu preâmbulo, esta Portaria n.° 1189/91, do Ministério das Finanças, de 6/12, destinou-se a unificar procedimentos de entregas (face à dispersão por diversos modelos de guias dos pagamentos do IRS e do IRC, conforme a natureza dos pagamentos e a especificidade dos sujeitos que deviam efectuar as entregas) e, reconhecendo a «necessidade de proceder a ajustamentos nas guias existentes (...) e considerando que já há condições informáticas para o respectivo tratamento, é chegado o momento de adoptar medidas mais simplificadoras e transpor para um único modelo de guia todas as espécies de entregas por parte dos contribuintes», aprovou novos impressos de guias de pagamento, entre os quais, uma «relação modelo n.° 130, a utilizar quando ocorrerem pagamentos a não residentes».

n.º 123/92, de 2/7 e da Lei n.º 39-B/94, de 27/12) – que era, como se disse, o que então correspondia a este actual art. 90.º –, limitava-se a dispor o seguinte:

2 – Tratando-se de rendimentos de entidades que não tenham sede nem direcção efectiva em território português e aí não possuam estabelecimento estável ao qual os mesmos sejam imputáveis, a taxa do IRC é de 25%, excepto relativamente aos seguintes rendimentos:

a) Rendimentos provenientes da propriedade intelectual ou industrial, da prestação de informações respeitantes a uma experiência adquirida no sector industrial, comercial ou científico e bem assim da assistência técnica, em que a taxa do IRC é de 15%;

b) Rendimentos derivados do uso ou da concessão do uso de equipamento agrícola, industrial, comercial ou cientifico, em que a taxa do IRC é de 15%;

c) Lucros que uma entidade residente em território português, nas condições estabelecidas no artigo 2.º da Directiva n.º 435/CEE/1990, de 23 de Julho de 1990, coloque à disposição de entidade residente noutro Estado membro das Comunidades Europeias que esteja nas mesmas condições e que detenha directamente uma participação no capital da primeira não inferior a 25% durante dois anos consecutivos ou desde a constituição da entidade participada, contenta que, neste último caso, a participação seja mantida durante aquele período, em que a taxa do IRC é de 15% até 31 de Dezembro de 1996, sem prejuízo do disposto nas convenções bilaterais em vigor, e de 10% desde 1 de Janeiro de 1997 até 31 de Dezembro de 1999;

d) Rendimentos dos títulos de dívida e outros rendimentos de aplicação de capitais, exceptuados os lucros colocados à disposição por entidades sujeitas a IRC, em que a taxa do IRC é de 20%;

e) Prémios de lotarias, rifas, apostas mútuas, jogo do loto ou do bingo, bem como importâncias ou prémios atribuídos em sorteios ou concursos, em que a taxa do IRC é de 35%.

3 – Relativamente ao rendimento global de entidades com sede ou direcção efectiva em território português que não exerçam, a título principal, actividades de natureza comercial, industrial ou agrícola, a taxa do IRC é de 20%.

4 – Para efeitos do disposto na alínea *c*) do N.º 2, a definição de entidade residente é a que resulta da legislação fiscal do Estado membro em causa, sem prejuízo do que se achar estabelecido nas convenções destinadas a evitar a dupla tributação.

4.5. Ora, visto que aquele referido art. 90.º[2] não é aplicável ao caso vertente, há, então, que apreciar a questão à luz das referidas CDT's, e ao abrigo das quais a recorrente efectuou as retenções na fonte às ditas taxas de 5% e 10%.

Ora, por um lado, estas taxas de retenção que a recorrente aplicou eram permitidas pelas aludidas CDT's para o pagamento dos "royalties" (cfr. art. 13.º da CDT celebrada entre Portugal e os EUA e o art. 12.º da CDT celebrada entre Portugal e a Suíça) e dividendos em questão (cfr., ibidem, os arts. 10.º de cada uma das CDT referidas) – o que, aliás, a AT não questiona – e, por outro lado, as referidas Convenções também não colocam nenhuma vinculação, no que respeita à certificação prévia ao pagamento das ditas quantias, da residência do beneficiário no Estado contratante diverso do da fonte.

E, assim sendo, e porque os pressupostos do direito à redução da taxa de IRC em causa, se têm de buscar nas CDT's, há que concluir que eles se limitam, no que agora interessa, à prova da residência das beneficiárias (na Suíça e nos EUA), não havendo imposição de que tal prova tivesse de ser feita, mediante os referidos modelos M/R.P.2, antes do pagamento dos "royalties" e dos dividendos, como pretende a AT.

E é evidente que a referida prova não pode deixar de ser feita, pois dela depende a verificação ou não verificação daquele requisito substantivo; contudo, porque, como, se disse, essa prova não é elemento constitutivo do direito ao benefício em causa (redução da taxa normal de IRC de 15% para 10% ou 5%), uma vez feita (cfr. als. *c*) e *d*) do Probatório) não poderá deixar de retroagir (cfr. art. 11.º do EBF) os seus efeitos à data da ocorrência dos factos tributários, ou seja, o pagamento dos "royalties" e/ou dos dividendos (os benefícios fiscais constituem-se com a verificação histórica dos pressupostos objectivos ou subjectivos da respectiva previsão, que são, verdadeiramente, o seu facto constitutivo, ainda que o benefício fiscal esteja dependente de reconhecimento declarativo unilateral pela Administração Fiscal, e mesmo que a respectiva eficácia seja, por vezes, diferida no tempo, por virtude de uma condição suspensiva).

Para efeitos das citadas Convenções, a expressão «residente de um Estado Contratante» significa qualquer pessoa que, por virtude da legislação desse Estado está aí sujeita a imposto, à sua residência, ao local de direcção ou a qualquer outro critério de natureza similar, nada determinando, pois, sobre as formalidades necessárias para usufruir dos benefícios da CDT.

Daí que, à data dos factos tributários aqui em causa, a falta dos referidos certificados ou a prova tardia da residência dos beneficiários dos rendimentos nos outros Estados contratantes, não fazia precludir a aplicação do mecanismo da isenção de retenção e que a recorrente não estava obrigada a apresentar os formulários referidos pela AT: por um lado, as Circulares mencionadas (que também não vinculam os contribuintes, mas apenas os respectivos serviços) não têm habilitação legal para interpretar extensivamente normas de incidência tributária ou para limitar tais normas, o que seria inconstitucional por violação do disposto nos arts. 165.º, n.º 1, al. *i*) e 103.º, n.º 2, da CRP, ferindo o princípio da separação dos poderes; por outro lado, a lei não atribui ao certificado em causa mais do que um efeito meramente probatório da verdadeira condição à redução da taxa em causa, ou seja, a residência da beneficiária num outro Estado membro.

Diga-se, aliás, que sobre situações semelhantes a esta (embora estando em causa outras Convenções sobre Dupla tributação celebradas com outros Estados e, nalguns casos, rendimentos tributáveis em IRS), já o TCAS se pronunciou por diversas vezes, nomeadamente

[2] Veja-se que o DL n.º 34/2005, de 17/2, veio, precisamente, introduzir uma nova redacção a este art. 90.º do CIRC, com o objectivo, como expressamente se refere no seu Preâmbulo, de transpor para a ordem jurídica interna, a Directiva n.º 2003/49/CE, do Conselho, de 3/6, que estabeleceu um regime fiscal no que se refere ao pagamento de "royalties".

Ora, nos termos dessa mesma Directiva (cfr. 11 a 13), os Estados membros da fonte ficaram legitimados a exigir a certificação dos requisitos exigíveis à aplicação do regime, designadamente da residência da beneficiária, previamente ao pagamento dos "royalties", nessa medida se alçando o estatuído no citado art. 90.º do CIRC.

nos acs. de 03/11/2004, rec. 00151/04 [3]; de 5/7/2005, rec. 05675/01; de 9/5/2006, rec. 00436/05; de 16/5/2006, rec. 00504/05; de 14/11/2006, rec. 01424/06; e de 24/4/ /2007, rec. 01704/07.

Pelo exposto, procedem as conclusões do recurso.

5. E, procedendo, consequentemente, a impugnação, importa apreciar a questão atinente aos pedidos juros indemnizatórios.

Vem provado que o imposto foi pago em 23/12/2002, ao abrigo do DL n.º 248-A/02, de 14/11 (cfr. al. *m*) do Probatório)

O art. 43.º, n.º 1 da LGT, em vigor à data da liquidação impugnada (6/12/2001) estabelece que «são devidos juros indemnizatórios quando se determine, em reclamação graciosa ou impugnação judicial, que houve erro imputável aos serviços de que resulte pagamento da dívida tributária em montante superior ao legalmente devido».

Também o n.º 6 do art. 111.º do CIRC (na redacção do DL 472/99, de 8/11, estabelece que «sempre que, estando pago o imposto, se determine, em processo gracioso ou judicial, que na liquidação houve erro imputável aos serviços, serão liquidados juros indemnizatórios nos termos do artigo 43.º da lei geral tributária» (e já na anterior redacção introduzida pelo DL n.º 7/96, de 7/2, se estabelecia que «sempre que, estando pago o imposto, se determine, em processo gracioso ou judicial, que na liquidação houve erro imputável aos serviços, serão devidos juros indemnizatórios a favor do contribuinte a taxa idêntica à aplicável aos juros compensatórios a favor do Estado, contados dia a dia, desde a data do pagamento do imposto até à data da emissão da nota de crédito na qual são incluídos»).

Ora, como se afirma no douto ac. do STA, de 10/7/ /2002, rec. n.º 026688, «Havendo um erro de direito na liquidação e sendo ela efectuada pelos serviços, é à administração tributária que é imputável esse erro, sempre que a errada aplicação da lei não tenha por base qualquer informação do contribuinte.

Por outro lado, esta imputabilidade aos serviços é independente da demonstração da culpa de qualquer dos seus funcionários ao efectuar liquidação afectada por erro.

Na verdade, a letra da lei, ao referir a imputabilidade do erro aos serviços, aponta manifestamente no sentido de poder servir de base à responsabilidade por juros indemnizatórios a falta do próprio serviço, globalmente considerado, como aliás, é admitido em geral. Neste sentido, pode ver-se Freitas do Amaral, Direito Administrativo, volume III, página 503. A administração tributária está genericamente obrigada a actuar em conformidade com a lei (arts. 266.º n.º 1, da CRP e 55.º da LGT) pelo que, independentemente da prova da culpa de qualquer das pessoas ou entidades que a integram, qualquer ilegalidade não resultante de uma actuação do sujeito passivo será imputável aos próprios serviços».

E, porque concordamos com esta jurisprudência, justifica-se a condenação da AT a pagar juros indemnizatórios à recorrente, contados desde 23/12/2002 (data em que ocorreu o pagamento, referida na al. *m*) do Probatório) até à data da emissão da nota de crédito a favor da impugnante (art. 61.º, n.º 3, do CPPT).

DECISÃO

Termos em que acordam, em conferência, os juizes da Secção de Contencioso Tributário deste Tribunal Central Administrativo em, dando provimento ao recurso:

a) Revogar a sentença recorrida e julgar procedente a impugnação.

b) Condenar a entidade liquidadora a pagar à impugnante juros indemnizatórios, contados desde 23/12/2002 até à data da emissão da nota de crédito a favor da impugnante, às taxas legais que vigoraram e vigorarem.

Sem custas.

Lisboa, 9 de Maio de 2007

Casimiro Gonçalves
Ascensão Lopes
Lucas Martins

Recurso n.º 01041/06

[3] Em cujo sumário se lê: (...) III) – É que o reconhecimento e funcionamento do regime mais favorável decorrente da existência de benefícios, maxime, fiscais, tem carácter meramente declarativo – art. 4.º, n.º 2 do EBF – no sentido de que é implicante da demonstração dos pressupostos de que depende a atribuição da vantagem específica, independentemente, de poder ser ou não formalizada. IV) – Assim, a possibilidade de a impugnante aplicar taxa de retenção de 15 e 20 % (em vez da de 25%), ou, cumulativamente, nada reter, apenas dependia da comprovação de que os indivíduos a que havia pago rendimentos (de trabalho independente), à data, tinham residência no Reino Unido. V) – Uma vez feita tal prova, ainda que pelas vias exigidas pelas exigidas pelas autoridades tributárias portuguesas, a usufruição do benefício de aplicação da taxa mais baixa (ou nenhuma) era imediata e sem poder ser sujeita a outros condicionalismos. VI) – Embora em momento posterior, tendo a impugnante comprovado junto da AT os pressupostos de aplicação da benesse prevista em Convenção Internacional, cujo primado e valor é, constitucionalmente, estabelecido – art. 8.º CRP – tem-se o benefício em causa por constituído no momento em que foram pagos os rendimentos aos residentes num país estrangeiro».

Índice

SUPREMO TRIBUNAL ADMINISTRATIVO PLENO

1.ª SECÇÃO

Acção de reconhecimento de direito. Progressão nos escalões de vencimento. Lista nominativa. Ac. 3/05/2007. Rec. n.º 253/03-20 ... 3

Execução de julgado. CPTA. Causa legitima de inexecução. Reconstituição de carreira. Sanção pecuniária compulsória. Ac. 3/05/2007. Rec. n.º 30.373/92-A-20 ... 7

INGA. Ajuda Comunitária "Poseima". Controlo *a posteriori*. Repetição do Indevido. Inaplicabilidade do art. 141.º do CPA. Ac. 3/05/2007. Rec. n.º 1775/02-20 ... 12

Novo Sistema Retributivo. Remunerações acessórias. Pessoal da DGCI. Ac. 29/05/2007. Rec. n.º 785/05-20 ... 19

Oposição de julgados. Substituição do acórdão fundamento. Impossibilidade de se conhecer do recurso. Ac. 3/05/2007. Rec. n.º 1038/05-20 ... 25

Pensão de aposentação. Actualização. Actualização extraordinária. Ac. 3/05/2007. Rec. n.º 1035/06-20 ... 29

Recurso para uniformização de jurisprudência. Despacho de admissão de recurso jurisdicional. Ac. 3/05/2007. Rec. n.º 13/07-20 ... 33

2.ª SECÇÃO

IRC. Comissão de revisão da matéria colectável. Vogal nomeado pelo contribuinte. Acordo. Impugnação contenciosa. Ac. 6/06/2007. Rec. n.º 615/04-50 ... 38

Oposição de julgados. Novo regime do ETAF. Revogação do sigilo bancário. Art.º 103.º do RGIT. Vantagem patrimonial ilegítima. Elemento essencialmente constitutivo do tipo legal de crime. Ac. 2/05/ 2007. Rec. n.º 299/06-50 ... 41

Taxa Municipal. Nulidade. Anulabilidade. Ac. 5/07/2007. Rec. n.º 479/06-50 ... 44

ACÓRDÃOS DO SUPREMO TRIBUNAL ADMINISTRATIVO

1.ª SECÇÃO

Acidente de viação. Presunção de culpa. Extensão do nexo causal. Ac. 5/06/2007. Rec. n.º 408/07-11 ... 49

Actos próprios dos advogados. Agência de mediação imobiliária. Procuradoria ilegal. Ac. 19/04/2007. Rec. n.º 970/06-11 ... 51

Art. 150.º do CPTA. Recurso de Revista. Acções administrativas especiais. Legitimidade passiva. Ac. 10/05/ /2007. Rec. n.º 886/06-11 ... 57

Autonomia administrativa. Recurso hierárquico. Ac. 3/07/2007. Rec. n.º 47688-12 ... 64

Construção de via pública. Deliberação camarária. Obra de impacte relevante. Audiência dos interessados. Interpretação da lei. Ac. 17/05/2007. Rec. n.º 141/07-11 ... 65

Conveniência. Conceitos indeterminados. Destacamento. Ac. 14/06/2007. Rec. n.º 1057/06-11 ... 69

CPTA. Recurso de revista (art. 150.º do CPTA). Legitimidade activa de associações e fundações. Providência cautelar (Pedido de suspensão de eficácia de acto administrativo). Ac. 17/05/2007. Rec. n.º 107/07-11 ... 75

Empreitada de obras públicas. Habilitação dos concorrentes. Capacidade técnica. Obras executadas da mesma natureza. Titularidade de alvará. Ac. 12/07/2007. Rec. n.º 268/07-11 ... 80

Especificação e questionário. Usurpação de poder. Direitos fundamentais. Direito à fundamentação. Direito ao respeito por princípios constitucionais. Princípio da igualdade. Nulidade/anulabilidade. Ac. 19/05/2007. Rec. n.º 809/06-11 ... 86

Execução de acórdão do STA proferido em 1.° grau de jurisdição pelo TCA. Tribunal competente. Ac. 21/06//2007. Rec. n.° 509/07-11 ... 91
Execução de sentença. Concurso de Provimento. Litisconsórcio necessário. Causa Legítima de Inexecução. Ac. 12/05/2007. Rec. n.° 291/06-12 ... 94
Função pública. Mobilidade de pessoal. Mudança de carreira. Ac. 12/07/2007. Rec. n.° 640/06-11 ... 97
Gerente de Estabelecimento comercial. Gerente de sociedade. Interessado para efeitos contenciosos. Ac. 19//05/2007. Rec. n.° 632/06-11 ... 101
Greve. Aviso prévio. Necessidades sociais impreteríveis. Ac. 3/07/2007. Rec. n.° 399/07-12 ... 104
Juízes dos tribunais administrativos e fiscais. Antiguidade. Auditor de justiça. Direito de audiência. Dever de fundamentação. Ac. 17/05/2007. Rec. n.° 1089/04-11 ... 108
Licença de construção. Pedido de informação prévia. Acto constitutivo de direitos. Ac. 12/07/2007. Rec. n.° 415/07-11 ... 116
Pedido de informação prévia. Inviabilidade de loteamento. Aplicação de um POOC. Princípios da igualdade e da proporcionalidade. Ac. 22/05/2007. Rec. n.° 125/07-11 ... 120
Pedido de licenciamento de obras. Parecer vinculante. Parecer tácito concordante. Revogação por parecer expresso. Audiência prévia. Princípio da inoperância dos vícios procedimentais. Ac. 22/05/2007. Rec. n.° 161/07-12 ... 123
Processo disciplinar. Magistrada do Ministério Público. Princípio da prossecução do interesse público. Ac. 22//05/2007. Rec. n.° 864/05-11 ... 128
Providências cautelares conservatórias. Suspensão de eficácia. Pena de inactividade. Perda de remuneração. Ac. 25/07/2007. Rec. n.° 462/07-12 ... 133
Responsabilidade civil extracontratual. Causalidade adequada. Culpa do lesado. Ac. 5/06/2007. Rec. n.° 301/07-12 ... 135
Responsabilidade civil extracontratual. Hospital. Diagnóstico e tratamentos médicos. Ac. 6/06/2007. Rec. n.° 21/07-11 ... 140
Responsabilidade civil extracontratual. Município. Distribuição de água. Ilicitude. Ac. 19/06/2007. Rec. n.° 332/07-12 ... 143
Responsabilidade civil extracontratual. Presunção de culpa. Ónus de prova. Ac. 12/04/2007. Rec. n.° 952/06-11 ... 147

2.ª SECÇÃO

Acção Inspectiva. Audiência do interessado antes da vigência da lei geral tributária. Art. 19.°, C) do Código de Processo Tributário. Código do Procedimento Administrativo. Juros indemnizatórios. Art. 24.° do CPT. Ac. 26/04/2007. Rec. n.° 101/07-30 ... 152
Contra-ordenação fiscal. Recurso para a melhoria da aplicação do direito. Nulidade insuprível. Absolvição da instância. Baixa do processo à administração tributária. Ac. 20/06/2007. Rec. n.° 411/07-30 ... 153
Contribuições para a Segurança Social. Lei n.° 17/2000, de 8 de Agosto. Prescrição. Cômputo do prazo. Interrupção. Ac. 5/07/2007. Rec. n.° 359/07-30 ... 156
Contribuições para a Segurança Social. Natureza. Liquidação Oficiosa. Notificação por via postal. Oposição à execução fiscal. Inexigibilidade da dívida exequenda. Ac. 23/05/2007. Rec. n.° 63/07-30 ... 158
Direito de Audição. Art. 60.° da LGT. Art. 13.° da Lei n.° 16-A/2002, de 31/Maio. Ac. 16/05/2007. Rec. n.° 186/07-30 . 161
Dívidas dos clubes de futebol. Dação em cumprimento e dação em função do cumprimento. Assunção de dívida. Ac. 23/05/2007. Rec. n.° 233/07-30 ... 163
Execução fiscal. Despacho de reversão. Impugnação judicial. Oposição à execução. Erro na forma do processo. Convolação. Direito de acesso à justiça. Ac. 11/04/2007. Rec. n.° 19/07-30 ... 173
Imposto sobre o rendimento das pessoas singulares. Mais-valias. Bens adquiridos por sucessão. Casamento em regime de comunhão geral de bens. Fundamentação do acto tributário. Juros compensatórios. Sanação de deficiências da notificação. Ac. 6/06/2007. Rec. n.° 155/07-30 ... 175
Imposto sobre o valor acrescentado. Reembolsos. Prazo de caducidade do direito de liquidação. Ac. 12/07//2007. Rec. n.° 303/07-30 ... 179
Intimação para comportamento. Meio processual adequado. Ac. 23/05/2007. Rec. n.° 0255/07 ... 183
IRC. Provisões. Riscos gerais de crédito. Ac. 26/04/2007. Rec. n.° 127/0730 ... 189
IRS. Rendimentos da categoria B. Rendimento colectável. Deficientes. Isenção. EBF. Ac. 16/05/2007. Rec. n.° 265/07-30 ... 193
IVA. Isenção. Despesas de condomínio. Juros compensatórios. Informação vinculativa. Ac. 16/05/2007. Rec. n.° 184/07-30 ... 195
Liquidação adicional. Correcção de liquidação. Caducidade de liquidação. Ac. 9/05/2007. Rec. n.° 133/07-30 ... 198
Recurso jurisdicional. Duplo grau de jurisdição. Ac. 26/04/2007. Rec. n.° 195/07-30 ... 200
Recurso. Taxa de justiça inicial. Art. 23.°, 1, do CCJ. Autoliquidação. Multa. Art. 690.°-B do CPC. Guia. Art. 124.°, 5 do CCJ. Ac. 12/06/2007. Rec. n.° 356/07-30 ... 203
Restituições à exportação. Despacho que determina a sua reposição. Acção administrativa especial. Competência dos tribunais tributários. Ac. 27/06/2007. Rec. n.° 264/07-30 ... 206
Reversão da execução fiscal. Citação. Comunicação ou notificação insuficiente. Artigo 37.° do CPPT. Ac. 6//06/2007. Rec. n.° 91/07-30 ... 208
Reversão da Execução Fiscal. Responsabilidade Subsidiária. Impugnação do despacho que ordena a reversão. Meio processual adequado. Convolação. Tempestividade. Prática do acto nos três dias úteis subsequentes ao termo do prazo. Ac. 16/05/2007. Rec. n.° 44/07-30 ... 211

Revisão do acto tributário. Pedido do contribuinte. Erro imputável aos serviços. Vícios de violação do direito de audição prévia e de falta de fundamentação. Ac. 27/06/2007. Rec.o n.º 80/07-30 ... 214
Taxa de ocupação do subsolo. Taxa municipal. Nulidade de sentença. Omissão de pronúncia. Domínio público. Isenção. Princípio da igualdade. Ac. 9/05/2007. Rec. n.º 1223/06-30 ... 216
Verificação e graduação de créditos. Créditos dos trabalhadores. Contrato individual de trabalho. Privilégio mobiliário geral. Ac.18/04/2007. Rec. n.º 1090/06-30 ... 221

TRIBUNAL CENTRAL ADMINISTRATIVO

1.ª SECÇÃO

Acção administrativa especial. Ac. 19/04/2007. Rec. n.º 02083/06 ... 225
Acto sob condição suspensiva. Irrecorribilidade. Princípio da boa fé. Art. 6.º A n.os 1 e 2 a) CPA. Ac. 19/04//2007. Rec. n.º 1729/06 ... 227
Ajuste directo. Art. 86.º n.º 1 DL 197/99, 8.6. Conceitos abstractos indeterminados. Audiência prévia. Ac. 21//06/2007. Rec. n.º 2613/07 ... 232
Art. 120.º n.º 1, al. a) do CPTA. Evidência da pretensão. Composição ilegal do Júri. Ac. 14/06/2007. Rec. n.º 02604/07 ... 237
Concurso de pessoal. Entrevista profissional de selecção. Fundamentação. Ac. 17/05/2007. Rec. n.º 3614/1999 .. 241
Dec.-Lei n.º 511/99 de 24 de Novembro. Estatuto do Pessoal da P.S.P. Poderes discricionários do Director Nacional da PSP no tocante aos efeitos de promoção (fixação de antiguidade) de oficiais que concluíram o 32.º CPCE. Racionalidade de critério. Ac. 12/04/2007. Rec. n.º 00465/04 ... 249
Dec. Regulamentar 68/80, de 4 de Novembro. Concurso de acessão. Inaplicabilidade do art. 10.º do Dec-Lei 43/84, de 3 de Fevereiro. Dec-Lei n.º 413/91, de 19 de Outubro. Ac. 24/05/2007. Rec. n.º 05975/02 ... 252
Direito à greve. Direito ao ensino. Necessidades sociais impreteríveis. Ponderação relativa de interesses. Ac. 10/05/2007. Rec. n.º 11130/05 ... 254
Execução de sentença. Competência territorial. Sentença de intimação para passagem de certidão. Art. 108.º, n.º 2 do CPTA. Ac. 5/07/2007. Rec. n.º 00515/05 ... 257
Incompetência material dos Tribunais Administrativos. Acção de responsabilidade civil contratual por violação de um contrato de mandato sem representação. Ac. 19/04/2007. Rec. n.º 01727/06 ... 260
Intimação para a protecção de direitos, liberdades e garantias. Acesso ao ensino superior. Melhoria de nota. Direito à igualdade de oportunidades. Ac. 3/05/2007. Rec. n.º 02402/07 ... 262
Legitimidade activa dos Sindicatos. Portaria n.º 63/02. Operadores informáticos. Ac. 14/06/2007. Rec. n.º 06193/02 ... 265
Pedido de suspensão do acto administrativo. Conhecimento da autoridade administrativa. Impossibilidade de iniciar ou prosseguimento de execução sem prévia produção de resolução fundamentada. Ac. 6/06//2007. Rec. n.º 1443/06 ... 267
Processo disciplinar. Enquadramento jurídico dos factos diverso da acusação. Nulidade Insuprível. Ac. 3/05//2007. Rec. n.º 02087/06 ... 269
Providência cautelar. Procedimentos de formação de contratos. Não evidência de ilegalidades dos actos preparatórios. Ac. 28/06/2007. Rec. n.º 2558/07 ... 270

2.ª SECÇÃO

Acção Administrativa especial. Regime simplificado de tributação. Pressupostos da sua aplicação e sua constitucionalidade. Ac. 29/06/2007. Rec. n.º 1639/07 ... 274
Contra-ordenações tributárias. Concurso. Cúmulo material. Ac. 5/06/2007. Rec. n.º 1726/07 ... 283
Impugnação de IRC. Factos tributários de 1998. Dupla tributação. Aplicabilidade de convenções para evitar a dupla Tributação, celebrada entre Portugal e outros países. Pagamento de Royalties. Retenções na Fonte a título definitivo. Entidades não residentes. Falta de apresentação de certificado de residência. Ac. 24/04//2007. Rec. n.º 1704/07 ... 289
Impugnação judicial. Convolação para processo de oposição e/ou reclamação. Ac. 29/05/2007. Rec. n.º 1765/07 294
Intimação para um comportamento. Requisitos. Convolação para a forma processual correcta. Ac. 5/06/2007. Rec. n.º 01638/07 ... 299
IRC. Falta de fundamentação. Pressupostos da liquidação operada com base no art. 83.º do CIRC. Ac. 19/06//2007. Rec. n.º 1788/07 ... 306
IRS. Loteamento de prédio rústico. Sucessão hereditária. sujeição a IRS. Categoria C. Fundamentação do acto tributário. Informação posterior à prática do acto tributário e que esclarece a fundamentação. Ac. 5/06//2007. Rec. n.º 01249/06 ... 313
ISP. Comercialização de produtos compostos por óleos minerais. Desnecessidade de pedido de isenção. Ac. 29/05/2007. Rec. n.º 06465/02 ... 317

IVA. Dedução. Quociente do pro-rata da dedução. Elementos a incluir no denominador da respectiva fracção. Ac. 29/05/2007. Rec. n.º 00833/03 320
Oposição à execução fiscal. Dívida proveniente de IVA. Falta de fundamento. Liquidação conjunta dos juros compensatórios. Ac. 17/07/2007. Rec. n.º 1708/07 323
Oposição à execução fiscal. Inexistência de facto tributário. Legalidade concreta. Inidoneidade do meio processual. (im)possibilidade de convolação. Ac. 3/05/2007. Rec. n.º 1720/07 328
Oposição à execução fiscal. Responsabilidade dos gerentes nos termos do art. 13.º do CPT. Gerência de direito/ /gerência de facto. Ac. 19/06/2007. Rec. n.º 1794/07 333
Prazo de prescrição da dívida tributária. Factores de interrupção. Ac. 3/07/2007. Rec. n.º 1738/07 338
Royalties. Dupla tributação internacional. Redução da taxa de IRC. Juros indemnizatórios. Ac. 9/05/2007. Rec. n.º 01041/06 343

Boletim de Assinatura

Antologia de Acórdãos
do
Supremo Tribunal Administrativo
e
Tribunal Central Administrativo

Solicito a assinatura anual de "Antologia de Acórdãos do STA e TCA", constituída por três números dos seguintes anos:

					N.º 1	N.º 2	N.º 3
Ano I	☐	€ 50,00	N.º Avulso	€ 20,00	☐	☐	☐
Ano II	☐	€ 50,00	N.º Avulso	€ 20,00	☐	☐	☐
Ano III	☐	€ 50,00	N.º Avulso	€ 20,00	☐	☐	☐
Ano IV	☐	€ 50,00	N.º Avulso	€ 20,00	☐	☐	☐
Ano V	☐	€ 50,00	N.º Avulso	€ 20,00	☐	☐	☐
Ano VI	☐	€ 50,00	N.º Avulso	€ 20,00	☐	☐	☐
Ano VII	☐	€ 50,00	N.º Avulso	€ 20,00	☐	☐	☐
Ano VIII	☐	€ 50,00	N.º Avulso	€ 20,00	☐	☐	☐
Ano IX	☐	€ 50,00	N.º Avulso	€ 20,00	☐	☐	☐
Ano X	☐	€ 50,00	N.º Avulso	€ 20,00	☐	☐	☐

Os exemplares devem ser enviados para:

Nome: ....

Morada: ....

Código Postal: .... Localidade: ....

N.º de Contribuinte: ....

Telefone: .... Fax: .... E-mail: ....

O recibo deve ser emitido em nome de:

Nome: ....

Morada: ....

Código Postal: .... Localidade: ....

Telefone: .... Fax: .... E-mail: ....

O pagamento pode ser efectuado:
Por cheque em nome da Livraria Almedina
Por transferência bancária para:
Banco Espírito Santo – NIB 000702020038396000144

Enviar para:

Livraria Almedina
Arco de Almedina, 15
3004-509 Coimbra

Telefone: 239 851900
Fax: 239 851901
www.almedina.net

Encontram-se disponíveis todos os números publicados